Dietmar Schon
Die orthodoxen Kirchen im interreligiösen Dialog mit dem Islam

Judaism, Christianity, and Islam – Tension, Transmission, Transformation

Edited by Patrice Brodeur, Carlos Fraenkel, Assaad Elias Kattan, and Georges Tamer

Volume 7

Dietmar Schon

Die orthodoxen Kirchen im interreligiösen Dialog mit dem Islam

—

DE GRUYTER

ISBN 978-3-11-064358-9
e-ISBN (PDF) 978-3-11-054640-8
e-ISBN (EPUB) 978-3-11-054518-0
ISSN 2196-405X

Dieser Band ist text- und seitenidentisch mit der 2017 erschienenen gebundenen Ausgabe.

Library of Congress Cataloging-in-Publication Data
A CIP catalog record for this book has been applied for at the Library of Congress.

Bibliografische Information der Deutschen Nationalbibliothek
Die Deutsche Nationalbibliothek verzeichnet diese Publikation in der Deutschen Nationalbibliografie; detaillierte bibliografische Daten sind im Internet über http://dnb.dnb.de abrufbar.

© 2019 Walter de Gruyter GmbH, Berlin/Boston
Printing and binding: CPI books GmbH, Leck

♾ Printed on acid-free paper
Printed in Germany

www.degruyter.com

Inhalt

Kapitel A: Die orthodoxen Kirchen im Dialog mit dem Islam – Koordinaten des Themas und dieser Untersuchung —— 1

1 Annäherung an das Phänomen „interreligiöser Dialog" —— 2
1.1 Begriffliche Klärungen: Was ist interreligiöser Dialog? —— 2
1.2 Sachliche Annäherungen: ein erster Blick auf Akteure und Agenden —— 13
2 Nähere Bestimmung des Gegenstandes der vorliegenden Untersuchung —— 16
2.1 Die Wahl des Anknüpfungspunkts —— 16
2.2 Vergewisserung über den Anknüpfungspunkt —— 19
3 Zu den Quellen betreffend die Bemühungen der Orthodoxie im interreligiösen Dialog mit dem Islam —— 26
3.1 „Interreligiöser Dialog" und „Quelle": vom gesprochenen zum geschriebenen Wort und dessen Publikation —— 26
3.2 Nähere Bestimmung der für diese Untersuchung maßgeblichen Quellen —— 30
4 Zum Forschungsstand über die interreligiösen Bemühungen der Orthodoxie —— 34
5 Zum Gang dieser Untersuchung —— 40

Kapitel B: Grundlagen für den interreligiösen Dialog der Orthodoxie mit dem Islam —— 42

1 Das pan-orthodoxe Fundament einer Beteiligung am interreligiösen Dialog —— 42
1.1 Die I. und II. Vorkonziliare Panorthodoxe Konferenz (1976/ 1982) —— 43
1.2 Die III. Vorkonziliare Panorthodoxe Konferenz (1986) —— 46
1.3 Zur Interpretation der panorthodoxen Beschlussfassungen von 1976 und 1986 —— 52
2 Entwicklungen und Akzentsetzungen im orthodoxen Verständnis von interreligiösem Dialog nach 1986 —— 75
2.1 Konkretisierungen im Zusammenwirken aller autokephaler Kirchen —— 75
2.2 Konkretisierungen im Zusammenwirken mehrerer autokephaler Kirchen —— 78
2.3 Konkretisierung der Grundlagen zu einem interreligiösen Dialog in der Russischen Orthodoxen Kirche —— 83

2.4 Zwischenergebnis: Grundelemente der Weiterentwicklung im orthodoxen Verständnis von „interreligiösem Dialog" —— 89

Kapitel C: Dialogereignisse unter Beteiligung der Orthodoxie und des Islam —— 91

1 Gemeinsame interreligiöse Aktivitäten aller oder mehrerer orthodoxer Kirchen —— 92
1.1 Autokephalieübergreifende interreligiöse Initiativen seitens der orthodoxen Kirche vor der panorthodoxen Beschlussfassung von 1986 —— 93
1.2 Orthodoxe Mitwirkung am Dialog internationaler kirchlicher Organisationen mit dem Islam —— 95
1.3 Orthodoxe Beiträge zum interreligiösen Dialog in internationalen nichtkirchlichen und nichtstaatlichen Organisationen —— 115
1.4 Orthodoxe Mitwirkung an von überstaatlichen/staatlichen Organisationen initiierten interreligiösen Dialogereignissen —— 134
1.5 Sonstige interreligiöse Konferenzen, Tagungen u. ä. unter Beteiligung von Repräsentanten mehrerer autokephaler Kirchen —— 151
1.6 Zwischenergebnis —— 158
2 Bemühungen einzelner autokephaler Kirchen um einen Dialog mit dem Islam —— 161
2.1 Beiträge des Ökumenischen Patriarchats zu einem interreligiösen Dialog mit dem Islam —— 162
2.2 Beiträge des Patriarchats von Alexandria zum interreligiösen Dialog mit dem Islam —— 186
2.3 Beiträge des Patriarchats von Antiochia zum interreligiösen Dialog mit dem Islam —— 188
2.4 Beiträge des Patriarchats von Jerusalem zum interreligiösen Dialog —— 210
2.5 Beiträge des Patriarchats von Moskau und ganz Russland zu einem interreligiösen Dialog mit dem Islam —— 219
2.6 Beiträge des Serbisch-Orthodoxen Patriarchats zu einem Dialog mit dem Islam —— 256
2.7 Beiträge der Rumänischen Orthodoxen Kirche zum Dialog mit dem Islam —— 275
2.8 Beiträge der Bulgarischen Orthodoxen Kirche zum Dialog mit dem Islam —— 278
2.9 Beiträge der Georgischen Orthodoxen Kirche zum Dialog mit dem Islam —— 280
2.10 Beiträge der Kirche von Zypern zum Dialog mit dem Islam —— 286

2.11 Beiträge der Orthodoxen Kirche von Griechenland zum Dialog mit dem Islam —— **287**
2.12 Beiträge der Orthodoxen Kirche von Albanien zum Dialog mit dem Islam —— **294**
2.13 Zur Polnischen Orthodoxen Kirche und der Orthodoxen Kirche von Tschechien und der Slowakei —— **299**
2.14 Zwischenergebnis —— **301**

Kapitel D: Themen und Inhalte des interreligiösen Dialogs unter Beteiligung der Orthodoxie und des Islam —— 305
1 Die Frage nach den Dialogergebnissen —— **305**
1.1 Was kann als Dialogergebnis gelten? —— **305**
1.2 Schlusserklärungen interreligiöser Ereignisse mit orthodox-islamischer Beteiligung —— **310**
2 Grundlinien und Schwerpunkte in den Dialogergebnissen —— **322**
2.1 Die Sichtweise von „interreligiösem Dialog" —— **323**
2.2 Die interreligiöse Bestimmung von Gemeinsamkeiten der beteiligten Religionen —— **338**
2.3 Interreligiöse Einsichten zur Menschenwürde und zum Einsatz für ethische Werte —— **347**
2.4 Der interreligiöse Einsatz gegen Verletzung ethischer Werte —— **359**
2.5 Das interreligiöse Engagement für die Menschenrechte —— **370**
2.6 Die praktische Umsetzung interreligiöser Einsichten —— **386**

Kapitel E: Zusammenfassung und Auswertung —— 410
1 Interreligiöser Dialog als Antwort auf die Herausforderungen der Zeit —— **410**
1.1 Dialog als neuer Ansatz zum Umgang mit faktischem religiösem Pluralismus —— **410**
1.2 Interreligiöser Dialog und seine Akteure —— **417**
2 Die ökumenische Dimension des interreligiösen Dialogs neuer Prägung —— **432**
2.1 Orthodox-islamischer und christlich-islamischer Dialog —— **432**
2.2 Die Bemühungen um interreligiösen Dialog im Kontext der Weiterentwicklung von ÖRK und KEK —— **434**
2.3 Interreligiöser Dialog im Kontext des konziliaren Prozesses —— **436**
2.4 Ökumenische Konvergenzen hinsichtlich des interreligiösen Dialogs —— **441**
3 Die Ausrichtung des interreligiösen Dialogs neuer Prägung auf den Bereich der Ethik —— **442**

4	Das interreligiöse Bemühen um die Menschenrechte —— 444	
4.1	Die Menschenrechte als Basis gesellschaftlicher Ordnung —— 444	
4.2	Das interreligiöse Engagement für die Menschenrechte im weiteren Kontext —— 445	
5	Interreligiöser Dialog im Dienst an einer friedlichen Koexistenz —— 452	
6	Interreligiöser Dialog im Fadenkreuz politisch-gesellschaftlicher Interessen —— 457	
6.1	Motivationen einer Beteiligung der Politik am interreligiösen Dialoggeschehen —— 457	
6.2	Staatlich-politisches Engagement bei interreligiösem Dialog im westlichen Kontext —— 459	
6.3	Interreligiöser Dialog und die politische Interessenlagen in Russland und Zentralasien —— 462	
6.4	Weitere regionale Schwerpunkte politischer Initiative —— 466	
6.5	Positionierung von Religion als gesellschaftlich relevante Kraft und Zusammenfassung —— 467	
7	Die Inanspruchnahme politischer und staatlicher Autorität zur Umsetzung interreligiöser Einsichten in die Praxis —— 469	
8	Die Umsetzung interreligiöser Dialogergebnisse in das Leben der Gläubigen —— 473	
9	Die Rolle interreligiöser Organisationen bei der Durchführung von Dialogereignissen und Umsetzung der Dialogergebnisse —— 477	
10	Rückbindung der Ergebnisse an grundlegende Dokumente der Orthodoxie —— 485	
10.1	Die Umsetzung der panorthodoxen Beschlüsse —— 485	
10.2	Die Umsetzung späterer orthodoxer Stellungnahmen zum interreligiösen Dialog —— 488	
10.3	Rückbindung an die Sicht der Synode von Kreta (2016) zu interreligiösem Dialog —— 490	
10.4	Zusammenfassung —— 497	
11	Kann von einem Erfolg interreligiösen Dialogs neuer Prägung gesprochen werden? —— 498	
12	Schlusswort —— 499	

Verzeichnis der abgekürzt zitierten Literatur —— 502

Verzeichnis mehrfach verwendeter Internetquellen —— 513

Abkürzungsverzeichnis —— 516
1 Allgemeine Abkürzungen —— 516
2 Abkürzungen wichtiger Organisationen, interreligiöser Einrichtungen, Institute u. ä. —— 516

Anhang 1: Schlusserklärungen —— 517
1 Das Dokument der Konferenz 21.–23.11.1996 (Teheran) —— 517
2 Das Dokument des 9. Jugendseminars "Young Peace Makers" 5.–9.8.2009 (Kairo) —— 520
3 Die Schlusserklärung des Symposiums 21./22.3.2006 (Kairo) —— 522
4 Schlusserklärung der Konferenz 26.–29.8.2006 (Kyoto) —— 523
5 Die Schlusserklärung der Konferenz 11./12.11.2002 (Oslo) —— 528
6 Die Schlusserklärung der Konferenz 29.9.–1.10.2003 (Sarajevo) —— 531
7 Die Schlusserklärung der Konferenz 7.–10.11.2004 (Leuven) —— 532
8 Die Schlusserklärung der Konferenz 3.–5.3.2008 (Berlin) —— 536
9 Die Schlusserklärung der Konferenz 25.–27.5.2009 (Lille) —— 540
10 Die Schlusserklärung der Konferenz 26.–28.4.2010 (Istanbul) —— 543
11 Die Schlusserklärung der Konferenz 21.–23.6.2011 (Moskau) —— 546
12 Die Schlusserklärung der Konferenz 7./8.5.2013 (Wien) —— 550
13 Die Schlusserklärung der Konferenz 27.–29.7.2008 (Sapporo) —— 553
14 Die Schlusserklärung der Konferenz 16./17.6.2009 (Rom) —— 558
15 Die Schlusserklärung der Konferenz 23./24.5.2011 (Bordeaux) —— 561
16 Die "Berne Declaration" der Konferenz 24./25.11.1992 (Wolfsberg/CH) —— 565
17 Die Schlusserklärung der Konferenz 16.–18.3.1999 (Wien) —— 567
18 Das Manifest der Konferenz 18.–22.3.2012 (Oxford) —— 570
19 Die Schlusserklärung des Seminars 7.–9.12.2000 (Syrakus) —— 575
20 Schlusserklärung des Seminars 10./11.12.2001 (Straßburg) —— 576
21 Die Schlusserklärung des Seminars 9./10.12.2002 (Louvain-la-Neuve) —— 578
22 Die Schlusserklärung der Konferenz 23./24.4.2007 (San Marino) —— 580
23 Die Schlusserklärung der Konferenz 20.–22.10.2009 (Doha/Qatar) —— 584
24 Die Schlusserklärungen der Konferenz 11.–13.9.2006 (Astana II) —— 586
25 Die Schlusserklärung der Konferenz 10./11.10.2002 (Baku) —— 590
26 Die Schlusserklärung der Konferenz 9.–12.7.1998 (Beirut) —— 593

27 Die Schlusserklärung des Gipfeltreffens 12.5.2011 (Bkerke/ Libanon) —— **595**
28 Die Schlusserklärung des „runden Tischs" 21.–24.2.2002 (Wien) —— **597**
29 Die Schlusserklärung der Konferenz 2.–4.3.2004 (Moskau) —— **599**
30 Die Schlusserklärung der russisch-iranischen Dialogkommission 16./17.7.2008 (Moskau) —— **601**
31 Die Schlusserklärung der russisch-iranischen Dialogkommission 5.–7.10.2010 (Teheran) —— **603**
32 Die Schlusserklärung des Friedensforums 13./14.11.2000 (Moskau/Danilovkloster) —— **605**
33 Das "Statement of Shared Commitment" der Religionsführer im Kosovo vom 8. Februar 2000, erarbeitet bei der Konferenz 7.–9.2.2000 (Sarajevo) —— **609**
34 Gemeinsame Erklärung der Religionsverantwortlichen im Kosovo bei der Konferenz 2./3.5.2006 (Pec) —— **610**

Anhang 2: Verzeichnis der wichtigsten interreligiösen Konferenzen —— 613

Personenverzeichnis —— 628

Sachverzeichnis —— 631

Kapitel A
Die orthodoxen Kirchen im Dialog mit dem Islam – Koordinaten des Themas und dieser Untersuchung

Es ist klar, dass heute – vielleicht mehr denn je als in der Vergangenheit – die interreligiösen Dialoge nicht nur einem inneren Bedürfnis der Religionen entsprechen, ihr authentisches Selbstverständnis aufzuzeigen, sondern dass sie auch oberste Pflicht gegenüber dem geplagten Menschen von heute sind, der die tragische Widersprüchlichkeit der aktuellen Krise buchstäblich bis ins Knochenmark erlebt.[1]
S. E. Damaskinos (Papandreou), Metropolit der Schweiz († 2011)

But now such dialogue (between religions, Anm. d. Verf.) appears to be a necessity in the wake of extremists from both the East and the West who have succeeded in swaying the future course of humanity toward the theory of a clash of civilizations while dividing the world into warring factions. Dialogue has become an intellectual and pragmatic necessity in order to put an end to humanity's slip into barbarism (...).[2]
Shaykh Ali Goma'a, Großmufti von Ägypten (2003–2013)

Die voran stehenden Stellungnahmen eines orthodoxen und eines muslimischen Würdenträgers bezeugen übereinstimmend, dass interreligiöser Dialog keinen akademischen Luxus darstellt, sondern zu einem dringlichen Anliegen geworden ist, zu einer Not-Wendigkeit. Entstanden aus einzelnen Initiativen und geboren in einer Zeit, in der ein kalter zu einem heißen Krieg zu werden drohte, ist interreligiöser Dialog seither zu einer Bewegung herangewachsen, die sich um vernünftige Antworten angesichts einer Vermehrung und Verschärfung von Konflikten müht, die wiederum als Begleiterscheinung des Globalisierungsprozesses gelten können. In einer Zeit, in der Religion immer unverhüllter instrumentalisiert wird, um zu spalten, aufzuhetzen oder gar zu vernichten, sind Würdenträger, Gelehrte und einfache Gläubige verschiedener Religionen gleichermaßen aufgefordert, ihren Glauben nicht nur still in Sicherheit zu bringen, sondern ihn in seiner authentischen Form zu bezeugen. Diese Aufgabe wird von den zitierten Würdenträgern nachdrücklich betont. Sie besteht in den Binnenraum der jeweiligen Religion hinein; sie besteht genauso nach außen. Dabei erscheint interre-

---

[1] Damaskinos Papandreou, Dialog als Leitmotiv. Die Orthodoxie an der Schwelle zum dritten Jahrtausend, Centre Orthodoxe du Patriarcat Oecuménique Chambésy/Genève 2000, S. 256.
[2] Ali Goma'a, A Common Word between Us and You: Motives and Applications, in: Waleed el-Ansary / David K. Linnan (Hrsg.), Muslim and Christian Understanding. Theory and Application of „A Common Word", Palgrave Macmillan New York 2010, S. 15–19 (15).

ligiöser Dialog als einer der herausragenden Räume, um religionsübergreifend die Stimme zu erheben und zugleich in der Begegnung mit „den Anderen" zu lernen.

Sowohl Metropolit Damaskinos Papandreou wie Shaykh Ali Goma'a weisen interreligiösem Dialog eine bedeutsame Rolle bei der Lösung von drängenden Problemen der heutigen Zeit zu. Damit stellt sich die Frage, welche Beiträge er dazu geleistet hat und leisten kann. Interreligiöser Dialog ist ein komplexes Geschehen, weshalb Zugänge zu einer Analyse und Interpretation nicht einfach auf der Hand liegen. Ähnliches gilt allerdings auch in anderen Bereichen. Im politisch-gesellschaftlichen Bereich stellt sich z.B. die Aussöhnung zwischen Deutschland und Frankreich nach dem 2. Weltkrieg, die damit verbundene Abkehr von jahrhundertelangen Feindbildern, als ein vergleichbar vielschichtiges Phänomen dar. Es umfasst eine beachtliche Bandbreite von Initiativen auf verschiedenen Ebenen, die von Gipfeltreffen der politischen Spitzen bis hin zu Schüleraustauschprogrammen auf lokaler Ebene reicht. Trotz der damit angedeuteten Komplexität sind die deutsch-französischen Beziehungen im 20. Jahrhundert Gegenstand der Forschung geworden. Ihre Erträge vermitteln wichtige Einsichten, auch wenn kein einzelner Beitrag den Anspruch erheben kann, die vorhandenen Fragestellungen wie eine mathematische Gleichung gelöst zu haben. Ein weiteres Beispiel stellt der ökumenische Dialog dar. Er beruht ebenfalls auf schwer zu fassenden Elementen wie „Begegnung" und „Austausch", angesiedelt auf unterschiedlichen Ebenen und gestaltet in vielerlei Formen. Dennoch (oder gerade deshalb) ist ökumenischer Dialog vielfach untersucht worden, wobei jeder Beitrag einem einzelnen Mosaikstein gleicht, der sich erst mit vielen anderen zu einem Bild zusammenfügt. Entsprechend möchte auch diese Untersuchung zum interreligiösen Dialog als ein Mosaikstein im Gesamtbild verstanden werden.

1 Annäherung an das Phänomen „interreligiöser Dialog"

1.1 Begriffliche Klärungen: Was ist interreligiöser Dialog?

Einer breiten Übereinstimmung darüber, dass interreligiöser Dialog nicht nur berechtigt, sondern unverzichtbar ist, steht eine gewisse Ratlosigkeit gegenüber, genau zu bestimmen, was interreligiöser Dialog eigentlich ist. Ein mehrfach aufgegriffener Definitionsversuch ist 1984 von einer Einrichtung der katholischen Kirche, dem damaligen Sekretariat für die Nicht-Glaubenden, formuliert worden:

> Es (= das Wort „Dialog", Anm. d. Verf.) bezeichnet nicht nur das Gespräch, sondern auch das Ganze der positiven und konstruktiven Beziehungen zwischen den Religionen, mit Personen

und Gemeinschaften anderen Glaubens, um sich gegenseitig kennenzulernen und einander zu bereichern.³

Einige Jahre später verdeutlichte die zwischenzeitlich zum Päpstlichen Rat für den Interreligiösen Dialog weiterentwickelte Institution:

> Zum dritten meint Dialog, und dies nun besonders im Kontext eines religiösen Pluralismus, alle „positiven und konstruktiven interreligiösen Beziehungen mit Personen und Gemeinschaften anderen Glaubens, um sich gegenseitig zu verstehen und einander zu bereichern" (DM 3), und zwar im Gehorsam gegenüber der Wahrheit und im Respekt vor der Freiheit. Dies beinhaltet sowohl gegenseitige Zeugnisgabe wie auch die Entdeckung der jeweils anderen religiösen Überzeugungen.⁴

Dieser Bestimmungsansatz ist weit genug gefasst, um eine faktische Vielfalt interreligiöser Bemühungen zu erfassen. Zugleich ist er so grundsätzlich in seiner Wortwahl, dass auch Nicht-Katholiken und Nicht-Christen zustimmen können. Ergänzend sehen sich die Autoren des Textes – wie bereits diejenigen des Dokuments von 1984 – veranlasst, an anderer Stelle vier Arten von interreligiösem Dialog zu unterscheiden, nämlich einen Dialog des Lebens, einen Dialog des Handelns, einen Dialog des theologischen Austauschs und einen Dialog der religiösen Erfahrung.⁵ Allerdings fällt auf, dass in der Umschreibung des Begriffs „interreligiöser Dialog" keine Aussage zum Element „religiös/Religion" gemacht wird. In einen eigenen Abschnitt heißt es dazu:

> Die Begriffe Religionen und religiöse Traditionen sind hier in einem allgemeinen und analogen Sinne verwendet. Sie meinen jene Religionen, welche, wie das Christentum, gewöhnlicherweise auf den Glauben Abraham zurückgeführt werden, daneben aber ebenso die religiösen Traditionen Asiens, Afrikas und anderer Regionen.⁶

---

3 Secretariatus pro non Christianis, Die Haltung der Kirche gegenüber den Anhängern anderer Religionen. Gedanken und Weisungen über Dialog und Mission, Città del Vaticano Rom 1984, Nr. 3.
4 Sekretariat der DBK (Hrsg.), Päpstlicher Rat für den Interreligiösen Dialog / Kongregation für die Evangelisierung der Völker, Dialog und Verkündigung. Überlegungen und Orientierungen zum Interreligiösen Dialog und zur Verkündigung des Evangeliums Jesu Christi vom 19. Mai 1991, Verlautbarungen des Apostolischen Stuhls Nr. 102, Nr. 9.
5 Sekretariat der DBK (Hrsg.), Päpstlicher Rat für den Interreligiösen Dialog / Kongregation für die Evangelisierung der Völker, Dialog und Verkündigung, aaO, Nr. 42.
6 Sekretariat der DBK (Hrsg.), Päpstlicher Rat für den Interreligiösen Dialog / Kongregation für die Evangelisierung der Völker, Dialog und Verkündigung, aaO, Nr. 12.

Mit diesen Ausführungen wird weniger die Begriffsklärung weitergeführt, als vielmehr eine gewisse Eingrenzung derjenigen nicht-katholischen Traditionen vorgenommen, mit denen ein Dialog gewünscht wird.

Weitere Versuche, interreligiösen Dialog begrifflich näher zu bestimmen, haben Vertreter unterschiedlicher akademischer Fachrichtungen und Organisationen vorgelegt, von denen hier nur einige Beispiele hervorgehoben werden können. Leonard Swidler etwa, einer der Mitherausgeber des „Journal of Ecumenical Studies", geht vom Begriff „Dialog" aus:

> Dialogue is conversation on a common subject between two or more persons with differing views, the primary purpose of which is for each participant to learn from the other so that s/he can change and grow.[7]

Damit betont Swidler als Ziel des Dialogs einen Lerneffekt, der für ihn den Dialog von einer Debatte abgrenzt. Dann weitet er den Blick auf die interreligiöse Komponente:

> We are here, of course, speaking of a specific kind of dialogue, an interreligious, interideological dialogue. To have such, it is not sufficient that the dialogue partners discuss a religious-ideological subject, that is, the meaning of life and how to live accordingly. Rather, they must come to the dialogue as persons somehow significantly identified with a religious or ideological community.[8]

Diese grundsätzliche Bestimmung erläutert Swidler durch eine Reihe von Abgrenzungen, die er anschaulich als interreligiösen Dekalog bezeichnet. Sie enthalten in bunter Mischung Zielbestimmungen, methodische Elemente und erforderliche innere Haltungen der Dialogpartner. Zudem unterscheidet er drei Dimensionen von interreligiösem Dialog: eine praktische, eine spirituelle und eine kognitive. Den Abschluss bildet die Bestimmung von drei Phasen:

> In the first phase we unlearn misinformation about each other and begin to know each other as we truly are. In phase two we begin to discern values in the partner's tradition and wish to appropriate them in our own tradition. (...). If we are serious, persistent, and sensitive enough in the dialogue, we may at times enter into phase three. Here we together begin to explore new areas of reality, of meaning, and of truth, of which neither of us had even been aware before.[9]

---

7 Leonard Swidler, The Dialogue Decalogue. Ground Rules for Interreligious, Interideological Dialogue, in: ders., Theoria-Praxis: How Jews, Christians and Muslims Can Together Move from Theory to Practice, Peeters Leuven 1998, S. 24–29 (24).
8 Leonard Swidler, The Dialogue Decalogue, in: ders., Theoria-Praxis, aaO, S. 24–29 (24).
9 Leonard Swidler, The Dialogue Decalogue, in: ders., Theoria-Praxis, aaO, S. 24–29 (28).

Im Ergebnis bringt Swidler eine deskriptive Annäherung an das Phänomen „interreligiöser Dialog" ins Wort, wobei der „Dekalog" und die Phasenbestimmung andeuten, dass sein Ziel letztlich in der Ausbildung eines Konzepts, in einer Handlungsanweisung für gelingenden interreligiösen Dialog besteht.

Ein eher seltenes Beispiel für das Bemühen um begriffliche Klärung zu „interreligiöser Dialog" seitens eines muslimischen Autors bietet Ataullah Siddiqui. Er betont zunächst ein Hindernis:

> Definitions of dialogue vary from person to person, depending upon the areas where they come and the nature of the encounter they are facing.[10]

Davon ausgehend sammelt er Umschreibungen einer Reihe muslimischer Wissenschaftler, die interreligiösen Dialog – abgesehen von Elementen einer Methodik – vor allem von seiner Zielsetzung her umreißen: Schaffung eines besseren gegenseitigen Verstehens; Identifikation von möglichen Konfliktpotentialen und von Bereichen möglicher Zusammenarbeit; Auseinandersetzung mit einer alle betreffenden Bedrohungslage. Einen spezifischen Beitrag leistet Siddiqui darüber hinaus, indem er sich mit zwei Koranstellen auseinandersetzt, die eine Diskussion mit Angehörigen anderer Buchreligionen einschränken bzw. unter Bedingungen stellen. Er folgert aus ihnen, dass die Motivation muslimischer Dialogpartner von der zentralen Bedeutung Gottes bestimmt sein müsse. Sie umfasse zum einen die Weise, wie Gott mit Menschen kommuniziere, nämlich durch den Koran; zum anderen sei die Übermittlung entscheidend, nämlich der Prophet Mohammed.[11] Diese klare Priorität bedinge ein Problem:

> The very concept that God guides humanity, reveals His Will and human beings need the Guidance in all spheres of life, brings a sharp distinction between Islam and modernity or the West. The beliefs and value system of modernity are based overwhelmingly upon secular principles where Divine Guidance is a private affair.[12]

---

10 Ataullah Siddiqui, Christian-Muslim Dialogue in the Twentieth Century, MacMillan Press London / St. Martin's Press New York 1997, S. 56.
11 Ataullah Siddiqui, Christian-Muslim Dialogue in the Twentieth Century, aaO, S. 57f. Ganz ähnlich argumentiert Mahmoud Ayoub, vgl. Irfan A. Omar, A Muslim View of Christianity. Essays on Dialogue by Mahmoud Ayoub, Orbis Books Maryknoll/New York 2007, S. 201–211; allerdings betont Ayoub aaO, S. 201 stärker als Siddiqui, dass der Koran ganz grundsätzlich zu friedlicher Koexistenz von Christen und Muslimen sowie zu einem Dialog aufrufe.
12 Ataullah Siddiqui, Christian-Muslim Dialogue in the Twentieth Century, aaO, S. 58.

Da westliche Werte und technologische Errungenschaften zugleich aber eine Faszination ausübten, bestehe nicht nur intellektuell, sondern auch in der Praxis auf muslimischer Seite eine Art Hass-Liebe. Diese

> ...highlights the observation that a deep debate within and between the two value systems is increasingly called for.[13]

Ein weiteres Feld für interreligiösen Dialog ortet Siddiqui im außertheologischen Bereich, zum einen in der Auseinandersetzung mit globalen Gefahren, zum anderen im sozialen Bereich. Auch hierfür bezieht er sich auf eine Reihe muslimischer Autoren, welche diese Problemlagen näher skizziert haben. Im Ergebnis zeigt sich, dass die Begriffsklärung für Siddiqui vor allem Ausgangspunkt ist; im Detail besteht seine Auseinandersetzung mit dem Phänomen „interreligiöser Dialog" hauptsächlich in einer muslimischen Positionsbestimmung.

Christine Lienemann-Perrin geht in ihrer – vor allem am Wirken des ÖRK orientierten – Untersuchung „Mission und interreligiöser Dialog" von einer Zielbeschreibung des interreligiösen Dialogs aus:

> Aus christlicher Sicht bestehen die Ziele des interreligiösen Dialogs darin, aus den Fehlern der Vergangenheit zu lernen; Andersgläubigen beziehungsweise anderen Religionen gegenüber respektvoll zu begegnen; sich um das Verstehen anderer Religionen zu bemühen; die Inhalte des christlichen Glaubens in der Begegnung mit Andersgläubigen neu zu überdenken sowie zu prüfen, was die verschiedenen Religionen miteinander verbindet, worin sie sich unterscheiden und in welcher Hinsicht Unvereinbarkeiten zwischen ihnen bestehen.[14]

In der Wendung „Aus christlicher Sicht..." deutet sich bereits an, dass es sich bei der Zielbeschreibung nicht um eine solche des interreligiösen Dialogs generell handelt, sondern um eine Positionsbestimmung des ÖRK im Dialoggeschehen. Aufbauend unterscheidet Lienemann-Perrin einige Formen von interreligiösem Dialog. Zunächst werden das Religionsgespräch zu vereinbarten Themen und ein Dialog des Lebens unterschieden, worunter sie eine bewusste Gestaltung religiöser Nachbarschaft versteht. Weiterhin nennt sie im Anschluss an Stanley Samartha, einen früheren Direktor der mit interreligiösem Dialog befassten Kommission des ÖRK, einen Dialog als interreligiöses Selbstgespräch von Menschen, die zwei Religionen gleich nahe stehen. Als weitere Form hebt Lienemann-Perrin einen spirituellen Dialog hervor, worunter sie Meditation, Gebet und gottes-

---

13 Ataullah Siddiqui, Christian-Muslim Dialogue in the Twentieth Century, aaO, S. 59.
14 Christine Lienemann-Perrin, Mission und interreligiöser Dialog (Ökumenische Studienhefte 11), Vandenhoeck & Ruprecht Göttingen 1999, S. 9.

dienstliches Feiern als Ort interreligiöser Begegnung versteht. Unter den Begriff „ethischer Dialog" fasst sie gemeinsames Handeln angesichts gesellschaftlicher Probleme. Die letzte Form benennt sie schließlich „Dialog über den Dialog", eine Verständigung über Konsequenzen des interreligiösen Dialogs innerhalb einer Religionsgemeinschaft[15] Die von Lienemann-Perrin unterschiedenen Formen entsprechen genau den vom ÖRK auch tatsächlich verfolgten Ansätzen. Die Frage bleibt allerdings offen, ob und inwiefern alle diese Formen notwendig sind, d. h. ob sie sich zu wesentlichen Elementen von interreligiösem Dialog verdichten. Anfragen ergeben sich z. B. zum „spirituellen Dialog". Der ÖRK hat diesen Weg zwar beschritten, damit aber auch ernste Widerstände bzw. Friktionen ausgelöst,[16] durch die seine interreligiösen Bemühungen ebenso wie ÖRK-interne Annäherungen der Kirchen immer wieder belastet wurden. Dadurch sind die erreichten Klärungen zu „spiritueller Dialog" so bruchstückhaft, dass eine Akzentuierung als eigenständige, gleichberechtigte Form interreligiösen Dialogs im Rahmen einer Begriffsklärung bezweifelt werden kann. Die Umschreibung des „Dialogs über den Dialog" als *Vergewisserung innerhalb einer Religionsgemeinschaft* fasst die internen Evaluationsbemühungen des ÖRK treffend zusammen. Wesentlich gewichtiger erscheint allerdings die entsprechende *Vergewisserung im interreligiösen Dialog* selbst, ein Thema, das bei vielen Dialogereignissen erörtert wurde und sich auch in Ergebnissen niedergeschlagen hat. Lienemann-Perrin unterscheidet schließlich vier Facetten des interreligiösen Dialogs,[17] welche vor allem die Motivation von Teilnehmern skizzieren und die sie aus verschiedenen Konferenzen des ÖRK-Dialogprogramms und aus dessen Dokumenten ableitet. Zusammengenommen bieten die Darlegungen Lienemann-Perrins eine punktgenaue und griffige Bestimmung von Spezifika der interreligiösen Bemühungen des ÖRK, nicht aber eine darüber hinausgehende, allgemein gültige Begriffsklärung von „interreligiöser Dialog".

Mohammed Abu-Nimer, Amal Khoury und Emily Welte bieten folgende Bestimmung des Begriffs „interreligiöser Dialog":

> Broadly defined, dialogue is a safe process of interaction to verbally or non-verbally exchange ideas, thoughts, questions, information, and impressions between people from different backgrounds (race, class, gender, culture, religion, and so on). Dialogue requires not only

---

15 Christine Lienemann-Perrin, Mission und interreligiöser Dialog, aaO, S. 96.
16 Vgl. dazu die ausführlichen Darlegungen von Jutta Sperber, Christians and Muslims. The Dialogue Activities of the World Council of Churches and their Theological Foundation, de Gruyter Berlin/New York 2000, S. 109–118.
17 Christine Lienemann-Perrin, Mission und interreligiöser Dialog, aaO, S. 104–110.

> mutual sharing and exchange, but also mutual listening and consideration of the other's view. Dialogue clarifies misunderstandings and illuminates areas of both convergence and divergence. Dialogue is not preaching or explaining or debate; it maps the transformation of people from postures of intolerance or passive tolerance to attitudes of deep understanding and respect of the other. (...). IFD (= Interfaith Dialogue, Anm. d. Verf.) contributes toward conflict resolution because it draws on peacebuilding processes that, in themselves, have religious connotations. (...).[18]

Obwohl viele dieser Bestimmungselemente Zustimmung verdienen, ist doch Vorsicht geboten. Die Autoren verknüpfen nämlich den Begriff „interreligiöser Dialog" stärker mit ihrer persönlichen Motivation, nämlich einer Friedensbildung, als es zuträglich erscheint. Greifbar wird dies vor allem in Wendungen, die interreligiösen Dialog sehr dezidiert zum bloßen Instrument erklären:

> This is a study of faith-based diplomacy – that is, using religions as a lens through which to view and analyze international conflicts.[19]

> However, it (= Interfaith Dialogue, Anm. d. Verf.) is one of may important tools and contributing factors for resolutions because it reduces the amount of dehumanization and ignorance on both sides of the conflict, as well as providing symbols of hope.[20]

Konfliktüberwindung und Friedensbildung sind zweifellos wichtige Anliegen, die sich auch in den Dialogereignissen und -ergebnissen spiegeln. Unbeschadet dessen weist Marc Gopin zu Recht darauf hin, dass eine Begriffsklärung nicht *a priori* nur auf einen Ausschnitt zugespitzt werden, sondern versuchen sollte, das gesamte Spektrum zu erfassen:

> Many people use 'dialogue' as the equivalent of 'peacemaking' and 'conflict resolution'. This is a mistake.[21]

Alexander Görlach[22] beginnt seine Untersuchung mit Hinweisen auf das II. Vatikanische Konzil und erhebt aus Dokumenten des Päpstlichen Rats für den in-

---

18 Mohammed Abu-Nimer / Amal I. Khoury / Emily Welty, Unity in Diversity. Interfaith Dialogue in the Middle East, United States Institute of Peace Press Washington 2007, S. 8 f.
19 Mohammed Abu-Nimer / Amal I. Khoury / Emily Welty, Unity in Diversity, aaO, S. 7.
20 Mohammed Abu-Nimer / Amal I. Khoury / Emily Welty, Unity in Diversity, aaO, S. 8.
21 Marc Gopin, The Use of the Word and its Limits. A Critical Evaluation of Religious Dialogue as Peacemaking, in: David Smock (Hrsg.), Interfaith Dialogue and Peacemaking, United States Institute of Peace Press Washington 2002, S. 33 – 46 (34).
22 Alexander Görlach, Der Heilige Stuhl im interreligiösen Dialog mit islamischen Akteuren in Ägypten und der Türkei, Ergon Verlag Würzburg 2007.

terreligiösen Dialog und weiteren Veröffentlichungen eine Reihe grundsätzlicher Einsichten. Diese führt er zu folgender Definition zusammen:

> Der interreligiöse Dialog bezeichnet in den hier untersuchten Dokumenten die Begegnung zwischen Menschen verschiedener religiöser Identität zum Zweck des gegenseitigen Austauschs über ihre Glaubensüberzeugungen und über ihre Lebensumstände.
> Die Gesprächsteilnehmer begegnen sich mit Respekt und auf Augenhöhe; die Wahrheitsfrage muss nicht gestellt, aber auch nicht verschwiegen werden; sie ist kein konstitutives Element für den interreligiösen Dialog. Dialog bedeutet nicht die Preisgabe der eigenen religiösen Überzeugung. Wichtiges Kernelement des Dialogs ist der Wille der Gesprächsteilnehmer, die Denk- und Lebenswelt der anderen kennen zu lernen. Die Vergangenheit kann im interreligiösen Gespräch aufgearbeitet werden. Alte Rechnungen können dabei nicht beglichen werden. Der Dialog soll und kann vielmehr den Nährboden bereiten für eine versöhnte und friedfertige Zukunft. Der Dialog dient dem Aufbau von dauerhaften Beziehungen. Ein Ziel des interreligiösen Dialogs wird nicht definiert, vielmehr scheint er als Prozess verstanden zu werden, der nie zu einem Abschluss geführt werden kann. Der Dialog ist ein Beitrag zum Frieden unter den Völkern und Kulturen.
> Diese Dialogdefinition entspricht dem westlichen Verständnis von interreligiöser Begegnung. Das jeweilige Gegenüber muss befragt werden, ob er diese Vorstellung als Grundlage gemeinsamer Handlung akzeptieren möchte.[23]

Der Komplexität des Phänomens „interreligiöser Dialog" entsprechend, umfasst die von Görlach vorgelegte Definition viele Einzelelemente, die zusammen genommen ein anschauliches und treffendes Bild ergeben. Allerdings knüpft am Element „Der Dialog dient dem Aufbau von dauerhaften Beziehungen" eine Frage an: Beziehungen zwischen wem? Die *Religionen* können kaum gemeint sein, weil diese als solche keine Beziehungen aufbauen können. Wenn dauerhafte Beziehungen zwischen *Gläubigen* unterschiedlicher Religion im Blick stehen, interessiert: Was sind „dauerhafte Beziehungen" von Partnern in einem interreligiösen Dialog? Zugleich lässt die Fokussierung allein auf „Beziehungen" eine Spannung zum Definitionselement „...zum Zweck des gegenseitigen Austauschs über ihre Glaubensüberzeugungen und über ihre Lebensumstände" entstehen. Sowohl „Glaubensüberzeugungen" wie „Lebensumstände" haben neben dem Moment des Erlebens auch Inhalte, eine kognitive Seite, auf die sich der Austausch erstrecken soll. Deshalb muss auch – ganz entsprechend einem weiteren Definitionselement – seitens der Dialogpartner der Wille bestehen, „die Denk- und Lebenswelt der anderen kennen zu lernen". Die Formulierung: „...vielmehr scheint er (= der interreligiöse Dialog, Anm. d. Verf.) als Prozess verstanden zu werden, der nie zu einem Abschluss geführt werden kann" scheint in Spannung zu einem der einleitend gebotenen Merkmale zu stehen, nämlich: „...die Begegnung zwischen

---

23 Alexander Görlach, Der Heilige Stuhl im interreligiösen Dialog, aaO, S. 30f.

Menschen verschiedener religiöser Identität zum Zweck des gegenseitigen Austauschs...". Es ist schwer vorstellbar, dass sich Gläubige unterschiedlicher Religionszugehörigkeit treffen, um einen Dialog zu führen, der im Prozesshaften verbleibt, d.h. für die Beteiligten keine greifbaren Ergebnisse im Sinn von Lernerfolgen, Einstellungsveränderung, Bewusstseins- oder Wissenszuwachs erbringt. Die Prozesshaftigkeit dürfte sich vielmehr darauf beziehen, dass der Dialog zwischen *Religionen* – dabei von Personen abstrahierend – zu keinem Abschluss kommen wird, dass es also z.B. zwischen Christentum und Islam von immer neuen Dialogpartnern in aller Zukunft Neues zu entdecken und wahrzunehmen gilt. Als drittes Beispiel sei die Passage hervorgehoben: „Ein Ziel des interreligiösen Dialogs wird nicht definiert...". Dem ist im Sinn einer grundsätzlichen, endgültigen Zielsetzung zuzustimmen, da es niemanden gibt, der ein solches Ziel von interreligiösem Dialog (verbindlich) formulieren könnte. Daneben stehen allerdings Formulierungen wie: „...den Nährboden bereiten für eine versöhnte und friedfertige Zukunft" und „Der Dialog ist ein Beitrag zum Frieden unter den Völkern und Kulturen". Damit werden hohe (Ziel-)Erwartungen im Bereich „Frieden" oder „friedliche Koexistenz" an interreligiösen Dialog ins Wort gebracht. Wie verhalten sich beide Stränge zueinander? Die angesprochenen Aspekte zeigen zusammen genommen, dass die Definition Görlachs in den Einzelelementen zentrale Aspekte von „interreligiöser Dialog" beschreibend und zutreffend ins Wort bringt; deren innere Kohärenz scheint jedoch im Sinn einer Definition zu locker angelegt.

Demgegenüber setzt Reinhold Bernhardt[24] an den Hauptbegriffselementen von interreligiösem Dialog an. Zum Stichwort „Dialog" erfasst er vier Bedeutungselemente (Form, Stil, Qualität, Einstellung), die sich in seinen Erläuterungen als komplexe Bereiche erweisen, welche jeweils dezidierter Auseinandersetzung bedürfen. Dann wendet er sich dem Begriff „Religion" zu. Seine facettenreichen Darlegungen führen zur ernüchternden Einsicht, dass der verallgemeinernde und abstrahierende Gebrauch des Begriffs „Religion" unvermeidlich und sinnvoll sei. Schließlich erörtert Bernhardt – gleichsam als Synthese – die Wendung „Dialog der Religionen". Dabei werden zunächst dessen Formen in den Blick genommen, wobei er verschiedene Ansätze einander gegenüberstellt.[25] Dann legt Bernhard drei Ebenen des interreligiösen Dialogs dar, die mit unterschiedlichen Zielbestimmungen verbunden seien: eine Vertiefung der Kenntnis über eine fremde

---

24 Reinhold Bernhardt, Ende des Dialogs? Die Begegnung der Religionen und ihre theologische Reflexion, Theologischer Verlag Zürich 2005, S. 15–31.
25 Reinhold Bernhardt, Ende des Dialogs?, aaO, S. 27; dabei stellt Bernhardt die vom Päpstlichen Sekretariat für die Nichtchristen, von Diana L. Eck und von Christine Lienemann-Perrin skizzierten Formen gegenüber.

Religion und Religiosität, eine Vertiefung des Verstehens fremder Religion als ganzheitlicher Lebensweise und einen spirituellen Dialog mit dem Ziel größtmöglicher interreligiöser Gemeinschaft.[26] Diese verschiedenen Ansätze, um den Bedeutungsgehalt von „interreligiöser Dialog" zu erschließen, führen Bernhardt zu einer vierfachen Erweiterung des Begriffs „interreligiöser Dialog": er beziehe sich nicht nur auf professionelle Fachgespräche, sondern vor allem auf Alltagsbegegnungen; er finde nicht nur als sprachliche oder schriftliche Mitteilung statt, sondern umfasse alle Kommunikationsformen der Lebenspraxis; er bestehe nicht nur im Vollzug eines äußeren und inneren Dialogs, sondern umfasse auch Einstellungen bzw. Motivationen; er beschränke sich nicht auf dialogisches Verhalten oder eine dialogische Haltung, sondern schließe auch die von einem Verstehen-Wollen getragene Beziehungshaltung und -gestaltung ein.[27] Damit versucht Bernhardt, die Diskussion um Dialogformen und -ebenen im Sinn einer Konvergenz einander anzunähern und für eine Begriffsbildung fruchtbar zu machen. Zugleich verlagert sich aber der Schwerpunkt von „interreligiöser Dialog" einseitig in den Bereich des Erlebens bzw. innerer Haltungen der Dialogteilnehmer, ohne dass ein Grund dafür ersichtlich wird.

In ihrem sehr instruktiven Buch „Religion as a Conversation Starter" erwägen Ina Merdjanova und Patrice Brodeur zunächst eine engere Definition von interreligiösem Dialog als

> (...) human interaction and communication primarily between religious institutions' leaders (often excluding or greatly reducing the participation of lay people and particularly women) for the primary purpose of clarifying theological/philosophical similarities and differences.[28]

Die Autoren halten dann aber fest, dass erst eine breiter angelegte Definition die sich in ihrer persönlichen Dialogpraxis zeigende Vielfalt an Aktivitäten erfasst und favorisieren folgende Umschreibung von „interreligiöser Dialog" als

> (...) all forms of interactions and communication through speech, writing and/or any kind of shared activities that help mutual understanding and/or cooperation between people who self-identify religiously in one form or another.[29]

---

26 Reinhold Bernhardt, Ende des Dialogs?, aaO, S. 29 f.
27 Reinhold Bernhardt, Ende des Dialogs?, aaO, S. 30.
28 Ina Merdjanova / Patrice Brodeur, Religion as a Conversation Starter. Interreligious Dialogue for Peacebuilding in the Balkans, Continuum Publ. Group London/New York 2009, S. 23; so bereits in der Einleitung aaO, S. 3.
29 Ina Merdjanova / Patrice Brodeur, Religion as a Conversation Starter, aaO, S. 23; in der Einleitung aaO, S. 3 wird eine ähnliche, aber doch engere Variante der Formulierung geboten.

Allerdings sehen sich auch Merdjanova und Brodeur veranlasst, die so entwickelte grundlegende Definition anhand weiterer Elemente zu ergänzen. Zunächst unterscheiden sie eine obere, mittlere und untere („grassroots level") Ebene, auf denen der Dialog stattfinden kann. Weiterhin unterscheiden sie drei Dimensionen (interreligiöser Dialog, intra-religiöser Dialog und einen „interworldview dialogue"). Dann differenzieren sie nach Zielgruppen, die altersmäßig, geschlechtsspezifisch oder berufsmäßig bestimmt werden können.[30] Dieser Ansatz erfasst gleichermaßen die sachliche und beziehungsmäßige Seite von Kommunikation. Das Ziel dieser Unterscheidungen ist die Öffnung der vorangestellten Definition von „interreligiöser Dialog" in einer dreifachen Hinsicht:

> First, in principle, interreligious dialogue is a response to religious pluralism, and not just to situations of conflict along religious lines. It arises out of the necessity to understand people coming from religious traditions other than one's own, to communicate better so as to foster mutual respect and recognition (...). Second, interreligious dialogue is inherently related to the principle of toleration. (...). Third, an important barrier to interreligious dialogue remains the inequality in social power and influence (...) and the construction of national identity around religious identification. The latter provides a clear example of a powerful interplay between religion and politics. (...).[31]

Damit haben Merdjanova und Brodeur die Begriffsklärung von „interreligiöser Dialog" um einen großen Schritt nach vorne gebracht. Tatsächlich spielt „Pluralismus" und seine konkrete alltägliche Erfahrung eine entscheidende Rolle. Dieser Anknüpfungspunkt sowie die Wendung „....and not just to situations of conflicts along religious line" schließen die oben bei Abu-Nimer, Khoury und Welte beobachtete Engführung aus. Statt dessen wird zu Recht akzentuiert, dass „Pluralismus" und dessen konkrete Erfahrung im Alltag einen ganz entscheidenden Impuls vermittelt, einen Dialog überhaupt zu suchen. Zugleich wird interreligiösem Dialog durch den Hinweis auf „Respekt" und „Anerkennung" ein bedeutsames Element von Gestaltung und Einwirkung sowie ein Lernziel zuerkannt. Dabei wiederum spielt Toleranz die entscheidende Rolle als eine notwendige, den Dialogpartnern eigene innere Haltung, welche die Basis für eine Öffnung hin zum anderen ist. Das dritte Element schließlich weitet den Blick auf Rahmenbedingungen sozialer, gesellschaftlicher und politischer Art. Dialogpartner bringen nicht nur ihre jeweilige religiöse Überzeugung in einen Dialog ein; sie kommen als Glaubende in einen Dialog und *zugleich* als Menschen, die auf einer bestimmten Sprosse der sozialen Leiter stehen, sich in einer konkreten Gesellschaft bewegen und sich in einem vorhandenen politischen Spektrum positionieren. Insgesamt

---

30 Ina Merdjanova / Patrice Brodeur, Religion as a Conversation Starter, aaO, S. 3 f.
31 Ina Merdjanova / Patrice Brodeur, Religion as a Conversation Starter, aaO, S. 4 f.

erfährt „interreligiöser Dialog" so eine notwendige Erdung in der Lebensrealität. Auch interreligiöse Dialogpartner sind Menschen mit vielen Facetten und Prägungen, religiösen wie nicht-religiösen.

In den weiteren Gang dieser Untersuchungen werden die Begriffsklärungen von Merdjanova und Brodeur zu „interreligiöser Dialog" mitgenommen. Es wird zu zeigen sein, inwiefern sie eine Interpretation der hier fokussierten Dialogereignisse und -ergebnisse unterstützen.

1.2 Sachliche Annäherungen: ein erster Blick auf Akteure und Agenden

Eine Annäherung an das Phänomen „interreligiöser Dialog" bedarf – jenseits begrifflicher Klärung – noch ergänzender Ein- und Zuordnungen. Einige Aspekte lassen sich anhand eines Vergleichs zu Gegebenheiten im ökumenischen Dialog anschaulich aufzeigen. Ein erster bedeutsamer Unterschied besteht im Ziel.[32] Im ökumenischen Dialog begegnen sich christliche Kirchen zu einem Austausch, um eine *communio* wiederzufinden, die einmal vorhanden war, aus komplexen Gründen aber zerbrochen ist. Die Motivation dazu beruht auf dem Auftrag Jesu Christi, die Einheit zu wahren, eine Weisung, der sich alle beteiligten Kirchen gleichermaßen verpflichtet wissen. Im interreligiösen Dialog begegnen sich dagegen Religionen, die eigenständige Größen sind und bleiben wollen; sie suchen keine Einheit.[33] Der muslimische Autor Mahmoud Ayoub formulierte diesen Zusammenhang pointiert so:

---

[32] Die dem interreligiösen Dialog eigene Vielfalt kann diesbezüglich begriffliche Unschärfen mit sich bringen. Mahmoud Ayoub z.B. bezieht sich zutreffend auf ökumenischen Dialog im Unterschied zu interreligiösem Dialog. Er fügt dann aber an: „I would like to suggest that, as Christians and Muslims, we should re-examine what the term ‚revelation in faith', or trust which God has laid upon us, really means. The old Greek use of *oikoumene* (ecumenical) meant the inhabited earth, which was not inhabited only by Christians and Muslims. The *oikoumene* was a religious civilized society. I look forward, therefore, to the time when ‚ecumenical' is used in its proper sense", vgl. Irfan A. Omar, A Muslim View of Christianity. Essays on Dialogue by Mahmoud Ayoub, Orbis Books Maryknoll/New York 2007, S. 9. Die Ausführungen Ayoubs sind nachvollziehbar, berücksichtigen aber zu wenig, dass „ökumenisch" zu einem geprägten theologischen Begriff geworden ist, der nur noch bedingt mit der griechischen Wortwurzel zu tun hat.

[33] Die Abgrenzung zu einzelnen Bestrebungen, eine den Religionen gleichsam übergeordnete Ebene zu bilden, ist Thema u.a. der panorthodoxen Beschlussfassung zur Öffnung für einen interreligiösen Dialog und des interreligiösen Dialogs selbst geworden. Diese Abgrenzung wird noch genauer darzustellen sein.

> We must obey God as Muslims and as Christians, not as Muslims who are also Christians or Christians who are also Muslims. We are different, and it is God's will that we be different.[34]

Während die Zielsetzung des ökumenischen Dialogs durch einen Auftrag des Herrn vorgegeben ist, muss diejenige des interreligiösem Dialogs erst entwickelt werden.[35] Dazu bedarf es gemeinsamer Anstrengungen im Dialoggeschehen selbst. Darauf wird im Fortgang dieser Untersuchung zurückzukommen sein.

Ökumenischer Dialog kann auf verschiedenen Ebenen und in unterschiedlichem Verbindlichkeitsgrad stattfinden. Herausragend erscheint der offizielle Dialog, zu dem sich zwei Kirchen bereit erklärt haben und der konkret durch jeweils ernannte oder nach kircheninternen Regeln beauftragte Repräsentanten geführt wird. Selbst dann stehen die erreichten Dialogergebnisse unter dem Vorbehalt ihrer Rezeption und Bestätigung durch die dazu nach den Regeln der jeweiligen Kirche berufenen Verantwortlichen oder Autoritäten. Bei interreligiösem Dialog liegt demgegenüber die Schwelle viel niedriger: Die Teilnehmer an interreligiösen Dialogereignissen agieren nicht als Repräsentanten ihrer Religion, sondern als Gläubige, verwurzelt in der geistlichen Tradition ihrer jeweiligen Kirche oder Religionsgemeinschaft. Sie werden von den Initiatoren bzw. Veranstaltern interreligiöser Ereignisse gewonnen, nicht von religiösen Autoritäten beauftragt und entsandt. Interreligiöser Dialog und die mit ihm verbundenen Einsichten werden zudem von den angesprochenen religiösen Autoritäten nicht etwa ratifiziert und dadurch gleichsam in Kraft gesetzt. Die Wirksamkeit von interreligiösem Dialog ist vielmehr ganz auf Überzeugungsarbeit, Motivation und Lernerfolge angelegt und angewiesen. Die angesprochene Rolle der Teilnehmer und der inoffizielle Grundcharakter von interreligiösem Dialog ergeben sich für den Islam bereits daraus, dass diese Religion keine hierarchischen Strukturen und zentrale Auto-

---

34 Irfan A. Omar, A Muslim View of Christianity, aaO, S. 15.
35 Diesbezüglich entsteht – zumindest – eine begriffliche Unsicherheit, wenn interreligiöse Bemühungen mit dem Begriff „Ökumene" in Verbindung gebracht werden. Ein aussagekräftiges Beispiel ist der Beitrag von Helmut A. Müller (Hrsg.), Kultur, Religion und Glauben neu denken. Von der abrahamitischen Ökumene zur Ökumene der Religionen, Frank & Timme Berlin 2014. AaO, S. 10 wird eine Offenheit für die Vision einer Ökumene der Religionen eingefordert „trotz der erwartbaren und wahrscheinlichen Transformation der eigenen Tradition". Dieser „Vision" wird eine Erklärung der EKD gegenübergestellt, „dass die Idee einer der Ökumene zwischen den christlichen Konfessionen vergleichbare Ökumene der Religionen ein Irrweg sei". Dem ist zuzustimmen. Müller verweist ohne weitere Auseinandersetzung mit dem Standpunkt der EKD zur Begründung seines Ansatzes lediglich auf eine Ausweitung des Verständnisses von „Ökumene" in einer Studie des ÖRK.

ritäten kennt.³⁶ Die Rede z. B. von einem christlich-islamischen Dialog ist vor diesem Hintergrund in doppelter Hinsicht für Missverständnisse anfällig: dass sich nämlich zwei quasi-monolithische Religionen im Dialog begegnen und dass es sich bei den konkret Agierenden um Repräsentanten, um offizielle Vertreter handeln würde. Insoweit ist eine von Reinhold Bernhardt aufgeworfene Frage sicher berechtigt, ob statt von „Dialog der Religionen" nicht besser von „einer dialogischen Begegnung von Angehörigen unterschiedlicher Religionen" gesprochen werden sollte.³⁷

Das voran stehende Faktum, dass der Islam keine hierarchischen Strukturen und keine verbindliche zentrale Autorität kennt, kann zu einem weiteren wichtigen Aspekt von interreligiösem Dialog verallgemeinert werden: das Selbstverständnis der beim Dialog jeweils involvierten Kirchen oder Religionsgemeinschaften spielt eine entscheidende Rolle. Sie bleibt oft unerwähnt.³⁸ Das jeweilige Selbstverständnis der Beteiligten bringt in den interreligiösen Dialog eine zusätzliche Vielfalt ein. Aus dieser z. B. dem Christentum wie dem Islam eigenen inneren Vielfalt können sich beim interreligiösen Dialoggeschehen prinzipiell beliebige Kombinationen ergeben. Bei multireligiösen Dialogereignissen steigt die Zahl möglicher Kombinationen der Religionszugehörigkeiten nochmals deutlich an. Die bei jedem einzelnen Dialogereignis tatsächlich vorhandene Vielfalt hat Gewicht, denn sie kann Dialogverlauf und -ergebnis nachhaltig beeinflussen; deshalb lohnt es sich, sie in den Blick zunehmen. Das im Hintergrund interreligiösen Dialogs wirksame jeweilige Selbstverständnis" macht „Vielfalt" sogar zu einem Gestaltungselement bei der Planung und Durchführung von interreligiösen Aktivitäten.

Ein weiterer Gesichtspunkt ergibt sich aus einer ganz anderen Richtung: Interreligiöser Dialog steht gleichsam unter Stress. Er gilt – wie die eingangs erwähnten Zitate zweier Würdenträger belegen – angesichts zunehmender Konflikte als eine Notwendigkeit. Damit verbunden sind Erwartungen und Interessen. Sie bestehen bei Veranstaltern wie Teilnehmern an Dialogereignissen, insofern sie

---

36 Vgl. Pontifical Council for Interreligious Dialogue, Guidelines for Dialogue between Christians and Muslims, Paulist Press New York 1990. Der Verfasser des im Original französischsprachigen Dokuments, Maurice Borrmans, bietet aaO, S. 17–22 unter der Überschrift „Muslims in their Unity and their Diversity" eine erste Orientierung, der zufolge Koran und Rechtsvorschriften das einigende Band des Islam darstelle, welches bei der Wallfahrt nach Mekka symbolisch erfahren werden könne; davon abgesehen identifiziert Borrmans eine ganze Reihe von Faktoren weitgehender Verschiedenheit.
37 Reinhold Bernhardt, Ende des Dialogs?, aaO, S. 31.
38 Eine Ausnahme bietet z. B. Reinhold Bernhard, Das Selbstverständnis der Religionsgemeinschaften angesichts der Vielfalt der Religionen, in: Judith Könemann / Georg Vischer (Hrsg.), Interreligiöser Dialog in der Schweiz, Theologischer Verlag Zürich 2008, S. 46–64.

nicht nur (kennen-)lernen, sondern verändern, verbessern, in Krisen sogar retten wollen. Erwartungen und Interessen bestehen im Umfeld von interreligiösem Dialog, etwa bei staatlichen oder politischen Autoritäten. Ähnliches gilt für interreligiös orientierte Organisationen, deren Erwartungshorizont man in der Regel ihren Satzungen entnehmen kann. Erwartungen bilden sich schließlich auch im Binnenraum der beteiligten Religionen: neben Einsichten, was interreligiöser Dialog leisten kann, gibt es gefestigte Vorstellungen, was interreligiöser Dialog bewirken *soll.* Interreligiöser Dialog kann sogar zu einem Konzept ausgebaut werden, dessen genaue Befolgung einen erwünschten Erfolg, etwa Friedensbildung, garantieren soll.[39] Solche Erwartungshaltungen und Interessenlagen müssen kein Problem darstellen. Sie können sehr wohl als positive Impulse verstanden werden, die Engagement stimulieren, Personen motivieren, dazu ermutigen, Kräfte und Ressourcen zu investieren. Wichtig erscheint aber der Versuch, Zusammenhänge sichtbar zu machen, Indizien für beteiligte Interessen – nicht zuletzt auch wirtschaftlicher oder politischer Natur – herauszustellen und einer Diskussion zugänglich zu machen.

2 Nähere Bestimmung des Gegenstandes der vorliegenden Untersuchung

2.1 Die Wahl des Anknüpfungspunkts

Die meisten Autoren, die sich mit dem Thema „interreligiöser Dialog" beschäftigen, sehen sich veranlasst zu erläutern, welcher Ausschnitt des gesamten Dialoggeschehens in ihrer Untersuchung jeweils behandelt werden soll und aus welchen Gründen. Solche Wege, zu einer Eingrenzung zu kommen, illustrieren – von nochmals anderer Seite her – die Komplexität von interreligiösem Dialog. Jutta Sperber knüpft z. B. an den Aktivitäten einer einzigen, (auch) interreligiös engagierten Organisation, nämlich des ÖRK, an. Sie grenzt ihre Untersuchung auf einen Teil der Bemühungen des ÖRK ein, nämlich auf das Dialoggeschehen unter

---

[39] Ein solches Konzept zur Konfliktmediation hat z. B. die Organisation „World Conference on Religions and Peace" entwickelt, welches Tanja Wettach-Zeitz anhand eines Projekts in Bosnien-Herzegowina einer kritischen Sichtung unterzieht. Vgl. Tanja Wettach-Zeitz, Ethnopolitische Konflikte und interreligiöser Dialog. Die Effektivität interreligiöser Konfliktmediationsprojekte analysiert am Beispiel der World Conference on Religion and Peace Initiative in Bosnien-Herzegowina, Kohlhammer Stuttgart 2008.

Beteiligung von Christen und Muslimen.⁴⁰ Annähernd methodisch vergleichbar ist die Darstellung von Homer Jack zu den Aktivitäten der World Conference on Religion and Peace. Er zeichnet die Geschichte dieser interreligiös ausgerichteten Organisation, um ihr Engagement im Dialog auf einer Zeitachse darzustellen.⁴¹ Ein drittes Beispiel dieses Typs beschäftigt sich mit den Bemühungen der fachlich maßgeblichen Einrichtung der katholischen Kirche, nämlich des Päpstlichen Rats für Interreligiösen Dialog, zusätzlich eingegrenzt auf dessen christlich-muslimische Dialogbemühungen und zugespitzt auf Beiträge, die zur Ausprägung einer Theologie der Religionen wirksam geworden sind.⁴² Andere wählen eine geografische Eingrenzung. So wird z. B. eine auf den nahöstlichen Kontext bezogene Analyse von Dialogaktivitäten vorgestellt.⁴³ Zu derselben Gruppe gehören ein Sammelband, der verschiedene Facetten des interreligiösen Dialogs in der Schweiz beleuchtet,⁴⁴ sowie eine Untersuchung über Christlich-Islamischen Dialog als Initiative Österreichischer Außenpolitik.⁴⁵ Wieder andere Autoren grenzen thematisch ein, etwa auf den im interreligiösen Dialog bedeutsamen Aspekt „Gerechtigkeit"⁴⁶ oder auf den Bereich „interreligiöse Solidarität und Entwicklungszusammenarbeit".⁴⁷ Vergleichbare Beispiele knüpfen an der politisch-gesellschaftlichen Relevanz von interreligiösem Dialog⁴⁸ oder am ange-

---

40 Jutta Sperber, Christians and Muslims. The Dialogue Activities of the World Council of Churches and their Theological Foundation, de Gruyter Berlin/New York 2000.
41 Homer Jack, WCRP: A History of the World Conference on Religions and Peace, WCRP New York 1993.
42 Risto Jukko, Trinity in Unity in Christian-Muslim Relations. The Work of the Pontifical Council for Interreligious Dialogue (History of Christian-Muslim Relations Vol. 7), Brill Leiden 2007.
43 Mohammed Abu-Nimer / Amal I. Khoury / Emily Welty, Unity in Diversity. Interfaith Dialogue in the Middle East, United States Instutute of Peace Press Washington 2007.
44 Judith Könemann / Georg Vischer (Hrsg.), Interreligiöser Dialog in der Schweiz, Theologischer Verlag Zürich 2008.
45 Elisabeth Karamat, Christlich-Islamischer Dialog. Initiative Österreichischer Außenpolitik, (Schriftenreihe der George Anawati-Stiftung Bd. 2), EB-Verlag Schenefeld 2007.
46 Elmar Klinger / Francis X. D'Sa, Gerechtigkeit im Dialog der Religionen, Echter Würzburg 2006. Die Beiträge dieses Sammelbandes beleuchten unterschiedliche Einzelaspekte des Leitthemas, u. a. in verschiedenen geografischen und historischen Zusammenhängen.
47 Johannes Müller (Hrsg.), Interreligiöse Solidarität im Einsatz für die Armen, LIT-Verlag Berlin 2007.
48 Ernst J. Nagel, Minderheiten in der Demokratie. Politische Herausforderung und interreligiöser Dialog, Kohlhammer Stuttgart 1998. Die Untersuchung fokussiert das Problem multiethnischer und multireligiöser Gegebenheiten im selben Herrschaftssystem. Dabei werden verschiedene – auch historische – Lösungsansätze evaluiert. AaO, S. 157 ff behandelt Nagel die Chancen und Grenzen, die interreligiösem Dialog bei der Gestaltung von „Vielfalt" zukommen.

strebten Ziel einer Friedensbildung durch interreligiösen Dialog[49] an. Ein weiterer Typ von Darstellungsweisen geht von einer bestimmten Religionsgemeinschaft, Kirche oder Religionsgruppe aus, um von daher spezifische Aspekte interreligiösen Dialogs zu beleuchten. So kann Anknüpfungspunkt beispielsweise der sunnitische Islam,[50] die islamisch-spirituelle Strömung des Sufismus,[51] die katholische Kirche,[52] die anglikanische Kirche,[53] oder auch die Orthodoxie[54] sein.

Die für diese Untersuchung vorgenommene Eingrenzung bezieht sich auf Orthodoxie und Islam. Sie reiht sich damit in diejenige Gruppe ein, die eine bestimmte Kirche im interreligiösen Dialog fokussiert. Dabei ist zu berücksichtigen, dass die Orthodoxie 14 autokephale Kirchen kennt, die untereinander in voller kirchlicher *communio* stehen, im übrigen aber völlig selbständig sind und zusammen die eine orthodoxe Kirche bilden. Bei der Frage nach einem Engagement

---

49 David R. Smock, Interfaith Dialogue and Peacebuilding, United States Institute of Peace Press Washington 2002.
50 Als Beispiel sei hervorgehoben Irfan A. Omar (Hrsg.), A Muslim View of Christianity. Essays on Dialogue by Mahmoud Ayoub, Orbis Books Maryknoll, NY 2007. Als weiteres Beispiel vgl. Waleed el-Ansary / David K. Linnan, Muslim and Christian Understanding. Theory and Application of ‚A Common Word', Palgrave/Macmillan New York 2010.
51 Vgl. Reza Shah-Kazemi, The Other in the Light of the One. The Universality of the Qur'an and Interfaith Dialogue, The Islamic Press Society Cambridge 2010 (Nachdruck).
52 Als Beispiele seinen genannt: Wayne Teasdale, Catholicism in Dialogue. Conversations across Traditions, Rowman & Littlefield Publishers Lanham/Boulder/New York/Oxford 2004. Vgl. Alexander Görlach, Der Heilige Stuhl im interreligiösen Dialog mit islamischen Akteuren in Ägypten und der Türkei, Ergon Verlag Würzburg 2007. Vgl. Robert B. Sheard, Interreligious Dialogue in the Catholic Church Since Vatican II. An Historical and Theological Study, (Toronto Studies in Theology Vol. 31), Edwin Mellen Press Lewiston, NY / Queenston, Ontario 1987; die Untersuchung analysiert die Beiträge des Päpstlichen Sekretariats für die Nicht-Christen bzw. für Interreligiösen Dialog und stellt ihnen diejenigen der „Sub-Unit for Dialogue with People of Living Faiths and Ideologies" des ÖRK gegenüber; daraus werden Schlussfolgerungen für die Entwicklung einer angemessenen Theologie der Religionen gezogen. Vgl. auch James L. Heft (Hrsg.), Catholicism and Interreligious Dialogue, Oxford University Press 2012; der Sammelband beleuchtet u. a. die von der katholischen Kirche mit Judentum, Islam, Hinduismus und Buddhismus geführten Dialoge.
53 Vgl. David Grafton / Joseph Duggan / Jason Harris (Hrsg,), Christian-Muslim Relations in the Anglican and Lutheran Communions. Historical Encounters and Contemporary Projects, Palgrave Macmillan New York 2013. Vgl. auch C. Denise Yarbrough, Radical Hospitality: Interreligious Dialogue as Christian Mission in the Twenty-First Century, in: Zachary Guiliano / Charles M. Stang (Hrsg.), The Open Body. Essays in Anglican Ecclesiology. Verlag Peter Lang New York u. a. 2012, S. 153–168; der Beitrag versucht instruktiv, die Aspekte „Mission" und „interreligiöser Dialog" aus anglikanischer Sicht in Beziehung zu setzen.
54 Ein Beispiel dafür bietet Andrew Sharp, Orthodox Christians and Islam in Postmodern Age, Brill Leiden 2012.Vgl. auch Demetrios J. Constantelos, Issues and Dialogues in the Orthodox Church Since World War Two, Holy Cross Orthodox Press Brookline 1986.

der Orthodoxie im interreligiösen Dialog ergibt sich angesichts dieses kirchlichen Selbstverständnisses ein vollständiges Bild nur dann, wenn Beiträge aller autokephaler Kirchen[55] einbezogen werden. Die ekklesiologische Struktur der Orthodoxie bedingt zugleich, dass es gemeinsame Aktivitäten aller oder mehrerer autokephaler Kirchen im interreligiösen Dialog geben kann, aber auch Beiträge einer einzelnen dieser Kirchen. Beiden vorgegebenen Gesichtspunkten soll in dieser Untersuchung Rechnung getragen werden, formal sichtbar in der Unterscheidung zweier Abschnitte im Kapitel C. Die Orthodoxie hat sich zudem an interreligiösen Dialogen mit mehreren Religionen beteiligt, darunter insbesondere mit dem Judentum[56] und dem Islam. Hier bedarf es einer Eingrenzung. Sie wird durch Fokussierung auf den Dialogpartner Islam vorgenommen. Einbezogen werden somit sowohl bilaterale (orthodox-muslimische wie christlich-muslimische) Dialoge, aber auch multilaterale Dialoge (z. B. christlich-jüdisch-muslimisch), sofern nur Orthodoxe und Muslime zugleich – eventuell neben Gläubigen anderer Kirchen bzw. Religionen – beteiligt waren.

2.2 Vergewisserung über den Anknüpfungspunkt

Die zentrale Frage dieses Abschnitts lautet: Warum wird eine Untersuchung zum interreligiösen Dialog vorgelegt, die auf christlicher Seite die Orthodoxie fokussiert?

Ein erster Gesichtspunkt ist mit der Wendung „kirchliche Identität" verknüpft. Damit wird ins Wort gebracht, dass jede Kirche über eine eigene, unverwechselbare Prägung verfügt, die sich insbesondere aus ihrem ekklesiologischen Selbstverständnis, der Summe ihrer Traditionen, ihren theologischen und spirituellen Akzenten, ihren geschichtlichen Erfahrungen sowie aus der Auseinandersetzung mit sich ständig verändernden staatlichen, gesellschaftlichen und kulturellen Rahmenbedingungen ergibt. Im bilateralen ökumenischen Dialog, z. B. dem katholisch-orthodoxen Dialog, ist selbstverständlich, dass die zwei sich begegnenden und austauschenden Kirchen ihre jeweilige Identität mit- und einbringen. Dasselbe gilt auch in multilateralen ökumenischen Zusammenhängen wie dem ÖRK oder der Konferenz Europäischer Kirchen, bei denen die Orthodoxie neben vielen anderen Kirchen und kirchlichen Gemeinschaften vertreten und

---

[55] Diese Untersuchung konzentriert sich auf die 14 kanonisch anerkannten autokephalen Kirchen. Autonome und quasi-autonome Kirchen sowie Exarchate bleiben dagegen unberücksichtigt, um die Materie zu begrenzen.
[56] Zum Dialog der Orthodoxie mit dem Islam vgl. Damaskinos Papandreou, Dialog als Leitmotiv, aaO, S. 258–262.

engagiert ist. Dabei ist keine von ihnen überflüssig, denn jede bringt etwas vom Reichtum ihrer kirchlichen Identität in das Geschehen ein. Dasselbe gilt analog im interreligiösen Dialog. Bei einem bilateralen interreligiösen Dialog im engeren Sinn, z. B. orthodox-islamisch, liegt das auf der Hand, denn er setzt bereits begrifflich Gläubige zweier klar voneinander unterschiedener religiöser Überzeugungen voraus. Weniger offensichtlich ist das, wenn der eine Dialogpartner, z. B. das Christentum, sich aus Gläubigen verschiedener Kirchen zusammensetzt. Diese legen jedoch im Dialoggeschehen ihre jeweilige kirchliche Identität nicht etwa ab, ganz im Gegenteil: ein gläubiger Katholik bringt sich als solcher, d. h. mit seiner kirchlichen Identität ein, ein Orthodoxer oder Kopte jeweils mit der seinen. Darauf hat Reinhold Bernhard zu Recht hingewiesen:

> Die einzelnen Kirchen bringen sehr unterschiedliche, nicht selten auch negative Erfahrungen in die Begegnung mit anderen Religionen ein, ihre Auffassungen von Notwendigkeit, Wesen, Ziel und Grenzen des Dialogs sind verschieden, ebenso wie ihre theologischen Prägungen.[57]

Dies vorausgesetzt lohnt es sich, nach den Beiträgen von Gläubigen einer einzelnen Kirche im interreligiösen Dialog zu fragen, denn so eröffnen sich Zugänge, wie sich eine bestimmte kirchliche Identität im Dialog mit dem Islam ausspricht. In dieser Untersuchung sollen Beiträge der Orthodoxie bestimmt und analysiert werden. Dabei muss der Blickwinkel weit genug sein: auf Orthodoxe als einzige Gesprächspartner von Muslimen, aber auch auf Orthodoxe zugleich mit Angehörigen anderer christlicher Kirchen im Dialog mit dem Islam. In beiden Fällen bringen die gläubigen Teilnehmer dieselbe kirchliche Identität der Orthodoxie in das Geschehen ein und nur in Summe kann das Bild scharf gestellt werden.[58] Anders gewendet: die Orthodoxie wirkt nicht nur im bilateralen orthodox-muslimischen Dialog, sie beeinflusst auch – in einer spezifischen Weise – einen christlich-muslimischen Dialog, sofern nur zumindest eine autokephale Kirche beim entsprechenden Dialogereignis vertreten ist.

Ein weiterer Grund für eine spezifisch auf orthodoxe Kirchen im interreligiösen Dialog mit dem Islam bezogene Untersuchung wird von den orthodoxen Kirchen

---

57 Reinhold Bernhardt, Ende des Dialogs?, aaO, S. 45.
58 In christlich-islamisch angelegten Dialogereignissen wird dabei gleichsam automatisch greifbar, dass neben der fokussierten Beteiligung von Orthodoxen auch Gläubige anderer Kirchen auf christlicher Seite beteiligt sind. Der hier zugrunde gelegte Ansatz, bei bilateralen Dialogereignissen auf solche mit orthodoxen bzw. muslimischen Partnern einzugrenzen, mindert selbstverständlich nicht die Bedeutung anderer derartiger Dialoge, etwa des katholisch-islamischen Dialogs oder des Dialogs von Gläubigen einer der orientalisch-orthodoxen Kirchen mit muslimischen Partnern.

2 Nähere Bestimmung des Gegenstandes der vorliegenden Untersuchung — 21

selbst betont. Sie verfügen nämlich über eine größtenteils jahrhundertelange Erfahrung des Zusammenlebens mit Muslimen. Anastasios Yannoulatos, Metropolit von Tirana und Ganz Albanien, einer der Protagonisten orthodoxer Bemühungen im interreligiösen Dialog, formuliert diesen Aspekt so:

> It is obvious that the cultural tradition and legacy of eastern Christians places us much closer to the Muslim world, with which we have coexisted for many centuries. In many senses, despite our deep theological differences and our dramatic clashes in the past, we both move within a common cultural landscape.[59]

Ganz ähnlich betonte der Ökumenische Patriarch in einer Ansprache:

> Cohabitation between Christians and Muslims, especially in the Mediterranean region, has been the rule for centuries, and has made these groups of people familiar with each other, created friendships and co-operations, facilitated discussions and exchanges of views, and has given rise to mutual understanding.[60]

Eine solche jahrhundertelange Erfahrung friedlichen Zusammenlebens der Religionen wird z. B. auch für das Verhältnis von griechisch-orthodoxen und muslimischen Bevölkerungsteilen in Nordgriechenland in Anspruch genommen.[61] In einer vom Außenamt des Moskauer Patriarchats verbreiteten Presseerklärung zur Gründung des interreligiösen Rates der Gemeinschaft Unabhängiger Staaten (GUS) im Jahr 2004 wird diese so begründet:

> We spiritual leaders of member countries of the Commonwealth of Independent States testify to fully preserving and augmenting centuries-old traditions of interreligious partnership. The present-day scope of our mutual understanding allows us to cross the limits of regular interreligious conferences for a higher level of team efforts. (...).[62]

---

59 Anastasios Yoannoulatos, Facing the World. Orthodox Christian Essays on Global Concerns, WCC Publications Geneva 2003, S. 119.
60 Ansprache des Ökumenischen Patriarchen Bartholomaios am Islamischen College in Libyen (2003) in: George C. Papademetriou, Two Traditions, One Space. Orthodox Christians ans Muslims in Dialogue. Somerset Hall Press Boston 2011, S. 282–297 (285).
61 Vgl. Asterios Argyriou, La situation du Dialoge Islamo-Chrétien dans le Monde Orthodoxe et en Grèce, in: Jacques Waardenberg (Hrsg.), Islam and Christianity. Mutual Perceptions since the Mid-20th Century, Peeters Leuven 1998, S. 97–105 (102): „Par ailleurs, les Musulmans et les Chrétiens de Thrace vivent ensemble en parfaite harmonie car ils ont à se partager la même misère et les mêmes mauvais coups de l'histoire".
62 Presserklärung der Gründungskonferenz auf der Homepage des Nachrichtendienstes „rianovosti" unter http://en.ria.ru/onlinenews/20040304/39909801.html (abgerufen 16.9.2014).

Diese Erfahrungen werden voller Selbstbewusstsein geradezu als ein Modellfall stilisiert:

> Die Russisch-Orthodoxe Kirche und der Rat der Muftis von Russland haben die Weltgemeinschaft aufgefordert, Russlands Erfahrungen bei der christlich-islamischen Zusammenarbeit zu nutzen, um ein globales Modell des Zusammenwirkens, der Wertsysteme von Ost und West zu schaffen. (...). ‚Russland hat einzigartige Erfahrungen beim friedlichen Nebeneinanderbestehen und Zusammenwirken von Christentum und Islam'.[63]

Selbstverständlich verfügt die Orthodoxie nicht isoliert über einen dergestalt akzentuierten Erfahrungshorizont. Insbesondere für die orientalisch-orthodoxen Kirchen, die häufig in denselben nahöstlichen und kaukasischen Regionen wie Orthodoxe und Muslime präsent sind, gilt dasselbe.[64] Das mindert jedoch nicht die Erwartung, dass die Orthodoxie ihre angesprochene besondere Vertrautheit mit dem Islam und mit der von dieser Religion geprägten kulturellen Landschaft in den interreligiösen Dialog eingebracht hat. Dieser Vertrautheit in ihrer spezifisch orthodoxen Gestalt soll nachgespürt werden.

Ein anderes Motiv für eine auf orthodoxe Kirchen im interreligiösen Dialog mit dem Islam konzentrierte Untersuchung beruht auf einer ebenfalls von Anastasios Yannoulatos treffend formulierten Einsicht:

> An important observation that has emerged from scholarly research is the close connection between eastern Christianity and the beginnings of Islam. An Orthodox Christian who understands Islam's various formulations and views will recognize a fair number of kindred points, albeit in altered forms. There clearly exist common layers of religious experience in the Middle East. (...). Moreover, Islam's subsequent development took place in constant dialogue primarily with Christians of the East.[65]

---

63 Bericht über eine interreligiöse Konferenz am 7.2.2006 in Moskau, vgl. http://russlandonline.ru/rupol0010/morenews.php?iditem=9797 (abgerufen 14.9.2014).
64 Vgl. Fiona McCallum, Muslim-Christian Relations in Egypt: challenges for the twenty-first century, in: Anthony O'Mahony / Emma Loosley (Hrsg.), Christian Responses To Islam. Muslim-Christian relations in the modern world, Manchester University Press 2008, S. 66–84; sie zeigt den angesprochenen orientalisch-orthodoxen Erfahrungshorizont am Beispiel der Kopten auf. Vgl. auch Emma Loosley, Christianity and Islam in Syria: island of religious tolerance?, in: Anthony O'Mahony / Emma Loosley (Hrsg.), Christian Responses To Islam, aaO. S. 162–174; der Beitrag zeigt eindrücklich auf, dass die Bedingungen für christlich-muslimische Koexistenz des Landes für verschiedene Kirchen, darunter die syrisch-orthodoxe Kirche, weitestgehend dieselben sind.
65 Anastasios Yannoulatos, Facing the World, aaO, S. 120 f.

Damit ist ein inhaltlicher Aspekt angesprochen, nämlich die Vertrautheit der Orthodoxie mit dem Islam als Religion und mit deren innerer Entwicklung.[66] Tatsächlich unterstreicht z. B. das Werk „Christian-Muslim Relations. A Bibliographical History (CMR)" diesen Aspekt in eindrucksvoller Weise: Die vor allem in den ersten Bänden gesammelten und dargestellten Schriften einer frühen Auseinandersetzung von Christentum mit dem Islam und *vice versa* belegen die Intensität, mit der sich orthodoxe Autoren daran beteiligt haben.[67] Dies lässt erwarten, dass Orthodoxe bis heute, vermittelt durch Ausbildung, durch Begegnung und Zusammenleben oder durch das schwer zu fassende „kirchliche Gedächtnis", über vertiefte Zugänge verfügen und einen besonderen Akzent in den interreligiösen Dialog einbringen können. Auch hier gilt insbesondere für die orientalisch-orthodoxen Kirchen dasselbe. Deren früh einsetzende und intensive Bemühungen um eine inhaltliche Auseinandersetzung mit dem Islam können im selben Werk „Christian-Muslim Relations (CMR)" verifiziert werden; die Quellen sind Gegenstand eingehender Forschung.[68] Dem widerstreitet dennoch nicht, diese Untersuchung auf die Orthodoxie einzugrenzen.

Der nächste Grund für die hier zugrunde gelegte Bestimmung des Untersuchungsgegenstandes ist mit einer jüngeren Entwicklung verbunden. Religiös konnotierte Konflikte und damit einhergehende, unheilvolle Aktivitäten von auf Religion rekurrierenden Extremisten und Terroristen gab und gibt es in vielen Weltgegenden. Dennoch fallen vor allem drei aktuelle Brennpunkte ins Auge: der Nahe Osten, die Kaukasusregion und der Balkan. In allen diesen Brennpunkten ist die Orthodoxie stark verbreitet und unmittelbar betroffen.[69] Die mit den angesprochenen Konflikten verbundenen leidvollen Erfahrungen treffen zwar unterschiedslos Angehörige verschiedener Kirchen und Religionen. Dies schränkt je-

---

66 Vgl. George Khodr, Le Christianisme Oriental et L'homme Moderne, in: Joseph Doré (Hrsg.), Christianisme, Judaïsme et Islam, Editions du Cerf Paris 1999, S. 171–183; aaO, S. 171 hält er fest: „Ce sont donc surtout les orthodoxes qui ont lu l'islam – non seulement dans les textes, dont les arabophones parmi eux sont familiers, mais surtout à cause d'une cohabitation qui fait partie de notre destinée même".
67 David Thomas / Barbara Roggema (Hrsg.), Christian-Muslim Relations. A Bibliographical History, Bd. 1, Brill Leiden/Boston 2009; David Thomas / Alex Mallet (Hrsg.), Christian-Muslim Relations. A Bibliographical History, Bd. 2–5, Brill Leiden/Boston 2010–2013.
68 Das bezeugen vor allem die umfänglichen Hinweise auf Forschungsergebnisse, die der Darstellung jedes der in „Christian-Muslim-Relations" behandelten Texte beigefügt sind. Vgl. auch Martin Tamcke (Hrsg.), Christians and Muslims in Dialogue in the Islamic Orient of the Middle Ages (Beiruter Texte und Studien 117), Orient Institut Beirut / Ergon Verlag Würzburg 2007.
69 Auf diese Brennpunkte eines direkten Kontakts zwischen Orthodoxie und Islam weist z. B. Asterios Argyriou, La situation du Dialoge Islamo-Chrétien dans le Monde Orthodoxe et en Grèce, in: Jacques Waardenburg (Hrsg.), Islam and Christianity, aaO, S. 97–105 (97) ausdrücklich hin.

doch nicht die Erwartung ein, dass seitens der Orthodoxie aus vitalem Interesse spezifische Beiträge in interreligiösen Dialog eingebracht wurden und werden.

Manche der Autoren, die sich mit interreligiösem Dialog befassen, verweisen ausdrücklich auf ihre praktische Dialog*erfahrungen*[70] und beziehen daraus wertvolle Einsichten. In vielen Untersuchungen und Beiträgen nehmen jedoch das Dialoggeschehen als solches, d. h. die Dialogereignisse, und die in diesem Zusammenhang entstandenen (verschriftlichten) Dialogergebnisse nur geringen Raum ein. Welche Dialogereignisse haben in welcher Intensität stattgefunden? Wer hat sie initiiert bzw. organisiert, wer hat sie in Ablauf und Inhalt geprägt? Welche konkreten Formen, welche Methodik lassen sie erkennen? Diese und weitere Fragen einer Kontextualisierung können nur dann beantwortet werden, wenn auf eine aus dem Dialoggeschehen bezogene Informationsbasis genügender Breite und Tiefe zurückgegriffen werden kann. Ähnliches gilt für die Dialogergebnisse. Was kann als Dialogergebnis gelten? Welche Themen und Einsichten ragen angesichts jahrzehntelanger Bemühungen heraus? Was geschieht mit ihnen? Auch diesbezügliche Antworten können nur aus einer festen Basis an Informationen abgeleitet werden. Die Fokussierung auf Orthodoxie im Dialog mit dem Islam ermöglicht, das Dialoggeschehen in den Mittelpunkt zu stellen und – in einem begrenzten Ausschnitt des „Gesamtprojekts interreligiöser Dialog" – über einen Zeitraum von mehreren Jahrzehnten zu verfolgen.

Abschließend sei noch ein weiterer Aspekt hervorgehoben. Eine Reihe von christlichen Kirchen hat sich mit ihrem jeweiligen Verhältnis zu anderen Religionen auseinandergesetzt und in einem internen Entscheidungsprozess bewusst für einen interreligiösen Dialog geöffnet. Dazu zählen z. B. die katholische[71] und – wenn auch weniger systematisch angelegt – die anglikanische[72] Kirche. Weniger

---

[70] Vgl. z. B. Ina Merdjanova / Patrice Brodeur, Religion as a Conversation Starter, aaO, S. 3 und S. 23 f.

[71] Diese Öffnung beruht auf Entscheidungen des II. Vatikanischen Konzils, darauf aufbauenden lehramtlichen Äußerungen, den Beiträgen der Päpste und der vatikanischen Einrichtungen, insbesondere des Päpstlichen Rats für den Interreligiösen Dialog. Eine instruktive Zusammenstellung von Dokumenten bietet Timo Güzelmansur, Die offiziellen Dokumente der katholischen Kirche zum Dialog mit dem Islam, Pustet Regensburg 2009. Vgl. Andreas Renz, Die katholische Kirche und der interreligiöse Dialog. 50 Jahre „Nostra Aetate", Kohlhammer Stuttgart 2014. Vgl. Ernst Fürlinger, „Der Dialog muss weitergehen". Ausgewählte vatikanische Dokumente zum interreligiösen Dialog (1964–2008), Herder Freiburg u. a. 2009.

[72] Vgl. David Grafton / Joseph Duggan / Jason Harris (Hrsg,), Christian-Muslim Relations in the Anglican and Lutheran Communions. Historical Encounters and Contemporary Projects, Palgrave Macmillan New York 2013. Vgl. Barbara Mitchell, The response of the Church of England, Islam and Muslim-Christian Relations in contemporary Britain, in: Anthony O'Mahony / Emma Loosley, Christian Responses To Islam. Muslim-Christian Relations in the Modern World, Manchester

präsent ist die Tatsache, dass die orthodoxe Kirche einen solchen Entscheidungsprozess auf höchster kirchlicher Ebene durchlaufen und ihn seither immer wieder fortgeschrieben hat. Daraus sind spezifische Impulse und Akzente zu erwarten, die es für die Orthodoxie näher zu bestimmen und zu untersuchen gilt. So können Einsichten gewonnen werden, inwiefern sie in die Praxis eines interreligiösen Dialogs eingeflossen sind.

Es bedarf noch eines Blicks auf den zweiten, in dieser Untersuchung fokussierten Dialogpartner, den Islam. Diese Religion ist kein monolithischer Block, ebenso wenig wie das Christentum. Vielmehr gibt es mehrere Richtungen, von denen Sunniten und Schiiten die bekanntesten sind; hinzu kommen Positionierungen in einem weiten Lehr- und Meinungsspektrum innerhalb solcher Richtungen.[73] Insofern wird in dieser Untersuchung nicht eingegrenzt. Dennoch bedarf es eines deutlichen Hinweises, dass muslimische Beiträge zwar erfasst, aber nicht in derselben Intensität interpretiert werden können wie diejenigen der Orthodoxie. Der Grund hierfür ist, dass eine solche Interpretation rasch die Grenze zu islamwissenschaftlichen und religionswissenschaftlichen Fragestellungen überschreiten würde und deshalb hier ausgeklammert bleiben muss. Die damit verbundene Eingrenzung und Gewichtung bringt bereits der Titel dieser Untersuchung zum Ausdruck: Er heißt bewusst nicht „Die orthodoxen Kirchen *und* der Islam im Dialog", sondern „Die orthodoxen Kirchen *im* Dialog mit dem Islam".

University Press 2008, S. 21–37. Vgl. Richard J. Sudworth, Anglican Interreligious Relations in Generous Love: Indebted to and Moving from Vatican II, in: Douglas Pratt / Jon Hoover / John Davies / John Chesworth (Hrsg.), The Character of Christian-Muslim Encounter (History of Christian-Muslim Relations Vol. 25), Brill Leiden/Boston 2015, S. 527–543. Zur anglikanischen Interpretation des interreligiösen Dialogs als Teil der christlichen Mission vgl. C. Denise Yarbrough, Radical Hospitality: Interreligious Dialogue as Christian Mission in the Twenty-first Century, in: Zachary Guiliano / Charles M. Stang, The Open Body. Essays in Anglican Ecclesiology, Peter Lang New York 2012, S. 153–168.
73 Vgl. Pontifical Council for Interreligious Dialogue, Guidelines for Dialogue between Christians and Muslims, aaO, S. 22–27. Der Verfasser des Dokuments, Maurice Borrmans, unterscheidet anschaulich zwischen „Muslims of the Working Class", „Muslims with Religious Training, wether Traditional or Reformist", Modernist Muslims, Those Having Two Cultures" und „Muslim Fundamentalists or Literalists".

3 Zu den Quellen betreffend die Bemühungen der Orthodoxie im interreligiösen Dialog mit dem Islam

3.1 „Interreligiöser Dialog" und „Quelle": vom gesprochenen zum geschriebenen Wort und dessen Publikation

Interreligiöser Dialog findet – wie das Begriffselement „Dialog" bereits andeutet – in der unmittelbaren Begegnung von Menschen unterschiedlichen Glaubens statt und gestaltet sich insbesondere mittels des von ihnen gesprochenen Wortes. Begegnung ist vorübergehend, das gesprochene Wort flüchtig. Beides wirkt primär fort, wenn sich Sprecher und Hörer verändern. Hier liegt der Anknüpfungspunkt zu den im Zusammenhang mit „interreligiöser Dialog" immer wieder ins Feld geführten Lernprozessen. Weder „Begegnung", noch „Wort", noch „Lernerfolg" stellen jedoch als solche eine Quelle dar. Es bedarf zunächst einer Vergegenständlichung, konkret einer Verschriftlichung.

Beachtung verdient, dass die begriffliche Klärung von „interreligiöser Dialog", wie sie Merdjanova und Brodeur vorgenommen haben, dem gesprochenen Wort „Schriftstücke" und „Handlung" als Ausdrucksformen interreligiösen Dialogs zur Seite stellen.[74] Damit deutet sich an, dass bereits im laufenden Dialog versucht werden kann, die Flüchtigkeit des gesprochenen Wortes zu überwinden, um den Teilnehmern bestimmte Gedanken und Einsichten intensiver zugänglich zu machen. Die Früchte dessen sind erste Quellen. Dazu gehören z. B. Thesenpapiere, Arbeitsgruppenergebnisse oder Teilergebnisse, die eine Fortsetzung des Dialoggeschehens stimulieren sollen. Dabei kommt es nur darauf an, dass sich jemand, sei er Teilnehmer, Veranstalter, Beobachter usw., zugunsten einer Verschriftlichung von Elementen eines laufenden Dialogereignisses entscheidet.

Dieselbe Motivation bewegt Teilnehmer am interreligiösen Dialog bzw. Verantwortliche für die Durchführung eines Dialogereignisses, ihnen jeweils wichtige Elemente des Dialogprozesses schriftlich niederzulegen, um sie einem weiteren, über die eigentlichen Teilnehmer hinausreichenden Kreis anzubieten. Auch dazu bedarf es einer Entscheidung. Sie fällt oft positiv aus, weil – wie bereits erwähnt – die Wirksamkeit von interreligiösem Dialog ganz auf Überzeugungsarbeit, Motivation, letztlich auf Lernerfolge angelegt und angewiesen ist; dies drängt auf eine Vermittlung von Einsichten auch an nicht unmittelbar Beteiligte. Das Ergebnis solcher Bemühungen um eine Außenwirkung von interreligiösem Dialog sind (zusätzliche) Quellen. Gleich, ob als Zielgruppe einer Verschriftlichung Teilnehmer am Dialogereignis oder Außenstehende ins Auge gefasst sind, in beiden

---

74 Vgl. oben 1.1.

Fällen geht mit der angesprochenen Entscheidung eine *Auswahl* einher, welche Elemente verschriftlicht werden sollen.

Nicht alle Dialogereignisse erfahren diesen Übergang. Z. B. in besonders sensiblen (Konflikt-)Situationen oder bei lokalen Ereignissen kann mit guten Gründen auf eine Verschriftlichung verzichtet und zugunsten einer Begrenzung auf das gesprochene Wort der Teilnehmer entschieden werden. Findet jedoch der Übergang vom gesprochenen zum geschriebenen Wort statt, geht er zwangsläufig mit *Substanzverlusten* einher. Ein Beispiel mag dies verdeutlichen: Eine interreligiöse Konferenz kann im Tagungsband durch sämtliche Grußworte, die inhaltlichen Beiträge, die Arbeitsgruppenergebnisse, durch Diskussionszusammenfassungen und eine Schlusserklärung bestens dokumentiert sein. Dennoch kann für zwei Teilnehmer die für sie nachhaltigste interreligiöse Essenz dieser Konferenz in einem Pausengespräch liegen, das natürlich im Tagungsband nicht dokumentiert ist und nicht dokumentiert werden kann.

Quellen des interreligiösen Dialogs sind somit – unbeschadet der bedeutsamen Wirkung des gesprochenen Wortes auf die Dialogteilnehmer – diejenigen Elemente, die im Weg bewusster Entscheidung der Akteure aus dem Dialoggeschehen, seinem Verlauf und seinem Ergebnis ausgewählt und verschriftlicht wurden. Prinzipiell genügt dazu bereits z. B. ein kurzer Erfahrungsbericht über eine interreligiöse Aktion oder über ein Dialogereignis mit nur zwei teilnehmenden Personen. Jedes verschriftlichte Element eröffnet Zugänge zum Dialoggeschehen und -gehalt, auf allen Ebenen, Dimensionen und hinsichtlich jeder Zielgruppe im Sinn der Begriffsklärung von Merdjanova/Brodeur. Umgekehrt bleiben einer Interpretation und Analyse solche interreligiöse Aktivitäten entzogen, von denen nichts verschriftlicht wurde, zu keinem Zeitpunkt,[75] oder deren Verschriftlichung verloren gegangen ist. Davon abgesehen besteht das Problem vor allem darin, vorhandene Quellen zu identifizieren.

Entscheidend für einen Zugang zu Quellen des interreligiösen Dialogs ist deren *Publikation*. Auch dazu ein Beispiel: Ein Teilnehmer an einem interreligiösen Dialog auf lokaler Ebene mag einen Brief über dessen Verlauf und Ertrag an einen Freund geschrieben haben; dieses Schreiben ist zwar eine authentische Quelle, die jedoch höchstwahrscheinlich unzugänglich bleibt. Die dezentrale Grundstruktur von interreligiösem Dialog und die kaum fassbare Vielfalt seiner Formen, Dimensionen und Ebenen wirkt sich nachhaltig auf die Archivierung nicht publizierter Materialien aus. So konnte z. B. Jutta Sperber in ihrer umfas-

---

75 Berichte über Dialogereignisse bedürfen zwar mindestens einer Gewährsperson aus dem Geschehenszusammenhang, um als Quelle dienen zu können; sie müssen jedoch nicht notwendig während des Dialogereignisses verfasst sein.

senden Untersuchung zu den Dialogaktivitäten des ÖRK nicht nur auf publizierte Unterlagen, sondern auch auf dessen Archive zurückgreifen.[76] Jenseits dergestalt differenzierter Organisationsstrukturen wird der Zugriff auf nicht publizierte Quellen nicht nur schwierig, sondern faktisch unmöglich. Das gilt insbesondere, wenn sich der Untersuchungsgegenstand nicht auf den engen Ausschnitt einer bestimmten Organisation oder einer kleinen Region bezieht, sondern auf die Orthodoxie im Dialog mit dem Islam. Deshalb bedarf es für diese Untersuchung einer Eingrenzung auf publizierte Quellen.

Im Zug der Publikation wird von den Verantwortlichen nochmals eine Auswahl aus den grundsätzlich zur Verfügung stehenden Quellen getroffen, sichtbar an deren unterschiedlicher Bandbreite, wie sie in die Darstellung der Dialogereignisse in Kapitel C 1. und 2. einfliesst. Dabei lassen sich Häufungen feststellen: Zumindest kurze Berichte über das Dialoggeschehen und seine Akzente sind immer vorhanden, weil ohne sie ein Dialogereignis für Außenstehende und dazu noch in räumlicher und zeitlicher Distanz nicht mehr zu fassen wäre. Teilnehmerlisten finden sich bei einem Teil der Dialogkonferenzen oder im Zusammenhang mit Sitzungen von Organisationen oder Kommissionen, nicht aber z. B. bei lokalen Ereignissen, zu denen offen eingeladen wurde oder beim Dialog von situativen Gruppen wie z. B. Jugendseminaren. In Einzelfällen liegen Berichte über vorbereitende Treffen der Organisatoren vor. Davon abgesehen bleibt das Planungsstadium eines Dialogereignisses in der Regel bis auf wenige erschließbare Elemente im Dunkeln. Eine Ausnahme bildet insoweit die bereits erwähnte Gruppe von Untersuchungen, die methodisch am Wirken einer einzelnen interreligiös aktiven Organisation anknüpft und auf deren Archiv zurückgreifen kann. Dazu gehört z. B. die Untersuchung von Jutta Sperber über die interreligiösen Aktivitäten des ÖRK; sie erlaubt es, den Gang einzelner Dialogereignisse vom Planungsstadium und den sich darin aussprechenden Intentionen der Veranstalter bis hin zum Ertrag des Dialogs nachzuvollziehen. Dasselbe gilt für ein weiteres Beispiel, die den Aktivitäten der Organisation „World Conference on Religions and Peace" gewidmete Darstellung von Homer Jack.[77] Abgesehen davon sind Einblicke in die Intentionen und Planungen von Dialogereignissen nur zugänglich, wenn sich die Verantwortlichen entschließen, sie an die Öffentlichkeit zu tragen. Die getroffene Auswahl an publizierten Quellen reicht allerdings nur ausnahmsweise bis in diesen Bereich.

---

76 Jutta Sperber, Christians and Muslims, aaO, S. 3 f.
77 Homer Jack, WCRP: A History of the World Conference on Religions and Peace, WCRP New York 1993.

Bedingt durch den hier gewählten Anknüpfungspunkt „Orthodoxie" in der Vielfalt ihrer autokephalen Kirchen ist trotz der erkennbaren Auswahl sogar publiziertes Material überaus reichlich vorhanden. Dabei wirkt eine verbreitete Motivation im Bereich des interreligiösen Dialogs, andere am Geschehen und Ertrag teilhaben zu lassen und so deren Wirkung in nicht unmittelbar beteiligte, aber interessierte Personenkreise hinein zu multiplizieren. Die sich so ergebende Fülle lässt eine vollständige Erfassung der hier fokussierten Gruppen von Dialogereignissen nicht zu. Im Rahmen dieser Untersuchung kann realistischerweise nur die Schaffung einer möglichst breiten Informationsbasis angestrebt werden.

Wie berechtigt ist es angesichts der Einschränkungen hinsichtlich „Verschriftlichung", „Substanzverlusten", „bewusste Auswahl" und „Publikation" interreligiöse Dialogereignisse anhand der genannten Quellen zu analysieren und zu interpretieren? Trotz solcher durchaus gewichtiger Grenzen wirkt sich die Tatsache aus, dass die Quellen dem interreligiösen Dialoggeschehen entstammen bzw. ihm unmittelbar verbunden sind; sie bieten *authentische* Zugänge. Zudem wird die Verschriftlichung und damit die Schaffung analysierbarer und interpretierbarer Quellen *von den Akteuren des Dialogs* selbst bestimmt und gestaltet;[78] das gilt auch für den Publikationsvorgang. Beide Faktoren zusammen genommen machen es legitim, die publizierten Quellen zur Analyse und Interpretation von interreligiösen Dialogprozessen heranzuziehen, wissend, dass damit in mehrfacher Hinsicht ein Minus gegenüber dem vollen Reichtum des dialogischen Geschehens verbunden ist.[79] Dieses Minus wird zu einem gewissen Grad dadurch aufgewogen, dass der Rückgriff auf verschriftlichte und publizierte Quellen geographische und zeitliche Distanzen überbrückt. Dadurch werden langfristige Vergleiche im sich zwischenzeitlich über mehrere Jahrzehnte erstreckenden Dialoggeschehen möglich; obwohl interreligiöser Dialog rasch zu einem globalen Phänomen herangewachsen ist, können Parallelen wie Spezifika in weit voneinander entfernten Regionen erhoben und zueinander in Beziehung gesetzt werden.

---

78 Das Element „gestaltet" verweist darauf, dass die Entstehung der Quellen ein komplexer Vorgang ist. Z. B. kann der Organisator im Vorfeld verfasste Textvorlagen einbringen, dasselbe gilt für einen Teilnehmer, der eine schriftlich verfasste Intervention vorlegt. Wie z. B. eine Zusammenfassung des Dialoggeschehens in Form eines Kommuniqués zustande kommt, wie intensiv sie bearbeitet wird und wie groß die Identifikation verschiedener Teilnehmer mit dem Ergebnis ist, kann sehr unterschiedlich sein. Dennoch sind alle Varianten von Gestaltung den Akteuren des Dialoggeschehens zuzuordnen.
79 Einem solchen Minus entkommen auch andere methodische Ansätze nicht. Wird z. B. mittels Interviews von Dialogteilnehmern eine Informationsbasis geschaffen, ergibt es sich aus der (repräsentativen?) Auswahl der Interviewten, dem Fragenkatalog der Interviewer und aus deren Einordnung bzw. Bewertung der Antworten. Im Unterschied zu Interviews können verschriftlichte Quellen geographische und zeitliche Distanzen überbrücken.

3.2 Nähere Bestimmung der für diese Untersuchung maßgeblichen Quellen

Eine erste spezifische Gruppe bilden die Quellen des bereits angesprochenen inner-orthodoxen Entscheidungsprozesses zugunsten eines interreligiösen Dialogs mit dem Islam samt dessen vorbereitenden Dokumenten. Ihre Veröffentlichung erfolgte zeitnah im Informationsdienst Episkepsis, der vom Orthodoxen Zentrum des Ökumenischen Patriarchats in Chambésy herausgegeben wird.[80] Ebenfalls rasch publiziert wurden kirchliche Dokumente, die eine Fortschreibung der ursprünglichen orthodoxen Positionierung repräsentieren.[81] Allerdings ist der Prozess ihrer Entstehung weniger gut dokumentiert als bei den pan-orthodoxen Entscheidungen. Trotz dieser relativen Einschränkung erschließen die diesbezüglichen Quellen eine konstante und dynamische Entwicklung der orthodoxen Bewusstseinsbildung über interreligiösen Dialog. Angemerkt sei bereits an dieser Stelle, dass auf Seiten des Dialogpartners „Islam" ein vergleichbarer Entscheidungsprozess fehlt, da diese Religion keine der Orthodoxie entsprechende hierarchische und ekklesiale/synodale Struktur aufweist.

Die Quellenlage bezüglich der Dialogaktivitäten unter Beteiligung der Orthodoxie und des Islam ist ungleich komplizierter als diejenige zum panorthodoxen Klärungsprozess zugunsten einer Öffnung für interreligiösen Dialog. Dies hängt wiederum mit der Formenvielfalt interreligiöser Dialogereignisse, aber auch mit den Varianten ihrer Verschriftlichung und Publikation zusammen. Nach inhaltlichen Gesichtspunkten bieten die Quellen vor allem:

- Referate bzw. Beiträge von Teilnehmern unterschiedlicher Religionszugehörigkeit;
- Positions- und Thesenpapiere, Memoranden usw. sowie Unterlagen aus evtl. Arbeitsgruppen einer interreligiösen Zusammenkunft;
- das Dialoggeschehen beschreibende Berichte;

---

[80] Einige Texte wurden zudem in der ebenfalls vom Orthodoxen Zentrum des Ökumenischen Patriarchats in Chambésy herausgegebenen Reihe „Synodica" dokumentiert. Vgl. weiterhin Anastasios Kallis, Auf dem Weg zu einem Heiligen und Großen Konzil. Ein Quellen- und Arbeitsbuch zur orthodoxen Ekklesiologie, Theophano-Verlag Münster 2013; darin hat Kallis zahlreiche Materialien und Dokumente in deutscher Übersetzung u.a. auch zu den Vorkonziliaren Panorthodoxen Konferenzen zusammen gestellt. Eine englische Übersetzung der Beschlüsse bietet zudem Viorel Ionita, Towards the Holy and Great Synod of the Orthodox Church. The Decisions of the Pan-Orthodox Meetings since 1923 until 2009, (Studia Oecumenica Friburgensia 62), Institut for Ecumenical Studies, Friedrich Reichardt Verlag Basel 2014.

[81] Die Publikation der Dokumente erfolgte vor allem in verschiedenen, von der Orthodoxie verantworteten Periodika wie Episkepsis, Service Orthodoxe de Presse, Greek Orthodox Theological Review ect.

- die einen Dialog zusammenfassenden Erklärungen, Kommuniqués, Appelle etc.;[82]
- hinzu kommen flankierende Materialien wie Teilnehmerlisten, Tagesordnungen, Grußworte, Botschaften usw.

Welche inhaltlichen Elemente des Gesamtgeschehens jeweils verschriftlicht und publiziert wurden, hängt dabei zunächst mit der Größenordnung des Dialogereignisses (z. B. Konferenz oder lokale Arbeitsgruppe) und mit seiner Grundkonzeption zusammen (z. B. öffentliche Veranstaltung oder nichtöffentliche Sitzungen eines interreligiösen Rates). Bedeutsam sind weiterhin der Veranstalter, die durch ihn fokussierte Leser- bzw. Zielgruppe sowie seine personellen oder finanziellen Ressourcen. Nicht zu unterschätzen ist aber auch die Rolle einzelner Teilnehmer oder Teilnehmergruppen, die Teilstücke eines Dialogereignisses verschriftlichen (z. B. ein Referat oder eine Ansprache) und – unabhängig vom Veranstalter – in ihren jeweiligen Kontext einbringen können (z. B. Universität, interreligiöse Organisationen, staatliche, politische oder religiöse Zusammenhänge); es bedarf insoweit nur eines leitenden Interesses.

In formaler Hinsicht lassen sich bei den publizierten Quellen interreligiöser Dialogereignisse insbesondere unterscheiden:
- vollständige Tagungsbände einschließlich aller gehaltener Vorträge, der in Schlusserklärungen dokumentierten Ergebnisse und flankierender Materialen wie Teilnehmerlisten usw.;
- Tagungsbänden vergleichbare Veröffentlichungen von Forschungsgruppen, von beteiligten Institutionen oder von dezidiert als Multiplikatoren auftretenden Organisationen;
- als mit Abstand häufigste Form die in Periodika publizierte, wörtliche Wiedergabe einzelner Beiträge und der Dialogergebnisse, in aller Regel verbunden mit einem Bericht;[83]

---

[82] Die Frage, was als Dialogergebnis und dessen Verschriftlichung gelten kann, ist so komplex und zentral, dass sie erst im Anschluss an die Untersuchung der Dialogereignisse beantwortet werden kann; vgl. Kapitel D 1.

[83] Beispiele für solche Periodika sind insbesondere: Islamochristiana, hrsg. vom Pontificio Istituto di Studi Arabi e d'Islamista, deren Jahresbände ca. zur Hälfte einer Dokumentation von interreligiösen Dialogereignissen gewidmet sind; darüber hinaus seien Service Orthodoxe de Presse und Proche-Orient Chrétien hervorgehoben.

- thematische Sammlungen vor allem der Dialogergebnisse,[84] zuweilen versehen mit Teilnehmerlisten und weiteren Materialien wie z. B. Präsentationen von Arbeitsgruppen.

Einer besonderen Erörterung bedürfen die Internetquellen, die alle voran stehend aufgelisteten Inhalte und Formen umfassen können. Diese Materialien sind erreichbar z. B. auf den Homepages der autokephalen orthodoxen Kirchen, den Homepages der Veranstalter von Dialogereignissen oder derjenigen von interreligiös engagierten Organisationen sowie von kirchlichen wie nicht-kirchlichen Online-Nachrichtendiensten. Die angesprochenen Internetbeiträge haben im Bereich des interreligiösen Dialogs aus mehreren Gründen eine spezifische Bedeutung. Der erste Grund ist inhaltlicher Natur. Die Medien gelten im interreligiösen Dialog als eine gezielt einzusetzende Möglichkeit, Dialogereignisse und -ergebnisse in ihrer Wirkung zu multiplizieren und so erzieherisch nutzbar zu machen. Das gilt in hohem Maß vom Internet. Der intensive Rückgriff auf das Internet spiegelt aber auch den internationalen Grundzug von interreligiösem Dialog analog zur Internationalität der Organisatoren von interreligiösen Ereignissen und von deren Teilnehmern. Weiterhin liegt die Nutzung des Internet angesichts geringer Kosten nahe, ein Vorteil, der gezielt insbesondere zur Information über kleiner konzipierte, regionale oder lokale Dialogereignisse sowie von weniger finanzkräftigen Organisatoren in Anspruch genommen wird. Viele Dialogereignisse finden zudem in Konfliktregionen, z. B. dem nahöstlichen Raum, statt. Das Internet dient nicht zuletzt als Möglichkeit, aus äußeren Problemen resultierende Beschränkungen zu überbrücken.

Die Mehrzahl der hier einschlägigen Internetquellen lässt sich auch in Druckform verifizieren. Einige inhaltlich besonders bedeutsame Quellen, bei

---

84 Eine umfängliche Sammlung solcher Dokumente in vier Bänden bietet: Haddad, Juliette Nasri / Duprey la Tour, Augustin / Nashabé, Hisham (Hrsg.), Déclarations Communes Islamo-Chrétiennes (1954–1995), Université Saint Joseph, Beyrouth, Institut d'Etudes Islamo-Chrétiennes, Dar el Machreg, Beyrouth 1997; Haddad, Juliette Nasri (Hrsg.), Déclarations Communes Islamo-Chrétiennes (1995–2001), Université Saint Joseph, Beyrouth, Institut d'Etudes Islamo-Chrétiennes, Dar el Machreq, Beyrouth 2003; Haddad, Juliette Nasri (Hrsg.), Déclarations Communes Islamo-Chrétiennes (2002–2005), Université Saint Joseph, Beyrouth, Institut d'Etudes Islamo-Chrétiennes, Collection ‚Etudes et Dokuments Islamo-Chrétiens' N° 10, Dar el-Machreg Beyrouth 2007; Haddad, Juliette Nasri (Hrsg.), Déclarations Communes Islamo-Chrétiennes (2006–2008), Université Saint Joseph, Beyrouth, Institut d'Etudes Islamo-Chrétiennes, Collection ‚Etudes et Dokuments Islamo-Chrétiens' N° 13, Dar el-Machreg Beyrouth 2011. Ein zweites Beispiel ist eine spezifische Sammlung von Ergebnissen, die unter Beteiligung des ÖRK erarbeitet wurden, vgl. Brown, Stuart E., Meeting in Faith. Twenty Years of Christian-Muslim Conversations Sponsored by the World Council of Churches, WCC Publications Geneva 1989.

denen das nicht gelungen ist, sind in einem Anhang dieser Untersuchung dokumentiert. An ihrer Authentizität bestehen keine Zweifel, da sie durchweg auf den offiziellen Homepages veranstaltender Organisationen platziert sind. Auch wenn die wesentlichen Stücke eines Dialogereignisses in Druckform niedergelegt sind und entsprechend zitiert werden, sind in dieser Untersuchung Internetquellen dann als zusätzliche Referenz in die Fußnoten aufgenommen, wenn sie ergänzende Informationen enthalten. In Einzelfällen werden zum Verständnis besonders wichtige (Zusatz-)Informationen in den Fußnoten als wörtliche Zitate wiedergegeben, da das Internet – entgegen einer zum Sprichwort gewordenen Einschätzung – nach einigen Jahren sehr wohl vergisst.

Nicht selten ergänzen sich die voran stehend genannten Formen und Inhalte einer Publikation der Quellen gegenseitig. So kommt es z. B. vor, dass verschiedene, bei einem Dialogereignis kooperierende Veranstalter, Institutionen oder Organisationen für sie jeweils besonders maßgeblichen Teilstücke sowie das Ergebnis publizieren. Solche Teilstücke können unterschiedliche Elemente desselben Geschehens erfassen und sind dann Stücken eines Puzzles vergleichbar; z.T. vermitteln sie mehrere Ausgaben desselben Textes. Ähnliches gilt für Periodika und Internetquellen. Beteiligen sich z. B. mehrere autokephale Kirchen, lassen sich Berichte, (ausgewählte) Einzelbeiträge und Dialogergebnisse derselben Veranstaltung mehrfach ausfindig machen, was z.T. Textvergleiche und/oder zusätzliche Schlussfolgerungen ermöglicht.

Die Sprache der publizierten Quellen ist vorwiegend westlich, d. h. vor allem in Englisch oder Französisch; z.T. liegen sie mehrsprachig vor. (z. B. in einer arabischen und einer englischen Fassung). Der Grund hierfür ist, dass „interreligiös" oft mit „international" einhergeht. Im Fall einer Mitwirkung von Teilnehmern verschiedener Nationalität und Sprache erscheint Englisch oder Französisch häufig als geeigneter Kompromiss. Ein anderer Grund für die Verwendung westlicher Sprachen ist beim Veranstalter der Dialogereignisse zu suchen, als die nur selten Privatleute, sondern in der Regel Organisationen und Institutionen auftreten; diese wünschen, die mit großer Mühe und unter erheblichem Kostenaufwand durchgeführten Dialogereignisse über den konkreten Teilnehmerkreis hinaus einer breiteren Öffentlichkeit darzubieten, nicht zuletzt, um so die positiven Wirkungen des Dialogs zu multiplizieren. Sogar eine Reihe regionaler und lokaler Dialogereignisse sind zumindest als Bericht und in den Ergebnissen in westlichen Sprachen publiziert, getragen vom Wunsch, sich über den eigenen sprachlichen oder kulturellen Raum hinaus bemerkbar zu machen.

Abschliessend sei angemerkt, dass der Austausch zwischen Christentum und Islam so vielfältig und umfangreich ist, dass zuweilen nur die Ergebnisse – meist Schlussdokumente oder Kommuniqués – leitsatzartig publiziert werden, nicht jedoch die Einzelbeiträge, die Zusammenhänge oder die Teilnehmerlisten. Deshalb mag manches hier Einschlägige ungewollt außen vor bleiben, weil schlicht nicht verifizierbar ist, ob und wie orthodoxe bzw. muslimische Beiträge im Dialog stattgefunden haben. Eine Variante dieses Problems betrifft Beispiele interreligiösen Dialogs in brisanten Situationen, der trotz schwierigen Umfelds sogar fruchtbare Ergebnisse gezeitigt haben mag; dennoch lassen sich trotz allen Bemühens diese Dialogvorgänge zuweilen nicht näher bestimmen, weil sie nicht oder nur formelhaft verschriftlicht und veröffentlicht wurden. Interreligiöser Dialog in Krisensituationen mag Ähnlichkeiten mit hoher Diplomatie auf internationaler Ebene haben: sie findet statt, scheut aber zuweilen bewusst und systematisch das öffentliche Interesse.

Diese Rahmenbedingungen zu den Quellen vor Augen, ist das vorhandene und publizierte Material so umfangreich, vielfältig und aussagekräftig, dass ein tragfähiges Abbild der Dialogvorgänge unter Beteiligung der Orthodoxie und des Islam erreichbar erscheint. Allerdings sei nochmals deutlich zum Ausdruck gebracht, dass eine vollständige Erfassung aller Dialogereignisse und -ergebnisse und der zugehörigen publizierten Quellen in dieser Untersuchung weder beabsichtigt, noch möglich ist. Ziel ist vielmehr, eine genügend breite Informationsbasis zusammenzutragen, um eine verlässliche Analyse zu ermöglichen.[85]

4 Zum Forschungsstand über die interreligiösen Bemühungen der Orthodoxie

Der Forschungsstand zur Frage interreligiöser Bemühungen der Orthodoxie, verfasst in westlichen Sprachen,[86] erschließt sich am besten, wenn einige Gruppen unterschieden werden:

Eine Nahtstelle zwischen der Publikation von Quellen und deren Bearbeitung sind (redaktionelle) Berichte, die häufig mit einer Quellenpublikation verbunden sind. Die Bedeutung solcher Berichte als einer ersten, oft spontanen Interpretation des Dialoggeschehens und seiner Ergebnisse kann kaum überschätzt werden. Sie enthalten zudem viele Informationen zu beteiligten Personen, zu den Veranstal-

---

85 Dass auch eine solche nur einen Mosaikstein zur Deutung des Gesamtgeschehens „interreligiöser Dialog" beiträgt, wurde bereits in den einleitenden Abschnitten betont.
86 Eine Analyse von Bibliographien größerer Untersuchungen zeigt eine begrenzte Zahl weiterer Beiträge, die nur in östlichen Sprachen, etwa in Arabisch, vorliegen, vgl. z.B. Abu-Nimer, Mohammed / Khoury, Amal / Welty, Emily, Unity in Diversity, aaO, S. 259–270; dabei handelt es sich vorwiegend um Kurzbeiträge in Zeitungen wie Al-Nasrah oder An-Nahar. Einen Schwerpunkt des Forschungsstandes repräsentieren solche Beiträge nicht.

tern, zu Interessenslagen sowie zum sachlichen wie äußeren Umfeld von Dialogereignissen, welche die Quellen selbst nicht oder nur reduziert bieten. So ist die Identifikation einer orthodoxen bzw. muslimischen Beteiligung nicht selten nur über solche Berichte möglich. Zuweilen finden sich mehrere Berichte zum selben Dialogereignis, die aus unterschiedlichem Blickwinkel, z.B. demjenigen verschiedener autokephaler Kirchen verfasst wurden. Dadurch summieren sich Informationen und erste Interpretationen zu einem Bild von z.T. erstaunlicher Tiefenschärfe.

Die einzelnen Schritte des pan-orthodoxen Entscheidungsprozesses zugunsten einer Öffnung für interreligiösen Dialog wurden Gegenstand theologischer Kommentare und Analysen. In ähnlicher Weise fanden kirchliche Dokumente einer Weiterentwicklung orthodoxen interreligiösen Engagements eine kommentatorische Würdigung und Vermittlung an eine breite Öffentlichkeit.

Orthodoxe Fachwissenschaftler, insbesondere Theologen, haben sich um eine weitergehende Analyse, Einordnung und Bewertung interreligiösen Engagements der Orthodoxie bemüht. Daraus entstanden Einzelbeiträge, die vor allem in von der Orthodoxie verantworteten Periodika eingegangen sind, aber auch – als Darstellung einer spezifisch orthodoxen Sicht – in Periodika ökumenischer oder interreligiöser Prägung. Hinzu kommen Sammelbände, in die Beiträge zum orthodoxen Engagement im interreligiösen Dialog aufgenommen sind.[87] Zuweilen behandeln sie den interreligiösen Dialog im größeren Zusammenhang einer Auseinandersetzung der Orthodoxie mit der modernen Welt.[88] Sukzessiv haben orthodoxe Autoren zudem zahlreiche Einzelaspekte des interreligiösen Dialogs beleuchtet. Dazu gehören z.B. die Hermeneutik eines christlich-islamischen Dialogs,[89] eine historische Einord-

---

87 Vgl. z.B. Assaad Elias Kattan, Zugänge zum christlich-islamischen Dialog…1.4. aus orthodoxer Perspektive, in: Volker Meißner / Martin Affolderbach / Hamideh Mohagheghi / Andreas Renz (Hrsg.), Handbuch christlich-islamischer Dialog, Herder Freiburg u. a., 2. Aufl. 2016, S. 44–50. Vgl. auch Asterios Argyriou, La Situation du Dialoge Islamo-Chrétien dans le Monde Orthodoxe et en Grèce, in: Jacques Waardenburg (Hrsg.), Islam and Christianity, aaO, S. 97–105.
88 Vgl. z.B. Anastasios Yannoulatos, Facing the World. Orthodox Christian Essays on Global Concerns, WCC Publications Geneva 2003; vgl. weiterhin John Chryssavgis (Hrsg.), In the World, yet not of the World, Fordham University Press New York 2010.
89 Vgl. Assaad E. Kattan, Dynamisch-pluralistisch-gemeinsam. Thesen zu den hermeneutischen Bedingungen des christlich-islamischen Dialogs, in: Schmid, Hansjörg / Renz, Andreas / Sperber, Jutta, Heil in Christentum und Islam. Erlösung oder Rechtleitung, Akademie der Diözese Rottenburg-Stuttgart (Hohenheimer Protokolle 61) Stuttgart 2005, S. 233–236. Vgl. Assaad E. Kattan, Christlich-islamischer Dialog: Arabisch-christliche Perspektive aus der Sicht der Rum-Orthodoxen Kirche von Antiochia, in: CIBEDO 10 (1996), S. 81–89.

nung,⁹⁰ personenbezogene Analysen wie z. B. solche über die Beiträge des Ökumenischen Patriarchen,⁹¹ eine orthodoxe Bewertung der muslimischen Initiative „A Common Word"⁹² sowie eine Auseinandersetzung mit den Zielen interreligiösen Dialogs.⁹³ Viele derartige Beiträge werden in dieser Untersuchung aufgegriffen, um Dialogereignisse und -ergebnisse zu interpretieren.

Eine weitere Nahtstelle markieren zahlreiche publizierte Ansprachen, Botschaften und Stellungnahmen von Würdenträgern und Theologen, die außerhalb der Dialogereignisse, also in nicht-interreligiösen Zusammenhängen, präsentiert wurden und die interreligiöse Thematik bewerten bzw. bekannt machen. Das Besondere dieser Beiträge ist zum einen die häufige Personenidentität mit orthodoxen Protagonisten im interreligiösen Dialog;⁹⁴ zum anderen stellen sie einen wichtigen Impuls zur Entwicklung einer orthodoxen Theologie der Religionen dar. Die Ansätze zu einer Theologie der Religionen, die in mehreren autokephalen Kirchen zu beobachten sind,⁹⁵ stellen ein eigenständiges theologisches Thema dar, das in dieser

---

90 Vgl. z. B. Anastasios Yannoulatos, in: Byzantine and Contemporary Greek Orthodox Approaches to Islam, in: Journal of Ecumenical Studies 33 (1996), S. 512–527. Vgl. weiter Robert M. Haddad, Eastern Orthodoxy and Islam: An Historical Overview, in: Vaporis, Nomikos M. (Hrsg.), Orthodox Christians and Muslims, Holy Cross Orthodox Press Brookline 1986, S. 17–32.
91 Vgl. z. B. John Chryssavgis, Ecumenical Patriarch Bartholomew and Interfaith Dialogue: Mystical Principles, Practical Initiatives, in: Waleed el-Ansary / David K. Linnan, Muslim and Christian Understanding. Theory and Application of „A Common Word", Palgrave Macmillan New York 2010, S. 81–90.
92 Antonios Kireopoulos, Orthodoxy and Islam: An Uncommon Opportunity, in: The Greek Orthodox Theological Review 52 (2007), S. 103–120.
93 Metropolitan Constantine of Derkon, The Importance of Orthodox Christian-Muslim Dialogue, in: Vaporis, Nomikos M. (Hrsg.), Orthodox Christians and Muslims, Holy Cross Orthodox Press Brookline 1986, S. 9–16.
94 Diese Bemühungen sind vor allem mit orthodoxen Würdenträgern wie z. B. dem Ökumenischen Patriarchen Bartholomaios, dem Metropoliten vom Berg Libanon Georges Khodr (Patriarchat Antiochia), verschiedenen russisch-orthodoxen Hierarchen und dem bereits mehrfach erwähnten Metropoliten Anastasios Yannoulatos verbunden.
95 Beispiele dazu sind: Georges Massouh, Le dialogue des religions comme apport de la modernité. Approche antiochienne, in: Assaad Kattan / Fadi A. Georgi, Thinking Modernity, Balamand Theological Conferences 1, Daccache Printing House Amchit/Lebanon 2010, S. 213–218; Assad E. Kattan, Das Kreuz als Hingabe (islam) an den Willen Gottes. Zu den Besonderheiten der Kreuzestheologie Georges Khodrs im Blick auf ihren islamischen Kontext, in: Martin Tamcke (Hrsg.), Christliche Gotteslehre im Orient seit dem Aufkommen des Islams bis zur Gegenwart (Beiruter Texte und Studien 126), Orient Institut Beirut / Ergon Verlag Würzburg 2008, S. 213–224; Assad Kattan, Trennende Differenz versus versöhnende Synthese? Überlegungen zu einer weniger abgrenzenden Identitätsbestimmung, in: Schmid, Hansjörg / Renz, Andreas / Sperber, Jutta / Terzi, Duran (Hrsg.), Identität durch Differenz? Wechselseitige Abgrenzungen in Christentum und

Untersuchung nicht behandelt wird. Hier wird lediglich eine Frage einbezogen: Gibt es Indizien, um zu erschliessen, ob die interreligiöse Dialogpraxis die Ausprägung einer Theologie der Religionen stimuliert hat, oder verhält es sich umgekehrt? Zur Frage des Forschungsstandes bleibt insoweit festzuhalten, dass eine Autokephalie-übergreifende bzw. eine vergleichende Darstellung zu einer orthodoxen Theologie der Religionen noch nicht ersichtlich ist.

Verglichen mit der intensiven wissenschaftlichen Aufarbeitung von Werken der mittelalterlichen Auseinandersetzung mit dem Islam seitens orthodoxer (und orientalisch-orthodoxer) Autoren haben die Bemühungen im modernen interreligiösen Dialog bislang nur geringes wissenschaftliches Interesse gefunden. Größer angelegte Untersuchungen zum Thema Orthodoxie und Islam im interreligiösen Dialog sind deshalb eher selten. Als erstes Beispiel sei ein von George Papademetriou herausgegebener Sammelband hervorgehoben.[96] Darin sind Beiträge zur historischen Auseinandersetzung der Orthodoxie mit dem Islam und zum modernen interreligiösen Dialog mit dem Islam vereinigt, ergänzt um einen umfänglichen Anhang, in dem eine Reihe von Dialogergebnissen (Schlusserklärungen) dokumentiert ist, die unter Beteiligung des Ökumenischen Patriarchen zustande kamen. Ein wichtiger Akteur im interreligiösen Dialog mit dem Islam ist der ÖRK, zu dessen Engagement Jutta Sperber eine umfassende Untersuchung vorgelegt hat.[97] Sie bearbeitet sowohl die in Regie des ÖRK durchgeführten Dialogereignisse als solche, als auch deren ÖRK-interne Evaluation und das Bemühen um eine theologische Fundierung seitens der involvierten christlichen Kirchen. Sperber vermittelt so ein äußerst instruktives Bild des unter Beteiligung des ÖRK Erreichten, aber auch der Probleme und Desiderata. Orthodoxe Beiträge lassen sich vor allem über Namen oder unter Zuhilfenahme weiterer Quellen identifizieren.

Ein in mehrfacher Hinsicht herausragendes Beispiel stellt eine Untersuchung von Mohammed Abu-Nimer, Amal Khoury und Emily Welte dar,[98] die sich mit interreligiösem Dialog im Nahen Osten befasst. Fokussiert wird die interreligiöse Situation in fünf Staaten (Israel, Palästina, Libanon, Ägypten und Jordanien), die in einem Schlusskapitel über den Zusammenhang von Dialogbemühungen und Friedensbildung zusammengeführt werden. Mit der Friedensthematik wird ein

---

Islam, Verlag Pustet Regensburg 2. Aufl. 2009, S. 245–253. Vgl. John Garvey, Seeds of the Word. Orthodox Thinking on other Religions, St. Vladimir's Seminary Press Crestwood/NY 2005.
96 George C. Papademetriou, Two Traditions, One Space. Orthodox Christians ans Muslims in Dialogue. Somerset Hall Press Boston 2011.
97 Jutta Sperber, Christians and Muslims. The Dialogue Activities of the World Council of Churches and their Theological Foundation, de Gruyter Berlin 2000.
98 Abu-Nimer, Mohammed / Khoury, Amal / Welty, Emily, Unity in Diversity. Interfaith Dialogue in the Middle East, United State Institute of Peace Press Washington 2007.

Aspekt bearbeitet, der interreligiöse Bemühungen mit einem bestimmten Ziel verknüpft. Methodisch schuf die Projektgruppe mittels eines Fragenkatalogs und durch Interviews[99] eine eigene Daten- und Quellengrundlage. Die Auswertung abstrahiert von Personen und Religionsgemeinschaften. Die Ergebnisse der Untersuchung sind gut nachvollziehbar und instruktiv; sie verknüpfen sehr anschaulich die gesellschaftlichen Rahmenbedingungen, den jeweiligen Umgang mit der vorhandenen religiösen Pluralität sowie Grundelemente einer Konfliktdeeskalation und -lösung.

Tanja Wettach-Zeitz bietet eine regional auf den Balkan bezogene Untersuchung zu einem interreligiösen Konfliktmediationsprojekt. Dabei kommen u. a. Beiträge und Positionierungen von Angehörigen der Serbischen Orthodoxen Kirche zur Sprache. Als Quelle dienen auch dieser Untersuchung Interviews. Zentrales Anliegen ist die kritische Prüfung eines von der interreligiösen Organisation World Conference on Religion and Peace entwickelten Konzepts, über eine interreligiöse Schiene Friedensarbeit zu betreiben.[100]

Ein weiteres, bemerkenswertes Beispiel stellt eine Untersuchung von Andrew M. Sharp dar.[101] Sie beruht auf einer online publizierten Dissertation, vorgelegt bei der Universität von Birmingham.[102] Behandelt werden die Beziehungen zwischen Orthodoxie und Islam. Untersucht wurden mehrere Bereiche, die diese Beziehungen in moderner Zeit prägen (Historischer Hintergrund, Aspekte einer orthodoxen Theologie der Religionen, Dialoge und Erklärungen, religiöse Identität und die Auswirkungen der Anschläge vom 11. September 2001). Dieser Ansatz vermittelt tiefe und wertvolle Einsichten zu den Voraussetzungen und der Qualität orthodox-islamischer Begegnung, ein thematisch weit gezogener Kreis, in dem interreligiöser Dialog nur ein Segment unter mehreren darstellt, konzentriert vor allem in Kapitel 3 „Dialogue and Declarations".[103] Darin wird das Ergebnis der panorthodoxen Beschlussfassung zugunsten eines interreligiösen Dialogs von 1986 kurz zusammengefasst, die Weiterentwicklung durch Bezug auf einige spätere Dokumente angedeutet. Sehr instruktiv erscheint die Bearbeitung von Stel-

---

99 Abu-Nimer, Mohammed / Khoury, Amal / Welty, Emily, Unity in Diversity, S. 4.
100 Tanja Wettach-Zeitz, Ethnopolitische Konflikte und interreligiöser Dialog. Die Effektivität interreligiöser Konfliktmediationsprojekte analysiert am Beispiel der World Conference on Religion and Peace Initiative in Bosnien-Herzegowina, Kohlhammer Stuttgart 2008.
101 Sharp, Andrew, Orthodox Christians and Islam in the Postmodern Age (History of Christian-Muslim Relations Vol. 16), Brill Leiden/Boston 2012.
102 Andrew M. Sharp, Eastern Orthodox Theological and Ecclesiological Thought on Islam and Christian-Muslim Relations in the Contemporary World (1975–2008), als e-Thesis publiziert unter dem Datum Februar 2010, vgl. http://etheses.bham.ac.uk/854/1/Sharp10PhD.pdf (zuletzt abgerufen 31.8.2016).
103 Andrew Sharp, Orthodox Christians and Islam in the Postmodern Age, aaO, S. 81–126.

lungnahmen mehrerer orthodoxer Hierarchen, gewürdigt werden zudem die orthodoxen Beiträge im Zusammenhang mit dem ÖRK. Von den Dialogereignissen unter Beteiligung der Orthodoxie wird primär eine Konferenzfolge skizziert, die in Verantwortung des Orthodoxen Zentrums des Ökumenischen Patriarchats in Chambésy und des jordanischen Royal aal al-Bayt Institute for Islamic Thought durchgeführt wurde. An anderer Stelle fokussiert Sharp insbesondere die russisch-iranische Dialogkommission.[104]

In aller Regel beschäftigen sich Untersuchungen zum Dialoggeschehen mit der jeweils eigenen Religion oder Kirche. Hinsichtlich des anderen Dialogpartners sind Differenzierungen zwischen Kirchen oder religionsinternen Richtungen bzw. Gruppen dünn gesät.[105] Eine seltene Ausnahme von muslimischer Seite bietet Sasan Tavassoli, der die Dialogaktivitäten des Iran und damit des schiitischen Islam beleuchtet. Dazu gehören auch solche mit autokephalen orthodoxen Kirchen, die als eigenständige Gruppe wahrgenommen werden. Instruktiv erscheinen zudem Ausführungen zu einer schiitischen Positionierung und zu einer Auseinandersetzung dieser islamischen Richtung mit dem Christentum.[106]

Diese ausgewählten Beispiele zeigen die Vielfalt an Zugängen zu einer wissenschaftlichen Auseinandersetzung mit interreligiösem Dialog. Nur bei einzelnen Untersuchungen gilt das Interesse speziell der Orthodoxie und dem Islam; noch weniger zentral ist der Platz, der dem konkreten interreligiösen Engagement eingeräumt wird. Eine Gruppe für sich bilden Untersuchungen, deren Gegenstand primär Friedensinitiativen sind. Keine einzige dieser Publikationen bezieht sich auf die gesamte Orthodoxie in der Vielfalt ihrer autokephalen Kirchen. Wenn Dialogereignisse und -ergebnisse überhaupt bearbeitet werden, dann solche, die mit einer Initiative des Ökumenischen Patriarchats verbunden sind und selbst diese nur in kleiner Auswahl aus der tatsächlichen Bandbreite. Der Blick auf den Forschungsstand zeigt in Summe vor allem die Bruchstückhaftigkeit des bisher Erreichten, mehrheitlich auch eine Distanz zum eigentlichen interreligiösen Dialoggeschehen unter Beteiligung der Orthodoxie und des Islam.

---

104 Andrew Sharp, Orthodox Christians and Islam in the Postmodern Age, aaO, S. 201 ff.
105 Ansätze dazu von muslimischer Seite bietet z. B. Ataullah Siddiqui, Christian-MuslimDialogue in the Twentieth Century, Macmillan Press London / St. Martins Press New York 1997, der aaO, S. 23–48 die christlichen Kirchen als Dialogpartner des Islam in den Blick nimmt; dabei beschränkt er sich allerdings auf protestantische Kirchen, die römisch-katholische Kirche und Evangelikale sowie auf zwei Institutionen; die Orthodoxie wird von Siddiqui nicht akzentuiert.
106 Sasan Tavassoli, Christian Encounters with Iran. Engaging Muslim Thinkers After the Revolution, Tauris London/New York 2011.

5 Zum Gang dieser Untersuchung

Ein zentraler Gesichtspunkt auf Seiten der Dialogpartner ist die Bereitschaft, überhaupt in einen Dialog einzutreten. Wie bereits angedeutet hat dazu auf Seiten der Orthodoxie ein interner Klärungsprozess stattgefunden, der im Ergebnis zur Bekundung dieser Bereitschaft geführt hat. Mehr noch: damit einher ging eine erste theologische Reflexion über die Grundlagen eines solchen Dialogs sowie eine Klärung der Ziele, möglicher Themen und des Erwartungshorizonts. Dieser innerorthodoxe Klärungsprozesses kam in einer panorthodoxen Grundsatzentscheidung von 1986 zu einem gewissen Abschluss. Aber auch für die Folgezeit stellt sich die Frage, ob und inwiefern für die Orthodoxie Anlass zu Weiterentwicklungen oder Akzentverschiebungen entstanden ist. In einem solchen, sich über längere Zeit erstreckenden Klärungsprozess wirken verschiedene Einflüsse: eine Vorgeschichte mit spezifischen Erfahrungen; Impulse aus zeitgeschichtlichen Strömungen und Initiativen; gedankliche, inhaltliche und personelle Querverbindungen zu Organisationen und Bewegungen. Diese ganz verschiedenen Aspekte, welche zusammengenommen die Orthodoxie als Partner im interreligiösen Dialog mit dem Islam umschreiben, sollen im Kapitel B. näher untersucht werden.

Dann sollen die Dialogereignisse als solche in den Blick genommen werden. Wie bereits mehrfach erwähnt, kann interreligiöser Dialog auf verschiedenen Ebenen, in unterschiedlichen Formen des Austauschs und unter verschiedenen organisatorischen Rahmenbedingungen stattfinden. Dabei zeigen sich unterschiedliche Intensitäten, Prioritäten und Interessenlagen. Zudem gilt es, die gesamte Bandbreite der autokephalen orthodoxen Kirchen in den Blick zu nehmen. Alle diese Elemente bedürfen näherer Bestimmung. Im Kapitel C. soll dementsprechend versucht werden, eine breite und aussagekräftige Informationsgrundlage zusammen zu stellen. Dabei werden zwei Abschnitte unterschieden, die zunächst den gemeinsamen Aktivitäten aller oder mehrerer autokephaler Kirchen, dann denjenigen der einzelnen Kirchen gewidmet sind.

Im Kapitel D. folgen Sichtungen bzw. Interpretationen der Dialogergebnisse. In einem ersten Abschnitt wird die Frage behandelt, was als Ergebnis der Dialogereignisse gelten kann und aus welchen Gründen. Weiterhin wird die für diese Untersuchung maßgebliche Grundlage an Quellen identifiziert und benannt. Dieser Bestimmung folgt im Kapitel D 2. eine Analyse der in den Quellentexten festgehaltenen Inhalte, Themen, Anliegen und Einsichten. Dabei werden Konvergenzen quer durch das Dialoggeschehen erkennbar, d. h. Grundlinien gemeinsamen Engagements beider Religionen, die über die Jahrzehnte erarbeitet werden konnten.

Im abschließenden Kapitel E. werden dann die Ergebnisse eingesammelt und einer abschließenden Analyse und Bewertung unterzogen. Dabei stehen wesentliche Erträge des interreligiösen Dialogs im Fokus; erkennbar werden so allerdings auch die Grenzen des interreligiös Erreichten und Möglichen.

Kapitel B
Grundlagen für den interreligiösen Dialog der Orthodoxie mit dem Islam

1 Das pan-orthodoxe Fundament einer Beteiligung am interreligiösen Dialog

Im Lauf einer jahrhundertelangen Begegnungsgeschichte hat es vielfältige und wechselvolle Erfahrungen von Orthodoxie und Islam gegeben.[1] Im folgenden soll ein neues Kapitel des Umgangs miteinander in den Blick genommen werden, das durch die Entscheidung der Orthodoxie zur Aufnahme einer interreligiösen Zusammenarbeit bzw. eines Dialogs insbesondere mit dem Islam aufgeschlagen worden ist.

Den Ausgangspunkt dafür markieren drei wenig spektakuläre Formulierungen der Ersten Panorthodoxen Konferenz von Rhodos 1961. Die Hauptaufgabe dieser Konferenz bestand in der Entscheidung über eine Themenliste für die Beratungen einer künftigen Großen und Heiligen Synode der orthodoxen Kirche.[2] Die von der Konferenz beschlossene Liste enthielt im Abschnitt „VI. Die Orthodoxie in der Welt" den Punkt „C. Beitrag der orthodoxen Ortskirchen zur Verwirklichung der christlichen Ideale des Friedens, der Freiheit, der Brüderlichkeit und der Liebe unter den Völkern".[3] Davon textlich abgesetzt findet sich – ohne jegliche Spezifizierung – unter „VII. Theologische Themen" der Punkt „C. Orthodoxie und andere Religionen".[4] Weiterhin wurden auf Initiative der Russischen Orthodoxen Kirche[5] unter „VIII. Soziale Probleme" zwei Punkte gegenüber dem Entwurf neu aufgenommen: „C. Die Orthodoxie und die Rassendiskriminierungen" und „D. Die Orthodoxie und die Probleme der Christen auf dem Gebiet der raschen sozialen Veränderungen".[6] Die gesamte Agendenliste wies ein außerordentlich großes

---

[1] Vgl. den instruktiven historischen Überblick zu dieser Begegnungsgeschichte in: Andrew M. Sharp, Orthodox Christians and Islam in Postmoderne Age, aaO, S. 11–47.
[2] Zur Vorgeschichte und zum Verlauf dieser Konferenz vgl. Anne Jensen, Die Zukunft der Orthodoxie. Konzilspläne und Kirchenstrukturen, Benziger Verlag Zürich/Einsiedeln/Köln 1986, S. 28–31.
[3] Anne Jensen, Die Zukunft der Orthodoxie, aaO, S. 250.
[4] Anne Jensen, Die Zukunft der Orthodoxie, aaO, S. 251.
[5] Anne Jensen, Die Zukunft der Orthodoxie, aaO, S. 28.
[6] Anne Jensen, Die Zukunft der Orthodoxie, aaO, S. 251. Jensen weist aaO, S. 28 darauf hin, dass diese Formulierungen z.T. wörtlich mit Formulierungen des Ökumenischen Rats der Kirchen übereinstimmen.

Spektrum und z.T. sehr komplexe Themen auf. Um sie nach Umfang und Inhalt zu einer für die geplante Große Synode behandelbaren Fassung fortzuentwickeln, wurde auf der 4. Panorthodoxen Konferenz in Chambésy 1968 beschlossen, diese Arbeit Vorkonziliaren Panorthodoxen Konferenzen zu übertragen.[7]

1.1 Die I. und II. Vorkonziliare Panorthodoxe Konferenz (1976/1982)

Die I. Vorkonziliare Panorthodoxe Konferenz, die vom 21. bis 28.11.1976 im Orthodoxen Zentrum des Ökumenischen Patriarchats in Chambésy tagte, hatte zum Ziel, die Vorbereitung des Heiligen und Großen Konzils voranzutreiben. Die Arbeit der Konferenz ist dank der publizierten Materialien gut nachvollziehbar. Zu unterscheiden sind mehrere Schritte:

1.1.1 Die Arbeitsgruppen

Die Konferenz bildete eine Reihe von Arbeitsgruppen, die ihre Ergebnisse der Vollversammlung vorlegten. Die Arbeitsgruppe 2, die sich vor allem mit dem ökumenischen Dialog und dem Ökumenischen Rat der Kirchen beschäftigte, hat erstmals die Thematik der nichtchristlichen Religionen berührt; unter B. 2. d) heißt es:

> Le dialogue devrait donc être poursuivi partout où il y a de l'espoir qu'il porte des fruits; mais il faudrait le discontinuer là où il s'avère infructueux. Il faudrait aussi, si possible, étendre le dialogue aux croyants des religions non chrétiennes, afin de promouvoir la justice sociale, la paix et la liberté parmi toutes les nations.[8]

1.1.2 Das Schlusskommuniqué

Die Tätigkeit der Arbeitsgruppen und die Beratungen darüber wurden in einem Schlusskommuniqué zusammengefasst. Darin werden zunächst die Ergebnisse einer Evaluation der ökumenischen Dialogtätigkeit der Kirche vorgestellt; im Anschluss an diese Passage heißt es mit Blick auf andere Religionen:

> En outre, la Conférence a exprimé le désir de l'Église Orthodoxe à collaborer avec les fidèles des autres religions (non-chrétienne) pour éliminer tout fanatisme et assurer la réalisation

---

[7] Anne Jensen, Die Zukunft der Orthodoxie, aaO, S. 254.
[8] Résultats des travaux des comités de la conférence, in: Episkepsis N° 158 (1.12.1976), S. 6–13 (10).

des idéaux de liberté, de réconciliation des peuples et de paix du monde au service de l'homme actuel, quelle que soit sa race ou sa religion.⁹

1.1.3 Die Beschlüsse der Konferenz

In den Beschlüssen der I. Vorkonziliaren Panorthodoxen Konferenz wird im Zusammenhang mit dem Tagesordnungspunkt „Révision et évaluation générale du progrès des rapports et des dialogues de l'Église Orthodoxe avec les autres Églises et confessions chrétiennes, ainsi qu'avec le Conseil Oecuménique des Eglises" mitgeteilt, dass die Konferenz die Empfehlungen der 2. Arbeitsgruppe angenommen hat. Weiterhin heißt es:

> Après y avoir apporté quelques modifications, elle a arrêté les résolutions suivantes: (...) 4. La Conférence, exprimant le voeu de l'Église Orthodoxe de collaborer à l'entente entre les différentes religions afin d'enrayer le fanatisme de tous les côtés et, par là, d'arriver à la réconciliation des peuples et à la sauvegarde de la paix et de la liberté dans le monde, au service de l'humanité, sans distinction de race ou de religion, a décidé que l'Église Orthodoxe travaillera avec les religions non chrétiennes pour atteindre cet objectif.¹⁰

Ein Vergleich der drei zur Verfügung stehenden Dokumente – Bericht über die Arbeitsgruppen, Schlusskommuniqué und Beschlusstext – zeigt, dass durchgängig die Frage eines Bezugs zu nichtchristlichen Religionen thematisiert wird: Die Arbeitsgruppe 2 möchte das orthodoxe Engagement auf einen *Dialog* mit Gläubigen nichtchristlicher Religionen ausdehnen. Das Kommuniqué spricht vom Wunsch der orthodoxen Kirche zur *Zusammenarbeit* („collaborer") mit nichtchristlichen Religionen. Der Beschlusstext spricht wie das Kommuniqué von *Zusammenarbeit*, allerdings in zwei Formulierungen: „collaborer" und „l'Eglise Orthodoxe travaillera avec les religions non-chrétiennes". Der Begriff „Dialog" taucht – anders als im Text der Arbeitsgruppe 2 – weder im Kommuniqué, noch im Beschlusstext auf.

Diese Zusammenarbeit der Orthodoxie mit nichtchristlichen Religionen wird durchgängig auf eine Reihe zentraler christlicher Ideale bezogen. Näherhin formuliert die Arbeitsgruppe 2 als Zielbestimmung: um soziale Gerechtigkeit, den

---

9 Schlusskommuniqué der I. Vorkonziliaren Panorthodoxen Konferenz, in: Episkepsis N° 158 (1. 12.1976), S. 2–5 (4).
10 Episkepsis N° 159 (15.12.1976) „Décisions", S. 8–14 (11f). Englische Übersetzung vgl. Viorel Ionita, Towards the Holy and Great Synod of the Orthodox Church, aaO, S. 150. Deutsche Übersetzung vgl. Anastasios Kallis, Auf dem Weg zu einem Heiligen und Großen Konzil, aaO, S. 426 f (Unterabschnitt d). Vgl. Damaskinos Papandreou, Zur Vorbereitung des Panorthodoxen Konzils, in: Nyssen/Schulz/Plank/Wiertz, Handbuch der Ostkirchenkunde Bd. III, aaO, S. 266 unter c).

Frieden und die Freiheit unter allen Nationen zu fördern. Im Schlusskommuniqué wird als Zielbestimmung einer Zusammenarbeit mit anderen Religionen formuliert: um Fanatismus auszurotten, zur Verwirklichung der Ideale „Freiheit", „Versöhnung der Völker" und „Weltfrieden" im Dienst am Menschen beizutragen, gleich welcher Rasse oder Religion. Auch im Beschlusstext findet sich ein solcher Bezug auf wichtige christliche Werte. Die Zielbestimmung einer künftigen Zusammenarbeit mit anderen Religionen wird mit den Worten konkretisiert: um Fanatismus auszurotten, Versöhnung der Völker zu erreichen, Frieden und Freiheit in der Welt im Dienst an der Menschheit zu wahren, ohne Unterscheidung nach Rasse und Religion. Der Beschlusstext verzichtet im Unterschied zum Kommuniqué bei der Zielbeschreibung auf die Formulierung „idéaux" und steht insoweit dem Text der Arbeitsgruppe näher.

Eine interessante Beobachtung zu den Materialien der I. Vorkonziliaren Panorthodoxen Konferenz sei noch angefügt: auch die Arbeitsgruppe 1 der Konferenz, die sich mit der Tagesordnung eines künftigen Großen und Heiligen Konzils befasste, hat zentrale christliche Werte in den Blick genommen; der 10. Tagesordnungspunkt lautet im Bericht der Arbeitsgruppe:

> Contribution des Églises orthodoxes locales au triomphe des idéaux chrétiens de paix, de liberté, de fraternité parmi des peuples. Élimination du racisme.[11]

Einer ganz ähnlichen Formulierung bedient sich das Schlusskommuniqué für den 10. Tagesordnungspunkt eines künftigen Konzils:

> Contribution des Églises Orthodoxes Locales à la réalisation des idéaux chrétiens de paix, de liberté, de fraternité et d'amour entre les peuples et suppression des discriminations raciales.[12]

Die Linie setzt sich in den Beschlusstext hinein fort, wo der 10. Tagesordnungspunkt endgültig so umschrieben wird:

> La contribution des Églises Orthodoxes Locales à la réalisation des idéaux chrétiens de paix, de liberté, de fraternité et d'amour entre les peuples et à la suppression des discriminations raciales.[13]

Im Unterschied zu den Ergebnissen der Arbeitsgruppe 2, zu deren Darstellung im Schlusskommuniqué und zu der entsprechenden Passage des Beschlusstextes

---

11 Bericht der Arbeitsgruppe 1 in: Episkepsis N° 158 (1.12.1976), S. 6–8 (7).
12 Schlusskommuniqué in: Episkepsis N° 158 (1.12.1976), S. 2–5 (3).
13 Beschlüsse der Konferenz in: Episkepsis N° 159 (15.12.1976), S. 8–14 (9).

findet sich allerdings im Zusammenhang mit dem 10. Tagesordnungspunkt des künftigen Konzils keinerlei Hinweis auf Zusammenarbeit oder Dialog mit anderen Religionen. Die Texte berühren sich nur im Gesichtspunkt eines orthodoxen Engagement für eine Reihe zentraler christlicher Werte im Bereich der sozialen Verantwortung der Kirche.

1.1.4 Der Vertagungsbeschluss der II. Vorkonziliaren Panorthodoxen Konferenz

Die II. Vorkonziliare Panorthodoxe Konferenz, die im September 1982 im Orthodoxen Zentrum Chambésy stattfand, übertrug diese Thematik der nächsten Interorthodoxen Vorbereitungskommission; zugleich wurde sie der Tagesordnung der III. Vorkonziliaren Panorthodoxen Konferenz zugefügt.[14]

1.2 Die III. Vorkonziliare Panorthodoxe Konferenz (1986)

Die zur Vorbereitung und Durchführung der III. Vorkonziliaren Panorthodoxen Konferenz vorliegenden Materialien sind noch breiter gefächert als die zur I. Konferenz publizierten Dokumente. Dies ermöglicht, die weitere Entwicklung der Aspekte „Zusammenarbeit mit nichtchristlichen Religionen" und „orthodoxes Engagement für zentrale christliche Werte" im Rahmen des panorthodoxen Prozesses nachzuzeichnen.

1.2.1 Die vorbereitende Kommissionsarbeit

Im Vorfeld trat am 15.–23.2.1986 eine Kommission zusammen, um die III. Vorkonziliare Panorthodoxe Konferenz vorzubereiten. In seiner Eröffnungsansprache äußerte sich der Vorsitzende, Metropolit Chrysostomos von Myra (Ökumenisches Patriarchat), zu den einzelnen Tagesordnungspunkten der Kommission. In der Passage zum Tagesordnungspunkt 4 „La question des idéaux chrétiens de paix etc..." beschränkte er sich darauf, die darin angesprochenen Anliegen sozialer Verantwortung der Kirche in ihrer Dringlichkeit darzustellen. Ein Hinweis auf interreligiöse Zusammenarbeit findet sich dort nicht.[15]

Die einzelnen autokephalen Kirchen hatten im Vorfeld der Kommissionssitzung Gelegenheit, zu den einzelnen Themen Stellung zu beziehen. Daraus hat der

---
14 Damaskinos Papandreou, Zur Vorbereitung des Panorthodoxen Konzils, in: Nyssen, Wilhelm / Schulz, Hans-Joachim / Plank, Peter / Wiertz, Paul, Handbuch der Ostkirchenkunde Bd. III, aaO, S. 269f.
15 Vgl. Episkepsis N° 351 (25.2.1986) „Eröffnungsansprache", S. 3–9 (8f).

Sekretär der Vorkonziliaren Panorthodoxen Konferenz, Metropolit Damaskinos Papandreou, eine Synthese angefertigt, die er der Versammlung präsentierte. I.B. auf den 4. Tagesordnungspunkt verwies er auf eingegangene Berichte und Studien der Kirchen von Bulgarien, Griechenland und der Tschechoslowakei. Weiterhin einbezogen wurden die Ergebnisse eines theologischen Seminars „Regards orthodoxes sur la paix", das 4.–19. Mai 1985 in Chambésy durchgeführt worden war.[16] Die Synthese des Metropoliten Damaskinos folgt im wesentlichen den im Tagesordnungspunkt festgehaltenen zentralen Einzelpunkten einer sozialen Verantwortung der Kirche, verankert sie theologisch und beschreibt die Wertigkeit und praktische Nützlichkeit eines entsprechenden Engagements. In einem zusammenfassenden Schlussabschnitt gebraucht Metropolit Damaskinos dabei erstmals den Begriff „Menschenrechte" („les droits de l'homme"), zu deren Verteidigung sich die Orthodoxie gerufen wisse.[17] Auf eine Zusammenarbeit mit nichtchristlichen Religionen bezieht sich Metropolit Damaskinos in seiner Synthese allerdings nicht.[18]

Die Kommission hat – entsprechend der Tagesordnung – vier Texte erarbeitet, die der III. Vorkonziliaren Panorthodoxen Konferenz als Arbeitsgrundlage diesen sollte. Im Blickpunkt steht hier der Text „(D) Contribution des Églises orthodoxes locales à la réalisation des idéaux chrétiens de paix, de liberté, de fraternité et d'amour entre les peuples et à la suppression des discriminations raciales".[19] Zu Beginn dieses Textes wurden die beiden 1976 noch getrennt gehaltenen Textteile betreffend den 10. Tagesordnungspunkt für das künftige Konzil bzw. die Zusammenarbeit mit anderen Religionen zusammengezogen und letzterer an den Anfang gestellt:

> L'Église orthodoxe, ayant conscience des problèmes brûlants qui préoccupent aujourd'hui l'humanité tout entière, a exprimé au cours de la Ière Conférence panorthodoxe préconciliaire, qui eut lieu à Chambésy en 1976, son désir de ‚collaborer avec les fidèles des autres religions afin d'enrayer tout fanatisme et d'assurer la réalisation des idéaux de liberté, de réconciliation des peuples et de paix du monde au service de l'homme actuel, sans distinction de race ou de religion'. Elle a, de plus, inscrit à l'ordre du jour du saint et grand Concile le thème: ‚Contribution des Églises orthodoxes locales à la réalisation des idéaux chrétiens de paix, de liberté, de fraternité et d'amour entre les peuples et à la suppression des

---

16 Vgl. Episkepsis N° 351 (25.2.1986) „Bericht", S. 9–19 (10 f). Die Beiträge des erwähnten Seminars sind publiziert von Damaskinos Papandreou (Hrsg.), Un Regard Orthodoxe sur la Paix, Les Études Théologiques de Chambésy 7, Editions du Centre Orthodoxe du Patriarcat Oecuménique Chambésy Genève 1986.
17 Vgl. „Bericht" in: Episkepsis N° 351 (25.2.1986), S. 9–19 (19).
18 Vgl. „Bericht" in: Episkepsis N° 351 (25.2.1986), S. 9–19 (15 ff).
19 Vgl. Episkepsis N° 354 (1.4.1986), S. 2–17; der 4. Text „Contributions..." aaO, S. 11–17.

discriminations raciales'. Il va de soi que cette préoccupation n'est pas seulement celle de l'Église orthodoxe. La question de la paix concerne tous les chrétiens et, sous diverses formes et variantes, rejoint les préoccupations de l'humanité tout entière concernant son destin et son avenir.[20]

Der weitere Text des Kommissionsdokuments weist deutliche Querbezüge zu der von Metropolit Damaskinos erarbeiteten Synthese auf, ist aber um gewichtige thematische und theologische Aspekte erweitert. Im Ergebnis ist ein sehr aussagekräftiges theologisches Kompendium orthodoxer Bemühungen um den Menschen, dessen Würde und für fundamentale Werte menschlichen Lebens und Zusammenlebens entstanden. Zugleich wird aufgezeigt, wie der kirchliche Beitrag zur Abwehr von spaltenden oder zerstörerischen Kräften im Menschen und in Gesellschaften gestaltet sein kann und theologisch begründet ist. Der an den Anfang des Dokuments gestellte Hinweis auf Zusammenarbeit mit nichtchristlichen Religionen in diesem Bereich wird allerdings nicht aufgegriffen oder gar entfaltet. Nur an zwei Stellen wird ein über die Orthodoxie bzw. über andere christliche Kirchen hinausgehender Horizont eröffnet:

> Nous croyons fermement que pour ce faire c'est l'amour qui galvanisera la volonté des Églises orthodoxes afin qu'elles puissent, en collaboration avec leurs frères des autres Églises et Confessions chrétiennes et avec tous les hommes, donner aujourd'hui leur témoignage – témoignage de foi et d'amour – dans une monde qui, peut-être plus que jamais, on a besoin. (...). Les Églises orthodoxes lancent un appel au monde entier afin que tous collaborent à établir l'amour et la paix entre les hommes et les peuples.[21]

1.2.2 Arbeit und Beschlüsse der III. Vorkonziliaren Panorthodoxen Konferenz

Die III. Vorkonziliare Panorthodoxe Konferenz fand am 28.10. - 6.11.1986 in Chambésy statt. Bei den Beratungen wurde das Thema der sozialen Verantwortung der Kirche und einer Zusammenarbeit mit nichtchristlichen Religionen nicht nur aufgegriffen, sondern wesentlich gegenüber dem 1976 erreichten Stand entfaltet. Das entsprechende Dokument „La contribution de l'Église orthodoxe à la réalisation de la paix, de la justice, de la liberté, de la fraternité et de l'amour entre les peuples, et à la suppression des discriminations raciales et autres"[22] steht dem Text der von der vorbereitenden Kommission erarbeiteten Vorlage nahe, enthält

---

20 Episkepsis N° 354 (1.4.1986), S. 2–17 (11).
21 Episkepsis N° 354 (1.4.1986), S. 2–17 (17).
22 Die Beschlüsse sind publiziert in: Episkepsis N° 369 (15.12.1986), S. 2–28. Eine qualitätsvolle deutsche Übersetzung bietet Una Sancta 42 (1987), S. 4–28; dennoch wird im Folgenden durchgängig der französische Text von „Episkepsis" zugrunde gelegt, um einen Vergleich mit den Dokumenten der vorbereitenden Kommission zu erleichtern.

1 Das pan-orthodoxe Fundament einer Beteiligung am interreligiösen Dialog — 49

jedoch auch dieser gegenüber bemerkenswerte Weiterentwicklungen. Nach nochmaliger Wiederholung des Textes zum 10. Tagesordnungspunkts eines künftigen Konzils löst sich der Text von der den Vorlagen von 1976 bzw. der vorbereitenden Kommission und stellt lapidar fest:

> Il va de soi que cette préoccupation n'est pas seulement celle de l'Église orthodoxe. La question de la paix concerne tous les chrétiens, toutes les religions et, sous diverses formes et variantes, rejoint les préoccupations de l'humanité tout entière.[23]

Die in dieser Textpassage festgehaltene Weitung des Horizonts wird erreicht durch einfache Einfügung von „toutes les religions" in den Text. Der dadurch einmal gewonnene weite Blickwinkel wird in der Folge weitergetragen. Im Abschnitt A. 4. steht zwar zunächst ganz eine innerchristliche Zusammenarbeit zum Schutz des Wertes der menschlichen Person im Mittelpunkt; im Abschnitt A. 5. wird der Gedanke jedoch konsequent weitergeführt:

> La reconnaissance commune de la valeur éminente de la personne humaine peut servir de présupposé à une collaboration plus large en ce domaine. A cet égard, l'expérience acquise par les Églises orthodoxes peut être également mise à profit. Tout ceci constitue la vocation de chaque homme à oeuvrer de manière pacifique et créative. Les Églises orthodoxes locales, en étroite collaboration avec les fidèles – aimant la paix – des autres religions du monde, considèrent qu'il est de leur devoir d'oeuvrer pour la paix sur terre et pour l'établissement de relations fraternelles entre les peuples. Les Églises orthodoxes sont appelées à contribuer à la concertation et à la collaboration interreligieuses et, par ce biais, à la suppression du fanatisme de toutes parts; par là elles oeuvreront en faveur de la réconciliation des peuples et du triomphe des biens que constituent la liberté et la paix dans le monde, au service de l'homme contemporain, indépendamment des races et des religions. Il va de soi que cette collaboration exclut tout syncrétisme ainsi que toute tentative d'une religion de s'imposer aux autres.[24]

Die Textpassage enthält eine bemerkenswerte Konkretisierung in der Feststellung einer ausdrücklichen *Pflicht* zur interreligiösen Verständigung und zur Zusammenarbeit mit Gläubigen anderer Weltreligionen. Der Ansatzpunkt für eine praktische Umsetzung wird in gemeinsamen Anstrengungen mit allen Menschen guten Willens und auf allen Ebenen gesehen; ein solches Vorgehen wird als „Dienst" und als Antwort auf Gottes Gebot erkannt:

---

[23] Episkepsis N° 369 (15.12.1986), S. 2–28 (18).
[24] Episkepsis N° 369 (15.12.1986), S. 2–28 (19). Englische Übersetzung vgl. Viorel Ionita, Towards the Holy and Great Synod of the Orthodox Church, aaO, S. 159f. Deutsche Übersetzung vgl. Anastasios Kallis, Auf dem Weg zu einem Heiligen und Großen Konzil, aaO, S. 541.

> 6. Nous sommes persuadés que, associés à l'oeuvre de Dieu, nous pouvons progresser dans ce ministère en commun avec tous les hommes de bonne volonté qui se vouent à la recherche de la paix véritable pour le bien de la communauté humaine, au niveau local, national et international. Ce ministère est un commandement de Dieu (Mt 5,9).[25]

Im Abschnitt F über Rassendiskriminierung und andere Formen der Diskriminierung enthält u. a. der Absatz 2. eine klare Verurteilung von Diskriminierung in jeder Form, darunter eine solche von Minderheiten. Das Stichwort „Minderheiten" wird im folgenden Abschnitt F. 3. aufgegriffen und zu einem ganz grundsätzlichen Bekenntnis zu Pluralismus erweitert, das kein Vorbild in den Texten der vorbereitenden Kommission hat:

> 3. Une minorité, qu'elle soit religieuse, linguistique ou ethnique, doit être respectée pour ce qu'elle est. La liberté de l'homme est liée à la liberté de la communauté à laquelle il appartient. Toute communauté doit évoluer et se développer selon ses caractéristiques propres. A cet égard le pluralisme devrait régler la vie de tous les pays. L'unité d'une nation, d'un pays ou d'un Etat devrait être comprise comme le droit à la différence des communautés humaines.[26]

Am Ende des Abschnitts F. 4. heißt es insbesondere im Blick auf religiösen Pluralismus zusammenfassend:

> (...) L'Orthodoxie confesse que chaque être humain – indépendamment de sa couleur, de sa religion, de sa race, de sa nationalité et de sa langue – est porteur de l'image de Dieu, qu'il est notre frère ou notre soeur, membre à part égale de la Famille humaine.[27]

Den Abschluss bildet ein Appell, der wörtlich aus der Kommissionsvorlage übernommen wurde:

> Les Églises orthodoxes lancent un appel au monde entier afin que tous collaborent à établir l'amour et la paix entre les hommes et les peuples.[28]

Im Ergebnis schöpft der Beschlusstext der III. Vorkonziliaren Panorthodoxen Konferenz aus der Vorlage der vorbereitenden Kommission, führt aber zugleich an entscheidenden Punkten deutlich über diese hinaus. Die theologischen Begründungen bzw. Verankerungen eines kirchlichen Engagements für Frieden, Freiheit,

---

25 Episkepsis N° 369 (15.12.1986), S. 2–28 (19).
26 Episkepsis N° 369 (15.12.1986), S. 2–28 (23).
27 Episkepsis N° 369 (15.12.1986), S. 2–28 (24).
28 Episkepsis N° 369 (15.12.1986), S. 2–28 (26). Vgl. dazu die identische Formulierung im Kommissionsdokument Episkepsis N° 354 (1.4.1986), S. 2–17 (17).

Gerechtigkeit und andere zentrale christliche Werte sind klar, eindrücklich und in ihrer Vielfalt aufgezeigt. Auf seine Art stellt damit auch der Beschlusstext D ein theologisches Kompendium orthodoxer Bemühungen um den Menschen, für dessen Würde und für fundamentale Werte menschlichen Lebens und Zusammenlebens dar, wie es bereits für das Kommissionsdokument festgehalten wurde. Zugleich werden die Beiträge der Orthodoxie zur Verwirklichung dieser Werte mit klaren Aussagen für eine Zusammenarbeit mit anderen Christen und ebenso für eine interreligiöse Zusammenarbeit geöffnet. Der renommierte orthodoxe Theologe Olivier Clément würdigt diesen bei der III. Vorkonziliaren Panorthodoxen Konferenz erreichten Fortschritt mit den Worten:

> Je le dis tout net: il a fallu beaucoup de courage, beaucoup de force d'âme aux évêques des pays de l'Est pour collaborer à la rédaction de ces pages et pour les signer. Ici, l'Esprit a soufflé.[29]

1.2.3 Erste Schritte zur Umsetzung der Konferenzbeschlüsse von 1986

Das 1986 formulierte klare Bekenntnis der orthodoxen Kirchen zur interreligiösen Verständigung und zur Zusammenarbeit mit Gläubigen anderer Weltreligionen darf im Ergebnis als Grundlage[30] für entsprechende Bemühungen der Orthodoxie gelten. Zur Umsetzung des Beschlusses wurden zugleich konkrete Schritte eingeleitet: Mit der Vorbereitung und Führung solcher interreligiösen Gespräche wurde das Sekretariat für das Panorthodoxe Konzil in Chambésy und dessen Leiter, Metropolit Damaskinos Papandreou, beauftragt.[31] Dadurch erhielt die

---

[29] Kommentar von Olivier Clément zum Vierten Text der III. Vorkonziliaren Panorthodoxen Konferenz in: Episkepsis N° 376 (15.4.1987), S. 7–13 (8). Clément macht in seinem Beitrag auch einige kritische Anmerkungen. Seine Auseinandersetzung mit den theologischen Grundlagen des Textes versäumt dennoch nicht eine Anerkennung des erreichten Fortschritts und eine Akzentuierung der bedeutsamsten Punkte; vgl. für die hier hervorgehobenen Textabschnitte besonders aaO, S. 10 ff. Vgl. auch ein Interview mit Olivier Clément in: Service Orthodoxe de Presse N° 117 (April 1987), S. 13–25; dieses Interview ist mit dem voran stehend zitierten Kommentar nahezu identisch, vgl. zum hier besonders fokussierten Vierten Dokument aaO, S. 21 ff.

[30] Art. 16 des „Règlement des Conférences panorthodoxes préconciliaires" bestimmt: „(...). Les décisions des Conférences panorthodoxes préconciliaires sur chacun des thèmes à l'ordre du jour ont un caractère préparatoire au saint et grand Concile. De ce fait, bien que reflétant la tradition orthodoxe authentique sur les thèmes en question, elles n'ont pas l'autorité d'engager directement les Églises locales avant que le saint et grand Concile ne se soit prononcé", vgl. Episkepsis N° 369 (15.12.1986), S. 2–5 (4 f). Damit hat der Text keine bindende Wirkung, stellt aber – provisorisch, d. h. bis zu einer Entscheidung des künftigen Konzils – eine authentische Auslegung der orthodoxen Tradition dar. Deshalb hat er trotz des formalen Vorbehalts wegweisende Bedeutung für die Praxis der orthodoxen Kirchen.

[31] Athanasios Basdekis, Die Orthodoxe Kirche, Lembeck Frankfurt a.M., 4. Aufl. 2003, S. 127.

künftige interreligiöse Verständigung und Zusammenarbeit zwischen Orthodoxie und Islam eine panorthodoxe Facette. Wie zu zeigen sein wird, setzte Metropolit Damaskinos Papandreou rasch und tatkräftig Akzente, um die Thematik der interreligiösen Verständigung und Zusammenarbeit insbesondere mit dem Islam für die Orthodoxie zu erschließen und dabei den orthodoxen Bemühungen klare Ausrichtung und Ziele zu vermitteln. Eine plötzliche Erkrankung des Metropoliten Damaskinos Papandreou machte im Jahr 2001 organisatorische Veränderungen notwendig: Metropolit Emmanuel von Rhegion, später Metropolit von Frankreich, wurde neuer Beauftragter des Ökumenischen Patriarchats für den interreligiösen Dialog mit dem Islam. Metropolit Emmanuel ist zugleich Leiter des „Liaison Office of the Orthodox Church to the European Union" in Brüssel,[32] weshalb das Brüsseler „Bureau des affaires interreligieuses et interculturelles du Patriarcat Oecuménique" die Betreuung der früher örtlich in Chambésy angesiedelten interreligiösen Bemühungen weiterführte.

1.3 Zur Interpretation der panorthodoxen Beschlussfassungen von 1976 und 1986

1.3.1 Die Beschlüsse von 1976 und ihr zeitgeschichtliches Umfeld

Die I. Vorkonziliare Panorthodoxe Konferenz hatte 1976 die Tür zu einer neuen Form von positiver Auseinandersetzung der Orthodoxie mit anderen Weltreligionen geöffnet: Zusammenarbeit mit den Gläubigen anderer Religionen sollte künftig den Umgang miteinander prägen. Dazu enthält der Beschluss eine Absichtserklärung zur Zusammenarbeit mit anderen Religionen in einer näher bestimmten Zielsetzung, nämlich um Fanatismus auszurotten, um Versöhnung der Völker zu erreichen, um Frieden und Freiheit in der Welt zu bewahren und zwar im Dienst an der Menschheit, ohne Unterscheidung zwischen Rasse und Religion.[33] Erinnert sei daran, dass auch der 10. Tagesordnungspunkt eines künftigen Heiligen und Großen Konzils, der bei der Konferenz 1976 formuliert wurde, den Beitrag der orthodoxen Lokalkirchen zur Verwirklichung der christlichen Ideale Frieden, Freiheit, Brüderlichkeit und Liebe unter den Völkern sowie Beiträge zur Überwindung von Rassendiskriminierung umfasste.[34] Schaut man diese Beschlusselemente zusammen, zeigt sich ein starker Akzent, den die I. Vorkonziliare Panorthodoxe Konferenz im Bereich des sozialen Engagements der Kirche gesetzt

---

32 George C. Papademetriou, Contemporary Dialogue between Orthodox Christians and Muslims, in: ders., Two Traditions, One Space, Somerset Hall Press Boston 2011, S. 224.
33 Vgl. Episkepsis N° 159 (15.12.1976) „Décisions", S. 8–14 (11f).
34 Vgl. Episkepsis N° 159 (15.12.1976) „Décisions", S. 8–14 (9).

1 Das pan-orthodoxe Fundament einer Beteiligung am interreligiösen Dialog — 53

hat. Dabei werden diese Bemühungen als ein Dienst, d. h. letztlich als Zeugnis gelebten Glaubens der orthodoxen Kirche, vorgestellt. Der Weg zur Verwirklichung dieser Ziele wird – nach dem Text der Absichtserklärung – in einer religionsübergreifenden Zusammenarbeit gesehen. Diese konkret-praktische Seite der künftigen orthodoxen Beiträge ist im Text so eindeutig fokussiert, dass das Stichwort „Dialog" in diesem Zusammenhang gar nicht auftaucht.

Die von der I. Vorkonziliare Panorthodoxe Konferenz vorgenommene Zielbeschreibung erfolgte in einem bestimmten zeitgeschichtlichen Umfeld. Es war politisch nach wie vor geprägt vom Ost-West-Gegensatz. Im Verhältnis der christlichen Kirchen trugen die Bemühungen um einen ökumenischen Dialog erste Früchte. Die sowjetische Religionspolitik erlaubte den orthodoxen Kirchen ihres Machtbereichs – auch aus politischem Kalkül – die Aufnahme von internationalen Kontakten, zu anderen orthodoxen und nichtorthodoxen Kirchen. Jede dieser Entwicklungslinien hat ihre eigene Geschichte. Es ist hier weder möglich noch beabsichtigt, diese nachzuzeichnen. Ziel der folgenden Abschnitte ist vielmehr aufzuzeigen, das die panorthodoxen Beschlüsse von 1976 nicht isoliert stehen, sondern auf vielfältige Weise – thematisch wie in ihrer Diktion – in zeitgeschichtliche Zusammenhänge eingebettet sind:

1.3.1.1 Einbettung in die Bemühungen um eine Überwindung des Ost-West-Gegensatzes

Über viele Jahre hatte es politische Bemühungen in Gestalt von internationalen Begegnungen, Initiativen und Konferenzen gegeben, um den Ost-West-Gegensatz und seine Kennzeichen „Blockdenken", „Rüstungswettlauf", „Stellvertreterkriege" usw. zu überwinden. Bestehende Gegensätze sollten in einer neuen Annäherung der politischen Blöcke einer Lösung zugeführt werden. 1975, ein Jahr vor der panorthodoxen Beschlussfassung, ging der Vietnamkrieg zu Ende. Im selben Jahr brach im Libanon ein Bürgerkrieg aus, bei dem die gegeneinander kämpfenden Gruppen nach ihrer Religionszugehörigkeit identifiziert und benannt wurden. Vor allem aber schloss 1975 die „Konferenz für Sicherheit und Zusammenarbeit in Europa" eine erste Phase ihrer mehrjährigen Arbeit mit der „Schlusserklärung von Helsinki" ab. Damit keimte neue Hoffnung auf, dass der Geist ideologisch-politischer Abgrenzung einem Geist versöhnlicher und friedlicher Zusammenarbeit Platz machen würde. Der Text der Schlussakte enthält einige Passagen, die von den leitenden Werten bzw. Grundlagen handeln:

In Abschnitt I. a) erklären die Teilnehmerstaaten „...unter Bekräftigung ihrer Verpflichtung zu Frieden, Sicherheit und Gerechtigkeit und zur stetigen Entwicklung freundschaftlicher Beziehungen und der Zusammenarbeit"[35] eine Reihe von Prinzipien einhalten zu wollen. In Abschnitt I. a) VII. wird ein Teil dieser Prinzipen wie folgt konkretisiert:

> Die Teilnehmerstaaten werden die Menschenrechte und Grundfreiheiten, einschließlich der Gedanken-, Gewissens-, Religions- oder Überzeugungsfreiheit für alle ohne Unterschied der Rasse, des Geschlechts, der Sprache oder der Religion achten. Sie werden die wirksame Ausübung der zivilen, politischen, wirtschaftlichen, sozialen, kulturellen sowie der anderen Rechte und Freiheiten, die sich alle aus der dem Menschen innewohnenden Würde ergeben und für seine freie und volle Entfaltung wesentlich sind, fördern und ermutigen. (…). Die Teilnehmerstaaten anerkennen die universelle Bedeutung der Menschenrechte und Grundfreiheiten, deren Achtung ein wesentlicher Faktor für den Frieden, die Gerechtigkeit und das Wohlergehen ist, die ihrerseits erforderlich sind, um die Entwicklung freundschaftlicher Beziehungen und der Zusammenarbeit zwischen ihnen (…) zu gewährleisten. (…) Auf dem Gebiet der Menschenrechte und Grundfreiheiten werden die Teilnehmerstaaten in Übereinstimmung mit den Zielen und Grundsätzen der Charta der Vereinten Nationen und mit der Allgemeinen Erklärung der Menschenrechte handeln.[36]

Im Abschnitt „3. Zusammenarbeit und Austausch im Bereich der Kultur" der Schlussakte von Helsinki gehen die Teilnehmerstaaten eine Reihe weiterer Selbstverpflichtungen ein und zwar „in der Überzeugung, dass eine solche Festigung ihrer gegenseitigen Beziehungen zur Bereicherung einer jeden Kultur beitragen wird, unter Achtung der Eigenart einer jeden (…)".[37]

Ein Vergleich des Beschlusstextes der I. Vorkonziliaren Panorthodoxen Konferenz von 1976 und der Schlussakte von Helsinki zeigt, dass mehrere zentrale Begriffe wörtlich in beiden Dokumenten hervorgehoben werden, nämlich „Zusammenarbeit", „Frieden" und „Freiheit". Die Zielsetzung zur „Beseitigung der Rassendiskriminierungen" bzw. „ohne Unterscheidung zwischen Rasse und Religion" des Beschlusstextes stimmt inhaltlich mit der Formulierung „ohne Unterschied der Rasse, des Geschlechts, der Sprache oder der Religion" im Schlussdokument von Helsinki überein. Während die Schlussakte von Helsinki eine individuelle Dimension und eine universale Dimension erfasst, ist der Fokus des Beschlusstextes primär universal auf „Menschheit" ausgerichtet. Das

---

35 Vgl. Österreichisches Helsinki-Komitee (Hannes Tretter), KSZE. Die Abschlussdokumente der Konferenz für Sicherheit und Zusammenarbeit in Europa Helsinki 1975 und der Nachfolgekonferenzen Belgrad 1978 und Madrid 1983, Hermann Böhlhaus Wien/Köln/Graz 1984, S. 25. Der Text der Schlussakte von Helsinki (1975) ist auf der Homepage der „Organisation für Sicherheit und Zusammenarbeit in Europa (OECD)" online zugänglich unter www.osce.org/de/mc/39503?download=true (pdf-Datei, abgerufen 19.8.2014).
36 Österreichisches Helsinki-Komitee (Hannes Tretter), KSZE, aaO, S. 29f.
37 Österreichisches Helsinki-Komitee (Hannes Tretter), KSZE, aaO, S. 84.

Schlussdokument von Helsinki spricht vom Ziel der „Entwicklung freundschaftlicher Beziehungen". Diese Formulierung zeigt eine gewisse ideelle Nähe zum Begriff „Brüderlichkeit" des Textes der I. Vorkonziliaren Panorthodoxen Konferenz; ersterer Sprachgebrauch ist jedoch säkular-politischer Natur, während „Brüderlichkeit" vom kirchlichen Sprachgebrauch gekennzeichnet und spezifisch evangeliumsgemäß gewählt ist. Dies gilt erst recht für den Begriff „Liebe zwischen den Völkern": diesem Sprachgebrauch der Vorbereitungskommission lässt sich weder eine entsprechende Formulierung, noch eine inhaltlich-gedanklich vergleichbare Parallele im Text der Schlussakte von Helsinki gegenüberstellen. Dasselbe ist für die Interpretation entsprechenden Handelns der Orthodoxie als „Dienst" festzuhalten. Der Grund für diese Divergenz ist in der spezifisch christlichen und kirchlichen Verwurzelung der I. Vorkonziliaren Panorthodoxen Konferenz zu suchen, während sich die Konferenz von Helsinki an der Charta der Vereinten Nationen und der Allgemeinen Erklärung der Menschenrechte orientiert.

Es gibt keine Indizien für eine textliche Abhängigkeit zwischen der Schlussakte von Helsinki und dem kurzen Text der I. Vorkonziliaren Panorthodoxen Konferenz von 1976. Dennoch ließ sich eine – teils begriffliche, teils gedankliche – Nähe von Formulierungen beider Texte beobachten, die in denselben zeitgeschichtlichen Aufbruch und auf eine vergleichbare Wertorientierung verweist. Diese Wertorientierung erscheint im einen Fall allerdings in einer säkular-politischen Form, im anderen Fall in ihrer ursprünglichen, kirchlich-evangeliumsgemäßen Form, sichtbar vor allem am Sprachgebrauch „Brüderlichkeit", „Liebe zwischen den Völkern" und „Dienst". Die Schlussakte von Helsinki 1975 markiert die Wende von einer Zeit politischer Abgrenzung und Konfrontation hin zu einer Phase wiederentdeckter Gemeinsamkeiten und der Öffnung. Drückende Menschheitsprobleme sollten in neuem Geist einer politischen Lösung zugeführt werden. Die orthodoxe Kirche hat in diesem zeitgeschichtlichen Wandel Übereinstimmungen zwischen den die Politik leitenden Grundwerten und ihrer eigenen Sendung erkannt; sie beabsichtigt, einen eigenen – spezifisch kirchlichen – Beitrag für das Erreichen derselben Ziele zu leisten. Vorausschauend hat sich die Orthodoxie dabei grundsätzlich für eine Zusammenarbeit auch mit Gläubigen anderer Religionen geöffnet.

1.3.1.2 Einbettung in die Bemühungen des ÖRK um Frieden und Menschenrechte sowie in das Engagement für einen interreligiösen Dialog

Die orthodoxen Kirchen sind sukzessiv dem „Ökumenischen Rat der Kirchen" beigetreten und wirkten im hier maßgeblichen Zeitraum tatkräftig – wenn auch nicht konfliktfrei[38] – beim ÖRK mit.[39]

(1) Das Engagement des ÖRK für Frieden, Abrüstung und Menschenrechte

Zu den breitgefächerten Bemühungen des ÖRK und seiner Untergliederungen gehörten neben der ökumenischen Arbeit im engeren Sinn über Jahrzehnte auch ein Engagement für Frieden, Abrüstung, Überwindung der Rassendiskriminierung und für die Achtung der Menschenrechte.[40] Der Beitritt von orthodoxen Kirchen aus dem Bereich der Sowjetunion zum ÖRK ermöglichte deutlich verstärkte Beiträge dazu, vor allem seitens der Russischen Orthodoxen Kirche. Im unmittelbaren zeitlichen Vorfeld der Panorthodoxen Konferenz von 1976 stehen die Dokumente des ÖRK „Statement on European Security and Cooperation" (1972), „Memorandum of Disarmament" (1973) und „Declaration on the World Armaments Situation" (1975). Bei der Konferenz von Nairobi 1975 wurde das „Program to Combat Militarism and the Arms Race" angenommen.[41] Daneben wurde das Engagement des ÖRK im Bereich der Menschenrechte in den Jahren 1974 und 1975 nachhaltig weiterentwickelt:

---

38 Vgl. z. B. den Beschlusstext „Église Orthodoxe et Mouvement Oecuménique" der III. Vorkonziliaren Panorthodoxen Konferenz von 1986, in: Episkepsis N° 369 (15.12.1986), S. 14–17. Bereits die I. Vorkonziliare Panorthodoxe Konferenz 1976 hat sich kritisch mit einigen Aspekten des ÖRK auseinandergesetzt, vgl. Episkepsis N° 159 (15.12.1976), S. 12 ff.
39 Zu den Gründungsmitgliedern des ÖRK (1948) gehörten das Ökumenische Patriarchat, die Kirchen von Zypern und Griechenland sowie das rumänische Bistum in Amerika; 1952 folgte das Patriarchat von Antiochia, 1954 das antiochenische Erzbistum und die griechische Metropolie von Amerika; die Patriarchate von Alexandria, Jerusalem, Moskau, Rumänien, Bulgarien sowie die Kirche von Polen wurden 1961 aufgenommen; 1962 trat die Kirche von Georgien bei, 1965 das Patriarchat von Serbien, 1966 die Kirche der Tschechoslowakei und 1973 die Kirche von Japan, vgl. Georgios Galitis, Die orthodoxe Kirche im Dialog, in: Wilhelm Nyssen / Hans-Joachim Schulz / Paul Wiertz, Handbuch der Ostkirchenkunde Bd. III, aaO, S. 245.
40 Vgl. Wolfgang Lienemann, Frieden. Vom „gerechten Krieg" zum „gerechten Frieden", Bensheimer Hefte Nr. 92 / Ökumenische Studienhefte Nr. 10, Vandenhoeck & Ruprecht Göttingen 2000, S. 134 ff, darin besonders aaO, S. 141 ff (zu den Abrüstungsbemühungen), aaO, S. 147 ff (zur Überwindung von Rassendiskriminierung und für die Achtung der Menschenrechte), aaO, S. 152 ff (zur Abrüstungsthematik).
41 Vgl. John van Oudenaren, Détente in Europe. The Soviet Union and the West since 1953, Duke University Press Durham/London 1991, S. 304 f.

1 Das pan-orthodoxe Fundament einer Beteiligung am interreligiösen Dialog — 57

In 1974, in St. Pölten, Austria, representatives of churches from all parts of the world (...) were brought together to review the first 25 years of ecumenical concern for human rights and to recommend to the Fifth Assembly in Nairobi the following year a new statement of ecumenical policy on human rights. The St. Pölten Consultation on 'Human Rights and Christian Responsibility' emphasized the indivisibility of human rights as expressed in the Universal Declaration and the two International Human Rights Covenants. It shifted ecumenical thinking into a new phase by acknowledging that violations of individual human rights were not simply aberrations of an essentially just world order but rather most often the result of unjust structures which exploit the poor. The struggle for human rights was seen as central to struggles for liberation from poverty, colonial rule, racist systems and military regimes. The St. Pölten Consultation recognized the struggle for rights of peoples as primary and without which the observance of individual human rights could not be guaranteed. At the same time it cautioned that the effectiveness of such an approach would always have to be measured in terms of the freedom and rights of every individual.

The St. Pölten Consultation's new approach also included the admonition that the essential global ecumenical solidarity in support of human rights could only succeed if each church took primary responsibility for safeguarding and promoting human rights within ist own national context and for caring for the victims of human rights abuse.

The Nairobi Assembly subsequently affirmed the emerging ecumenical consensus on human rights outlined in St. Pölten, emphasizing:

- the right to basic guarantees of life;
- the right to self-determination and to cultural identity and the rights of minorities;
- the right to participate in decision-making within the country.
- the right to dissent;
- the right to personal dignity, and
- the right to religious freedom.

The new insights gained in St. Pölten enriched the churches' expression of God's mission and practice in the field of human rights in the succeeding years.[42]

Tatsächlich hat das „Statement on Human Rights" der ÖRK-Versammlung in Nairobi (November/Dezember 1975) die in der genannten Zusammenfassung mitgeteilten Aspekte entfaltet und bedeutsam konkretisiert. Zentrale Menschenrechte wurden einzeln beleuchtet und in ihrer Bedeutung für die Entfaltung

---

42 Zusammenfassung der Tagungsergebnisse von St. Pölten im Statement „Human Rights and the Churches New Challenges" der Konsultation von Morges/CH (23.–27.6.1998), in: John Clement (Hrsg.), Human Rights and the Churches: New Challenges. A compilation of Reports of international and regional consultations, WCC Geneva/New York 1998, S. 7 f. Vgl. Alice Wimer, One Step on a Journey, in: Ecumenical Review 27 (1975), S. 111–116. Vgl. auch World Council of Churches / Commission of the Churches on International Affairs, Human Rights and Christian Responsibility. Report of the Consultation St. Pölten Austria 21–26 October 1974, WCC Geneva 1974.

menschlichen Lebens aufgezeigt; der Text behandelt sehr konkret Formen und Methoden für ein kirchliches Handeln zu ihrer Umsetzung.[43]

In Vorbereitung der ÖRK-Versammlung von Nairobi wurde eine Handreichung mit Stellungnahmen einer „Orthodox Task Force" von Theologen der orthodoxen und orientalisch-orthodoxen Kirchen zu verschiedenen zentralen Themen des ÖRK aus den Jahren 1968 bis 1975 zusammengestellt.[44] Hier interessiert besonders die Frucht einer Tagung der „Orthodox Task Force" vom 7.–14. März 1975 in der Orthodoxen Akademie in Kreta.[45] Der Bericht ist „The Struggle for Justice and the Unity of the Church" benannt und enthält im ersten Teil eine unmittelbare Auseinandersetzung[46] mit der Verantwortung der Kirche im sozialen-gesellschaftlichen Bereich. Eine zentrale Formulierung lautet:

> The Church as such, therefore, meaning the whole body of all faithful, as well as individual Christians and Christian groups, can and must be involved in social and political action inasmuch as these actions are in accord with the Orthodox faith and the Church itself does not become identified with these actions in such a way that she loses her own life, by surrendering her unique mission to be the Church which is Christ's body, the ‚fullness of Him Who fills all in all (Eph 1,23).[47]

Hier fällt auf, um wie viel näher die einschlägigen kurzen Texte der Vorkonziliaren Panorthodoxen Konferenz von 1976 den Ergebnissen der ÖRK-Beratungen von St. Pölten (1974) und der ÖRK-Vollversammlung von Nairobi (1975) stehen, als dem Bericht der „Orthodox Task Force" aus dem gleichen Jahr: der Bericht bleibt ganz unbestimmt bei Formulierungen wie „social and political action" stehen; er ist von der Sorge bestimmt, dass die Sendung der Kirche durch Engagement in diesem Bereich verdunkelt werden könnte. Die Beschlüsse der I. Vorkonziliaren Panorthodoxen Konferenz von 1976 stehen dagegen unter der Voraussetzung, dass sich Teilaspekte der kirchlichen Sendung in einem entsprechenden Engagement *verwirklichen*. Ähnlich wie die ÖRK-Texte von St. Pölten und insbesondere diejenigen von Nairobi stehen im Text der Panorthodoxen Vorbereitungskonferenz Einzel-

---

43 Vgl. das „Statement on Human Rights" der ÖRK-Konferenz von Nairobi 1975, in: John Clement (Hrsg.), Human Rights and the Churches: New Challenges, aaO, S. 118 ff.
44 Vgl. Orthodox Task Force of the WCC, Orthodox Contributions to Nairobi, World Council of Churches Geneva 1975.
45 Das genaue Datum und der Ort sind genannt in: Orthodox Task Force of the WCC, Orthodox Contributions to Nairobi, aaO, S. 5.
46 Formal handelt es sich bei dem Text um den orthodoxen Beitrag zur Sektion V „Structures of Injustice and Struggles for Liberation" der ÖRK-Versammlung in Nairobi, vgl. Orthodox Task Force of the WCC, Orthodox Contributions to Nairobi, aaO, S. 5.
47 Orthodox Task Force of the WCC, Orthodox Contributions to Nairobi, aaO, S. 31.

aspekte im Blick, allerdings weniger in ihrem Charakter als (Menschen-)Rechte, sondern vielmehr als Spezifizierung des gottgeschenkten Wertes der menschlichen Person.

(2) Das Engagement des ÖRK für interreligiösen Dialog

Parallel zum Bemühen, die Verwirklichung der Menschenrechte als Element kirchlicher Sendung zu entwickeln, hat sich der ÖRK des Themas „interreligiöser Dialog" angenommen. Stuart Brown charakterisiert dieses Engagement so:

> At first, there was considerably uncertainty among the Christians about the methods or instruments which they ought to use in developing formal interfaith contacts. The WCC organized a series of meetings of Christians who were especially concerned with these questions, beginning at Broumana, Lebanon (June 1966).... (...). The exchange on mission and da'wah (Chambésy, June 1976) has often been cited as a lasting example of a sincere, constructive interfaith conversation, while the youth meeting at Bossey (June 1980) set a worthy precedent for interfaith encounters of young people in a variety of local situations. The smallest of these meetings may have been the most important, for it laid a foundation for institutional consultation that continues to develop (Cartigny, October 1976).[48]

In diesem einleitenden Überblick kommt Brown auf zwei Grundlinien zu sprechen, die der ÖRK im Bereich des interreligiösen Dialogs verfolgte und die bis heute parallel laufen:
- zum einen begann mit einer Tagung in Cartigny/Schweiz bereits im März 1969 eine Serie von christlich-muslimischen Dialogkonferenzen, die der ÖRK organisierte.[49]
- zum anderen die ÖRK-interne, d.h. innerchristliche Klärung, welche Rückwirkungen interreligiöser Dialog für die Kirchen impliziert, wie er zu gestalten und was als theologisches Fundament anzusehen sei. Die Serie entsprechender Tagungen des ÖRK, bei denen Dialogereignisse evaluiert wurden, begann im Mai 1970 in Zürich.[50]

Auf die einzelnen Entwicklungsschritte bzw. auf die Dialogereignisse wird im folgenden Kapitel näher einzugehen sein. Für diesen Zusammenhang mag es genügen festzuhalten, dass sich der ÖRK in internen und externen Bemühungen

---

[48] Brown, Stuart E., Meeting in Faith. Twenty Years of Christian-Muslim Conversations Sponsored by the World Council of Churches, WCC Publications Geneva 1989, S. VII-IX.
[49] Jutta Sperber, Christians and Muslims. The Dialogue Activities of the World Council of Churches and their Theological Foundation, de Gruyter Berlin 2000, S. 25f.
[50] Jutta Sperber, Christians and Muslims, aaO, S. 27.

dem interreligiösen Dialog gewidmet hat und dass die Orthodoxie daran Anteil hatte. Zur Zeit der panorthodoxen Beschlussfassungen von 1976 waren von daher bereits konkrete Erfahrungen mit interreligiösem Dialog und deren Evaluation zugänglich.

1.3.1.3 Einbettung in die Bemühungen der Konferenz Europäischer Kirchen

Die Konferenz Europäischer Kirchen (KEK) wurde 1959 in Nyborg von 45 orthodoxen, anglikanischen, altkatholischen und protestantischen Kirchen aus 20 Ländern gegründet, um eine Plattform für Begegnung und Zusammenarbeit der Kirchen Europas über den „Eisernen Vorhang" hinweg zu schaffen. Die Konferenz wuchs im Verlauf der Jahre auf 126 Mitgliedskirchen in 36 Ländern an.[51] In Versammlungen und Studienkommissionen erarbeitete die KEK Themen einer breiten Palette, vor allem in den Bereichen Ökumene, innere Erneuerung der Kirchen und Auseinandersetzung mit einer sich rasch verändernden Welt. Der europäische Kontext führte rasch zur Entdeckung des Themas „Ost-West-Konflikt" und konsequenterweise zum Engagement für Frieden und Abrüstung. Die Wahrnehmung der Notwendigkeit, als Kirchen in europäischem Kontext an einer Überwindung des früheren Eurozentrismus und der Folgen von Kolonialismus zu arbeiten, mündete in eine Auseinandersetzung mit der weltweiten Verflochtenheit kirchlichen Engagements, mit der Bedeutung von Menschenrechten sowie von Zusammenarbeit, auch über die Grenzen der christlichen Religion hinaus. Damit hat auch die Konferenz Europäischer Kirchen Themen erschlossen und entwickelt, die Teil des zeit- und geistesgeschichtlichen Umfelds der panorthodoxen Beschlussfassung von 1976 geworden sind. Drei zentrale Aspekte der Tätigkeit der KEK seien hervorgehoben:

(1) Das Engagement der Konferenz Europäischer Kirchen für den Frieden

Bereits die erste Konferenz Europäischer Kirchen (KEK), die im Januar 1959 in Nyborg/Dänemark durchgeführt wurde, erkannte den Einsatz für Abrüstung und

---

[51] Vgl. Gerhard Linn, Art. „Konferenz Europäischer Kirchen (KEK)", in: RGG⁴ Bd. 4 (Studienausgabe), aaO, Sp. 1541–1543. Einen instruktiven Überblick zur Entwicklung der KEK und deren thematischen Zielsetzungen bietet Robin Gurney (Hrsg.), 40 Jahre KEK. Zur Feier des 40jährigen Jubiläums der Konferenz Europäischer Kirchen 1959–1999, Konferenz Europäischer Kirchen Genf 1999, S. 9–51. Vgl. auch Viorel Ionita, Art. „Konferenz Europäischer Kirchen (KEK)", in: LThK³ Bd. 6 (Studienausgabe), Herder Freiburg/Basel/Wien 2009, Sp. 234 f. Vgl. Todor Sabev, The Contribution of the Local Orthodox Churches to the Realization of Peace, in: Damaskinos Papandreou (Hrsg.), Un Regard Orthodoxe sur la Paix, aaO, S. 119–133 (126 f.).

„eine gemeinsame Arbeit christlicher Liebe für Versöhnung und Frieden" als drängende Aufgabe. Europa sollte „zur Basis der friedlichen Zusammenarbeit aller Völker und nicht zur Basis der Vernichtung des Lebens dienen".[52] Bereits die Folgekonferenz Nyborg II gab der Friedensthematik entsprechend weiten Raum.[53] Zunächst war die Beteiligung von orthodoxen Kirchen aus dem Bereich der Sowjetunion nicht hochrangig besetzt und wirkt eher abwartend. Das änderte sich, als die V. Vollversammlung der KEK in Nyborg 1967 die Einberufung einer europäischen Sicherheitskonferenz unterstützte und spezielle Konferenzen zum Thema „Frieden in Europa" ankündigte,[54] die es theologisch wie in praktischer Hinsicht durch Beschlussfassung zu konkreten Massnahmen entfalteten.[55] Die 6. Konferenz von Nyborg 1971 erklärte, dass die Sicherheit Europas eine Hauptaufgabe im Rahmen des Dienstes der KEK am Frieden darstelle. Es sei die Pflicht der Kirchen, alle Vorhaben zu unterstützen, die Hoffnung auf verbesserte internationale Beziehungen in Europa gäben, insbesondere die Einberufung einer Konferenz zur europäischen Sicherheit.[56] Eine Konsultation in Engelberg/CH (1973) bekräftigte diese Zielsetzung und beschloss insbesondere Dokumente über Beiträge der Kirchen zu den Friedensbemühungen der Politiker sowie über Frie-

---

[52] Konferenz Europäischer Kirchen in Nyborg/Dänemark 6.–9. Januar 1959, Die europäische Christenheit in der heutigen säkularisierten Welt, Gotthelf-Verlag Zürich/Frankfurt 1960, S. 116 f.
[53] Die Konferenz Europäischer Kirchen Nyborg II widmete sich der Friedensthematik in einem der Hauptvorträge und in einem von vier Ausschüssen; vgl. Konferenz Europäischer Kirchen in Nyborg/Dänemark 3.–8. Oktober 1960, Der Dienst der Kirche in einer sich verändernden Welt, Gotthelf-Verlag Zürich/Frankfurt 1962, S. 5.
[54] Die Auseinandersetzung mit den Ergebnissen der KSZE-Konferenz von Helsinki 1975 wurde im Rahmen der KEK konsequent weitergeführt; vgl. Konferenz Europäischer Kirchen, Die Konferenz über Sicherheit und Zusammenarbeit in Europa und die Kirchen, Bericht einer Konsultation 27.–31. Oktober 1975 in Buckow/DDR (Studienheft Nr. 7), Genf 1976.
[55] Vgl. Konferenz Europäischer Kirchen, Europäische Sicherheit und die Kirchen. Bericht einer Konsultation in Gwatt am Thumersee/Schweiz 25. – 28. November 1969, (Studienhefte Nr. 3), Genf 1970. Vgl. auch: Konferenz Europäischer Kirchen, Diener Gottes – Diener der Menschen. Vorbereitungsdokument für die Nyborg VI Vollversammlung 26. April – 3. Mai 1971, Konferenz Europäischer Kirchen Genf o. J.; besondere Beachtung verdient hier der Abschnitt „Der Friedensdienst der Christen und das Ringen um soziale Gerechtigkeit", aaO, S. 32 ff. Vgl. auch: Konferenz Europäischer Kirchen, Jesus Christus – Europa heute. Reflexion über einige Tätigkeitsbereiche der Kirchen. Bericht einer Konsultation im Götzis, Österreich 4. – 9. März 1973 (Studienhefte Nr. 5), Genf 1973; der Friedensthematik widmet sich vor allem der „Bericht aus der Gruppe 4", vgl. aaO, S. 67 ff.
[56] Vgl. Konferenz Europäischer Kirchen, Nyborg VI. Bericht der Sechsten Vollversammlung der Konferenz Europäischer Kirchen 26. April – 3. Mai 1971, Genf o. J., „Endgültiger Bericht der Sektion 4", S. 61–64 und Hauptvortrag von Bischof Werner Krusche „Diener Gottes, Diener der Menschen", aaO, S. 119–131(129).

densarbeit der Kirchen durch internationale Organisationen.[57] Auch die im September 1974 – ebenfalls in Engelberg/CH durchgeführte – VII. Vollversammlung der Konferenz Europäischer Kirchen beschäftigte sich intensiv mit dem Prozess einer „Konferenz für Sicherheit und Zusammenarbeit in Europa";[58] die Umsetzung der KSZE-Konferenz von Helsinki blieb auch danach ein Grundthema der KEK.[59]

(2) Das Engagement der KEK für friedliche Koexistenz, soziale Gerechtigkeit, Menschenrechte und zur Überwindung der Rassendiskriminierung

Die vertiefte Auseinandersetzung mit der Friedensthematik führte zur Wahrnehmung, dass die Entwicklung einer friedlichen Koexistenz der gesellschaftlichen Systeme von Ost und West eine globale Dimension hat und mit sozialen, wirtschaftlichen und gesellschaftlichen Fragen verwoben ist. Bereits das vorbereitende Dokument zur Konferenz Nyborg VI im Jahr 1971 entwickelte – ausgehend von der Menschenwürde – den Zusammenhang zwischen christlichem Friedensdienst und sozialer Gerechtigkeit; dabei wurde friedlicher Koexistenz besondere Bedeutung zugemessen.[60] Die Konferenz selbst weitete den Blickwinkel nochmals, indem die Thematik „friedliche Koexistenz" mit einer konkreten Zusammenarbeit u. a. im politischen, wirtschaftlichen und kulturellen Bereich verknüpft wurde.[61] In der abschließenden „Botschaft an die Kirchen" wird als Aufgabe festgehalten:

---

57 Vgl. Konferenz Europäischer Kirchen, Frieden in Europa – die Rolle der Kirchen. Bericht einer Konsultation in Engelberg/Schweiz 28. Mai – 1. Juni 1973, (Studienhefte Nr. 6), Genf 1973, S. 89 ff (Dokument zu Beiträgen der Kirchen zu den Friedensbemühungen der Politiker) und S. 95 ff (Dokument zur Friedensarbeit der Kirchen durch internationale Organisationen).
58 Vgl. Konferenz Europäischer Kirchen, Kreuzwege der europäischen Kirchen. Bericht der VII. Vollversammlung der Konferenz Europäischer Kirchen in Engelberg/Schweiz 16.–23. September 1974, Lembeck, Frankfurt 1975, S. 61 f und S. 80–82.
59 Vgl. Konferenz Europäischer Kirchen, Begegnung in Stirling. Bericht der IX. Vollversammlung der Konferenz Europäischer Kirchen 4.–11. September 1986 Universität Stirling, Schottland, Genf o. J., S. 111 f.
60 Vgl. Konferenz Europäischer Kirchen, Diener Gottes – Diener der Menschen, aaO, S. 32–39 (35); zur „friedlichen Koexistenz" heißt es aaO: „Die Ko-Existenz unterschiedlicher Gesellschaftssysteme in Europa muss tatkräftig als friedliche Ko-Existenz gefördert werden, um in wachsendem Masse zur Pro-Existenz zu führen".
61 Konferenz Europäischer Kirchen, Nyborg VI, aaO, Endgültiger Bericht der Sektion 4, S. 61–64 (61): „Die friedliche Koexistenz, als dynamischer Prozess verstanden, braucht Modelle von Zusammenarbeit in politischen, wirtschaftlichen, kulturellen und ökologischen Fragen". Zur Thematik „friedliche Koexistenz" trägt darüber hinaus eine Passage des Hauptvortrags der Vollversammlung unter Bezug auf den russisch-orthodoxen Metropoliten Nikodim wichtige Einsichten bei; vgl. aaO, S. 119–131 (129 f).

1 Das pan-orthodoxe Fundament einer Beteiligung am interreligiösen Dialog — 63

> Als europäische Kirchen erkennen wir die gegenseitige Abhängigkeit zwischen Europa und der übrigen Welt im Kampf und Frieden, Freiheit und soziale Gerechtigkeit.[62]

Aus formalen Gründen wurde der Sektionsbericht 3 der Konferenz Nyborg VI über „soziale Gerechtigkeit" nur als Arbeitsdokument gewertet. Darin findet sich jedoch eine grundlegende Aussage zur Bekämpfung des Rassismus, bemerkenswerteweise verknüpft mit dem Gedanken einer Zusammenarbeit mit Nichtchristen.[63] Anlässlich einer Konsultation in Götzis (4.–9.3.1973) wurde der Gedanke einer übergreifenden Zusammenarbeit zur Bekämpfung u. a. von sozialen, rassischen, politischer und kultureller Ungleichheit noch weiter ausgedehnt, nämlich auf „alle Menschen guten Willens".[64]

(3) Die Wahrnehmung der Bedeutung von interkulturellem und interreligiösem Dialog

Es wurde bereits erwähnt, dass im Zusammenhang mit der Bekämpfung des Rassismus und von verschiedenen Formen von Ungleichheit eine Zusammenarbeit der KEK mit Nichtchristen und allen Menschen guten Willens angestrebt wurde. Die bedeutsame Konferenz Konferenz Nyborg VI im Jahr 1971 forderte aber auch ganz grundsätzlich die Öffnung der KEK für einen Dialog der Kulturen und Zivilisationen:

> Im Zusammenhang der Begegnung der verschiedenen Kulturen und Zivilisationen dürfen wir uns nicht ausschließlich auf unser eigenes kulturelles europäisches Erbe konzentrieren, sondern müssen uns voll Hoffnung der Zukunft hin öffnen und uns anreichern durch einen offenen Dialog mit unseren Brüdern, den Menschen der anderen Kontinente, Träger anderer kultureller Werte.[65]

Dieser Gedanke wurde von der VII. Vollversammlung von Engelberg (1974) in der Wahrnehmung vertieft, dass in zentralen Bereichen dem Engagement der KEK entsprechende Bemühungen von Nichtchristen gegenüberstehen; dies solle in

---

[62] Konferenz Europäischer Kirchen, Nyborg VI, aaO, „Botschaft an die Kirchen", S. 86–88 (88).
[63] Konferenz Europäischer Kirchen, Nyborg VI, aaO, Endgültiger Bericht der Sektion 3, S. 160–163 (163): „Rassismus in der Vielfalt seiner Erscheinungen steht in unvereinbarem Gegensatz zu der Liebe Gottes und zu allen Formen der Nächstenliebe. (...). Christen und Kirchen sollten alle Bemühungen – auch die von Nichtchristen -, in der Rassenfrage zu menschenwürdigen Lösungen zu kommen, mit allen Kräften unterstützen. Dies gilt z. B. für das ökumenische Programm zur Bekämpfung des Rassismus".
[64] Konferenz Europäischer Kirchen, Jesus Christus – Europa heute, aaO, S. 28 f.
[65] Konferenz Europäischer Kirchen, Nyborg VI., aaO, S. 67 (Nr. 4.2.3.).

Zusammenarbeit münden.[66] Vor allem aber wurde von der Konferenz die Notwendigkeit von Dialog und Zusammenarbeit von Christen bzw. Nichtchristen aus der Tatsache entwickelt, dass sie zusammenleben und mit denselben Problemen konfrontiert sind:

> Eine weitere ökumenische Herausforderung im heutigen Europa ergibt sich aus dem Zusammenleben von Christen und Nichtchristen in der Gesellschaft. (...). Dennoch gilt weiterhin, dass in einigen Bereichen der Gesellschaft Möglichkeiten der Zusammenarbeit zwischen Christen und Nichtchristen existieren. Diese Zusammenarbeit vollzieht sich in zwei verschiedenen Formen: im Dialog und in der Diakonie, wobei die Diakonie die größere Rolle spielt. (...). Es gibt eine Menge gemeinsamer menschlicher Probleme, an denen Christen und Nichtchristen zusammenarbeiten können; (...).[67]

Drei Jahre nach der panorthodoxen Beschlussfassung von 1976 konkretisierte die VIII. Vollversammlung der Konferenz Europäischer Kirchen in Kreta (1979) schließlich den Aspekt „Dialog und Zusammenarbeit mit Nichtchristen" hin zu „Dialog mit Juden und Muslimen".[68]

(4) Querverbindungen zur Orthodoxie

Die Querverbindung zwischen dem voran stehend skizzierten Engagement der Konferenz Europäischer Kirchen und der Orthodoxie ergibt sich zum einen über die inhaltliche Mitarbeit und die ausführliche Dokumentation der entsprechenden Tagungen, auf die jederzeit zurückgegriffen werden konnte. Zum anderen erfolgte sie über eine intensive personelle Beteiligung orthodoxer Persönlichkeiten, die in den Teilnehmerlisten[69] festgehalten ist. Zur Zeit der panorthodoxen Beschlussfassungen von 1976 waren der Orthodoxie auch insoweit zentrale Stücke einer Auseinandersetzung mit den Themenkreisen „Frieden", „friedliche Koexistenz, soziale Gerechtigkeit, Menschenrechte und Überwindung der Rassendiskriminierung" sowie von Klärungs- und Entscheidungsprozessen zugunsten eines interreligiösen Dialogs vertraut und verfügbar.

---

66 Vgl. Konferenz Europäischer Kirchen, Kreuzwege der europäischen Kirchen, aaO, S. 75f.
67 Konferenz Europäischer Kirchen, Kreuzwege der europäischen Kirchen, aaO, S. 73.
68 Konferenz Europäischer Kirchen, Einheit im Geist – Vielfalt in den Kirchen, Bericht der VIII. Vollversammlung der Konferenz Europäischer Kirchen 18.–25. Oktober 1979 Kreta, Lembeck Frankfurt o.J., S. 79f. Dialog mit Nichtchristen wurde zudem als Aufgabe theologischer Arbeit akzentuiert, vgl. aaO, S. 91, Abschnitt 4. „Heutige Aufgaben theologischer Arbeit".
69 Vgl. z.B. Konferenz Europäischer Kirchen, Nyborg VI., aaO, S. 182–189; Konferenz Europäischer Kirchen, Kreuzwege der europäischen Kirchen, aaO, S. 165–172; Konferenz Europäischer Kirchen, Einheit im Geist – Vielfalt in den Kirchen, aaO, S. 339–351.

1.3.1.4 Frühe Erfahrungen der Orthodoxie mit interreligiösem Dialog

Zum Umfeld der panorthodoxen Beschlussfassung von 1976 gehören schließlich auch noch einige – nicht im Rahmen des ÖRK erworbene – Erfahrungen der Orthodoxie mit interreligiösem Dialog. Sie gehören im Sinn einer Vorgeschichte des panorthodoxen Geschehens zwei sehr unterschiedlichen Zusammenhängen an:

Die besondere geopolitische Lage des Patriarchats Antiochia, das Zusammenleben arabischsprachiger Christen mit muslimischen Bevölkerungsteilen sowie die spezifische Kompetenz von Vertretern dieses Patriarchats kennzeichnen den ersten dieser Zusammenhänge: 1965 fand im Libanon unter Mitwirkung des späteren Metropoliten Georges Khodr (Patriarchat Antiochia) im Rahmen des Kulturzentrums „Le Cénacle Libanais" eine Folge von sechs interreligiösen Konferenzen zum Thema „Christianisme et l'Islam au Liban" statt; deren Frucht bestand in einem bemerkenswerten Manifest zu einem christlich-islamischen Dialog im Libanon.[70] 1974 nahm Patriarch Elias IV. von Antiochia als Gast am Zweiten Islamischen Gipfeltreffen in Lahore teil.[71] 1975 beteiligte sich Metropolit Georges Khodr (Patriarchat Antiochia) an einer interreligiösen Begegnung am Sitz der Arabischen Liga in Kairo.[72]

Der zweite Zusammenhang gestaltete sich vor einem ganz anderen Hintergrund her: Vom 9. bis 12.5.1952 fand in Zagorsk eine interreligiöse Konferenz statt, die auf Initiative des Patriarchen von Moskau und ganz Russland Alexij einberufen und von Vertretern aller Religionen der UdSSR besucht wurde. Sie stellte zwar eine kommunistisch-ideologisch orchestrierte Versammlung dar, deren Aufgabe die Unterstützung der „Friedenspolitik" des Diktators Josef Stalin war.[73] Dennoch markiert sie erstmals eine gedankliche Verknüpfung von Friedensbemühungen mit interreligiösem Dialog. Die Friedensthematik war und blieb über Jahrzehnte einer der wenigen Bereiche, denen sich die Russische Orthodoxe Kirche unter den Bedingungen des Sowjetregimes auch nach außen annehmen konnte.[74] Wie oben

---

70 Vgl. Juliette Nasri Haddad / Augustin Duprey la Tour / Hisham Nashabé (Hrsg.), Déclarations Communes Islamo-Chrétiennes (1954–1995), Université Saint Joseph, Beyrouth, Institut d'Etudes Islamo-Chrétiennes, Dar el Machreg, Beyrouth 1997, S. 34–39 (Déclaration N° 4). Zum interreligiösen Engagement des „Cénacle Libanais" vgl. Jean Corbon, Le Cénacle Libanais et le Dialogue Islamo-Chrétien, in: Islamochristiana 7 (1981), S. 227–240.
71 Vgl. Service Orthodoxe de Presse N° 55 (Februar 1981), S. 7 (passim).
72 Vgl. Proche-Orient Chrétien 25 (1975), S. 65f.
73 Vgl. Konferenz aller Kirchen und Religionsgemeinschaften in der UdSSR zum Schutz des Friedens, Sagorsk Troize-Sergievo-Kloster 9.–12. Mai, Verlag des Moskauer Patriarchats Moskau 1952. Zwei ähnliche Konferenzen folgten erst nach der panorthodoxen Beschlussfassung von 1976, nämlich 1977 und 1982.
74 Der Friedensthematik widmete sich auch die „Christian Peace Conference", die vom 1. bis 4. Juni 1958 in Prag durchgeführt wurde; sie eröffnete eine Serie von Konferenzen unter Beteiligung

bereits erwähnt, ist der Gesichtspunkt orthodoxer Bemühungen um Frieden und soziale Gerechtigkeit auf Initiative der Russischen Orthodoxen Kirche in die Beratungen der panorthodoxen Konferenz von Rhodos 1961 eingebracht und von da bis in die panorthodoxe Beschlussfassung von 1976 weitergetragen worden.

Auf die wegweisenden praktischen Erfahrungen des Patriarchats Antiochia und der Russischen Orthodoxen Kirche mit interreligiösem Dialog wird noch detailliert zurückzukommen sein. An dieser Stelle mag es genügen festzuhalten, dass einige dieser Erfahrungen zeitlich der panorthodoxen Beschlussfassung vorausgehen und diese stimuliert haben können.

1.3.1.5 Zwischenergebnis

Die Untersuchung einer Reihe von Dokumenten, die in zeitlicher Nähe zur panorthodoxen Beschlussfassung von 1976 stehen, hat einen zeitgeschichtlichen Kontext sichtbar gemacht, in dem sich tiefgreifende politische und gesellschaftliche Veränderungen andeuteten. Die Politik versuchte, diesen Umbruch in den Beschlüssen der „Konferenz für Sicherheit und Zusammenarbeit in Europa" von Helsinki zu fördern und zu gestalten. Die im ÖRK bzw. der KEK zusammengeschlossenen christlichen Kirchen haben – unter Beteiligung der Orthodoxie – dieselben Herausforderungen erkannt, ihre Auseinandersetzung mit den laufenden Veränderungen von den christlichen Grundlagen her bestimmt und von ihrer Sendung her versucht, eine Mitwirkung zu gestalten. Wichtige Elemente dieser Auseinandersetzung sind das Engagement für Frieden, Gerechtigkeit, Überwindung von Diskriminierung und Ungleichheiten, friedliches Zusammenleben in einer zunehmend pluralistischen Welt und eine Neuinterpretation der menschlichen Würde und der mit ihr verbundenen Menschenrechte. Sowohl der ÖRK wie auch die KEK haben wahrgenommen, dass zur Verwirklichung ihrer Ziele Zusammenarbeit nicht nur zwischen den Kirchen, sondern auch mit Nichtchristen erforderlich ist. Beide ökumenischen Institutionen haben schließlich – zeitversetzt – ihre Öffnung für eine Zusammenarbeit mit Nichtchristen zur Bereitschaft weiterentwickelt, in einen interreligiösen Dialog mit dem Islam einzutreten. Die regelmäßigen, ausdrücklichen Bezugnahmen, die sich in Texten der KEK auf parallellaufende Bemühungen des ÖRK und auf den „Helsinki-Prozess" finden,

---

von Vertreter der Russischen Orthodoxen Kirche, war aber nicht interreligiös, sondern ökumenisch besetzt; wenn auch nicht so offensichtlich im Sinn der kommunistischen Ideologie gesteuert wie die Konferenz von Zagorsk, so steht auch die „Christian Peace Conference" ganz im Dienst der sowjetischen Politik. Vgl. die Dokumentation der Beiträge und der abschließenden Botschaften an Einrichtungen und politische Persönlichkeiten in: Christian Peace Conference Prague, June 1st-4th 1958. Task and Witness, Prague 1958.

verklammern diese verschiedenen Entwicklungsstränge – über inhaltliche Berührungspunkte hinaus – auch in formaler Hinsicht. Jenseits orthodoxer Mitwirkung im ÖRK und an dessen interreligiösen Bemühungen verfügten das Patriarchat von Antiochia und die Russische Orthodoxe Kirche schließlich auch über erste praktische Erfahrungen in interreligiösem Dialog. Angestossen durch die Beschlüsse der Panorthodoxen Konferenz von Rhodos 1961 hat sich die Panorthodoxe Konferenz von 1976 diesen Zeitströmungen geöffnet und ihr in einem zentralen Punkt ihrer Beschlussfassung Raum gegeben. Ein kleiner Katalog von Werten christlichen Handelns wurde definiert und – in einer Absichtserklärung – dem entsprechenden Engagement für eine Zusammenarbeit über kirchliche und religiöse Grenzen hinweg Wege eröffnet. Dabei wurden einerseits eine Kontinuität zur panorthodoxen Beschlussfassung von Rhodos 1961 gewahrt und andererseits Elemente der folgenden Entwicklung vorsichtig rezipiert.

1.3.2 Zur Interpretation der panorthodoxen Beschlussfassungen von 1986

Nicht nur die Beschlüsse der I. Vorkonziliaren Panorthodoxen Konferenz, sondern auch die der III. Vorkonzilaren Panorthodoxen Konferenz bedürfen der Einordnung in einen größeren Zusammenhang. Es wurde oben unter 1.2.3. bereits dargelegt, dass letztere auch organisatorische Weichenstellungen zur praktischen Umsetzung der Beschlüsse getroffen hat. Zugleich stellte die Beschlussfassung von 1986 einen wichtigen Impuls für verschiedene autokephale Kirchen dar, in einen interreligiösen Dialog mit dem Islam einzutreten oder entsprechende Bemühungen auszubauen. Im folgenden soll deshalb die im Beschlusstext umrissene inhaltliche Ausrichtung eines solchen Dialogs noch näher beleuchtet werden; ein weiterer Fokus soll auf die inner-orthodoxen Nachwirkungen bzw. auf programmatische Weiterentwicklungen nach der Beschlussfassung von 1986 gelegt werden.

1.3.2.1 Vergleichende Beobachtungen zu den Beschlusstexten von 1976 und 1986

(1) Zum Thema „Einsatz für zentrale christliche „Werte"

Die III. Vorkonziliare Panorthodoxe Konferenz 1986 bekräftigte in ihrem Beschlusstext die 10 Jahre zuvor eröffnete Perspektive eines orthodoxen Beitrags zu Frieden und Verständigung in der Welt. Der Katalog ausdrücklich hervorgehobener Werte, denen das Bemühen der Orthodoxie gelten soll, wird im Text von 1986 zwar konzentriert. Die Kontinuität kommt aber im 3. Abschnitt dennoch durch die Ausführungen zum zentralen Begriff „Freiheit des Menschen" bzw.

„Freiheit der Gemeinschaft" klar zum Ausdruck. Im oben gleichfalls angeführten 4. Abschnitt werden die bereits im Beschluss von 1976 erwähnten hohen Ziele „Frieden", „Verwirklichung brüderlicher Beziehungen" und „unabhängig von Rasse und Religion" in ähnlichen Formulierungen weitergetragen. Auch der Weg, zur Verwirklichung dieser Werte „eng mit den Gläubigen anderer Weltreligionen (...) zusammenzuarbeiten", wird fast wörtlich wiederholt. Neben diesen Elementen einer Kontinuität finden sich im Beschlusstext von 1986 aber Elemente einer Weiterentwicklung, Schwerpunktbildungen bzw. Konkretisierungen:

- Im 3. Abschnitt wird ein Zusammenhang zwischen der „Freiheit des Menschen" und der „Freiheit der Gemeinschaft, der er angehört" hergestellt. Dies ermöglicht eine Anwendung des Freiheitsgrundsatzes auf die Achtung vor Minderheiten religiöser, sprachlicher oder ethnischer Art. Zugleich wird gegenüber dem Text von 1976 der Begriff „Pluralismus" neu eingeführt und in seiner Bedeutung entfaltet.
- Während der Beschlusstext von 1976 den orthodoxen Beitrag als „Dienst" akzentuierte, wird im 4. Abschnitt des Beschlusses von 1986 eine „Pflicht" der Orthodoxie erkannt.
- Als zusätzliches neues Ziel erscheint der orthodoxe Beitrag „zur Beseitigung von jeglichem Fanatismus".

(2) Zum Thema „Zusammenarbeit mit anderen, nichtchristlichen Religionen"

Die bereits 1976 angestrebte „Zusammenarbeit" mit den Gläubigen anderer Weltreligionen wird im Text von 1986 wiederholt und durch einen Aufruf „zur interreligiösen Verständigung und Zusammenarbeit" bedeutsam verstärkt. Der entscheidende Fortschritt ergibt sich aber aus der Zusammenziehung des Gesichtspunkts „Einsatz für zentrale christliche Werte" mit dem Gesichtspunkt „Zusammenarbeit mit anderen christlichen Kirchen und nichtchristlichen Religionen". Diese Zusammenarbeit gewinnt dadurch – gegenüber dem 1976 erreichten Stand – an Klarheit und näherer inhaltlicher Bestimmung.

Eine Weiterentwicklung ist auch in der Feststellung einer ausdrücklichen *Pflicht* zur interreligiösen Verständigung und zur Zusammenarbeit mit Gläubigen anderer Weltreligionen zu sehen. Der Ansatzpunkt für eine praktische Umsetzung wird in gemeinsamen Anstrengungen mit allen Menschen guten Willens und auf allen Ebenen gesehen. Ein solches Vorgehen wird als Dienst am heutigen Menschen und als Gebot Gottes akzentuiert. Der Text ist theologisch und in den zu ziehenden praktischen Konsequenzen gegenüber dem Dokument von 1976 vertiefter, konzentrierter und grundsätzlicher.

Bemerkenswerterweise ist sowohl im Text von 1976 wie in dem von 1986 mit Blick auf andere Religionen mehrmals von den Gläubigen dieser Religionen die

1 Das pan-orthodoxe Fundament einer Beteiligung am interreligiösen Dialog — 69

Rede; mit ihnen soll „Verständigung und Zusammenarbeit" im Bereich der Verwirklichung der Ideale „Frieden", „Freiheit" u. ä. sowie im Engagement für das Wohl des Menschen stattfinden. Damit wird angedeutet, dass es um eine lebendige Begegnung zwischen Menschen unterschiedlicher Religion gehen soll, nicht aber um einen Vergleich von religiösen „Systemen".[75]

Der Beschlusstext der III. Vorkonziliaren Panorthodoxen Konferenz wirft eine weitere wichtige Frage auf. Es wurde gezeigt, dass die Konferenz eine Zusammenarbeit mit nichtchristlichen Religionen bei der Umsetzung einer Reihe zentraler christlicher Ideale intendiert. Aber warum sollten die nichtchristlichen Religionen an einer solchen Zusammenarbeit mit der Orthodoxie bei der Umsetzung christlicher Ideale überhaupt interessiert sein? Begibt sich die Orthodoxie mit ihrem Beschluss von 1986 zur Zusammenarbeit mit nichtchristlichen Religionen bei der Umsetzung bestimmter Werte etwa auf die Suche nach einem System, in dem von der christlich-orthodoxen Religion abstrahiert wird? Zu einer ersten Klärung führt eine Formulierung des Beschlusses, die oben bereits zitiert, aber noch nicht interpretiert worden ist:

> Il va de soi que cette collaboration exclut tout syncrétisme ainsi que toute tentative d'une religion de s'imposer aux autres.[76]

Danach steht eine künftige Zusammenarbeit zwischen Orthodoxie und nichtchristlichen Religionen unter einer doppelten Voraussetzung:
- Die erste Voraussetzung betrifft die Methode: Synkretismus in jeder Form ist definitiv ausgeschlossen. Damit bekennt sich die Orthodoxie zu einem Engagement für die erwähnten christlichen Werte ausschließlich von einem spezifisch orthodoxen Standpunkt aus; d.h. es kann weder um eine Abstraktion vom eigenen Glauben gehen, noch um Abstriche daran, noch um

---

[75] Die Unterscheidung zwischen „lebendiger Begegnung zwischen Menschen mit verschiedenen religiösen Überzeugungen" und einem „Vergleich von religiösen und weltanschaulichen Systemen" trifft Christine Lienemann-Perrin, Mission und interreligiöser Dialog, Bensheimer Hefte 93 / Ökumenische Studienhefte 11, Vandenhoeck & Ruprecht Göttingen 1999, S. 98 in ihrer Analyse der Bemühungen des ÖRK der Jahre 1970–1975. Die damit umschriebene Akzentverschiebung in der Zielsetzung des ÖRK war der Orthodoxie durch ihre (aktive) Beteiligung an den Bemühungen des ÖRK bekannt bzw. zugänglich. Ob ein direkter Zusammenhang mit den Formulierungen der Beschlüsse von 1976 und 1986 besteht, muss allerdings offen bleiben. Der Sache nach scheint mir die von Lienemann-Perrin beim Engagement des ÖRK beobachtete und prägnant formulierte Unterscheidung ein geeigneter Erklärungsmaßstab für die spezifische Wortwahl bzw. die Deutung der Aussageabsicht der Beschlüsse der Vorkonziliaren Panorthodoxen Konferenzen von 1976 bzw. 1986 zu sein.
[76] Episkepsis N° 369 (15.12.1986), S. 2–28 (19).

eine Rezeption z. B. islamischer Grundsätze in die eigenen Glaubensüberzeugungen hinein.
- Die zweite Voraussetzung betrifft das Ziel einer künftigen Zusammenarbeit; sie soll geprägt sein von gegenseitigem Respekt der Gesprächspartner im jeweiligen Glauben, d. h. das Ziel kann nicht sein, dem anderen die je eigene Religion aufzudrängen.

In den folgenden Kapiteln wird zu untersuchen sein, wie diese klaren Vorgaben in der konkreten Begegnung und Zusammenarbeit mit nichtchristlichen Religionen umgesetzt worden ist.

1.3.2.2 „Verständigung und Zusammenarbeit mit anderen Religionen" in der Interpretation von Lemopoulos

Einen beachtenswerten Beitrag zur Auseinandersetzung mit dem Vierten Dokument der Konferenz von 1986 bietet George Lemopoulos.[77] Er übersetzt u. a. die auch oben zitierten Aussagen des Beschlusses von 1986 über eine Zusammenarbeit der Orthodoxie mit Anhängern anderer Weltreligionen ins Englische und kommentiert:

> In these few lines, there is added to the Church's mission the call to mutual comprehension and cooperation with other religious believers. A comprehension excluding a priori all forms of syncretism and a cooperation aimed at the wiping out of every form of fanaticism. The aim of the argument is, again, the defense of the supernatural dimension of humankind, as the image of God. This is, indeed, the witness of the Church, flowing from the encounter with the Word of God incarnate.
>
> In spite of occasional efforts to hold unofficial talks with representatives of other religions, the Orthodox Church seems to avoid, for the time being, broaching the subject of an official theological dialogue between Christianity and other religions. It speaks only of a meeting and collaboration with people whose faith in God and struggle against evil in man and in the world is, directly or indirectly, known.
>
> The question is thus posed from the historical and not the theological viewpoint. The undivided Church embarked on dialogue with the Jews, the Gentiles, and the doctors of Greek philosophy combined with theology. (…). However, during the course of history, the Church noticed a tendency of religions to turn into ideologies. This became an impediment to dialogue. (…).

---

[77] George Lemopoulos, The Prophetic Mission of Orthodoxy, in: The Greek Orthodox Theological Review 32 (1987), S. 359–372.

That is why, in the early stages of dialogue, the Orthodox Church proposes collaboration with the adherents of other creeds and joint service (diakonia) of humankind, regardless of race or belief.[78]

Die entscheidende Passage des Kommentars von Lemopulos bzgl. Zusammenarbeit zwischen Orthodoxie mit anderen Religionen ist hier wörtlich wiedergegeben, weil sie eine zentrale Aussagen des Vierten Dokuments der III. Vorkonziliaren Panorthodoxen Konferenz deuten hilft, nämlich die Rede von „Verständigung und Zusammenarbeit mit anderen Religionen".

Der Autor fokussiert zunächst die Tatsache, dass das Vierte Dokument im Zusammenhang mit anderen Religionen konsequent den Begriff „Dialog" vermeidet und statt dessen von „Verständigung" und „Zusammenarbeit" spricht. Seine Beobachtung trifft zu: der Beschluss von 1986 spricht ebenso wenig wie das Votum von 1976 von „Dialog".[79] Das ist um so bemerkenswerter, als das zweite Dokument der III. Vorkonziliaren Panorthodoxen Konferenz vom bilateralen ökumenischen Dialog mit anderen christlichen Konfessionen handelt und das dritte Dokument den Bemühungen des Ökumenischen Rats der Kirchen und der Orthodoxie in ihm gewidmet ist. In beiden Texten steht „Dialog" – auch begrifflich – im Mittelpunkt. Der konsequent abweichende Sprachgebrauch im vierten Dokument deutet an, dass im Verhältnis zu anderen Religionen eine andere Zielsetzung und Methodik verfolgt werden soll als im Verhältnis zu anderen christlichen Kirchen und Konfessionen.

Lemopoulos verweist darauf, dass es inoffizielle Gespräche zwischen der Orthodoxie und anderen Religionen gegeben hat. Das konsequente Vermeiden des Begriffs „Dialog" indiziert ihm zufolge, dass kein theologischer Dialog mit anderen Religionen beabsichtigt ist, der den interchristlichen Dialogen in irgendeiner Weise vergleichbar wäre. Damit deutet er an, dass ökumenische Bemühungen für die Orthodoxie eine andere Valenz haben.

Der Beitrag von Lemopoulos erinnert an historische Erfahrungen bei Dialogbemühungen mit anderen Religionen durch die ungeteilte Kirche; dabei sei ein Abdriften in Ideologie aufgetreten, das einen Dialog behindert habe. Deshalb werde nunmehr von „Zusammenarbeit" und „gemeinsamem Dienst" gesprochen. Tatsächlich will der Beschluss der III. Vorkonziliaren Panorthodoxen Konferenz keine Neuauflage historisch geführter Auseinandersetzungen mit anderen Reli-

---

78 George Lemopoulos, The Prophetic Mission of Orthodoxy, in: The Greek Orthodox Theological Review 32 (1987), S. 359–372 (370 f.).
79 Das oben skizzierte Anliegen der Arbeitsgruppe 2 der vorbereitenden Kommission von 1976 wurde im Ergebnis weder 1976 noch 1986 aufgegriffen und bleibt ein isoliertes Votum für „interreligiösen Dialog".

gionen und deren Aporien eröffnen. Die Begriffe „Zusammenarbeit" und „gemeinsamer Dienst" des Beschlusstextes charakterisieren in Abgrenzung dazu Eckpunkte zu etwas Neuem. Die bereits erwähnte entschiedene Ablehnung von Synkretismus und dem Aufdrängen einer Religion bestimmen dieses Neue zumindest ansatzweise in qualitativer und methodischer Hinsicht. Lemopoulos kann jedoch nicht gefolgt werden, wo er die Zusammenarbeit mit anderen Religionen auf das Ausmerzen von Fanatismus zu beschränken scheint („a cooperation aimed at the wiping out of every form of fanaticism"). Der Beschlusstext eröffnet vielmehr in eindeutigen Formulierungen auch eine positiv gewendete, vielfältige Zusammenarbeit, nämlich für den Frieden, für brüderliche Beziehungen unter den Völkern, für die Versöhnung, im Dienst am Menschen. Abgesehen davon erschliesst der im Beschlusstext neben „Zusammenarbeit" verwendete Begriff „Verständigung" ein weites Feld zu Austausch, Kommunikation und Möglichkeit zur Übereinkunft.

1.3.2.3 Zur Interpretation der orthodoxen Beiträge zur Verwirklichung grundlegender christlicher Werte

Lemopoulos hat sich in einem anderen Beitrag nochmals der Interpretation der Beschlüsse der Konferenz von 1986 gewidmet.[80] Darin beleuchtet er den Stellenwert der Konferenz innerhalb des präkonziliaren Prozesses und die Bedeutsamkeit der Beschlüsse als Ausdruck des kirchlichen Selbstverständnisses der Orthodoxie. Er präsentiert weiterhin die einzelnen Dokumente und bietet eine kurze Interpretation. In der Passage über das Dokument betreffend die orthodoxen Beiträge zur Verwirklichung zentraler christlicher Werte betont Lemopoulos die Dringlichkeit von Antworten angesichts der modernen Lebensbedingungen des Menschen und verschweigt auch nicht, dass es innerorthodoxe Divergenzen darüber gegeben hat, wie solche Antworten gegeben werden können; dann hält er fest:

> Le texte approuvé par la Conférence au sujet de la contribution à la réalisation des idéaux chrétiens s'est fixé comme but de dépasser les débats stériles. Il proclame avant tout l'importance de la tradition orthodoxe concernant la personne humaine pour la réalisation des biens éminents que constituent pour tout chrétien la paix, la justice, la liberté, la fraternité et l'amour entre les peuples. Ceci avec la conviction intime que les crises multiples et variées de

---

[80] Lemopoulos, Georges, La IIIe Conférence panorthodoxe préconciliaire, in: Theologia 58 (1987), S. 609–631.

la civilisation contemporaine pourraient être dépassées, la menace d'une catastrophe nucléaire écartée et les structures inégales de la société transformées.[81]

Er verweist auf den theologischen Ansatz einer Gottesebenbildlichkeit des Menschen und auf die Darlegungen zu Christus, dem neuen Adam, in dem sich eine neue und authentische Menschlichkeit erkennen lasse, in der – wie auch im sakramentalen Leben und im Heiligungsdienst der Kirche – alle Widersprüche in der Welt verwandelt und überwunden werden können.[82] Um der Authentizität und der Fülle der christlichen Lehre vom Menschen und seinem Heil willen, sei nach Aussage der Konferenz unabdingbar:

> ...il est indispensable de promouvoir dans toutes les directions la collaboration interchrétienne pour la sauvegarde de la valeur de la personne humaine, et bien sûr également du bien qu'est la paix (§ A, 4), ...[83]

Bei diesem Hinweis auf die im Abschnitt A, 4 des Dokuments angesprochene Zusammenarbeit der Christen lässt es Lemopoulos bewenden; auf den Abschnitt A 5 des Textes, der auf interreligiöse Zusammenarbeit zu sprechen kommt, geht er nicht ein. Auch in den restlichen Abschnitten seiner Darlegungen zum 4. Dokument der Konferenz von 1986 stellt Lemopoulos keinen Bezug zu einer deren Aussagen betreffend interreligiöse Zusammenarbeit her! Damit wird ein wichtiger Aspekt der Leistung der Konferenz von 1986 ausgeblendet und auf eine Würdigung der im Konferenzbeschluss erreichten Aussagen zum Einsatz der Kirche für zentrale Werte des Menschen und seines gesellschaftlichen Lebenszusammenhangs beschränkt.

1.3.2.4 Ein Blick auf die Nachwirkungen der Beschlüsse von 1986
Lemopoulos hat in seinem Beitrag die Hoffnung ausgedrückt, dass die Dokumente der III. Vorkonziliaren Panorthodoxen Konferenz intensiv studiert und breit diskutiert werden mögen.[84] Diese Hoffnung hat sich – zumindest mittelbar – in einer zweifachen Hinsicht verwirklicht: Zum einen haben sich wissenschaftliche Bei-

---

81 Lemopoulos, Georges, La IIIe Conférence panorthodoxe préconciliaire, in: Theologia 58 (1987), S. 609–631 (627).
82 Lemopoulos, Georges, La IIIe Conférence panorthodoxe préconciliaire, in: Theologia 58 (1987), S. 609–631 (627).
83 Lemopoulos, Georges, La IIIe Conférence panorthodoxe préconciliaire, in: Theologia 58 (1987), S. 609–631 (628).
84 Lemopoulos, Georges, La IIIe Conférence panorthodoxe préconciliaire, in: Theologia 58 (1987), S. 609–631 (629).

träge zum Thema „Einsatz der Orthodoxie für Frieden, Freiheit und ähnliche Werte sowie für die Menschenrechte" in der Folge der Konferenz von 1986 auffallend vermehrt und intensiviert; dasselbe gilt für orthodoxe Untersuchungen zum interreligiösen Dialog und dessen theologisch-ekklesiologische Einordnung. Diese beiden Entwicklungsstränge zu analysieren ist allerdings nicht Gegenstand dieser Untersuchung. Zum anderen beginnt – vorbereitet durch ein Engagement des ÖRK und der KEK unter orthodoxer Beteiligung und vorbereitet durch vereinzelte orthodox-islamische Dialogereignisse – eine erstaunliche Aktivität im Bereich des interreligiösen Dialogs mit dem Islam; darauf wird später im einzelnen einzugehen sein.[85]

Die Konferenzergebnisse von 1986 selbst werden eher selten thematisiert.[86] Ein Grund dafür mag sein, dass sie – wie dargelegt – keinen juridischen Charakter tragen, sondern vielmehr Ausdruck eines aktuellen kirchlichen Selbstverständnisses der Orthodoxie sind – und dieses Selbstverständnis entwickelte sich weiter. Deshalb sollen im Folgenden einige offizielle Dokumente in den Blick genommen

---

[85] Vgl. dazu unten Kapitel C 1. und C 2.
[86] Beispiele sind: Damaskinos Papandreou, Dialog als Leitmotiv. Die Orthodoxie an der Schwelle zum dritten Jahrtausend, Centre Orthodoxe Chambésy/Genève 2000, S. 258; die Erwähnung findet sich im Zusammenhang mit einer theologischen Reflexion über „interreligiösen Dialog", ein Begriff, der so weder 1976, noch 1986 von den Vorkonziliaren Panorthodoxen Konferenzen verwendet wurde. Ein weiterer Bezug findet sich in der Ansprache des Ökumenischen Patriarchen Bartholomaios „Religious Tolerance and Discrimination" bei der OSZE-Konferenz von Brüssel (13.9.2004), in: Chryssavgis, John (Hrsg.), In the World, yet not of the World, Fordham University Press New York 2010, S. 75–81 (76f); es handelt sich um einen Hinweis auf das orthodoxe Engagement zugunsten von Werten wie Frieden und Freiheit, eine Entwicklung, die in „interreligiöse Zusammenarbeit" geführt habe; dies entspricht – wie dargelegt – genau der Aussageabsicht des Konferenzbeschlusses von 1986. Ein weiteres Beispiel ist die Botschaft des Ökumenischen Patriarchen Bartholomaios „Religious Tolerance and Interreligious Dialogue" an den „World Summit of Religious Leaders in Moskau (3.7.2006), in: Chryssavgis, John (Hrsg.), In the World, yet not of the World, aaO, S. 81–88 (82), wo es heißt: „Interreligious Dialogue is one of the main concern of the entire Orthodox World, as we stated in the Third Pan-Orthodox Pre-Conciliar Conference in 1986"; bezeichnenderweise spricht das Dokument gerade nicht von „interreligiösem Dialog", sondern von „interreligiöser Zusammenarbeit". Vgl. weiterhin die Botschaft der Oberhäupter der orthodoxen Kirchen des Nahen Ostens von 2011, in: Orthodoxie Aktuell 15. Jg. (10/2011), S. 22f; im Text wird der Beginn offizieller orthodox-islamischer Dialoge mit der panorthodoxen Beschlussfassung von 1986 aufs engste verknüpft. Auch das Dokument „An Orthodox Contribution toward a Theology of Just Peace" der Internationalen Orthodoxen Konsultation von Saidnaya (2.10.2010), in: Semegnish Asfaw / Alexios Chehadeh / Marian Gh. Simion, Just Peace. Orthodox Perspectives, WCC Publications Geneva 2012, S. XXII-XXV (XXIIIf) nimmt Bezug auf den panorthodoxen Beschluss von 1986; interessanterweise wird als Referenz nicht das Dokument selbst, sondern ein Artikel von Vlassios Phidas verwendet, vgl. aaO, S. XXV FN 3.

werden, die als authentische Zeugen für diese kirchliche Weiterentwicklung gelten können.

2 Entwicklungen und Akzentsetzungen im orthodoxen Verständnis von interreligiösem Dialog nach 1986

2.1 Konkretisierungen im Zusammenwirken aller autokephaler Kirchen

2.1.1 Die Botschaft der Oberhäupter der autokephalen Kirchen vom Jahr 2000

Die Oberhäupter der autokephalen Kirchen kamen zu den Jubiläumsfeiern 2000 in Bethlehem zusammen. Bei dieser Gelegenheiten veröffentlichten sie eine gemeinsame Botschaft, die auf die Bedeutung des interreligiösen Dialogs und die Bedeutung von Frieden, Koexistenz und ähnliche Werte Bezug nahm:

> 8. Depuis ce lieu sacré, au nom de Jésus Christ, le Prince de la paix, avec tout l'amour que nous avons pour lui, nous appelons tous les peuples et leurs dirigeants à oeuvrer à l'arrêt des guerres et à la solutions des conflits en cour par des voies pacifiques, en faisant l'impossible pour promouvoir et cultiver l'esprit de réconciliation. L'Eglise orthodoxe est prête à agir en ce sens par tous les moyens dont elle dispose, moyens qui ne sont pas politiques, mais seulement de nature spirituelle, de sorte que la religion cesse d'être, comme elle l'a parfois été dans le passé, une cause ou un prétexte de guerre et pour qu'elle soit un facteur permanent de paix et de réconciliation. C'est dans cet état d'esprit que nous nous tournons vers les autres grandes religions mondiales, en particulier les religions monothéistes que sont le judaïsme et l'islam, avec l'espoir de créer les présupposés les plus favorables à un dialogue avec elles afin de favoriser l'instauration d'une coexistence pacifique entre tous les peuples. À ce propos, nous rappelons que, conformément au contenu de l'enseignement évangélique et de notre sainte tradition, l'Église orthodoxe condamne l'esprit de haine à l'égard des convictions d'autrui et le fanatisme religieux, quelle que soit la forme.
>
> 9. Au nom de Celui qui s'est livré pour la vie et le salut du monde, notre Seigneur Jésus, nous tendons une main compatissante et fraternelle à tous ceux qui souffrent de discriminations, qu'elles soient dues à des différences naturelles, sociales ou culturelles. La croissance de la population mondiale prévue au cours du nouveau millénaire créera, sans doute, des problèmes et rendra indispensable une coopération et une existence pacifique entre les différentes civilisations. Mais en aucun cas il ne faudra y parvenir au moyen d'une dilution des spécificités culturelles dans le chaudron d'une mondialisation monolithique qui nivellerait tout.[87]

Vergleicht man die hier einschlägigen Passagen des Beschlusses der III. vorkonziliaren Panorthodoxen Konferenz 1986 und der Botschaft der Kirchenoberhäupter aus dem Jahr 2000, so zeigt sich:

---

[87] Episkepsis 31. Jg. N° 579 (31.1.2000), S. 3–8 (5f).

- Die Botschaft enthält einen eindringlichen Appell zum Frieden, der sich an alle Völker und ihre politischen Führer richtet; die Erwähnung der bedeutsamen Rolle, die letztere in den Friedensbemühungen spielen, stellt gegenüber dem Beschluss von 1986 eine bedeutsame Erweiterung des Blickwinkels dar;
- die Friedensthematik spielt in beiden Dokumenten eine zentrale Rolle;
- die Botschaft von 2000 fokussiert darüber hinaus „Versöhnung" und betont die Rolle der verschiedenen Religionen dabei: Religion dürfe nicht Grund oder Vorwand für Krieg bieten, sondern müsse beständiger Faktor für Frieden und Versöhnung sein; hierin kann man eine nachdrückliche Spezifizierung der Rolle bzw. Beiträge der Religionen erblicken;
- die Botschaft wendet sich an die anderen Weltreligionen und hebt dabei die drei monotheistischen Religionen ausdrücklich hervor; auch hierin ist eine Spezifizierung gegenüber der allgemeiner gefassten panorthodoxen Beschlussfassung von 1986 zu erkennen;
- die Botschaft verknüpft einen Dialog zwischen den Religionen mit dem Ziel, eine friedliche Koexistenz zwischen allen Völkern zu fördern; hier taucht der Begriff „Dialog" auf, der in den panorthodoxen Beschlussfassungen 1976/1986 vermieden worden ist;
- die Basis des entsprechenden orthodoxen Engagements wird in den Lehren des Evangeliums und der in der heiligen Tradition der Orthodoxie erkannt; der Hinweis auf die Tradition stellt ein neues, spezifizierendes Element dar;
- die Botschaft aus dem Jahr 2000 trägt zentrale Begriffe der panorthodoxen Beschlussfassung wie z. B. die Bemühungen gegen Fanatismus und gegen Diskriminierung weiter. Aber auch hier sind Spezifizierungen zu erkennen: in den Blick kommen insbesondere *religiöser* Fanatismus und Zusammenarbeit bzw. Koexistenz zwischen verschiedenen *Zivilisationen*; mittelbar wird damit das Bekenntnis der panorthodoxen Beschlüsse zu einem Pluralismus weitergetragen;
- die Botschaft enthält mit dem Hinweis auf die Gefahr einer „monolitischen Globalisierung", die alle kulturellen Spezifika einebnet, einen neuen Anknüpfungspunkt für das soziale und gesellschaftliche Engagement der Orthodoxie.

Insgesamt steht die Botschaft der Oberhäupter der autokephalen Kirchen aus dem Jahr 2000 in der Kontinuität der früheren panorthodoxen Beschlussfassungen, enthält zugleich aber auch kreative Anpassungen an veränderte äußere Bedingungen bzw. eine Reihe von Konkretisierungen bzw. Eingrenzungen. Berücksichtigt man den Ort, von dem aus die Botschaft ergeht, nämlich Bethlehem, sowie die Zeitverhältnisse, dann deuten die im Text der Botschaft enthaltenen Spezifizierungen auf eine Auseinandersetzung der Ersthierarchen mit aktuellen Spannungen zwischen westlichem und arabischem Kulturkreis; im Ergebnis werden und die kirchlichen Beiträge zu deren Überwindung neu justiert.

2.1.2 Die Botschaft der Synaxis von 2008

Anlässlich eines Treffens der Oberhäupter aller autokephalen Kirchen im Phanar (10. – 12.10.2008)[88] wurde in der abschließenden gemeinsamen Botschaft angesichts der zahlreichen weltweiten Probleme die Bedeutung des interreligiösen Dialogs und die Bereitschaft zu dessen Fortsetzung noch einmal bekräftigt:

> 5. Unter diesen Umständen wird das heutige Zeugnis der Orthodoxie für die beständig wachsenden Probleme der Menschheit und der Welt zwingend notwendig, nicht nur im Aufzeigen der Ursachen, sondern auch, um den tragischen Konsequenzen, die folgen, gegenüberzutreten. Die verschiedenen nationalistischen, ethnischen, ideologischen und religiösen Gegensätze nähren fortlaufend gefährliche Verwirrungen, nicht nur in Bezug auf die unzweifelhafte ontologische Einheit der Menschheit, sondern auch in Bezug auf die Beziehungen des Menschen zur geheiligten Schöpfung (...).[89]

> 13. c) Unseren Wunsch, trotz aller Schwierigkeiten die theologischen Dialoge mit anderen Christen sowie die interreligiösen Dialoge, besonders mit dem Judentum und dem Islam, fortzusetzen, denn der Dialog ist der einzige Weg, um Streitigkeiten zwischen Menschen beizulegen, besonders in einer Zeit wie der heutigen, wenn jede Art der Spaltung, inklusive derer im Namen von Religion, den Frieden und die Einheit der Menschen bedroht.[90]

Die sich auf interreligiösen Dialog beziehende Textpassage der Botschaft der Kirchenoberhäupter aus dem Jahr 2008 ist noch stärker auf einen Themenkomplex konzentriert, als die Botschaft von 2000 und erst recht als die panorthodoxen Beschlüsse von 1986. Der Begriff „interreligiöser Dialog" wird ohne weitere Erläuterung, d.h. als feststehender „technischer" Begriff gebraucht; er wird sehr intensiv als einziger Weg vorgestellt, den erhofften Abbau von Spannungen zu

---

[88] Berichterstattung in: Orthodoxie Aktuell 12. Jg. (11/2008), S. 5f.
[89] Orthodoxie Aktuell 12. Jg. (11/2008), S. 15–19 (zitierte Textpassage aaO, S. 16). Vgl. französischer Text der Botschaft in Episkepsis 39. Jg., N° 692 (31.10.2008), S. 26–30 (27). Englische Übersetzung der Botschaft vgl. The Ecumenical Review 60 (2008), S. 440–443 (die oben zitierte Textpassage aaO, S. 441) und The Greek Orthodox Theological Review 53 (2008), S. 305–312 (die oben zitierte Textpassage aaO, S. 307 unter Nr. 5).
[90] Orthodoxie Aktuell 12. Jg. (11/2008), S. 15–19 (zitierte Textpassage aaO, S. 18 unter Nr. 13. III.). Vgl. französischer Text der Botschaft in Episkepsis 39. Jg., N° 692 (31.10.2008), S. 26–30 (29). Englische Übersetzung der Botschaft vgl. The Ecumenical Review 60 (2008), S. 440–443 (442, hier nummeriert als 13. iii) und Greek Orthodox Theological Review 53 (2008), S. 305–312 (die oben zitierte Textpassage aaO, S. 310f, unter 13. iii).

erreichen. Beachtung verdient auch die begriffliche Abgrenzung zu den „theologischen Dialogen" mit anderen christlichen Kirchen, die ebenfalls mithilfe einer wie feststehend gebrauchten Wendung zum Ausdruck gebracht wird. Inhaltlich werden – noch deutlich konzentrierter als in der Botschaft von 2000 – „nationalistische, ethnische, ideologische und religiöse Gegensätze" als Ursache von zwischenmenschlicher-gesellschaftlicher Spaltung in den Blick genommen. Theologisch kehrt der Bezug zur Schöpfung im Hinweis auf die „ontologische Einheit der Menschheit" und die Beziehung des Menschen zur „geheiligten Schöpfung" zurück und erscheint dabei zugleich als einziger Anknüpfungspunkt.

2.2 Konkretisierungen im Zusammenwirken mehrerer autokephaler Kirchen

2.2.1 Die Botschaft der Ersthierarchen der Kirchen des Nahen Ostens von 2011

Bei einem Treffen der Oberhäupter der autokephalen Kirchen des Nahen Ostens im Phanar (1.–3. 9. 2011)[91] wurde eine gemeinsamen Botschaft verabschiedet, die mit Blick auf die schwierige Situation in der Region zu bedeutsamen Konkretisierungen im Verständnis von interreligiösem Dialog gefunden hat:[92]

> Die Christen, die den dortigen (sc. nahöstlichen, Anm. des Verf.) orthodoxen Kirchen angehören, leben dort seit Jahrhunderten, und keine ‚ethnische' oder ‚religiöse Säuberung' kann sie von dort vertreiben oder auf irgendeine Weise ihre Freiheit beschränken, ohne die elementarsten Menschenrechte zu verletzen. Die orthodoxe Kirche (…) hat niemals die Völker anderer religiöser Traditionen daran gehindert, friedlich mit ihr am selben Ort zusammen zu leben. Und selbst wenn andere Religionen mit Gewalt den Ort besetzten, an dem sie seit Jahrhunderten heimisch war, hat sie Formen der Anpassung und der friedlichen Koexistenz mit den Angehörigen anderer Religionen gefunden. (…).
>
> Lasst uns also den Dialog der Versöhnung zwischen den christlichen Konfessionen und den Religionen intensivieren. Das ökumenische Patriarchat führt schon seit Jahren einen Dialog mit den beiden anderen monotheistischen Religionen entsprechend der diesbezüglichen Entscheidung der Dritten Präkonziliaren Panorthodoxen Konferenz (1986). Wir begrüßen und unterstützen diese Maßnahme (…).
>
> Wir wenden uns also an die Politiker und religiösen Führer im Nahen Osten und in der ganzen Welt mit dem Aufruf, Grundlagen und Normen für das friedliche Zusammenleben der Gläubigen unterschiedlicher religiöser Traditionen zu erarbeiten, und erklären uns solida-

---

[91] Teilnehmer der Begegnung waren der Ökumenische Patriarch Bartholomaios, Patriarch Theodoros von Alexandria, Patriarch Theophilos III. von Jerusalem, Erzbischof Chrysostomos von Zypern sowie Metropolit Isaak von Apamea als Vertreter des Patriarchen von Antiochia Ignatios IV. Hazim; vgl. Proche-Orient Chrétien 62 (2012), S. 118.
[92] Vgl. deutsche Übersetzung von Kommuniqué und gemeinsamer Botschaft der Synaxis in: Orthodoxie Aktuell 15. Jg. (10/2011), S. 19–24. Französischer Text vgl. Service Orthodoxe de Presse Nº 361 (Oktober 2011), S. 28–31 (29 f). Vgl. auch Proche-Orient Chrétien 62 (2012), S. 118–120.

risch mit denen, die Diskriminierungen, Gewalt und Verfolgungen erleiden. (...). Wir verstehen den Wunsch und den Drang der Völker nach politischer Freiheit und dem Schutz ihrer Menschenrechte und ermahnen die zuständigen Regierungen, die Menschenrechte unverzüglich in vollem Umfang zu gewährleisten.[93]

Die Botschaft der Ersthierarchen der orthodoxen Kirchen des Nahen Ostens von 2011 steht in mehrfacher Hinsicht dem Text der Botschaft von 2000 nahe: die Rolle der Politiker wird deutlich akzentuiert; ihnen werden textlich die „religiösen Führer" in ihrer spezifischen Verantwortung an die Seite gestellt. Zentrales Thema ist eine friedliche Koexistenz zwischen Angehörigen verschiedener Religionen. Aufgefordert wird zu einem „Dialog der Versöhnung". Dieser Begriff wird bemerkenswerterweise parallel auf ökumenischen Dialog und interreligiösen Dialog bezogen. Der Text enthält auch darüber hinaus beachtenswerte Weiterentwicklungen, etwa in der betonten Dringlichkeit und in der Forderung, Grundlagen und Normen für das friedliche Zusammenleben zu erarbeiten. Einen besonderen Akzent setzt der Text schließlich durch den ausdrücklichen Bezug auf die Menschenrechte; deren Gewährleistung wird allerdings einzig als Aufgabe der zuständigen Regierungen interpretiert.

2.2.2 Konkretisierung der Grundlagen für einen interreligiösen Dialog durch die Konferenz der orthodoxen Bischöfe Amerikas

Die „Standing Conference of the Canonical Orthodox Bishops in the Americas"[94] war eine 1960 gegründete Körperschaft, in der alle kanonisch anerkannten orthodoxen Bischöfe in Amerika zusammengeschlossen waren; sie wurde 2012 in die „Assembly of Canonical Orthodox Bishops of North and Central America" umgewandelt.[95] Zum Beginn des neuen Millenniums veröffentlichte die seinerzeitige „Standing Conference" einen Pastoralen Brief, der beachtenswerte Aussagen zur theologischen Einordnung von interreligiösem Dialog, zur Abgrenzung von Syn-

---

93 Orthodoxie Aktuell 15. Jg. (10/2011), S. 22f.
94 Vgl. die Angaben unter http://assemblyofbishops.org/about/scobaresources/ (abgerufen 19. 8. 2014).
95 Die IV. Vorkonziliaren Panorthodoxen Konferenz (2009) hatte betreffend die Ordnung in der orthodoxen Diaspora bedeutsame Änderungen beschlossen, vgl. Orthodoxie Aktuell Jg. 13 (9/2009), S. 19–21, gefolgt von der „Satzung der Bischofskonferenzen in der orthodoxen Diaspora" aaO, S. 21–24. In Umsetzung dieser Beschlüsse wurde die „Standing Conference" in die „Assembly of Canonical Orthodox Bishops of North and Central America" umgewandelt; deren Satzung wurde am 12.9.2012 verabschiedet, vgl. http://assemblyofbishops.org/assets/files/docs/FInal%20Approved%20By-Laws%2012%20Sep%202012.pdf (abgerufen 19. 8. 2014).

kretismus und zum Zusammenhang mit Pluralismus in modernen Gesellschaften enthält:

> 111. To transform our culture we must be prepared to enter into a dialogue especially with those of other faiths. Such a dialogue must be constructive. It must be based on religious conviction. This will require that we strengthen and deepen our own theological understanding. Dialogue is more than tolerance. In dialogue we recognize that while different from us, the 'other' does not exist simply to exist. Rather he or she exists as a person who has something to say to me. I am obliged to listen respectfully to what that person has to say. I need to relate what he or she says to my own convictions and evaluate it in the light of my own beliefs.
>
> 112. This is not syncretism. Religious syncretism rests on the assumption that each of the participating parties has a positive contribution to make, and that these when collected and collated constitute a whole. (...). For us, dialogue means that while we may recognize positive elements in another religion or even philosophy, these are always to be judged against our own beliefs. We have no interest in forming another religion. But we do have a great deal to say to one another. (...).
>
> 114. The reality of a pluralistic society means that there is religious, racial and ethnic intermingling. We know how prejudice eats away at the fabric of society. We have experienced how it can lead to violence and war. As we begin to engage in dialogue with our society in this new millennium, we need to learn how to talk with one another, to dialogue with the other, in mutual respect and love.[96]

Die Ausführungen in Nr. 111 können als eine kurze Skizze der Voraussetzungen für gelingenden interreligiösen Dialog gelten. Beiderseits soll der jeweilige Glaube vertieft werden, um gerade in der Unterschiedlichkeit der Überzeugungen den anderen als Person wahrzunehmen und damit ein Nebeneinander hin zu einem Miteinander zu überschreiten. Die Abgrenzung zu Synkretismus (vgl. Nr. 112) steht den entsprechenden Ausführungen im panorthodoxen Beschluss sehr nahe und meditiert diesen gewissermaßen. In Nr. 114 wird die in Nr. 111 gewonnene Einsicht für das Bewahren friedlicher Koexistenz in einer pluralistischen Gesellschaft fruchtbar gemacht, indem wechselseitiger Respekt und Liebe als Grundhaltungen herausgestellt werden, die deren konstruktiven Aufbau erst ermöglichen. In der Wahrnehmung dieses Zusammenhangs wird die Sichtweise des panorthodoxen Beschlusses zugleich bestätigt und weitergeführt.

---

[96] Pastoralbrief der Orthodoxen Bischöfe Amerikas in: Greek Orthodox Theological Review 46 (2001), S. 161–220 (198 f).

2.2.3 Exkurs: Die Beschlüsse der 10. Generalversammlung des „Conseil des Églises du Moyen-Orient (CEMO)" unter Mitwirkung der orthodoxen Kirchen des Nahen Ostens

Der CEMO ist ein regionaler ökumenischer Rat für den Nahen Osten,[97] der 1974 gegründet wurde und alle orthodoxen, orientalisch-orthodoxen, katholischen und protestantischen Kirchen der Region umfasst. Seitens der Orthodoxie sind die Patriarchate von Alexandria, Antiochia und Jerusalem sowie die Kirche von Zypern vertreten. Die 10. Generalversammlung des „CEMO" (29./30.11.2011 in Paphos) beschloss – nur wenige Monate nach dem erwähnten Treffen der Oberhäupter der autokephalen Kirchen des Nahen Ostens – eine Reihe von Reformen und eine Neuausrichtung der Arbeit des ökumenischen Gremiums.[98] Die Schlusserklärung nimmt u. a. auch beeindruckenden Bezug auf die aktuelle Situation in der Region und auf die Bemühungen um einen interreligiösen Dialog:

> Les chrétiens sont profondément enracinés en Orient. Ils ont effectivement participé et contribué à sa renaissance et à la défense de l'intégrité de ses territoires et de tous les droits nationaux de ses habitants. Ils sont prêts et engagés à participer à la construction d'un nouvel avenir pour le Moyen-Orient et en conséquence ils renoncent à l'idée d'émigration en dépit de toutes les difficultés auxquelles les chrétiens du Moyen-Orient sont actuellement confrontés. Ils invitent tous les fidèles à maintenir ferme leur espoir d'une coexistence pacifique des peuples du Moyen-Orient, et de soutenir en ce sens les mouvements actuels de réforme, de changement et de développement pour le bien commun de l'humanité.[99]
>
> Au vu de ce qui se passe actuellement dans certains pays du Moyen-Orient, l'Assemblée générale souhaite rappeler à toutes les parties concernées, mais surtout à la communauté

---

[97] Nach mehrjährigen Vorbereitungen wurde 1974 der „Middle East Council of Churches" (MECC) / „Conseil des Églises du Moyen-Orient" (CÉMO) als regionale ökumenische Einrichtung offiziell gegründet; er umfasste zunächst die im Nahen Osten präsenten orthodoxen, orientalisch-orthodoxen und protestantischen Kirchen; seit 1990 sind auch die sieben katholischen Kirchen der Region Mitglieder des Rates. Die Gründungsvollversammlung 1974 in Nikosia wählte den orthodoxen Metropoliten Ignatios (Hazim) zu einem ihrer satzungsmäßigen Vorsitzenden. 1985 wurde der nunmehrige Patriarch von Antiochia, Ignatios IV., als einer der Vorsitzenden (näherhin als Vertreter der orthodoxen Kirchenfamilie im Präsidium) wiedergewählt und übte diese Funktion bis 1994 aus. Vgl. die Angaben zur Gründung und zu den Präsidenten von MECC / CÉMO auf der Homepage der Organisation unter http://www.mec-churches.org/about_mecc.htm. Zur Verfassung und Organisation des Rates vgl. http://mecc.demo.dot.com.jo/sites/default/files/MECC%20by%20Law.pdf (beide Websites abgerufen 19.8.2014).

[98] Zur Bedeutung des CEMO, zu den aktuellen Problemen und zum Reformbedarf vgl. den Beitrag von Gabriel Bachem, Les enjeux et les espoirs de la relance du Conseil des Églises du Moyen-Orient, in: Proche-Orient Chrétien 62 (2012), S. 80–89.

[99] Proche-Orient Chrétien 62 (2012), S. 142ff enthält einen instruktiven Bericht über die 10. Generalversammlung des CEMO und bietet längere Auszüge aus dem Schlusskommuniqué; vgl. die hier wiedergegebene Passage aaO, S. 143.

internationale, la nécessité de préserver et de protéger les droits humains et les principes fondamentaux, tels que la liberté de pensée, la liberté religieuse et d'action politique. L'assemblée affirme son rejet de tout recours à la violence comme moyen de résolution des conflits, quels qu'en soient les auteurs. Le dialogue, la citoyenneté égale et la primauté du droit – dans le contexte d'un état civil et juste – doivent prévaloir parmi tous les peuples du Moyen-Orient. (...) Dans ce contexte, le Conseil des Églises du Moyen-Orient insiste sur la nécessité impérieuse de protéger et de préserver tous les lieux saints et lieux de culte. Il déplore les actes de bombardement de ces lieux, et condamne en particulier le meurtre et le déplacement des chrétiens. Les personnes ici rassemblées considèrent la liberté religieuse et la liberté de culte comme des droits humains sacrés. Aussi font-elles appel aux autorités, aux décideurs et aux politiques, pour qu'ils déploient tous les efforts afin de faire respecter la loi et de prendre toutes les mesures nécessaires pour protéger les chrétiens dans tous les pays du Moyen-Orient et dans le monde.[100]

À cet égard, l'Assemblée générale invite également tous les fidèles des trois religions monothéistes à se comporter les uns avec les autres dans l'esprit d'amour – en pensée et en actes. Les principes d'un dialogue commun sérieux entre les croyants de toutes les religions doivent être respectés et mis en pratique. Elle approuve et réaffirme la nécessité de poursuivre toutes les initiatives de dialogue qui se déroulent actuellement entre chrétiens et musulmans, qu'elles se situent au niveau de la vie quotidienne ou dans le cadre d'institutions et de centres de dialogue.[101]

Sowohl von den mitwirkenden orthodoxen Kirchen als auch von der zeitlichen Nähe her bietet sich ein Vergleich zwischen der Botschaft der Oberhäupter der autokephalen Kirchen des Nahen Ostens und dem Schlusskommuniqué des CEMO an. Dabei zeigt sich eine große Nähe des spezifisch orthodoxen Standpunkts und der Wahrnehmung derselben Problematik in einem regionalen ökumenischen Gremium. Beide Dokumente betonen gleichermaßen die jahrhundertelange Einwurzelung der christlichen Kirchen und nehmen in deutlichen Worten das Problem der Emigration bzw. Vertreibung von Christen in den Blick. In beiden Texten steht übereinstimmend das friedliche Zusammenleben von Christen und Muslimen im Mittelpunkt. Interreligiöser Dialog ist ein Mittel, dieses Ziel zu erreichen; einer Gewaltanwendung wird eine eindringliche Absage erteilt. Das Schlusskommuniqué des CEMO setzt einen eigenen Akzent in der Absichtserklärung, am

---

100 Proche-Orient Chrétien 62 (2012), S. 143f.
101 Proche-Orient Chrétien 62 (2012), S. 144. AaO, S. 149ff sind darüber hinaus lange Auszüge eines Dokuments der Universität al-Azhar publiziert, das der Sheikh al-Azhar Ahmad al-Tayyeb zusammen mit einer Gruppe von Islamgelehrten und Persönlichkeiten verschiedener Richtungen und Religionen erarbeitet hat. Darin finden sich beeindruckende Aussagen gegen eine Instrumentalisierung von Religion mit dem Ziel, Zwietracht und Feindschaft zu säen; gefordert wird u. a. Raum für einen gesellschaftlichen Pluralismus in einem demokratischen Regierungssystem und eine Achtung der fundamentalen Freiheiten, der Menschenrechte und aller monotheistischen Religionen.

Aufbau einer Zukunftsperspektive für die Region aktiv mitzuarbeiten. Während die Botschaft der orthodoxen Kirchenoberhäupter die Menschenrechte ganz grundsätzlich einfordert, spezifiziert das Schlusskommuniqué der CEMO zusätzlich einzelne Aspekte wie die Gedankenfreiheit und vor allem die Religionsfreiheit, aber auch gleichberechtigte Bürgerschaft. Darüber hinaus ordnet der CEMO die Verwirklichung dieser Grundsätze in den größeren Zusammenhang eines unter dem Primat des Rechts stehenden zivilen und gerechten Staatswesens ein; Religions- und Kultfreiheit werden mit dem Begriff „droits humains sacrés" in ihrer Bedeutung unterstrichen. Ein besonderes Thema stellt der Schutz heiliger Orte und von „Kultorten" dar. Bzgl. des interreligiösen Dialogs ist der CEMO noch konkreter als die orthodoxen Kirchenoberhäupter: dieser Dialog müsse auf verschiedenen Ebenen stattfinden, im täglichen Leben, in institutionellem Rahmen und in Dialogzentren. Gefordert wird schließlich ein ernsthafter Dialog, dessen Prinzipien respektiert werden müssten; dieser Hinweis auf „Prinzipien" ohne nähere Darlegung ist bemerkenswert: der Begriff „Prinzipien" ist ein Indiz, dass sich in der praktischen Dialogerfahrung im Lauf der Jahre ein fester Standard für interreligiösen Dialog herausgebildet hat.

2.3 Konkretisierung der Grundlagen zu einem interreligiösen Dialog in der Russischen Orthodoxen Kirche

2.3.1 Das Dokument „Grundlagen der Sozialdoktrin der Russisch-Orthodoxen Kirche"

Eine vom 13.–16.8.2000 in Moskau tagende Bischofsversammlung verabschiedete ein Dokument „Die Grundlagen der Sozialdoktrin der Russisch-Orthodoxen Kirche".[102] Darin werden einige der von der III. Vorkonziliaren Panorthodoxen Konferenz von 1986 hervorgehobenen Aspekte der sozialen Verantwortung der Kirche behandelt.[103] Trotz gewichtiger thematisch-inhaltlicher Querverbindungen zwischen dem Dokument „Die Grundlagen der Sozialdoktrin der Russisch-Or-

---

102 Josef Thesing / Rudolf Uertz (Hrsg.), Die Grundlagen der Sozialdoktrin der Russisch-Orthodoxen Kirche, Konrad-Adenauer-Stiftung St. Augustin 2001.
103 Vgl. Josef Thesing / Rudolf Uertz (Hrsg.), Die Grundlagen der Sozialdoktrin, aaO, S. 19f (Abschnitt II.4. betr. Übersteigerung nationaler Gefühle und deren sündhafte Folgen); aaO, S. 32 (Abschnitt III.6. zu den Grundlagen der Gewissensfreiheit); aaO, S. 43 (Abschnitt IV.6. und 7. zu den Menschenrechten und ihrer Grundlage sowie zu Wandlungen ihres Verständnisses infolge der Säkularisierung); aaO, S. 67–69 (69) (Abschnitt VIII.5. zum Thema „Frieden"); aaO, S. 123 ff (Abschnitt XVI. mit Darlegungen zu internationalen Beziehungen, Problemen der Globalisierung und des Säkularismus).

thodoxen Kirche" und dem Text der III. Vorkonziliaren Panorthodoxen Konferenz von 1986 ist festzuhalten, dass dessen Ausrichtung auf Felder einer interreligiösen Zusammenarbeit nicht in den Blick genommen wird. Andere Religionen werden im Dokument der Russisch-Orthodoxen Kirche in Abschnitt III. 6. erwähnt, dort aber eher im Sinn einer Abgrenzung, denn es ist die Rede von der „...Unabhängigkeit (der Kirche, Anm. d. Verf.) gegenüber den anders- oder nichtgläubigen Schichten der Gesellschaft...".[104]

2.3.2 Das Dokument „Grundlagen der Lehre der Russischen Orthodoxen Kirche über die Würde, die Freiheit und die Rechte des Menschen"

Ein weiteres Bischofskonzil der russisch-orthodoxen Kirche tagte 24.–29.6.2008. Die Versammlung verabschiedete das Dokument „Grundlagen der Lehre der Russischen Orthodoxen Kirche über die Würde, die Freiheit und die Rechte des Menschen".[105] Dieses Dokument hat unterschiedliche Reaktionen hervorgerufen.[106] Der Text handelt von der Würde des Menschen sowie von den aus ihr abzuleitenden Freiheits- und Menschenrechten. Der theologische Hauptanknüpfungspunkt für die nähere Bestimmung der Würde des Menschen wird darin gesehen, dass der Mensch als Bild und Gleichnis Gottes geschaffen ist. Damit berührt sich das Dokument der russisch-orthodoxen Kirche mit einer zentralen Aussage des Dokuments der III. Vorkonziliaren Panorthodoxen Konferenz.[107]

---

104 Josef Thesing / Rudolf Uertz (Hrsg.), Die Grundlagen der Sozialdoktrin, aaO, S. 32.
105 Der Text des Dokuments ist in deutscher Übersetzung publiziert in: Barbara Hallensleben / Guido Vergauwen / Klaus Wyrwoll (Hrsg.), Freiheit und Verantwortung im Einklang. Zeugnisse für den Aufbruch zu einer neuen Weltgemeinschaft, Institut für Ökumenische Studien der Universität Freiburg Schweiz 2009, S. 220–239. Vgl. eine französische Übersetzung des Dokuments in: Messager de l'Eglise orthodoxe russe N° 10 (Juni 2008), S. 12–22.
106 Kritisch die Stellungnahme der „Gemeinschaft Evangelischer Kirchen in Europa" vom 11.6. 2009, in: G2W 37. Jg. (9/2009), S. 4; eine Presseerklärung dazu ist online zugänglich unter http://www.ead.de/arbeitskreise/religionsfreiheit/nachrichten/einzelansicht/article/europa-die-menschenrechte-sind-unantastbar-unveraeusserlich-und-unteilbar.html (abgerufen 19.8.2014). Positiv zum Dokument der Russischen Orthodoxen Kirche dagegen der Beitrag von Barbara Hallensleben / Guido Vergauwen / Nikolaus Wyrwoll, Zur Ambivalenz der Menschenrechte: Missverständnisse der „Gemeinschaft Evangelischer Kirchen in Europa", in: Orthodoxie Aktuell 13. Jg. (8/2009), S. 4–13. Vgl. Frank Mathwig, Menschenrechte und Ökumene. Zur Diskussion zwischen ROK und GEKE, in: G2W 37. Jg. (10/2009), S. 22–24; Barbara Hallensleben, Russische Beiträge zur westlichen Menschenrechtsdebatte, in: G2W 37. Jg. (10/2009), S. 25–27. Vgl. auch Jennifer Wasmuth, Die Russische Orthodoxe Kirche und die Menschenrechte, in: G2W 38.Jg. (5/2010), S. 12–14.
107 Vgl. Abschnitt F. 4. A.E. des Vierten Dokuments der III. Vorkonziliaren Panorthodoxen Konferenz 1986 in Episkepsis N° 369 (15.12.1986), S. 2–28 (24) und Abschnitt I. 1.–3. des Doku-

2 Entwicklungen und Akzentsetzungen im orthodoxen Verständnis — 85

Beide Dokumente stellen weiterhin den Bezug zur menschlichen Freiheit her.[108] Der Text der russisch-orthodoxen Kirche rückt darüber hinausgehend den Begriff der Menschenrechte und deren richtige Interpretation im christlichen Weltbild und Leben in den Mittelpunkt. Im Unterschied dazu hatte die III. Vorkonziliare Panorthodoxe Konferenz nicht den – intensiv gefüllten – Begriff „Menschenrechte" fokussiert, sondern eine Reihe von Einzelaspekten wie Frieden, Freiheit, Brüderlichkeit, Minderheitenrechte u. ä. Hier liegt der zentrale Punkt einer Weiterentwicklung gegenüber dem in panorthodoxem Zusammenhang erarbeiteten Text.

Der Text „Grundlagen der Lehre der Russischen Orthodoxen Kirche über Würde, Freiheit und Rechte des Menschen" nimmt des öfteren einen vorhandenen religiösen Pluralismus in den Blick. Andere Religionen und Weltanschauungen werden dabei als Träger der gleichen Rechte in die Darlegungen einbezogen.[109] In Abschnitt V. 3. des Dokuments wird erstmals als Methodik des kirchlichen Engagements zugunsten der Menschenrechte eine Zusammenarbeit mit anderen gesellschaftlichen Kräften erwähnt.[110] Abschnitt V. 4. wird diesbezüglich noch deutlicher: Es gelte, auf der Grundlage der kirchlichen Lehre über Würde, Freiheit und Rechte des Menschen eine sittlich ausgerichtete soziale Tätigkeit zu entfalten; diese wird in den folgenden Sätzen erläutert. Der Abschnitt schließt:

> (...). Die Russische Orthodoxe Kirche ist bereit, diese Prinzipien im Dialog mit der Weltgemeinschaft und in Zusammenarbeit mit den Gläubigen anderer traditioneller Bekenntnisse und Religionen zu verteidigen.[111]

---

ments der russisch-orthodoxen Kirche von 2008 bei Barbara Hallensleben / Guido Vergauwen / Klaus Wyrwoll (Hrsg.), Freiheit und Verantwortung im Einklang, aaO, S. 220 ff.
108 Vgl. die oben wörtlich zitierten Passagen A. 5. und F. 3. des Dokuments der III. Vorkonziliaren Panorthodoxen Konferenz mit Abschnitt II. 1. und 2. sowie III. 1. des Dokuments der russisch-orthodoxen Kirche bei Barbara Hallensleben / Guido Vergauwen / Klaus Wyrwoll (Hrsg.), Freiheit und Verantwortung im Einklang, aaO, S. 224 ff.
109 Vgl. Barbara Hallensleben / Guido Vergauwen / Klaus Wyrwoll (Hrsg.), Freiheit und Verantwortung im Einklang, aaO, S. 232f (Abschnitt IV.3.); aaO, S. 233 (Abschnitt IV.4. und 5.); aaO, S. 234 (Abschnitt IV.6.); aaO, S. 236f (Abschnitt IV.9.); aaO, S. 237 (Abschnitt V.1.); aaO, S. 237f (Abschnitt V.2.); aaO, S. 239 (Abschnitt V.3.);
110 Vgl. Barbara Hallensleben / Guido Vergauwen / Klaus Wyrwoll (Hrsg.), Freiheit und Verantwortung im Einklang, aaO, S. 239: „In ihrer Tätigkeit zum Schutz der Rechte und der Würde des Menschen bemüht sich die Kirche um Zusammenarbeit mit staatlichen und gesellschaftlichen Kräften".
111 Barbara Hallensleben / Guido Vergauwen / Klaus Wyrwoll (Hrsg.), Freiheit und Verantwortung im Einklang, aaO, S. 239.

Stellen wir zum direkten Vergleich noch einmal den Zusammenhang zur entscheidenden Passage des Beschlusses der III. Vorbereitenden Panorthodoxen Konferenz in Abschnitt A. 5. her:

> Les Églises orthodoxes locales, en étroite collaboration avec les fidèles – aimant la paix – des autres religions du monde, considèrent qu'il est de leur devoir d'oeuvrer pour la paix sur terre et pour l'établissement de relations fraternelles entre les peuples. Les Églises orthodoxes sont appelées à contribuer à la concertation et à la collaboration interreligieuses et, par ce biais, à la suppression du fanatisme de toutes parts; par là elles oeuvreront en faveur de la réconciliation des peuples et du triomphe des biens que constituent la liberté et la paix dans le monde, au service de l'homme contemporain, indépendamment des races et des religions.[112]

Im Ergebnis ist festzuhalten, dass in beiden Dokumenten gleichermaßen von „Zusammenarbeit" die Rede ist. Partner dieser Zusammenarbeit sind beide Male die „Gläubigen anderer Religionen". Allerdings grenzt das Dokument der Russischen Orthodoxen Kirche von 2008 im Unterschied zur III. Vorbereitenden Panorthodoxen Konferenz von 1986 diese Zusammenarbeit auf „traditionelle" Religionen ein, nämlich auf die im Religionsgesetz von 1993 so bezeichneten und privilegierten Religionen Orthodoxie, Islam, Judentum und Buddhismus.[113]

2.3.3 Der Beschluss des Bischofskonzils vom Juni 2008

Im Beschluss des Bischofskonzils über das innere Leben und die äußere Tätigkeit der Russischen Orthodoxen Kirche aus dem Jahr 2008 ist eine kurze Auseinandersetzung mit dem kirchlichen Engagement zugunsten interreligiösen Dialogs und dessen Zielrichtung aufgenommen. Die Passage lautet:

> 35. The Russian Orthodox Church has participated in bilateral and multilateral inter-Christian and interreligious dialogue for the sake of bearing witness to the truth of Holy Orthodoxy and out of concern for the assertion of traditional moral values in the world and establishing good and just relations between nations. The similarity of ethical views held by most of the faithful of traditional religions makes it possible for us to oppose together the threats of moral relativism and aggressive secularism and the attempts to oust religion to the margins of societal life.[114]

---

[112] Episkepsis N° 369 (15.12.1986), S. 2–28 (19).
[113] Vgl. Thomas Bremer, Kreuz und Kreml, aaO, S. 143.
[114] Vgl. „Resolution of the Russian Orthodox Church Bishops' Council on the Internal Life and External Work of the Russian Orthodox Church", unter dem Datum 27.6.2008 online zugänglich unter https://mospat.ru/archive/en/41632.htm (abgerufen 27.9.2014).

Zunächst fällt auf, dass im Text das Engagement der Russischen Orthodoxen Kirche zugunsten eines ökumenischen und eines interreligiösen Dialogs *parallel* beschrieben und damit viel näher zueinander gerückt wird, als es in den panorthodoxen Beschlüssen von 1976 bzw. 1986 zu beobachten war. Die Zielsetzung von Dialog wird gegenüber früheren Texten neu justiert: Zeugnis geben für die Orthodoxie, Eintreten für traditionelle moralische Werte und Herstellung guter und gerechter Beziehungen zwischen Nationen.[115] Allein dieses letztere Ziel erinnert an eine Formulierung im panorthodoxen Beschluss von 1986, nämlich „...pour l'établissement de relations fraternelles entre les peuples...".[116] Die Gemeinsamkeit zwischen Orthodoxie und „traditionellen Religionen", zu denen der Islam zählt, wird im Bereich der Ethik geortet. Sie gilt als Grundlage einer speziellen interreligiösen Zusammenarbeit, nämlich Widerstand gegen moralischen Relativismus, aggressiven Säkularismus und eine Verdrängung von Religion aus dem gesellschaftlichen Leben. Im Gegensatz zum panorthodoxen Beschluss von 1986 ist der kleine Themenkatalog ausschließlich abwehrend ausgerichtet und wirkt deshalb wie ein Versuch zum Selbstschutz angesichts von Bedrohungen.

2.3.4 Die Empfehlungen der Bischofsversammlung vom Februar 2010

Am 2.2.2010 beriet eine Bischofsversammlung der Russischen Orthodoxen Kirche in Moskau und verabschiedete Empfehlungen. Eine Passage davon befasst sich mit dem interreligiösen Dialog:

> VII.6. Il est utile de développer le dialogue interreligieux aussi bien sur le territoire canonique de l'Église orthodoxe russe qu'ailleurs pour le maintien de l'équilibre social, la prévention des conflits religieux, la réponse commune aux défis du sécularisme agressif, la promotion des bons rapports de voisinage et la coexistence pacifique entre peuples de différentes traditions et cultures religieuses.[117]

Bemerkenswert ist die Selbstverständlichkeit, mit der wiederum von „interreligiösem Dialog" gesprochen wird, ohne dass dieser Begriff umschrieben oder gar definiert wird. Die beim Text der Bischofsversammlung von 2008 beobachtete

---

115 Hinzuweisen ist auf einen „Nebeneffekt" der von der Bischofsversammlung 2008 vorgenommenen parallelen Zielformulierung für ökumenischen und interreligiösen Dialog: Zeugnis geben für die Orthodoxie, Eintreten für „traditionelle moralische Werte" und Herstellung guter und gerechter Beziehungen zwischen Nationen stellt im Hinblick auf den interreligiösen Dialog eine Konkretisierung und Neujustierung dar, im Hinblick auf den ökumenischen Dialog jedoch eine geradezu dramatische Verengung.
116 Episkepsis N° 369 (15.12.1986), S. 2–28 (19).
117 Messager de l'Eglise orthodoxe russe N° 19 (Januar-März 2010), S. 25–29 (29).

Parallelität zwischen interreligiösem und ökumenischem Dialog wird nicht fortgesetzt, worin ein Beitrag zur Rückgewinnung einer differenzierteren und damit angemesseneren Sichtweise auf verschiedene Dialogformen und –kontexte erblickt werden kann. Zugleich wird die Thematik eines interreligiösen Dialogs auf bestimmte Themenkreise fokussiert: soziales Gleichgewicht, Vorbeugung religiöser Konflikte, gemeinsame Antwort auf einen Säkularismus, Förderung gut nachbarlicher Beziehungen und friedlicher Koexistenz. Zur Zielformulierung der Bischofsversammlung von 2008 gibt es mit dem Hinweis auf Widerstand gegen aggressiven Säkularismus nur eine Konstante. Im übrigen treten neue Ziele eines interreligiösen Dialogs hervor. Mit ihnen wird auch der rein reaktive Zielhorizont der Bischofsversammlung von 2008 wieder verlassen und um zentrale aufbauend-kreative Handlungsmaßstäbe bereichert. Beachtung verdient auch die Erweiterung der Sichtweise bezüglich einer Pluralität von religiösen Traditionen um eine solche der Kulturen („…de différentes traditions et cultures religieuses").

2.3.5 Das Dokument „Concept of the Missionary Work of the Russian Orthodox Church"

In ihrer Sitzung vom 7.3.2013 hat die Heilige Synode ein „Concept of the Missionary Work of the Russian Orthodox Church" beschlossen. Darin ist eine Passage zum interreligiösen Dialog enthalten. Sie lautet:

> (…). The contemporary understanding of mission is based on the culture of dialogue. The principle of freedom of religious choice if recognized presupposes that dialogue should be the principal form of witness in relation with people of other religions. The Russian Orthodox Church has participated in interreligious dialogue in various forms and on various levels, indicating and advocating her position on socially significant issues, such as moral norms and values, peaceful coexistence, respect for human dignity, protection of the environment, human rights, etc.
>
> The Orthodox Church makes an assessment of the belief system and religious practice of other religions on the basis her doctrinal and canonical principles. With regard to those who adhere to these religions or secular ideologies, her attitude is respect and love. As St Innocent the Metropolitan of Moscow, a Russian missionary, wrote, 'if a preacher has no love in himself… towards those who he preaches to, then the best and most eloquent exposition of the doctrine may remain useless, for it is love alone that creates'.
>
> It is this approach that helps our Church, using dialogue with people of other religions and worldviews, to promote the overcoming of conflicts and strengthening of solidarity among people. (…).[118]

---

[118] Der Text des Dokuments ist online zugänglich auf der Homepage des Außenamts unter https://mospat.ru/en/2013/09/02/news90265/ (abgerufen 17.9.2014).

Die in diesem Text vorgenommene Einordnung von interreligiösem Dialog erscheint gegenüber dem Beschluss der Bischofsversammlung von 2010 nochmals erweitert und insgesamt ausgewogener. Grundgelegt ist diese Ausrichtung durch die Wahl eines neuen Anknüpfungspunkts: das Prinzip zur Freiheit der Religionswahl wird bekräftigt und daraus „Dialog" als angemessene Umgangsweise mit dem vorhandenen religiösen Pluralismus entwickelt. Das interreligiöse Engagement der Kirche wird rückblickend als knappe Synthese praktischer Dialogerfahrungen formuliert. Dabei gilt der gesellschaftliche Bezug („socially significant issues") als gemeinsamer Anknüpfungspunkt für die Aufzählung zentraler Themen, unter denen der bereits früher angesprochene Einsatz für moralische Normen und Werte sowie für friedliche Koexistenz bekräftigt wird, während neu aufgenommene Anliegen wie Respekt vor der Menschenwürde, Umweltschutz und Menschenrechte eine signifikante Erweiterung darstellen. Durch Rückbindung der kirchlichen Motivation zum interreligiösen Dialog an einen Respekt vor anderen religiösen Überzeugungen und an Liebe zu deren Anhängern erreicht der Text einen positiven Grundton, der auch die nochmals neugefasste Zielbeschreibung erfasst: Dialog als Mittel zur Konfliktüberwindung und zur Herstellung einer Solidarität zwischen den Völkern.

2.4 Zwischenergebnis: Grundelemente der Weiterentwicklung im orthodoxen Verständnis von „interreligiösem Dialog"

Der Blick auf verschiedene offizielle Dokumente der Orthodoxie hat insgesamt gezeigt, dass eine Weiterentwicklung von bloßer „Zusammenarbeit" hin zur Verwendung des Begriffs „interreligiöser Dialog" stattgefunden hat. Eine Ausnahme ist insoweit das Dokument der Russischen Orthodoxen Kirche über die Menschenrechte. Von interreligiösem Dialog wird des öfteren ohne Konkretisierung gesprochen, d.h. als begrifflich feststehend und ohne Erläuterung bzw. Definition. Darin liegt ein Indiz, dass er im Verlauf der Dialogpraxis inhaltlich gefüllt worden ist und diese Erfahrung als maßgeblich wahrgenommen wurde. Der pastorale Brief der orthodoxen Bischöfe Amerikas stellt einen beachtlichen inhaltlichen Beitrag zum orthodoxen Verständnis von „interreligiösem Dialog" dar. Die Menschenrechte rücken als Begriff und in deren Verwirklichung stärker in den Vordergrund. Besonders eindrucksvoll ist das anhand der Dokumente der Russisch-Orthodoxen Kirche nachzuvollziehen, die nach den Grundlagen der kirchlichen Soziallehre dem orthodoxen Engagement für die Menschenrechte ein eigenes, systematisch angelegtes Dokument gewidmet hat. In diesem erscheinen die Menschenrechte allerdings als Feld einer „Zusammenarbeit" und nicht explizit als Thema eines interreligiösen Dialogs. Die in relativ kurzen Abständen gebotene

Weiterentwicklung in Dokumenten der Russischen Orthodoxen Kirche aus den Jahren 2008, 2010 und 2013 zeigt, dass die Auseinandersetzung um interreligiösen Dialog, dessen Grundlegung und Zielsetzung ein virulentes Problem geblieben ist. Zugleich nähern sich die in gemeinsamen oder von mehreren autokephalen Kirchen formulierten Sichtweisen von interreligiösem Dialog und die in Dokumenten der Russischen Orthodoxen Kirche von 2010 und 2013 dazu entwickelten Maßstäbe schrittweise wieder an. In den meisten einschlägigen orthodoxen Dokumenten nach 1986 werden konkrete Erwartungen an den interreligiösen Dialog thematisiert. Ob und inwieweit sich in diesen Entwicklungen die praktischen Erfahrungen der autokephalen Kirchen im interreligiösen Dialog widerspiegeln, wird im folgenden zu untersuchen sein.

Kapitel C
Dialogereignisse unter Beteiligung der Orthodoxie und des Islam

Die im folgenden zusammen getragenen interreligiösen Aktivitäten weisen eine große Bandbreite auf. Deshalb bedarf es einiger Hinweise zur Methodik der Darstellung. Eine Grundunterscheidung ergibt sich aus der Beobachtung zweier faktischer Gruppen bei den hier einschlägigen Dialogereignissen: Aktivitäten, an denen Gläubige aller bzw. mehrerer autokephaler Kirchen beteiligt waren und solche, bei denen Teilnehmer nur aus einer autokephalen Kirche festzustellen waren. Diese beiden Gruppen sind in Kapitel C 1. bzw. C 2. zusammengeführt. Innerhalb des Abschnitts C 1. wird die Darstellung mit den maßgeblichen Veranstaltern/Organisatoren verknüpft, um konzeptionelle Gemeinsamkeiten, Vorgaben, aber auch Entwicklungen zu Tage treten zu lassen; zugleich werden so Wiederholungen minimiert. Klar abgegrenzte Untergruppen ergeben sich aus der Ausrichtung der betreffenden Organisationen, z. B. kirchliche, staatliche oder *per se* interreligiös orientierte Organisationen.

Im Kapitel C 2., das Dialogaktivitäten gewidmet ist, zu denen Gläubige nur einer autokephalen Kirche beigetragen haben, bedurfte es eines anderen Anknüpfungspunkts der Darstellung. Hier wird primär nach den betreffenden Kirchen untergliedert, weil so – gleichsam automatisch – tragende Persönlichkeiten oder ein regionaler Kontext in den Vordergrund treten. Zugleich werden bei diesem Ansatz unterschiedliche Akzentsetzungen verschiedener Kirchen zugänglich. Die Aktivitäten der einzelnen autokephalen Kirchen ordnen sich nochmals in eine begrenzte Zahl von Untergruppen, die vom Inhalt oder von ihrer Zielsetzung her zwar gleiche Ausrichtung haben, dabei allerdings von unterschiedlichen äußeren Gestaltungselementen bestimmt sind. Die Gliederung folgt insoweit keinem einheitlichen, abstrakten Schema, sondern ist vom Bemühen bestimmt, Dialogaktivitäten ähnlicher Ausrichtung und Gestaltung zueinander zu rücken, um innerhalb der vorhandenen Vielfalt bereits so spezifische Akzente zu betonen und den Leser in deren Wahrnehmung zu unterstützen.

Die in dieser Untersuchung herangezogene Begriffsklärung von Merdjana und Brodeur umschließt die hier einschlägigen Dialogaktivitäten in ihrer ganzen Bandbreite. Es bedarf lediglich einer Abgrenzung von bloßer Wissensvermittlung an eine interessierte, gewissermaßen neutrale Zuhörerschaft durch Angehörige verschiedener Religionen. Solche Bemühungen führen nämlich nicht zu einer Auseinandersetzung *miteinander* („…that help mutual understanding and/or cooperation between people..."),[1] sondern lediglich zu einem Austausch *über-* oder *nebeneinander*. Deshalb bleiben solche Veranstaltungen im folgenden ausgeschlossen.

So bedarf es lediglich noch einer Erläuterung zum Sprachgebrauch. Die Weite der von Merdjana und Brodeur vorgenommenen Begriffsklärung zu „interreligiöser Dialog" spiegelt sich bei der folgenden Untersuchung der Dialogaktivitäten in einem wechselnden Sprachgebrauch wie „interreligiöse Aktivitäten", „Dialogengagement", „interreligiöse Zusammenarbeit" u. ä. Auch dann, wenn der Begriff „interreligiöser Dialog" verwendet wird, ist er weit gefasst zu verstehen, d. h. unter Einschluss von Elementen einer „interreligiösen Zusammenarbeit" bzw. „interreligiösen Verständigung", Elementen, von denen die panorthodoxe Beschlussfassung ausgegangen war und die gleichermaßen von der hier zugrunde gelegten Begriffsklärung zu „interreligiöser Dialog" umfasst werden.

1 Gemeinsame interreligiöse Aktivitäten aller oder mehrerer orthodoxer Kirchen

Das panorthodoxe Bekenntnis zu einer interreligiösen Verständigung und zur Zusammenarbeit mit Gläubigen anderer Weltreligionen hat auf beeindruckende Weise Frucht getragen. Zu beobachten sind zunächst *gemeinsame Aktivitäten mehrerer autokephaler Kirchen*, die in diesem Abschnitt beleuchtet werden sollen. Aus Gründen der Übersichtlichkeit werden die betreffenden interreligiösen Bemühungen um einen Dialog mit dem Islam in folgende Gruppen gegliedert:
– Interreligiöse Initiativen seitens der orthodoxen Kirche vor der pan-orthodoxen Beschlussfassung von 1986 (unten 1.1.);
– Beteiligung der orthodoxen Kirche an der interreligiösen Arbeit internationaler kirchlicher Organisationen (unter 1.2.);
– Beteiligung der orthodoxen Kirche an interreligiösen Aktivitäten internationaler, nichtkirchlicher und nichtstaatlicher Organisationen (unten 1.3.);
– Beteiligung der orthodoxen Kirche an überstaatlichen/staatlichen Initiativen im Bereich des interreligiösen Dialogs (unten 1.4.);
– Sonstige interreligiöse Bemühungen verschiedener Organisationen und Initiativen unter Beteiligung der orthodoxen Kirche (unten 1.5.).

---

[1] So die von Merdjana und Brodeur zugrunde gelegte weitere Fassung der Definition, vgl. oben Kapitel A 1.1.

Bereits diese Unterteilung deutet an, dass die interreligiösen Aktivitäten unter Beteiligung der Orthodoxie und des Islam breit gefächert sind und viel Material zur Verfügung steht. Dennoch sei daran erinnert, dass eine vollständige Erfassung aller Dialogereignisse nicht beabsichtigt ist und dass Zweifel bestehen, ob eine solche überhaupt erreichbar wäre. Ziel der folgenden Zusammenstellung ist nicht Vollständigkeit, sondern die Schaffung einer breiten Informationsbasis, um die Eigenart des orthodoxen Engagements im Dialog mit dem Islam sichtbar zu machen und begründete Schlussfolgerungen zuzulassen.

1.1 Autokephalieübergreifende interreligiöse Initiativen seitens der orthodoxen Kirche vor der panorthodoxen Beschlussfassung von 1986

Im Abschnitt über die pan-orthodoxen Beschlüsse zu einer interreligiösen Zusammenarbeit von 1976 bzw. 1986 wurde bereits dargelegt, dass diese Entscheidungen in einem zeitgeschichtlichen Umfeld angesiedelt waren, das von vielfältigen Bemühungen zur Überwindung des politischen Ost-West-Gegensatzes und um Annäherung der dahinterstehenden Systeme gekennzeichnet war. Im Rahmen dieser Bemühungen fanden auf Initiative der Russischen Orthodoxen Kirche einige interreligiöse Ereignisse statt, an denen sich auch andere autokephale orthodoxe Kirchen beteiligten. Sie sind Teil einer *Vorgeschichte*, d. h. Elemente einer der panorthodoxen Beschlussfassung vorgelagerten praktischen Erfahrung mit interreligiösem Dialog.

Eine große Konferenz, die 9.–12.5.1952 in Zagorsk durchgeführt wurde, eröffnete diese Bemühungen. Auf Einladung des Patriarchen von Moskau und Ganz Russland Alexij kamen Vertreter aller Religionen in der UdSSR zusammen, um zu demonstrieren, dass das ganze Volk der UdSSR die Regierung in deren „Friedenspolitik" unterstütze. Die Konferenz ist als eine kommunistisch dirigierte Versammlung politischer Zielsetzung zu qualifizieren.[2] Sie verabschiedete einen Appell an die Kirchen, Religionsgemeinschaften, Geistlichen und Gläubigen aller Konfessionen in der ganzen Welt, einen Appell an den Weltfriedensrat und eine von Lob geradezu triefende Ergebenheitsadresse an den Diktator Josef Stalin.[3]

---

2 Johannes Chrysostomus, Kirchengeschichte Russlands der neuesten Zeit Bd. III, aaO, S. 227f. Vgl. John van Oudenaren, Détente in Europe. The Soviet Union and the West since 1953, Duke University Press Durham/London 1991, S. 298.

3 Die Materialien der Veranstaltung sind publiziert in: Konferenz aller Kirchen und Religionsgemeinschaften in der UdSSR zum Schutz des Friedens, Sagorsk Troize-Sergievo-Kloster 9.–12. Mai, Verlag des Moskauer Patriarchats Moskau 1952. Der Appell an alle Gläubigen ist – nebst

Wesentlich weiter gezogen war der Teilnehmerkreis der interreligiösen Weltkonferenz „Religious Workers for Lasting Peace, Disarmament and Just Relations Among Nations", die 6.–10.6.1977 in Moskau durchgeführt wurde. 633 Teilnehmer aus 107 Ländern kamen zusammen, darunter Christen, Muslime, Buddhisten, Juden, Sikhs und Shintoisten. Das politische Umfeld der Konferenz wird an Grußbotschaften von UN-Generalsekretär Waldheim und des sowjetischen Ministerpräsidenten Kossygin sowie in einem offiziellen Empfang der Teilnehmer im Kreml greifbar. Das Schlussdokument der Konferenz enthält Forderungen im Zusammenhang mit der seinerzeitigen Entspannungspolitik, darunter zugunsten von Verhandlungen über eine Begrenzung der Rüstung, über eine Weltwirtschaftsordnung sowie zugunsten der „Konferenz für Sicherheit und Zusammenarbeit in Europa".[4]

Auch bei der interreligiösen Weltkonferenz „Religious Workers for Saving the Sacred Gift of Life from Nuclear Catastrophe" 10.–14.5.1982 (Moskau)[5] widmeten sich Christen verschiedener Kirchen und Vertreter anderer Religionen, darunter des Islam, der Abrüstungsthematik. Patriarch Pimen von Moskau hielt die programmatische Eröffnungsansprache. Die Konferenz beschloss, sich zu einer dauerhaften Einrichtung mit jährlichen Treffen umzuwandeln. Ein Kommuniqué betont die breite politische und ideelle Unterstützung, welche die Konferenz gefunden hat; tatsächlich schließt der Dokumentationsband eine lange Reihe von Grußbotschaften bedeutender Persönlichkeiten des religiösen wie politischen Lebens und von Vertretern wichtiger Institutionen wie der UNO ein. Das Ergebnis der Beratungen ist in einem Schlussappell an Religionsführer und Gläubige zusammengefasst. Ein kürzerer Appell an die zweite Sondersitzung der UN-Gene-

---

Unterschriftenliste – aaO, S. 287–295 publiziert; vgl. den Appell an den Weltfriedensrat aaO, S. 296–299 und das Schreiben an Stalin aaO, S. 300–305.

4 Die Konferenzmaterialien sind publiziert in: Russian Orthodox Church / The Muslim Religious Board for Central Asia and Kazakhstan / The Central Religious Board of Buddhists of the USSR (Hrsg.), Religious workers for lasting peace, disarmament and just relations among nations: materials of World Conference held in Moscow, June 6–10, 1977, Department of External Church Relations of the Moscow Patriarchate Moskau 1978. Zur Konferenz vgl. auch John van Oudenaren, Détente in Europe, aaO, S. 307. Vgl. Wolfgang Lienemann, Frieden, aaO, S. 114f.

5 Die Konferenzmaterialien sind publiziert in: World Conference of Religious Workers for Saving the Sacred Gift of Life from Nuclear Catastrophe, Moscow, May 10–14, 1982, Moscow Patriarchate 1983. Vgl. einen Kurzbericht zur Konferenz in: Islamochristiana 8 (1982), S. 250. Auszüge aus der Schlusserklärung in: Islamochristiana 9 (1983), S. 273f. Zur Konferenz vgl. auch John van Oudenaren, Détente in Europe, aaO, S. 307; vgl. Wolfgang Lienemann, Frieden, aaO, S. 115f

ralversammlung zur Abrüstung 1982 bringt das Konferenzergebnis in einen konkreten politischen Zusammenhang auf internationaler Ebene ein.[6]

Bei den drei interreligiösen Ereignissen dieser Gruppe standen Interessen der sowjetischen Religionspolitik im Hintergrund, ohne die sie nicht durchführbar gewesen wären und die sich verschiedentlich in der Thematik, der Diktion und der Zielsetzung niederschlagen. Dennoch gibt es einen bedeutsamen Unterschied: Die Konferenz von 1952 war trotz interreligiöser Besetzung so massiv von politischen Interessen des kommunistisch-atheistischen Regimes bestimmt, dass sie lediglich formal als interreligiöses Ereignis gelten kann. Die beiden anderen Konferenzen hatten demgegenüber einen weltweiten Rahmen. Auch sie sind zwar politisch-ideologischen Interessen der UdSSR verpflichtet, wie bereits die offiziellen Konferenztitel andeuten. Dennoch reihen sie sich nahtlos in die – im voran stehenden Kapitel skizzierten – internationalen Bemühungen zur Überwindung des Ost-West-Konflikts, zur Unterstützung des KSZE-Prozesses und um Abrüstung ein und sind insofern denen des ÖRK und der Konferenz Europäischer Kirchen vergleichbar. Zudem lassen die Moskauer Konferenzen von 1977 und 1982 erkennen, dass sich von der „östlichen" Seite her die zeitgeschichtliche Friedens- und Abrüstungsthematik als wichtiger Impuls für den Eintritt in einen interreligiösen Diskurs darstellt. Neben einer Botschaft an die Gläubigen der verschiedenen Religionen richteten sie sich mit weiteren Botschaften an politisch Verantwortliche; damit wird die Absicht signalisiert, den Bereich der Politik für eine Umsetzung der interreligiösen Einsichten zu Frieden und Abrüstung in die Pflicht zu nehmen. Schließlich kann festgehalten werden, dass bei den beiden Moskauer Konferenzen Christen verschiedener Kirchen als Dialogpartner aufgetreten sind, sodass diesen interreligiösen Ereignissen zugleich ein ökumenischer Aspekt innewohnt.

1.2 Orthodoxe Mitwirkung am Dialog internationaler kirchlicher Organisationen mit dem Islam

Ein spezifischer Beitrag der Orthodoxie zum Dialog mit dem Islam besteht in der Mitwirkung an Aktivitäten internationaler kirchlicher Organisationen, die sich dieser Thematik annehmen. In einigen Organisationen zählen alle autokephalen Kirchen der Orthodoxie zu den Mitgliedern, in weiteren Einrichtungen wirken

---

6 Die Konferenzdokumentation ist publiziert in: World Conference of Religious Workers for Saving the Sacred Gift of Life from Nuclear Catastrophe, Moscow, May 10–14, 1982, Moscow Patriarchate 1983; vgl. aaO, S. 7–9 (Kommuniqué), S. 10–15 (Schlussappell) und S. 15–17 (Appell an die UN).

mehrere autokephale Kirchen mit. Solche Institutionen mit orthodoxer Beteiligung, die Beiträge zum Dialog mit dem Islam leisten, sind:

1.2.1 Ökumenischer Rat der Kirchen

Der Ökumenische Rat der Kirchen (ÖRK, WCC) hat neben seinen ökumenischen Bemühungen über Jahrzehnte auch ein bemerkenswertes Engagement im Bereich eines interreligiösen Dialogs entwickelt und dabei Pionierarbeit geleistet. Die orthodoxen Kirchen sind sukzessiv dem Ökumenischen Rat der Kirchen beigetreten.[7] Sie haben sich trotz vieler Schwierigkeiten an den ökumenischen Bemühungen des Rates konsequent beteiligt und dabei zentrale orthodoxe Themen eingebracht. Die Orthodoxie hat auch am interreligiösen Engagement des ÖRK aktiv mitgewirkt: mit inhaltlichen Beiträgen, durch Teilnahme an interreligiösen Tagungen sowie an ÖRK-internen Konferenzen zur Vorbereitung oder Evaluation von dessen interreligiösem Engagement. Obwohl die Gesamtzahl der vom ÖRK getragenen interreligiösen Ereignisse eines christlich-islamischen Dialogs größer ist,[8] werden entsprechend der Zielsetzung dieser Untersuchung im folgenden nur solche berücksichtigt, bei denen sowohl eine orthodoxe wie eine islamische Beteiligung festgestellt werden konnte. Wie bereits erwähnt haben solche interreligiöse Aktivitäten des ÖRK – aus dem Blickwinkel der Orthodoxie betrachtet – bereits vor der pan-orthodoxen Beschlussfassung von 1976 bzw. 1986 begonnen und sich danach fortgesetzt.

1.2.1.1 Bilaterale interreligiöse Aktivitäten des ÖRK mit Beiträgen orthodoxer Teilnehmer

Der größte Teil des interreligiösen Engagements des ÖRK bezieht sich auf einen christlich-islamischen Dialog, ist also bilateral im weiteren Sinn angelegt. Dabei galt das Bemühen zunächst einer Klärung der Grundlagen und möglicher thematischer Anknüpfungspunkte eines solchen Dialogs. Die erste christlich-mu-

---

[7] Georgios Galitis, Die orthodoxe Kirche im Dialog, in: Wilhelm Nyssen / Hans-Joachim Schulz / Paul Wiertz, Handbuch der Ostkirchenkunde Bd. III, Patmos Düsseldorf 1997, S. 245 f. Vor allem kircheninterne Schwierigkeiten haben dazu geführt, dass die Georgische Orthodoxe Kirche im Jahr 1997 und die Bulgarische Orthodoxe Kirche im Jahr 1998 aus dem ÖRK austraten, vgl. Johannes Oeldemann, Die Kirchen des christlichen Ostens, aaO, S. 104 (zur georgisch-orthodoxen Kirche) und aaO, S. 102 (zur bulgarisch-orthodoxen Kirche).
[8] Eine Gesamtdarstellung hat Jutta Sperber, Christians and Muslims. The Dialogue Activities of the World Council of Churches and their Theological Foundation, de Gruyter Berlin 2000 vorgelegt.

slimische Tagung fand 2.–6.3.1969 in Cartigny/Schweiz statt.[9] Die behandelten Themen zeigen die Suche nach begehbaren Wegen: Feststellungen zur Notwendigkeit eines Dialogs, die Frage nach Gemeinsamkeiten der beiden Religionen und die Auseinandersetzung mit der Tatsache, dass sie denselben Fragen der modernen Welt gegenüberstehen. Bei dieser Tagung leistete seitens der Orthodoxie Archimandrit Georges Khodr (Patriarchat Antiochia) einen Beitrag. Die Konferenz 12.–18.7.1972 in Broumana/Libanon[10] stand unter dem Thema „In Search of Understanding and Cooperation" und ist durch diesen Titel treffend charakterisiert; bemerkenswerterweise beschäftigte sie sich bereits mit einigen Prinzipien, die einen Dialog prägen müssten. In einen spezifisch afrikanischen Kontext verweist die Konferenz 17.–21.7.1974 in Legon/Ghana;[11] muslimische und christliche Vertreter aus acht Ländern arbeiteten sehr konkret zum Verhältnis von Gemeinschaft und Individuum, religiöser Erziehung, Toleranz, Familienleben und einer Reihe weiterer Einzelaspekte. Eine noch größere Themenbreite beschäftigte die Tagung 19.–22.10.1976 (Cartigny/Schweiz).[12] Die Bestimmung von Prinzipien für einen Dialog wurde unter Rückgriff auf frühere Tagungen fortgesetzt; die Bandbreite der behandelten Themen reicht von Erziehung, Familienleben, Gebet, über

---

9 Schlusserklärung der Konferenz in: Juliette Nasri Haddad / Augustin Duprey la Tour / Hisham Nashabé (Hrsg.), Déclarations Communes Islamo-Chrétiennes (1954–1995), Université Saint Joseph, Beyrouth, Institut d'Etudes Islamo-Chrétiennes, Dar el Machreg, Beyrouth 1997, S. 40–47 (Déclaration N° 5); weitere Edition der Schlusserklärung in: Stuart E. Brown (Hrsg.), Meeting in Faith – Twenty Years of Christian-Muslim Conversations sponsored by the World Council of Churches, WCC Publications Geneva 1989, S. 3–5. Zur Konferenz vgl. Jutta Sperber, Christians and Muslims, aaO, S. 82, S. 84, S. 92 und S. 130 mit S. 25f. Vgl. Stanley J. Samartha (Hrsg.), Living Faiths and the Ecumenical Movement, WCC Geneva 1971, S. 145.
10 Stuart E. Brown (Hrsg.), Meeting in Faith, aaO, S. 21–27 (Schlusserklärung); Teilnehmerliste aaO, S. 27–29. Die vollständigen Materialien sind veröffentlicht bei: Stanley J. Samartha / John B. Taylor, Christian-Muslim Dialogue, Papers presented at the Broumana Consultation 12–18 July 1972, WCC Geneva 1973; zum Ko-Vorsitz von Metropolit Georges Khodr aaO, S. 145; Teilnehmerliste aaO, S. 164–167; Schlusserklärung aaO, S. 156–163. Text der Schlusserklärung in französischer Sprache in: Juliette Nasri Haddad (u.a.), Déclarations Communes Islamo-Chrétiennes (1954–1995), aaO, S. 52–67 (Déclaration N° 7). Zur Tagung vgl. auch Jutta Sperber, Christians and Muslims, aaO, S. 28.
11 Stuart E. Brown (Hrsg.), Meeting in Faith, aaO, S. 49–55 (Schlusserklärung); Teilnehmerliste aaO, S. 55–57, dort der Hinweis auf die Mitwirkung von Dr. Konstantin Patelos als (orthodoxer) Mitarbeiter des ÖRK.
12 Stuart E. Brown (Hrsg.), Meeting in Faith, aaO, S. 87–94 (Schlusserklärung); Teilnehmerliste aaO, S. 94–96. Text der Schlusserklärung auch in: Juliette Nasri Haddad (u.a.), Déclarations Communes Islamo-Chrétiennes (1954–1995), aaO, S. 146–160 (Déclaration N° 15). Zur Tagung vgl. Jutta Sperber, Christians and Muslims, aaO, S. 32f. An dieser christlich-muslimischen Planungsbegegnung nahmen seitens der Orthodoxie Dr. Konstantin Patelos und George Tsetsis (beide als orthodoxe Mitarbeiter beim ÖRK) sowie Albert Laham (Patriarchat von Antiochia) teil.

sozialpolitische Aspekte wie das Verhältnis von Glauben und Politik, soziale Gerechtigkeit und Entwicklung bis hin zu theologischen Fragen wie dem Offenbarungsverständnis, dem Verhältnis von Glauben zu Wissenschaft und Technologie und den jeweiligen Auffassungen über die Verbreitung des Glaubens. Die Konferenz 12.–14.3.1979 in Chambésy[13] zog gleichsam eine Summe der vorangegangenen Tagungen, indem 12 Prinzipien für den Dialog aufgestellt und ein in drei Phasen gegliedertes Dialogprogramm für die Folgejahre festgehalten wurde. Der angesprochene Katalog von interreligiös opportunen Verhaltensweisen stellt vielleicht das wichtigste Zwischenergebnis der hier berücksichtigten Tagungen der Jahre 1969–79 dar. Im übrigen fällt die extensive Bandbreite an zu behandelnden interreligiösen Themen auf, die sich mit jeder Tagung noch vergrößerte; selbst das in Chambésy festgehaltene Dialogprogramm wirkt eher wie der Versuch einer Systematisierung übergroßer Vielfalt als ein Klärungsprozess über Prioritäten.

Die Konferenz 30.3.–1.4.1982 in Colombo beschritt insoweit neue Wege, als sie vom ÖRK gemeinsam mit dem „World Muslim Congress"[14] organisiert wurde, einer weltweit orientierten muslimischen Organisation. Die Tagung behandelte ein einziges, konkret umrissenes Thema „Christians and Muslims Living and Working Together: Ethics and Practices of Humanitarian and Development Programs". Mit 33 muslimischen und 30 christlichen Teilnehmern war die Konferenz annähernd paritätisch besetzt; zur Gruppe der christlichen Teilnehmer zählte Archimandrit Augustin Nikitin (Russische Orthodoxe Kirche). Die Konferenz verabschiedete einen Schlussbericht, der auch einige Empfehlungen umfasste. Die vom ÖRK delegierten Teilnehmer evaluierten in einer sich unmittelbar anschliessenden Konferenz 3.–5.4.1982 das interreligiöse Ereignis und verabschiedete einige Empfehlungen an den ÖRK und die Mitgliedskirchen.[15]

Einen Einzelfall stellt die 24.1.–3.2.1983 in Mauritius durchgeführte interreligiöse Konferenz dar; das Thema der Konsultation war verknüpft mit dem Motto

---

13 Vgl. Stuart E. Brown (Hrsg.), Meeting in Faith, aaO, S. 104–109 (Schlusserklärung und Teilnehmerliste). Vgl. auch Juliette Nasri Haddad (u. a.) (Hrsg.), Déclarations Communes Islamo-Chrétiennes (1954–1995), aaO, S. 184–194 (Déclaration N° 19). Vgl. Islamochristiana 5 (1979), S. 292–298 (Schlusserklärung aaO, S. 292–295, Teilnehmerliste aaO, S. 295f, Beitrag eines muslimischen Teilnehmers aaO, S. 296 ff). Zu den Teilnehmern gehörte seitens der Orthodoxie Albert Laham (Patriarchat Antiochia).
14 Vgl. die Informationen zu dieser Organisation auf der Homepage des „United Nations Information Centre Islamabad", online zugänglich unter http://www.unic.org.pk/index.php?id=congress (abgerufen 21.8.2014).
15 Vgl. John B. Taylor, Christian-Muslim Dialogue Colombo, Sri Lanka, 30 March – 1 April 1982, in: Islamochristiana 8 (1982), S. 201–217. Vgl. Stuart E. Brown (Hrsg.), Meeting in Faith, aaO, S. 119–129. Vgl. Jutta Sperber, Christians and Muslims, aaO, S. 39 f.

1 Gemeinsame interreligiöse Aktivitäten aller oder mehrerer orthodoxer Kirchen — 99

der anstehenden ÖRK-Weltkonferenz in Vancouver „Jésus Christ, vie du monde" und stand im Zusammenhang mit deren Vorbereitung.[16]

Mit der Konferenz 27.9.–1.10.1987 (Kolymbari/Griechenland) begann eine Reihe von Tagungen, für die ein dem orthodoxen Patriarchat von Antiochia angehörender ÖRK-Mitarbeiter, Dr. Tarek Mitri,[17] verantwortlich zeichnete. Mit „Religion and Society" wies diese Tagung eine sehr konkrete thematische Ausrichtung auf; allerdings wurde keine gemeinsame Synthese der Tagungsergebnisse gebildet. Die orthodoxen Beiträge zur Konferenz wiesen mit Referaten des Metropoliten Georges Khodr[18] und Dr. Konstantin Patelos größeres Gewicht als bei früheren Gelegenheiten auf.[19] Diese erste Tagung wurde unter dem leicht veränderten Titel „Religion, Law and Society" in zwei weiteren Konferenzen, nämlich 9.–13.12.1992 (Genf)[20] und 1.–4.11.1993 (Nyon),[21] konsequent fortgesetzt, auch das eine Weiterentwicklung in den interreligiösen Bemühungen des ÖRK. Die Konferenz „Interreligiöser Dialog – Frieden für alle" 8.–10.10.1994 (Khartoum) verweist auf einen regionalen Zusammenhang, nämlich auf den Sudan, wo ein staatlich gestütztes Islamisierungsprogramm Bedarf an Konfliktlösung bzw. Konfliktpräven-

---

16 Vgl. Berichterstattung in: Service Orthodoxe de Presse N° 76 (März 1983), S. 5f. Seitens der Orthodoxie nahmen ein Priester aus Alaska, Michael Oleksa (Professor an der Universität von Anchorage), und ein weiterer aus der UdSSR teil.
17 Zur Person von Tarek Mitri, seiner Arbeit im Rahmen des orthodoxen Patriarchats von Antiochia und als akademischer Lehrer vgl. Andrew Sharp, Orthodox Christians and Islam in the Postmodern Age, Brill Leiden/Boston 2012, S. 110. Im Jahr 1991 übernahm Mitri das Direktorat der ÖRK-Abteilung für interreligiösen Dialog, vgl. Jutta Sperber, Christians and Muslims, aaO, S. 75. Im April 2005 wurde er zum Minister der libanesischen Regierung ernannt, vgl. Service Orthodoxe de Presse N° 298 (Mai 2005), S. 16. Tarek Mitri gehört zu den orthodoxen Vordenkern eines Dialogs mit dem Islam. Über seine inhaltlichen Tagungsbeiträge hinaus veröffentlichte er in zahlreichen Beiträgen grundsätzliche Überlegungen zum christlich-islamischen Dialog, die von seinem orthodoxen Lehr- und Lebenshorizont geprägt sind.
18 Vgl. Jutta Sperber, Christians and Muslims, aaO, S. 231 und S. 417, FN 35.
19 Stuart E. Brown (Hrsg.), Meeting in Faith, aaO, S. 156 ff (Erfahrungsberichte); Teilnehmerliste aaO, S. 94 ff. Zur Tagung vgl. Jutta Sperber, Christians and Muslims, aaO, S. 43 f. Kurzbericht in: Islamochristiana 14 (1988), S. 282 f.
20 Jutta Sperber, Christians and Muslims, aaO, S. 49. Islamochristiana 19 (1993), S. 296 f. Dokumentation der Beiträge in: Tarek Mitri (Hrsg.), Religion, Law and Society. A Christian-Muslim Diskussion, WCC Geneva / Kok Pharos Publ. Kampen 1995.
21 Andrew Sharp, Orthodox Christians and Islam, aaO, S. 113. Die Materialien der Tagung von Nyon 1993 sind dokumentiert in: Tarek Mitri, (Hrsg.), Religion, Law and Society: A Christian-Muslim Discussion, WCC Geneva / Kok Pharos Publ. Kampen 1995. Text der Schlusserklärung in: Juliette Nasri Haddad (Hrsg.), Déclarations Communes Islamo-Chrétiennes (1995–2001), Université Saint Joseph, Beyrouth, Institut d'Etudes Islamo-Chrétiennes, Dar el Machreq, Beyrouth 2003, S. 19–22 (Déclaration N° 2, NYO 93). Kurzbericht in: Islamochristiana 20 (1994), S. 268.

tion hervorgerufen hatte.²² Veranstalter war der „Rat für Internationale Völkerfreundschaft" der sudanesischen Regierung, unterstützt von einem paritätisch besetzten christlich-muslimischen Gremium. Die aus den Berichten fassbare orthodoxe Präsenz bestand in der Beteiligung des Direktors für interreligiösen Dialog beim ÖRK, Dr. Tarek Mitri, der auch eines der Tagungsreferate hielt. Damit wird ein beachtenswerter „Nebeneffekt" der orthodoxen Beteiligung an interreligiös aktiven Organisationen wie dem ÖRK greifbar: vermittelt durch sie können orthodoxe Sichtweisen auch dann in interreligiöse Zusammenhänge eingebracht werden, wenn keine Delegationen autokephaler Kirchen im Tagungszusammenhang fassbar werden. Inhaltlich beschäftigte sich die Konferenz mit Fragen eines religiösen Pluralismus, einer religiös konnotierten Ablehnung westlicher Einflüsse und mit den Auswirkungen einer systematischen Islamisierung auf Frieden und friedliche Koexistenz.²³ Zwei andere Konferenzen widmeten sich sukzessiv dem Thema „Menschenrechte" und zwar 6.–10.11.1994 (Berlin)²⁴ unter dem Titel „Religion and Human Rights" und 25.–28.9.1995 (Malta)²⁵ unter dem noch pro-

---

22 Die Tagung 8.–10.10.1994 (Khartoum) war die zweite einer kleinen Reihe zu den religiösen Verhältnissen im Sudan; die Vorgängerkonferenz 26.–30.4.1993 (Khartoum) wird unten im Abschnitt C 2.5.4.2. behandelt, da im Tagungsbericht bezüglich der Orthodoxie nur die Präsenz einer russisch-orthodoxen Delegation hervorgehoben wird.
23 Vgl. Helmut Falkendörfer, Interreligiöser Dialog in Khartoum – Tagungsbericht, in: CIBEDO 9 (1995), S. 13–15. Vgl. auch Antoine Sondag, Christlich-Islamisches Kolloquium, Khartoum – Tagungsbericht, in: CIBEDO 9 (1995), S. 11–13. Vgl. weiterhin Islamochristiana 21 (1995), S. 203f.
24 Die Dokumentation der Tagung und die Teilnehmerliste sind publiziert in: Tarek Mitri (Hrsg.), Religion and Human Rights. A Christian-Muslim Diskussion, WCC Geneva 1996. Vgl. auch den Bericht von Tarek Mitri, A Christian-Muslim Consultation on „Religion and Human Rights", in: Current Dialogue 27 (Dezember 1994), S. 15. Text der Schlusserklärung in: Juliette Nasri Haddad (Hrsg.), Déclarations Communes Islamo-Chrétiennes (1995–2001), aaO, S. 29f (Déclaration N° 5, BER 94). Vgl. Islamochristiana 21 (1995), S. 163f (Kurzbericht) und aaO, S. 164f (Text der Schlusserklärung). Seitens der Orthodoxie nahmen Dr. Tarek Mitri und Albert Laham (Patriarchat Antiochia) sowie Dr. Constantin Patelos (Kirche von Griechenland) teil. Zur Konferenz auch vgl. Jutta Sperber, Christians and Muslims, aaO, S. 50. Vgl. Andrew Sharp, Orthodox Christians and Islam, aaO, S. 114.
25 Der Text der Schlusserklärung ist publiziert in: Juliette Nasri Haddad (Hrsg.), Déclarations Communes Islamo-Chrétiennes (1995–2001), aaO, S. 31–35 (Déclaration N° 6, MAL 95). Ein ausführlicher Bericht zur Tagung ist online zugänglich unter http://www.thinksite.eu/pages/tsd art.asp?id=704 (abgerufen 21.8.2014); darin heisst es zum zentralen Tagungsthema: „(...). It was noted that the idea of pursuing the Christian-Muslim dialogue on Human Rights is seen as valuable by many. (...). A general discussion about the *raison d'être* of a Christian-Muslim involvement in Human Rights followed. The importance of using a religious language was affirmed. Such a use would not be meant to legitimate religiously a secular humanist approach, but should reflect the basic religious commitment of people of faith from which is derived their concern for Human Rights. Some elements of convergence in a religious approach were men-

grammatischeren Titel „Towards a Christian-Muslim Statement of Principles on Human Rights". Dr. Tarek Mitri gehörte zur Tagungsleitung und hielt in Malta eine tiefgründige Eröffnungsansprache, in der er für die Einrichtung eines „Christian-Muslim Forum on Human Rights" warb. Die Bedeutung der Konferenzen von Berlin und Malta für den christlich-islamischen Dialog liegt in der inhaltsreichen Bearbeitung der Frage, ob und in welcher Weise die Menschenrechte ein geeigneter Bezugspunkt für interreligiösen Dialog bzw. Zusammenarbeit sein können.

Die interreligiöse Konferenz 21.–23.11.1996 (Teheran)[26] wurde in Zusammenarbeit mit der iranischen „Organization of Islamic Culture and Communication"[27] durchgeführt und belegt die Bemühungen des ÖRK, auch mit der schiitischen Richtung des Islam in einen Dialog einzutreten. Neben dem bereits mehrfach erwähnten Dr. Tarek Mitri (Patriarchat Antiochia) nahm seitens der Orthodoxie Hegumen Philip Zhigulin (Außenamt des Moskauer Patriarchats) teil, ein Zeichen für das besondere Interesse, das die Russische Orthodoxe Kirche an einem Dialog mit den Schiiten hat; bei der Behandlung der interreligiösen Aktivitäten dieser Patriarchatskirche wird auf diesen Aspekt noch zurückzukommen sein. Inhaltlich lässt der Konferenztitel „Religion in the Contemporary World" kaum erahnen, dass neue und wegweisende Themen bearbeitet wurden: missbräuchliche Inanspruchnahme von Religion durch Gewalttäter, die Rolle von Religion bei ethnischen oder nationalistischen Konflikten, interreligiöse Sichtweisen von sozialen Problemen, Armut u. ä. Nicht zuletzt vertiefte die Konferenz die bereits andernorts begonnene Auseinandersetzung mit den Menschenrechten und

---

tioned: scriptural foundations of the call to justice, Christian and Muslim anthropologies, the recognition of religious plurality and cultural diversity as part of God's design for the world. It was noted that another particularity of a religious forum lies in its preoccupation with the misuse of religion in human rights abuse, as well as with other areas of concern to people of faith such as religious liberty and community rights. A common religious approach is, also, to be manifested in a greater attention to the relation between rights and obligations (rights to be claimed against what is imposed vs rights/obligations to be exercised for the sake of the community...). The need to affirm the centrality of the human person (rather than just the individual) was also underlined. (...)". Vgl. zur Tagung und ihrer Bedeutung Andrew Sharp, Orthodox Christians and Islam, aaO, S. 114.
26 Kurzbericht zur Tagung in: Islamochristiana 23 (1997), S. 197. Vgl. Andrew Sharp, Orthodox Christians and Islam, aaO, S. 113.
27 Zu dieser Organisation und ihrer Anbindung an das iranische Kultusministerium vgl. Sasan Tavassoli, Christian Encounters with Iran, aaO, S. 88–93. Vgl. den Hinweis aaO, S. 89 FN 7 mit S. 242 zu Übersetzungsvarianten in der Bezeichnung.

deren Quelle, der sich Gott verdankenden Menschenwürde. Die Teheraner Konferenz verabschiedete ein bedeutsames gemeinsames Kommuniqué.[28]

Die terroristischen Anschläge des 11. September 2001 und die nachfolgenden militärischen Auseinandersetzungen stellten eine Zäsur dar, auch in der wechselseitigen Sicht von Christen und Muslimen. Die interreligiöse Konsultation 16. – 18.10.2002 (Genf), die unter dem Thema „Christians and Muslims in Dialogue and Beyond" stand, spiegelt dies wieder. Es bedurfte einer Evaluation, eine Aufgabe, zu der Prof. Panayotis Fouyas (Theologische Fakultät Athen; Kirche von Griechenland) mit seinem Vortrag „Aktueller Stand der Beziehungen zwischen Muslimen und Christen" einen wichtigen inhaltlichen Beitrag lieferte. Insgesamt hatte die Tagung zum Gegenstand, gemeinsam nach Mitteln zu suchen, um sich einer Globalisierung der Angst und der Verdächtigung zu widersetzen. Die Teilnehmer kamen überein, gemeinsame Anstrengungen im Bereich der Erziehung zu unternehmen, um zu verhindern, dass die beiden Religionen für destruktive Ziele missbraucht werden.[29] Auch die Konferenz 7.–9.6.2005 (Genf) widmete sich – ganz im Sinn ihres Titels „Un Moment critique pour le dialogue interreligieux" – einer Aufarbeitung der neuentstandenen Lage. In einem bedeutsamen Beitrag schlug Dr. Tarek Mitri vor, der gegenwärtigen weltweiten Polarisierung zwischen Christentum und Islam dadurch zu begegnen, dass verstärkt die lokalen Ursachen in den Blick genommen werden; auf der lokalen Ebene sei es leichter, anhand der Prinzipien von Frieden, Gerechtigkeit und Versöhnung konkrete Lösungen zu finden.[30]

Weitere Konferenzen beleuchteten Einzelaspekte der durch die Zeitverhältnisse besonders drängend gewordenen Fragen eines Umgangs mit (religiösem) Pluralismus und friedlicher Koexistenz von Gläubigen verschiedener Religion. Dazu gehörte die Tagung 16. – 18.7.2008 (Madrid) „World Conference on Dialogue – The importance of Dialogue in Contemporary Multicultural Society", gemeinsam veranstaltet vom ÖRK und der Konferenz Europäischer Kirchen. An dieser Kon-

---

[28] Der Text der Schlusserklärung ist online zugänglich auf der Homepage einer Dokumentendatenbank unter http://docs.exdat.com/docs/index-193838.html?page=77 (abgerufen 21.8.2014). Das Kommuniqué ist im Anhang 1 unter 1.1. im Wortlaut wiedergegeben.

[29] Das Schlussdokument ist publiziert in: Juliette Nasri Haddad (Hrsg.), Déclarations Communes Islamo-Chrétiennes (2002–2005), Université Saint Joseph, Beyrouth, Institut d'Etudes Islamo-Chrétiennes, Collection ‚Etudes et Documents Islamo-Chrétiens' N° 10, Dar el-Machreg Beyrouth 2007, S. 115 ff (Déclaration N° 30). Vgl. Service Orthodoxe de Presse N° 273 (Dezember 2002), S. 17 f (kurzer Bericht). Ausführliche Berichterstattung auf der Homepage des ÖRK unter http://www.wcc-coe.org/wcc/what/interreligious/cd40-05.html; Pressemitteilung und Teilnehmerliste unter http://www2.wcc-coe.org/pressreleasessp.nsf/index/pr-02–16.html (beide Websites abgerufen 21.8.2014).

[30] Service Orthodoxe de Presse N° 300 (Juli/August 2005), S. 23.

ferenz nahm Metropolit Emmanuel von Frankreich als Vertreter des Ökumenischen Patriarchats teil und hielt eine programmatische Ansprache.[31] Auch das Symposium 13./14.12.2008 (Teheran) über „Religion und friedliche Koexistenz" wurde in einer Kooperation durchgeführt, nämlich als gemeinsame Veranstaltung des „Centre for Inter-Religious Dialogue of the Islamic Culture and Relations Organization"[32] in Teheran und des Ökumenischen Rates der Kirchen. Seitens der Orthodoxie nahmen ein Beauftragter des Patriarchats von Antiochia, Samer Laham, sowie Dr. Gary Vachicourras (Orthodoxes Zentrum Chambésy, Ökumenisches Patriarchat) teil.[33]

Die christlich-islamische Konsultation 1.–4.11.2010 (Genf) stand unter dem Thema „Transforming Communities: Christians and Muslims Building a Common Future". Sie wurde gemeinsam vom ÖRK, der „World Islamic Call Society",[34] dem jordanischen „Royal Aal al Bayt Institute"[35] und dem „Consortium of A Common

---

31 Service Orthodoxe de Presse N° 331 (September/Oktober 2008), S. 17. Vgl. auch die Homepage des ÖRK unter http://www.oikoumene.org/en/resources/documents/wcc-programmes/interreligious-dialogue-and-cooperation/interreligious-trust-and-respect/metropolitan-emmanuel-of-frances-address-to-the-world-conference-on-dialogue-madrid-spain (Text der Ansprache). Vgl. Courrier Oecuménique du Moyen-Orient 55 (2008), S. 40f, online zugänglich unter http://mecc.org/sites/default/files/courier55.pdf (beide Websites abgerufen 21.8.2014).

32 Zu dieser Organisation und ihrer Errichtung als Regierungsorganisation vgl. Sasan Tavassoli, Christian Encounters with Iran, aaO, S. 94–96. Je nach Übersetzung variiert die Benennung der Organisation in Details.

33 Der Text der Schlusserklärung ist publiziert in: Juliette Nasri Haddad (Hrsg.), Déclarations Communes Islamo-Chrétiennes (2006–2008), Université Saint Joseph, Beyrouth, Institut d'Etudes Islamo-Chrétiennes, Collection ‚Etudes et Documents Islamo-Chrétiens' N° 13, Dar el-Machreg Beyrouth 2011, S. 258ff (Déclaration N° 64). Berichterstattung und Liste der christlichen Teilnehmer vgl. http://www.oikoumene.org/en/press-centre/news/in-tehran-a-christian-muslim-symposium-affirms-dialogue-criticizes-media (abgerufen 23.8.2014).

34 Die „World Islamic Call Society" ist eine in Libyen gegründete islamische Organisation, die Beraterstatus bei der UNESCO erhalten hat. Zu dieser Organisation vgl. Ataullah Siddiqui, Christian-Muslim Dialogue in the Twentieth Century, aaO, S. 184–189. Auf einer Unterhomepage der UNESCO wird zu ihr mitgeteilt: „Founded in 1972, the World Islamic Call Society, an organization with the structure of an NGO and the project-funding activities of a foundation (…). Since 1980 WICS has contributed financially to the implementation of several UNESCO projects (…). Cooperation agreements were signed between the two organizations in August 1995 in Geneva, and in Tripoli in 1997. However in recent years, due to the exceptional situation of the country hosting its headquarters, communication with WICS has not been regular. (…)"; vgl. http://ngo-db.unesco.org/r/or/en/1100054027 (abgerufen 23.8.2014).

35 Es handelt sich dabei um ein vom jordanischen Königshaus gegründetes Institut islamischer Prägung, das sich insbesondere dem interreligiösen Dialog widmet. Zur Zielsetzung und Tätigkeit vgl. Maurice Borrmans, L'Académie Royale de Jordanie et le Dialogue Islamo-Chrétien, in: Proche-Orient Chrétien 40 (1990), S. 79–92. Vgl. die Homepage des Instituts unter http://aalalbayt.org/en/index.html.; vgl. die Satzung unter http://aalalbayt.org/en/law.html und die Liste der „fellows"

Word"³⁶ veranstaltet. Diese sehr breit angelegte Kooperation des ÖRK mit islamischen Organisationen stellt einen beachtenswerten methodischen Akzent im interreligiösen Dialog dar, deutet zugleich aber auch die beim ÖRK gewachsene Vertrautheit mit Einrichtungen und Gegebenheiten der islamischen Welt an. Seitens der Orthodoxie nahmen Metropolit Emmanuel von Frankreich (Ökumenisches Patriarchat) und Dr. Tarek Mitri (Patriarchat von Antiochia) teil. Die Konferenz behandelte insbesondere die Situation christlicher bzw. muslimischer Minderheiten und die Erziehung zu gegenseitigem Verständnis und Koexistenz; die Teilnehmer verabschiedeten zu dieser Thematik eine Schlusserklärung.³⁷

Ausweislich des treffend gewählten Tagungsthemas „Christian Presence and Witness in the Arab World" widmete sich die Tagung 24.–27.1.2012 (Antelias) besonders der nahöstlichen Situation und dem Phänomen einer durch Emigration schwindenden christlichen Präsenz. Diese Tagung war vom ÖRK und dem „Middle East Council of Churches" organisiert;³⁸ ihre Ergebnisse sind in einem Schlusskommuniqué zusammengefasst.³⁹

---

unter http://aalalbayt.org/en/fellowssenior.php (alle hier mitgeteilte Websites abgerufen 22.8.2014).

36 Das „Consortium of A Common Word" ist dem „Royal Aal al Bayt Institute" verbunden und hat seinen Ursprung in einem „A Common Word" benannten offenen Brief 138 islamischer Gelehrter mit interreligiöser Thematik; vgl. http://www.acommonword.com/ (abgerufen 22.8.2014).

37 Der Beschlussteil der Erklärung ist – unter Auslassung der zusammengefassten Tagungsbeiträge – publiziert in: Islamochristiana 36 (2010), S. 327–329. Der gesamte Text, d. h. einschließlich der Redezusammenfassungen, ist auf der Homepage des „Berkeley Center for Religion, Peace and World Affairs" online zugänglich unter http://berkleycenter.georgetown.edu/resources/publications/final-statement-transforming-communities-christians-and-muslims-building-a-common-future (pdf-Datei, mit Links zur Schlusserklärung bzw. den Beiträgen); dieselben Dokumente sind zugänglich über die Websites http://muslimsandchristians.net/documents/Final Statement.pdf bzw. http://muslimsandchristians.net/documents/ (alle hier mitgeteilten Websites abgerufen 23.8.2014).

38 Berichterstattung auf der Homepage des ÖRK unter http://www.oikoumene.org/en/press-centre/news/religious-leaders-reflect-on-christian-presence-in-the-arab-world und auf der Homepage der „Holy Land Christian Ecumenical Foundation" unter http://hcef.org/publications/hcef-news/790793038-christian-local-voice-challenges-the-transformations-in-the-arab-world (alle hier mitgeteilte Websites abgerufen 22.8.2014).

39 Der Text der Schlusserklärung ist publiziert in: Islamochristiana 38 (2012), S. 307 f. Der Text ist online zugänglich auf der Homepage des ÖRK unter http://www.oikoumene.org/en/resources/documents/wcc-programmes/interreligious-dialogue-and-cooperation/interreligious-trust-and-respect/final-communique-of-the-christian-muslim-consultation-on-christian-presence-and-witness-in-the-arab-world (abgerufen 22.8.2014); ein Vergleich des publizierten und des online zugänglichen Textes zeigt wörtliche Übereinstimmung, bis auf eine kurze Schlusspassage, die in Islamochristiana aaO nicht wiedergegeben ist; das Textstück lautet: „Members of the consultation hoped that the changes in the Arab world will result in active movements leading to the liberation

Als bereits sechste gemeinsame Dialogkonferenz des ÖRK und des – dem schiitischen Islam zugehörigen – „Centre for Interreligious Dialogue of the Islamic Culture and Relations Organization" fand eine Tagung 17./18. 9. 2012 in Bossey/ Genf statt. Im Mittelpunkt standen Fragen, wie interreligiöser Dialog in gesellschaftliche Zusammenhänge hinein wirksam werden kann. Zu den sieben christlichen Teilnehmern in der Delegation des ÖRK gehörte Dr. Elias El-Halabi (Patriarchat von Antiochia). Die Konferenz beschloss ein gemeinsames Kommuniqué, das eine Reihe praktikabler Vorschläge zur Umsetzung des Dialogs in die Lebenswirklichkeit der Menschen zusammenstellte.[40]

1.2.1.2 Multilaterale interreligiöse Aktivitäten des ÖRK unter orthodoxer Beteiligung

Eine zweite Gruppe an vom ÖRK organisierten Konferenzen ist multireligiös konzipiert worden. Orthodoxe und muslimische Teilnehmer waren nur bei einer deutlich kleineren Anzahl von Konferenzen vertreten, nämlich: eine multireligiöse Konsultation „Dialogue between People of Living Faiths" 16. – 25. 3. 1970 (Ajaltoun/Libanon);[41] eine multireligiöse Tagung „Towards World Community" 17. – 26. 4. 1974 (Colombo/Sri Lanka)[42] und ein interreligiöses Kolloquium zum Thema „The

---

of Palestine from Israeli occupation on the basis proposed by Christian Palestinians in their document ‚A Moment of Truth'. Participants called on everyone to pray so that, together, we find in our respective spiritual traditions, common space to enable us to fight against repression, poverty and ignorance. So we conclude by paying tribute to one of God's most noble gifts: Human dignity".

40 Der Text des Gemeinsamen Kommuniqués ist – zusammen mit einem vorangestellten Kurzbericht – publiziert in: Islamochristiana 38 (2012), S. 308 f. Vgl. die Angaben zur Konferenz, das Kommuniqué und die Liste mit den Namen der sieben christlichen bzw. fünf muslimischen Teilnehmer sowie der beiden ÖRK-Mitarbeiter auf der Homepage des ÖRK unter http://www.oikoumene.org/en/resources/documents/wcc-programmes/interreligious-dialogue-and-cooperation/interreligious-trust-and-respect/communique-from-wcc-and-cid-inter-religious-dialogue-meeting?set_language=en (abgerufen 20. 8. 2014).

41 Stuart E. Brown (Hrsg.), Meeting in Faith, aaO, S. 6 ff (Schlusserklärung); Teilnehmerliste aaO, S. 18 ff. Weitere Edition der Schlusserklärung in: Stanley J. Samartha (Hrsg.), Living Faiths and the Ecumenical Movement, aaO, S. 15 – 29 (Ajaltoun-Memorandum) und S. 29 – 32 (Teilnehmerliste). Zur Tagung vgl. Jutta Sperber, Christians and Muslims, aaO, S. 27. Zu den Teilnehmern zählten seitens der Orthodoxie Metropolit Georges Khodr (Patriarchat von Antiochia) und Archimandrit Anastasios Yannoulatos (in dieser Zeit Mitarbeiter beim ÖRK, aktuell Metropolit von Tirana und Ganz Albanien).

42 Die Schlusserklärung ist publiziert bei Stuart E. Brown (Hrsg.), Meeting in Faith, aaO, S. 30 ff; Teilnehmerliste aaO, S. 44 ff. Vgl. auch die Edition der Schlusserklärung unter dem Titel „Memorandum of the Consultation" in: Stanley J. Samartha (Hrsg.), Towards World Community. The Colombo Papers, WCC Genf 1975, S. 115 – 129. Zur Tagung vgl. Jutta Sperber, Christians and Muslims,

Spiritual Significance of Jerusalem for Jews, Christians and Muslims" 2. – 6.5.1993 (Glion).⁴³

1.2.2 Interreligiöse Aktivitäten der Konferenz Europäischer Kirchen
Die Konferenz Europäischer Kirchen (KEK) / Conference of European Churches (CEC) wurde bereits im voran stehenden Kapitel und zwar im Zusammenhang mit ihren Beiträgen im zeitgeschichtlichen Umfeld der panorthodoxen Beschlussfassung zugunsten eines interreligiösen Dialogs von 1976 vorgestellt. Vor allem seit Gründung ihres „Committee for Relations with Muslims in Europe (CRME)" hat sich die KEK – ergänzend zu ihren ökumenischen Bemühungen im europäischen Kontext – auch des interreligiösen Dialogs angenommen. Dies geschieht z.T. mittelbar durch Unterstützung diverser religionsübergreifender Aktivitäten, z.T. aber auch durch direkte Organisation von interreligiösen Konferenzen. Das Engagement der KEK hatte zunächst einen eindeutigen Schwerpunkt im Bemühen, einen Beitrag zur Überwindung der religiös konnotierten bzw. motivierten Konflikte auf dem Balkan zu leisten. Die Reihe entsprechender Aktivitäten eröffnete ein internationaler und interreligiöser Kongress von Vertretern der Religionsgemeinschaften des früheren Jugoslawien 8. – 10.12.1993 (Pécs/Ungarn). Er wurde auf Initiative der „Konferenz der Europäischen Kirchen" in Zusammenarbeit mit dem ÖRK und der Europäischen Bischofskonferenz durchgeführt, um zum Frieden in Ex-Jugoslawien und zum Respekt vor den ethnischen und religiösen Minderheiten beizutragen. Seitens der Orthodoxie nahm eine Delegation der Serbischen Orthodoxen Kirche mit Metropolit Nikolaus von Dabar-Bosnia und Metropolit Irenäus von Backa sowie Protopresbyter Georgios Tsetsis (Ökumenisches Patriarchat) teil. Die Konferenz verabschiedete das inhaltlich bedeutsame und wegweisende „Pécs-Statement".⁴⁴ Am 12.12.1995 besuchte der Generalsekretär der

---

aaO, S. 29 und S. 273. Die Beiträge sind veröffentlich in: Stanley J. Samartha (Hrsg.), Towards World Community, aaO; der Beitrag von Bischof Anastasios Yannoulatos aaO, S. 45 – 64. Der Beitrag ist wieder aufgenommen im Sammelband: Archbishop Anastasios (Yannoulatos), Facing the World. Orthodox Christian Essays on Global Concerns, WCC Publications, Geneva 2003, S. 15 – 48.
43 Der Text des Schlussdokuments ist publiziert in: The Ecumenical Review 45 (1993), S. 356 f. Vgl. Service Orthodoxe de Presse N° 179 (Juni 1993), S. 19 f. Vgl. Islamochristiana 19 (1993), S. 294 f (Berichterstattung) und aaO, S. 295 f (Text der Schlusserklärung).
44 Episkepsis 25. Jg., N° 501 (31.1.1994), S. 16. Service Orthodoxe de Presse N° 185 (Februar 1994), S. 10 f. Vgl. auch den Beitrag „Runder Tisch" in Pécs zur Versöhnung in Bosnien-Herzegowina, Kroatien und Serbien, in: Una Sancta 49 (1994), S. 82 – 84 (Bericht über die Tagung in Pécs). Der Text des „Pécs-Statement" ist publiziert in: Islamochristiana 20 (1994), S. 213 f, gefolgt von einer Reihe von Empfehlungen, die bei der abschließenden Sitzung eines „runden Tischs" angenommen wurden, vgl. aaO, S. 214 – 216.

„Konferenz der Europäischen Kirchen", Jean Fischer, die Region und führte in Bosnien und Serbien Gespräche mit den Repräsentanten der katholischen und orthodoxen Kirche sowie der muslimischen Gemeinschaft. Seitens der Orthodoxie war Gesprächspartner der serbisch-orthodoxe Bischof Ephrem von Banja Luka. Angesichts der Kämpfe und Vertreibungen wurde in der Begegnung dem Bemühen um Frieden und Versöhnung große Bedeutung zugemessen.[45] Am 12.–16.9.2001 folgte in Sarajevo eine internationale Konferenz von Christen und Muslimen zum Thema „Responsabilité et Engagement religieux dans une société pluraliste". Die Konferenz stand unter dem Eindruck der terroristischen Attentate in den USA am Vortag. Die Teilnehmer analysierten Probleme des Zusammenlebens von Christen und Muslimen in verschiedenen Teilen Europas und Möglichkeiten zur Verbesserung der interreligiösen Beziehungen.[46]

Mit Beendigung der bewaffneten Auseinandersetzungen auf dem Balkan und einer gewissen Beruhigung der Lage trat ein neues Aufgabenfeld für das interreligiöse Engagement der KEK in den Vordergrund: das Bemühen um friedliche Koexistenz von Christen und Muslimen in den europäischen Gesellschaften und zugunsten von Integration. Diesen Zielen diente das interreligiöse Spitzentreffen 17.–20.4.2008 (Esztergom), das eine für 20.–23.10.2008 vorgesehene und vom Präsidenten des Rats der Europäischen Bischofskonferenzen, Kardinal Erdö, organisierte Konferenz vorbereitete. Themen der Beratungen waren zwei Dokumententwürfe sowie ein Austausch über den „Brief der 138 muslimischen Theologen" und die „Charta der Muslime in Europa".[47] Am 3.7.2008 fand in Brüssel das 3. Seminar in der Reihe „L'islam, le christianisme et l'Europe" statt,[48] veranstaltet

---

[45] Service Orthodoxe de Presse N° 205 (Februar 1996), S. 13.
[46] Ausführliche Berichterstattung und Schlusserklärung vgl. Episkepsis 32. Jg. N° 600 (30.9. 2001), S. 8–12. Die Schlusserklärung ist nochmals publiziert in: Juliette Nasri Haddad (Hrsg.), Déclarations Communes Islamo- Chrétiennes (2002–2005), aaO, S. 43 ff (Déclaration N° 9) sowie in: Islamochristiana 28 (2002), S. 166–168. Zur Berichterstattung über die Konferenz vgl. auch Service Orthodoxe de Presse N° 261 (September/Oktober 2001), S. 14. Vgl. auch Andrew Sharp, Orthodox Christians and Islam, aaO, S. 181. Eine Dokumentation der Tagung ist veröffentlicht: Islam in Europe Committee (Council of European Bishops' Conferences, CCEE and Conference of European Churches, CEC), Christians and Muslims in Europe, Acts of the Sarajevo Conference, 12–16.09.2003 (sic!) in: Religioni e sette nel mondo (ed. GRIS), N° 21, 2001–2002.
[47] Islamochristiana 34 (2008), S. 211 f (Berichterstattung); aaO, S. 212 f ist eine Teilnehmerliste publiziert, die auch die Namen von drei muslimischen Vertretern aus Europa enthält. Vgl. Nachrichtendienst Östliche Kirchen (NÖK) Ausgabe 16/08 Teil A (24.4.2008) Nr. 25.
[48] Berichte über die Seminarreihe sind publiziert in: Islamochristiana 34 (2008), S. 210 f (1. Seminar vom 17.4.2008), S. 213 f (2. Seminar vom 29.5.2008), S. 214 f (3. Seminar vom 3.7.2008) und S. 215 f (4. Seminar vom 11.9.2008); anhand der mitgeteilten Berichte lässt sich lediglich beim 3. Seminar eine orthodoxe Beteiligung verifizieren.

im Europäischen Parlament u. a. von der KEK.⁴⁹ Ungleich größere Bedeutung hatte die christlich-muslimische Konferenz „Being a Citizen of Europe and a Person of Faith – Christians and Muslims as active Partners in European Societies" mit 45 christlichen bzw. muslimischen Teilnehmern aus 16 Ländern, die 20.–23.10. 2008 in Brüssel/Mechelen durchgeführt wurde.⁵⁰

Weiterhin wurde von der „Konferenz Europäischer Kirchen" eine Reihe von Dokumenten erarbeitet, die den christlich-islamischen Dialog betreffen, darunter „Christians and Muslims – praying together?" mit einer orthodoxen Stellungnahme.⁵¹

1.2.3 Interreligiöse Aktivitäten des „Middle East Council of Churches"

Der „Middle East Council of Churches" („MECC", gleichbedeutend mit „Conseil des Églises en Moyen-Orient, „CEMO") wurde 1974 als ein regionaler ökumenischer Rat durch die im Nahen Osten vertretenen Kirchen orthodoxer, orientalisch-orthodoxer und protestantischer Kirchen gegründet. 1990 trat die in der Region präsente katholische Kirchenfamilie, d. h. die römisch-katholische Kirche sowie die katholischen Ostkirchen, dem MECC bei. Zielsetzung ist ein ökumenischer Dialog, ein gemeinsames christliches Zeugnis, die gegenseitige Unterstützung sowie die Förderung von Verständnis und gegenseitigem Respekt zwischen Christen und Angehörigen anderer Religionen. Seitens der Orthodoxie gehören dem MECC die Patriarchate von Alexandria, Antiochia, Jerusalem sowie die Kirche von Zypern an.⁵² Die Arbeit des MECC gestaltet sich angesichts der leidvollen und konfliktreichen äußeren Umstände in der Region als schwierig. Vielleicht gerade deshalb ist – neben der ökumenischen Arbeit – ein sehr aktives Engagement der MECC für einen Dialog mit dem Islam zu verzeichnen.⁵³

---

49 Islamochristiana 34 (2008), S. 214 f (Bericht zum 3. Seminar und zur Beteiligung insbesondere des Metropoliten Emmanuel von Frankreich).
50 Die Schlusserklärung ist publiziert in: Juliette Nasri Haddad (Hrsg.), Déclarations Communes Islamo-Chrétiennes (2006–2008), aaO, S. 229–233 (Déclaration N° 58, MAL 08/10). Vgl. auch Islamochristiana 34 (2008), S. 216 (Kurzbericht), aaO, S. 216–218 (Text der Schlusserklärung), aaO, S. 218 f (Teilnehmerliste).
51 Vgl. die Dokumentation „Christians and Muslims: Praying together?" auf der Homepage der CEC/KEK unter http://cid.ceceurope.org/working-priorities/interreligious-dialogue/ (abgerufen 22.8.2014); die orthodoxe Stellungnahme findet sich in der englischen Textfassung aaO, S. 8 f, in der deutschen Textfassung aaO, S. 9.
52 Vgl. die Auflistung der Mitgliederkirchen unter http://www.oikoumene.org/en/member-churches/regions/middle-east/mecc.html (abgerufen 22.8.2014).
53 Allein der Jahresbericht des Generalsekretärs der MECC für das Jahr 2007 zeigt 14 Aktivitäten (Begegnungen, Botschaften, Symposien, Jugendseminare usw.) im Bereich des interreligiösen

1 Gemeinsame interreligiöse Aktivitäten aller oder mehrerer orthodoxer Kirchen — 109

Die vom MECC durchgeführten interreligiösen Konferenzen zeichnen sich dadurch aus, dass sie mit besonderer Sachkunde die komplexe geopolitische und interreligiöse Situation des nahöstlichen Raums aufgreifen. Thematisch steht dabei eine Auseinandersetzung mit regional brennenden Themen wie friedliche Koexistenz und religiöser Pluralismus im Zentrum. Dieser Zielsetzung dienten die Konferenzen „Religion and Citizenship in Europe and in the Arab World" 21.–27.4. 1991 (Aya Napa/Zypern)[54] und eine gemeinsam mit der „Arab Working Group for Muslim-Christian Dialogue"[55] durchgeführte Tagung über den Status von Jerusalem 14.–17.6.1996 (Beirut).[56] Auch ein interreligiöses Seminar 9.–11.3.2000 (Beirut) über multireligiöse Koexistenz in der arabischen Welt und die Rolle von Religion im öffentlichen Leben reihte sich in diese Bemühungen ein.[57] Zwei

---

Dialogs, vgl. http://www.mec-churches.org/general_secretary/reports07/AnnualNarrativeReport07.htm (abgerufen 22.8.2014; im September 2014 wurde die Homepage verändert und der Bericht unzugänglich). Vgl. auch Bericht über die Evaluation der Tätigkeit des „CEMO" im Jahr 2000 in: Proche-Orient Chrétien 50 (2000), S. 382–384.

54 Vgl. Bericht zur Tagung in: Islamochristiana 17 (1991), S. 203 f. Die Dokumentation der Konferenz ist publiziert in: Joergen S. Nielsen (Hrsg.), Religion and Citizenship in Europe and in the Arab World, Grey Seal London 1992. Der Band bietet – neben einer Einleitung des Herausgebers – sieben Beiträge, darunter den des orthodoxen Teilnehmers: Tariq Mitri, Minorities in the Middle East, in: Joergen S. Nielsen (Hrsg.), Religion and Citizenship, aaO, S. 57–69; eine Schlusserklärung ist in der Dokumentation nicht enthalten.

55 Diese Organisation ist selbst ebenfalls im interreligiösen Bereich engagiert und wird weiter unten im Zusammenhang mit einer Darstellung ihrer Aktivitäten vorgestellt.

56 Das Schlussdokument der Tagung ist in englischer Sprache veröffentlicht in: Juliette Nasri Haddad (Hrsg.), Déclarations Communes Islamo-Chrétiennes (1995–2001), aaO, S. 73 ff (Déclaration N° 13, BEY 96). Vgl. auch das Dokument „Call for Jerusalem" auf der Homepage des Co-Organisators „Arab Working Group" unter http://agmcd.org/files/preface.htm; angesichts sprachlicher Abweichungen scheint es sich dabei um eine eigenständige Übersetzung ins Englische zu handeln. Vgl. eine französische Fassung des Schlussdokuments, die sprachlich dem Text auf der Homepage der „Arab Working Group" entspricht, in: Istina 41 (1996), S. 426–428. Hinzuweisen ist zudem auf http://www.al-bushra.org/mag07/ejeru.htm, wo zusätzlich zum englischsprachigen Text eine Namensliste der Unterzeichner vermerkt ist; danach wurde der „Jerusalem Appeal" von Patriarch Parthenios von Alexandria und Patriarch Ignatios Hazim von Antiochia approbiert (beide hier mitgeteilten Websites abgerufen 29.8.2014). Vgl. zur Konferenz auch Service Orthodoxe de Presse N° 210 (Juli/August 1996), S. 7. Mohammed Abu-Nimer (u.a.), Unity in Diversity, aaO, S. 115. Der Text einer bedeutsamen Ansprache des Metropoliten Georges Khodr ist publiziert in: Proche-Orient Chrétien 46 (1996), S. 478–480.

57 Zum gemeinsam vom „MECC" und der „Arab Working Group for Christian-Muslim Dialogue" veranstalteten interreligiösen Seminar 9.–11.3.2000 (Beirut) vgl. Proche-Orient Chrétien 50 (2000), S. 180 f. Vgl. Mohammed Abu-Nimer (u. a.), Unity in Diversity, aaO, S. 115. Berichterstattung zum Seminar auf der Homepage der „Arab Working Group" unter http://agmcd.org/files/preface.htm dort Nr. 5 sowie unter http://agmcd.org/files/docs/2000coexistence.htm; der Bericht betont

weitere, wiederum gemeinsam mit der „Arab Working Group for Muslim-Christian Dialogue" durchgeführte interreligiöse Konferenzen fokussierten aktuelle Konfliktherde: Die Tagung „On communal tensions" 16. – 18.11.2000 (Limassol)[58] griff schwerpunktmäßig die Auseinandersetzung zwischen Israelis und Palästinensern auf, die Konferenz 16. – 20.6.2001 (Montreux) prägt der Versuch, Spannungen im Libanon durch verbesserten interreligiösen Dialog zu begegnen.[59]

Ein Spezifikum der Arbeit des MECC stellen Bemühungen dar, interreligiöse Einsichten einem breiteren Kreis von Adressaten, darunter besonders Jugendlichen, zu vermitteln und auf erzieherischem Weg „friedliche Koexistenz" im Bewusstsein der Menschen einzupflanzen. Dem dienten besonders die Programme des MECC zur „Formatorenausbildung" und zur interreligiösen Jugend- und Bildungsarbeit,[60] auch wenn sich im einzelnen nicht immer feststellen lässt, ob und wie viele der christlichen Teilnehmer orthodoxer Konfession sind.[61] Ein besonders aussagekräftiges Beispiel für die angesprochene Jugendarbeit stellt die Begegnung interreligiöser Pfadfindergruppen des „MECC/CEMO" bzw. der „Equipe arabe islamo-chrétien" mit dem Mufti der Republik Libanon am 3.9.1997 in Beirut dar, bei dem sich die Teilnehmer über gemeinsame Werte beider Religionen austauschten. Der Bericht zu dieser Begegnung beleuchtet die praktische interreligiöse Arbeit der beteiligten Organisationen und die Existenz interreligiöser Jugendorganisationen.[62]

In dieselbe Richtung weisen die vom MECC durchgeführten Jugendseminare, die sich nicht nur interreligiöser Arbeit verdanken, sondern – ausweislich publizierter Schlusserklärungen – auch selbst inhaltliche interreligiöse Beiträge

---

die Bedeutung „friedlicher Koexistenz" (beide Websites abgerufen 4.9.2014). Die bei Abu-Nimer bzw. auf der Homepage mitgeteilten Daten stimmen nicht überein.

58 Die Schlusserklärung ist publiziert in: Juliette Nasri Haddad (Hrsg.), Déclarations Communes Islamo-Chrétiennes (1995–2001), aaO, S. 213–215 (Déclaration N° 45, LIM 00). Vgl. zur Konferenz Andrew Sharp, Orthodox Christians and Islam, aaO, S. 113. Vgl. auch die Auflistung bedeutsamer interreligiöser Ereignisse unter http://www.oikoumene.org/en/resources/documents/wcc-programmes/interreligious-dialogue-and-cooperation/interreligious-trust-and-respect/list-of-major-meetings-1969-2001 (abgerufen 29.8.2014).

59 Der Text der Empfehlungen ist publiziert in: Juliette Nasri Haddad (u.a.) (Hrsg.), Déclarations Communes Islamo-Chrétiennes (1995–2001), aaO, S. 225–232 (Déclaration N° 48, MON 01).

60 Zu den vom MECC organisierten „Study-and-Work Camps" und ähnlichen Aktivitäten im Bereich interreligiöser Jugendarbeit vgl. Mohammed Abu-Nimer / Amal Khoury / Emily Welty, Unity in Diversity. Interfaith Dialogue in the Middle East, United State Institute of Peace Press Washington 2007, S. 105ff.

61 Vgl. z.B. den Bericht in Proche-Orient Chrétien 59 (2009), S. 157f.

62 Vgl. Proche Orient Chrétien 48 (1998), S. 206.

leisteten.⁶³ Wie bei der voran stehend skizzierten Begegnung mit dem Mufti der Republik Libanon überrascht auch bei weiteren Aktivitäten dieser Art, wie hochrangig die Persönlichkeiten aus beiden Religionen sind, die sich als Gesprächspartner zur Verfügung gestellt haben, ein deutliches Zeichen für die Bedeutung und Wertschätzung dieser interreligiösen Jugendarbeit. So wurde z. B. das 6. interreligiöse und internationale Jugendseminar „La jeunesse et le dialogue des cultures entre Orient et Occident" 28.1. – 2. 2. 2007 in Saydnaya/Syrien unter Beteiligung des orthodoxen Patriarchen von Antiochia, Ignatios IV. Hazim, des syrisch-orthodoxen Patriarchen und des Großmufti von Syrien durchgeführt; die von den Jugendlichen verfasste Schlusserklärung des Treffens wurde zu Recht einer Publikation für Wert erachtet.⁶⁴ Ein weiteres Beispiel stellt das 9. Jugendseminar „Young Peace Makers" 5. – 9. 8. 2009 (Kairo) dar. Die Teilnehmer verabschiedeten ein Schlusskommuniqué mit einigen Empfehlungen.⁶⁵

Das interreligiöse Engagement des MECC/CEMO ist durch eine weitere Besonderheit gekennzeichnet: als regionale ökumenische Institution in einem politisch wie religiös brisanten Umfeld bemühen sich die Verantwortlichen intensiv um den Aufbau von Kooperationen. Diese zeigen sich nicht nur in den bereits erwähnten, gemeinsam mit der „Arab Working Group for Muslim-Christian Dialogue" durchgeführten Konferenzen. Vielmehr dient eine Reihe weiterer interreligiöser Ereignisse dazu, gezielt solche Kooperationen zu begründen und sogar vertraglich zu fassen. So wurden am 16. 7. 2004 in Kairo Beratungen mit dem „International Islamic Forum for Dialogue (IIFD)", einer dem „International Is-

---

63 Die Effizienz dieser Jugendarbeit wird in einer Reihe von sechs interreligiösen Studientagen zwischen 9. 9. 2004 und 4. – 9. 2. 2005 greifbar; bei der abschließenden Sitzung in Kairo unter dem Thema „Les jeunes, chrétiens et musulmans, et le défi du ‚vivre ensemble'" wurde eine Reihe von Empfehlungen verabschiedet, vgl. Juliette Nasri Haddad (Hrsg.), Déclarations Communes Islamo-Chrétiennes (2002–2005), aaO, S. 237–241 (Déclaration N° 58, CAI 05/2a). Vgl. Juliette Nasri Haddad (Hrsg.), Déclarations Communes Islamo-Chrétiennes (2002–2005), aaO, S. 277ff (Déclaration N° 67, AMM 05/9) zu einer weiteren derartigen Tagung mit Jugendlichen 6. – 10. 9. 2005 in Amman. Vgl. weiterhin Juliette Nasri Haddad (Hrsg.), Déclarations Communes Islamo-Chrétiennes (2002–2005), aaO, S.147ff (Déclaration N° 38) zu einer Jugendtagung 17. – 21. 10. 2007 in Amman.
64 Berichterstattung zur Konferenz in: Courrier Oecuménique du Moyen-Orient 54/2007, S. 61f, online zugänglich auf der Homepage des „Conseil" unter http://www.mec-churches.org/magazines/courrier/54/courrier54.pdf (abgerufen 27. 8. 2014); die Schlusserklärung ist publiziert in: Juliette Nasri Haddad (Hrsg.), Déclarations Communes Islamo-Chrétiennes (2006–2008), aaO, S. 124–128 (Déclaration N° 32, SAY 07/2).
65 Die Schlusserklärung des Seminars ist online zugänglich auf der Homepage des „Middle East Council of Churches" unter http://www.mec-churches.org/Christian%20Muslim%20Dialogue%209th/final_comunique_english.pdf (abgerufen 25. 8. 2014). Der Text dieses Dokuments ist im Anhang 1 unter 1.2. mitgeteilt.

lamic Council for Daw'a and Relief" verbundenen islamischen Einrichtung[66] geführt. Seitens der Orthodoxie nahm der Patriarch von Alexandria, Petros VII., als einer der MECC-Präsidenten teil. Bei dieser Gelegenheit wurde ein Abkommen unterzeichnet, das die Verpflichtung auf beiden Religionen gemeinsame, grundsätzliche Werte sowie wichtige Aussagen zur Bedeutung eines christlich-islamischen Dialogs enthält; vereinbart wurden weiterhin jährliche Treffen.[67] Die Wirksamkeit dieses Kontakts unterstreicht eine am 2.8.2004 in Kairo veröffentlichte gemeinsame Verurteilung von Attentaten auf Kirchen im Irak.[68] Entsprechend der 2004 geschlossenen Vereinbarung fand 15.–17.3.2005 in Kairo eine Konferenz zum Thema „Les religions et les buts du dialogue" statt; die Versammlung beschloss ein 10-Punkte-Programm als Arbeitsgrundlage.[69] Die Kooperation beider Organisationen fand noch weiteren Niederschlag. Unter dem Titel „La religion, les droits et les devoirs de l'homme" erschloss das Zweite Interreligiöse Symposion des „MECC" und des „International Islamic Forum for Dialogue (IIFD)" 21./22.3.2006 (Kairo)[70] ein neues Themenfeld. Die Teilnehmer verabschiedeten einen Appell an die Vereinten Nationen[71] sowie ein gemeinsames Kommuniqué,[72] das trotz seiner kurzen, leitsatzartigen Formulierung einen wegweisenden Beitrag darstellt, die Menschenrechte aus Gottes Handeln abzuleiten und den Zusammenhang von Rechten und Pflichten aufzuzeigen.

---

66 Vgl. die Angaben auf der Homepage des „Forum" unter http://www.dialogueonline.org/top.htm. Der „International Islamic Council for Daw'a and Relief" wiederum ist eine Dachorganisation von 86 islamischen Einrichtungen mit Sitz in Kairo, vgl. die Homepage der Organisation unter http://www.iicdr.org/Pages/default.aspx (beide Websites abgerufen 23.8.2014).
67 Die gemeinsame Erklärung ist publiziert in: Juliette Nasri Haddad (Hrsg.), Déclarations Communes Islamo-Chrétiennes (2002–2005), aaO, S. 197ff (Déclaration N° 49); hier wird als Datum irrtümlich der 19. Juli genannt. Vgl. Proche-Orient Chrétien 55 (2005), S. 157 f (mit dem Text der gemeinsamen Erklärung in französischer Sprache; der Schlussabschnitt wird nicht wörtlich, sondern als Zusammenfassung geboten).
68 Der Text der gemeinsamen Erklärung in: Juliette Nasri Haddad (Hrsg.), Déclarations Communes Islamo-Chrétiennes (2002–2005), aaO, S. 201 f (Déclaration N° 50, CAI 04/8).
69 Der Text des Programms ist publiziert in: Juliette Nasri Haddad (Hrsg.), Déclarations Communes Islamo-Chrétiennes (2002–2005), aaO, S. 261–267; §6 des Arbeitsprogramms betont die Bedeutung von „friedlicher Koexistenz". Vgl. Proche-Orient Chrétien 55 (2005), S. 436 f.
70 Berichterstattung in: Proche-Orient Chrétien 57 (2007), S. 151.
71 Der Text des christlich-islamischen Appells an die Vereinten Nationen ist publiziert in: Juliette Nasri Haddad (Hrsg.), Déclarations Communes Islamo-Chrétiennes (2006–2008), aaO, S. 71 ff (Déclaration N° 17, CAI 06/3b).
72 Text des Kommuniqués in: Courrier Oecuménique du Moyen-Orient 53/2006, S. 57 f, online zugänglich auf der Homepage des „Conseil" unter http://www.mec-churches.org/magazines/courrier/53/courrier53.pdf (abgerufen 23.8.2014). Der Text des Dokuments ist im Anhang 1 unter 1.3. wiedergegeben.

Der Wunsch zum Aufbau einer weiteren Kooperation spiegelt sich in der Durchführung eines „Runden Tischs" zum Thema „Les problématiques du dialogue islamo-chrétien" am 9.11.2006 in Beirut, das vom „MECC/CEMO" und dem schiitischen „Centre Iranien des Etudes" organisiert wurde. Neben prominenten muslimischen Repräsentanten nahm als Teil der christlichen Delegation Metropolit Georges Khodr (Patriarchat von Antiochia) teil.[73]

1.2.4 Orthodoxe Beteiligung an interreligiösen Aktivitäten der katholischen Gemeinschaft Sant' Egidio

Die Gemeinschaft Sant' Egidio entstand im Jahr 1968 in Rom. Heute ist sie eine weltweit aktive Laienbewegung innerhalb der katholischen Kirche, der mehr als 60.000 Personen angehören.[74] Seit 1986 werden internationale Friedenstreffen veranstaltet,[75] deren Themenpalette sehr breit angelegt ist: Glaubensvertiefung Spiritualität, Ökumene, ethische Fragen, interreligiöser Dialog usw. Regelmäßig nehmen prominente Repräsentanten einer ganzen Reihe von autokephalen orthodoxen Kirchen an den Friedenstreffen teil und beteiligen sich mit Beiträgen in den verschiedenen thematischen Bereichen.[76] Die interreligiösen Bemühungen

---

[73] Kurzbericht in: Courrier Oecuménique du Moyen-Orient 53/2006, S. 58 f, online zugänglich auf der Homepage des „Conseil" unter http://www.mec-churches.org/magazines/courrier/53/courrier53.pdf (abgerufen 23.8.2014).
[74] Vgl. die Angaben auf der Homepage der Gemeinschaft Sant' Egidio unter http://www.santegidio.org/index.php?pageID=2&idLng=1067 (abgerufen 23.8.2014).
[75] Vgl. http://www.santegidio.org/pageID/47/langID/de/Internationale_Friedenstreffen.html (abgerufen 23.8.2014).
[76] Beispiele für Berichte zu orthodoxen Teilnehmern bei den Internationalen Friedenstreffen sind: Zu 11.–13.9.1994 (Assisi) vgl. Islamochristiana 21 (1995), S. 173 f; zu einem speziellen Treffen „Zusammen in Jerusalem: Juden, Christen und Moslems" 29./30.8.1995 (Jerusalem) vgl. Service Orthodoxe de Presse N° 201 (September/Oktober 1995), S. 20 sowie Proche-Orient Chrétien 46 (1996), S. 209 ff. Berichterstattung zum Treffen 5.–7.10.1997 (Padua/Venedig) vgl. Service Orthodoxe de Presse N° 222 (November 1997), S. 19. Bericht zum Treffen 29.8.–2.9.1998 (Bukarest) vgl. Service Orthodoxe de Presse N° 231 (September/Oktober 1998). Berichterstattung und Hinweise auf die inhaltlichen Beiträge orthodoxer Teilnehmer beim Treffen 5.–7.9.2004 (Mailand) vgl. Service Orthodoxe de Presse N° 291 (September/Oktober 2004), S. 20 f. Bericht zum Treffen 10.–13.9.2005 (Lyon) vgl. Service Orthodoxe de Presse N° 301 (September/Oktober 2005), S. 19. Berichterstattung zum Treffen 21.–23.10.2007 (Neapel) vgl. Service Orthodoxe de Presse N° 323 (Dezember 2007), S. 3–5. Berichterstattung zum Treffen 15.–18.11.2008 (Zypern) vgl. Service Orthodoxe de Presse N° 333 (Dezember 2008), S. 4, vgl. weiterhin Proche-Orient Chrétien 59 (2009), S. 125 f sowie Orthodoxie Aktuell 13. Jg. (1/2009), S. 12 f. Zum Treffen 6.–8.9.2009 (Krakau) vgl. Service Orthodoxe de Presse N° 342 (November 2009), S. 19. Vgl. Berichterstattung zum Treffen 9.–11.9.2012 (Sarajevo) in: Islamochristiana 38 (2012), S. 217–220. Die Regelmäßigkeit dieser Berichte illustriert das orthodoxe Interesse an den von der Gemeinschaft Sant' Egidio veranstalteten Friedenstreffen.

konzentrieren sich in der Durchführung von Foren, welche nicht nur interreligiös besetzt sind – darunter z.T. auch zugleich mit muslimischen und orthodoxen Referenten -, sondern sich auch inhaltlich Themen des interreligiösen Dialogs widmen. Die Arbeitsweise mag beispielhaft anhand der orthodoxen bzw. islamischen Beiträge in interreligiös orientierten Foren des Friedenstreffens 4./5.9.2006 (Assisi) dargestellt sein: Metropolit Emmanuel von Frankreich (Ökumenisches Patriarchat) moderierte das Forum „Die Familie und die Religionen", an dem sich auch ein Bischof der Kirche von Griechenland und ein islamischer Theologe der Universität Rabat/Marokko beteiligten; Metropolit Seraphim (Patriarchat Alexandria) und ein prominenter islamischer Würdenträger, Muhammad Ali Tashkiri, wirkten im Forum „Sehnsucht nach Gott, Wunsch nach Frieden" mit; Dr. Tarek Mitri (Patriarchat Antiochia, hier in seiner Funktion als libanesischer Minister) und – seitens des Islam – ein Berater des libanesischen Großmufti trugen zum Forum „Die Zukunft des Libanon" bei; Metropolit Laurentiu (Patriarchat von Rumänien) beteiligte sich am Forum „Das Gebet ist die Wurzel des Friedens", an dem seitens des Islam der Rektor der renommierten Al-Azhar Universität in Kairo mitwirkte.[77] Die Dokumentation sämtlicher Friedenstreffen und der in allen jeweiligen Foren geleisteten inhaltlichen Beiträge ist im Internet angesiedelt.[78] Dort sind die Referate unverbunden nebeneinander gestellt; das deutet an, dass im Verlauf der Foren – im Unterschied zu den meisten interreligiösen Tagungen oder Symposia – kein Versuch einer inhaltlichen Synthese unternommen wurde. Jedes Friedenstreffen endet in einer großen Schlussveranstaltung, bei der ein Friedensappell feierlich proklamiert wird; diese Friedensappelle[79] sind ausdrücklich unter Bezug auf die unterschiedliche Religionszugehörigkeit der Teilnehmer bzw. Appellierenden verfasst, tragen also interreligiösen Charakter. Vergleicht man die Friedensappelle der verschiedenen Jahre, wird erkennbar, dass sie textlich und formal sehr ähnlich sind.

Zusammenfassend kann festgehalten werden, dass die interreligiös orientierten Foren bei den internationalen Friedenstreffen der Gemeinschaft Sant' Egidio – gefördert durch die Mitwirkung hochrangiger und kompetenter Vertreter der verschiedenen Religionen – inhaltlich gewichtige Beiträge darstellen. Deren Wahrnehmbarkeit ist allerdings durch eine Fülle anderer Foren ökumenischer,

---

77 Vgl. das Tagungsprogramm unter http://www.santegidio.org/de/ecumenismo/uer/2006/assisi/programma.htm (abgerufen 27.8.2014).
78 Vgl. http://www.santegidio.org/pageID/47/langID/de/Internationale_Friedenstreffen.html (abgerufen 23.8.2014).
79 Beispiele für publizierte Friedensappelle sind: derjenige des Treffens 1.–3.9.2002 (Palermo) vgl. Islamochristiana 29 (2003), S. 222f; derjenige des Treffens 15.–18.11.2008 (Zypern) vgl. Orthodoxie Aktuell 13. Jg. (1/2009), S. 23 f.

theologischer, spiritueller, sozialer und politischer Ausrichtung bei derselben Veranstaltung relativiert bzw. erschwert. Wären in den entsprechenden Foren interreligiöse Synthesen erarbeitet worden, könnten sie in einer Reihe mit den Erträgen anderer Dialogereignisse stehen. Der in den Foren tatsächlich verfolgte methodische Ansatz dringt allerdings nicht von der Vermittlung religionsspezifischer Einsichten an eine interessierte Zuhörerschaft zu einem echten Dialogereignis im Sinn eines „miteinander" vor. Die interreligiös ausgerichteten Friedensappelle hingegen erweisen sich als völlig vom Geschehen in den Foren gelöst. Ob und inwieweit sie sich echtem interreligiösen Dialog verdanken oder aber vom Veranstalter vorgegeben wurden, ist nicht zu eruieren. Ein Indiz für letztere Variante liegt darin, dass sich ihre textliche Ähnlichkeit über die Jahre zur Formelhaftigkeit verdichtet hat.

1.3 Orthodoxe Beiträge zum interreligiösen Dialog in internationalen nichtkirchlichen und nichtstaatlichen Organisationen

Interreligiöser Dialog ist das Anliegen einer ganzen Reihe von internationalen Organisationen, die weder kirchlich gebunden sind, noch staatlichen Charakter haben. Diese Organisationen arbeiten zumeist multilateral, d.h. an ihren Bemühungen nehmen nicht nur gläubige Angehörige des Christentums und des Islam, sondern auch weiterer (Welt-) Religionen teil. Entsprechend der Zielsetzung dieser Untersuchung werden im folgenden nur solche Institutionen einbezogen, an deren Aktivitäten einerseits (innerhalb der christlichen Gruppe) Repräsentanten der Orthodoxen Kirche und andererseits Vertreter des Islam beteiligt sind. Weiterhin ist zu berücksichtigen, dass die betreffenden Institutionen zuweilen untereinander vernetzt sind und z.T. ihre Breitenwirkung durch zahlreiche und verzweigte Unterorganisationen erreichen.

1.3.1 „World Conference on Religions for Peace (WCRP)" / „Religions for Peace"[80]

„Religions for Peace" ist eine 1970 gegründete internationale Organisation von Repräsentanten der größten Religionsgemeinschaften. Sie ist weltweit tätig, um –

---

[80] Homer A. Jack, WCRP: A History of the World Conference on Religion and Peace, WCRP New York 1993. Vgl. auch Hansjörg Biener, Interreligiöser Dialog als Beitrag zu einer lokalen „Kultur der Koexistenz", in: Una Sancta 59 (2004), S. 82–91. Vgl. Norbert Klaes, Erfahrungen in der „Weltkonferenz der Religionen für den Frieden" (WCRP), in: Anton Peter (Hrsg.): Christlicher Glaube in

unter Respekt vor der religiösen Verschiedenheit – für den Frieden, die Beendigung der Armut und die Bewahrung der Schöpfung einzutreten. Dabei sollen die Möglichkeiten der Religionen genutzt werden, die zu den größten und bestorganisierten zivilen Organisationen gehören und Milliarden Menschen jenseits von Rasse, Klasse oder nationalen Unterschieden umfassen. Der Moderator der Organisation war im November 2013 der „Director of External Affairs" der Orthodoxen Kirche von Amerika, Leonid Kishkovsky; Metropolit Emmanuel von Frankreich (Ökumenisches Patriarchat) und Metropolit Hilarion von Volokolamsk (Patriarchat Moskau) wirkten als Ko-Präsidenten.[81] Aktuell (August 2014) sind unter den Ko-Präsidenten Metropolit Emmanuel von Frankreich (Ökumenisches Patriarchat) und Archimandrit Philaret Bulekov (Russische Orthodoxe Kirche, Vizevorsitzender im Außenamt) verzeichnet.[82] Zu den affiliierten Organisationen gehören z. B.: „Inter-Religious Council of Albania", „Inter-Religious Council of Bosnia and Herzegovina", „Inter-Religious Council of Kosovo", „Religions for Peace Romania", „Inter-Religious Council of Bulgaria", „Religions for Peace Russia".[83]

Alle fünf Jahre – zuletzt in weiterem zeitlichen Abstand – organisiert „Religions for Peace" einen Kongress mit Hunderten von Repräsentanten zahlreicher Religionsgemeinschaften, die „World Assembly of Religions for Peace",[84] nämlich: 16.–21.10.1970 (Kyoto);[85] 28.8.–3.9.1974 (Leuven);[86] 29.8.–7.9.1979 (Prince-

---

multireligiöser Gesellschaft, (Neue Zeitschrift für Missionswissenschaft, Supplementa Vol. 44), Neue Zeitschr. für Missionswiss. Immensee 1996, S. 91–108.
81 Zur Mitwirkung der Orthodoxen Kirche vgl. http://www.rfp.org/who-we-are/world-council (abgerufen 1.11.2013); die Aufstellung belegt zugleich u. a. die Beteiligung verschiedener orientalisch-orthodoxer Kirchen sowie des sunnitischen und schiitischen Islam.
82 Vgl. http://www.rfp.org/who-we-are/world-council/ (abgerufen 24.8.2014).
83 Vgl. http://www.rfp.org/who-we-are/national-councils-groups (abgerufen 24.8.2014).
84 Vgl. http://www.religionsforpeaceinternational.org/vision-history/world-assemblies mit Links zu den Schlusserklärungen des 1.–9. Weltkongresses (abgerufen 24.8.2014).
85 Zur Konferenz von Kyoto vgl. Homer A. Jack, WCRP: A History, aaO, S. 53ff; die „Kyoto-Declaration" aaO, S. 437ff. Die Konferenzmaterialien sind publiziert in: Maria Alberta Lücker (Hrsg.), Religionen, Frieden, Menschenrechte. Dokumentation der ersten Weltkonferenz der Religionen für den Frieden, Kyoto 1970. Reden, Ergebnisse der Arbeitskreise, Resolutionen, Jugenddienst-Verlag Wuppertal 1971.
86 Homer A. Jack, WCRP: A History, aaO, S. 71ff; die „Leuven-Declaration" aaO, S. 440ff. Die Konferenzmaterialien sind publiziert in: Maria Alberta Lücker / Günter Altner u. a. (Hrsg.), Neue Perspektiven des Friedens: 2. Weltkonferenz der Religionen für den Frieden, Löwen, Belgien 1974. Dokumente und Berichte, Jugenddienst-Verlag Wuppertal 1975.

1 Gemeinsame interreligiöse Aktivitäten aller oder mehrerer orthodoxer Kirchen —— **117**

ton);[87] 23.–31.8.1984 (Nairobi);[88] 22.–27.1.1989 (Melbourne);[89] 3.–9.11.1994 (Rom/Riva del Garda),[90] unter Beteiligung des Ökumenischen Patriarchen, der zur Eröffnung eine Ansprache hielt; 25.–29.11.1999 (Amman);[91] 26.–29.8.2006 (Kyoto),[92] mit einer Botschaft des Ökumenischen Patriarchen und unter Teilnahme

---

[87] Homer A. Jack, WCRP: A History, aaO, S. 85 ff; die „Princeton-Declaration" aaO, S. 446. Die Konferenzmaterialien sind publiziert in: Maria Alberta Lücker (Hrsg.), Den Frieden tun. Die 3. Weltversammlung der Weltkonferenz der Religionen für den Frieden, Herder Freiburg 1980.

[88] Homer A. Jack, WCRP: A History, aaO, S. 105 ff; die „Nairobi-Declaration" aaO, S. 453 ff. Vgl. auch Islamochristiana 11 (1985), S. 224 (kurze Auszüge aus der „Nairobi-Declaration"). Die Konferenzmaterialien sind publiziert in: John Bernard Taylor / Günther Gebhardt (Hrsg.), Religions for Human Dignity and World Peace. Unabridged Proceedings of the Fourth World Conference on Religion and Peace (WCRP IV) Nairobi, Kenya, 23–31 August 1984, WCRP Geneva 1986.

[89] Homer A. Jack, WCRP: A History, aaO, S. 123 ff; die „Melbourne-Declaration" aaO, S. 459 ff. Vgl. den Konferenzbericht von John Borelli, World Conference on Religion and Peace, in: Journal of Ecumenical Studies XXVI (1989), S. 427 f. Die Tagungsmaterialien sind publiziert in: World Conference on Religion and Peace International, Fifth Assembly Melbourne, Australia, January 1989. Melbourne Declaration, reports of commissions and sub-commissions, youth report and women's report, WCRP Geneva 1989.

[90] Berichterstattung und Ansprache in: Episkepsis 25. Jg., N° 511 (30.11.1994), S. 17 f. Text der Ansprache in: John Chryssavgis (Hrsg.), In the World, yet not of the World – Social and Global Initiatives of Ecumenical Patriarch Bartholomew, Fordham University Press, New York 2010, S. 146 ff. Vgl. auch Gregorios D. Ziakas, The Ecumenical Patriarchate of Constantinople and recent Dialogue with Islam, in: George C. Papademetriou, Two Traditions, One Space, Somerset Hall Press Boston 2011, S. 242. Der Text der Schlusserklärung ist auf der Homepage des Veranstalters online zugänglich unter http://religionsforpeaceinternational.org/sites/default/files/pubications/Sixth%20World%20Assembly.pdf (pdf-Datei; abgerufen 29.8.2014).

[91] Vgl. die „Amman-Declaration" der Konferenz in: Islamochristiana 26 (2000), S. 214–217. Das Schlussdokument verweist auf die Beteiligung von Vertretern aus 15 verschiedenen Religionen und aus 70 Ländern; nähere Spezifizierungen, insbesondere zu einer orthodoxen Beteiligung gehen aus dem Text nicht hervor.

[92] Der Text der Schlusserklärung „The Kyoto Declaration on Confronting Violence and Advancing Shared Security – Religions for Peace Eighth World Assembly" ist auf der Homepage des Veranstalters unter http://www.religionsforpeaceinternational.org/sites/default/files/The%20Kyoto%20Declaration%20on%20Confronting%20Violence%20and%20Advancing%20Shared%20Security%20Religions%20for%20Peace%20Eighth%20World%20Assembly_English.pdf zugänglich. Eine zweite Erklärung „A Multi-Religious Commitment to Confront Violence against Children – adopted at the Religions for Peace VIII World Assembly in Kyoto, Japan, on 28 August 2006" ist auf der Homepage des Ko-Veranstalters UNICEF zugänglich unter http://www.unicef.org/violencestudy/pdf/Final%20Declaration%20VAC-28%20Aug-Kyoto.pdf (beide Websites abgerufen 29.8.2014). Die Botschaft des Ökumenischen Patriarchen an den Kongress in Kyoto, vgl. John Chryssavgis (Hrsg.), In the World, yet not of the World, aaO, S. 137 ff. Seitens der Orthodoxie nahm eine Delegation der Russischen Orthodoxen Kirche unter Leitung von Metropolit Feofan von Berlin teil, vgl. Nachrichtendienst Östliche Kirchen Ausgabe 30/06 Teil C (7.9.2006) Nr. 15.

einer Delegation der Russischen Orthodoxen Kirche; 20. – 22.11. 2013 (Wien),[93] mit einer Ansprache des Ökumenischen Patriarchen.[94] Außer den genannten Beiträgen des Ökumenischen Patriarchen bzw. der Russischen Orthodoxen Kirche ist orthodoxerseits nur eine Teilnahme des Metropoliten Filaret von Kiev bei den Konferenzen von Kyoto, Leuven, Princeton und Melbourne zu verzeichnen.[95]

Die „World Assemblies" sind multireligiös konzipiert. Die religiöse Bandbreite, die in viele Hundert gehende Teilnehmerzahl, der mehrjährige Abstand ihrer Durchführung und die Mitwirkung einer Reihe bekannter Persönlichkeiten sichern diesen Großereignissen ein weltweites Medieninteresse. Es wird genutzt, um einer breiten Öffentlichkeit den hohen Wert von Frieden vor Augen zu führen und um auf weltweite Probleme wie Rüstung, Hunger, Ungerechtigkeit und Intoleranz aufmerksam zu machen. Dieselben Faktoren, die eine öffentliche Wahrnehmung sichern, wirken allerdings auch auf die Beratungen und – besonders deutlich – auf die Schlusserklärungen ein. Sie sind engagiert, aber schlagwortartig-allgemein gehalten und können deshalb nur sehr bedingt zu einer Ursachenklärung, oder zu konkreten Schritten hin zu einer Verbesserung beitragen. Ein Vergleich der vorliegenden Texte zeigt zudem über die Jahre große Ähnlichkeiten auf. Damit deutet sich eine Grenze solcher multireligiösen Ereignisse an: konsensfähig sind lediglich einige wenige allgemeine Feststellungen und Grundsätze. Von ungleich höherer Bedeutung erscheinen daher die eingangs erwähnten nachgeordneten Organisationseinheiten. Die „interreligiösen Räte" bzw. regionalen Gruppierungen „Religions for Peace" bringen Menschen zusammen, die im selben Kontext leben und mit denselben Fragen und Problemen konfrontiert sind; das erleichtert die Erfassung von Ursachen und Zusammenhängen sowie die Erarbeitung von Verbesserungsvorschlägen.

1.3.2 Der „European Council of Religious Leaders" / „Religions for Peace – Europe"

Der „European Council of Religious Leaders" ist eine von fünf regionalen interreligiösen Räten bzw. Konferenzen[96] innerhalb der oben erwähnten Vereinigung

---

[93] Die Schlusserklärung, Ansprachen und Kommissionspapiere sind online zugänglich unter http://www.rfp.org/vision-history/world-assembly/9th-world-assembly-resources (abgerufen 24.8.2014).
[94] Die Ansprache des Ökumenischen Patriarchen ist online zugänglich unter http://www.rfp.org/sites/default/files/pubications/Speech%20by%20Patriarch%20Bartholomew%20WA9.pdf (abgerufen 24.8.2014).
[95] Homer A. Jack, WCRP: A History, aaO, S. 485.
[96] Vgl. http://www.rfp.org/who-we-are/regional-councils-groups/ (abgerufen 24.8.2014).

1 Gemeinsame interreligiöse Aktivitäten aller oder mehrerer orthodoxer Kirchen — 119

„Religions for Peace". Der Rat wurde 2002 in Oslo gegründet[97] und führt regelmäßig Vertreter verschiedener Religionen, darunter auch des Islam, zusammen.[98] Orthodoxe Mitglieder in diesem Gremium („council members") sind aktuell, d. h. im August 2014, u. a.: Metropolit Hilarion (Mitglied des Exekutivkomitees, Russische Orthodoxe Kirche); Metropolit Emmanuel (Ökumenisches Patriarchat); Bischof Irinej Bulovic (Serbische Orthodoxe Kirche); Bischof Ioannis Sakellariou (Griechische Orthodoxe Kirche) und Metropolit Jeremias (Polnische Orthodoxe Kirche).[99] Die im Jahresrhythmus durchgeführten interreligiösen Konferenzen des „European Council of Religious Leaders", insbesondere ihre Schlusserklärungen, werden auf einer eigenen Homepage im Internet dokumentiert.

Die Gründung des „European Council of Religious Leaders" erfolgte – wie bereits erwähnt – bei einer Konferenz 11./12.11.2002 in Oslo.[100] Die Schlusserklärung beschreibt den Zusammenhang des neuen Gremiums mit der Mutterorganisation „World Conference on Religions for Peace (WCRP)" / „Religions for Peace" und skizziert erste Grundlinien eines der Situation Europas verpflichteten interreligiösen Engagements.[101] Die Konferenz 29.9. – 1.10.2003 (Sarajevo)[102] setzte sich überblicksmäßig mit der Bedeutung interreligiöser Zusammenarbeit zur Aufrechterhaltung von Frieden und Gerechtigkeit in Europa auseinander. Die

---

97 Kurzbericht in: Islamochristiana 29 (2003), S. 233 f. Orthodoxe Teilnehmer waren: Metropolit Kyrill von Smolensk, Metropolit Anastasios von Albanien, Bischöfe des Ökumenischen Patriarchats und der Kirche von Griechenland, vgl. http://orthodoxeurope.org/page/8/5.aspx (abgerufen 24.8.2014). Der Text der Ansprache des Metropoliten Kyrill ist unter dem Titel „Globalisierung und Vielfalt der Kulturen" in deutscher Übersetzung publiziert in: Barbara Hallensleben / Guido Vergauwen / Klaus Wyrwoll (Hrsg.), Freiheit und Verantwortung im Einklang. Zeugnisse für den Aufbruch zu einer neuen Weltgemeinschaft, Institut für Ökumenische Studien der Universität Freiburg Schweiz 2009, S. 100–105.
98 Vgl. http://www.rfp-europe.eu/ECRL; zur Zielsetzung heisst es unter http://www.rfp-europe.eu/doc//RfP_booklet_4.%20korr.pdf, dort S. 5: „The increasingly multi-cultural and multi-religious Europe calls for action to promote peace and fruitful coexistence for people inside and outside its borders" (beide Websites abgerufen 25.8.2014).
99 Vgl. http://www.rfp-europe.eu/council (abgerufen 25.8.2014).
100 Service Orthodoxe des Presse N° 273 (Dezember 2003), S. 15. Seitens der Orthodoxie nahmen an der Tagung Delegationen der autokephalen Kirchen von Konstantinopel, Moskau, Serbien, Griechenland und Albanien teil. Metropolit Kyrill von Smolensk (Patriarchat Moskau) wurde zu einem der Vizepräsidenten des Rates gewählt.
101 Vgl. den Text der Schlusserklärung auf der Homepage von „Religions pour la paix – France" unter http://www.religionspourlapaix.org/modules.php?op=modload&name=News&file=article&sid=50 (abgerufen 29.8.2014); Vgl. Anhang 1 unter 1.5.
102 Die kurze Schlusserklärung ist online zugänglich auf der Homepage des Veranstalters unter http://www.rfp-europe.eu/index.cfm?id=114963 (abgerufen 25.8.2014). Der Text der Schlusserklärung ist im Anhang 1 unter 1.6. im Wortlaut mitgeteilt.

Arbeit des interreligiösen Rats von Bosnien-Herzegovina wurde hervorgehoben. Weitere, eher zusammenhanglos angefügte Abschnitte behandeln religiöse Minderheiten in Europa und den Irakkrieg. Ein Jahr später, bei der Jahrestagung 7. – 10. 11. 2004 in Leuven,[103] stand dagegen die Auseinandersetzung mit einem einzigen aktuellen Krisenherd, dem Kosovo, im Mittelpunkt. Die Teilnehmer erarbeiteten Möglichkeiten für das interreligiöse Engagement zugunsten einer Konfliktbeilegung. Der Gedanke einer Konfliktprävention bestimmt Textpassagen zu aktuellen Fragen in Europa. Die Konferenz 12. – 14. 2. 2007 (Birmingham) befasste sich mit der Situation von Muslimen in Großbritannien. Eine Beteiligung orthodoxer Vertreter an dieser regional orientierten Tagung ist nicht ersichtlich.[104] Die Ergebnisse der Konferenz 3. – 5. 3. 2008 (Berlin)[105] wurden in einer „Berlin Declaration" zusammengefasst, ein Dokument, das sich wegweisend mit Zielen, Methoden und Möglichkeiten interreligiösen Dialogs befasste.

Wiederum ein anderes Thema bearbeiteten die Teilnehmer der Konferenz 25. – 27. 5. 2009 (Lille),[106] nämlich das einer „Kultur des Friedens". Wie zu zeigen sein wird, charakterisiert dieselbe griffige Umschreibung auch interreligiöse Veranstaltungen, welche die UNESCO durchgeführt hat. Darin deutet sich an, dass interreligiöse Bemühungen unterschiedlicher Organisationen zur Kenntnis genommen und Querverbindungen zu den eigenen Aktivitäten aufgebaut werden; insoweit kann von einer thematischen Vernetzung gesprochen werden. Inhaltlich entwickelten die Teilnehmer der Konferenz von Lille im Jahr 2009 differenzierte Einsichten zu dem für Frieden notwendigen Umfeld, das einer Orientierung an

---

103 Berichterstattung und Text der Schlusserklärung betreffend die Situation im Kosovo unter dem Thema „Construire la Paix par la Coopération plurireligieuse", vgl. http://www.religions pourlapaix.org/modules.php?op=modload&name=News&file=article&sid=143 (abgerufen 24. 8. 2014). Der Text der Erklärung ist im Anhang 1 unter 1.7. im Wortlaut wiedergegeben.
104 Vgl. Schlusserklärung auf der Homepage des Veranstalters unter http://www.rfp-europe.eu/index.cfm?id=116252 und ein vorbereitendes Arbeitspapier unter http://www.rfp-europe.eu/doc/Muslims%20in%20Britain.pdf (abgerufen 25. 8. 2014).
105 Der Text der „Berlin Declaration on Interreligious Dialogue" ist online zugänglich unter http://www.rfp-europe.eu/index.cfm?id=216896. Vgl. die Liste der Tagungsteilnehmer unter http://www.rfp-europe.eu/index.cfm?id=183308, der zufolge seitens der Orthodoxie Vertreter des Moskauer Patriarchats, des serbischen Patriarchats, der Kirche von Griechenland und der orthodoxen Kirche von Amerika mitwirkten; bemerkenswerterweise nahm auch eine Delegation von Vertretern des ÖRK teil. Berichterstattung und Text der Schlusserklärung vgl. auch http://orthodoxeurope.org/page/14/142.aspx (alle hier mitgeteilten Websites abgerufen 25. 8. 2014). Die Schlusserklärung ist im Anhang 1 unter 1.8. im Wortlaut wiedergegeben.
106 Der Text der Schlusserklärung ist online zugänglich unter http://www.rfp-europe.eu/index.cfm?id=241899. Zur Eröffnung und zum Abschluss der Tagung vgl. die Kurzberichte auf der Homepage von „Religions for Peace" unter http://www.rfp-europe.eu/index.cfm?id=111675&side=3 (beide Websites abgerufen 25. 8. 2014). Vgl. den Text der Schlusserklärung im Anhang 1 unter 1.9.

ethischen Werten bedarf, aber auch mit konkret identifizierten politisch-sozialen Rahmenbedingungen zusammenhängt. Dem Schwerpunktthema „Toleranz" waren die Jahrestagung 26.–28.4.2010 (Istanbul)[107] und ihre Schlusserklärung gewidmet; letztere stellt einen bedeutsamen Beitrag zur interreligiösen Erschließung dieses ethischen Werts und seiner praktischen Umsetzung dar. Noch eindrucksvoller sind die Ausführungen der Konferenz 21.–23.6.2011 (Moskau),[108] die sich dem zentralen interreligiösen Thema der Menschenwürde und -rechte zuwandte. Abgesehen von der regional ausgerichteten Konferenz von 2007 zeichnet sich diese Gruppe von Konferenzen der Jahre 2003–2011 durch wegweisende, sehr konkret abgefasste Schlusserklärungen aus, von denen auf gut vorbereitete und konstruktive Konferenzdurchführung zurückgeschlossen werden kann. Zudem hat die methodische Konzentration auf jeweils ein zentrales Thema vertiefte Auseinandersetzung und abgerundete Zusammenfassung gefördert. Die Konferenz 8.–10.5.2012 (Sarajevo)[109] hielt anlässlich des 10-jährigen Jubiläums vor allem einen Rückblick auf die bislang geleistete Arbeit; zudem befasste sie sich mit den Rechten der Frau. Bei der Tagung 7./8.5.2013 (Wien)[110] standen die mit „Religionsfreiheit" verbundenen Rechte und Pflichten im Mittelpunkt; dabei bezogen

---

107 Die Schlusserklärung „Istanbul Declaration on Tolerance – Our commitment to Justice, Equality and Sharing" ist online zugänglich unter http://www.rfp-europe.eu/doc/Council%20Meetings/ECRL%20Istanbul%20declaration%20on%20Tolerance.pdf. Der Text der „Istanbul Declaration" ist im Anhang 1 unter 1.10. im Wortlaut zitiert. Orthodoxe Teilnehmer an der Konferenz waren: Metropolit Emmanuel von Frankreich für das Ökumenische Patriarchat, Bischof Ioannis von Thermopylai (Griechisch-Orthodoxe Kirche), Hegumen Philipp (Ryabykh) für das Moskauer Patriarchat, vgl. den Bericht unter http://orthodoxeurope.org/page/14/178.aspx#5 (beide mitgeteilte Websites abgerufen 24.8.2014). Vgl. den Bericht zu einem Beitrag von Hegumen Philipp Riabykh in: Nachrichtendienst Östliche Kirchen (NÖK) Ausgabe 18/10 Teil A (6.5.2010) Nr. 1.
108 Der Text der Schlusserklärung „Advancing Human Dignity – through human rights and traditional values" ist online zugänglich auf der Homepage der Organisation „Religions for Peace" unter http://www.rfp-europe.eu/Moscow%20Declaration; der Text der Erklärung ist im Anhang 1 unter 1.11. wiedergegeben. Berichte zur Tagung und eine Ansprache des Metropoliten Hilarion von Volokolamsk sind online publiziert auf der Homepage des Außenamtes des Moskauer Patriarchats unter https://mospat.ru/en/2011/06/21/news43624/ und https://mospat.ru/en/2011/06/22/news43602/ (alle hier mitgeteilten Websites abgerufen 25.8.2014). Die Ansprache des Metropoliten Hilarion ist zudem dokumentiert in: Nachrichtendienst Östliche Kirchen (NÖK) Ausgabe 25/11 Teil B (23.6.2011) Nr. 6; kritische Positionen des Patriarchen Kyrill aaO, Nr. 9.
109 Der Text der Schlusserklärung ist online zugänglich unter http://www.rfp-europe.eu/index.cfm?id=398512; Vgl. die Kurzberichte zur Eröffnung und zum Abschluss der Tagung unter http://www.rfp-europe.eu/index.cfm?id=111675 (beide Websites abgerufen 25.8.2014).
110 Die Schlusserklärung „Freedom of Religion – rights and commitments" ist online zugänglich unter http://www.rfp-europe.eu/index.cfm?id=400155; der Text ist im Anhang 1 unter 1.12. wörtlich zitiert. Vgl. Kurzberichte zur Tagung unter http://www.rfp-europe.eu/index.cfm?id=111678 (beide Websites abgerufen 25.8.2014).

sich die Teilnehmer auf jüngste Initiativen der KSZE und auf Dokumente internationaler Organisationen über zivile und politische Rechte sowie betreffend die Menschenrechte. Wie die Schlusserklärung von 2012 weist auch die der Wiener Konferenz eher zusammenfassenden Charakter auf.

Der „European Council of Religious Leaders" hat nicht nur – gleichsam intern – interreligiöse Konferenzen seiner Mitglieder durchgeführt. Einige weitere Bemühungen wurden in Kooperation mit anderen Institutionen durchgeführt. Dazu zählt die Konferenz „Shared Values for a Changing Europe" 22.–25.5.2008 (Rovereto), die von „Religion for Peace Europe" gemeinsam mit der „Fondazione Opera Campana dei Caduti"[111] organisiert wurde.[112] Die Teilnehmer bekräftigten eine Reihe von Chancen bzw. Gefahren für friedliche Koexistenz. Darüber hinaus evaluierten sie eine Reihe interreligiöser Initiativen, darunter ein „European Women of Faith Network", die Arbeit interreligiöser Räte und ein Konzept „Shared Security", das ein Zusammenleben und -arbeiten von Menschen verschiedener Religion und Kultur absichern soll.

Beginnend mit der Tagung 27./28.7.2009 (Trondheim), einer interreligiösen Konferenz mit einem erweiterten Teilnehmerkreis christlicher, muslimischer und jüdischer Religionsführer, politischer Verantwortlicher und Akademiker, widmete sich der „European Council of Religious Leaders" einem konkreten Projekt, nämlich der Verabschiedung eines „Code on Holy Sides", der zum Schutz religiöser Stätten und mittelbar zur Achtung religiöser Überzeugungen anderer beitragen soll.[113] Die Initiative war das Ergebnis einer Zusammenarbeit verschiedener Organisationen, nämlich „One World in Dialogue", „Oslo Center for Peace and Human Rights", „Search for Common Ground" und „Religions for Peace", finanziert vom norwegischen Außenministerium. Der „Code on Holy Sides" wurde bei der bereits erwähnten Konferenz 26.–28.4.2010 (Istanbul) nochmals beraten und verabschiedet;[114] in einem Konsultationsprozess soll der „Code on Holy Si-

---

111 Diese Organisation widmet sich dem Gedenken an die Kriegstoten und einer Arbeit für den Frieden, vgl. die Angaben auf ihrer Homepage unter http://www.fondazioneoperacampana.it/index.php?mmod=content&mid=43 (abgerufen 24.8.2014).
112 Vgl. die Berichterstattung auf der Homepage von „Religions for Peace Europe" unter http://www.rfp-europe.eu/index.cfm?id=168623; vgl. auch http://www.rfp-europe.eu/index.cfm?id=202053 (Schlussresümee der Konferenz mit sechs Empfehlungen) und http://www.rfp-europe.eu/index.cfm?id=200433 (Text der Ansprache von Bischof Hilarion); die hier mitgeteilten Seiten sind abgerufen 24.8.2014.
113 Allerdings ist eine unmittelbare Beteiligung orthodoxer Persönlichkeiten an der Konferenz von Trondheim nicht ersichtlich.
114 Der Text des „Universal Code of Conduct on Holy Sites" ist auf der Homepage von „Religions for Peace Europe" unter http://www.rfp-europe.eu/index.cfm?id=410116 online zugänglich. Vgl. auch die Homepage eines der Kooperationspartner, der Organisation „Oslo Center for Peace and

des" weltweit bekanntgemacht und eine internationale Zustimmung erwirkt werden.[115] Die Erarbeitungsschritte spiegeln – wie der Text des „Code on Holy Sides" selbst – die vertiefte Auseinandersetzung mit der Tatsache, dass die einer Religion heiligen Orte, Gebäude und Symbole im Konfliktfall häufig zum Zielpunkt von Schändung und Zerstörung werden. Das Projekt gibt dem Gesichtspunkt „Respekt vor unterschiedlichen religiösen Überzeugungen" konkrete Gestalt und eröffnet zugleich eine Umsetzung von Dialog in interreligiöse Zusammenarbeit.

1.3.3 „World Religions Summit – Interfaith Leaders in the G8/G20 Countries"

Der „World Religions Summit – Interfaith Leaders in the G8/G20 Countries" versammelt jährlich bedeutende Würdenträger verschiedener Religionen nach Ort und Zeit im Umfeld der jeweiligen politischen G8- bzw. G20-Gipfel, um zu aktuellen Fragen und Problemen Stellung zu beziehen.[116] Die Schlusserklärungen wenden sich an eine breite Öffentlichkeit, sollen jedoch – ausweislich konkreter Forderungen an die Politik – vor allem die am jeweiligen G8/G20-Gipfel teilnehmenden Politiker in die Pflicht nehmen. Man könnte überspitzt von „interreligiöser Lobbyarbeit" sprechen, ein methodisch origineller Gedanke, um die internationale Politik für interreligiöse Einsichten sensibel zu machen.

Die erste interreligiöse Konferenz[117] dieser Folge fand – organisiert auf Initiative der Russischen Orthodoxen Kirche und in Zusammenarbeit mit dem Interreligiösen Rat von Russland[118] 3.–5.7.2006 in Moskau statt. 150 Teilnehmer aus 49 Ländern, darunter Vertreter einer ganzen Reihe autokephaler Kirchen, bear-

---

Human Rights", online zugänglich unter http://www.oslocenter.no/wp-content/uploads/2012/03/CodeOct13Final.pdf (beide Websites abgerufen 24.8.2014).

115 Über die stufenweise Entwicklung des Projekts „Code on Holy Sites" gibt ein ausführlicher Bericht der beteiligten Organisationen Auskunft, vgl. http://www.oslocenter.no/wp-content/uploads/2012/03/Narrative-report-to-NMFA-Holy-Sites-first-phase-2010-2011-final.pdf; vgl. die Informationen auf der Homepage des serbischen Patriarchats unter http://www.spc.rs/eng/code_holy_sites_presented_istanbul (beide Websites abgerufen 25.8.2014).

116 Vgl. http://www.g8.utoronto.ca/interfaith/index.html (Zusammenstellung aller Konferenzen mit Links zu Konferenzmaterialien, abgerufen 25.8.2014). Die Bezeichnung der Initiative schwankt, sogar in den von ihr verfassten Schlusserklärungen.

117 Diese erste Tagung der Reihe 29.6. 2005 (London) war noch nicht interreligiös besetzt und fand ohne orthodoxe Mitwirkung statt; vgl. die Homepage der Kongressreihe (G8-Information Center) unter http://www.g8.utoronto.ca/interfaith/index.html (mit link zu „2005: United Kingdom"; diese pdf-Datei bietet Berichterstattung, das Schlussdokument und eine Teilnehmerliste (pdf-Datei, abgerufen 25.8.2014).

118 Die Tagung wurde durch Präsidiumssitzungen des Interreligiösen Rats von Russland vorbereitet, vgl. Service Orthodoxe de Presse N° 302 (Novembre 2005), S. 12.

beiteten das Thema „Religiöser Extremismus".[119] Der Ökumenische Patriarch übersandte eine programmatische Botschaft.[120] Ein zentraler Vorschlag der Konferenz war die Schaffung eines internationalen Rahmens für interreligiösen Dialog bei der UNO; dieser Vorschlag wurde weiter verfolgt.[121] Die EKD richtete die Folgekonferenz 6.6.2007 (Köln) aus. Einen wichtigen Beitrag leistete Metropolit Kyrill von Smolensk (seinerzeit Leiter des Außenamts der Russischen Orthodoxen Kirche). Er thematisierte die Gefahr eines Wiedereinstiegs in den Rüstungswettlauf, die Ungerechtigkeiten des Weltwirtschaftssystems und die Klimaerwärmung als aktuelle Probleme der Zeit.[122] Die Konferenz 27.–29.7.2008 (Sapporo) verabschiedete Vorschläge und eine Schlusserklärung, in der ein Missbrauch von Religion verurteilt, Forderungen im Bereich der Sicherheits- und Umweltpolitik erhoben und Maßnahmen gegen Gewalt und Terrorismus gefordert werden.[123] Im Mittelpunkt der Diskussion bei der Konferenz 16./17.6.2009 (Rom) standen Themen wie Gesundheit, Bildung, Frieden und Sicherheit, aber auch die globale Wirtschaftskrise. Die Religionsführer mahnten die Politiker, ihre soziale Verantwortung nicht zu vergessen; sie forderten Maßnahmen im Sinn der international vereinbarten Millenniumsziele.[124] Die nachfolgenden Konferenzen 21.–23.6.2010

---

[119] Der Text der Schlusserklärung ist publiziert in: Barbara Hallensleben / Guido Vergauwen / Klaus Wyrwoll (Hrsg.), Freiheit und Verantwortung im Einklang, aaO, S. 164–168. Vgl. den Text des Schlussdokuments in: Nachrichtendienst Östliche Kirchen (NÖK) Ausgabe 29/06 „Hintergrundberichte" (20.7.2006). Vgl. auch den Text der Schlusserklärung in französischer Sprache auf der Homepage des Außenamts des Moskauer Patriarchats unter http://orthodoxeurope.org/page/14/102.aspx#5 (abgerufen 25.8.2014). Ein Bericht über die Konferenz, ein Überblick zu den Teilnehmern sowie zu den Schwerpunkten der Diskussion sind publiziert in: Service Orthodoxe des Presse N° 310 (Juli/August 2006), S. 1 f. Vgl. auch die Ankündigung der Konferenz in: Service Orthodoxe de Presse N° 308 (Mai 2006), S. 13 f. Zur Moskauer Konferenz vgl. auch Andrew Sharp, Orthodox Christians and Islam, aaO, S. 206.
[120] Die Botschaft des Ökumenischen Patriarchen ist publiziert in: John Chryssavgis (Hrsg.), In the World, yet not of the World, aaO, S. 81 ff.
[121] Vgl. Service Orthodoxe de Presse N° 328 (Mai 2008), S. 18.
[122] Bericht über die Tagung in: Service Orthodoxe de Presse N° 320 (Juli/August 2007), S. 14. Vgl. auch Orthodoxie Aktuell 11. Jg. (6/2007), S. 8 (Berichterstattung) und S. 15 ff (Text des Schlussdokuments).
[123] Vgl. die Schlusserklärung der Konferenz unter http://www.ekd.de/english/ekd_press_releases-4248.html; der Text der Schlusserklärung ist – leicht gekürzt – im Anhang 1 unter 1.13. im Wortlaut mitgeteilt. Vgl. auch http://www.rfp-europe.eu/index.cfm?id=206013 (Pressemitteilung mit Hinweis auf die Mitwirkung des orthodoxen Moderators Leonid Kishkovski). Vgl. auch die Homepage der Kongressreihe (G8-Information Center) unter http://www.g8.utoronto.ca/interfaith/index.html (pdf-Datei; alle hier mitgeteilten Websites abgerufen 25.8.2014).
[124] Ausführlicher Bericht in: Orthodoxie Aktuell 13. Jg. (8/2009), S. 19 f. Berichterstattung – mit Hinweis auf Teilnahme u.a. von orthodoxen Vertretern – und Text der Schlusserklärung vgl. die Mitteilung der Nachrichtenagentur Reuter unter http://blogs.reuters.com/faithworld/2009/06/18/

1 Gemeinsame interreligiöse Aktivitäten aller oder mehrerer orthodoxer Kirchen — 125

(Winnipeg/Kanada),[125] 23./24. 5. 2011 (Bordeaux)[126] und 17. 5. 2012 (Washington)[127] setzten diese Linie inhaltlich und formal fort. Vergleicht man die Schlusserklärungen, wird allerdings eine zunehmende Formelhaftigkeit und Allgemeinheit der Appelle greifbar. Dessen ungeachtet repräsentiert die Konferenzfolge so deutlich wie kaum eine andere den Versuch, seitens der Religionsgemeinschaften die wichtigsten Politiker für interreligiöse Einsichten zu interessieren bzw. ihnen deren politische Relevanz vor Augen zu führen. Darin sind sie den oben im Abschnitt 1.1. dargestellten Konferenzen von Moskau der Jahre 1977 bzw. 1982 vergleichbar.

1.3.4 „World Council of Religious Leaders"

Das „World Council of Religious Leaders" ist eine unabhängige Organisation, die den Vereinten Nationen und ihren Unterorganisationen die Möglichkeiten und Einsichten der verschiedenen Glaubenstraditionen zur Lösung globaler Probleme oder zur Konfliktbewältigung anbieten. Diese Zielsetzung wurde auf dem von den Vereinten Nationen veranstalteten „Millennium World Peace Summit of Religious and Spiritual Leaders" (28. – 31. 8. 2000, während der UN-Generalversammlung New York) formuliert. Zu den Teilnehmern an diesem Ereignis gehörten mit dem Ökumenischen Patriarchen und dem Patriarchen von Moskau und Ganz Russland auch ranghöchste orthodoxe Repräsentanten. Vor diesem Hintergrund wurde bei einem Kongress in Bangkok (12. – 14. 6. 2002) der „World Council of Religious

---

world-religious-leaders-hold-their-own-g8-summit/; der Text der Schlusserklärung ist zudem online zugänglich unter http://www.faithchallengeg8.com/pdfs/ItalyStatementEN.pdf (beide Websites abgerufen 25. 8. 2014). Vgl. den Text der Schlusserklärung im Anhang 1 unter 1.14.
125 Die Schlusserklärung ist online zugänglich auf der Homepage der anglikanischen Kirche von Kanada unter http://news.anglican.ca/news/stories/2246. An diesem Kongress nahmen zwei Vertreter der Russischen Orthodoxen Kirche teil: Hegumen Philipp (Ryabykh) und Vakhtang Kipshidze (beide Mitglieder des Außenamts der ROK); der Patriarch von Moskau übersandte eine Grußbotschaft; vgl. dazu http://www.mospat.ru/en/2010/06/22/news20771/ (die hier mitgeteilten Websites abgerufen 25. 8. 2014).
126 Berichterstattung über das Gipfeltreffen in Bordeaux unter Leitung des Vertreters des Ökumenischen Patriarchats, Teilnehmerliste und das Schlussdokument sind online zugänglich auf der Homepage des Ökumenischen Patriarchats unter http://www.patriarchate.org/news/releases/bordeaux (abgerufen 25. 8. 2014); der Text ist im Anhang 1 unter 1.15. mitgeteilt.
127 Die Schlusserklärung ist online zugänglich auf der Homepage der Kongressreihe unter http://www.g8.utoronto.ca/interfaith/index.html (pdf. – Datei) und unter http://www.faithchallengeg8.com/pdfs/Final%20Statement%20of%20JRLCS%202012.pdf (abgerufen 25. 8. 2014); eine – mittlerweile unzugängliche – Teilnehmerliste auf der Homepage des „Canadian Council of Churches" unter http://www.councilofchurches.ca/en/news-view.cfm?newsID=176 (abgerufen 1. 11. 2013) ließ allerdings keine aktive orthodoxe Beteiligung erkennen.

Leaders" gegründet, eine Satzung verabschiedet und wichtige Arbeitsfelder definiert. Zu den Verantwortlichen der weiterhin eingerichteten Steuerungsgruppe gehört der orthodoxe Erzbischof von Thyateira und Großbritannien, Metropolit Gregorios Theocharous.[128] Die Homepage des „Council" informiert über verschiedene interreligiöse Initiativen bzw. Vorbereitungen zu Kooperationen, lässt jedoch keine Fortsetzung der Dialogkonferenzen erkennen.[129]

1.3.5 Interreligiöse Beiträge der „Appeal of Conscience Foundation"

Die „Appeal of Conscience Foundation" wurde 1965 vom amerikanischen Rabbiner Arthur Schneier gegründet und arbeitet weltweit für Religionsfreiheit und die Menschenrechte. Die Stiftung führt Repräsentanten des Geschäftslebens und der Weltreligionen in internationalen und interreligiösen Kongressen zusammen.[130] Zum „board of trustees" gehören aktuell (im August 2014) seitens der Orthodoxie Metropolit Demetrios, Exarch des Ökumenischen Patriarchats in Amerika und Erzpriester Leonid Kishkovsky (Orthodoxe Kirche von Amerika);[131] mit Imam Yahya Hendi,[132] der u. a. an der Georgetown Universität und dem „National Naval Medical Center" in Bethesda tätig ist, zählt mindestens ein Muslim zu diesem Leitungsgremium.

Die Stiftung hat eine Reihe multilateraler interreligiöser Konferenzen durchgeführt, die sich vor allem mit religiös motivierten bzw. konnotierten Konflikten auf dem Balkan und in der Kaukasusregion auseinandergesetzt hat. Die erste Konferenz 24./25.11.1992 (Wolfsberg/CH) führte – mit Unterstützung zahlreicher und namhafter Politiker – Leitungspersönlichkeiten der hauptsächlichen Religionsgemeinschaften von Bosnien-Herzegovina zusammen, nämlich Patriarch Pavle I. von Serbien und weitere Repräsentanten der Serbischen Orthodoxen Kirche, eine katholische Delegation unter Leitung des Erzbischofs von Sarajevo, Vinko Puljic, sowie eine Delegation der muslimischen Gemeinschaft, geleitet von Jakub Selimovski. Es wurde ein gemeinsamer Appell zum Frieden in Bosnien-

---

[128] Vgl. die Informationen auf der Homepage des „World Council of Religious Leaders unter http://www.millenniumpeacesummit.org/ und den darüber zugänglichen Unter-Homepages (abgerufen 25.8.2014).
[129] Vgl. http://www.millenniumpeacesummit.org/initiatives.html (abgerufen 25.8.2014).
[130] Vgl. http://www.appealofconscience.org/about.php (abgerufen 25.8.2014).
[131] Vgl. http://www.appealofconscience.org/board.php. Zur Biographie des Metropoliten vgl. http://www.patriarchate.org/news/media/links/biography-archbishop-demetrios (beide Websites abgerufen 25.8.2014).
[132] Vgl. die biographischen Angaben auf der persönlichen Homepage unter http://www.imamyahyahendi.com/biography.html (abgerufen 25.8.2010).

1 Gemeinsame interreligiöse Aktivitäten aller oder mehrerer orthodoxer Kirchen ▬ 127

Herzegowina verabschiedet, der zu einer sofortigen Waffenruhe und zur Erneuerung des Dialogs aufforderte; die Gefangenenlager müssten sofort geschlossen werden, die Aktionen zur „ethnischen Säuberung" müssten umgehend eingestellt werden.[133] Eine Konferenz zum Thema „Paix et tolérance" 7.–9.2.1994 (Istanbul), organisiert unter maßgeblicher Beteiligung des Ökumenischen Patriarchen, wandte sich den Konfliktherden in der Kaukasusregion zu. Unter ausdrücklichem Rückgriff auf die Konferenz des Vorjahres wurden Appelle zur Konfliktbeendigung, Vorschläge zu konkreten Maßnahmen zugunsten der Konfliktopfer und eine Verurteilung religiös konnotierter Gewaltanwendung als Missbrauch von Religion erarbeitet.[134]

Eine andere Strategie verfolgte die Konferenz 30.5.1995 (Wien). Sie erbrachte weniger inhaltlich orientierte Beiträge, sondern unterstützte angesichts neuer bzw. wiederaufgeflammter Konflikte in Bosnien-Herzegovina, Tschetschenien und zwischen Armenien und Aserbeidschan diverse Initiativen seitens politischer und religiöser Autoritäten, die bezweckten, dem Leiden der Menschen ein Ende zu bereiten und eine Verhandlungslösung zu suchen. Die eindrucksvolle Liste von Dankadressen unterstreicht die weltweite Wahrnehmung und Unterstützung dieser Initiativen.[135] Eine weitere interreligiöse Konferenz, 21.5.1998 (Washington), wandte sich erneut dem Konflikt in Bosnien-Herzegowina zu. Unter Beteiligung des zwischenzeitlich gegründeten Interreligiösen Rates von Bosnien-Herzegowina wurde eine gemeinsame Erklärung der veranstaltenden Stiftung und der Mitglieder des interreligiösen Rats erarbeitet, die orthodoxerseits Erzdiakon Radomir Rakic, der Generalsekretär des Ökumenischen Rates von Bosnien-Herzegowina (als Vertreter des Metropoliten Nikolaj Mdrja von Bosnien und Herzego-

---

133 Service Orthodoxe de Presse N° 174 (Januar 1993), S. 5 f. Vgl. den Text der „Berne Declaration" auf der Homepage der „Appeal of Conscience Foundation", online zugänglich unter http://www.appealofconscience.org/d-578/declarations/Berne%20Declaration (abgerufen 11.10.2014); der Text ist – leicht gekürzt – im Anhang 1 unter 1.16. zitiert.
134 Der Text des Schlussdokuments ist publiziert in: John Chryssavgis (Hrsg.), In the World, yet not of the World, aaO, S. 299 ff. Berichterstattung und Ansprache des Ökumenischen Patriarchen in: Episkepsis 25. Jg., N° 503 (31.3.1994), S. 5–9. Vgl. auch Berichterstattung in: Service Orthodoxe de Presse N° 186 (März 1994), S. 1 f. Zur Schlussansprache des Ökumenischen Patriarchen vgl. auch John Chryssavgis (Hrsg.), Cosmic Grace – Humble Prayer. The Ecological Vision of the Green Patriarch Bartholomew, William B. Erdmans Publishing Company Grand Rapids, Michigan/ Cambridge U.K. 2. veränderte Aufl. 2009, S. 112 f; nochmalige Edition des Texts der „Bosphorus Declaration", aaO, S. 114 ff.
135 Die „Vienna-Declaration" der Konferenz ist online zugänglich auf der Homepage des Veranstalters unter http://www.appealofconscience.org/d-576/declarations/%20%20Mar%2030,%201995%20%20%20The%20Vienna%20Declaration (abgerufen 11.10.2014).

wina) unterzeichnete.[136] Die Tagung zeigt auf, dass eine begonnene Initiative zur Verbesserung der Situation in Bosnien-Herzegovina konsequent weiterverfolgt wurde. Die Beteiligung des interreligiösen Rats erweist zum einen die Bedeutung solcher regionaler Einrichtungen zur Konfliktbewältigung, zum anderen deutet sie methodisch eine Verlagerung des Schwerpunkts der Bemühungen im Sinn einer Subsidiarität an. Die Konfliktsituation im Kosovo veranlasste die Konferenz „Peace and Tolerance", die 16.–18.3.1999 in Wien durchgeführt wurde, wieder verstärkt inhaltliche Aussagen zur Verbesserung der Situation zu formulieren. Neben unmittelbar notwendigen Maßnahmen zur Wiederherstellung des Friedens und Beendigung des Leids der Opfer wurde eine Reihe von Maßstäben formuliert, die nicht nur den Umgang der ethnischen bzw. religiösen Gruppen miteinander, sondern den Beginn einer Umgestaltung der gesellschaftlichen Situation bezweckte.[137] Vergleichbar der früheren Tagung von 1995 in Wien fokussierte die Konferenz 7.–9.11.2005 (Istanbul) wiederum die Situation in verschiedenen Regionen, insbesondere in Südosteuropa, der Kaukasusregion und Zentralasien und bekräftigte frühere Aussagen zu den Voraussetzungen einer Konfliktüberwindung.[138]

Die Bedeutung der Konferenzreihe liegt vor allem in ihrer inhaltlichen Konzentration auf aktuelle Konfliktherde und auf der Erarbeitung entsprechender interreligiöser Einsichten zur Verbesserung der Situation und zur Konfliktbeendigung. Die Methodik besteht einerseits darin, Verantwortungsträger aus Konfliktregionen zusammenzuführen und zu gemeinsamen Maßnahmen zu motivieren, andererseits werden regionale Initiativen einer internationalen Wahrnehmung zugeführt und zur Unterstützung empfohlen. Dabei verklammert die veranstaltende Stiftung weltweit politische und interreligiöse Bemühungen.

---

136 Die Schlusserklärung der Konferenz ist publiziert in: Islamochristiana 24 (1998), S. 144f.
137 Der Text der Schlusserklärung ist online zugänglich auf der Homepage des Veranstalters unter http://www.appealofconscience.org/d-574/declarations/Kosovo%20Peace%20and%20Tolerance%20Vienna%20Declaration (abgerufen 25.8.2014). Der Text ist – leicht gekürzt – im Anhang 1 unter Nr. 1.17. wiedergegeben.
138 Text des Dokuments in: John Chryssavgis (Hrsg.), In the World, yet not of the World, aaO, S. 302ff. Berichterstattung zum Kongress, Hinweise zu den Teilnehmern und Text der Schlusserklärung in: Episkepsis 36. Jg., N° 654 (30.11.2005), S. 6–14. Vgl. auch The Greek Orthodox Theological Review 50 (2005), S. 445–448 (Eröffnungsansprache), S. 449–451 (Ansprache), S. 451–455 (Schlussdokument) und S. 456–458 (Abschlussrede). Vgl. auch Service Orthodoxe de Presse N° 303 (Dezember 2005), S. 9f.

1 Gemeinsame interreligiöse Aktivitäten aller oder mehrerer orthodoxer Kirchen —— 129

1.3.6 Interreligiösen Bemühungen der „International Scientific Conference Minorities for Europe of Tomorrow" („ISCOMET")

„ISCOMET" ist eine nichtstaatliche Organisation mit Sitz in Maribor, der mehr als 300 Einzelpersonen und Gruppen aus ganz Europa angehören. Die Satzung wurde vom Europarat gutgeheißen und von einer Fachkonferenz in Ljubljana (8./9.6. 1989) beschlossen. ISCOMET erhielt 1992 Beraterstatus beim Europarat.[139] Zu den Partnern zählen das „European centre for ethnic, regional and sociological studies of University of Maribor",[140] die „MFD Foundation"[141] und das „ISCOMET Network".[142] Die Organisation bemüht sich um interethnische Konfliktlösungen, Menschenrechte und Minderheitenschutz, grenzüberschreitende Zusammenarbeit u. ä.[143] Der Hauptschwerpunkt liegt in der akademischen Behandlung dieser Aspekte im weiteren Rahmen von europa- und regionalpolitischen Zielsetzungen; obwohl nicht grundsätzlich interreligiös orientiert, hat ISCOMET im Rahmen seines Projekts versucht, durch eine Reihe interreligiöser „runder Tische" bzw. Tagungen zum Frieden bzw. zur Aussöhnung in mehreren postkommunistischen Staaten, vor allem in Ex-Jugoslawien, beizutragen.[144] Darin spiegelt sich die Wahrnehmung, dass den Religionsgemeinschaften als gesellschaftlich relevanten Kräften bei den angestrebten postkommunistischen Gestaltungsprozessen hohe Bedeutung zukommt, nicht zuletzt deshalb, weil sie als vom früheren System bedrängte Institutionen Vertrauen geniessen und zugleich mit ihrer relativ in-

---

139 Vgl. die Homepage der Organisation ISCOMET unter http://www.iscomet.org/index.php?id=78,0,0,1,0,0. Zu den inneren Strukturen und den beteiligten Persönlichkeiten vgl. die Angaben auf der Homepage von ISCOMET unter http://www.iscomet.org/index.php?id=79,0,0,1,0,0 (beide Websites abgerufen 25.8.2014).
140 Vgl. die Angaben zu dieser 1989 gegründeten Einrichtung und ihrer Zielsetzung auf der Homepage von ISCOMET unter http://www.iscomet.org/index.php?id=84,0,0,1,0,0 (abgerufen 25.8.2014).
141 Vgl. die Angaben zur Errichtung und Aufgabenstellung der Stiftung die Angaben auf der Homepage von ISCOMET unter http://www.iscomet.org/index.php?id=85,0,0,1,0,0 (abgerufen 25.8.2014).
142 Vgl. die Angaben zur Gründung im Jahr 1997, der Gestaltung und der Zielsetzung die Angaben auf der Homepage von ISCOMET unter http://www.iscomet.org/index.php?id=87,0,0,1,0,0 (abgerufen 25.8.2014).
143 Vgl. die Angaben zur Zielsetzung auf der Homepage von ISCOMET unter http://www.iscomet.org/index.php?id=81,0,0,1,0,0 (abgerufen 25.8.2014).
144 Vgl. die Angaben zum Projekt „Maribor Initiative" auf der Homepage von ISCOMET unter http://www.iscomet.org/index.php?maribor_iniative (abgerufen 25.8.2014). Eine überblicksartige Zusammenstellung aller von ISCOMET durchgeführten Konferenzen zeigt auf, dass die interreligiösen Aktivitäten nur einen Teil des gesamten Arbeitsbereichs darstellen und in einen größeren Zusammenhang eingebettet ist, vgl. http://www.iscomet.org/index.php?id=83,93,0,0,1,0 zusammen mit den nachgeordneten Links zu weiteren Konferenzgruppen (abgerufen 28.8.2014).

takten organisatorischen Struktur in einer Zeit des Übergangs Kontinuität repräsentieren.

Im einzelnen sind hervorzuheben: die Konferenz[145] 1./2.12.1994 (Maribor-Pohorje/Slowenien), bei der die Teilnehmer das „Statement on Peace and Reconciliation on the Territory of Former Yugoslavia" erarbeiteten;[146] die Konferenz[147] 19.–21.9.1997 (Rogaška Slatina/Slowenien);[148] weiterhin die Tagungen 23.–25.2.2001 (Bled/Slowenien);[149] 14./15.12.2001 (Belgrad);[150] 31.5.–1.6.2002

---

[145] Zur Konferenz wird unter http://www.iscomet.org/index.php?id=83,102,0,0,1,0 mitgeteilt: „First International Conference „The Notions of Ethnicity in the Teachings of the Major Confessions in the Central-Eastern European Area and Their Impacts on Inter-Ethnic Relations", was held in Maribor, from the 1st to the 2nd December, 1994. Members of Islam, Catholic Church, Evangelical Church and the Orthodox Church from Bosnia and Herzegovina, Croatia, Federal Republic of Yugoslavia, Slovenia and other European states were discussing the problems of inter-confessional relations in the space of former Yugoslavia and adopted a common statement at the end, condemning all war crimes committed in the war on the area of former Yugoslavia. The conference was held in the time when the war was still raging" (Website abgerufen 25.8.2014).

[146] Der Text des Appells ist publiziert in: Silvo Devetak / Liana Kalčina / Miroslav F. Polzer (Hrsg.), Legal Position of Churches and Religious Communities in South Eastern Europe. Collection of Articles, Selected National and International Legal Texts and Other Sources, ISCOMET, Ljubljana/Maribor/Vienna 2004, S. 407 f.

[147] Zur Konferenz wird unter http://www.iscomet.org/index.php?id=83,102,0,0,1,0 mitgeteilt: „The Second International Conference / Round Table: „The Contribution of Religious Communities to Peace and Removal of Consequences of the War on the Territory of the former Yugoslavia", Rogaška Slatina, Slovenia, 19–21 September 1997. The conference was a thematic follow-up of the conference held in December 1994. It was organised by ISCOMET in co-operation with the Foundation for International Understanding from Copenhagen and ECERS – European Centre for Ethnic, Regional Sociological studies of the University of Maribor. More then 120 participants took part in the deliberations of the conference (experts, ecclesiastical dignitaries, scientists, academicians, members of human rights, peace and similar groups etc.). They came from all parts of the former common state: Bosnia and Herzegovina, Croatia, FR Yugoslavia, Macedonia and Slovenia, and belong to all major religious communities in this geographical area (Serbian and Macedonian Orthodox, Islam, Catholic, Protestant, Hebraic etc.)"; (Website abgerufen 25.8.2014).

[148] Die Konferenz erarbeitete den „Appeal for reconciliation and cooperation, adopted on 21 September 1997 in Rogaška Slatina (Slovenia) by participants of the Second International Conference/Round Table „The Contribution of Religious Communities to Peace and the Removal of the Consequences of the War on the Territory of the Former Yugoslavia", publiziert in: Silvo Devetak / Liana Kalčina / Miroslav F. Polzer (Hrsg.), Legal Position of Churches and Religious Communities in South Eastern Europe, aaO, S. 408 f.

[149] Vgl. die kurzen Angaben zur Konferenz auf der Homepage des Veranstalters unter http://www.iscomet.org/index.php?id=83,103,0,0,1,0 (abgerufen 25.8.2014). Die Konferenz verabschiedete die „Bled Declaration on Democracy, Human Rights and Protection of Persons belonging to Ethnic and Religious Minorities in south-east Europe; der Text ist publiziert in: Silvo Devetak /

1 Gemeinsame interreligiöse Aktivitäten aller oder mehrerer orthodoxer Kirchen —— 131

(Timişoara/Rumänien);[151] 23./24.5.2003 (Maribor)[152] und schließlich die Konferenz „Promoting Inter-Religious Dialogue as a Means for Reconciliation, Conflict Resolution and Improving Democratic Stability in South-Eastern Europe: the Case of Moldova" 2.–5.6.2004 (Chisinau/Moldawien).[153]

Liana Kalčina / Miroslav F. Polzer (Hrsg.), Legal Position of Churches and Religious Communities in South Eastern Europe, aaO, S. 409.
150 Vgl. den Text der Schlusserklärung „Belgrader Erklärung zur Rolle der Glaubensgemeinschaften und der Religionsfreiheit in der demokratischen Gesellschaft, in: Una Sancta 57 (2002), S. 173–176. Der Text der Schlusserklärung ist zudem publiziert in: Silvo Devetak / Liana Kalčina / Miroslav F. Polzer (Hrsg.), Legal Position of Churches and Religious Communities in South Eastern Europe, aaO, S. 410–413. Vgl. auch Islamochristiana 28 (2002), S. 269–271 (Text der „Belgrade-Declaration"). Die Konferenzdokumentation ist publiziert in: Goran Bašić / Silvo Devetak, Democracy and Religion. Collection of papers presented at the Round Table „Contribution of Religious Communities in FR Yugoslavia to Reconciliation, Respect of Diversity, Democracy, Human Rights, Protection of Minorities, Cooperation and Stability in South Eastern Europe, ISCOMET, Belgrade 2003; die „Belgrade Declaration" aaO, S. 255–257.
151 Die Konferenz erarbeitete „The Timişoara Declaration on The Role of Religious Communities and of Religious Freedoms in a Democratic Society, adopted at the Round Table „Democracy and Religion – The Romanian Experience- Contribution of Religious Communities to Reconciliation, Respect of Diversity, Democracy, Human Rights, Protection of Minorities, Co-operation and Stability in South Eastern Europe", publiziert in: Silvo Devetak / Liana Kalčina / Miroslav F. Polzer (Hrsg.), Legal Position of Churches and Religious Communities in South Eastern Europe, aaO, S. 413–416.
152 Vgl. die Publikation der Eröffnungsansprache des Kommissars für Menschenrechte beim Europarat, Alvaro Gil-Robles, und von 15 Kongressbeiträgen in: Silvo Devetak / Liana Kalčina / Miroslav F. Polzer (Hrsg.), Legal Position of Churches and Religious Communities in South Eastern Europe, aaO, S. 11–196. Eine Schlusserklärung ist darin nicht enthalten. Die „Editorial Note" aaO, S. 11–13 bietet Informationen zur Tagung, darunter zu beteiligten bzw. unterstützenden Organisationen, jedoch keine Informationen zu Teilnehmern; damit ist eine orthodoxe bzw. islamische Beteiligung an der Konferenz nicht belegt.
153 Die Tagungsmaterialien sind publiziert in: Silvo Devetak / Olesea Sirbu / Silviu Rogobete (Hrsg.), Religion and Democracy in Moldova, ISCOMET Maribor/Chisinau 2005; vgl. die Schlusserklärung „Chisinau-Declaration" aaO, S. 491–495. Das Datum und die Bezeichnung der Konferenz ergibt sich aus einer Anmerkung zum Eröffnungsreferat des Generaldirektors für politische Angelegenheiten beim Europarat, Klaus Schumann, vgl. aaO, S. 21, aus der Datierung der „Chisinau-Declaration" auf den 5. Juni 2004, vgl. aaO, S. 495 sowie aus der Übersichtsseite zu den Aktivitäten von ISCOMET unter http://www.iscomet.org/index.php?id=77,0,0,1,0,0 (abgerufen 25.8.2014); dass die „Editorial Note", aaO, S. 9 davon abweichend als Datum 18.–20. Juni 2004 angibt, dürfte ein Redaktionsversehen sein. Die „Chisinau-Declaration", aaO, S. 491–495 (492) hält – ohne nähere Spezifizierung – die Teilnahme von Repräsentanten der Kirchen und religiösen Gemeinschaften Moldawiens fest; im selben Text wird aaO, S. 494 unter Nr. 3.3. bedauernd vermerkt, dass die beiden orthodoxen Metropolitankirchen von Moldawien bzw. von Bessarabien auf eine Einladung zur Teilnahme nicht reagiert hatten. Damit ist weder eine orthodoxe, noch eine islamische Beteiligung an der Konferenz belegt.

Die von ISCOMET veranstaltete Konferenzreihe ist dadurch gekennzeichnet, dass sie interreligiöse Beiträge in einem größeren Zusammenhang, nämlich der Transformation von Gesellschaften Ex-Jugoslawiens, Rumäniens und Moldawiens geleistet hat. Diese Ausrichtung korreliert mit europapolitischen Zielsetzungen für diese Region, die sich nicht nur im Beraterstatus der Organisation beim Europarat, sondern auch in Beiträgen von Europapolitikern wie z. B. dem Auftritt des EU-Kommissars für Menschenrechte bei der Konferenz 2003 in Maribor manifestieren. Spezifisch ist zudem ein akademischer Ansatz: Die von ISCOMET durchgeführten interreligiösen Tagungen fanden im Rahmen eines zeitlich begrenzten Projekts statt; getragen durch Fachwissenschaftler unterschiedlicher Disziplinen bzw. unter deren Mitwirkung konnte ein breites Spektrum an Aspekten wie Demokratieentwicklung, Menschenrechte, ethnische und religiöse Minderheiten, Koexistenz, Toleranz und Religionsfreiheit, Überwindung von mittelbarer Kriegsfolgen u. ä. beleuchtet werden. Immer wieder kommt die Rolle der Religionsgemeinschaften und ihr möglicher Beitrag zu einer positiven Entwicklung im Gesamthorizont zur Geltung – als wichtige, aber keineswegs isolierte gesellschaftliche Kraft. Umgekehrt stand aber auch die Entfaltungsmöglichkeit der Religionsgemeinschaften unter sich verändernden rechtlichen, politischen und sozialen Rahmenbedingungen im Blick, insbesondere die Frage nach den von der Politik zu gestaltenden Grundbedingungen, damit Religionsgemeinschaften ihre Verantwortung in sich weiter entwickelnden Gesellschaften auch tatsächlich wahrnehmen können. Gerade ein so weit gesteckter Horizont hat – verglichen mit anderen Initiativen – die Erarbeitung vertiefter interreligiöser Einsichten möglich gemacht.

1.3.7 Interreligiöse Beiträge des „Elija Interfaith Institute"

Das „Elijah Interfaith Institute" ist eine internationale und interreligiöse Organisation, die 1997 von Rabbi Alon Goshen-Gottstein gegründet worden ist, um den Frieden zwischen Religionsgemeinschaften durch Dialog, Erziehung und Forschung zu fördern.[154] Zu den vielfältigen Bemühungen dieses Instituts gehört u. a. die Initiative „The Elija Board of World Religious Leaders". Metropolit Nikitas Lulias (Ökumenisches Patriarchat) wirkt aktuell, d. h. im August 2014, als Mitglied des „Steering Committee" der Organisation.[155] Zu den Teilnehmern zählen seitens der Orthodoxie: der Ökumenische Patriarch Bartholomaios, Metropolit Hilarion Alfejev (Russische Orthodoxe Kirche), und Bischof Vincentiu Grifoni von Slobozia

---

154 Vgl. die Angaben auf der Homepage des Instituts unter http://www.elijah-interfaith.org/index.php?id=1067&L=0 %20onfocus%3DblurLink%28this%29 %3B (abgerufen 25. 8. 2014).
155 Vgl. http://www.elijah-interfaith.org/index.php?id=872 (abgerufen 25. 8. 2014).

and Calarasi (Rumänische Orthodoxe Kirche).[156] Die Organisation hat einige internationale und interreligiöse Kongresse durchgeführt, bei denen sowohl orthodoxe wie muslimische Beiträge zu verzeichnen sind. Bereits die erste interreligiöse Tagung „Religion, Democratic Society and the Other: Hostility, Hospitality and the Hope of Human Flourishing" 14.–17.12.2003 (Sevilla) setzte einen deutlichen Akzent. Die Teilnehmer, darunter mit Metropolit Epiphanius Perialas, Bischof Hilarion von Wien und Österreich und Metropolit Emmanuel von Frankreich auch ranghohe orthodoxe Repräsentanten, reflektierten insbesondere über die Werte des menschlichen Lebens und der Menschenwürde in den jeweiligen Traditionen.[157] Die Konferenz „The Crisis of the Holy" 28.11.–2.12.2005 (Taiwan) beschäftigte sich mit den Herausforderungen der Religionen durch die Säkularisation.[158] Bei der Tagung „The Future of Religious Leadership" 18.–22.10.2009 (Haifa) standen die Religionsführer selbst im Fokus; diskutiert wurde, welche Rolle Leitungspersönlichkeiten in den verschiedenen Religionen spielen, vor welcher Herausforderung sie in heutigen Gegebenheiten stehen und wie zu Leitungsaufgaben ausgebildet werden könne.[159] Den bedeutendsten inhaltlichen Beitrag dieser Tagungsreihe leistete allerdings die Konferenz 18.–22.3.2012 (Oxford).[160] Tagungsthema war „Friendship across Religions"; die Teilnehmer erarbeiteten ein Manifest zu diesem Thema, das unter dem Leitgedanken „Freund-

---

156 Vgl. http://www.elijah-interfaith.org/index.php?id=730 (abgerufen 25.8.2014).
157 Der Text der Schlusserklärung ist publiziert in: Islamochristiana 30 (2004), S. 220f. Vgl. ausführliche Berichterstattung, Ziele, Teilnehmerliste und Schlussdokument unter http://orthodoxeurope.org/page/14/31.aspx#5 und http://orthodoxeurope.org/print/14/31.aspx (abgerufen 25.8.2014).
158 Kurzbericht auf der Homepage des Außenamts des Moskauer Patriarchats unter http://orthodoxeurope.org/page/14/81.aspx#5. Vgl. auch die Informationen auf der Homepage des veranstaltenden Instituts unter http://www.elijah-interfaith.org/index.php?id=804 (Teilnehmerliste) und http://www.elijah-interfaith.org/fileadmin/files/Newsletters/November_Edition.pdf (Kurzbericht im Newsletter „Wisdom" des Instituts); vgl. einen weiteren Kurzbericht auf der Homepage des Außenamts des Moskauer Patriarchats unter http://orthodoxeurope.org/page/14/80.aspx (alle hier mitgeteilten Websites abgerufen 26.8.2014). Eine die Konferenz vorbereitende Dokumentation ist veröffentlicht in: Maria Dorthea Reis-Habito (Hrsg.), Arbeiten, vorgestellt vom Think-Tank des „Elijah Interfaith Institute" als Vorbereitung für das zweite Treffen des „Elijah Board of World Religious Leaders", Wu-Sheng-Kloster, Ling Jiou Shan, Fulong, Taiwan, 28. November – 2. Dezember 2005, EOS-Verlag St. Ottilien 2008.
159 Vgl. Kurzbericht auf der Homepage des Instituts unter http://www.elijah-interfaith.org/index.php?id=923 (abgerufen 26.8.2014); vgl. dort auch den Link „Haifa-Programm" mit den Einzelthemen und einer Übersicht zu den Teilnehmern.
160 Vgl. http://www.elijah-interfaith.org/friendship.html#c1421 (abgerufen 26.8.2014).

schaft" ein abgerundetes Konzept zu Charakteristika, Aufgaben, Zielen und Motivationen von interreligiösem Dialog darstellt.[161]

1.4 Orthodoxe Mitwirkung an von überstaatlichen/staatlichen Organisationen initiierten interreligiösen Dialogereignissen

Überstaatliche wie staatliche Organisationen haben die Bedeutung von interreligiösem Dialog als einen möglichen Beitrag zur Überwindung bestehender Konflikte erkannt und treten deshalb – ergänzend zu ihrer politischen Arbeit – auch als Veranstalter von interreligiösen Konferenzen und Tagungen auf. Teilweise findet dieses Engagement auch mittelbar, d.h. durch finanzielle oder logistische Unterstützung anderer Organisationen statt.

1.4.1 Interreligiöse Aktivitäten der UNESCO mit orthodoxer Beteiligung

Zu den vielfältigen Bemühungen der UNESCO gehört auch die Organisation von interreligiösen Kongressen[162] im Rahmen eines breiter angelegten Programms zur Förderung von Frieden und Verständigung durch „interkulturellen Dialog". Das erste, u. a. unter Beteiligung von orthodoxen Kirchen und Muslimen durchgeführte Seminar dieses Programms fand 12. – 18.12.1994 in Barcelona statt. Es behandelte die den Religionen möglichen Beiträge zu einer „Kultur des Friedens".[163] In einer durchaus selbstkritischen Auseinandersetzung mit dem Thema konnten die Teilnehmer eine Reihe von Zusammenhängen zwischen „Kultur" und „Religion" identifizieren und betonten die Bedeutung ethischer Werte für die Herstellung friedlicher Verhältnisse in Gesellschaften; der Identifikation einer Religion mit bestimmten politischen, wirtschaftlichen oder sozialen Mächten wurde eine Absage erteilt, Gewaltanwendung im Namen von Religion grundsätzlich verurteilt.[164]

---

[161] Vgl. die Schlusserklärung „Interreligiöse Manifest" auf der Institutshomepage unter http://www.elijah-interfaith.org/fileadmin/pictures/Friendship%20Across%20Religions%20-%20Manifesto.pdf (abgerufen 26.8.2014). Der Text ist im Anhang 1 unter 1.18. im Wortlaut zitiert.

[162] Bei weiteren interreligiösen Aktivitäten ist die UNESCO nicht als Organisator aufgetreten, sondern hat logistische, materielle oder personelle Hilfe geleistet. Diese werden nicht hier unter 1.4.1., sondern bei der veranstalteten Kirche bzw. Organisation berücksichtigt.

[163] Hier bestätigt sich die oben unter 1.3.2. angesprochene Parallelität der Bemühungen des „European Council of Religious Leaders" bzw. der UNESCO um eine „Kultur des Friedens".

[164] Der Text der Erklärung ist publiziert in: Islamochristiana 21 (1995), S. 204–206. Der Text der Schlusserklärung – und zusätzlich eine Liste der Unterzeichner – ist online zugänglich unter http://www.unesco.org/cpp/uk/declarations/religion.pdf. Die Tagungsmaterialien sind herausgegeben von: UNESCO, Contribution by Religions to the Culture of Peace. Papers presented at the

1 Gemeinsame interreligiöse Aktivitäten aller oder mehrerer orthodoxer Kirchen — 135

Der Leitgedanke einer „Kultur des Friedens" bestimmte auch das interreligiöse Seminar 16. 2. 1998 (Rabat), das Vertreter des Christentums, des Judentums und des Islam zusammenführte. Dabei wurde die Rolle eines interreligiösen Dialogs zwischen den drei monotheistischen Religionen als wichtiger Beitrag zur Schaffung einer solchen „Kultur des Friedens" untersucht und näher bestimmt.[165] Einen größeren Rahmen hatte der internationale Kongress 14. – 16. 9. 2000 (Taschkent), zu dessen Teilnehmern neben Politikern und Wissenschaftlern auch Vertreter verschiedener Religionsgemeinschaften zählten, darunter des Christentums und des Islam. Seitens der Orthodoxie nahm Metropolit Vladimir von Taschkent und Zentralasien teil.[166] Im Fokus standen die Bedingungen und Zusammenhänge von Kultur und Religion im speziellen Kontext Zentralasiens. Nach diesen eher methodischen Klärungen zur Rolle der Religionen und von interreligiösem Dialog im weiteren Zusammenhang eines interkulturellen Dialogs lag es nahe, nun auch die Mittel näher zu bestimmen, die einem solchen Dialog dienen. Dem widmete sich ein interreligiöses Seminar 13./14. 3. 2007 (Paris), an dem Vertreter des Christen-

---

UNESCO Seminar in Barcelona December 12–18, 1994, Centre UNESCO de Catalunya Barcelona 1995; online sind sie zugänglich (pdf.Datei) über die UNESCO-Publikationsliste http://www.unesco.org/cpp/uk/projects/pubs.htm. (beide hier mitgeteilten Websites abgerufen 26. 8. 2014).
165 Gregorios D. Ziakas, The Ecumenical Patriarchate of Constantinople, in: George C. Papademetriou, Two Traditions, One Space, aaO, S. 239. Berichterstattung in Episkepsis 29. Jg., N° 556 (30. 4. 1998), S. 14–16. Vgl. auch Service Orthodoxe de Presse N° 228 (Mai 1998), S. 16 (Kurzbericht). Der Text der Schlusserklärung ist mit einer Liste der Unterzeichner publiziert in: Islamochristiana 24 (1998), S. 169 f. Die Konferenzmaterialien sind veröffentlicht in: Dialogue between the Three Monotheistic Religions Towards a Culture of Peace. Report on the Seminar on the Dialogue between the Three Monotheistic Religions Towards a Culture of Peace organized under the high patronage of His Majesty, King Hassan II, by the Ministry of Higher Education, Scientific Research and Culture of Morocco and UNESCO, held in Rabat in February 1998. UNESCO Rabat Office, 1999.
166 Eine Zusammenfassung der Beiträge und Verhandlungen, der umfängliche „Rapport Final" mit Empfehlungen und einer Deklaration sowie eine Teilnehmerliste im „Annexe I" sind auf der Homepage der UNESCO dokumentiert, vgl. http://unesdoc.unesco.org/images/0012/001214/121489f.pdf (Nr. 2: „Congrès international de dialogue interreligieux de Tachkent", aaO, S. 2ff; der „Rapport final" aaO, S. 3–9. Zur Konferenz von Taschkent (2000) vgl. auch Muzaffar Artikov, Paradigms of Inter-Religious Tolerance in Historical and Modern Uzbekistan, in: D. Spivak / S. Shankman, World Religions in the Context of the Contemporary Culture: New Prospects of Dialogue and Mutual Understanding in the Russian Federation and Eastern Europe, in Central Asia and the Caucasus, St. Petersburg Branch of the Russian Institute for Cultural research / Russian Baltic Information Center ‚Blitz' St. Petersburg 2011, S. 144–150 (149); die Publikation ist online zugänglich auf der UNESCO-Homepage unter http://www.unesco.org/new/en/moscow/about-this-office/single-view/news/new_publication_on_intercultural_dialogue_world_religions_in_the_context_of_contemporary_culture_new_perspectives_of_dialogue_and_mutual_understanding/#.UiGg6ryEAjU (pdf-Datei, über Links in Englisch und Russisch abrufbar) vgl. aaO, S. 144–150 (149); beide hier mitgeteilten Websites abgerufen 26. 8. 2014.

tums, des Judentums und des Islam teilnahmen. Organisiert wurde das Treffen vom „Forum publique international ‚Dialogue des civilisations'" in Zusammenarbeit mit der Vertretung der Russischen Föderation bei der UNESCO und der Russischen Orthodoxen Kirche. Inhaltlich wurden die Menschenrechte und ethische Werte als herausragende Elemente zum Aufbau gelingender interkultureller Beziehungen herausgearbeitet.[167]

Die UNESCO strebt den Aufbau eines interreligiösen Dialogs von geistlichen Führungspersönlichkeiten innerhalb ihrer Institution an. Im Vorfeld dazu fand am 10.4.2008 ein Treffen zwischen Patriarch Alexij II. von Moskau und dem Generalsekretär der UN statt, bei dem der Patriarch hervorhob, welche Bedeutung interreligiöser Dialog im organisierten Rahmen der UN entfalten könnte.[168] Diese Bemühungen trugen Früchte. Am 22.7.2009 fand im Danilovkloster bei Moskau ein erstes Treffen der „High Level Group on Interreligious Dialogue" im Beisein des UNESCO-Direktors Matsura und unter Vorsitz des Patriarchen Kyrill von Moskau und Ganz Russland. Zu den Teilnehmern gehörten der Vorsitzende des kaukasischen Muslimbüros Allahshukyur Pashazade, der Generalsekretär der „Muslim World League", Muhammad Hayat, der Präsident der „Appeal of Conscience Foundation", Rabbi Arthur Schneier,[169] der Chefrabbiner von Israel, Yona Metzger, der evangelische Bischof Martin Schindehütte und der Apostolische Nuntius Erzbischof Antonio Menini. Die politische Dimension der Initiative machte Präsident Medvedev augenfällig, der die Gründung der „High Level Group" ausdrücklich begrüßte.[170]

Als Einrichtung der Vereinten Nationen steht die UNESCO in unmittelbarem Kontakt zu Staaten und deren Regierung; ihre Wirksamkeit beruht auf deren

---

167 Vgl. Berichterstattung auf der Homepage des Außenamtes des Moskauer Patriarchats unter http://orthodoxeurope.org/page/14/116.aspx#4 (abgerufen 26.8.2014). Der Text einer programmatischen Ansprache des Leiters des Außenamts der Russischen Orthodoxen Kirche, Metropolit Kyrill von Smolensk, ist in deutscher Übersetzung publiziert in: Barbara Hallensleben / Guido Vergauwen / Klaus Wyrwoll (Hrsg.), Freiheit und Verantwortung im Einklang, aaO, S. 130–136.
168 Vgl. Service Orthodoxe de Presse N° 328 (Mai 2008), S. 18.
169 Die Beteiligung des Präsidenten der „Appeal of Conscience Foundation" und des Generalsekretärs der „Muslim World League" beim Treffen der „High Level Group on Interreligious Dialogue" am 22.7.2009 im Danilovkloster unterstreicht einmal mehr die Vernetzung der um interreligiösen Dialog bemühten Organisationen bzw. Einrichtungen untereinander.
170 Berichterstattung über das Treffen und die Teilnehmer in: Nachrichtendienst Östliche Kirchen (NÖK) Ausgabe 29/09 Teil A (23.7.2009) Nr. 13; Grußwort von Präsident Medvedev aaO Nr. 21; weitere Berichte aaO, Teil B Nr. 5 und Nr. 6. Das Schlusskommuniqué ist in englischer Sprache auf der Homepage des Außenamts des Moskauer Patriarchats zugänglich, vgl. http://orthodoxeurope.org/page/14/173.aspx#_Toc237434677. Vgl. auch eine französische Fassung des Schlussdokuments unter http://eglilserusse.eu/Communique-a-l-issue-de-la-rencontre-a-Moscou-entre-le-directeur-general-de-l-UNESCO-et-les-representants-religieux_a837.html (Websites abgerufen 26.8.2014).

Motivation, nützliche Impulse aufzugreifen und in Politik umzusetzen. Entsprechend haben die von der UNESCO veranstalteten oder mitgetragenen interreligiösen Seminare und Konferenzen den beteiligten Religionsgemeinschaften auf internationaler Ebene einen neuen Raum eröffnet, gemeinsame Überzeugungen zum Ausdruck zu bringen und für deren Umsetzung in praktische Politik zu werben. Aber auch die UNESCO profitiert ihrerseits, denn sie kann auf die Sachkompetenz der Religionsgemeinschaften zurückgreifen und sie bei der Entwicklung ihrer Projekte und Initiativen nutzen. Zugleich werden aber auch die Religionsgemeinschaften zu Vermittlern der in diesem Umfeld entstandenen Beiträge an ihre jeweiligen Gläubigen. Einer weltanschaulichen Neutralität verpflichtet, gestaltete die UNESCO diesen Austausch unter dem Vorzeichen eines „Dialogs der Kulturen", wobei vorausgesetzt ist, dass die Religionen an der Ausprägung und Entwicklung der verschiedenen Kulturen maßgeblichen Anteil haben. Die Religionsgemeinschaften haben in den hier vorgestellten interreligiösen Treffen das Stichwort „Dialog der Kulturen" aufgegriffen und mit ihren spezifischen Kompetenzen entfaltet. Wie noch detailliert aufzuzeigen sein wird, besteht ein Indiz für den „Rückfluss" in die Religionsgemeinschaften darin, dass sie das charakteristische Stichwort „Dialog der Kulturen" in ihrem Zusammenhang auch über die Konferenzen dieser Gruppe hinaus aufgreifen und entfalten. Das ist nicht zuletzt bei Schlusserklärungen interreligiöser Ereignisse zu beobachten, auch wenn diese ohne jeden Zusammenhang mit der UNESCO durchgeführt wurden.

1.4.2 Interreligiöse Konferenzen, Seminare und Begegnungen auf Initiative von europäischen Gremien und unter orthodoxer bzw. islamischer Beteiligung

Das interreligiöse bzw. interkulturelle Engagement europäischer Gremien[171] wurzelt in der „Euro-Mediterranean Partnership (EMP)", die in der „Barcelona-Declaration" einer europäischen Ministerratskonferenz des Jahres 1995 niedergelegt ist. Eines der darin umschriebenen Ziele betrifft die Ermutigung zu einer Verständigung zwischen Kulturen und zum Austausch zwischen Zivilgesellschaften („interkultureller Dialog").[172] Diese Erklärung wurde – auch über das

---

[171] Einen sehr instruktiven Überblick über Hintergründe, Zielsetzung und Entwicklung interreligiöser/interkultureller Bemühungen der EU bietet: Sara Silvestri, EU Relations with Islam in the Context of the EMP's Cultural Dialogue, in: Mediterranean Politics 10 (2005), S. 385–405. Vgl. auch Sara Silvestri, Islam and Religion in the EU Political System, in: West European Politics 32 (2009), S. 1212–1239.
[172] Vgl. Sara Silvestri, EU Relations with Islam in the Context of the EMP's Cultural Dialogue, in: Mediterranean Politics 10 (2005), S. 385–405 (385f).

ursprüngliche Programm einer „European Partnership" hinaus – zum Impuls für verschiedene europäische Gremien, verstärkt den Dialog mit verschiedenen gesellschaftlich relevanten Kräften zu suchen, darunter auch den in Europa präsenten Religionsgemeinschaften. Im folgenden werden nur solche Aktivitäten berücksichtigt, die christliche – speziell orthodoxe – bzw. islamische Gesprächspartner einbezogen haben.

Bald nach Verabschiedung des Programms begann dessen Umsetzung mit einer internationalen und interreligiösen Konferenz „The Mediterranean Society: A Challenge for the three Civilizations? – an informal dialogue among Islam, Judaism and Christianity" 4. – 7.11.1995 (Toledo); sie wurde vom „European Union Committee Cellule de Prospective", einer Unterorganisation des Europarats, zusammen mit dem Bürgermeister von Toledo organisiert. Teilnehmer waren Repräsentanten verschiedener christlicher Kirchen, der Muslime, des Judentums sowie von Weltanschauungen. Zusätzlich hatten verschiedene europäische Institutionen, nationale Regierungen sowie die UNESCO Vertreter entsandt. Bischof Emmanuel Adamakis, der Direktor des Büros des Ökumenischen Patriarchats bei der EU, hielt eine der Ansprachen; weitere Vertreter der Orthodoxie waren Gregorios Ziakas und Sophie Deicha. Die Tagung diente vor allem der Vorbereitung der eingangs erwähnten Ministerkonferenz „Europa-Mittelmeer", welche das Programm „Euro-Mediterranean Partnership (EMP)" beschlossen hat.[173] Die Tagung zeigt beispielhaft auf, wie Ergebnisse interreligiöser Tagungen in politische Entscheidungsprozesse einfliessen und diese mit gestalten können.

Inhaltlich noch konkreter arbeitete ein interreligiöses Seminar 7. – 9.12.2000 (Syrakus), das vom Kommissar für Menschenrechte des Europarats organisiert war. Bearbeitet wurden die Einstellungen der monotheistischen Religionen gegenüber bewaffneten Konflikten; dies bot Anlass, auch in diesem Rahmen festzuhalten, dass Gewaltanwendung im Namen von Religion inakzeptabel sei und dass Frieden eine Beachtung der Menschenwürde, Freiheit, Gerechtigkeit und des

---

[173] Islamochristiana 22 (1996), S. 210f (Presseerklärung mit einer Zusammenfassung der Tagungsergebnisse). Die Beiträge der Tagung sind publiziert bei: Office for Official Publications of the European Commission (Hrsg.), The Mediterranean Society: a Challenge for Islam, Judaism, and Christianity. Proceedings of an informal meeting held in Toledo, Spain, from 4 to 7 Nov. 1995, convened by the European Commission's Forward Studies Unit, Kogan Page London 1998. Der Beitrag von Emmanuel Adamakis „Involvement and actions of Orthodoxy in favour of dialogue" vgl. aaO, S. 29 – 32; Teilnehmerliste aaO, S. 83f. Zur Zielsetzung der Vorbereitung einer Ministerkonferenz „Europa-Mittelmeer", die 27./28.11.1995 in Barcelona stattfand, vgl. aaO, Vorwort, S. VIII und S. 80f; mit Rücksicht auf diese Konferenz verzichteten die Teilnehmer der interreligiösen Tagung von Toledo auf eine gemeinsame Schlusserklärung, vgl. aaO, S. 80. Vgl. Gregorios D. Ziakas, The Ecumenical Patriarchate of Constantinople, in: George C. Papademetriou, Two Traditions, One Space, aaO, S. 239.

1 Gemeinsame interreligiöse Aktivitäten aller oder mehrerer orthodoxer Kirchen — 139

Minderheitenschutz voraussetze; da aber auch Unterdrückung von Religion zur Gewaltanwendung führen könne, müsse zugleich ein Respekt vor den verschiedenen religiösen Überzeugungen, Orten und Symbolen gewährleistet werden. Zur Verwirklichung all dessen empfahl die Konferenz Maßnahmen, um eine Erziehung im Geist der Menschenrechte und des wechselseitigen Respekts zu fördern.[174]

Ein wiederum vom Kommissar für Menschenrechte des Europarats am 10./11. 12. 2001 in Straßburg durchgeführtes interreligiöses Seminar wandte sich einem ganz anderen Thema zu, nämlich den Beziehungen von Staat und Kirche sowie der praktischen Ausübung der Religionsfreiheit. Zu den Teilnehmern zählten Repräsentanten der drei monotheistischen Weltregionen, Wissenschaftler, Vertreter verschiedener Organisationen sowie Vertreter des Europarats. Das Seminar machte deutlich, wie groß die Bandbreite rechtlicher Regelungen und praktischer Gestaltung des Verhältnisses von Staat zu den Religionsgemeinschaften in Europa ist. Die Teilnehmer arbeiteten darüber hinaus die für eine Gewährleistung freier Religionsausübung notwendigen Mindeststandards heraus, äußerten sich aber auch zu Formen einer Zusammenarbeit von Religionen und Staat.[175]

Die Konferenz 19./20.12. 2001 (Brüssel), eine interreligiöse Tagung von 80 Vertretern der drei monotheistischen Religionen, wandte sich unter dem Titel „The Peace of God in the World" erneut dem Thema „Frieden" und dessen religiöser Relevanz zu. Die Tagung fand auf Initiative des EU-Kommissionspräsidenten Prodi und des Ökumenischen Patriarchen statt; letzterer hielt die Eröffnungs- und Schlussansprache. Der besondere Charakter der Tagung ergibt sich aus der Beteiligung bzw. aus den inhaltlichen Beiträgen von Persönlichkeiten aus Konfliktregionen im europäischen Kontext und über diesen hinaus. Seitens der Orthodoxie waren dies: Metropolit Anastasios von Albanien, der einen Vortrag hielt, weiterhin Patriarch von Antiochia, Ignatios IV. Hazim, der zum Thema „Cessons d'associer

---

[174] Das Programm der Tagung, eine Teilnehmerliste und die Schlusserklärung sind dokumentiert in: Office of the Commissioner for Human Rights, Dialogue of the Council of Europe – Commissioner for Human Rights with the Religious Communities, Strasbourg 2004, S. 10 – 15, online zugänglich unter https://wcd.coe.int/com.instranet.InstraServlet?command=com.instra net.CmdBlobGet&InstranetImage=325078&SecMode=1&DocId=1020052&Usage=2 (abgerufen 26.8.2014). Die Schlusserklärung ist im Anhang 1 unter 1.19. wiedergegeben.

[175] Ein „Background Paper", das Programm der Tagung, eine Teilnehmerliste und die Schlusserklärung sind dokumentiert in: Office of the Commissioner for Human Rights, Dialogue of the Council of Europe – Commissioner for Human Rights with the Religious Communities, Strasbourg 2004, S. 18 – 36, online zugänglich unter https://wcd.coe.int/com.instranet.InstraServ let?command=com.instranet.CmdBlobGet&InstranetImage=325078&SecMode=1&DocId= 1020052&Usage=2 (abgerufen 26.8.2014). Der Text der Schlusserklärung ist im Anhang 1 unter 1.20. wiedergegeben.

nos guerres au nom de Dieu" sprach.[176] Patriarch Petros VII. von Alexandria unterstrich in seinem Vortrag die Bedeutung interreligiösen Dialogs für eine friedliche Koexistenz und die menschliche Entwicklung; ein weiterer orthodoxer Teilnehmer war Katholikos Elias von Georgien.[177] Die Konferenz verabschiedete die bedeutsame „Brussels-Declaration".[178]

Das 9./10.12.2002 in Louvain-la-Neuve durchgeführte Seminar „Human Rights, Culture and Religion: Convergence or Divergence? Beliefs, Values and Education", veranstaltet vom Kommissar für Menschenrechte des Europarats, stellte erneut die Frage, mit welchen Mitteln Frieden und friedliche Koexistenz in Gesellschaften eingepflanzt bzw. gestärkt werden kann. Die Teilnehmer arbeiteten die spezifische Bedeutung der Menschenrechte und von wechselseitigem Respekt und Toleranz heraus. Besonderes Gewicht für die Umsetzung der dazu festgestellten Grundsätze wurde dem Erziehungswesen zugemessen.[179] Die Erziehungsthematik wurde in einer weiteren vom Kommissar für Menschenrechte veranstalteten Konferenz 17./18.5.2004 (Malta) weitergeführt.[180]

---

[176] Der Text der Ansprache des Patriarchen Ignatios IV. ist publiziert in: Service Orthodoxe de Presse N° 266 (März 2002), S. 22f.

[177] Vgl. Proche-Orient Chrétien 51 (2001), S. 374.

[178] Episkepsis 32. Jg., N° 603 (31.12.2001), S. 6–18 (Berichterstattung und Dokumentation), gefolgt von einem Kommentar von Vlassios Phidas, aaO, S. 19–21. Das Schlussdokument ist publiziert in: John Chryssavgis (Hrsg.), In the World, yet not of the World, aaO, S. 280ff mit S. 305ff und in: George C. Papademetriou, Two Traditions, One Space, Somerset Hall Press Boston 2011, Appendix, S. 269ff. Text der „Brussels-Declaration" auch in: Islamochristiana 28 (2002), S. 163–165. Kurze Berichterstattung zur Tagung in: Service Orthodoxe des Presse N° 264 (Januar 2002), S. 9., ausführlichere Berichterstattung in der Folgeausgabe Service Orthodoxe de Presse N° 265 (Februar 2002), S. 1ff; aaO, S. 20–22 ist die Schlusserklärung dokumentiert. Vgl. auch die Berichterstattung in Proche-Orient Chrétien 52 (2002), S. 397f, welche vor allem die Beiträge des Patriarchen von Antiochia fokussiert. Zur Tagung vgl. auch Andrew Sharp, Orthodox Christians and Islam, aaO, S. 186ff.

[179] Eine Teilnehmerliste, das Tagungsprogramm und die Schlusserklärung sind dokumentiert in: Office of the Commissioner for Human Rights, Dialogue of the Council of Europe – Commissioner for Human Rights with the Religious Communities, Strasbourg 2004, S. 40–48, online zugänglich unter https://wcd.coe.int/com.instranet.InstraServlet?command=com.instranet.CmdBlobGet&InstranetImage=325078&SecMode=1&DocId=1020052&Usage=2 (abgerufen 26.8.2014). Die Schlusserklärung ist im Anhang 1 unter 1.21. wiedergegeben.

[180] Ein „Background-Paper" und die Schlusserklärung sind dokumentiert in: Office of the Commissioner for Human Rights, Dialogue of the Council of Europe – Commissioner for Human Rights with the Religious Communities, Strasbourg 2004, S. 52–59, online zugänglich unter https://wcd.coe.int/com.instranet.InstraServlet?command=com.instranet.CmdBlobGet&InstranetImage=325078&SecMode=1&DocId=1020052&Usage=2 (abgerufen 26.8.2014). Leider ist in der Dokumentation dieser Tagung keine Teilnehmerliste enthalten und eine orthodoxe bzw. islamische Beteiligung – anders als in drei vorangegangenen Seminaren – nicht belegt.

Eine kleine Gruppe von Konsultationen zwischen Vertretern der Europäischen Kommission bzw. des Europäischen Parlaments und Vertretern der drei monotheistischen Religionsgemeinschaften befasste sich mit deren Haltungen zum europäischen Integrationsprozess sowie zum kulturellen und religiösen Pluralismus in Europa. Eine Begegnung am 12.7.2005 in Brüssel beleuchtete wechselseitige Erwartungen an einen Dialog zwischen der EU und den Religionen.[181] In deutlich größerem Rahmen fand dagegen die interreligiöse Konferenz „Religious Communities in the European Union in Face of Future Challenges" 10.2.2006 (Brüssel) statt, an der hochrangige Vertreter der Europäischen Kommission, Mitglieder des Europäischen Parlaments, Vertreter der „Föderation Islamischer Organisationen in Europa", Vertreter von zwischenkirchlichen Organisationen in Brüssel und Delegationen mehrerer Kirchen teilnahmen. In verschiedenen Beiträgen wurden die Bedeutung interreligiösen Dialogs und einer aktiveren Einbeziehung der Religionsgemeinschaften in die politische Diskussion über die Zukunft eines geeinten Europa betont. Mit Blick auf den Streit um Mohammedkarrikaturen hoben die Teilnehmer hervor, dass die Meinungsfreiheit mit Verantwortung für die Bürger einher gehen müsse; Gewalttaten wurden verurteilt; die Muslimgemeinschaften in Europa müssten ihre eigene europäische Identität finden, was nur im Kontext von Integration in eine multikulturelle Gesellschaft möglich sei.[182] Ein weiteres interreligiöses Treffen mit den Leitern der EU-Gremien (Kommission, Ratspräsidentschaft u.a.) 30.5.2006 (Brüssel) rundete die Thematik „Europäische Integration" ab.[183]

Die praktische Bedeutung der gemeinsamen Veranstaltungen zwischen EU-Gremien und Vertretern der Religionsgemeinschaften macht die interreligiöse Konferenz 23./24.4.2007 (San Marino) greifbar, die der Europarat unter dem Thema „The religious dimension of intercultural dialogue" veranstaltete und die mehr als 130 Vertreter u.a. des Europarats, der traditionellen europäischen Religionen sowie Fachleute und Persönlichkeiten des öffentlichen Lebens zusammenführte. Die Konferenz erarbeitete in Vorbereitung eines Dokuments des Eu-

---

181 Service Orthodoxe de Presse N° 301 (September/Oktober 2005), S. 17. Vgl. auch Nachrichtendienst Östliche Kirchen (NÖK) Ausgabe 29/05 Teil C (21.7.2005) Nr. 17.
182 Vgl. Nachrichtendienst Östliche Kirchen (NÖK) Ausgabe 7/06 Teil B (16.2.2006) Nr. 10. Vgl. auch den Bericht auf der Homepage des Außenamtes des Moskauer Patriarchats unter http://orthodoxeurope.org/newsarchive/february_2006.aspx (abgerufen 26.8.2014).
183 Berichterstattung auf der Homepage des Außenamts des Moskauer Patriarchats unter http://orthodoxeurope.org/page/14/100.aspx (abgerufen 26.8.2014). Vgl. auch Nachrichtendienst Östliche Kirchen (NÖK) Ausgabe 22/06 Teil D (1.6.2006) „Sonstige" Nr. 3 (Ansprache des Metropoliten Hilarion).

roparats zum interkulturellen Dialog dessen religiöse Dimension.[184] Dieser Zusammenhang zeigt nochmals den methodischen Weg auf, wie Ergebnisse interreligiöser Bemühungen in Klärungs- und Entscheidungsprozesse auf europäischer Ebene einfließen und diese aktiv mit gestalten können.

Eine Gruppe turnusmäßig durchgeführter, weiterer interreligiöser Begegnungen zwischen Vertretern von EU-Gremien und der Religionsgemeinschaften diente dagegen vor allem der Kontaktpflege, dem Austausch von Informationen und Ansichten zu aktuellen europapolitischen Themen bzw. Projekten. Bei diesen Begegnungen sind seitens der Orthodoxie jeweils Repräsentanten der offiziellen Büros verschiedener autokephaler Kirchen bei der EU aufgetreten; solche Büros unterhalten das Ökumenische Patriarchat, die Russische Orthodoxe Kirche, die Rumänische Orthodoxe Kirche und die Kirche von Griechenland (zugleich für die Kirche von Zypern). Beispiele für die erwähnten interreligiösen Begegnungen sind: 15. 5. 2007 (Brüssel);[185] 5. 5. 2008 (Brüssel);[186] 13. 5. 2009 (Brüssel);[187] 19. 7. 2010 (Brüssel);[188] 30. 5. 2011 (Brüssel);[189] 12. 7. 2012 (Brüssel).[190]

---

184 Vgl. die Informationen auf der Homepage des Europarats unter http://www.coe.int/t/dg4/intercultural/sanmarino_EN.asp (Tagungsprogramm und Link zum Text der Schusserklärung); zur Beteiligung des Metropoliten Emmanuel vgl. die Pressemeldung auf der Homepage von „Religions for Peace" unter http://www.rfp-europe.eu/index.cfm?id=134291 (beide Websites abgerufen 26. 8. 2014). Die Schlusserklärung ist im Anhang 1 unter 1. 1.22. mitgeteilt.
185 Service Orthodoxe de Presse Nº 319 (Juni 2007), S. 14.
186 Berichterstattung und Informationen zu den Teilnehmern auf der Homepage des Außenamts des Moskauer Patriarchats unter http://orthodoxeurope.org/page/14/147.aspx (abgerufen 26. 8. 2014).
187 Vgl. Nachrichtendienst Östliche Kirchen (NÖK) Ausgabe 19/09 Teil B (14. 5. 2009) Nr. 10.
188 Vgl. Bericht auf der Homepage der EU unter http://europa.eu/rapid/press-release_IP-10 – 967_en.htm; die unter http://europa.eu/rapid/press-release_MEMO-10 – 342_en.htm?locale=en zugängliche Teilnehmerliste nennt an orthodoxen Persönlichkeiten: Metropolit Emmanuel von Frankreich (Präsident der Konferenz europäischer Kirchen, Ökumenisches Patriarchat), den Erzbischof von Athen und ganz Griechenland Ieronymos II., den bulgarisch-orthodoxen Metropoliten für West- und Zentraleuropa Simeon, den Repräsentanten der rumänisch-orthodoxen Kirche bei den europäischen Institutionen, Metropolit Joseph und Bischof Porfyrios von Neapolis, den Repräsentanten der Kirche von Zypern bei der EU. Der Islam war durch vier Persönlichkeiten des europäischen Raums vertreten (Website abgerufen 26. 8. 2014).
189 Vgl. das Tagungsprogramm auf der Homepage der europäischen Institutionen unter http://ec.europa.eu/bepa/pdf/conferences/hlrl_agenda_30may2011.pdf; die unter http://ec.europa.eu/bepa/pdf/conferences/hrl-list-participants.pdf zugängliche Teilnehmerliste nennt folgende orthodoxe Persönlichkeiten: Metropolit Emmanuel von Frankreich, Metropolit Nifon von Targoviste, Metropolit Athanasios von Achaia, Bischof Porfyrios von Neapolis und einen Vertreter des Außenamts des Moskauer Patriarchats, Hegumen Philaret Bulekov. Der Islam war bei der Begegnung mit vier namentlich aufgeführten Repräsentanten aus dem europäischen Bereich vertreten (beide mitgeteilte Websites angerufen 26. 8. 2014).

Die Wechselwirkung zwischen Politik und Religionsgemeinschaften wird bei den im EU-Zusammenhang durchgeführten interreligiösen Dialogereignissen noch deutlicher als es bereits für die Bemühungen der UNESCO festgehalten wurde. Der Grund liegt darin, dass die Europäische Kommission und das Europäische Parlament selbst unmittelbar Politik gestalten; in abgestufter Weise gilt dies auch für andere Einrichtungen auf EU-Ebene. Wenn EU-Gremien interreligiöse Veranstaltungen durchführen, bieten sie den Religionsgemeinschaften nicht nur ein zusätzliches Forum, sondern auch eine zusätzliche Chance, ihre Einsichten in politische Entscheidungsprozesse einzubringen. Dies zeigen vor allem die Konferenzen von 1995 in Toledo bzw. 2007 in San Marino. Zugleich werden die Religionsgemeinschaften durch ihre Einbeziehung seitens der Politik als relevante, „Gesellschaft" mit prägende Kräfte anerkannt und in Szene gesetzt. Im Gegenzug vermitteln die Religionsgemeinschaften gleichermaßen politisch wie religiös relevante Themen wie „europäische Integration", oder Haltungen wie „Toleranz" und „friedliche Koexistenz" an ihre jeweiligen Gläubigen. Der interreligiöse Ertrag der zuletzt dargestellten turnusmäßigen interreligiösen Begegnungen ist zwar verglichen mit dem der Konferenzen und Tagungen deutlich geringer. Dennoch sind sie bedeutsam, weil sie helfen, unter den Gesichtspunkten „Kontaktpflege" und „Austausch" die angesprochene Wechselwirkung zwischen Politik und Religionsgemeinschaften im Fluss zu halten.

1.4.3 Die interreligiösen Konferenzen von Doha/Qatar

Im Jahr 2002 hatten Qatar und der Apostolische Stuhl in Rom diplomatische Kontakte aufgenommen; bei einem Besuch des Botschafters von Qatar in Rom im Februar 2004 wurde der Vorschlag eines interreligiösen Dialogs unter Beteiligung der Universität von Qatar und des päpstlichen Rats für den interreligiösen Dialog vorgelegt,[191] zunächst beschränkt auf einen bilateralen Dialog Christentum-Islam; seit 2005 sind Vertreter der drei monotheistischen Religionen beteiligt. Auf Empfehlung des Emirs von Qatar beschloss die interreligiöse Konferenz 2007, dass ein „Doha International Center for Interfaith Dialogue" gegründet werden solle.

---

190 Vgl. eine Pressemitteilung zur Tagung auf der Homepage der europäischen Institutionen unter http://ec.europa.eu/bepa/pdf/press_release_12july2012.pdf sowie das Tagungsprogramm unter http://ec.europa.eu/bepa/pdf/programme-hlrl-12july2012.pdf; die Teilnehmerliste führt u. a. sechs orthodoxe Hierarchen und drei muslimische Repräsentanten auf, vgl. http://ec.europa.eu/bepa/pdf/list-pp-hlrl-12july2012.pdf (alle mitgeteilten Websites abgerufen 26. 8. 2014).
191 Proche-Orient Chrétien 54 (2004), S. 410 f (410).

Im Jahr 2008 wurde das „DICID"[192] offiziell eröffnet und führt das interreligiöse Engagement in Konferenzen und Symposien weiter. Zielsetzung dieser Institution ist, eine „Kultur des Dialoges" auszubreiten und friedliches Zusammenleben sowie Toleranz zu fördern.[193]

Die Tagungsreihe hatte keinen leichten Start. Bei der 1. Interreligiösen Konferenz 27.–29.5.2004 (Doha/Qatar) „Liberté religieuse, un thème de dialogue pour Musulmans et Chrétiens" rief der – wohl spontan unterbreitete – Vorschlag, bei künftigen Tagungen auch Vertreter des Judentums einzubeziehen, kontroverse Reaktionen hervor.[194] Die Konferenzen konnten dennoch in den Folgejahren fortgeführt werden, allerdings waren erst bei der 6. Interreligiösen Konferenz 13./14.5.2008 (Doha/Qatar) mit je einem Repräsentanten des Patriarchats Jerusalem bzw. der Russischen Orthodoxen Kirche wieder Vertreter der Orthodoxie beteiligt. Die Konferenz von 2008 stand unter dem Thema „Religious Values: Perspectives on Peace and Respect for Life". In Arbeitsgruppen wurde der Stellenwert von „Frieden" in den Offenbarungsreligionen erhoben. Einen weiteren Schwerpunkt bildete die interreligiöse Erschließung des Bereichs „Respekt vor dem menschlichen Leben", in dessen Rahmen Arbeitsgruppen die religiöse und ethische Beurteilung von Selbstmord, Abtreibung, Euthanasie, Menschen- und Organhandel sowie Gewaltanwendung zur Selbstverteidigung untersuchten. Weitere – eher isolierte – Themen waren die Entweihung religiöser Symbole und Gewaltdarstellungen in den Medien.[195]

Die 7. Interreligiöse Konferenz 20.–22.10.2009 (Doha/Qatar) mit mehr als 250 christlichen, jüdischen und muslimischen Teilnehmern aus 59 Ländern stand

---

192 Dem Vorstand gehören aktuell (d.h. im August 2014) fünf Professoren der Universität Qatar an; Mitglieder des „International Advisory Board" sind zwei weitere Persönlichkeiten der Universität Qatar sowie vier ausländische, nicht-muslimische Spezialisten des interreligiösen Dialogs, vgl. http://www.dicid.org/english/board.php (abgerufen 27.8.2014).
193 Vgl. die Homepage der Organisation unter http://www.dicid.org/english/aboutus.php. Übersicht über die bisherigen Konferenzen unter http://www.dicid.org/english/previous.php (beide Websites abgerufen 27.8.2014).
194 Bericht in Proche-Orient Chrétien 54 (2004), S. 410f mit Hinweis auf die Teilnahme von Bischof Basilios Nassour (Patriarchat Antiochia), siehe auch Teilnehmerliste Nr. 44 unter http://69.89.31.85/~qatarcon/new-dialogue/english/e20046.php (abgerufen 27.8.2014). Vgl. den Kurzbericht zur Konferenz in: Islamochristiana 30 (2004), 216, der fast nur Teilnehmer aufzählt, darunter Kard. Tauran, der koptische Patriarch Schenuda III. und der Großimam von al-Azhar, Mohammed Sayyed Tantawi.
195 Der Text der Schlusserklärung ist publiziert in: Islamochristiana 34 (2008), S. 233. Ein Kurzbericht ist online zugänglich unter http://www.qatarconferences.org/dialogue2008/english/viewlastnews.php?id=23, die Teilnehmerliste unter http://www.qatarconferences.org/dialogue2008/english/participants.php (mit Link zu einer pdf.-Datei; beide hier mitgeteilten Websites abgerufen 27.8.2014).

1 Gemeinsame interreligiöse Aktivitäten aller oder mehrerer orthodoxer Kirchen — **145**

unter dem Leitgedanken „Human Solidarity"; das Thema wurde in drei Richtungen entfaltet: Solidarität durch interreligiösen Dialog, Solidarität durch Zusammenarbeit bei humanitärer Hilfe für Leidende und Solidarität durch Schutz der Menschenrechte.[196] Die Folgekonferenz 19.–21.10.2010 (Doha/Qatar)[197] „Raising the new generation with a foundation of values and tradition: Religious Perspectives" fand unter deutlich stärkerer orthodoxer Beteiligung statt als ihre Vorgänger.[198] Wie der Konferenztitel andeutet, bearbeiteten die Konferenzteilnehmer verschiedene Aspekte von „Familie" für die nachwachsende Generation, darunter die mit „Familie" verbundenen ethischen Werte und die Bedeutung einer familiären Erziehung in Toleranz und wechselseitigem Respekt. Weiterhin wurden die Themen „Erziehungswesen und -einrichtungen" sowie „Medien" grundsätzlich angegangen und eine entsprechende ethische Verantwortlichkeit aller erzieherischen, sozialen und medialen Einrichtungen herausgearbeitet und eingefordert. Die 9. Interreligiöse Konferenz 24.–26.10.2011 (Doha/Qatar) setzte die Bearbeitung des Themas „Medien" unter dem aussagekräftigen Titel „Social Media and Inter-Religious Dialogue: A New Relationship" fort. Konkret standen Fragen im Mittelpunkt, ob die sozialen Medien zu einer Auflösung von religiösen Traditionen beitragen, ob und inwieweit Medien für interreligiösen Dialog genutzt werden könnten, ferner die Notwendigkeit, aus einer religiösen Perspektive die

---

196 Die Schlusserklärung ist online zugänglich auf der Kongresshomepage unter http://www.qatarconferences.org/dialogue2009/english/declaration_en1.pdf; ihr Text ist im Anhang 1 unter 1.23. im Wortlaut mitgeteilt. Vgl. Berichterstattung zur Konferenz unter http://www.qatarconferences.org/dialogue2009/english/news_website_details.php?id=12. Die Teilnehmerliste zeigt einige Vertreter orthodoxer Kirchen, darunter einen Priester der serbisch-orthodoxen Kirche, Vanja Jovanovic, Archimandrit Makarios (Patriarchat von Jerusalem) und Dr. Tarek Mitri (Patriarchat Antiochia, hier in seiner Eigenschaft als libanesischer Minister), vgl. http://www.qatarconferences.org/dialogue2009/english/English1.pdf (alle hier mitgeteilten Websites abgerufen 27.8.2014).
197 Die Schlusserklärung ist publiziert in: Islamochristiana 36 (2010), S. 310. Weitere Informationen sind auf der Homepage des Veranstalters online zugänglich: vgl. http://www.qatarconferences.org/dialogue2010/dohadialogue.qatar-conferences.org/EN/Downloads/EnglishAgenda.pdf (Tagungsprogramm); vgl. http://www.qatarconferences.org/dialogue2010/dohadialogue.qatar-conferences.org/EN/Doha%20Declaration/Declaration.pdf (Schlusserklärung); alle hier mitgeteilten Websites abgerufen 27.8.2014.
198 Die auf der Kongresshomepage des Veranstalters unter http://www.qatarconferences.org/dialogue2010/dohadialogue.qatar-conferences.org/EN/Pages/AllParticipants.html (abgerufen 27.8.2014) mitgeteilte Liste führt an orthodoxen Teilnehmern auf: Bischof Atallah Hanna (Patriarchat Jerusalem), Archimandrit Makarios (den Repräsentanten des Jerusalemer Patriarchats in Qatar), Hegumen Philipp Ryabykh (Mitglied der Leitung des Außenamtes des Moskauer Patriarchats), die Metropoliten Nikiphoros and Isaiah (orthodoxe Kirche von Zypern) sowie den Repräsentanten des Rumänischen Patriarchats bei der EU, Saurin Celaru.

Medien zur Beachtung ethischer Werte anzuhalten und einen Missbrauch der Medien für destruktive Zwecke zu verhindern.[199]

Zusammenfassend ist hervorzuheben, dass sich die Konferenzreihe von Doha in mehreren Anläufen mit ethischen Werten auseinandergesetzt und dadurch die interreligiösen Einsichten in diesem Bereich erweitert und ergänzt hat. Zudem haben die Konferenzen von 2010 und 2011 mit „Familie", „Erziehungswesen" und „Medien" drei Themenkreise entdeckt und differenziert behandelt, die in anderen interreligiösen Zusammenhängen eher ein Randphänomen bilden. Nicht zuletzt hat die konkrete inhaltliche Bestimmung von Verantwortlichkeiten in diesen Bereichen der interreligiösen Auseinandersetzung um ethische Werte eine wichtige Facette hinzugefügt.

Mit der Bereitschaft des Emirs von Qatar, Veranstaltungen eines interreligiösen Dialogs in diesem arabischen Land zu ermöglichen und mit der offiziellen Gründung des „Doha International Center for Interfaith Dialogue" im Jahr 2008 begegnet uns im Rahmen dieser Untersuchung eine erste Initiative von muslimischer Seite, als alleiniger Veranstalter und Organisator interreligiöser Tagungen aufzutreten. Da in einem so eindeutig islamisch geprägten Land wie Qatar religiöse, gesellschaftliche und politische Aspekte üblicherweise nicht klar getrennt werden können, sondern ineinanderfließen, ist die Frage, ob politische Motive im Hintergrund stehen, schwer zu beantworten. Die offizielle Eröffnung durch den Emir oder einen von ihm Beauftragten, die Eröffnungsansprachen und einige Elemente der Durchführung mögen ein staatlich-politisches Interesse andeuten, sich als offenes, dialogbereites und modernes Gemeinwesen zu präsentieren. Andererseits lassen sich keine Spuren einer spezifisch politischen Einflussnahme auf die Konferenzteilnehmer feststellen. Deutlicher fassbar als eine politische ist jedenfalls die religiöse Komponente: der islamische Hintergrund des Veranstalters hat sich in einem deutlich breiteren Spektrum an Teilnehmern, aber auch in einer spezifischen „Färbung" der Themen und Arbeitsgruppenaufträge niedergeschlagen. Vergleicht man die Teilnehmerlisten der Konferenzreihe fällt zudem auf, dass der Anteil von Fachleuten verschiedener Disziplinen und von Vertretern fachlicher oder akademischer Einrichtungen wesentlich größer ist als die Zahl von direkten

---

[199] Die Schlusserklärung ist publiziert in: Islamochristiana 37 (2011), S. 236. Vgl. die Informationen auf der Homepage des Konferenzveranstalters unter http://qatarconferences.org/interfaith2011/index.php mit Links zur Schlusserklärung, zur Tagesordnung, den einzelnen Redebeiträgen und der Teilnehmerliste; letztere zeigt seitens der Orthodoxie eine Teilnahme von Archimandrit Makarios (dem Repräsentanten des Jerusalemer Patriarchats und Priester der St. Isaak und St. Georg-Kirche in Doha) sowie Diakon Dmitry Safonov (Außenamt des Moskauer Patriarchats). Vgl. den Bericht auf der Homepage des Patriarchats Jerusalem unter http://www.jp-newsgate.net/en/2011/10/30/1586/ (alle hier mitgeteilten Seiten abgerufen 27.8.2014).

Repräsentanten der drei beteiligten monotheistischen Religionsgemeinschaften. Dieser starke akademische Akzent hat sich in den Schlusserklärungen der Konferenzen stimulierend ausgewirkt und so beigetragen, den „interreligiösen Ertrag" um wichtige Elemente zu bereichern und zu ergänzen.

1.4.4 „Congress of Leaders of World and Traditional Religions" in Astana/Kasachstan

Auf Initiative des Präsidenten der Republik Kasachstan, Nazarbayev, und mit Unterstützung des Parlaments wurden in Astana bislang vier interreligiöse Kongresse der „traditionellen Religionen" Kasachstans abgehalten, die das gegenseitige Kennenlernen und eine interreligiöse Zusammenarbeit fördern sollen, um so der Gefahr von Terrorismus und Gewaltanwendung entgegenzuwirken.[200]

Die Konferenzreihe wurde mit der Tagung 23./24.9.2003 (Astana I)[201] eröffnet, bei der mehr als 240 Teilnehmern aus 60 Ländern zusammenkamen, unter ihnen seitens der Orthodoxie Metropolit Methodius von Astana und Almaty (als Vertreter der Russischen Orthodoxen Kirche) und Metropolit Emmanuel von Frankreich (als Vertreter des Ökumenischen Patriarchats).[202] Thematisch wurde die Bedeutung von interreligiösem Dialog zur Aufrechterhaltung von Frieden und Eintracht zwischen Staaten untersucht; dem Austausch zwischen Führungspersönlichkeiten der verschiedenen Religionen wurde dabei eine Schlüsselrolle zugewiesen.[203] Die Folgekonferenz 11.–13.9.2006 (Astana II) „Religion, Society, and International

---

[200] So die auf der Kongresshomepage unter http://www.religions-congress.org/content/view/15/32/lang,english/ mitgeteilte Zielvorstellung (abgerufen 27.8.2014).

[201] Zum 1. Kongress von 2003 vgl. Laura Yerekesheva, Islamic-Christian Dialogue in Contemporary Kazakhstan, in: D. Spivak / S. Shankman, World Religions in the Context of the Contemporary Culture: New Prospects of Dialogue and Mutual Understanding in the Russian Federation and Eastern Europe, in Central Asia and the Caucasus, St. Petersburg Branch of the Russian Institute for Cultural Research / Russian Baltic Information Center ‚Blitz' St. Petersburg 2011, S. 115– 129 (127); die von Spivak und Shankman herausgegebene Sammlung von Beiträgen ist auf der UNESCO-Homepage auch online publiziert unter http://www.unesco.org/new/en/moscow/about-this-office/single-view/news/new_publication_on_intercultural_dialogue_world_religions_in_the_context_of_contemporary_culture_new_perspectives_of_dialogue_and_mutual_understanding/#.UiGg6ryEAjU (pdf-Datei; über Links in Englisch und Russisch zugänglich, abgerufen 26.8.2014); vgl. den Beitrag von Laura Yerekesheva aaO, S. 115–129 (127). Berichterstattung weiterhin in: Nachrichtendienst Östliche Kirchen (NÖK), Ausgabe 16/03 (25.9.03), Nr. 11.

[202] Vgl. Teilnehmerliste des 1. Kongresses 2003 unter http://www.religions-congress.org/content/view/128/32/lang,english/ (abgerufen 27.8.2014).

[203] Vgl. The First Congress of Leaders of World and Traditional National Religions (23.–24.9. 2003), in: Islamochristiana 30 (2004), S. 205–207; die Schlusserklärung ist publiziert aaO, S. 206 f.

Security"[204] entfaltete die begonnene Thematik weiter und beleuchtete die Beziehungen zwischen den Religionen in einer Zeit, in der Konflikte eskalierten, insbesondere im Irak.[205] Die Kongressteilnehmer verabschiedeten eine Schlusserklärung zur interreligiösen Toleranz und Koexistenz sowie einen Katalog von neun Prinzipien für den Interreligiösen Dialog.[206] Die Konferenz 1./2.7.2009 (Astana III)[207] mit 77 teilnehmenden Delegationen aus 35 Ländern[208] setzte das Begonnene nahtlos fort. Der Titel der Tagung „The Role of Religious Leaders in

---

[204] Seitens der Orthodoxie nahmen der Ökumenische Patriarch Bartholomaios, Metropolit Emmanuel von Frankreich und Metropolit Filaret von Minsk und Slutsk teil. Der Ökumenische Patriarch hielt bei dem Kongress eine thematische Rede, vgl. Service Orthodoxe de Presse N° 312 (November 2006), S. 20. Die Ansprache des Ökumenischen Patriarchen ist publiziert in: John Chryssavgis (Hrsg.), In the World, yet not of the World, aaO, S. 93 ff. Vgl. auch den Bericht zur Konferenz von Michel Nseir in: World Council of Churches, Current Dialogue N° 48 (Dezember 2006), online zugänglich unter http://wcc-coe.org/wcc/what/interreligious/cd48 – 11.html (abgerufen 28.8.2014).
[205] Vgl. den Bericht von Laura Yerekesheva, Islamic-Christian Dialogue in Contemporary Kazakhstan, in: D. Spivak / S. Shankman, World Religions in the Context of the Contemporary Culture, aaO, S. 115 – 129 (127 f); der Bericht ist online publiziert auf der UNESCO-Homepage unter http://www.unesco.org/new/en/moscow/about-this-office/single-view/news/new_publication_on_intercultural_dialogue_world_religions_in_the_context_of_contemporary_culture_new_perspectives_of_dialogue_and_mutual_understanding/#.UiGg6ryEAjU; vgl. aaO, S. 127 f (abgerufen 28.8.2014). Vgl. Nachrichtendienst Östliche Kirchen (NÖK) Ausgabe 37/06 Teil B (14.9.2006) Nr. 12 sowie NÖK Ausgabe 38/06 Teil A (21.9.2006) Nr. 5.
[206] Der Text der Schlusserklärung ist auf der Kongresshomepage unter http://www.religions-congress.org/content/view/22/33/lang,english/ wiedergegeben; der Text ist weiterhin Teil einer kurzen Dokumentation, online zugänglich unter http://www.globaldialoguefoundation.org/files/REL.2009-jul.2congress.pdf. Der Text der „Prinzipien für den interreligiösen Dialog" ist – als Anhang zur Schlusserklärung – online zugänglich unter http://www.globaldialoguefoundation.org/files/REL.2009-jul.2congress.pdf (alle hier mitgeteilten Websites abgerufen 28.8.2014). Beide Texte – Schlusserklärung und „Prinzipien..." – sind im Anhang 1 unter 1.24. wiedergegeben.
[207] Zur Konferenz Astana III vgl. Laura Yerekesheva, Islamic-Christian Dialogue in Contemporary Kazakhstan, in: D. Spivak / S. Shankman, World Religions in the Context of the Contemporary Culture, aaO, S. 115 – 129 (128 f); der Beitrag ist auf der UNESCO-Homepage online publiziert unter http://www.unesco.org/new/en/moscow/about-this-office/single-view/news/new_publication_on_intercultural_dialogue_world_religions_in_the_context_of_contemporary_culture_new_perspectives_of_dialogue_and_mutual_understanding/#.UiGg6ryEAjU, vgl. aaO, S. 128 f (abgerufen 28.8.2014). Vgl. auch Berichterstattung zum Kongress im Nachrichtendienst Östliche Kirchen (NÖK) Ausgabe 26/09 Teil A (2.7.2009) Nr. 12 und aaO, Ausgabe 27/09 Teil A (9.7.2009) Nr. 4.
[208] Als Vertreter der Orthodoxie nahmen teil: Metropolit Emmanuel als Vertreter des Ökumenischen Patriarchats; der Metropolit Methodius von Astana und Almaty (russisch-orthodoxe Kirche, an der Spitze einer achtköpfigen Delegation von Würdenträgern der Metropolie) und der Patriarchalvikar Nifon (Rumänisch-Orthodoxe Kirche), vgl. Teilnehmerliste unter http://www.religions-congress.org/content/view/214/34/lang,english/ (abgerufen 28.8.2014).

Building Peace based on Tolerance, Mutual Respect, and Cooperation" ist insoweit irreführend, als vor allem die interreligiösen Einsichten zu den Voraussetzungen für friedliche Koexistenz, Konfliktabbau und -prävention und konstruktive gesellschaftliche Entwicklung in Fortführung der Tagung Astana II wesentlich vertieft werden konnten; aus dieser Basis leiteten die Konferenzteilnehmer dann spezifische Aufgaben und Beiträge von Verantwortlichen in den Religionsgemeinschaften ab. Die Ergebnisse sind in einem detaillierten Schlussappell zusammengefasst.[209] Die Reihe fand einen vorläufigen Abschluss mit der interreligiösen Konferenz 30./31.5.2012 (Astana IV) unter dem Leitgedanken „Peace and accord as a choice of humankind". Die Arbeitsgruppen zeigen die Bandbreite der Arbeit dieser Konferenz. Sie beschäftigten sich mit den Themen „The Role of Religious Leaders in Achieving Sustainable Development", „Religion and Multiculturalism", „Religion and the Woman: Spiritual Values and Contemporary Challenges und Religion and the Youth". Es wurde die Einrichtung eines „Council of Religious Leaders" beschlossen,[210] der künftige Vorhaben koordinieren und der wachsenden Bedeutung interreligiösen Dialogs entsprechen soll.[211] Die Teilnehmer beschlossen einen die Konferenzergebnisse zusammenfassenden Appell.[212]

---

209 Der Text des Schlussappells ist wiedergegeben auf der Kongresshomepage unter http://www.religions-congress.org/content/view/210/34/lang,english/ (abgerufen 10.12.2015).
210 Vgl. die Angaben auf der Kongresshomepage unter http://www.religions-congress.org/content/blogcategory/37/60/lang,english/ und http://www.religions-congress.org/content/view/308/60/lang,english/; vgl. auch den Kurzbericht unter http://www.interfax-religion.com/?act=news&div=9403 (alle hier mitgeteilten Websites abgerufen 28.8.2014). Vgl. weiterhin Nachrichtendienst Östliche Kirchen (NÖK) Ausgabe 22/12 Teil C (31.5.2012) Nr. 4 und eine Stellungnahme von Patriarch Kyrill aaO, Nr. 5; der Bericht über die Gründung des „Council of Religious Leaders" und seine Zusammensetzung vgl. aaO, Nr. 6.
211 Die Beteiligung orthodoxer Repräsentanten an der Konferenz Astana IV war ausgesprochen intensiv. Seitens der Russisch-Orthodoxen Kirche nahmen Patriarch Kyrill, Metropolit Hilarion von Volokolamsk sowie weitere 36 Vertreter der Russisch-Orthodoxen Kirche an der Konferenz teil. Weiterhin nahmen orthodoxerseits teil: Patriarch Theophilos III. von Jerusalem, begleitet von einem Erzdiakon; Metropolit Emmanuel von Frankreich (als Vertreter des Ökumenischen Patriarchats) mit zwei weiteren Delegierten; Metropolit Andrej (Gvazava) von Samtavian und Gorian, begleitet von Igumen Kozma (Kirche von Georgien); der Sekretär der Hl. Synode der Kirche von Tschechien und der Slowakei, Erzpriester Milan Gerka; Erzpriester Alexandru Stan als Vertreter des Patriarchats von Rumänien; Metropolit Alexandr von Astana und Kasachstan sowie der Leiter der Abteilung „Außenbeziehungen und interreligiöser Dialog" der Orthodoxen Kirche von Amerika, Erzpriester Leonid Kishkovskiy. Vgl. http://www.religions-congress.org/content/view/352/60/lang,english/ (abgerufen 28.8.2014). Vgl. Kurzbericht zur Konferenz in: Islamochristiana 38 (2012), S. 253.
212 Die Schlusserklärung ist online zugänglich auf der Homepage der kasachischen Botschaft in Polen unter http://www.kazakhstan.pl/index.php?option=com_content&view=article&id=1120%

Die Konferenzreihe von Astana/Kasachstan hat in einem besonderen Umfeld stattgefunden, das mit massiven politischen und religiösen Umwälzungen der postsowjetischen Zeit verknüpft ist. Russland hat Interesse an einer Stabilisierung der Lage, auch zugunsten der nach einer Auswanderungswelle verbliebenen – zumeist orthodoxen – russischen Minderheit; dasselbe Interesse hat Kasachstan, um seine neugeordneten Beziehungen zu Russland nicht zu gefährden. Zugleich hat eine Re-Islamisierung der kasachischen Gesellschaft stattgefunden. Zur Kontrolle der muslimischen Gemeinschaften, aber auch der „nicht-traditionellen" Religionsgemeinschaften greift die autoritäre Regierung in Kasachstan rigide durch. In der Folge können sich nur die anerkannten „traditionellen Religionen" entfalten, zu denen die Orthodoxie und ein staatskonformer Islam zählen; bezeichnenderweise ist die Konferenzreihe „Congress of Leaders of World and *Traditional Religions*" benannt. Das staatlich-politische Interesse an diesen Konferenzen kommt nicht nur durch die Initiative des Präsidenten und seine Beiträge bzw. die seiner Mitarbeiter zum Ausdruck, sondern wird z. B. auch durch detaillierte Ausführungen zur Konferenzreihe auf der Homepage des Außenministeriums von Kasachstan nahegelegt.[213] Erinnert sei zudem an die bereits erwähnte, sehr konkrete Zielsetzung der Konferenzreihe, der Gefahr von Terrorismus und Gewaltanwendung entgegenzuwirken, ein Indiz, dass das politische Interessen an Stabilität durch interreligiöse Verständigung der anerkannten Religionsgemeinschaften flankiert werden soll. Sébastien Peyrouse geht in einer von ihm vorgelegten Untersuchung noch weiter: er kritisiert an diesen Kongressen, dass sie instrumentalisiert würden, um einen tatsächlich nicht vorhandenen Respekt vor religiösem Pluralismus zu demonstrieren. Ähnliche Kritik übt Peyrouse an interreligiösen Treffen, die nicht das Potential zu echtem theologischem Dialog hätten, oft nur auf Vertreter der Orthodoxie und des Islam beschränkt seien und unter dem Stichwort „Förderung von Frieden und Toleranz" lediglich der Bekräftigung einer Allianz dieser beiden Religionsgemeinschaften dienten, mit dem Ziel, andere christliche bzw. muslimische Gemeinschaften zu marginalisieren.[214] Die Kritik von Peyrouse wird angesichts des skizzierten Umfelds plausibel; tatsächlich hat sich auch die Beteiligung der Russischen Orthodoxen Kirche an der Konferenz Astana IV als zahlenmäßig ungewöhnlich intensiv erwiesen, was als Indiz für die von Peyrouse kritisierte Allianz gelten kann. Festzuhalten ist aber

---

3Aappeal-by-the-participants-of-the-iv-congress-of-leaders-of-world-and-traditional-religions-astana-may-30-31-2012&catid=1%3Aaktualnoci&Itemid=33&lang=pl (abgerufen 28.8.2014).
213 Vgl. http://mfa.gov.kz/index.php/en/foreign-policy/current-issues-of-kazakhstan-s-foreign-policy/congress-of-leaders-of-world-and-traditional-religions (abgerufen 28.8.2014).
214 Vgl. Sébastien Peyrouse, The Partnership between Islam and Orthodox Christianity in Central Asia, in: Religion, State & Society 36 (2008), S. 393–405 (400ff).

auch, dass die Schlusserklärungen der Konferenzen Astana I-IV inhaltlich von solider interreligiöser Arbeit zeugen, sich nahtlos in die Auseinandersetzung anderer Konferenzen zu Frieden, Koexistenz und Absage an Gewaltanwendung einreihen und diese um wertvolle Einsichten ergänzt haben.

1.5 Sonstige interreligiöse Konferenzen, Tagungen u. ä. unter Beteiligung von Repräsentanten mehrerer autokephaler Kirchen

Abschließend sollen einige interreligiöse Seminare und Konferenzen vorgestellt werden, die je für sich stehen und die in zwei Gruppen gegliedert werden können:

1.5.1 Kirchliche Initiativen

Das erste Beispiel ist mit Blick auf die kooperierenden Veranstalter zugleich ein Sonderfall: Vom 1.–6.2.1976 wurde in Tripoli/Libyen ein internationales christlich-islamisches Dialogseminar durchgeführt, gemeinsam veranstaltet vom Vatikan und der Arabischen Republik Libyen. Die mehr als 400 Teilnehmer aus 60 Nationen verabschiedeten eine Schlusserklärung, in der ausdrücklich die Beteiligung orthodoxer Vertreter erwähnt wird und die sich – trotz staatlicher Beteiligung – politischer Aspekte völlig enthält. Der Text enthält bemerkenswerte Aussagen zu gemeinsamen Sichtweisen des Christentums und des Islam.[215]

Rund 230 Delegierte von mehr als 20 verschiedenen Religionen folgten der Einladung von Papst Johannes Paul II. zu einer interreligiösen Konferenz 25.–28.10.1999 in Rom; diese multireligiöse Tagung war vom „Päpstlichen Rat für den Interreligiösen Dialog" organisiert. Seitens der Orthodoxie nahmen daran Vertreter mehrerer autokephaler Kirchen teil. Die Teilnehmer berieten Wege, wie die verschiedenen religiösen Traditionen bei der Lösung der großen Menschheitsprobleme, insbesondere Armut, Inflation, Abstand zwischen Arm und Reich, HIV, Terrorismus, Korruption und religiöser Extremismus zusammenarbeiten könnten. Metropolit Damaskinos Papandreou fand große Anerkennung durch einfühlsame und doch klare Interventionen, in denen er Stellung gegen Tendenzen zum Synkretismus vor allem seitens fernöstlicher Religionen bezog. Der Ökumenische Patriarch hatte eine Botschaft übersandt.[216]

---

215 Vgl. Juliette Nasri Haddad (u. a.) (Hrsg.), Déclarations Communes Islamo-Chrétiennes (1954–1995), aaO, S. 121–136 (Déclaration N° 13).
216 Das Schlussdokument ist publiziert in: Islamochristiana 26 (2000), S. 253–257. Berichterstattung zur Konferenz in: Service Orthodoxe de Presse N° 243 (Dezember 1999), S. 17. Vgl. Epi-

Auf Initiative des Ökumenischen Patriarchen fand 29.–31.5.2000 im Kloster Vlatades bei Thessaloniki das interreligiöses Seminar „Réconciliation et paix en Europe du sud-est: La contribution des communités religieuses en faveur de sociétés multiraciales et démocratiques" statt. Dazu versammelten sich Teilnehmer aus verschiedenen internationalen Organisationen sowie Vertretern christlicher Kirchen, des Islam und des Judentums vor allem aus der südosteuropäischen Region; seitens der Orthodoxie nahmen Repräsentanten mehrerer autokephaler Kirchen (Ökumenisches Patriarchat, die Kirchen von Russland, Serbien, Rumänien Bulgarien und Albanien) teil. Ziel der Tagung war, den interreligiösen Dialog und die Kooperation anzuregen, um Impulse für Frieden, Gerechtigkeit und Solidarität auf dem Balkan zu geben. Die Diskussionen führten zu einem Zehn-Punkte-Programm, das in das Schlusskommuniqué Eingang fand.[217]

Die interreligiöse Konferenz „Perspectives of Muslim-Christian Dialogue in the Contemporary World" 1.–3.3.2005 (Amman) wurde vom „Orthodox Peoples' Unity Fund" gemeinsam mit der „Jordan's Orthodox Society" veranstaltet. Daran nahmen rund 80 Repräsentanten der Orthodoxie und 50 jordanische Persönlichkeiten teil. Thema der Konferenz war die gemeinsame Verantwortung von orthodoxen Christen und Muslimen zur Förderung des Friedens und zum Einsatz für grundlegende Werte. Zu den orthodoxen Teilnehmern zählten insbesondere Metropolit Benedikt von Philadelphia und Jordanien (Jerusalemer Patriarchat) und Archimandrit Zacchaeus (Orthodoxe Kirche von Amerika).[218] Die Tagung „Religion for People" 3./4.8.2011 (Sofia) fand unter Teilnahme von Vertretern der orthodoxen Kirchen von Konstantinopel, Russland, Georgien, Rumänien, Bulgarien, Zypern and Griechenland sowie der armenisch-apostolischen Kirche, der katholischen Kirche und Repräsentanten der EU statt. Weiterhin beteiligten sich Repräsentanten der Muslimgemeinschaften in Bulgarien, der Türkei und Makedonien sowie der jüdischen Gemeinschaften in Israel und Bulgarien. Die Konferenz beabsichtigte, einen Beitrag zur friedlichen Koexistenz der Religionen in den

---

skepsis 30. Jg., N° 575 (31.10.1999), S. 17–19 (dort wird als Datum der Konferenz 24.–29.10.1999 mitgeteilt).

217 Episkepsis 31. Jg., N° 584 (30.6.2000), S. 9f (mit Text des 10-Punkte-Programms). Vgl. den ausführlichen redaktionellen Bericht „Grèce: Séminaire interreligieux au monastère de Vlatades: ‚Réconciliation et paix en Europe du sud-est' (29–31 mai 2000)", in: Islamochristiana 26 (2000), S. 197 f (ebenfalls mit dem Text des 10-Punkte-Programms).

218 Der Text der Schlusserklärung ist publiziert in: Juliette Nasri Haddad (Hrsg.), Déclarations Communes Islamo-Chrétiennes (2002–2005), aaO, S. 253f (Déclaration N° 61).Vgl. die Berichte in: Nachrichtendienst Östliche Kirchen (NÖK), Ausgabe 10/05 (10.3.05), Teil C Nr. 13. Vgl. Andrew Sharp, Orthodox Christians and Islam, aaO, S. 208.

1 Gemeinsame interreligiöse Aktivitäten aller oder mehrerer orthodoxer Kirchen — 153

Ländern Südosteuropas zu leisten.²¹⁹ Vom 30.11.–1.12.2011 fand in Moskau die internationale und interreligiöse Konferenz „Freedom of Faith: Problem of Discrimination and Persecution against Christians" statt, an der Repräsentanten verschiedener christlicher Kirchen sowie muslimischer und jüdischer Gemeinschaften teilnahmen. Seitens der Orthodoxie waren die Kirchen von Alexandria, Antiochia, Jerusalem, Russland, Serbien, Zypern und Griechenland vertreten. Die Konferenz handelte von der Verfolgungssituation von Christen und den Folgen von religiösem Extremismus. Gewaltakte und Diskriminierung wurde verurteilt. Im ökumenischen und interreligiösen Dialog wurden geeignete Mittel gesehen, deren Ergebnisse eine gute Basis für gute nachbarschaftliche Beziehungen zwischen den Angehörigen verschiedener Religionen böten.²²⁰ Dazu wurde eine Schlusserklärung verabschiedet.²²¹

---

219 Vgl. Bericht auf der Homepage des Außenamtes des Moskauer Patriarchats unter http://mospat.ru/en/2011/08/05/news46086/ (abgerufen 29.8.2014); darin heißt es: „The international interreligious conference on Religion for People took place on August 3–4, 2011, in the Bulgarian capital city. The opening of the forum was attended by bishops and clergy from the Orthodox Churches of Constantinople, Russia, Georgia, Romania, Bulgaria, Cyprus and Greece as well as from the Armenian Apostolic Church. There were also representatives of the Muslim communities in Bulgaria, Turkey and Macedonia and Jewish communities in Israel and Bulgaria. Patriarch Bartholomew of Constantinople delivered a speech of greetings. A message of greetings from Patriarch Maxim of Bulgaria was brought by Metropolitan Cyril of Varna and Veliko Pereslavl, one of the organizers of the conference in Sofia. Deacon Dimitry Safonov of the DECR secretariat for the far-abroad countries, read out a message from Metropolitan Hilarion of Volokolamsk, head of the Moscow Patriarchate's department for external church relations. Brief messages of greetings were brought by Bulgaria's Supreme Mufti Alis Hadji and Chief Rabbi of Tel Aviv Yisrael Meir Lau. In his speech during the second day of the conference, Metropolitan Cyril of Varna, Bulgarian Church, underscored among other things the need to teach religious culture in Bulgarian schools for maintaining a religious and inter-ethnic peace in the country". Vgl. auch Bericht bei Nachrichtendienst Östliche Kirchen (NÖK) Ausgabe 32/11 Teil „Meldungen" (11.8.2011) Nr. 22.
220 Berichterstattung auf der Homepage des Außenamts des Moskauer Patriarchats unter http://mospat.ru/en/2011/12/01/news53682/; zu den Teilnehmern heißt es dort: „Attending the opening of the Conference were representatives of the Patriarchates of Alexandria, Antioch, Jerusalem and Serbia, of the Orthodox Churches of Cyprus and Greece, of the Roman Catholic Church, the Maronite Church, the Armenian Apostolic Church, the Assyrian Church of the East, the Muslim and Jewish communities, and the international, inter-Christian, interreligious and public organizations". Vgl. auch http://mospat.ru/en/2011/12/01/news53799/ zu einer Begegnung von Patriarch Kyrill mit den Konferenzteilnehmern. Vgl. auch den Bericht in: Nachrichtendienst Östliche Kirchen (NÖK) Ausgabe 49/11 Teil A (8.12.2012) Nr. 6; zum Empfang bei Patriarch Kyrill vgl. aaO, Nr. 7 (beide hier mitgeteilte Websites abgerufen 28.8.2014).
221 Die Schlusserklärung ist online zugänglich auf der Homepage des Außenamts des Moskauer Patriarchats unter http://mospat.ru/en/2011/12/01/news53750/ sowie auf der Homepage der Nachrichtenagentur Interfax unter http://www.interfax-religion.com/?act=documents&div=203.

1.5.2 Politisch (mit-)motivierte Initiativen

Eine zweite Gruppe von interreligiösen Initiativen ist davon gekennzeichnet, dass das Interesse an religionsübergreifender Verständigung mit – zuweilen schwer zu fassenden – politischen Motiven einhergeht. Manche dieser interreligiösen Zusammenkünfte mögen Züge einer eher unverhohlenen Selbstdarstellung ihrer Veranstalter tragen und belegen, dass das Interreligiöse zuweilen als Fassade eingesetzt wird. Solche Beispiele zur Abgrenzung von wirklicher interreligiöser Arbeit aufzuzeigen, verdeutlicht letztere. Im Gegensatz dazu wurde bei manchen Tagungen trotz politischer Motivation sehr solide interreligiös gearbeitet und Ergebnisse gezeitigt, die in beachtenswerte Schlusserklärungen eingegangen sind.

Ein erstes Beispiel ist die 18./19.2.1999 in Rom durchgeführte interreligiöse Tagung „Bethlehem 2000", die vom „UN-Committee on the Exercise of the Inalienable Rights of the Palestinian People" organisiert wurde; verschiedene überstaatliche Einrichtungen und Organisationen hatten dazu Vertreter entsandt. Referenten waren Persönlichkeiten des Islam und des Christentums. Das Ökumenische Patriarchat wurde durch Metropolit Damaskinos Papandreou vertreten; Erzpriester Victor Petluchenko (Außenamt des Moskauer Patriarchats) wirkte als Vertreter des Patriarchen Alexij II. mit. Die Schlusserklärung verweist auf eine Reihe prominenter Persönlichkeiten des politischen und religiösen Lebens, auf Leistungen der palästinensischen Autonomiebehörde und auf empfangene Unterstützung; der Text spiegelt nichts von dem vorangegangenen interreligiösen Austausch.[222] Daraus ist zu schließen, dass nicht interreligiöse Verständigung, sondern eine politische Selbstdarstellung beabsichtigt wurde.

Politische Implikationen sind auch in eine Veranstaltung 4./5.4.2001 in Damaskus verwoben, ohne dass jedoch an deren ernsthaften interreligiösen Absichten ein Zweifel bestünde. Zunächst fand am 4. April eine religionsübergreifende Kundgebung zur Unterstützung der palästinensischen „Intifada" statt; daran nahmen seitens der Orthodoxie Archimandrit Atallah Hanna (Patriarchat Jerusalem) und Patriarch Ignatios IV. Hazim von Antiochia teil, der das Schlusswort sprach. Am Folgetag, dem 5.4.2001, fand eine interreligiöse Begegnung statt,

---

(beide Websites abgerufen 10.12.2015). Vgl. auch Nachrichtendienst Östliche Kirchen (NÖK) Ausgabe 49/11 Teil A (8.12.2012) Nr. 6, Nr. 8.
222 Vgl. Episkepsis 30. Jg., N° 568 (31.3.1999), S. 7–11 (mit dem Text des Beitrags von Metropolit Damaskinos Papandreou zum Thema „Frieden und Gerechtigkeit als Voraussetzung für eine friedliche Koexistenz der drei monotheistischen Religionen"). Vgl. Gregorios D. Ziakas, The Ecumenical Patriarchate of Constantinople, in: George C. Papademetriou, Two Traditions, One Space, aaO, S. 239f. Die Schlusserklärung ist auf der Homepage des „UN-Committee on the Exercise of the Inalienable Rights of the Palestinian People" online zugänglich, vgl. http://unispal.un.org/UNISPAL.NSF/0/DA47F51CDF111A6C0525674C0077DA82 (abgerufen 28.8.2014).

bei der Sheikh Hussein Ahmed Chehadat einen Vortrag „Vers une conception religieuse de l'identité de la société arabe" hielt; Patriarch Ignatios IV. Hazim hielt die Schlussansprache.[223]

Politische Motivation bei gleichzeitiger qualitätvoller interreligiöser Arbeit kann auch der internationalen Konferenz 10./11.10.2002 (Baku) bescheinigt werden, die über die Rolle der Religionen in demokratischen Gesellschaften und über geeignete Mittel beriet, um gegen Fanatismus und Terrorismus zu kämpfen. Veranstaltet wurde die Tagung von der OSZE und der Regierung von Aserbaidschan. Thematik, politisch-religiöses Umfeld und Zielsetzung erweisen die Tagung als der Konferenzreihe von Astana/Kasachstan vergleichbar. Zu den orthodoxen Teilnehmern zählten der Direktor des Büros der orthodoxen Kirchen bei der EU, Metropolit Emmanuel (Ökumenisches Patriarchat), Metropolit Petros von Aksum (Patriarchat von Alexandria) und Bischof Alexander von Baku (Russische Orthodoxe Kirche). Einen der Vorträge hielt der Mitarbeiter im Außenamt des Moskauer Patriarchats, Vsevolod Chaplin. Die Konferenz verabschiedete eine bemerkenswerte und inhaltsreiche Schlusserklärung; sie enthält abschließend den Hinweis, dass der Text dem ständigen Rat der OSZE und – als Diskussionsbeitrag – einer Ministerkonferenz in Porto zugunsten von deren Beratungen über den Kampf gegen den Terrorismus zur Kenntnis gebracht werden solle.[224]

Ein Beitrag seitens der Regionalregierung von Antakia, dem früheren Antiochia, belegt ein Interesse der Türkei, sich als offen für religiösen Pluralismus zu zeigen. Dazu wurde 25.–30.9.2005 in Antakya der Erste Kongress „Rencontre entre les civilisations" veranstaltet, organisiert vom interreligiösen Komitee von Antakia, das sich aus den Repräsentanten der regional präsenten religiösen Gemeinschaften unter Vorsitz des Mufti und des Präfekten der Provinz Hatay zusammensetzt. Seitens der Orthodoxie nahmen der Ökumenische Patriarch Bartholomaios I. und der Metropolit von Aleppo, Paul Yazigi (als Vertreter des Patriarchen von Antiochia), teil.[225]

Das syrische Kultusministerium und die melkitisch-katholische Kirche organisierten den interreligiösen „Congrès international de la fraternité islamo-chrétienne" 15.12.2010 in Damaskus. Metropolit Emmanuel von Frankreich nahm als

---

223 Vgl. Proche-Orient Chrétien 51 (2001), S. 223.
224 Service Orthodoxe de Presse N° 274 (Januar 2003), S. 11 (Berichterstattung). Das Tagungsprogramm, die Rednerbeiträge der drei „Working Sessions" und das Schlussdokument sind auf der Homepage der OSZE unter www.osce.org/odihr/42582 zugänglich (pdf-Dokument; abgerufen 28.8.2014). Die Schlusserklärung ist im Anhang 1 unter 1.25. mitgeteilt.
225 Vgl. den Tagungsbericht in: Islamochristiana 32 (2006), S. 263.

Vertreter des Ökumenischen Patriarchen teil, weiterhin Patriarch Ignatios IV. von Antiochia.[226]

Einen Sonderfall stellt die internationale und interreligiöse Konferenz „Leaders of Change Summit" / „Istanbul World Political Forum" unter dem Tagungsthema „Changing to meet, meeting to change" 13./14.3.2011 in Istanbul dar. Sie wurde mit Unterstützung der Universität Istanbul und der türkischen Regierung durchgeführt. An der Konferenz nahmen rund 500 hochrangige Vertreter aus den Bereichen Politik, Gesellschaft, Forschung, Wirtschaft sowie Religion (Christentum, Islam, Judentum) teil, darunter seitens der Orthodoxie der Ökumenische Patriarch und eine Delegation der Russischen Orthodoxen Kirche, der der Metropolit Alexander von Astana and Kasachstan sowie Hegumen Philip Riabykh (Außenamt des Patriarchats) und Erzpriester George Roschin (Abteilung für Beziehungen zwischen Kirche und Gesellschaft) angehörten. Zwar besteht an der soliden Arbeit des in diesem Rahmen statt gefundenen interreligiösen Arbeitskreises kein Zweifel. Selbst der Bericht der Russischen Orthodoxen Kirche über das Ereignis zeigt jedoch, dass politische, gesellschaftliche und wirtschaftliche Interessen sowie eine Selbstdarstellung der Türkei als moderner, offener Staat eindeutig im Vordergrund standen; die interreligiöse Aktivität stellte in einer Fülle anders ausgerichteter Foren lediglich ein marginales Phänomen dar.[227]

---

226 Vgl. den Bericht auf der Homepage der orthodoxen Bischofskonferenz von Frankreich unter http://www.aeof.fr/articol_51543/reprise-des-travaux-preconciliaires-en-fevrier-2011-mgr-emmanuel-chez-le-patriarche-ignace-iv-a-damas-congres-islamo-chretien-%C3%A1-damas.html. Vgl. auch die Pressemitteilung auf der Homepage des melkitischen Patriarchats unter http://www.pgc-lb.org/fre/gregorios/view/Congress-on-The-Synod-for-the-Middle-East-at-Umayyad-Palace-Damascus (beide Websites abgerufen 28.8.2014).
227 Vgl. den Bericht auf der Homepage des Außenamtes des Moskauer Patriarchats unter http://mospat.ru/en/2011/03/14/news37785/ (abgerufen 29.8.2014); darin heißt es: „The Leaders of Change Summit organized by the Turkish Foundation for Studies of the Future and the Istanbul University and supported by the Turkish authorities was opened on 14 March 2011 in Istanbul. (…). The Summit is attended by some 500 people from various parts of the world. On the invitation of the Turkish Presidency of Religious Affairs and with the blessing of His Holiness Patriarch Kirill of Moscow and All Russia, the Summit is attended by a delegation of the Russian Orthodox Church including Metropolitan Alexander of Astana and Kazakhstan, Hegumen Philip Riabykh, vice-chairman of the Moscow Patriarchate's department for external church relations, and Rev. George Roschin, vice-chairman of the department for church-society relations. Among the participants are representatives of the world traditional religions (…). The forum will discuss the new role of Turkey and her influence on the region, the international dimension of modern leadership, new prospects for development and peace in the Middle East, Istanbul as a new financial center, the future of the global economy, common values in the global world, the situation in the Balkans, regional and international security, energy cooperation, relations between civilisations, the role of the mass media in carrying out changes, conflict resolutions, and others".

Auch die ungarische Regierung hat einen Beitrag zur interreligiösen Verständigung und zur Überwindung von Intoleranz zwischen Gläubigen verschiedener Religion geleistet. Dazu lud sie zu einer interreligiösen Konferenz zum Thema „The problem of religious intolerance. What can we do together?" 1./2.6. 2011 (Budapest) ein. Zu den Teilnehmern zählten Vertreter des Christentums, des Judentums und des Islam, ungarische Politiker, Botschafter und Vertreter internationaler Organisationen. Seitens der Orthodoxie beteiligten sich Metropolit Emmanuel von Frankreich (Ökumenisches Patriarchat) und Metropolit Hilarion von Volokolamsk (Moskauer Patriarchat).[228] Letzterer hielt eine Ansprache mit interreligiöser Thematik.[229]

Die italienische Regierung veranstaltete am 19.3.2012 in Rom am Sitz des Ministerpräsidenten eine interreligiöse Konferenz zu Fragen von Migration und Inkulturation; an der Tagung nahmen Vertreter vieler der in Italien präsenten Religionsgemeinschaften teil, darunter Vertreter von vier autokephalen Kirchen und der muslimischen Gemeinschaft.[230] Vergleichbar den interreligiösen Aktivi-

---

[228] Vgl. Bericht auf der Homepage des Außenamtes des Moskauer Patriarchats unter http://mospat.ru/en/2011/06/02/news42522/; vgl. auch einen Bericht auf einer Metropolitanhomepage unter http://www.nne.ru/news_rpc.php?id=2914 (beide Websites abgerufen 28.8.2014).

[229] Die Ansprache des Metropoliten Hilarion ist dokumentiert auf der Homepage des Außenamtes des Moskauer Patriarchats unter http://mospat.ru/en/2011/06/02/news42512/ (abgerufen 28.8.2014); darin heißt es zur Zielsetzung interreligiösen Dialogs: „Now as never before it is important to enter into intensive interreligious dialogue for enabling each community to bear witness to its faith and tradition and to strengthen good-neighbourly relations and mutual understanding. I believe this dialogue should not be limited to general statements and calls not committing anyone to anything but should become a real contribution to relieving the situation of believers. Religious leaders should oppose intolerance towards Christians, Muslims and Jews. No such case should remain unnoticed in the flow of daily news and events. We all in our places are called to do all that depends on us. Only in this case the voice of people of faith will become a convincing and powerful voice of truth. I am aware of the active position taken by the Conference of European Churches and the Council of Bishops' Conferences in Europe who have called the EU countries to resolute actions against discrimination of Christians on the globe. During the Passion Week, Catholics around the world prayed for the persecuted Pakistani Christians".

[230] Vgl. den Bericht auf der homepage des Außenamtes des Moskauer Patriarchats unter http://www.mospat.ru/en/2012/03/21/news60324/ (abgerufen 29.8.2014); zu den Teilnehmern heißt es dort: „Hieromonk Antoniy (Sevryuk), secretary of the administration of the Moscow Patriarchate parishes in Italy, took part in the conference on behalf of the Russian Orthodox Church. Bishop Siluan of Italy represented the Romanian Orthodox Church; archimandrite Simeon (Katsinas) – the Patriarchate of Constantinople; archpriest Rashko Radovich – the Serbian Orthodox Church. The Roman Catholic Church and the Jewish, Muslim, Hindu, and Sikh communities in Italy, as well as the major Christian denominations of this country, also sent their representatives to the conference".

täten von EU-Gremien diente die Konferenz der interreligiösen Aufarbeitung eines auch politisch brisanten Themas.

Am 13. und 14.10.2012 fand in Istanbul das „Istanbul World Forum" zum Thema „Justice and the Construction of a new World Order" statt, veranstaltet von der „SETA Foundation for Political, Economic and Social Research" und dem Büro des türkischen Premierministers. Der Teilnehmerkreis umfasste u. a. Staats- und Regierungschefs, Akademiker, Wirtschaftsvertreter, Künstler, Autoren und Medienvertreter. Zwei der insgesamt 25 Kongressforen behandelten in interreligiöser Besetzung die Themen „Religion and Peace" (unter Teilnahme u. a. des Ökumenischen Patriarchen und eines Vertreters der römisch-katholischen Kirche) sowie „Religion and Freedom" (unter Teilnahme u. a. des orthodoxen Patriarchen von Jerusalem, Theophilos III.).[231] Ähnlich wie bei der Vorgängertagung 2011 erscheint der interreligiöse Aspekt in der Gesamtheit des „Istanbul World Forum" marginal.

1.6 Zwischenergebnis

An diesem Punkt der Untersuchung wäre es verfrüht, inhaltliche Gesichtspunkte zusammenfassen zu wollen. Wohl aber können wichtige formale Aspekte zusammengetragen werden, die das gemeinsame interreligiöse Engagement aller oder mehrerer autokephaler Kirchen prägen.

Zunächst ist bemerkenswert, dass der weitaus größte Teil der in diesem Abschnitt berücksichtigten interreligiösen Ereignisse mithilfe von Organisationen durchgeführt wurde. Aus dem Blickwinkel der Orthodoxie betrachtet sind Vertreter der Kirche in der Leitung einer ganzen Reihe von interreligiösen Organisationen tätig. Dies war nicht nur in primär ökumenisch ausgerichteten Organisationen wie dem ÖRK, der Konferenz Europäischer Kirchen oder dem Middle East Council of Churches zu beobachten, in denen die Orthodoxie aus inneren Gründen institutionell Anteil an der Leitung hat; vielmehr wurde auch eine orthodoxe Beteiligung an der Leitung von spezifisch interreligiös ausgerichteten Organisationen wie „World Conference on Religions for Peace (WCRP)" und ihrem euro-

---

231 Vgl. die Kurzberichte unter http://www.iccistanbul.com/the-istanbul-world-forum-was-held-under-the-theme-justice-on-13-14-october-2012/ und http://newsletter.setav.org/en/Mail/the-istanbul-world-forum-to-be-held-under-the-theme-justice-on-13-14-october-2012.aspx; vgl. dort den Link zum Tagungsprogramm „Sessions" mit den Themen der einzelnen Foren und den Beteiligten. Eine Ansprache des Ökumenischen Patriarchaten ist online zugänglich auf der Patriarchatshomepage unter http://www.patriarchate.org/documents/his-all-holiness-addresses-1st-istanbul-world-forum (alle mitgeteilten Websites abgerufen 17.12.2013). Vgl. einen Kurzbericht und ein Interview mit dem römisch-katholischen Vertreter in: Islamochristiana 38 (2012), S. 292ff.

päischen „Ableger" „European Council of Religious Leaders", weiterhin beim „World Council of Religious Leaders", der „Appeal of Conscience Foundation" und beim „Elija Interfaith Institute" festgestellt. In allen diesen Beispielen verbindet sich eine Leitungsverantwortung der Orthodoxie mit der aus ihren Reihen erfolgten Teilnahme an interreligiösen Ereignissen sowie erbrachten inhaltlichen Beiträgen. Anders liegt es naturgemäß bei Organisationen überstaatlichen Charakters wie der UNESCO oder Einrichtungen der EU, bei denen sich eine kirchliche Beteiligung an der Leitung ausschliesst und das orthodoxe Engagement auf Teilnahme an Veranstaltungen und inhaltliche Beiträge beschränkt ist. Dasselbe gilt für Organisationen mit spezifisch muslimischem Kontext wie z. B. das „Royal Aal Al-Bayt Institute for Islamic Thought" oder das „Doha International Center for Interfaith Dialogue", wobei der Leitung des letzteren immerhin eine kleine Gruppe nicht-muslimischer Fachleute angehört. Einen Sonderfall stellt das „International Islamic Forum for Dialogue (IIFD)" dar, eine dem „International Islamic Council for Daw'a and Relief" verbundene Einrichtung, wobei dieser „Council" wiederum eine Dachorganisation von 86 islamischen Einrichtungen mit Sitz in Kairo ist.

Hervorzuheben ist eine zweite Beobachtung. In den weitaus meisten Organisationen, die interreligiös aktiv geworden sind und an denen die Orthodoxie in der Leitung und inhaltlich beiträgt, ist sie nicht die einzige mitwirkende christliche Kirche. Damit enthält sowohl die innere Struktur der beteiligten Organisationen wie das interreligiöse Engagement als solches nicht einen konfessionellen, sondern einen christlichen Grundzug. Anders gewendet: die interreligiös aktiven Organisationen sind in den weitaus meisten Fällen zugleich ein Raum ökumenischen Geschehens. Dies gilt in doppelter Hinsicht: mit Ausnahme spezifisch muslimischer und nach staatlich-politischen Maßstäben besetzten Einrichtungen sind deren Leitungsgremien überkonfessionell und ökumenisch geprägt; zugleich wird bei den von Organisationen durchgeführten interreligiösen Ereignissen dieses Abschnitts inhaltlich ein christliches, d. h. ein nicht konfessionell gebundenes Zeugnis eingebracht.

Die Bedeutung von interreligiös tätigen Organisationen erschöpft sich keineswegs in der Durchführung von entsprechenden Dialogereignissen wie Konferenzen, Seminaren u. ä. Manche von ihnen bemühen sich vielmehr auch um eine Arbeit größerer Dauerhaftigkeit bzw. Regelmäßigkeit sowie um eine Übertragung interreligiöser Einsichten in das alltägliche Leben breiterer Personenkreise und damit für einen „Dialog des Lebens". Besonders beeindruckende Beispiele hierfür sind die vom „Middle East Council of Churches" getragene Jugendarbeit, interreligiösen Sommercamps und Formatorenschulung (vgl. oben 1.2.3.); hervorzuheben ist aber auch das dem „European Council of Religious Leaders" zugeordnete „European Women of Faith Network". Initiativen wie die – von von mehreren interreligiösen Organisationen mitgetragene – zugunsten eines „Universal Code on Holy Sites" deuten den Übergang von Dialog zu interreligiöser Zusammenarbeit an.

Nicht selten wurde eine Beteiligung von Organisationen bei interreligiösen Ereignissen beobachtet, die selbst eine andere Zielsetzung haben, z. B. Friedens- und Menschenrechtsinitiativen, aber auch Bildungsorganisationen. Ein besonders intensives Beispiel stellt die vom „European Council of Religious Leaders" veranstaltete Tagung 27./28.7.2009 (Trondheim) dar, die in Zusammenarbeit mit „One World in Dialogue", dem „Oslo Center for Peace and Human Rights", der Initiative „Search for Common Ground" und der interreligiösen Organisation „Religions for Peace" durchgeführt wurde (vgl. oben 1.3.2.). Die Bedeutung solcher Kooperationen besteht im Bemühen nicht-interreligiös orientierter Organisationen, ihre eigene Zielsetzung auch in religionsübergreifenden Zusammenhängen einzubringen; damit nehmen sie zugleich Einfluss auf die Thematik, die Besetzung und die Ergebnisse interreligiöser Ereignisse.

Als überraschend ausgeprägt hat sich die Querverbindung zwischen interreligiösen Bemühungen und der Politik erwiesen. Dabei lassen sich mehrere Fallgruppen unterscheiden. Die erste umfasst interreligiöse Ereignisse, die unmittelbar von überstaatlichen politischen Akteuren wie der UNESCO oder europäischen Gremien verantwortet wurden; hinzuzunehmen ist eine Reihe von entsprechenden Initiativen nationaler Regierungen (vgl. oben 1.4.4. und 1.5.2.). Eine zweite Gruppe ist davon gekennzeichnet, dass sich die Politik spezifischer halbstaatlicher Organisationen bedient, um vermittelt durch sie interreligiös aktiv zu werden; dazu zählen z. B. die zuvor erwähnten Einrichtungen „Royal Aal Al-Bayt Institute for Islamic Thought" und das „Doha International Center for Interfaith Dialogue", aber etwa auch die iranische „Organization of Islamic Culture and Communication". Die dritte Fallgruppe ist zwar klein, jedoch methodisch bemerkenswert. Dabei wird einer Nicht-Regierungsorganisation, die (auch) interreligiös arbeitet, ein Beraterstatus bei einer politischen Einrichtung eingeräumt. Dies ist der Fall bei ISCOMET (vgl. oben 1.3.6.) und der „High Level Group on Interreligious Dialogue" innerhalb der UNESCO (vgl. oben 1.4.1.). Eine deutlich fassbare, wenn auch weniger intensive Form von Querverbindung zwischen interreligiösen Bemühungen und Politik besteht in der Beteiligung von Persönlichkeiten des politischen Lebens an interreligiösen Veranstaltungen, in der Übersendung von Grußbotschaften, in Empfängen als Teil eines Rahmenprogramms, aber auch in der Gewährung von logistischer oder finanzieller Unterstützung; das diesbezügliche Engagement der Politik lässt sich zusammengenommen als vierte Fallgruppe darstellen.

Die Bedeutung einer Querverbindung der Religionsgemeinschaften zur Politik wird mittelbar durch Beispiele einer umgekehrten Ausrichtung unterstrichen, dass nämlich eine Reihe interreligiöser Ereignisse mit dem erklärten Ziel durchgeführt wurde, unmittelbar auf die Politik Einfluss zu nehmen. Dies war zuerst bei den Moskauer Konferenzen von 1977 und 1982 zu beobachten (vgl. oben 1.1.). Dieselbe Zielsetzung einer „interreligiösen Lobbyarbeit" hat sogar zur Gründung einer speziellen interreligiösen Organisation, nämlich des „World Religions Summit – Interfaith Leaders in the G8/G20 Countries" geführt (vgl. oben 1.3.3.).

2 Bemühungen einzelner autokephaler Kirchen um einen Dialog mit dem Islam

Parallel zum gemeinsamen Engagement mehrerer autokephaler Kirchen im Dialog mit dem Islam sind auch vielfältige Initiativen *einzelner* orthodoxer Kirchen zu verzeichnen, welche im folgenden Abschnitt in den Blick genommen werden sollen. Dieses Engagement ist teils bilateral, d. h. es betrifft den Dialog mit dem Islam; teils ist es multilateral, d. h. es bezieht sich auf Begegnungen mit den Vertretern verschiedener Religionen, darunter solchen des Islam. Darin erschöpft sich die Vielfalt der interreligiösen Beiträge jedoch keineswegs. Die volle Bandbreite an interreligiösen Bemühungen ergibt sich vielmehr erst daraus, dass bei einigen Aktivitäten die Initiative von der betreffenden Kirche ausgeht, andere Beiträge sind dadurch gekennzeichnet, dass von außen gebotene Chancen zur Mitwirkung oder Gestaltung durch die betreffende orthodoxe Kirche aufgegriffen wurden – teils auf internationaler Ebene, teils regional oder lokal orientiert. Ein Bereich eigener Valenz sind interreligiöse Räte, d. h. auf Dauer angelegte Gremien des interreligiösen Dialogs auf regionaler oder nationaler Ebene. Ähnliches gilt für vielfältige Initiativen, Gremien und Organisationen, die dazu beitragen, dem interreligiösen Dialog mit dem Islam Räume zu geben.[232]

---

[232] Angesichts dieses Spektrums gilt auch hier, was eingangs des vorangegangenen Abschnitts festgehalten worden ist: Ziel ist nicht die vollständige Erfassung aller Dialogereignisse unter Beteiligung einer der autokephalen orthodoxen Kirchen, sondern die Zusammenstellung einer breiten Informationsgrundlage, aus der begründete Schlussfolgerungen auf die Schwerpunkte und Spezifika des orthodoxen Engagements im interreligiösen Dialog mit dem Islam gezogen werden können.

2.1 Beiträge des Ökumenischen Patriarchats zu einem interreligiösen Dialog mit dem Islam

2.1.1 Organisatorisches

Die Bedeutung, welche interreligiösem Dialog zugemessen wird, spiegelt sich insbesondere in organisatorischen Weichenstellungen. Eine solche hat das Ökumenische Patriarchat durch Einrichtung einer speziellen Kommission für den Dialog mit dem Islam vorgenommen. Aktuell, d. h. im Jahr 2014, gehören dieser Kommission an: Metropolit Konstantin von Nizäa (Vorsitzender), Metropolit Germanos von Theodoropolis, Metropolit Emmanuel von Frankreich und Metropolit Dionysios von Synada. Als Sekretär der Kommission fungiert Archimandrit Chrysanthos Demetriadis, der zugleich Kanzler der Metropolie von Derkoi ist.[233]

Ein wichtiges Element für das Zustandekommen von interreligiösem Dialog stellen darüber hinaus Organisationen oder Institutionen dar, die sich ihm widmen und einen geeigneten Rahmen bieten. Im vorangegangenen Abschnitt war von solchen Organisationen bereits die Rede. Darunter wurde auch eine Reihe von ihnen vorgestellt, in denen das Ökumenische Patriarchat zusammen mit anderen autokephalen Kirchen Leitungsverantwortung übernommen hat. Nunmehr sollen einige weitere Institutionen in den Blick genommen werden, in denen Vertreter des Ökumenischen Patriarchats die einzigen Leitungspersönlichkeiten orthodoxen Bekenntnisses stellen.

Am 3.5.1999 wurde in Genf die „Fondation de Recherches et de Dialogues Interreligieux et Interculturels" errichtet. Ziel der Stiftung ist es, ein Forschungs- und Dialogzentrum zu schaffen und zu finanzieren, um das gegenseitige Kennenlernen und die interreligiöse bzw. interkulturelle Annäherung der drei großen monotheistischen Weltreligionen zu fördern. Zu den Gründern gehörten Persönlichkeiten der Politik und dieser drei Religionen, seitens der Orthodoxie der Metropolit Hrisostomos Konstantinidis von Ephesus und der Metropolit der Schweiz, Damaskinos Papandreou; letzterer wurde zum ersten Präsidenten bestellt. Die Stiftung soll zwei Büros, in Houston und Amman, unterhalten. Anlässlich der Stiftungserrichtung hielt Metropolit Damaskinos eine programmatische Anspra-

---

[233] Jahrbuch der griechisch-orthodoxen Metropolie von Amerika für das Jahr 2014, mit Informationen über die Organisationsstrukturen des Ökumenischen Patriarchats vgl. http://www.goarch.org/archdiocese/yearbook/2014-yearbook.pdf; Informationen zur Zusammensetzung der Kommission für den Dialog mit dem Islam vgl. aaO, S. 58. Diese Jahrbücher erscheinen seit 1998; in diesem Jahr hat die Kommission bereits bestanden; vgl. dazu das Jahrbuch 1998, S. 54, online zugänglich unter http://www.goarch.org/archdiocese/yearbook/1998yb.pdf. Vgl. auch http://www.patriarchate.org/patriarchate/jurisdiction/administrative-structure/synod (alle hier mitgeteilten Websites abgerufen 2.9.2014).

2 Bemühungen einzelner autokephaler Kirchen um einen Dialog mit dem Islam — 163

che.[234] Vertreter der Regierungen von Saudi-Arabien, Österreich und Spanien unterzeichneten am 13.10.2011 eine Vereinbarung, beim Aufbau und der Organisation des in Wien angesiedelten „King Abdullah International Centre for Interreligious and Intercultural Dialogue" zusammenzuwirken.[235] Zu dessen „Board of Directors" zählt Metropolit Emmanuel von Frankreich (Ökumenisches Patriarchat).[236] Bei der Eröffnung des Zentrums am 26.11.2012 hielt der ökumenische Patriarch Bartholomaios I. eine Ansprache.[237] Im Bereich der westeuropäischen Diaspora wurde bereits 1967 die „Fraternité d'Abraham" gegründet, eine private Initiative, die bei maßgeblichen Repräsentanten der Religionsgemeinschaften Frankreichs Unterstützung fand. Seitens der Orthodoxie wirkt aktuell (September 2014) Metropolit Emmanuel von Frankreich im „Comité de Parrainage" dieser Organisation mit.[238]

---

[234] Episkepsis 30. Jg., N° 570 (31.5.1999), S. 5–9 (mit Text der Ansprache); zur Zielsetzung insbesondere einer Stärkung „friedlicher Koexistenz" aaO, S. 5. Ansprache des Metropoliten Damaskinos Papandreou bei der Gründungsversammlung und Mitgliederliste des Stiftungsrats vgl. auch in: Damaskinos Papandreou, Dialog als Leitmotiv. Die Orthodoxie an der Schwelle zum dritten Jahrtausend (Analecta Chambesiana 2), Centre Orthodoxe du Patriarcat Oecumenique Genf/Athen 2000, S. 331–334. Vgl. Islamochristiana 25 (1999), S. 222 (Kurzbericht, insbesondere zu den Stiftungszwecken). Kardinal Ratzinger, jetzt Papst emeritus Benedikt XVI., gehörte ebenfalls zu den Gründungsmitgliedern; er empfing die Vertreter der Stiftung 2007 im Vatikan und hielt eine Ansprache, vgl. http://www.vatican.va/holy_father/benedict_xvi/speeches/2007/february/documents/hf_ben-xvi_spe_20070201_dialogo-interreligioso_fr.html (abgerufen 2.9.2014).
[235] Vgl. Islamochristiana 37 (2011), S. 167.
[236] Vgl. die Angaben auf der Homepage des Zentrums unter http://www.kaiciid.org/en/the-centre/governance/board-of-directors-kopie.html (abgerufen 2.9.2014).
[237] Vgl. die Homepage des Zentrums unter http://www.kaiciid.org/en/kaiciid-day/inauguration-speeches/inauguration-speeches.html (abgerufen 2.9.2014).
[238] Vgl. Eva Maria Hinterhuber, Abrahamitischer Trialog und Zivilgesellschaften. Eine Untersuchung zum sozialintegrativen Potenzial des Dialogs zwischen Juden, Christen und Muslimen, Lucius & Lucius Stuttgart 2009, S. 149f. Vgl. auch die Informationen auf der Homepage der „Fraternité d'Abraham" unter http://www.fraternite-dabraham.com/lassociation/presentation/; zur Zielsetzung heisst es dort in Programmpunkt 2: „La Fraternité devrait se donner un objectif très concret: susciter et soutenir la création dans la région d'une communauté multi-ethnique et multi-confessionnelle, pour démontrer que le „vivre ensemble" en bonne entente entre chrétiens, juifs, musulmans – et autres – est non seulement possible mais enrichissant...". Zur Mitwirkung des Metropoliten Emmanuel im „Comité de Parrainage" vgl. http://www.fraternite-dabraham.com/lassociation/comite-de-parrainage/ (beide Websites abgerufen 15.1.2015).

2.1.2 Akademische Tagungen in Konferenzfolgen

Noch im Jahr der panorthodoxen Beschlussfassung zum interreligiösen Dialog, 1986, begann eine Reihe interreligiöser Tagungen akademischer Ausrichtung,[239] die bis 1998 in Zusammenarbeit zwischen dem Orthodoxen Zentrum des Ökumenischen Patriarchats in Chambésy und der Königlichen Akademie zur Erforschung der islamischen Kultur in Amman/Jordanien („Aal al-beyt Institut")[240] durchgeführt wurden. Eröffnet wurde die Konferenzfolge mit einer Tagung zum Thema „Autorität und Religion" am 17.–19.11.1986 im orthodoxen Zentrum von Chambésy.[241] Die Folgekonferenz 21.–24.11.1987 in Amman widmete sich den historischen Modellen einer Koexistenz von Muslimen und Christen sowie deren Zukunftsaussichten.[242] Das Leitthema der Tagung 12.–15.12.1988 in Chambésy

---

[239] Zu den akademischen Tagungen, den Themen, Teilnehmern und Schlusserklärungen vgl. George C. Papademetriou, Contemporary Dialogue, in: ders., Two Traditions, One Space, aaO, S. 207–229 (210–224). Vgl. auch Gregorios D. Ziakas, The Ecumenical Patriarchate of Constantinople, in: George C. Papademetriou, Two Traditions, One Space, aaO, S. 244ff.

[240] Zur Zielsetzung und Tätigkeit dieser Akademie vgl. Maurice Borrmans, L'Académie Royale de Jordanie et le Dialogue Islamo-Chrétien, in: Proche-Orient Chrétien 40 (1990), S. 79–92; aaO, S. 81ff findet sich ein Überblick über die von 1984 bis 1989 durchgeführten interreligiösen Konferenzen, an der sich die Akademie beteiligt hat; neben dem hier fokussierten orthodox-islamischen Dialog finden sich in diesem Überblick – nach zeitlicher Reihenfolge – auch Veranstaltungen eines katholisch-islamischen und anglikanisch-islamischen Dialogs.

[241] Vgl. Berichterstattung in Service Orthodoxe de Presse N° 114 (Januar 1987), S. 3f. Die unwesentlich gekürzte Fassung eines Beitrags von Metropolit Georges Khodr bei dieser Konferenz ist publiziert in: Service Orthodoxe de Presse N° 115 (Februar 1987), S. 15–19. Vgl. auch Episkepsis 17. Jg., N° 368 (8.12.1986), S. 12–17 (Berichterstattung und Zusammenfassung der Beiträge). Im Bericht wird die Tagung von 1986 als die dritte der Seminarreihe bezeichnet; dabei scheint es sich um ein Redaktionsversehen zu handeln, denn ab Episkepsis 24. Jg., N° 494 (31.7.1993), S. 13 wird auf eine Zählung korrigiert, die mit dem Seminar 1986 beginnt; vgl. auch die Auflistung der Seminarreihe in Episkepsis 27. Jg., N° 532 (30.6.1996), S. 16, die 1986 einsetzt; ebenso die Übersicht bei Athanasios Basdekis, Die Orthodoxe Kirche, Verlag Lembeck Frankfurt, 4. Aufl. 2003, S. 128. Vgl. auch die Hinweise zu den Tagungsbeiträgen bei Maurice Borrmans, L'Académie Royale de Jordanie et le Dialogue Islamo-Chrétien, in: Proche-Orient Chrétien 40 (1990), S. 82f (dort auch den Hinweis auf einen Vortrag von Prof. Vlassios Phidas „L'autorité de l'État"). Vgl. Islamochristiana 13 (1987), S. 213f.

[242] Maurice Borrmans, L'Académie Royale de Jordanie et le Dialogue Islamo-Chrétien, in: Proche-Orient Chrétien 40 (1990), S. 84f. Vgl. den Bericht zur Tagung in: Islamochristiana 14 (1988), S. 293f. Vgl. auch den Kurzbericht in: Service Orthodoxe de Presse N° 126 (März 1988), S. 7. Andrew Sharp, Orthodox Christians and Islam, aaO, S. 110 FN 68. Zwei orthodoxe Beiträge, von Metropolit Damaskinos Papandreou bzw. von Tarek Mitri (Patriarchat Antiochia, Mitarbeiter beim ÖRK) sind in deutscher Übersetzung publiziert: Damaskinos Papandreou, Für ein Zusammenleben von Muslimen und Christen: Monotheismus als gemeinsame Glaubensbasis, in: Una Sancta 43 (1988), S. 218f (Eröffnungsansprache). Tarek Mitri, Zukunftsaussichten für ein Zusammenleben

2 Bemühungen einzelner autokephaler Kirchen um einen Dialog mit dem Islam —— 165

war „Frieden und Gerechtigkeit" und fokussierte damit zwei wesentliche Voraussetzungen für eine Koexistenz von Gläubigen verschiedener Religionen. Einblick in die Arbeitsweise der Teilnehmer bietet die gewählte Untergliederung des Konferenzthemas: Sehr grundsätzlich angelegt war der Auftrag einer ersten Arbeitsgruppe, die Konzeptionen von „Frieden" und „Gerechtigkeit" in den heiligen Schriften beider Religionen sowie aktuelle Probleme und mögliche Beiträge der Religionen zu ihrer Lösung beleuchtete. Eine weitere Gruppe untersuchte die Bedeutung der Menschenrechte für eine friedliche Koexistenz und den religiös gebotenen Umgang mit Rassendiskriminierung. Die Auseinandersetzung mit Jerusalem als einem Modell für das Miteinander von Gläubigen verschiedener Religionszugehörigkeit in Geschichte und Gegenwart stellte eine weitere Facette der Auseinandersetzung mit „friedlicher Koexistenz" dar. Schließlich wurden „Frieden" und „Gerechtigkeit" als beiden Religionen gemeinsame Werte näher bestimmt und die Frage nach deren Bedeutung im Erziehungsbereich aufgeworfen.[243] Um ein anderes, wenn auch ähnlich gewichtiges Thema bemühte sich die Konferenz 11.–13.9.1989 (Istanbul), die mit „religiösem Pluralismus" verbundene Fragen bearbeitete.[244] Trotz der interreligiösen Bedeutung einer Auseinandersetzung mit „Pluralismus" wurde bei der Tagung 26.–28.7.1993 (Amman) diese Linie nicht fortgesetzt. Man entschied sich vielmehr, mit „Die Jugend und der Wert der Toleranz" auf ein bereits 1988 in einer Arbeitsgruppe bearbeitetes Thema, nämlich den Erziehungsbereich und dessen ethische Orientierung, zurückzugreifen. Mit 62 Teilnehmern aus 23 Ländern war diese Konferenz breiter angelegt als ihre Vor-

---

von Muslimen und Christen in arabischen Ländern, in: Una Sancta 43 (1988), S. 220–228 mit S. 248.
243 Episkepsis 20. Jg., N° 411 (15.1.1989), S. 3–8. Service Orthodoxe de Presse N° 134 (Januar 1989), S. 12f. Islamochristiana 15 (1989), S. 228–232. Maurice Borrmans, L'Académie Royale de Jordanie et le Dialogue Islamo-Chrétien, in: Proche-Orient Chrétien 40 (1990), S. 86f. Vgl. das Schlusswort von Metropolit Damaskinos Papandreou, Christen und Muslime in der pluralistischen Gesellschaft, in: Una Sancta 54 (1999), S. 33–35; vgl. den Tagungsbeitrag von Gerhard Voss, Mitbürgerschaft von Christen und Muslimen in der modernen Gesellschaft, in: Una Sancta 54 (1999), S. 36–45; vgl. den Tagungsbeitrag von Vladan Perisic, Herausforderungen für das Zusammenleben von Christen und Muslimen, in: Una Sancta 54 (1999), S. 46–48.
244 Episkepsis 20. Jg., N° 426 (1.10.1989), S. 4–11. Maurice Borrmans, L'Académie Royale de Jordanie et le Dialogue Islamo-Chrétien, in: Proche-Orient Chrétien 40 (1990), S. 87f. Islamochristiana 16 (1990), S. 279 (in diesem Bericht wird das Datum der Konferenz – abweichend zu den voran stehend zitierten Berichten in Episkepsis und Proche-Orient Chrétien – angegeben mit: 10.–14.9.1989). Zwei Beiträge – von Metropolit Damaskinos Papandreou bzw. Dr. iur. Anastasios Marinos (Kirche von Griechenland) – sind in deutscher Übersetzung publiziert: Damaskinos Papandreou, Toleranz: von bloßer Duldung zur Wertschätzung, in: Una Sancta 45 (1990), S. 80–83. Dr. Anastasios N. Marinos, Religiöser Pluralismus und seine Grenzen im modernen Staat, in: Una Sancta 45 (1990), S. 70–75 mit S. 95, dort auch zur Person von Dr. Marinos.

gänger. Der bis dahin durchgetragene Jahresrhythmus der Konferenzfolge konnte angesichts wieder aufgebrochener Konflikte im Nahen Osten nicht durchgehalten werden. Auch als die Tagung mit dreijähriger Verzögerung schließlich 1993 stattfinden konnte, stand sie unter dem Eindruck aktueller Auseinandersetzungen, diesmal in Bosnien-Herzegowina. Metropolit Damaskinos Papandreou hielt ein Referat, das sensibel auf die brisante Situation und auf deeskalierende Beiträge der serbischen Kirche einging; darüber hinaus hielt er eine beachtenswerte Schlussansprache.[245] Hinsichtlich des Hauptthemas, nämlich Erziehung und ihre Verknüpfung mit ethischen Werten, hatte die Konferenz einen eindeutigen Schwerpunkt entwickelt, der in den beiden folgenden Tagungen weiter entfaltet wurde: Die Konferenz 8.–10.9.1994 (Athen) arbeitete über „Erziehung zu Verständigung und Kooperation",[246] diejenige, die 2.–5.6.1996 in Amman durchgeführt wurde, noch grundsätzlicher über „Das Erziehungssystem im Islam und im Christentum".[247] Ein neuer Themenbereich, nämlich Perspektiven für eine Zu-

---

[245] Islamochristiana 19 (1993), S. 255–257 (Tagungsresumée mit fünf Leitsätzen in englischer Sprache); aaO, S. 257–260 arabischer Text. Vgl. Episkepsis 24. Jg., N° 494 (31.7.1993), S. 13–20 (mit Berichterstattung zur 5. Tagung und den wesentlichen Teilen der Schlusserklärung). Eine weitere Edition der fünf Konferenzleitsätze ist publiziert in: Juliette Nasri Haddad u. a. (Hrsg.), Declarations Communes Islamo-Chrétiennes (1954–1995), aaO, S. 304ff (Déclaration N° 39); Haddad bietet aaO, S. 306 eine französische Übersetzung, aaO, S. 307 den aus Islamochristiana übernommenen englischsprachigen Originaltext und aaO, S. 308f eine arabische Textfassung. Die vollständige Tagungsdokumentation ist publiziert in: Royal Academy for Islamic Civilization Research (Al Albait Foundation) / Orthodox Center of the Ecumenical Patriarchate (Hrsg.), Youth and the Values of Moderation, Amman 1994; vgl. eine Rezension dazu in: Islamochristiana 20 (1994), S. 325.

[246] Episkepsis 25. Jg., N° 510 (31.10.1994), S. 6–13 (ausführliche Berichterstattung zur Tagung und Dokumentation wichtiger Beiträge). George Papademetriou, The Sixth Muslim-Christian Consultation, in: Journal of Ecumenical Studies 33 (1996), S. 131–133 (Berichterstattung, Konferenzergebnisse in fünf Punkten und Zusammenfassung des Schlusswortes von Metropolit Damaskinos Papandreou). Vgl. auch Islamochristiana 21 (1995), S. 165f (Bericht und Konferenzergebnisse in fünf Punkten). Der Text der fünf Hauptpunkte in Journal of Ecumenical Studies 33 (1996), S. 131–133 (132f) und der in Islamochristiana 21 (1995), S. 195f (166) gebotene Text stimmen bis auf eine geringfügige formulierungsmäßige Variante am Anfang von Punkt 4. wörtlich überein. Juliette Nasri Haddad (u. a.), Declarations Communes Islamo-Chrétiennes (1954–1995), aaO, S. 354ff (Declaration N° 46) bietet nicht die Zusammenfassung der Ergebnisse, sondern lediglich die drei bei der Konferenz behandelten Unterthemen. Vgl. Damaskinos Papandreou, Die Rolle der Orthodoxie im Dialog zwischen Christentum und Islam, in: Una Sancta 49 (1994), S. 357–359.

[247] Episkepsis 27. Jg., N° 532 (30.6.1996), S. 9–18 (Berichterstattung und Dokumentation). Service Orthodoxe de Presse N° 211 (September/Oktober 1996), S. 21. Athanasios Basdekis, Die Orthodoxe Kirche, aaO, S. 128. Die Schlusserklärung ist publiziert in: Juliette Nasri Haddad (Hrsg.), Déclarations Communes Islamo-Chrétiennes (1995–2001), aaO, S. 67ff (Déclaration N° 12, AMM 96). Vgl. Islamochristiana 23 (1997), S. 205–207. Vgl. das Referat von Damaskinos Papandreou, Auswertung

2 Bemühungen einzelner autokephaler Kirchen um einen Dialog mit dem Islam — 167

sammenarbeit und gleiche Teilhabe von Christen und Muslimen, wurde 3.–5.6. 1997 in Istanbul erschlossen; 43 Teilnehmer aus 14 Ländern widmeten sich der grundsätzlichen Bearbeitung von diesbezüglich mit interreligiösem Dialog verbundenen Möglichkeiten und Beiträgen.[248] Die Tagung 10.–12.11.1998 (Amman) konkretisierte den Aspekt „Teilhabe" weiter, nämlich in den gesellschaftlichen Bereich hinein; dabei wurde verstärkt in den Blick genommen, dass sich Zusammenleben von Gläubigen verschiedener Religion in bestimmten gesellschaftlichen Kontexten gestaltet und deren positive Entwicklung voraussetzt, dass keine Religionsgruppe von einer aktiven Mitgestaltung ausgeschlossen wird. An der Tagung nahmen 57 Teilnehmer aus 18 Ländern teil; sie verabschiedete eine bedeutsame Schlusserklärung.[249]

Trotz erfolg- und inhaltsreicher Arbeit der Konferenzserie kam es zu einer Zäsur. Im Jahr 1999 beauftragte König Abdullah II. von Jordanien zunächst den

---

eines zehnjährigen Dialogs zwischen Christen und Muslimen, in: Una Sancta 51 (1996), S. 239–244 (vorgetragen bei der Tagung Amman 1996). Die Dokumentation der Konferenz ist veröffentlicht bei: Nassir El-Din El-Assad (Hrsg.), The Educational System in Islam and Christianity. Proceedings of the Muslim-Christian Consultation held in collaboration with the Orthodox Centre Chambésy. Amman 3–5 June 1996, Royal Academy for Islamic Civilization Research (Al Albeit Foundation) Amman 1997.

248 Service Orthodoxe de Presse N° 220 (Juli/August 1997), S. 18 (Kurzbericht). Episkepsis N° 545 (30.6.1997), S. 4–22 (Berichterstattung, Darstellung der Beiträge und der Vortragenden, verschiedene Ansprachen). Islamchristiana 23 (1997), S. 238–241 (Berichterstattung, Ergebnisse und Auszüge aus der Eröffnungsansprache des Ökumenischen Patriarchen). Die Schlusserklärung ist publiziert in: Juliette Nasri Haddad (Hrsg.), Déclarations Communes Islamo-Chrétiennes (1995–2001), aaO, S. 117 ff (Déclaration N° 22, IST 97). Vgl. Damaskinos Papandreou, Möglichkeit und Notwendigkeit interreligiöser Dialoge, in: Una Sancta 53 (1998), S. 115–125. Die Ansprache des Ökumenischen Patriarchen zur Eröffnung ist dokumentiert in: Orthodoxes Forum 11 (1997), S. 277–282. Die Eröffnungs- und Schlussansprache des Metropoliten Damaskinos Papandreou sind publiziert in: Damaskinos Papandreou, Dialog als Leitmotiv, aaO, S. 299–311. Vgl. auch den Beitrag zur Konferenz 1997 von Kronprinz Hassan bin Talal von Jordanien, Für eine Zusammenarbeit von Muslimen und Christen, in: Una Sancta 53 (1998), S. 144–146.

249 Berichterstattung in: Service Orthodoxe de Presse N° 235 (Februar 1999), S. 13. Vgl. Episkepsis N° 563 (30.11.1998), S. 11–24 (Bericht, Dokumentation der Ansprache von Metropolit Damaskinos Papandreou sowie der Schlusserklärung). Text der Schlusserklärung auch bei Juliette Nasri Haddad (Hrsg.), Déclarations Communes Islamo-Chrétiennes (1995–2001), aaO, S. 155 ff (Déclaration N° 31, AMM 98). Vgl. Islamochristiana 25 (1999), S. 208–210 (Bericht und Schlusserklärung). Vgl. Damaskinos Papandreou, Christen und Muslime in der pluralistischen Gesellschaft. Rückblick auf eine christlich-islamische Konsultation vom 10. bis 12. November 1998 in Amman/Jordanien, in: Una Sancta 54 (1999), S. 33–35. Vgl. den Beitrag von Vladan Perisic, Herausforderungen für das Zusammenleben von Christen und Muslimen, in: Una Sancta 54 (1999), S. 46–48. Die Eröffnungs- und Schlussansprache des Metropoliten Damaskinos sind publiziert in: Damaskinos Papandreou, Dialog als Leitmotiv, aaO, S. 313–323.

Kronprinzen Hamzah bin al-Hussein mit der Leitung des an ihr maßgeblich beteiligten „Aal al-Bayt Instituts", eine Funktion, die bereits ein Jahr später an ein anderes Mitglied der Königsfamilie, Prinz Ghazi bin Muhammad, überging.[250] Ein weiterer Grund für die angesprochene Zäsur kann in einer schweren Erkrankung des Metropoliten Damaskinos Papandreou erblickt werden, die im Jahr 2001 seine Ablösung als Beauftragter für den interreligiösen Dialog mit dem Islam notwendig machte. Nachfolger wurde Metropolit Emmanuel von Rhegion, später Metropolit von Frankreich, der zugleich als Leiter des „Liaison Office of the Orthodox Church to the European Union" in Brüssel wirkt;[251] dieser Einrichtung wurde das „Bureau des affaires interreligieuses et interculturelles du Patriarcat Oecuménique" zugeordnet. Die getroffene Entscheidung schloss ein, dass die örtlich zunächst mit dem Orthodoxen Zentrum von Chambésy verbundenen interreligiösen Bemühungen des Ökumenischen Patriarchats nunmehr von Brüssel aus koordiniert wurden.

Die Erfolge im Rahmen eines akademisch orientierten interreligiösen Dialogs blieben jedoch im Bewusstsein. Auf eine Initiative des Ökumenischen Patriarchen, die das Königreich Bahrein akzeptierte, wurde ein Neuanfang in Zusammenarbeit zwischen dem Königreich Bahrein und dem erwähnten „Bureau des affaires interreligieuses et interculturelles du Patriarcat oecuménique" versucht. Unter dem Titel „Le rôle de la religion dans la réalisation d'une coexistence pacifique" griff eine Konferenz 28.–30.10.2002 in Manama/Bahrein den Themenkomplex eines Miteinander von Gläubigen verschiedener Religion neu auf. Anders als bei den vorangegangenen akademischen Tagungen nahm mit 150 Teilnehmern eine deutlich größere Zahl von Persönlichkeiten teil; zugleich beteiligte sich christlicherseits ein wesentlich weiter gezogener Kreis, nämlich Vertreter der orthodoxen und der orientalisch-orthodoxen Kirchen, der römisch-katholischen Kirche und der protestantischen Kirchen; ähnlich erweitert war der Kreis von Teilnehmern in der muslimischen Gruppe. Die Konferenz verabschiedete einen Schlussbericht, eine Reihe von Empfehlungen und die inhaltlich bedeutsame „Bahrain Declaration".[252] Angesichts fruchtbarer und ergebnisreicher Arbeit der Konferenz von Manama ist zu bedauern, dass sie keine gradlinige Fortsetzung fand.

---

[250] Vgl. die Angaben auf der Institutshomepage unter http://www.aalalbayt.org/en/pastandpresent.html (abgerufen 2.9.2014).
[251] George C. Papademetriou, Contemporary Dialogue between Orthodox Christians and Muslims, in: ders., Two Traditions, One Space, Somerset Hall Press Boston 2011, S.224.
[252] George C. Papademetriou, Two Traditions, One Space, Appendices, aaO, S. 273–282 (Schlussbericht, Text der neun Empfehlungen und „Bahrain-Declaration"). Islamochristiana 29 (2003), S. 209–211 (Schlussbericht und Text der neun Empfehlungen, jedoch ohne den Text der „Bahrain-Declaration"). Juliette Nasri Haddad (Hrsg.), Déclarations Communes Islamo-Chréti-

2 Bemühungen einzelner autokephaler Kirchen um einen Dialog mit dem Islam — 169

Eine weitere akademische Tagung „Les possibilités de construction d'un dialogue interreligieux" 11.–13.12.2008 (Athen) fand in nochmals geändertem organisatorischen Rahmen statt. Sie wurde auf Initiative des Ökumenischen Patriarchats und der „Association mondiale de l'appel islamique" / „World Islamic Call Society"[253] mit 65 Teilnehmern aus der Orthodoxie und dem Islam organisiert. Der Ökumenische Patriarch übersandte eine Grußbotschaft; Metropolit Emmanuel von Frankreich hatte neben einem islamischen Ko-Präsidenten die Leitung inne. Die Tagung beschäftigte sich mit der Beobachtung, dass Menschen und Kulturen ko-existieren, ohne aber dabei zusammen zu arbeiten oder sich auch nur zu kennen; daraus wurde nicht nur ein interreligiöser Handlungsbedarf abgeleitet, sondern auch Lösungsansätze entwickelt. Bei der Konferenz wurde zudem ein neuer Akzent im orthodox-islamischen Dialog gesetzt, indem die Teilnehmer mit der „Interreligious Training Partnership Initiative" ein religionsübergreifendes Ausbildungsprogramm für Priester, Imame und den sich auf Ämter vorbereitenden Nachwuchs entwarfen. Dieses Programm war das Resultat erneuter grundsätzlicher Auseinandersetzung mit Möglichkeiten und Zielen eines interreligiösen Dialogs während der vorangegangenen Konferenz von Manama; zugleich kann es als Frucht der erstmaligen organisatorischen Kooperation zwischen dem Ökumenischen Patriarchat und der „World Islamic Call Society" gelten. Das Ergebnis der Tagung ist in einer Presseerklärung betreffend künftige Zusammenarbeit zusammengefasst.[254] Zur intendierten Fortsetzung kam es indes auch in dieser Kooperation nicht.[255]

Eine andere Prägung kennzeichnet die Serie von fünf akademischen Tagungen, die auf Initiative des Ökumenischen Patriarchen seit 1994 auf der Bospo-

---

ennes (2002–2005), aaO, S. 119 ff (Déclaration N° 31; Schlussbericht und Text der neun Empfehlungen, jedoch ohne den Text der „Bahrain-Declaration"). John Chryssavgis (Hrsg.), In the World, yet not of the World, aaO, S. 308 ff (hier wird nur der Text der „Bahrain-Declaration" mitgeteilt, nicht jedoch der Schlussbericht und die Empfehlungen). Vgl. Zur Tagung vgl. auch Andrew Sharp, Orthodox Christians and Islam, aaO, S. 188 ff; George C. Papademetriou, Contemporary Dialogue, in: ders., Two Traditions, One Space, aaO, S. 207–229 (224 f). Kurzbericht zur Tagung vgl. Service Orthodoxe de Presse N° 275 (Februar 2003), S. 11.
253 Zu dieser Organisation und ihrer Zielsetzung vgl. Ataullah Siddiqui, Christian-Muslim Dialogue in the Twentieth Century, aaO, S. 184–189.
254 Vgl. gemeinsame Presseerklärung vom 13.12.2008 in: George C. Papademetriou, Two Traditions, One Space, Appendix, aaO, S. 312 f.
255 Berichterstattung in: Service Orthodoxe de Presse N° 334 (Januar 2009), S. 15. Vgl. John Chryssavgis (Hrsg.), In the World, yet not of the World, aaO, S. 114, FN 35 a.E. Vgl. den Bericht zur Konferenz auf der Homepage der Serbisch-Orthodoxen Kirche unter http://www.spc.rs/eng/dialogue_between_christianity_and_islam (abgerufen 2.9.2014). Der Text einer Grußbotschaft des Ökumenischen Patriarchen ist publiziert in: John Chryssavgis (Hrsg.), In the World, yet not of the World, aaO, S. 237 ff.

rusinsel Halki durchgeführt wurde. Die Thematik der Konferenzen ist auf Fragen der Bewahrung der Schöpfung, der Umweltethik und einer damit verbundenen, biblisch verwurzelten Verantwortung für Bemühungen gegen die Ursachen der Umweltzerstörung (Armut, Ungerechtigkeit usw.) gerichtet. Einige dieser Tagungen werden ausdrücklich als interreligiös qualifiziert oder verweisen auf Teilnehmer anderer Religionen.[256] Vereinzelt wird eine gemeinsame Verantwortung der (monotheistischen) Weltreligionen für die Bewahrung der Schöpfung betont.[257] Dennoch mangelt diesen Tagungen hinsichtlich interreligiöser Bemühungen, dass ein spezifischer Dialog und insbesondere muslimische Beiträge und Sichtweisen dabei nicht greifbar werden. Auf eine detaillierte Darstellung wird deshalb verzichtet.

Eine weitere Reihe von akademischen Veranstaltungen, die auf Initiative des Ökumenischen Patriarchen stattgefunden hat, beschäftigte sich ebenfalls schwerpunktmäßig mit ökologischen Fragestellungen, z.T. unter Einbeziehung des Zusammenhangs zwischen Bewahrung der Schöpfung und Religion. Zur großen Zahl der Teilnehmer zählten auch Repräsentanten anderer Religionen, insbesondere des Islam. In diesem Zusammenhang ist eine 20.–28.9.1997 im Schwarzen Meer durchgeführte Kreuzfahrt hervorzuheben, die den Rahmen für wissenschaftliche Kolloquien unter dem Thema „Religion, science et environnement: la Mer Noire en danger" bildete. Eines dieser Kolloquien fand in interreligiöser Besetzung statt. Metropolit Johannes von Pergamon (ökumenisches Patriarchat, Professor an der theologischen Fakultät von Thessaloniki und der Universität London) hielt einen Vortrag zum Zusammenhang zwischen Religion, Wissenschaft und Umwelt; Ko-Referate zu diesem Thema leisteten Prinz Sa-

---

256 Vgl. Vorwort zur Druckausgabe der Beiträge zum 1. Sommerseminar (20.6.1994) bei John Chryssavgis (Hrsg.), Cosmic Grace – Humble Prayer, aaO, S. 119. Zum interreligiösen Charakter des 1. Sommerseminars vgl. auch John Chryssavgis (Hrsg.), Cosmic Grace – Humble Prayer, aaO, S. 6. Zur Eröffnungsansprache des Ökumenischen Patriarchen aaO, S. 109–112. Die vollständige Dokumentation der Kongressbeiträge ist veröffentlicht in: The Environment and Religious Education: Proceedings of the Summer 1994 Seminar on Halki, Melitos Editions Istanbul 1995. Hinweis auf die Teilnahme muslimischer und jüdischer Repräsentanten bei der Tagung 1.–7.7.1996, vgl. Service Orthodoxe de Presse N° 211 (September/Oktober 1996), S. 13. Zur interreligiösen Konzeption der Sommerseminare vgl. weiterhin das Vorwort zur Druckausgabe des 4. Sommerseminars (14.–20. Juni 1997) bei John Chryssavgis (Hrsg.), Cosmic Grace – Humble Prayer, aaO, S. 173, in dem auf Teilnehmer anderer Religionen Bezug genommen wird. Berichterstattung über das 4. Sommerseminar in Episkepsis N° 547 (31.8.1997), S. 3f. Vgl. auch das Vorwort zur Druckausgabe des 5. Sommerseminars (Juni 1998) bei John Chryssavgis (Hrsg.), Cosmic Grace – Humble Prayer, aaO, S. 199 („Representatives of Churches and other Religions...").
257 So z. B. im Vorwort zur gedruckten Ausgabe des 3. Sommerseminars (Juni 2000), vgl. John Chryssavgis (Hrsg.), Cosmic Grace – Humble Prayer, aaO, S. 158.

druddin Aga Khan, Vahdettin Akgün, der Assistent des Großmufti von Istanbul, und Rabbi Naftali Rothenberg.²⁵⁸ Trotz dieser formal religionsübergreifenden Zusammensetzung der Referenten stellt das Kolloquium dennoch kein Ereignis interreligösen Dialogs dar. Im Vordergrund stand lediglich eine Vermittlung umweltethischer Einsichten an eine interessierte Zuhörerschaft durch Referenten, die verschiedenen Religionen angehörten.

2.1.3 Beteiligung des Ökumenischen Patriarchats an interreligiösen Konferenzen, Symposia u. ä.

Das Ökumenische Patriarchat entsandte zu zahlreichen interreligiösen Tagungen als einzige der autokephalen Kirchen einen Vertreter orthodoxer Tradition. Geht man vom Veranstalter dieser interreligiösen Ereignisse aus, zeigen sich keine auffälligen Häufungen. Die entsprechenden Dialogkonferenzen gewähren insoweit eher Einblick in eine organisatorische Vielfalt, die noch weit über die im vorangegangenen Abschnitt beobachtete hinausgeht und zudem ganz andere Akteure erkennen lässt. Im folgenden soll die Vielzahl interreligiöser Aktivitäten deshalb in Gruppen gegliedert werden, die an den jeweiligen Repräsentanten des Patriarchats anzuknüpfen. Damit wird erkennbar, wie groß die praktische Relevanz der oben unter 2.1.1. festgehaltenen organisatorischen Weichenstellung für den interreligiösen Dialog mit dem Islam tatsächlich ist.

Eine erste Gruppe von Tagungen ist dadurch gekennzeichnet, dass der Ökumenische Patriarch persönlich bei ihnen mitgewirkt oder einen sonstigen persönlichen Beitrag geleistet hat. Ein erstes Beispiel dafür ist der „Summit on Religions and Natural Conservation", der von verschiedenen Umweltorganisationen am 3.–9.4.1995 in Atami/Japan organisiert worden war. Der Ökumenische Patriarch Bartholomaios I., bekannt für sein Umweltengagement, hielt eine Ansprache zu Aspekten einer gemeinsamen Verantwortung der verschiedenen Religionen zur Bewahrung der Schöpfung.²⁵⁹ Zu den Teilnehmern gehörten Vertreter von neun Religionen, darunter des Islam und des Christentums.²⁶⁰

Weitere Tagungen wurden in der Türkei durchgeführt, so dass insoweit die Beteiligung des Ökumenischen Patriarchen nicht nur durch seine Person, sondern

---

258 Service Orthodoxe de Presse N° 222 (November 1997), S. 3 f.
259 Der Text der Ansprache des Ökumenischen Patriarchen ist publiziert in: John Chryssavgis (Hrsg.), Cosmic Grace – Humble Prayer, aaO, S. 138–144.
260 Kurzbericht zur Tagung in: Environmental Conservation 22 (1995), S. 374; der Bericht in dieser von der Universität Cambridge herausgegebene Zeitschrift ist auch online publiziert unter http://journals.cambridge.org/action/displayAbstract?fromPage=online&aid=5939180 (abgerufen 5.9.2014).

auch durch seinen Patriarchatssitz in Istanbul mit veranlasst sein dürfte. Zu dieser Gruppe zählt die internationale Konferenz 7./8.3.1998 (Istanbul) zum interkulturellen Dialog unter dem Titel „Dialog der Zivilisationen und Religionen"; sie wurde auf Initiative des Bürgermeisters von Istanbul veranstaltet. Der Ökumenische Patriarch hielt zu diesem Anlass eine Ansprache.[261] In einem ähnlichen Zusammenhang steht die „Interfaith Dialogue Assembly" 23–27.11.1998 (Ankara), zu der der Ökumenische Patriarch mit einem Grußwort beitrug.[262] Einen ungleich größeren Rahmen wies das interreligiöse Symposium „Abraham as a symbol of faith and bond of unity among the three monotheistic religions" auf, das 13./14.4.2000 in Harran/Urfa begonnen und 15./16.4.2000 in Istanbul fortgeführt wurde. An diesem von der „Intercultural Dialogue Platform" organisierten interreligiösen Ereignis nahmen jüdische, muslimische und christliche Repräsentanten teil, unter letzteren der Ökumenische Patriarch.[263] Mit Referaten trugen weitere Vertreter der Orthodoxie bei.[264] Die „Turkish Religious Communities" organisierten 12./13.5.2000 in Izmir ein interreligiöses Symposon „Religions, Faith and Tolerance". Daran nahmen Vertreter der orthodoxen, katholischen und armenischen Kirche sowie Repräsentanten der jüdischen und islamischen Gemeinschaft teil. Der Ökumenische Patriarch hielt eine Ansprache. Die Teilnehmer unterzeichneten eine gemeinsame Erklärung zu Frieden und Toleranz.[265] Für eine interreligiöse

---

261 Episkepsis N° 555 (31.3.1998), S. 5–7 (mit Text der Ansprache). Islamochristiana 24 (1998), S. 197f (Bericht); aaO, S. 198f Text der Ansprache des Ökumenischen Patriarchen. Gregorios D. Ziakas, The Ecumenical Patriarchate of Constantinople, in: George C. Papademetriou, Two Traditions, One Space, aaO, S. 236f. Vgl. auch Emre Öktem, Le Dialogue islamo-chrétien en Turquie, in: Islamochristiana 26 (2000), S. 107–131 (115).
262 John Chryssavgis (Hrsg.), In the World, yet not of the World, aaO, S. 222ff (Text der Grußbotschaft). Gregorios D. Ziakas, The Ecumenical Patriarchate of Constantinople, in: George C. Papademetriou, Two Traditions, One Space, aaO, S. 237. Emre Öktem, Le Dialogue islamo-chrétien en Turquie, in: Islamochristiana 26 (2000), S. 107–131 (115f).
263 Gregorios D. Ziakas, The Ecumenical Patriarchate of Constantinople, in: George C. Papademetriou, Two Traditions, One Space, aaO, S. 238. Emre Öktem, Le Dialogue islamo-chrétien en Turquie, in: Islamochristiana 26 (2000), S. 107–131 (116).
264 Vgl. den ausführlichen Konferenzbericht von Thomas Michel, A special Symposium in Harran/Urfa and Istanbul, organized by the Intercultural Dialogue Platform (13–16 April 2000), in: Islamochristiana 26 (2000), S. 243–245. Beiträge leisteten demzufolge Bischof Emmanuel Adamakis (seinerzeit Weihbischof von Belgien, seit 2003 Metropolit von Frankreich), Dr. Tarek Mitri (Patriarchat Antiochia, seinerzeit Mitarbeiter beim ÖRK), Prof. Petros Vassiliadis sowie Prof. Gregorios Ziakas (Kirche von Griechenland).
265 Berichterstattung in: Episkepsis 31. Jg., N° 583 (31.5.2000), S. 3f. Vgl. Service Orthodoxe de Presse N° 249 (Juni 2000), S. 17. Vgl. George Papademetriou, Recent Patriarchal Encyclicals on Religious Tolerance and Peaceful Coexistence, in: Journal of Ecumenical Studies 40. Jg. (2003),

Tagung in- und ausländischer Religionsführer 13.5.2004 (Mardin) zeichnete nochmals die bereits erwähnte Organisation „Plattform für kulturellen Dialog" verantwortlich; der Ökumenische Patriarch trug mit einer Ansprache „Religion and Peace in light of Abraham" inhaltlich bei.[266]

Einem ganz anderen Zusammenhang, nämlich der Durchführung der Olympischen Spiele in Athen, verdankt sich die interreligiöse Konferenz „Religion, Peace and the Olympic Ideal", die 10./11.8.2004 in Amaroussion bei Athen, die mit Repräsentanten des Judentums, des Islam, des Christentum und des Buddhismus durchgeführt wurde; die Teilnehmer verabschiedeten als Schlussdokument die „Amaroussion Declaration". Die Konferenz wurde vom Ökumenischen Patriarchat und der olympischen Stadtverwaltung von Amaroussion organisiert. Zu den Teilnehmern gehörte u.a. der Ökumenische Patriarch, einige Metropoliten und Patriarch Petros VII. von Alexandria, der einen bedeutsamen inhaltlichen Beitrag präsentierte.[267] Am 14.–16.11.2005 fand in Wien die internationale Konferenz „Islam in a Pluralistic World – Cultures in Conflict and Dialogue" statt, veranstaltet von der „Austrian Organisation for the Middle East" und bereichert durch einen Beitrag des Ökumenischen Patriarchen.[268]

Eine zweite, deutlich größere Gruppe von interreligiösen Konferenzen ist dadurch gekennzeichnet, dass die Beauftragten des Patriarchats für den Dialog mit dem Islam, nämlich Metropolit Damaskinos Papandreou bzw. sein Nachfolger,

---

S. 320–324 (321f). Gregorios D. Ziakas, The Ecumenical Patriarchate of Constantinople, in: George C. Papademetriou, Two Traditions, One Space, aaO, S. 238.

266 John Chryssavgis (Hrsg.), In the World, yet not of the World, aaO, S. 139 ff. Ein ausführlicher Bericht über die Konferenz mit einer Liste der 38 inhaltlichen Beiträge in: Islamochristiana 30 (2004), S. 228f. Kurze Berichterstattung in Episkepsis N° 635 (31.5.2004), S. 13. Text der Ansprache vgl. http://www.patriarchate.org/documents/religion-and-peace (abgerufen 5.9.2014).

267 Episkepsis N° 638 (31.8.2004), S. 2–4 (Text der „Amaroussion Declaration"); Ansprache des Ökumenischen Patriarchen beim interreligiösen Kongress aaO, S. 15–18. Vgl. John Chryssavgis (Hrsg.), In the World, yet not of the World, aaO, S. 310 ff. Die Schlussansprache des Patriarchen ist online zugänglich unter http://www.patriarchate.org/documents/closing-interreligious-conference-2004 (abgerufen 5.9.2014). Berichterstattung zum Kongress vgl. Service Orthodoxe de Presse N° 291 (September/Oktober 2004), S. 19f. Vgl. auch Andrew Sharp, Orthodox Christians and Islam, aaO, S. 207f; Andrew Sharp, Orthodox Christians and Islam, aaO, S. 207 mit FN 55 bezieht diese Ansprache irrtümlich auf eine Tagung des orthodoxen Zentrums in Chambésy am 2./3.7.2004, von der Episkepsis Nr. 638 (31.8.2004), S. 14f berichtet.

268 Text der Ansprache des Patriarchen in: The Greek Orthodox Theological Review 51 (2006), S. 351–357. George C. Papademetriou, Two Traditions, One Space, Appendices, aaO, S. 301ff. Vgl. auch John Chryssavgis (Hrsg.), In the World, yet not of the World, aaO, S. 129 ff. Berichterstattung in Service Orthodoxe de Presse N° 303 (Dezember 2005), S. 15; zur Zielsetzung heisst es aaO: „Elle (la conférence, Anm. d. Verf.) avait pour objectif de témoigner du désir (...) d'oeuvrer en commun pour promouvoir la tolérance et à la coexistence pacifique (...)".

Metropolit Emmanuel von Frankreich, an ihnen mitwirkten und insoweit die Orthodoxie repräsentierten. Ihr vielfältiges Engagement unterstreicht die große praktische Relevanz, die aus der Bestimmung konkreter Verantwortlichen für den Bereich interreligiöser Dialog erwächst. Ein erstes Beispiel ist das Internationale „Abrahamische Treffen" 12.–15.2.1987 (Cordoba), das vom „Institut pour le dialogue des cultures" in Cordoba veranstaltet und vom Generaldirektor der UNESCO, Mohtar M'Bow geleitet wurde. Diese Konferenz belegt, dass der Gedanke eines „Dialogs der Kulturen" bereits früh im interreligiösen Dialog verfolgt wurde und dass die UNESCO bereits lange vor einem Auftreten als Organisator eigener Tagungen ein Interesse am religionsübergreifenden Austausch gepflegt hat. Seitens der Orthodoxie nahm Metropolit Damaskinos Papandreou an der Konferenz teil. Der Schlussbericht behandelt insbesondere eine Stärkung internationaler Institutionen, eine Verurteilung von Terrorismus und die Bedeutung der Menschenrechte.[269] Auch diese Themenschwerpunkte verdienen Beachtung.

Das internationale christlich-islamische Kolloquium „Les religions et la paix. Société, religion et culture – La responsabilité des croyants aujourd'hui" wurde 20./21.12.1990 in Straßburg durchgeführt. Veranstalter war die „Association pour le Dialogue Islamo-Chrétien et les rencontres interreligieuses (ADIC)";[270] an der Tagung beteiligten sich rund 200 Persönlichkeiten aus katholischen, orthodoxen und protestantischen Kirchen bzw. muslimischen Gemeinschaften und Organisationen. Es wurde eine Schlusserklärung verabschiedet, in deren Präambel der orthodoxe Beitrag durch den Hinweis auf die Beteiligung des „Centre Orthodoxe du Patriarcat Oecuménique" in Chambésy spezifiziert wird.[271] Im Rahmen der 27. Vollversammlung der EKD wurde 18.–22.6.1997 in Leipzig eine interreligiöse Tagung veranstaltet. Zu den Teilnehmern gehörten Repräsentanten der großen Religionen, darunter des Islam, und verschiedener christlicher Kirchen; zur christlichen Gruppe zählten Vertreter der in Deutschland präsenten orthodoxen Gemeinschaften unter Leitung von Metropolit Augustinos von Deutschland sowie Metropolit Damaskinos Papandreou, der Beauftragte des Ökumenischen Patri-

---

[269] Vgl. Islamochristiana 13 (1987), S. 192f (Berichterstattung mit Zitaten aus dem Schlussbericht).

[270] Die Organisation wurde 1989 von Dr. Adel Amer, dem ehemaligen Direktor der arabischen Liga, und von P. Michel Lelong vom Orden der Weißen Väter in Paris gegründet; mittlerweile ist sie umbenannt in „L'Union internationale pour le dialogue interculturel et religieux et l'éducation de la paix (ADIC)", vgl. die Informationen auf der Homepage des aktuellen Präsidenten der Organisation unter http://alyelsamman.squarespace.com/le-dialogue-interreligieux/; zur Zielsetzung heisst es dort: „Principe de base de l'ADIC. Toutes les cultures, dans le respect de leur différence, doivent œuvrer ensemble pour une coexistence pacifique..." (abgerufen 5.9.2014).

[271] Ausführlicher Bericht in: Islamochristiana 17 (1991), S. 207–209; der Text der Schlusserklärung ist publiziert aaO, S. 209–211.

archats für den Dialog mit dem Islam. Metropolit Damaskinos wirkte in der Arbeitsgruppe „Begegnung mit den Moslems" mit und hielt eine programmatische Ansprache zum interreligiösen Dialog mit dem Islam.[272] Ifrane/Marokko war der Schauplatz einer Tagung, die 30.4. – 3.5.2000 von der Universität Al-Akhawayn in Ifrane, dem Universitätsinstitut „Rachi" in Troyes und dem UNESCO-Lehrstuhl von Paris veranstaltet wurde. Seitens der Orthodoxie nahm Metropolit Damaskinos Papandreou teil und trug mit einer Intervention in der Arbeitsgruppe „Les fils spirituels d'Abraham" aktiv zur Tagung bei.[273]

Die internationale Konferenz „Dialogue and its Impact in Disseminating Human Values" 30.9. – 1.10.2009 (Genf) kam auf Initiative des Königs von Saudi Arabien zustande und wurde von der „Muslim World League" veranstaltet.[274] Zu den Teilnehmern der überwiegend muslimisch besetzten Konferenz zählten auch Vertreter anderer Religionen, darunter des Judentums und des Christentums. Seitens der Orthodoxie nahm Metropolit Emmanuel von Frankreich teil, weiterhin der Präsident des „Central Council of the Orthodox in Jordan and Palestine", Raouf Saad Abu Jaber, und Dr. Tarek Mitri (Patriarchat Antiochia, hier in seiner Eigenschaft als libanesischer Minister). Es wurde eine Schlusserklärung verabschiedet, die eine Auseinandersetzung mit dem Thema „interreligiöser Dialog" bietet.[275]

Eine dritte Gruppe von interreligiösen Ereignissen ist davon gekennzeichnet, dass sie an einem eher begrenzten geographischen Rahmen anknüpften. Zugleich erweist sich jedoch der beteiligte Kreis von orthodoxen Würdenträgern und Fachleuten als ungleich größer als bisher beobachtet; immer sind es jedoch Angehörige des Ökumenischen Patriarchats, die bei den hier zusammengestellten Tagungen mitwirkten und die Orthodoxie – häufig eher faktisch als ausdrücklich – repräsentierten. In diesem Zusammenhang wird zugleich deutlich, welches Gewicht – aus dem Blickwinkel der Orthodoxie betrachtet – den gewachsenen Strukturen der Diaspora und insbesondere deren akademische Einrichtungen zukommt; orthodoxe Akteure bei den Veranstaltungen dieser Gruppe sind nämlich besonders häufig orthodoxe Theologen, die an verschiedenen Instituten ar-

---

272 Zusammenfassung der Diskussionsbeiträge in: Episkepsis 28. Jg., N° 548 (30.9.1997), S. 8 – 13.
273 Vgl. den redaktionellen Bericht „La première rencontre de la Faculté itinérante des Religions du Livre à Ifrane (Université Al Akhawayn) (30 avril – 3 mai 2000)", in: Islamochristiana 26 (2000), S. 223.
274 Zu dieser Organisation und ihrer Zielsetzung vgl. Ataullah Siddiqui, Christian-Muslim Dialogue in the Twentieth Century, aaO, S. 180 – 184.
275 Text der Schlusserklärung in: Islamochristiana 35 (2009), S. 294 – 296. Eine Teilnehmerliste ist auf der Homepage des Veranstalters „Muslim World League" online zugänglich unter http://www.world-dialogue.org/Geneva/English/Invitees.pdf (pdf-Datei, abgerufen 3.9.2014).

beiten. In geringerem, aber doch deutlich erkennbaren Umfang tragen auch orthodoxe Hierarchen zu interreligiösen Ereignissen dieser Gruppe bei. Besondere Beachtung verdient dabei auch, welchen zahlenmäßigen Schwerpunkt Veranstaltungen haben, die räumlich im Bereich der westeuropäischen orthodoxen Diaspora durchgeführt wurden und wie früh ein entsprechendes Engagement einsetzt.

Im Jahr 1974 begann eine im Jahresrhythmus durchgeführte Folge der „Rencontres de Sénanque entre Juifs, Chrétiens et Musulmans", veranstaltet von der „Association des Amis de Sénanque" und der „Fondation d'Hautvillers pour le dialogue des cultures". Dabei referierten jeweils Vertreter der drei monotheistischen Religionen zu Themen der verschiedenen Glaubensüberlieferungen, um Gemeinsamkeiten bzw. Unterschiede zu erfassen und die wechselseitige Kenntnis zu vertiefen. Die Identifikation der beteiligten christlichen Referenten nach ihrer kirchlichen Zugehörigkeit erweist sich als schwierig; bei zwei der durchgeführten Konferenzen nahmen jedoch sicher orthodoxe Referenten teil. Dabei handelt es sich um die Veranstaltung 25.7.–1.8.1975 (Sénanque), an der sich seitens der Orthodoxie der in Frankreich geborene, griechischstämmige orthodoxe Priester Cyrille Argenti (1918–1994), ein Angehöriger des Ökumenischen Patriarchats, beteiligte.[276] Beim dritten Treffen der Konferenzfolge 11.–14.11.1976 (Sénanque) zum Leitthema „Noms de Dieu pour un homme d'aujourd'hui" beteiligte sich der orthodoxe Theologe Olivier Clément (Institut Saint Serge / Ökumenisches Patriarchat) mit einem Referat.[277]

Am 19./20.11.1981 fand in Straßburg das interreligiöse Kolloquium „Églises et droits de l'homme" statt. Seitens der Orthodoxie nahm der Priester Elias Melia anstelle des Metropoliten Meletios (Exarchat des Ökumenischen Patriarchats) teil und hielt eines der Referate. Der orthodoxe Theologe Olivier Clément referierte über „Christianisme et droits de l'homme. L'approche d'un chrétien orthodoxe". Das mehrheitlich christlich-ökumenisch ausgerichtete Kolloquium erhielt interreligiösen Charakter durch die Beteiligung von Rabbiner Alain Weil und Prof. Ali Merad, die sich mit Referaten beteiligten.[278] Größer konzipiert war eine interreligiöse Tagung von 150 Vertretern der drei monotheistischen Religionen zum Thema „Faith in Abraham" 30.4.–2.5.1982 (Chantilly). Beim ersten von drei in-

---

[276] Vgl. den Beitrag von Robert Caspar, Les rencontres de Sénanque entre Juifs, Chrétiens et Musulmans, in: Islamochristiana 4 (1978), S. 225–230 (225).
[277] Vgl. den Beitrag von Robert Caspar, Les rencontres de Sénanque entre Juifs, Chrétiens et Musulmans, in: Islamochristiana 4 (1978), S. 225–230 (225 f.).
[278] Vgl. Service Orthodoxe de Presse N° 63 (Dezember 1981), S. 7 f. Die Referate sind publiziert in: Revue d'éthique et de théologie morale N° 141 (Mai 1982), S. 137–278.

haltlichen Teilen zählte wiederum der orthodoxe Theologe Olivier Clément (Institut Saint Serge) zu den Referenten.[279]

In den Bereich der orthodoxen Diaspora in den USA verweist das interreligiöse Symposium „Orthodoxe Christen – Muslime" 17.–19.3.1985 (Boston). Die Veranstaltung hat breite Aufmerksamkeit gefunden, da es sich um einen erstmaligen, seitens der orthodoxen Kirche veranstalteten bilateralen Austausch zwischen orthodoxen und muslimischen Wissenschaftlern handelt, zeitlich noch vor der panorthodoxen Beschlussfassung von 1986. Die Bedeutung des Ereignisses für den orthodox-muslimischen Dialog kommt durch das Grußwort des Metropoliten Iakovos von Amerika (Ökumenisches Patriarchat) und den Beitrag des Metropoliten Konstantin von Derkoi (jetzt Konstantin von Nizäa, dem Präsidenten der Synodalkommission des Ökumenischen Patriarchats für den Dialog mit dem Islam) zum Ausdruck. Ein Schwerpunkt des Symposiums lag auf historischen Aspekten der orthodox-islamischen Begegnung, aber auch bei theologischen Themen wie die Bedeutung des Wortes Gottes im Islam bzw. in der orthodoxen Christenheit oder die Bedeutung des Herzensgebetes in der Orthodoxie bzw. im Sufismus; die Themenpalette umfasste auch bioethische Fragen in orthodoxer bzw. islamischer Sicht.[280]

Weniger im Kontext der nordamerikanischen orthodoxen Diaspora stehend als vielmehr fachlich bestimmt erweist sich die orthodoxe Beteiligung an einer 18.–20.10.2001 von der „University of South Carolina" in Columbia veranstalteten interreligiösen akademischen Konferenz „Paths to the Heart: Sufism and the Christian East". Seitens der Orthodoxie beteiligten sich Bischof Kallistos Ware, ein bekannter orthodoxer Autor und Fachmann für Spiritualität, sowie Prof. John Chryssavgis (griechisch-orthodoxe Metropolie von Amerika / Ökumenisches Patriarchat; seit 1995 Professor an der Holy Cross School of Theology). Die Tagung

---

279 Vgl. den Bericht zur Tagung in: Islamochristiana 8 (1982), S. 234–236.
280 Die Materialien des Symposiums sind publiziert in: N. M. Vaporis (Hrsg.), Orthodox Christians and Muslims, Holy Cross Orthodox Press Brookline 1986. Vgl. The Greek Orthodox Theological Review 31 (1986), S. 1–203 (Veröffentlichung der Grußworte und inhaltlichen Beiträge). Hinweise auf das Symposium auch bei Gregorios D. Ziakas, The Ecumenical Patriarchate of Constantinople, in: George C. Papademetriou, Two Traditions, One Space, aaO, S. 239. Vgl. George C. Papademetriou, Contemporary Dialogue between Orthodox Christians and Muslims, in: ders., Two Traditions, One Space, aaO, S. 207–229 (209). Vgl. auch den Konferenzbericht von R. Marston Speight, Orthodox Christian-Muslim Symposium, in: Journal of Ecumenical Studies XXII (1985), S. 434 mit Fortsetzung S. 336 (sic!). Vgl. den Bericht zur Konferenz in: Islamochristiana 11 (1985), S. 238–240.

war die erste, die ausschließlich einem Austausch zwischen Muslimen und Christen zu spirituellen Themen gewidmet war.[281]

Auch verschiedene wissenschaftliche Institutionen des westeuropäischen Raums haben das Anliegen eines interreligiösen Dialogs aufgegriffen. Dazu gehört das Institut Catholique in Toulouse, das für ein 25./26.1.1986 dort durchgeführtes Kolloquium zum interreligiösen Dialog verantwortlich zeichnet. Rund 250 Vertreter der drei monotheistischen Weltreligionen beschäftigten sich mit der Frage, welche Antworten die Religionen auf die Herausforderungen der Moderne geben könnten. Zu den Referenten zählte der orthodoxe Theologe Michel Evdokimov (Metropolie der russisch-orthodoxen Kirche in Westeuropa / Exarchat der Kirche von Konstantinopel, seinerzeit Professor an der Universität von Poitiers).[282] Ebenfalls dem akademischen Bereich zuzuordnen ist das von der Fakultät für Soziologie der Universität in Genf, näherhin dem „Institut international d'études sociales du Bureau international du travail (BIT)" durchgeführte internationales Kolloquium „Travail, culture et religion" 27./28.11.1986 (Genf). Seitens der Orthodoxie nahm Prof. Michel Sollogoub[283] daran teil.[284] Die Universität Alcalá de Henares veranstaltete 23. – 30.11.1994 in Madrid das Symposium „Three Religions: A commitment for Peace", über dessen Thematik und Methodik allerdings nur wenige Informationen greifbar sind.[285] Am 28./29.1.1995 fand in Toulouse das interreligiöse Kolloquium „Mystiques juives, chrétiennes et musulmanes – des chemins pour une rencontre" mit Teilnehmern aus dem Judentum, dem Christentum und dem Islam statt. Veranstalter war das „Institut de Sciences et Theologie des Religions (ISTR)" in Toulouse. Seitens der Orthodoxie wirkte Vladimir Zelinsky[286] mit und hielt eines der Tagungsreferate.[287]

---

[281] Andrew Sharp, Orthodox Christians and Islam, aaO, S. 182. Die Tagungsbeiträge sind veröffentlich in: James Cutsinger (Hrsg.), Paths to the Heart. Sufism and the Christian East, World Wisdom Inc. Bloomington 2002.

[282] Vgl. den Bericht zur Konferenz in: Islamochristiana 12 (1986), S. 200f.

[283] Prof. Michel Sollogoub war seinerzeit an der Universität von Orléans tätig und ist ebenfalls Angehöriger der Metropolie der Russischen Orthodoxen Kirche in Westeuropa in der Jurisdiktion des Ökumenischen Patriarchats. Vgl. die Angaben auf der Homepage des Exarchats unter http://www.exarchat.eu/spip.php?article70 (abgerufen 5.9.2014).

[284] Vgl. Service Orthodoxe de Presse N° 114 (Januar 1987), S. 4f.

[285] Gregorios D. Ziakas, The Ecumenical Patriarchate of Constantinople, in: George C. Papademetriou, Two Traditions, One Space, aaO, S. 239.

[286] Vladimir Zelinsky ist Priester und gehört der Metropolie der Russischen Orthodoxen Kirche in Westeuropa in der Jurisdiktion des Ökumenischen Patriarchats an. Vgl. die biographischen Angaben auf der Homepage http://www.exarchat.org/spip.php?article165 (abgerufen 5.9.2014).

[287] Bericht über das Kolloquium in: Islamochristiana 21 (1995), S. 162f. Dokumentation der Tagungsreferate in: Chemins de Dialogue. Revue théologique et pastorale sur le dialogue inter-

2 Bemühungen einzelner autokephaler Kirchen um einen Dialog mit dem Islam — 179

Auf eine lokale Ebene innerhalb der westeuropäischen orthodoxen Diaspora verweist das interreligiöse Kolloquium zum Thema „Famille-Education: Le Rôle de la Religion" 25.4.1999 (Marseille). In einer Reihe von Arbeitskreisen nahmen jeweils Vertreter der verschiedenen Religionsgemeinschaften teil, seitens der Orthodoxie der Priester der Pfarrei in Chambésy, Jean Renneteau, die Theologin Elisabeth Behr-Sigel und Prof. Christos Yannaras (Universität Athen).[288] Demselben Kontext ist das 14.4.2002 in Marseille durchgeführte Forum „Les Religions et la violence" zuzuordnen, das die lokale interreligiöse Vereinigung „Marseille Espérance" ausrichtete.[289] An der vom Bürgermeister von Marseille eröffneten Tagung nahmen zahlreiche Persönlichkeiten des religiösen und politischen Lebens der Stadt sowie mehr als 1.000 Personen teil. In einer Reihe von Beiträgen, die Vertreter verschiedener Religionsgemeinschaften leisteten, wurden die Zusammenhänge zwischen Religion und Gewalt aus soziologischem, psychologischem, philosophischem, historischem und theologischem Blickwinkel beleuchtet. Das Schlussreferat einer der Arbeitsgruppen hielt ein Angehöriger der orthodoxen Kirche, Bertrand Vergely (Institut d'études politiques, Institut Saint-Serge).[290]

Zuweilen kann positiv überraschen, welche Institutionen sich für interreligiösen Dialog einsetzen. Ein Beispiel dafür dürfte die in Venedig beheimatete „Fondazione Giorgio Cini" sein, die sich um die Wiederbelebung des ehemaligen Klosters San Giorgio in Venedig und darüber hinaus vor allem im kulturellen und künstlerischen Bereich engagiert.[291] Diese Stiftung organisierte 23.–29.5.2000 in Venedig eine internationale Studientagung christlicher, muslimischer und jüdischer Fachgelehrter über die drei „abrahamitischen Religionen". Die Orthodoxie war zahlenmäßig marginal, jedoch prominent vertreten: der orthodoxe Theologe

---

religieux N° 6 (Oktober 1995); vgl. den Beitrag von Vladimir Zelinsky aaO, S. 71–101. Die Dokumentation ist online zugänglich auf der Homepage des „Institut Catholique de la Méditerranée" unter http://icm.catholique.fr/cdd/CdD-06.pdf (abgerufen 5.9.2014).
288 Service Orthodoxe de Presse N° 239 (Juni 1999), S. 17.
289 Die Vereinigung „Marseille Espérance" wurde 1990 unter Mitwirkung des orthodoxen Priesters Cyril Argenti (+ 1994) nach der Profanierung eines jüdischen Friedhofs spontan gegründet; ihr gehören neben dem Bürgermeister von Marseille die Verantwortlichen der Religionsgemeinschaften in dieser Stadt an. Die Zielsetzung von „Marseille Espérance" ist, den Dialog zwischen den lokal präsenten Religionsgemeinschaften zu fördern und einer Gewaltanwendung oder Intoleranz zwischen Menschen unterschiedlicher Religion entgegenzuwirken. Vgl. Service Orthodoxe de Presse N° 268 (Mai 2002), S. 18.
290 Zum Forum vom 14.4.2002 vgl. Service Orthodoxe de Presse N° 268 (Mai 2002), S. 18.
291 Vgl. die Angaben auf der Homepage der „Fondazione Giorgio Cini" unter http://www.cini.it/en/foundation und http://www.cini.it/en/foundation/storia-della-fondazione (abgerufen 3.9.2014).

Olivier Clément (Institut St. Serge, Ökumenisches Patriarchat) referierte über „Christianisme et Sécularisation".[292]

Am 8.11.2000 fand in der Abbaye de Fontfroide ein interreligiöses Kolloquium zum Thema „Les Traditions Religieuses et la Mort" mit 150 Teilnehmern statt. Zu den Vortragenden gehörten der muslimische Anthropologe M. Chebel und Archimandrit Michel Evdokimov (Metropolie der russisch-orthodoxen Kirche in Westeuropa / Exarchat der Kirche von Konstantinopel).[293]

Die unter der Bezeichnung „A common Word"[294] bekanntgewordene gemeinsame Initiative[295] von 138 islamischen Gelehrten zugunsten eines interreligiösen Dialogs wurde christlicherseits aufgegriffen und in zahlreichen Regionaltagungen entfaltet, die häufig in interreligiöser Besetzung konzipiert waren. In diesen Zusammenhang reiht sich eine am 15.10.2008 in Cambridge durchgeführte Konferenz ein, die auf Einladung des Erzbischofs von Canterbury, Dr. Rowan Williams, zustande kam. An der Tagung nahmen christliche bzw. muslimische Fachleute und Führungspersönlichkeiten teil. Die Orthodoxie war in Person von Prof. Emmanuel Clapsis (Holy Cross Greek Orthodox School of Theology/USA, Ökumenisches Patriarchat) beteiligt. Es wurde ein Schlusskommuniqué veröffentlicht.[296]

---

292 Vgl. den redaktionellen Tagungsbericht „La rencontre internationale d'études sur les trois religions abrahamiques organisée à Venise par la Fondation Cini (23–29 mai 2000)", in: Islamochristiana 26 (2000), S. 211f.
293 Service Orthodoxe de Presse N° 253 (Dezember 2000), S. 15f.
294 Die Initiative beruht auf einem „A Common Word between Us and You" betitelten Schreiben von 138 namhaften islamischen Gelehrten über das christlich-muslimische Verhältnis aus dem Jahr 2007. Die Initiative hat zahlreiche positive Antworten aus der ganzen christlichen Welt nach sich gezogen; zudem wurden an vielen Orten besondere interreligiöse Konferenzen einberufen, die sich mit dem offenen Brief der 138 muslimischen Gelehrten auseinandersetzten und den durch ihn initiierten interreligiösen Prozess fortführen sollten. Die Tagung 15.10.1998 (Cambridge) stellt eines dieser Ereignisse dar. Für die Dokumentation des offenen Briefs, der Antworten, der vertiefenden Konferenzen und Publikationen wurde eine Internetplattform eingerichtet, vgl. http://www.acommonword.com/ (abgerufen 3.9.2014).
295 Der offene Brief „A Common Word" und die mit ihm eröffnete interreligiöse Initiative wurde selbst zum Gegenstand wissenschaftlicher Untersuchungen, vgl. Waleed El-Ansary / David K. Linnan (Hrsg.), Muslim and Christian Understanding. Theory and Application of „A Common Word", Palgrave Macmillan New York 2010.
296 Islamochristiana 34 (2008), S. 203f (Text des Schlusskommuniqués), Teilnehmerliste aaO, S. 205f.

2.1.4 Begegnungen, Appelle, Zusammenarbeit mit interreligiösem Kontext

Die Untersuchung interreligiöser Ereignisse unter Beteiligung von Vertretern des Islam und einer einzelnen autokephalen Kirche führt im folgenden zur Wahrnehmung eines neuen Typs solcher Aktivitäten, die sich insbesondere in Begegnungen, Appellen und einer interreligiösen Zusammenarbeit manifestieren. Wie die unter C 2.1.3. erfassten interreligiösen Kolloquien oder Symposia meist kleineren Umfang haben als die im selben Abschnitt behandelten Konferenzen, so weisen die hier fokussierten Beispiele von Begegnungen und Zusammenarbeit einen personell noch begrenzteren Rahmen auf. Sie sind jedoch gleichermaßen unter Beteiligung der Orthodoxie und des Islam interreligiös besetzt, so dass formal kein Unterschied besteht. Häufig äußert sich der interreligiöse Ertrag solcher Begegnungen auch in ganz ähnlichen Formen wie interreligiöse Konferenzen, nämlich in Appellen, Übereinkünften oder Kommuniqués. Selbst die Themen sind vergleichbar: Frieden, Toleranz, Pluralismus, oder Stellungnahmen gegen Fremdenhass, Rassismus oder Antisemitismus. Wiederum erweist sich Frankreich als der geographische Rahmen, in dem sich frühe Beispiele dieses interreligiösen Zusammenwirkens manifestieren. Dabei handelt es sich um eine Reihe gemeinsamer Erklärungen von Vertretern der drei monotheistischen Religionen Frankreichs zu aktuellen Themen, u. a. vom 30.11.1983;[297] 13.3.1984;[298] 22.1.1991;[299] 6.2.1991;[300] 15.11.1993;[301] 16.11.1995;[302] 27.3.1998;[303] 6.1.2011.[304] In

---

[297] Islamochristiana 10 (1984), S. 208; Erklärung zugunsten von Gleichheit und gegen Rassismus; zu den Unterzeichnern zählt Metropolit Meletios (Comité Interépiscopal Orthodoxe / Ökumenisches Patriarchat).
[298] Islamochristiana 10 (1984), S. 210 f; Erklärung für gesellschaftlichen Pluralismus und gegen Rassismus; seitens der Orthodoxie unterzeichnete wiederum der Vorsitzende des „Comité Interépiscopal Orthodoxe", Metropolit Meletios.
[299] Service Orthodoxe de Presse N° 155 (Februar 1991), S. 1. Vgl. Islamochristiana 17 (1991), S. 212. Die Erklärung äußert sich zu Frieden, für Respekt vor dem Wert des menschlichen Lebens und Pluralismus; sie wurde von Metropolit Jeremias von Frankreich (Ökumenisches Patriarchat), dem Präsidenten der katholischen Bischofskonferenz, Duval, dem Präsidenten der protestantischen Föderation und vom Rektor der Großen Moschee in Paris, Tedjini Haddam, unterzeichnet.
[300] Islamochristiana 17 (1991), S. 213. Erklärung für den Frieden und gegen chemische, bakteriologische oder nukleare Waffen; seitens der Orthodoxie unterzeichnete Metropolit Jeremias von Frankreich (Ökumenisches Patriarchat).
[301] Islamochristiana 20 (1994), S. 222 f. Erklärung einer multireligiösen Begegnung in Lourdes. Seitens der Orthodoxie wurde sie von Metropolit Jeremias von Frankreich unterzeichnet.
[302] Service Orthodoxe de Presse N° 204 (Januar 1996), S. 19. Es handelt sich um einen Gemeinsamen Appell der katholischen, orthodoxen, protestantischen, muslimischen und buddhistischen Gemeinschaften in Toulouse angesichts von administrativen Schwierigkeiten bei der Familienzusammenführung; die Erklärung betont den Wert der Familie und das Recht, in Familie zu leben. Der Appell wurde von „Cimade", einer Organisation zur Hilfe für Immigranten, initiiert.

der benachbarten Schweiz angesiedelt ist ein vergleichbarer „Appel Spirituel" vom 24.10.1999 (Genf) zugunsten des Friedens.³⁰⁵ Ein letztes Beispiel führt in einen noch weiteren räumlichen Kontext. Am 11.4.2002 wurde in Istanbul ein gemeinsamer Appell zum Frieden im Nahen Osten und der Welt vorgestellt, unterzeichnet vom Ökumenischen Patriarchen Bartholomaios, Vertretern weiterer christlicher Kirchen und den Verantwortlichen der islamischen bzw. jüdischen Gemeinschaften der Türkei. Vorangegangen war eine Begegnung in der Residenz des Großmufti von Istanbul, an der seitens der Orthodoxie neben dem Ökumenischen Patriarchen auch Metropolit Konstantin von Derkoi teilnahm.³⁰⁶

Von interreligiöser Relevanz sind auch Besuche, die einem Austausch bzw. der Begründung oder Festigung einer konkreter Zusammenarbeit dienen. Zwei besonders aussagekräftige Beispiele mögen die Gestaltung des interreligiösen Austauschs und die Form ihres Ergebnisses illustrieren: Am 11.–13.1.2002 besuchte der Ökumenische Patriarch den Iran. Bei dieser Gelegenheit wurde eine Vereinbarung mit dem iranischen Kultusministerium unterzeichnet; es sieht die Fortsetzung des Dialogs zwischen Orthodoxie und Islam und die gemeinsame Durchführung interreligiöser Treffen sowie den Austausch von Professoren und Studenten auf universitärer Ebene vor. Im Institut für internationale und politische Studien in Teheran hielt der Ökumenische Patriarch am 12.1.2002 eine Ansprache interreligiöser Thematik „The Contribution of Religion to the Establishment of Peace in the Contemporary World".³⁰⁷ Der Festigung des interreligiösen Kontakts

---

Seitens der Orthodoxie unterzeichnete Pfarrer André Wade (Pfarrei Saint-Nicolas, Metropolie des Ökumenischen Patriarchats) die Erklärung.

303 Berichterstattung mit kurzen Zitaten aus der Erklärung in: Service Orthodoxe de Presse N° 228 (Mai 1998), S. 14. Gemeinsame Erklärung der Religionsgemeinschaften Frankreichs zur aktuellen Entwicklung des politischen Lebens mit einer Stellungnahme gegen Rassismus, Fremdenhass und Antisemitismus; die Verantwortlichen appellierten, die Menschenwürde zu achten. Seitens der Orthodoxie unterzeichnete Metropolit Jeremias von Frankreich die Erklärung.

304 Berichterstattung mit einigen kurzen Zitaten aus der Erklärung in: Service Orthodoxe de Presse N° 354 (Januar 2011), S. 11f. Es handelt sich um eine interreligiöse Stellungnahme der Religionsführer von Frankreich mit einer Verurteilung von Gewaltanwendung und Übergriffen gegenüber Christen in Bagdad und Alexandria. Seitens der Orthodoxie wirkte Metropolit Emmanuel von Frankreich mit.

305 Vgl. Islamochristiana 26 (2000), S. 241f. Seitens der Orthodoxie unterzeichnete Metropolit Damaskinos Papandreou.

306 Islamochristiana 28 (2002), S. 233f. Vgl. Service Orthodoxe de Presse N° 268 (Mai 2002), S. 24.

307 Episkepsis 33. Jg., N° 606 (28.2.2002), S. 2–5 (Bericht und Text der Vereinbarung); aaO, S. 5 heisst es zur Zielsetzung: „Nous devons le faire de façon à supprimer les préjugés et tout ce qui entrave la coopération et la coexistence pacifique". Vgl. Islamochristiana 28 (2002), S. 190–192 (Bericht und Text der Vereinbarung). Text der Übereinkunft auch bei Juliette Nasri Haddad (Hrsg.), Déclarations Communes Islamo-Chrétiennes (2002–2005), aaO, S. 73ff (Déclaration N° 18). Vgl.

2 Bemühungen einzelner autokephaler Kirchen um einen Dialog mit dem Islam —— **183**

zum Iran diente auch ein Besuch des Metropoliten Emmanuel 17.–20.4.2002 in Teheran und Beirut. In Teheran führte er Gespräche mit Vertretern schiitischer Einrichtungen; es wurde ein Protokoll unterzeichnet, das die Bedeutung interreligiösen Dialogs unterstreicht.[308] An weiteren, vergleichbaren Begegnungen dieser Art ist festzuhalten: 25.–27.9.2000 (Bahrein);[309] 15.–17.10.2002 (Qatar); [310] 16.–18.4.2003 (Baku);[311] 10.–12.9.2003 (Libyen);[312] 26.–29.11.2004 (Tripoli).[313]

2.1.5 Zum Kontext der Beiträge des Ökumenischen Patriarchats

Die Zusammenstellung der interreligiösen Beiträge des Ökumenischen Patriarchats hat eine nur sehr begrenzte Anzahl von Aktivitäten sichtbar gemacht, die in unmittelbarem Bezug zum Patriarchatsgebiet stehen. Dieser Befund erklärt sich aus der interreligiösen Situation im türkischen bzw. griechischen Teil des Territoriums. In der Türkei ist die Orthodoxie zahlenmäßig marginalisiert, seit nach Ende des türkisch-griechischen Krieg (1920–1922) die Türkei und Griechenland im Lausanner Vertrag einen Bevölkerungsaustausch vereinbarten, durch den etwa zwei Millionen Griechen Kleinasien verließen und nach Griechenland umsiedelten. Umgekehrt musste der größte Teil der türkischstämmigen Muslime Griechenland verlassen. Durch Zwangsausweisung von Griechen im Jahr 1955 redu-

---

John Chryssavgis (Hrsg.), In the World, yet not of the World, aaO, S. 153 ff. Vgl. Service Orthodoxe de Presse N° 265 (Februar 2002), S. 16.
308 Service Orthodoxe de Presse N° 270 (Juli/August 2002), S. 22.
309 Episkepsis 31. Jg., N° 588 (31.10.2000), S. 6f (Bericht); aaO, S. 17–21 ist der Text einer Ansprache „Relations entre chrétiens et musulmans" dokumentiert. Der Text der Ansprache ist nochmals ediert worden in: John Chryssavgis (Hrsg.), In the World, yet not of the World, aaO, S. 242ff. Vgl. Islamochristiana 27 (2001), S. 181–183 (Berichterstattung und längere Auszüge aus der Ansprache des Ökumenischen Patriarchen).
310 Episkepsis 33. Jg., N° 615 (30.11.2002), S. 2–4; Service Orthodoxe de Presse N° 273 (Dezember 2002), S. 15f; Islamochristiana 29 (2003), S. 234f (jeweils Berichterstattung). John Chryssavgis (Hrsg.), In the World, yet not of the World, aaO, S. 230ff (Text der Ansprache des Patriarchen „Le dialogue interreligieux entre le christianisme et l'islam" in der Universität von Doha).
311 Episkepsis 34. Jg., N° 621 (30.4.2003), S. 5–7 (Berichterstattung). Service Orthodoxe de Presse N° 278 (Mai 2003), S. 15f.
312 Episkepsis 34. Jg., N° 626 (30.9.2003), S. 4f (Berichterstattung). Text der programmatischen Ansprache des Patriarchen „The Necessity of Inter-Religious Dialogue – The Relationships between Christianity and Islam" bei John Chryssavgis (Hrsg.), In the World, yet not of the World, aaO, S. 260ff. Text der Ansprache vgl. auch George C. Papademetriou, Two Traditions, One Space, Appendices, aaO, S. 282ff.
313 Schlussdokument in: Islamochristiana 31 (2005), S. 229–236; die Erwähnung des Grußworts von Metropolit Emmanuel aaO, S. 231.

zierte sich deren Zahl in der Türkei weiter.[314] Auf türkischem Boden blieben nur wenige Tausend Griechen zurück, fast ausschließlich in Istanbul;[315] hinzu kommt eine nicht bezifferbare Anzahl von Orthodoxen anderer Nationalität. Ein zweiter Aspekt tritt hinzu. Mit der endgültigen Auflösung des osmanischen Reichs nach 1914 konstituierte sich die Türkei als Nationalstaat, basierend auf der türkisch-muslimischen Identität. Obwohl der Staat offiziell laizistisch ausgestaltet wurde, führte dies zur Ausgrenzung der Christen,[316] die bis heute in zahlreichen Repressalien kulminiert.[317] Dazu gehören Beispiele staatlicher Gängelung des Patriarchats mit administrativen Mitteln,[318] aber auch Übergriffe extremer Grup-

---

[314] Wolfgang Gieler, Religion in der Türkei, in: Markus Porsche-Ludwig / Jürgen Bellers (Hrsg.), Handbuch der Religionen der Welt Bd. 2, Verlag Traugott Bautz Nordhausen 2012, S. 1319–1326 (1322). Zum Pogrom von 1955, den Regierungsmaßnahmen zu Lasten der Kirche von 1964 und später vgl. Bernd Spuler, Religiöse Minderheiten, in: Klaus-Detlev Grothusen (Hrsg.), Türkei (Südosteuropa-Handbuch Bd. 4), Vandenhoek & Ruprecht Göttingen 1985, S. 613–620 (616 ff).

[315] Zur Situation von religiösen Minderheiten in der heutigen Türkei, zur geschichtlichen Entwicklung und zur Statistik vgl. auch Helmut Wiesmann, Kriterium Religionsfreiheit – zur Lage der religiösen Minderheiten in der Türkei im Kontext eines möglichen EU-Beitritts, in: OWEP 5. Jg. (2004), S. 42–50 (45): „Die historisch bedeutendste christliche Minderheit ist die griechisch-orthodoxe Kirche. Infolge des türkisch-griechischen Umsiedlungsvertrages von 1923 musste der größte Teil ihrer Gläubigen die Türkei verlassen. Heute beläuft sich die Zahl der griechisch-orthodoxen Christen nach mehreren, z.T. von den Behörden forcierten Abwanderungswellen nur noch auf rund 2.000".

[316] Andrea Pacini, Introduction, in: Proche-Orient Chrétien 47 (1997), S. 7–34 (15): „En Turquie, le processus de constitution de l'Etat national, basé sur l'identité turque, amène en définitive l'exclusion des chrétiens du nouvel État. En ce sens, l'identification du concept de nation avec l'appartenance confessionnelle (…) conduisit à relier l'identité turque à l'appartenance culturelle musulmane, même si, d'un point de vue politique, le nouveau État s'inspirait d'une laïcité décidée."

[317] Johannes Oeldemann, Die Kirchen des christlichen Ostens, aaO, S. 86. Zur jüngsten geschichtlichen Entwicklung und zur Religionspolitik in der heutigen Türkei vgl. David Berrett (u. a.), World Christian Encyclopedia Vol. 1, aaO, S. 753 ff und die Angaben bei Wolfgang Gieler, Religion in der Türkei, in: Markus Porsche-Ludwig / Jürgen Bellers (Hrsg.), Handbuch der Religionen der Welt Bd. 2, aaO, S. 1319–1326 (1324 f).

[318] Vgl. z. B. Service Orthodoxe de Presse N° 267 (April 2002), S. 3–5 mit Hinweisen auf administrativ vorenthaltene Rechte für eine religiöse Minderheit, Enteignungsmaßnahmen und Verdrängung griechischer Bevölkerungsgruppen. Vgl. Service Orthodoxe de Presse N° 300 (Juli/August 2005), S. 24 über die Klage des Ökumenischen Patriarchats beim Europäischen Gerichtshof für Menschenrechte. Vgl. auch Service Orthodoxe de Presse N° 331 (September/Oktober 2008), S. 19 mit Hinweisen auf den vorenthaltenen Rechtsstatus, Schließung von Einrichtungen und Enteignungen von Patriarchatseigentum; der Europäische Gerichtshof für Menschenrechte hatte am 8.7.2008 einer Klage des Patriarchats wegen Enteignung eines Waisenhauses stattgegeben.

pierungen.³¹⁹ Interreligiöser Dialog und Bemühen um Zusammenarbeit stehen damit in der Türkei in einem schwierigen Umfeld, vor allem auch angesichts eher geringen Interesses der türkisch-muslimischen Seite. Andererseits vermittelt die skizzierte äußere Situation den Verantwortlichen des Patriarchats eine besondere Sensibilität für Anliegen und Chancen eines interreligiösen Dialogs. Im griechischen Teil des Patriarchatsgebiets kann sich dagegen die Orthodoxie frei entfalten. Dies gilt auch für die kleine Gruppe von Muslimen in der betreffenden Region Griechenlands, deren Präsenz sich vor allem auf die unter direkter Jurisdiktion des Patriarchats stehenden Inseln Kos und Rhodos konzentriert.³²⁰ Ein positives Zeichen für die Koexistenz der Religionen im griechischen Teil des Patriarchatsgebiets ist die Tatsache, dass es – abgesehen von Westthrakien – nur dort anerkannte Moscheen und islamische Friedhöfe gibt, im ganzen übrigen Griechenland jedoch nicht.³²¹ Die unkomplizierte Koexistenz im griechischen Teil des Patriarchatsgebiets hat gleichwohl nicht zu regionalen interreligiösen Bemühungen stimuliert.

---

319 Vgl. Bernd Spuler, Religiöse Minderheiten, in: Klaus-Detlev Grothusen (Hrsg.), Türkei (Südosteuropa-Handbuch Bd. 4), aaO, S. 613–620 (616 ff). Ein jüngeres Beispiel für Übergriffe ist z. B. die Explosion einer Handgranate am Phanar, für die eine muslimisch-fundamentalistische Gruppe verantwortlich war, vgl. Orthodoxes Forum 11 (1997), S. 97 und Service Orthodoxe de Presse N° 223 (Dezember 1997), S. 1 ff. Am 12.1.1998 wurde eine kleine Kirche in der Nähe der Hagia Sophia überfallen, Ikonen und liturgische Geräte geraubt, ein Brand gelegt und der Sakristan ermordet, vgl. Service Orthodoxe de Presse N° 225 (Februar 1998), S. 2f (dort auch Hinweise auf weitere Angriffe). Ein weiterer Übergriff durch eine Handgranatenexplosion fand 2004 statt, vgl. Service Orthodoxe des Presse N° 292 (November 2004), S. 2f. Berichterstattung von Übergriffen während einer Demonstration von ca. 1.000 türkischen Ultranationalisten vor dem Phanar vgl. Service Orthodoxe de Presse N° 291 (September/Oktober 2004), S. 25. Im Jahr 2005 wurde die traditionelle Liturgie der Wasserweihe des Ökumenischen Patriarchen von Extremisten gestört, vgl. Service Orthodoxe de Presse N° 295 (Februar 2005), S. 16 f. Ahmet Yildiz, „Turkey", in: Joergen Nielsen u. a. (Hrsg.), Yearbook of Muslims in Europe 3, aaO, S. 580 erwähnt neo-kemalistische und nationalistische Gruppen, die wegen der Befürchtung von unterschwelliger Missionsaktivität, Imperialismus oder Synkretismus jedem interreligiösen Dialog ablehnend gegenüberstehen; von Übergriffen dieser Kreise ist dagegen nicht die Rede. Yildiz sieht aaO das Problem vielmehr beim Staat: „Overall, there are few serious problems between communities of different religions. The locus of problems in terms of interreligious relations is not between communities but between the state and communities".
320 Konstantinos Tsitselikis, „Greece", in: Joergen Nielsen u. a. (Hrsg.), Yearbook of Muslims in Europe 3, S. 255–267 (256).
321 Nicole Garos / Vasilios Makrides, Die aktuelle Debatte um den Moscheebau in Athen, in: Thede Kahl / Cay Lienen (Hrsg.), Christen und Muslime, Religions- und Kulturgeschichte in Ostmittel- und Südosteuropa Bd. 11, LIT-Verlag Wien/Berlin 2009, S. 289–305 (291). Vgl. Konstantinos Tsitselikis, „Greece", in: Joergen Nielsen u. a. (Hrsg.), Yearbook of Muslims in Europe 3, aaO, S. 260 f zu vorhandenen Moscheen und S. 262 zu vorhandenen Friedhöfen.

Der weitaus größte Teil des interreligiösen Engagements seitens des Ökumenischen Patriarchats erscheint dagegen – wie bereits dessen Beteiligung an den im Kapitel C 1. erfassten Bemühungen – als losgelöst von territorialen Bezügen. Darin spiegelt sich die Verantwortung des Ökumenischen Patriarchen als *primus inter pares* in der kanonischen Ordnung der Orthodoxen Kirche. Darüber hinaus hat sich der Ökumenische Patriarch als maßgeblicher Impulsgeber zugunsten der in Kapitel B angesprochenen panorthodoxen Fundierung des interreligiösen Engagements erwiesen und deren Grundsätze konsequent in die Tat umgesetzt; dies blieb nicht unbemerkt. Noch gewichtiger als die formale Rolle des Ökumenischen Patriarchen wirkt, dass er von Veranstaltern interreligiöser Dialogereignisse als Sprecher der Orthodoxie wahrgenommen und in Anspruch genommen wird, teils begründet in seiner besonderen persönlichen Erfahrung und Kompetenz, teils in der Erwartung besonderer Sensibilität für interreligiöse Zusammenhänge. Das für den Ökumenischen Patriarchen Gesagte gilt analog für die weiteren, in interreligiösen Zusammenhängen aktiv gewordenen Persönlichkeiten des Patriarchats.

2.2 Beiträge des Patriarchats von Alexandria zum interreligiösen Dialog mit dem Islam

2.2.1 Organisatorisches

Verglichen mit dem interreligiösen Engagement des Ökumenischen Patriarchats hat dasjenige des Patriarchats von Alexandria eine deutlich geringere Intensität und äußert sich primär in einer gelegentlichen – auch in dieser Untersuchung bereits hervorgehobenen – Beteiligung an anderwärtig verantworteten interreligiösen Ereignissen. Dennoch finden sich dem Ökumenischen Patriarchat vergleichbare organisatorische Weichenstellungen. Auch das Patriarchat von Alexandria hat nämlich eine Kommission für den Dialog mit dem Islam eingerichtet, dem aktuell (September 2014) Metropolit Paul von Memphis, Metropolit Nikolaos von Ermopolis und Metropolit Joachim von Sambia und Malawi angehören.[322]

Am 9.1.2002 wurde auf Anregung der Organisation „World Conference Religions for Peace (WCRP)" ein „Interreligious Council of Uganda" gebildet, zu dessen Leitungsgremium neben Vertretern anderer christlicher Kirchen und der Muslime auch Metropolit Jonah Lwanga (Patriarchat von Alexandria) zählt.[323] Der

---

322 Vgl. http://www.patriarchateofalexandria.com/index.php?lang=en (mit Links über „Hierarchy" und „Synodal Committees", dort unter Nr. 16; abgerufen 3.9.2014).
323 Bericht über die Gründung und deren Vorgeschichte in: Islamochristiana 28 (2002), S. 235f.

Rat ist der Organisation „WCRP" und dem „African Council of Religious Leaders (ACRL)" affiliiert.[324]

2.2.2 Beiträge zum interreligiösen Dialog

An eigenständigen Beiträgen des Patriarchats zum interreligiösen Dialog sind lediglich zwei Besuche zu verzeichnen. Am 8.4.1987 traf sich der kurz zuvor inthronisierte Patriarch Parthenios III. mit dem Großimam der Al-Azhar Universität in Kairo.[325] Vom 22. bis 29.10.2008 besuchte Patriarch Theodoros II. Libyen. Bei dieser Gelegenheit nahm er in Tripoli an einer Sitzung des „Centre d'etudes islamiques" zum Thema des islamischen Missionsauftrags teil.[326]

2.2.3 Zum Kontext der interreligiösen Bemühungen des Patriarchats Alexandria

Angesichts der unter dem euphemistischen Begriff „arabischer Frühling" zusammengefassten jüngsten konfliktgeladenen Auseinandersetzungen in Ägypten[327] und seinen Nachbarländern gäbe es Bedarf an interreligiösen Bemühungen um Konfliktdeeskalation und – überwindung. Mit Blick darauf überrascht die geringe Intensität des interreligiösen Engagements dieses Patriarchats. Ein Grund dafür dürfte sein, dass die Orthodoxie – im Unterschied zur koptischen Kirche – in der genannten Region zahlenmäßig marginalisiert ist. Soweit interreligiöser Dialog stattfindet, ist nicht die orthodoxe, sondern vor allem die koptische Kirche Dialogpartner des Islam,[328] ein Bemühen, das allerdings nicht Gegenstand dieser Untersuchung ist. Hinzu kommt, dass die orthodoxe Kirche von Alexandria, im Unterschied zu den Kopten, von den angesprochenen Konflikten nicht direkt betroffen worden zu sein scheint, obwohl sie sich – wie die anderen christlichen Denominationen auch – in zunehmend islamisierten Gesellschaften zurechtfin-

---

324 Vgl. die Angaben auf der Homepage des interreligiösen Rats unter http://www.ircu.or.ug/index.php?option=com_content&view=article&id=61&Itemid=2 (abgerufen 3.9.2014).
325 Proche-Orient Chrétien 38 (1988), S. 315.
326 Proche-Orient Chrétien 59 (2009), S. 125.
327 Vgl. dazu Martin Tamcke, Christliche Minderheiten in der arabischen Welt – zwischen Hoffen und Bangen, in: Thorsten Gerald Schneiders (Hrsg.), Die Araber im 21. Jahrhundert. Politik-Gesellschaft-Kultur, Springer VS Wiesbaden 2013, S. 67–83, (69ff).
328 Vgl. Fiona McCallum, Muslim-Christian relations in Egypt: Challenges for the twenty-first century, in: Anthony O'Mahony / Emma Loosley, Christian Responses to Islam, aaO, S. 66–84.

den muss.[329] Der Schwerpunkt des orthodoxen Patriarchats von Alexandria hat sich durch Missionserfolge bereits seit Jahrzehnten in das sub-saharische Afrika verlagert, wo aktuell nicht weniger als 19 Metropolien bzw. Bistümer bestehen[330] und in interreligiöser Hinsicht völlig andere Verhältnisse herrschen. Die Beteiligung am „Interreligious Council of Uganda" ist diesbezüglich zeichenhaft.

2.3 Beiträge des Patriarchats von Antiochia zum interreligiösen Dialog mit dem Islam

2.3.1 Einrichtungen und Organisatorisches

Mit dem Patriarchat Antiochia wird im folgenden einer der engagiertesten Akteure eines interreligiösen Dialogs zwischen Orthodoxie und Islam in den Blick genommen. Auch hier sollen zunächst organisatorische Aspekte beleuchtet werden, die der Ermöglichung oder der Durchführung von Dialogereignissen dienen. Als ein Spezifikum des interreligiösen Engagements dieses Patriarchats erweist sich dabei vor allem die Einrichtung eines eigenen Forschungsinstituts sowie die Beteiligung an einer erstaunlichen Zahl weiterer Einrichtungen und Organisationen.

2.3.1.1 Das „Department of Ecumenical Relations and Development"

Das Patriarchat hat seine Aktivitäten im Bereich der Diakonie, der ökumenischen Beziehungen und des interreligiösen Dialogs in einer eigenen Abteilung, dem „Department of Ecumenical Relations and Development", organisatorisch zusammengefasst. Dabei handelt es sich um eine 1986 gegründete Einrichtung, die zunächst nur für Fundraising, Entwicklungsprojekte und deren finanzielle Absicherung gedacht war. Zum Leiter wurde ein orthodoxer Laie, Ingenieur Samer Laham, bestimmt. 1999 wurde die Einrichtung zur gemeinnützigen Organisation mit verwaltungsmäßiger und finanzieller Autonomie unter Leitung des Patriar-

---

[329] In einem Interview bestätigte Patriarch Theodoros II., dass die orthodoxe Kirche in Ägypten nicht vom Volksaufstand gegen Präsident Mubarak in Mitleidenschaft gezogen worden ist, vgl. Service Orthodoxe de Presse N° 356 (März 2011), S. 8f.
[330] Vgl. Klaus Wyrwoll (Hrsg.), Orthodoxia 2012–2013, Ostkirchliches Institut Regensburg 2012, S. 3–9; danach bestehen außerhalb Ägyptens und den nordafrikanischen Ländern folgende Metropolien bzw. Bistümer des Patriarchats Alexandria in Afrika: Aksum, Kenia, Kampala, Johannesburg, Nigera, Kapstadt, Khartum, Simbabwe, Irenopolis (Tansania), Zentralafrika, Kamerun, Mwanza, Sambia, Accra, Madagaskar, Mozambique, Katanga, Burundi, Botswana, Sierra Leone und Brazzaville; vgl. auch die offizielle Homepage des Patriarchats unter http://patriarcha teofalexandria.com/index.php?module=content&cid=004001 mit z.T. noch aktuelleren Angaben (abgerufen 10.8.2014).

chen weiterentwickelt.[331] Zu den mitgeteilten Zielsetzungen gehört u. a. die Zusammenarbeit mit allen religiösen und nationalen Führungspersönlichkeiten und mit weltweiten Netzwerken.[332] Zu den Projekten der Organisation zählen – ein wenig verborgen unter der Überschrift „Ecumenical Relations" – neben ökumenischen Bemühungen auch interreligiöse Aktivitäten.[333] Zwei Beispiele dazu werden hervorgehoben, die lediglich auf der eigenen Homepage des „Department of Ecumenical Relations and Development" greifbar werden: Im Jahr 2001 fand in Damaskus eine interreligiöse Begegnung von Repräsentanten der örtlichen religiösen Gemeinschaften bzw. Institutionen statt; sie behandelten das Thema „Das Phänomen der Gewalt" und den Möglichkeiten, diesem zu begegnen. Zu den

---

[331] Vgl. die Angaben auf der Homepage des „Department of Ecumenical Relations and Development" unter http://www.antiochdev.org/churchSite/portal/profile/profileEn.php (abgerufen 3.9.2014); dort heißt es: „The Department of Ecumenical Relations and Development (DERD) is a nonprofit organization belonging to the Greek Orthodox Patriarchate of Antioch and All the East. (...) In 1986, the Patriarchate formed a department to strongly focus on fundraising and development activities to finance several Patriarchal community projects. His Beatitude Patriarch Ignatius IV Patriarch of Antioch and all the East requested Engineer Samer Laham to be in charge of this department according to his post at that time as the Ecumenical Officer of the Antiochian Patriarchate in the World Council of Churches, and as the Church's representative in the Resource Sharing Group – Middle East desk at the World Council of Churches, whose mission is to meet the needs of different churches in the Middle East. Due to increasing community demands and charitable projects at the Patriarchate and many other Antiochian Bishoprics, His Beatitude Ignatius IV officially established the Department under regulation No:423 in 1999, with the name ‚Department of Ecumenical Relations and Development, DERD'. The Department is directly under the Patriarch and enjoys an administrative and financial autonomous status. It performs services according to specific action plans and approved budgets. An independent audit firm monitors DERD with international standards. DERD is the humanitarian and development arm of the Patriarchate".

[332] Vgl. die auf der Homepage des „Department of Ecumenical Relations and Development" umrissene Zielsetzung unter http://www.antiochdev.org/churchSite/portal/mission/missionEn.php (abgerufen 3.9.2014). Dort wird mitgeteilt: „A distinct and effective participation in responding to the needs and facing society's contemporary challenges, by way of implementing incomparable programs in development, humanitarian relief, cultural submersion, heritage preservation, spiritual education, and ecumenical activities. We also aspire to participate in building bridges of cooperation among the varied strata of society, and to develop partnerships with local, regional and international institutions that share the same aims and visions. (...). Cooperate with all religious and national leaders and encourage local, regional and worldwide networks to consolidate the common work on the ground, hence the building of communication bridges between all active people sharing the same vision".

[333] Vgl. die auf der Homepage des „Department of Ecumenical Relations and Development" unter http://www.antiochdev.org/churchSite/portal/progs/catListerEn.php?catid=Ecumenical%20Relations&type=none mitgeteilte Bandbreite an Projekten, zu denen auch der christlich-muslimischer Dialog zählt (abgerufen 3.9.2014).

Teilnehmern zählten die Oberhäupter der christlichen und muslimischen Gemeinschaften sowie Repräsentanten des „Conciliation Road Team" aus mehreren europäischen Ländern. Im Jahr 2002 wurde ein Gipfeltreffen religiöser Führer unter dem Titel „We Live Together in One Nation" in Zusammenarbeit mit der „Middle East Desk at the World Council of Churches" und dem „Arab Team for Muslim Christian Dialogue" durchgeführt; Ziel der Veranstaltung war die Vertiefung christlich-islamischer Partnerschaft in öffentlichen Angelegenheiten.[334]

2.3.1.2 Forschungsinstitut

An der orthodoxen Universität von Balamand, gegründet 1988 vom Patriarchen von Antiochia und dem Patriarchat verbunden, wurde 1995 ein Forschungszentrum für christlich-islamische Studien eingerichtet.[335] Mit dem „Centre d'études islamo-chrétiennes", aber auch über dieses hinaus, leistet die Universität Beiträge zum interreligiösen Dialog und zur religionsübergreifenden Zusammenarbeit. Die in verschiedenen Wissenschaften angebotenen Studiengänge stehen allen Studenten offen, gleich welcher religiösen, nationalen oder ethnischen Zugehörigkeit sie sind.[336] Auch inhaltlich stehen Fragen interreligiöser Begegnung und Verständigung im Blick, sichtbar z. B. an einem Studientag des Verwaltungsrats der Universität zum Thema „Entwicklung des christlich-islamischen Dialogs im Jahr 2002 in Damaskus. Der Präsident der Universität betonte die Notwendigkeit, Zentren der Forschung und des christlich-islamischen Austauschs weiterzuentwickeln; dem Patriarchat von Antiochia komme dabei angesichts der historischen Beziehung zum Islam und seiner Integration in die arabische Welt eine Schlüsselrolle zu.[337] Schließlich arbeitet die orthodoxe Universität von Balamand mit anderen religiösen Bildungseinrichtungen zusammen; auch diese Zusammenarbeit hat interreligiöse Facetten.

Eine erste Gruppe von interreligiösen Beiträgen seitens der orthodoxen Universität Balamand ergibt sich aus der angesprochenen religionsübergreifenden

---

334 Vgl. die Angaben auf der Homepage des „Department of Ecumenical Relations and Development" unter http://www.antiochdev.org/churchSite/portal/progs/subCatEn.php?subcatid= (abgerufen 3.9.2014).
335 Proche-Orient Chrétien 46 (1996), S. 237. Mohammed Abu-Nimer (u.a.), Unity in Diversity, aaO, S. 124f.
336 Assaad Elias Kattan, Christlich-islamischer Dialog. Arabisch-christliche Perspektive aus Sicht der Rum-Orthodoxen Kirche von Antiochia, in: CIBEDO 10 (1996), S. 81–89 (87) verweist auf die Tätigkeit muslimischer Lehrkräfte an der orthodoxen Universität von Balamand; den Anteil muslimischer Studenten beziffert er mit ca. 40%.
337 Service Orthodoxe de Presse N° 272 (November 202), S. 25.

2 Bemühungen einzelner autokephaler Kirchen um einen Dialog mit dem Islam — 191

Zusammenarbeit akademischer Institutionen, die bemerkenswerte Intensität erlangt hat. Am 12.–14.3.1994 fand in Antelias ein interreligiöses Kolloquium zum Thema „Renouveau de la Convivialité" statt, das gemeinsam von einer ganzen Reihe muslimischer und christlicher Bildungseinrichtungen, darunter die orthodoxe Universität von Balamand, veranstaltet wurde. Die Teilnehmer bearbeiteten verschiedene Aspekte friedlichen Zusammenlebens von Angehörigen unterschiedlicher Religion, mit einem Schwerpunkt auf den Erfahrungen im Libanon. Sie beschlossen einige knapp formulierte Leitsätze und Empfehlungen.[338] Eine weitere christlich-islamische Konsultation 24.–28.5.1995 (Balamand) führte wiederum Vertreter libanesischer, nahöstlicher und internationaler Bildungseinrichtungen zusammen, die sich – bezogen auf die von ihnen repräsentierten Institutionen – mit Zielen und Möglichkeiten eines interreligiösen Dialogs beschäftigten. Den Vorsitz hatte der Metropolit vom Berg Libanon, Georges Khodr, inne.[339] Der ÖRK und das bereits erwähnte „Centre d'Études Islamo-Chrétiennes" der Universität Balamand organisierten 27.–31.8.1997 in Balamand gemeinsam ein Kolloquium von christlichen bzw. muslimischen Wissenschaftlern über die wechselseitige Sichtweise und sich entwickelnde Beziehungen; das Kolloquium wurde gefolgt von einer Konsultation von rund 30 christlichen bzw. islamischen Verantwortlichen verschiedener Studienzentren zu Möglichkeiten einer Kooperation. Die Tagung wurde von Tarek Mitri (ÖRK) initiiert.[340] Dem libanesischen Kontext verbunden war der „Erste Kongress der religiösen Universitäten und religiösen Universitätsinstitute" dieses Landes über das Thema „Les valeurs dans l'éducation et l'information" am 2./3.12.1998 (Beirut); die Teilnehmer verabschiedeten Empfehlungen.[341] Am 23.10.2008 wurde in Balamand ein interreligiöses Treffen unter dem Thema „Le regard sur l'autre dans l'Islam et le Christianisme" durchgeführt. Für die Organisation zeichnete das „Centre d'études islamo-chrétiennes" der orthodoxen Universität Balamand gemeinsam mit weiteren Einrichtungen verantwortlich. Die Teilnehmer, unter ihnen der Direktor des

---

338 Tagungsbericht und Text der Leitsätze bzw. Empfehlungen in: Islamochristiana 20 (1994), S. 240 f.
339 Bericht über die Konsultation in: Islamochristiana 21 (1995), S. 192 f. Vgl. die Berichterstattung in: Service Orthodoxe de Presse N° 201 (September/Oktober 1995), S. 21.
340 Islamochristiana 23 (1997), S. 219 f (mit Informationen zu den beteiligten Referenten und Einrichtungen). Proche-Orient Chrétien 48 (1998), S. 178. Mohammed Abu-Nimer (u. a.), Unity in Diversity, aaO, S. 125. Andrew Sharp, Orthodox Christians and Islam, aaO, S. 112. Vgl. auch Kurzbericht des Mitarbeiters beim ÖRK Tarek Mitri (Patriarchat Antiochia) auf der Homepage des ÖRK unter http://wcc-coe.org/wcc/what/interreligious/cd31–06.html (abgerufen 3.9.2014).
341 Vgl. Juliette Nasri Haddad (u. a.) (Hrsg.), Déclarations Communes Islamo-Chrétiennes (1995–2001), aaO, S. 161–163 (Déclaration N° 32, BEY 98/12).

„Centre", Georges Massouh, verabschiedeten eine Reihe von Empfehlungen.[342] Im universitären Rahmen ist es naheliegend, die interreligiösen Bemühungen auch auf Studenten auszudehnen und ihnen entsprechende Lernprozesse in der Begegnung mit Gleichaltrigen verschiedener Religionszugehörigkeit sowie durch die Beiträge kompetenter Referenten zu ermöglichen. Auch diese Chance hat das „Centre d'études islamo-chrétiennes" genutzt und ihr in Sommerstudientagungen erfolgreich Gestalt gegeben.[343] Die Universität bot schließlich den Rahmen für eine noch weiträumigere Kooperation interreligiöser Prägung. Im Zusammenhang mit einer Tagung „Le dialogue islamo-chrétien, une nécessité et une aventure" 24. – 27.8.2002 (Lyon), die von Mitgliedern der „Groupe de recherche islamo-chrétien (GRIC)"[344] veranstaltetet wurde, konnte eine libanesische Regionalgruppe von „GRIC" mit Sitz in Beirut gegründet werden. Weiterhin verabschiedeten Vertreter christlicher und islamischer Bildungseinrichtungen des Libanon bei dieser Gelegenheit eine gemeinsame Erklärung; zu den Unterzeichnern gehörte der Direktor des „Centre d'études islamo-chrétiennes" der orthodoxen Universität Balamand, Georges Massouh.[345] Am 30.8. – 5.9.2003 fand in Balamand das Jahrestreffen der „Groupe de recherche islamo-chrétien (GRIC)" zum Thema „Sainteté de l'Espace" statt, mit veranstaltet vom „Centre d'études islamo-chrétiennes".[346]

2.3.2 Beteiligung an interreligiösen Gremien und Organisationen
2.3.2.1 Das „Comité National islamo-chrétien pour le dialogue" im Libanon

Am 2. August 1993 fand am Sitz des maronitischen Patriarchats in Bkerke ein Treffen statt, an dem die Vorsteher aller im Libanon vertretenen christlichen Kirchen und islamischen Gemeinschaften teilnahmen. Ein Ergebnis der Beratungen war – neben der Verabschiedung von Empfehlungen – die Gründung eines ständigen „Comité National islamo-chrétien pour le dialogue".[347] Dem „Comité"

---

342 Vgl. Juliette Nasri Haddad (Hrsg.), Déclarations Communes Islamo-Chrétiennes (2006–2008), aaO, S. 234–239 (Déclaration N° 59, BAL 08/10).
343 Islamochristiana 23 (1997), S. 219. Mohammed Abu-Nimer (u.a.), Unity in Diversity, aaO, S. 124f. Andrew Sharp, Orthodox Christians and Islam, aaO, S. 112.
344 Informationen zu dieser Organisation, die sich dem interreligiösen Dialog und der religionsübergreifenden wissenschaftlichen Zusammenarbeit widmet vgl. auf der Homepage der Einrichtung unter http://gric-international.org/ (abgerufen 3.9.2014).
345 Text der Erklärung bei: Juliette Nasri Haddad (Hrsg.), Déclarations Communes Islamo-Chrétiennes (2002–2005), aaO, S. 107–110 (Déclaration N° 28, LYO 02). Vgl. Proche-Orient Chrétien 53 (2003), S. 138 (Bericht) und S. 138–140 (mit Text der „Déclaration").
346 Bericht zur Tagung in: Islamochristiana 29 (2003), S. 219f.
347 Vgl. Proche-Orient Chrétien 43 (1993), S. 440–446 zum Zustandekommen des „Gipfel von Bkerke", den Beratungen und Ergebnissen. Dort auch zu den Beiträgen seitens des orthodoxen

2 Bemühungen einzelner autokephaler Kirchen um einen Dialog mit dem Islam —— 193

gehört je ein Vertreter jeder Kirche bzw. islamischen Gemeinschaft des Libanon an, der von der jeweils höchsten Autorität ernannt wird. Für das orthodoxe Patriarchat von Antiochia war dies zunächst Gabriel Habib, dann Michel Abs. Das „Comité" trifft sich regelmäßig und nimmt im Konsens der Mitglieder Stellung zu aktuellen Ereignissen. Das „Comité" hat unter dem Datum 5.1.1995 ein engagiertes und zugleich ausgewogenes Arbeitsdokument zur Rolle des Libanon und zur Lösung aktueller (verfassungs-)rechtlicher und politischer Probleme des Landes verabschiedet.[348] Weiterhin nimmt das „Comité" an Konferenzen, Fernsehdebatten und Jugendprogrammen teil.[349] Die Mitglieder des „Comité" gehören zugleich der „Arab Group for Islamic-Christian Dialogue" an, die wiederum dem „Middle East Council of Churches" angeschlossen ist.[350] Daran wird beispielhaft der hohe Grad von Vernetzung spezifischer Organisationen greifbar.

Zu den Aktivitäten des „Comité" zählt die Teilnahme seiner Mitglieder an einem interreligiösen Seminar „Les changements culturels dans le monde arabe" 18./19.5.1996 (Beirut), das vom Goethe-Institut in Beirut organisiert worden war. Zu den Rednern gehörte seitens der Orthodoxie Georges Khodr, Metropolit vom Berg Libanon (Patriarchat Antiochia).[351] Das „Comité" ist verschiedentlich auch selbst als Veranstalter interreligiöser Ereignisse aufgetreten. Dazu gehört die am 30.9.2001 in Bayt-ud-Din/Libanon durchgeführte interreligiöse Tagung; an ihr nahmen der Beauftragte des orthodoxen Patriarchats von Antiochia in diesem Gremium, Michel Abs, sowie Dr. Tarek Mitri teil. Die Konferenz verabschiedete eine

---

Patriarchats von Antiochia. Vgl. auch Proche-Orient Chrétien 45 (1995), S. 262f zur Arbeitsweise der hier nicht als „Comité", sondern als „Commission National de dialogue islamo-chrétien" bezeichneten Gremiums und dem „Congrès permanent du dialogue libanais". Vgl. auch Mohammed Abu-Nimer (u.a.), Unity in Diversity, aaO, S. 103f und S. 110f; dort zur Gründung, zur Unterstützung durch die Regierung, zur Arbeitsweise und zu den Hauptzielen des „Comité"; aaO, S. 110 mit S. 240 FN 14 zur Benennung als „National Committee" bzw. „National Commission".

348 Proche-Orient Chrétien 46 (1996), S. 234–237 (ausführlicher Bericht und Auszüge aus dem Text des Dokuments). Vgl. Islamochristiana 21 (1995), S. 191f (mit der den christlich-islamischen Dialog betreffenden Textpassage des Arbeitsdokuments). Vgl. den vollständigen Text des Arbeitsdokuments in englischer und französischer Sprache online auf der Homepage „Chrislam" des „Comité National Islamo-Chrétien pour le Dialogue" unter http://www.chrislam.org/actions.html; das Arbeitsdokument betont unter Nr. 1 „Lebanon – Coexistence" eine starke Ausrichtung der Organisation auf Stärkung eines friedlichen Zusammenlebens (abgerufen 4.9.2014).

349 Proche-Orient Chrétien 46 (1996), S. 236f. Zu den Arbeitsfeldern vgl. auch Mohammed Abu-Nimer (u.a.), Unity in Diversity, aaO, S. 104: „The initiatives include meetings, lectures, symposiums, workshops, camps, training, and publication".

350 Vgl. die Homepage des „Comité National Islamo-Chrétien pour le Dialogue" unter http://www.chrislam.org/members.html (abgerufen 4.9.2014).

351 Proche-Orient Chrétien 46 (1996), S. 236.

Schlusserklärung.[352] Ein weiteres Beispiel stellt die interreligiöse Konferenz 11.6. 2009 (Beirut) dar, die unter dem Titel „Revitalizing christian-muslim dialogue" Religionsführer, Politiker und Fachspezialisten aus dem Iran und dem Libanon zusammenführte.[353]

Nicht zuletzt wirkt das „Comité" auf eine breite Öffentlichkeit ein, indem es gemeinsame Erklärungen zu aktuellen Fragen veröffentlicht. Beispiele dafür sind ein am 24.2.1997 in Beirut präsentiertes Kommuniqué zum Besuch des Papstes im Libanon unter dem Titel „Réaffirmer la volonté de coexistence"[354] sowie eine am 24.1.2002 in Beirut publizierte Erklärung, deren Titel „En communion avec la journée de prière à Assise" die tatsächlich behandelten Fragen eher verdeckt; tatsächlicher Schwerpunkt ist eine Auseinandersetzung mit Gewaltanwendung und mit den Christentum und Islam gemeinsamen ethischen Werten.[355]

2.3.2.2 Die „The Arab Group for Muslim-Christian Dialogue (AGMCD)"

Die „Arab Working Group for Christian-Muslim Dialogue" ist ein im Mai 1995 in Beirut innerhalb des „Conseil des Églises du Moyen-Orient" gegründeter Zusammenschluss von Intellektuellen, der sich der Förderung des Dialogs und des friedlichen Zusammenlebens von Christen und Muslimen widmet. Nach dem vom „CEMO"/„MECC" durchgeführten interreligiösen Kongress von Kairo 2001 löste sich die Gruppe vom „Conseil" und konstituierte sich als eigenständige Organisation.[356] Zu ihren Aktivitäten zählt neben Jugendarbeit[357] auch die Durchführung einer Reihe von internationalen, interreligiösen Symposien, teils in Zusammenarbeit mit anderen Organisationen wie dem „Middle East Council of Churches".[358]

---

352 Juliette Nasri Haddad (u.a.) (Hrsg.), Déclarations Communes Islamo-Chrétiennes (1995 – 2001), aaO, S. 233 – 239 (Déclaration N° 49, BAY 01).
353 Kurzbericht auf der Homepage des armenischen Katholikosats von Kilikien, online zugänglich unter http://www.globalarmenianheritage-adic.fr/0ab/b_antelias_dialogue.htm (abgerufen 4.9.2014). Eine direkte Beteiligung des orthodoxen Patriarchats von Antiochia wird durch die Meldung nicht belegt.
354 Juliette Nasri Haddad (Hrsg.), Déclarations Communes Islamo-Chrétiennes (1995 – 2001), aaO, S. 93 – 97 (Déclaration N° 18, BEY 97).
355 Juliette Nasri Haddad (Hrsg.), Déclarations Communes Islamo-Chrétiennes (2002 – 2005), aaO, S. 75 ff (Déclaration N° 19). Islamochristiana 28 (2002), S. 218 f.
356 Mohammed Abu-Nimer (u.a.), Unity in Diversity, aaO, S. 114 mit S. 240 FN 22.
357 Zu den von der „Arab Working Group" veranstalteten interreligiösen „Summer Camps" für Jugendliche vgl. Mohammed Abu-Nimer (u.a.), Unity in Diversity, aaO, S. 116.
358 Proche-Orient Chrétien 59 (2009), S. 332. Vgl. auch die offizielle Website der „Arab Working Group" unter http://agmcd.org/files/mission.htm (abgerufen 4.9.2014). Die Zielsetzung wird dort so umschrieben: „A number of prominent Arab Muslims and Christians-intellectuals, religious scholars, and people engaged in public life-met together in Beirut in May 1995. The Middle East

2 Bemühungen einzelner autokephaler Kirchen um einen Dialog mit dem Islam — 195

Bereits kurze Zeit nach der Gründung stellte die „Arab Working Group for Christian-Muslim Dialogue" ihr interreligiöses Engagement mit der christlich-islamischen Konferenz 9.–12.7.1998 (Beirut) unter Beweis, die unter Beteiligung internationaler Fachleute zum Thema „The Abrahamic Tradition and Christian-Muslim Dialogue" stattfand. Der orthodoxe Metropolit vom Berg Libanon, Georges Khodr, sowie Dr. Tarek Mitri trugen mit Referaten aktiv bei.[359] Die Teilnehmer veröffentlichten eine bedeutsame Schlusserklärung.[360] Das gilt auch für die interreligiöse Konferenz 18.–20.12.2001 (Kairo). Sie stand unter dem Thema „Le dialogue et la convivialité"; das Tagungsergebnis ist im wegweisenden Text „Dialogue et Convivialité. Charte arabe islamo-chrétienne" zusammengefasst.[361] Mit dem brennenden Thema „religiöser Fundamentalismus" beschäftigte sich ein „runder Tisch" 12.–14.6.2003 (Beirut).[362] Auch die interreligiöse Tagung

---

Council of Churches facilitated this meeting, and it resulted in founding ‚The Arab Working Group on Muslim-Christian Dialogue'. The group included members from Lebanon, Syria, Egypt, Jordan, Palestine, the Sudan, and the United Arab Emirates. They shared a firm belief in coexistence between Muslims and Christians in a society where freedom, justice, equality, and the rights of citizenship prevail. They were cognizant of the need to work together in addressing internal concerns and in facing the external dangers that threaten the people, Muslims and Christians, of the one Arab homeland; And they were aware that people of faith, following the dictates of their respective beliefs, must form an alliance to fulfill their obligation toward their Arab nation and homeland, an alliance to help foster national unity and to strengthen a sense of belonging to one nation embracing all its citizens no matter their religious affiliations, helping them transcend confessional or clannish partisanship so that, all together, they might work for the nation as a whole". Zur Tätigkeit der „Arab Working Group" vgl. auch Mohammed Abu-Nimer (u. a.), Unity in Diversity, aaO, S. 114 ff.

359 Mohammed Abu-Nimer (u. a.), Unity in Diversity, aaO, S. 115. Berichterstattung über die Konferenz in Proche-Orient Chrétien 59 (2009), S. 332; vgl. auch einen Bericht „Abrahamic Heritage" von Peter Makari auf der Homepage der „Arab Working Group" unter http://agmcd.org/files/docs/1998abrahamicreport.htm. Die Ansprache von Tarek Mitri ist online zugänglich auf der Homepage des ÖRK unter http://wcc-coe.org/wcc/what/interreligious/cd36–05.html (beide Websites abgerufen 4.9.2014).

360 Die Schlusserklärung „Eight Points of Consensus" ist online zugänglich auf der Homepage der „Arab Working Group" unter http://agmcd.org/files/docs/1998abrahamic.htm (abgerufen 4.9. 2014). Der Text ist im Anhang 1 unter 1.26. im Wortlaut wiedergegeben.

361 Die gemeinsame Erklärung ist publiziert in: Juliette Nasri Haddad (u. a.) (Hrsg.), Déclarations Communes Islamo-Chrétiennes (1995–2001), aaO, S. 241–257 (Déclaration N° 50, CAI 01). Vgl. den Kurzbericht zur Kairoer Tagung auf der Homepage der „Arab Working Group" unter http://agmcd.org/files/preface.htm, Nr. 1. und Nr. 6 (abgerufen 4.9.2014). Vgl. auch den Hinweis in Proche-Orient Chrétien 59 (2009), S. 332.

362 Mohammed Abu-Nimer (u. a.), Unity in Diversity, aaO, S. 116. Vgl. den ausführlichen Konferenzbericht auf der Homepage des Veranstalters unter http://www.agmcd.org/files/docs/2003fundamentalism.htm (abgerufen 4.9.2014). Die Schlusserklärung ist publiziert in: Juliette

28.2.–2.3.2008 (Beirut) über „Wechselseitigen Respekt zwischen den Angehörigen verschiedener Religionen" hat ausweislich ihres Schlussdokuments bedeutsame interreligiöse Einsichten erarbeitet.³⁶³

Vom Engagement der „Arab Working Group for Christian-Muslim Dialogue" zeugen weitere interreligiöse Seminare bzw. Konferenzen, die jedoch weniger intensive Wahrnehmung erfahren haben und sogar auf der eigenen Homepage nur zum kleineren Teil dargestellt sind. Dazu gehören: 1999 (Kairo);³⁶⁴ 2002 (Kairo);³⁶⁵ 2003 (Beirut);³⁶⁶ 17.–21.9.2005 (Amman).³⁶⁷

2.3.2.3 Der „Conseil iraquien des chefs d'Églises" und dessen satzungsmäßige Bemühung um interreligiösen Dialog

Am 9.2.2010 erfolgte in Bagdad die Gründung des „Conseil iraquien des chefs d'Églises" mit Vertretern aller im Irak präsenten christlichen Kirchen, darunter auch des orthodoxen Patriarchats von Antiochia, das eine Metropolie für den Irak und Kuwait eingerichtet hat. Die Zielsetzung des Rates ist primär ökumenisch orientiert. Daneben enthält die Satzung aber auch die Zielbestimmung, den Dialog und die Beziehungen mit dem Islam sowie die wechselseitige Akzeptanz zu fördern.³⁶⁸ Die Zukunft und die Arbeitsmöglichkeiten dieses Gremiums sind wegen

---

Nasri Haddad (Hrsg.), Déclarations Communes Islamo-Chrétiennes (2002–2005), aaO, S. 143–146 (Déclaration N° 37, BEY 03).

363 Proche-Orient Chrétien 59 (2009), S. 332–336 (Bericht und Text des Dokuments).
364 Mohammed Abu-Nimer (u.a.), Unity in Diversity, aaO, S. 115. Vgl. auch die Homepage der „Arab Working Group" unter http://agmcd.org/files/preface.htm unter Nr. 3 (abgerufen 4.9.2014); dort heißt es zur Tagung: „The MECC's program on Justice, Peace and Human Rights, in cooperation with the Arab Working Group on Muslim-Christian Dialogue, organized several meetings to deal with issues of citizenship, democracy and human rights. Two of these meetings stand out: A seminar on the theory and practice of coexistence in Arab countries, and another on citizenship, democracy and human rights. These two seminars addressed these controversial issues openly and head-on. They were exceptional in that they came up with constructive religiously-based interpretations with the objective of transcending ‚obstructionist traditional' conceptions of belonging and of developing profound ‚modern' conceptions of the foundations and principles of an integrated national existence".
365 Mohammed Abu-Nimer (u.a.), Unity in Diversity, aaO, S. 115. Vgl. auch den Hinweis in Proche-Orient Chrétien 59 (2009), S. 332.
366 Mohammed Abu-Nimer (u.a.), Unity in Diversity, aaO, S. 116. Vgl. auch den Hinweis in Proche-Orient Chrétien 59 (2009), S. 332.
367 Proche-Orient Chrétien 56 (2006), S. 164f.
368 Proche-Orient Chrétien 60 (2010), S. 424–426. Der Rat zählt zu den affiliierten Gremien der Organisation „Religions for Peace", vgl. http://www.rfp.org/who-we-are/national-councils-groups (abgerufen 4.9.2014).

der aktuellen bewaffneten Auseinandersetzungen im Irak nicht absehbar. Die satzungsmäßige Öffnung des „Conseil" für interreligiösen Dialog stellt angesichts der Situation im Irak gleichwohl ein aussagekräftiges Zeichen seitens der Beteiligten dar, dass in interreligiösem Dialog ein geeignetes Mittel wahrgenommen wird, um zur Konfliktbeendigung beizutragen.

2.3.2.4 Der Beschluss zur Gründung eines interreligiösen Rates in Syrien

Bei einer interreligiösen Tagung 18. – 20. 4. 2013 in Istanbul kamen zahlreiche Vertreter der verschiedenen Religionsgemeinschaften Syriens zusammen, um eine Zusammenarbeit für den Frieden im Land voranzutreiben. Eine Reihe von vorangegangenen Treffen[369] hat diese Konferenz vorbereitet, nämlich 16. – 19. 11. 2011 (Marrakesch);[370] 7. – 9. 1. 2012 (Oslo); 22./23. 2. 2012 (Larnaka);[371] 28./29. 8. 2012 (Kairo).[372] Alle diese Begegnungen wurden von der internationalen Organisation „Religions for Peace" veranstaltet. Zur Tagung 18. – 20. 4. 2013 in Istanbul hatten zudem zahlreiche internationale Organisationen Beobachter entsandt, darunter

---

369 Vgl. http://www.rfp.org/news/establishing-inter-religious-council-syria%E2%80%94religions-peace (abgerufen 4. 9. 2014).

370 An dieser interreligiösen Konferenz nahmen Religionsführer der Region „Middle East-North Africa (MENA)" der Organisation „Religions for Peace" teil; die Teilnehmer betonten, dass Gott die wahre und letztgültige Quelle der Menschenwürde sowie aller Rechte und Pflichten des Menschen ist; es gelte, zwischen den Religionsgemeinschaften der Region eine Kultur der Solidarität und gegenseitiger Sorge füreinander aufzubauen. Vgl. das Schlussdokument „Marrakesh-Declaration" in: Islamochristiana 37 (2011), S. 261–263. Berichterstattung unter http://www.rfp-europe.eu/index.cfm?id=363467 (abgerufen 4. 9. 2014). Eine orthodoxe Beteiligung an der Konferenz geht aus den mitgeteilten Informationen nicht ausdrücklich hervor.

371 Die Schlusserklärung „Call for Peace in Syria" ist publiziert in: Islamochristiana 38 (2012), S. 281f. Vgl. eine Pressemitteilung zur Konferenz, online zugänglich auf der Homepage des Veranstalters unter http://www.rfp.org/sites/default/files/Syrian%20Religious%20Leaders%20Urge%20Peace%20Solution.pdf (abgerufen 4. 9. 2014).

372 Bei der Kairoer Konferenz handelte es sich um ein Treffen der „Arbeitsgruppe Syrien" der Organisation „Religions for Peace", unter Teilnahme von christlichen und muslimischen Persönlichkeiten Syriens; behandelt wurde der Aufbau eines interreligiösen Rats von Syrien. In einem „Cairo-Statement" wurde Gewalt und Unterdrückung in Syrien verurteilt; gefordert wurden die Einstellung aller Kampfhandlungen, medizinische Behandlung von Verwundeten und humanitäre Hilfe für Flüchtlinge; weiterhin gelte es, die interreligiöse Zusammenarbeit zu stärken, um „sektiererischen Spannungen" zu begegnen und eine Botschaft des Friedens und der nationalen Versöhnung zu verbreiten. Ein Kurzbericht zur Tagung in Kairo ist publiziert in: Islamochristiana 38 (2012), S. 227. Vgl. den Kurzbericht über die Tagung und das „Cairo-Statement", als pdf-Datei zugänglich unter http://www.rfp.org/sites/default/files/Rightful%20Cries%20-%20Press%20Release%20and%20Statement2.pdf (abgerufen 4. 9. 2014). Eine Beteiligung der Orthodoxie ist weder anhand der Kurzberichte noch aus dem „Cairo-Statement" verifizierbar.

die „United Nations Alliance of Civilizations" und die Arabische Liga. Vertreten waren auch der „Middle East Council of Churches" und der Päpstliche Rat für Interreligiösen Dialog. Bei ihrem Treffen in Istanbul verurteilten die Religionsführer Gewaltanwendung und Zerstörungen. Sie wiesen alle Versuche zurück, Konflikte zwischen den Religionen und Gemeinschaften zu schüren: „They stated that cooperation based on shared religious values must be an essential key to unity among all Syrians".[373] Die Teilnehmer kamen überein, dass ein interreligiöser Rat gebildet werden solle; weiterhin sollten Projekte eingeleitet werden, um humanitäre Hilfe zu leisten, „sektiererischer Gewalt" entgegenzuwirken und Versöhnung zu fördern. Die Teilnehmer verabschiedeten eine Schlusserklärung „Syria for all Syrians".[374] Angesichts der militärischen Auseinandersetzungen in Syrien ist die Weiterentwicklung des Projekts derzeit nicht absehbar. Allein seine Vorbereitung und die ersten Schritte zur Umsetzung in gemeinsames Handeln machen jedoch neuerlich augenfällig, dass selbst in Zeiten aktueller Konflikte – zumindest seitens gemäßigterer Kreise – im interreligiösen Zusammenwirken ein Weg hin zu einer Deeskalation und zur Verbesserung der Lage erkannt und beschritten wird.

2.3.3 Mitwirkung von Repräsentanten des Patriarchats von Antiochia an interreligiösen Konferenzen, Symposia, Kolloquia u. ä.

Das interreligiöse Engagement unter Beteiligung von Repräsentanten des Patriarchats Antiochia erwuchs aus persönlichen Begegnungen und konkreten Erfahrungen. Das bereits 1946 von Michel Asmar gegründete, unabhängige Kulturzentrum „Le Cénacle Libanais" veranstaltete im Jahr 1965 eine Reihe von sechs Konferenzen, bei der Christen und Muslime abwechselnd das Thema „Christianisme et l'Islam au Liban" behandelten. Die Referenten entschieden, zu einem interreligiösen Dialog voranzuschreiten. Nach mehreren Treffen verabschiedeten sie unter dem Datum 8.7.1965 ein Manifest zum Dialog und zur brüderlichen Koexistenz der Religionen. Zu den Unterzeichnern gehörte auch der nachmalige orthodoxe Metropolit Georges Khodr.[375] Diese visionäre Entscheidung und das

---

[373] Bericht zur Tagung unter http://www.rfp.org/news/establishing-inter-religious-council-syria%E2%80%94religions-peace (abgerufen 4.9.2014).

[374] Vgl. die Homepage von „Religions for Peace" unter http://www.rfp.org/news/establishing-inter-religious-council-syria%E2%80%94religions-peace (abgerufen 4.9.2014); dort auch der Text der Schlusserklärung.

[375] Text des „Manifests" in: Juliette Nasri Haddad / Augustin Duprey la Tour / Hisham Nashabé (Hrsg.), Déclarations Communes Islamo-Chrétiennes (1954–1995), aaO, S. 34–39 (Déclaration N°

angesprochene Manifest eröffneten den christlich-muslimischen Dialog moderner Prägung, fast zwei Jahrzehnte vor der entsprechenden panorthodoxen Beschlussfassung und vier Jahre vor der ersten christlich-muslimischen Tagung des ÖRK 2.–6.3.1969 in Cartigny/Schweiz, an der bemerkenswerterweise ebenfalls Metropolit Georges Khodr mitwirkte. Ermöglicht hatten den im „Manifest" von 1965 niedergelegten entscheidenden Schritt von Begegnung zu interreligiösem Dialog die praktischen Erfahrungen eines Miteinander innerhalb der spezifischen, von Pluralität geprägten „religiösen Landschaft" des Libanon. Zugleich erweisen sich die im „Manifest" zusammengestellten Grundsätze für interreligiösen Dialog als so ausgewogen und lebensnah, dass anderweitige Bemühungen um eine Klärung der entsprechenden Dialoggrundlagen erst nach langjähriger Arbeit zu vergleichbaren Ergebnissen vorgestossen sind.

Die Bemühungen um interreligiösen Dialog unter Beteiligung von Repräsentanten des Patriarchats Antiochia erreichten indes erst Jahre später eine breitere Öffentlichkeit.[376] Dann entfalteten sie sich jedoch – auch wegen der zwischenzeitlich gewachsenen Wahrnehmung der Bedeutung dieses Dialogs – in einem beeindruckenden Ausmaß. Für die Darstellung wird deshalb im folgenden zwischen Dialogereignissen im nahöstlich-arabischen Kontext und solchen im westeuropäischen Bereich unterschieden.

2.3.3.1 Konferenzen im nahöstlich-arabischen Kontext

Am Anfang der ersten Gruppe, interreligiöse Konferenzen im nahöstlich-arabischen Kontext, steht die christlich-islamische Konsultation zum Thema „L'avenir du dialogue islamo-chrétien" 3.–6.11.1980 (Beirut). Sie fand auf Initiative nahöstlicher Vertreter des ÖRK in Zusammenarbeit mit der bereits erwähnten Organisation „Le Cénacle Libanais" statt und führte mehr als 20 Persönlichkeiten aus dem Libanon und ein weiteres Dutzend eingeladener Gäste aus Nordafrika, Europa und Amerika zusammen. Metropolit Georges Khodr hielt eines der Eröffnungsreferate.[377] Bei der vierten Jahresversammlung der „Groupe de Recherches

---

4). Zum interreligiösen Engagement des „Cénacle Libanais" vgl. Jean Corbon, Le Cénacle Libanais et le Dialogue Islamo-Chrétien, in: Islamochristiana 7 (1981), S. 227–240.

376 Eine gewisse Ausnahme bildet z.B. die Begegnung zwischen Patriarch Theodosios VI. und dem Vorsitzenden der Liga der Ulemas, Mohammed Mekki Kattani, nach dem Staatsstreich in Syrien vom 28.9.1961; bei dieser Gelegenheit wurde eine gemeinsame Stellungnahme veröffentlicht, vgl. Proche-Orient Chrétien 12 (1962), S. 81f.

377 Bericht zur Konferenz mit Informationen zu den Teilnehmern und Referenten in: Islamochristiana 6 (1980), S. 233f.

Islamo-Chrétien (GRIC)"³⁷⁸ 8.–11.9.1981 (Rabat) nahm – neben weiteren christlichen und muslimischen Vertretern – Metropolit Georges Khodr teil, um bei Beratungen über die Gründung einer libanesischen Gruppe der Organisation mitzuwirken.³⁷⁹

Während die beiden voran stehenden Konferenzen sich eher um gute Voraussetzungen für interreligiösen Dialog bemühten, setzte das Kolloquium 17.–19.11.1995 (Harissa) mit dem Thema „La justice divine et sociale dans la pensée chrétienne et musulmane" einen starken inhaltlichen Akzent im theologisch-ethischen Bereich. Veranstalter war das melkitisch-katholische „Centre de recherches pour le dialogue islamo-chrétien". Zu den Teilnehmern zählte der Vizerektor der renommierten Universität al-Azhar, Mahmoud Zakzouk. Seitens der Orthodoxie hielt Metropolit Georges Khodr (Patriarchat von Antiochia) einen Vortrag.³⁸⁰ Anderen Charakter wies die Konferenz der christlichen Kirchen des Irak 8.–10.6.1998 (Bagdad) „The Church in the Service of Peace and Humanity" auf; diese primär innerchristliche und ökumenische Tagung erhielt eine interreligiöse Facette durch die Anwesenheit und Beiträge von islamischen Fachleuten, Gelehrten und Personen des öffentlichen Lebens.³⁸¹ Das interreligiöse Kolloquium 24./25.1.2000 (Damaskus) der „Fraternité Religieuse", eines christlich-muslimischen Freundeskreises, wurde mit Unterstützung mehrerer syrischer Ministerien organisiert. Patriarch Ignatios IV. Hazim von Antiochia hielt eine Ansprache.³⁸²

Mit den folgenden Konferenzen fand – zeitbedingt – der interreligiöse Dialog im nahöstlichen Kontext einen eindeutigen inhaltlichen Schwerpunkt, nämlich Versöhnung, friedliche Koexistenz zwischen Christen und Muslimen und die Frage nach der Bedeutung ethischer Werte. Die interreligiöse Versammlung 24.4.2002 (Damaskus) setzte dazu einen ersten Akzent. Die versammelten Religionsführer Syriens sowie eine Delegation des Programms „La marche vers la réconciliation en Proche-Orient", das von verschiedenen evangelischen Kirchen getragen wird, bemühten sich um das Thema „Vers une meilleure convivialité dans le nouveau

---

378 Vgl. zur „Groupe des Recherches Islamo-Chrétien" die Informationen auf deren Homepage unter http://gric-international.org/; die Organisation hat sich eine Charta und Statuten gegeben, vgl. http://gric-international.org/la-charte-du-gric/ bzw. http://gric-international.org/les-statuts/. Zu den Mitgliedern der libanesischen Gruppe zählt aktuell (September 2014) auch der Direktor des „Centre d'Études Islamo-Chrétiennes" der orthodoxen Universität Balamand, Georges Massouh, vgl. http://gric-international.org/gric-beyrouth/ (alle mitgeteilten Websites abgerufen 5.9.2014).
379 Vgl. Islamochristiana 7 (1981), S. 246f (Bericht über die Tagung, die Mitwirkung des Metropoliten Georges Khodr und die inhaltliche Arbeit der Konferenz).
380 Proche-Orient Chrétien 46 (1996), S. 237.
381 Vgl. Islamochristiana 24 (1998), S. 153–155 (Schlusserklärung, bestehend aus Bericht, Botschaft und Empfehlungen).
382 Proche-Orient Chrétien 50 (2000), S. 179f.

millénaire".[383] Das orthodoxe Patriarchat von Antiochia organisierte im Dezember 2002 in Damaskus ein interreligiöses Treffen „La coexistence entre islam et christianisme". Die Teilnehmer waren Repräsentanten verschiedener christlicher Kirchen, darunter der orthodoxe Patriarch Ignatios IV. sowie Repräsentanten islamischer Gemeinschaften bzw. Organisationen aus Syrien und dem Libanon.[384] Einem aktuellen Krisenherd, dem Irak, widmete sich unter Beteiligung von Vertretern aller dortigen religiösen Gemeinschaften die interreligiöse Konferenz 27./28. 5. 2003 (Amman). Sie wurde von der Organisation „World Conference of Religions for Peace (WCRP)" organisiert. Die Teilnehmer verabschiedeten eine Schlusserklärung mit sieben – fast ausschließlich politisch orientierten – Empfehlungen zur Verbesserung der Situation.[385] Im Mittelpunkt der Konferenz 10. – 12. 6. 2004 (Beirut) stand die bedrängende Situation der nahöstlichen Christen. Die zahlreich versammelten katholischen, orthodoxen und muslimischen Vertreter verabschiedeten eine Reihe von Empfehlungen zum christlich-islamischen Dialog.[386] Ein interreligiöser „runder Tisch" 17. – 21. 9. 2005 (Damaskus) beschäftigte sich mit dem Thema „Le fanatisme religieux et les défis du terrorisme" und fügte der Auseinandersetzung mit religiös konnotierter Gewaltanwendung neue Einsichten hinzu.[387] Das Kolloquium 7. 1. 2006 (Saida/Libanon) mit Vertretern aller Religionen bzw. christlichen Konfessionen des Libanon arbeitete entsprechend dem Tagungsthema „Nos valeurs pour la préservation de notre patrie" über die ethischen Grundlagen friedlicher Koexistenz. Zu den Referenten zählte der orthodoxe Metropolit von Tyrus und Saida, Elias Kfoury.[388]

Das christlich-islamische Kolloquium 19./20. 10. 2007 an der „Université Notre-Dame de Louaizeh" behandelte die Verkündigung des Herrn in Bibel und Koran und scheint damit auf den ersten Blick aus der thematischen Ausrichtung der nahöstlichen Dialogereignisse auf den Bereich „friedliche Koexistenz" herauszufallen. Bei Gelegenheit des Kolloquiums wurde jedoch seitens eines islamischen Religionsführers der Vorschlag erneuert, einen gemeinsamen christlich-islamischen Feiertag einzuführen.[389] Damit erweist sich dieses Kolloquium von einer

---

383 Proche-Orient Chrétien 52 (2002), S. 420 f.
384 Proche-Orient Chrétien 53 (2003), S. 105. Vgl. auch Service Orthodoxe de Presse N° 275 (Februar 2003), S. 17.
385 Der Text der Erklärung ist publiziert in: Islamochristiana 29 (2003), S. 227 f. Zur Konferenz vgl. Mohammed Abu-Nimer (u. a.), Unity in Diversity, aaO, S. 186. Andrew Sharp, Orthodox Christians and Islam, aaO, S. 200.
386 Vgl. Juliette Nasri Haddad (Hrsg.), Déclarations Communes Islamo-Chrétiennes (2002–2005), aaO, S. 193 f (Déclaration N° 47, BEY 04).
387 Proche-Orient Chrétien 56 (2006), S. 209.
388 Proche-Orient Chrétien 56 (2006), S. 413.
389 Proche-Orient Chrétien 58 (2008), S. 210.

originellen Idee bestimmt, einen Brückenschlag zwischen den Religionen im Weg gemeinsamen Feierns zu versuchen und auf diese unkonventionelle Weise zu friedlicher Koexistenz beizutragen. Das „Jordanian Interfaith Coexistence Research Center" veranstaltete die 3. Interreligiöse Konferenz „Coexistence and Peace Making" 22./23.1.2008 (Amman) und setzte damit in direkt erkennbarer Weise die Arbeit am thematischen Schwerpunkt nahöstlicher Dialogbemühungen „friedliche Koexistenz" fort. Seitens der Orthodoxie nahm Metropolit Luka Al-Khouri (als Vertreter des Patriarchen Ignatios IV. Hazim) teil und gehört zu den Mitunterzeichnern zweier Schlusserklärungen; in der Resolution „Islamic Christian Interfaith Coexistence" werden u.a. schulische Programme und der Medienbereich als geeignete Anknüpfungspunkte zu einem vertieften Austausch und Dialog hervorgehoben.[390]

Eine neue Facette fügten die nachfolgenden Konferenzen hinzu, nämlich Sicherung friedlicher Koexistenz durch Konfliktprävention. Die prekäre Situation im Libanon, der neuerlich in religiös ummantelte Auseinandersetzungen zu geraten drohte, rief die Politik auf den Plan, um durch interreligiöse Bemühungen Konfliktprävention zu betreiben. Auf Einladung des libanesischen Präsidenten trafen sich 24.6.2008 (Beirut) die religiösen Oberhäupter der christlichen Kirchen und islamischen Gemeinschaften des Libanon zu einem Gipfeltreffen. Die Versammlung verabschiedete ein Schlusskommuniqué.[391] Demselben Anliegen, einer Konfliktprävention im Libanon, jedoch ohne erkennbare Beteiligung der Politik, widmete sich auch das 1. Islamisch-Christliche Gipfeltreffen 12.5.2011 (Bkerke/Libanon), bei dem auf Einladung des maronitischen Patriarchen Bechara Rai die geistlichen Führer im Libanon zusammenkamen. Seitens des orthodoxen Patri-

---

[390] Der Text der Schlusserklärung(en) ist publiziert in: Juliette Nasri Haddad (Hrsg.), Déclarations Communes Islamo-Chrétiennes (2006–2008), aaO, S. 171ff (Déclaration N° 44 und N° 45); die aaO gebotenen Unterschriftslisten stimmen überein, das Verhältnis der beiden Schlusserklärungen N° 44 und N° 45 zueinander lässt die Herausgeberin jedoch offen. Vgl. Proche-Orient Chrétien 58 (2008), S. 411ff (Kurzbericht und Auszüge aus dem von Juliette Nasri Haddad (Hrsg.), Déclarations Communes Islamo-Chrétiennes (2006–2008), aaO, S. 171ff (Déclaration N° 44) publizierten Text. Der Text der Schlusserklärung und die Liste der Unterzeichner sind online zugänglich auf der Homepage der „Muslim Brotherhood" unter http://www.ikhwanweb.com/article.php?id=15922 sowie auf der Homepage der Initiative „A Common Word" unter http://www.acommonword.com/arab-orthodox-patriarchs-endorse-a-common-word-in-the-final-communique-of-the-third-international-conference-of-coexistence-and-peace-making/ (alle mitgeteilten Seiten abgerufen 4.9.2014). Die online publizierten Texte der Schlusserklärung entsprechen dem von Juliette Nasri Haddad (Hrsg.), Déclarations Communes Islamo-Chrétiennes (2006–2008), aaO, S. 171ff (Déclaration N° 44) publizierten Text.
[391] Text des Schlusskommuniqués in: Juliette Nasri Haddad (Hrsg.), Déclarations Communes Islamo-Chrétiennes (2006–2008), aaO, S. 211–213 (Déclaration N° 54, BEY 08/6).

archats nahm Metropolit Elias Audeh (als Vertreter des Patriarchen Ignatios IV. Hazim) teil.[392] Es wurde eine Schlusserklärung verabschiedet, die interreligiösen Dialog als Mittel zur friedlichen Koexistenz und zur Einheit des Libanon in Erinnerung ruft.[393] Das 2. Islamisch-Christliche Gipfeltreffen 27.9.2011 (Dar el-Fatwa/Libanon), kam ebenfalls auf Initiative des maronitischen Patriarchen zusammen und setzte die wenige Monate zuvor begonnenen konfliktpräventiven Bemühungen für den Libanon kontinuierlich fort; zu den Teilnehmern gehörte seitens der Orthodoxie der Metropolit von Beirut Elias Audeh. Die Versammlung beschloss eine gemeinsame Schlusserklärung.[394]

2.3.3.2 Konferenzen im westeuropäischen Kontext

Die wachsende Verankerung interreligiösen Dialogs im westeuropäischen Kontext und das ebenfalls wachsende Bewusstsein um die spezifischen Erfahrungen von nahöstlichen Christen – speziell Orthodoxen – im Zusammenleben von Menschen verschiedener Religion gaben Bemühungen um einen Austausch spürbaren Auftrieb. Zeugen dessen sind verschiedene, vor allem akademisch orientierte Initiativen, zu denen speziell Repräsentanten des Patriarchats von Antiochia eingeladen wurden, um auf deren spezifische Erfahrungen und Kompetenz zurückgreifen zu können. Der akademische Rahmen mag die Besonderheit bedingt haben, dass die Ergebnisse dieser Initiativen trotz interreligiöser Besetzung nur in Einzelfällen eine Synthese in Form von Schlusserklärungen gefunden haben.

Eine erste solche Veranstaltungsreihe ist mit dem religionswissenschaftlichen Institut St. Gabriel in Wien-Mödling verbunden. Zur interreligiösen Tagung „Friede für die Menschheit – Grundlagen, Probleme und Zukunftsperspektiven aus islamischer und christlicher Sicht" 30.3.–2.4.1993 (Wien)[395] wurde mit Metropolit Georges Khodr einer der Protagonisten des interreligiösen Dialogs im Patriarchat von Antiochia zur Teilnahme und einem inhaltlichen Beitrag gewonnen.[396] Die

---

392 Vgl. Proche-Orient Chrétien 61 (2011), S. 377 ff.
393 Der Text der Schlusserklärung ist – im Rahmen eines Berichts über die Konferenz – online zugänglich auf der Homepage der Organisation „Chrétiens de la Méditerranée" unter http://www.chretiensdelamediterranee.com/liban-le-sommet-de-bkerke-consacre-lexception-chiite/ (abgerufen 4.9.2014). Die Schlusserklärung ist im Anhang 1 unter 1.27. im Wortlaut wiedergegeben.
394 Vgl. Bericht, Teilnehmerliste und Text der Schlusserklärung in: Proche-Orient Chrétien 62 (2012), S. 191 f. Vgl. Islamochristiana 37 (2011), S. 207 f (Schlusskommuniqué und Teilnehmerliste).
395 Zur Konferenz vgl. Elisabeth Karamat, Christlich-Islamischer Dialog. Initiativen Österreichischer Außenpolitik, (Schriftenreihe der Georges-Anawati-Stiftung Nr. 2), EBVerlag Schenefeld 2007, S. 132–143.
396 Die Dokumentation der Tagung ist publiziert in: Andreas Bsteh (Hrsg.), Friede für die Menschheit. Grundlagen, Probleme und Zukunftsperspektiven aus islamischer und christlicher

u. a. vom religionstheologischen Institut St. Gabriel, Mödling veranstaltete internationale christlich-islamische Konferenz „One world for All. Foundations of a Socio-political and Cultural Pluralism from Christian and Muslim Perspectives" 13. – 16. 5. 1997 (Wien), setzte die Querverbindung zum Patriarchat fort. Der wiederum teilnehmende Metropolit Georges Khodr hielt einen kurzen Vortrag.[397] Mehrere Jahre später wurden die interreligiösen Bemühungen in verändertem Rahmen wiederaufgegriffen und in diesem Zusammenhang auch die zum Patriarchat Antiochia gewachsene Beziehung erneuert. Beim Ersten Wiener christlich-islamischen „runden Tisch" 19. – 23. 10. 2000 (Wien), veranstaltet vom religionstheologischen Institut St. Gabriel, zählte der Metropolit vom Berg Libanon, Georges Khodr zu den Teilnehmern und hielt ein Referat zum Thema „The problem of violence – and no solution?".[398] Die bei dieser Tagung im Zentrum stehende Auseinandersetzung mit dem Problem der Gewaltanwendung setzte der Zweite Wiener christlich-islamische „runde Tisch" 21. – 24. 2. 2002 (Wien) kontinuierlich fort; er stand unter dem Thema „Intolerance and Violence. Manifestations-Reasons-Approaches". Als Repräsentant der Orthodoxie wirkte Metropolit Georges Khodr mit und hielt ein Referat zum Thema „Violence and Intolerance".[399] Die

---

Sicht. Internationale Christlich-islamische Konferenz Wien 30. März bis 2. April 1993, Verlag St. Gabriel Mödling 1994. Die Schlusserklärung ist in französischer und englischer Sprache publiziert bei: Juliette Nasri Haddad (u. a.) (Hrsg.), Déclarations Communes Islamo-Chrétiennes (1954 – 1995), aaO, S. 287 – 293 (Déclaration N° 36). Vgl. auch Islamochristiana 19 (1993), S. 204 f (Kurzbericht und Text der „Vienna-Declaration" in französischer Sprache); aaO, S. 206 f (arabischer Text).
397 Dokumentation der Tagung in: Andreas Bsteh / Christian Troll (Hrsg,), Eine Welt für alle. Grundlagen eines gesellschaftspolitischen und kulturellen Pluralismus in christlicher und islamischer Perspektive, Verlag St. Gabriel Mödling 1999. Bericht zur Tagung vgl. Islamochristiana 23 (1997), S. 172 f. Vgl. Elisabeth Karamat, Christlich-Islamischer Dialog, aaO, S. 144 – 150.
398 Dokumentation der Tagung vgl. Andreas Bsteh / Tahir Mahmoud (Hrsg.), Um unsere Zeit zu bedenken. Christen und Muslime vor der Herausforderung der Gegenwart, Vienna International Christian-Islamic Round Table Bd. 1, Verlag St. Gabriel Mödling 2003. Bericht zur Tagung vgl. Elisabeth Karamat, Christlich-Islamischer Dialog, aaO, S. 152 f. Die Schlusserklärung ist publiziert in: Islamochristiana 27 (2001), S. 181. Vgl. Tagungsprogramm auf der Homepage des Instituts St. Gabriel unter http://www.rti-stgabriel.at/conf-listings/conf-PDFs/VIC1PROG.pdf; Teilnehmerliste online zugänglich unter http://www.rti-stgabriel.at/conf-listings/conf-PDFs/VIC1PART.pdf (alle hier mitgeteilten Homepages abgerufen 4. 9. 2014).
399 Kurzbericht zur Tagung vgl. Elisabeth Karamat, Christlich-Islamischer Dialog, aaO, S. 153. Dokumentation der Tagung vgl. Andreas Bsteh / Tahir Mahmoud (Hrsg.), Intoleranz und Gewalt. Erscheinungsformen – Gründe – Zugänge, Vienna International Christian-Islamic Round Table Bd. 2, Verlag St. Gabriel Mödling 2004. Vgl. das Tagungsprogramm auf der Homepage des veranstaltenden Instituts unter http://www.rti-stgabriel.at/conf-listings/conf-PDFs/VIC2PROG.pdf; Teilnehmerliste unter http://www.rti-stgabriel.at/conf-listings/conf-PDFs/VIC2PART.pdf; (die drei mitgeteilten Seiten abgerufen 4. 9. 2014).

2 Bemühungen einzelner autokephaler Kirchen um einen Dialog mit dem Islam — 205

Konferenz verabschiedete eine beachtenswerte Schlusserklärung zum Thema.[400] Eine andere Problematik, nämlich „Poverty and Injustice – Alarming Signs of the Present Crisis in Human Society Worldwide" beschäftigte den Dritten Wiener christlich-islamischen „runden Tisch", der 3.–6.7.2004 wiederum in Wien durchgeführt wurde. Seitens der Orthodoxie wirkte Metropolit Georges Khodr durch ein Referat „Poverty and Injustice. A Socio-Political Challenge in the Realm of Minority Affairs" mit.[401] Die Veranstaltungsreihe kam mit dem Vierten Wiener christlich-islamischen „runden Tisch" 29.6.–2.7.2006 (Wien) zum Abschluss. Dessen Thema war „Education for Equality: An Answer to Injustice and Intolerance";[402] die Tagung war in das Programm der „Summer School 2006 – Christians and Muslims in Dialogue: The Future of Humanity" integriert. Zu den 12 Teilnehmern am „runden Tisch" zählte seitens der Orthodoxie der Metropolit vom Berg Libanon, Georges Khodr, der zu „Christian and Islamic Teachings on Education with Emphasis on Preaching" referierte.[403]

Auch zum Programm der katholischen Akademie Rottenburg-Stuttgart gehört eine Konferenzfolge christlich-islamischen Dialogs. Vom 5.–7.3.2004 fand im Rahmen des „Theologischen Forum Christentum-Islam" in Stuttgart-Hohenheim eine Tagung zum Thema „Heil in Christentum und Islam" statt; seitens der Orthodoxie trug der Lehrstuhlinhaber für orthodoxe Theologie am Zentrum für religiöse Studien der Universität Münster, Prof. Assaad Kattan (Patriarchat Antiochia), mit einem Vortrag dazu bei.[404] Auch am „Theologischen Forum

---

400 Die Schlusserklärung ist auf der Homepage des Veranstalters zugänglich unter http://www.rti-stgabriel.at/conf-listings/conf-PDFs/VIC2Comm.pdf (abgerufen 4.9.2014). Der Text ist im Anhang 1 unter 1.28. im Wortlaut mitgeteilt.
401 Dokumentation der Tagung vgl. Andreas Bsteh / Tahir Mahmoud (Hrsg.), Armut und Ungerechtigkeit: Krisenzeichen der gegenwärtigen Gesellschaftsordnung weltweit, Vienna International Christian-Islamic Round Table Bd. 3, Verlag St. Gabriel Mödling 2006. Vgl. das Tagungsprogramm auf der Homepage des veranstalteten Instituts unter http://www.rti-stgabriel.at/conf-listings/conf-PDFs/VIC3PROG.pdf; Teilnehmerliste online zugänglich unter http://www.rti-stgabriel.at/conf-listings/conf-PDFs/VIC3PART.pdf (beide Seiten abgerufen 4.9.2014).
402 Dokumentation der Tagung vgl. Andreas Bsteh / Tahir Mahmoud (Hrsg.), Erziehung zu Gleichberechtigung. Eine Antwort auf Ungerechtigkeit und Intoleranz, Vienna International Christian-Islamic Round Table Bd. 4, Verlag St. Gabriel Mödling 2007.
403 Vgl. die Informationen auf der Homepage des veranstaltenden Instituts unter http://www.rti-stgabriel.at/conf-listings/conf-PDFs/VIC4PROG.pdf (Programm des „runden Tischs"), http://www.rti-stgabriel.at/conf-listings/conf-PDFs/VIC4PART.pdf (Teilnehmerliste des „runden Tischs") sowie das Programm der „Summer School" unter http://www.rti-stgabriel.at/conf-listings/conf-PDFs/SS06PROG.pdf (alle hier mitgeteilten Seiten abgerufen 4.9.2014).
404 Die Tagungsmaterialien sind publiziert in: Hansjörg Schmid / Andreas Renz / Jutta Sperber, Heil in Christentum und Islam. Erlösung oder Rechtleitung, Akademie der Diözese Rottenburg-Stuttgart (Hohenheimer Protokolle 61) Stuttgart 2005; der Beitrag von Assaad Kattan, Dynamisch-

Christentum-Islam" 3.–5.3.2006 (Stuttgart-Hohenheim) mit 90 Teilnehmern aus 10 Ländern, wirkte seitens der Orthodoxie Prof. Assaad Kattan (Patriarchat Antiochia) mit.[405] Einen noch größeren Rahmen hatte das „Theologisches Forum Christentum-Islam", das 6.–8.3.2009 (Stuttgart-Hohenheim) zum Thema „Nahe ist Dir das Wort – Schriftauslegung in Christentum und Islam" mit mehr als 120 christlichen und muslimischen Theologen aus 12 Ländern durchgeführt wurde. Seitens der Orthodoxie referierte Prof. Assaad Kattan „Zu den exegetischen Traditionen im Christentum und Islam".[406]

Dem französischsprachigen Raum sind drei weitere Konferenzen verbunden, die ebenfalls durch Mitwirkung von Angehörigen des Patriarchats Antiochia bereichert wurden. Beim Sechsten Jahrestreffen der „Groupe des Recherches Islamo-Chrétien (GRIC)" 7.–11.9.1983 (Sénanque) nahm Dr. Tarek Mitri teil.[407] Eine von der Organisation „Association du dialogue interculturel et interreligieux (ADICR)"[408]

---

pluralistisch-gemeinsam. Thesen zu den hermeneutischen Bedingungen des christlich-islamischen Dialogs, aaO, S. 233–236. Tagungsmaterialien und Programm sind auf der Homepage der Akademie auch online zugänglich, vgl. http://www.akademie-rs.de/archiv_einzel.html?no_ca che=1&tx_crieventmodule_pi1[showUid]=12434 (pdf-Dateien; abgerufen 4.9.2014)

405 Vgl. Bericht zur Tagung in: Islamochristiana 32 (2006), S. 246 f. Das Tagungsprogramm ist auf der Homepage der Akademie online zugänglich unter http://www.akademie-rs.de/archiv_einzel. html?no_cache=1&tx_crieventmodule_pi1[showUid]=12952 (pdf-Datei; abgerufen 4.9.2014). Die Tagungsmaterialien sind publiziert in: Hansjörg Schmid / Andreas Renz / Jutta Sperber / Duran Terzi (Hrsg.), Identität durch Differenz? Wechselseitige Abgrenzungen in Christentum und Islam, Verlag Pustet Regensburg 2. Aufl. 2009; darin der Beitrag von Assaad Kattan, Trennende Differenz vs. versöhnende Synthese? Überlegungen zu einer weniger abgrenzenden religiösen Identitätsbestimmung, aaO, S. 245–253.

406 Islamochristiana 35 (2009), S. 249–251 (Berichterstattung); das Tagungsprogramm ist online zugänglich auf der Homepage der veranstaltenden Akademie unter http://www.akademie-rs.de/ar chiv_einzel.html?no_cache=1&tx_crieventmodule_pi1[showUid]=15515 (pdf-Datei, abgerufen 4.9. 2014); die Tagungsmaterialien sind publiziert in: Hansjörg Schmid / Andreas Renz / Bülent Ucar (Hrsg.), Nahe ist dir das Wort. Schriftauslegung in Christentum und Islam, Pustet Regensburg 2010.

407 Vgl. den Bericht zur Tagung in: Islamochristiana 9 (1983), S. 265 f.

408 Die „Association du dialogue interculturel et interreligieux (ADICR)" ist eine am 12.4.2002 in Paris gegründete Organisation, die Treffen, Tagungen und Kolloquien durchführt, durch die ein Dialog zwischen Menschen verschiedener Kulturen und Religionen, der Umgang mit kultureller Verschiedenheit, ein kultureller und künstlerischer Austausch, die Rechte der Frau sowie die Toleranz gefördert werden sollen; vgl. die Angaben auf der Homepage der „Association du dialogue interculturel et interreligieux (ADICR)" unter http://www.adicr.org/index.php?option=com_ content&task=view&id=5&Itemid=6 und http://www.adicr.org/index.php?option=com_con tent&task=view&id=15&Itemid=32. Zwischen 2002 und 2006 hat die Organisation – teilweise in Zusammenarbeit mit der UNESCO – eine Reihe von interreligiösen Tagungen durchgeführt, vgl. die Übersicht zu den Tagungen, den Themen und den Beitragenden auf der Homepage der „Association du dialogue interculturel et interreligieux (ADICR)" unter http://www.adicr.org/index.

organisierte Tagung 24.11.2002 (Paris) befasste sich mit der interreligiösen Bedeutung ethischer Werte; Metropolit Georges Khodr (Patriarchat von Antiochia) hielt dabei einen programmatischen Vortrag.[409] Dieselbe Organisation „ADICR" veranstaltete 12./13.6.2006 in Paris eine Tagung am Sitz der UNESCO. Die auf ihr im Mittelpunkt stehende Auseinandersetzung mit kulturellen Unterschieden und dem Gedanken der Gleichheit profitierte von der breiten Erfahrung des früheren Mitarbeiters beim ÖRK und seinerzeitigen Kultusministers des Libanon, Dr. Tarek Mitri.[410]

Zwei Veranstaltungen der Gemeinschaft Sant' Egidio runden das Bild ab. An der christlich-muslimischen Tagung zu „Christen im Nahen Osten" 23.2.2009 (Rom) nahm seitens der Orthodoxie der orthodoxe Metropolit von Aleppo, Paul Yazigi, teil; weiterhin wirkte Dr. Tarek Mitri (Patriarchat Antiochia) in seiner Eigenschaft als libanesischer Informationsminister mit.[411] Eine weitere christlich-muslimische Tagung zur Situation im Nahen Osten fand am 23.2.2011 in Rom statt; an ihr beteiligte sich Dr. Tarek Mitri (Patriarchat Antiochia).[412]

2.3.4 Begegnungen und sonstige interreligiöse Ereignisse

Die bislang bereits greifbar gewordene Vernetzung des Patriarchats sowohl mit anderen christlichen Kirchen (z.B. im Rahmen des „Middle East Council of Churches"), wie auch mit muslimischen Gemeinschaften im Rahmen der erwähnten religionsübergreifenden Einrichtungen, Organisationen und Initiativen bietet reichlich Räume für Begegnung und Austausch. Deshalb konzentrieren sich Berichte über weitere interreligiöse Begegnungen und „sonstige interreligiöse Ereignisse" auf eine begrenzte Anzahl von Anlässen und sind zeitlich zumeist vor Gründung der erwähnten Einrichtungen und Organisationen einzuordnen. Diese wenigen Anlässe bilden jedoch eine Gruppe, die sich dadurch auszeichnet, dass Verantwortliche des Patriarchats mit muslimischen Persönlichkeiten auf einer

---

php?option=com_content&task=view&id=15&Itemid=32 (alle hier mitgeteilt Websites abgerufen 26.8.2014).

409 Service Orthodoxe de Presse N° 274 (Januar 2003), S. 20–22 (Berichterstattung und längere Auszüge des Beitrags). Publikation des vollständigen Textes unter dem Titel: Metropolit Georges Khodr, Pour une humanité plus humanisée: quelles valeurs?, in: Le Messager Orthodoxe N° 138 (2003), S. 1–6.

410 Vgl. die Übersicht zu den Tagungen, den Themen und den Beitragenden auf der Homepage der „Association du dialogue interculturel et interreligieux (ADICR)" unter http://www.adicr.org/index.php?option=com_content&task=view&id=15&Itemid=32 (alle hier mitgeteilt Websites abgerufen 26.8.2014).

411 Berichterstattung in: Islamochristiana 35 (2009), S. 272–274.

412 Bericht zur Tagung in: Islamochristiana 37 (2011), S. 200–202.

sehr hohen Ebene in Kontakt getreten sind oder aber einen Austausch mit sehr bedeutsamen islamischen Organisationen gepflegt haben.

Das wird bereits am ersten Beispiel deutlich. Patriarch Elias IV. von Antiochia war eingeladen, am Islamischen Gipfeltreffen 22.–24. 2.1974 in Lahore teilzunehmen, das von einer großen Anzahl von Staatsoberhäuptern und Ministern islamischer Staaten, muslimischen Würdenträgern und Vertretern islamischer Organisationen besucht wurde; dabei war der Patriarch der einzige nichtmuslimische Gast und wurde als solcher sogar in der Schlusserklärung der Konferenz hervorgehoben.[413] Am 16.1.1975 kamen in Kairo hochrangige Würdenträger der nahöstlichen christlichen Kirchen mit ebenso bedeutenden muslimischen Persönlichkeiten zu einer interreligiösen Begegnung zusammen und berieten am Sitz der Arabischen Liga die Situation Jerusalems. Die Teilnehmer beschlossen, ein Telegramm an den Generalsekretär der Vereinten Nationen zu senden und fassten die Veranstaltung einer weltweiten Konferenz über Jerusalem ins Auge.[414] Patriarch Ignatios IV. und Metropolit Georges Khodr waren als die einzigen christlichen Repräsentanten unter den anwesenden 38 muslimischen Staats- und Regierungschefs eingeladen, am 3. Islamischen Gipfeltreffen 25.–28.1.1981 (Taif/Saudi Arabien) teilzunehmen. Patriarch Ignatios beteiligte sich an der Arbeitsgruppe über den Libanon und die Hl. Stätten; dabei rief er zu friedlichen Lösungen auf, die keine Seite außer Acht lässt.[415] Auch zwei Jahre später, beim neuerlichen Islamischen Gipfeltreffen 1983 in Taif/Saudi Arabien, beteiligte sich Patriarchen Ignatios IV. als Beobachter; dabei hielt er eine Ansprache über die Bedeutung von Jerusalem und rief zur Überwindung von Angst und Hass zwischen den monotheistischen Religionen auf.[416] Am Gipfel der Arabischen Liga 21.–23. 2.1989 (Kuwait) nahmen Patriarch Ignatios IV. und vier weiteren Repräsentanten der hauptsächlichen Religionsgemeinschaften des Libanon teil; die Konferenz war der aktuellen politischen Situation im Libanon gewidmet. Im Vorfeld hatten sich die Religionsführer zum ersten Mal seit dem Ausbruch des Bürgerkrieges im Jahr 1975

---

413 Vgl. Service Orthodoxe de Presse N° 55 (Februar 1981), S. 7 (passim). Die Schlusserklärung des Gipfeltreffens ist publiziert in: The Middle East Journal 28 (1974), S. 171–173.

414 Proche-Orient Chrétien 25 (1975), S. 65f. Der Bericht hebt die Beteiligung des orthodoxen Metropoliten vom Berg Libanon, Georges Khodr hervor; weitere Teilnehmer waren der koptische Patriarch Shenuda III., der melkitisch-katholische Patriarch Maximos V., der koptisch-katholische Patriarch Stephanos I., der Vertreter des Sheikh al-Azhar Mohammad Abdel-Mun'im al-Yunsi, der Präsident der islamischen Behörde für Palästina, Sheikh Abdel-Hamid el-Sayeh sowie eine Reihe weiterer Persönlichkeiten.

415 Vgl. Kurzmeldung in Service Orthodoxe de Presse N° 55 (Februar 1981), S. 7.

416 Vgl. Service Orthodoxe de Presse N° 79 (Juni 1983), S. 22; Text der Ansprache des Patriarchen Ignatios IV. in: Service Orthodoxe de Presse N° 56, S. 15f.

getroffen und ausgetauscht.⁴¹⁷ Weitere bedeutsame Begegnungen waren: 23.7./18. 10.2005 (Damaskus)⁴¹⁸ und 5.10.2011 (Balamand).⁴¹⁹

2.3.5 Beobachtungen zum Kontext der interreligiösen Bemühungen

Ein beträchtlicher Teil des im voran stehenden Abschnitt 2.3. wie auch im Kapitel C 1. erfassten interreligiösen Engagements des Patriarchats Antiochia hat einen Bezug zu den Ländern, über die sich sein Territorium erstreckt, insbesondere Libanon, Irak, und Syrien. Diese drei Länder sind Brennpunkte langjähriger kriegerischer Auseinandersetzungen und religiös konnotierter Gewaltausbrüche. Allein die Zahl von interreligiösen Dialogaktivitäten mit Bezug auf diese Krisenherde unterstreicht bereits die Bemühungen, auf diesem Weg zu einer Deeskalation und einem gerechten Interessenausgleich beizutragen. Ein nicht zu unterschätzender Faktor dabei ist, dass das Patriarchat sich selbst als „Kirche der Araber" sieht⁴²⁰ und von daher nicht nur Arabisch als gemeinsame Sprache, sondern auch spezifische Erfahrungen im Zusammenleben mit Muslimen einbringen kann.

Angehörige des Patriarchats Antiochia, allen voran Metropolit Georges Khodr, aber auch die Patriarchen Elias IV. und Ignatios IV., zählen zu den Protagonisten und (Mit-)Gestaltern des interreligiösen Dialogs moderner Prägung, Georges Khodr sogar zu den Männern der ersten Stunde. Hinzu kommen Lehrkräfte und Absolventen der orthodoxen Universität von Balamand, speziell des „Centre d'études islamo-chrétiennes". Dank solcher Persönlichkeiten und vor dem Hintergrund der angesprochenen Erfahrungen mit christlich-muslimischer Koexistenz ist das Patriarchat zu einem Kompetenzzentrum in Sachen interreligiöser Dialog geworden. Auf solche Kompetenz wird nicht nur in regionalen, sondern auch in internationalen Zusammenhängen gerne und dankbar zurückgegriffen. Das bezeugen die vielen Dialogereignisse, zu denen Angehörige des Patriarchats

---

417 Service Orthodoxe de Presse N° 138 (Mai 1989), S. 4.
418 Proche-Orient Chrétien 56 (2006), S. 209 (Bericht über wechselseitige Besuche des orthodoxen Patriarchen Ignatios IV. Hazim und des Mufti von Syrien, Ahmed Hassoun).
419 Vgl. Proche-Orient Chrétien 62 (2012), S. 107 (Bericht von der Begegnung des Patriarchen Ignatios IV. Hazim mit einer Delegation der Partei Hisbollah).
420 Grundlegend zur Konzeption einer „Kirche der Araber" Jean Corbon, L'Église des Arabes, Cerf Paris 2007. Diese Konzeption hat eine umfassende Reformtätigkeit im Patriarchat von Antiochia angeregt, in deren Ergebnis die Kirche heute voll in die arabische Kultur integriert ist; vgl. Dietmar Schon, Ignatios IV. Hazim – Patriarch von Antiochia. Wegbereiter, traditionsverwurzelter Reformer, in: Ostkirchliche Studien 62 (2013), S. 3–62 (31ff).

wirksam beigetragen haben, auch wenn sie thematisch keinen unmittelbaren Bezug zur Krisenregion Naher Osten hatten.

2.4 Beiträge des Patriarchats von Jerusalem zum interreligiösen Dialog

Das Gebiet des Jerusalemer Patriarchats erstreckt sich über Israel, die palästinensischen Autonomiegebiete und Jordanien. Die Rahmenbedingungen für Bemühungen um interreligiösen Dialog und Zusammenarbeit sind für das Jerusalemer Patriarchat in mehrfacher Hinsicht schwierig: Zum einen ist das Patriarchatsgebiet Schauplatz des seit Jahrzehnten andauernden Nahostkonflikts. Zum anderen hat sie mit internen Auseinandersetzungen zu kämpfen.[421] Konfliktpotential birgt dabei u.a. der Umstand, dass der hohe Klerus fast vollständig von Griechen gebildet wird, während die Angehörigen der Patriarchatskirche arabische Palästinenser sind. Das gemeinsame Engagement der muslimischen und christlichen Palästinenser um eine nationale Identität und das Bemühen um Fortentwicklung der palästinensischen Autonomiegebiete zu einem Staat schaffen einen Zusammenhalt, der aktuell auch von radikaleren islamischen Gruppierungen nicht in Frage gestellt wird. Der Staat Israel ist zwar grundsätzlich laizistisch organisiert, jedoch in kultureller und religiöser Hinsicht stark vom Judentum geprägt. Er erkennt im Prinzip christlichen wie muslimischen Arabern gleiche Rechte wie den jüdischen Bürgern zu, aber die Integration vor allem der Muslime bleibt in vielerlei Hinsicht oberflächlich und begrenzt.[422] Das Verhältnis zwischen den staatlichen Autoritäten Israels und der orthodoxen Kirchenleitung birgt Konfliktpotential.[423] Bei Jordanien wiederum handelt es sich um einen Staat,

---

[421] Vgl. dazu den instruktiven Beitrag „Réflexions autour de la crise au Patriarcat de Jérusalem" von drei griechischen Theologen (Athanasios Papathassiou, Christos Yannaras und Pantelis Kalaitzdis) in: Service Orthodoxe de Presse N° 298 (Mai 2005), S. 22–26. Die Spannungen machen sich u.a. an Landverkäufen des Patriarchats fest, vgl. z.B. Service Orthodoxe de Presse N° 231 (September/Oktober 1998), S. 15f. und Service Orthodoxe de Presse N° 245 (Februar 2000), S. 12.

[422] Andrea Pacini, Introduction, in: Proche-Orient Chrétien 47 (1997), S. 7–34 (29). Vgl. auch Andrea Pacini, Dynamiques communautaires et socio-politiques des chrétiens arabes en Jordanie, en Israel et dans les Territoires Autonomes Palestiniens, in: Proche-Orient Chrétien 47 (1997), S. 283–313 (297 ff).

[423] Dieses Konfliktpotential wird z.B. sichtbar an den mehrjährigen Verzögerungen bis zur Anerkennung des gewählten Patriarchen Irenaios I., vgl. Service Orthodoxe de Presse N° 285 (Februar 2004), S. 13. Ähnliche Verzögerungen gab es bzgl. der staatlichen Anerkennung des Patriarchen Theophilos III., vgl. Proche-Orient Chrétien 58 (2008), S. 150 ff. Zu den Schwierigkeiten im Verhältnis zwischen Jerusalemer Patriarchat und israelischem Staat einerseits und kirchen-

der sich offiziell als islamisch erklärt und von einer Monarchie geführt wird, die ihre Abstammung vom Propheten des Islam herleitet. Dennoch hat dies nicht zu einer umfassenden Islamisierung der Gesellschaft geführt, sondern dient der Legitimation einer Reihe von modernen Reformen im politischen, ökonomischen und juridischen Bereich. Seit seinen Anfängen gibt Jordanien auch den christlichen Bevölkerungsgruppen eine Repräsentanz in den staatlichen Organen, Zeichen einer stabilen Integration von Christen in die gesellschaftlichen Strukturen.[424] Diese Gegebenheiten spiegeln sich auch in den interreligiösen Aktivitäten dieses Patriarchats. Besonderes Gewicht kommt dabei Gremien und Organisationen von spezifischer Gestalt und Zusammensetzung zu, die im folgenden dargestellt werden sollen.

2.4.1 Beteiligung an interreligiösen Gremien und Organisationen
2.4.1.1 Der „Council of Religious Institutions of the Holy Land"

Das „Council of Religious Institutions of the Holy Land"[425] wurde 2005 auf Anregung des US State Department gegründet. Der Rat verfolgte die Empfehlungen eines interreligiösen Kongresses von Alexandria (20.–22.1.2002)[426] weiter, durch Dialog einen Beitrag zur Überwindung des israelisch-palästinensischen Konflikts zu leisten. Mitglieder sind das Oberrabbinat von Israel, das Ministerium für islamische Stiftungen („waqf") der palästinensischen Autonomiebehörde, die islamischen Schariagerichte sowie die Oberhäupter der christlichen Kirchen im Hl. Land; dem Leitungsgremium gehört u. a. das griechisch-orthodoxe Patriarchat von Jerusalem an, welches bei einigen der Aktivitäten des Rates auch direkt engagiert

---

internen Auseinandersetzungen andererseits vgl. auch Sotiris Roussos, The Patriarchate of Jerusalem in the Greek-Palestinian-Israeli Triangle, in: One in Christ 39 (2004), S. 15–25.
424 Andrea Pacini, Introduction, in: Proche-Orient Chrétien 47 (1997), S. 7–34 (26f). Vgl. auch Andrea Pacini, Dynamiques communautaires et socio-politiques des chrétiens arabes en Jordanie, en Israel et dans les Territoires Autonomes Palestiniens, in: Proche-Orient Chrétien 47 (1997), S. 283–313 (290ff) über die Lebensbedingungen der christlichen Kirchen im islamischen Staat Jordanien und die Initiativen der Regierung zu deren Gunsten und zur Abwehr extremistischer Muslimgruppen. Zu einer positiven Einschätzung kommen auch Mohammed Abu-Nimer / Amal Khoury / Emily Welty, Unity in Diversity. Interfaith Dialogue in the Middle East, United State Institute of Peace Press Washington 2007, S. 181ff.
425 Zur schwierigen Vorgeschichte der Gründung des Rates vgl. Proche-Orient Chrétien 56 (2006), S. 196f. Vgl. auch Proche-Orient Chrétien 57 (2007), S. 196f. Vgl. die Angaben auf der Homepage des „Council" unter http://www.crihl.org/content/crihl-history (abgerufen 6.9.2014).
426 Zum Kongress und der „Déclaration d'Alexandrie des Chefs Religieux de Terre Sainte" vgl. Proche-Orient Chrétien 53 (2003), S. 184–188. Text der „Déclaration" aaO, S. 185f. Vgl. auch Islamochristiana 28 (2002), S. 178f (Text der Schlusserklärung in englischer Sprache).

ist.⁴²⁷ Der von der norwegischen Regierung und der evangelischen Kirche von Norwegen unterstützte Rat hat insbesondere zum Ziel, gute Zusammenarbeit zwischen der Religionen im Hl. Land zu fördern, den Respekt vor den Hl. Stätten zu vertiefen und Kontakt zu den israelischen sowie palästinensischen zivilen Autoritäten zu gewährleisten.⁴²⁸ Um diese Ziele zu erreichen, hat der Rat z. B. ein Ausbildungsprogramm für religiöse Nachwuchskräfte⁴²⁹ und zudem ein Schulbuchprojekt⁴³⁰ initiiert. Darüber hinaus setzt sich der Rat für den Schutz heiliger

---

427 Vgl. Homepage des „Council for Religious Institutions of the Holy Land" unter http://www.crihl.org/content/crihl-member-institutions (abgerufen 6.9.2014); demzufolge gehören dem Exekutivkomitee an: Das griechich-orthodoxe, das lateinische und das armenische Patriarchat, die Anglikanische und die Evangelisch-Lutherische Kirche; ein Konsultativkomitee umfasst zusätzlich die Kustodie vom Hl. Land, die koptische, syrisch-orthodoxe, melkitisch-katholische, maronitische, syrisch-katholische und armenisch-katholische Kirche.

428 Vgl. die Angaben auf der Homepage des „Council" unter http://www.crihl.org/content/crihl-mission-goals; dort werden folgende fünf Ziele genannt: (1) „To maintain a permanent relationship and open channels of communication between the institutional religious leadership of the Holy Land". (2) „To sustain a close working relationship with the Government of Israel and the Palestinian National Authority, in order to encourage their efforts in bringing a just and peaceful resolution to the conflict to the Holy Land". (3) „To promote an environment of mutual acceptance and respect between Palestinians and Israelis, in particular between the respective faith communities, through dialogue, education and media". (4) „To promote respect for the holy sites of all faith communities, and to counteract any expression of disrespect, desecration or abuse of holy sites, particularly when they are exploited for violent and hostile purposes". (5) „To engage with religious leaders internationally and particularly in the Middle East in pursuit of an enduring peace in the Holy Land". Zur Unterstützung durch die norwegische Regierung und die evangelische Kirche Norwegens vgl. die Angaben unter http://www.crihl.org/content/crihl-history (beide Websites abgerufen 6.9.2014).

429 Vgl. http://www.crihl.org/content/young-religious-leaders (abgerufen 6.9.2014); das Programm umfasst: „Dialogue sessions and meetings. Week long overseas workshop retreat. Local field trips to historical and religious sites. Seminars and lectures by Israeli & Palestinian politicians, media experts, and civil society activists. Network events with senior religious leaders and program alumni".

430 Vgl. http://www.crihl.org/content/israeli-palestinian-schoolbook-project (abgerufen 6.9.2014). Das Schulbuchprojekt wird mit amerikanischer Unterstützung durchgeführt: „This project was initiated by the Council of Religious Institutions of the Holy Land in Jerusalem, in August 2009. With the goal to study the „Portrayal of the Other" in Palestinian and Israeli school books, the project was funded by a grant from U.S Department of State and implemented under the supervision of Prof. Bruce Wexler of Yale University and his NGO – A Different Future. A joint Palestinian-Israeli research team – headed by Professors Daniel Bar-Tal (Tel Aviv University) and Sami Adwan (Bethlehem University) – was formed, employing 10 research assistants (6 Israeli and 4 Palestinian, all fluent in Arabic and Hebrew) to analyze texts of 370 Israeli and 102 Palestinian books from grades 1 to 12. A Scientific Advisory Panel was also assembled, consisting of European, American, Palestinian and Israeli experts in school book analysis, history and education, who will oversee all aspects of the work".

Stätten in der Region ein; dazu hat er sich dem u. a. von der Organisation „Religions for Peace" verantworteten Projekt eines „Code of Conduct on Holy Sides" angeschlossen, das im voran stehenden Abschnitt unter den Aktivitäten dieser Organisation bereits vorgestellt wurde. Als Teil dieses Programms werden seit 2011 Verletzungen bzw. Übergriffe erfasst und öffentlich gemacht.[431] Diese Aktivitäten des Rates schlagen eine eindrucksvolle Brücke von interreligiösem Dialog zu interreligiöser Zusammenarbeit. In der Beteiligung am Projekt des „Code on Holy Sites" wird zudem neuerlich greifbar, dass und wie interreligiös aktive Organisationen – jenseits einer organisatorischen und personellen Verschränkung – inhaltlich orientierte Vernetzungen untereinander aufbauen.

Ein Brückenschlag zwischen Dialog und Zusammenarbeit wird auch bei den Sitzungen des Rates greifbar. Im Umfeld einer Friedensinitiative des US Präsidenten entfaltete der „Council" am 6.9.2007 und 15.10.2007 in Jerusalem großes Engagement bei politischen Begegnungen. Politische Relevanz hatte auch ein Besuch der Ratsmitglieder in Washington, der 5.–8.11.2007 unter Mitwirkung des orthodoxen Patriarchen von Jerusalem, Theophilos III. stattfand. In einer Pressekonferenz legten Vertreter der verschiedenen Religionsgemeinschaften ihre Positionen dar und stellten eine gemeinsame Erklärung vor.[432] Repräsentanten des Rates trafen sich am 27.5.2008 in Jerusalem mit dem israelischen Außenminister, um die mögliche Rolle der Religionsführer bei der Suche nach einer Friedenslösung zu diskutieren. Der Rat veröffentlichte eine gemeinsame Erklärung zur Heiligkeit menschlichen Lebens und zur Forderung eines Waffenstillstandes und eines Endes der Gewaltanwendung.[433]

Die Sitzung des Rates 5.8.2009 in Jerusalem war dem erwähnten Schulbuchprojekt gewidmet. Damit wurde die Bedeutung der Frage unterstrichen, welches Bild israelischen bzw. palästinensischen Schulkindern von den verschiedenen Religionen vermittelt wird und wie auf diesem Weg ein Klima des Vertrauens und der friedlichen Koexistenz gefördert werden kann. Seitens der Orthodoxie nahm Patriarch Theophilos III. an der Sitzung teil und hielt eine Ansprache. Die Vertreter der islamischen Organisationen und der palästinensischen Autonomieverwaltung waren allerdings durch aktuelle politische Konflikte

---

431 Vgl. http://www.crihl.org/content/universal-code-conduct-holy-sites-pilot (abgerufen 6.9. 2014); die Website enthält neben der Zielbeschreibung eine Liste von Übergriffen auf christliche, muslimische und jüdische Stätten.
432 Zu den Details vgl. die Berichterstattung in: Proche-Orient Chrétien 58 (2008), S. 187 und S. 197 ff; aaO, S. 198 f die leicht gekürzte Publikation der gemeinsamen Erklärung.
433 Kurzbericht in: Proche-Orient Chrétien 58 (2008), S. 410.

an einer Teilnahme verhindert.[434] Auch die Versammlung des „Council" am 20.9. 2010 in Jerusalem evaluierte unter Teilnahme des orthodoxen Patriarchen Theophilos III. und des Sekretärs der Heiligen Synode, Metropolit Aristarchos das Schulbuchprojekt.[435] Dem Ziel, zum Schutz heiliger Stätten beizutragen, ist eine gemeinsame Erklärung vom 5.10.2010 verpflichtet, in der das Niederbrennen einer Moschee durch israelische Siedler verurteilt wurde.[436] In eine andere thematische Richtung weist die Versammlung des „Council" vom 12.4.2011, bei der Aspekte des Klimawandels und dessen weltweite Folgen diskutiert wurden; das Schlusskommuniqué erinnert die Gläubigen der verschiedenen Religionen daran, dass die Schöpfung ein Geschenk Gottes ist und ruft die Politiker zu notwendigen Maßnahmen auf.[437] Noch eindeutiger politischen Charakter hatte eine weitere Reise der Ratsmitglieder am 26.–29.2.2012 in die USA[438] und eine Begegnung des „Council" mit dem amerikanischen und britischen Konsul am 19.12.2012, bei der die Rolle von Religionsführern im nahöstlichen Friedensprozess erörtert wurde.[439]

2.4.1.2 Beteiligung am „Interreligious Coordinating Council in Israel"[440]

Der „Interreligious Coordinating Council in Israel" ist der oben bereits erwähnten Organisation „Religions for Peace" affiliiert.[441] Die Mitglieder sind – in einer großen Bandbreite – inländische und ausländische Organisationen und Einrichtungen insbesondere der Bereiche Bildung, Friedensförderung, interreligiöse Zusammenarbeit sowie theologisch-akademische Initiativen; insoweit hat diese interreligiöse Organisation die Funktion eines Dachverbandes. Daneben gibt es eine Reihe von Einzelmitgliedern, zu denen auch Metropolit Aristarchos (ortho-

---

434 Episkepsis 40. Jg., N° 703 (31.8.2009), S. 3–6 (mit Text der Ansprache des Patriarchen Theophilos III. zum Thema „religiöse Erziehung"). Vgl. Proche-Orient Chrétien 60 (2010), S. 201f.
435 Berichterstattung in: Proche-Orient Chrétien 61 (2011), S. 185.
436 Berichterstattung in: Proche-Orient Chrétien 61 (2011), S. 185.
437 Berichterstattung in: Proche-Orient Chrétien 61 (2011), S. 425.
438 Berichterstattung in Proche-Orient Chrétien 62 (2012), S. 391. Unter den Teilnehmern ist jedoch kein Vertreter des Jerusalemer Patriarchats aufgeführt.
439 Vgl. die Angaben auf der Homepage des „Council" unter http://www.crihl.org/content/council-meets-us-consul-general-michael-ratney-and-british-consul-general-sir-vincent-fean (abgerufen 6.9.2014).
440 Zum „Coordinating Council" und seinen breitgefächerten Aktivitäten vgl. Eva Maria Hinterhuber, Abrahamitischer Trialog und Zivilgesellschaften, aaO, S.181ff; vgl. auch die Angaben auf der Homepage des „Cordinating Council" unter http://english.icci.org.il/index.php?option=com_frontpage&Itemid=141 (mit Links unter „Our Work"; abgerufen 6.9.2014). Einen Kurzbericht zu Gründung und Aufgabenstellung bietet David Rosen, International Coordinating Council in Israel, in: Journal of Ecumenical Studies XXVI (1990), S. 858.
441 Vgl. http://www.rfp.org/who-we-are/national-councils-groups (abgerufen 6.9.2014).

doxes Patriarchat von Jerusalem) gehört.⁴⁴² Die Aktivitäten erstrecken sich auf interreligiöse israelisch-palästinensische Jugendprogramme, ein Forum der geistlichen Leiter von Galiläa, ein Frauenprogramm sowie Bildungsarbeit. Damit liegt der Schwerpunkt auch dieser Einrichtung auf interreligiöser Zusammenarbeit. Spezifisch orthodoxe Beiträge lassen sich allerdings weder anhand der Jahresberichte, des online-Newsletters, noch anhand einiger publizierter Kurzmeldungen⁴⁴³ verifizieren.

2.4.1.3 Beteiligung am „Israeli Religious Council"
Der „Israeli Religious Council" wurde 2007 von der Abteilung „Religionen" im israelischen Innenministerium gegründet. Ihm gehören die Vertreter der hauptsächlichen Religionen in Israel und rund 12 dort ansässige religiöse Einrichtungen an. Der Rat tritt jährlich zusammen. Breitere öffentliche Wahrnehmung fand vor allem eine von der israelischen Regierung finanzierte Reise der Ratsmitglieder nach Rom, während der sie durch Papst Benedikt XVI. empfangen wurden; an dieser Reise war Patriarch Theodosios III. allerdings nicht beteiligt.⁴⁴⁴ Bei einem Ratstreffen am 15.12.2012, an dem auch der israelische Präsident Shimon Peres teilnahm, thematisierte Patriarch Theodosios III. Übergriffe auf Heilige Stätten und mahnte deren Schutz und die Unterstützung der religiösen Autoritäten durch den israelischen Staat an.⁴⁴⁵

2.4.1.4 Beteiligung am „Jordanian Interfaith Coexistence Research Center"
Das „Jordanian Interfaith Coexistence Research Center" wurde 2003 eingerichtet, um durch Forschung, Dialog und praktische Initiativen, z. B. durch Erziehungsprogramme, ein friedliches Zusammenleben der Religionen zu fördern.⁴⁴⁶ Zu den

---

442 Vgl. die Homepage des „Council" unter http://icci.org.il/about-us/icci-members/ (abgerufen 6.9.2014).
443 Vgl. z. B. Text eines gemeinsamen Appells des Council in: Istina 56 (2001), S. 190 f. Vgl. Bericht über eine Versammlung des „Council" in: Proche-Orient Chrétien 62 (2012), S. 174.
444 Vgl. den Kurzbericht in: Proche-Orient Chrétien 62 (2012), S. 174 f.
445 Vgl. den Bericht in: Proche-Orient Chrétien 62 (2012), S. 191.
446 Mohammed Abu-Nimer (u. a.), Unity in Diversity, aaO, S. 192 f. Vgl. auch die Angaben auf der Homepage des Zentrums unter http://www.coexistencejordan.org/en-us/home.aspx; zur Zielsetzung heißt es dort: „The Jordanian Interfaith Coexistence Research Center (JICRC) is an interfaith organization that was established in 2003. It is concerned with the sensitive and vital issue of coexistence in the world in general and within the Middle East region in particular. One of the JICRC's primary objectives is to provide advice and assistance to governments, organizations and individual decision-makers regarding the issue of peace building based on religious beliefs, using

Mitgliedern zählt Pfarrer Constantine Qarmash, der Repräsentant des orthodoxen Patriarchats von Jerusalem in Amman.[447] Das „Center" beteiligte sich ausweislich der Angaben auf seiner Homepage an einer Reihe interreligiöser Konferenzen;[448] leider wird nicht greifbar, worin diese Mitwirkung bestanden hat.

2.4.1.5 Beteiligung am Al-Liqa Zentrum für interreligiösen Dialog

Das Al-Liqa Zentrum wurde 1982 durch eine Reihe von christlichen bzw. muslimischen Palästinensern gegründet, darunter Akademiker und geistliche Führungspersönlichkeiten. Ziel des Zentrums ist die Förderung von Dialog und Verständigung zwischen palästinensischen Christen und Muslimen, aber auch mit dem Judentum. Seine Aktivitäten umfassen u.a. interreligiöse Programme, Jugendarbeit und Veröffentlichungen.[449] Zum „Board of Trustees" gehört Bischof Atallah Hanna (orthodoxes Patriarchat).[450] Das Zentrum veranstaltet seit 1983 jährlich eine christlich-muslimische interreligiöse Konferenz.[451] Seit 1981 findet

---

fourteen centuries of peaceful interfaith coexistence in Jordan and human rights principles as models for building a better political, social, economic, cultural, and security environment. JICRC is a non-governmental Center registered in The Hashemite Kingdom of Jordan under the name of ‚The Jordanian Interfaith Coexistence Research Center' (JICRC) located in Amman, Jordan". Vgl. auch die Abschnitte „Mission" und „Vision" auf der Website http://www.coexistencejordan.org/en-us/whoweare.aspx (beide Websites abgerufen 6.9.2014).
447 Vgl. http://www.coexistencejordan.org/en-us/whoweare.aspx (abgerufen 6.9.2014).
448 Vgl. die Übersicht unter http://www.coexistencejordan.org/en-us/conferences/pastconferences.aspx (abgerufen 6.9.2014).
449 Zur Aufgabe und Tätigkeit des Zentrums vgl. Rafiq Khoury, Le Centre al-Liqa' fête ses 25 ans (1982–2007), in: Proche Orient Chrétien 58 (2008), S. 309–326. Vgl. die Homepage der Organisation „Al-Liqa-Zentrum" unter http://www.al-liqacenter.org.ps/eng/aboutus/mission.php (abgerufen 6.9.2014); zur Zielsetzung heißt es dort: „This Center, which was established in 1982 by a number of Palestinian Muslim and Christian academic and religious leaders, has created a lively dialogue and has fostered understanding between the people of these two religions, Christianity and Islam, and between them and Judaism. In addition, the Center has helped to define the role of the local church and to formulate a Contextualized Theology. The program includes interfaith and cultural dialogue, Palestinian Contextualized Theology, youth activities, international activities, and the publication of journals, newsletters, books and occasional papers".
450 Vgl. http://www.al-liqacenter.org.ps/eng/aboutus/board.php (abgerufen 6.9.2014).
451 Vgl. http://www.al-liqacenter.org.ps/eng/programs/cmdd.php (abgerufen 6.9.2014); von einzelnen dieser bilateralen Konferenzen sind Berichte publiziert, z.B. Kurzbericht in Proche-Orient Chrétien 45 (1995), S. 190; Proche-Orient Chrétien 61 (2011), S. 186 (Bericht zur 22. Konferenz); vgl. auch die Berichte zur Tagung des folgenden Jahres (15.–17.9.2011) in: Proche-Orient Chrétien 62 (2012), S. 175 f. Vgl. aaO, S. 176 auch den Bericht zu einer – gemeinsam mit dem „Centre Sabeel" organisierten – Tagung vom 1.12.2011; bei den erwähnten Ereignissen waren keine orthodoxen Repräsentanten beteiligt bzw. sind in den Berichten nicht erwähnt.

eine Kongressreihe des christlich-jüdischen-muslimischen Dialogs statt.[452] Weitere Arbeitsfelder sind u. a. Jugendarbeit, Studientage und die Organisation von Vorträgen in Dörfern, Schulen und anderen Bildungseinrichtungen, um auf örtlicher Ebene zur besseren Verständigung zwischen den Religionen und zum friedlichen Zusammenleben beizutragen.[453]

Die fünf hier vorgestellten interreligiösen Organisationen erweitern das Spektrum solcher Institutionen nach Gestaltung und Zielsetzung beträchtlich. Mit dem „Interreligious Coordinating Council in Israel" tritt dabei erstmalig ein regionaler Dachverband interreligiös engagierter Organisationen auf. Das Jerusalemer Patriarchat ist jeweils an der Leitung beteiligt, die aktiven Beiträge sind jedoch begrenzt, so dass die Mitwirkung eher repräsentativ als engagiert erscheint.

2.4.2 Beteiligung in interreligiösen Konferenzen, Kolloquia u. ä.

Der Eindruck eher repräsentativer Mitwirkung bestätigt sich angesichts von vier interreligiösen Konferenzen, an denen Vertreter des Patriarchats beteiligt waren. Die bereits erwähnte Tagung 20. – 22.1.2002 (Alexandria) versammelte hochrangige Vertreter des Judentums, des Christentums und des Islam aus dem Bereich des Hl. Landes, darunter Metropolit Aristarchos als Repräsentant des griechisch-orthodoxen Patriarchats von Jerusalem. Die Konferenz war auf Initiative des Erzbischofs von Canterbury zustande gekommen, um durch interreligiösen Dialog den Frieden und gerechten Ausgleich zwischen Israel und den Palästinensern zu fördern. Ein Ergebnis der Tagung war die Absicht, den oben behandelten „Council for Religious Institutions of the Holy Land" zu gründen. Die Konferenz verabschiedete die „Alexandria-Declaration".[454] Die interreligiöse Konferenz 24./25.9. 2010 (Amman) unter dem Titel „Islam, Christianity and Environment" wurde von der „Royal Al Al-Beyt Academy for Islamic Thought" und der „Eugen-Biser-Stiftung" organisiert. Zu den Teilnehmern zählte u. a. Patriarch Theophilos III.[455] Eine

---

452 Vgl. http://www.al-liqacenter.org.ps/eng/programs/cmjd.php (abgerufen 6.9.2014). Ein Beispiel bietet der publizierte Bericht über eine Tagung 16./17.12.1994 in Jerusalem in: Proche-Orient Chrétien 45 (1995), S. 190 f.
453 Vgl. http://www.al-liqacenter.org.ps/eng/programs/ya.php und http://www.al-liqacenter. org.ps/eng/programs/pcc.php (beide Websites abgerufen 6.9.2014).
454 Proche-Orient Chrétien 53 (2003), S. 184–188 (Berichterstattung, Informationen zu den Teilnehmern, Text der „Alexandria-Declaration" und Hinweise zur weiteren Entwicklung).
455 Vgl. Proceedings from the Symposium 'Islam, Christianity and the Environment' which was held at the Baptism Site in Jordan in September 2010, Jordanian Printing Press 2011, (Mabda English Monograph Series N° 9); Teilnehmerliste aaO, S. 89 f. Die Dokumentation ist online publiziert unter http://www.rissc.jo/books/en/009-Islam-Christianity-Environment.pdf (pdf-Datei).

von der palästinensischen Autonomiebehörde eingerichtete „Commission islamo-chrétienne de soutien à Jerusalem et aux lieux saints" führte die Konferenz 14.12. 2010 in Bethlehem durch.[456] Am 19.3.2012 fand in Jerusalem die „Interfaith Climate and Energy Conference" statt, veranstaltet vom „Interfaith Center for Sustainable Development" und der „Konrad-Adenauer-Stiftung"; dabei wirkte Patriarch Theophilos III. mit.[457]

2.4.3 Begegnungen und sonstige interreligiöse Ereignisse

Weniger als Teil eines interreligiösen Programms, sondern als situationsbezogene, sporadische Einzelfälle erscheinen schließlich Berichte von Begegnungen, an denen Repräsentanten des Patriarchats teilnahmen. Dazu zählt die Präsenz von muslimischen und jüdischen Repräsentanten bei den vom Patriarchat ausgerichteten Feierlichkeiten zur Einweihung der renovierten Kuppel der Grabeskirche am 2.1.1997.[458] Patriarch Theophilos III. nahm am 7. „Forum Etats Uni-Monde Islamique" 12.–15.2.2010 in Doha teil und gab im Anschluss ein programmatisches Interview.[459] Während eines Aufenthalts 12.–17.4.2010 in Qatar erfolgte

---

Das Symposium zählt zu einer Reihe von interreligiösen Tagungen der christlich-islamischen Initiative „A common word"; zu dieser Initiative vgl. die Homepage http://www.acommonword.com/ (mitgeteilte Seiten abgerufen 6.9.2014).

456 Vgl. einen Tagungsbericht unter http://www.entreisraeletpalestine.org/spip.php?article23 (abgerufen 6.9.2014); dort heißt es: „Organisée par la commission islamo-chrétienne de soutien à Jérusalem et aux lieux saints, elle réunissait plus de deux cents personnes. Cette commission a été mise en place par l'autorité palestinienne. Beaucoup d'imans avec leurs turbans blancs, le grand mufti de Jérusalem, un nombre certain de prêtres et dignitaires orthodoxes, des prêtres catholiques palestiniens (...)".

457 Vgl. Proche-Orient Chrétien 62 (2012), S. 391. Das Programm der Konferenz auf der Homepage des Veranstalters „Interfaith Center for Sustainable Development" unter http://www.interfaithsustain.com/interfaith-climate-and-energy-conferences/#conference-schedule; ein Bericht zur Tagung ist online zugänglich unter http://www.interfaithsustain.com/wp-content/uploads/2012/04/ICSD-Report-on-Interfaith-Climate-and-Energy-Conference-March-2012.pdf (abgerufen 6.9.2014).

458 Service Orthodoxe de Presse N° 215 (Februar 1997), S. 16.

459 Episkepsis N° 711 (31.3.2010), S. 11–14 (Bericht über die Tagung des Forum, Interview des Patriarchen Theophilos III. insb. zum interreligiösen Dialog). Vgl. Proche-Orient Chrétien 60 (2010), S. 394. Die Zielsetzung des „US-Islamic World Forum" ist primär politisch bestimmt, vgl. http://www.brookings.edu/about/projects/islamic-world/us-islamic-world-forums/us-islamic-world-forum (abgerufen 10.9.2014); dort heißt es zur Zielsetzung: „The U.S.–Islamic World Forum is designed to bring together leaders in the realms of politics, business, media, academia, and civil society from across the Islamic world (including Muslim communities in Africa, Asia, Europe, and the Middle East) and the United States. The forum seeks to serve as both a convening body and catalyst for positive action. Therefore, its focus is not on dialogue just for dialogue's sake, but on developing actionable agendas for government, civil society, and the private sector". Die Be-

durch eine Delegation des Jerusalemer Patriarchats die Grundsteinlegung für einen Kirchenbau in Doha; am 13.4. fand eine Begegnung mit dem Emir von Qatar und dem Direktor des „Doha International Center for Interfaith Dialogue" statt.[460]

2.5 Beiträge des Patriarchats von Moskau und ganz Russland zu einem interreligiösen Dialog mit dem Islam

Das interreligiöse Engagement der Russischen Orthodoxen Kirche gestaltet sich vor dem Hintergrund einer jahrzehntelangen Unterdrückung der Kirche in der Sowjetzeit,[461] die sich phasenweise so verschärfte, dass die Patriarchatskirche an den Rand des Zusammenbruchs geriet.[462] Auch die muslimischen Gemeinschaften waren rigider Kontrolle und Verfolgung ausgesetzt. Insoweit besteht eine gemeinsame Erfahrung von orthodoxer Kirche und Islam mit einem totalitären atheistischen System. Orthodoxe Kirche und islamische Organisationen konnten sich in der Zeit der Perestroika und nach dem Zusammenbruch der Sowjetunion 1991 konsolidieren und erneuern.[463] Auch das ist eine gemeinsame Erfahrung. Allerdings ist die postsowjetische Zeit zugleich auch durch die Suche nach einer Neudefinition des Verhältnisses der neugegründeten Staaten in der Region zueinander gekennzeichnet. Ähnliches gilt im Verhältnis zwischen Staaten und

---

richterstattung und die Teilnehmerlisten der Foren seit 2004 weisen dementsprechend eine starke Präsenz von Politikern, Akademikern, Gruppen- und Medienvertretern aus, lediglich in Einzelfällen die Präsenz von Kirchenvertretern, vgl. http://usislamicforum2012.qatarconferences.org/previous_forums.php (abgerufen 10.9.2014).
460 Proche-Orient Chrétien 60 (2010), S. 394 f. Episkepsis N° 711 (31.3.2010), S. 11–14; vgl. Service Orthodoxe de Presse N° 348 (Mai 2010), S. 15.
461 Vgl. Ernst Christoph Suttner, Sowjetische Religionspolitik von 1917 bis 1989, in: ders., Kirche und Nationen, Reihe Das Östliche Christentum Bd. 46, 2, Augustinus Verlag Würzburg 1997, S. 347–365.
462 Thomas Bremer, Kreuz und Kreml, aaO, S. 49 ff. Vgl. auch die umfassende Darstellung von Johannes Chrysostomus, Kirchengeschichte Rußlands der neuesten Zeit, 3 Bde., Pustet München/Salzburg 1965–1968.
463 Thomas Bremer, Kreuz und Kreml, aaO, S. 110 ff und S. 140 ff. Alexey Krindatch, Religion, Public Life and the State in Putin's Russia, in: Religion in Eastern Europe XXVI (2006), S. 28–67 mit instruktivem Überblick zur jüngsten Entwicklung der verschiedenen Religionsgemeinschaften und ihre Verankerung in der Bevölkerung bzw. in der Gesellschaft. Vgl. Katja Richters, The Post Soviet Russian Orthodox Church. Politics, Culture and Greater Russia, Routledge London/NY 2013; vgl. auch Michael Bourdeaux, Religion Revives in all its Variety: Russia's Regions Today, in: Religion, State & Society 28 (2000), S. 9–21.

Religionsgemeinschaften.[464] Dabei ist damit zu rechnen, dass die Tatsache eines religiösen Pluralismus mit einer Vielfalt an divergierenden Vorstellungen innerhalb der Kirchen bzw. Religionsgemeinschaften einhergeht.[465]

Eine regionale Besonderheit besteht in der Tatsache, dass die Begegnungsgeschichte zwischen Russischer Orthodoxie und Islam nachhaltig von der Ausdehnung des zaristischen Russlands bestimmt ist. Gebiete und Bevölkerungsgruppen, die bereits seit langem im Islam verwurzelt waren, wurden sukzessiv in ein vom orthodoxen Glauben geprägtes Reich eingegliedert.[466] In allen seit Mitte des 16. Jhdts. neugewonnenen Gebieten wurden ethnische Russen angesiedelt, um die dauerhafte Verbindung mit dem Zarenreich zu zementieren. Seither leben in den betreffenden Regionen sowohl Orthodoxe wie Muslime, es besteht eine z.T. seit Jahrhunderten währende Koexistenz.

Zu den Ausgangsbedingungen für Bemühungen um interreligiösen Dialog und Zusammenarbeit gehört weiterhin die Tatsache, dass der Islam in Russland vielgestaltig ist. In der Region Wolga/Südural kann von einer historisch gewachsenen Symbiose und einem gelingendem Miteinander von Russen und Tataren bzw. von Orthodoxie und Islam gesprochen werden. Das ist bei den islamisch geprägten Völkern des Nordkaukasus nicht der Fall, so dass hier – z.T. bewaffnete

---

464 Vgl. Zoe Knox, Postsoviet Challenges to the Moscow Patriarchate (1991–2001), in: Religion, State & Society 32 (2004), S. 87–113. Vgl. Olga Kazmina, The Russian Orthodox Church in a New Situation in Russia: Challenges and Responses, in: Andrii Krawchuk / Thomas Bremer, Eastern Orthodox Encounters of Identity and Otherness, Palgrave Macmillan New York 2014, S. 219–231; aaO, S. 220–225 legt Kazmina dar, wie sich die Entwicklung des Verhältnisses von Staat und Kirche in der Religionsgesetzgebung und in den Akzentsetzungen kirchlichen Dokumenten spiegelt.

465 Für die Russische Orthodoxe Kirche vgl. die Untersuchung von Zoe Knox, Russian Society and the Orthodox Church. Religion in Russia after Communism, Routledge London/New York 2005, S. 91–104.

466 1552 eroberte der russische Zar das Khanat Kasan, 1556 das Khanat Astrachan und 1580 das Khanat Sibir, vgl. Andreas Kappeler, Russland als Vielvölkerreich, aaO, S. 29ff und S. 36ff. Im Jahr 1783 folgte die Eroberung des mit dem osmanischen Reich verbundenen Krim-Khanats, vgl. Andreas Kappeler, Russland als Vielvölkerreich, aaO, S. 48ff. Ende des 18. / Anfang des 19. Jhdts. wurden Gebiete Transkaukasiens annektiert bzw. erobert, darunter auch muslimisch geprägte Regionen wie das nördliche Aserbeidschan. Im 19. Jahrhundert begann das Zarenreich mit der unmittelbaren Eroberung Mittelasiens und annektierte die dortigen Khanate mit ihrer muslimischen Bevölkerung, vgl. Andreas Kappeler, Russland als Vielvölkerreich, aaO, S. 144ff und 160ff. Richard Martin (Hrsg,), Encyclopedia of Islam, Bd. 1, aaO, S. 136f. Bis auf zwei Phasen in der Mitte des 16. Jhdts bzw. in der ersten Hälfte des 18. Jhdts., in denen eine Christianisierung mit ökonomischen Mitteln und zwangsweise forciert wurde, erwies sich das Zarenreich gegenüber den Muslimen als tolerant, vgl. Manfred Alexander / Günther Stökl, Russische Geschichte, aaO, S. 122 und S. 126f.

– Konflikte ausgetragen werden oder schwelen.[467] Der Tschetschenienkonflikt und seine Interpretation durch Politiker bzw. in den Medien wurde zur Quelle einer negativen Sicht auf den Islam in der russischen Öffentlichkeit.[468] Die muslimischen Gemeinschaften fühlen sich dadurch missverstanden und ausgegrenzt. Ihrerseits stoßen z. B. die gesetzlich verankerte Vorrangstellung der Russischen Orthodoxen Kirche und eine sie benachteiligende administrative Umsetzung auf Kritik.[469] Die Einwanderung von mehreren Millionen Muslimen aus Zentralasien hat die in Russland vorhandenen wirtschaftlichen und sozialen Probleme verschärft und anti-islamische Ressentiments verstärkt.[470] So gibt es aus einer Reihe sehr unterschiedlicher Zusammenhänge heraus religiös motivierte Spannungen in der modernen russischen Gesellschaft – teils tatsächlich, teils vorgeblich.[471]

---

467 Zu den Spannungen zwischen den Volksgruppen bzw. zwischen Orthodoxie und Islam vgl. James Warhola, Coexistence or Confrontation? The Politics of Interaction between Orthodoxy and Islam in Putin's Russia: Culture, Institutions and Leadership, in: Religion, State & Society 36 (2008), S. 343–359. Eine instruktive Untersuchung zur Intoleranz bei Christen und Muslimen in Russland haben vorgelegt: Vyacheslav Karpov / Elena Lisovskaya, Religious Intolerance among Orthodox Christians and Muslims in Russia, in: Religion, State & Society 36 (2008), S. 361–374.
468 Uwe Halbach, Russlands Welten des Islam, SWP-Studie S 15 vom April 2003, Online-Publikation der „Stiftung Wissenschaft und Politik" unter http://www.swp-berlin.org/de/publikationen/swp-studien-de/swp-studien-detail/article/russlands_welten_des_islam.html, S. 5–43 (insb. S. 6, S. 9ff, S. 21f und S. 29f). Elmira Akhmetova, „Russia", in: Joergen Nielsen u. a. (Hrsg.), Yearbook of Muslims in Europe 3, aaO, S. 488f. Speziell zum Tschetschenienkonflikt und seiner gesellschaftlichen Wahrnehmung vgl. Uwe Halbach, Gewalt in Tschetschenien, Ein gemiedenes Problem internationaler Politik, SWP-Studie S 4 vom April 2004, Online-Publikation der „Stiftung Wissenschaft und Politik" unter http://www.swp-berlin.org/fileadmin/contents/products/studien/2004_S04_hlb.pdf, S. 5–37 (beide hier mitgeteilten SWP-Studien abgerufen 11.8.2014).
469 Said Abdulagatow, Russische Orthodoxie und Islam – ein Blick auf die Probleme, in: Russland Analysen Nr. 65 (13.5.2005), hrsgg. und online publiziert von der Forschungsstelle Osteuropa der Universität Bremen und der Deutschen Gesellschaft für Osteuropakunde unter http://www.laender-analysen.de/dlcounter/dlcounter.php?url=../russland/pdf/Russlandanalysen065.pdf, S. 2–5 (2), abgerufen 11.8.2014. Vgl. aaO, S. 3ff auch eine Untersuchung zur Einstellungen der Gläubigen beider Religionen. Vgl. auch eine Stellungnahme des Vorsitzenden des „Rates der Muftis in der Russischen Föderation" in: Service Orthodoxe de Presse N° 356 (März 2011), S. 14.
470 Gerd Stricker, Islam in Russland, in: OWEP 8. Jg. (2007), S. 298–305 (298ff). Vgl. Uwe Halbach, Russlands Welten des Islam, SWP-Studie S 15 vom April 2003, Online-Publikation der Stiftung Wissenschaft und Politik unter http://www.swp-berlin.org/de/publikationen/swp-studien-de/swp-studien-detail/article/russlands_welten_des_islam.html, S. 5–43 (20), abgerufen 11.8.2014. Zu den muslimischen Migranten in Russland vgl. auch Elmira Akhmetova, „Russia", in: Joergen Nielsen u. a. (Hrsg.), Yearbook of Muslims in Europe 3, aaO, S. 471.
471 Diese Spannungen analysiert Alexander Verkhovsky, Public Interactions between Orthodox Christian and Muslim Organizations at the Federal Level in Russia today, in: Religion, State & Society 36 (2008), S. 379–392 (380ff).

Während die Beziehungen zwischen dem orthodoxen Patriarchat und den offiziellen Repräsentanten des Islam entspannt sind, ist das praktische Zusammenleben der Glaubensgemeinschaften nicht frei von Konflikten.[472] Einzelne Vorkommnisse werden z. B. von nationalistischen Kreisen für ihre Zwecke instrumentalisiert. Dennoch ist festzuhalten, dass die Position der Nationalisten sich deutlich von der Haltung des Moskauer Patriarchats unterscheidet, das Wert auf freundschaftliche Beziehungen mit den offiziellen Strukturen des Islam legt, Proselytismus unter den Muslimen ablehnt und dazu aufruft, extremistische Bewegungen, die islamische Losungen verwenden, nicht mit dem Islam im Ganzen zu verwechseln.[473]

In einem zweiten Brennpunkt, den heute selbständigen Staaten Zentralasiens, hat der Islam seit dem Zusammenbruch der Sowjetunion eine markante Erneuerung erlebt, was zu einer Re-Islamisierung der Gesellschaften geführt hat.[474] Die ethnischen Russen in ihnen sind trotz Auswanderungsbewegungen eine starke Minorität geblieben, die Orthodoxie hat sich als zweitstärkste Religionsgruppe etabliert. Diese Situation hat zu einer raschen Neudefinition des Miteinander seitens der Orthodoxie geführt: sie vermeidet jede Provokation, erkennt den Status des Islam als nationale Religion an und bemüht sich innerhalb der vorhandenen Ordnung erfolgreich um eine Stabilisierung ihrer Glaubensgemeinschaft. Angriffe und Übergriffe extremistischer Gruppierungen stießen auf Abwehr durch die staatliche Ordnung und ließen zugleich gemäßigte islamische Kräfte und Orthodoxie zueinander rücken.[475] In den meisten Staaten Zentralasiens

---

472 Uwe Halbach, Russlands Welten des Islam, SWP-Studie S 15 vom April 2003, Online-Publikation der Stiftung Wissenschaft und Politik unter http://www.swp-berlin.org/de/publikationen/swp-studien-de/swp-studien-detail/article/russlands_welten_des_islam.html, S. 5–43 (22), abgerufen 11. 8. 2014.
473 Vgl. Alexander Verkhovsky, Public Interactions between Orthodox Christian and Muslim Organizations at the Federal Level in Russia Today, in: Religion, State & Society 36 (2008), S. 379–392 (380).
474 Diese Erneuerung ging mit durchaus divergierenden Entwicklungen innerhalb der muslimischen Gemeinschaft einher, vgl. dazu Shirin Akiner, The Politicisation of Islam in Postsoviet Central Asia, in: Religion, State & Society 31 (2003), S. 97–122. Sie unterscheidet sehr anschaulich zwischen „Traditional Islam", „Government-Sponsored Islam", „Radical Islam"; die Divergenzen zwischen den damit charakterisierten Gruppen, die staatliche Unterdrückung extremistischer Kräfte sowie äußere Einflussnahme sieht Akiner als maßgebliche Faktoren der weiteren Entwicklung. Zu Radikalisierungstendenzen im Islam Zentralasiens vgl. Galina M. Yemelianova, Radical Islam in the Ferghana Valley, in: Andrii Krawchuk / Thomas Bremer, Eastern Orthodox Encounters of Identity and Otherness, aaO, S. 320–332.
475 Sébastien Peyrouse, The Partnership between Islam and Orthodox Christianity in Central Asia, in: Religion, State & Society 36 (2008), S. 393–405 (395 ff). Das erwähnte Zueinanderrücken zwischen Islam und Orthodoxie und die dafür leitende Interessenkoinzidenz wird gut greifbar in

genießen im Rahmen der Religionsgesetzgebung „traditionelle Religionen" Anerkennung und Unterstützung; reformatorische Kirchen, christliche Sondergruppen und Sekten wie auch muslimische Sondergruppen werden dagegen stark reglementiert oder Repressalien ausgesetzt,[476] letztere auch unter dem Stichwort „Terrorismusprävention", dem hohe Bedeutung im politischen Alltag zukommt. Der staatliche Einfluss auf den religiösen Bereich ist allgemein stark ausgeprägt und regulierend; dies birgt Konfliktpotentiale.[477]

Die damit umrissenen drei Faktoren, nämlich das Bemühen um eine Positionsbestimmung der Kirche in postsowjetischen Staaten bzw. Gesellschaften, eine jahrhundertelange Erfahrung im Zusammenleben beider Religionsgemeinschaften und die Existenz schwelender Konflikte vor allem im Kaukasus und in Zentralasien, bestimmen die überaus intensiven Aktivitäten der Russischen Orthodoxen Kirche im Bereich eines interreligiösen Dialogs. Hinzu kommt ein vielfältiges Engagement auf internationaler Bühne, das sich den angesammelten Erfahrungen, der personellen Stärke der Kirche und der damit verbundenen Ausprägung spezifischer Kompetenz verdankt. Im folgenden soll die ganze Breitbreite des daraus resultierenden interreligiösen Engagements dargestellt werden.

---

einem Interview des Metropoliten Vladimir von Taschkent, vgl. Service Orthodoxe de Presse N° 174 (Januar 1993), S. 14 f. Vgl. auch den Beitrag von Muzaffar Artikov, Paradigms of Inter-Religious Tolerance in Historical and Modern Uzbekistan, in: D. Spivak / S. Shankman, World Religions in the Context of the Contemporary Culture: New Prospects of Dialogue and Mutual Understanding in the Russian Federation and Eastern Europe, in Central Asia and the Caucasus, St. Petersburg Branch of the Russian Institute for Cultural Research / Russian Baltic Information Center ‚Blitz' St. Petersburg 2011, S. 144–150; der Beitrag ist auf der UNESCO-Homepage online publiziert unter http://www.unesco.org/new/en/moscow/about-this-office/single-view/news/new_publication_ on_intercultural_dialogue_world_religion; vgl. aaO, S. 144–150 (Website abgerufen 11.8.2014).
476 Sébastien Peyrouse, The Partnership between Islam and Orthodox Christianity in Central Asia, in: Religion, State & Society 36 (2008), S. 393–405 (400 f) legt dar, dass es in vielen der zentralasiatischen Staaten zu einer Interessen-Allianz zwischen Orthodoxie und Islam kommt, um andere christliche bzw. muslimische Gemeinschaften zu marginalisieren. Vgl. auch Sébastien Peyrouse, Islam in Central Asia: National Specificities and PostSoviet Globalization, in: Religion, State & Society 35 (2007), S. 245–260; in diesem Beitrag zeigt Peyrouse auf, wie der Islam von den postsowjetischen autoritären Regierungen für eine Neudefinition des Zusammenhangs von nationaler Identität und Religionszugehörigkeit instrumentalisiert und zugleich einer rigiden Kontrolle unterworfen wurde.
477 Zu den bestehenden Konfliktpotentialen gesellschaftlicher, wirtschaftlicher und religiöser Art in den zentralasiatischen Staaten vgl. Andra Schmitz / Alexander Wolters, Politischer Protest in Zentralasien. Potentiale und Dynamiken, SWP-Studie S 4 vom Februar 2012, Online-Publikation der Stiftung Wissenschaft und Politik unter http://www.swp-berlin.org/de/publikationen/swp-studien-de/swp-studien-detail/article/zentralasien_politischer_protest.html (pdf-Datei, abgerufen 11.8.2014), S. 1–30.

2.5.1 Organisatorisches

Die interreligiösen Bemühungen des Patriarchats sind dem Amt für auswärtige kirchliche Beziehungen („Department for external church relations of the Moscow Patriarchate – DECR") zugeordnet, als dessen Leiter seit 31.3.2009 Metropolit Hilarion von Volokolamsk amtiert.[478] Sein Vorgänger war Metropolit Kyrill von Smolensk und Kaliningrad, der jetzige Patriarch von Moskau und Ganz Russland. Ebenfalls 2009 wurden einige der bisherigen Aufgaben des Außenamtes der neugeschaffenen Abteilung für die Beziehungen zwischen Kirche und Staat zugeordnet.[479] Dazu gehört auch die Arbeit in den verschiedenen interreligiösen Räten.

Einige Maßnahmen und Entscheidungen beleuchten das Interesse der Russischen Orthodoxen Kirche, interreligiösem Dialog neue Räume zu erschließen. Am 2.10.2008 verständigten sich die Verantwortlichen der Religionsgemeinschaften in der Region Jekaterinenburg sowie Vertreter der staatlichen Behörden bei einem Treffen auf die Errichtung eines großen interreligiösen Zentrums.[480] Beginnend im akademischen Jahr 2008 wurde auf Beschluss des Ausbildungsrats am Seminar von Kazan ein Unterricht in Grundlagen von Theologie und Geschichte des Islam für Studierende ab dem 5. Jahr eingeführt. Die Verantwortlichen des Seminars erhoffen sich davon eine Entwicklung und Verstärkung der Zusammenarbeit zwischen den beiden hauptsächlichen Religionen in der mehrheitlich muslimischen Region Tatarstan.[481] Im Zusammenhang mit einem Besuch

---

[478] Vgl. die Informationen zur Leitung und Gestaltung des Außenamts des Moskauer Patriarchats auf dessen Homepage unter https://mospat.ru/en/department/today/ (abgerufen 10.9.2014).
[479] Vgl. https://mospat.ru/en/department/history/ (abgerufen 10.9.2014). Dort auch zur Entwicklung des Amtes und der Reorganisation von 1997.
[480] Vgl. Kurzbericht auf der Homepage der russisch-orthodoxen Kirche in Frankreich unter http://egliserusse.eu/Creation-d-un-centre-interreligieux-a-Ekaterinbourg_a463.html (abgerufen 15.9.2014); zum Bestimmungszweck des Zentrums wird mitgeteilt: „Les responsables des principales communautés religieuses de la région se sont rencontrés à Ekaterinbourg pour lancer le projet de construction dans cette ville d'un grand centre interreligieux. La rencontre s'est déroulée dans la résidence de l'archevêque Vincent d'Ekaterinbourg. Des responsables chrétiens, musulmans et juifs, ainsi que des représentants des autorités civiles y ont pris part. Le centre comportera des lieux de prières, des salles de conférences et de cinéma, ainsi que des salles de sport. L'objectif du centre est d'offrir à la jeunesse, aux militaires et à la population défavorisée un lieu d'accueil fraternel, indépendamment de leur appartenance religieuse. Il proposera des programmes culturels, éducatifs et sportifs. (...)".
[481] Vgl. Kurzbericht auf der Homepage der russisch-orthodoxen Kirche in Frankreich unter http://egliserusse.eu/Les-fondements-de-l-islam-seront-enseignes-au-seminaire-de-Kazan_a443.html (abgerufen 15.9.2014): „Une nouvelle discipline – les fondements de l'islam – sera enseignée à partir de cette année au séminaire de Kazan. Les séminaristes étudieront les rudiments de la théologie et de l'histoire musulmanes à partir de la cinquième année de formation. Cette décision a

des Patriarchen Kyrill in Ägypten erfolgte am 13.4.2010 die Ankündigung, dass ein gemeinsames Beratungsgremium der Russischen Orthodoxen Kirche und der renommierten Al-Azhar Universität eingerichtet werden solle.[482]

2.5.2 Beteiligung an interreligiösen Räten

In der Russischen Föderation bestehen zwei derartige Räte, ein dritter wurde in der „Gemeinschaft unabhängiger Staaten" gegründet.

2.5.2.1 Der Rat für die Zusammenarbeit mit den religiösen Vereinigungen beim Präsidenten von Russland

Der „Presidential Council for Cooperation with Religious Associations" wurde am 9.8.1995 durch Dekret des Präsidenten Boris Jelzin als Konsultativorgan mit dem Auftrag gegründet, die Beziehungen zwischen der Präsidialverwaltung und den Religionsgemeinschaften in Russland zu pflegen. Dem Rat gehören je zwei Repräsentanten der hauptsächlichen Gemeinschaften Russlands an. Seitens der Orthodoxie wurde Metropolit Juvenal von Krutitsy und Metropolit Kyrill von Smolensk in das Gremium berufen.[483] Am 25.4.1996 behandelte der Rat Gesetzes- bzw. Verordnungsentwürfe zu Beschränkungen für ausländische Missionsorganisationen.[484] Eine Sitzung des Rats unter Vorsitz von Präsident Putin am 29.9.2004 war dem Thema „Zusammenarbeit der Religionen für den Frieden und für den Kampf gegen den Terrorismus" gewidmet und verabschiedete eine Schlusserklärung.[485] Am 1.6.2005 präsidierte D. Medvedev eine Ratssitzung, die sich mit

---

été prise par le conseil pédagogique du séminaire compte tenu du fait qu'il se trouve dans une région (Tatarstan) majoritairement musulmane. Les responsables du séminaire espèrent ainsi ‚développer et renforcer la collaboration entre les responsables des deux principales religions' du Tatarstan, république autonome au sein de la Fédération de Russie".

482 Vgl. Nachrichtendienst Östliche Kirchen (NÖK) Ausgabe 15/10 Teil B (15.4.2010) Nr. 10.

483 Service Orthodoxe de Presse N° 202 (November 1995), S. 25. Der kurze Bericht verweist auch auf kritische Stimmen, welche die Ähnlichkeit des Gremiums mit dem „Rat für religiöse Angelegenheiten" beim Ministerpräsidenten zur Zeit des Sowjetregimes kritisiert haben.

484 Vgl. den Bericht des „Keston News Service" unter http://www.keston.org.uk/kns/1996/YELTSIN.html (abgerufen 16.9.2014).

485 Vgl. den Bericht unter http://orthodoxeurope.org/page/14/49.aspx#4 (abgerufen 6.9.2014). In diesem Bericht zum Ratstreffen wird zur Schlusserklärung mitgeteilt: „Pour l'opposition efficace au terrorisme, affirme-t-elle, il est nécessaire de coordonner les efforts de l'État et de la société, de consolider les organisations religieuses, les associations publiques, les partis politiques et tous les citoyens du pays". La déclaration a également rappelé l'obligation pour les autorités à s'en tenir à la Constitution de la Fédération de Russie dans les actions qu'elle entreprend pour défendre le pays. Le Conseil a durement condamné toute manifestation de la „haine aveugle" envers des

der Frage der Zusammenarbeit zwischen Staatsorganen und den religiösen Vereinigungen im Bereich der Toleranz, des sozialen Zusammenhalts und der Entwicklung des interreligiösen Dialogs beschäftigte. Dabei wurden einige Aspekte der die Betätigung der Religionsgemeinschaften betreffenden Gesetzgebung geprüft; die Schlusserklärung wendet sich entschieden gegen Fremdenhass und religiös oder ethnisch begründete Feindschaft.[486] Die Hinordnung des Rates zur staatlichen Führung wurde in der Ernennung von Sergei Sobyanin, dem Stabschef des Präsidenten Putin, zum Leiter des Rats bekräftigt,[487] aber auch anlässlich einer Ratssitzung vom 11. 3. 2009 erneut erkennbar, die mit einer Staatsratssitzung verbunden war.[488] Die Ratsversammlung vom 3. 8. 2010, präsidiert vom Leiter der Präsidialverwaltung Sergei Naryshkin, prüfte Möglichkeiten einer staatlichen Unterstützung von wohltätigen und sozialen Projekten der Religionsgemeinschaften sowie eine Einführung von Militärseelsorge.[489] Am 26. 9. 2013 fand eine weitere Sitzung des Rats im Moskauer Kreml statt, diesmal unter Vorsitz des Leiters der Präsidialverwaltung, S. Ivanov. Zu den Teilnehmern wird mitgeteilt: „The meeting was attended by representatives of centralized religious organizations, federal governmental bodies, scholars and experts".[490] Der inhaltliche Schwer-

---

représentants de toute ethnie et de toute religion en réaction aux actes des terroristes et des extrémistes. Une telle vengeance est traitée de collaboration inconsciente avec ceux qui désirent semer le trouble dans le pays".

486 Vgl. Bericht über das Ratstreffen unter http://orthodoxeurope.org/page/14/68.aspx#5 (abgerufen 6. 9. 2014); darin heißt es: „La réunion a été consacrée à la question de la collaboration des organes d'État avec les associations religieuses dans le domaine de la tolérance, de la cohésion sociale et du développement du dialogue inter-religieux. Le Conseil a examiné également quelques aspects de l'élaboration de la législation concernant l'activité des organisations religieuses. (…). Le Conseil a adopté une déclaration dans laquelle il a réitéré la condamnation de la xénophobie et de la haine religieuse qui „représentent une menace sérieuse à l'intégrité de la société russe multinationale et à l'existence même de notre pays". „Nous rejetons, affirment les membres du Conseil, toute inimitié religieuse et ethnique, parce qu'elle contredit dans son essence l'esprit pacifique et philanthrope des religions qui existent dans notre pays et la tradition vieille de plusieurs siècles de la coexistence paisible des confessions en Russie"". Vgl. Nachrichtendienst Östliche Kirchen (NÖK), Ausgabe 23/05 Teil A (9. 6. 2005) Nr. 13 b.

487 Vgl. Nachrichtendienst Östliche Kirchen (NÖK) Ausgabe 07/06 Teil B (16.2.06) Nr. 16.

488 Service Orthodoxe de Presse N° 337 (April (2009), S. 19. Vgl. auch Bericht auf der Homepage der russisch-orthodoxen Kirche in Frankreich unter http://egliserusse.eu/Reunion-a-Toula-du-Conseil-a-la-cooperation-avec-les-organisations-religieuses-aupres-du-president-de-Russie_a703.html (abgerufen 6. 9. 2014).

489 Vgl. Kurzbericht auf der Homepage des Außenamtes unter https://mospat.ru/en/2010/08/03/news23549/ (abgerufen 17. 9. 2014). Der Bericht nennt keinen nichtorthodoxen Teilnehmer namentlich.

490 Vgl. den Bericht zur Sitzung des „Council" unter https://mospat.ru/en/2013/09/28/news91704/ (abgerufen 16. 9. 2014).

punkt der Beratungen lag auf der Entwicklung des interreligiösen Dialogs in Russland und – wesentlich spezifischer – im Aufbau einer russisch-chinesischen Zusammenarbeit im interreligiösen Bereich.⁴⁹¹ Der Berichtsteil zu letzterem Punkt ist besonders aussagekräftig, denn er erhellt das Zusammenspiel interreligiöser Aktivitäten der Russischen Orthodoxen Kirche im Bereich Chinas, die unten im Abschnitt 2.5.5.4. dargestellt werden, mit dem „Presidential Council", d. h. mit einer Schnittstelle zwischen Russischer Orthodoxer Kirche und der politischen Führung Russlands. Hinweise auf Beiträge seitens der Vertreter anderer Religionen zur Sitzung bietet der Bericht nicht.

2.5.2.2 Der interreligiöse Rat von Russland

Dieser interreligiöse Rat wurde am 23.12.1998 errichtet und vereinigt Vertreter der vier „traditionellen Religionen" in Russland, nämlich Orthodoxie, Islam, Judentum und Buddhismus. Der Gedanke zur Gründung entstand bei einer Begegnung des Patriarchen Alexij II. von Moskau mit dem Vorsitzenden des Rates der Muftis in Russland im September 1998.⁴⁹² Der Rat ist der Organisation „World Conference of Religions for Peace" affiliiert und dem „European Council of Religious Leaders / Religions for Peace" assoziiert.⁴⁹³ Eine instruktive Selbstdarstellung seiner Aufgaben enthält die bei der Sitzung vom 10.9.1999 beschlossene Erklärung:

---

491 Dazu besagt der unter https://mospat.ru/en/2013/09/28/news91704/ (abgerufen 16.9.2014) zugängliche Bericht: „The meeting discussed pressing issues concerning the development of interreligious dialogue in Russia and adopted a number of concrete recommendations to the Government and federal and regional executive bodies for organizing systemic support for the work of interreligious and inter-confessional dialogue structures in Russia and the CIS countries. The meeting also considered prospects and areas for the Russian-Chinese cooperation in the field of religion. (...). During his meetings with the supreme political leaders as well as officials in charge of the PRC's religious policy, His Holiness Kirill consistently explained the Russian Orthodox Church's approach to the normalization of the situation of the Orthodox Church in China and the positive role played by religious contacts in the relations between our two countries'. The recommendations adopted by the Council for cooperation with the PRC in religious sphere will be conveyed to the Chinese side".
492 Episkepsis 30. Jg., N° 566 (31.1.1999), S. 9. Service Orthodoxe de Presse N° 235 (Februar 1999), S. 14.
493 Basil Cousins, The Orthodox Church, Islam and Christian-Muslim Relations in Russia, in: Anthony O'Mahony / Emma Loosley (Hrsg.), Christian Responses to Islam. Muslim-Christian Relations in the modern World, Manchester University Press Manchester/New York 2008, S. 38–53 (47). Vgl. auch die Aufstellung der „Religions for Peace" affiliierten interreligiösen Räte unter http://www.rfp.org/who-we-are/national-councils-groups; daraus ist zugleich ersichtlich, dass der Mitarbeiter im Außenamt des Moskauer Patriarchats, Erzpriester Vsevolod Chaplin, Gene-

(…). The Council has set as its main task to coordinate efforts by religious associations in internal and external peacemaking, to develop relations between religion, society and state, to strengthen public morality, to restore and preserve the spiritual and cultural heritage of the peoples in Russia, to organize and support interreligious dialogue on socially significant and other related problems, to maintain cooperation with international interreligious organizations and to respond to events in public life inside and outside Russia. (…).The Council is open for cooperation with the governmental authorities in the Russian Federation and other countries, as well as public and political structures, the academic and cultural communities and intergovernmental organizations. At the same time, it does not associate itself with the state or any political force, but determines its position and builds its work independently, proceeding from the principle of general agreement. Decisions on enlargement of the Council membership and the establishment of systematic cooperation with other religions and confessions shall be taken by the Council on the basis of consensus. The members of the Council are convinced that their efforts to make permanent the dialogue between followers of the traditional religious associations in Russia will help our Fatherland and its people to establish lasting peace, to achieve harmony and well-being and to revive spiritually.[494]

Die Tätigkeit des Rates wird positiv beurteilt: zunächst als Forum, um Konflikte bei den Mitgliedsorganisationen zu lösen, dann aber auch, um die gemeinsamen Anliegen gegenüber dem Staat und der Öffentlichkeit zu vertreten. Letzteres gilt vor allem für Fragen der religiösen Erziehung in Schulen, aber auch durch gemeinsame Stellungnahmen in Krisenfällen wie nach dem Attentat von Beslan oder angesichts öffentlicher Empörung über Mohammedkarikaturen. Nach 2002 arbeitete der Rat mit einer Gruppe von Abgeordneten der Staatsduma in Fragen von gesellschaftlich-religiösen Werten und deren Umsetzung zusammen. Dieser Aspekt der Tätigkeit des Rates ist jedoch in der zweiten Präsidentschaft Putins faktisch obsolet geworden.[495] Ausweislich der Berichterstattung auf der Homepage des Außenamts des Moskauer Patriarchats tagte das „Council" zumindest bis 2006 in jährlichem Rhythmus[496] und meldete sich von Zeit zu Zeit mit Stellung-

---

ralsekretär des „Interreligiösen Rates von Russland" ist; zur Beteiligung im „European Council of religious Leaders" vgl. http://www.rfp-europe.eu/council (beide Websites abgerufen 7.9.2014).
494 Islamochristiana 26 (2000), S. 236f (237).
495 Zu diesem Rat und mit positiver Wertung vgl. Alexander Verkhovsky, Public Interactions between Orthodox Christian and Muslim Organisations at the Federal Level in Russia Today, in: Religion, State & Society 36 (2008), S. 379–392 (384). Kritisch zur Tätigkeit des Rates allerdings z. B. Service Orthodoxe de Presse N°273 (Dezember 2002), S. 16.
496 Vgl. z. B. den Bericht von einer Sitzung am 10.9.1999 unter https://mospat.ru/archive/en/ne909101.htm; zur Sitzung vom 2.10.2000 vgl. https://mospat.ru/archive/en/ne010032.htm; zur Sitzung vom 25.12.2001 vgl. https://mospat.ru/archive/en/ne112254.htm; zur Sitzung 25.6.2002 vgl. https://mospat.ru/archive/en/ne206252.htm; zu einer Plenarsitzung am 16.1.2003 vgl. https://mospat.ru/archive/en/ne301201.htm; zur Sitzung vom 12.10.2005 vgl. https://mospat.ru/archive/en/ne301201.htm; zur Sitzung vom 15.3.2006 vgl. https://mospat.ru/archive/en/30176.htm; zur Sitzung vom 3.4.2014 vgl. https://mospat.ru/en/2014/04/03/news100415/ (alle mitgeteilten

2 Bemühungen einzelner autokephaler Kirchen um einen Dialog mit dem Islam — 229

nahmen⁴⁹⁷ zu Wort. Darunter ist ein „Statement by the Interreligious Council in Russia on the abuse of religious feelings" vom 13. 2. 2006 hervorzuheben.⁴⁹⁸ In jüngster Zeit wird die Berichterstattung über Aktivitäten des „Council" wieder lebhafter. So hat sich der Rat mit einer Stellungnahme an der Diskussion über eine Aktion der Band „Pussy Riot" beteiligt.⁴⁹⁹ An der Sitzung des interreligiösen Rats vom 3. 4. 2014 nahm eine französische Delegation von Menschenrechtsaktivisten teil; der Bericht darüber betont übereinstimmende Überzeugungen bzgl. der Bewahrung der traditionellen Werte der Familie.⁵⁰⁰

Websites abgerufen 7. 9. 2014). Hinzuweisen ist zudem auf eine Reihe von Präsidiumstreffen des Rats..
497 Vgl. z. B. einen Appell zur Beendigung von Luftangriffen in Jugoslawien vom 24. 3. 1999, online zugänglich unter https://mospat.ru/archive/en/ne903252.htm; vgl. eine Stellungnahme zu den Terroranschlägen vom 11. September unter https://mospat.ru/archive/en/ne109202.htm; vgl. die Stellungnahme zu einem die religiösen Gefühle der Muslime verletzenden Buch vom 20. 12. 2005 unter https://mospat.ru/archive/en/28853.htm; vgl. eine Botschaft an das russische Team bei den Olympischen Spielen vom 29. 7. 2008 unter https://mospat.ru/archive/en/42028.htm (alle mitgeteilten Websites abgerufen 7. 9. 2014).
498 Vgl. Nachrichtendienst Östliche Kirchen (NÖK) Ausgabe 07/06 Teil B (16.2.06) Nr. 14; im Bericht über das Ratstreffen heißt es dort: „(...). These actions are regarded by all the members of the Interreligious Council in Russia as provocations aiming to bring division in society, to push people of various religions to hostile attitude among brothers. The implementation of the principle of the freedom of the press and creative expression cannot justify disrespect for the religious feelings of believers and abuse of their shrines. Any abuse of these freedoms and cultivation of the spirit of intolerance can lead our society to discord and strife and can provoke acts of violence similar to the attack on the synagogue in Bolshaya Bronnaya Street in Moscow. Representatives of traditional religions in Russia are unanimous in their desire to preserve peace and accord in society and prevent the attempts to damage the interreligious relations whoever may commit them. We call upon all, first of all, the mass media leaders and journalists, researchers and people of art and culture, public leaders and statesmen to restrain from any manifestation of disrespect for the religious feelings which have lied in the spiritual foundation of people's life for centuries, for great is the price that the whole world including us and our children may pay for it".
499 Vgl. den auf einer Unterhomepage des UN-Flüchtlingswerks mitgeteilten Kurzbericht, online zugänglich unter http://www.refworld.org/docid/4f717af6c.html (abgerufen 6. 9. 2014).
500 Vgl. den Bericht unter https://mospat.ru/en/2014/04/03/news100415/ (abgerufen 6. 9. 2014). Darin heisst es: „Invited to the session was a delegation of the French human rights advocates who uphold traditional family values. (...).The French human rights advocates told those present about the protection of traditional family values and support of physically challenged people in France. The representatives of Russia's traditional religions shared with the guests their experience in upholding traditional values. The members of the Interreligious Council of Russia confirmed their intention to do everything in their power to protect society from the „contagion" of same-sex marriages and gender confusion. (...)".

2.5.2.3 Der interreligiöse Rat der Gemeinschaft unabhängiger Staaten

Die Gemeinschaft unabhängiger Staaten (GUS) „ist ein loser Zusammenschluss von zwölf Teilrepubliken der ehemaligen Sowjetunion. Sie wurde 1991 zunächst von Russland, Weißrussland (Belarus) und der Ukraine gegründet und kurz danach durch den Beitritt von Armenien, Aserbaidschan, Kasachstan, Kirgistan, Republik Moldau, Tadschikistan, Turkmenistan, Usbekistan erweitert; zuletzt trat 1993 Georgien der GUS bei".[501] Der Interreligiöse Rat in der Gemeinschaft unabhängiger Staaten wurde von den in der Region beheimateten „traditionellen Religionen" gegründet. Seitens des Christentums zählen dazu neben der Russischen Orthodoxen Kirche auch die Georgische Orthodoxe Kirche und die armenisch-apostolische Kirche. Die Entscheidung zur Ratsgründung fiel beim „Second Interreligious Peace Forum of the CIS" am 2.–4.3.2004 (Moskau).[502] In einer Presseerklärung zur Gründung des Rats wird dessen Zielsetzung folgendermaßen umschrieben:

> We spiritual leaders of member countries of the Commonwealth of Independent States testify to fully preserving and augmenting centuries-old traditions of interreligious partnership. The present-day scope of our mutual understanding allows us to cross the limits of regular interreligious conferences for a higher level of team efforts. As successful previous activities of permanent interreligious structures proves, the said structures make contacts between religions as fruitful and effective as possible. As we see it, now is high time for Commonwealth countries' religious leaders to pool their efforts on a CIS Interreligious Council, which is posing itself the following objectives: (1) To coordinate teamwork by religious organisations established in the CIS countries for a stronger interethnic and interreligious peace, social accord and stability, progress of a dialogue between religious leaders, joint efforts in the face of shared challenges, and affirmation of traditional spiritual values in the public. (2) To promote partnership of Commonwealth countries through closer links between religious leaders and communities thereof. (3) To maintain regular and comprehensive opinion exc-

---

501 Vgl. die Informationen der Bundeszentrale für politische Bildung unter http://www.bpb.de/ nachschlagen/lexika/politiklexikon/17537/gemeinschaft-unabhaengiger-staaten-gus (abgerufen 6.9.2014).

502 Vgl. die Presserklärung der Konferenz zur Gründung des Rats auf der Homepage des Nachrichtendienstes „rianovosti" unter http://en.ria.ru/onlinenews/20040304/39909801.html. Zur Konferenz vgl. Nachrichtendienst Östliche Kirchen (NÖK), Ausgabe 09/04 (4.3.04), Teil B, Nr. 2, Nr. 7 und Nr. 9 (dort u.a. der Text der Ansprache des Patriarchen Alexij II.). Zur Gründung des interreligiösen Rates vgl. weiterhin Nachrichtendienst Östliche Kirchen (NÖK), Ausgabe 10/04 (11.3.04), Nr. 9 und Nr. 18. Der Text des Schlussdokuments in: Nachrichtendienst Östliche Kirchen (NÖK), Ausgabe 12/04 (25.3.04), Teil A, Nr. 16. Vgl. den unter http://orthodoxeurope.org/page/14/ 40.aspx#5 online publizierten Text der Schlusserklärung (beide hier mitgeteilte Websites abgerufen 6.9.2014). Das Schlussdokument ist im Anhang 1 unter 1.29. wiedergegeben.

hanges on Church-State relations, peacemaking, social missions, and other essential matters. (...).[503]

Die Bemühungen des Rats konzentrierten sich von Beginn an vor allem auf Beiträge zum Abbau politischer, ethnischer und religiöser Spannungen in der Kaukasusregion. Angesichts der Brisanz dieses Themas erscheint die Berichterstattung über die Tätigkeit des Rats allerdings eher spärlich. Breitere Aufmerksamkeit hat die vom Interreligiösen Rat der GUS-Staaten gemeinsam mit dem Russischen Orthodoxen Patriarchat am 26./27.4.2010 in Baku organisierte Konferenz gefunden. Sie wurde von Patriarch Kyrill und dem Geistlichen Leiter der Muslime im Kaukasus präsidiert. Im Rahmen der Konferenz kam es zu einem separaten Gespräch zwischen dem Patriarchen, dem armenischen Katholikos und dem geistlichen Leiter der Muslime. Eine gemeinsame Deklaration setzt sich mit Globalisierung, Informationstechnologien und anderen Problemen der Zeit auseinander.[504] Ein Präsidiumstreffen 28.11.2011 (Yerevan) bot politischen Persönlichkeiten Gelegenheit, den Wunsch nach Überwindung der weiterhin im Kaukasus schwelenden Konflikte zum Ausdruck zu bringen; nur gemeinsame Anstrengungen seitens der Politik und der Religionsgemeinschaften könnten Besserung bringen.[505]

2.5.2.4 Zwischenergebnis

Eingangs wurde erwähnt, dass die Vertretung der Russischen Orthodoxen Kirche in interreligiösen Räten der Abteilung für die Beziehungen zwischen Kirche und Staat im Außenamt des Patriarchats zugeordnet worden ist. Diese organisatorische Entscheidung trifft sich genau mit der Konzeption und Tätigkeit von zweien der untersuchten drei Gremien. Der „Rat für die Zusammenarbeit mit den religiösen Vereinigungen beim Präsidenten von Russland" stellt allein schon durch die staatliche Ernennung des Vorsitzenden, eines Angehörigen der Staatsverwaltung, sowie diejenige der jeweiligen Vertreter der Kirchen und Religionsge-

---

[503] Presseerklärung der Gründungskonferenz auf der Homepage des Nachrichtendienstes „rianovosti" unter http://en.ria.ru/onlinenews/20040304/39909801.html (abgerufen 16.9.2014).
[504] Vgl. Islamochristiana 36 (2010), S. 329 (Kurzbericht); aaO, S. 329f (Text des Referats von Leonid Kishkovsky); aaO, S. 330–332 (Text der Schlusserklärung). Berichte zur Konferenz in: Orthodoxie Aktuell 14. Jg. (6/2010), S. 14; Service Orthodoxe de Presse N° 349 (Juni 2010), S. 13; G2W 38. Jg. (6/2010), S. 3f; ein weiterer Bericht ist online zugänglich unter https://mospat.ru/en/2010/04/25/news17346/ (abgerufen 6.9.2014).
[505] Ausführliche Berichterstattung auf der Homepage des Außenamts des Moskauer Patriarchats unter https://mospat.ru/en/2011/11/28/news53475/ (abgerufen 6.9.2014).

meinschaften im Grunde ein Element staatlicher Religionspolitik dar; die konkrete Tätigkeit des Rats hat dessen ungeachtet die Handlungsspielräume der Religionsgemeinschaften vergrößert und ihre Bedeutung in sich wandelnden Gesellschaften gestärkt. Der „Interreligiöse Rat in der Gemeinschaft unabhängiger Staaten" wiederum zeigt nicht nur durch die Mitwirkung von Persönlichkeiten aus dem politischen Leben deutliche Nähe zu einer aufeinander abgestimmten staatlichen Politik der GUS-Staaten, sondern auch in den greifbaren Arbeitsergebnissen, die politische Bemühungen um Beilegung aktueller Konflikte interreligiös flankieren; hinzuzunehmen ist Punkt 2 der oben wiedergegebenen Zielsetzung, der von einer tieferen Partnerschaft zwischen den *Ländern* der GUS handelt, die durch Verbindungen zwischen den Religionsführern gestärkt werden soll. Demgegenüber agiert der Interreligiöse Rat von Russland mit deutlich größerer Zurückhaltung gegenüber politischen Institutionen. Dieser Rat ist der internationalen Organisation „Religions for Peace" formal verbunden, doch schlägt sich die bei deren Aktivitäten beobachtete Bandbreite und konsequente Bearbeitung interreligiöser Themen bei der Tätigkeit des Rats nicht nieder; dasselbe gilt, wenn man die oben zitierte Aufgabenstellung des Rats von 1999 und die darin umschriebene Fülle interreligiös relevanter Anknüpfungspunkte zum Maßstab nimmt. Statt dessen stellt sich der Rat primär als Forum dar, in dem bekannte Positionen der Russischen Orthodoxen Kirche z. B. gegen eine Verletzung religiöser Gefühle und zugunsten der „traditionellen Werte" interreligiös bekräftigt und dadurch umso wirkungsvoller gegenüber der Öffentlichkeit präsentiert werden können.

Bei den drei Räten lässt sich gleichermaßen beobachten, dass Phasen intensiver Arbeit mit intensiver Einwirkung auf eine breitere Öffentlichkeit einhergehen, es zwischenzeitlich aber um die Tätigkeit der Räte – zumindest publizistisch – eher still wird. Inhaltlich arbeiten die Räte vorwiegend reaktiv, indem sie zu bereits eingetretenen Ereignissen interreligiöse Stellung beziehen. Dadurch wirken sie als zwar ständig bereite, aber nur fallweise aktivierte Einrichtungen; umgekehrt wird nicht manifest, dass vorhandene Chancen zur kontinuierlichen Erarbeitung und Vermittlung interreligiöser Einsichten adäquat genutzt wurden.

2.5.3 Die Konferenzfolge der gemischten russisch-iranischen Kommission für den Dialog zwischen Islam und Orthodoxie

Wesentlich konsequenter angelegt erscheint die Gestaltung einer Konferenzfolge, die seit 1997 turnusmäßig stattfindet und von einer „gemischten russisch-iranischen Kommission für den Dialog zwischen Islam und Orthodoxie" getragen wird. Von iranischer Seite beteiligt sich an dieser gemischten Kommission bzw. an den von ihr verantworteten Tagungen die „Islamic Culture and Relations Organization

(ICRO)".⁵⁰⁶ Die Initiative ging auf einen Besuch des Metropoliten Kyrill von Smolensk und Kalinigrad im Iran bzw. des Ayatollah Mohammad Ali Taskhiri in Russland zurück.⁵⁰⁷ Ihr kommt auch deshalb besondere Bedeutung zu, da sie eine fruchtbare Querverbindung zwischen der Orthodoxie und dem schiitischen Islam repräsentiert.

Die erste Sitzung der russisch-iranischen Dialogkommission zwischen Orthodoxie und Islam fand 20.–23.12.1997 in Teheran statt. Die orthodoxe Delegation wurde von einem Mitarbeiter des Außenamtes, Victor Petioutchenko, geleitet. Die bei der Konferenz vorgelegten Arbeitspapiere behandelten das Verhältnis von Mission und Proselytismus, Krieg und Frieden sowie die Beziehungen zwischen Religion, Staat und Gesellschaft. Bei der Debatte darüber wurde betont, dass interreligiöser Dialog und Kontaktnahme der verantwortlichen religiösen Führungspersönlichkeiten eine Notwendigkeit seien; alle Formen von Proselytismus sowie Verbreitung einer Religion mittels Gewalt, Drohung oder wirtschaftlichem Druck wurden verurteilt.⁵⁰⁸ Die folgende Sitzung 4.–7.6.1999 (Moskau) behandelte das Thema „Peace and Justice from the Viewpoint of Muslim and Orthodox Scholars". Dabei standen grundlegende ethische Werte in ihrer Bedeutung für die Herstellung harmonischen Miteinanders in einer Gesellschaft im Mittelpunkt. Der Leiter der iranischen Delegation, Ayatollah Ali Taskhiri (Direktor der Organisation für islamische Kultur), wurde von Metropolit Kyrill von Smolensk (Leiter des Außenamts des Moskauer Patriarchats) und vom russischen Außenminister Ivanov zu Gesprächen empfangen. Die Teilnehmer verabschiedeten eine Schlusserklärung.⁵⁰⁹

Die dritte Sitzung der Dialogkommission 24./25.1.2001 fand wiederum in Teheran statt und widmete sich dem Thema „The Role of Interreligious Dialogue in International Relations". Metropolit Alexander von Baku leitete die orthodoxe

---

506 Die „Islamic Culture and Relations Organization (ICRO)" entstand 1995 in der jetzigen Form; sie ist Nachfolgeeinrichtung des 1990 vom „Ministry of Culture and Islamic Guidance of the Islamic Republic of Iran" gegründeten „Center for interreligious Dialogue". Zu dieser Organisation vgl. Sasan Tavassoli, Christian Encounters with Iran, aaO, S. 89–93. Vgl. auch die Homepage der Organisation unter http://cid.icro.ir/index.aspx?fkeyid=&siteid=237&pageid=7401 (abgerufen 21.9.2014).
507 Andrew Sharp, Orthodox Christians and Islam, aaO, S. 201ff. Vgl. auch Service Orthodoxe de Presse N° 225 (Februar 1998), S. 14.
508 Berichterstattung in: Service Orthodoxe de Presse N° 225 (Februar 1998), S. 14. Gemeinsames Kommuniqué in: Islamochristiana 24 (1998), S. 152.
509 Service Orthodoxe de Presse N° 240 (Juli/August 1999), S. 20 (Berichterstattung). Der Text der Schlusserklärung ist publiziert in: Juliette Nasri Haddad (Hrsg.), Déclarations Communes Islamo-Chrétiennes (1995–2001), aaO, S. 177 ff (Déclaration N° 36, MOS 99). Vgl. auch Islamochristiana 25 (1999), S. 220–222 (Kurzbericht und Text des Schlusskommuniqués).

Delegation, die Delegation der „Organization for Islamic Culture of the Islamic Republic of Iran" wurde von deren Vizepräsident Hojat ul-Islam Noumani angeführt. Die Arbeitspapiere spiegeln die Einzelaspekte, anhand derer eine nähere Bestimmung von Möglichkeiten und Zielen interreligiösen Dialogs unternommen wurde; sie geben einen interessanten Einblick in die Arbeitsweise der Kommission: „Conditions and Rules of Intellectual and Cultural Dialogue" (Hojat ul-Islam A. A. Rashad), „Religion and Conflict: the Roots of the Problem and the Ways to Its Solution" (Erzpriester Vsevolod Chaplin), „Orthodox View on Freedom" (Professor A. Osipov), „The Role of Interreligious Dialogue in International Relations" (Dr. Moshen Haliji), „Situation with Interreligious Dialogue in Russia at Present" (R. Silantiev), „Interreligious Dialogue in Iran: History and Some Thoughts on the Themes" (Dr. Amir Akrami).[510]

Die Konferenz der russisch-iranischen Dialogkommission 26.–29.4.2004 (Moskau) fokussierte die mit „Globalisierung" verbundenen Fragestellungen für die Ethik beider Religionen und für die Kultur. Die Delegation des Moskauer Patriarchats wurde von Bischof Theophan von Stavropol geleitet.[511] Ein neues Thema, nämlich „Eschatologie aus orthodoxer und islamischer Sicht" behandelte die Konferenz 28.2.–4.3.2006 (Teheran). Leiter der Patriarchatsdelegation war diesmal Metropolit Anastasios von Kazan. Patriarch Alexij II. übersandte eine Grußbotschaft. Bei Gelegenheit der interreligiösen Tagung fanden ein Treffen mit Ayatollah Mohammed Haraki, dem Präsidenten der Organisation für islamische Kultur und äußere Beziehungen, sowie ein Besuch des Zentrums für islamische Theologie in Qom statt.[512] Unter dem Titel „The teachings on God and man in Orthodoxy and Islam" arbeitete die Konferenz 16./17.7.2008 (Moskau) grundlegende Aspekte zum Verhältnis von Gott und Mensch, zu den Menschenrechten und zur theologischen Wertung der Vernunft heraus. Die Tagung wurde präsidiert

---

[510] Vgl. das Kommuniqué zur Tagung in: Islamochristiana 27 (2001), S. 197 f; die Grußbotschaft des Patriarchen Alexij II. vgl. aaO, S. 198.
[511] Vgl. http://orthodoxeurope.org/page/14/40.aspx#2 (abgerufen 7.9.2014). Zum Tagungsinhalt wird dort mitgeteilt: „Le sujet de cette réunion a été l'attitude des deux grandes religions, du christianisme et de l'islam, envers la mondialisation du point de vue de l'éthique et de la culture religieuses. Il a été souligné par les intervenants que les processus de mondialisation poussent les croyants à se poser de nombreuses questions. En répondant aux défis de la mondialisation, les dirigeants religieux doivent instaurer un dialogue respectueux et dans l'égalité entre les religions, les cultures et les civilisations sur les plans national, régional et international. Il est particulièrement important de joindre les efforts dans certains domaines telles que l'élaboration du droit international, la résolutions des conflits, l'étude objective des divers modèles des rapports entre la religion, la société et l'État".
[512] Service Orthodoxe de Presse N° 307 (April 2006), S. 16.

2 Bemühungen einzelner autokephaler Kirchen um einen Dialog mit dem Islam —— 235

von Bischof Alexander von Baku und Ayatollah Ali Akhbar Rashad;[513] ihre Ergebnisse sind in einem bedeutsamen Schlusskommuniqué zusammengefasst.[514] Mit „Die Rolle der Religion im Leben des Individuums und der Gesellschaft" behandelte die gemischte Dialogkommission bei ihrer Tagung 5.–7.10.2010 (Teheran) ein ähnlich gewichtiges Thema wie die Vorgängerkonferenz. Dabei trat der Schutz von Familie und Ehe in den Mittelpunkt der Diskussion und bot Anlass, zu diesen zentralen Bereichen menschlichen Lebens interreligiöse Aussagen zu treffen.[515] Die Tagung wurde von seiten der russischen Kirche von Bischof Theophylakt von Smolensk geleitet. Bei Gelegenheit der Konferenz kam es zu einer Begegnung des Metropoliten mit Ayatollah Mehdi Mostafavi, dem Präsidenten der Organisation für islamische Kultur und Außenbeziehungen. Metropolit Theophylakt besuchte am 8.10. Bushehr, wo mehr als 2000 russische Ingenieure und ihre Familien am Bau einer Atomanlage arbeiten; er zelebrierte dort eine eucharistische Liturgie.[516] Am 26.–28.6.2012 tagte in Moskau die mittlerweile 8. Konferenz der russisch-iranischen Dialogkommission zu „Religion and Human Rights", geleitet von Erzbischof Theophylact von Pjatigorsk und Tscherkessien sowie von Ayatollah Mohammed Ali Taskhiri; Patriarch Kyrill nahm an der Konferenz teil. Über die Ergebnisse wurde in einem Kommuniqué berichtet.[517] Die

---

513 Vgl. den Kurzbericht auf der Homepage der russisch-orthodoxen Kirche in Frankreich unter http://www.egliserusse.eu/Reunion-de-la-commission-russo-iranienne-pour-le-dialogue-entre-l-orthodoxie-et-l-islam_a381.html (abgerufen 7.9.2014); zur inhaltlichen Gestaltung wird mitgeteilt: „Le sujet de la rencontre était ‚L'enseignement sur Dieu et sur l'homme dans l'orthodoxie et l'islam'. Les membres de la commission ont présenté des rapports sur ‚L'enseignement de l'islam au sujet de la raison' (Ayatollah Ali Akhbar Rachchad), ‚Les droits de l'homme à la lumière de la théologie orthodoxe' (Père Georges Rochtchin), ‚La notion de Dieu et de l'homme dans l'islam et le christianisme' (Docteur A. Govakhi), ‚Le rapports entre la foi et la raison' (Docteur M. Ansaripur). Un communiqué commun a été adopté à l'issue de la rencontre." Vgl. auch den Bericht in Nachrichtendienst Östliche Kirchen (NÖK) Ausgabe 29/08 (24.7.2008) Nr. 7.
514 Der Text dieser Schlusserklärung ist dokumentiert in: Messager de l'Eglise orthodoxe russe N° 10 (Juli/August) 2008, S. 27f (version électronique), online zugänglich auf der Homepage der russisch-orthodoxen Kirche in Frankreich unter http://www.egliserusse.eu/Version-electronique-du-numero-10-du-Messager-de-l-Eglise-orthodoxe-russe_a675.html (abgerufen 7.9.2014). Das Dokument ist im Anhang 1 unter 1.30. im Wortlaut mitgeteilt.
515 Das Schlusskommuniqué ist in französischer Sprache auf der Homepage der Nachrichtenagentur „Orthodoxie" in französischer Sprache online zugänglich unter http://www.orthodoxie.com/actualites/monde/communique-commun-suite-a-la-6e-reunion-de-la-commission-mixte-russo-iranienne-pour-la-dialogue-orth/. Eine englische Übersetzung der Schlusserklärung ist online zugänglich unter https://mospat.ru/en/2010/10/12/news27994/ (beide Seiten abgerufen 7.9.2014). Die französische Fassung des Textes ist im Anhang 1 unter 1.31. wörtlich zitiert.
516 Berichterstattung in: Service Orthodoxe de Presse N° 352 (November 2010), S. 17f.
517 Über den Inhalt des Kommuniqués berichtete die „Taghrib News Agency" unter http://www.taghribnews.com/vdcgyz9qtak9zw4.5jra.html; dort heißt es: „(...). Eighth meeting on Religion and

bislang letzte Tagung der Reihe wurde 25./26.8.2014 in Teheran zum Thema „Importance and Strengthening of Cooperation and Mutual Understanding between Islam and Orthodoxy" durchgeführt. Dieser Titel verbirgt ein wenig die in den Arbeitseinheiten tatsächlich behandelten, sehr aktuellen Fragestellungen, nämlich u.a. „Religious Extremism and Ways to Oppose It" und „Religious Minorities and Necessity of Peaceful Coexistence in the World". Leiter der orthodoxen Delegation war wiederum Erzbischof Theophylact von Pjatigorsk und Tscherkessien.[518]

In methodischer Hinsicht verdient Beachtung, dass die Konferenzreihe von einer gemischten russisch-iranischen Dialogkommission getragen wird, die aber – bereits ausweislich der jeweiligen Delegationsführer – in ihrer Besetzung offen für personelle Veränderungen ist. Seitens der russisch-orthodoxen Vertreter ist zu beobachten, dass als jeweiliger Delegationsleiter häufig ein Metropolit fungiert, in dessen Sprengel die Mehrheit der Bevölkerung muslimisch ist (wie z.B. Kazan, Baku, Pjatigorsk und Tscherkessien). Berichterstattung und Hinweise in den Schlusskommuniqués zeigen, dass die beiden dialogführenden Delegationen jeweils nur begrenzte Größenordnung aufwiesen, was sowohl den persönlichen Kontakt wie auch die Diskussion erleichtert haben mag.

Vereinzelte Hinweise lassen erkennen, dass die Konferenzthemen und –inhalte bei vorbereitenden Treffen im kleinsten Kreis jeweils sorgfältig abgestimmt wurden.[519] Die dabei gewonnene klare Ausrichtung hat sich vor allem in den

---

Human Rights of the Joint Russian-Iranian Commission for Orthodoxy-Islam Dialogue was held at the Patriarchal Chambers in the Moscow Kremlin issuing a statement. Both sides, in this statement, agreed that human rights in the contemporary world are one of the most important factors in development of the societies. Another article in this statement stressed the rejection of secular principles in explanation of values and by the religious communities including Muslim and Christian nations. In this line, documents on ‚Teaching Principles of Russian Orthodox Church on values, freedom and human rights' as well as ‚Cairo Statement on human rights in Islam' were counted as steps towards criticism of religious values in secular societies. Participants in this conference stressed the positive effects of the meeting and highlighted the continuation of such congregations for strengthening peace among different religions. (...)". Das Außenamt des Moskauer Patriarchats berichtet darüber hinaus von einer Begegnung zwischen dem Patriarchen und Ajatollah Ali Tashkiri am 28.6.2012 im Kreml, vgl. https://mospat.ru/en/2012/06/28/news66928/ (beide Websites abgerufen 7.9.2014).

518 Ausführliche Berichterstattung unter https://mospat.ru/en/2014/08/27/news107162/ (abgerufen 7.9.2014).

519 Ein Beispiel hierfür ist die Begegnung von Metropolit Hilarion von Volokolamsk mit dem Leiter des iranischen „Center for Interreligious Dialogue under Iran's Islamic Culture and Relations Organization" und dessen Stellvertreter am 21.10.2011; dabei wurde die Sitzung der gemischten Dialogkommission 2012 in Moskau vorbereitet, vgl. https://mospat.ru/en/2011/10/21/news50153/ (abgerufen 16.9.2014).

Schlusserklärungen der Tagungen bis 2010 niedergeschlagen. Bei ihnen konnten wichtige interreligiöse Einsichten zu Themen festgehalten werden, die als ein Spezifikum des orthodox-schiitischen Dialogs gelten dürfen. In einer Untersuchung von Sasan Tavassoli zu den iranischen Dialogbemühungen mit dem Christentum werden die Dialogkonferenzen von 1997 bis 2004 aufgelistet, allerdings mit einer datenmäßigen Verwechslung.[520] Zur Publikation der Tagungsmaterialien hält Tavassoli fest: „Not published publicly yet in Iran and still in the process of being edited are texts of the first three dialogues with the Russian Orthodox Church (...)".[521]

2.5.4 Beteiligung von Repräsentanten des Moskauer Patriarchats an interreligiösen Konferenzen, Symposia, Kolloquien u. ä.

Das russisch-orthodoxe Patriarchat hat sich im interreligiösen Dialog mit dem Islam intensiv engagiert. Als die zahlenmäßig mit Abstand größte der autokephalen Kirchen hat sie in verschiedenen Regionen ihres Territoriums Kontakt, aber auch Diskussionsbedarf mit dem Islam. Zudem bietet ihre Präsenz in der weltweiten orthodoxen Diaspora ein geographisch noch weiter gespanntes Arbeitsfeld für den interreligiösen Dialog. Um die in der Fülle einzelner Ereignisse verborgenen Schwerpunkte sichtbar zu machen, soll im folgenden zwischen solchen innerhalb des kanonischen Territoriums und solchen außerhalb unterschieden werden.

2.5.4.1 Interreligiöses Konferenzgeschehen im kanonischen Territorium

Zwei Begegnungen fanden bereits vor der panorthodoxen Beschlussfassung zum interreligiösen Dialog statt. Die erste, am 11.3.1982 im damaligen Leningrad, kam auf Initiative des Metropoliten von Leningrad und Novgorod zustande. Vier Mitglieder der örtlichen Theologischen Akademie und vier „Funktionäre" der Le-

---

[520] Sasan Tavassoli, Christian Encounters with Iran. Engaging Muslim Thinkers after the Revolution, Tauris London/New York 2011, S. 92; die dort für das Jahr 2000 vermerkte Teheraner Konferenz „The Role of Interreligious Dialogue in International Relations" hat jedoch – wie oben mitgeteilt – erst 2001 stattgefunden. Obwohl Tassavolis Untersuchung 2011 erschienen ist, enthält seine Übersicht keinen Hinweis auf nach 2004 stattgefundene Dialogkonferenzen.
[521] Sasan Tavassoli, Christian Encounters with Iran, aaO, S. 101f. In der dort beigegebenen Endnote 43, aaO, S. 246 wird jedoch – nicht ganz kohärent zum Hinweis auf ausstehende Publikation – verwiesen auf: Amir Akrami, The Collection of the Articles of Dialogue with the Russian Orthodox Church, Tehran 1381 (2002); dieser Titel ist auch in Tavassolis Verzeichnis der in Farsi publizierten Literatur aufgenommen, vgl. aaO, S. 292; dessen ungeachtet scheint die erwähnte Sammlung tatsächlich noch nicht erschienen zu sein.

ningrader Moschee bzw. der örtlichen Muslimgemeinschaft trafen sich, um Fragen des Friedens und die Rolle Jerusalems zu diskutieren. Der Metropolit hielt eine Eröffnungsansprache. Die Begegnung stand in inhaltlich-sachlichem Zusammenhang mit der parallel stattfindenden Konferenz 10.–14.5.1982 (Moskau) „World Forum of Religions on Nuclear Disarmament"; [522] diese wurde bereits im vorangegangenen Abschnitt erwähnt. Schauplatz des zweiten Ereignisses, eine christlich-muslimische Begegnung über die Rolle von Religionsführern zur Stärkung des Weltfriedens und der Völkerfreundschaft[523] Anfang Mai 1983, war Taschkent. Zu den Teilnehmern gehörten der Inspektor der Theologischen Akademie in Leningrad, Archimandrit Augustin Nikitin, der Administrator der zentralasiatischen Diözese der Russischen Orthodoxen Kirche sowie zwei namentlich genannte muslimische Führungspersönlichkeiten der Region.[524] Die Thematik beider, noch von der Terminologie der Sowjetzeit beeinflusster Tagungen weist über das Territorium der russischen Kirche hinaus und steht in innerem Zusammenhang zu den weltweiten kirchlichen Bemühungen um Frieden und Völkerverständigung.

Eine Serie von Konferenzen fand in der Zeit politischer Umbrüche in der ehemaligen Sowjetunion statt, die mit der „Perestroika" Michael Gorbatschovs eingeleitet wurde, mit dem Zusammenbruch des kommunistischen Regimes einen Höhepunkt fand, und schließlich in einen mühsamen Prozess politischer Neuorientierung mündete. Die internationale und interreligiöse Konferenz 15.–22.3. 1987 (Danilovkloster/Moskau) spiegelt den Beginn dieser Umbrüche. Sie war von mehr als 200 Teilnehmern besucht, die in zwei Gruppen tagten. Die erste, ein interreligiöser „runder Tisch", traf sich auf Einladung der Russischen Orthodoxen Kirche im Danilovkloster und diskutierte moralisch-ethische Fragen sowie Sicherheitsaspekte der von Generalsekretär Gorbatschov betriebenen Glasnost-Politik. Eine zweite Gruppe tagte auf Einladung des „Soviet Peace Committee" in Moskau und behandelte Fragen der Friedenssicherung in der Welt, ebenfalls in Auseinandersetzung mit dem Politikwechsel Gorbatschovs.[525]

---

522 Vgl. den Bericht in: Islamochristiana 8 (1982), S. 250.
523 Das gewählte Tagungsthema der Konferenz Anfang Mai (Taschkent) zeigt eine begrenzte begriffliche, vor allem aber gedankliche Nähe zum 10. Tagesordnungspunkt eines künftigen Großen und Heiligen Konzils, wie er 1976 formuliert worden war und ebenso zum späteren Beschluss der III. Vorkonziliaren Panorthodoxen Konferenz von 1986. Vgl. oben Kapitel B 1.1.3. bzw. 1.2.2.
524 Vgl. den Kurzbericht in: Islamochristiana 9 (1983), S. 274.
525 Daniel L. Anderson, Moscow: Eight Days for Peace, in: Journal of Ecumenical Studies XXIV (1987), S. 716f.

2 Bemühungen einzelner autokephaler Kirchen um einen Dialog mit dem Islam —— 239

In mehrfacher Hinsicht stellt die ökumenische Konferenz „Christlicher Glaube und Feindschaft unter den Menschen" 21.–23.6.1994 (Danilovkloster) einen Sonderfall dar. Sie erweist sich als bereits von den Verhältnissen nach dem Zusammenbruch der früheren Ordnung und während der Präsidentschaft Boris Jelzins geprägt. Zudem führte sie Vertreter der christlichen Kirchen in der Ex-Sowjetunion unter Teilnahme von muslimischen, jüdischen und buddhistischen Beobachtern zusammen und wurde u. a. mit Unterstützung des ÖRK und der „Konferenz der europäischen Kirchen" durchgeführt. Das Schlussdokument[526] behandelt die Beiträge der Kirchen bei der friedlichen Lösung von Konflikten, beim Aufbau von internationalen und interkulturellen Beziehungen, bei der Gestaltung der zivilen Gesellschaft(en) und einer gerechten Wirtschaftsordnung. Der letzte Abschnitt ist dem Dienst an der Versöhnung gewidmet. In dieser Passage rückt auch ausdrücklich eine interreligiöse Zusammenarbeit in den Blick.[527] In seiner Eröffnungsansprache verurteilte Metropolit Kyrill von Smolensk, der seinerzeitige Leiter des Außenamtes im Moskauer Patriarchat, Bestrebungen, unter dem Vorwand der Religion politische und ethnische Konflikte zu schüren.[528] Im Zusammenhang mit der Konferenz fand am 24.6. eine interreligiöse Konsultation in kleinerer Besetzung statt. In einer gemeinsamen Erklärung forderten die Repräsentanten der hauptsächlichen Religionen, dass ihre Gemeinschaften in das anstehende Verfahren zur Verabschiedung eines neuen Religionsgesetzes einbezogen und ihre Beiträge in Erwägung gezogen werden sollten. Am 5.7. werde sich ein „Conseil des représentants des confessions" versammeln, um die Gesetzesvorlage gemeinsam zu studieren.[529]

Im Jahr der Wahl von Wladimir Putin zum Präsidenten der Russischen Föderation wurde 13./14.11.2000 in Moskau/Danilovkloster das interreligiöse Friedensforum durchgeführt, gemeinsam organisiert vom Interreligiösen Rat von Russland und – bemerkenswerterweise – vom Ministerium für Föderation. Seitens der Orthodoxie nahmen der russisch-orthodoxe Patriarch Alexij II. und der Katholikos-Patriarch Iliya II. von Georgien teil; weiterhin beteiligten sich Repräsentanten des Islam, des Buddhismus und der jüdischen Gemeinschaft in Russ-

---

526 Das Schlussdokument der Konferenz ist in deutscher Übersetzung publiziert in: Stimme der Orthodoxie 4/1994, S. 9–12.
527 „Wir erklären zugleich unsere Aufgeschlossenheit gegenüber den Gläubigen der nichtchristlichen Religionen und unseren areligiösen Brüdern und Schwestern, mit denen wir für das allgemeine Wohl in allen heute möglichen Formen zusammenzuarbeiten bereit sind", vgl. Stimme der Orthodoxie 4/1994, S. 12.
528 Der Text der Ansprache des Metropoliten ist in deutscher Übersetzung publiziert in: Stimme der Orthodoxie 4/1994, S. 13–17.
529 Berichterstattung bei Service Orthodoxe de Presse N° 190 (Juli/August 1994), S. 14f.

land. Präsident Putin übersandte eine Botschaft, in der er sich gegen religiöse Intoleranz und Fanatismus aussprach und dazu aufrief, die reiche Tradition an Respekt und Toleranz aufrechtzuerhalten. Patriarch Alexij II. rief die Repräsentanten der traditionellen Religionen in Russland dazu auf, angesichts interethnischer Konflikte und des Verfalls moralischer Werte in der Gesellschaft zusammenzuarbeiten. Es wurde eine Schlusserklärung verabschiedet, in der das Recht jedes Gläubigen betont wird, das Leben getreu nach seinem Glauben zu gestalten. Niemand habe das Recht, Religion dazu zu missbrauchen, anderen Menschen das Leben zu nehmen, ihrer Rechte zu berauben und Freiheiten zu zerstören. Ein zweiter Teil der Erklärung nimmt Bezug auf aktuelle Konflikte im Nordkaukasus und in Zentralasien.[530] Nur wenige Tage später, am 16./17.11.2000, trat in Kazan ein christlich-muslimischer Kongress zusammen, mit veranstaltet wiederum von einer politischen Institution, nämlich dem Rat für religiöse Angelegenheiten beim Ministerrat der Republik Tatarstan, gemeinsam mit der russisch-orthodoxen Diözese von Kazan, dem geistlichen Direktorat der Muslime von Tatarstan und dem Historischen Institut der Akademie der Wissenschaften.[531]

Das Zusammenspiel von kirchlichem Engagement und Bemühungen der Politik setzte sich beim 6. Weltkongress des Russischen Volkes fort, der 13./14.12.2001 in Moskau tagte und an dem sich die Russische Orthodoxe Kirche sowie Vertreter der hauptsächlichen Religionen Russlands beteiligten. Der Weltkongress ist eine politisch-kulturelle Einrichtung, die 1994 eingerichtet wurde und jeweils eine große Zahl von Delegierten aus dem Bereich der ehemaligen Sowjetunion versammelt.[532] Die Veranstaltung des Jahres 2001 widmete sich in ihrem zweiten Arbeitskreis „Mille ans ensemble: l'orthodoxie, l'islam et les autres religions traditionelles de Russie" auch interreligiösen Fragestellungen. Patriarch Alexij II. hielt die Eröffnungsansprache und betonte – wie auch Präsident Putin – die Bedeutung friedlicher Koexistenz und erteilte denen eine Absage, die von einem „Zusammenstoß der Kulturen und Religionen" redeten. Auch Metropolit Kyrill von

---

530 Vgl. Service Orthodoxe de Presse N° 253 (Dezember 2000), S. 18. Die zweiteilige Schlusserklärung ist online zugänglich auf der Homepage der Organisation „International Council of Christians und Jews" unter http://www.jcrelations.net/Interreligious_Peace_Forum_Moscow_2000.2371.0.html (abgerufen 10.9.2014). Ihr Text ist im Anhang 1 unter 1.32. im Wortlaut mitgeteilt.
531 Vgl. Islamochristiana 27 (2001), S. 218f; aaO, S. 219 eine Liste von 20 Tagungsreferaten bzw. -themen.
532 Die Konferenz findet jährlich statt. Regelmäßig wird in der Berichterstattung die Präsenz von Vertretern der „traditionellen" Religionen Russlands unter den vielen Hundert Teilnehmern hervorgehoben. Eine Behandlung interreligiöser Fragestellungen im Sinn eines Dialogs lässt sich nur ganz ausnahmsweise verifizieren.

Smolensk, der Leiter des Außenamts des Moskauer Patriarchats, hielt eine Ansprache. Es wurde ein Schlussdokument verabschiedet.[533]

Ein wichtiges Anliegen in der sich herausbildenden postkommunistischen gesellschaftlichen Struktur betraf das Erziehungswesen und speziell die Möglichkeiten, religiöse bzw. ethische Unterweisung im schulischen Bereich durchzuführen. Der Auseinandersetzung damit widmete sich die interreligiöse Tagung „Cooperation between State and Religious Organizations in Education" 10./11.10. 2002 (Moskau/Sergiyev Posad); sie wurde von den Präsidialbeauftragten für verschiedene Regionen, dem Bildungsministerium, dem Komitee der Staatsduma für öffentliche und religiöse Organisationen sowie dem Interreligiösen Rat von Russland organisiert. Metropolit Kyrill von Smolensk verlas eine Grußbotschaft des Patriarchen Alexij II. und hielt eine Ansprache, in der er sich für religiösen Basisunterricht in orthodoxer, islamischer, buddhistischer oder jüdischer religiöser Kultur einsetzte. Zu den Referenten gehörten auch Angehörige der anderen Religionsgemeinschaften. Das Schlussdokument bietet einige Empfehlungen.[534]

Die Bemühungen um eine Überwindung der Konflikte in der Kaukasusregion setzten sich bei einem interreligiösen Friedenstreffen für diese Region am 26.11. 2003 im Danilovkloster/Moskau fort. Daran beteiligten sich die Vorsteher der christlichen Kirchen sowie der geistliche Leiter der Muslime in der Region. Orthodoxe Teilnehmer waren der russisch-orthodoxe Patriarch Alexij II. und der Katholikos-Patriarch von Georgien, Iliya II. Eine Schlusserklärung wendet sich gegen den Missbrauch der Religion für totalitaristische, nationalistische oder extremistische Zwecke. Die beteiligten vier Delegationen wurden von Präsident Putin in dessen Residenz Novo-Ogarevo bei Moskau empfangen.[535]

---

533 Service Orthodoxe de Presse N° 264 (Januar 2002), S. 14. Vgl. The Ecumenical Review 54 (2002), S. 521–525 (Text der Ansprache des Metropoliten Kyrill und Schlusserklärung der Konferenz).
534 Vgl. Berichterstattung auf der Homepage des Außenamtes des Moskauer Patriarchats unter http://www.mospat.ru/archive/en/ne210172.htm (abgerufen 11.9.2014). Über den Meinungsstand betreffend religiöse Unterweisung an Schulen wird mitgeteilt: „The meeting was opened by G. Poltavchenko, Presidential Envoy for the Central Federal Region. ‚It is impossible to build a law-governed state, using only economic levers and power structures', he said, adding, ‚It is necessary to develop civil society institutes of which religious organizations are integral part'. He also noted that a considerable part of the population supported the idea to include Basic Orthodox Culture in the list of school disciplines meeting the standards of the Russian Federation Ministry of Education. S. Kiriyenko, Presidential Envoy for the Transvolga Federal Region, described education as an area of joint responsibility and actions for the Russian state and religious organizations".
535 Text der Schlusserklärung bei Juliette Nasri Haddad (Hrsg.), Déclarations Communes Islamo-Chrétiennes (2002–2005), aaO, S. 161ff (Déclaration N° 40). Vgl. Islamochristiana 30 (2004), S. 216–218. Berichterstattung in: Service Orthodoxe de Presse N° 284 (Januar 2004), S. 18.Vgl. auch den Bericht unter http://orthodoxeurope.org/page/14/29.aspx#6 (abgerufen 11.9.2014).

Die internationale Konferenz „Globale Prozesse und die religiöse Vielfalt in Russland und der Welt" 7.2.2006 (Moskau) beschäftigte sich mit der Frage einer Wertorientierung. In einer gemeinsamen Erklärung der Veranstalter, der Russischen Orthodoxen Kirche und des „Rats der Muftis in Russland", wurde die Bedeutung von christlich-islamischer Zusammenarbeit hervorgehoben, um ein globales Modell des Zusammenwirkens der Wertsysteme von Ost und West zu schaffen.[536]

Bei vier weiteren Ereignissen wurde die Rolle interreligiösen Dialogs für ein Miteinander verschiedener Religionen und Kulturen thematisiert. Der „10th World Russian People's Council" 4.–6.4.2006 (Moskau) zum Thema „Faith. Man. Earth. Mission of the Church in the 21th Century" wurde mit mehr als 2.500 Teilnehmern durchgeführt, darunter auch Vertreter der „traditionellen Religionen" Russlands. Metropolit Kyrill von Smolensk hielt eine Ansprache. Angesichts der zahlenmäßigen Größenordnung der Konferenz könnte man eine nur bedingte interreligiöse Ausrichtung vermuten. Um so mehr überrascht das Schlussdokument mit tief gehenden schöpfungstheologischen Aussagen sowie mit konkreten Feststellungen zum Wert des Menschen und seiner Würde, zu den Menschenrechten und zu

---

536 Vgl. den Bericht zur Konferenz unter http://russlandonline.ru/rupol0010/morenews.php?idi tem=9797 (abgerufen 14.9.2014); das oben angegebene Datum 7.2.2006 entspricht der Veröffentlichung der Meldung; das Datum der Konferenz selbst geht aus der Meldung nicht hervor. Im Bericht heißt es: „Die Russisch-Orthodoxe Kirche und der Rat der Muftis von Russland haben die Weltgemeinschaft aufgefordert, Russlands Erfahrungen bei der christlich-islamischen Zusammenarbeit zu nutzen, um ein globales Modell des Zusammenwirkens, der Wertsysteme von Ost und West zu schaffen. (...). ‚Russland hat einzigartige Erfahrungen beim friedlichen Nebeneinanderbestehen und Zusammenwirken von Christentum und Islam. Ich bin überzeugt, dass diese Erfahrungen in der Welt gefordert werden sollen und können', sagte der Geistliche Michail Dudko, Sekretär für Beziehungen zwischen Kirche und Gesellschaft in der Abteilung Ausländische Beziehungen der Kirche beim Moskauer Patriarchat. (...). Zugleich hob er hervor, dass ‚ein Zusammenstoß von Wertmodellen nicht katastrophal' sei. ‚Ich denke, es lässt sich ein Modell der Beziehungen entwickeln, bei dem die westlichen und die östlichen Werte gleichermaßen respektiert werden und niemand die eigenen Werte den anderen aufzwingen wird', meint Dudko. Mansur Schakirow, stellvertretender Vorsitzender des Rates der Muftis von Russland, betonte seinerseits: ‚Im heutigen Russland genießen die Moslems die volle Konfessionsfreiheit und können frei die islamische Botschaft verwirklichen. (...) Die soziale Ethik dieser beiden größten religiösen Gemeinschaften von Russland fällt praktisch zusammen." Weiter sagte er: ‚Anders als die UdSSR, erhebt Russland keinen Anspruch mehr auf Dominanz und darauf, den anderen das eigene Wertsystem aufzuzwingen, vielmehr wünscht es, dass auch die Anderen die nationalen Prioritäten der anderen Länder, die Eigenständigkeit, die Werte und Traditionen der Völker achten. (...)". Zur Konferenz vgl. den Bericht in: Nachrichtendienst Östliche Kirchen (NÖK) Ausgabe 7/06 Teil B (16.2. 2006) Nr. 7.

2 Bemühungen einzelner autokephaler Kirchen um einen Dialog mit dem Islam

deren interreligiöser Bedeutung.[537] Das Kolloquium „Multinationales Russland" 20.12.2006 (Moskau?) wurde vom Staatsrat der Russischen Föderation organisiert und versammelte mehr als 850 Vertreter der verschiedenen sozialen, religiösen, ethnischen und kulturellen Organisationen des Landes. Metropolit Kyrill von Smolensk und Kaliningrad, der Leiter des Außenamtes der Russischen Kirche, sprach dabei über das Engagement der russischen Kirche im interreligiösen und interethnischen Dialog.[538] Die Konferenz „Intercultural and Interreligious Dialogue for Sustainable Development" 13.–16.9.2007 (Moskau) mit mehr als 270 Teilnehmern wurde von der Russischen Akademie für öffentliche Verwaltung gestaltet, darin unterstützt von der UNESCO und einer ganzen Reihe staatlicher, wissenschaftlicher und nichtstaatlicher Organisationen. Bei den Beratungen der Thematik „interreligiöser Dialog" waren Vertreter des Moskauer Patriarchats, der protestantischen Kirchen, der Muslimgemeinschaften und der jüdischen Gemeinschaft in Russland beteiligt. Ziel der Konferenz war die Förderung eines Dialogs zwischen Vertretern verschiedener Kulturen und Religionen, wovon auch die Schlusserklärung sowie eine Reihe von Empfehlungen handeln.[539] Demselben Ziel eines interkulturellen Dialogs widmete sich die internationale und interreligiöse Konferenz „Moslems der GUS-Länder für interkonfessionelle und internationale Eintracht" 17.6.2009 (Moskau). Der Mitarbeiter im Außenamt des Moskauer Patriarchats, Vsevolod Chaplin, hielt eine Ansprache.[540]

Mit den weiterhin schwelenden Konflikten in der Kaukasusregion und Möglichkeiten zu deren Überwindung befasste sich die Tagung „Interreligious Dialogue: from mutual understanding to joint cooperation" 6./7.11.2009 (Baku). Äußerer Anlass war die Feier des 60. Geburtstags von Sheikh-ul-islam Pashazadeh. Zu den Teilnehmern gehörte neben Politikern und einer Reihe von Vertretern

---

537 Der Text der Ansprache ist in deutscher Übersetzung publiziert in: Barbara Hallensleben / Guido Vergauwen / Klaus Wyrwoll (Hrsg.), Freiheit und Verantwortung im Einklang, aaO, S. 88–99. Die Schlusserklärung der Tagung ist in deutscher Übersetzung publiziert in: Barbara Hallensleben / Guido Vergauwen / Klaus Wyrwoll (Hrsg.), Freiheit und Verantwortung im Einklang, aaO, S. 159–161.
538 Vgl. http://orthodoxeurope.org/page/14/112.aspx#8 (abgerufen 11.9.2014).
539 Die Beiträge und Verhandlungen sind im Auftrag der UNESCO in einem mehrsprachigen Sammelband publiziert worden: V. K. Egorov, Intercultural and Interreligious Dialogue for Sustainable Development, Publishing House of the RAPA Moscow 2008; die vollständige Dokumentation ist über eine Homepage der UNESCO auch online zugänglich unter http://unesdoc.unesco.org/ulis/cgi-bin/ulis.pl?catno=160919&set=505C6487_2_195&gp=1&lin=1&ll=1 (abgerufen 11.9.2014). Die Schlusserklärung der Konferenz und einige Empfehlungen vgl. aaO, S. 761–765.
540 Vgl. Orthodoxie Aktuell 13. Jg. (9/2009), S. 12.

islamischer Organisationen auch der Patriarch von Moskau, der Katholikos-Patriarch von Georgien und Metropolit Filaret von Minsk.[541]

2.5.4.2 Interreligiöse Aktivitäten außerhalb des kanonischen Territoriums

Nach dem endgültigen Zusammenbruch des kommunistischen Sowjetregimes und während der Präsidentschaft Boris Jelzins (1991–1999) vergrößerte sich der Handlungsspielraum der Russischen Orthodoxen Kirche zusehens. Das äußerte sich auch in der Mitwirkung an einigen Tagungen, die in interreligiöser Besetzung konzipiert waren. Am 26.–30.4.1993 fand in Karthoum die interreligiöse „Conférence sur les Religions au Sudan" statt. Sie war von der regierungsnahen „Fondation pour la Paix et le Développement" organisiert; der Bericht über diese Tagung vermerkt ausdrücklich die Präsenz von russisch-orthodoxen Teilnehmern.[542] Bei der 4. Sitzung der „Russia – Islamic World Strategic Vision Group" 27.–29.10.2008 in Djidda handelte es sich um eine Versammlung von mehr als 300 Politikern, Akademikern, Religionsführern und Vertretern öffentlicher Organisationen aus Russland und einer großen Zahl islamischer Länder.[543] Seitens der Orthodoxie nahm Erzpriester Vsevolod Chaplin vom Außenamt des Moskauer Patriarchats teil. Die Konferenz unterstützte den Vorschlag Russlands, bei der UN einen „Rat der Religionen" anzusiedeln und gab einige Empfehlungen, die den interreligiösen und interkulturellen Dialog fördern sollen; dessen ungeachtet handelt es sich primär um eine politische Übereinkunft zwischen Russland und verschiedenen islamischen Staaten.[544] Das internationale Seminar „Human Rights

---

541 Bayram Balci / Altay Goyushov, „Azerbaijan", in: Joergen Nielsen u. a. (Hrsg.), Yearbook of Muslims in Europe 3, aaO, S. 45–58 (57). Vgl. Service Orthodoxe de Presse N° 343 (Dezember 2009), S. 13 f. Vgl. auch Hidayat Orudjev, Background, in: D. Spivak / S. Shankman, World Religions in the Context of the Contemporary Culture, aaO, S. 87–96 (96); online zugänglich auf der UNESCO-Homepage unter http://www.unesco.org/new/en/moscow/about-this-office/single-view/news/new_publication_on_intercultural_dialogue_world_religions_in_the_context_of_contemporary_culture_new_perspectives_of_dialogue_and_mutual_understanding/ (pdf-Datei; abgerufen 11.9.2014); vgl. aaO, S. 96.
542 Ausführliche Berichterstattung in: Islamochristiana 19 (1993), S. 288 ff (289). Die Konferenz 26.–30.1993 (Khartoum) fand eine Fortsetzung in der Tagung 8.–10.10.1994 (Khartoum); diese wurde bereits oben unter C 1. 2.1.1. behandelt, da die bei ihr fassbare orthodoxe Beteiligung in Person des Direktors für interreligiösen Dialog des ÖRK, Dr. Tarek Mitri, bestand.
543 Die primär politische Implikation kann daran abgelesen werden, dass es mit dem „US-Islamic World Forum" eine ganz ähnliche Vereinigung gibt.
544 Vgl. Nachrichtendienst Östliche Kirchen (NÖK) Ausgabe 44/08 Teil A (6.11.2008) Nr. 11. Vgl. einen Bericht des Nachrichtendienstes „Arab News" unter http://www.arabnews.com/node/317747; die primär politische Prägung der Tagung kommt bereits im Titel des Beitrags „Russia embraces Muslim World" zum Ausdruck (abgerufen 16.9.2014).

and Dignity" 26.–31.5.2008 (Bossey/CH) fand unter Beteiligung verschiedener christlicher Kirchen, „traditioneller Religionen" und von Experten in Menschenrechtsfragen statt. Seitens der Orthodoxie wirkte der Repräsentant des Moskauer Patriarchats in den USA, Erzpriester Alexander Abramov, mit.[545]

2.5.4.3 Zwischenergebnis

Die von der Russischen Orthodoxen Kirche besuchten und teilweise (mit-)veranstalteten Konferenzen, die innerhalb ihres kanonischen Territoriums stattgefunden haben, widmeten sich zwei hauptsächlichen Themenkomplexen: zum einen der interreligiösen Auseinandersetzung mit den sich verändernden politisch-gesellschaftlichen Verhältnissen, zum anderen einer Deeskalation ethnisch-religiöser Auseinandersetzungen, die an der Peripherie der sich formierenden Russischen Föderation ausbrachen.

Der erste dieser Themenbereiche spiegelt die äußere politische Entwicklung. Am Anfang stand eine interreligiöse Auseinandersetzung mit der „Glasnost-Politik" Gorbatschovs. Nach dem Zusammenbruch der Sowjetunion folgte eine Phase der Orientierung in der neuen Konstellation; sie ist interreligiös von der Suche nach einer tragenden Wertordnung und nach Mitwirkungs- oder Gestaltungsmöglichkeiten in Staat und Gesellschaft bestimmt, letztere primär festgemacht an der Religionsgesetzgebung; zugleich tritt aber bereits das Thema „friedliche Konfliktlösung" in den Vordergrund. Einen wichtigen Einschnitt markiert die Konferenz 13./14.11.2000 (Moskau/Danilovkloster): sie wurde gemeinsam vom Interreligiösen Rat von Russland und erstmals von einer staatlichen Einrichtung, nämlich dem Ministerium für Föderation, veranstaltet. Damit deutet sich im Jahr der Wahl Putins zum Präsidenten eine neudefinierte Kooperation von

---

545 Vgl. Bericht auf der Homepage des Nachrichtendienstes „The Voice of Orthodoxy" unter http://thevoiceoforthodoxy.com/archives/news/archive_Combined_News_9.html (abgerufen 11.9.2014); dort heißt es in einer mit 06/11/2008 datierten Meldung zur Konferenz: „An international seminar on Human Rights and Dignity took place on 26–31 May 2008 at Bossey, Switzerland. It was attended by representatives of Christian Churches and traditional religions as well as experts in human rights from South-East Asia, North and South America and Europe. The seminar focused on such problems as correlation between rights and obligations especially as applied to various social groups, women's rights in the Church, practical realization of Christian approaches to human rights on major inter-state platforms, especially within the existing international mechanisms; the rights to protect women and children in situations of armed conflicts; the right to the freedom of expression and faith. Among the participants was Archpriest Alexander Abramov, secretary of the Moscow Patriarchate representation in the USA and representative of the World Russian People's Council in the UN. He presented the Russian Orthodox Church's vision of the basic aspects of the human rights concept (...)".

Staat und Kirche bzw. Staat und Religionen an; die Thematik früherer Konferenzen mit ihrem Schwerpunkt auf einer Arbeit gegen Intoleranz und Fanatismus wurde nahtlos fortgesetzt, erhielt jedoch – ebenfalls bei der Konferenz 13./14.11.2000 (Moskau/Danilovkloster) – mit dem Kaukasus und Zentralasien einen zusätzlichen konkreten Bezugspunkt. Dieselbe interessengeleitete Kooperation zwischen staatlichen und kirchlichen bzw. religiösen Einrichtungen zeigt sich nur wenige Tage später bei der Konferenz 16./17.11.2000 (Kazan), hier allerdings auf der regionalen Ebene von Tatarstan und mit Bezug auf das dortige Konfliktpotential. Mit der Konferenz 10./11.10.2002 (Moskau/Sergiyev Posad) verschob sich die Thematik im Bereich gesellschaftlicher Mitgestaltung auf das Erziehungswesen und die Möglichkeiten religiösen oder ethischen Basisunterrichts; auch diese Konferenz wurde gemeinsam von staatlich-politischen und religiösen Einrichtungen gestaltet. In der seitherigen Entwicklung verschwanden die Themen „gesellschaftliche Mitgestaltung" und „Zentralasien" von der Tagesordnung interreligöser Konferenzen, dank der zunehmenden Stabilisierung der Verhältnisse wie sie oben unter 2.5 beschrieben worden sind. Statt dessen trat eine grundsätzliche Auseinandersetzung mit dem Verhältnis verschiedener Religionen in der Russischen Föderation in den Vordergrund, später erweitert auf Fragen eines interkulturellen Dialogs in weltweitem geographischen Rahmen. Allerdings blieb daneben das „Konfliktgebiet Kaukasus" noch bis 2009 ein Konferenzthema.

Die kleine Gruppe von drei Tagungen außerhalb des Territoriums der Russischen Orthodoxen Kirche ist speziellen Gelegenheiten geschuldet und hat – ausweislich der keineswegs hochrangigen Besetzung – auch kein besonderes Interesse gefunden. Erinnert sei aber an die große Zahl von Konferenzen, an denen sich die Russische Orthodoxe Kirche zusammen mit anderen autokephalen Kirchen beteiligt hat; diese breiter angelegte orthodoxe Repräsentanz wie auch die Gestaltung der entsprechenden interreligiösen Ereignisse vorrangig durch interreligiöse und/oder internationale Organisationen scheint seitens der Russischen Orthodoxen Kirche als die angemessene Form der Mitwirkung in einem weltweiten Rahmen eingeschätzt worden zu sein. Unter den drei Tagungen, an denen die Russische Orthodoxe Kirche als einzige teilnahm, ragt die 4. Sitzung der „Russia – Islamic World Strategic Vision Group" 27.–29.10.2008 (Djidda) heraus. Bemerkenswert an dieser fast ausschließlich der internationalen Politik Russlands gewidmeten Tagung ist, dass überhaupt ein interreligiöser Teil bei ihr vorgesehen war; deren wesentlicher Gegenstand war allerdings ebenfalls ein Element staatlicher Politik, nämlich der Vorschlag Russlands, bei der UN einen „Rat der Religionen" anzusiedeln.

2.5.5 Interreligiöse Begegnungen und Zusammenarbeit

Zahlreiche Begegnungen und interreligiöse Gespräche unterstreichen die Bedeutung, welche die Russische Orthodoxe Kirche einem Dialog bzw. einer Zusammenarbeit mit dem Islam beimisst. Manche Berichte über solche Ereignisse lassen keinen spezifischen Gesprächsgegenstand erkennen und dürften primär der Kontaktpflege gedient haben;[546] andere lassen Vorbereitungen zu einer künftigen Zusammenarbeit, z.T. in konkreten Projekten erkennen.[547] Einige interreligiöse Begegnungen tragen ausweislich ihres äußeren Rahmens oder ihrer Gestaltung einen mehr spirituellen oder symbolischen Charakter.[548] Im Unter-

---

546 Vgl. z.B. Service Orthodoxe de Presse N° 268 (Mai 2002), S. 19; Nachrichtendienst Östliche Kirchen (NÖK) Ausgabe 25/11 Teil A (23.6.2011) Nr. 1; Nachrichtendienst Östliche Kirchen (NÖK) Ausgabe 29/11 Teil B (21.7.2011) Nr. 6; Nachrichtendienst Östliche Kirchen (NÖK) Ausgabe 42/11 Teil B (20.10.2011) Nr. 22; Bericht über eine Begegnung des Patriarchen Kyrill mit dem Großmufti von Syrien, Ahmad Badreddin, am 14.11.2011 in Damaskus auf der Homepage der Nachrichtenagentur Interfax unter http://www.interfax-religion.com/?act=news&div=8879 (abgerufen 11.9.2014).

547 Beispiele für solche Begegnungen sind:

(1) Ein Besuch des Metropoliten Hilarion von Volokolamsk 3./4.11.2011 in Kazan; dabei führte er Gespräche mit dem Mufti von Tatarstan, besuchte das Russische Islamische Institut und hielt dort eine Vorlesung; mit der Leitung des Instituts wurden Möglichkeiten einer Zusammenarbeit mit der „St. Cyril and Methodius Church Post-Graduate School" erörtert; vgl. Berichterstattung auf der Homepage des Außenamtes des Moskauer Patriarchats unter http://mospat.ru/en/2011/11/04/news51242/, unter http://mospat.ru/en/2011/11/05/news51372/ (beide Websites abgerufen 11.9.2014); vgl. auch Nachrichtendienst Östliche Kirchen (NÖK) Ausgabe 45/11 Teil A (10.11.2011) Nr. 10 und Nr. 15.

(2) Die Begegnung einer Delegation des russisch-orthodoxen Kirche unter Leitung von Metropolit Hilarion von Volokolamsk mit Vertretern des Außenamts der Behörde für religiöse Angelegenheiten der Republik Türkei am 15.12.2012 in Ankara; dabei wurden Möglichkeiten einer Zusammenarbeit im Bildungsbereich besprochen, vgl. Bericht auf der Homepage des Außenamtes des Moskauer Patriarchats unter http://mospat.ru/en/2012/12/16/news77874/ (abgerufen 11.9.2014).

(3) Die Begegnung einer Delegation der Russischen Orthodoxen Kirche unter Leitung von Metropolit Hilarion von Volokolamsk mit Vertretern des Außenamts der Behörde für Religionsangelegenheiten der Republik Türkei am 8.4.2014; dabei wurde ein Austausch zwischen theologischen Fakultäten und von Theologiestudenten sowie Möglichkeiten zur Zusammenarbeit in anderen akademischen Projekten besprochen, vgl. Bericht auf der Homepage des Außenamts des Moskauer Patriarchats unter https://mospat.ru/en/2014/04/09/news100643/ (abgerufen 16.9.2014). Dabei ist beachtenswert, dass (3) ein Nachfolgetreffen zu (2) darstellt, sich dabei ein Tagungsrhythmus herausbildet und die Konzeption der Begegnung (3) vier Referate zu interreligiösen Themen von je zwei Delegationsvertretern und Diskussion umfasst hat. Der Schritt von Austausch und Projektüberlegungen hin zu interreligiöser Zusammenarbeit oder aber zu einer ausdifferenzierten Konferenzfolge steht allerdings noch aus.

548 Beispiele für solche Begegnungen sind: ein multireligiöses Gebetstreffen „im Geist von Assisi" für den Frieden in der Welt 3./4.8.1987 (Mount Hiri/Japan), vgl. Islamochristiana 13 (1987),

schied zu derartigen Anlässen diente jedoch eine Reihe von Begegnungen erkennbar demselben Ziel wie manche der im letzten Abschnitt beobachteten interreligiösen Konferenzen auch, nämlich der Konfliktüberwindung oder -prävention, der Mitgestaltung der politisch-gesellschaftlichen Verhältnisse und der Gewährleistung russisch-orthodoxer Präsenz in verschiedenen Teilen der Welt.

2.5.5.1 Interreligiöse Begegnungen zur Konfliktüberwindung in der Kaukasusregion

Eine Gruppe solcher interreligiöser Begegnungen bemühte sich um eine Deeskalation in der Kaukasusregion. Ein erstes Beispiel dafür stellt die Initiative von Patriarch Alexij II. dar, der für den 13.6.1995 Vertreter der religiösen Gemeinschaften von Armenien und Aserbaidschan in das Danilovkloster von Moskau eingeladen hatte. Die muslimische Gemeinschaft von Aserbaidschan wurde dabei durch Sheik-ul-Islam Allahshuqur Pashazade repräsentiert, die armenisch-apostolische Kirche durch Katholikos Karekin I. Bei Gelegenheit des Dreiertreffens wurde eine gemeinsame Erklärung unterzeichnet, in der die Beteiligten ihr Engagement zugunsten einer Lösung für den Konflikt um Berg-Karabach sowie ihre Besorgnis über die Lage der Vertriebenen bekräftigten.[549] Die Bemühungen zugunsten des Kaukasus wurden im Rahmen von Begegnungen fortgesetzt. Am 24. 11. 2000 trafen im Moskauer Danilovkloster erneut Patriarch Alexij II., der seit 1999 amtierende armenisch-apostolische Katholikos Karekin II. und der Leiter der aserbaidschanischen Muslimgemeinschaften, Sheikh-ul-Islam Allahshuqur Pashazade, zusammen. Gesprächsthemen waren mögliche Beiträge seitens der Religionen, um einer Ausweitung territorialer Konflikte wie in Berg-Karabach und interethnischen oder interreligiösen Konflikten zuvorzukommen; zudem wurden Möglichkeiten zum Austausch von Kriegsgefangenen diskutiert.[550] Auf Einladung

---

S. 206–208; ein multireligiöses Gebetstreffen 28.10.1987 (Rom), vgl. Islamochristiana 14 (1988), S. 287.

549 Service Orthodoxe de Presse N° 201 (September/Oktober 1995), S. 22.

550 Berichterstattung auf der Homepage des Außenamts des Moskauer Patriarchats unter http://www.mospat.ru/archive/en/ne011243.htm (abgerufen 12.9.2014); darin heisst es: „(...). It was a fourth meeting to be held in Moscow under the chairmanship of the Primate of the Russian Orthodox Church and with the participation of the Supreme Patriarch and Catholicos of All Armenians and the Moslem leaders of Azerbaijan. The previous meetings took place in 1993, 1994 and 1995. According to the participants in the negotiations, these contacts were important as the religious leaders managed to prevent the territorial dispute from turning into an interreligious conflict despite all the acuteness of the inter-ethnic confrontation. It is thanks to their efforts in many ways that there is no bloodshed in Nagorny Karabakh today. Concrete steps have also been made to search for the missing and to return war prisoners. (...)".

des Präsidenten Aliev und des Sheikh-ul-Islam Pashazade besuchte 25.–28.5. 2001 Patriarch Alexij II. mit einer hochrangigen kirchlichen Delegation und gemeinsam mit dem russischen Außenminister Baku in Aserbaidschan. Bei dieser Gelegenheit wurde u. a. ein interreligiöses Gespräch mit Vertretern des „Haut Conseil religieux des peuples de Caucase", einer islamischen Organisation, geführt. In einer gemeinsamen Schlusserklärung hoben beide Seiten die guten Erfahrungen bisheriger Zusammenarbeit zwischen beiden Religionen hervor; sie betonten ihre Besorgnis angesichts der Tätigkeit von Sekten; angesichts ethnischer Konflikte riefen sie zum Frieden, zum Dialog und zur Zusammenarbeit auf.[551] Am 7.6.2002 kamen im Moskauer Danilovkloster eine Delegation des russisch-orthodoxen Patriarchats bzw. des obersten religiösen Rates der kaukasischen Völker unter Leitung von Sheikh-ul-Islam Allahshuqur Pashazade zusammen. Beraten wurden Fragen des friedlichen Zusammenlebens der Religionen und Völker der Region; dazu wurde eine gemeinsame Erklärung verabschiedet.[552] Konzeptionell überrascht dabei, dass wirksame Beiträge zur Befriedung des Kaukasus solchen Begegnungen in kleinem, wenn auch interreligiös hochrangig besetzten Kreis zugetraut wurden. Wie oben dargelegt, hatten allerdings dieselben Führungspersönlichkeiten auch bei den größer angelegten interreligiösen Konferenzen zu diesem Anliegen bereits eine tragende Rolle übernommen.

2.5.5.2 Interreligiöse Begegnungen zur Konfliktüberwindung in Zentralasien

Ein ähnliches Anliegen, diesmal allerdings bezogen auf die zentralasiatische Region, kennzeichnet eine zweite Gruppe interreligiöser Zusammenkünfte. Sie wird eröffnet von der Begegnung 9.–12.10.1995 in Taschkent, die auf Initiative des Metropoliten Vladimir von Taschkent zustande kam. Dabei wurde die Gründung eines Koordinationskomitées der Religionen in den fünf zentralasiatischen Republiken der Ex-Sowjetunion vorbereitet, das aus Repräsentanten der christlichen und muslimischen Gemeinschaften der Region bestehen sollte. Ziel des Projekts war, durch interreligiösen Dialog Konflikten vorzubeugen. Das interreligiöse Treffen bot zudem Gelegenheit, gemeinsame Probleme zu erörtern, insbesondere im Bereich der Ausbildung des Klerus und der zunehmenden Präsenz von „nicht-traditionellen" Religionen; Einigkeit bestand zudem darüber, dass Fundamentalismus eine Gefahr für die Stabilität der Region darstelle. Ein gemeinsamer Brief an

---

551 Service Orthodoxe de Presse N° 260 (Juli/August 2001), S. 12.
552 Vgl. Berichterstattung auf der Homepage des Außenamts des Moskauer Patriarchats unter http://www.mospat.ru/archive/en/ne206078.htm; die Schlusserklärung ist online zugänglich unter http://www.mospat.ru/archive/en/ne206079.htm (beide Websites abgerufen 12.9.2014).

die Christen und Muslime Zentralasiens betonte die Bedeutung von interreligiösem Dialog und besserem gegenseitigem Kennenlernen.[553] Fast genau ein Jahr später, am 9.11.1996, besuchte Patriarch Alexij II. Taschkent, die Hauptstadt Usbekistans. In einer Begegnung mit Präsident Islam Karimov wurden die guten Beziehungen zwischen den Zivilbehörden und der orthodoxen Kirche gewürdigt, die insbesondere am staatlich finanzierten Bau mehrerer neuer Kirchen sichtbar würden. In einer Ansprache im russischen Kulturzentrum betonte Patriarch Alexij II. die guten Beziehungen zwischen den verschiedenen nationalen Gemeinschaften in Usbekistan; die orthodoxe Kirche und der Islam arbeiteten in der Region mit derselben Optik, nämlich ihre Völker zu spirituellen Werten und zu den nationalen Traditionen zu führen.[554]

Begegnungen dieser Art können den Schritt von interreligiösem Dialog zu interreligiöser Zusammenarbeit markieren. Das zeigt die Unterzeichnung eines Abkommens zwischen der orthodoxen Metropolie, der geistlichen Leitung der Muslime und dem Innenministerium am 15.3.2008 in Alma Ata/Kasachstan. Darin wurde eine konkrete Kooperation der beiden Religionen mit dem Ziel einer Bekämpfung der Kriminalität, des Drogenhandels und des Alkoholismus geregelt.[555]

Die Übernahme des OSZE-Vorsitzes durch Kasachstan bot den äußeren Rahmen zu einer gemeinsamen Erklärung der Religionsführer Kasachstans vom 13.3.2010. In diesem Dokument rufen sie alle politischen und religiösen Verantwortliche auf, sich für den Frieden einzusetzen; die hohe Bedeutung interreligiösen Dialogs dazu wurde unterstrichen. Die Welt brauche mehr denn je eine spirituelle und ethische Perspektive, denn nur Spiritualität und Toleranz brächten den Menschen Frieden und Sicherheit und seien damit Schlüssel für Lebenssinn. Die Stellungnahme wurde vom katholischen Erzbischof Tomasz Peta, dem obersten kasachischen Mufti Scheich Khazret Absattar Hajji Derbes-Ali, dem russisch-or-

---

553 Service Orthodoxe de Presse N° 204 (Januar 1996), S. 20.
554 Service Orthodoxe de Presse N° 213 (Dezember 1996), S. 16.
555 Vgl. Kurzbericht auf der Homepage der russisch-orthodoxen Kirche in Frankreich unter http://egliserusse.eu/Les-orthodoxes-et-les-musulmans-de-Kazakhstan-signent-un-accord-de-co operation_a250.html (abgerufen 12.9.2014); die Meldung lautet: „Le 15 mars 2008, le département du ministère de l'intérieur de la capitale du Kazakhstan, Alma Ata, a organisé un colloque consacré aux moyens de faire face à la criminalité, au trafique des stupéfiants et à l'alcoolisme. Des responsables orthodoxes et musulmans ont participé au travail aux côtés des parlementaires, des représentants de la police et des organisations sociales de Kazakhstan. A l'issue du colloque un accord de coopération dans les domaines énoncés a été signé par la métropole orthodoxe, la direction spiritual des musulmans et le ministère de l'intérieur de Kazakhstan. Cette convention prévoit des actions communes et une collaboration concrète entre les deux principales religions du pays et le ministère de l'intérieur dans la prévention de la criminalité et dans la lutte contre la prolifération des drogues et l'alcoolisme de la population".

thodoxen Metropoliten Methodius, Rabbi Yeshaya Cohen und dem evangelisch-lutherischen Bischof Yuri Novgorodov unterzeichnet.[556]

2.5.5.3 Interreligiöse Begegnungen zur Mitgestaltung der politisch-gesellschaftlichen Verhältnisse in Russland

Eine weitere Gruppe von interreligiösen Begegnungen stand unter dem Vorzeichen des politischen und gesellschaftlichen Wandels, der sich in der Phase der Perestroika-Politik Gorbatschovs und – noch verstärkt – nach dem endgültigen Zusammenbruch des Sowjetregimes vollzogen hat. Als vordringliches Anliegen wird insoweit der Zusammenhalt der multireligiösen Russischen Föderation greifbar, aber auch der Wunsch nach Mitgestaltung der politisch-gesellschaftlichen Verhältnisse im sich wandelnden Russland. Zu diesen Bemühungen zählt ein gemeinsamer Appell vom 13.3.1990, den Repräsentanten der Kirchen und religiösen Gemeinschaften in Russland im Vorfeld der Abstimmung über den Unionsvertrag veröffentlichten. Darin rufen sie dazu auf, die gemeinsame Identität des Landes zu bewahren, gebaut auf die Anerkennung des Rechts der Völker auf Selbstbestimmung. Die Situation sei ernst angesichts von Versuchen, interethnischen Hass unter der Maske religiöser Ideen zu schüren. Die Erklärung wurde unterzeichnet von Patriarch Alexij II. von Moskau, Metropolit Filaret von Kiev, den Oberhäuptern der Altgläubigen sowie den Vorstehern der baptistischen, adventistischen, buddhistischen, jüdischen und muslimischen Gemeinschaften der Sowjetunion.[557] Am 1.3.2006 fand in Moskau eine christlich-islamische Begegnung zum Thema „Freedom of creative work and feelings of believers" statt, gemeinsam organisiert vom Außenamt des Moskauer Patriarchats und dem Rat der Muftis in Russland. Thema der Konsultation waren Formen und Rechtsprinzipien zum Schutz der religiösen Gefühle der Gläubigen, aber auch die Verantwortung, die Journalisten, Künstlern und Autoren bei ihren Arbeiten über religiöse Themen walten lassen sollten.[558] Anlässlich einer Begegnung des Patriarchen Alexij II. und

---

556 Vgl. Nachrichtendienst Östliche Kirchen (NÖK), Ausgabe 11/10 Teil A (18.3.2010) Nr. 14.
557 Service Orthodoxe de Presse N° 157 (April 1991), S. 6f. Der Bericht vermerkt die Tatsache, dass kein Vertreter der katholischen Kirche, der protestantischen Kirchen des Baltikum, der orthodoxen Kirche von Georgien und der armenisch-apostolischen Kirche teilgenommen bzw. die Erklärung unterzeichnet haben.
558 Vgl. Nachrichtendienst Östliche Kirchen (NÖK) Ausgabe 9/06 Teil B (2.3.2006) Nr. 19; die kurze Notiz lautet: „Orthodox-Muslim meeting-dialogue on the 'Freedom of creative work and feelings of believers' will be held in the conference-hall of the 'Universitetskaya' hotel at 4 p.m. on March 1, 2006. It is organized by the Department for External Church Relations of the Moscow Patriarchate and the Council of Russia's muftis. Among the participants are clergymen, scientists,

weiterer Vertreter der russisch-orthodoxen Kirche mit Repräsentanten verschiedener islamischer Gemeinschaften in Russland, der Kaukasusregion sowie dem Generalsekretär des interreligiösen Rats der GUS-Staat am 20.9.2006 im Danilovkloster von Moskau wurde die Verschlechterung der interreligiösen Beziehungen weltweit und Spannungen in Karelien diskutiert; die Gesprächsteilnehmer stimmten überein, dass Religion nicht Ursache interethnischer Konflikte sei, sondern für politische Zwecke missbraucht werde; es sei Pflicht der Religionsführer, denen entgegenzutreten, die auf Krieg und Gewalt zwischen Religionsgemeinschaften hinarbeiten.[559]

Solche Begegnungen mit dem Zweck, die Verhältnisse innerhalb Russlands interreligiös mitzugestalten, finden auf verschiedenen Ebenen statt. Ein Beispiel für ein lokales Engagement stellt die Begegnung von Repräsentanten mehrerer christlicher Kirchen, des Judentum, des Islam und der Buddhisten mit dem Moskauer Bürgermeister Yuri Luzhkov und weiteren Verantwortlichen der Stadt, darunter dem Vorsitzenden des städtischen Komitees für die Beziehung zu religiösen Organisationen, M. Orlov, am 29.9.2009 in Moskau dar. Seitens des Moskauer Patriarchats nahm Metropolit Hilarion von Volokolamsk an der Begegnung teil. In seiner Ansprache betonte er die Rolle der Religionen in der Gesellschaft, insbesondere bei der ethischen Unterweisung.[560]

---

figures of art and lawyers. They will discuss forms and legal principles of protecting religious feelings and responsibility of writers, artists and journalists for their works on religious topics".
559 Vgl. Nachrichtendienst Östliche Kirchen (NÖK) Ausgabe 39/06 Teil A (28.9.2006) Nr. 10. Vgl. auch die weitere Meldung zu dieser Begegnung aaO, Nr. 14.
560 Vgl. den Bericht auf der Homepage des Außenamts des Moskauer Patriarchats unter https://mospat.ru/en/2009/10/01/news5623/ (abgerufen 11.9.2014); dort heißt es: „Along with Moscow Mayor Yuri Luzhkov, the Moscow Government was represented by Central Moscow Prefect S. Baidakov, deputy Moscow mayor V. Vinogradov and chairman of the city committee for relations with religious organizations, M. Orlov. Religious organizations were represented by Archbishop Hilarion, Old-Believers' Metropolitan Kornily of Moscow and All Russia, Chief Rabbi Adolf Shayevich (Russian Jewish Congress), Chief Rabbi Berel Lazar (Federation of Jewish Communities), Sheikh Ravil Gainutdin, chairman of the Moslem Board for European Russia and chairman of the Council of Muftis in Russia; Bishop Yezras of the Novo-Nakhichevan and Russian Diocese (Armenian Apostolic Church), and Ms. D. Shagdarova, leader of the Moscow Buddhist community. In his opening address, Mr. Luzhkov noted that 'such meetings are a symbol of our common efforts for rallying society'. (...). Archbishop Hilarion, in his turn, stressed that 'it is religion that is a real force in society today which can influence people's moral condition. (...) In this respect, our traditional confessional confessions share full understanding and willingness to cooperate including in the framework of the Interreligious Council in Russia'. All the representatives of traditional confessions expressed satisfaction at the present level of dialogue with the Moscow Government led by Mayor Luzhkov and pointed to the importance of continued cooperation in consolidating society".

Politischen Mitgestaltungswillen unterstreicht eine interreligiöse Stellungnahme vom 25.8.2010 zum Entwurf eines neuen Polizeigesetzes, die unter Beteiligung von Repräsentanten der russisch-orthodoxen Kirche, der katholischen Kirche, protestantischer, muslimischer und jüdischer Gemeinschaften zustande kam. Darin wurden einige Präzisierungen und Änderungen vorgeschlagen, insbesondere eine Abschwächung das Verbot für Polizisten, ihre Autorität im Interesse politischer Parteien oder religiöser Vereinigungen einzusetzen; dies könne mit ihrer Religionsfreiheit kollidieren.[561] Die Inanspruchnahme politischer Hilfe zugunsten verfolgter Christen war Gegenstand eines Treffens von Ministerpräsident Putin mit ranghohen Vertretern der „traditionellen Religionen" in Russland am 8.2.2012 im Moskauer Danilovkloster. Metropolit Hilarion von Volokolamsk sprach die Situation verfolgter Christen in verschiedenen Ländern an und äußerte die Hoffnung, dass deren Schutz Teil der russischen Außenpolitik werde; dies sagte Ministerpräsident Putin zu.[562]

2.5.5.4 Interreligiöse Begegnungen zur Gewährleistung russisch-orthodoxer Präsenz außerhalb Russlands

Eine letzte Gruppe umfasst interreligiöse Begegnungen, die örtlich außerhalb Russlands angesiedelt sind und inhaltlich der Gewährleistung einer orthodoxen Präsenz und der seelsorglichen Tätigkeit dienen. Ein Beispiel dafür stellt der Besuch des Metropoliten Kyrill von Smolensk und Kaliningrad in den Vereinigten Arabischen Emiraten 20.–25.4.2004 dar. Bei Gesprächen mit muslimischen Partnern und politischen Vertretern wurde primär die Möglichkeit seelsorglicher Betreuung der dortigen ca. 8.000 Russen behandelt. Die Gesprächspartner stimmten weiterhin überein, dass dem interreligiösen Dialog und einem abgestimmten Vorgehen große Bedeutung bei der Beilegung von Konflikten zukomme. Sie verurteilten übereinstimmend Äußerungen, die Attentaten in Russland und

---

561 Vgl. Nachrichtendienst Östliche Kirchen (NÖK) Ausgabe 35/10 Teil A (2.9.2010) Nr. 2.
562 Vgl. den Bericht über das Treffen auf der Homepage des Außenamtes des Moskauer Patriarchats unter http://mospat.ru/en/2012/02/09/news57990/ (abgerufen 11.9.2014); bei der Begegnung äußerte der Metropolit mit Blick auf den interreligiösen Dialog: „One of the ways to solve the serious problem we face in different countries is to continue international cooperation between religious communities. And of course, maybe even in the first place, it relates to our nearest neighbours. We know that good, even friendly, relations were established between the Muslim leaders in Azerbaijan and the Patriarch, be it the late Patriarch Alexy II or Patriarch Kirill. The influence local, let's say Muslim, respected leaders have on their people, on Muslims, in their upbringing is of great importance. We also should join our efforts within the country and internationally. If we work together we will surely succeed". Vgl. Nachrichtendienst Östliche Kirchen (NÖK) Ausgabe 7/12 Teil A (16.2.2012) Nr. 5.

weltweit eine religiöse Motivation zusprechen.[563] Dem Wiederaufbau kirchlicher Strukturen in China diente eine Begegnung am 18.11.2009 in Peking; daran nahmen eine unter Leitung von Metropolit Hilarion stehende russisch-orthodoxe Delegation, Vertreter des „Presidential Council for Cooperation with Religious Organizations" sowie Vertreter der „traditionellen Religionen" Chinas teil. Die Gespräche behandelten die Situation der „traditionellen Religionen" in China. Metropolit Hilarion äußerte die Hoffnung, dass Gespräche mit der „Chinese State Administration for Religious Affairs" Lösungen zur Wiederbelebung des liturgischen Lebens der „Chinese Autonomous Orthodox Church" bringen werden.[564] Um das Anliegen weiterzuverfolgen wurde eine „Russian-Chinese Group for Contacts and Cooperation in Religious Sphere" eingerichtet, die sich am 8.6.2010 in Moskau zu ihrer ersten Sitzung traf.[565] Zur russischen Delegation gehörten neben Vertretern der Russischen Orthodoxen Kirche auch Repräsentanten des Islam und Buddhismus in Russland sowie des Staates; die chinesische Delegation bestand aus staatlichen Vertretern der „State Administration for Religious Affairs", war also nicht interreligiös besetzt.[566]

---

563 Vgl. http://orthodoxeurope.org/page/14/40.aspx#2 (abgerufen 16.9.2014); im kurzen Bericht heißt es: „(...). Le 21 avril le métropolite a été reçu à Dubaï par le dirigent de l'émirat Chardja le sultan Ben-Muhammed al-Khasémi. Au cours de la conversation le sultan a assuré son hôte du respect dont jouissent les chrétiens dans son pays. Le métropolite Kirill a proposé à son tour le soutien de l'Église orthodoxe russe dans le développement du dialogue entre le christianisme et l'islam. Il a été également décidé de la construction d'une église orthodoxe sur le territoire de l'émirat où habitent des ressortissants de Russie, qu'on évalue à 8 000 personnes, et des autres pays de la CEI. Les deux interlocuteurs ont souligné également la nécessité de coordonner leurs actions lorsqu'il s'agit de contribuer à l'apaisement des conflits mondiaux et ont unanimement condamné la motivation religieuse des attentats en Russie et ailleurs dans le monde. (...)".
564 Vgl. den Bericht auf der Homepage des Außenamts des Moskauer Patriarchats unter https://mospat.ru/en/2009/11/18/news8679/; darin heißt es zu den Teilnehmern und Gesprächen: „On 18 November 2009, Archbishop Hilarion of Volokolamsk met with representatives of the traditional religions of China at the headquarters of the Islamic Association of China. (...). Archbishop Hilarion shared his views on the situation of the Chinese Autonomous Orthodox Church and dialogue with the Chinese State Administration for Religious Affairs (SARA) on the on possible aid to revive her liturgical life. (...)". Zu den Gesprächen über russisch-chinesische Beziehungen im religiösen Bereich am 17.11.2009 vgl. https://mospat.ru/en/2009/11/17/news8611/ (beide Websites abgerufen 16.9.2014).
565 Vgl. den Bericht über die Sitzung unter https://mospat.ru/en/2011/06/08/news42776/ (abgerufen 16.9.2014).
566 Die interreligiösen Bemühungen um einen Wiederaufbau seelsorglicher Strukturen der Russischen Orthodoxen Kirche in China werden von noch stärker politisch geprägten Kontakten flankiert. Vom 11–15.5.2013 besuchte Patriarch Kyrill China, führte dort Gespräche mit der Staatsführung bzw. der staatlichen Behörde für Religionsangelegenheiten und zelebrierte in verschiedenen Städten, darunter Shanghai, die Liturgie, vgl. den Bericht unter https://mospat.ru/

2.5.5.5 Zwischenergebnis

Die Untersuchung interreligiöser Begegnungen und Zusammenarbeit bestätigt die Ergebnisse, die sich oben aus den größer angelegten interreligiösen Konferenzen ablesen liessen: eindeutige Schwerpunkte waren Beiträge zur Konfliktüberwindung im Kaukasus und in Zentralasien, gefolgt von der Thematik „Mitgestaltung im gesellschaftlich-politischen Bereich". Dennoch vermittelt dieser Abschnitt auch zusätzliche Einsichten: die Zahl der zu den genannten Themen vorgestellten Ereignisse ist größer als die der entsprechender Konferenzen. Darin deutet sich an, dass sowohl die Mitgestaltung im politisch-gesellschaftlichen Bereich, wie auch die Deeskalation ethnisch-religiöser Spannungen an der Peripherie der Russischen Föderation eher einem kleinen Kreis von Gesprächspartnern, als breit angelegten Konferenzen zugewiesen wurde. Nimmt man die oben unter 2.5.2.3. dargestellten Bemühungen des ebenfalls in kleinem Rahmen agierenden interreligiösen Rats der „Gemeinschaft unabhängiger Staaten" zugunsten einer Konfliktentschärfung in derselben Region hinzu, wird die methodische Bevorzugung kleiner Gesprächsrunden noch deutlicher. Mit einer solchen Konzeption ist allerdings verbunden, dass auch die Umsetzung der interreligiös gewonnenen Übereinstimmungen primär den beteiligten Leitungs- oder Führungspersönlichkeiten der Kirche und der muslimischen Gemeinschaften sowie einer Kooperation mit staatlichen Stellen überlassen wurde. Dem entspricht die Beobachtung einer eher spärlichen Berichterstattung. Interessanterweise gilt dasselbe für den Themenbereich „Mitgestaltung im gesellschaftlich-politischen Bereich". Die Palette der seitens der Kirche bzw. der Religionen urgierten Anliegen ist im Rahmen interreligiöser Begegnungen größer, als es bei den Konferenzen beobachtet wurde. Die interreligiösen Begegnungen haben sich – verglichen mit den Konferenzen – allerdings auch eines zusätzlichen Themas angenommen, das zugleich ein Spezifikum dieser Form des Austauschs zwischen Orthodoxie und Islam darstellt: die Gewährleistung orthodoxer Präsenz und Seelsorge außerhalb Russlands. Obwohl nur zwei Ereignisse vorgestellt wurden, sind sie jedoch mit dem arabischen Raum und China geographisch in Brennpunkten orthodoxer Interessen angesiedelt; die Mitwirkung von Vertretern staatlicher Autorität verleiht den entsprechenden interreligiösen Bemühungen einen Zug von internationaler Diplomatie.

---

en/2013/05/16/news85332/. Vgl. weiterhin den Bericht über eine Begegnung von Metropolit Hilarion von Volokolamsk, Mitarbeitern des Außenamts und einem Berater des Außenministeriums der russischen Föderation mit einer Delegation der „State Administration for Religious Affairs of the People's Republic of China" am 15.7.2014, vgl. https://mospat.ru/en/2014/07/15/news105523/ (beide mitgeteilte Websites abgerufen 16.9.2014).

2.6 Beiträge des Serbisch-Orthodoxen Patriarchats zu einem Dialog mit dem Islam

Für die jüngste regionale Begegnungsgeschichte von Orthodoxie und Islam ist von Bedeutung, dass der 1920 errichtete jugoslawische Staat wie das osmanische Reich multiethnisch und multireligiös, jedoch nicht mehr moslemisch geprägt und durchstrukturiert war. Nach dem Ende des 2. Weltkriegs etablierte sich das kommunistische Regime Marschall Titos, das die Kirchen und religiösen Gemeinschaften systematisch bedrängte und in ihrer Wirksamkeit marginalisierte. Aus dem Zerfall Jugoslawiens und durch die Balkankriege (1991–1995) entstanden für die serbische Kirche große Herausforderungen,[567] weil ein beträchtlicher Teil ihrer Gläubigen zu einer ethnischen und religiösen Minderheit in den nunmehr souveränen Staaten Kroatien und Bosnien-Herzegowina wurde. Diese neueste Entwicklung hat tiefe Spuren hinterlassen:

> Die internationale Anerkennung der jeweiligen staatlichen Selbständigkeit erfolgte unter dem Gesichtspunkt des Rechts auf ‚Selbstbestimmung' der Völker. Dies steht aber in einer Spannung zu dem Faktum, dass im Laufe der langen Geschichte der Balkanhalbinsel durch immer neue Grenzziehungen, Bevölkerungsverschiebungen und Mischehen in weiten Gebieten eine Symbiose entstanden ist, in der zahllose Familien zugleich in unterschiedlichen kulturellen und religiösen Traditionen verwurzelt sind. Aus dem Vielvölkerstaat Jugoslawien sind nun mehrere Vielvölkerstaaten geworden.[568]

In den meisten Nachfolgestaaten des ehemaligen Jugoslawien ist der Transformationsprozess zu stabilen post-kommunistischen Gesellschaften noch nicht abgeschlossen; die Folgen der jüngsten Kriege zwischen ihnen sind keineswegs überwunden.[569] Das Bild wird vielfach von Misstrauen und Abgrenzung bestimmt,

---

567 Vgl. Milan Bogović, Staat und Kirche in der serbischen Orthodoxie, in: Thomas Bremer (Hrsg.), Religion und Nation im Krieg auf dem Balkan. Beiträge des Treffens deutscher, kroatischer und serbischer Wissenschaftler vom 5. bis 9. April 1995 in Freising, Wissenschaftliche Arbeitsgruppe für weltkirchliche Aufgaben der DBK Bonn 1996, S. 109–125 (123 ff).
568 Hans-Dieter Döpmann, Religion in Serbien, in: Markus Porsche-Ludwig / Jürgen Bellers (Hrsg.), Handbuch der Religionen der Welt Bd. 1, aaO, S. 399–408 (401).
569 Nonka Bogomilova, The Religious Situation in contemporary Bulgaria, and in Serbia and Montenegro: Differences and Similarities, in: Religion in Eastern Europe XXV (2005), S. 1–20 fokussiert u.a. für Serbien einige wichtige Elemente zum Verständnis der angesprochenen Transformationsprozesse und zur Rolle der Religion dabei. Für den Kosovo vgl. James Payton, Ottoman Millet, Religious Nationalism and Civil Society: focus on Kosovo, in: Religion in Eastern Europe XXVI (2006), S. 11–23. Für Makedonien vgl. James Payton / Paul Mojzes, Ohrid 2010: The Second World Conference on Inter-Religious and Inter-Civilization Dialogue, in: Religion in Eastern Europe XXX (2010), S. 39–45.

2 Bemühungen einzelner autokephaler Kirchen um einen Dialog mit dem Islam — 257

die Ausgangsvoraussetzungen für interreligiösen Dialog und eine Zusammenarbeit sind von fortdauernden Spannungen und Auseinandersetzungen überschattet. In Serbien kann sich die Orthodoxie frei von staatlichen Einschränkungen entfalten, sie genießt sogar einen privilegierten Status.[570] Die muslimische Gemeinschaft ist staatlicherseits als eine der „traditionellen Religionen" anerkannt, ist aber in verschiedene rivalisierende Organisationen zersplittert. Die daraus resultierenden Spannungen werden durch staatliche Eingriffe verschärft. Aber auch das Verhältnis von Orthodoxie und Islam ist nicht frei von Konflikten.[571] Weitgehend problemlos gestaltet sich die friedliche Koexistenz der orthodoxen bzw. muslimischen Minderheit in Kroatien,[572] Slowenien[573] und Bosnien-Herzegowina.[574] Dagegen prangert die serbisch-orthodoxe Kirche im Kosovo zahlreiche Übergriffe muslimischer Albaner auf ihre Gläubigen und ihre Einrichtungen an.[575] In Montenegro und Makedonien erkennt sie Behinderungen und staatliche

---

570 Zum Verhältnis von Religionsgemeinschaften und Staat sowie zur religiösen Toleranz in Serbien vgl. Angela Ilić, On the Road towards Religious Pluralism? Church and State in Serbia, in: Religion, State & Society 33 (2005), S. 273–313. Ilić betont den noch laufenden postkommunistischen Transformationsprozess und hält anerkennend fest, dass Fortschritte erreicht wurden, insbesondere durch Einführung einer Religionsgesetzgebung nach internationalem Standard. Allerdings erkennt sie eine Kluft zu ihrer Anwendung in der Praxis, weshalb die Serbisch-Orthodoxe Kirche zu Lasten anderer religiöser Gemeinschaften als privilegiert erscheint; einen echten politisch-gesellschaftlichen Durchbruch im Umgang mit dem faktisch existierenden religiösen Pluralismus sieht sie als noch nicht erreicht an.
571 Zu den Spannungen zwischen verschiedenen Muslimverbänden, zwischen diesen und dem Staat sowie zwischen Muslimen und Orthodoxen in Serbien vgl. Srdan Barisic, „Serbia", in: Joergen Nielsen u. a. (Hrsg.), Yearbook of Muslims in Europe 3, aaO, S. 493–512 (506 ff); zur Religionsgesetzgebung vgl. aaO S. 495 f.
572 In Kroatien ist das Verhältnis zwischen Staat und Religionsgemeinschaften durch spezielle Abkommen geregelt; der Staat unterstützt auch die religiösen Minderheiten. Vgl. Dino Mujadzevic, „Croatia", in: Joergen Nielsen u. a. (Hrsg.), Yearbook of Muslims in Europe 3, aaO, S. 127–136 (131); zur gesellschaftlichen Integration der Muslime vgl. aaO, S. 135.
573 Zur Situation der muslimischen Minderheit in Slowenien und zu ihrer Integration in Staat und Gesellschaft vgl. Christian Moe, „Slovenia", in: Joergen Nielsen u. a. (Hrsg.), Yearbook of Muslims in Europe 3, aaO, S. 521–528 (522 f und 528).
574 Vgl. Aid Smajic, „Bosnia and Herzegovina", in: Joergen Nielsen u. a. (Hrsg.), Yearbook of Muslims in Europe 3, aaO, S. 93–111.
575 Vgl. z. B. Service Orthodoxe de Presse N° 244 (Januar 2000), S. 17. Service Orthodoxe de Presse N° 249 (Juni 2000), S. 17. Service Orthodoxe de Presse N° 259 (Juni 2001), S. 17. Service Orthodoxe de Presse N° 273 (Dezember 2002), S. 17. Service Orthodoxe de Presse N° 283 (Dezember 2003), S. 18, Service Orthodoxe de Presse N° 284 (Januar 2004), S. 19. Service Orthodoxe de Presse N° 287 (April 2004), S. 5–8. Service Orthodoxe de Presse 337 (April 2009), S. 20 f. Auch der „International Religious Freedom Report 2010" des US State Department listet solche Übergriffe auf, vgl. http://www.state.gov/j/drl/rls/irf/2010/148948.htm (abgerufen 11.8.2014); staatlicherseits bestehen nach diesem Bericht keine Einschränkungen für die Tätigkeit der Kirche.

Übergriffe durch einseitige Parteinahme staatlicher Stellen zugunsten der dortigen unkanonischen Abspaltungen innerhalb der Orthodoxie.[576] Die Frage nach einer möglichen Gestaltung von Beziehungen zur muslimischen Gemeinschaft rückt angesichts von Auseinandersetzungen zwischen den orthodoxen Kirchen in den Hintergrund. Die Einsicht, dass interreligiöser Dialog und die Entwicklung von Zusammenarbeit einen Beitrag zur Aussöhnung leisten kann, scheint in Bosnien-Herzegowina am weitesten gereift zu sein.[577] Auch in Serbien gibt es diesbezügliche konkrete Schritte.[578] Das interreligiöse Engagement der Serbischen Orthodoxen Kirche hat vor diesem Hintergrund einen starken regionalen Bezug und setzt auf Möglichkeiten, zu einer Deeskalation beizutragen sowie friedliche Koexistenz der Gläubigen unterschiedlicher Religion herzustellen.

2.6.1 Beteiligung des Patriarchats an Interreligiösen Räten
2.6.1.1 Der Interreligiöse Rat des Ministeriums für Religion in Serbien

Am 17.6.2010 wurde bei einer Pressekonferenz, an der hochrangige Vertreter aller in Serbien vertretenen Religionsgemeinschaften teilnahmen, die Errichtung eines interreligiösen Rats seitens des Serbischen Ministeriums für Religion bekanntgegeben. Die Aufgabe des Rates besteht in der Gestaltung religiöser Freiheit und Kultur, der Organisation wissenschaftlicher Konferenzen und „Runder Tische" sowie in der Sichtung und Interpretation von Entwicklungen im öffentlichen Leben Serbiens. Den Vorsitz hat der serbische Religionsminister inne. Als weitere Mitglieder sind benannt: Bischof Dr. Irinej Bulovic von Bačka; Stanislav Hocevar,

---

576 Vgl. Service Orthodoxe de Presse N° 281 (September/Oktober 2003), S. 15 (Haftstrafe des Exarchen der serbischen Kirche wegen einer Taufe und deren innerkirchliche Hintergründe) und Service Orthodoxe de Presse N° 285 (Februar 2004), S. 13f (erneute Verhaftung des Metropoliten). Vgl. zu einem Prozess um den serbisch-orthodoxen Metropoliten Ioan von Ochrid: Service Orthodoxe des Presse N° 291 (September/Oktober 2004), S. 23; aaO, N° 301 (September/Oktober 2005), S. 11; aaO, N° 307 (April 2006), S. 17.
577 Vgl. Niko Ikić, Der Bosnienkrieg und seine Folgen für den interreligiösen Dialog, in: OWEP 3. Jg. (2002), S. 254–265. Vgl. Nedžad Grabus, Die europäische Erfahrung des Islam in Bosnien-Herzegowina (übersetzt von Thomas Bremer), in: OWEP 5. Jg. (2004), S. 51–57. Zu den interreligiösen Bemühungen vgl. auch Aid Smajic, „Bosnia and Herzegovina", in: Joergen Nielsen u.a. (Hrsg.), Yearbook of Muslims in Europe 3, aaO, S. 93–111 (106ff).
578 Hans-Dieter Döpmann, Religion in Serbien, in: Markus Porsche-Ludwig / Jürgen Bellers (Hrsg.), Handbuch der Religionen der Welt Bd. 1, aaO, S. 399–408 (404). Diesem Rat gehört wegen inner-islamischer Rivalitäten und einem Streit mit der Regierung allerdings nur eine der muslimischen Organisationen an, vgl. Srdan Barisic, „Serbia", in: Joergen Nielsen u.a. (Hrsg.), Yearbook of Muslims in Europe 3, aaO, S. 493–512 (505). AaO, S. 505 und 500f auch der Hinweis, dass Rivalitäten zwischen den Muslimorganisationen in Serbien auch die interreligiöse Zusammenarbeit im „Religious Education Council" blockieren.

der römisch-katholische Erzbischof von Belgrad; der Reis-ul-ulema der Islamischen Gemeinschaft von Serbien, Adem Zilkic, und Rabbi Isaac Asiel, der Oberste Rabbiner von Serbien.[579] Die Zielsetzung des Rats wird in einem Kommuniqué wie folgt umschrieben:

> Le ministre de la Religion Bogoljub Sijakovic a souligné que les tâches de ce conseil interreligieux vont être: l'affirmation de la liberté et de la culture religieuse, la publication des communiqués concernant importantes questions sociales, l'organisation des réunions et des panneaux scientifiques, des tables rondes et des conseils sur différents sujets d'actualité, la participation à la préparation de solutions normatives, l'examen et l'interprétation de la tendance de la vie publique, compte tenu de l'importance de la liberté religieuse et de culture religieuse dans le contexte européen.[580]

2.6.1.2 Der Interreligiöse Rat von Bosnien-Herzegowina

Nach Beendigung des Balkankrieges begann die Organisation „World Conference of Religion for Peace" auf die Gründung eines interreligiösen Rates hinzuarbeiten. Im Oktober 1996 trafen sich die Vorsteher der vier größten Religionsgemeinschaften, Reis-ul-ulema Mustafa Ceric (Islamische Gemeinschaft), Metropolit Nikolaj von Dabar-Bosna (Serbische Orthodoxe Kirche), Vinko Kardinal Puljic (römisch-katholischer Erzbischof von Sarajevo) und Jakob Finci (Jüdische Gemeinschaft) zum ersten Mal. Am 9.6.1997 wurde bei einem weiteren Treffen der vier Religionsführer das „Statement of Shared Moral Commitment"[581] unterzeichnet. In diesem Zusammenhang wurde zugleich ein interreligiöser Rat von Bosnien-Herzegowina errichtet. Seit 1999 arbeitet dieses Gremium regelmäßig, unterstützt von der Organisation „World Conference for Religion and Peace", der er affiliiert ist.[582] Der Rat hat fünf Arbeitsgruppen gebildet: Rechtsfragen, Medien, Bildung, Frauen sowie Jugend. Mit Hilfe von Experten wurden u.a. vorbereitet:

---

579 Vgl. Nachrichtendienst Östliche Kirchen (NÖK) Ausgabe 25/10 Teil B (24.6.2010) Nr. 13. Vgl. http://theorthodoxchurch.info/blog/news/2010/06/inter-religious-council-of-the-ministry-of-faith-of-the-republic-of-serbia-established/ (abgerufen 13.9.2014); vgl. G2W 38. Jg. (9/2010), S. 10; darin auch der Hinweis, dass sich Bischof Irenej neben dem Engagement des Rates auch für eine unmittelbare Zusammenarbeit der Kirchen und Glaubensgemeinschaften aussprach; es müsse einen „Lebensdialog" geben, den man in der Gesellschaft täglich fühle.
580 Vgl. den Bericht der Nachrichtenagentur „Orthodoxie" unter http://www.orthodoxie.com/actualites/europe/un-conseil-interreligieux-a-ete-cree-au-sein-du-ministere-de-la-religion-de-la-republique-de-serbie/ (abgerufen 13.9.2014).
581 Der Text des „Statement of Shared Moral Commitment" ist publiziert in: Islamochristiana 23 (1997), S. 177f.
582 Ina Merdjanova / Patrice Brodeur, Religion as a Conversation Starter, aaO, S. 64f. Zur Affiliation beim „WCRP" vgl. dessen Homepage unter http://www.rfp.org/who-we-are/national-coun

- ein Gesetzentwurf zur Religionsfreiheit und dem Rechtsstatus von Kirchen und Religionsgemeinschaften in Bosnien-Herzegowina;
- ein Buch über religiöse Bräuche der Muslime, orthodoxen Serben, Katholiken und Juden in Bosnien und Herzegowina;
- Dutzende von Seminaren für Kinder, Jugendliche, Frauen, Religionslehrer und junge Theologen.

Konflikte führten zum zeitweiligen Rückzug des Vertreters der serbisch-orthodoxen bzw. der katholischen Kirche. 2005 wurde der Rat als unabhängige, nichtstaatliche Organisation anerkannt; seitdem führt er seine Arbeit in verschiedenen Bereichen interreligiöser Kooperation weiter.[583]

Als erstes Beispiel für die Tätigkeit des Rats sei der Besuch einer Delegation des interreligiösen Rates 2.–5.4.2006 in Brüssel hervorgehoben, der von der Adenauer-Stiftung organisiert worden war. In diesem Rahmen wurden Gespräche mit Vertretern der Kirchen und der EU-Politik zu Themen des europäischen Integrationsprozesses und des interreligiösen Engagements in Bosnien-Herzegowina geführt.[584] Unter dem Datum 1.5.2008 veröffentlichte der Rat einen Bericht zur Lage betreffend der Religionsfreiheit im Land; darüber hinaus forderte er ein Restitutionsgesetz, das Naturalrestitution oder gerechte Entschädigung vorsieht, weiterhin sollten die Militär- und Gefängnisseelsorge durch entsprechende Verwaltungsrichtlinien verbessert werden.[585] Anfang Juli 2008 unterzeichneten der Vorsitzende des interreligiösen Rats und der Regierungschef ein Protokoll betreffend eine Vorbereitungs- und Vermittlerfunktion des Rats zwischen den einzelnen religiösen Gemeinschaften und staatlichen Stellen; dafür werde die Arbeit des Rates staatlicherseits finanziell unterstützt. Im Zug dieser Vermittlerrolle forderte der interreligiöse Rat die Rückgabe eines enteigneten Priesterseminars an die serbisch-orthodoxe Kirche.[586]

Aus Anlass des von der UN ausgerufenen internationalen Tages der Toleranz startete der interreligiöse Rat am 16.11.2008 ein Projekt „Verurteilung von An-

---

cils-groups (abgerufen 13.9.2014). Vgl. auch Eva Maria Hinterhuber, Abrahamitischer Trialog und Zivilgesellschaften, aaO, S. 164ff.

583 Zur Organisation und vielfältigen weiteren Tätigkeit des Rates vgl. Ina Merdjanova / Patrice Brodeur, Religion, aaO, S. 65ff; Eva Maria Hinterhuber, Abrahamitischer Trialog und Zivilgesellschaften, aaO, S. 164ff; vgl. die Homepage des Interreligiösen Rates unter http://www.mrv.ba/ (dort unter „about us" Informationen zur Gründung und Zusammensetzung des Rats sowie unter „projects" zu den Arbeitsgruppen und Initiativen; abgerufen 13.9.2014).

584 Vgl. Nachrichtendienst Östliche Kirchen (NÖK) Ausgabe 15/06 Teil B (13.4.2006), Nr. 4.

585 Vgl. G2W 36. Jg. (7–8/2008), S. 8.

586 Vgl. G2W 36. Jg. (10/2010), S. 7.

griffen"; an vier Orten versammelten sich Vertreter der lokalen Religionsgemeinschaften und je ein Vertreter des interreligiösen Rates, um Angriffe auf Menschen und Objekte zu verurteilen und zur Solidarität aufzurufen.[587] Am 23. 2. 2009 fand in Sarajevo die 50. Sitzung des Rates unter Beteiligung u. a. des serbisch-orthodoxen Bischofs Vasilije von Zvornik-Tuzla und des Mufti von Sarajevo, Seid Smajic statt. Behandelt wurden insbesondere der Entwurf des Denationalisationsgesetzes, die Zusammenarbeit mit staatlichen Entitäten, eine Ausweitung des interreligiösen Engagements in anderen Städten, Fragen der Renten- und Krankenversicherung für Priester und Imame, die Seelsorge in Justizvollzugsanstalten sowie die Beteiligung im Bildungsbereich. Betont wurde die Notwendigkeit einer staatlichen Institution, die für die Anliegen der Kirchen und Glaubensgemeinschaften zuständig ist.[588]

2.6.1.3 Der Interreligiöse Rat im Kosovo

Die von der Organisation „Appeal of Conciousness Foundation" am 16. – 18. 3. 1999 in Wien durchgeführte interreligiöse Konferenz[589] sowie die Tagung der „World Conference Religions for Peace" im November 1999 in Amman[590] gaben erste Impulse zur Gründung eines interreligiösen Rates für den Kosovo. Unterstützt vom „WCRP" und im Kontakt der kosovarischen Religionsführer mit dem interreligiösen Rat von Bosnien-Herzegowina konnte die Gründung am 13. 4. 2000 erfolgen. Der Rat ist der Organisation „Religions for Peace" affiliiert.[591] Bereits vor der offiziellen Gründung des interreligiösen Rates trafen sich die Religionsführer des Kosovo am 7. – 9. 2. 2000 8. 2. 2000 in Sarajevo,[592] eine Begegnung, die der bereits früher gegründete interreligiöse Rat von Bosnien-Herzegowina vermittelt hatte.

---

587 Vgl. G2W 36. Jg. (2/2008), S. 5 f.
588 Vgl. G2W 37. Jg. (5/2009), S. 4.
589 Zu dieser Konferenz vgl. oben C 1.3.5. Vgl. auch Service Orthodoxe de Presse N° 237 (April 1999), S. 12 f. Ziel der Tagung war, Mittel und Wege zu untersuchen, wie das Blutvergießen im Kosovo beendet und die Situation stabilisiert werden könne. Zu den Teilnehmern gehörten seitens der Orthodoxie neben einer Delegation der serbisch-orthodoxen Kirche auch Vertreter mehrerer anderer autokephaler Kirchen. Die muslimische Gemeinschaft im Kosovo wurde von Mufti Rexhep Boja repräsentiert.
590 Zu dieser Konferenz vgl. oben unter C 1.3.1.
591 Vgl. http://www.rfp.org/who-we-are/national-councils-groups (abgerufen 13. 9. 2014).
592 Bericht in: Service Orthodoxe de Presse N° 246 (März 2000), S. 10 f; dort wird als Datum nur der 8. 2. 2000 als der Tag der Unterzeichnung des „Statement" erwähnt; dass es sich um eine mehrtägige Konferenz, nämlich 7. – 9. 2. 2000 (Sarajevo) handelte, ergibt sich aus einem Hinweis in einer späteren Presseerklärung, vgl. http://www.evrel.ewf.uni-erlangen.de/pesc/R2000-Kosovo.htm, Dokument 2 (abgerufen 13. 9. 2014).

Frucht der Beratungen war eine auf den 8.2.2000 datierte gemeinsame Erklärung der Verantwortlichen der drei hauptsächlichen Religionsgemeinschaften im Kosovo; darin bringen sie den Wunsch nach einem dauerhaften Frieden zum Ausdruck, gegründet auf Wahrheit, Gerechtigkeit und Koexistenz. Die gemeinsamen und verbindenden Werte schlössen die Achtung vor den Menschenrechten ein, deren Verletzung nicht nur menschlichen Gesetzen widerspreche, sondern auch dem Gebot Gottes. Die Beteiligten verurteilten Morde, Profanierung sakraler Orte, Vertreibungen, den Geist der Vergeltung und Desinformation.[593]

Wenige Monate nach dieser Erklärung erfolgte am 13.4.2000 in Pristina die bereits angesprochene offizielle Gründung des interreligiösen Rates im Kosovo. Dabei wirkten Bischof Artemije (Serbische Orthodoxe Kirche), Bischof Marco Sopi (Römisch-Katholische Kirche) und Mufti Rexhep Boja mit. Der Rat sollte insbesondere die Zusammenarbeit der religiösen Gemeinschaften und den Wiederaufbau zerstörter sakraler Gebäude fördern. In einer gemeinsamen Erklärung verurteilten die Repräsentanten alle Gewaltakte und Verletzungen der Menschenrechte im Kosovo; niemand – gleich welcher Tradition – könne sich zur Rechtfertigung solcher Gewalttaten auf Religion berufen. Der interreligiöse Rat appellierte an die internationalen Verantwortlichen, sich zugunsten der Gefangenen, der Verschwundenen und der Entführten einzusetzen, deren ungeklärtes Schicksal zu den schwersten Wunden nach den jüngsten tragischen Ereignissen gehöre.[594]

Zu den Aktivitäten des Rates zählt eine Konferenz der Verantwortlichen der Religionsgemeinschaften im Kosovo, d.h. der Mitglieder des dortigen interreligiösen Rates, die 1.9.2001 in Oslo mit Unterstützung der „Norwegian Church Aid" durchgeführt wurde. Sie berieten ein Programm zur Förderung von Dialog und Frieden im Kosovo. Zu den Maßnahmen gehörten die Organisation von Workshops und Seminaren, eine verbesserte Zusammenarbeit mit der UN-Mission und ein Bemühen darum, dass die Medien Frieden und Versöhnung der verfeindeten Volksgruppen fördern; dieses Programm sollte über den interreligiösen Rat im

---

[593] Der Text des „Statement" ist online zugänglich unter http://www.evrel.ewf.uni-erlangen.de/pesc/R2000-Kosovo.htm, Dokument 1; vgl. auch die Homepage des „Bosnian Institute" unter http://www.bosnia.org.uk/bosrep/report_format.cfm?articleid=2886&reportid=129 (beide mitgeteilte Seiten abgerufen 13.9.2014). Das „Statement" ist unterzeichnet vom Mufti und Präsidenten der Islamischen Gemeinschaft Dr. Rexhep Boja, vom serbisch-orthodoxen Bischof von Raska-Prizren, Artemije Radosavljevi, und vom römisch-katholischen Bischof von Prizren, Marko Sopi. Der Text des Dokuments ist im Anhang 1 unter 1.33. wiedergegeben.

[594] Gemeinsames Kommuniqué in: Islamochristiana 26 (2000), S. 219f. Berichterstattung in: Service Orthodoxe de Presse N° 248 (Mai 2000), S. 12f. Vgl. Ina Merdjanova / Patrice Brodeur, Religion, aaO, S. 67ff. Vgl. Besa Ismaili, „Kosovo", in: Joergen Nielsen (u.a.), Yearbook of Muslims in Europe 3, aaO, S. 321–334 (333).

Kosovo begleitet und umgesetzt werden. Das Maßnahmenpaket wurde in einem gemeinsamen Dokument „Towards Reconciliation among the Peoples of Kosovo" zusammengefasst.[595]

Bei einem im Mai 2002 in Ochrid durchgeführten Seminar traten jedoch Spannungen unter den Religionsvertretern auf. Die Organisation „WCRP" und die „Norwegian Church Aid" bemühten sich um eine Fortsetzung der Arbeit, dabei unterstützt von der UN, der OSZE und der KFOR-Gruppe der Nato. Im Februar 2003 kamen die Teilnehmer trotz aller Vermittlungsversuche zu dem Schluss, die Treffen nicht fortsetzen zu wollen. Übergriffe auf serbische Kirchen im März 2004 haben eine Wiederaufnahme der interreligiösen Bemühungen im Kosovo noch weiter in den Hintergrund gedrängt.[596]

2.6.2 Beteiligung der Serbischen Orthodoxen Kirche am „Interreligious Institute (IRI)" in Sarajevo

Das „Interreligious Institute" ist eine interreligiöse, nicht-staatliche Organisation, die zum Ziel hat, die verschiedenen Religionsgemeinschaften, Kirchen und Interessengruppen in Bosnien-Herzegowina zum Meinungsaustausch über aktuelle Probleme in Bosnien-Herzegowina zusammenzubringen. Gegründet wurde das Institut durch die islamische Gemeinschaft, die orthodoxe Metropolie von Dabar Bosnia, das römisch-katholische Erzbistum von Vrhbosna (Sarajevo) und die jüdische Gemeinschaft. Das Institut soll eine Brücke zwischen den Religionsgemeinschaften einerseits und der politischen/zivilen Gesellschaft andererseits bilden.[597]

---

595 Das Schlussdokument ist publiziert in: Juliette Nasri Haddad (Hrsg.), Déclarations Communes Islamo-Chrétiennes (2002–2005), aaO, S. 37ff (Déclaration N° 7) sowie in: Islamochristiana 28 (2002), S. 268f. Zur Berichterstattung über die Konferenz vgl. Service Orthodoxe de Presse N° 262 (November 2001), S. 15.
596 Vgl. Ina Merdjanova / Patrice Brodeur, Religion, aaO, S. 68f.
597 Vgl. die Angaben auf der Homepage der das Institut unterstützenden Konrad-Adenauer-Stiftung unter http://www.kas.de/bosnien-herzegowina/de/about/partners/ (abgerufen 15.9. 2014); dort heißt es: „The Interreligious Institute (IRI) in Sarajevo is an association established with an aim to bring together different religious communities, churches and interest groups in the interest of exchanging opinions and clarifying positions on different dilemmas of the contemporary Bosnian and European society. The Institute is a multi-religious, non-governmental, non-party and non-profitable organization aimed at realizing common interests of both the Institute members and broader society. (...). The specificity and primary function of the Institute is to serve as a bridge between churches and religious communities on one hand, and politics and civil society on the other. (...). In that regard, dialogue about theological and ethical foundations, image of man, social teachings and social ethics of each religion is necessary. The dialogue should not be conducted exclusively on the theological level, instead it should be the dialogue of action".

2.6.3 Interreligiöse Konferenzen, Tagungen u. ä. unter Beteiligung von Repräsentanten der Serbischen Orthodoxen Kirche

2.6.3.1 Interreligiöse Initiativen zur Konfliktüberwindung in der Balkanregion

Der eindeutige Schwerpunkt der interreligiösen Bemühungen unter Beteiligung der Serbischen Orthodoxen Kirche und des Islam liegt in Beiträgen zur Deeskalation ethnisch und religiös motivierter Auseinandersetzungen der postkommunistischen Zeit. Das Friedensabkommen von Dayton (1995) hatte den Krieg in Bosnien-Herzegowina beendet, die gesellschaftlichen Verhältnisse harrten jedoch noch der Normalisierung. Um diesen Prozess interreligiös zu unterstützen, trafen sich am 14.12.1998 in Bihać der orthodoxe Bischof Chrysostomos, der katholische Bischof Franjo Komarica von Banja Luka und Mufti Hasan Makic als Repräsentant der muslimischen Gemeinschaft. Die interreligiöse Organisation „World Council Religion for Peace" hatte das Treffen vorbereitet und begleitete es. In einer gemeinsamen Erklärung riefen die Beteiligten die Verantwortlichen aller Ebenen dazu auf, entschieden und glaubwürdig die Menschen- und Bürgerrechte zu schützen, insbesondere die Religionsfreiheit und das Recht der im Zuge „ethnischer Säuberungen" Vertriebenen, in ihre Heimat zurückzukehren. Sie forderten dazu auf, die Voraussetzungen für die Rückkehr von Priestern und Imamen zu schaffen und die den verschiedenen Religionsgemeinschaften entzogenen Güter zurückzugeben. Es gelte, den Hass zu überwinden und sobald wie möglich den Rechtsstaat in Bosnien wiederherzustellen. Alle religiösen Vorsteher werden dazu aufgerufen, mit ihren Gläubigen intensiv für Verzeihung, Versöhnung, Toleranz und Liebe zu arbeiten.[598] Ähnliche Bemühungen galten den Verhältnissen im Kosovo. Bei einer Tagung am 2.3.1999 in Pristina kamen Vertreter der serbisch-orthodoxen und römisch-katholischen Kirche sowie der muslimischen Gemeinschaft zusammen, um sich für den Frieden im Kosovo einzusetzen. Auch dieses Treffen war von der Organisation „World Council Religions for Peace" vorbereitet. Die Teilnehmer betonten, dass jeder das Recht habe, im Kosovo zu leben und dass diese Region keiner Gruppe mehr gehöre als der anderen. Es handele sich bei diesem Treffen weder um eine Debatte theologischer Unterschiede, noch um eine Art von ökumenischer Begegnung, sondern um eine Auseinandersetzung mit den menschlichen und bürgerlichen Problemen des Kosovo. In ihrer Schlusserklärung betonten die Religionsverantwortlichen ihren gemeinsamen Einsatz für den Schutz der Menschenrechte, unabhängig von jeder ethnischen oder religiösen Zuordnung. Zugleich wurde jede Instrumentalisierung von Religion für politische Zwecke verurteilt.[599] Noch im gleichen Jahr wurde auch in Serbien mit einer

---

[598] Service Orthodoxe de Presse N° 235 (Februar 1999), S. 10f.
[599] Berichterstattung in Service Orthodoxe de Presse N° 237 (April 1999), S. 4f.

2 Bemühungen einzelner autokephaler Kirchen um einen Dialog mit dem Islam —— 265

Konferenz von Christen dreier Konfessionen und Muslimen 26. – 28.11.1999 (Novi Pazar) ein Anfang interreligiösen Austauschs gemacht.[600]

Die interreligiöse Konferenz „Steps toward Peace, Prosperity and Reconciliation in Banja Luka" 24. – 28.9.2001 (Coventry) wurde von der Organisation „Soul of Europe"[601] veranstaltet und umfasste Politiker der Region,[602] die Repräsentanten der Kirchen sowie der muslimischen Gemeinschaft. Ein Bericht des aus Österreich stammenden Hohen Repräsentanten für Bosnien und Herzegowina, Wolfgang Petritsch, bietet interessanten Einblick in die Ausgangsvoraussetzungen und das Zusammenspiel von politischen und interreligiösen Bemühungen:

> (...). The Soul of Europe brought together, for the first time, a multi-ethnic group of key individuals from Bosnia and Herzegovina – prevalently from Banja Luka – to address the problems of spiritual, social, political and economic renewal in this town; to present ideas in the fields of religion, local government, politics, business, culture and education for further consideration, and to develop plans to turn Banja Luka into a city truly at the heart of Europe. This type of forum is a step in the essential process of reconciliation. I support all the proposals made, as did Zlatko Lagumdzija, Mladen Ivanic, Alija Behmen and other State and Entity representatives who gathered in Coventry to hear the results of the „Consultations". (...). Reconciliation requires leadership and concrete steps. The events and crimes of the past must be confronted. Courts must work efficiently to safe-guard human rights. Police must provide security for everybody. The leaders must take measures and set examples so ensuring that the extremist-led mob rule that was witnessed this summer in Banja Luka does not occur again.[603]

---

600 Mit einem Beitrag von Marko P. Djuric (Serbische Orthodoxe Kirche) „What Shall We Talk About Today? Righteousness as an Issue of Christian and Islamic Dialogue", in: Religion in Eastern Europe, Vol. XX, N° 4, August 2000, online publiziert unter http://www.georgefox.edu/academics/undergrad/departments/soc-swk/ree/Djuric_What%20Shall_Aug%202000.pdf (abgerufen 15.9.2014).
601 Die Organisation „Soul of Europe" ist eine im Jahr 2000 von dem anglikanischen Priester Donald Reeves gegründete Einrichtung, die ihre Zielsetzung selbst folgendermassen beschreibt: „The Soul of Europe works as catalysts and mediators to ensure a peaceful resolution to conflicts – particularly in the Balkans", vgl. die Homepage der Organisation unter http://www.souloferope.org/about/ (abgerufen 14.9.2014).
602 Ein kurzer Bericht auf der Homepage des „Bosnian Institute" unter http://www.bosnia.org.uk/bosrep/report_format.cfm?articleID=812&reportid=151) benennt an politischen Persönlichkeiten Alija Behmen, Mladen Ivanic, Ztlatko Lagumdzija und den Hohen Beauftragten für Bosnien und Herzegowina, Wolfgang Petritsch. Letzterer veröffentlichte einen Artikel „Religion, the Hostage of Politics", in dem er über die Konferenz 24. – 28.9.2001 (Coventry) berichtete, vgl. die Homepage des „Office of the High Representative" unter http://www.ohr.int/ohr-dept/presso/pressa/default.asp?content_id=6394 (beide Websites abgerufen 14.9.2014).
603 Konferenzbericht des Hohen Beauftragten für Bosnien und Herzegowina, Wolfgang Petritsch, im Artikel „Religion, the Hostage of Politics", vgl. die Homepage des „Office of the High Rep-

Die Konferenz erbrachte eine gemeinsame Deklaration, die der orthodoxe Bischof von Banja Luka, Jefrem Milutinović, der katholische Bischof von Banja Luka, Franjo Komarica, und der Mufti Edhem Gamdzie unterzeichneten.[604]

Zwei weitere Konferenzen lassen erkennen, dass die Bemühungen um friedliche Koexistenz in der Region nicht nur von Religionsführern und Politikern getragen wurden, sondern dass auch Fachleute verschiedener Disziplinen, darunter Theologen, Beiträge leisteten. Die interreligiöse Konferenz 12.–14.9.2002 (Dubrovnik) arbeitete über den Frieden in Bosnien mit Beiträgen von internationalen und bosnischen Experten.[605] Ein interreligiöses Seminar 18.–20.5.2005 in Sarajevo, Teil eines Programms „Construisons des ponts", wurde auf Initiative des Erzbischofs von Canterbury abgehalten, um den Dialog zwischen Christen und Muslimen auf dem Balkan zu stärken. Die Tagung stand unter dem Thema „Comment présenter les deux traditions religieuse, chrétienne et musulmane, à l'homme dans le monde sécularisé". Seitens der Orthodoxie wirkten der Mitarbeiter an der orthodoxen theologischen Fakultät in Belgrad, Bogdan Loubardich, sowie Zoran Tchirich teil, seitens der Muslime eine Reihe von Theologen aus dem Iran und Großbritannien.[606]

Während die Spannungen in verschiedenen Landesteilen des ehemaligen Jugoslawien erfolgreich abgebaut werden konnten, blieb die Lage im Kosovo auch weiterhin instabil. Wie bereits erwähnt, war das Bemühen um einen interreligiösen Rat im Kosovo im Jahr 2003/2004 am Ausmaß der Probleme gescheitert. Auf Initiative der Serbischen Orthodoxen Kirche kam die interreligiöse Konferenz 2./3.5.

---

resentative" unter http://www.ohr.int/ohr-dept/presso/pressa/default.asp?content_id=6394 (abgerufen 14.9.2014).

604 Das Dokument ist publiziert in: Juliette Nasri Haddad (Hrsg.), Déclarations Communes Islamo-Chrétiennes (2002–2005), aaO, S. 55ff (Déclaration N° 13). Vgl. auch Islamochristiana 28 (2002), S. 168f.

605 Die Dokumentation der Tagung ist veröffentlicht in: Journal of Ecumenical Studies 39 (2002), S. 113–212; darunter befinden sich auch die Beiträge zweier serbisch-orthodoxer Laien, Goran Bulajic und Damjan de Krnjevic-Miskovic. Zur Zielsetzung und Gestaltung der Konferenz vgl. das Vorwort von Gerhard Justenhoven, aaO, S. 113f.

606 Vgl. Kurzmeldung des Online-Nachrichtendienst des Exarchats für Westeuropa (Ökumenisches Patriarchat) unter http://www.orthodoxie.com/actualites/europe/larchevque_de_c-2/#more-18153 (abgerufen 1.9.2013); darin wird mitgeteilt: „Du 18 au 20 mai, un séminaire interreligieux intitulé „ Construisons des ponts „ se déroule à Sarajevo sous la présidence de l'archevêque de Canterbury Rowan Williams. Le but de ce séminaire est le développement du dialogue entre les chrétiens et les musulmans des Balkans. Le thème de cette année est „ Comment présenter les deux traditions religieuse, chrétienne et musulmane, à l'homme dans le monde sécularisé ". L'Eglise orthodoxe serbe est représentée par M. Bogdan Loubardich, assistant à la Faculté de théologie orthodoxe à Belgrade ainsi que par M. Zoran Tchirich. Y participeront également des théologiens musulmans de l'Iran et de la Grande Bretagne".

2006 zum Thema „Friedliche Koexistenz und Dialog" zustande, die Repräsentanten der im Kosovo vertretenen Religionsgemeinschaften im Patriarchalkloster von Pec zusammenführte; dabei ging es um die Wiederbelebung des interreligiösen Rates und um Möglichkeiten einer künftigen Zusammenarbeit.[607] In einer bemerkenswerten gemeinsamen Erklärung wurden sehr konkrete Initiativen zur Förderung des Friedens, der gegenseitigen Achtung und der Zusammenarbeit durch konkrete Projekte angekündigt.[608]

Im seit 1991 selbständigen Mazedonien, einem weiteren Nachfolgestaat des ehemaligen Jugoslawien, eskalierten im Jahr 2001 Spannungen zwischen der Mehrheit ethnischer Mazedonen (zumeist Orthodoxe) und der Minderheit ethnischer Albaner (zumeist Muslime) zu bewaffneten Auseinandersetzungen. Ein Beitrag zur Lösung des Konflikts wurde seitens politischer Verantwortlicher und verschiedener internationaler Organisationen im interreligiösen Dialog gesehen.[609] Die regionale Situation ist deshalb besonders schwierig, weil es zur Ab-

---

[607] Zur Konferenz 2./3. 5. 2006 (Pec) vgl. Nachrichtendienst Östliche Kirchen (NÖK) Ausgabe 18/6 Teil C (4. 5. 2006) „Südosteuropa" Nr. 6. Weitere Informationen zu den Teilnehmern und Text der Schlusserklärung vgl. Nachrichtendienst Östliche Kirchen (NÖK) Ausgabe 19/6 Teil C (10. 5. 2006) Nr. 4. Vgl. auch die detaillierten Angaben auf der Homepage des Nachrichtendienstes „News from Kosovo and Metohija" unter http://www.kosovo.net/news/archive/2006/May_04/2.html (abgerufen 14. 9. 2014); darin heißt es: „(...) The two-day gathering, organized by Norwegian Church Aid and the Serbian Orthodox Church as host is a continuation of the activity of the Inter-religious Council of Kosovo (...). This conference, which is taking place on the initiative of the religious communities and especially the hosting SOC, is an attempt to renew the activity of inter-religious cooperation in order to enhance understanding among the different communities in Kosovo and Metohija and thus offer a model for the development of mutual tolerance and peace in the region"; als Ziel der Konferenz wird mitgeteilt: „....the possibility of strengthening peace, mutual respect and common life in Kosovo and Metohija...". Vgl. Ina Merdjanova / Patrice Brodeur, Religion, aaO, S. 77 f.
[608] Text der Schlusserklärung in: Nachrichtendienst Östliche Kirchen (NÖK) Ausgabe 19/6 Teil C (10. 5. 2006) Nr. 4. Das Dokument ist im Anhang 1 unter 1.34. im Wortlaut wiedergegeben.
[609] Zu den Bemühungen um interreligiöse Verständigung in Mazedonien vgl. Ina Merdjanova / Patrice Brodeur, Religion, aaO, S. 69 ff (dort insbesondere auch zu den angesprochenen Konflikten). Siehe auch James R. Payton / Paul B. Mojzes, Ochrid 2010: The Second World Conference on Inter-Religious and Inter-Civilization Dialogue, in: Religion in Eastern Europe XXX (2010), S. 39–45 (mit einem Überblick über die vorangegangenen Dialogbemühungen). Vgl. Gjoko Gjorgjevski, Fostering the Culture of Interfaith Dialog (sic!) – Macedonian Experience, in: Crossroads – The Macedonian Foreign Policy Journal Dec. 2009 – May 2010, Vol. II, No. 2, S. 87–93. Zu den mit der Beteiligung der unkanonischen Makedonisch-Orthodoxen Kirche und der Nicht-Beteiligung der serbisch-orthodoxen Diözese in Mazedonien verbundenen Problemen vgl. Paul Mojzes, Peacemaking through interreligious Dialogue in Macedonia, in: David Smock (Hrsg.), Religious Contributions to Peacemaking. When Religion Brings Peace, not War, online-Publikation des „United States Institute for Peace (USIP) auf der Publikationsplattform der Eidgenössischen

spaltung der kanonisch nicht anerkannten Mazedonischen Orthodoxen Kirche gekommen war, nicht zuletzt als Nebenfolge der politischen und gesellschaftlichen Umbrüche in der Region; sie wurde ungeachtet ihres unkanonischen Status zum Partner einer Reihe interreligiöser Ereignisse.[610] Eine große, „First World Conference on Interreligious and Intercultural Dialogue" benannte und 26.–28. 10.2007 in Ochrid durchgeführte Konferenz sollte helfen, Brücken zu bauen. Das weit gefasste Thema „Contribution of Religion and Culture to Peace, Mutual Respect and Co-Existence" deutet an, dass dazu eine sehr grundsätzliche Auseinandersetzung mit Erfahrungen und Befindlichkeiten der verschiedenen Gemeinschaften für notwendig gehalten wurde.[611] Als Veranstalter trat neuerlich die

---

Technischen Hochschule Zürich (ETH) unter http://www.isn.ethz.ch/Digital-Library/Publicati ons/Detail/?id=29931&lng=en, S. 29–34 (pdf-Datei; abgerufen 14.9.2014).

610 Eine Reihe interreligiöser Ereignisse in Mazedonien fand ohne Beteiligung der Serbischen Orthodoxen Kirche statt und illustriert die Problematik innerkommunitärer Spannungen für die Gestaltung eines interreligiösen Dialogs. Dazu gehören:

(1) ein vom ÖRK und der KEK veranstaltete „runde Tisch" 11.–13.6.2001 (Morges/CH), der von Metropolit Anastasios von Albanien geleitet wurde, jedoch seitens der Orthodoxie ansonsten nur eine Delegation der un-kanonischen makedonisch-orthodoxen Kirche einschloss; vgl. Service Orthodoxe de Presse N° 260 (Juli/August 2001), S. 16; vgl. http://www.wcc-coe.org/wcc/news/ press/01/13prg.html (abgerufen 14.9.2014).

(2) Ein weiteres Beispiel ist die Konferenz „Confidence Building between Churches and religious Communities in Macedonia through Dialogue" 10–14.5.2002 (Skopje), vgl. die Dokumentation der Tagung in: Journal of Ecumenical Studies 39 (2002), S. 3–112; darunter befinden sich – neben einem Referat von Prof. Papademetriou (Holy Cross Theological Institute / griechisch-orthodoxe Metropolie von Amerika) – die Beiträge zweier Angehöriger der unkanonischen Makedonisch-Orthodoxen Kirche, jedoch kein Teilnehmer der Serbisch-Orthodoxen Kirche.

(3) Ebenso verhält es sich bei der am 14.10.2004 in Ochrid veröffentlichte gemeinsamen Stellungnahme der Repräsentanten der größeren Religionsgemeinschaften in Makedonien sowie von Präsident Branko Crvenkovski, laut derer die Teilnehmer übereinkamen, den Status der (kanonisch nicht anerkannten) Makedonischen Orthodoxen Kirche und in gleicher Weise die Einheit der islamischen Gemeinschaft zu schützen, vgl. Nachrichtendienst Östliche Kirchen (NÖK) Ausgabe 42/04 Teil B (21.10.04), Nr. 15.

(4) Auch am „Ersten Tag der religiösen Gemeinschaften in Mazedonien" 1.12.2004 (Skopje), organisiert vom „mazedonischen Zentrum für internationale Zusammenarbeit MCMS", war die Serbische Orthodoxe Kirche nicht vertreten, vgl. Nachrichtendienst Östliche Kirchen (NÖK) Ausgabe 48/04 Teil B (2.12.04), Nr. 10.

(5) die interreligiöse Konferenz zum Thema „Wie verhalten sich Religionen zueinander in einer pluralistisch gewordenen Welt?" 3.–5.4.2006 (Strumica/Makedonien), organisiert von der evangelisch-methodistischen Kirche, vgl. Nachrichtendienst Östliche Kirchen (NÖK) Ausgabe 15/ 06 Teil B (13.4.2006) „Südosteuropa" Nr. 1.

611 Die Dokumentation der Konferenz ist veröffentlicht in: Elizabeta Kančesca-Milevka (Hrsg.), Ohrid Messages for Peace and Mutual Life: World Conference for Dialogue among Religions and Civilizations, Ministry of Culture of Republic of Macedonia Skopje 2008. Die Schlusserklärung

Organisation „WCRP" auf, die mazedonische Regierung finanzierte das Ereignis, das zudem logistische Unterstützung seitens der UNESCO fand. Die fünf größten Religionsgemeinschaften Mazedoniens legten Präsentationen vor. Zu den Teilnehmern und Beitragenden zählten eine Reihe orthodoxer Würdenträger, unter ihnen Metropolit Stefan von Ochrid und Mazedonien sowie Metropolit Metodije von Amerika und Kanada (Mazedonische Orthodoxe Kirche), Bischof Hilarion Alfejev von Wien (Russische Orthodoxe Kirche), Metropolit Joan von Korca (Albanische Orthodoxe Kirche), Archimandrit Zacchaeus (Orthodoxe Kirche von Amerika) sowie Metropolit Kyrill von Varna und Veliki (Bulgarische Orthodoxe Kirche). Große Beachtung fand die Teilnahme von Bischof Lavrentij von Sabac (Serbische Orthodoxe Kirche), der an der von Metropolit Stefan zelebrierten Liturgie teilnahm und sich in Interviews für einen Dialog zwischen der Serbischen Orthodoxen Kirche und der Mazedonischen Orthodoxen Kirche zur Frage von deren einseitiger Autokephalieerklärung aussprach.[612] Die Konferenz hat einen starken Impuls für interreligiöse Zusammenarbeit in Mazedonien gegeben und weckte zugleich – auch gefördert durch breite Beteiligung aus verschiedenen autokephalen Kirchen – die Hoffnung auf Überwindung des Schismas zwischen der Serbischen Orthodoxen Kirche und der unkanonischen mazedonisch-orthodoxen Kirche.[613]

---

findet sich aaO, S. 283 – 286. Vgl. auch James R. Payton / Paul B. Mojzes, Ochrid 2010, in: Religion in Eastern Europe XXX (4/2010), S. 39 – 45, online publiziert unter http://www.georgefox.edu/academics/undergrad/departments/soc-swk/ree/Payton_Ohrid_Nov%202010.pdf (abgerufen 14.9.2014).
612 Elizabeta Kančesca-Milevka (Hrsg.), Ohrid Messages, aaO, S. 287 und S. 294 ff.
613 Da Fortschritte in der religiösen „Landschaft" Mazedoniens ausblieben, wurde 6. – 8.5.2010 wiederum in Ochrid die „Second World Conference on Inter-Religious and Inter-Civilization Dialogue" mit 200 Teilnehmern aus 33 Ländern durchgeführt; dazu gehörten Vertreter der Muslime, Christen, Juden, Hindus, ein Shintopriester sowie Religionslose. Die – zwischenzeitlich gelöschte – Teilnehmerliste unter http://www.worldconferenceohrid.kultura.gov.mk/index.php?option=com_content&view=article&id=107&Itemid=93&lang=en (abgerufen 17.11.2013) zeigte eine deutlich geringere Beteiligung von orthodoxen Vertretern als bei der Vorgängertagung 2007; vor allem war kein Vertreter der Serbischen Orthodoxen Kirche verzeichnet. Vgl. Bericht zu Konferenz unter http://www.unesco.org/new/en/unesco/events/all-events/?tx_browser_pi1[showUid]=1636&cHash=f597c0b589 (abgerufen 14.9.2014); ein weiterer Kurzbericht zu dieser Konferenz sowie deren Schlusserklärung ist auf der Homepage der Methodistenkirche Serbiens zugänglich unter http://emc-umc.org.mk/index.php/en/news/106-vtora-svetska-konferencija-za-megureligiski-i-megucivilizaciski-dijalog (abgerufen 14.9.2014). Vgl. auch James R. Payton / Paul B. Mojzes, Ochrid 2010, in: Religion in Eastern Europe XXX (4/2010), S. 39 – 45 (43 ff), online zugänglich unter http://www.georgefox.edu/academics/undergrad/departments/soc-swk/ree/Payton_Ohrid_Nov%202010.pdf (abgerufen 14.9.2014).

2.6.3.2 Interreligiöse Bemühungen um gesellschaftliche Neuordnung

Fast verdeckt vom interreligiösen Engagement zugunsten eines friedlichen Miteinanders der verschiedenen Ethnien und Religionen auf dem Balkan sind Bemühungen seitens der Kirchen und Religionsgemeinschaften, an einer gesellschaftlichen Neuordnung mitzuwirken. Einen ersten Versuch dazu unternahm die Arbeitstagung der Repräsentanten der hauptsächlichen Kirchen und Religionsgemeinschaften im auseinander brechenden Jugoslawien bei der Konferenz 6./7. 10.1989 (Belgrad); die Teilnehmer veröffentlichten einen gemeinsamen Appell, die Menschenrechte und speziell volle Religionsfreiheit zu gewährleisten. Die Petition umfasst auch die Forderung nach einer Revision des rechtlichen Status der Religionsgemeinschaften, nach Gleichbehandlung bzgl. der Medien, Freiheit der kirchlichen Presse und freie Religionsausübung unabhängig von Verantwortlichkeiten in Staat und Gesellschaft. Besonderes Augenmerk wurde auch auf den Erziehungsbereich gerichtet, dem eine Reihe von konkreten Forderungen gewidmet sind.[614]

Die militärischen Auseinandersetzungen in der Region verhinderten für Jahre eine Fortsetzung entsprechender Bemühungen seitens der Religionsgemeinschaften. Erst unter veränderten Verhältnissen konnte in den Nachfolgestaaten von Ex-Jugoslawien ein Neuanfang unternommen werden. Die Konferenz „Visions of a Just Society - Fears, Hopes, and Chances for Living together in a Globalized World from Jewish, Christian, and Muslim Perspectives" 13. – 16.11. 2005 (Sarajevo) versuchte eine gesellschaftlich-politische Standortbestimmung der nunmehr selbständigen Balkanstaaten im größeren Zusammenhang einer globalisierten Welt; die Tagung wurde u. a. vom „Europäischen Abrahamischen Forum" in Zürich bzw. der „Stiftung Züricher Lehrhaus" organisiert.[615] An ihr nahmen seitens der Orthodoxie Bischof Maksim Vasiljević (zu dieser Zeit Vikarbischof in der Metropolie Dabro-Bosna) und weitere orthodoxe Vertreter aus Bosnien-Herzegowina sowie Bischof Ireneji Bulovic von Bačka und ein weiterer Vertreter aus Serbien teil.

---

614 Service Orthodoxe de Presse N° 144 (Januar 1990), S. 10.
615 Die „Stiftung Züricher Lehrhaus" ist eine Bildungseinrichtung, die sich seit 1993 dem interkulturellen und interreligiösen Dialog widmet, vgl. die Angaben auf der Homepage der Organisation unter http://www.zuercher-lehrhaus.ch/eaf/cms/front_content.php?idcat=145. Das „Europäische Abrahamische Forum" wurde 2007 unter Erweiterung des Stiftungszwecks der „Stiftung Züricher Lehrhaus" gegründet; das Forum versteht sich als Plattform zum interkulturellen und interreligiösen Dialog und zur Stärkung der Dialogkompetenz, vgl. die Angaben auf der Homepage der Stiftung unter http://www.zuercher-lehrhaus.ch/eaf/cms/front_content.php?idcat=86. Dazu arbeitet das Forum mit einer ganzen Reihe internationaler Einrichtungen zusammen, vgl. http://www.zuercher-lehrhaus.ch/eaf/cms/front_content.php?idcat=90 (die mitgeteilten Seiten wurden abgerufen 15.9.2014). Vgl. zu diesen Einrichtungen auch Eva Maria Hinterhuber, Abrahamitischer Trialog und Zivilgesellschaften, aaO, S. 170 f.

Die beiden Bischöfe trugen mit Referaten zur Tagung bei.[616] Der Gesichtspunkt der Europäischen Einigung unter Einbeziehung der Balkanstaaten bot zwei Jahre später einen neuen, noch konkreteren Anknüpfungspunkt. Der internationale Kongress „Serbie vers l'Union Européene" 25.–27.6.2007 (Novi Sad), veranstaltet von der Deutschen Botschaft in Belgrad und unterstützt von mehreren Organisationen, darunter die Konrad-Adenauer-Stiftung, griff diese Thematik auf. Der dritte Tag des Kongresses war der Rolle von Kirchen und Religionsgemeinschaften im Beitrittsprozess Serbiens zur EU gewidmet. Seitens der Orthodoxie nahmen insbesondere die Bischöfe Irenej Bulovic von Bačka und Porphyrij von Jegar teil; die muslimische Gemeinschaft von Serbien wurde durch Abdulah Numan vertreten.[617] Gesellschaftliche Transformationsprozesse drängen auf eine Neubestimmung des Zusammenspiels von Religionsgemeinschaften und (säkularem) Staat, um einerseits der gesellschaftlichen Relevanz der Religionen Rechnung zu tragen, andererseits Politik und Religion zu entflechten. Die internationale und interreligiöse Konsultation „Religion and Secular State – Role and Meaning of Religion in a Secular Society" 21.–24.10.2007 (Sarajevo), mit veranstaltet vom „Interreligious Institute in Bosnia and Herzegovina", leistete dazu einen Beitrag; dabei handelte es sich um eine Folgekonferenz zu 13.–16.11.2005 (Sarajevo).

---

616 Die Dokumentation der Tagung ist publiziert von Stefan Schreiner (Hrsg.), Visions of a Just Society - Fears, Hopes, and Chances for Living together in a Globalized World from Jewish, Christian, and Muslim Perspectives. International Consultation Sarajevo (BiH), 13–16 November 2005, Abrahamic Forum – International Council of Christians and Jews / Konrad-Adenauer-Stiftung Sarajevo 2006; die Dokumentation umfasst keine Schlusserklärung. Die Dokumentation der Tagung ist online zugänglich über die Homepage des (Mit-) Veranstalters „Europäisches Abrahamisches Forum" unter http://www.zuercher-lehrhaus.ch/eaf/cms/front_content.php?idcat=76&idart=469 (pdf-Datei unter „Bericht", abgerufen 13.9.2014).
617 Vgl. Bericht beim Online-Nachrichtendienst des Exarchats in Westeuropa (Ökumenisches Patriarchat) unter http://www.orthodoxie.com/actualites/europe/la-serbie-vers/ (abgerufen 15.9.2014); zur Zielsetzung wird mitgeteilt: „(...) Le but de ce congrès était d'ouvrir, de motiver et d'améliorer le débat public en ce qui concerne les questions de la future adhésion de la Serbie à l'Union Européenne. Après les exposés d'introduction de M. Zivica Tucic, du représentant de l'ambassade d'Allemagne et de M. Kostadin Nusev, professeur de la Faculté de théologie de Sofie, la parole a été donnée à Mgr Irénée Bulovic, évêque de Backa et à son excellence Mgr Stanislav Hocevar (Église catholique). Le sujet de cette matinée a été „ La Serbie comme partie de l'Europe – Qu'est ce qui uni les Églises et les communautés religieuses en Serbie avec l'idée européenne ? ". La deuxième partie du débat, „ L'identité Serbe face à l'identité européenne ? Les obstacles sur le chemin vers l'Union Européenne du point de vue des Eglises et des communautés religieuses " a été marquée par les exposés de Mgr Porphyre de Jegar et M. Abdulah Numan, le représentant de la communauté islamique de Serbie. (...)".

Seitens der serbisch-orthodoxen Kirche beteiligte sich Erzpriester Prof. Dr. Dimitrije Kalezic mit einem Referat.[618]

Politisch-gesellschaftliche Veränderungen standen auch in einem weiteren Nachfolgestaat Jugoslawiens an, im 2006 unabhängig gewordenen Montenegro.[619] Dazu wurde die internationale Konferenz „Die rechtliche Lage der Kirchen und Glaubensgemeinschaften in Montenegro heute" 23. – 25.5.2008 (Bar/Montenegro) veranstaltet, organisiert u.a. von der serbisch-orthodoxen Metropolie von Montenegro und der dortigen islamischen Gemeinschaft. An der Tagung nahmen Kirchenvertreter und Vertreter des montenegrinischen Staates sowie Experten aus dem Bereich Staatskirchenrecht aus Deutschland, Griechenland, Italien, Serbien und Montenegro teil. In einer Schlusserklärung wurden fünf Prinzipien festgehalten, die für ein gutes Verhältnis von Staat und Religionsgemeinschaften entscheidend sind: die Freiheit des Bekenntnisses, die Neutralität des Staates, die Gleichheit der religiösen Gemeinschaften, das Recht der Kirchen und Glaubensgemeinschaften auf Selbstbestimmung und die Kooperation des Staates mit den religiösen Gemeinschaften; einige Vorschläge betrafen die Gestaltung einer staatlich-religiösen Kooperation, u.a. im Bereich Militär- und Gefangenenseelsorge, Religionsunterricht, kirchliche Bildungseinrichtungen.[620]

Als mit außenpolitischen Bemühungen verknüpft erweist sich dagegen die interreligiöse Konferenz der „Nusantara – Serbian and Indonesian Society of Friedship", die das serbische Ministerium für Religion, das serbische Außenministerium und Repräsentanten der indonesischen Regierung organisierte. Zu den Teilnehmern zählten Vertreter aus den Bereichen Religion, Politik und Wirtschaft aus Serbien und Indonesien; der interreligiöse Aspekt erweist sich in dieser Zusammensetzung als nur einer von mehreren behandelten Bereichen. Die Tagung fand 7.–9.4.2011 in Belgrad statt. Seitens der Religionsgemeinschaften nahmen Vertreter der Serbischen Orthodoxen Kirche, der Römisch-Katholischen Kirche, der Protestantischen Kirche, des Islam und des Judentums teil. Patriarch Irinej

---

618 Vgl. die Dokumentation der Tagungsbeiträge in: Stefan Schreiner (Hrsg.), Religion and Secular State – Role and Meaning of Religion in a Secular Society from Muslim, Christian, and Jewish Perspectives, Zürich/Sarajevo 2008. Die Dokumentation ist online zugänglich auf der Homepage des Mitveranstalters Europäisches Abrahamisches Forum unter http://www.zuercher-lehrhaus.ch/eaf/cms/front_content.php?idcat=76&idart=414 (pdf-Datei, unter „Bericht", abgerufen 15.9.2014).

619 Im Gefolge dieser Umwälzungen hat sich eine montenegrinisch-orthodoxe Kirche abgespalten, die kanonisch nicht anerkannt ist. Vgl. Hermann Kandler, Religion in Makedonien, in: Markus Porsche-Ludwig / Jürgen Bellers (Hrsg.), Handbuch der Religionen der Welt Bd. 1, aaO, S. 287–293 (287f.). Das Schisma belastet – ähnlich wie in Mazedonien – auch interreligiöse Bemühungen.

620 Vgl. Nachrichtendienst Östliche Kirchen (NÖK) Ausgabe 22/08 Teil B (5.6.2008) Nr. 15.

sandte eine Botschaft. Bei Gelegenheit der Konferenz wurden Kooperationsverträge zwischen der Orthodoxen Theologischen Fakultät in Belgrad und der Islamischen Universität in Jakarta unterzeichnet. Die indonesische Hochschule vereinbarte darüber hinaus auch eine Zusammenarbeit mit der Fakultät für Islamwissenschaften an der Hochschule der islamischen Gemeinschaft.[621] Einen deutlich verstärkten interreligiösen Charakter trug das Folgetreffen 22.–26.10. 2013 in Jakarta. Teilnehmer der religiösen Teildelegation waren Repräsentanten der Kirchen und Religionsgemeinschaften in Serbien unter Leitung von Patriarch Irenej; die staatliche Teildelegation wurde angeführt vom Direktor des „Office of the Government of the Republic of Serbia for Cooperation with Churches and Religious Communities", Dr. Mileta Radojević. Zum Programm zählten eine interreligiöse Konsultation, Vorlesungen an der staatlichen Islamischen Universität, Besuche und eine Reihe von Kontaktgesprächen.[622]

2.6.4 Interreligiöse Begegnungen und Zusammenarbeit

Auch die Serbische Orthodoxe Kirche gab interreligiösen Bemühungen nicht nur im Zusammenhang mit Konferenzen, sondern auch bei Begegnungen im kleineren Kreis Raum. Ein erstes Beispiel zeigt besonders deutlich, wie eher formale äußere Anlässe in konkrete interreligiöse Beiträge zum Konfliktabbau und zugunsten friedlicher Koexistenz münden können. Am 10.2.1994 suchten Patriarch Pavle I. und einige Bischöfe anlässlich des Anfangs des Fastenmonats Ramadan den Sitz der moslemischen Gemeinschaft in Belgrad auf. Ein Gespräch mit Mufti Hamdija Jusufspahić ermöglichte einen gemeinsamen Aufruf zum Ende der Kämpfe in

---

621 Vgl. den Bericht zur Tagung auf der Homepage „Islamtoday" unter http://en.islamtoday.net/ artshow-229–4026.htm (abgerufen 15.9.2014); darin heißt es: „Nusantara, the Serbian and Indonesian Society of Friendship, welcomed on Sunday the successful staging of the inter-religious dialogue in belgrade (sic!) between Serbian and Indonesian religious figures, during which participants discussed religious issues on an expert level, and which gathered representatives of the Orthodox Church, Islam, Roman Catholic Church, Protestant Church, Hinduism and Judaism. The dialogue was organised by the Ministry of Religion and the Diaspora, Ministry of Foreign Affairs, and representatives of the Indonesian government. The inter-religious dialogue held from 7 to 9 April gathered several dozen high officials of religious communities, theologians and representatives of Serbia's civil societies of various confessions. The Director General of the Indonesian Ministry of Foreign Affairs, Andri Hadi, also participated. The occasion provided an opportunity to exchange knowledge and experiences and should serve as an encouragement for the deepening of the inter-religious dialogue in each of the countries, Nusantara said in a release. (…)". Vgl. Nachrichtendienst Östliche Kirchen (NÖK) Ausgabe 15/11 Teil B (14.4.2011) Nr. 15.
622 Vgl. den Bericht auf der Homepage des Patriarchats unter http://www.spc.rs/eng/second_interfaith_dialogue_between_serbia_and_indonesia (abgerufen 19.9.2014);

Bosnien-Herzegowina. Am Folgetag, dem 11.2.1994, fand auf Einladung von Premierminister Kontic ein Treffen der Vorsteher der verschiedenen Religionsgemeinschaften in Serbien statt.[623] Im Februar 2008 kam es in Bijeljina zu einer Begegnung des serbisch-orthodoxen Bischofs Vasilije von Zvornik-Tuzla und des Mufti von Tuzla, Husein Kavazović. Beide Seiten betonten, dass nur mit gemeinsamen Bemühungen und guten interreligiösen Beziehungen Frieden, Toleranz und gute Beziehungen zwischen den Völkern Bosnien-Herzegowinas aufbauen könne. Besprochen wurden im Beisein von Regierungsvertretern auch verschiedene aktuelle Probleme bei Kirchen- bzw. Moscheebauten.[624] Eine Delegation der serbisch-orthodoxen Kirche unter Leitung des Metropoliten Johannes von Ochrid unterzeichnete mit Repräsentanten der anderen religiösen Gemeinschaften des ehemaligen Jugoslawien am 10.9.2008 in Straßburg einen Appell zum Frieden, zur gegenseitigen Vergebung und zum Dialog in der Balkanregion („Straßburg-Appell"); auf diesen Appell hatten sich die Beteiligten anlässlich eines interreligiösen Kolloquiums „Der Einfluss der Religionen bei der Suche nach friedlichen Lösungen in den Balkanländern" geeinigt, dass vom Europarat am 20.6.2008 veranstaltet worden war.[625]

Während bei den voran stehenden Begegnungen immer auch eine Querverbindung zur Politik festzustellen war, fehlt dieser Bezug bei einer Begegnung vom 21.3.2011 in Belgrad, bei der Patriarch Irenij I. und eine Delegation der islamischen Gemeinschaft Serbiens zusammentrafen. Das Gespräch handelte von Möglichkeiten zur Festigung und Förderung der Zusammenarbeit auf dem Gebiet der Friedensarbeit und der Toleranz.[626]

Nur wenige Begegnungen stehen nicht in unmittelbarem Zusammenhang zum Anliegen des Konfliktabbaus in der Balkanregion. Dem Anliegen einer Klärung des Verhältnisses zwischen Religionsgemeinschaften und Staat verpflichtet war eine interreligiöse Begegnung mit dem Direktor der Restitutionsbehörde 21.12. 2007 in Novi Sad, bei der die Rückgabe enteigneter Güter an die Religionsgemeinschaften besprochen wurde. Seitens der serbisch-orthodoxen Kirche nahmen Bischof Vasilije von Srem und Bischof Irenej von Bačka teil; weitere Teilnehmer repräsentierten die rumänisch-orthodoxe Diözese in Serbien, die römisch-katholische Kirche, protestantische Kirchen sowie die muslimische und jüdische Gemeinschaft.[627] Ein zweites Beispiel betrifft ein nochmals anderes Gebiet,

---

623 Service Orthodoxe de Presse N° 186 (März 1994), S. 4.
624 Vgl. Nachrichtendienst Östliche Kirchen (NÖK) Ausgabe 7/08 Teil B (21.2.2008) Nr. 6.
625 Service Orthodoxe de Presse N° 331 (September/Oktober 2008), S. 18f.
626 Vgl. Nachrichtendienst Östliche Kirchen (NÖK) Ausgabe 13/11 Teil B (31.3.2011) Nr. 13.
627 Vgl. Bericht auf der Homepage der serbisch-orthodoxen Kirche unter http://www.spc.rs/eng/ international_conference_restitution_property_church_and_religious_communities_serbia; die

nämlich interreligiöser Kontaktnahme über die Balkanregion hinaus. Diesem Ziel diente der Besuch einer iranischen Delegation der islamischen Universität von Qom im Patriarchat der serbisch-orthodoxen Kirche am 30.6.2008 in Belgrad. In Vertretung des Patriarchen Pavle I. empfing Metropolit Amfilohije die Delegation. Beide Seiten äußerten sich zu interreligiösen Kontakten und den Bemühungen um Dialog.[628] Ein hoffnungsvolles, symbolisches Zeichen für die Festigung friedlicher Koexistenz stellte die feierliche Amtseinführung von Bischof Theodosij von Raška-Prizren am 27.12.2010 in Prizren dar; an ihr nahmen neben Vertretern der römisch-katholischen Kirche auch Repräsentanten der muslimischen und der jüdischen Gemeinschaft teil.[629]

2.7 Beiträge der Rumänischen Orthodoxen Kirche zum Dialog mit dem Islam

Jahrhundertelang waren orthodoxe und muslimische Bevölkerungsteile der Region des heutigen Rumänien Nachbarn in voneinander getrennten Herrschaftsgebieten. Eine intensivere direkte Begegnung zwischen ihnen ergab sich erst aus der Eingliederung der Norddobrudscha in den neu errichteten Staat Rumänien.[630]

Bedeutung des Treffens wird durch die im Bericht erwähnte Zahl von 813 Rückgabeanträgen illustriert: „Up to date the Directorate has received a total of 813 requests, while proceedings have been introduced for 249 of them. The Serbian Orthodox Church has filed 632 requests, with 211 proceedings introduced. The Roman-Catholic Church has filed 83 requests, with 22 proceedings introduced. The Jewish Community has filed 57 requests, with proceedings introduced for two of them. The Islamic Community has filed 3 requests, the Reformed Church 11, with proceedings introduced for two of them. The Romanian Orthodox Church has filed 18 requests, with proceedings introduced for 11 of them" (abgerufen 15.9.2014).
628 Vgl. Nachrichtendienst Östliche Kirchen (NÖK) Ausgabe 28/08 Teil B (17.7.2008) Nr. 11.
629 Vgl. Bericht auf der Homepage der serbisch-orthodoxen Kirche unter http://www.spc.rs/eng/ethronement_ceremony_newlyelected_bishop_teodosije_raskaprizren_prizren (abgerufen 15.9.2014); darin wird mitgeteilt: „(...). The ceremony was also attended by international representatives of KFOR, UNMIK, EULEX and European offices in Pristina, the Organization for Security and Cooperation in Europe and the Council of Europe. There were also present Roman Catholic Bishop of Kosovo Dodë Gjergji with few his associates as well as representatives of the Muslim community in Kosovo and the Evangelist Church. (...)".
630 Nach dem russisch-türkischen Krieg erfolgte beim Berliner Kongress 1878 die internationale Anerkennung der Unabhängigkeit Rumäniens. Zugleich kam es zu Gebietsveränderungen; insbesondere wurde die Region Norddobrudscha mit ihrer Mehrheit von Muslimen und Bulgaren dem jungen rumänischen Staat zugeschlagen. Vgl. Dan Berindei, Die Bildung des rumänischen Nationalstaats (1866–1920), in: Thede Kahl (u.a.), Rumänien Bd. 1, aaO, S. 251–264. Zur religiösen Situation in dieser Region vgl. Sallanz, Josef, Die Dobrudscha: Ethnische Minderheiten – Kulturlandschaft – Transformation, Universitätsverlag Potsdam 2005.

Durch Enteignungen, Bevölkerungsverschiebungen und Gebietsveränderungen sank die muslimische Präsenz jedoch seither zahlenmäßig stark ab.[631] In der Zeit des Sozialismus war die Kirche seitens des Regimes bedrängt, konnte aber diese Jahrzehnte besser als andere Kirchen überstehen.[632] Das kommunistische Regime hat insbesondere im Zuge seiner Wirtschaftspolitik die verbliebenen, stärker muslimisch geprägten Enklaven bevölkerungsmäßig durchmischt.

Die aktuelle Lage des Verhältnisses von Christen und Muslimen in Rumänien wurde anhand von zentralen Lebensbereichen (Wohnverhältnisse, Freizeit, Bildung u. a.) wissenschaftlich untersucht; im Ergebnis wurden keine Feindbilder, markante Ghetto-Bildungen oder Abgrenzungen der Religionsgruppen festgestellt. Deshalb kann für Rumänien von einer weitgehend konfliktfreien Koexistenz zwischen Orthodoxen und der kleinen muslimischen Minderheit gesprochen werden; es gibt sogar Anzeichen eines wachsenden Miteinander.[633] Diese äußere Situation spiegelt sich in den interreligiösen Bemühungen der Patriarchatskirche von Rumänien, die wenig ausgeprägt erscheinen.

2.7.1 Der „Consultative Council of the Religious Cults of Romania"

Am 14.4.2011 trafen sich in den Räumlichkeiten des Patriarchats unter Vorsitz von Patriarch Daniel Vertreter der Rumänischen Orthodoxen Kirche, der serbisch-orthodoxen Diözese von Timişoara, der römisch-katholischen Kirche, der rumänisch-katholischen Kirche, der armenischen Kirche, der russisch-orthodoxen Metropolie der Altgläubigen, eine Reihe von evangelischen und protestantischen Kirchen, freikirchlichen Gemeinschaften sowie der jüdischen und muslimischen

---

631 Vgl. Maria Bara (u. a.), Christen und Muslime, in: Thede Kahl / Cay Lienen (Hrsg.), Christen und Muslime, aaO, S. 14 f. Vgl. Thede Kahl / Josef Sallanz, Die Dobrudscha, in: Thede Kahl (u. a.), Rumänien Bd. 2, aaO, S. 857–879 (865 ff).
632 Ernst Christoph Suttner, Beiträge zur Kirchengeschichte der Rumänen, aaO, S. 179–206. Petra Schaser / Gerald Volkmer, Rumänien unter kommunistischer Herrschaft, in: Thede Kahl (u. a.), Rumänien Bd. 1, 297–312.
633 Maria Bara / Thede Kahl / Gerassimos Katsaros / Cay Lienen, Christen und Muslime in Südosteuropa. Ein Projekt zur Erforschung interreligiöser Koexistenz, in: Thede Kahl / Cay Lienen (Hrsg.), Christen und Muslime. Interethnische Koexistenz in südosteuropäischen Peripheriegebieten, LIT-Verlag Wien/Berlin 2009, S. 9–50; vgl. insb. das Fazit der Untersuchung aaO, S. 46. Die traditionell gute und friedliche Koexistenz betont auch Irina Vainovski-Mihai, „Romania", in: Joergen Nielsen u. a. (Hrsg.), Yearbook of Muslims in Europe 3, aaO, S. 459–470 (470); sie verweist allerdings auf gesellschaftliche Vorbehalte und Abgrenzung gegenüber muslimischen Neu-Immigranten. Gute Beziehungen zwischen den Religionsgemeinschaften hebt auch Nadia Anghelescu, La Minorité Musulmane de Roumanie, in: Islamochristiana 25 (1999), S. 125–137 (136 f) hervor. Vgl. Thede Kahl, Die muslimische Gemeinschaft Rumäniens. Der Weg einer Elite zur marginalisierten Minderheit, in: Europa Regional 13. Jg. (2005), S. 94–101.

2 Bemühungen einzelner autokephaler Kirchen um einen Dialog mit dem Islam — 277

Gemeinschaft Rumäniens zu einer Konferenz, bei der Übereinstimmung hinsichtlich der Errichtung eines interreligiösen Rats in Rumänien („Consultative Council of the Religious Cults of Romania") erreicht wurde; die endgültige Beschlussfassung wurde der Zustimmung der jeweiligen Religionsgemeinschaften zugewiesen. Die Repräsentanten der Kirchen bzw. Religionsgemeinschaften verständigten sich auf einen gleichberechtigten Status der beteiligten Gemeinschaften, jährlich wechselnde Präsidentschaft, das Konsensprinzip für die Annahme von Entscheidungen und einige Grundlinien zu einem Statut und zur Vorgehensweise. Der Rat hat keine Rechtspersönlichkeit und versteht sich als unabhängige, ethisch und sozial engagierte Einrichtung, ohne politische oder staatliche Anbindung. Die Zielsetzungen sollen sein: Förderung des Glaubens an Gott und seiner Bedeutung für das Leben von Personen und Gesellschaft, Verteidigung und Förderung der Menschen und ihrer Würde, Förderung der Achtung vor der Schöpfung, Bezeugung der Kooperation der Religionsgemeinschaften in geistlicher, kultureller, erzieherischer und sozialer Hinsicht sowie Engagement zur Lösung interkonfessioneller und interreligiöser Konflikte sowie Vorbeugung zu jeder Form von Extremismus.[634] Am 26.4.2012 hat sich der „Konsultative Rat der Religionsgemeinschaften in Rumänien" unter dem Vorsitz von Patriarch Daniel zu seiner jährlichen Sitzung getroffen; dabei wurde die Satzung approbiert; ein Thema der Diskussion war die staatliche Kompensation für enteignetes Grundeigentum; im Mittelpunkt standen unter dem Thema „Good Health – a gift of God and human responsibility" Wege zur Unterstützung traditioneller Werte, u.a. der

---

[634] Vgl. Nachrichtendienst Östliche Kirchen (NÖK) Ausgabe 16/11 Teil B (21.4.2011) Nr. 15. Vgl. auch den Bericht auf der Homepage der Nachrichtenagentur „The Orthodox Church" unter http://theorthodoxchurch.info/blog/news/2011/04/constitution-of-the-consultative-council-of-the-religious-cults-of-romania/ (abgerufen 15.9.2014); zur Gestaltung und Zielsetzung heißt es dort: „(...). The representatives of the participant cults established the equal statutes of the member cults, annual presidency of the cults by rotation, and adoption of the decisions by consensus, as general principles of operation. The Consultative Council of the Religious Cults of Romania is an ethic, social, autonomous, non-political, non-governmental organization with no legal personality and non-profit. The major purposes of the Consultative Council of the Religious Cults of Romania are the following: promotion of the faith in God and its importance in the life of the person and of society, defence and promotion of the human being and of his or her dignity, promotion of the respect for the divine creation (man and surrounding nature), adoption of some common positions and attitudes concerning the important issues of society, manifestation of solidarity and cooperation among the religious cults in the spiritual, cultural, educational and social fields, prevention and negotiating in order to solve the inter-confessional and inter-religious disagreements, as well as rejection and discouragement of any form of extremism etc. (...)". Vgl. Ioan Moga, ‚Was ist Wahrheit?' – der interreligiöse Dialog aus orthodoxer Sicht. Versuch einer systematischen Bestandsaufnahme, in: Teologia XVI (2012), S. 61–89 (74).

Familie.⁶³⁵ Das Treffen des Rats am 20.6.2013 war der Institution „Familie" gewidmet; gefordert wurde eine Verankerung in der Verfassung. Sehr instruktiv sind weitere Beschlüsse zur Arbeit der Kommissionen, zur Unterstützung der europäischen Initiative „One of Us", zum Kontakt mit staatlichen Stellen, zur Rückgabe enteigneten Eigentums an die Religionsgemeinschaften und zum Schutz religiöser Gebäude.⁶³⁶

2.7.2 Sonstige Beiträge zum Interreligiösen Dialog mit dem Islam

Die Beitrittsverhandlungen Rumäniens mit der EU, also eine spezifische politische Situation, bildete den Hintergrund für eine interreligiöse Stellungnahme am 26.5. 2000. Dazu kamen in Bukarest die Repräsentanten der orthodoxen, römisch-katholischen, rumänisch-katholischen und protestantischen Kirche, sowie Vertreter der muslimischen und jüdischen Gemeinschaft in Rumänien zusammen und veröffentlichten eine gemeinsame Erklärung zugunsten der Integration Rumäniens in die EU.⁶³⁷

2.8 Beiträge der Bulgarischen Orthodoxen Kirche zum Dialog mit dem Islam

In der Zeit des kommunistischen Regimes zielte die Kirchenpolitik in Bulgarien vor allem auf die Verdrängung der Kirche aus dem öffentlichen Leben.⁶³⁸ Die Minderheit der muslimischen Türken in Bulgarien sollte in einer kommunistischen Kampagne assimiliert werden. 1989 ließ Todor Zhivkov ca. 370.000 Türken ver-

---

635 Vgl. den ausführlichen Bericht zur Sitzung 2012 auf der Homepage der Vertretung der rumänischen Kirche bei der EU unter http://www.orthodoxero.eu/pages/posts/april-27-2012-the-annual-meeting-of-the-consultative-council-of-the-religious-cults-of-romania502.php (abgerufen 18.9.2014); darin auch der instruktive Hinweis auf die Errichtung von Arbeitsgruppen: „The Consultative Council of the Religious Cults of Romania set up four working sessions: 1. Medical and Social Commission; 2. Educational Commission; 3. Commission for the Religious Cults and National Patrimony; 4. Economical Juridical Commission. These commissions, made up of experts of the religious cults in every field, have to formulate common points of view to topical problems, as well as to propose amendments to the projects of normative interest for the religious cults".
636 Vgl. den Bericht zur Ratssitzung unter http://theorthodoxchurch.info/blog/news/2013/06/the-consultative-council-of-the-religious-cults-of-romania-asks-for-mentioning-the-family-in-the-constitution-as-a-union-between-a-man-and-a-woman/ (abgerufen 18.9.2014).
637 Service Orthodoxe de Presse N° 250 (Juli/August 2000), S. 15 f.
638 Hans-Dieter Döpmann, Art. „Bulgarien", in: RGG⁴ Bd. 1, aaO, Sp. 1855 f. Zur Situation der Kirche im kommunistischen Bulgarien vgl. Julia Lis, Die Bulgarische Orthodoxe Kirche, in: Thomas Bremer / Hacik Rafi Gazer / Christian Lange (Hrsg.), Die orthodoxen Kirchen der byzantinischen Tradition, aaO, S. 61–70 (64 f.).

treiben, ca. 152.000 von ihnen kehrten nach dem Zusammenbruch des kommunistischen Regimes zurück.[639] In post-kommunistischer Zeit regenerierte sich die Kirche rasch, ein Schisma konnte überwunden werden. Das ethnisch-religiöse Klima in Bulgarien gilt als gut und friedlich. Muslime haben aktiv zur Beendigung des kommunistischen Systems und im Bemühen um Neugestaltung des Landes beigetragen, was von Seiten der orthodoxen Mehrheit ebenso positiv anerkannt wird wie die Abwehr von Radikalisierungsversuchen von außen.[640] Allerdings hat es sowohl in der Kirche als auch in der islamischen Gemeinschaft interne Streitigkeiten und Spaltungen gegeben, die nicht ohne Folgen auf die öffentliche Meinung und auf das Verhältnis der Religionen zueinander geblieben sind.[641]

Damit gestaltet sich das Verhältnis der Religionsgemeinschaften Bulgariens ähnlich freundlich-unbelastet wie in Rumänien; das Engagement im interreligiösen Bereich ist vergleichbar bescheiden.

2.8.1 Der „Nationale Rat der religiösen Gemeinschaften in Bulgarien"

Im November 2008 wurde in Bulgarien ein „Nationaler Rat der religiösen Gemeinschaften in Bulgarien" eingerichtet, der sich erstmals im Dezember desselben Jahres und dann in monatlichem Abstand treffen sollte. Die Initiative zur Gründung dieses Rats kam vom Direktor für kirchliche Angelegenheiten im Ministerrat

---

639 Janice Broun, Muslims in Post-Communist Bulgaria, in: Religion in Eastern Europe XXVIII (2008), S. 51–61 (51). Janice Broun, Rehabilitation and Recovery: Bulgaria's muslim communities in: Religion, State and Society 35 (2007), S. 105–138. Ina Merdjanova, Uneasy Tolerance: Interreligious Relations in Bulgaria after the Fall of Communism, in: Religion in Eastern Europe XXVI (2006), S. 1–10 (4).
640 Zu den positiven Seiten im ethnisch-religiösen Klima in Bulgarien vgl. Janice Broun, Muslims, aaO, in: Religion in Eastern Europe XXVIII (2008), S. 51–61 (52). Vgl. auch Ina Merdjanova, Uneasy Tolerance, aaO, in: Religion in Eastern Europe XXVI (2006), S. 1–10 (8). Nonka Bogomilova, The Religious Situation, aaO, in: Religion in Eastern Europe XXV (2005), S. 1–20 (17 ff). Milka Andonova Hristova, Musulmans et Chrétiens en Bulgarie du XIVème siècle à nos jours, in: Islamochristiana 28 (2002), S. 125–147 (140 ff).
641 Ina Merdjanova / Patrice Brodeur, Religion, aaO, S. 59 f. Zum Schisma innerhalb der Orthodoxen Kirche vgl. auch Nonka Bogomilova, The Religious Situation, aaO, in: Religion in Eastern Europe XXV (2005), S. 1–20 (16 ff). Vgl. auch Service Orthodoxe de Presse N° 291 (September/ Oktober 2004), S. 16 f. Zu den Streitigkeiten innerhalb der muslimischen Gemeinschaft vgl. Janice Broun, Muslims in Post-Communist Bulgaria, in: Religion in Eastern Europe XXVIII (2008), S. 51–61 (53 f). Zu den internen Machtkämpfen und den negativen Auswirkungen auf die Fähigkeit zum interreligiösen Dialog vgl. Ina Merdjanova, Uneasy Tolerance, aaO, in: Religion in Eastern Europe XXVI (2006), S. 1–10 (9).

Bulgariens. Der Rat ist der Organisation „Religions for Peace" affiliiert,[642] die bei ihrem europäischen interreligiösen Treffen in Italien (Mai 2008) eine solche Gründung angeregt hatte. Ziel ist die Förderung friedlicher Koexistenz der Religionen in Europa und der ganzen Welt. Dem Rat gehören Vertreter der Bulgarischen Orthodoxen Kirche, der katholischen Kirche, der armenisch-apostolischen Kirche, der vereinigten protestantischen Kirchen und des Islam sowie des Judentums an. Erster Vorsitzender des neuerrichteten Rates wurde Rupen Krikoryan, der Vorsitzende des Diözesanrats der armenisch-apostolischen Kirche in Bulgarien.[643] Mitgliedschaft und Vorsitz liegen demnach konzeptionell bei den Religionsgemeinschaften.

2.8.2 Sonstige interreligiöse Bemühungen

An weiteren Aktivtäten ist ein interreligiöses Treffen der hauptsächlichen, in Bulgarien vertretenen Religionen am 29.3.2006 in Sofia zu verzeichnen, das auf Initiative des hl. Synod der bulgarisch-orthodoxen Kirche zustande kam. Daran nahmen Repräsentanten verschiedener christlicher Kirchen, des Islam und des Judentums teil. Die Teilnehmer verabschiedeten eine gemeinsame Erklärung, in der der unverbrüchliche Wille zum Ausdruck gebracht wird, den religiösen und ethnischen Frieden zu wahren.[644]

2.9 Beiträge der Georgischen Orthodoxen Kirche zum Dialog mit dem Islam

Angesichts der Abspaltung von Landesteilen und von Interventionen seitens Russlands, die sogar zu bewaffneten Auseinandersetzungen eskalierten, gestaltet

---

642 Vgl. die Homepage der Organisation WCRP unter http://www.rfp-europe.eu/index.cfm?id= 220732 (abgerufen 18.9.2014).
643 Ina Merdjanova / Patrice Brodeur, Religion, aaO, S. 71f. Vgl. Aziz Nazmi Shakir / Ina Merdjanova, „Bulgaria", in: Joergen Nielsen u. a. (Hrsg.), Yearbook of Muslims in Europe 3, aaO, S. 113– 125 (123).
644 Vgl. Nachrichtendienst Östliche Kirchen (NÖK) Ausgabe 13/06 Teil D (30.3.2006) Nr. 18; die Kurzmeldung lautet: „A gathering in Bulgaria of religious leaders from all major faiths has denounced ethnic and religious intolerance and pledged to strengthen inter-religious and inter-ethnic peace. 'We, the leaders of religious denominations in Bulgaria, and as Bulgarian citizens, state our unflagging will to strengthen religious and ethnic peace,' Christian Orthodox, Roman Catholic, Evangelical, Armenian leaders as well as Muslim and Jewish representatives stated in a joint declaration at the end of the meeting. The meeting was held at the initiative of the Holy Synod of the Bulgarian Orthodox Church and follows concern in recent months about religious and ethnic intolerance in the country".

sich das Verhältnis von Orthodoxie und Islam in Georgien kompliziert, auch wenn die Tendenzen zur Verselbständigung in der Region Adscharien zwischenzeitlich zugunsten eines Verbleibs bei Georgien beendet werden konnten.[645] Die Tatsache einer rund tausendjährigen religiösen Pluralität von Christentum, Islam und Judentum findet in der zivilen Gesellschaft Georgiens wie im Leben der Georgisch-Orthodoxen Kirche bis heute keinen Raum, ebenso wenig wie die Tatsache einer Pluralität der im Land präsenten christlichen Kirchen. Zwar hat das Religionsgesetz von 2011 seitens des Staates Verbesserungen gebracht, die Georgische Orthodoxe Kirche hält jedoch kompromisslos am Gedanken einer Identität von Staat, Nation und orthodoxer Kirche fest.[646]

Das damit einhergehende Problem der Georgischen Orthodoxen Kirche, einen Umgang mit der Existenz anderer Gruppen zu entwickeln, hat einen vielsagenden Ausdruck gefunden: Am 10.7.2003 wurde in Georgien ein „Council of Interreligious Cooperation" gegründet, in dem die Armenisch-Apostolische Kirche, die Katholiken, Lutheraner, Baptisten, Muslime und Juden vertreten sind, die Georgische Orthodoxe Kirche jedoch nicht![647] Demgegenüber verweist Satenik Mrkrtchyan auf die Existenz von zwei interreligiösen Gremien, die im Jahr 2005 eingerichtet worden seien.[648] Nino Chikovani zufolge bestehen sogar drei solche Institutionen.[649] Die Frage der verschiedenen Räte und ihrer Beziehungen un-

---

645 Bayram Balci / Raoul Motika, Der Islam im post-sowjetischen Georgien – ein vorläufiger Überblick, in: Bernd Schröder (Hrsg.), Georgien – Gesellschaft und Religion an der Schwelle Europas, Röhrig-Verlag St. Ingbert 2005, S. 103. Zur Sezession von Abchasien und Südossetien von Georgien unter Berücksichtigung des militärischen Konflikts von 2008 vgl. Uwe Halbach, Ungelöste Regionalkonflikte im Südkaukasus, SWP-Studie S 8 (März 2010), Online-Publikation der „Stiftung Wissenschaft und Politik" in Berlin unter http://www.swp-berlin.org/de/publikationen/swp-studien-de/swp-studien-detail/article/suedkaukasus_ungeloeste_konflikte.html, S. 5–36 (11ff), (abgerufen 11.8.2014).
646 Vgl. Tamara Grdzelidze / Martin George / Lukas Vischer (Hrsg.), Witness through Troubled Times. A History of the Orthodox Church of Georgia 1811 to the Present, Bennet & Bloom London 2006, S. 239.
647 Hacik Gazer, Die Georgische Orthodoxe Kirche, in: Bernd Schröder (Hrsg.), Georgien, aaO, S. 69; vgl. auch Bayram Balci / Raoul Motika, Der Islam im post-sowjetischen Georgien – ein vorläufiger Überblick, in: Bernd Schröder (Hrsg.), Georgien, aaO, S. 103–126 (125).
648 Vgl. Satenik Mrkrtchyan, „Georgia", in: Joergen Nielsen u.a. (Hrsg.), Yearbook of Muslims in Europe 3, aaO, S. 219–232 (231).
649 Vgl. Nino Chikovani, Christianity and Islam in Modern Georgia: The Experience, Challenges, and Search for Responses, in: D. Spivak / S. Shankman, World Religions in the Context of the Contemporary Culture: New Prospects of Dialogue and Mutual Understanding in the Russian Federation and Eastern Europe, in Central Asia and the Caucasus, St. Petersburg Branch of the Russian Institute for Cultural research / Russian Baltic Information Center ‚Blitz' St. Petersburg 2011, S. 105–114 (112), auf der UNESCO-Homepage online publiziert unter http://www.unesco.org/

tereinander klärt sich anhand einer Pressemeldung,⁶⁵⁰ der zufolge am 5.7.2005 die Satzung des „Council of Religions at the Ombudsman of Georgia" beraten wurde; die Teilnehmer drückten ihre Bereitschaft aus, aktiv mit dem „Council for the Support of State Development" beim Büro des Patriarchats von Georgien zusammenzuarbeiten. Damit ist deutlich, dass es (1.) einen 2003 gegründeten interreligiösen Rat ohne Beteiligung der georgisch-orthodoxen Kirche, (2.) einen interreligiösen Rat beim Ombudsmann von Georgien (ebenfalls ohne Beteiligung der georgisch-orthodoxen Kirche) und (3.) eine Kommission des georgischen Patriarchats gibt; die Organisationen (2.) und (3.) wollen zusammenarbeiten.⁶⁵¹

Anfang Juli 2011 trat gegen den heftigen Protest der georgisch-orthodoxen Kirche ein neues Religionsgesetz in Kraft, aufgrund dessen die Registrierung einiger weiterer Religionsgemeinschaften (armenisch-apostolisch, römisch-katholisch, Baptisten, muslimische und jüdische Gemeinden) möglich geworden ist.⁶⁵² Bis dahin hatte die Georgische Kirche als einzige religiöse Institution des Landes öffentlich-rechtlichen Status besessen, obwohl die Verfassung Gleichberechtigung aller Bekenntnisse vorsieht.

Wie das Bemühen des Staates und der Kirche um das Thema „Einheit der Nation" kreist, so ist auch die innere Lage der Kirche ganz davon bestimmt, Schismen zu vermeiden oder zu überwinden. Auf Druck einer einflussreichen Gruppe aus dem Mönchtum, die mit Abspaltung drohte, zog sich die Kirche 1997 aus dem ÖRK und aus der Konferenz Europäischer Kirchen zurück.⁶⁵³ 2008 sagten

---

new/en/moscow/about-this-office/single-view/news/new_publication_on_intercultural_dialogue_world_religion; vgl. aaO, S. 112 (zugänglich über den Link „Publications" unter dem Datum 25.11.2011; Website abgerufen 12.8.2014); der Beitrag von Nino Chikovani listet an interreligiösen Einrichtungen auf: den „Council of Traditional Confessions" (Katholische Kirche, Armenisch-Apostolische Kirche, Baptisten, jüdische und muslimische Gemeinschaft; nach den Mitgliedern ist dieser Rat identisch mit dem oben erwähnten „Council of Interreligious Cooperation"); ein zweites derartiges Gremium ist der „Council of Religions at the Ombudsman of Georgia" (dem alle religiösen Vereinigungen außer der Georgisch-Orthodoxen Kirche und den Zeugen Jehovas angehören); als dritte Institution nennt Chikovani das „Coordinating Council of Religions for the Support of State Building".

650 Vgl. Nachrichtendienst Östliche Kirchen (NÖK) Ausgabe 28/05 Teil A (14.7.2005) Nr. 12.
651 Die Darstellung von Chikovani ist erscheint missverständlich, weil er die Organisation (3.) als „Coordinating Council *of Religions* for the Support of State Building" bezeichnet, während die Pressemeldung dieselbe Organisation „Council for the Support of State Development" benennt (Kursivdruck zugefügt).
652 Orthodoxie Aktuell 15. Jg. (8/2011), S. 11f.
653 Johannes Oeldemann, Die Kirchen des christlichen Ostens, aaO, S. 104. Hacik Gazer, Die Georgische Orthodoxe Kirche, in: Bernd Schröder (Hrsg.), Georgien, aaO, S. 67f (dort auch zu den innerkirchlichen Spannungen, die zur Austrittserklärung führten). Vgl. Walter Fleischmann-Bisten, Religiöser Pluralismus in Georgien, in: Bernd Schröder (Hrsg.), Georgien, aaO, S. 75 (zum

2 Bemühungen einzelner autokephaler Kirchen um einen Dialog mit dem Islam — 283

sich die orthodoxen Kirchen von Abchasien und Süd-Ossetien von der Georgischen Kirche los und strebten einen autonomen Status innerhalb der Russischen Orthodoxen Kirche an. Diesen Bestrebungen erteilte der Katholikos-Patriarch der Georgischen Kirche eine entschiedene Absage; auch die Russische Orthodoxe Kirche lehnte diesen Vorschlag ab und unterstützt die Einheit der Georgischen Kirche:

> According to Russian newspaper the „Nezavisimaya Gazeta" attachment „Nezavisimaya Gazeta – Religia", Russian Orthodox Church neither recognizes independence of churches of Abkhazia and South Ossetia nor intends to see them under patronage of Russian Orthodox Church. High hierarchies of Russian Orthodox Church have not expressed any ideas regarding recognition of Abkhazia and the South Ossetia. Vsevolod Chalin, official authority at the Patriarchate of Moscow, stated that political decisions were not up to ecclesiastic issues. He said the issue should be discussed between the two churches. „The Patriarchate of Moscow still considers Abkhazia and South Ossetia under jurisdiction of Georgian Orthodox Church. Moreover, since recognition of these two regions by President Medvedev, the Russian Orthodox Church turned into opposition to the state policy of Russian government authorities. Russian Church is not ready to accept these territories under its jurisdiction", says the „Nezavisimaya Gazeta".[654]

Rund einen Monat später wurde diese Haltung bekräftigt:

> The Holy Synod of Russian Orthodox Church rejected yesterday to accept the Orthodox Churches of Ossetia and Abkhazia that are seeking to break free of Georgian Orthodox Church. The most probable reason is the fear to lose almost a single ally in the battle for influence on the CIS soil. Led by Patriarch Alexy II of Moscow and All Russia, the Holy Synod met for its regular summit yesterday, October 6, 2008. The highlight was the destiny of self-proclaimed Orthodox Churches of Ossetia and Abkhazia that voiced the intention to break free of Georgian Orthodox Church in summer in time when the situation in the Caucasus aggravated to the greatest extent and that have been willing to join Russian Orthodox Church as self-controlled organizations ever since. According to Father Vissarion, head of the Orthodox Church of Abkhazia, they had sought admission to the Russian Orthodox Church from time to time previously, but the non-recognition of republics had been given as the main hurdle. But the Synod didn't uphold self-proclaimed churches yesterday. 'Accepting Ossetian and Abkhazian churches to the Russian Orthodox Church is completely out of the question,' pointed out Father Vladimir Vigilyansky, who is the briefer at Moscow Patriarchy. 'The political decisions don't determine issues of church jurisdiction. This issue should be settled

---

Austritt aus der Konferenz Europäischer Kirchen und aus dem ÖRK sowie zu den Hintergründen). Diese und weitere Entscheidungen der georgischen Kirche begründen eine gewisse Isolierung innerhalb der Orthodoxie, vgl. Service Orthodoxe de Presse N° 233 (Dezember 1998), S. 15f.

654 Meldung vom 7.9.2008, online zugänglich auf der Homepage des Katholikos-Patriarchats von Georgien unter http://www.patriarchate.ge/_en/?action=news_show&mode=news&id=40 (abgerufen 5.10.2013).

through dialogue of two churches,' Archpriest Vsevolod Chaplin, who is the deputy chairman of Moscow Patriarchy's Department for External Church Relations, said a day before. 'The Patriarch has always supported unity of Georgian Church,' Chaplin specified.[655]

Ende 2010 hat der Katholikos selbst die Leitung der betroffenen Diözesen übernommen.[656]

Die islamische Gemeinschaft zählt staatlicherseits zu den anerkannten „traditionellen Religionen"; eine ihrer Organisationen erhielt 2005 die staatliche Registrierung als privatrechtliche Vereinigung.[657] Neben staatlicher Benachteiligung der Muslime Georgiens und anderer religiöser Minderheiten sind vereinzelte Übergriffe auf Muslime und ihre Einrichtungen zu verzeichnen.[658]

Vor diesem Hintergrund sind interreligiöse Bemühungen, an denen die Georgische Orthodoxe Kirche – jenseits einiger oben erwähnter Ereignisse im Rahmen des interreligiösen Rats der GUS-Staaten – beteiligt ist, dünn gesät. Hervorzuheben ist der Versuch einer interreligiösen Klärung des Verhältnisses der Religionsgemeinschaften zueinander. Am 28. 2. 2001 veröffentlichten die orthodoxe Kirche Georgiens, die christlichen Minderheitskirchen, der jüdischen und muslimischen Gemeinschaft eine gemeinsame Erklärung, in der die besondere Rolle der Orthodoxie für das kulturelle und geistliche Leben Georgiens anerkannt wurde; es gebe allerdings auch einen Bedarf an rechtlichen Regeln im religiösen Bereich.[659] Ein anderes Beispiel repräsentiert interreligiöses Handeln gegenüber

---

655 Meldung vom 7.10.2008, online zugänglich auf der Homepage des Patriarchats unter http://www.patriarchate.ge/_en/?action=news_show&mode=news&id=42 (abgerufen 5.10.2013).

656 Meldung vom 22.12.2010, online zugänglich auf der Homepage des Patriarchats unter http://www.patriarchate.ge/_en/?action=news_show&mode=news&id=172 (abgerufen 5.10.2013): „The Holy Synod session discusses an issue of special importance and makes a historical decision: based on historical documents and current situation the Catholicos Patriarch of all Georgia shall be appointed as the Ruler of historical diocese of Pitsunda and Sukhumi-Abkhazia. And, hereby the Catholicos Patriarch of All Georgia shall be titled: His Holiness and Beatitude Catholicos Patriarch of All Georgia, Archbishop of Mtskheta and Tbilisi, and Metropolitan of Pitsunda and Sukhumi-Abkhazia Ilia II. His Eminence Metropolitan Daniel (Datuashvili) of Sukhumi-Abkhazia is appreciated for all His deeds in Sukhumi-Abkhazia Diocese and moved to and appointed as Metropolitan of Chiatura and Sachkhere Diocese".

657 Satenik Mrkrtchyan, „Georgia", in: Joergen Nielsen u.a. (Hrsg.), Yearbook of Muslims in Europe 3, aaO, S. 219–232 (223).

658 Vgl. den „International Religious Freedom Report 2010" des US State Departments unter http://www.state.gov/j/drl/rls/irf/2010/148936.htm (abgerufen 11.8.2014).

659 Vgl. Walter Fleischmann-Bisten, Religiöser Pluralismus in Georgien, in: Bernd Schröder (Hrsg.), Georgien, aaO, S. 71–88 (76). Vgl. den Beitrag von Tamaz Papuashvili, dem Leiter der Abteilung Religion und nationalstaatliche Entwicklung der Staatskanzlei von Georgien, mit dem Titel „On the freedom of conscience in Georgia", online publiziert unter http://www.ca-c.org/journal/2002/journal_eng/cac-06/14.papeng.shtml (abgerufen 18.9.2014), der der Menschenrechts-

dem Staat. Anlässlich einer Begegnung von Vertretern der georgisch-orthodoxen Kirche, weiterer christlicher Kirchen in Georgien, der muslimischen sowie der jüdischen Gemeinschaft mit Präsident Schewardnaze am 10.7.2002 in Tiflis übergaben die Religionsvertreter eine gemeinsame Stellungnahme.[660] Darin wird bedauert, dass Religion missbraucht worden sei, um Spannungen zu schüren. Sie bekräftigten, dass ihr wechselseitiger Respekt so stark wie immer geblieben sei. Fanatismus, Hass und Gewalt werden verurteilt. Es sei gemeinsame Überzeugung, dass Georgien eine Religionsgesetzgebung benötige,[661] um die Beziehungen im religiösen Bereich zu regeln und die Gewissensfreiheit zu garantieren.[662] Mit der interreligiösen Konferenz „Cooperation for the Sake of Peace in the Caucasus" 18./ 19.7.2002 (Tiflis) leisteten die Religionsgemeinschaften Georgiens einen Beitrag zum Abbau der Spannungen in der Kaukasusregion. An der Tagung nahmen Delegationen der georgisch-orthodoxen Kirche unter Leitung des Katholikos-Pa-

---

organisation „Primirenie" maßgeblichen Anteil am Zustandekommen der Erklärung zumisst: „The Primirenie organization mentioned above is making its own weighty contribution to the process. It is responsible for the agreements between the Christian Orthodox Church of Georgia and the Catholic, Lutheran, Armenian Apostolic and Baptist churches, and the Muslim and Jewish communities. In these documents the sides gave their consent to a constitutional agreement between the Orthodox Church of Georgia and the government. They promised to do their best to prevent violence for religious reasons". Diese Textpassage fehlt in dem ansonsten weitgehend gleichen, gedruckt vorliegenden Beitrag von Tamaz Papuashvili, On the Relations between the State and Religious Organizations in Georgia, in: Kanon XVIII (2004), S. 107–120.

660 Zum Inhalt der gemeinsamen Erklärung vgl. den Beitrag von Tamaz Papuashvili, On the Relations between the State and Religious Organizations in Georgia, in: Kanon XVIII (2004), S. 107–120 (111). Vgl. Walter Fleischmann-Bisten, Religiöser Pluralismus in Georgien, in: Bernd Schröder (Hrsg.), Georgien, aaO, S. 71–88 (76).

661 Am 14.10.2002 wurde ein Verfassungsabkommen zwischen dem Staat und der Orthodoxen Kirche Georgiens unterzeichnet, das die Orthodoxie faktisch zur Staatsreligion macht; das Projekt einer Religionsgesetzgebung, welche die Stellung der übrigen Kirchen und Gemeinschaften regeln sollte, wurde dagegen auf Eis gelegt; vgl. Walter Fleischmann-Bisten, Religiöser Pluralismus in Georgien, in: Bernd Schröder (Hrsg.), Georgien, aaO, S. 71–88 (76 f.).

662 Zur Beteiligung der georgisch-orthodoxen Kirche, der muslimischen und jüdischen Gemeinschaft gibt es widersprüchliche Angaben. Dem Beitrag von Tamaz Papuashvili, On the Relations between the State and Religious Organizations in Georgia, in: Kanon XVIII (2004), S. 107–120 (111) zufolge nahmen teil: „(...) Archbishop of the Christian Orthodox Church of Georgia Daniil (Datuashvili), Archbishop of the Armenian Apostolic Church in Georgia Gevork (Seraidarian), akhund of the Tbilisi mosque Ali Aliev, acting Chief Rabbi of Georgia Avimelekh Rozenblatt, Bishop of the Lutheran Church in Georgia Gert Hummel, apostolic administrator of the Catholic Church in Georgia Bishop Giuseppe Pazotto, and President-Bishop of the Union of Baptists of Georgia Malkhaz Songulashvili. The participants handed the president their joint statement (...)". Walter Fleischmann-Bisten, Religiöser Pluralismus in Georgien, in: Bernd Schröder (Hrsg.), Georgien, aaO, S. 71–88 (76) spricht dagegen von einer Petition der Arbeitsgruppe der nicht-orthodoxen Kirchen.

triarchen Ilya II., der russisch-orthodoxen Kirche, sowie Vertreter von Muslimorganisationen des Kaukasus, aus der Türkei, Kuwait, Iran u.a. teil.⁶⁶³ Erst einige Jahre nach den militärischen Auseinandersetzungen des Jahrs 2008 wurde wieder ein interreligiöses Dokument vorgestellt. Dabei handelt es sich um eine gemeinsame Stellungnahme der Georgischen Orthodoxen Kirche und des „Georgian Office of the South Caucasus Muslim Board" vom 1.10.2012 in Tiflis, in der antiislamischer Film verurteilt wurde. Darin heißt es:

> Human rights protection implies culture in using freedom, that is, voluntary consideration of certain responsibility and duty, which is an inseparable part of freedom. The same can be said about freedom of expression, especially when it comes to such issues as somebody else's rights and religious and traditional values (...).⁶⁶⁴

2.10 Beiträge der Kirche von Zypern zum Dialog mit dem Islam

Nicht unähnlich der äußeren Situation in Georgien ist auch diejenige in Zypern von einem bislang ungelösten – primär politischen – Konflikt bestimmt, sichtbar an der 1974 erfolgten Teilung der Insel in einen türkisch besetzten Nordteil und in die Republik Zypern im Süden. Es gibt Versuche, die sich daraus ergebenden Spannungen zwischen den Religionsgemeinschaften auf administrativem Weg zu entspannen.⁶⁶⁵ Dennoch werden seitens der Kirche von Zypern immer wieder Übergriffe im türkisch besetzten Nordteil angeprangert.⁶⁶⁶ Übergriffe auf Muslime und deren Einrichtungen im Südteil Zyperns werden dagegen nicht berichtet.⁶⁶⁷

---

663 Vgl. zur Konferenz den Beitrag von Tamaz Papuashvili, On the Relations between the State and Religious Organizations in Georgia, in: Kanon XVIII (2004), S. 107–120 (114). Zur Tagung vgl. auch Hidayat Orudjev, Background, in: D. Spivak / S. Shankman, World Religions in the Context of the Contemporary Culture, aaO, S. 87–96 (96); online zugänglich auf der UNESCO-Homepage unter http://www.unesco.org/new/en/moscow/about-this-office/single-view/news/new_publication_on_intercultural_dialogue_world_religions_in_the_context_of_contemporary_culture_new_perspectives_of_dialogue_and_mutual_understanding/ (abgerufen 18.9.2014); vgl. aaO, S. 95 (passim); dort wird allerdings als Datum der 17.7.2002 genannt.
664 Vgl. Nachrichtendienst Östliche Kirchen (NÖK) Ausgabe 38/12 Teil A (4.10.2012) Nr. 13.
665 Instruktiv und detailreich dazu Ali Dayioglu / Mete Hataj, „Cyprus", in: Joergen Nielsen (u.a.), Yearbook of Muslims in Europe 3, aaO, S. 137–151 (139ff).
666 Service Orthodoxe de Presse N° 291 (September/Oktober 2004), S. 17 (Beschädigung einer Kirche durch eine Explosion). Service Orthodoxe des Presse N° 317 (April 2007), S. 10 f (dort auch zu einer Gesprächsinitiative der Religionsführer); vgl. auch Service Orthodoxe de Presse N° 331 (September/Oktober 2008), S. 17 (zur Störung eines genehmigten Gottesdienstes); Service Orthodoxe de Presse 355 (Februar 2011), S. 8 (Störung eines Weihnachtsgottesdienstes in Nordzypern). Vgl. auch die Auflistung von Vorkommnissen im „International Religious Freedom Report

2 Bemühungen einzelner autokephaler Kirchen um einen Dialog mit dem Islam — 287

Obwohl diese Situation Anlass zum Versuch bieten könnte, im Weg interreligiösen Engagements einen Brückenschlag zu versuchen,[668] erweisen sich solche Aktivitäten nur als ein vereinzeltes Phänomen. Eine Begegnung und Gespräche des Erzbischofs Chrysostomos mit dem Mufti des türkisch besetzten Nordzypern, Ahmet Yönlüer am 21.2.2007 in Nikosia wurden als Beginn einer Zusammenarbeit gewertet.[669] Eine Fortsetzung ist allerdings nicht ersichtlich.[670]

2.11 Beiträge der Orthodoxen Kirche von Griechenland zum Dialog mit dem Islam

Eine gewachsene muslimische Präsenz im heutigen Griechenland konzentriert sich auf Westthrakien, das an die heutige Türkei angrenzt. Der relativ hohe Anteil an Muslimen dort erklärt sich durch eine Ausnahme vom Lausanner Vertrag von 1923, der den türkisch-griechischen Krieg (1920–1922) beendete: als Kompensation dafür, dass Griechen in Konstantinopel und auf einigen Inseln im Bosporus bzw. den Dardanellen bleiben durften, mussten Muslime Westthrakien nicht verlassen. Allerdings stieg der christliche Anteil durch Einwanderung von Grie-

---

2010" des US State Department unter http://www.state.gov/j/drl/rls/irf/2010/148926.htm (abgerufen 11.8.2014).
667 Vgl. „International Religious Freedom Report 2010" des US State Department unter http://www.state.gov/j/drl/rls/irf/2010/148926.htm (abgerufen 11.8.2014).
668 Ein internationales Kolloquium „Le dialogue entre les religions et les cultures" 8.–11.3.2002 (Nikosia), veranstaltet von der Kulturstiftung des Kykkos-Klosters, behandelte ausdrücklich die politische Teilung der Insel und die daraus entstandenen Spannungen. Neben Erzbischof Chrysostomos nahmen die Patriarchen Petros VII. von Alexandria und Ignatios IV. Hazim von Antiochia teil. Die Schlusserklärung betont, dass Dialog zwischen den Religionen und Kulturen das einzige Mittel sind, um Intoleranz und Fanatismus zu überwinden. Die Textpassage zu den Teilnehmern der Konferenz „(...) avec la participation des personnalités de renom, des spécialistes dans le domaine de la science, de la religion, de la culture et de la politique, venues du monde entier" lässt allerdings keine islamische Beteiligung erkennen. Vgl. Episkepsis 33. Jg., N° 609 (31.5.2002), S. 8f (Text der Schlusserklärung). Proche-Orient Chrétien 52 (2002), S. 398. Vgl. Service Orthodoxe de Presse N° 267 (April 2002), S. 11.
669 Service Orthodoxe de Presse N° 317 (April 2007), S. 10f.
670 Am 22.10.2013 besuchte der Großmufti von Zypern ein muslimisches Heiligtum im Südteil der Insel, nachdem eine Verständigung mit Erzbischof Chrysostomos II. zustande gekommen war und im Gegenzug ein Besuch von Bischof Christophoros von Karpasia im Nordteil ermöglicht wurde. Ein Angehöriger des UN-Hochkommissariats für Menschenrechte lobte den Vorgang als beginnende Zusammenarbeit zwischen den Religionsgemeinschaften Zyperns; zu einer direkten Begegnung der beiden Religionsführer kam es indes nicht, vgl. den Bericht auf der Homepage „UN News Centre" unter http://www.un.org/apps/news/story.asp?NewsID=46307#.VBvhN-d2EjU (abgerufen 19.9.2014).

chen aus Ostthrakien und von der Schwarzmeerküste deutlich an.[671] Über das Zusammenleben von Christen und Muslimen in der Region Westthrakien gibt eine Untersuchung Auskunft, die verschiedene zentrale Lebensbereiche (Arbeit, Wohnen, Freizeit, Bildung, soziales Leben u. ä.) in den Blick genommen hat. Danach ordnet sich das alltägliche Leben teilweise eher nach Religionszugehörigkeit (z. B. Wohnen und Arbeiten); in Bereichen wie Bildung, Freizeit und sozialem Leben ist in jüngster Zeit jedoch eine wachsende Durchmischung festzustellen. Insgesamt erscheint das Zusammenleben als ein weitgehend umkompliziertes Neben- bzw. Miteinander.[672]

Durch Migration aus den Ländern des Nahen und Mittleren Ostens sowie aus Afrika ist seit den 60-er Jahren des 20. Jhdts. die Zahl der Muslime in Griechenland jüngst deutlich angewachsen.[673] Deren Situation gestaltet sich deutlich schwieriger. Anders als die westthrakischen Muslime, die durch den Lausanner Vertrag geschützt sind, gibt es für muslimische Migranten, die sich vor allem in den Regionen Athen und Thessaloniki angesiedelt haben, keine rechtliche Absicherung. Verstärkt durch die Wirtschaftskrise ist hier Ausgrenzung und ein ansteigendes soziales Problem zu konstatieren. Die Ausgrenzung wird vor allem daran sichtbar, dass es außer in Westthrakien und auf den – unter direkter Jurisdiktion des Konstantinopler Patriarchats stehenden – Inseln Kos und Rhodos keine Moscheen und muslimische Friedhöfe in Griechenland gibt.[674] Für den Aufbau eines or-

---

[671] Maria Bara (u. a.), Christen und Muslime, in: Thede Kahl / Cay Lienen (Hrsg.), Christen und Muslime, aaO, S. 16.

[672] Maria Bara (u. a.), Christen und Muslime, in: Thede Kahl / Cay Lienen (Hrsg.), Christen und Muslime, aaO, S. 24 ff (vgl. insbesondere das Fazit aaO, S. 46). Zum Selbstverständnis der Muslime in Westthrakien vgl. die spezielle Untersuchung von Hermann Kandler, Muslime – oder doch Türken? Zu Rolle und Selbstverständnis der Minderheit in Westthrakien, in: Thede Kahl / Cay Lienen (Hrsg.), Christen und Muslime, aaO, S. 275 – 288. Die Studie zeigt auf, dass der griechische Staat und die griechische Gesellschaft Probleme haben, mit der Orientierung der westthrakischen Muslime zur Türkei umzugehen; darin wird sichtbar, dass überkommene Feindbilder Griechenland/Türkei in „offizieller Sicht" weiterwirken, auch wenn sich das konkrete Zusammenleben der Menschen weitgehend friedlich gestaltet.

[673] Vgl. Nicole Garos / Vasilios Makrides, Die aktuelle Debatte um den Moscheebau in Athen, in: Thede Kahl / Cay Lienen (Hrsg.), Christen und Muslime, aaO, S. 289 – 305 (290).

[674] Vgl. Nicole Garos / Vasilios Makrides, Die aktuelle Debatte um den Moscheebau in Athen, in: Thede Kahl / Cay Lienen (Hrsg.), Christen und Muslime, aaO, S. 289 – 305. Die Autoren zeigen anhand einer seit Jahrzehnten ergebnislos verlaufenden Debatte um einen Moscheebau und die Einrichtung eines islamischen Friedhofs in der Region Athen auf, wie schwer sich staatliche Stellen, aber auch die orthodoxe Kirche und Teile der Bevölkerung damit tun, dass muslimische Immigranten in Griechenland präsent sind und faktisch ein religiöser Pluralismus besteht. Konstantinos Tsitselikis, „Greece", in: Joergen Nielsen u. a. (Hrsg.), Yearbook of Muslims in Europe 3, aaO, S. 255 – 267 (265 ff) berichtet neben den ungelösten Problemen um den Moscheebau auch

thodox-islamischen Dialogs und einer interreligiösen Zusammenarbeit stellt das faktische Abdrängen der Glaubenspraxis einer vorhandenen muslimischen Bevölkerungsminderheit in den rein privaten Bereich („Hinterhofmoscheen") eine hohe Hürde dar.

2.11.1 Akademische Tagungen

In Zusammenarbeit zwischen dem iranischen „Center for Interreligious Dialogue"[675] und der Griechischen Orthodoxen Kirche wurden eine Reihe akademischer interreligiöser Tagungen durchgeführt. Eine Untersuchung von Sasan Tavassoli zu christlich-islamischen Dialogereignissen unter Beteiligung schiitischer Einrichtungen des Iran listet auf:

- 1982 (Athen) „Man, Faith and Environment";
- 1984 (Athen) „Faithful Man in the Changing World of Today";
- 1987 (Teheran) „This World and the Next World in Islam and Christianity";
- 1998 (Athen) „Family and its Value in Islam and Christianity";
- 2000 (Teheran) „Peaceful co-existence in Islam and Christianity".[676]

Tavassoli merkt jedoch für die Tagungen 1982, 1984 und 1987 an: „Although these are the dates printed in the first draft of the official publication, they are not accurate".[677] Tavassoli bemüht sich um eine Richtigstellung der Information zur Konferenzreihe: „The first official dialogue between Iran and an ecclesiastical body goes back to December 1990 when Iran had its first meeting with the Greek Orthodox Church in Athens".[678] Unter Berufung auf ein Leitungsmitglied des „Center for Interreligious Dialogue" weist Tavassoli auf Verzögerungen und Fehler in der Publikation hin:

---

von sozialer Ausgrenzung und von Übergriffen am 18.10. und 2.11.2010. Der „International Religious Freedom Report 2010" des US State Department berichtet von der Benachteiligung religiöser Minoritäten, einigen Akten von Vandalismus gegen muslimische Einrichtungen in Westthrakien und von Beschwerden der islamischen Immigranten, vgl. http://www.state.gov/j/drl/rls/irf/2010/148940.htm (abgerufen 11.8.2014). Zur orthodoxen Haltung bzgl. des Moscheebaus in Athen vgl. auch Service Orthodoxe de Presse N° 282 (November 2003), S. 20.

675 Dabei handelt es sich um eine 1990 vom „Ministry of Culture and Islamic Guidance of the Islamic Republic of Iran" Einrichtung, zu deren Aufgabenbereich auch die Repräsentanz bei interreligiösen Aktivitäten gehört. 1995 wurde sie in die „Islamic Culture and Relations Organization (ICRO)" umgewandelt, vgl. die Homepage der Organisation unter http://cid.icro.ir/index.aspx?fkeyid=&siteid=237&pageid=7401 (abgerufen 21.9.2014).
676 Vgl. Übersichten bei Sasan Tavassoli, Christian Encounters with Iran, aaO, S. 92.
677 Sasan Tavassoli, Christian Encounters with Iran, aaO, S. 92.
678 Sasan Tavassoli, Christian Encounters with Iran, aaO, S. 90.

> At this time, this publication has not been officially released and it is still in its first stage of rough draft. There are numerous significant mistakes in the dates that are given in the following charts. For example, as already mentioned the first organizational dialogue that took place was with Greek Orthodox Church in Athens in December of 1990, and not in 1982 as the chart claims.[679]

Mit diesen Angaben hat Tassavoli zwar dargetan, dass die Angaben auf der Homepage der „Organization for Islamic Culture and Relations" nicht stimmig sind, doch geben auch seine Hinweise keinen zuverlässigen Eindruck von der angesprochenen Konferenzreihe.

Sicherer Boden wird über einen Tagungsbericht von Demetrios Constantelos erreicht. Danach hat 5.–8.5.1992 in Athen das 2. Internationales Symposium zu „Orthodoxie und Islam" stattgefunden; es stand unter dem Leitthema „A Believer in the Contemporary, Ever-Changing World" und war vom „Cultural Center of the Islamic Republic of Iran" und der „Greek-Iranian Friendship Association" veranstaltet. Die 39 christlichen bzw. muslimischen Teilnehmer kamen aus Armenien, Bulgarien, Kanada, Frankreich, Deutschland, Griechenland, Iran, Russland, USA und Jugoslawien. Das Symposium umfasste eine Reihe von Referaten und endete mit einer als fruchtbar bezeichneten Diskussion zwischen je vier Mitgliedern der beiden religiösen Traditionen. Eine Folgekonferenz wurde für 1994 in Teheran projektiert.[680] Aus der Bezeichnung als 2. Konferenz und dem im Bericht erkennbaren Tagungsrhythmus kann erschlossen werden, dass die Konferenzreihe 1990 begonnen hat. Insoweit erweist sich die von Tassavoli vorgenommene datenmäßige Korrektur zur 1. Konferenz als zutreffend.

Weiteren Aufschluss über die Datierung, Gestaltung und die Thematik der griechisch-iranischen Dialogbemühungen gibt der Bericht über eine Nachfolgekonferenz 12./13.11.1997 in Athen:

> Participants in a two-day conference on the institution of the family in the Muslim and Christian Orthodox worlds, which ended at the University of Athens on Thursday night, stressed that social life would be meaningless in the absence of family life and called on governments to show respect for the institution. The event, organized by the Greek-Iranian Friendship Association in co-operation with the Iranian Cultural Center in Athens and sponsored by the culture ministry, was the fourth such conference held since the initiation of

---

679 Sasan Tavassoli, Christian Encounters with Iran, aaO, S. 243 Endnote16.
680 Demetrios Constantelos, Second International Symposium on „Orthodoxy and Islam" in Athens, in: Journal of Ecumenical Studies XXIX (Winter 1992), S. 145. Auf dieselbe Konferenzreihe bezieht sich Asterios Argyriou, La situation du Dialoge Islamo-Chrétien dans le Monde Orthodoxe et en Grèce, in: Jacques Waardenberg (Hrsg.), Islam and Christianity, aaO, S. 97–105 (103); der sie betreffende kurze Abschnitt bietet Hinweise zu den beteiligten griechischen Theologen und den Initiatoren, nicht aber zu Daten und Themen.

a constructive dialogue in 1990 for the promotion of religious understanding and tolerance between Muslims and Christian Orthodox faithful. Twenty-four papers were presented in the conference, which studied the family from the social, religious and philosophical aspect. The 24 Greek and Iranian clerics, university professors, students and scholars who attended issued a resolution declaring that the family is a sacred institution „to which the Almighty God has paid tribute and hence the servants of God should also highly value it." In his closing remarks, Ayatollah Sayyed Mohammad Khamenei, the head of a 12-member Iranian delegation to the conference said ties based on love, knowledge and religion between the Greek and Iranian peoples have never been cut and will never be cut.[681]

Zusätzliche Informationen zu dieser Tagung und zur Konferenzreihe insgesamt bietet schließlich folgende Pressemeldung:

TEHRAN- The fourth international symposium on dialogue between Islam and Orthodox Christianity begins in Athens on Wednesday 12 November. Announcing the program of the 2-day symposium in a press conference Monday, Professor Evangelos Moutsopoulos, president of the Greek-Iranian friendship association, said the topic of the symposium will be „family and family values in the Muslim and Christian Orthodox world," IRNA reported from Athens.

Moutsopoulos, a renowned Greek professor of philosophy, said the main aim of the Islam-Orthodoxy symposiums was to promote religious understanding between the Christian and Muslim peoples. He said 12 leading scholars and intellectuals from the Islamic Republic and 12 from Greece will participate in the conference to be held at the University of Athens. Christos Voulgaris, dean of the theology school of Athens, noted that although Greek-Iranian relations were very good, there was a gap of intellectual contacts between Greece and Iran which will be filled by the Islam-Orthodoxy dialogue. Speaking at the press conference held at the Foreign Press Association of Greece, Voulgaris called for the establishment of a Greek-Iranian friendship society also in Tehran. The symposium is organized by the Greek-Iranian friendship association in cooperation with the Iranian cultural center in Athens and sponsored by the Greek Ministry of Culture.

Gholamreza Noor-Mohammadan, Iran's cultural counsellor to Greece, told the press that the Islam-Orthodoxy symposium was an event of great significance which would help in overcoming misunderstandings about Islam prevalent in the West since the crusades. He said among Iranian scholars and thinkers participating in the Athens symposium include Ayatollah Mohammed Khamenei, brother of the Leader of the Islamic Revolution, Ayatollah Sadiqi, two lady professors from Tehran University, and other leading intellectuals. Noor-Mohammadan expressed his profound thanks to the Greek Culture Ministry and to professors Moutsopoulos and Mitsakis, vice-president of the Greek-Iranian friendship association, for their efforts in organising the conference. He also recalled to memory the efforts of the late Antonis Tritsis, mayor of Athens and the first president of the Greek-Iranian friendship association, in promoting Greek-Iranian cultural relations. The first conference on „Islam-Or-

---

681 Vgl. die Homepage des Nachrichtendienstes „Hellenic Resources Network" unter http://www.hri.org/news/greek/ana/1997/97-11-15.ana.html#27 (abgerufen 16.9.2014):

thodoxy" was held in Athens in 1990, the second in Athens in 1992 and the third in Tehran in 1995.[682]

Danach kann als sicher gelten, dass eine erste Konferenz 1990 in Athen stattfand, die Folgekonferenz 5.–8.5.1992 in Athen zum Thema „A Believer in the Contemporary, Ever-Changing World" wiederum in Athen, die dritte 1995 in Teheran sowie diejenige, über die zuletzt berichtet wurde, nämlich 12./13.11.1997 (Athen) zum Thema „Family and family values in the Muslim and Christian Orthodox world".[683]

Akademische Tagungen zu interreligiösem Dialog veranstaltete darüber hinaus die „Volos Academy of Theological Studies". Die Akademie ist eine Einrichtung der orthodoxen Diözese von Dimitrias und engagiert sich seit 2000 im Bereich des Verhältnisses von Orthodoxie und Islam. Dazu gehören Vorlesungsreihen, Workshops, „Runde Tische" und Kongresse, die sich der interreligiösen Thematik widmen, zumeist aber nicht interreligiös besetzt sind.[684] Wegen der Beteiligung islamischer Vertreter sind einzelne Veranstaltungen des Jahresprogramms 2007 „Orthodox Christianity and Islam – Islam in Europe" hervorzuheben.[685]

2.11.2 Interreligiöse Konferenzen und Begegnungen

Ein erster Beitrag der Kirche von Griechenland zum orthodox-islamischen Dialog fand im Rahmen einer 25.–27.9.1987 in Athen durchgeführten interreligiösen

---

682 Vgl. Notiz in der englischsprachigen persischen Zeitung „Ettela'at International" N° 860 vom 12.11.1997 unter http://www.ettelaat.com/etbarchive/1996-2013/1997/11/12/P10.pdf (abgerufen 16.9.2014).
683 Diese Gestaltung der Konferenzreihe wird bestätigt durch Hinweise auf publizierte Tagungsmaterialien. Sasan Tavassoli, Christian Encounters with Iran, aaO, S. 101 mit Endnote 40, aaO, S. 245f zufolge sind publiziert: The First International Symposium on Orthodoxy and Islam, Tehran: Center for International and Cultural Studies, 1994; Second International Symposium on Orthodoxy and Islam sowie Third International Symposium on Orthodoxy and Islam, Center for International and Cultural Studies Tehran 1995. Diese Angaben werden bestätigt durch die Publikationsliste von Prof. Dimitri Kitsikis, der zu diesen drei Tagungen je einen Beitrag geleistet hat, vgl. die Homepage der „Kitsikis-Stiftung" unter http://www.idkf.gr/bibliographia.php?lang=el (abgerufen 18.9.2014), dort unter Nr. 40, 44 und 45. Die angesprochene Publikationsliste von Kitsikis weist unter Nr. 59 auch einen Tagungsband der 4. Konferenz aus: „Woman and Family in Christian Orthodoxy and Islam – Fourth International Congress on Orthodoxy and Islam, Athens, 1997, Publications of the Greek Iranian League Athens 1999".
684 Andrew Sharp, Orthodox Christians and Islam, aaO, S. 216ff
685 Vgl. Programm Januar-Mai 2007 unter http://www.acadimia.gr/content/view/1/44/1/1/lang,en/ (abgerufen 16.9.2014).

Konferenz von Vertretern der drei monotheistischen Religionen statt. Sie stand unter dem Thema „Traditions religieuses et temps présent" und war veranstaltet von der zur römisch-katholischen Organisation „Communione e Liberazione" gehörenden Initiative „Meeting del Mediterraneo"; zu den Teilnehmern zählte der griechisch-orthodoxe Metropolit Timotheos von Korfu und Paxi.[686]

Eine kleine Gruppe von zwei interreligiösen Ereignissen bezog sich auf die friedliche Koexistenz von Christen und Muslimen in der besonderen Situation von Westthrakien. Auf Einladung des orthodoxen Ortsbischofs, Metropolit Nikephoros, fand am 19.6.1999 in Didymoteicho/Westthrakien eine Begegnung mit dem Imam der örtlichen muslimischen Gemeinschaft statt, an der auch der Ökumenische Patriarch und Metropolit Christodulos von Athen teilnahmen. Dabei betonte der Ökumenische Patriarch die hohe Bedeutung brüderlicher und harmonischer Koexistenz der beiden Religionsgemeinschaften. In einem bereits zuvor veröffentlichten Appell unterstrich der Ökumenische Patriarch, dass die Zeit für eine neue Ära der Zusammenarbeit im Rahmen friedlicher internationaler Beziehungen gekommen sei. Metropolit Christodulos hob hervor, dass die Griechen ein Volk seien, das immer eine ausgestreckte Hand als Zeichen von Freundschaft und Liebe habe; man wolle keinen Krieg, sondern den Frieden und Respektierung der eigenen Rechte.[687] Nur rund drei Monate später setzte die griechisch-orthodoxe Kirche einen weiteren Akzent. Im Rahmen eines Pastoralbesuchs am 25.9.1999 in der westthrakischen Diözese Komotini appellierte Metropolit Christodoulos von Athen zu einer friedlichen Koexistenz zwischen Christen und Muslimen in der Region. Bei einer Begegnung mit Mufti Metso Cemali brachte der Metropolit den Wunsch zum Ausdruck, dass beide Seiten beitragen sollten, extremistische Elemente auszuschließen, die die Freundschaft zwischen beiden Religionsgemeinschaften stören wollen; unabhängig von der Religion werde derselbe Gott gesucht, auch wenn die Wege unterschiedlich seien.[688] A. Argyriou bewertet diese auf Thrakien bezogenen interreligiösen Aktivitäten summarisch so:

> Il n'existe à l'heure actuelle aucun groupe de dialogue islamo-chrétien à quelque niveau et sous quelque forme que ce soit. Personne, semble-t-il, ne ressent la nécessité d'un tel dialogue, ni du côté musulman ni du côté orthodoxe. Les quelques tentatives qui ont eu lieu pour nouer le dialogue (...) n'ont pu aboutir à des résultats concrets.[689]

---

686 Vgl. den Kurzbericht in: Islamochristiana 14 (1988), S. 283.
687 Service Orthodoxe de Presse N° 240 (Juli/August 1999), S. 17.
688 Service Orthodoxe de Presse N° 242 (November 1999), S. 19.
689 Asterios Argyriou, La situation du Dialoge Islamo-Chrétien dans le Monde Orthodoxe et en Grèce, in: Jacques Waardenburg (Hrsg.), Islam and Christianity, aaO, S. 97–105 (102).

Im Zusammenhang eines Besuchs von Erzbischof Christodoulos im Patriarchat Antiochia überbrachte er am 19.8.2006 in Damaskus am dortigen Sitz der schiitischen Moslems von Syrien 30 t Medikamente und Hilfsgüter für Kriegsopfer bzw. libanesische Flüchtlinge (weitere 10 t erhielt das Rote Kreuz, 40 t wurden direkt in den Libanon verbracht). Das Oberhaupt der Schiiten in Damaskus empfing den Erzbischof und dankte ihm für dieses Zeichen der Humanität über die Religionsgrenzen hinweg.[690]

2.12 Beiträge der Orthodoxen Kirche von Albanien zum Dialog mit dem Islam

Die interreligiöse Situation in Albanien ist davon bestimmt, dass alle Religionsgemeinschaften gleichermaßen unter einem besonders aggressiv gegen jegliche Religion agierenden kommunistischen Regime gelitten haben.[691] Der Wiederaufbau ihrer Strukturen musste fast vom Nullpunkt aus beginnen.[692] Alle vier „traditionelle Gemeinschaften" Albaniens (Sunniten, Bektashi, Orthodoxe und Katholiken) genießen eine durch spezielle Vereinbarung mit dem Staat abgesicherte Position; sie können sich ohne staatliche Behinderung frei entfalten.[693] Allerdings benötigten und benötigen sie bis heute gleichermaßen personelle[694] und materielle Unterstützung von außen. Speziell für die Orthodoxie und die islamischen Gemeinschaften warf dies rasch die gesellschaftliche Fragen nach dem Verhältnis von „Nation" und „Religion" auf. Alle Gemeinschaften haben mit inneren Pro-

---

690 Episkepsis 37. Jg., N° 664 (31.8.2006), S. 8–10.
691 Das Schicksal der orthodoxen Kirche Albaniens fokussiert die Untersuchung von Chris Moorey, God among the Bunkers. The Orthodox Church in Albania under Enver Hoxha, Create Space Publishing Platform Charleston/SC 2015. Vgl. auch Shpresa Musaj, Albaniens Religiosität – Konstante im Wandel der Zeiten. Zwischenkirchliche und interreligiöse Toleranz auf dem Balkan, (Reihe Geschichtswissenschaft Bd. 18), Tectum Verlag Marburg 2011, S. 189–199.
692 Vgl. Nathalie Clayer, God in the ‚Land of the Mercedes'. The Religious Communities in Albania since 1990, in: Peter Jordan (u.a.), Albanien, Verlag Peter Lang Wien/Frankfurt 2003, S. 277–314 (dort auch zu den gesellschaftlichen und religiösen Problemen der Wiederaufbauphase). Vgl. Shpresa Musaj, Albaniens Religiosität, aaO, S. 207–214.
693 Vgl. den „International Religious Freedom Report 2010" des US State Department unter http://www.state.gov/j/drl/rls/irf/2010/148905.htm (abgerufen 11.8.2014).
694 Am Ende der jahrzehntelangen Ausrottungspolitik gegenüber allem Religiösen war nicht nur das Fehlen von Priestern und geistlichen Leitern ein zu lösendes Problem, sondern auch mangelnde Ausbildung der Überlebenden bzw. mangelnde Ausbildungsmöglichkeiten für den Nachwuchs. Vgl. dazu Cecile Endresen, ‚Do not look to church and mosque'? Albania's post-Communist clergy on nation and religion, in: Oliver Jens Schmitt (Hrsg.), Religion und Kultur im albanisch-sprachigen Südosteuropa, Pro Oriente – Schriftenreihe der Kommission für südosteuropäische Geschichte Bd. 4, Verlag Peter Lang Frankfurt/Wien 2010, S. 233–258 (234 mit FN 3).

blemen zu kämpfen. Im Fall der orthodoxen Kirche sind diese mit der Bedeutung des griechischen Einflusses und dem von Migranten- oder Exilgruppen im Ausland, speziell den USA verknüpft, im Fall der islamischen Gemeinschaften mit einer lebhaften Konkurrenz verschiedener Formen und Ausrichtungen, äußerlich sichtbar an den gleichfalls unterschiedlich geprägten islamischen Unterstützerländern. Alle Gemeinschaften suchen gleichermaßen ihren Platz in der sich bildenden neuen Gesellschaft und gehen dabei (politische) Querverbindungen ein, was die Gefahr einer gewissen Instrumentalisierung in sich birgt. Im Ergebnis gibt es für alle Religionsgemeinschaften Albaniens ein gesellschaftlich-soziales Identitätsproblem, wenn dieses auch je unterschiedliches Gewicht hat.

Ein zweiter wesentlicher Aspekt lässt sich mit dem Begriff „Rivalität" umschreiben:[695] es gibt eine Rivalität der verschiedenen Gemeinschaften um sichtbare Zeichen ihrer Präsenz, z. B. Kirchen bzw. Gebetsstätten an prominenter Stelle oder um Rückgabe bestimmter Güter seitens des Staates. Dem entspricht eine Rivalität um Anhänger und mittelbar um gesellschaftliches Gewicht. Als Folge der jahrzehntelangen atheistischen Religionspolitik des Regimes sind frühere klare Zuordnungen auch innerhalb der vier „traditionellen religiösen Gemeinschaften" flexibel geworden, sichtbar z. B. an einem statistischen Rückgang des Anteils der Muslime an der Gesamtbevölkerung gegenüber den Verhältnissen vor 1945. Dies nährt (unterschwellige) Hoffnungen bei den beiden christlichen Kirchen, islamisierte „Krypto-Christen" zurückzugewinnen. Zugleich gilt aber Toleranz zwischen den Religionen bei allen Gemeinschaften als hoher Wert und als „typisch albanisch".[696] Zu den skizzierten Rivalitäten der verschiedenen Religionsgemeinschaften kommen äußere Probleme hinzu. Sie hängen mit einer politischen Instabilität und politisch-gesellschaftlichen Krisen in Albanien selbst zusammen, aber auch mit der ungeklärten Zukunft der albanischen Bevölkerung im Kosovo; albanische Bevölkerungsteile in Makedonien und Montenegro und in anderen Ländern („Diaspora") wirken auf den jungen Staat Albanien zurück und bergen

---

695 Zu den Rivalitäten zwischen den Religionsgemeinschaften vgl. Ines Angeli Murzaku, Inter-Church and Inter-Religious Tensions in post-communist Eastern Europe: The Case of Albania, in: Religion in Eastern Europe XXVIII (2008), S. 1–8. Zu Meinungsbildern betr. Religion, zur Sichtweise der verschiedenen religiösen Gemeinschaften sowie zu gesellschaftlichen Strömungen und den Voraussetzungen für interreligiöse Kontakte vgl. auch Cecile Endresen, ‚Do not look to church and mosque'? Albania's post-Communist clergy on nation and religion, in: Oliver Jens Schmitt (Hrsg.), Religion und Kultur im albanisch-sprachigen Südosteuropa, aaO, S. 233–258. Shpresa Musaj, Albaniens Religiosität, aaO, S. 208 ff.
696 Zur Entwicklung der Religionsgemeinschaften im post-kommunistischen Albanien, den gesellschaftlich-politischen Implikationen und zum Umgang miteinander vgl. die detailreiche und überzeugende Argumentation von Nathalie Clayer, God in the „Land of the Mercedes", in: Peter Jordan (u. a.), Albanien, aaO, S. 277–314.

zusätzliche Gefahr von Polarisierungen.[697] Interreligiöser Dialog und das Bemühen um aktiv gestaltete Koexistenz bzw. Zusammenarbeit erscheint in diesem Zusammenhang als möglich, aber auch als dringend erforderlich zur Gestaltung einer gedeihlichen Zukunft in unsicherem Umfeld.

2.12.1 Mitwirkung am Interreligiösen Rat von Albanien

Am 22.10.2009 wurde in Tirana im Beisein des Präsidenten von Albanien, Bamir Topi, der Interreligiöse Rat von Albanien errichtet. Metropolit Anastasios, das Oberhaupt der Orthodoxen Kirche von Albanien, gehört zu den Gründungsmitgliedern des Rates, der alle größeren Religionsgemeinschaften des Landes umfasst. Das Gremium ist der Organisation „Religions for Peace" affiliiert, die bei den Vorbereitungen zur Gründung Unterstützung geleistet hat.[698]

2.12.2 Beteiligung an interreligiösen Konferenzen, Tagungen u.ä.

Auch die interreligiöse Konferenz 15.12.2004 (Tirana) kam auf politischen Einfluss hin zustande, nämlich auf Einladung des Präsidenten Alfred Moisiu. Teilnehmer

---

[697] Zu diesen Problemen vgl. Oliver Jens Schmitt, Die Albaner. Eine Geschichte zwischen Orient und Okzident, Verlag C.H. Beck München 2012, S. 177 ff. Zu ethnologischen Einsichten in diesem Themenkreis vgl. Stephanie Schwandner-Sievers, ‚Jungfrauen' und ‚Elefanten im Porzellanladen': Zur internationalen Herausforderung der albanischen Ethnologie im Postsozialismus, in: Oliver Jens Schmitt / Eva Anne Frantz (Hrsg.), Albanische Geschichte. Stand und Perspektiven der Forschung, Oldenbourg Verlag München 2009, S. 187–214. Die erwähnten Polarisierungen führten verschiedentlich zu Übergriffen: Im August 1998 wurde die orthodoxe Kirche in Shkoder bei einem Attentat teilweise zerstört, vgl. Service Orthodoxe de Presse N° 231 (September/Oktober 1998), S. 10. Im Januar 2002 wurde in Südalbanien eine Kirche teilweise in Brand gesetzt und beschädigt, vgl. Service Orthodoxe de Presse N° 266 (März 2002), S. 12 (mit Hinweisen auf eine Reihe ähnlicher Vorkommnisse der vorangegangenen Jahre); auch im Jahr 2004 eskalierten die vorhandenen Spannungen in einer Anzahl von Übergriffen, vgl. Service Orthodoxe de Presse N° 298 (Mai 2005), S. 13; in beiden Situationen gaben die Vorfälle den Religionsführern Albaniens Anlass, den Dialog zu suchen und dessen versöhnende Kraft hervorzuheben.
[698] Ina Merdjanova / Patrice Brodeur, Religion, aaO, S. 69. Olsi Jazexhi, „Albania", in: Joergen Nielsen (u.a.), Yearbook of Muslims in Europe 3, aaO, S. 7–20 (17f). Vgl. auch einen Bericht auf der Homepage der Organisation „Religions for peace" unter http://www.rfp-europe.eu/index.cfm?id=264191 (abgerufen 16.9.2014); darin heißt es: „The interreligious council of Albania consists of all the major religious communities in the country. Its launch is the fruit of a dialogue process over several years which has been supported by Religions for Peace (...). The founding members are Archbishop Anastasios, Head of the Orthodox Church in Albania and an ECRL member, H. E. Selim Muca, Head of the Muslim Community, Mos. Rrok Mirdita, President of the Bishops Conference of Albania and Haxhi Dede Reshat Bardhi, Head of the World Bektashi Headquarters".

waren Staatspräsidenten und hochrangige Religionsvertreter; seitens der muslimischen Gemeinschaft von Bosnien nahm Mufti Mustafa Ceric teil; zu den orthodoxen Teilnehmern zählte P. Artur Liolini, Kanzler der albanischen Metropolie in Boston. Die Konferenz handelte von der Bedeutung interreligiösen Dialogs für die Bewältigung von aktuellen Konflikten; dem Missbrauch von Religion für politische Zwecke wurde in den Beiträgen eine deutliche Absage erteilt.[699] Einen noch deutlich stärkeren Akzent setzte die interreligiöse Begegnung 18.3.2005 (Tirana): sie erbrachte das beeindruckende „Statement of Shared Moral Commitment" der Islamischen Gemeinschaft, der Orthodoxen Kirche, der Katholischen Kirche und der Bektashi-Gemeinschaft, das durch die jeweiligen Führungspersönlichkeiten unterzeichnet wurde. Nach dem erfolgreichen Wiederaufbau der verschiedenen Gemeinschaften stelle sich nun die Aufgabe, die Zusammenarbeit und traditionell guten Beziehungen zu fördern, um ihrer Berufung zu einer wichtigen Rolle in der Gesellschaft gerecht zu werden.[700]

Ein weiter gesteckter Rahmen prägte die interreligiöse Konferenz für Südosteuropa „Improvement of Peace and Stability through Regional Cooperation" 16.–19.11.2005 (Tirana). Sie wurde von den Organisationen „WCRP" und „World Learning"[701] initiiert. An ihr nahmen u.a. Vertreter der orthodoxen Kirche, der

---

[699] Vgl. den Bericht in: Nachrichtendienst Östliche Kirchen (NÖK), Ausgabe 50/04 Teil B (18.12.04), Nr. 19. Vgl. auch den Bericht unter http://www.balkanforum.info/f26/interreligioeserdialog-balkan-1140/ (abgerufen 16.9.2014).

[700] Der Text des „Statement" ist publiziert in: Islamochristiana 31 (2005), S. 203f. Andrew Sharp, Orthodox Christians and Islam, aaO, S. 209f. Service Orthodoxe de Presse N° 298 (Mai 2005), S. 13. Kritisch Tania Wettach-Zeitz, Ethnopolitische Konflikte und interreligiöser Dialog. Die Effektivität interreligiöser Konfliktmediationsprojekte analysiert am Beispiel der World Conference on Religion and Peace Initiative in Bosnien-Herzegowina, Kohlhammer Stuttgart 2008, S. 240ff.

[701] Diese 1932 gegründete Organisation setzt sich für eine gerechtere Welt mittels Ausbildung, Entwicklung und Austauschprogrammen ein, vgl. die Angaben auf der Homepage der Organisation unter http://www.worldlearning.org/about-us/. Einem „Final Report – Fostering Religious Harmony in Albania" der Organisationen „US Aid" und „World Learning" ist zu entnehmen, dass es in den Jahren 2004–2007 ein detailliert ausgearbeitetes Programm gegeben hat, das – in Zusammenarbeit mit der Organisation „Religions for Peace" – nicht nur die Vorbereitung zur Gründung eines interreligiösen Rates und einige der hier erwähnten interreligiösen Konferenzen umfasst hat, sondern auch die Gründung lokaler Komitees, Sommercamps für Jugendliche, eine interreligiöse Fraueninitiative u.ä., vgl. den „Final Report unter http://pdf.usaid.gov/pdf_docs/PDACK058.pdf; vgl. dazu auch Delina Fico, Interreligious Dialogue & Cooperation Serving Religious Harmony in Albania, in: Artan Fuga (Hrsg.), Pathways to Inter-Religious Dialogue in Albania. Research & Reflections, Albanian Foundation for „Conflict Resolution and Reconciliation of Dispute" Tirana 2010, S. 35–52 (S. 47f), online zugänglich unter http://www.mediationalb.org/pdf/Itner_religous_dialogue_in_Albania_anglisht.pdf (alle mitgeteilten Websites abgerufen 16.9.2014).

katholischen Kirche, und der muslimischen Gemeinschaften aus Albanien, Serbien, Montenegro, Kosovo Mazedonien und Bosnien-Herzegowina sowie der Bektashi-Gemeinschaft aus Albanien teil. Die Konferenz verabschiedete eine Schlusserklärung, in der die Bedeutung interreligiösen Dialogs für Frieden und Stabilität hervorgehoben wurde; die Errichtung weiterer interreligiöser Räte könnte zu Konfliktlösung, Friedensbildung und Entwicklung beitragen.[702] Ebenfalls von „WCRP" und „World Learning" wurde das interreligiöse Treffen „Harmony and inter-religious Dialogue" 27. 2. 2007 (Tirana) veranstaltet; Vertretern aller größeren Religionsgemeinschaften Albaniens nahmen teil. Das Symposium diente der Vorbereitung zur Gründung des oben unter 2.12.1. behandelten interreligiösen Rates in Albanien. Metropolit Anastasios, das Oberhaupt der Orthodoxen Kirche Albaniens, hielt die Eröffnungsansprache.[703] Nur beiläufige Er-

---

[702] Kurzbericht auf der Homepage der Serbischen Orthodoxen Kirche unter http://www.spc.rs/old//Vesti-2005/11/25-11-05-e.html; zum Ergebnis heißt es darin: „Hieromonk Irinej (Dobrijevic), consultant to the Holy Synod of Bishops of the Serbian Orthodox Church, attended on behalf of His Holiness Serbian Patriarch Pavle. At the end of the conference a joint statement was issued in which the religious representatives encouraged one another in promoting inter-religious dialogue and establishing inter-religious councils which would support conflict resolution, building peace, and development. Domestic and international political factors were called upon to create legal system under which every ethnic group would be equal, and which would ensure equal rights and possibilities for every citizen to live in his/her full national, religious and cultural identity". Vgl. Kurzbericht bei Nachrichtendienst Östliche Kirchen (NÖK) Ausgabe 48/05 Teil D (1. 12. 2005) Nr. 14 und auf der Homepage der „Orthodox Christian Laity" unter http://archive.ocl.org/?id=13786 (beide mitgeteilte Websites abgerufen 16. 9. 2014).

[703] Vgl. http://www.rfp-europe.eu/index.cfm?id=126900 (abgerufen 16. 9. 2014); in dieser Presseerklärung heißt es: „On Tuesday 27 February the heads of Albania's four major religious communities gathered in the capital Tirana at a symposium titled „Harmony and inter-religious dialogue". The meeting was a significant step in the process towards forming an interreligious council (IRC) in Albania, and was organised by Religions for Peace together with the USAID project ‚World learning'. 'In all countries we find instances of a radioactivity of hatred. This is the most dangerous threat to peace in the world,' Archbishop Anastasios of the Orthodox Church said at the opening of the meeting, but underlined that prospects in Albania look good: 'Interreligious dialogue has to be built on respect for human rights which are now supported by Christian and Muslim scholars alike,' he maintained. Archbishop Anastasios, who is a member of the European Council of Religious Leaders, also emphasised the importance of the international affiliation of the proposed council: 'We shall not remain isolated in our region,' he said. Unlike many other countries in the West Balkans, Albania has a reputation for harmonious interreligious relations, which was underlined by all the speakers. Grand Mufti Selim Muca in his greeting stressed the commitment of the Muslim community to peaceful cooperation on all levels in society. (...)".

wähnung hat ein am 3.11.2010 veranstaltetes Symposium „The interreligious harmony in the Integration of Albania" gefunden.[704]

2.12.3 Begegnungen und interreligiöse Zusammenarbeit

Zur Feier des 10. Jahrestages der Wahl von Metropolit Anastasios wurde am 4.8. 2002 auch ein interreligiöser Akzent gesetzt. An den Festlichkeiten nahmen neben einer Delegation des Ökumenischen Patriarchats und der katholischen Kirche auch Repräsentanten der muslimischen Gemeinschaft von Albanien teil.[705] Dem Bereich religionsübergreifender Zusammenarbeit zugehörig ist die am 26.3.2004 erfolgte Ankündigung seitens der albanisch-orthodoxen Kirche, beim Wiederaufbau einer Moschee, eine Kirche und der Errichtung eines Jugendzentrums im Kosovo finanziell helfen zu wollen. Die Initiative soll zur Versöhnung und zu einem friedlichen Zusammenleben der orthodoxen Minderheit und der islamischen Mehrheit ermutigen; für das Projekt würden nach Mitteilung des Metropoliten Anastasios von Albanien Mittel verwendet, die ursprünglich zum Bau einer Kathedrale in Albanien bestimmt waren.[706]

2.13 Zur Polnischen Orthodoxen Kirche und der Orthodoxen Kirche von Tschechien und der Slowakei

Wenig präsent ist die Tatsache, dass es in Polen eine jahrhundertelange muslimische Präsenz gibt. Einige Gruppen muslimischer Tataren wurden im 17. Jhdt. von König Jan III. Sobieski in einer Region angesiedelt, die auch heute (wieder) zum östlichen Teil Polens gehört. Sie verfügen dort über eine Koranschule und zwei Moscheen; nach 1991 wurden drei weitere Moscheen in anderen Landesteilen eröffnet.[707] Die muslimischen Tataren in Polen und eine inzwischen deutlich größere Gruppe von muslimischen Immigranten sind in unterschiedlichen Ver-

---

[704] Olsi Jazexhi, „Albania", in: : Joergen Nielsen (u.a.), Yearbook of Muslims in Europe 3, aaO, S. 7–20 (17f), passim.
[705] Service Orthodoxe de Presse N° 272 (November 2002), S. 14.
[706] Service Orthodoxe de Presse N° 288 (Mai 2004), S. 12.
[707] Zur geschichtlichen Entwicklung der Muslimgemeinschaften in Polen bzw. Litauen, zu ihrer kulturellen Eigenart und zu ihrer Organisation im heutigen Polen vgl. Marek M. Dziekan, History and culture of Polish Tatars, in: Katarzyna Górak Sosnowska (Hrsg.), Muslims in Poland and Eastern Europe, University of Warsaw, Faculty of Oriental Studies, Warszawa 2011, S. 27–39. Vgl. auch Agata Nalborczyk / Stanislaw Grodz, „Poland", in: Joergen Nielsen u.a. (Hrsg.), Yearbook of Muslims in Europe 3, aaO, S. 433–445 (435f) und den Beitrag von Agata S. Nalborczyk, Islam in Poland. The Past and the Present, in: Islamochristiana 32 (2006), S. 225–238 (226f).

bänden organisiert, ein Zeichen für eine bestehende soziale Distanz zwischen den verschiedenen muslimischen Gemeinschaften.[708] Das Zusammenleben von katholischer Mehrheit und kleiner muslimischer Minderheit in Polen gestaltet sich weitestgehend konfliktfrei, wobei die Wahrnehmung dieser Koexistenz in der Öffentlichkeit durch die geringe absolute Zahl der Muslime sehr begrenzt ist. Interreligiöse Bemühungen finden statt, allerdings gestaltet zwischen der katholischen Kirche und den polnischen Muslimen;[709] eine Beteiligung der Orthodoxie daran ist nicht ersichtlich.

Die Präsenz von Muslimen in Tschechien und der Slowakei stellt hingegen ein ganz junges Phänomen dar, das auf Immigration einer geringen Zahl von Muslimen beruht, die sich noch nicht organisiert haben.[710] Aus der Slowakei werden keine Spannungen zwischen den Religionsgemeinschaften gemeldet. Wohl aufgrund der geringen Größe der Gemeinschaft und ihrer mangelnden Organisation gibt es fast keine öffentliche Wahrnehmung ihrer Existenz.[711] Die Beziehungen zwischen den christlichen Kirchen in Tschechien und den muslimischen Organisationen gelten allgemein als sehr gut. Gelegentliche Unstimmigkeiten knüpfen an Projekten zum Moscheebau an. In den zwei größten Städten, Prag und Brno, wurden jedoch nach verschiedentlichen Schwierigkeiten Moscheen errichtet.[712] Interreligiöses Engagement hat bisher weder in der Slowakei, noch in Tschechien einen Platz gefunden, insbesondere nicht bei der Orthodoxie beider Länder.

---

708 Vgl. Katarzyna Górak Sosnowska, Muslims in Europe, in: Katarzyna Górak Sosnowska (Hrsg.), Muslims in Poland and Eastern Europe, aaO, S. 13 f.
709 Agata S. Nalborczyk, Islam in Poland. The Past and the Present, in: Islamochristiana 32 (2006), S. 225–238 (236).
710 Vgl. Katarzyna Górak Sosnowska, Muslims in Europe: different communities, one discourse? Adding the Central and Eastern European perspective, in: Katarzyna Górak Sosnowska (Hrsg.), Muslims in Poland and Eastern Europe, aaO, S. 12–26 (13). Speziell zu den muslimischen Einwanderern in die Slowakei und ihren religiösen Verhältnissen vgl. Michal Cenker, From reified collectivities to multiple Islams: putting Muslim migrants in Slovakia into context, in: Katarzyna Górak Sosnowska (Hrsg.), Muslims in Poland and Eastern Europe, aaO, S. 239–251.
711 Stepan Machácek, „Slovakia", in: Joergen Nielsen u. a. (Hrsg.), Yearbook of Muslims in Europe 3, aaO, S. 513–519 (518 f); aaO, S. 516 f auch der Hinweis, dass es in der Slowakei keine Moschee und keinen muslimischen Friedhof gibt.
712 Stepan Machácek, „Czech Republic", in: Joergen Nielsen u. a. (Hrsg.), Yearbook of Muslims in Europe 3, aaO, S. 153–163 (162 und 157 f).

2.14 Zwischenergebnis

Die in diesen Abschnitt aufgenommenen Informationen zur Situation der autokephalen orthodoxen Kirchen und zur islamischen Präsenz zeigen, dass *alle* autokephalen Kirchen auf ihrem kanonischen Territorium muslimischen Gemeinschaften begegnen (können). Die Rahmenbedingungen für Dialog und Zusammenarbeit zwischen Orthodoxie und Islam hängen von den Staaten und deren Ordnungen ab, in denen die beiden Religionsgemeinschaften leben und sich begegnen. Dabei ist eine große Bandbreite der zur Verfügung stehenden Entfaltungsspielräume festzustellen: Es können – bedingt durch Phasen einer Unterdrückung, durch Krieg, Bürgerkrieg oder deren unmittelbare Nachwirkung – schwierige äußere Bedingungen herrschen. Staatliche Repression in vielerlei Formen kann die Entfaltungsmöglichkeit einer Religionsgemeinschaft empfindlich einschränken. Konfliktfreie oder spannungsgeladene gesellschaftliche Zusammenhänge bestimmen über die friedliche Koexistenz der Religionen mit. Schließlich kann für die Bereitschaft bzw. Fähigkeit zu interreligiösem Dialog und Zusammenarbeit die innere Geschlossenheit der jeweiligen Religionsgemeinschaft von Bedeutung sein. Vor diesem Hintergrund haben sich die interreligiösen Aktivitäten unter Beteiligung einer einzelnen autokephalen Kirche und des Islam entfaltet. Dabei zeigten sich allerdings bedeutsame Unterschiede in der Intensität; die bei den autokephalen Kirchen beobachtete Bandbreite reicht von einem ausgesprochen großen, über ein gelegentliches, bis hin zu einem nicht feststellbaren Engagement.

Wie im Abschnitt oben C 1. wäre es auch für den voran stehenden Abschnitt C 2. verfrüht, inhaltliche Gesichtspunkte der Dialogaktivitäten erfassen zu wollen; wohl aber können im folgenden erneut Beobachtungen zu formal-organisatorischen Besonderheiten in ein Zwischenergebnis eingebracht werden.

Ein formales Spezifikum des Engagements einzelner autokephaler Kirchen besteht in der Beteiligung an interreligiösen Räten. Dabei lassen sich wiederum zwei Fallgruppen unterscheiden: interreligöse Räte, die seitens staatlich-politischer Autoritäten bestimmt sind, und solche, die primär in der Verantwortung der Religionsgemeinschaften bzw. von interreligiösen Organisationen stehen.

Zur ersten Gruppe zählen zunächst der „Presidential Council for Cooperation with Religious Associations" in der Russischen Föderation. Bereits dessen Bestimmung als Konsultativorgan der russischen Präsidialverwaltung spiegelt die Anbindung an die Politik wieder; die im Vorsitz und der Ernennung der Mitglieder durch Dekret zum Ausdruck kommende organisatorische Struktur weist in dieselbe Richtung (vgl. oben 2.5.2.1.). Ähnlich konzipiert ist der „Interreligiöse Rat des Ministeriums für Religion in Serbien", gegründet auf staatliche Initiative und präsidiert vom serbischen Religionsminister (vgl. oben 2.6.1.1.). Als „interreligiöser

Arm" religionspolitischer Art hat sich auch der „Interreligiöse Rat in der Gemeinschaft unabhängiger Staaten" erwiesen; in seiner Zielsetzung kommt dies zwar eher versteckt zum Ausdruck, deutlich wahrnehmbar ist jedoch die intensive unmittelbaren Beteiligung politisch Verantwortlicher (vgl. oben 2.5.2.3.).

Die zweite Gruppe, interreligiöse Räte in Verantwortung der Religionsgemeinschaften und/oder von interreligiösen Organisationen ist deutlich größer. Dazu gehören das „Comité National islamo-chrétien pour le dialogue" im Libanon (vgl. oben 2.3.2.1), konzeptionell auch ein künftiger interreligiöser Rat in Syrien, dessen Entwicklung von der Organisation „WCRP" betreiben, allerdings durch Bürgerkrieg gehindert ist (vgl. oben 2.3.2.4.). Der „Council of Religious Institutions of the Holy Land" wurde zwar auf politische Initiative gegründet, steht aber konzeptionell ganz in der Verantwortung der beteiligten Religionsgemeinschaften (vgl. oben 2.4.1.1.). Der „Interreligiöse Rat von Russland" wurde auf Initiative der Religionsgemeinschaften gegründet, ist der Organisation „World Conference of Religions for Peace" affiliiert, dem „European Council of Religious Leaders/Religions for Peace" assoziiert, und arbeitet in deutlich größerer Distanz zu politischen Institutionen als die beiden der ersten Gruppe zugeordneten Räte in der Russischen Föderation bzw. in den GUS-Staaten (vgl. oben 2.5.2.2.). Derselben Organisation „WCRP" ist der „Interreligiöse Rat von Bosnien-Herzegowina" verbunden (vgl. oben 2.6.1.2.), ebenso der „Interreligiöse Rat im Kosovo", dessen Gründungsvorbereitungen zudem Frucht einer Zusammenarbeit von „WCRP" mit der Organisation „Appeal of Conciousness Foundation" sind (vgl. oben 2.6.1.3.). Der „Consultative Council of the Religious Cults of Romania" entstand auf Initiative des rumänischen Patriarchats, Gestaltung und Arbeitsweise liegen ganz in der Verantwortung der Religionsgemeinschaften (vgl. oben 2.7.1.). Die Gründung des „Nationalen Rats der religiösen Gemeinschaften in Bulgarien" erfolgte zwar auf politische Initiative, doch liegen Gestaltung und Vorsitz ganz in Verantwortung der Religionsgemeinschaften; auch hier besteht eine Anbindung an die Organisation „WCRP" (vgl. oben 2.8.1.). Dasselbe gilt für den „Interreligiösen Rat von Albanien" (vgl. oben 2.12.1.). Einen Sonderfall stellt das „Interreligious Coordinating Council in Israel" dar, dem eine große Zahl interreligiös engagierter Organisationen und eine Reihe von Persönlichkeiten der Religionsgemeinschaften angehören, und der Züge eines interreligiösen Dachverbandes trägt (vgl. oben 2.4.1.2.). Zwei weiteren Sonderfällen ist gemeinsam, dass sie nicht im Kerngebiet der betreffenden Kirche angesiedelt sind: Das ökumenische Patriarchat ist bei gemeinsamen Erklärungen in Erscheinung getreten, die im Rahmen eines interreligiös besetzten Gremium in Frankreich, also in der westeuropäischen Diaspora, zustande gekommen sind (vgl. oben 2.1.1.); das Patriarchat von Alexandria ist an einem von der Organisation „WCRP" initiierten interreligiösen Rat von Uganda beteiligt, ein Land, das zwar zum kanonischen Territorium dieser Kirche zählt, in dem sie jedoch erst seit wenigen Jahrzehnten missionarisch aktiv ist (vgl. oben 2.2.1.).

Schaut man die interreligiösen Räte beider Gruppen zusammen, unterstreicht das vorhandene Spektrum die Relevanz solcher auf Dauer angelegter, zumeist auf einen nationalen Rahmen bezogener interreligiöser Gremien; zugleich wird die Rolle internationaler interreligiöser Organisationen, vor allem „WCRP", bei der Gründung und Begleitung solcher Projekte sichtbar. Darüber hinaus ist festzustellen, dass bei den meisten der genannten interreligiösen Räte die Orthodoxie nicht die einzige darin vertretene christliche Kirche darstellt, d.h. die Gremien schließen einen ökumenischen Aspekt ein; eine Ausnahme stellt insofern nur der „Interreligiöse Rat von Russland" dar, der sich auf Vertreter der vier „traditionellen Religionen" in Russland beschränkt, nämlich Orthodoxie, Islam, Judentum und Buddhismus.

Verschiedentlich wurde beobachtet, dass autokephale Kirche Schritte unternommen haben, die interreligiöse Auseinandersetzung mit dem Islam in die Ausbildung ihrer Kleriker zu integrieren. Über ein spezielles Forschungsinstitut verfügt allerdings nur das Patriarchat von Antiochia mit dem „Centre d'études islamo-chrétiennes" der orthodoxen Universität von Balamand (vgl. oben 2.3.1.2.). In dieselbe Richtung weist die Beteiligung des ökumenischen Patriarchats an der „Fondation de Recherches et de Dialogues Interreligieux et Interculturels"; diese Stiftung ist allerdings verglichen mit dem „Centre d'études" des Patriarchats Antiochia deutlich kleiner angelegt und stellt zudem keine dem ökumenischen Patriarchat eigene Einrichtung dar, sondern erweist sich vielmehr als Frucht einer religionsübergreifenden Zusammenarbeit (vgl. oben 2.1.1.).

Eine klare organisatorisch-administrative Zuordnung interreligiöser Aktivitäten in Form einer speziellen Kommission haben das Ökumenische Patriarchat und das Patriarchat von Alexandria vorgenommen, die Russische Orthodoxe Kirche hat eine vergleichbare Entscheidung im Rahmen ihres Außenamts getroffen. Während die Kommission für interreligiösen Dialog beim Patriarchat von Alexandria nicht erkennbar in Erscheinung getreten ist, hat die organisatorische Weichenstellung beim Ökumenischen Patriarchat und bei der Russischen Orthodoxen Kirche ausweislich zahlreicher Beiträge der Beauftragten große praktische Bedeutung erlangt. Jenseits solcher organisatorischer Zuweisungen haben sich als hauptsächliche Träger des orthodoxen interreligiösen Engagements die Ersthierarchen der autokephalen Kirchen bzw. die Hierarchen bestimmter Regionen erwiesen, auf die interreligiöse Ereignisse bezogen waren, z. B. Bosnien oder Zentralasien; hinzuzunehmen sind Persönlichkeiten, die entweder über ihre Tätigkeit z. B. im ÖRK oder anderen Organisationen und/oder wegen ihrer besonderen Kompetenz – wie z. B. Metropolit Georges Khodr (Patriarchat Antiochia) und Metropolit Anastasios von Albanien – besonders häufig mit orthodoxen Beiträgen im interreligiösen Bereich in Erscheinung getreten sind.

Ein weiteres Spezifikum des interreligiösen Engagements einzelner autokephaler Kirchen besteht in der Beteiligung an zahlreichen Organisationen, die in sich religionsübergreifend strukturiert sind und sich zudem auch inhaltlich der Förderung des Dialogs verschrieben haben. Dabei wirken sie z.T. selbst dialogisch, indem sie als Veranstalter oder Mitwirkende bei interreligiösen Ereignissen auftreten; z.T. ist ihre primäre Zielsetzung eine vermittelnde, d.h. sie sorgen für die Umsetzung von Dialogergebnissen in Lebenserfahrung, indem sie einer breiteren Öffentlichkeit Räume zur Begegnung, zum Austausch und für interreligiöse Lernprozesse schaffen. Die interreligiösen Organisationen haben sich vielfach als organisatorisch und personell miteinander vernetzt erwiesen, nicht zuletzt sichtbar anhand der Kooperation bei Planung, Durchführung und Finanzierung interreligiöser Ereignisse; darüber hinaus sind sie häufiger Ansprechpartner der Politik und des Staates, da ihre Wahl zum Ansprechpartner augenfällig dem „westlichen" politischen Anliegen weltanschaulicher Neutralität entspricht. Wo sich auch die Politik bzw. der Staat zur Beteiligung an interreligiösen Prozessen „eigener" Organisationen bedient, erhält das Ineinander von Religion und Politik eine neue Dimension; aussagekräftige Beispiele hierfür sind die Beteiligung der Regierungsorganisation „USAID" am Programm „Fostering Religious Harmony in Albania" und ihre Kooperation mit der „World Conference Religions for Peace" (vgl. oben 2.12.2.) sowie die noch unmittelbarer interreligiös agierende „Islamic Culture and Relations Organization (ICRO)" des Iran (vgl. oben 2.5.3. und 2.11.1).

Generell erscheint das staatliche und politische Interesse an interreligiösen Dialogereignissen als beträchtlich. Es schlägt sich sowohl in organisatorischer Einbindung als auch in der Beteiligung an Planung, Begleitung, Finanzierung und Durchführung interreligiöser Ereignisse nieder.

Kapitel D
Themen und Inhalte des interreligiösen Dialogs unter Beteiligung der Orthodoxie und des Islam

1 Die Frage nach den Dialogergebnissen

1.1 Was kann als Dialogergebnis gelten?

Die in Kapitel A 1.1. in den Blick genommenen Ansätze einer begrifflichen Klärung des Phänomens „interreligiöser Dialog" betonen die unmittelbaren Wirkungen des Dialoggeschehens auf die Dialogteilnehmer. Sie rechnen mit einer Bewusstseinsveränderung in der Begegnung mit Gläubigen einer anderen Religion, mit einem Lernprozess, der Einstellungen verändert und Horizonte erweitert. Die in dieser Untersuchung mitgenommene Begriffsklärung von Merdjanova und Brodeur konkretisiert diesen Aspekt nochmals auf die unmittelbare Erfahrung eines religiösen Pluralismus, die bei den Dialogteilnehmern zu einem vertieften Verständnis „der anderen" führt und letztlich wechselseitigen Respekt sowie Toleranz fördert. Diese primäre Wirkung von interreligiösem Dialog hat eine deutlich erzieherische, persönlichkeitsfortbildende Komponente, deren grundlegende Bedeutung kaum überschätzt werden kann. Sie wird konsequenterweise auch bei vielen der in Kapitel C 1. und 2. erfassten Dialogereignisse angesprochen. Diese Seite von „interreligiöser Dialog" darf jedoch nicht verabsolutiert werden. Wie das von Merdjanova und Brodeur verwendete Stichwort „Kommunikation" andeutet, bewegen sich die Dialogteilnehmer nicht nur auf einer Beziehungsebene, sondern immer auch auf einer sachlichen Ebene. Mit anderen Worten: interreligiöser Dialog behandelt Themen, er hat eine inhaltliche Seite. Das gilt nicht nur für Konferenzen eines akademischen Niveaus, sondern ebenso für kleiner konzipierte, lokale Dialogereignisse des „grassroots level". Entsprechend konnte beobachtet werden, dass kein einziges der in Kapitel C erfassten Dialogereignisse auf Bearbeitung von Themen und inhaltlichen Fragen verzichtet hat.

Diese Beobachtung wirft die Frage auf, welcher Anknüpfungspunkt in Frage kommt, um die inhaltliche Seite des interreligiösen Dialogs zu erschließen. Zunächst einmal werden alle bloßen Berichte über Dialogereignisse auszuklammern sein. Diese wurden zwar in Kapitel C 1. und 2. einbezogen, weil sie u. a. zu Intensität, thematischer Ausrichtung und Gestaltung von Dialogereignissen verlässliche Informationen bieten. Für die inhaltliche Analyse des Dialoggeschehens und seiner Ergebnisse sind Berichte jedoch keine geeignete Basis, da es ihnen an Unmittelbarkeit zum Dialogereignis fehlt. Die Herkunft der Informationen ist offen; Gewährsperson kann ein Einzelner sein, der keineswegs repräsentativ für die das Dialoggeschehen tragende Gruppe sein muss; der Berichterstatter kann bewusst oder unbewusst „filtern" bzw. bereits interpretieren. Weiterhin wäre der Versuch einer vergleichenden Analyse der bei den Dialogereignissen geleisteten orthodoxen bzw. islamischen Tagungsbeiträge, z. B. Referate oder Ansprachen, wenig zielführend. Zum einen liegen vollständige Dokumentationen aller Beiträge, wohl aus Gründen des nötigen Arbeitsaufwands und der Kosten, nur von einem relativ begrenzten Teil der Dialogereignisse vor. Zum anderen würde sich das Problem stellen, dass der Inhalt der einzelnen Tagungsbeiträge sehr eng mit der Person und der Sichtweise des jeweiligen Referenten verknüpft ist. Vor allem aber stellt ein solcher einzelner Beitrag zwar einen Impuls für das Dialoggeschehen, jedoch kein übergreifendes thematisch-inhaltliches Konzentrat im Sinn eines Dialog*ergebnisses* dar.

Die Frage nach den Dialogergebnissen findet ihre Antwort in der Praxis des interreligiösen Dialogs selbst. Es ist vom Bemühen gekennzeichnet, die Wirkung des dialogischen Austauschs nicht auf die des gesprochenen Wortes zu begrenzen, sondern durch Verschriftlichung einen Übergang hin zu Quellen zu gestalten, die den Ertrag von Dialogereignissen auch Nichtteilnehmern zugänglich machen. Dieselbe Motivation drängt darauf, für eine Publikation zu sorgen und die Wirkung des Dialoggeschehens zu multiplizieren. In Kapitel A 3.1. wurden diese Aspekte bereits beleuchtet. Eine solche Verschriftlichung haben nicht nur thematische Einzelbeiträge, wie etwa Vorträge, erfahren. Vielmehr wurde in der Dialogpraxis eine besondere Form entwickelt bzw. adaptiert, um das erreichte Ergebnis ins geschriebene Wort zu bringen: die Schlusserklärung.[1] Bei Schlusserklärungen handelt es sich um Texte, die in meist knapper Form wesentliche inhaltliche Einsichten zusammenstellen und im Rahmen einer interreligiösen Zusammenkunft den Teilnehmern präsentiert, zur Diskussion gestellt und teilweise sogar abgestimmt wurden. Sie sind keineswegs Konferenzen vorbehalten, sondern finden sich im Kontext unterschiedlicher Formen des Dialoggeschehens, z. B. auch im Zusammenhang interreligiöser Gruppen und kleiner, lokaler Dia-

---

[1] Bereits die frühesten interreligiösen Dialoge bedienen sich einer Schlusserklärung, um Dialogerträge zusammenzufassen und zu vermitteln. Vgl. das „Manifest" eines libanesischen interreligiösen Dialogs von 1965 in: Juliette Nasri Haddad / Augustin Duprey la Tour / Hisham Nashabé (Hrsg.), Déclarations Communes Islamo-Chrétiennes (1954–1995), Université Saint Joseph, Beyrouth, Institut d'Etudes Islamo-Chrétiennes, Dar el Machreg, Beyrouth 1997, S. 34–39 (Déclaration N° 4). Weiterhin zu nennen sind – ungeachtet der sowjetischen Orchestrierung – die beiden Appelle der interreligiös besetzten Konferenz von Moskau (Mai 1952) in: Konferenz aller Kirchen und Religionsgemeinschaften in der UdSSR zum Schutz des Friedens, Sagorsk Troize-Sergievo-Kloster 9.–12. Mai, Verlag des Moskauer Patriarchats Moskau 1952, S. 287–299.

logereignisse. Schlusserklärungen bieten interessierten Kreisen Zugänge zum Dialoggeschehen, die weitgehend unabhängig sind von geografischen und zeitlichen Distanzen.[2] Durch den engen Bezug von Schlusserklärungen zum Dialoggeschehen, d. h. durch die bereits angesprochene Unmittelbarkeit, unterscheiden sie sich von Berichten, Pressemitteilungen, Interviews u. ä.; deshalb stellen sie den wohl authentischsten Ausdruck der inhaltlichen Ergebnisse einer Dialogaktivität dar.

Die Form „Schlusserklärung" für eine aus dem konkreten Dialoggeschehen entwickelte Zusammenfassung der wesentlichen Erträge hat Vorbilder bzw. Parallelen. Sie gehören zum einen dem Bereich internationaler politischer Bemühungen an. Ein markantes Beispiel ist die früher bereits herangezogene Schlussakte von Helsinki,[3] die das Ergebnis eines jahrelangen Konferenzgeschehens auf den Punkt bringt. Schlusserklärungen gibt es – unter wechselnden Bezeichnungen – auch im ökumenischen Bereich, etwa diejenigen von Versammlungen des ÖRK[4] oder der Konferenz Europäischer Kirchen (KEK).[5] Hier interessiert weniger der Aspekt einer zeitlichen Priorität, als vielmehr die Tatsache, dass solche Schlusserklärungen im politischen wie im ökumenischem Bereich als *authentische* Zusammenfassung von Inhalten und Ergebnissen eines Dialoggeschehens verwendet bzw. interpretiert werden. Es gibt keinen Grund, dies analog nicht auch für interreligiöse Dialoge gelten zu lassen. Die Bedeutung der mit Schlusserklärungen verbundenen Gesichtspunkte „Unmittelbarkeit" und „Authentizität" bestätigt sich nicht zuletzt dadurch, dass sie von Herausgebern interreligiös orientierter Periodika wie z. B. Islamochristiana und interreligiös orientierten Institutionen und Organisationen ganz selbstverständlich als maßgeblicher Anknüpfungspunkt anerkannt und aufgegriffen werden, um Inhalte und Ergebnisse interreligiöser Dialoge interessierten Kreisen über den engeren Teilnehmerkreis hinaus mitzuteilen.[6]

---

2 Vgl. dazu Kapitel A 3.1.
3 Vgl. Kapitel B 1.3.1.1.
4 Vgl. z. B. die in Kapitel B 1.3.1.2. (1) bereits erwähnten Dokumente „Statement on European Security and Cooperation" (1972), „Memorandum of Disarmament" (1973) und „Declaration on the World Armaments Situation" (1975).
5 Vgl. z. B. Konferenz Europäischer Kirchen, Nyborg VI. Bericht der Sechsten Vollversammlung der Konferenz Europäischer Kirchen 26. April – 3. Mai 1971, Genf o. J.; aaO, S. 86 – 88 findet sich eine „Botschaft an die Kirchen". Vgl. auch Konferenz Europäischer Kirchen / Rat der Europäischen Bischofskonferenzen (Hrsg.), Frieden in Gerechtigkeit. Dokumente der Europäischen Ökumenischen Versammlung, Reinhardt Verlag Basel / Benziger Verlag Zürich 1989; aaO, S. 39 – 41 findet sich eine „Botschaft", aaO, S. 43 – 84 gefolgt von einem umfänglichen „Schlussdokument".
6 Die von Merdjanova und Brodeur vorgenommene begriffliche Klärung von „interreligiöser Dialog", die für diese Untersuchung zugrunde gelegt wird (vgl. Kapitel A 1.1.), enthält bemer-

Deshalb sollen im folgenden die Schlusserklärungen der Dialogereignisse in den Blick genommen werden. Dabei muss in Kauf genommen werden, dass nicht alle Dialogereignisse in eine Schlusserklärung münden. Bei manchen von ihnen wurde die Wirkung bewusst auf das gesprochene Wort und den Teilnehmerkreis beschränkt, noch häufiger ist die Vermittlung von Inhalten einer (interpretierenden) Berichterstattung überlassen worden. Solche Entscheidungen gilt es zu respektieren. Zugleich erklärt sich so, dass die Zahl der in Kapitel C 1. und 2. erfassten Dialogereignisse wesentlich größer ist als diejenige der zur Verfügung stehenden Schlusserklärungen. Trotzdem sind weitere Eingrenzungen unvermeidlich. Der Bericht über eine interreligiöse Tagung mag z. B. die Erarbeitung einer gemeinsamen Stellungnahme erwähnen, aber nicht in allen Fällen ist deren vollständiger Text verfügbar. Auch aus der Gruppe der im Volltext vorliegenden Schlusserklärungen sind noch manche auszusondern, etwa,

- wenn Indizien belegen, dass ihnen lediglich das Etikett „Schlusserklärung" vom Veranstalter aufgeklebt wurde, es sich tatsächlich aber um Berichte handelt, die losgelöst vom Dialoggeschehen verfasst wurden;
- oder wenn es sich um vorbereitete Erklärungen handelt, deren Verankerung im Dialoggeschehen nicht nachvollzogen werden kann; typische Merkmale dafür sind insbesondere formelhaft anmutende Wiederholungen in unterschiedlichen Zusammenhängen bei fast gleich lautenden Formulierungen;
- schließlich, wenn es sich um ganz kurze, leitsatzartige Statements, Appelle bzw. Empfehlungen[7] handelt, die zwar z. B. gruppendynamische Prozesse beleuchten oder persönliche Erfahrungen mit interreligiösem Dialog öffentlich machen, jedoch die eigentlichen inhaltlichen Einsichten und Erträge des Dialoggeschehens im Dunkeln lassen.

Nach diesen Eingrenzungen bleiben 139 Schlusserklärungen übrig, die im Abschnitt D 2. einer Analyse unterzogen werden. Dazu zählt eine Reihe von Internetquellen, bei denen es nicht gelungen ist, (auch) eine in Druckform edierte Fassung ausfindig zu machen; die wichtigsten dieser Quellen sind im Anhang 1

---

kenswerterweise keine Aussage zum Dialogergebnis. Darin mag sich eine entschiedene Präferenz zugunsten der bereits mehrfach angesprochenen Lernerfolge bei den unmittelbaren Dialogteilnehmern spiegeln. Auch wenn diese zweifellos ihre Bedeutung haben, besteht kein Grund, die von den Dialogakteuren mit den Schlusserklärungen selbst gewählte und gestaltete Form einer Synthese zwecks Vermittlung gewonnener Einsichten und zur Einwirkung auf Außenstehende zu ignorieren. Die insoweit bestehende Lücke wird durch die voran stehenden Überlegungen gefüllt.

7 Diese Form haben z. B. einige der Schlusserklärungen von Jugendseminaren, die vom Middle East Council of Churches veranstaltet wurden, vgl. Kapitel C 1.2.3.

dieser Untersuchung dokumentiert.[8] Die Zahl von 139 im Zeitraum mehrerer Jahrzehnte und in ganz unterschiedlichen Zusammenhängen entstandenen Schlusserklärungen bietet sowohl eine repräsentative Bandbreite von Dialogergebnissen als auch eine hinreichende Textbasis, um verlässliche Aussagen zu ermöglichen.

Bei der Textform „Schlusserklärung" ist weiter zu berücksichtigen, dass das Gewicht z. B. des orthodoxen Einflusses auf das Dialogergebnis unterschiedlich sein kann, je nachdem wie groß die orthodoxe Beteiligung im Gesamtrahmen einer Konferenz ist und welche Rolle orthodoxe Teilnehmern in der Tagungskonzeption übernommen haben. Da sich aber orthodoxe Dialogpartner in Kenntnis der Rahmenbedingungen jedoch selbst zu einer Mitwirkung entschlossen haben und zum interreligiösen Dialog mit dem Islam beitragen *wollten*, darf dieser Aspekt vernachlässigt werden. Insoweit besteht eine Vergleichbarkeit zwischen interreligiösen und ökumenischen Aktivitäten: in einem breit angelegten organisatorischen Rahmen wie z. B. dem ÖRK wirkt sich der orthodoxe Beitrag anders aus, als in einem bilateralen ökumenischen Dialog; dessen ungeachtet stellen beide Formen unbestritten einen bedeutsamen Teil des ökumenischen Gesamtengagements der Orthodoxie dar. Entsprechend dazu besteht kein Grund, einem interreligiösen Beitrag der Orthodoxie die Relevanz abzusprechen, nur weil er mit mehreren anderen zusammenklingt.

In einigen Dokumenten wird eine Tatsache ausdrücklich erwähnt, die bereits in Kapitel A 1.2. angesprochen wurde und generell zu berücksichtigen ist: die Teilnehmer an interreligiösen Dialogereignissen sprechen als Person,[9] als gläubige Anhänger ihrer Religion, nicht als deren bevollmächtigte Vertreter,[10] obwohl im Einzelfall greifbar wird, dass die Teilnahme bestimmter orthodoxer Teilnehmer mit Wissen und Unterstützung der Autoritäten ihrer autokephalen Kirche begleitet wird oder dass es sich um (Erst-)Hierarchen einer autokephalen Kirche handelt. Aber auch dieser Zusammenhang ist letztlich nicht von entscheidender Bedeutung, da die Schlusserklärungen und etwaige Beschlüsse interreligiöser Konferenzen generell keine bindende Wirkung entfalten. Sie sind vielmehr ganz auf Argumentation, Motivation und Überzeugungsarbeit angelegt.

Die Dokumente, in denen eine Synthese interreligiöser Tagungen verschriftlicht wird, können unterschiedliche Bezeichnungen aufweisen, vor allem die einer „Schlusserklärung" im engeren Sinn, ausgestaltet in lockerer Anlehnung an streng formalisierte Übereinkünfte internationaler Gremien. Andere Bezeichnungen sind

---

8 Vgl. auch die Ausführungen zu den Quellen in Kapitel A 3.
9 Vgl. z. B. Stuart E. Brown, Meeting in Faith, aaO, S. 6 (Dokument der Konferenz von Ajaltoun) und aaO, S. 21 (Dokument der Konferenz von Broumana).
10 Vgl. dazu auch Kapitel A 1.2.

„Appell", „Zusammenfassung", „Kommuniqué", „Empfehlung", eine Absichtserklärung u. a. m. Je nach Situation und praktischen Notwendigkeiten können die in der Bezeichnung eingefangenen Charakteristika natürlich auch kombiniert auftreten.

Abschließend sei die Methodik erläutert, die zur inhaltlichen Auswertung der Schlusserklärungen im folgenden angewandt wird. In diesem Abschnitt wird zunächst eine Liste derjenigen 139 Schlusserklärungen erstellt, die Basis der Analyse bilden werden. Jeder dieser Texte wird an den Zusammenhang im jeweiligen Dialoggeschehen rückgebunden, wie es in den Kapitel C 1. und C 2. erfasst wurde; die entsprechenden Querverweise ermöglich, den Weg vom Dialogergebnis zum Dialogereignis und seinem Kontext zurück zu verfolgen. Weiterhin wird die Referenz zur Publikation des betreffenden Dokuments bereits in der Liste geboten, um den Umfang der Fußnoten im folgenden Kapitel D 2. übersichtlich halten zu können. Der Abschnitt D. 2 ist der eigentlichen Analyse der angesprochenen 139 Texte gewidmet. Als Referenz wird in den dortigen Fußnoten jeweils nur das datums- und ortsmäßig bestimmte Dialogereignis sowie der Bezug auf deren Standort in der Konferenzliste vermerkt, also z. B. 7. – 9. 2. 2000 (Sarajevo), oben D.1. (49). Der Rückgriff auf die Publikation des Textes ist dem Leser durch die in der Liste des Kapitels D 1. enthaltenen Nachweise leicht möglich.

1.2 Schlusserklärungen interreligiöser Ereignisse mit orthodox-islamischer Beteiligung

Für die Analyse in Kapitel D 2. werden folgende Schlusserklärungen zugrunde gelegt:
(1)   8. 7. 1965 (Libanon);[11] vgl. oben in: C 2.3.3.
(2)   2. – 6. 3. 1969 (Cartigny/Schweiz);[12] vgl. oben in: C 1.2.1.1.
(3)   16. – 25. 3. 1970 (Ajaltoun/Libanon);[13] vgl. oben in: C 1.2.1.2.

---

11 Vgl. Juliette Nasri Haddad / Augustin Duprey la Tour / Hisham Nashabé (Hrsg.), Déclarations Communes Islamo-Chrétiennes (1954 – 1995), aaO, S. 34 – 39 (Déclaration N° 4); aaO, S. 36 f französische Übersetzung.
12 Schlusserklärung der Konferenz in: Stuart E. Brown, Meeting in Faith, aaO, S. 3 ff. Vgl. Juliette Nasri Haddad u. a. (Hrsg.), Déclarations Communes Islamo-Chrétiennes (1954 – 1995), aaO, S. 40 – 47 (Déclaration N° 5); aaO, S. 41 ff (französische Übersetzung), aaO, S. 45 ff (weitere Edition des englischen Originaltexts).
13 Schlusserklärung in: Stuart E. Brown (Hrsg.), Meeting in Faith, aaO, S. 6 ff; weitere Edition des Textes in: Stanley J. Samartha (Hrsg.), Living Faiths and the Ecumenical Movement, aaO, S. 15 – 29.

(4) 16.–21.10.1970 (Kyoto);¹⁴ vgl. oben in: C 1.3.1.
(5) 12.–18.7.1972 (Broumana/Libanon);¹⁵ vgl. oben in: C 1.2.1.1.
(6) 17.–26.4.1974 (Colombo/Sri Lanka);¹⁶ vgl. oben in: C 1.2.1.2.
(7) 17.–21.7.1974 (Legon/Ghana);¹⁷ vgl. oben in: C 1.2.1.1.
(8) 28.8.–3.9.1974 (Leuven);¹⁸ vgl. oben in: C 1.3.1.
(9) 1.–6.2.1976 (Tripoli/Libyen);¹⁹ vgl. oben in: C 1.5.1.
(10) 19.–22.10.1976 (Cartigny/CH);²⁰ vgl. oben in: C 1.2.1.1.
(11) 6.–10.6.1977 (Moskau);²¹ vgl. oben in: C 1.1.
(12) 12.–14.3.1979 (Chambésy/CH);²² vgl. oben in: C 1.2.1.1.
(13) 29.8.–7.9.1979 (Princeton);²³ vgl. oben in: C 1.3.1.
(14) 30.3.–1.4.1982 (Colombo);²⁴ vgl. oben C 1.2.1.1.
(15) 10.–14.5.1982 (Moskau);²⁵ vgl. oben in: C 1.1.

---

14 Homer A. Jack, A History of the World Conference on Religion and Peace, aaO, S. 437 ff („Kyoto-Declaration").
15 Stuart E. Brown (Hrsg.), Meeting in Faith, aaO, S. 21 ff (Schlusserklärung). Zu weiteren Editionen des Textes vgl. die Angaben bei der Darstellung der Konferenz oben unter C 1.2.1.1.
16 Stuart E. Brown (Hrsg.), Meeting in Faith, aaO, S. 30 ff. Weitere Edition der Schlusserklärung in: Stanley J. Samartha (Hrsg.), Towards world community, aaO, S. 115–129.
17 Stuart E. Brown (Hrsg.), Meeting in Faith, aaO, S. 49–55.
18 Homer A. Jack, A History of the World Conference on Religion and Peace, aaO, S. 440 ff („Leuven-Declaration").
19 Juliette Nasri Haddad (u.a.) (Hrsg.), Déclarations Communes Islamo-Chrétiennes (1954–1995), aaO, S. 121–136 (Déclaration N° 13).
20 Stuart E. Brown (Hrsg.), Meeting in Faith, aaO, S. 87 ff (Schlusserklärung). Vgl. Juliette Nasri Haddad (u.a.), Déclarations Communes Islamo-Chrétiennes (1954–1995), aaO, S. 146–160 (Déclaration N° 15).
21 Die drei Schlussdokumente der Konferenz sind in der Publikation der Konferenzmaterialien enthalten, vgl. Russian Orthodox Church / The Muslim Religious Board for Central Asia and Kazakhstan / The Central Religious Board of Buddhists of the USSR (Hrsg.), Religious workers for lasting peace, disarmament and just relations among nations: materials of World Conference held in Moscow, June 6–10, 1977, Department of External Church Relations of the Moscow Patriarchate Moskau 1978, S. 11–25.
22 Stuart E. Brown (Hrsg.), Meeting in Faith, aaO, S. 104–109 (Schlusserklärung und Teilnehmerliste). Vgl. Juliette Nasri Haddad (u.a.) (Hrsg.), Déclarations Communes Islamo-Chrétiennes (1954–1995), aaO, S. 184–194 (Déclaration N° 19).
23 Homer A. Jack, A History of the World Conference on Religion and Peace, aaO, S. 446 ff.
24 Stuart E. Brown (Hrsg.), Meeting in Faith, aaO, S. 119–123. Vgl. die weitere Publikation der Schlusserklärung im Rahmen eines längeren Beitrags von John B. Taylor, Christian-Muslim Dialogue Colombo, Sri Lanka, 30 March – 1 April 1982, in: Islamochristiana 8 (1982), S. 201–217 (209–213).
25 Die Konferenzmaterialien sind publiziert in: World Conference of Religious Workers for Saving the Sacred Gift of Life from Nuclear Catastrophe, Moscow, May 10–14, 1982, Moscow Patriarchate 1983; darin aaO, S. 7–9 das abschließende Kommuniqué, aaO, S. 10–15 der Appell an die Reli-

(16) 22.–27.1.1989 (Melbourne);[26] vgl. oben in: C 1.3.1.
(17) 20./21.12.1990 (Straßburg);[27] vgl. oben in: C 2.1.3.
(18) 24./25.11.1992 (Wolfsberg/CH);[28] vgl. oben in: C 1.3.5.
(19) 30.3.–2.4.1993 (Wien);[29] vgl. oben in: C 2.3.3.2.
(20) 2.–6.5.1993 (Glion);[30] vgl. oben in: C 1.2.1.2.
(21) 26.–28.7.1993 (Amman);[31] vgl. oben in: C 2.1.2.
(22) 1.–4.11.1993 (Nyon);[32] vgl. oben in: C 1.2.1.1.
(23) 15.11.1993 (Lourdes);[33] vgl. oben in: C 2.1.4.
(24) 8.–10.12.1993 (Pécs/Ungarn);[34] vgl. oben in: C 1.2.2.
(25) 7.–9.2.1994 (Istanbul);[35] vgl. oben in: C 1.3.5.
(26) 12.–14.3.1994 (Antelias);[36] vgl. oben in: C 2.3.1.2.
(27) 8.–10.9.1994 (Athen);[37] vgl. oben in: C 2.1.2.

---

gionsführer und Gläubigen sowie aaO, S. 15–17 der Appell an die 2. Sondersitzung der UN-Generalversammlung zur Abrüstung.

26 Homer A. Jack, A History of the World Conference on Religion and Peace, aaO, S. 459ff.

27 Islamochristiana 17 (1991), S. 207–211; der Text der Schlusserklärung ist publiziert aaO, S. 209–211.

28 Vgl. den Text der „Berne-Declaration" auf der Homepage der „Appeal of Conscience Foundation" unter http://www.appealofconscience.org/detail.php?id=578&cat=declarations (abgerufen 9.10.2015); der Text ist – leicht gekürzt – im Anhang 1 unter 1.16. wiedergegeben.

29 Die Schlusserklärung ist in französischer und englischer Sprache publiziert bei: Juliette Nasri Haddad (u.a.) (Hrsg.), Déclarations Communes Islamo-Chrétiennes (1954–1995), aaO, S. 287–293 (Déclaration N° 36). Vgl. auch Islamochristiana 19 (1993), S. 204f (Kurzbericht und vollständiger Text der „Vienna-Declaration" in französischer Sprache); aaO, S. 206f (arabischer Text).

30 Text der Schlusserklärung in: The Ecumenical Review 45 (1993), S. 356f. Vgl. auch Service Orthodoxe de Presse N° 179 (Juni 1993), S. 19f.

31 Der Text des Tagungsresümees mit fünf Leitsätzen ist publiziert in: Islamochristiana 19 (1993), S. 256f (englische Fassung). Zu den zahlreichen weiteren Editionen bzw. Übersetzungen des Texts vgl. die Angaben bei der Darstellung der Konferenz oben unter C 2.1.2.

32 Text der Zusammenfassung in: Juliette Nasri Haddad (Hrsg.), Déclarations Communes Islamo-Chrétiennes (1995–2001), aaO, S. 19–22 (Déclaration N° 2, NYO 93).

33 Islamochristiana 20 (1994), S. 222f.

34 Islamochristiana 20 (1994), S. 213f; dem eigentlichen „Pécs-Statement" wird eine Reihe von Empfehlungen angeschlossen, die bei der abschließenden Sitzung angenommen wurden, vgl. aaO, S. 214–216.

35 Text des Schlussdokuments vgl. John Chryssavgis (Hrsg.), In the World, yet not of the World, aaO, S. 299ff. Vgl. auch John Chryssavgis (Hrsg.), Cosmic Grace – Humble Prayer. The Ecological Vision of the Green Patriarch Bartholomew, aaO, S. 114ff.

36 Text der Leitsätze bzw. Empfehlungen in: Islamochristiana 20 (1994), S. 240f.

37 George Papademetriou, The Sixth Muslim-Christian Consultation, in: Journal of Ecumenical Studies 33 (1996), S. 131–133 (132f). Vgl. Islamochristiana 21 (1995), S. 165f (166).

(28) 6. – 10.11.1994 (Berlin);[38] vgl. oben in: C 1.2.1.1.
(29) 1./2.12.1994 (Maribor/Slowenien);[39] vgl. oben in: C 1.3.6.
(30) 12. – 18.12.1994 (Barcelona);[40] vgl. oben in: C 1.4.1.
(31) 25. – 28.9.1995 (Malta);[41] vgl. oben in: C 1.2.1.1.
(32) 2. – 5.6.1996 (Amman);[42] vgl. oben in: C 2.1.2.
(33) 14. – 17.6.1996 (Beirut);[43] vgl. oben in: C 1.2.3.
(34) 21. – 23.11.1996 (Teheran);[44] vgl. oben in: C 1.2.1.1.
(35) 24.2.1997 (Beirut);[45] vgl. oben in: C 2.3.2.1.
(36) 3. – 5.6.1997 (Istanbul);[46] vgl. oben in: C 2.1.2.
(37) 9.6.1997 „Statement of Shared Moral Commitment";[47] vgl. oben in: C 2.6.1.2.
(38) 19. – 21.9.1997 (Rogaska Slatina/Slowenien);[48] vgl. oben in: C 1.3.6.
(39) 20. – 23.12.1997 (Teheran);[49] vgl. oben C 2.5.3.
(40) 16.2.1998 (Rabat);[50] vgl. oben in: C 1.4.1.
(41) 21.5.1998 (Washington);[51] vgl. oben in: C 1.3.5.

---

38 Text der Schlusserklärung bei Juliette Nasri Haddad (Hrsg.), Déclarations Communes Islamo-Chrétiennes (1995 – 2001), aaO, S. 29 f (Déclaration N° 5, BER 94). Vgl. Islamochristiana 21 (1995), S. 164 f.
39 Der Text des Schlussappells ist publiziert in: Silvo Devetak / Liana Kalčina / Miroslav F. Polzer (Hrsg.), Legal Position of Churches and Religious Communities in South Eastern Europe. Collection of articles, selected national and international legal texts and other sources, ISCOMET, Ljubljana/Maribor/Vienna 2004, S. 407 f.
40 Der Text der Schlusserklärung ist publiziert in: Islamochristiana 21 (1995), S. 204 – 206.
41 Juliette Nasri Haddad (Hrsg.), Déclarations Communes Islamo-Chrétiennes (1995 – 2001), aaO, S. 31 – 35 (Déclaration N° 6, MAL 95).
42 Juliette Nasri Haddad (Hrsg.), Déclarations Communes Islamo-Chrétiennes (1995 – 2001), aaO, S. 67 ff (Déclaration N° 12, AMM 96). Vgl. Islamochristiana 23 (1997), S. 205 – 207.
43 Schlussdokument bei Juliette Nasri Haddad (Hrsg.), Déclarations Communes Islamo-Chrétiennes (1995 – 2001), aaO, S. 73 ff (Déclaration N° 13, BEY 96). Vgl. Istina 41 (1996), S. 426 – 428.
44 Text der Schlusserklärung vgl. http://docs.exdat.com/docs/index-193838.html?page=77. (abgerufen 21.8.2014); das Kommuniqué ist – lediglich um Formalia gekürzt – im Anhang 1 unter 1.1. wiedergegeben.
45 Juliette Nasri Haddad (Hrsg.), Déclarations Communes Islamo-Chrétiennes (1995 – 2001), aaO, S. 93 – 97 (Déclaration N° 18, BEY 97).
46 Juliette Nasri Haddad (Hrsg.), Déclarations Communes Islamo-Chrétiennes (1995 – 2001), aaO, S. 117 ff (Déclaration N° 22, IST 97). Zu weiteren Editionen der Schlusserklärung vgl. die Angaben beim Dialogereignis unter C 2.1.2.
47 Islamochristiana 23 (1997), S. 177 f.
48 Silvo Devetak (u. a.) (Hrsg.), Legal Position of Churches and Religious Communities in South Eastern Europe, aaO, S. 408 f.
49 Islamochristiana 24 (1998), S. 152.
50 Islamochristiana 24 (1998), S. 169 f.
51 Islamochristiana 24 (1998), S. 144 f.

(42) 8.–10.6.1998 (Bagdad);[52] vgl. oben in: C 2.3.3.1.
(43) 9.–12.7.1998 (Beirut);[53] vgl. oben in: C 2.3.2.2.
(44) 10.–12.11.1998 (Amman);[54] vgl. oben in: C 2.1.2.
(45) 2./3.12.1998 (Beirut);[55] vgl. oben in: C 2.3.1.2.
(46) 16.–18.3.1999 (Wien);[56] vgl. oben in: C 1.3.5.
(47) 4.–7.6.1999 (Moskau);[57] vgl. oben in: C 2.5.3.
(48) 25.–28.10.1999 (Rom/Vatikan);[58] vgl. oben C 1.5.1.
(49) 7.–9.2.2000 (Sarajevo);[59] vgl. oben in: C 2.6.1.3.
(50) 11.–13.4.2000 (Pristina);[60] vgl. oben in: C 2.6.1.3.
(51) 29.–31.5.2000 (Kloster Vlatades bei Thessaloniki);[61] vgl. oben in: C 1.5.
(52) 14.–16.9.2000 (Taschkent);[62] vgl. oben in: C 1.4.1.
(53) 17.10.2000 (Jerusalem);[63] vgl. oben in: C 2.4.1.2.
(54) 19.–23.10.2000 (Wien);[64] vgl. oben in: C 2.3.3.2.

---

52 Islamochristiana 24 (1998), S. 153–155 (Schlusserklärung, bestehend aus Bericht, Botschaft und Empfehlungen).
53 Der Text der Schlusserklärung ist auf der Homepage der „Arab Working Group" unter http://agmcd.org/files/docs/1998abrahamic.htm online zugänglich (abgerufen 4.9.2014); der Text ist im Anhang 1 unter 1.26. wiedergegeben.
54 Episkepsis 29. Jg., N° 563 (30.11.1998), S. 11–24; das Schlusskommuniqué vgl. aaO, S. 19–23. Zu weiteren Editionen der Schlusserklärung vgl. oben C 2.1.2.
55 Text der Empfehlungen in: Juliette Nasri Haddad (u. a.) (Hrsg.), Déclarations Communes Islamo-Chrétiennes (1995–2001), aaO, S. 161–163 (Déclaration N° 32, BEY 98/12).
56 Die Erklärung ist online zugänglich auf der Homepage des Veranstalters unter http://www.appealofconscience.org/d-574/declarations/Kosovo%20Peace%20and%20Tolerance%20Vienna%20Declaration (abgerufen 25.8.2014). Der Text ist – leicht gekürzt – im Anhang 1 unter Nr. 1.17. wiedergegeben.
57 Juliette Nasri Haddad (Hrsg.), Déclarations Communes Islamo-Chrétiennes (1995–2001), aaO, S. 177 ff (Déclaration N° 36, MOS 99). Vgl. auch Islamochristiana 25 (1999), S. 220–222 (Kurzbericht und Text des Schlusskommuniqués).
58 Das Schlussdokument ist publiziert in: Islamochristiana 26 (2000), S. 253–257.
59 Der Text des „Statement" ist online zugänglich unter auch http://www.evrel.ewf.uni-erlangen.de/pesc/R2000-Kosovo.htm, Dokument 1; vgl. auch http://www.bosnia.org.uk/bosrep/report_format.cfm?articleid=2886&reportid=129 (abgerufen 13.9.2014); der Text des Dokuments ist – leicht gekürzt – im Anhang 1 unter 1.33. wiedergegeben.
60 Gemeinsames Kommuniqué in: Islamochristiana 26 (2000), S. 219f.
61 Episkepsis 31. Jg., N° 584 (30.6.2000), S. 9f. Islamochristiana 26 (2000), S. 197f.
62 Eine Zusammenfassung der Beiträge und Verhandlungen, der „Rapport Final" mit Empfehlungen und Schlusserklärung sowie die Teilnehmerliste sind auf der Homepage der UNESCO dokumentiert, vgl. http://unesdoc.unesco.org/images/0012/001214/121489f.pdf; die hier relevanten Teile, Empfehlungen und Schlusserklärung, finden sich aaO, aaO, S. 7–9 (pdf-Datei; abgerufen 26.8.2014).
63 Text des gemeinsamen Appells in: Istina 56 (2001), S. 190f.
64 Die Schlusserklärung ist publiziert in: Islamochristiana 27 (2001), S. 181.

(55) 13./14. 11. 2000 (Moskau/Danilovkloster);[65] vgl. oben in: C 2.5.4.1.
(56) 16. – 18. 11. 2000 (Limassol);[66] vgl. oben in: C 1.2.3.
(57) 7. – 9. 12. 2000 (Syrakus);[67] vgl. oben in: 1.4.2.
(58) 24./25. 1. 2001 (Teheran);[68] vgl. oben in: C 2.5.3.
(59) 23. – 25. 2. 2001 (Bled/Slowenien);[69] vgl. oben in: C 1.3.6.
(60) 16. – 20. 6. 2001 (Montreux);[70] vgl. oben in: C 1.2.3.
(61) 1. 9. 2001 (Oslo);[71] vgl. oben in: C 2.6.1.3.
(62) 12. – 16. 9. 2001 (Sarajevo);[72] vgl. oben in: C 1.2.2.
(63) 24. – 28. 9. 2001 (Coventry);[73] vgl. oben in: C 2.6.3.1.
(64) 30. 9. 2001 (Bayt-ud-Din/Libanon);[74] vgl. oben in: C 2.3.2.1.
(65) 10./11. 12. 2001 (Straßburg);[75] vgl. oben in: C 1.4.2.

---

65 Das zweiteilige Schlussdokument ist online zugänglich auf der Homepage der Organisation „International Council of Christians und Jews" unter http://www.jcrelations.net/Interreligious_Peace_Forum_Moscow_2000.2371.0.html (abgerufen 10.9.2014). Der Text ist im Anhang 1 unter 1.32. mitgeteilt.
66 Juliette Nasri Haddad (Hrsg.), Déclarations Communes Islamo-Chrétiennes (1995 – 2001), aaO, S. 213 – 215 (Déclaration N° 45, LIM 00).
67 Die Schlusserklärung ist dokumentiert in: Office of the Commissioner for Human Rights, Dialogue of the Council of Europe – Commissioner for Human Rights with the Religious Communities, Strasbourg 2004, S. S. 12, online zugänglich unter https://wcd.coe.int/com.instranet.InstraServlet?command=com.instranet.CmdBlobGet&InstranetImage=325078&SecMode=1&DocId=1020052&Usage=2 (abgerufen 26.8.201); der Text ist im Anhang 1 unter 1.19. wiedergegeben.
68 Text des gemeinsamen Kommuniqués zur Tagung in: Islamochristiana 27 (2001), S. 197 f.
69 Der Text der „Bled Declaration" ist publiziert in: Silvo Devetak / Liana Kalčina / Miroslav F. Polzer (Hrsg.), Legal Position of Churches and Religious Communities in South Eastern Europe, aaO, S. 409.
70 Juliette Nasri Haddad (u. a.) (Hrsg.), Déclarations Communes Islamo-Chrétiennes (1995 – 2001), aaO, S. 225 – 232 (Déclaration N° 48, MON 01).
71 Juliette Nasri Haddad (Hrsg.), Déclarations Communes Islamo-Chrétiennes (2002 – 2005), aaO, S. 37 ff (Déclaration N° 7). Vgl. Islamochristiana 28 (2002), S. 268 f.
72 Text der Schlusserklärung in: Episkepsis 32. Jg. N° 600 (30.9.2001), S. 8 – 12. Zu weiteren Editionen der Erklärung vgl. die Angaben bei der Darstellung der Konferenz oben unter C 1.2.2.
73 Der Text des Schlussdokuments ist publiziert in: Islamochristiana 28 (2002), S. 168 f. Weitere Edition in: Juliette Nasri Haddad (Hrsg.), Déclarations Communes Islamo-Chrétiennes (2002 – 2005), aaO, S. 55 ff (Déclaration N° 13); der Text der Einleitung ist in der Edition Haddads gegenüber Islamochristiana aaO gekürzt, der Text des „Joint Statement" stimmt dagegen mit Islamochristiana aaO überein.
74 Juliette Nasri Haddad (u. a.) (Hrsg.), Déclarations Communes Islamo-Chrétiennes (1995 – 2001), aaO, S. 233 – 236 (Déclaration N° 49, BAY 01, mit Teilnehmerliste); aaO, S. 237 – 239 findet sich der arabische Text.
75 Die Schlusserklärung ist dokumentiert in: Office of the Commissioner for Human Rights, Dialogue of the Council of Europe – Commissioner for Human Rights with the Religious Communities, Strasbourg 2004, S. S. 26 f, online zugänglich unter https://wcd.coe.int/com.instranet.In

(66) 13./14.12.2001 (Moskau);[76] vgl. oben in: C 2.5.4.1
(67) 14./15.12.2001 (Belgrad);[77] vgl. oben in: C 1.3.6.
(68) 18.–20.12.2001 (Kairo);[78] vgl. oben in: C 2.3.2.2.
(69) 19./20.12.2001 (Brüssel);[79] vgl. oben in: C 1.4.2.
(70) 20.–22.1.2002 (Alexandria);[80] vgl. oben in: C 2.4.2.
(71) 24.1.2002 (Beirut);[81] vgl. oben in: C 2.3.2.1.
(72) 21.–24.2.2002 (Wien);[82] vgl. oben in: C 2.3.3.2.
(73) 11.4.2002 (Istanbul);[83] vgl. oben in: C 2.1.4.
(74) 31.5.–1.6.2002 (Timişoara/Rumänien);[84] vgl. oben in: C 1.3.6.
(75) 24.–27.8.2002 (Lyon);[85] vgl. oben in: C 2.3.1.2.
(76) 10./11.10.2002 (Baku);[86] vgl. oben in: C 1.5.2.
(77) 16.–18.10.2002 (Genf);[87] vgl. oben in: C 1.2.1.1.
(78) 28.–30.10.2002 (Manama/Bahrein);[88] vgl. oben in: C 2.1.2.

---

straServlet?command=com.instranet.CmdBlobGet&InstranetImage=325078&SecMode=1&DocId=1020052&Usage=2 (abgerufen 26.8.2014); der Text ist im Anhang 1 unter 1.20. wiedergegeben.
76 Text des Schlussdokuments in: The Ecumenical Review 54 (2002), S. 523–525.
77 Text der Schlusserklärung in: Una Sancta 57 (2002), S. 173–176. Zu weiteren Publikation des Textes vgl. die Angaben bei der Darstellung der Konferenz oben unter C 1.3.6.
78 Die gemeinsame Erklärung ist publiziert bei: Juliette Nasri Haddad (u.a.) (Hrsg.), Déclarations Communes Islamo-Chrétiennes (1995–2001), aaO, S. 241–257 (Déclaration N° 50, CAI 01).
79 Das Schlussdokument ist publiziert in: John Chryssavgis (Hrsg.), In the World, yet not of the World, aaO, S. 305 ff; zu weiteren Editionen der Schlusserklärung vgl. die Angaben im Zusammenhang mit der Darstellung der Konferenz oben C 1.4.2.
80 Proche-Orient Chrétien 53 (2003), S. 184–188; Text der „Alexandria-Declaration" aaO, S. 185 f.
81 Juliette Nasri Haddad (Hrsg.), Déclarations Communes Islamo-Chrétiennes (2002–2005), aaO, S. 75 ff (Déclaration N° 19). Islamochristiana 28 (2002), S. 218 f.
82 Die Schlusserklärung ist auf der Homepage des Veranstalters online zugänglich unter http://www.rti-stgabriel.at/conf-listings/conf-PDFs/VIC2Comm.pdf (abgerufen 4.9.2014); der Text ist im Anhang 1 unter 1.28. wiedergegeben.
83 Die Schlusserklärung ist publiziert in: Islamochristiana 28 (2002), S. 233 f.
84 Der Text der „Timişoara-Declaration" ist publiziert in: Silvo Devetak (u.a.) (Hrsg.), Legal Position of Churches and Religious Communities in South Eastern Europe, aaO, S. 413–416.
85 Text der Erklärung bei: Juliette Nasri Haddad (Hrsg.), Déclarations Communes Islamo-Chrétiennes (2002–2005), aaO, S. 107–110 (Déclaration N° 28, LYO 02). Vgl. auch Proche-Orient Chrétien 53 (2003), S. 138–140.
86 Vgl. die online-Publikation der Konferenzmaterialien auf der Homepage der OSZE unter www.osce.org/odihr/42582 (pdf-Dokument); der Text der Schlusserklärung ist aaO, S. 11–13 zugänglich (abgerufen 28.8.2014); der Text ist im Anhang 1 unter 1.25. mitgeteilt.
87 Juliette Nasri Haddad (Hrsg.), Déclarations Communes Islamo-Chrétiennes (2002–2005), aaO, S. 115 ff (Déclaration N° 30).
88 George C. Papademetriou, Two Traditions, One Space, Appendices, aaO, S. 273–282. Zu weiteren (Teil-) Editionen der dreiteiligen Schlusserklärung vgl. die Angaben im Zusammenhang mit der Darstellung der Konferenz oben unter C 2.1.2.

(79) 11./12.11.2002 (Oslo);[89] vgl. oben in: C 1.3.2.
(80) 9./10.12.2002 (Louvain-la-Neuve);[90] vgl. oben in: C 1.4.2.
(81) 27./28.5.2003 (Amman);[91] vgl. oben in: C 2.3.3.1.
(82) 12.–14.6.2003 (Beirut);[92] vgl. oben in: C 2.3.2.2.
(83) 23./24.9.2003 (Astana);[93] vgl. oben in: C 1.4.4.
(84) 29.9.–1.10.2003 (Sarajevo);[94] vgl. oben C 1.3.2.
(85) 26.11.2003 (Danilovkloster/Moskau);[95] vgl. oben in: C 2.5.4.1.
(86) 14.–17.12.2003 (Sevilla);[96] vgl. oben in: C 1.3.7.
(87) 2.–4.3.2004 (Moskau);[97] vgl. oben in: C 2.5.2.3.
(88) 16.7.2004 (Kairo);[98] vgl. oben in: C 1.2.3.
(89) 2.8.2004 (Kairo);[99] vgl. oben in: C 1.2.3.
(90) 10./11.8.2004 (Amaroussion bei Athen);[100] vgl. oben in: C 2.1.3.

---

[89] Der Text der Schlusserklärung ist auf der Homepage von „Religions pour la paix – France" unter http://www.religionspourlapaix.org/modules.php?op=modload&name=News&file=article&sid=50 zugänglich (abgerufen 29.8.2014); vgl. Anhang 1 unter 1.5.
[90] Die Schlusserklärung ist dokumentiert in: Office of the Commissioner for Human Rights, Dialogue of the Council of Europe – Commissioner for Human Rights with the Religious Communities, Strasbourg 2004, S. S. 40–42, online zugänglich unter https://wcd.coe.int/com.instranet.InstraServlet?command=com.instranet.CmdBlobGet&InstranetImage=325078&SecMode=1&DocId=1020052&Usage=2 (abgerufen 26.8.2014); der Text ist – leicht gekürzt – im Anhang 1 unter 1.21. wiedergegeben.
[91] Der Text der Erklärung ist publiziert in: Islamochristiana 29 (2003), S. 227f.
[92] Juliette Nasri Haddad (Hrsg.), Déclarations Communes Islamo-Chrétiennes (2002–2005), aaO, S. 143–146 (Déclaration N° 37, BEY 03).
[93] Die Schlusserklärung ist publiziert in: Islamochristiana 30 (2004), S. 205–207 (206f).
[94] Die kurze Schlusserklärung ist online zugänglich auf der Homepage des Veranstalters unter http://www.rfp-europe.eu/index.cfm?id=114963 (abgerufen 25.8.2014); der Text ist – um Formalia gekürzt – im Anhang 1 unter 1.6. mitgeteilt.
[95] Text der Schlusserklärung in: Juliette Nasri Haddad (Hrsg.), Déclarations Communes Islamo-Chrétiennes (2002–2005), aaO, S. 161ff (Déclaration N° 40). Vgl. Islamochristiana 30 (2004), S. 216–218.
[96] Text der „Seville-Declaration" in: Islamocristiana 30 (2004), S. 220f.
[97] Text der Schlusserklärung in: Nachrichtendienst Östliche Kirchen (NÖK), Ausgabe 12/04 (25.3.04), Teil A, Nr. 16. Vgl. http://orthodoxeurope.org/page/14/40.aspx#5 (abgerufen 6.9.2014). Der Text ist im Anhang 1 unter 1.29. wiedergegeben.
[98] Text in englischer Übersetzung bei: Juliette Nasri Haddad (Hrsg.), Déclarations Communes Islamo-Chrétiennes (2002–2005), aaO, S. 197ff (Déclaration N° 49); hier wird als Datum irrtümlich der 19. Juli genannt. Vgl. Proche-Orient Chrétien 55 (2005), S. 157f (Text der Übereinkunft in französischer Sprache; der Schlussabschnitt wird nicht wörtlich, sondern als Zusammenfassung geboten).
[99] Juliette Nasri Haddad (Hrsg.), Déclarations Communes Islamo-Chrétiennes (2002–2005), aaO, S. 201f (Déclaration N° 50, CAI 04/8).
[100] Episkepsis 35. Jg., N° 638 (31.8.2004), S. 2–4 (Text der „Amaroussion Declaration")

(91)   7.–10.11.2004 (Leuven);[101] vgl. oben in: C 1.3.2.
(92)   1.–3.3.2005 (Amman);[102] vgl. oben in: C 1.5.
(93)   15.–17.3.2005 (Kairo);[103] vgl. oben in: C 1.2.3.
(94)   18.3.2005 (Tirana);[104] vgl. oben in: C 2.12.2.
(95)   7.–9.11.2005 (Istanbul);[105] vgl. oben in: C 1.3.5.
(96)   21./22.3.2006 (Kairo);[106] vgl. oben in: C 1.2.3.
(97)   4.–6.4.2006 (Moskau);[107] vgl. oben in: C 2.5.4.1.
(98)   2./3.5.2006 (Pec);[108] vgl. oben in: C 2.6.3.1.
(99)   3.–5.7.2006 (Moskau);[109] vgl. oben in: C 1.3.3.
(100) 26.–29.8.2006 (Kyoto);[110] vgl. oben in: C 1.3.1.

---

101 Der Text der Schlusserklärung ist online zugänglich auf der Homepage der französischen Sektion der Organisation „Religions pour la paix" / „Religions for Peace" unter http://www.religionspourlapaix.org/modules.php?op=modload&name=News&file=article&sid=143 (abgerufen 24.8.2014). Der Text der Erklärung ist – gekürzt um Formalia und eine Würdigung Brüssels als Symbol Europas – im Anhang 1 unter 1.7. wiedergegeben.
102 Text der Schlusserklärung bei: Juliette Nasri Haddad (Hrsg.), Déclarations Communes Islamo-Chrétiennes (2002–2005), aaO, S. 253f (Déclaration N° 61).
103 Publikation des Textes in: Juliette Nasri Haddad (Hrsg.), Déclarations Communes Islamo-Chrétiennes (2002–2005), aaO, S. 261–263. Vgl. Proche-Orient Chrétien 55 (2005), S. 436f.
104 Der Text des „Statements" ist publiziert in: Islamochristiana 31 (2005), S. 203f.
105 Text des Dokuments vgl. John Chryssavgis (Hrsg.), In the World, yet not of the World, aaO, S. 302ff. Zu weiteren Editionen der Schlusserklärung vgl. die Angaben bei der Darstellung der Konferenz oben unter C 1.3.5.
106 Text des Kommuniqués in: Courrier Oecuménique du Moyen-Orient 53/2006, S. 58, online zugänglich auf der Homepage des „Conseil" unter http://www.mec-churches.org/magazines/courrier/53/courrier53.pdf (abgerufen 23.8.2014); das Kommuniqué ist im Anhang 1 unter 1.3. wiedergegeben. Der Text des Appells an die Vereinten Nationen ist publiziert in: Juliette Nasri Haddad (Hrsg.), Déclarations Communes Islamo-Chrétiennes (2006–2008), aaO, S. 71ff.
107 Die Schlusserklärung der Tagung ist in deutscher Übersetzung publiziert in: Barbara Hallensleben / Guido Vergauwen / Klaus Wyrwoll (Hrsg.), Freiheit und Verantwortung im Einklang, aaO, S. 159–161.
108 Text der Schlusserklärung in: Nachrichtendienst Östliches Christentum (NÖK) Ausgabe 19/6 Teil C (10.5.2006) Nr. 4; das Dokument ist im Anhang 1 unter 1.34. wiedergegeben.
109 Der Text der Schlusserklärung ist in deutscher Übersetzung publiziert in: Barbara Hallensleben / Guido Vergauwen / Klaus Wyrwoll (Hrsg.), Freiheit und Verantwortung im Einklang, aaO, S. 164–168. Zu weiteren Editionen des Dokuments vgl. die Hinweise bei der Darstellung der Konferenz oben unter C 1.3.3.
110 Der Text der Schlusserklärung „The Kyoto Declaration on Confronting Violence and Advancing Shared Security – Religions for Peace Eighth World Assembly" ist auf der Homepage des Veranstalters unter http://www.religionsforpeaceinternational.org/sites/default/files/The%20Kyoto%20Declaration%20on%20Confronting%20Violence%20and%20Advancing%20Shared%20Security%20Religions%20for%20Peace%20Eighth%20World%20Assembly_English.pdf zugänglich (abgerufen 29.8.2014); der Text ist – gekürzt – in Anlage 1 unter 1.4. mitgeteilt.

(101) 11.–13.9.2006 (Astana II);[111] vgl. oben in: C 1.4.4.
(102) 28.1.–2.2.2007 (Saydnaya/Syrien);[112] vgl. oben in: C 1.2.3.
(103) 23./24.4.2007 (San Marino);[113] vgl. oben in: C 1.4.2.
(104) 6.6.2007 (Köln);[114] vgl. oben in: C 1.3.3.
(105) 13.–16.9.2007 (Moskau);[115] vgl. oben in: C 2.5.4.1.
(106) 26.–28.10.2007 (Ochrid);[116] vgl. oben in: C 2.6.3.1.
(107) 5.–8.11.2007 (Washington);[117] vgl. oben in: C 2.4.1.1.
(108) 22./23.1.2008 (Amman);[118] vgl. oben in: C 2.3.3.1.
(109) 28.2.–2.3.2008 (Beirut);[119] vgl. oben in: C 2.3.2.2.
(110) 3.–5.3.2008 (Berlin);[120] vgl. oben in: C 1.3.2.
(111) 13./14.5.2008 (6. Konferenz Doha/Qatar);[121] vgl. oben in: C 1.4.3.

---

111 Der Text der Schlusserklärung und der „Prinzipien für den Dialog" sind online zugänglich unter http://www.globaldialoguefoundation.org/files/REL.2009-jul.2congress.pdf (abgerufen 28.8.2014); beide Dokumente sind im Anhang 1 unter 1.24. mitgeteilt.
112 Schlusserklärung bei Juliette Nasri Haddad (Hrsg.), Déclarations Communes Islamo-Chrétiennes (2006–2008), aaO, S. 124–128 (Déclaration N° 32, SAY 07/2).
113 Text der Schlusserklärung auf der Homepage des Europarats unter http://www.coe.int/t/dg4/intercultural/sanmarino_EN.asp (abgerufen 26.8.2014); der Text ist im Anhang 1 unter 1.22. mitgeteilt.
114 Text der Schlusserklärung in: Orthodoxie Aktuell 11. Jg. (6/2007), S. 15–18.
115 V. K. Egorov, Intercultural and Interreligious Dialogue for Sustainable Development, Publishing House of the RAPA Moscow 2008, online publiziert auf der Homepage der UNESCO unter http://unesdoc.unesco.org/ulis/cgi-bin/ulis.pl?catno=160919&set=505C6487_2_195&gp=1&lin=1&ll=1. Die Schlusserklärung der Konferenz und einige Empfehlungen vgl. aaO, S. 761–765 (abgerufen 11.9.2014).
116 Elizabeta Kančesca-Milevka (Hrsg.), Ohrid Messages for Peace and Mutual Life: World Conference for Dialogue among Religions and Civilizations, Ministry of Culture of Republic of Macedonia Skopje 2008, S. 283–286.
117 Vgl. Proche-Orient Chrétien 58 (2008), S. 198f.
118 Juliette Nasri Haddad (Hrsg.), Déclarations Communes Islamo-Chrétiennes (2006–2008), aaO, S. 171–181 (Déclaration N° 44 und 45, AMM 08/1a und AMM 08/1b). Die Herausgeberin bietet zwei Erklärungen, jeweils mit einer Unterzeichnerliste, die genau übereinstimmen; das Verhältnis der beiden Schlusserklärungen N° 44 und N° 45 zueinander lässt die Herausgeberin offen.
119 Proche-Orient Chrétien 59 (2009), S. 332–336 (Text des Dokuments aaO, S. 333–336).
120 Der Text der Schlusserklärung ist online zugänglich auf der Homepage des Außenamts des Moskauer Patriarchats unter http://orthodoxeurope.org/page/14/142.aspx sowie auf der Homepage der Organisation „Religions for Peace" unter http://www.rfp-europe.eu/index.cfm?id=216896 (beide Websites abgerufen 25.8.2014). Die Schlusserklärung ist – um eine Würdigung des Tagungsorts gekürzt – im Anhang 1 unter 1.8. wiedergegeben.
121 Die Schlusserklärung ist publiziert in: Islamochristiana 34 (2008), S. 233.

(112) 22.–25.5.2008 (Rovereto);[122] vgl. oben in: C 1.3.2.
(113) 24.6.2008 (Beirut);[123] vgl. oben in: C 2.3.3.1.
(114) 16./17.7.2008 (Moskau);[124] vgl. oben in: C 2.5.3.
(115) 27.–29.7.2008 (Sapporo);[125] vgl. oben in: C 1.3.3.
(116) 15.10.2008 (Cambridge);[126] vgl. oben in: C 2.1.3.
(117) 20.–23.10.2008 (Brüssel/Mechelen);[127] vgl. oben in: C 1.2.2.
(118) 11.–13.12.2008 (Athen);[128] vgl. oben in: C 2.1.2.
(119) 13./14.12.2008 (Teheran);[129] vgl. oben in: C 1.2.1.1.
(120) 25.–27.5.2009 (Lille);[130] vgl. oben 1.3.2.
(121) 16./17.6.2009 (Rom);[131] vgl. oben in: C 1.3.3.
(122) 22.7.2009 (Moskau/Danilovkloster);[132] vgl. oben in: C 1.4.1.

---

122 Die Schlusserklärung ist auf der Homepage der (mit-)veranstaltenden Organisation „Religions for Peace" unter http://www.rfp-europe.eu/index.cfm?id=202053 online zugänglich (abgerufen 24.8.2014).
123 Der Text der Schlusserklärung ist publiziert in: Juliette Nasri Haddad (Hrsg.), Déclarations Communes Islamo-Chrétiennes (2006–2008), aaO, S. 211–213 (Déclaration N° 54, BEY 08/6).
124 Der Text dieser Schlusserklärung ist dokumentiert in: Messager de l'Eglise orthodoxe russe N° 10 (Juli/August) 2008, S. 27f (version électronique), online zugänglich auf der Homepage der russisch-orthodoxen Kirche in Frankreich unter http://www.egliserusse.eu/Version-electronique-du-numero-10-du-Messager-de-l-Eglise-orthodoxe-russe_a675.html (abgerufen 7.9.2014); der Text ist im Anhang 1 unter 1.30. mitgeteilt.
125 Der Text des Appells ist online publiziert auf der Homepage der EKD unter http://www.ekd.de/english/ekd_press_releases-4248.html (abgerufen 25.8.2014); der Text der Schlusserklärung ist – um deklaratorische Bemerkungen gekürzt – im Anhang 1 unter 1.13. mitgeteilt.
126 Text des Schlusskommuniqués in: Islamochristiana 34 (2008), S. 203f.
127 Die Erklärung ist publiziert in: Juliette Nasri Haddad (Hrsg.), Déclarations Communes Islamo-Chrétiennes (2006–2008), aaO, S. 229–233 (Déclaration N° 58, MAL 08/10). Weitere Edition der Schlusserklärung in: Islamochristiana 34 (2008), S. 216–218.
128 Gemeinsame Presseerklärung vom 13.12.2008 in: George C. Papademetriou, Two Traditions, One Space, Appendix, aaO, S. 312f.
129 Der Text der Schlusserklärung ist publiziert in: Juliette Nasri Haddad (Hrsg.), Déclarations Communes Islamo-Chrétiennes (2006–2008), aaO, S. 258ff (Déclaration N° 64).
130 Der Text der Schlusserklärung ist online zugänglich unter http://www.rfp-europe.eu/index.cfm?id=241899 sowie unter http://orthodoxeurope.org/page/14/142.aspx (beide Websites abgerufen 25.8.2014); der Text der Schlusserklärung ist im Anhang 1 unter 1.9. wiedergegeben.
131 Der Text der Schlusserklärung ist online zugänglich auf der Homepage der Nachrichtenagentur Reuter unter http://blogs.reuters.com/faithworld/2009/06/18/world-religious-leaders-hold-their-own-g8-summit/ sowie unter http://www.faithchallengeg8.com/pdfs/ItalyStatementEN.pdf (beide Websites abgerufen 25.8.2014); der Text ist – um eine Grußadresse und Formalia gekürzt – im Anhang 1 unter 1.14. mitgeteilt.
132 Das Schlusskommuniqué ist auf der Homepage des Außenamts des Moskauer Patriarchats publiziert, vgl. http://orthodoxeurope.org/page/14/173.aspx#_Toc237434677 (abgerufen 26.8.2014).

(123) 5.–9.8.2009 (Kairo);[133] vgl. oben in: C 1.2.3.
(124) 20.–22.10.2009 (Doha/Qatar);[134] vgl. oben in: C 1.4.3.
(125) 26./27.4.2010 (Baku);[135] vgl. oben in: C 2.5.2.3.
(126) 26.–28.4.2010 (Istanbul);[136] vgl. oben in: C 1.3.2.
(127) 5.–7.10.2010 (Teheran);[137] vgl. oben in: C 2.5.3.
(128) 19.–21.10.2010 (Doha/Qatar);[138] vgl. oben in: C 1.4.3.
(129) 1.–4.11.2010 (Genf);[139] vgl. oben in: C 1.2.1.1.
(130) 12.5.2011 (Bkerke/Libanon);[140] vgl. oben in: C 2.3.3.1.
(131) 23./24.5.2011 (Bordeaux);[141] vgl. oben in: C 1.3.3.

---

[133] Der Text des Schlusskommuniqués ist online zugänglich auf der Homepage des „MECC" unter http://www.mec-churches.org/Christian%20Muslim%20Dialogue%209th/final_comunique_english.pdf (abgerufen 25.8.2014); der Text ist im Anhang 1 unter 1.2. mitgeteilt.

[134] Die Schlusserklärung ist auf der Kongresshomepage online zugänglich unter http://www.qatarconferences.org/dialogue2009/english/declaration_en1.pdf (abgerufen 27.8.2014); der Text ist im Anhang 1 unter 1.23. mitgeteilt.

[135] Der Text der Schlusserklärung ist publiziert in: Islamochristiana 36 (2010), S. 330–332.

[136] Die Schlusserklärung ist online zugänglich unter http://www.rfp-europe.eu/doc/Council%20Meetings/ECRL%20Istanbul%20declaration%20on%20Tolerance.pdf (abgerufen 24.8.2014). Der Text ist – um zwei deklaratorische Passagen gekürzt – im Anhang 1 unter 1.10. wiedergegeben.

[137] Das Schlusskommuniqué ist in französischer Sprache auf der Homepage der Nachrichtenagentur „Orthodoxie" in französischer Sprache online zugänglich unter http://www.orthodoxie.com/actualites/monde/communique-commun-suite-a-la-6e-reunion-de-la-commission-mixte-russo-iranienne-pour-la-dialogue-orth/. Eine englische Übersetzung der Schlusserklärung ist online zugänglich unter https://mospat.ru/en/2010/10/12/news27994/ (beide Seiten abgerufen 7.9.2014). Die hier zugrunde gelegte französische Fassung des Textes ist im Anhang 1 unter 1.31. wiedergegeben.

[138] Die Schlusserklärung ist publiziert in: Islamochristiana 36 (2010), S. 310.

[139] Der Beschlussteil der Erklärung ist – unter Auslassung der zusammengefassten Tagungsbeiträge – publiziert in: Islamochristiana 36 (2010), S. 327–329. Der gesamte Text, d. h. einschließlich der Redezusammenfassungen, ist auf der Homepage des „Berkeley Center for Religion, Peace and World Affairs" online zugänglich unter http://berkleycenter.georgetown.edu/resources/publications/final-statement-transforming-communities-christians-and-muslims-building-a-common-future (pdf-Datei); vgl. http://muslimsandchristians.net/documents/FinalStatement.pdf (beide hier mitgeteilten Websites abgerufen 23.8.2014).

[140] Der Text der Schlusserklärung ist – eingebettet in einen Bericht über die Konferenz – online zugänglich auf der Homepage der Organisation „Chrétiens de la Méditerranée" unter http://www.chretiensdelamediterranee.com/liban-le-sommet-de-bkerke-consacre-lexception-chiite/ (abgerufen 4.9.2014). Die Schlusserklärung ist im Anhang 1 unter 1.27. wiedergegeben.

[141] Das Schlussdokument ist auf der Homepage des Ökumenischen Patriarchats online zugänglich unter http://www.patriarchate.org/news/releases/bordeaux (abgerufen 25.8.2014); der Text ist – gekürzt um zwei deklaratorische Abschnitte – im Anhang 1 unter 1.15. mitgeteilt.

(132) 21.– 23.6.2011 (Moskau);[142] vgl. oben in: C 1.3.2.
(133) 27.9.2011 (Dar el-Fatwa/Libanon);[143] vgl. oben in: C 2.3.3.1.
(134) 24.– 26.10.2011 (Doha/Qatar);[144] vgl. oben in: C 1.4.3.
(135) 18.– 22.3.2012 (Oxford);[145] vgl. oben in: C 1.3.7.
(136) 8.– 10.5.2012 (Sarajevo);[146] vgl. oben C 1.3.2.
(137) 17./18.9.2012 (Bossey/Genf);[147] vgl. oben in: C 1.2.1.1.
(138) 18.– 20.4.2013 (Istanbul);[148] vgl. oben in: C 2.3.2.4.
(139) 7./8.5.2013 (Wien);[149] vgl. C 1.3.2.

2 Grundlinien und Schwerpunkte in den Dialogergebnissen

Die im voran stehenden ersten Abschnitt präsentierten 139 Dokumente sind zwischen 1965 und 2013 entstanden, also über einen Zeitraum von fast fünf Jahrzehnten. Sie sind an unterschiedlichen Orten eines beträchtlichen geografischen Raums entstanden und verdanken sich dem Engagement jeweils personell unterschiedlich zusammengesetzter Personengruppen. So stehen die Texte zunächst einzeln im Raum und spiegeln u.a. die jeweiligen Einsichten bzw. Präferenzen der Teilnehmer und der Veranstalter, den jeweiligen zeitlichen und räumlichen Kontext. Im folgenden soll herausgearbeitet werden, ob und inwiefern die Schlusserklärungen trotz ihrer Individualität in dieselbe Richtung weisen. Die leitenden Fragen dabei sind: Lassen sich Grundlinien und Schwerpunkte bei in-

---

142 Die Schlusserklärung ist online zugänglich auf der Homepage der Organisation „Religions for Peace" unter http://www.rfp-europe.eu/Moscow%20Declaration (abgerufen 25.8.2014); der Text ist – gekürzt um einen Abschnitt deklaratorischen Inhalts – im Anhang 1 unter 1.11. wiedergegeben.
143 Der Text der Schlusserklärung ist publiziert in: Proche-Orient Chrétien 62 (2012), S. 191 f. Vgl. Islamochristiana 37 (2011), S. 207 f (Schlusskommuniqué und Teilnehmerliste).
144 Die Schlusserklärung ist publiziert in: Islamochristiana 37 (2011), S. 236.
145 Der Text des Manifests ist auf der Homepage des veranstaltenden Instituts online zugänglich unter http://www.elijah-interfaith.org/fileadmin/pictures/Friendship%20Across%20Religions%20-%20Manifesto.pdf (abgerufen 26.8.2014). Der Text ist im Anhang 1 unter 1.18. wiedergegeben.
146 Text der Schlusserklärung unter http://www.rfp-europe.eu/index.cfm?id=398512 (abgerufen 25.8.2014).
147 Das gemeinsame Kommuniqué ist publiziert in: Islamochristiana 38 (2012), S. 308 f.
148 Der Text der Erklärung ist – kombiniert mit einem Tagungsbericht – auf der Homepage der Organisation „Religions for Peace" unter http://www.rfp.org/news/establishing-inter-religious-council-syria%E2%80%94religions-peace online zugänglich (abgerufen 4.9.2014).
149 Die Schlusserklärung „Freedom of Religion – Rights and Commitments" ist online zugänglich unter http://www.rfp-europe.eu/index.cfm?id=400155 (abgerufen 25.8.2014); der Text ist im Anhang 1 unter 1.12. wiedergegeben.

terreligiösen Einsichten erkennen? Wenn ja, welche inhaltlichen Akzente können bestimmt werden?

2.1 Die Sichtweise von „interreligiösem Dialog"

Ein erster, die einzelne Schlusserklärung überschreitender Aspekt ergibt sich aus einer Auseinandersetzung mit dem Geschehen, dem die Texte ihre Entstehung verdanken, nämlich der Situation eines „interreligiösen Dialogs" als solchem. Dabei lassen sich mehrere Schwerpunkte unterscheiden:

2.1.1 Die Herausforderung der Zeit als Motivation zum Dialog

In einer ganzen Reihe von Texten wird die Notwendigkeit eines interreligiösen Dialogs aus den jüngsten Entwicklungen eines gesellschaftlichen, ja globalen Wandels abgeleitet.[150] Leitend ist ein Gefühl dadurch entstandener wechselseitiger Abhängigkeit,[151] die Suche nach Antworten auf die Herausforderungen einer Weltgemeinschaft gilt als ein Akt des Glaubens.[152] In einer solchen kleiner werdenden Welt wird die faktisch vorhandene Pluralität in neuer Weise wahrgenommen; sie dränge auf Dialog.[153] Zu den Herausforderungen der Zeit zählen grundsätzlich positiv gewertete Entwicklungen in der Technologie, der Medizin oder Biologie,[154] vor allem aber auch negative Begleiterscheinungen wie eine zunehmende Säkularisierung und Industrialisierung,[155] ein zuweilen aggressiver

---

[150] Besonders deutlich im Text der Konferenz 2.–6.3.1969 (Cartigny/Schweiz), vgl. D.1. (2): interreligiöser Dialog sei die Antwort auf eine Herausforderung beider Religionen in einer sich ändernden Welt.
[151] 12.–18.7.1972 (Broumana/Libanon), vgl. D.1. (5).
[152] 17.–26.4.1974 (Colombo/Sri Lanka), vgl. D.1. (6).
[153] 2.–5.6.1996 (Amman), vgl. D.1. (32) unter Rückbezug auf 8.–10.9.1994 (Athen), vgl. D.1. (27). Ganz ähnlich 21.–23.11.1996 (Teheran), vgl. D.1. (34): „A culture of dialogue, based on the recognition of religious plurality and its richness, was reaffirmed. Listening to each other for the sake of a deeper mutual understanding does invite, at this stage, a dynamic and sustained cooperation". In dieselbe Richtung weist auch 3.–5.7.2006 (Moskau), vgl. D.1. (99): Die Religion berge trotz unserer menschlichen Gebrochenheit das Potential, unterschiedliche Völker und Kulturen miteinander zu verbinden, besonders im heutigen Kontext von Pluralismus und Vielfalt.
[154] 3.–5.3.2008 (Berlin), vgl. D.1. (110).
[155] Z.B. 12.–18.7.1972 (Broumana/Libanon), vgl. D.1. (5): „... there is a desire (...) to honour together our conscious dependence upon God in a world that often seems to deny him". Ähnlich in der Hervorhebung von Säkularisierung und anderen globalen Prozessen 21.–23.11.1996 (Teheran), vgl. D.1. (34) und 13./14.11.2000 (Moskau/Danilovkloster), vgl. D.1. (55). Besonders deutlich auch 1.–4.11.1993 (Nyon), vgl. D.1. (22): entstanden in Europa, habe das Phänomen „Säkulari-

Laizismus,[156] ein Materialismus,[157] ein Modernismus[158] sowie eine im Zug der Entwicklung entstandene moralische und spirituelle Krise.[159]

Die angesichts globaler Veränderungen seitens der Religionen zu formulierenden Antworten werden als neuer Ansatz in der Begegnung der beiden Religionen gesehen. Das „Neue" dieses Ansatzes ergibt sich zunächst aus dem Abrücken von Fehlentwicklungen der Vergangenheit. Die im Lauf der Jahrhunderte entstandenen Hindernisse für einen interreligiösen Dialog werden als „künstlich" und als dem authentischen Gottesglauben fremd qualifiziert; sie müssten überwunden werden; es beginne etwas Neues.[160] Frühere Abgrenzungen oder Feindseligkeiten zwischen den Religionen werden als ein Versagen interpretiert. Es gebe überholte Bilder von der jeweils anderen Religion,[161] aber auch Informationsdefizite,[162] die überwunden werden müssten. Eine weitere konkrete Lehre aus der Vergangenheit wird darin erkannt, dass sich die Religionsgemeinschaften nie

---

sierung" zusammen mit Industrialisierung und Entwicklungen im Bildungssystem auch Regionen außerhalb Europas erfasst. Damit einhergegangen sei ein „Export" von Ideologien und politischen Projekten, die Säkularisierung zum Ziel gehabt hätten; sie sei nicht notwendig areligiös oder atheistisch, stelle aber für Christen und Muslime eine teils gleichartige, teils unterschiedliche Herausforderung dar.

156 5.–7.10.2010 (Teheran), vgl. D.1. (127): Es gebe eine Krise der modernen Gesellschaft, die zum großen Teil auf der Negation der religiösen Tradition beruhe; in einem aggressiven Laizismus, der Religion als Quelle von Gewalt und Konflikt einschätze und auf ihren Ausschluss aus dem öffentlichen Leben dränge, sei eine Gefahr zu sehen.

157 8.–10.9.1994 (Athen), vgl. D.1. (27): Es bestünden gemeinsame Verantwortlichkeiten angesichts einer materialistischen Kultur, die es gebieten, religiösen Menschen den Sinn ihrer Existenz und ihres Lebens zu vermitteln.

158 21.–23.11.1996 (Teheran), vgl. D.1. (34).

159 21.–23.11.1996 (Teheran), vgl. D.1. (34); 13./14.11.2000 (Moskau/Danilovkloster), vgl. D.1. (55).

160 8.7.1965 (Libanon), vgl. D.1. (1).

161 12.–18.7.1972 (Broumana/Libanon), vgl. D.1. (5). Den Ursprung solcher falscher Sichtweisen ortet 10.–12.11.1998 (Amman), vgl. D.1. (44) in den Kreuzzügen und dem Kolonialismus, durch die eine ursprüngliche Harmonie zwischen orientalischen Kirchen und Islam überlagert worden sei; umgekehrt sieht sich die islamische Seite aufgrund von Fällen religiösen Fanatismus einer verallgemeinernden Fehlinterpretation ausgesetzt, obwohl religiöser Fanatismus nicht der Botschaft des Islam entspreche. Die Konferenz 1.–6.2.1976 (Tripoli/Libyen), vgl. D.1. (9) spricht von ererbten Spannungen und Schwierigkeiten, die überwunden werden müssten.

162 20./21.12.1990 (Straßburg), vgl. D.1. (17): die wechselseitige Kenntnis der Religionen sei zu verbessern, die oft lückenhaft oder irrig sei; dazu gehörten auch Überwindung von Informationsdefiziten im geistlichen Bereich, der Kunst, der zivilisatorischen Leistungen und der moralischen Lehren. Ähnlich 10.–12.11.1998 (Amman), vgl. D.1. (44); der Text hält die wichtige Beobachtung fest, dass zuverlässige Kenntnis von der jeweils anderen Religion nur bei einer kleinen Minderheit von Fachleuten anzutreffen sei; auch fehle ein erkenntnistheoretischer Ansatz, obwohl die christlich-islamischen Beziehungen auf Zusammenarbeit, gegenseitigem Verständnis und Einfühlungsvermögen beruhten.

mehr als Instrumente wechselseitigen Hasses und einer Spaltung in der Gesellschaft missbrauchen lassen dürften.[163]

Noch stärker wird der neue Ansatz im Verhältnis beider Religionen aber von einer positiven Seite her bestimmt. Dabei kommen zugleich erste konkrete Zielsetzungen in den Blick. So wird die Notwendigkeit eines Dialogs aus gemeinsamen historischen Wurzeln und der beiden Religionen eigenen Haltung zur Selbstkritik abgeleitet. Es gebe eine wachsende Verantwortung für Koexistenz angesichts zunehmender Mobilität und religiöser Durchmischung der Bevölkerungen.[164] Es bestehe die Chance, die sehr unterschiedlichen Lebenserfahrungen zu teilen. Der Reichtum der jeweiligen Schriften, Lehren und Traditionen könne ein fester Bezugspunkt sein, um gute Beziehungen zu fördern. Näherhin wird interreligiöser Dialog als Denkweise, als ein Geist und als Haltung interpretiert. Als zentral für ein Gelingen gilt wechselseitiger Respekt. Weiterführend wird sogar von einer „Berufung zum Dialog" gesprochen.[165] Dialog gilt als eine Chance angesichts der religiösen Pluralität in der Welt von heute. Gefahren für eine harmonische und friedliche Koexistenz sollten gemeinsam angegangen werden, um einem Missbrauch religiöser Gefühle zwecks Anstachelung von Spaltung vorzubeugen.[166] Die Summe äußerer Faktoren einer sich wandelnden Welt wird als Herausforderung zum Einsatz für die traditionellen spirituellen und moralischen Werte sowie für eine Neubestimmung der Rolle ethnischer Identität und Religion im Leben einer globalen menschlichen Familie wahr- und angenommen. Feindschaft und Konflikten zwischen den Religionen sei durch Dialog, wechselseitiges Verständnis und Zusammenarbeit zu begegnen.[167] Man könne in ein Gespräch über die Schlüsselfragen und -werte eintreten, die den Religionsgemeinschaften gemeinsam sind, und gemeinsame Initiativen zur Förderung der Versöhnung, des Friedens, gegenseitigen Vertrauens, gemeinsamen Lebens und der Zusammenarbeit durch eine institutionalisierte Dialogform und in konkreten Projekte festlegen.[168] An-

---

163 12.–18.7.1972 (Broumana/Libanon), vgl. D.1. (5). Ganz ähnlich 3.–5.7.2006 (Moskau), vgl. D.1. (99). Das Dokument der Konferenz 3.–5.7.2006 (Moskau), vgl. D.1. (99) spitzt die Problemstellung noch weiter zu: Man müsse aus der Geschichte lernen und Situationen vermeiden, in denen Religionsgemeinschaften unter dem Diktat politischer Interessen gehandelt hätten.
164 2.–6.3.1969 (Cartigny/Schweiz), vgl. D.1. (2).
165 12.–14.3.1979 (Chambésy/CH), vgl. D.1. (12).
166 8.–10.9.1994 (Athen), oben D.1. (27). Vgl. auch 17./18.9.2012 (Bossey/Genf), oben D.1. (137): Es gelte, Frieden, Freundschaft und friedliche Koexistenz durch verschiedene Formen von Dialog zu verbreiten; Dialog sei ein effektives Mittel, um denjenigen entgegenzutreten, die religiösen Hass anstacheln und herabsetzen, was anderen heilig ist.
167 13./14.11.2000 (Moskau/Danilovkloster), vgl. D.1. (55). Im Kern ganz ähnlich 7.–9.2.1994 (Istanbul), vgl. D.1. (25): Dialog sei das notwendige Mittel zur Konfliktlösung.
168 2./3.5.2006 (Pec), vgl. D.1. (98).

gesichts der wachsenden Rolle des Glaubens in der modernen Gesellschaft solle die Religion weiterhin als stabile Grundlage für den Frieden und den Dialog zwischen den Zivilisationen dienen.[169]

2.1.2 Erste Charakteristika des „neuen Dialogs"

Damit der skizzierte neue Ansatz in der Begegnung der Religionen gelingt, bedurfte es der Auseinandersetzung mit Charakteristika oder „Spielregeln", die ihn bestimmen sollten. Einen frühen Ansatz dazu bietet ein kleiner Katalog von vier grundlegenden Verhaltensweisen, die bei der Konferenz 2.–6.3.1969 (Cartigny/Schweiz) zusammengestellt worden ist: jeder solle versuchen, die andere Religion so zu verstehen, wie er die eigene versteht; die Wahrheit könne nur in Respekt für den anderen und für seine Freiheit bezeugt werden; jegliche Karikatur müsse nicht nur vermieden, sondern bekämpft werden; der Austausch müsse in der Erwartung erfolgen, dass jeder sowohl spirituell wie intellektuell vom anderen lernen könne.[170] Wesentlich sei ein freies Zeugnis, gegenseitigen Respekt und die Achtung vor der Religionsfreiheit, die nicht nur als Recht jeder religiösen Minderheit, sondern auch als Recht des Einzelnen erkannt wird.[171] Der Dialog müsse von intellektueller Redlichkeit geprägt sein sowie eine einheitliche Sprache innerhalb und außerhalb der je eigenen Gemeinschaft pflegen.[172] Noch grundsätzlicher sind folgende Einsichten der Konferenz 3.–5.3.2008 (Berlin): Interreligiöser Dialog sei eine besondere Form des Austauschs, die alle Beteiligten verändere. Dabei sei Dialog über Themen des Glaubens oder der religiösen Identität von Verhandlungen zu unterscheiden, weil keine Übereinstimmung gesucht werde. Er sei keine Debatte, weil keiner über den anderen siegen wolle; er sei mehr als eine Diskussion, weil es nicht nur um rationale Argumente, sondern um persönliche, erlebnishafte Geschichten und Erfahrungen gehe, die existentiell betreffen. Interreligiöser Dialog solle Asymmetrien zwischen religiösen Gruppen nicht ver-

---

169 3.–5.7.2006 (Moskau), vgl. D.1. (99). Ähnlich 3.–5.3.2008 (Berlin), vgl. D.1. (110): „Dialogue is not a means to a predefined end, but it is intrinsic to genuine dialogue that it furthers mutual understanding, respect of differences, and the participation and stakeholdership of all in society and thus strengthens social cohesion".
170 Vgl. 2.–6.3.1969 (Cartigny/Schweiz), oben D.1. (2). Einen noch entfalteteren Katalog von 12 Prinzipien für den Dialog hat die Konferenz 12.–14.3.1979 (Chambésy) formuliert, vgl. oben D 1 (12) mit C 1.2.1.1. Die Konferenz 11.–13.9.2006 (Astana II) erstellte einen Katalog von neun Prinzipien für den Dialog, vgl. D 1 (101) mit C 1.4.4.
171 12.–18.7.1972 (Broumana/Libanon), oben D.1. (5). Auf die Achtung vor der Religionsfreiheit des konkreten Dialogpartners rekurriert auch 22./23.1.2008 (Amman), oben D.1. (108).
172 18.–20.12.2001 (Kairo), oben D.1. (68).

decken, sondern aufdecken, damit auch diejenigen eine Stimme erhalten, die sich darum mühen, gehört zu werden.[173]

2.1.3 Der Umgang mit den Unterschieden zwischen den Religionen

Der „neue Ansatz" in der Begegnung zwischen den Religionen bedurfte weiterhin einer Klärung, wie mit den Unterschieden zwischen ihnen umzugehen sei. Das Leitmotiv, die grundsätzliche Bedeutung für den Dialog als solchen, kommt sehr treffend in folgender Formulierung zum Ausdruck: Man müsse sich immer der Unterschiede zwischen den Religionen bewusst sein; dann könne interreligiöser Dialog dazu beitragen, falsche Wahrnehmungen zu reduzieren.[174] Das Bewusstsein um die grundsätzliche Verschiedenheit der Religionen und um den Wahrheitsanspruch, den jede von ihnen erhebt, wurde – unter bewusster Anerkennung dieser Aspekte – entsprechend häufig, geradezu bekenntnishaft thematisiert.[175] Einen spezifischen Ansatz dazu, ausgehend vom Grundgedanken einer „interreligiösen Freundschaft" entwickelte die Konferenz 18.–22.3.2012 (Oxford): die Wahrnehmung von Unterschieden, speziell religiösen Unterschieden, hindere interreligiöse Freundschaft nicht; sie sei vielmehr eine Einladung zum Verstehen und Lernen.[176] Religiöse und ethnische Verschiedenheit solle eine Brücke für Zusammenarbeit und gegenseitiges Verständnis unter den Völkern sein.[177] Einige Schlusserklärungen dringen sogar bis zur Einsicht vor, dass die religiösen Verschiedenheiten ihren Ursprung letztlich in Gott haben. Daraus wird nicht nur die Berechtigung zum interreligiösen Dialog, sondern geradezu eine Verpflichtung[178] abgeleitet, in einen Dialog einzutreten.[179]

---

173 Vgl. 3.–5.3.2008 (Berlin), oben D.1. (110).
174 3.–5.3.2008 (Berlin), oben D.1. (110).
175 Die Erklärung der Konferenz 9.6.1997, oben D.1. (37) hat folgende prägnante Formulierung gefunden: „2. We (...) recognize that our Churches and Religious Communities differ from each other, and that each of them feels called to live true to its own faith". Ganz ähnlich 7.–9.2.2000 (Sarajevo), vgl. D.1. (49). Weitere Beispiele sind:12.–18.12.1994 (Barcelona), oben D.1. (30); 18.–20.12.2001 (Kairo), oben D.1. (68); 15.–17.3.2005 (Kairo), oben D.1. (93); 18.3.2005 (Tirana), oben D.1. (94); 11.–13.9.2006 (Astana II), oben D.1. (101).
176 Vgl. 18.–22.3.2012 (Oxford), oben D.1. (135).
177 Vgl. 26.–28.10.2007 (Ochrid), oben D.1. (106).
178 Hier sei daran erinnert, dass die Pflicht zum Dialog im panorthodoxen Beschluss zugunsten einer Öffnung für interreligiösen Dialog thematisiert wurde.
179 Vgl. 16.–18.10.2002 (Genf), oben D.1. (77): religiöse und kulturelle Unterschiedlichkeit sei Ausdruck von Gottes Willen. Ganz ähnlich bereits 24.1.2002 (Beirut), vgl. D.1. (71). Das Dokument der Konferenz 24.–27.8.2002 (Lyon), vgl. D.1. (75) fügt eine prägnante (schöpfungs-)theologische Einsicht für die Notwendigkeit von Dialog hinzu: „Dieu, qui pouvait nous créer identiques, nous a

Die Konferenz 28.2. – 2.3.2008 (Beirut) entwickelte einen Verhaltenskodex im Umgang mit religiösen Unterschieden, der insoweit eine spezielle Ergänzung zu den voran stehend unter 2.1.2. dargestellten „Spielregeln" interreligiösen Dialogs darstellt: Die Gläubigen einer Religion dürften sich nicht in das einmischen, was einer anderen Religion eigen ist. Dies gelte sogar für Konfessionen oder Gruppen innerhalb derselben Religion. Dabei seien unter „Einmischung" öffentliche Stellungnahmen zu Unterschieden zu verstehen, deren intellektuelle und philosophische Grundlagen andere nicht wirklich kennen könnten. Die Unterschiede seien altbekannt und könnten von Spezialisten untersucht werden; wenn sie jedoch in die Öffentlichkeit getragen würden, entstehe Hass. Die Gläubigen hätten deshalb einen Anspruch auf Berichtigung von sie betreffenden Irrtümern und eine Pflicht, selbst etwaige derartige Irrtümer zu korrigieren.[180]

Im Ergebnis ist der neue Ansatz in der Begegnung zwischen Religionen dadurch gekennzeichnet, dass religiöse Unterschiede – faktisch oder als Ausdruck von Gottes Willen – bewusst angenommen werden. Sie motivieren dazu, wechselseitigen Respekt zu üben, die Integrität des jeweiligen Lehrgebäudes zu achten und in einen Lernprozess einzutreten. Dieser Ausgangspunkt bedingt zugleich, dass die religiösen Unterschiede allenfalls am Rand Thema im Diskurs werden können bzw. sollen, auch das ein wichtiger Aspekt des neuen Ansatzes im Dialog. Damit stellt sich allerdings auch verstärkt die Frage, welche Anknüpfungspunkte dann den Dialog bestimmen sollen.

2.1.4 Nähere Bestimmungen von Zielen und Möglichkeiten interreligiösen Dialogs

Besonders breiten Raum nehmen in den untersuchten Texten weitere Klärungen zu den Zielsetzungen von interreligiösem Dialog ein. Dabei lassen sich mehrere Blickrichtungen unterscheiden. Die größte Gruppe wird durch Aussagen gebildet, die Einwirkungen auf bestehende gesellschaftlich-politische Rahmenbedingungen als Zielsetzung des Dialogs hervorheben. Durch Dialog könnten die Religionen ihr kritisches Potential gegenüber politischen oder sozio-ökonomischen Rahmenbedingungen verstärken, wenn diese die Bildung einer Weltgemeinschaft oder Gerechtigkeit und Frieden behinderten. Sie seien gerufen, für eine erweiterte Vision von rassen- und kulturübergreifender, internationaler Gemeinschaft ein-

---

créés différents et Il nous appelle à nous entendre et à dialoguer pour bien vivre ici-bas en harmonie".
180 Vgl. 28.2. – 2.3.2008 (Beirut), oben D.1. (109).

2 Grundlinien und Schwerpunkte in den Dialogergebnissen —— 329

zutreten.[181] Ganz ähnlich ruft eine andere Erklärung zur Suche nach wirksamen Lösungen angesichts massiver politischer, ökonomischer, sozialer und kultureller Verletzungen der Menschlichkeit auf, die der wachsenden Unordnung in der Welt innewohnten.[182] Dialog solle helfen, eine bessere Gesellschaft für die Menschheit zu bilden.[183] Zuweilen wird die Zielsetzung des Dialogs in ganzen Listen von anzustrebenden bzw. zu überwindenden Phänomenen entfaltet.[184] Die Möglichkeiten der Religionen dazu beruhten auf ihrer Fähigkeit, geistliche und materielle Faktoren miteinander zu versöhnen.[185] Einen spezifischen Ansatz innerhalb der Bemühungen um einen gesellschaftlich-politischen Beitrag bieten einige Konferenzdokumente der russisch-orthodoxen / iranisch-schiitischen Dialogkommission, in denen die Aufgabenstellungen von Dialog auf einen solchen zwischen Religionen, Kulturen und Zivilisationen und auf eine internationale, nationale und regionale Ebene ausgedehnt wird. Als Zielsetzung werden dabei Frieden, die Entwicklung gleichberechtigter Zusammenarbeit und wechselseitigen Respekts zwischen Nationen ohne Dominanz einer Kultur oder Zivilisation bzw. eines weltpolitischen Systems fokussiert.[186]

Eine zweite, ähnlich ausgeprägte Gruppe von Zielbestimmungen des Dialogs legt das Schwergewicht auf die praktische Umsetzung von religiös-ethischen

---

181 So besonders ausgeprägt im Dokument der Konferenz 12. – 18.7.1972 (Broumana/Libanon), oben D.1. (5).
182 28.8. – 3.9.1974 (Leuven), oben D.1. (8): „Our faith compels us to search for effective, viable solutions. (...). We have looked hard at the massive evidence of the political, economic, social, and cultural offenses against humanity that are inherent in the growing world disorder". Ähnlich weit gespannt ist die Sichtweise der Konferenz 2. – 6.3.1969 (Cartigny/Schweiz), oben D.1. (2).
183 25. – 28.10.1999 (Rom/Vatikan), oben D.1. (48). Vgl. 20. – 23.10.2008 (Brüssel/Mechelen), oben D.1. (117).
184 Ein anschauliches Beispiel bietet 1. – 6.2.1976 (Tripoli/Libyen), oben D.1. (9): Als Wurzeln der aktuellen Krisen werden dort identifiziert: insbesondere Ungerechtigkeit, Unruhe, Angst und die Unterdrückung durch einen Materialismus, der die Welt von den Quellen des Guten, von der Gerechtigkeit und der Frömmigkeit entferne. Der Kampf für die Befreiung des Menschen aus allen Formen von Unwissenheit, Ungerechtigkeit, Tyrannei und Ausbeutung gehöre zum Grundbestand von „Religion"; der Einsatz dafür sei demnach Pflicht jedes Gläubigen. Ein weiteres prägnantes Beispiel stellt ein Katalog von neun „Principles of Inter-Religious Dialogue" im Dokument der Konferenz 11. – 13.9.2006 (Astana II), oben D.1. (101) dar.
185 1. – 6.2.1976 (Tripoli/Libyen), oben D.1. (9): „... car elle (la religion, Anm. d. Verf.) n'est pas seulement une somme de valeurs spirituelles, mais elle harmonise aussi les rapports entre la vie matérielle et les aspirations spirituelles".
186 24./25.1.2001 (Teheran), oben D.1. (58): „Religious leaders can and must guide politicians and societies on the way to peace and accord. Also, they can and must oppose attempts to build a new world order on the dominance of one culture, civilization or political system.The richness of this world created by the Almighty must be reflected on all levels of the world political system". Ganz ähnlich 4. – 6.4.2006 (Moskau), oben D.1. (97).

Werten, unter denen immer wieder „Frieden",[187] „friedliche Koexistenz",[188] „Gerechtigkeit",[189] „wechselseitiger Respekt"[190] hervorgehoben werden. Interreligiöser Dialog könne der Welt einen Hauch von Liebe, Frieden und Eintracht vermitteln.[191] Christen und Muslime könnten zusammenarbeiten, um die Nation aufzubauen, menschliche und religiöse Rechte zu stärken und sich für Gerechtigkeit und Frieden einsetzen.[192] Interreligiöser Dialog solle historische Erfahrungen von Diskriminierung, Verfolgung und Feindschaft aufgreifen, um sie aktiv zu überwinden und eine brüderliche Solidarität zwischen religiösen Gruppen zu entwickeln.[193] Eine bemerkenswerte Feststellung trägt die Konferenz 24.–27.8. 2002 (Lyon) bei, indem sie den Dialog als eine letztlich aus der Schöpfung resultierende religiöse und moralische Pflicht akzentuiert, die darauf gerichtet ist, jedes Hindernis zu Freiheit, Gerechtigkeit und Frieden zwischen den Menschen abzubauen.[194] Ganz ähnlich erkennt die Konferenz 18.–20.12.2001 (Kairo) im

---

187 Ein aussagekräftiges Beispiel bietet 23./24.9.2003 (Astana), oben D.1. (83): interreligiöser Dialog sei ein wichtiges Mittel zur Sicherung von Frieden und Harmonie zwischen Völkern und Nationen. Ebenso deutlich akzentuieren den Wert „Frieden" als Ziel des Dialogs folgende Konferenzen: 7.–9.11.2005 (Istanbul), oben D.1. (95); 2./3.5.2006 (Pec), oben D.1. (98); 17./18.9.2012 (Bossey/Genf), oben D.1. (137).
188 28.–30.10.2002 (Manama/Bahrein), oben D.1. (78). Ganz ähnlich die Konferenz 2./3.5.2006 (Pec), oben D.1. (98), deren Dokument „gemeinsames Leben" durch Dialog sichern möchte. Zum Dialogziel „friedliche Koexistenz" vgl. auch 17./18.9.2012 (Bossey/Genf), oben D.1. (137).
189 7.–9.11.2005 (Istanbul), oben D.1. (95); vgl. auch 17./18.9.2012 (Bossey/Genf), oben D.1. (137).
190 Vgl. z.B. 16.7.2004 (Kairo), oben D.1. (88).
191 8.7.1965 (Libanon), oben D.1. (1). Ähnlich 15.11.1993 (Lourdes), oben D.1. (23): Der Dialog sei eine Antwort auf die Notwendigkeit wechselseitiger Kenntnis und Wertschätzung voller Respekt und Freundschaft und zudem Ausdruck des gemeinsamen Anliegens, zum Frieden und zur Solidarität in der Welt beizutragen.
192 12.–18.7.1972 (Broumana/Libanon), oben D.1. (5). Mit ähnlicher Betonung eines Einsatzes für gerechte, friedliche und harmonische Entwicklung 6.–10.6.1977 (Moskau), oben D.1. (11). Ähnlich in der Zielrichtung, aber noch spezifischer im Detail 18.–20.12.2001 (Kairo), oben D.1. (68): Der beabsichtigte Dialog solle ein ‚Dialog des Lebens' sein, der in intellektueller Diskussion, aber auch in Aktionsprogrammen Gestalt gewinnt; beides zusammen soll den sozialen, erzieherischen, moralischen und kulturellen Anliegen der Nation dienen".
193 14.–16.9.2000 (Taschkent), oben D.1. (52). Ganz ähnlich 20.–22.10.2009 (Doha/Qatar), oben D.1. (124): Nur durch Zusammenarbeit, gegenseitiges Verständnis und Respekt könne eine wirkliche zwischenmenschliche Solidarität weiter vorangebracht werden.
194 24.–27.8.2002 (Lyon), oben D.1. (75): „§1 La nature humaine implique la différence et l'obligation à nous connaître réciproquement est une prescription divine. Dieu, qui pouvait nous créer identiques, nous a créés différents et Il nous appelle à nous entendre et à dialoguer pour bien vivre ici-bas en harmonie. §2 Si le dialogue est une obligation morale et religieuse, il est aussi une aventure car inscrit dans l'histoire, et donc sujet à tout ce qui fait obstacle à la liberté, à la justice et à la paix entre les humains". Das Konferenzdokument gipfelt diesbezüglich in folgendem axio-

Dialog einen Ausdruck religiöser Prinzipien, der insbesondere die Bedeutung von Menschenwürde, Respekt, Gerechtigkeit und weiterer Werte umsetze.[195]

Eine dritte – kleinere – Gruppe von Zielbestimmungen betont die Bedeutung von Lernprozessen: interreligiöser Dialog sei eine brüderliche Begegnung, die Anteil an den Reichtümern der Religionen gewähre.[196] Dialog führe beide Religionen zu größerem wechselseitigen Respekt und zu einem besseren Verständnis der jeweils anderen Seite; weiterhin solle die jeweils eigene Spiritualität vertieft und erneuert werden.[197] Dialog fördere Umkehr im Sinn einer wachsenden wechselseitigen Wahrnehmung von Gottes Gegenwart in einem Austausch, bei dem jeder für den anderen verantwortlich werde und beide Offenheit in ihrem Zeugnis vor Gott suchten.[198] Für derartige individuelle Lernprozesse wurden lokale Gemeinschaften als Ort überschaubarer Beziehungsstrukturen als besonders hilfreich erkannt.[199] Einige Konferenztexte verknüpfen das angestrebte Ergebnis solcher Lernprozesse mit dem intensiv gefüllten Begriff „Freundschaft".[200]

Eine weitere bedeutsame interreligiöse Einsicht besagt, dass der Dialog und seine Ergebnisse nicht auf einen wissenschaftlich-fachlichen Rahmen begrenzt bleiben dürften, sondern in die Alltagserfahrungen der Glaubensgemeinschaften hinein zu übertragen seien.[201] Der Dialog solle ein „Dialog des Lebens" sein, der in

---

matischen Satz: „Le religieux ne subsistera que s'il est interreligieux et ouvert à toute personne humaine".

195 18. – 20.12.2001 (Kairo), oben D.1. (68): „It is also a dialogue among believers who perceive in this effort of theirs an applied expression of their religious principles, principles that give substance to the meaning of pluralism, mutual recognition, the unqualified dignity of the human being, and the values of justice, fairness, truth, decency, fellow feeling, affection, mercy and the stewardship of creation".
196 8.7.1965 (Libanon), oben D.1. (1).
197 2. – 6.3.1969 (Cartigny/Schweiz), oben D.1. (2). Sehr intensiv zur spirituellen Bedeutung von Dialog äußert sich auch die Konferenz 18. – 22.3.2012 (Oxford), oben D.1. (135): „These common purposes include the search for living in goodness and harmony, living an ethical life, and transcending ordinary life through aspiration and orientation of life toward a higher spiritual understanding of reality, or a supreme reality that lies ‚beyond', called by most believers ‚God'".
198 17. – 21.7.1974 (Legon/Ghana), oben D.1. (7).
199 17. – 26.4.1974 (Colombo/Sri Lanka), oben D.1. (6).
200 Besonders intensiv wird der Gedanke „interreligiöse Freundschaft" von der Konferenz 18. – 22.3.2012 (Oxford), oben D.1. (135) entwickelt. Vgl. auch 17./18.9.2012 (Bossey/Genf), oben D.1. (137) und 15.11.1993 (Lourdes), oben D.1. (23).
201 21. – 23.11.1996 (Teheran), oben D.1. (34), in ähnlichen Formulierungen bekräftigt im Dokument der Konferenz 13./14.12.2008 (Teheran), oben D.1. (119). Bereits 19. – 22.10.1976 (Cartigny/CH), oben D.1. (10) hat diese Einsicht ins Wort gebracht: Der interreligiöse Dialog dürfe nicht auf Austausch von Experten oder Zusammenarbeit von Organisationen reduziert werden; zu betonen sei deshalb die Rolle des Erziehungsbereichs, des Familienlebens und des Gebets.

intellektueller Diskussion, aber auch in Aktionsprogrammen Gestalt gewinnt.[202] Interreligiöser Dialog schließe gemeinsames Handeln, eine „Diapraxis" ein,[203] er müsse als Teil einer Lebenskultur verankert werden.[204] Dabei wird „interreligiöser Dialog" immer auch als offen für eine praktische Zusammenarbeit gesehen.[205]

2.1.5 Die Abgrenzung von Synkretismus und Proselytismus als erster Prüfstein für den „neuen Ansatz" von interreligiösem Dialog

Sehr früh erkannten die Dialogpartner, dass sowohl eine Verwirklichung der angestrebten neuen Umgangsweise miteinander wie auch das Bemühen um die skizzierten grundsätzlichen Zielsetzungen von Dialog einer Abwehr von Fehlinterpretationen und Missverständnissen bedarf. Dazu setzten sie sich insbesondere mit Bestrebungen bzw. Befürchtungen auseinander, interreligiöser Dialog könne zum Synkretismus, d. h. zu einer Vermischung der Religionen, zu einem Identitätsverlust bis hin zur Schaffung einer neuen „Konsensreligion" führen. Ein zweiter Problemkreis ist mit dem Stichwort „Proselytismus" verbunden, d. h. mit einer Abwerbung von Gläubigen der jeweils anderen Religion, sei es durch Gewährung von Vorteilen, sei es durch verschiedene Formen von Zwang. Beiden Formen einer derartigen Umgangsweise verschiedener Religionen miteinander wurden eindeutige Absagen bis hin zu einer klaren Verurteilung erteilt.

Bereits bei einem der ersten Dialogereignisse „neuer Prägung" wurde festgehalten, dass Synkretismus und Proselytismus keine Chance haben, die Zielsetzung von interreligiösem Dialog zu verdunkeln, wenn jeder Beteiligte ganz in Übereinstimmung mit seiner Religion handele.[206] In der Folge wurden Synkretismus[207] und Proselytismus[208] immer wieder als Missbräuche gebrandmarkt und

---

202 18.–20.12.2001 (Kairo), oben D.1. (68)
203 3.–5.3.2008 (Berlin), oben D.1. (110).
204 5.–9.8.2009 (Kairo), oben D.1. (123). Ganz ähnlich spricht die Erklärung der Konferenz 26.–28.10.2007 (Ochrid), oben D.1. (106) von der Entwicklung einer Kultur des Dialogs, der Toleranz und des Friedens.
205 Beispiele für die Einbeziehung von Zusammenarbeit sind – teils unter Hinweis auf konkrete Bereiche oder Projekte – die Texte 12.–18.7.1972 (Broumana/Libanon), oben D.1. (5); 1.–6.2.1976 (Tripoli/Libyen), oben D.1. (9); 19.–22.10.1976 (Cartigny/Schweiz), oben D.1. (10); 21.–23.11.1996 (Teheran), oben D.1. (34); 16.–18.10.2002 (Genf), oben D.1. (77); 28.–30.10.2002 (Manama/Bahrein), oben D.1. (78); 11./12.11.2002 (Oslo), oben D.1. (79); 23./24.9.2003 (Astana), oben D.1. (83); 16.7.2004 (Kairo), oben D.1. (88); 2./3.5.2006 (Pec), oben D.1. (98); 3.–5.7.2006 (Moskau), oben D.1. (99); 22.–25.5.2008 (Rovereto), oben D.1. (112).
206 Vgl. das Manifest der Tagung 8.7.1965 (Libanon), oben D.1. (1).
207 Vgl. 6.–10.6.1977 (Moskau), oben D.1. (11); 12.–14.3.1979 (Chambésy/CH), oben D.1. (12); 10.–14.5.1982 (Moskau), oben D.1. (15); 3.–5.7.2006 (Moskau), oben D.1. (99); 3.–5.3.2008 (Berlin),

verurteilt, zuweilen in paralleler Formulierung.[209] Einen Sonderfall stellt die Verurteilung von Versuchen dar, den Glauben künstlich zu „vermischen" oder ihn ohne den Willen seiner Anhänger dem Säkularismus anzunähern.[210] Einige Konferenzergebnisse verknüpfen die grundsätzliche Ablehnung von Synkretismus und Proselytismus mit vertieften Einsichten zu Zusammenhängen, Formen und Ursachen: Für die Konferenz 17.–26.4.1974 (Colombo/Sri Lanka)[211] besteht eine unmittelbare Verknüpfung mit der Wahrnehmung von (religiöser) Verantwortung. Als Barrieren dazu gelten insbesondere Vorurteile, Fehldeutungen und Karikaturen anderer religiöser Traditionen, weiterhin Dogmatismus und Synkretismus, Proselytismus und andere Missbräuche, die Zwietracht unter den Religionen säen. Die Konferenz 18.–20.12.2001 (Kairo) stellte besonders den Widerspruch von Proselytismus zur Religionsfreiheit heraus.[212] Ganz ähnlich verwarf die Konferenz 20.–23.12.1997 (Teheran) Proselytismus in verschiedenen Formen als Widerspruch zur menschlichen Freiheit und als Gefahr einer Zerstörung des religiösen Friedens.[213] Besonders verwerflich sei die Ausbeutung von menschlichem Leid zum Zweck des Proselytismus.[214]

Während die Abgrenzung zwischen interreligiösem Dialog und den genannten Missbräuchen klar, eindeutig und intensiv durchgeführt wurde, ist die Klärung einer anderen Relation in den Anfängen steckengeblieben, nämlich derjenigen zwischen interreligiösem Dialog und Mission. Ganz vereinzelt steht die Aussage der Konferenz 12.–14.3.1979 (Chambésy/CH), dass Mission ein Hauptproblem für die guten Beziehungen zwischen den Religionen sei und deshalb beschränkt

---

oben D.1. (110); 16./17.7.2008 (Moskau), oben D.1. (114). Hinzuzunehmen ist die Konferenz 2.–6.3.1969 (Cartigny/Schweiz), oben D.1. (2), die Synkretismus unter dem Stichwort „Relativismus" ablehnt.

208 Vgl. 2.–6.3.1969 (Cartigny/Schweiz), oben D.1. (2); 8.–10.12.1993 (Pécs/Ungarn), oben D.1. (24); 20.–23.12.1997 (Teheran), oben D.1. (39); 25.–28.10.1999 (Rom/Vatikan), oben D.1. (48); 18.–22.3.2012 (Oxford), oben D.1. (135).

209 Vgl. z. B. 17.–26.4.1974 (Colombo/Sri Lanka), oben D.1. (6); 18.–20.12.2001 (Kairo), oben D.1. (68).

210 Vgl. 3.–5.7.2006 (Moskau), oben D.1. (99).

211 Vgl. oben D.1. (6).

212 18.–20.12.2001 (Kairo), oben D.1. (68): „While we affirm, that religious liberty is a human right enshrined in the teachings of the religions themselves, as Muslims and Christians we stand together against any kind of material or moral pressure, or any means of coercion or seduction which may be used under the pretext of religious freedom to alienate Muslims and Christians from their respective religions".

213 20.–23.12.1997 (Teheran), oben D.1. (39): „The Commission condemned proselytism, promotion of religion by means of violence, pressure, threatening and dishonesty which ruin interreligious peace and contradict human freedom".

214 Vgl. 8.–10.12.1993 (Pécs/Ungarn), oben D.1. (24).

werden solle.[215] Ähnlich isoliert steht die Verurteilung von pseudo-missionarischen Aktivitäten, die zwecks politischer, ökonomischer und kultureller Vorherrschaft durchgeführt würden.[216] Dieser Befund einer Klärungslücke bezüglich der Einordnung von Mission wird allerdings teilweise im Zusammenhang mit den interreligiösen Einsichten zur Religionsfreiheit und deren Ausübung geschlossen; darauf wird noch zurückzukommen sein.

Als Zwischenergebnis kann festgehalten werden, dass das Bewusstsein der Dialogpartner für mögliche Fehlentwicklungen im interreligiösen Dialog sehr wach gewesen ist. Die Bewahrung der Integrität und Authentizität stand für die jeweiligen Religionssysteme außer Frage und blieb in der Dialogpraxis auch faktisch ungefährdet.

2.1.6 Das Verhältnis von interreligiösem und interkulturellem Dialog

Zum hier im Blick stehenden Verständnis der Partner von interreligiösem Dialog gehört auch die Klärung des Verhältnisses zu einem interkulturellen Dialog, der vielfach in den Schlusserklärungen aufgegriffen wurde. „Interkultureller Dialog" ist primär ein Begriff der internationalen Politik. Er nimmt die vorhandene kulturelle Vielfalt in den Blick und umfasst deren Erschließung für den gesellschaftlich-politischen Bereich im Sinn eines Umgangs mit „(...) Pluralismus, Aufnahme, Teilhabe und sozialen Zusammenhalt, des umfassenden Schutzes der Menschenrechte jedes einzelnen zur Sicherung gleichberechtigter Würde, wirkungsvoller Demokratie und gutem Regierungsverhalten auf allen Ebenen"; „kultureller Dialog" gilt als „(...) präventives Instrument gegen innergemeinschaftliche Konflikte, als politische Antwort auf die durch kulturelle Vielfalt ausgelösten Ängste, als Gegenmittel gegen soziale Fragmentierung, Stereotypen, Rassismus und Diskriminierung (...)".[217] In den untersuchten Dokumenten ist festzustellen, dass eine Auseinandersetzung mit „interkulturellem Dialog" überproportional häufig mit Tagungen verknüpft ist, bei denen internationale oder politische Organisationen zu den (Mit-)Veranstaltern zählen. Vor allem aber erscheint – bis auf ganz wenige Ausnahmen – die Einbeziehung von „interkulturellem Dialog" erst in Tagungen ab dem 11. September 2001, was auf eine erweiterte Blickrichtung in Auseinandersetzung mit den terroristischen Anschlägen

---

215 Vgl. oben D.1. (12).
216 20. – 23.12.1997 (Teheran), oben D.1. (39): „ Both sides rejected use of pseudo-missionary activities in service of political, economic and cultural domination".
217 Begriffsklärung im Bericht der Koordinatorin für interkulturellen Dialog beim Europarat in Straßburg, online zugänglich auf dessen Homepage unter http://www.coe.int/t/dg4/youth/Source/Resources/Forum21/Issue_No10/N10_CoE_WhitePaper_de.pdf (abgerufen 25.11.2014).

2 Grundlinien und Schwerpunkte in den Dialogergebnissen — 335

dieses Jahres hinweist.[218] Schließlich macht die Umschreibung im zitierten Dokument des Europarats deutlich, dass sich eine Reihe der verfolgten Ziele bzw. fokussierten Werte im „interkulturellem" bzw. „interreligiösem Dialog" überschneiden.

Eine nähere Analyse der das Stichwort „interkultureller Dialog" aufgreifenden Dokumente des interreligiösen Dialogs lässt drei hauptsächliche Blickrichtungen erkennen:

In einer ersten Textgruppe wird der Begriff „interkultureller Dialog" fast synonym mit „interreligiöser Dialog" gebraucht,[219] vor allem, wenn die Schnittmenge der in beiden Dialogformen angesprochenen Ziele oder Werte im Blick steht.[220] Sprachlich kommt die gewonnene erweiterte Sichtweise häufig in einer einfachen Kombination der Redeweise von interreligiösem und interkulturellem Dialog bzw. von Religionen und Kulturen zum Ausdruck; die Weitung des Horizonts erschöpft sie sich allerdings auch in diesen inkludierenden Formulierungen.

In einer zweiten Gruppe von Schlusserklärungen wird in Auseinandersetzung mit interkulturellem Dialog dagegen eine neue, spezifische Rolle der Religionen herausgearbeitet, nämlich Kulturen, Völker oder Staaten miteinander zu verbinden. Ein besonders aussagekräftiges Beispiel bietet die Konferenz 3.–5.7.2006 (Moskau): Angesichts der wachsenden Rolle des Glaubens in der modernen Gesellschaft sei zu wünschen, dass die Religion weiterhin als stabile Grundlage für den Frieden und den Dialog zwischen den Zivilisationen dient. Die Religion berge trotz der menschlichen Gebrochenheit das Potential, *unterschiedliche Völker und Kulturen miteinander zu verbinden*, besonders im heutigen Kontext von Pluralismus und Vielfalt.[221] In einer Variante innerhalb dieser Gruppe von Aussagen

---

218 Eine Ausnahme von beiden Beobachtungen zugleich stellt die Erwähnung einer interkulturellen Dimension im Dokument der vom ÖRK veranstalteten Tagung 12.–18.7.1972 (Broumana/Libanon), vgl. D.1. (5) dar: „Muslims and Christians are called upon to achieve a wider vision of community, inter-racial, inter-cultural and international. This must often be tested and realized at the local level where religious pluralism provides a microcosm of the world's diversity". Eine zweite Ausnahme repräsentiert die Konferenz 4.–7.6.1999 (Moskau), vgl. D.1. (47): „All traditional civilizations should maintain dialogue and cooperation directed toward the creation of the future of humanity".
219 In einem Einzelfall handelt ein Dokument interreligiösen Dialogs sogar ausschließlich von „interkulturellem Dialog", während in ihm das Wort „Religion" bzw. „interreligiös" gar nicht auftaucht; vgl. 28.1.–2.2.2007 (Saydnaya/Syrien), oben D.1. (102).
220 Vgl. z. B. 30.9.2001 (Bayt-ud-Din/Libanon), oben D.1. (64); 19./20.12.2001 (Brüssel), oben D.1. (69); 23./24.9.2003 (Astana), oben D.1. (83); 4.–6.4.2006 (Moskau), oben D.1. (97); 11.–13.9.2006 (Astana), oben D.1. (101); 13.–16.9.2007 (Moskau), oben D.1. (105).
221 Vgl. 3.–5.7.2006 (Moskau), oben D.1. (99). Ganz ähnlich wird in der Schlusserklärung der Konferenz 4.–6.4.2006 (Moskau), oben D.1. (97) argumentiert: Dialog könne helfen, eine fried-

schlägt sich die erweiterte Sicht in einer noch weitergehenden Konkretisierung nieder. Dabei wird vom Eindruck eines „Dialog-Monopols" der Religionen bewusst Abschied genommen und einem nach Dimensionen und Beteiligten erweiterten Dialogszenario Raum gegeben, in dem allerdings die Religionen einen festen Platz einnehmen sollen. Ein bedeutsames Beispiel bietet die Konferenz 23./24.4.2007 (San Marino). Ihre Schlusserklärung entfaltet in mehreren Absätzen – parallel laufende – politische, wissenschaftliche und (inter-)religiöse Bemühungen um einen Dialog der Kulturen und die wertemäßige Basis Europas. Die Religionsgemeinschaften bekräftigen ihr Engagement für die Entwicklung zusammenwachsender Gesellschaften in Europa. Dazu sei es nötig, den interkulturellen Dialog *und dessen religiöse Dimension* zu fördern, insbesondere durch Zusammenarbeit zwischen Religionsgemeinschaften, politischen Autoritäten und anderen sozialen Akteuren.[222]

Eine dritte Gruppe von Dokumenten lässt erkennen, dass mit dem Aufgreifen von interkulturellem Dialog eine deutliche Intensivierung interreligiöser Bemühungen für Themen aus dem gesellschaftlichen, sozial-politischen, kulturellen oder ethnischen Umfeld einhergeht.[223] Ein markantes Beispiel dafür sind die Ausführungen der Konferenz 13. – 16.9.2007 (Moskau): Interkultureller und interreligiöser Dialog dränge auf eine komplette Neubewertung der soziokulturellen, philosophischen, historischen und kulturellen Aspekte. Er solle in den Kontext der interdisziplinären wissenschaftlichen Ansätze gestellt werden, die in der Religi-

---

liche Verbindung verschiedener Weltanschauungen, Kulturen, rechtlicher und politischer Systeme zu erreichen. Vgl. 12. – 18.12.1994 (Barcelona), oben D.1. (30): „We are aware of the world's cultural and religious diversity. Each culture represents a universe in itself and yet it is not closed. Cultures give religions their language, and religions offer ultimate meaning to each culture". Vgl. auch das Dokument der Konferenz 25. – 27.5.2009 (Lille), oben D.1. (120); darin wird eine „Culture of Peace" entfaltet; „Religion" erscheint dabei als verknüpft mit „Kultur" und gilt als Quelle, um eine Friedenskultur voranzutreiben. Weiterhin wird eine spirituelle, ethische, soziale und kulturelle Dimension von „Religion" unterschieden, um deren verbindende Wirkung innerhalb eines größeren Rahmens von gesellschaftlichen Kräften und Akteuren aufzuzeigen.

222 Vgl. 23./24.4.2007 (San Marino), oben D.1. (103); ähnlich bereits 15. – 17.3.2005 (Kairo), oben D.1. (93). Vgl. auch 13. – 16.9.2007 (Moskau), oben D.1. (105): „There is currently a need to conceptualize in social, philosophical, historical and other contexts the idea of intercultural and interreligious dialogue as an effective mechanism of reducing the risks of cultural conflicts in the globalizing world. (...). No less important would seem the search for effective practical solutions that would expand communicative space between representatives of various religious organizations, confessions, cultural traditions, civil society institutions, ect".

223 Vgl. z.B. 11. – 13.9.2006 (Astana), oben D.1. (101); 13. – 16.9.2007 (Moskau), oben D.1. (105); 16./17.7.2008 (Moskau), oben D.1. (114); 20. – 23.10.2008 (Brüssel/Mechelen), oben D.1. (117).

onswissenschaft, in der sozialen und philosophischen Anthropologie, in der Kulturphilosophie usw. bereits existierten.[224]

Ein spezifisches Anliegen verfolgen einige Texte, in denen unter Bezug auf interkulturellen Dialog eine Auseinandersetzung mit der These Samuel Huntingtons zu einem „Zusammenprall der Kulturen"[225] stattfindet. Die These wird entschieden zurückgewiesen, da Religion eine konstruktive und instruktive Rolle beim Dialog zwischen verschiedenen Kulturen spiele.[226]

Als isolierter Sonderfall ist schließlich die „Charta" der Konferenz 18.–20.12. 2001 (Kairo) zu qualifizieren. In diesem Text wird für die Dialogbemühungen ein klarer Unterschied zwischen einem innerarabischen christlich-muslimischen Dialog und dem Dialog zwischen (christlichen und muslimischen) Arabern und anderen Kulturen herausgearbeitet. Damit scheinen zum einen nichtarabische Ethnien der Region von einer Teilnahme am interreligiösen Dialog ausgeschlossen. Zum anderen wird im Verhältnis zu Nicht-Arabern ein inter*kultureller* Dialog ins Wort gebracht.[227] „Kulturelle Identität" erhält in dieser Differenzierung eine so große Bedeutung, dass sie kulturübergreifende interreligiöse Bemühungen zu verdrängen oder auszuschließen scheint.

---

224 Vgl. 13.–16.9.2007 (Moskau), oben D.1. (105). Ganz ähnlich 11.–13.9.2006 (Astana II), oben D.1. (101): das wechselseitige Verständnis zwischen Kulturen, Religionen und ethnischen Gruppen sei zu vertiefen, um Konflikten vorzubeugen, die auf kulturellen oder religiösen Differenzen beruhten; man dürfe nicht übersehen, dass Probleme in den interreligiösen und interkulturellen Beziehungen von grundlegenden Unausgewogenheiten in der internationalen Politik, im ökonomischen, sozialen und humanitären Bereich sowie im Informationssektor herrührten; zu nennen sei auch die Manipulation von Religion für politische Zwecke.
225 Samuel P. Huntington, The Clash of Civilizations and the Remaking of World Order, Simon & Schuster New York 1996.
226 Vgl. 19./20.12.2001 (Brüssel), oben D.1. (69): Die Behauptung, dass Religion zu einem Zusammenprall der Kulturen führe, sei entschieden zurückzuweisen; ganz im Gegenteil spiele Religion eine konstruktive und instruktive Rolle beim Dialog zwischen verschiedenen Kulturen. Ganz ähnlich ist die Argumentation der Konferenz 28.–30.10.2002 (Manama/Bahrein), oben D.1. (78) angelegt: die Existenz eines „Zusammenpralls der Zivilisationen" sei zu verneinen, da alle göttlichen Lehren das Glück des Menschen und die Aufrichtung von Sicherheit und Frieden auf Erden zum Ziel hätten. Sachlich übereinstimmend, wenn auch ausgehend von politischen Konflikten 24.1.2002 (Beirut), oben D.1. (71): Jede Deutung politischer Konflikte als Konfrontation zwischen Religionen und Zivilisationen sei entschieden zurückzuweisen.
227 Vgl. 18.–20.12.2001 (Kairo), oben D.1. (68).

2.2 Die interreligiöse Bestimmung von Gemeinsamkeiten der beteiligten Religionen

In der Dialogpraxis wurden sukzessiv Elemente herausgearbeitet, die das Verhältnis und die wechselseitige Sicht der beteiligten monotheistischen Religionen, insbesondere des Christentums und des Islam, ins Wort bringen. Dabei interessiert hier die Sicht von Gemeinsamkeiten. Da sich die verschiedenen Basistexte nur sehr selten aufeinander beziehen oder gar aufeinander aufbauen, gilt es, die leitenden Vorstellungen herauszuarbeiten, welche hinter situationsbezogenen Formulierungen stehen.

2.2.1 Gemeinsame monotheistische[228] Aussagen über Gott

Zunächst ist festzuhalten, dass einige wenige theologische Aussagen über Gott und sein Handeln getroffen werden konnten, denen die beteiligten Angehörigen verschiedener Religionen zugestimmt haben und die als gemeinsame Überzeugungen gelten können. Dabei lassen sich zwei Gruppen unterscheiden:

Eine erste Gruppe ist davon bestimmt, dass sie ein Bekenntnis zum einen und einzigen Gott enthalten.[229] Zuweilen werden diese Aussagen über Gott um einige, sprachlich in Substantive oder Adjektive gefasste Grundaussagen über Gott erweitert: Gott, der Allmächtige;[230] Gott als Urheber und Schöpfer;[231] Gott als Of-

---

[228] Die hier untersuchten und in multireligiösem Zusammenhang entstandenen Texte enthalten keine Aussagen über Gott. In den beiden Ausnahmefällen, in denen das Wort „Gott" im Text erwähnt wird, steht eine relativierende, abstrakte Aussage unmittelbar daneben. Den ersten Ausnahmefall stellt das Dokument der WCRP-Konferenz 29.8. – 7.9.1979 (Princeton), oben D.1. (13) dar: „(...) we all confess that the God or the truth in which we believe (...)". Der zweite Ausnahmefall ist eine Formulierung im Dokument der Konferenz des „European Council of Religious Leaders" 21. – 23.6.2011 (Moskau), oben D.1. (132): „This does not thereby deny the distinctive perspectives of our respective faiths about God and the Divine (...)".

[229] Vgl. z. B. 8.7.1965 (Libanon), oben D.1. (1); 1. – 6.2.1976 (Tripoli/Libyen), oben D.1. (9); 24. – 27.8.2002 (Lyon), oben D.1. (75); 28.2. – 2.3.2008 (Beirut), oben D.1. (109).

[230] Vgl. z. B. 4. – 7.6.1999 (Moskau), oben D.1. (47); 22./23.1.2008 (Amman), oben D.1. (108); ähnlich 3. – 5.7.2006 (Moskau), oben D.1. (99): „der Allerhöchste".

[231] Vgl. z. B. 2. – 6.3.1969 (Cartigny/Schweiz), oben D.1. (2); 30.3. – 2.4.1993 (Wien), oben D.1. (19); 25. – 28.9.1995 (Malta), oben D.1. (31); 4. – 7.6.1999 (Moskau), oben D.1. (47); 24. – 27.8.2002 (Lyon), oben D.1. (75); 26.11.2003 (Danilovkloster/Moskau), oben D.1. (85); 3. – 5.7.2006 (Moskau), oben D.1. (99); 5. – 8.11.2007 (Washington), oben D.1. (107); 16./17.7.2008 (Moskau), oben D.1. (114); 23./24.5.2011 (Bordeaux), oben D.1. (131).

fenbarer und Richter;[232] der Gott des Erbarmens und der Liebe;[233] der Gott des Friedens;[234] Gott, der gute, menschenfreundliche, mitleid- und erbarmungsvolle.[235]

Weitere, etwas differenziertere Aussagen betreffen Äußerungen von Gottes Willen oder von ihm gewährte Gaben: Gott sei Quelle aller Hoffnung, allen Glaubens und jeglichen Friedens.[236] Der Mensch sei Ebenbild Gottes und habe einen besonderen, unentziehbaren Wert.[237] Die Würde des Menschen und sein Wert sind Gabe Gottes.[238] Der Schöpfer habe ewige moralische Werte geoffenbart;[239] die grundlegenden sittlichen Werte seien von Gott gegeben und tief im Leben des Menschen verwurzelt.[240] Der Mensch sei von Gott geehrt und gegenüber allen Geschöpfen bevorzugt worden, er sei mit Rechten ausgestattet, auf die sich das göttliche Gesetz beziehe.[241] Das Angebot von Gottes Liebe sei offen für die freie Annahme durch alle menschlichen Wesen, ohne Beschränkung, ungeachtet der Rasse, der ethnischen Zugehörigkeit, der Kultur oder des Geschlechts.[242]

Eine dritte Gruppe von Aussagen bezieht den Menschen noch deutlicher mit ein und betont ihm von Gott gegebene Verpflichtungen: das menschliche Leben

---

232 Vgl. z. B. 2. – 6.3.1969 (Cartigny/Schweiz), oben D.1. (2); 30.3. – 2.4.1993 (Wien), oben D.1. (19): „...God, the Creator of all human beings, before whom all one day will have to account for their deeds".
233 Vgl. z. B. 17. – 21.7.1974 (Legon/Ghana), oben D.1. (7).
234 Vgl. z. B. 30.3. – 2.4.1993 (Wien), oben D.1. (19).
235 Vgl. 19./20.12.2001 (Brüssel), oben D.1. (69).
236 Vgl. 8.7.1965 (Libanon), oben D.1. (1).
237 Vgl. 4. – 6.4.2006 (Moskau), oben D.1. (97). Der Text enthält zudem eine bemerkenswerte Unterscheidung von Wert und Würde des Menschen: „Der Mensch als Ebenbild Gottes hat einen besonderen, unentziehbaren Wert, (...). Indem er das Gute tut, erlangt die Person Würde. Wir unterscheiden also Wert und Würde der Person. Der Wert ist etwas Gegebenes, die Würde wird erworben. Das ewige sittliche Gesetz hat in der Seele des Menschen eine unerschütterliche Grundlage, unabhängig von Kultur, Nationalität, Lebensumständen. Diese Grundlage wurde durch den Schöpfer in die menschliche Natur hineingelegt und zeigt sich im Gewissen".
238 Vgl. 7. – 9.2.2000 (Sarajevo), oben D.1. (49): „...that the dignity of man and human value is a gift of God".
239 Vgl. 26.11.2003 (Danilovkloster/Moskau), oben D.1. (85): „ Our peoples have always been strongly committed to the eternal moral values revealed to us by the Creator. These values used to form our culture and our way of life".
240 Vgl. 3. – 5.7.2006 (Moskau), oben D.1. (99).
241 Vgl. 28. – 30.10.2002 (Manama/Bahrein), oben D.1. (78): „...that the human being was honored by God and preferred to all other creatures, and that he has recognized rights on which divine regulation concur...".
242 Vgl. 11.4.2002 (Istanbul), oben D.1. (73): „The offer of God's love is open to all human beings for free acceptance and without constraint, regardless of race, ethnicity, culture, or gender".

sei Gabe Gottes, es sei heilige Pflicht, diese Gabe zu bewahren.[243] Der Menschen habe eine von Gott gegebene Verantwortung, für Frieden und Gerechtigkeit zu arbeiten.[244] Gottes Gesetz verpflichte zu Erbarmen, Vergebung und Respekt vor jeder menschlichen Person.[245] Die Menschheit sei von Gott als frei geschaffen, aber nichts könne Ungehorsam gegen Gott rechtfertigen.[246] Der Glaube rufe zu Respekt vor den fundamentalen Rechten des Menschen;[247] Einzelne und Gemeinschaften seien von Gott auf einen idealen ethischen Standard verpflichtet.[248] Gottes Willen verbinde sich mit dem menschlichen Willen, um den geheiligten Charakter des menschlichen Lebens und der Welt zu verteidigen; deshalb bestünden die Religionen darauf, dass Freiheit, Gerechtigkeit, Solidarität und Liebe großen Wert für die friedliche Koexistenz der Menschen und Völker besitze.[249] Eine bemerkenswerte interreligiöse Einsicht bringt eine (schöpfungs-)theologische Begründung für Verschiedenheit und eine daraus resultierende Verpflichtung zum Dialog ins Wort:

> §1 La nature humaine implique la différence et l'obligation à nous connaître réciproquement est une prescription divine. Dieu, qui pouvait nous créer identiques, nous a créés différents et Il nous appelle à nous entendre et à dialoguer pour bien vivre ici-bas en harmonie. §2 Si le

---

243 Vgl. 3.–5.7.2006 (Moskau), oben D.1. (99).
244 12.–14.3.1979 (Chambésy/CH), oben D.1. (12); ähnlich 30.3.–2.4.1993 (Wien), oben D.1. (19): „They know that whoever wants to serve him (= God, Anm. d. Verf.) must serve the cause of Peace"; vgl. 19./20.12.2001 (Brüssel), oben D.1. (69); vgl. 11.4.2002 (Istanbul), oben D.1. (73): „C'est la volonté de Dieu que les hommes instaurent la paix et l'harmonie. Instaurer la paix (...) est un devoir qui nous échoit. L'épreuve de l'homme devant Dieu est d'établir la paix et l'harmonie".
245 Vgl. 8.–10.6.1998 (Bagdad), oben D.1. (42).
246 Vgl. 4.–7.6.1999 (Moskau), oben D.1. (47); dasselbe Schlussdokument drückt eine Verpflichtung von Nationen und Regierungen aus und stellt insoweit ein bemerkenswertes Spezifikum dar: „Sin has no justification before Heaven, and evils which threaten the life and health of people or destroy public morality must be condemned and stopped by nations, which means also by government".
247 Vgl. 7.–9.2.2000 (Sarajevo), oben D.1. (49): „Our faiths, each in its own way, call us to respect the fundamental rights of each person". Ähnlich 22./23.1.2008 (Amman), oben D.1. (108): „All that occurred because we believe in God the Almighty who has given us the burden of the responsibility to contribute in building our society so that freedom, respect for human rights and dignity for every person could prevail".
248 Vgl. 28.–30.10.2002 (Manama/Bahrein), oben D.1. (78)
249 Vgl. 10./11.8.2004 (Amaroussion bei Athen), oben D.1. (90): „Nous sommes tous conscients que dans toutes les religions, la volonté divine rejoint la volonté humaine pour défendre le caractère sacré de la vie de l'homme et du monde. Dès lors, elles insistent dans leur enseignement sur ce que la liberté, la justice, la fraternité, la solidarité et l'amour représentent comme valeur pour la coexistence pacifique des hommes et des peuples, surtout actuellement dans la société mondiale multiculturelle".

2 Grundlinien und Schwerpunkte in den Dialogergebnissen — 341

dialogue est une obligation morale et religieuse, il est aussi une aventure car inscrit dans l'histoire, et donc sujet à tout ce qui fait obstacle à la liberté, à la justice et à la paix entre les humains.[250]

Weitere Aussagen enthalten die umgekehrte Blickrichtung und qualifizieren bestimmte menschliche Verhaltensweise als Widerspruch zu Gottes Willen oder Gesetz: Gewaltanwendung gegen Menschen oder Verletzung ihrer Grundrechte seien nicht nur Bruch menschlicher Gesetze, sondern ebenso Bruch von Gottes Gesetz.[251]

Berücksichtigt man die in den Fußnoten ablesbaren Häufungen gleicher oder ähnlicher Aussagen, besteht im Grunde die theologische Gemeinsamkeit nur im Bekenntnis zu Gott als dem Einen und Einzigen, sowie zu Gott als dem Schöpfer. Darüber hinaus kann als gemeinsam gelten, dass das Schöpferhandeln Gottes dem Menschen Würde und Wert verliehen hat und dass daraus Verpflichtungen für den Menschen entstehen. Alle weiteren theologischen Feststellungen stehen eher vereinzelt. An ihnen wird sichtbar, dass zwar weitere gemeinsame Aussagen zu Gott und seinem Schöpfungshandeln in begrenztem Umfang möglich sind, dass aber der interreligiöse Dialog nicht auf eine Sammlung solcher Aussagen oder gar auf ihre Systematisierung gerichtet war und ist. Im Ergebnis sind theologische Aussagen zu Gott und seinem Handeln in den untersuchten Schlussdokumenten – nicht zuletzt in Relation zu ihrem Gesamtumfang – ein Randphänomen. Darin bestätigt sich die bereits oben unter 2.1.3. zum interreligiösen Umgang mit Verschiedenheiten der Religionen festgehaltene Beobachtung zum „neuen Ansatz" der Dialogbemühungen.

Allerdings sind in der oben dargestellten dritten Gruppe von Aussagen, die den Blick auf den Menschen und die ihm von Gott zugewiesenen Verpflichtungen fokussieren, zwei Aspekte angeklungen, die gleichsam als Brücke zu einer näheren Bestimmung von Gemeinsamkeiten zwischen Christentum und Islam gedient haben und dienen: der Hinweis auf ethische und moralische Werte sowie auf die Menschenwürde und die mit ihr verbundenen Rechte und Pflichten. Diese

---

250 24.–27.8.2002 (Lyon), oben D.1. (75). Ähnlich, jedoch ohne die Ausdehnung auf eine Verpflichtung zum Dialog 16.–18.10.2002 (Genf), oben D.1. (77): Religiöse und kulturelle Unterschiedlichkeit sei Ausdruck von Gottes Willen.
251 Vgl. 7.–9.2.2000 (Sarajevo), oben D.1. (49): „Violence against persons or the violation of their basic rights are for us not only against man-made laws but also breaking God's law". Ähnlich 19./20.12.2001 (Brüssel), oben D.1. (69): Weil Gerechtigkeit und Frieden Gaben Gottes sind, akzeptiere keine der Religionen Gewalt, Terrorismus oder Misshandlung von menschlichen Wesen. Ähnlich die Einsicht der Konferenz 28.–30.10.2002 (Manama/Bahrein), oben D.1. (78): „... they believe that depriving people of these rights constitutes an international danger and threatens world peace and peaceful coexistence".

Aspekte bedürfen näherer Untersuchung, insbesondere auf ihre Bedeutung im gesamten Dialoggeschehen.

2.2.2 Die Bestimmung einer „gemeinsamen Basis" von Werten

Ausweislich der untersuchten Schlusserklärungen gehört zu den fundamentalen und konstant vorgetragenen interreligiösen Einsichten, dass es eine dem Christentum und dem Islam gemeinsame Basis an grundlegenden ethischen[252] Werten gibt. Ein markantes Beispiel dafür hat die Konferenz 7.–9.2.2000 (Sarajevo) formuliert:

> At the same time we recognize that our religious and spiritual traditions hold many values in common, and that these shared values can serve as an authentic basis for mutual esteem, cooperation and free common living (...).[253]

In einer Reihe von Texten wird diese Gemeinsamkeit auf ethische und moralische Grundsätze ausgedehnt.[254]

---

252 Im Text der Schlusserklärungen wird statt „ethische Werte" zuweilen der Begriff „spirituelle Werte", „(ethische) Prinzipien", „menschliche Werte" oder „universelle Werte" gebraucht. Die regelmäßig beigefügten Beispiele zeigen jedoch eindeutig, dass damit jeweils dasselbe, nämlich „ethische Werte" gemeint ist; auf eine Unterscheidung von Gruppen anhand des bloß äußeren Sprachgebrauchs wird deshalb verzichtet.

253 7.–9.2.2000 (Sarajevo), oben D.1. (49). Variabel in der Wortwahl, aber übereinstimmend in der Sache thematisieren darüber hinaus folgende Konferenzen Gemeinsamkeiten der Religionen im ethischen Bereich: Vgl. 16.–21.10.1970 (Kyoto), oben D.1. (4); 17.–26.4.1974 (Colombo/Sri Lanka), oben D.1. (6); 1.–6.2.1976 (Tripoli/Libyen), oben D.1. (9); 6.–10.6.1977 (Moskau), oben D.1. (11); 29.8.–7.9.1979 (Princeton), oben D.1. (13); 10.–14.5.1982 (Moskau), oben D.1. (15); 22.–27.1. 1989 (Melbourne), oben D.1. (16); 30.3.–2.4.1993 (Wien), oben D.1. (19); 26.–28.7.1993 (Amman), oben D.1. (21); 1.–4.11.1993 (Nyon), oben D.1. (22); 15.11.1993 (Lourdes), oben D.1. (23); 6.–10.11. 1994 (Berlin), oben D.1. (28); 25.–28.9.1995 (Malta), oben D.1. (31); 9.6.1997 „Statement of Shared Moral Commitment, oben D.1. (37); 16.2.1998 (Rabat), oben D.1. (40); 4.–7.6.1999 (Moskau), oben D.1. (47); 12.–16.9.2001 (Sarajevo), oben D.1. (62); 18.–20.12.2001 (Kairo), oben D.1. (68); 24.–27.8. 2002 (Lyon), oben D.1. (75); 10./11.10.2002 (Baku), oben D.1. (76); 16.–18.10.2002 (Genf), oben D.1. (77); 28.–30.10.2002 (Manama/Bahrein), oben D.1. (78); 11./12.11.2002 (Oslo), oben D.1. (79); 23./ 24.9.2003 (Astana), oben D.1. (83); 16.7.2004 (Kairo), oben D.1. (88); 10./11.8.2004 (Amaroussion bei Athen), oben D.1. (90); 3.–5.7.2006 (Moskau), oben D.1. (99); 6.6.2007 (Köln), oben D.1. (104); 3.–5.3.2008 (Berlin), oben D.1. (110); 13./14.5.2008 (6. Konferenz Doha/Qatar), oben D.1. (111); 13./ 14.12.2008 (Teheran), oben D.1. (119); 25.–27.5.2009 (Lille), oben D.1. (120); 16./17.6.2009 (Rom), oben D.1. (121); 23./24.5.2011 (Bordeaux), oben D.1. (131).

254 Richtungweisend ist insoweit die bereits 1965 formulierte Überzeugung der Konferenz 8.7. 1965 (Libanon), oben D.1. (1): „„...promouvoir ensemble des valeurs spirituelles et des principes moraux communs...". Vgl. 1.–6.2.1976 (Tripoli/Libyen), oben D.1. (9); 20./21.12.1990 (Straßburg),

2 Grundlinien und Schwerpunkte in den Dialogergebnissen —— 343

Die Texte bieten weder eine Definition, noch eine systematisch abgehandelte Erschließung, was genau unter dieser gemeinsamen Basis an ethischen Werten verstanden wird. Allein daran wird erkennbar, dass die interreligiöse Zielsetzung nicht auf die quasi akademische Erarbeitung einer feststehenden „Summe" ethischer Gemeinsamkeiten gerichtet war.[255] Der Hinweis auf eine solche Gemeinsamkeit steht vielmehr im Zusammenhang mit konkreten Zielen und Kontexten des einzelnen Dialogereignisses. Diese drängen auf erläuternde Hinweise, die tatsächlich auch regelmäßig hinzugefügt werden und von denen auf das konkrete Verständnis von „gemeinsamen ethischen Werten" zurückgeschlossen werden kann. Die Bandbreite dieser Hinweise erscheint zunächst sehr groß. Die Vielfalt ordnet sich jedoch in sehr aussagekräftiger Weise, wenn die im textlichen Zusammenhang mit einer religionsübergreifenden Wertegemeinsamkeit gebotenen Beispiele in ihrer „statistischen" Häufigkeit berücksichtigt werden. Zum Bestand an gemeinsamen ethischen Werten werden danach gezählt:
– Menschenwürde;[256]
– Gerechtigkeit,[257] zuweilen konzentriert auf „soziale Gerechtigkeit";[258]
– Frieden[259] und ethisch geforderter Einsatz für (friedliche) Koexistenz;[260]

---

oben D.1. (17); 11.4.2002 (Istanbul), oben D.1. (73); 26.11.2003 (Danilovkloster/Moskau), oben D.1. (85).
255 Insoweit ist der Befund derselbe wie bei den oben aufgezeigten Aussagen über Gott, die ebenfalls keine systematische Sammlung möglicher Gemeinsamkeiten mit dem Ziel einer lehrmäßigen „Summe" repräsentieren.
256 Vgl. 8.7.1965 (Libanon), oben D.1. (1); 16. – 21.10.1970 (Kyoto), oben D.1. (4); 17. – 26.4.1974 (Colombo/Sri Lanka), oben D.1. (6); 1. – 6.2.1976 (Tripoli/Libyen), oben D.1. (9); 1. – 6.2.1976 (Tripoli/Libyen), oben D.1. (9); 29.8. – 7.9.1979 (Princeton), oben D.1. (13): „dignity of all people"; 15.11.1993 (Lourdes), oben D.1. (23); 25. – 28.9.1995 (Malta), oben D.1. (31); 18. – 20.12.2001 (Kairo), oben D.1. (68): „dignity of the human being"; 24. – 27.8.2002 (Lyon), oben D.1. (75); 10./11.10.2002 (Baku), oben D.1. (76): „inherent humanity of all persons"; 16. – 18.10.2002 (Genf), oben D.1. (77); 18.3.2005 (Tirana), oben D.1. (94); 6.6.2007 (Köln), oben D.1. (104); 13./14.5.2008 (Doha/Qatar), oben D.1. (111); 16./17.6.2009 (Rom), oben D.1. (121); 23./24.5.2011 (Bordeaux), oben D.1. (131).
257 Vgl. 17. – 26.4.1974 (Colombo/Sri Lanka), oben D.1. (6); 1. – 6.2.1976 (Tripoli/Libyen), oben D.1. (9); 6. – 10.6.1977 (Moskau), oben D.1. (11): „just and peaceful life"; 22. – 27.1.1989 (Melbourne), oben D.1. (16); 4. – 7.6.1999 (Moskau), oben D.1. (47); 12. – 16.9.2001 (Sarajevo), oben D.1. (62); 18. – 20.12.2001 (Kairo), oben D.1. (68); 11.4.2002 (Istanbul), oben D.1. (73); 24. – 27.8.2002 (Lyon), oben D.1. (75); 16. – 18.10.2002 (Genf), oben D.1. (77); 11./12.11.2002 (Oslo), oben D.1. (79); 23./24.9.2003 (Astana), oben D.1. (83); 10./11.8.2004 (Amaroussion bei Athen), oben D.1. (90); 6.6.2007 (Köln), oben D.1. (104); 16./17.6.2009 (Rom), oben D.1. (121); 23./24.5.2011 (Bordeaux), oben D.1. (131).
258 Vgl. 20./21.12.1990 (Straßburg), oben D.1. (17): „justice sociale"; 25. – 28.9.1995 (Malta), oben D.1. (31): „principles of social justice"; 16.2.1998 (Rabat), oben D.1. (40); 28. – 30.10.2002 (Manama/Bahrein), oben D.1. (78): „social justice".
259 Vgl. 10. – 14.5.1982 (Moskau), oben D.1. (15); 6. – 10.6.1977 (Moskau), oben D.1. (11): „ peaceful life"; 22. – 27.1.1989 (Melbourne), oben D.1. (16); 20./21.12.1990 (Straßburg), oben D.1. (17);

D Themen und Inhalte des interreligiösen Dialogs

- Freiheit;[261]
- Heiligkeit des Lebens bzw. Recht auf Leben;[262]
- Gewaltlosigkeit, einschließlich eines ethisch geforderten Einsatzes gegen Gewalt;[263]
- Menschenrechte;[264]
- Gleichheit;[265]
- Vergebungsbereitschaft;[266]

30.3. – 2.4.1993 (Wien), D.1. (19); 16.2.1998 (Rabat), oben D.1. (40); 4. – 7.6.1999 (Moskau), oben D.1. (47); 12. – 16.9.2001 (Sarajevo), oben D.1. (62); 11.4.2002 (Istanbul), oben D.1. (73); 31.5. – 1.6.2002 (Timişoara/Rumänien), oben D.1. (74); 16. – 18.10.2002 (Genf), oben D.1. (77); 28. – 30.10.2002 (Manama/Bahrein), oben D.1. (78); 11./12.11.2002 (Oslo), oben D.1. (79); 13./14.12.2008 (Teheran), oben D.1. (119).

260 Vgl. 30.3. – 2.4.1993 (Wien), oben D.1. (19); 9.6.1997 „Statement of Shared Moral Commitment, oben D.1. (37): „free common living"; 7. – 9.2.2000 (Sarajevo), oben D.1. (49): „free common living"; 28. – 30.10.2002 (Manama/Bahrein), oben D.1. (78): peaceful coexistence"; 10./11.8.2004 (Amaroussion bei Athen), oben D.1. (90); 18.3.2005 (Tirana), oben D.1. (94): „free common living"; 13./14.12.2008 (Teheran), oben D.1. (119).

261 Vgl. 1. – 6.2.1976 (Tripoli/Libyen), oben D.1. (9); 29.8. – 7.9.1979 (Princeton), oben D.1. (13); 20./21.12.1990 (Straßburg), oben D.1. (17): „liberté religieuse"; 16.2.1998 (Rabat), oben D.1. (40): „religious freedom"; 11.4.2002 (Istanbul), oben D.1. (73); 28. – 30.10.2002 (Manama/Bahrein), oben D.1. (78); 10./11.8.2004 (Amaroussion bei Athen), oben D.1. (90); 13./14.5.2008 (Doha/Qatar), oben D.1. (111); 23./24.5.2011 (Bordeaux), oben D.1. (131).

262 Vgl. 1. – 6.2.1976 (Tripoli/Libyen), oben D.1. (9); 29.8. – 7.9.1979 (Princeton), oben D.1. (13); 10. – 14.5.1982 (Moskau), oben D.1. (15); 10./11.8.2004 (Amaroussion bei Athen), oben D.1. (90): „défendre le caractère sacré de la vie de l'homme"; 13./14.5.2008 (Doha/Qatar), oben D.1. (111): „sanctity of all life"; 25. – 27.5.2009 (Lille), oben D.1. (120): gemeinsames Verständnis von der Unverletzlichkeit menschlichen Lebens und dem Bewusstsein von dessen göttlichem Ursprung; 16./17.6.2009 (Rom), oben D.1. (121).

263 Vgl. 6. – 10.6.1977 (Moskau), oben D.1. (11); 10. – 14.5.1982 (Moskau), oben D.1. (15); 16.2.1998 (Rabat), oben D.1. (40): „non-violence"; 10./11.10.2002 (Baku), oben D.1. (76); 28. – 30.10.2002 (Manama/Bahrein), oben D.1. (78); 26.11.2003 (Danilovkloster/Moskau), oben D.1. (85); 18.3.2005 (Tirana), oben D.1. (94).

264 Vgl. 15.11.1993 (Lourdes), oben D.1. (23); 6. – 10.11.1994 (Berlin), oben D.1. (28): Bedeutung der ethischen Basis für die universelle Bedeutung der Menschenrechte; 25. – 28.9.1995 (Malta), oben D.1. (31); 28. – 30.10.2002 (Manama/Bahrein), oben D.1. (78); 18.3.2005 (Tirana), oben D.1. (94); 3. – 5.3.2008 (Berlin), oben D.1. (110): „....the shared values found within all great religious traditions and embodied within the Universal Declaration of Human rights".

265 Vgl. 16. – 21.10.1970 (Kyoto), oben D.1. (4); 1. – 6.2.1976 (Tripoli/Libyen), oben D.1. (9); 25. – 28.9.1995 (Malta), oben D.1. (31); 13./14.5.2008 (Doha/Qatar), oben D.1. (111); 13./14.12.2008 (Teheran), oben D.1. (119): gleichberechtigte Teilhabe.

266 Vgl. 17. – 26.4.1974 (Colombo/Sri Lanka), oben D.1. (6); 16.2.1998 (Rabat), oben D.1. (40); 4. – 7.6.1999 (Moskau), oben D.1. (47); 11./12.11.2002 (Oslo), oben D.1. (79): „réconciliation"; 23./24.5.2011 (Bordeaux), oben D.1. (131).

- Liebe;[267]
- Mitleid;[268]
- Wahrhaftigkeit;[269]
- Toleranz;[270]
- Solidarität;[271]
- ethisch geforderter Einsatz gegen Unterdrückung und Diskriminierung;[272]
- ethisch geforderte Zusammenarbeit;[273]
- Selbstlosigkeit;[274]
- Brüderlichkeit.[275]

Vereinzelt werden z. B. weiterhin genannt: Liebenswürdigkeit;[276] ethisch geforderter Einsatz für Arme und Unterdrückte[277] bzw. für Schwache;[278] Mäßigung;[279] menschliche Gemeinschaft;[280] ethisch geforderter Einsatz gegen Krieg.[281]

Hinzuweisen ist auf zwei Sonderfälle: Die Konferenz 21.– 23.6.2011 (Moskau) ortet die Gemeinsamkeit nicht allgemein im ethischen Bereich, sondern bezüglich „traditioneller Werte" und erklärt:

---

[267] Vgl. 16.–21.10.1970 (Kyoto), oben D.1. (4); 10.–14.5.1982 (Moskau), oben D.1. (15); 4.–7.6.1999 (Moskau), oben D.1. (47); 23./24.9.2003 (Astana), oben D.1. (83); 10./11.8.2004 (Amaroussion bei Athen), oben D.1. (90).
[268] Vgl. 16.–21.10.1970 (Kyoto), oben D.1. (4); 10.–14.5.1982 (Moskau), oben D.1. (15); 16.2.1998 (Rabat), oben D.1. (40); 18.–20.12.2001 (Kairo), oben D.1. (68); 28.–30.10.2002 (Manama/Bahrein), oben D.1. (78).
[269] Vgl. 16.–21.10.1970 (Kyoto), oben D.1. (4); 4.–7.6.1999 (Moskau), oben D.1. (47); 18.–20.12.2001 (Kairo), oben D.1. (68): „values of...truth"; 11./12.11.2002 (Oslo), oben D.1. (79); 23./24.9.2003 (Astana), oben D.1. (83).
[270] Vgl. 28.–30.10.2002 (Manama/Bahrein), oben D.1. (78); 23./24.9.2003 (Astana), oben D.1. (83); 13./14.5.2008 (Doha/Qatar), oben D.1. (111).
[271] Vgl. 16.2.1998 (Rabat), oben D.1. (40); 24.–27.8.2002 (Lyon), oben D.1. (75); 10./11.8.2004 (Amaroussion bei Athen), oben D.1. (90).
[272] Vgl. 17.–26.4.1974 (Colombo/Sri Lanka), oben D.1. (6); 28.–30.10.2002 (Manama/Bahrein), oben D.1. (78); 18.3.2005 (Tirana), oben D.1. (94).
[273] Vgl. 7.–9.2.2000 (Sarajevo), oben D.1. (49); 31.5.–1.6.2002 (Timişoara/Rumänien), oben D.1. (74); 18.3.2005 (Tirana), oben D.1. (94).
[274] Vgl. 16.–21.10.1970 (Kyoto), oben D.1. (4); 18.–20.12.2001 (Kairo), oben D.1. (68).
[275] Vgl. 25.–28.9.1995 (Malta), oben D.1. (31); 10./11.8.2004 (Amaroussion bei Athen), oben D.1. (90).
[276] Vgl. 17.–26.4.1974 (Colombo/Sri Lanka), oben D.1. (6).
[277] Vgl. 16.–21.10.1970 (Kyoto), oben D.1. (4).
[278] Vgl. 29.8.–7.9.1979 (Princeton), oben D.1. (13).
[279] Vgl. 26.–28.7.1993 (Amman), oben D.1. (21).
[280] Vgl. 16.–21.10.1970 (Kyoto), oben D.1. (4).
[281] Vgl. 6.–10.6.1977 (Moskau), oben D.1. (11).

> By traditional values we refer to those values which are widely held in religions and cultures and which have been foundational in providing moral bases for societies.[282]

Diese spezifische Formulierung deutet allerdings weniger ein abweichendes Verständnis der Gemeinsamkeit im Bereich der Ethik an, als vielmehr die Fokussierung auf einen spezifischen Themenkomplex.[283] Der andere Sonderfall ist im Schlussdokument der Konferenz 18.–22.3.2012 (Oxford) enthalten, das ganz vom Gedanken einer „interreligiösen Freundschaft" her bestimmt und aufgebaut ist. Davon ausgehend formuliert die Konferenz:

> Interreligious friendship recognizes fundamental similarities that serve as its foundation. These similarities suggest that different religions share common purposes, despite the many differences we observe in the religions. These common purposes include the search for living in goodness and harmony, living an ethical life, and transcending ordinary life through aspiration and orientation of life toward a higher spiritual understanding of reality, or a supreme reality that lies 'beyond', called by most believers 'God'.[284]

Der in der Passage enthaltene Hinweis auf „living an ethical life" belegt, dass keine grundsätzlich abweichende Bestimmung der Gemeinsamkeit vorgenommen werden soll. Das Anliegen besteht vielmehr im ergänzenden Hinweis auf eine gemeinsame Zielsetzung.

Einige der untersuchten Texte bringen den Zweck für die Bestimmung bzw. inhaltliche Umschreibung einer gemeinsamen Basis an ethischen Werten zum Ausdruck. Dieses Ziel liegt nicht in einem Wissensfortschritt oder in einer Vertiefung der wechselseitigen Kenntnis der Religionen, sondern in der Begründung eines gemeinsamen Handelns. Ein besonders deutliches Beispiel bietet die Konferenz 20./21.12.1990 (Straßburg):

> (...) d'une part, pour définir (...) les terrains d' entente possibles entre leurs positions respectives, notamment en vue de la paix et de la justice sociale, ainsi que pour la liberté religieuse; d'autre part, pour exercer en commun (...) leur influence auprès des pouvoirs publics et de l'opinion.[285]

---

282 21.–23.6.2011 (Moskau), oben D.1. (132).
283 Vgl. 21.–23.6.2011 (Moskau), oben D.1. (132): „As religious leaders in Europe we are deeply concerned about the many and serious violations of human dignity and human rights in Europe and across the world. (...). In addressing these matters, we have explored in this declaration our understanding of the important relationships between the sources of human dignity, human rights and traditional values. (...).
284 18.–22.3.2012 (Oxford), vgl. D.1. (135).
285 20./21.12.1990 (Straßburg), vgl. D.1. (17). Die Konferenz 30.3.–2.4.1993 (Wien), vgl. D.1. (19) drückt dieselbe Zielrichtung durch mehrfachen Gebrauch des Wortes „dienen" aus; ähnlich

Als Zwischenergebnis kann festgehalten werden, dass die Wahrnehmung einer religionsübergreifenden Gemeinsamkeit an ethischen Werten als interreligiöser Handlungsimpuls und zugleich als Kennzeichnung eines erfolgsversprechenden Arbeitsfeldes dient. Angesichts der Grundsätzlichkeit der erläuternd hinzugefügten einzelnen Werte und angesichts ihrer beträchtlichen Zahl ist so ein weites Spektrum an Möglichkeiten gemeinsamen Engagements erschlossen worden.

2.3 Interreligiöse Einsichten zur Menschenwürde und zum Einsatz für ethische Werte

2.3.1 Ursprung und Verpflichtungscharakter der Menschenwürde

Bereits bei der Bestimmung einer gemeinsamen ethischen Basis (oben D 2.2.2.) konnte – allein schon angesichts der Zahl an entsprechenden Referenzen – beobachtet werden, dass der Menschenwürde erstrangige Bedeutung zugemessen wurde. Diese Höchstrangigkeit der Menschenwürde beruht auf der Tatsache, dass sie ausweislich einer Fülle von Aussagen als Gabe Gottes qualifiziert wird.[286] Ein markantes Beispiel dafür ist:

> Each of our traditional churches and religious communities recognizes and proclaims that the dignity of man and human value is a gift of God.[287]

---

4. – 7.6.1999 (Moskau), vgl. D.1. (47). Der Text der Konferenz 15.11.1993 (Lourdes), vgl. D.1. (23) füllt die gemeinsame Zielsetzung mit dem Gedanken an „gelebten Glauben": „Car pour nous croyants, c'est dans la pratique sincère de notre propre foi, que se renouvellent les consciences, en élevant toujours les plus haut les valeurs spirituelles communes de respect des droits de l'Homme et de dignité de la personne humaine"; ähnlich 12. – 16.9.2001 (Sarajevo), vgl. D.1. (62), 31.5. – 1.6.2002 (Timişoara/Rumänien), vgl. D.1. (74) und 11./12.11.2002 (Oslo), vgl. D.1. (79). Sehr deutlich zur Zielrichtung auch 16.7.2004 (Kairo), vgl. D.1. (88): Die gottgegebenen religiösen Werte und Prinzipien seien eine sichere und aktive Quelle, um das Beste für den Einzelnen, Gruppen und Gemeinschaften zu erreichen; ähnlich 25. – 27.5.2009 (Lille), vgl. D.1. (120).

286 Vgl. 21. – 23.11.1996 (Teheran), oben D.1. (34): „Muslims and Christians agree that God created humankind with inherent value and dignity". Zum göttlichen Ursprung der Menschenwürde bzw. zur Menschenwürde als Gabe Gottes vgl. weiterhin: 9.6.1997 „Statement of Shared Moral Commitment", oben D.1. (37); 28. – 30.10.2002 (Manama/Bahrein), oben D.1. (78); 15. – 17.3.2005 (Kairo), oben D.1. (93); 18.3.2005 (Tirana), oben D.1. (94); 21./22.3.2006 (Kairo), oben D.1. (96); 6.6.2007 (Köln), oben D.1. (104); 5. – 8.11.2007 (Washington), oben D.1. (107); 22./23.1.2008 (Amman), oben D.1. (108); 16./17.7.2008 (Moskau), oben D.1. (114); 16./17.6.2009 (Rom), oben D.1. (121); 21.–23.6.2011 (Moskau), oben D.1. (132); 7./8.5.2013 (Wien), oben D.1. (139).

287 7. – 9.2.2000 (Sarajevo), oben D.1. (49).

Näherhin beruht diese Gabe auf dem Schöpfungshandeln Gottes.[288] Die Menschenwürde muss respektiert,[289] geehrt[290] und geschützt[291] werden; es gelte zusammenzuarbeiten, um sie zu bewahren.[292] Eine Gruppe von Aussagen zur Menschenwürde ist vom Aspekt ihrer Verletzung geprägt: Die Beachtung der Menschenwürde sei integraler Bestandteil der Arbeit gegen Ungerechtigkeit und Gewalt.[293] Die Religionsgemeinschaften hätten die Pflicht zu kritischen Stellungnahmen, wenn im politischen oder sozio-ökonomischen Bereich – vor allem aus nationalistischen Gründen – Rahmenbedingungen geschaffen würden, welche eine Verwirklichung der Weltgemeinschaft, der Gerechtigkeit oder der Menschenwürde hinderten.[294] Diskriminierung wird als nicht zu tolerierende Verneinung der dem Menschen innewohnenden Würde entlarvt.[295] Aber auch eine positive Sichtweise kommt zu Wort: Die Menschenwürde ist Basis für den Wert „soziale Gerechtigkeit",[296] sie drängt auf Anerkennung der Menschenrechte;[297] aus

---

288 Ein besonders aussagekräftiges Beispiel bietet 21.–23.11.1996 (Teheran), oben D.1. (34): „Muslims and Christians agree that God created humankind with inherent value and dignity". Vgl. auch 16./17.7.2008 (Moskau), oben D.1. (114): „...professent que la dignité de l'homme réside dans le fait qu'il est façonné à l'image de Dieu pour couronner toute la création".
289 Vgl. 27.9.2011 (Dar el-Fatwa/Libanon), oben D.1. (133). Das Dokument der Konferenz 5.–8.11. 2007 (Washington), oben D.1. (107) stellt sogar einen unmittelbaren Zusammenhang zwischen Gottesverehrung und Achtung vor der Menschenwürde her: „Nous croyons que l'essentiel de la religion consiste à lui rendre un culte et à respecter la vie et la dignité de tous les êtres humains...". Vgl. 22./23.1.2008 (Amman), oben D.1. (108); der Text spricht von einer gottgegebenen Verantwortung zur Bewahrung insbesondere der Menschenwürde. Zum Verpflichtungscharakter des Respekts vor der Menschenwürde vgl. auch 15.11.1993 (Lourdes), oben D.1. (23).
290 Vgl. 23./24.5.2011 (Bordeaux), oben D.1. (131): „(...) that people everywhere are demanding that their fundamental dignity be honoured".
291 Vgl. 23./24.4.2007 (San Marino), oben D.1. (103): „....a shared ambition to protecting the dignity of every human being...".
292 Vgl. 15.–17.3.2005 (Kairo), oben D.1. (93); 29.8.–7.9.1979 (Princeton), oben D.1. (13); 3.–5.6. 1997 (Istanbul), oben D.1. (36).
293 Vgl. 21.–23.6.2011 (Moskau), oben D.1. (132).
294 Vgl. 12.–18.7.1972 (Broumana/Libanon), oben D.1. (5): „There may also be instances where a religious community must exercise its critical faculty over against a local political or socio-economic framework which is narrowly nationalistic, and hinders the establishment of world community, justice and human dignity".
295 Vgl. 1.–6.2.1976 (Tripoli/Libyen), oben D.1. (9).
296 Vgl. 25.–28.9.1995 (Malta), oben D.1. (31): „We uphold those principles of social justice, which are based on human dignity...".
297 Vgl. 7.–9.2.2000 (Sarajevo), oben D.1. (49): „Each of our traditional churches and religious communities recognizes and proclaims that the dignity of man and human value is a gift of God. Our faiths, each in its own way, call us to respect the fundamental rights of each person" Ganz ähnlich 18.3.2005 (Tirana), oben D.1. (94). Ähnlich auch 22./23.1.2008 (Amman), oben D.1. (108) und 16.–18.10.2002 (Genf), oben D.1. (77). Die Konferenz 21.–23.6.2011 (Moskau), oben D.1. (132)

ihr folgt eine grundlegende Freiheit des Menschen.[298] Vor allem die zuletzt hervorgehobenen Aussagen deuten an, dass die Menschenwürde als Quelle weiterer Werte gilt und einen entsprechenden interreligiösen Einsatz zu deren Schutz begründet. Um Wiederholungen zu vermeiden, wird der Zusammenhang zwischen der Menschenwürde und einzelnen ethischen Werten bei deren Darstellung thematisiert.

2.3.2 Der Wert „Frieden" und seine Umsetzung in „friedliche Koexistenz"

Die Auseinandersetzung mit dem Wert „Frieden" und dessen Anwendung auf den ethisch gebotenen Einsatz zugunsten von „friedlicher Koexistenz" bildet einen Schwerpunkt der interreligiösen Arbeit, sowohl in quantitativer Hinsicht wie auch in Hinsicht auf die Differenziertheit der gefundenen Einsichten. Dabei ist der Ausgangspunkt sehr grundsätzlich: „Frieden" gilt als Gabe Gottes;[299] zugleich sei es Gottes Wille, dass die Menschen Frieden auf der Erde verwirklichen.[300] Die starke religiöse Valenz von „Frieden"[301] bringt die Konferenz 30.3.–2.4.1993 (Wien) auf den Punkt: Gott ist ein Gott des Friedens; wer ihm dienen will, muss dem Frieden dienen.[302]

Eine Gruppe von Schlusserklärungen thematisiert „Frieden" in einem grundsätzlichen, weltweiten Blickwinkel. Das entsprechende interreligiöse Engagement wird dabei als in Zusammenhängen stehend wahrgenommen. Eine breit dokumentierte Überzeugung besagt, Frieden setze Gerechtigkeit voraus, es müsse

---

betont den Zusammenhang zwischen Menschenwürde, Menschenrechten und „traditionellen Werten".

298 Vgl. 21.–23.6.2011 (Moskau), oben D.1. (132). Ein weiteres markantes Beispiel bietet die Konferenz 7./8.5.2013 (Wien), oben D.1. (139): „.…is a fundamental element in human freedom generally, derived as it is from our understanding of the divinely mandated dignity of each human being".

299 Vgl. 19./20.12.2001 (Brüssel), oben D.1. (69); ähnlich, aber in einer abstrakteren Formulierung 24.1.2002 (Beirut), oben D.1. (71): „La religion, en sa qualité de message divin adressé à tous les hommes, est un message de paix, (…)".

300 Besonders ausdrucksstark ist die Formulierung der Konferenz 11.4.2002 (Istanbul), oben D.1. (73): „C'est la volonté de Dieu que les hommes instaurent la paix et l'harmonie". Instaurer la paix (…) est un devoir qui nous échoit. L'épreuve de l'homme devant Dieu est d'établir la paix et l'harmonie". Ähnlich, wenn auch abstrakter formuliert 31.5.–1.6.2002 (Timişoara/Rumänien), oben D.1. (74): „… that the true vocation of religion is to contribute to the preservation of peace".

301 Besonders markant ist hier das Dokument der Konferenz 7.–9.2.1994 (Istanbul), oben D.1. (25), wo unter Berufung auf Bibel- bzw. Koranstellen das Ideal des Friedens in seiner religiösen Bedeutung aufgezeigt wird.

302 Vgl. 30.3.–2.4.1993 (Wien), oben D.1. (19).

für beide Werte (zugleich) gearbeitet werden.[303] Frieden, wirtschaftliche Entwicklung und Beachtung der Menschenrechte seien miteinander verbunden.[304] Der Widerspruch zwischen Rüstungsausgaben und Hunger in der Welt dränge auf interreligiöse Unterstützung von Abrüstungsbemühungen.[305] Frieden hänge vom Einsatz für eine gerechte internationale Wirtschaftsordnung und von nuklearer sowie konventioneller Abrüstung ab.[306] Frieden werde durch Vertrauen aufgebaut, Vertrauen wiederum entspringe aus Abrüstung, der Stärkung von Institutionen zur Konfliktlösung, durch den Einsatz für die Menschenrechte sowie durch Schaffung eines gerechten und ökologisch ausgewogenen Wirtschaftssystems.[307] Der Einsatz für den Menschen, für Frieden und für die Überwindung von Hass und Gewalt sei nicht zu trennen.[308] Eine bedeutsame Voraussetzung für die Wirksamkeit eines interreligiösen Engagements zugunsten von „Frieden" hat die Konferenz 12.–18.12.1994 (Barcelona) herausgearbeitet:

> We will remain mindful that our religions must not identify themselves with political, economic, or social powers, so as to remain free to work for justice and peace.[309]

Die Zusammenstellung einschlägiger Aussagen zeigt einen eindeutigen Schwerpunkt bzgl. eines Zusammenhangs von „Frieden" und „Gerechtigkeit". Dabei wird ein ökonomischer Aspekt – mehrheitlich sogar ausdrücklich – der Gerechtigkeit zugeordnet. Als wichtigster äußerer Beitrag zur Friedenssicherung gelten internationale Bemühungen um Abrüstung und gewaltfreie Konfliktlösung.

Eine zweite Gruppe von Texten setzt sich mit einer kleinräumigeren bzw. individuellen Dimension von „Frieden" auseinander. Dabei werden die Schwerpunkte und Zusammenhänge anders, nämlich im Bereich von inneren Einstellungen oder von Lernprozessen gesehen: Es gelte primär, Frieden auf geistlichem,

---

303 Vgl. 6.–10.6.1977 (Moskau), oben D.1. (11). Sehr markant ist auch die Formulierung der Konferenz 10.–14.5.1982 (Moskau), oben D.1. (15): „If life is to be saved, peace must not be separated from justice for all; it is only peace with justice that can be a durable peace". Vgl. weiterhin 4.–7.6.1999 (Moskau), oben D.1. (47); 12.–16.9.2001 (Sarajevo), oben D.1. (62); 19./20.12.2001 (Brüssel), oben D.1. (69); 25.–27.5.2009 (Lille), oben D.1. (120).
304 Vgl. 28.8.–3.9.1974 (Leuven), oben D.1. (8). Ähnlich, aber noch differenzierter 19./20.12.2001 (Brüssel), oben D.1. (69): „Hence the call, in all of our religions, is to bring peace with freedom, justice, and human rights".
305 Vgl. 6.–10.6.1977 (Moskau), oben D.1. (11).
306 Vgl. 29.8.–7.9.1979 (Princeton), oben D.1. (13). Ganz konzentriert auf interreligiösen Einsatz gegen Rüstungswettlauf und Massenvernichtungswaffen 24.–27.8.2002 (Lyon), oben D.1. (75); 16./17.6.2009 (Rom), oben D.1. (121).
307 Vgl. 22.–27.1.1989 (Melbourne), oben D.1. (16).
308 Vgl. 24./25.11.1992 (Wolfsberg/CH), oben D.1. (18).
309 12.–18.12.1994 (Barcelona), oben D.1. (30).

2 Grundlinien und Schwerpunkte in den Dialogergebnissen — 351

spirituellem Weg im einzelnen Menschen, in Familien und Städten sowie mit der natürlichen Welt wachsen zu lassen.[310] „Frieden" sei zunächst eine innere Haltung,[311] er sei eine Aufgabe für die Erziehung.[312] Jeder Einzelne müsse selbst zum (gelebten) Beispiel für Frieden werden.[313] Einen bemerkenswerten, auf die konkreten Erfahrungen des Einzelnen bezogenen Ansatz hat die Konferenz 25. – 27.5. 2009 (Lille) herausgearbeitet:

> Peace is for the hungry to be fed, the poor to be sustained, the sick to experience care, the oppressed to be released and the marginalized to have a voice. Peace is protection against violence, (...).[314]

Eine Reihe von Texten betont, dass vergleichbare Erneuerungsprozesse sowohl im einzelnen Menschen wie auch – parallel dazu – in Gesellschaften stattfinden müssen: Frieden könne nur durch moralische Erneuerung des Einzelnen und durch entsprechende Umformung der Gesellschaft erreicht werden.[315] Frieden setze voraus, den Tendenzen Einzelner oder von Gemeinschaften entgegenzuwirken, sich als anderen überlegen zu fühlen.[316] Wirklichen Frieden könne es nicht ohne Respekt für die Freiheit und Würde des Einzelnen wie der Völker, besonders auch der Minderheiten, geben.[317] Ohne Anerkennung von Pluralismus und religiöser Verschiedenheit sei Frieden nicht möglich.[318] Der Einsatz für den Frieden müsse mit einer Überwindung negativer historischer Erfahrungen, einem besseren gegenseitigen Verständnis und dem Respekt vor den religiösen Überzeugungen des jeweils anderen einhergehen.[319] Frieden, Freiheit und Gerechtig-

---

310 Vgl. oben 28.8. – 3.9.1974 (Leuven), oben D.1. (8). Ähnlich 23./24.9.2003 (Astana), oben D.1. (83): „We shall strengthen co-operation in promoting spiritual values and the culture of dialogue with the aim of ensuring peace in the new millennium".
311 Vgl. 12. – 18.12.1994 (Barcelona), oben D.1. (30).
312 Vgl. 30.3. – 2.4.1993 (Wien), oben D.1. (19).
313 Vgl. 30.3. – 2.4.1993 (Wien), oben D.1. (19). Ähnlich 28.1. – 2.2.2007 (Saydnaya/Syrien), oben D.1. (102).
314 25. – 27.5.2009 (Lille), oben D.1. (120).
315 Vgl. 13./14.11.2000 (Moskau/Danilovkloster), oben D.1. (55). Ähnlich 25. – 27.5.2009 (Lille), oben D.1. (120): „Peace of the heart and mind and peace of society are intrinsically linked. Peace and justice are inseparable...".
316 Vgl. 12. – 18.12.1994 (Barcelona), oben D.1. (30): „We will favor peace by countering the tendencies of individuals and communities to assume or even to teach that they are inherently superior to others".
317 Vgl. 7. – 9.12.2000 (Syrakus), oben D.1. (57).
318 Vgl. 12. – 18.12.1994 (Barcelona), oben D.1. (30): „Unless we recognize pluralism and respect diversity, no peace is possible. We strive for the harmony which is at the very core of peace".
319 Vgl. 30.3. – 2.4.1993 (Wien), oben D.1. (19).

keit entstehe aus einer von Personen und Gemeinschaften geübten Mäßigung.[320] Dauerhafter Friede sei auf der Grundlage von Wahrheit, Gerechtigkeit und Zusammenleben aufgebaut.[321]

Ein spezieller Gesichtspunkt wird unter dem Begriff „friedliche Koexistenz" behandelt, der das konfliktfreie Zusammenleben von Menschen verschiedener Religion, ethnischer Zugehörigkeit u. ä. umschreibt. Ein Schlüsseltext dazu ist das Dokument der vom ÖRK veranstalteten Konferenz 13./14.12.2008 (Teheran): Frieden beruhe auf gegenseitigem Verständnis, was einen Lernprozess voraussetze. In diesem Zusammenhang komme interreligiösem Dialog große Bedeutung zu. Aus der abrahamischen Glaubenstradition folge eine gemeinsame Verantwortung zur Förderung friedlicher Koexistenz; sie drücke sich in gleichberechtigter Teilhabe und geteilter Verantwortung gegenüber der Gesellschaft und jedem Einzelnen aus. Dies schließe die wechselseitige Anerkennung der religiösen und zivilen Rechte des anderen und gemeinsame Stellungnahmen im Fall von deren Verletzung ein. In jeder Religion und Kultur könne man die fundamentalen Prinzipien von „Frieden" und „Respekt" entdecken; interreligiöser Dialog müsse diese Prinzipien stärken, um friedliche Koexistenz zu sichern.[322] Die Bedeutung wechselseitigen Respekts für Bewahrung oder Wiederherstellung friedlicher Koexistenz wird auch in anderen Dokumenten hervorgehoben.[323] Dialog gilt als herausragende Möglichkeit, friedliche Koexistenz zu sichern.[324] In Einzelfällen werden geistlich-spirituelle und politisch-praktische Aspekte unterschieden, um u. a. der friedlichen Koexistenz zu dienen.[325]

---

320 Vgl. 26.–28.7.1993 (Amman), oben D.1. (21).
321 Vgl. 9.6.1997 „Statement of Shared Moral Commitment", oben D.1. (37); in fast gleicher Formulierung auch 7.–9.2.2000 (Sarajevo), oben D.1. (49).
322 Vgl. 13./14.12.2008 (Teheran), oben D.1. (119). Einem vergleichbaren Ansatz folgt die Konferenz 23./24.9.2003 (Astana), oben D.1. (83): „(...) That religions must aspire towards greater cooperation, recognizing tolerance and mutual acceptance as essential instruments in the peaceful co-existence of all peoples".
323 Vgl. 11.–13.9.2006 (Astana), oben D.1. (101); 28.–30.10.2002 (Manama/Bahrein), oben D.1. (78); 24.2.1997 (Beirut), oben D.1. (35). Ganz ähnlich 1.–3.3.2005 (Amman), oben D.1. (92), wo dem Gesichtspunkt „gegenseitiger Respekt" noch „Gewaltverzicht" an die Seite gestellt wird. Die Konferenz 12.–14.3.1994 (Antelias), oben D.1. (26) hebt friedliche Koexistenz als Grundbedingung für die staatliche Existenz des Libanon hervor; Voraussetzung für gelingende Koexistenz sei die Gleichheit der Bürger vor dem Gesetz; es bedürfe des Respekt vor den Freiheiten, der gegenseitigen Anerkennung und des Dialogs.
324 Vgl. 1.–3.3.2005 (Amman), oben D.1. (92); So auch 28.–30.10.2002 (Manama/Bahrein), oben D.1. (78).
325 Vgl. 30.3.–2.4.1993 (Wien), oben D.1. (19). Auch das Dokument der Konferenz 10.–14.5.1982 (Moskau), oben D.1. (15) sieht für „friedliche Koexistenz" Parallelen zwischen dem religiösen und

Einen bemerkenswerten alternativen Ansatz weist das Schlussdokument der orthodox-islamischen Konferenz 10.–12.11.1998 (Amman) auf, wo zwar nicht ausdrücklich von „friedlicher Koexistenz" gesprochen wird, diese jedoch der Sache nach unter dem Gesichtspunkt der „Mitbügerschaft" („concitoyenneté") in einer modernen Gesellschaft behandelt wird. Die Identität eines Menschen ergebe sich aus nationalen, regionalen und religiösen Zusammenhängen; dies müsse bei der „Mitbürgerschaft" berücksichtigt werden:

> La question de concitoyenneté devra inciter les croyants à travailler ensemble pour y faire face de façon qui combine l'égalité entre les hommes, le respect des droits de l'homme, la préservation de la vie et de l'identité de l'homme, le maintien du caractéristiques et des qualités spécifiques de la société qui découlent du pluralisme et la demande de s'orienter vers la collaboration interculturelle dans notre monde, de sorte que nous évitions la collision des civilisations, couvée par les grandes puissances dans leur désir de puissance.[326]

Auch die Konferenz 2./3.5.2006 (Pec) bietet in ihrer Erklärung zum Thema „friedliche Koexistenz und Dialog" bemerkenswerte Einsichten: Die wirkliche Freiheit bestehe im Dienst für Gott durch den Dienst für jeden Menschen, ungeachtet seines Glaubens, seiner Nationalität und jeder anderen Zugehörigkeit. Man könne einander nicht nur als eine Art „notwendiges Übel" tolerieren, es reiche nicht, lediglich nebeneinander zu leben; vielmehr gelte es zu lernen, miteinander zu leben und die Fähigkeit zu erwerben, es füreinander zu tun. Das Ziel müsse demnach sein, eine „Einheit in der Verschiedenheit" zu respektieren.[327] Damit wird – singulär – eine Formel des ökumenischen Dialogs analog auf den interreligiösen Zusammenhang angewandt.

Im Ergebnis werden in den untersuchten Texten sowohl „Frieden" als auch „friedliche Koexistenz" in enger Relation zu anderen Werten gesehen. Erstaunlicherweise sind diese Relationen inhaltlich jedoch sehr unterschiedlich gefasst: „Frieden" wird zum einen als eng verbunden mit „Gerechtigkeit" gesehen, unter Einschluss der speziellen Aspekte „ökonomische" oder „soziale Gerechtigkeit";

---

dem staatlich-politischen Bereich: „Peaceful coexistence and dialogue are just as necessary between religions as they are between countries".

326 10.–12.11.1998 (Amman), oben D.1. (44). In eine ähnliche Richtung argumentiert die Konferenz 18.–20.12.2001 (Kairo), oben D.1. (68): „Lack of respect for cultural and religious distinctiveness and the poor management of pluralism in Arab societies has (...) restricted areas in which Muslims and Christians can intermingle, join with each other, meet, work together and cooperate. (...). The effect of this has been to weaken the institutions of civil society that ought to be a uniting force for the national body politic. addressing this, the dialogue envisioned by the working group strives to foster full citizenship and participation in public life freed from the shackles of confessionalism".

327 Vgl. 2./3.5.2006 (Pec), oben D.1. (98).

zum anderen gelten Rüstungsbegrenzung bzw. Abrüstung als vorrangige Initiativen zugunsten eines friedlichen Miteinanders von Völkern. Dagegen erscheint „friedliche Koexistenz" vor allem als mit „wechselseitigem Respekt" verknüpft; dies bestätigen selbst die mitgeteilten Sonderfälle, die „wechselseitigen Respekt" in einen gesellschaftlich-politischen Bereich hinein konkretisieren bzw. in eine innere geistliche Haltung transponieren.

2.3.3 Der Wert „Gerechtigkeit"

Der ethische Wert „Gerechtigkeit" ist trotz seiner hohen Bedeutung nur eher selten unmittelbar als Ausdruck göttlichen Willens bzw. als von Gott gegebene Verpflichtung qualifiziert worden.[328] Das aus den Schlusserklärungen ablesbare größere Interesse gilt mehr einer Zuordnung, denn einer Ableitung: am häufigsten wird dabei „Gerechtigkeit" dem Wert „Frieden" an die Seite gestellt.[329] In einem Text wird „Gerechtigkeit" mit Wahrheit" verknüpft.[330] Ebenso vereinzelt stehen jeweils Texte, in denen „Gerechtigkeit" in eine längere Reihung von Werten aufgenommen worden ist. Beispiele dafür sind: Spirituelle Werte würden gebraucht, um den Grund für Gerechtigkeit, Rechtschaffenheit und Respekt für die jedem Menschen innewohnende Würde zu legen.[331] Es sei notwendig, entschlossen für das menschliche Leben, die Freiheit, die Religion, das Eigentum, die Würde und die Gerechtigkeit einzutreten.[332] Eine religiöse Rechtfertigung von gewaltsamen oder unmenschlichen Handlungen sei zu verwerfen, weil diese unvereinbar sind mit dem Geist von Frieden und Gerechtigkeit, friedlicher Zusammenarbeit und Respekt vor der Würde der menschlichen Person.[333] Die Heiligkeit des menschlichen Lebens veranlassten die Religionen, in ihren Lehren auf Freiheit, Gerech-

---

[328] Vgl. 6.6.2007 (Köln), oben D.1. (104): „Allen unseren Traditionen liegt der Glaube zugrunde, dass die Würde des Menschen und Gerechtigkeit Gaben Gottes sind". Ähnlich, aber weiter in den Formulierungen 10./11.8.2004 (Amaroussion bei Athen), oben D.1. (90): Gefordert wird ein entschiedener Einsatz, um den göttlichen Willen zu Frieden, sozialer Gerechtigkeit und zum Respekt vor den fundamentalen Menschenrechten auf glaubwürdige Weise zu vermitteln. Vgl. auch 12. – 14.3.1979 (Chambésy/CH), oben D.1. (12): „(...) we accept a common God-given responsibility to work for peace and justice".

[329] Vgl. z. B. 6. – 10.6.1977 (Moskau), oben D.1. (11); 21. – 23.11.1996 (Teheran), oben D.1. (34); 19./20.12.2001 (Brüssel), oben D.1. (69); 28. – 30.10.2002 (Manama/Bahrein), oben D.1. (78); ähnlich 11./12.11.2002 (Oslo), oben D.1. (79), allerdings unter Hinweis auf einen Zusammenhang zwischen „Gerechtigkeit" und „friedlicher Koexistenz".

[330] Vgl. 7. – 9.12.2000 (Syrakus), oben D.1. (57).

[331] Vgl. 25. – 28.10.1999 (Rom/Vatikan), oben D.1. (48).

[332] Vgl. 12. – 16.9.2001 (Sarajevo), oben D.1. (62).

[333] Vgl. 19./20.12.2001 (Brüssel), oben D.1. (69).

tigkeit, Brüderlichkeit, Solidarität und Liebe zu bestehen.[334] Eingefordert wird ein Schutz der Menschenrechte, darin eingeschlossen die fundamentalen Rechte auf Leben, Freiheit zum Ortswechsel, Gerechtigkeit, Eigentum, Beschäftigung und Menschenwürde.[335]

Sowohl der Schwerpunkt einer Verknüpfung von „Gerechtigkeit" mit „Frieden" wie auch die Beispiele längerer Reihungen von Werten unter Einschluss von „Gerechtigkeit" erklären sich aus der Blickrichtung auf *ein* zentrales interreligiöses Anliegen: gearbeitet wird im Blick auf friedliche Koexistenz zwischen Völkern und Nationen[336] bzw. innerhalb einer Gesellschaft.[337] Den grundsätzlichen Zusammenhang hat die Konferenz 28.–30.10.2002 (Manama/Bahrein) besonders markant formuliert: Gerechtigkeit in allen ihren Formen stelle die Grundlage von Frieden und friedlicher Koexistenz dar; Ungerechtigkeit in allen ihren Formen sei dagegen eine Hauptursache für Feindschaft, Krieg und Terror in allen Formen.[338]

2.3.4 Der Wert „Toleranz", „wechselseitiger Respekt" und der Umgang mit „Pluralismus"

Oben unter D 2.1.3. wurde im Zusammenhang mit den Voraussetzungen für interreligiöse Dialogprozesse bereits der Umgang mit religiösem Pluralismus beleuchtet. Dieselbe Thematik „Pluralismus" beschäftigte die Konferenzen auch unter dem Vorzeichen seiner alltäglichen Gegebenheit in konkreten gesellschaftlichen Kontexten. Der Ausgangspunkt ist zunächst ganz ähnlich: religiöser und kultureller Pluralismus wird als gesellschaftliches Faktum wahrgenom-

---

334 Vgl. 10./11.8.2004 (Amaroussion bei Athen), oben D.1. (90).
335 Vgl. 7.–10.11.2004 (Leuven), oben D.1. (91).
336 Vgl. z. B. 30.3.–2.4.1993 (Wien), oben D.1. (19): Schaffung gerechter Strukturen; ähnlich 1.–4. 11.1993 (Nyon), oben D.1. (22). Vgl. 17.–26.4.1974 (Colombo/Sri Lanka), oben D.1. (6): soziale Gerechtigkeit innerhalb und außerhalb politischer Grenzen. Vgl. 21.–23.11.1996 (Teheran), oben D.1. (34): „Peace without justice can only lead to further atrocities, as has been seen recently in places like Bosnia, Rwanda and the Middle East". Vgl. 4.–7.6.1999 (Moskau), oben D.1. (47): „Justice is also the basis for the peaceful and harmonious development of global political processes". Vgl. 11./ 12.11.2002 (Oslo), oben D.1. (79): „(…) pour promouvoir la justice et la coexistence pacifique au sein de la diversité des peuples, des religions et des traditions en Europe". Zum Einsatz für eine gerechte internationale Wirtschaftsordnung 29.8.–7.9.1979 (Princeton), oben D.1. (13).
337 Vgl. z. B. 19.–23.10.2000 (Wien), oben D.1. (54): Konflikte beruhten oft auf Ungerechtigkeit in der Verteilung von Ressourcen und mangelndem Zugang zu vollen und gleichen Chancen in der zivilen Gesellschaft; vgl. 7.–9.12.2000 (Syrakus), oben D.1. (57): ohne Kampf gegen Ungerechtigkeit wachse die Gefahr von Gewaltanwendung.
338 Vgl. 28.–30.10.2002 (Manama/Bahrein), oben D.1. (78).

men,³³⁹ vereinzelt sogar als Ausdruck von Gottes Willen.³⁴⁰ Diese Gegebenheiten gelte es anzuerkennen bzw. anzunehmen.³⁴¹

„Toleranz" stellt vor diesem Hintergrund eine spezifische Weise dar, „Pluralismus" anzunehmen und zwar als eine innere Haltung.³⁴² Einen Schlüsseltext dazu hat die Konferenz 26.–28.4.2010 (Istanbul) formuliert:

> Tolerance is an active recognition of diversity and means respecting the otherness of the other with whom we differ religiously, culturally, or otherwise, with compassion and benevolence. Tolerance does not mean unconditional approval of the ideas of others nor of the way they live their lifes. Tolerance means respecting the other's human rights, but not necessarily sharing his or her viewpoints. (...).³⁴³

Ein wichtiger Einzelaspekt von Toleranz wird in einer notwendigen Gleichbehandlung verschiedener Religionen und Ethnien gesehen.³⁴⁴ Man müsse sich selbst um einen veränderten Blickwinkel bemühen, um den anderen in positiver Weise kennenzulernen und zusammen eine Brücke des Vertrauens zu bilden.³⁴⁵ Toleranz verhelfe zu einem gemeinsamen Grundverständnis zwischen verschiedenen Religionen und Völkern.³⁴⁶

Obwohl es sicher möglich gewesen wäre, die Bedeutung von „Toleranz" noch differenzierter zu entfalten, behandelt die Mehrzahl der Schlusserklärungen die Einzelaspekte unter dem Begriff „wechselseitiger Respekt", der als konkrete Ausformung toleranten Umgangs mit Pluralismus verstanden wird und auf das engste mit einem konkreten interreligiösen Ziel verknüpft wird, nämlich mit „friedlicher Koexistenz". Die Brücke zwischen „Pluralismus", „Toleranz" und

---

339 Die Faktizität von Pluralismus stellt 12.–14.3.1979 (Chambésy/CH), oben D.1. (12) lapidar fest: „Christians and Muslims live together in an increasingly pluralistic and interdependent world". Ähnlich deutlich 12.–18.12.1994 (Barcelona), oben D.1. (30): „We are aware of the world's cultural and religious diversity". Die Erklärung der Konferenz 16.2.1998 (Rabat), oben D.1. (40) ist ein aussagekräftiges Beispiel für eine grundsätzlich positive Sichtweise: (We) „are convinced that cultural diversity is one of the riches of humanity...".
340 Besonders deutlich dazu (8.7.1965 (Libanon), oben D.1. (1): Pluralismus habe seine Quelle in Gott. Ähnlich 16.–18.10.2002 (Genf), oben D.1. (77).
341 Vgl. z. B. 23./24.9.2003 (Astana), oben D.1. (83); 11.–13.9.2006 (Astana II), oben D.1. (101); 28.2.–2.3.2008 (Beirut), oben D.1. (109).
342 Die Schlusserklärung der Konferenz 26.–28.4.2010 (Istanbul), oben D.1. (126) spricht sehr prägnant von Toleranz als einer geistlichen Verantwortung.
343 26.–28.4.2010 (Istanbul), oben D.1. (126).
344 Vgl. 26.–28.10.2007 (Ochrid), oben D.1. (106).
345 Vgl. 28.1.–2.2.2007 (Saydnaya/Syrien), oben D.1. (102).
346 Vgl. 1.–3.3.2005 (Amman), oben D.1. (92).

2 Grundlinien und Schwerpunkte in den Dialogergebnissen — 357

„wechselseitigem Respekt" wird durch eine prägnante Formulierung der Konferenz 23./24.9.2003 (Astana) gebaut:

> That the diversity of religious beliefs and practices should not lead to mutual suspicion, discrimination and humiliation but to a mutual acceptance and harmony demonstrating distinctive characteristics of each religion and culture,
> That religions must aspire towards greater co-operation, recognizing tolerance and mutual acceptance as essential instruments in the peaceful co-existence of all peoples.[347]

Als Hauptaufgabe der Kirchen und Religionsgemeinschaften wird erkannt, auf Basis gegenseitigen Respekts neue Modelle für die Beziehungen zwischen gesellschaftlich relevanten Gruppen zu entwickeln.[348] Zu den gemeinsamen Aufgaben der beiden Religionen im Dienst an friedlicher Koexistenz zähle, Vorurteile abzubauen und wechselseitigen Respekt vor den Besonderheiten anderer religiöser Traditionen zu fördern.[349] Wechselseitigem Respekt sei Raum zu geben, der die tatsächliche kulturelle, religiöse und zivilisatorische Verschiedenheit anerkenne. Es sei die Berufung aller Religionen, Gewalt zurückzuweisen und zu Respekt und friedlicher Koexistenz aufzurufen.[350] Eine „Kultur" der Pluralität und des gegenseitigen Respekts müsse ausgeweitet werden.[351] Entsprechend wird das Gegenteil von „Toleranz" bzw. „wechselseitigem Respekt", nämlich Diskriminierung, entschieden zurückgewiesen, da sie friedliche Koexistenz und Zusammenarbeit unterminiere.[352] Von ihrem alternativen Konzept einer „interreligiösen Freundschaft" ausgehend, betont die Konferenz 18.–22.3.2012 (Oxford), dass Freundschaft ein geistliches Geschenk sei, da sie von einem Übersehen von Unterschieden zu deren Erkennen, Verstehen und Respektieren führe; sie finde ihren umfassendsten Ausdruck in einer Freundschaft, die bewusst in Gott gründe.[353]

Die Zusammenstellung zentraler Aussagen verschiedener Konferenzen zeigt eine erstaunliche Konvergenz der interreligiösen Einsicht. Ausgehend vom Faktum

---

[347] 23./24.9.2003 (Astana), oben D.1. (83).
[348] Vgl. 14./15.12.2001 (Belgrad), oben D.1. (67).
[349] Vgl. 28.–30.10.2002 (Manama/Bahrein), oben D.1. (78). Ähnlich 11./12.11.2002 (Oslo), oben D.1. (79): „Les responsables religieux (...) sont déterminés à collaborer pour mettre un terme aux conflits, pour réaffirmer (...) la condamnation de la terreur et pour promouvoir (...) la coexistence pacifique au sein de la diversité des peuples, des religions et des traditions en Europe".
[350] Vgl. 11.–13.9.2006 (Astana II), oben D.1. (101).
[351] Vgl. 28.1.–2.2.2007 (Saydnaya/Syrien), oben D.1. (102).
[352] Vgl. 19./20.12.2001 (Brüssel), oben D.1. (69): „Rejecting all forms of discrimination, we support the principles of mutual respect, reciprocity, human rights, religious freedom, peaceful coexistence, and multireligious cooperation". Ganz ähnlich 28.2.–2.3.2008 (Beirut), oben D.1. (109): jede Diskriminierung sei eine Verletzung der Basis gegenseitigen Respekts.
[353] Vgl. 18.–22.3.2012 (Oxford), oben D.1. (135).

existierenden religiösen und kulturellen Pluralismus wird die Notwendigkeit von dessen Akzeptanz betont. Indem sich die Akzeptanz zur inneren Haltung verdichtet, wird der ethische Wert „Toleranz" gelebt. „Toleranz" erhält „Außenwirkung", indem sie in „wechselseitigem Respekt" praktisch umgesetzt wird. Weitere Konferenzerklärungen deuten die Einzelaspekte: In „wechselseitigem Respekt" werden Beziehungen aufgebaut, eine gesellschaftlich relevante Kultur gepflegt, Vorurteile und die Gefahr von Diskriminierung abgebaut. All dies fördert „friedliche Koexistenz". Die interreligiöse Leistung der Dialogpartner besteht im Ergebnis darin, ein Faktum und einen ethischen Wert zielgerichtet zu einem begehbaren Weg gelingenden Zusammenlebens ausgebaut zu haben.

2.3.5 Die Bewährung „wechselseitigen Respekts" durch Achtung vor „dem Heiligen"

Eine Reihe von Schlussdokumenten entfaltet einen speziellen Bereich praktizierten wechselseitigen Respekts, nämlich die Achtung dessen, was Angehörigen einer anderen Religion heilig ist. Die nähere Bestimmung des zu schützenden Bereichs weist eine gewisse Bandbreite auf: Verurteilt werden die Schmähung von Propheten und Boten Gottes, weil eine solche Herabwürdigung in Gegensatz zur Sendung von Propheten und Boten durch Gott stehe, um durch sie die Menschheit zu leiten.[354] Weiterhin findet die Zerstörung oder Entweihung religiöser Gebäude entschiedene Ablehnung;[355] besonderer Schutz wird für die heiligen Stätten in Jerusalem eingefordert.[356] Respekt sei vor heiligen Büchern und Texten zu üben.[357] Noch weiter gefasst wird die Achtung vor dem Heiligen in Verurteilungen einer Manipulation oder von Profanierung religiöser Symbole,[358] religiösen Besonderheiten,[359] Idealen[360] und Lebensformen.[361] Ziel des Engagements ist eine Vor-

---

354 So besonders deutlich 28.–30.10.2002 (Manama/Bahrein), oben D.1. (78); ganz ähnlich 22./23.1.2008 (Amman), oben D.1. (108);
355 Vgl. z.B. 8.–10.12.1993 (Pécs/Ungarn), oben D.1. (24); 9.6.1997 „Statement of Shared Moral Commitment", oben D.1. (37); 7.–9.2.2000 (Sarajevo), oben D.1. (49); 7.–9.12.2000 (Syrakus), oben D.1. (57); ganz ähnlich 20.–22.10.2009 (Doha/Qatar), oben D.1. (124); etwas allgemeiner 22./23.1.2008 (Amman), oben D.1. (108): „heilige Orte".
356 Vgl. z.B. 20.–22.1.2002 (Alexandria), oben D.1. (70); 16.–18.10.2002 (Genf), oben D.1. (77); 22./23.1.2008 (Amman), oben D.1. (108), erweitert um die Forderung eines freien Zugangs zu den heiligen Stätten.
357 Vgl. z.B. 22./23.1.2008 (Amman), oben D.1. (108).
358 Vgl. z.B. 8.–10.12.1993 (Pécs/Ungarn), oben D.1. (24); der Text stellt als besonders verwerflich heraus, religiöse Symbole oder Gefühle für Kriegszwecke zu manipulieren; vgl. auch 18.–20.12.2001 (Kairo), oben D.1. (68); 22./23.1.2008 (Amman), oben D.1. (108).
359 Vgl. z.B. 18.–20.12.2001 (Kairo), oben D.1. (68).

beugung gegenüber Gewaltanwendung, die aus der Verletzung oder Unterdrückung von Glaubensüberzeugungen entstehen könnte.[362] Ins Feld geführt wird aber auch die Religionsfreiheit.[363] Sehr weit gefasst ist die Sichtweise der Konferenz 13./14.11. 2000 (Moskau/Danilovkloster), die religiöse Gefühle von Gläubigen generell schützen möchte. Dabei wird der notwendige Abgleich mit der Meinungs- und Pressefreiheit zwar gesehen, jedoch letztlich pauschal zugunsten des Schutzes religiöser Gefühle vor Blasphemie entschieden.[364] Einige Schlusserklärungen befassen sich zudem mit der Frage konkreter Maßnahmen, die eine Achtung vor dem Heiligen fördern können: ins Auge gefasst werden die kritische Prüfung von Schulkurrikula und Medienberichten,[365] aber auch gemeinsame Interventionen in Form von Erklärungen, die in den Medien veröffentlicht werden könnten;[366] erinnert sei in diesem Zusammenhang an die Bemühungen um einen „Code on Holy Sites" (oben C 1.3.2.) sowie an die Erfassung und öffentliche Verurteilung von spezifischen Verletzungen oder Übergriffen durch den „Council of Religious Institutions of the Holy Land" (oben C 2.4.1.1.).

2.4 Der interreligiöse Einsatz gegen Verletzung ethischer Werte

Bislang standen ethische Werte und ein interreligiöses Engagement im Blick, diesen Werten zum Durchbruch zu verhelfen. Methodisch ist zu beobachten, dass – gewissermaßen komplementär dazu – in den Schlusserklärungen gegen eine Verletzung ethischer Werte angekämpft wird. Diese Bemühungen sollen im folgenden näher dargestellt werden.

---

360 Vgl. z. B. 7. – 9.12. 2000 (Syrakus), oben D.1. (57).
361 Vgl. z. B. 7. – 9.12. 2000 (Syrakus), oben D.1. (57).
362 So z. B. die Begründung der Konferenz 7. – 9.12. 2000 (Syrakus), oben D.1. (57).
363 So z. B. die Begründung der Konferenz 22./23.1. 2008 (Amman), oben D.1. (108).
364 Vgl. 13./14.11. 2000 (Moskau/Danilovkloster), oben D.1. (55): „We are seriously disturbed by acts of vandalism to sacred places, manifestations of xenophobia and sacrilege, propaganda of prejudicial attitudes toward religion and public actions that offend the feelings of believers. Such actions not only belittle the dignity of citizens but also enkindle interreligious enmity, bring schism into society and lead to the destabilization of the situation, which is especially dangerous in regions of conflict. We support the freedom of speech and the press and reject censorship, which, however, does not relieve of responsibility those who blaspheme against what is sacred for millions of our fellow countrymen".
365 Vgl. 22./23.1. 2008 (Amman), oben D.1. (108).
366 Vgl. 5. – 8.11. 2007 (Washington), oben D.1. (107); ähnlich 22./23.1. 2008 (Amman), oben D.1. (108).

2.4.1 Das Engagement gegen Hass, Intoleranz, Diskriminierung, Ausgrenzung und Gewalt

Eine Gruppe von Schlusserklärungen fokussiert innere Haltungen bzw. Verhaltensweisen, die ethischen Werten widersprechen.[367] Als solche gelten religiös oder ethnisch konnotierter Hass,[368] Intoleranz,[369] Rache[370] und Diskriminierung.[371] Zur Diskriminierung erläutert die Konferenz 28.2.–2.3.2008 (Beirut), dass sie eine Verletzung gegenseitigen Respekts darstelle und im Widerspruch zum Recht auf Gleichheit aller Menschen stehe, ein Recht, das von allen Religionen anerkannt werde.[372] Sehr einfühlsam mahnte die Konferenz 7.–9.11.2005 (Istanbul), bereits eine Sprache zu vermeiden, die Menschen zu Gewalt anstacheln könnte.[373] Eindeutiger Zielpunkt der Auseinandersetzung mit den erwähnten Fehlhaltungen ist es, sie als (Mit-)Ursachen für Gewaltausbrüche zu identifizieren. Konsequenterweise wird Gewaltanwendung in jeder Form entschieden verurteilt;[374] eine sehr prägnante Formulierung dafür lautet:

---

367 Sehr deutlich das Dokument der Konferenz 16.2.1998 (Rabat), oben D.1. (40): Solche Haltungen widersprächen der grundsätzlichen Botschaft von Liebe und Frieden der Religionen.
368 Vgl. 9.6.1997 „Statement of Shared Moral Commitment", oben D.1. (37); 7.–9.2.2000 (Sarajevo), oben D.1. (49); 16.–18.10.2002 (Genf), oben D.1. (77); 28.–30.10.2002 (Manama/Bahrein), oben D.1. (78); 23./24.9.2003 (Astana), oben D.1. (83).
369 Vgl. 29.8.–7.9.1979 (Princeton), oben D.1. (13); 16.2.1998 (Rabat), oben D.1. (40); vgl. 19.–23.10.2000 (Wien), oben D.1. (54) unter Hinweis darauf, dass falsche Wahrnehmungen und Vorurteile zu den Ursachen von Intoleranz zählten; vgl. 21.–24.2.2002 (Wien), oben D.1. (72); 26.–28.10.2007 (Ochrid), oben D.1. (106).
370 Vgl. 9.6.1997 „Statement of Shared Moral Commitment", oben D.1. (37).
371 Vgl. 29.8.–7.9.1979 (Princeton), oben D.1. (13); 16.2.1998 (Rabat), oben D.1. (40); die Konferenz 10.–12.11.1998 (Amman), oben D.1. (44) spricht – sachlich übereinstimmend – von Ausgrenzung; vgl. auch 19.–23.10.2000 (Wien), oben D.1. (54), mit der Betonung, dass falsche Wahrnehmungen und Vorurteile zu den Ursachen gehörten; vgl. 7.–10.11.2004 (Leuven), oben D.1. (91) mit einem Fokus auf verschiedene Formen von Rassismus; vgl. 18.3.2005 (Tirana), oben D.1. (94); 13.–16.9.2007 (Moskau), oben D.1. (105); 28.2.–2.3.2008 (Beirut), oben D.1. (109).
372 Vgl. 28.2.–2.3.2008 (Beirut), oben D.1. (109).
373 Vgl. 7.–9.11.2005 (Istanbul), oben D.1. (95). Ganz ähnlich verurteilt der Text 18.–20.12.2001 (Kairo), oben D.1. (68) solche, die nicht auf Dialog, sondern auf polemische Rhetorik setzen.
374 Vgl. z.B. 11.–13.4.2000 (Pristina), oben D.1. (50); 26.–28.10.2007 (Ochrid), oben D.1. (106); ähnlich auch 11.4.2002 (Istanbul), oben D.1. (73): Die heiligen Schriften der drei monotheistischen Religionen rechtfertigten niemals Krieg und Gewalt. Vgl. 16.–18.10.2002 (Genf), oben D.1. (77): „Together we condemn such exploitation of religious sentiment and distortion of the teachings of our two faiths which, we assert, share common principles of peace, justice and human dignity for all. In particular we join in condemning terrorism, the use of indiscriminate violence and the oppression of the weak, regardless of the source". Die Konferenz 26.–29.8.2006 (Kyoto), oben D.1. (100) verbindet die Verurteilung von Gewalt mit einem Blick auf Täter und Opfer. Die Konferenz 12.5.2011 (Bkerke/Libanon), oben D.1. (130) verurteilt entschieden gewalttätige Übergriffe in

Violence against persons or the violation of their basic rights are for us not only against manmade laws but also breaking God's law. (...). We jointly, in mutual recognition of our religious differences, condemn all violence against innocent persons and any form of abuse or violation of fundamental human rights.[375]

Die Konferenz 12.–18.12.1994 (Barcelona) bringt – durchaus selbstkritisch – zum Ausdruck, dass die Religionen zwar viel zum Frieden in der Welt beigetragen hätten, aber auch zur Spaltung, zum Hass und zum Krieg; deshalb empfinde man die Verpflichtung, zur Reue und gegenseitigen Vergebung aufzurufen.[376] Es bestünde größte Dringlichkeit zu einem interkulturellen Dialog, der Brücken gegenseitigen Verständnisses, Respekts und Zuneigung baut und insbesondere den Respekt für die Menschenwürde einfordert.[377] Aber auch das weitere Umfeld wird in die Auseinandersetzung mit Gewaltanwendung einbezogen: notwendig sei ein Einsatz für Wahrheit und Gerechtigkeit, da ohne Kampf gegen Ungerechtigkeit die Gefahr von Gewaltanwendung wachse; auch die Unterdrückung von Glaubensüberzeugungen könne zu Gewaltanwendung führen.[378] Damit werden zugleich relevante ethische Werte zur Sprache gebracht.

Die Lösungsansätze für interreligiöse Bemühungen gegen Gewaltanwendung werden von der Konferenz 10.–12.11.1998 (Amman) in zwei Richtungen entfaltet: mehr dem internen Bereich zuzuordnen ist die Forderung nach einem direkten Bezug auf die originalen Quellen und nach einer Zusammenarbeit, die gegen Missbrauch von Religion zum Erzeugen von Hass und Spaltung angehe. Dem politisch-gesellschaftlichen Raum gehört die zweite Forderung an: Angesichts der pluralistischen Gesellschaft im modernen Staat sei es wichtiger denn je, verfassungsrechtliche und gesetzliche Regelungen zu schaffen, welche die religiösen

---

Ägypten und Irak. Ähnlich situationsbezogen die Verurteilung von Gewalt in Syrien durch die Konferenz 18.–20.4.2013 (Istanbul), oben D.1. (138).
375 9.6.1997 „Statement of Shared Moral Commitment", oben D.1. (37). Eine ganz ähnliche Formulierung findet sich im Dokument 18.3.2005 (Tirana), oben D.1. (94).
376 Vgl. 12.–18.12.1994 (Barcelona), oben D.1. (30).
377 Vgl. 30.9.2001 (Bayt-ud-Din/Libanon), oben D.1. (64).
378 Vgl. 7.–9.12.2000 (Syrakus), oben D.1. (57). Soziale, ökonomische und andere Formen von Ungerechtigkeit als (Mit-)Ursache von Gewaltanwendung thematisiert auch 16.–18.10.2002 (Genf), oben D.1. (77); ähnlich 28.–30.10.2002 (Manama/Bahrein), oben D.1. (78): Ungerechtigkeit in allen ihren Formen sei eine Hauptursache für Gewaltausbrüche. Eine noch weitere Betrachtungsweise bezeugt 21.–24.2.2002 (Wien), oben D.1. (72): verurteilt wird Gewaltanwendung, die als mit religiösen Motiven, politischen Konzepten oder ökonomischen Zielen verknüpft erscheint; als Ursachen gelten vor allem: Missbrauch historischer Faktoren; manipulative Interpretation von religiösen Texte; der Zusammenbruch sozialer Strukturen und kultureller Modelle mit einer Gefährdung der Identität; Ungleichheit in der Ressourcenverteilung; Hoffnungslosigkeit aufgrund von Unterdrückung.

Freiheiten und die Gleichheit aller Bürger vor dem Gesetz schützen, unabhängig von den religiösen Überzeugungen. Besondere Aufmerksamkeit sei schließlich dort angebracht, wo es in der Gesellschaft eine christliche bzw. muslimische Minderheit gebe; hier sei besonders intensiv darauf zu achten, Ausgrenzungen zu vermeiden.[379] Einen ganz anderen Ansatz bringt der Text 24.2.1997 (Beirut) zum Ausdruck: im Zusammenhang mit Gewalttaten gegen Kopten drücken die Autoren des Textes ihre Zuversicht aus, dass die Regierung die kriminellen Verantwortlichen verfolgt und zur Rechenschaft zieht.[380] Damit ist der Text ein frühes Beispiel für das Bemühen, Gewaltanwendung gegen Gläubige einer religiösen Konnotation und (vorgeblichen) Motivation dadurch zu entziehen, dass sie als kriminelle Handlung entlarvt werden. Ein ähnliches Bemühen, wenn auch auf den religiösen Bereich bezogen, verfolgen Schlusserklärungen, die Übergriffe als „sektiererische Gewalt" brandmarken;[381] damit deutet sich eine Lösung durch Ausgrenzung gewaltbereiter Gruppen oder Individuen *innerhalb* der Religionsgemeinschaften an.

2.4.2 Das Engagement gegen Fanatismus, Extremismus und religiös konnotierte Gewalt

Im voran stehenden Abschnitt standen vor allem unethische innere Haltungen im Blick, die zu Polarisierung führen und letztlich in Gewaltausbrüchen eskalieren können. Noch größeren Raum nimmt in den Schlusserklärungen die Auseinandersetzung mit Gewaltanwendung ein, insbesondere in Form des Terrorismus oder religiös konnotierter bewaffneter Auseinandersetzungen. Dazu wurde bereits dem Nährboden solcher Gewalt große Aufmerksamkeit zugewandt.

Einige Dokumente identifizieren Fanatismus und Extremismus als Ursachen im Vorfeld tatsächlicher Verletzungshandlungen. Dabei gilt Fanatismus als Perversion von Religion.[382] Die Bindung eines Gläubigen an die Wahrheit seines Glaubens dürfe kein Überlegenheitsgefühl auslösen, denn so entstünde aus der an sich lobenswerten Bindung an eine Religion ein Fanatismus, der die Unwissenden jeder Gemeinschaft gegen Mitglieder einer anderen kehre; Fanatismus sei damit eine Quelle von Konflikten und von Spaltung.[383] Fanatismus werde unter Berufung auf religiöse Texte praktiziert. Dies sei das Ergebnis einer irrigen oder überholten Auslegung dieser Texte und ein zu verurteilender Widerspruch zu den funda-

---

379 Vgl. 10.–12.11.1998 (Amman), oben D.1. (44).
380 Vgl. 24.2.1997 (Beirut), oben D.1. (35).
381 Vgl. z. B. 18.–20.4.2013 (Istanbul), oben D.1. (138). Ähnlich bereits 16.–20.6.2001 (Montreux), oben D.1. (60).
382 Vgl. 7.–9.12.2000 (Syrakus), oben D.1. (57).
383 Vgl. 28.2.–2.3.2008 (Beirut), oben D.1. (109).

mentalen Prinzipien, die diesen Texten zugrunde lägen.[384] Positiv gewendet führt das zur Einsicht, dass Fanatismus (religiös authentische) spirituelle Werte entgegenzusetzen seien;[385] Fanatismus sei durch Erziehung, Dialog und kreative Anstrengungen der Gläubigen entgegenzuwirken.[386] Eine differenzierte Auseinandersetzung mit einem ganz ähnlichen Phänomen, dem Extremismus, hat die Konferenz 18.–20.12.2001 (Kairo) geleistet:

> Another thing that may be claimed for dialogue is that it is a way of resolving the confusion between genuine religiosity and the objectionable extremism that leads to violence and fanatism. Extremism (a harshness of mind that sees only self and no other) and violence (a behavioural distortion intending to impose one's view by force on those who differ), are not inexorably linked to or typical of religious commitment. What helps give rise to them is a complex of circumstances and political, social, economic and broad cultural factors. Out of these extremism or violence can manifest themselves in various guises and contradictory doctrines. A wrong understanding of what it means to be religious can strengthen the reaction to those circumstances. Moderation is abandoned for types of behaviour that true religiosity and authentic religious values cannot accept.[387]

Als die eigentlichen Ursachen von Extremismus werden damit politische, soziale, ökonomische oder kulturelle Faktoren identifiziert, die zu einem falschen Verständnis dessen führen, was „religiös sein" tatsächlich bedeute.[388] Extremismus als irrige Interpretation des authentisch Religiösen gilt damit – wie Fanatismus – als Vorstadium religiös konnotierter Gewaltanwendung. Widerstand zu religiösem und nationalem Extremismus wurde als eine zentrale interreligiöse Aufgabe erkannt. Konkret sollen Strukturen der Rechtspflege unterstützt und seitens der Geistlichkeit auf die jeweiligen Gläubigen erzieherisch eingewirkt werden.[389]

Wenn Fanatismus und Extremismus trotz aller Bemühungen in Gewaltanwendung eskalieren, gilt Terrorismus als eine ihrer Formen. Nach gemeinsamer Überzeugung sind die Religionen verpflichtet, angesichts dieses Phänomens für ihre authentischen Lehren einzutreten und ihnen gemäß zu handeln. Entspre-

---

384 Vgl. 9./10.12.2002 (Louvain-la-Neuve), oben D.1. (80).
385 Vgl. 7.–9.12.2000 (Syrakus), oben D.1. (57).
386 Vgl. 13./14.11.2000 (Moskau/Danilovkloster), oben D.1. (55).
387 Vgl. 18.–20.12.2001 (Kairo), oben D.1. (68).
388 Ganz ähnlich argumentiert die Konferenz 19./20.12.2001 (Brüssel), oben D.1. (69): Extremisten reflektierten nicht die Lehren der Religion; deshalb seien nicht religiöse Glaubensüberzeugungen verantwortlich für Akte ihrer Anhänger, die in Grenzüberschreitung oder Fehlinterpretation begangen würden. Vgl. auch 23./24.9.2003 (Astana), oben D.1. (83): „(…) That extremism, terrorism and other forms of violence in the name of religion have nothing to do with genuine understanding of religion".
389 Vgl. 13.–16.9.2007 (Moskau), oben D.1. (105).

chend wird „Terrorismus" als (auch) religiös konntotierte Gewaltanwendung in jeder Form und auf das Entschiedenste verurteilt.[390] Als dabei verletzte ethische Werte werden das Recht auf Leben und die Menschenwürde,[391] „Toleranz" und „Respekt gegenüber der Menschenwürde",[392] aber auch „Gerechtigkeit"[393] genannt. In einem Einzelfall wird bei noch weiterem Blickwinkel hervorgehoben, dass u. a. Frieden, fundamentale Freiheiten, Menschenrechte und Demokratie durch terroristische Gewalt zerstört würden.[394] Hinzuweisen ist darauf, dass die Mehrzahl der interreligiösen Einsichten zum Thema „Terrorismus" nach den Anschlägen des 11. September 2001 formuliert wurde. Sie stellen insoweit eine – teils ausdrücklich hervorgehobene – Reaktion auf die in ihnen erreichte, beispiellose Intensität von terroristischer Gewaltanwendung dar.

Um Terrorismus entgegenzuwirken, werden vor allem drei Wege, zumeist in Kombination miteinander, vorgeschlagen. Die erste Reaktionsweise besteht darin, Terrorismus als kriminelle Handlung zu identifizieren, deren strafrechtliche Verfolgung im Rahmen der Gesetze eingefordert wird.[395] Die Regierungen werden bei ihren Abwehrbemühungen der Unterstützung durch die Religionsgemeinschaften versichert.[396] Der zweite Weg zielt darauf ab, dem Terrorismus die (vorgeblich)

---

390 Vgl. z. B. 13./14.11.2000 (Moskau/Danilovkloster), oben D.1. (55); 12.–16.9.2001 (Sarajevo), oben D.1. (62): Terroristische Akte und jede Zerstörung menschlichen Lebens sei Missachtung des göttlichen Willens sowie ein Verbrechen gegen die Menschlichkeit. Vgl. 30.9.2001 (Bayt-ud-Din/Libanon), oben D.1. (64); 13./14.12.2001 (Moskau), oben D.1. (66); 19./20.12.2001 (Brüssel), oben D.1. (69); 10./11.10.2002 (Baku), oben D.1. (76); 28.–30.10.2002 (Manama/Bahrein), oben D.1. (78); 11./12.11.2002 (Oslo), oben D.1. (79); 23./24.9.2003 (Astana), (83); 2.–4.3.2004 (Moskau), oben D.1. (87); 2.8.2004 (Kairo), oben D.1. (89); 10./11.8.2004 (Amaroussion bei Athen), oben D.1. (90); 3.–5.7.2006 (Moskau), oben D.1. (99).
391 Vgl. 30.9.2001 (Bayt-ud-Din/Libanon), oben D.1. (64): „...terrorism that attacks the right to life and human dignity". Ähnlich 23./24.9.2003 (Astana), oben D.1. (83): „... terrorism and other forms of violence in the name of religion (...) are threat to human life and hence should be rejected".
392 Vgl. 10./11.10.2002 (Baku), oben D.1. (76): „...tolerance and respect for the inherent humanity of all persons..." seien Glaubensgegenstände, mit denen Gewaltanwendung und Terrorismus inkompatibel seien.
393 Vgl. 11.–13.9.2006 (Astana II), oben D.1. (101): We „condemn all forms of terrorism on the basis that justice can never be established through fear and bloodshed...". Ähnlich, aber in umgekehrter Formulierung 28.–30.10.2002 (Manama/Bahrein), oben D.1. (78): Ungerechtigkeit in allen ihren Formen sei dagegen eine Hauptursache für Feindschaft, Krieg und Terror in allen Formen.
394 Vgl. 10./11.10.2002 (Baku), oben D.1. (76).
395 Vgl. z. B. 13./14.11.2000 (Moskau/Danilovkloster), oben D.1. (55); 12.–16.9.2001 (Sarajevo), oben D.1. (62); 30.9.2001 (Bayt-ud-Din/Libanon), oben D.1. (64); 13./14.12.2001 (Moskau), oben D.1. (66).
396 Vgl. 2.–4.3.2004 (Moskau), oben D.1. (87): „ Also, we offer our assistance and support to the governments of our countries in the struggle against this evil".

religiöse Begründung zu entziehen. Diese Einsicht verdichtet sich in einer prägnanten, mehrfach aufgegriffene Formulierung: Ein im Namen von Religion begangenes Verbrechen ist ein Verbrechen gegen Religion.[397] Wirklich Gläubige würden niemals auf den Pfad des Terrors einschwenken; wer Terrorist werde, habe sich vom Glauben losgesagt.[398] Terroristische Akte seien sündhaft und ein Angriff auf die Heiligkeit Gottes.[399] Allerdings sei eine Identifikation von Gewalt und Terrorismus mit einer bestimmten Religion oder Gemeinschaft abzulehnen.[400] Weiterhin wurde eine Abgrenzung zu einem behaupteten „Zusammenprall der Kulturen vorgenommen.[401] Der dritte zur Sprache gebrachte Weg, Terrorismus den Boden zu entziehen, besteht in der Auseinandersetzung mit dessen Nährboden, der in unzuträglichen gesellschaftlichen, politischen oder sozialen Verhältnissen wahrgenommen wird.[402] Das dagegen anzuwendende Mittel besteht in einem aktivem Einsatz zugunsten der Menschenwürde.[403] Eine andere Konferenz hebt den Respekt vor allen Menschenrechten und speziell der Religionsfreiheit durch Staaten und Einzelne hervor; um glaubwürdig zu bleiben dürften Regierungen nicht selbst Menschenrechte verletzten und dies mit Anti-Terror-Massnahmen

---

397 Vgl. z. B. 19./20.12.2001 (Brüssel), oben D.1. (69); 10./11.8.2004 (Amaroussion bei Athen), oben D.1. (90). 7. – 9.12.2000 (Syrakus), oben D.1. (57). Ähnlich 11. – 13.9.2006 (Astana II), oben D.1. (101): Gewaltakte im Namen von Religion seien ein Verrat an Religion".
398 Vgl. 2. – 4.3.2004 (Moskau), oben D.1. (87): „We testify that genuine believers would never embark on the path of terror. We are convinced that those, who deliberately became terrorists, have renounced their faith".
399 Vgl. 2.8.2004 (Kairo), oben D.1. (89).
400 Vgl. 16. – 18.10.2002 (Genf), oben D.1. (77); so auch 11. – 13.9.2006 (Astana II), oben D.1. (101): We „reject (...) attempts to attribute terrorism to any particular religion". Ähnlich 10./11.10.2002 (Baku), oben D.1. (76): „They reject firmly the identification of terrorism with any particular religion or culture...".
401 Vgl. die pointierte Formulierung der Konferenz 10./11.10.2002 (Baku), oben D.1. (76): „The recurse to terrorism under the name of religion does not demonstrate a clash of cultures but a clash based on ignorance".
402 Vgl. 30.9.2001 (Bayt-ud-Din/Libanon), oben D.1. (64) in Auseinandersetzung mit Terrorismus im Nahen Osten: „The reasons for terrorism and blind violence must be looked into, and its various root causes laid bare. Some of these have to do with forceful coercion, poverty, persecution, corruption, tyranny, oppression and genocide from which peoples and broad groups in various parts of the world suffer. These causes must be adressed". Ähnlich 10./11.10.2002 (Baku), oben D.1. (76): „Respect for sovereignty, territorial integrity and political independence of states, for the rule of law, and for human rights will contribute to the global fight against terrorism and the maintenance of international peace and security".
403 Vgl. 11. – 13.9.2006 (Astana II), oben D.1. (101): „„...to work together to address and eliminate all causes of terrorism, thus promoting human flourishing, dignity and unity".

rechtfertigten; ebenso wenig dürften sie Anti-Terror-Massnahmen als Kampf für oder gegen eine Religion darstellen.[404]

Eine andere Form von Gewalteskalation stellen bewaffnete Auseinandersetzungen zwischen religiösen und/oder ethnischen Gruppen in einer Gesellschaft dar. Auch hier besteht die interreligiöse Reaktion in einer eindeutigen Verurteilung, in der durchgängigen Absage, dass solche Konflikte einen religiösen Charakter hätten und im entschiedenen Eintreten für maßgebliche ethische Werte. Ein eindrucksvolles Beispiel für die textliche Kombination dieser Anliegen ist die von der Konferenz 24./25.11.1992 (Wolfsberg/CH) formulierte Einsicht:

> We emphatically state that this is not a religious war, and that the characterization of this tragic conflict as a religious war and the misuse of all religious symbols used with the aim to further hatred, must be proscribed and is condemned. Only if we all address ourselves to God and if we serve him with all our energy, can we be good neighbors and friends to each other, and even more than that—brothers. (...) We declare emphatically and with all our vigor: Crime in the name of religion is the greatest crime against religion. All torture and massacres provoke horror and shame, but nothing provokes it more than the criminal and inhuman treatment of women and young girls and even children, and we condemn such horrors. We propose the alternative to hatred, destruction, pogroms and inhumanity, an alternative worthy of men and of our faith in God: it is peace, justice, the dignity of the human being, tolerance and reconciliation—love for mankind for all time and eternity.[405]

Religion dürfe niemals als Vorwand oder als ideologische Verbrämung für Gewalt oder Krieg eingesetzt werden.[406] Religion dürfe keinesfalls zur Rechtfertigung bewaffneter Konflikte gebraucht werden, so wie bewaffnete Konflikte auch nicht gebraucht werden dürften, um die Ausübung der Religionsfreiheit zu unterdrücken.[407] Jede Deutung politischer Konflikte als Konfrontation zwischen Religionen

---

404 Vgl. 10./11.10.2002 (Baku), oben D.1. (76).
405 24./25.11.1992 (Wolfsberg/CH), oben D.1. (18). Ähnlich und ebenso deutlich 26.–28.7.1993 (Amman), oben D.1. (21): „The participants unanimously condemn, in the name of their religious beliefs, the exploitation of religious feelings for political ends, the atrocities and crimes that are committed, such as destruction of property and religious places, killing and deportation of innocent civilians, rape and mutilation".
406 Vgl. 15.11.1993 (Lourdes), oben D.1. (23). Ähnlich 8.–10.12.1993 (Pécs/Ungarn), oben D.1. (24): Verurteilung der Manipulation religiöser Symbole und Gefühle für Kriegszwecke. Vgl. auch 7.–9.2.1994 (Istanbul), oben D.1. (25): „We stand firmly against those who violate the sanctity of human life and persue policies in defiance of moral values. We reject the concept that it is possible to justify ones actions in any armed conflict in the name of God". Vgl. 11.4.2002 (Istanbul), oben D.1. (73): Die heiligen Schriften der drei monotheistischen Religionen rechtfertigten aber niemals Krieg und Gewalt.
407 Vgl. 7.–9.12.2000 (Syrakus), oben D.1. (57).

und Zivilisationen wird entschieden zurückgewiesen.[408] Keinesfalls könnten Verletzungshandlungen im Rahmen eines bewaffneten Konflikts unter Berufung auf Gott gerechtfertigt werden.[409] Damit fällt einerseits die Verurteilung solcher religiös konnotierter Gewalt ebenso eindeutig aus wie diejenige von Terrorismus; zum anderen werden auch die Ansatzpunkte, um solcher Gewalt entgegenzuwirken, ganz ähnlich bestimmt. Darin spiegelt sich, dass durch beide Gewaltformen dieselben ethischen Werte verletzt werden. Da bewaffnete Konflikte sich allerdings über einen längeren Zeitraum hinziehen, der Kreis an Opfern deshalb größer ist und die spezifischen Verletzungshandlungen eine noch größere Bandbreite als bei terroristischen Anschlägen aufweisen, wurde ein differenziertes interreligiöses Szenario zur Konfliktdeeskalation und -beendigung entwickelt, das in einem eigenen Abschnitt (vgl. unten D 2.6.2.) dargestellt wird.

2.4.3 Das Engagement gegen einen „Missbrauch von Religion"

Wie oben dargelegt sind Akteure, welche die kriminelle Natur des Terrorismus oder bewaffnete Konflikte mit einem (pseudo-)religiösen Mäntelchen verdecken wollten, auf entschiedenen Widerstand der Religionen gestoßen. Dies hat zu einer eindeutigen Abgrenzung von einer solchen missbräuchlichen Inanspruchnahme und zu einer klaren Darlegung der Widersprüche zur authentischen Religiosität geführt. Aber nicht nur Terroristen bedienen sich religiöser Konnotationen, um ihre wahren Absichten zu verbergen. Diese Beobachtung hat starken Niederschlag in den untersuchten Schlusserklärungen gefunden und zur Erarbeitung noch grundsätzlicherer interreligiöser Einsichten zu einem Missbrauch von Religion geführt, die im folgenden näher betrachtet werden sollen.

Eine erste Gruppe von Schlusserklärungen analysiert die Motivation der Akteure und weitet dabei den Blick in mehrfacher Hinsicht: zum einen wird Religion missbräuchlich in Anspruch genommen, um bestimmte Effekte hervorzurufen,[410] zum anderen als Rechtfertigung, wenn diese Effekte eingetreten sind.[411] Damit

---

408 Vgl. 24.1.2002 (Beirut), oben D.1. (71).
409 Vgl. 7.–9.11.2005 (Istanbul), oben D.1. (95): „And we vigorously reject the assertion that justification of an action in any armed conflict can be attributed to God".
410 Vgl. z. B. 7.–9.12.2000 (Syrakus), oben D.1. (57): Missbrauch religiöser Überzeugungen, um Zurückweisung, Hass oder bewaffnete Konflikte zu erzeugen; vgl. 18.–20.12.2001 (Kairo), oben D.1. (68): Ablehnung einer Instrumentalisierung von Religion für politische oder Gruppeninteressen; vgl. 26.–29.8.2006 (Kyoto), (100): „... to incite violence and hatred and foster sectarian conflict".
411 Ein besonders aussagekräftiges Beispiel bietet die Erklärung 17.–26.4.1974 (Colombo/Sri Lanka), vgl. oben D.1. (6): der Text behandelt Missbrauch von Religion zur Rechtfertigung von Vorurteilen, Hass oder Kampf. Vgl. 30.3.–2.4.1993 (Wien), D.1. (19): Legitimierung politischer

einher geht die Wahrnehmung einer großen Bandbreite an Zielen, zu denen Religion missbräuchlich in Anspruch genommen wird. Die Skala reicht von Erzeugung von Vorurteilen, Zurückweisung, Zwietracht, Feindbildern und Hass bis hin zu einer Vertuschung oder Umdeutung von Akten der Unmenschlichkeit, Gewaltanwendung und bewaffneten Konflikten generell.[412] Besonders intensiv fällt die Verurteilung einer Ausbeutung religiöser Gefühle für politische[413] oder nationalistische[414] Zwecke aus, ein Vorgehen, das zudem als Ideologie entlarvt wird.[415] Heftig kritisiert wird die mit solchem Vorgehen verbundene Instrumentalisierung von Religion.[416] Dabei sind sich die interreligiös Engagierten der Tatsache bewusst, dass die Akteure nicht nur – wie etwa Politiker – außerhalb des

---

Ziele; vgl. 7.–9.2.1994 (Istanbul), oben D.1. (25): „We reject the concept that it is possible to justify ones actions in any armed conflict in the name of God"; vgl. 24.–27.8.2002 (Lyon), oben D.1. (75): gegen jeden Gebrauch von Religion zur Rechtfertigung von Gewalt und Ungerechtigkeit; vgl. 26.11. 2003 (Danilovkloster/Moskau), oben D.1. (85): „to use ethnic and religious differences to justify their own purposes which are far from true religion"; vgl. 7.–9.11.2005 (Istanbul), (95): „...we vigorously reject the assertion that justification of an action in any armed conflict can be attributed to God"; vgl. 11.–13.9.2006 (Astana II), oben D.1. (101): Missbrauch religiöser oder nationaler Differenzen zur Rechtfertigung von Gewalt.

412 Wichtige Beispiele für diese Bandbreite sind: 17.–26.4.1974 (Colombo/Sri Lanka), oben D.1. (6) benennt parallel Vorurteile, Hass oder Kampf; vgl. 24./25.11.1992 (Wolfsberg/CH), oben D.1. (18): „We propose the alternative to hatred, destruction, pogroms and inhumanity..."; vgl. 8.–10. 12.1993 (Pécs/Ungarn), oben D.1. (24): Manipulation für Kriegszwecke; vgl. 8.–10.9.1994 (Athen), oben D.1. (27): Missbrauch religiöser Gefühle zwecks Anstachelung von Spaltung; vgl. 7.–9.12. 2000 (Syrakus), oben D.1. (57): Erzeugen von Zurückweisung, Hass oder bewaffneter Konflikte; vgl. 12.–16.9.2001 (Sarajevo), oben D.1. (62): Verurteilung von Gewalt im Namen der Religion; 31.5.–1.6.2002 (Timişoara/Rumänien), oben D.1. (74): „,...with the purpose of feeding inter-religious, inter-denominal or interethnic conflicts..."; vgl. 24.–27.8.2002 (Lyon), oben D.1. (75): gegen jeden Gebrauch von Religion zur Rechtfertigung von Gewalt und Ungerechtigkeit; vgl. 10./11.10. 2002 (Baku), oben D.1. (76) mit Blick auf terroristische Aktivitäten; vgl. 3.–5.7.2006 (Moskau), oben D.1. (99): Missbrauch von Religion als Mittel, Hass zu entfachen, oder als Vorwand für Verbrechen; vgl. 26.–29.8.2006 (Kyoto), (100): „,... to incite violence and hatred and foster sectarian conflict"; vgl. 13./14.5.2008 (6. Konferenz Doha/Qatar), oben D.1. (111): Störung des Friedens zwischen den Religionsgemeinschaften durch Missbrauch von Religion.

413 Vgl. 30.3.–2.4.1993 (Wien), oben D.1. (19); 26.–28.7.1993 (Amman), oben D.1. (21); 13./14.11. 2000 (Moskau/Danilovkloster), oben D.1. (55); vgl. 18.–20.12.2001 (Kairo), oben D.1. (68); 24.1. 2002 (Beirut), oben D.1. (71); 31.5.–1.6.2002 (Timişoara/Rumänien), oben D.1. (74).

414 Vgl. 7.–9.2.1994 (Istanbul), oben D.1. (25).

415 15.11.1993 (Lourdes), oben D.1. (23); vgl. 31.5.–1.6.2002 (Timişoara/Rumänien), oben D.1. (74): „ideological and political instrumentalisation and manipulation of religion".

416 Besonders markant 26.–29.8.2006 (Kyoto), oben D.1. (100): „Religion is being hijacked by extremists, and too often by politicians, and by the media". Vgl. auch 18.–20.12.2001 (Kairo), oben D.1. (68): Ablehnung einer Instrumentalisierung von Religion für politische oder Gruppeninteressen; vgl. auch 31.5.–1.6.2002 (Timişoara/Rumänien), oben D.1. (74).

eigentlich religiösen Bereichs stehen, sondern oft *innerhalb* der je eigenen Religion zu finden sind und ihren fanatischen, extremistischen Fehlurteilen erliegen.[417] Diesen internen Gruppen von gewaltbereiten Radikalen wird entgegengehalten, dass Inanspruchnahme von Religion im Zusammenhang mit Verbrechen eine Blasphemie[418] bzw. ein Verbrechen gegen die Religion[419] darstellt; Ziel ist die Ausgrenzung solcher Elemente.

Darüber hinaus besteht die interreligiöse Reaktion auf missbräuchliche Inanspruchnahme von Religion vor allem in deren Aufdecken, in eindeutigen Verurteilungen,[420] in der Identifikation situativ-konkreter, im Namen der Religion begangenen Verbrechen,[421] aber auch im Hinweis auf die wahren Konfliktursachen.[422] Leider nur vereinzelt wurde die originelle Idee vorgetragen, den Lösungsweg in interreligiöser Solidarität gegenüber der Öffentlichkeit zu suchen: formuliert wurde ein Grundsatz, wonach ein Angriff auf ein Gotteshaus oder irgendeines der heiligen Symbole ein Angriff auf *alle* Gotteshäuser und religiösen

---

417 Vgl. z. B. 14. – 16. 9. 2000 (Taschkent), oben D.1. (52).
418 Sehr deutlich z. B. 20. – 22.1. 2002 (Alexandria), oben D.1. (70): Die Tötung Unschuldiger im Namen Gottes stelle eine Profanierung von Gottes heiligem Namen dar und sei zugleich eine Verleumdung der Religion. Vgl. 7. – 10.11. 2004 (Leuven), oben D.1. (91): „Haïr au nom de Dieu, c'est haïr Dieu lui-même". Sachlich ähnlich, aber milder in der Wortwahl 26. – 28.10. 2007 (Ochrid), oben D.1. (106).
419 Vgl. z. B. 19./20.12. 2001 (Brüssel), oben D.1. (69) unter Verwendung der prägnanten Wendung: Ein im Namen von Religion begangenes Verbrechen ist ein Verbrechen gegen Religion; ebenso 7. – 9.11. 2005 (Istanbul), (95). Ähnlich 7. – 10.11. 2004 (Leuven), oben D.1. (91): „La violence commise au nom de la religion est une violence contre la religion". Vgl. auch 11. – 13. 9. 2006 (Astana II), oben D.1. (101): „...the use of such means in the name of religion is a violation and betrayal of any religion that appeals to human goodness and dialogue".
420 Ein sehr aussagekräftiges Beispiel bietet 24./25.11.1992 (Wolfsberg/CH), oben D.1. (18): „We declare emphatically and with all our vigor: Crime in the name of religion is the greatest crime against religion. All torture and massacres provoke horror and shame, but nothing provokes it more than the criminal and inhuman treatment of women and young girls and even children, and we condemn such horrors".
421 Vgl. z. B. 26. – 28.7.1993 (Amman), oben D.1. (21): „The participants unanimously condemn, in the name of their religious beliefs, the exploitation of religious feelings for political ends, the atrocities and crimes that are committed, such as destruction of property and religious places, killing and deportation of innocent civilians, rape and mutilation". Vgl. 7. – 9. 2.1994 (Istanbul), oben D.1. (25).
422 Ein besonders aussagekräftiges Beispiel ist die Darlegung der Konferenz 1. – 4.11. 2010 (Genf), oben D.1. (129): Religion werde oft bei der Entstehung von Konflikten herangezogen, obwohl andere Faktoren wie ungerechte Ansammlung von Ressourcen, Unterdrückung, Besetzung und Ungerechtigkeit die wirklichen Wurzeln des Konflikts seien; hier gelte es, Wege zu finden, Religion aus einer solchen Inanspruchnahme herauszunehmen und sie stattdessen für Konfliktlösung und mitleidvolle Gerechtigkeit zu mobilisieren.

Symbole darstelle.[423] Die eigentliche Lösung wird allerdings im Eintreten für das authentisch Religiöse erblickt, gefasst in ethisch relevante Begriffe wie Frieden, Gerechtigkeit, Menschenwürde, Toleranz und Versöhnung.[424] Gefahren für eine friedliche Koexistenz sollten gemeinsam angegangen werden.[425] Niemand dürfe gestattet werden, Menschen das Leben zu nehmen oder sie ihrer Rechte und Freiheiten zu berauben, indem Glauben als Tarnung missbraucht wird.[426] Die wahre Berufung von Religion sei es, zur Bewahrung des Friedens und zur Zusammenarbeit beizutragen; Respekt vor Verschiedenheit sei ein Eckstein für die Stabilität von Gesellschaften.[427]

2.5 Das interreligiöse Engagement für die Menschenrechte

Ausweislich der untersuchten Schlusserklärungen hat das interreligiöse Engagement zugunsten der Menschenrechte eminente Bedeutung erlangt, die im folgenden erfasst und in ihren konkreten Ausformungen dargestellt werden soll.

2.5.1 Der Einsatz für die Menschenrechte als eine aus der Menschenwürde folgende ethische Verpflichtung

Einige Schlusserklärungen leiten die Notwendigkeit eines interreligiösen Einsatzes zugunsten der Menschenrechte aus der empirischen Beobachtung ab, dass (religiös konnotierte) Gewaltanwendung mit deren Verletzung einhergeht.[428] Die

---

423 Vgl. 12.5.2011 (Bkerke/Libanon), oben D.1. (130).
424 So in eindrucksvoller Formulierung 24./25.11.1992 (Wolfsberg/CH), oben D.1. (18): „‚…an alternative worthy of men and of our faith in God: it is peace, justice, the dignity of the human being, tolerance and reconciliation—love for mankind for all time and eternity". Vgl. 14.–16.9.2000 (Taschkent), oben D.1. (52) mit dem Fokus auf „Frieden" und „Harmonie"; vgl. 16.–18.10.2002 (Genf), oben D.1. (77) unter Hinweis auf Frieden, Gerechtigkeit und Menschenwürde; vgl. 26.11.2003 (Danilovkloster/Moskau), oben D.1. (85) mit Betonung von Liebe, Frieden und Nachbarschaftlichkeit.
425 Vgl. 8.–10.9.1994 (Athen), oben D.1. (27).
426 Vgl. 13./14.11.2000 (Moskau/Danilovkloster), oben D.1. (55).
427 Vgl. 31.5.–1.6.2002 (Timişoara/Rumänien), oben D.1. (74): „‚…that the true vocation of religion is to contribute to the preservation of peace and cooperation between people. Respect of the ethnic, religious, cultural, linguistic, and political diversity is a cornerstone for stability of the societies of the region".
428 Vgl. 7.–9.2.2000 (Sarajevo), oben D.1. (49): „Violence against persons or the violation of their basic rights are for us not only against man-made laws but also breaking God's law". Ähnlich 11.–13.4.2000 (Pristina), oben D.1. (50): Verurteilung aller Gewalttaten und Verletzungen der grundlegenden Menschenrechte.

hauptsächliche gedankliche Brücke zu den Menschenrechten besteht allerdings in der Wahrnehmung, dass sie eine ethische Konkretisierung bzw. Umsetzung der Menschenwürde darstellen. So formuliert z. B. die Konferenz 4. – 6. 4. 2006 (Moskau), dass die Menschenrechte auf dem Wert der Person beruhten und auf die Verwirklichung ihrer Würde ausgerichtet sein müsse.[429] Der Respekt vor dem Leben des Menschen und seiner Würde sowie vor der Unverletzlichkeit seiner Güter sei wesentlich für die Bewahrung der Menschenrechte und zur Erfüllung der Pflichten des Menschen.[430] Erinnert wird in solchen Zusammenhängen daran, dass die Menschenwürde – wie oben unter 2.3.1. bereits dargestellt – aus Gottes Schöpferhandeln entspringt. Betont wird zudem eine doppelte Verpflichtung, zugunsten der Menschenwürde selbst und zugunsten der aus ihr fließenden Menschenrechte aktiv einzutreten. Die Konferenz 21.– 23. 6. 2011 (Moskau) hat diese Grundsätze und ihren Zusammenhang besonders geglückt ins Wort gebracht:

> However, we believe that our contribution to the fullest acceptance of human rights is to insist that a complete understanding of the human person and of their dignity must be rooted deeply in the ultimate sources of all authority. We believe that our approach to human dignity should be an integral part of the work against injustice and violence. (...). For religions, human dignity is derived directly from the relationship between the Divine or ultimate reality and human beings, and it defines appropriate relationships between human beings in this world. From human dignity follow fundamental freedoms and rights as well as moral obligations. Within various religious traditions respect for human dignity is expressed in teachings on responsibility, virtue and love for neighbor. (...) In all religious traditions human dignity also gives rise to the believers' responsibilities to the Divine and to other human beings and forms the ground for freedom and responsibility. Although fundamentally free, every human being is included within relationships of mutual dependence in which the actions of the individual impact on others.[431]

---

[429] Vgl. 4.–6. 4. 2006 (Moskau), oben D.1. (97). Ähnlich 27. 9. 2011 (Dar el-Fatwa/Libanon), oben D.1. (133); der Text fordert zugleich „respect de la dignité de l'homme, de ses libertés fondamentales, et notamment des libertés individuelles: liberté religieuse, liberté d'expression, respect de la diversité, de la citoyenneté et de la Charte des droits de l'homme".
[430] Vgl. 21./22. 3. 2006 (Kairo), oben D.1. (96).
[431] 21.– 23. 6. 2011 (Moskau), oben D.1. (132). Vergleichbar ist der Ansatz der Konferenz 25. – 28. 9. 1995 (Malta), oben D.1. (31) formuliert: „In our deliberations we, Muslims and Christians, realize that we share this common perception of responsibility as believers in one God. We agree that the cherished principles of personal human dignity, fraternity, equality and our humanity are common to our religious traditions. We uphold those principles of social justice, which are based on human dignity, and the well being of creation as essential for the preservation of life and environment. From these basic principles we derive our concepts of human rights (...)".

Die Beachtung der Menschenrechte wird eindringlich eingefordert,[432] um friedliche Koexistenz von Einzelnen und Gruppen zu fördern[433] und um menschliches Leben und Wohlergehen zu schützen.[434] Nicht zuletzt verdient die axiomatische Feststellung Beachtung, dass Gewalt gegen Personen oder Verletzung ihrer Grundrechte nicht nur menschliches Recht, sondern zugleich auch Gottes Gebot breche.[435]

Eine Gruppe von Schlusserklärungen kreist um die Bedeutung der Menschenrechte im gesellschaftlichen Zusammenhang. Ihre Geltung zu fördern stärke den sozialen Zusammenhalt in Gesellschaften und die Verständigung zwischen Kulturen,[436] fundiere gesellschaftliche Entwicklungs- oder Transformationsprozesse,[437] gehöre zu den notwendigen Voraussetzungen in einem Friedensprozess,[438] sei ein wesentlicher Beitrag, um einen gesellschaftlichen Neuanfang nach

---

432 Vgl. z. B. 12.–18.12.1994 (Barcelona), oben D.1. (30); 6.–10.11.1994 (Berlin), oben D.1. (28); 3.–5.6.1997 (Istanbul), oben D.1. (36); 24.1.2002 (Beirut), oben D.1. (71); 10./11.8.2004 (Amaroussion bei Athen), oben D.1. (90); 7.–10.11.2004 (Leuven), oben D.1. (91); 23./24.5.2011 (Bordeaux), oben D.1. (131).
433 Vgl. 28.–30.10.2002 (Manama/Bahrein), oben D.1. (78): „…and affirming the necessity for achieving the principles of human rights, and calling for greater cooperation between religions to materialize peaceful coexistence individuals and communities". Ähnlich 24.1.2002 (Beirut), oben D.1. (71).
434 Vgl. 1.–3.3.2005 (Amman), oben D.1. (92): „(…) in efforts designed to ensure the welfare of the human race, guarantee the implementation of international humanitarian law, respect the UN Charter and protect human rights". Ähnlich, allerdings zugespitzt auf die Überwindung von Gewalt und Diskrimierung 18.3.2005 (Tirana), oben D.1. (94).
435 Vgl. z. B. 9.6.1997 „Statement of Shared Moral Commitment", oben D.1. (37); ebenso 7.–9.2. 2000 (Sarajevo), oben D.1. (49) und 18.3.2005 (Tirana), oben D.1. (94).
436 Vgl. 23./24.4.2007 (San Marino), oben D.1. (103): „….namely a shared ambition to protecting the dignity of every human being, by promoting human rights, including equality between women and men, strengthening social cohesion and fostering understanding and harmony between the different cultures present on our continent".
437 Vgl. 22./23.1.2008 (Amman), oben D.1. (108): „….the responsibility to contribute in building our society so that freedom, respect for human rights and dignity for every person could prevail". Ähnlich 19./20.12.2001 (Brüssel), oben D.1. (69): „Rejecting all forms of discrimination, we support the principles of mutual respect, reciprocity, human rights, religious freedom, peaceful coexistence, and multireligious cooperation".
438 Vgl. 17.10.2000 (Jerusalem), oben D.1. (53): „Le processus de paix commence par une attitude fondamentale: celle du respect pour la vie de chacun des membres des deux peuples. Au lieu de continuer à s'enfermer dans le cercle infernal de la violence, les responsables politiques des deux peuples doivent de toute urgence ouvrir leur esprit et leur coeur aux droits de l'homme, aux droits politiques, religieux et civils, et aux aspirations des autres peuples autant qu'à celles de leur propre peuple". Vgl. 22.–27.1.1989 (Melbourne), oben D.1. (16): Friedenssicherung durch Vertrauen in die Beachtung der Menschenrechte.

2 Grundlinien und Schwerpunkte in den Dialogergebnissen —— 373

kriegerischen Auseinandersetzungen zu gestalten,⁴³⁹ und fördere eine friedliche Verbindung verschiedener Weltanschauungen, Kulturen, rechtlicher und politischer Systeme.⁴⁴⁰ Die Konferenz 6.–10.6.1977 (Moskau) stellt einen Zusammenhang zwischen den Menschenrechten des Einzelnen und dem Recht aller Gesellschaften her, zusammen den Weg von Gerechtigkeit und Kreativität zu gehen; sowohl die menschliche Person wie die Gesellschaft bedürften einer Entwicklung.⁴⁴¹ Damit ein Zusammenleben von Bürgern verschiedener Religionszugehörigkeit in einer Gesellschaft gelingt, bedürfe es der Gleichheit, des Respekts vor den Menschenrechten, den Schutz des Lebens und der Identität des Menschen, aber auch die Bewahrung der spezifischen Qualität der Gesellschaft, die sich aus dem Pluralismus und dem Wunsch nach interkultureller Zusammenarbeit ergebe.⁴⁴²

Sehr tiefgründig erscheint die Wahrnehmung, dass das interreligiöse Eintreten für die Menschenrechte eine Verpflichtung zu ihrem Schutz und zu ihrer Implementierung voraussetze, sich aber nicht darauf beschränken könne. Es bedürfe letztlich einer Veränderung der Mentalitäten und Haltungen hin zu einem Bewusstsein, dass man nicht nur selbst, sondern auch der Nachbar und der Fremde solche Rechte habe.⁴⁴³ Einen Sonderfall stellt die im russisch-orthodoxen / schiitisch-iranischen Dialog getroffene und kritisch bewertete Beobachtung dar, dass die Menschenrechte auch benutzt würden, um eine aggressive Säkularisierung zu propagieren und gegen die Religion zu kämpfen; sie könnten allerdings nie in Opposition zur religiösen Tradition gebracht werden.⁴⁴⁴ Vielmehr müssten

---

439 Vgl. 1./2.12.1994 (Maribor/Slowenien), oben D.1. (29): „We underscore that renewal of life on this soil must be based on respect of human rights and freedom, as well as upon the rights of ethnic and religious minorities". Ähnlich 21.5.1998 (Washington), oben D.1. (41); 16.–18.3.1999 (Wien), oben D.1. (46): „Permit all in Kosovo to live, worship and work in the knowledge that their basic human and religious rights will not be violated".
440 Vgl. 4.–6.4.2006 (Moskau), oben D.1. (97).
441 Vgl. 6.–10.6.1977 (Moskau), oben D.1. (11): „The human rights of each person are inseparable from the rights of all societies to persue together the path of justice and creativity. The dignity of man demands the assurance of opportunity for all to work and for all to live a life worthy of man, for the comprehensive development and perfection of human person and society. The religions of the world have to contribute by their spirituality and ethical influence to the emerge of a peaceful and just community of nations in the world".
442 Vgl. 10.–12.11.1998 (Amman), oben D.1. (44).
443 Vgl. 20.–22.10.2009 (Doha/Qatar), oben D.1. (124). In eine ganz ähnliche Richtung, nämlich eines Zusammenhangs zwischen Respekt vor der Menschenwürde bzw. vor den Menschenrechten und einer Erneuerung des Bewusstseins, argumentiert die Konferenz 15.11.1993 (Lourdes), oben D.1. (23).
444 Vgl. 5.–7.10.2010 (Teheran), oben D.1. (127): „La laïcité utilise souvent l'institution des droits de l'homme et des libertés pour la lutte contre la religion. Les participants ont parlé à l'unanimité

die Rechte und die Freiheit des Menschen in Einklang mit einer Treue zu ethischen Normen und einer moralischen Erziehung realisiert werden.[445] Die Konferenz 9./10.12.2002 (Louvain-la-Neuve) hat eine noch grundsätzlichere Aussage zum Verhältnis von Religion und Menschenrechten und zur Verklammerung beider Größen in der Menschenwürde getroffen:

> It was confirmed that human rights should not replace religion. On the contrary, these concepts represent two different expressions, even two different forms, of adhesion to the same fundamental principles, based on the inherent dignity of every human being. Equally, the fields of human rights and religion may overlap, without being completely equivalent, since one does not include the other. However, human rights and religious principles can be applicable simultaneously. (...). Religious discourse on human rights is thus not required to limit itself to an ethical perspective. At the same time, human rights, as the product of reason, are an expression of universal values in human rationality.[446]

Weiterhin wird betont, dass das Engagement zugunsten der Menschenrechte keineswegs eine Vielfalt der Weltanschauungen und ethischen Systeme sowie deren Interpretation ausschließe.[447]

Verglichen mit der grundsätzlichen Bedeutung der Menschenrechte und der textlichen Breite, mit der sie entfaltet und – im Weg von Appellen – zur Beachtung eingefordert wird, sind die Aussagen zu den praktischen Konsequenzen deutlich weniger entwickelt. Es bedürfe neben der Anerkennung auch der rechtlichen Absicherung der Menschenrechte.[448] Die Sorge um die Menschenrechte schließe ein, sicher zu stellen, dass betroffenen Autoritäten das tun, was ihnen zu tun anvertraut ist.[449] Zugunsten der Opfer von Menschenrechtsverletzungen und von Migranten bedürfe es interreligiöser Zusammenarbeit.[450] Erwogen wurde schließlich die Einrichtung eines „Christian-Muslim Forum on Human Rights", um Möglichkeiten einer interreligiöse Zusammenarbeit weiter zu vertiefen.[451] Der

---

contre la sécularisation agressive et son imposition sur le monde. Les droits de l'homme et la liberté ne peuvent pas être mis en opposition à la tradition religieuse".

445 Vgl. 16./17.7.2008 (Moskau), oben D.1. (114): „Les participants de la rencontré partagent la conviction que la réalisation des droits et de la liberté de l'homme doit se faire en harmonie avec la fidélité aux normes éthiques et l'éducation morale".

446 Vgl. 9./10.12.2002 (Louvain-la-Neuve), oben D.1. (80).

447 Vgl. 3.–5.3.2008 (Berlin), oben D.1. (110).

448 Vgl. 30.3.–2.4.1993 (Wien), oben D.1. (19); ähnlich 25.–28.9.1995 (Malta), oben D.1. (31): „... human rights, which need to be affirmed, protected by the law and defended in this world and particularly among our own communities".

449 Vgl. 28.–30.10.2002 (Manama/Bahrein), oben D.1. (78).

450 Vgl. 30.3.–1.4.1982 (Colombo), oben D.1. (14). Zu den Feldern einer praktischen Zusammenarbeit zugunsten der Menschenrechte vgl. auch 6.–10.11.1994 (Berlin), oben D.1. (28).

451 Vgl. 25.–28.9.1995 (Malta), oben D.1. (31).

Grund für diese wenig spezifizierten praktischen Konsequenzen aus „den Menschenrechten" könnte darin liegen, dass es weiterer Klärungen bedurfte, um die Ansatzpunkte interreligiösen Tätigwerdens auszumachen. Im folgenden soll deshalb untersucht werden, ob und wie der Gehalt der Menschenrechte näher erschlossen und bestimmt wurde.

2.5.2 Die interreligiöse Bewertung der „Allgemeinen Erklärung der Menschenrechte"

Bislang haben Aussagen im Blick gestanden, die von „den Menschenrechten" allgemein sprechen, von ihrem Zusammenhang mit der Menschenwürde und von ihrer Bedeutung für den Einzelnen und im gesellschaftlichen Zusammenhang. Eine bedeutsame Gruppe von Schlusserklärungen nimmt eine nähere Bestimmung vor, indem „die Menschenrechte" einfach mit der „Allgemeinen Erklärung der Menschenrechte" identifiziert werden. Dabei ist jedoch ein gewichtiger Unterschied zu beobachten: Einige Texte begründen diese Identifikation ausdrücklich mit einem der UN-Charta inhärenten Bezug zur (göttlich gestifteten) Menschenwürde oder mit in der UN-Charta erfassten ethischen Werten. Ein aussagekräftiges Beispiel dazu hat die Konferenz 21.– 23.6.2011 (Moskau) formuliert: Die Allgemeine Erklärung der Menschenrechte von 1948 sei ein *Ausdruck gemeinsamer Werte*, die quer durch Religionen und Kulturen anerkannt seien und die von den Vertretern der Religionen nachdrücklich unterstützt würden.[452] Muslime und Christen hätten eine gemeinsame Überzeugung über die Menschenwürde *und auf dieser Grundlage* bestätige man die fundamentalen Rechte des Einzelnen und von Gruppen, wie sie in der „Allgemeinen Erklärung der Menschenrechte" ausgedrückt seien.[453] Die UN-Charta *harmoniere* mit höchsten

---

452 Vgl. 21.– 23.6.2011 (Moskau), oben D.1. (132). Ganz ähnlich 3.– 5.3.2008 (Berlin), oben D.1. (110): „Interreligious dialogue should respect the shared values found within all great religious traditions and embodied within the Universal Declaration of Human rights".
453 Vgl. 16.– 18.10.2002 (Genf), oben D.1. (77): „Our Muslim and Christian beliefs lead us to share a common understanding of the dignity of the human being and on that foundation we together affirm the fundamental rights of individuals and groups as expressed in the UN Declaration of Human Rights…". Eine noch spezifiziertere Bezugnahme auf die Menschenwürde und ihre Entfaltung in internationalen Erklärungen enthält das Dokument der Konferenz 7./8.5.2013 (Wien), oben D.1. (139); der „Allgemeinen Erklärung der Menschenrechte" wird darin grundlegende Bedeutung zuerkannt; weiter heißt es: „The fundamental freedom which follows from human dignity has been expressed in many international conventions and agreements, including the International Covenant on Civil and Political Rights, the European Convention on Human Rights, the UN Declaration 36/55 against Religious Intolerance and Discrimination and commitments adopted by the OSCE. We note also the 2011 UN General Assembly resolution 66/167 on combating intoler-

religiösen Einsichten.[454] Es gehe um fundamentale Prinzipien, die den Religionen zugrundeliegen und die (zugleich) *Basis* der „Allgemeinen Erklärung der Menschenrechte seien.[455] Weitere Schlusserklärungen beziehen sich im Unterschied dazu rein faktisch auf die UN-Charta, d. h. ohne einen Bezug zur von Gott geschenkten Menschenwürde oder gemeinsamen religiösen Werten herzustellen.[456]

2.5.3 Ansätze zu erweiterten Konzepten

Der voran stehend festgestellte Bezug auf die „Allgemeine Erklärung der Menschenrechte" hat sich nicht zu einer einhelligen interreligiösen Einsicht verdichtet. Die Bedenken knüpfen zunächst am säkularen Ursprung bzw. der säkularen Sprache der UN-Charta an. Dahinter steht als eigentliche Befürchtung, dass spezifisch religiöse Anliegen zu kurz kommen könnten, wenn der Text der Charta zum einzigen Bezugspunkt wird. Die Erklärung der Konferenz 25.–28.9.1995 (Malta) bringt die damit verbundenen Vorbehalte besonders deutlich zum Ausdruck:

> The discussion about the specificity of a Christian-Muslim involvement in Human Rights affirmed the importance of using a religious language. Such a use would not be meant to legitimate religiously a secular humanist approach, but should reflect the basic religious commitment of people of faith from which is derived their concern for Human rights.[457]

Als Konsequenz ortet die Konferenz lediglich „Elemente von Konvergenzen", die im Bereich des Werts „Gerechtigkeit", der Anthropologie, sowie der religiösen und kulturellen Pluralität als Teil von Gottes Plan mit der Welt geortet werden. Dem steht eine spezielle Sorge um einen Missbrauch von Religion im Zusammenhang mit Menschenrechtsverletzungen, um die Religionsfreiheit und Gemeinschafts-

---

ance". Der Sache nach übereinstimmend auch 27.9.2011 (Dar el-Fatwa/Libanon), oben D.1. (133), in deren Text die Menschenwürde, einzelne Freiheitsrechte und die UN-Charta als Bezugspunkte aufgezählt werden.

454 Vgl. 28.8.–3.9.1974 (Leuven), oben D.1. (8).
455 Vgl. 9./10.12.2002 (Louvain-la-Neuve), oben D.1. (80).
456 Vgl. z. B. 29.8.–7.9.1979 (Princeton), oben D.1. (13): „We reaffirm our commitment (…) to the U.N. Declaration of Human Rights, and we deplore the denial of human rights to any individual or community." Ähnlich 1.–3.3.2005 (Amman), oben D.1. (92): „(…) in efforts designed to ensure the welfare of the human race, guarantee the implementation of international humanitarian law, respect the UN Charter and protect human rights". Vgl. auch 23./24.5.2011 (Bordeaux), oben D.1. (131); 8.–10.5.2012 (Sarajevo), oben D.1. (136).
457 25.–28.9.1995 (Malta), oben D.1. (31).

rechte gegenüber.⁴⁵⁸ Konsequenterweise führt diese differenzierte Sichtweise zu einem Bemühen, menschliche Grundrechte unmittelbar aus den religiösen Traditionen abzuleiten. Einen ähnlichen Weg schlägt die vom ÖRK veranstaltete Konferenz 21. – 23.11.1996 (Teheran) ein, welche die Menschenrechte ebenfalls aus der Perspektive der Religion behandelt sehen möchte. Dabei gilt die „allgemeine Erklärung der Menschenrechte" zwar als Fortschritt, doch bereite Sorge, dass die Menschenrechte von manchen Staaten als politische Waffe eingesetzt werden.⁴⁵⁹ Ebenfalls relativierend fällt die Wertung des „10ᵗʰ World Russian People's Council" 4. – 6.4.2006 (Moskau) aus, die einen Dialog zu den Menschenrechten *und ihrem Stellenwert in der Hierarchie der Werte* für notwendig, aber auch nützlich hält.⁴⁶⁰ Die Konferenz der russisch-orthodoxen / schiitisch-iranischen Dialogkommission 5. – 7.10.2010 (Teheran) spricht sogar von einem Kampf eines aggressiven Säkularismus gegen Religion mithilfe der Menschenrechte.⁴⁶¹ Weniger dramatisch, aber durchaus in dieselbe Blickrichtung äußert sich die Konferenz 9./10.12.2002 (Louvain-la-Neuve): Die Menschenrechte dürften nicht an die Stelle von Religion treten; es handele sich tatsächlich um *zwei verschiedene Ausdrucksweisen oder Formen*, in denen sich dieselben, der Menschenwürde inhärenten Prinzipien ausdrückten. Die daraus gezogene Konsequenz ist, dass Menschenrechte und Religion lediglich eine Schnittmenge bilden.⁴⁶²

---

458 25. – 28.9.1995 (Malta), oben D.1. (31): „Some elements of convergence in a religious approach were mentioned: scriptural foundations of the call to justice, Christian and Muslim anthropologies, the recognition of religious plurality and cultural diversity as part of God's design for the world. It was noted that another particularity of a religious forum lies in its preoccupation with the misuse of religion in human rights abuse, as well as with other areas of concern to people of faith, such as religious liberty and community rights".
459 Vgl. 21. – 23.11.1996 (Teheran), oben D.1. (34): „The Symposium agreed to do further work together on human rights: to consider them from the perspective of religion, to deepen mutual understanding, and, while recognizing and respecting differences of approach, to develop cooperation in their implementation. In their discussions on human rights, Muslims and Christians were in accord that the Universal Declaration of Human Rights was an achievement. They shared concern about the ways human rights – intended to further the cause of peace and justice – are misused by some states as a political weapon against others. The Symposium denounced the application of double standards in the field of human rights".
460 Vgl. 4. – 6.4.2006 (Moskau), oben D.1. (97).
461 Vgl. 5. – 7.10.2010 (Teheran), oben D.1. (127): „La laïcité utilise souvent l'institution des droits de l'homme et des libertés pour la lutte contre la religion. Les participants ont parlé à l'unanimité contre la sécularisation agressive et son imposition sur le monde. Les droits de l'homme et la liberté ne peuvent pas être mis en opposition à la tradition religieuse".
462 Vgl. 9./10.12.2002 (Louvain-la-Neuve), oben D.1. (80): „It was confirmed that human rights should not replace religion. On the contrary, these concepts represent two different expressions, even two different forms, of adhesion to the same fundamental principles, based on the inherent

Eine andere Gruppe von Schlusserklärungen knüpft daran an, dass das übliche, auf der „Allgemeinen Erklärung der Menschenrechte" gründende Verständnis aus religiöser Sicht nur ungenügend zum Ausdruck bringt, dass den Rechten auch Pflichten gegenüber stehen. So formuliert die Konferenz 4.–6.4. 2006 (Moskau), Rechte und Freiheiten seien untrennbar verbunden mit Pflichten und Verantwortung des Menschen.[463] Diese Einschätzung führte zu entsprechenden ergänzenden Darlegungen.

Eine andere Klarstellung, die für notwendig gehalten wurde, wurzelt in der Beobachtung, dass im säkularen Sprachgebrauch der Schwerpunkt eher auf Individualrechten liegt. Hier wird seitens der Religionen eine gleichwertige Betonung von Gemeinschaftsrechten für notwendig gehalten.[464] Die Konferenz 1.–4. 11.1993 (Nyon) spricht richtungweisend von einer herzustellenden Balance von Individual- und Gemeinschaftsrechten.[465]

Einen dezidiert inhaltlichen Aspekt bearbeitet eine Gruppe von Dokumenten, die von einer Ergänzung der Menschenrechte um „traditionelle Werte" handeln. So betont die Konferenz 4.–6.4.2006 (Moskau), es gebe weitere Werte, die den Menschenrechten nicht nachstehen, wie etwa Glaube, Sittlichkeit, Heiligtümer, Vaterland. Weiter wird die Bereitschaft bekräftigt, mit dem Staat und allen Kräften guten Willens zur Sicherung der Menschenrechte zusammenzuarbeiten. Zugleich werden dabei die Wahrung der Rechte der Nation und ethnischer Gruppen auf ihre Religion, Sprache und Kultur und eine ganze Reihe weiterer Rechte bzw. Aufgaben betont.[466] Auch die Konferenz 5.–7.10.2010 (Teheran) beschäftigte sich mit diesen „traditionellen Werten", bestimmt sie aber anders: „traditionellen Werte" seien

---

dignity of every human being. Equally, the fields of human rights and religion may overlap, without being completely equivalent, since one does not include the other. However, human rights and religious principles can be applicable simultaneously".

463 Vgl. 4.–6.4.2006 (Moskau), oben D.1. (97). Ganz ähnlich 20.–22.10. 2009 (Doha/Qatar), oben D.1. (124): „While claiming human rights of all human beings there must be a recognition of the duties to protect such rights and to promote their implementation". Ebenso 21.–23.6.2011 (Moskau), oben D.1. (132): „From human dignity follow fundamental freedoms and rights as well as moral obligations". Vgl. 9./10.12. 2002 (Louvain-la-Neuve), oben D.1. (80): Die Menschenrechte schlössen auch Verpflichtungen ein und nur beide Aspekte zusammen würden Verantwortung begründen. Zur Ergänzung der Rechte um den Aspekt „Pflichten" vgl. auch 21./22.3.2006 (Kairo), oben D.1. (96); 16.–18.10. 2002 (Genf), oben D.1. (77); 6.–10.11.1994 (Berlin), oben D.1. (28).

464 Vgl. z. B. 6.–10.11.1994 (Berlin), oben D.1. (28); ähnlich 16.–18.10.2002 (Genf), oben D.1. (77): „...the fundamental rights of individuals *and groups* as expressed in the UN Declaration of Human Rights..."; 23./24.5. 2011 (Bordeaux), oben D.1. (131): „.... respect for the religious and cultural rights the rights of individuals *and groups of people* as stated in the Universal Declaration of Human Rights...".

465 Vgl. 1.–4.11.1993 (Nyon), oben D.1. (22).

466 Vgl. 4.–6.4.2006 (Moskau), oben D.1. (97).

solche, die die zentrale Rolle von Religion im privaten und öffentlichen Leben, den Wunsch nach moralischer Vervollkommnung des Menschen, die Bewahrung der Familie als Einheit von Mann und Frau, den Respekt vor alten Menschen, Hilfe für die Armen und Schutz der Schwachen umfassten.[467] Noch grundsätzlicher formuliert die Konferenz 21.–23.6.2011 (Moskau) ihr Verständnis von „traditionellen Werten":

> Our understanding of human rights is rooted in our understanding of human dignity and incorporates many of our core religious values. We therefore consider human rights not to be a new value system but rather a formalized expression of some traditional moral values that is binding on states and formed and supported by diverse religious and traditional value systems. (...). Traditional values are often deeply rooted and in practice may have greater authority in a society than positive law. They can enhance human dignity and dignified human life and are to be distinguished from those traditional practices which harm human dignity and are often in contrast to genuine religious values and principles. However, general recognition of the importance of some traditional values should not imply the acceptance of all, since they vary both within and across cultures.[468]

„Traditionelle Werte" sind danach wie die Menschenrechte aus der Würde jedes Menschen abgeleitet. Dennoch werden Widersprüche zwischen den Menschenrechten und den „traditionellen Werten" wahrgenommen, die überwunden werden müssten:

> To work to overcome perceived and actual oppositions between human rights and traditional and religious values and to speak against both the misuse of the language of traditional values for example to protect established power structures and also the misuse of the language of human rights to promote agendas that are inconsistent with human dignity.[469]

Diesen Darlegungen der Konferenz ist zu entnehmen, dass es religiös fundierte Werte gibt, die nicht unter „Menschenrechte" subsumiert und in der „UN-Charta" erfasst sind. Dennoch erscheint deren Verhältnis zueinander nicht kohärent: Einerseits interpretiert die Konferenz 21.–23.6.2011 (Moskau) die Menschenrechte als spezielle Ausformung einiger „traditioneller Werte" und zwar aus derselben „Wurzel", nämlich der Menschenwürde. Andererseits werden Widersprüche zwischen Menschenrechten und „traditionellen Werten" ausgemacht. Entscheidend ist aber die Frage, warum überhaupt ein Zusammenhang zwischen einem „traditionellen Wert" – wie z. B. die Bewahrung der Familie als Einheit von Mann

---

[467] Vgl. 5.–7.10.2010 (Teheran), oben D.1. (127).
[468] Vgl. 21.–23.6.2011 (Moskau), oben D.1. (132).
[469] Vgl. 21.–23.6.2011 (Moskau), oben D.1. (132).

und Frau – und den Menschenrechten hergestellt wird. Warum genügt es nicht, darauf hinzuweisen, dass die Ethik der Religionen verglichen mit der „Allgemeinen Erklärung der Menschenrechte" zusätzliche Werte umfasst und auch diesen interreligiöse Aufmerksamkeit zugewandt werden soll? Eine mögliche Antwort knüpft an der Tatsache an, dass die UN-Charta als internationales Abkommen Staaten zu deren Beachtung verpflichtet. Soll durch die bewusst hergestellte Nähe zwischen Menschenrechten und „traditionellen Werten" eine vergleichbare Verpflichtung des Staates zu deren Beachtung insinuiert werden?

Den voran stehend skizzierten Ansätzen ist gemeinsam, dass sie sich um Klarstellungen, Interpretationen oder Erweiterungen gegenüber einem auf die UN-Charta begrenzten Verständnis der Menschenrechte mühen. Dieses Bestreben liegt auch drei von Seiten des Islam vorgelegten alternativen Entwürfen zugrunde: 1981 wurde vom Islamrat für Europa eine „Allgemeinen Erklärung der Menschenrechte im Islam" herausgegeben; 1990 veröffentlichte die Organisation der Islamischen Konferenz die „Kairoer Erklärung der Menschenrechte im Islam"; 1994 folgte die vom Rat der Liga der arabischen Staaten verabschiedete „Arabische Charta der Menschenrechte".[470] Diese Erklärungen legen jeweils das islamische Recht, die Scharia, als Grundlage und Auslegungsmaßstab zur Bestimmung der Menschenrechte zugrunde, woraus sich z. T. erhebliche Unterschiede gegenüber der UN-Charta und ihrem universellen Geltungsanspruch ergeben.[471] Festzuhalten ist, dass in den hier untersuchten 139 Schlusserklärungen mit orthodoxer bzw. islamischer Beteiligung diese Konzepte keinerlei direkte Erwähnung gefunden haben. Als einer der zentralen Unterschiede zwischen der UN-Charta und den genannten islamischen Menschenrechtskonzepten gilt das Verhältnis von Kollektiv- zu Individualrechten.[472] Ein weiterer bedeutsamer Unterschied liegt darin, dass die

---

470 Vgl. Bundeszentrale für politische Bildung (Hrsg.), Menschenrechte. Dokumente und Deklarationen (Schriftenreihe Bd. 397), 4. Aufl. BpB Bonn 2004, S. 546–563 (Text der Allgemeinen Erklärung der Menschenrechte im Islam), S. 562–567 (Text der Kairoer Erklärung über Menschenrechte im Islam), S. 568–574 (Text der Arabischen Charta der Menschenrechte). Die Dokumentation ist als pdf-Datei auch online zugänglich unter gbs-muc.de/system/files/download/67jipu-1.pdf (abgerufen 15.12.2014). Hinzuweisen ist darauf, dass die mitgeteilten Texte trotz des gemeinsamen Bezugs auf die Scharia untereinander erhebliche Unterschiede in der Akzentuierung aufweisen.
471 Vgl. den von Anne Duncker verantworteten Beitrag „Menschenrechte und Islam" auf der Homepage der „Bundeszentrale für politische Bildung" unter http://www.bpb.de/internationales/weltweit/menschenrechte/38719/menschenrechte-und-islam?p=all (abgerufen 15.12.2014).
472 Der Beitrag „Menschenrechte und Islam" von Anne Dunker auf der Homepage der „Bundeszentrale für politische Bildung" unter http://www.bpb.de/internationales/weltweit/menschenrechte/38719/menschenrechte-und-islam?p=all (abgerufen 15.12.2014) hält dazu fest: „In beide Erklärungen wird Kollektivrechten ein wesentlich höherer Stellenwert eingeräumt als in der Er-

islamischen Dokumente den Zusammenhang von Rechten und Pflichten betonen.⁴⁷³ Die oben dargestellten Bemühungen einiger Konferenzen um eine Balance zwischen Individual- und Gruppenrechten sowie zwischen Rechten und Pflichten können vor diesem Hintergrund als Versuch interpretiert werden, diesem spezifisch islamischen Anliegen im interreligiösen Dialog ein Stück entgegenzukommen, ohne jedoch Abstriche an der Eindeutigkeit der UN-Charta und den in ihr festgehaltenen Menschenrechten zuzulassen.⁴⁷⁴

2.5.4 Die interreligiöse Sicht einzelner Menschenrechte

Einzelne Menschenrechte haben überraschenderweise nur bedingt interreligiöse Beachtung gefunden.⁴⁷⁵ Relativ häufig kann in den Schlusserklärungen jedoch beobachtet werden, dass einzelne Rechte aufgelistet wurden, allerdings vorwiegend, um in Form von Reihungen einen Gesichtspunkt zu erläutern; ein aussagekräftiges Beispiel dafür ist:

---

klärung der Vereinten Nationen. Dies kann so interpretiert werden, dass das Wohl der Gemeinschaft – sei es die Familie oder die umma, die Gemeinschaft aller Muslime, – im Zweifelsfall über das individuelle Wohl zu stellen ist. Stärkung und Schutz der umma sind im Islam von hoher Bedeutung".

473 Im Beitrag „Menschenrechte und Islam" von Anne Dunker auf der Homepage der „Bundeszentrale für politische Bildung" unter http://www.bpb.de/internationales/weltweit/menschenrechte/38719/menschenrechte-und-islam?p=all (abgerufen 15.12.2014) heißt es dazu: „Zudem betonen die islamischen Dokumente den Zusammenhang von Rechten und Pflichten. Viele Pflichten sind dabei an das Wohlergehen der Gemeinschaft geknüpft. Zu den Pflichten gehört, die Familie zu schützen und der Gemeinschaft zu dienen, kulturelles Erbe zu erhalten und individuelle Rechte wie das Recht auf Bildung oder Arbeit wahrzunehmen, um somit zum Gemeinwohl beizutragen. Das Recht auf freie Entfaltung der Persönlichkeit – beispielsweise durch die Entscheidung, nicht zu arbeiten oder keine Familie zu gründen – gilt nach konservativ-islamischem Menschenrechtsverständnis daher nur mit Einschränkungen. Gemeinschaftsrechte und Pflichten gegenüber der Gemeinschaft können somit die Rechte des Einzelnen schwächen. Gleichzeitig können sie dem Einzelnen Schutz geben und sein Wohlergehen stärken".

474 Es ist mit der Möglichkeit zu rechnen, dass auch die oben dargestellte Ergänzung um „traditionelle Werte" einen Ansatz darstellt, der spezifisch islamischen Sicht von Menschenrechten entgegenzukommen. Leider ist die von den Konferenzen dazu vorgenommene inhaltliche Umschreibung – etwa Glaube, Sittlichkeit, Heiligtümer, Vaterland – so schlaglichtartig geblieben, dass Querbezüge zu Aussagen der islamischen Konzepte der Menschenrechte nicht mit der nötigen Sicherheit bzw. Eindeutigkeit hergestellt werden können.

475 Z.B. hat sich die Konferenz 25.–28.9.1995 (Malta), oben D.1. (31) in 13 kurzen Abschnitten einzelnen dieser Rechte explizit zugewandt.

L'ECRL réclame respect et protection de tous les droits humains, conformément aux principes démocratiques et au droit international, y compris les droits fondamentaux à la vie, à la liberté de se déplacer, à la justice, à la propriété, à l'emploi et à la dignité humaine.[476]

Sehr engagierte Hinweise auf Verletzung bestimmter Rechte finden sich vor allem in Schlussdokumenten, die in aktuellen Konflikten intervenieren oder einen gesellschaftlichen Neubeginn nach Konfliktbeendigung fördern wollen. In diesen Zusammenhängen dient die Spezifizierung von Menschenrechten bzw. Rechtsverletzungen dazu, das Augenmerk auf das Leid bestimmter Gruppen von Opfern[477] zu lenken und die Dringlichkeit von Hilfe oder einen spezifischen Handlungsbedarf zu verdeutlichen.[478] Eine vertiefte inhaltliche Auseinandersetzung lässt sich allerdings auch in diesen Zusammenhängen nicht beobachten; verständlicherweise steht der Handlungsappell ganz im Vordergrund.

2.5.4.1 Religionsfreiheit

Anders verhält es sich mit der Religionsfreiheit, einem Recht, das nicht nur häufig erwähnt bzw. eingefordert,[479] sondern auch in seinem Gehalt weiter aufgeschlüsselt wurde. Die höchstrangige Bedeutung der Religionsfreiheit wird aus ihrer Verknüpfung mit der göttlich gestifteten Menschenwürde abgeleitet.[480] Ein

---

476 7.–10.11.2004 (Leuven), oben D.1. (91).
477 Ein aussagekräftiges Beispiel für die Fokussierung auf bestimmte Gruppen Benachteiligter oder von Opfern stellt die Erklärung der Konferenz 26.–29.8.2006 (Kyoto), oben D.1. (100) dar: im Text werden die Rechte des Kindes im Zusammenhang seiner Familie, Gemeinschaft und seines sozialen, ökonomischen und politischen Umfelds eingefordert und betont, Jungen und Mädchen hätten dabei gleichen Anspruch auf diese Rechte.
478 Ein prägnantes Beispiel stellt das Dokument der Konferenz 24./25.11.1992 (Wolfsberg/CH), oben D.1. (18) dar: hervorgehoben werden das Recht auf Leben, Achtung der Menschenwürde, körperliche Unversehrtheit, Freiheit, Religionsausübung usw.; allerdings taucht der Begriff „Menschenrechte" nicht auf, ebenso wenig findet eine theoretische Auseinandersetzung über die jeweilige religiöse Verankerung bzw. Valenz der angesprochenen Rechte statt. Ähnlich 8.–10.12. 1993 (Pécs/Ungarn), oben D.1. (24): der Text thematisiert ohne inhaltliche Vertiefungen die Rechte religiöser, nationaler und anderer Minderheiten, verurteilt erzwungene Auswanderung oder Vertreibung, fordert Garantien und Schutz für nationale und religiöse Identität, Bewegungsfreiheit und das Recht freier Wohnsitzwahl.
479 Aussagekräftige Beispiele für die Forderung nach Beachtung der Religionsfreiheit bieten 3.–5.7.2006 (Moskau), oben D.1. (99); 22./23.1.2008 (Amman), oben D.1. (108); 20.–23.10.2008 (Brüssel/Mechelen), oben D.1. (117).
480 Vgl. z.B. 28.2.–2.3.2008 (Beirut), oben D.1. (109): „We believe that freedom of religious speech and practice in public and in private is a fundamental element in human freedom generally, derived as it is from our understanding of the divinely mandated dignity of each human being".

erster Zusammenhang, der zur Erarbeitung von Einzelaspekten Anlass bot, bestand in der Auseinandersetzung mit der Situation religiöser Minderheiten: Religionsfreiheit sei sowohl Recht jeder religiösen Minderheit wie auch Recht jedes Einzelnen.[481] Die Konferenz 30.3.–1.4.1982 (Colombo) entwickelte fünf Empfehlungen zur Verbesserung der Situation religiöser Minoritäten und zu Massnahmen zum Schutz von deren Rechten, insbesondere zur freien Religionsausübung.[482] Auch Konfliktsituationen bieten Anlass, die Religionsfreiheit in ihren konkreten Ausformungen und bezogen auf die regionale Situation zu entfalten: Sie ist wichtiger Teil der Bemühungen um einen gesellschaftlichen Neuanfang in Bosnien-Herzegowina und schließt das Recht von Geistlichen ein, überall im Land ihren Dienst auszuüben, weiterhin das Recht auf die Abhaltung von Gottesdiensten und auf pastorale Betätigung für alle Kirchen und Religionsgemeinschaften und das Recht speziell von Kindern, im eigenen Glauben unterwiesen zu werden; schließlich müsse garantiert sein, dass niemand gezwungen werde, an der Glaubensunterweisung einer anderen Kirche oder Religionsgemeinschaft teilzunehmen.[483] Mit Blick auf die konfliktgeladene Situation des Nahen Ostens wurde erklärt, dass Religionsfreiheit den unbedingten Verzicht auf jeden materiellen oder moralischen Druck und jeglichen Zwang erfordere, der jemanden seiner Religion entfremden könnte.[484] Im selben regionalen Kontext wird bekräftigt, dass die Freiheit, seine Religion zu wählen, eine persönliche Freiheit sei. Weitreichende Bedeutung hat die zusätzliche Erklärung, die religiösen Aspekte einer solchen Wahl seien in jeder Religion von denen zu bestimmen, die ihr angehörten; die rechtlichen Aspekte regelten Verfassungen und Gesetze.[485]

Ein weiteres interreligiöses Anliegen, dass zu Klärungen über Einzelaspekte der Religionsfreiheit Anlass gegeben hat, besteht im Bemühungen um Abbau oder Prävention von Diskriminierung. Ein aussagekräftiges Beispiel dazu besagt:

> Comme chrétiens et musulmans, nous reconnaissons le droit à la liberté de conscience, le droit de changer de religion ou de décider de vivre sans religion, et le droit de manifester

---

[481] Vgl. 12.–18.7.1972 (Broumana/Libanon), oben D.1. (5). Vgl. auch 7.–9.2.1994 (Istanbul), oben D.1. (25).
[482] Vgl. 30.3.–1.4.1982 (Colombo), oben D.1. (14). Ähnlich forderte auch die Konferenz 23./24.9. 2003 (Astana), oben D.1. (83) die Beachtung des Rechts auf Religionsfreiheit einschließlich einer Reihe von hervorgehobenen Einzelaspekten.
[483] Vgl. 9.6.1997 „Statement of Shared Moral Commitment", oben D.1. (37). Zur Umsetzung der Religionsfreiheit einschließlich dem dazu notwendigen Wiederaufbau sakraler Gebäude auch 19.–21.9.1997 (Rogaska Slatina/Slowenien), oben D.1. (38).
[484] Vgl. 18.–20.12.2001 (Kairo), oben D.1. (68). Ähnlich, aber bezogen auf den Kaukasus 11.–13.9.2006 (Astana II), oben D.1. (101).
[485] Vgl. 28.2.–2.3.2008 (Beirut), oben D.1. (109).

> publiquement et de proclamer nos convictions religieuses sans être ridiculisés ou réduits au silence par les préjugés, les stéréotypes intentionnels et l'ignorance.[486]

Auch den Akteuren, von denen eine Bedrohung der Religionsfreiheit ausgehen kann, wurde Aufmerksamkeit geschenkt; als solche wurden der Staat, aber auch weltliche oder geistliche Individuen oder Gruppen identifiziert. Als eine besondere Verpflichtung gilt es den Religionsführern, gegen solche Akteure aufzutreten, die *innerhalb* der je eigenen Gemeinschaft aktiv werden:

> As religious leaders we recognize a particular obligation to speak out against threats to the religious freedom of others when they come from within our own communities.[487]

Damit deutet sich eine bedeutsame Verschiebung innerhalb interreligiöser Bemühungen an. Die (hauptsächliche) Konfliktlinie wird nicht mehr zwischen den Religionen oder deren jeweiligen Gläubigen wahrgenommen, sondern zwischen der gemäßigten „offiziellen" Ausrichtung einer Religion und radikalen „Sondergruppen" in ihnen. Als Kennzeichen zur Unterscheidung gilt die jeweilige Haltung zur Menschenwürde und zur Religionsfreiheit insbesondere der Minderheiten.

Sehr prägnant wurde schließlich die Zielrichtung des interreligiösen Engagements zugunsten der Religionsfreiheit ausgesprochen. Es dient nicht nur in der Gewährleistung ungestörter Religionsausübung für Einzelne und Gemeinschaften, sondern auch der Gewährleistung friedlicher Koexistenz zwischen Angehörigen verschiedener Religion:

> True freedom of choice of creed, freedom to change and to propagate one's belief, to act in accordance with them without discrimination and ideological coercion provides for peaceful coexistence of believers and non-believers. The role of a State is to provide social regulations in multinational and multi- confessional society (...).[488]

---

[486] 20.–23.10.2008 (Brüssel/Mechelen), oben D.1. (117). Ebenfalls gegen Diskriminierung – besonders in Form von Antisemitismus, Islamphobie und anderen Formen des Rassismus – argumentiert auch die Erklärung der Konferenz 7.–10.11.2004 (Leuven), oben D.1. (91). Zu einer sehr prägnanten Formulierung hat die Konferenz 2./3.5.2006 (Pec), oben D.1. (98) gefunden: Die wirkliche Freiheit bestehe im Dienst für Gott durch den Dienst für jeden Menschen, ungeachtet seines Glaubens, seiner Nationalität und jeder anderen Zugehörigkeit.

[487] 7./8.5.2013 (Wien), oben D.1. (139).

[488] 13.–16.9.2007 (Moskau), oben D.1. (105). „Friedliche Koexistenz" hebt auch die Erklärung 19./20.12.2001 (Brüssel), oben D.1. (69) hervor: „Rejecting all forms of discrimination, we support the principles of mutual respect, reciprocity, human rights, religious freedom, peaceful coexistence, and multireligious cooperation".

Auch wenn sich der Hinweis auf „friedliche Koexistenz" so konkret nur in zwei Textbeispielen erheben lässt, so erscheint er doch generell als ein praktikabler Interpretationsmaßstab für das interreligiöse Bemühen um Religionsfreiheit, die gleichermaßen allen Gläubigen verschiedener Religionen zukommt.

2.5.4.2 Gleichheit

Das zweite Einzelgrundrecht, dem verstärkt Aufmerksamkeit zugewandt wurde, ist die Gleichheit.[489] Eine erste interreligiöse Wahrnehmung besteht darin, dass sich dieses Recht in sehr unterschiedlichen Lebenszusammenhängen konkretisiert. Hervorgehoben werden Gleichheit aller Menschen, ihr Recht auf gleiche rechtliche Behandlung und eine gleiche Beteiligung an den materiellen Dingen.[490] Damit wird der spezifische Schwerpunkt interreligiösen Engagements zugunsten dieses Grundrechts bereits angedeutet: Gleichheit realisiert sich in einem gesellschaftlichen Kontext. Deshalb gilt das Versagen von Institutionen und Organisationen, die vorhandenen Gesetze zur Religionsfreiheit und Gleichheit aller Personen, Gruppen und Gemeinschaften auch in der Praxis durchzusetzen, als besonders alarmierend.[491] Gleichheit gehöre zu den entscheidenden Voraussetzungen gelingender Mitbürgerschaft von Angehörigen verschiedener Religionen oder Ethnien im selben staatlich-gesellschaftlichen Zusammenhang.[492] Jede Dis-

---

489 Auch bzgl. „Gleichheit" ist zu beobachten, dass dieses Grundrecht häufig in Reihungen zentraler Werte hervorgehoben wird. Ein Beispiel dafür bietet 1. – 6.2.1976 (Tripoli/Libyen), oben D.1. (9): „Il est des priorités qu'aucune religion céleste ne peut sacrifier, ni négliger d'affirmer, parmi lesquelles: la dignité de l'homme, son droit à la vie, à la liberté, la justice et l'égalité".
490 Vgl. 17. – 26.4.1974 (Colombo/Sri Lanka), oben D.1. (6).
491 Vgl. 19. – 23.10.2000 (Wien), oben D.1. (54). In dieselbe Richtung argumentiert 10. – 12.11.1998 (Amman), oben D.1. (44): Angesichts der pluralistischen Gesellschaft im modernen Staat sei es wichtiger denn je, verfassungsrechtliche und gesetzliche Regelungen zu schaffen, welche die religiösen Freiheiten und die Gleichheit aller Bürger vor dem Gesetz schützen, unabhängig von den religiösen Überzeugungen. Besondere Aufmerksamkeit sei schließlich dort angebracht, wo es in der Gesellschaft eine christliche bzw. muslimische Minderheit gebe; hier sei besonders intensiv darauf zu achten, Ausgrenzungen zu vermeiden.
492 Vgl. 6. – 10.11.1994 (Berlin), oben D.1. (28): „Les participants au séminaire ont ainsi réitéré ensemble les principes de la citoyenneté commune, de la liberté religieuse, de la dignité de l'individu et des droits de la femme sur la base de la justice et de l'égalité". Sehr deutlich auch 10. – 12.11.1998 (Amman), oben D.1. (44): „La question de concitoyenneté devra inciter les croyants à travailler ensemble pour y faire face de façon qui combine l'égalité entre les hommes, le respect des droits de l'homme, la préservation de la vie et de l'identité de l'homme, le maintien des caractéristiques et des qualités spécifiques de la société qui découlent du pluralisme et la demande de s'orienter vers la collaboration interculturelle dans notre monde (...)". Vgl. auch 26. – 28. 10.2007 (Ochrid), oben D.1. (106).

kriminierung sei eine Verletzung der Basis gegenseitigen Respekts und stehe im Widerspruch zum Recht auf Gleichheit aller Menschen, ein Recht, das von allen Religionen anerkannt werde.[493] Nicht zuletzt wird das Recht auf Gleichheit auch im Verhältnis von Mann und Frau eingefordert.[494]

2.6 Die praktische Umsetzung interreligiöser Einsichten

Keine der untersuchten Schlusserklärungen erscheint als Ausdruck selbstzufriedener Arbeit der sie verantwortenden Konferenz. Zwar verdanken sich die in ihnen zusammengestellten Ergebnisse intensivem Studium, der Diskussion und einem Ringen um Formulierungen, Schwerpunkte, Ausgewogenheit und spezifische Akzente. In sie sind Textvorlagen, Vorträge, Arbeitsgruppenergebnisse und Synthesen aus Plenarsitzungen eingegangen. Die Schlusserklärungen als Summe all dessen weisen aber immer über sich selbst hinaus. Sie wollen anregen, Fehlentwicklungen kritisieren, religiös fundierte Wege zeigen, ermutigen – kurz: sie wollen Einfluss nehmen. Die Weichen dazu werden bereits in den Schlusserklärungen der interreligiösen Dialogereignisse gestellt und lassen sich den Texten entnehmen. Diese Ansätze und Wege zur praktischen Umsetzungen interreligiöser Einsichten sollen im folgenden näher untersucht werden.

2.6.1 Selbstverpflichtungen, Appelle und Danksagungen als hauptsächliche Formen interreligiöser Einflussnahme

Die erste typische Form, in der interreligiöse Einsichten vermittelt und Einfluss ausgeübt werden soll, ist die der Selbstverpflichtung. Dabei handelt es sich um die bewusste Annahme von religiös und ethisch motivierten, konkreten Aufgaben durch die beteiligten Konferenzteilnehmer, um ihre Identifikation mit Werten, Handlungsmustern und Prioritäten als Gläubige ihrer jeweiligen Religion. Selbstverpflichtungen erscheinen damit als Essenz persönlicher interreligiöser Lernprozesse während des Dialogereignisses. Ausgestattet mit neuen Erfahrungen und Einsichten wollen die sich selbst Verpflichtenden aber zugleich zu „Botschaftern" in ihrem jeweiligen Umfeld werden, um die Prinzipien friedlicher Koexistenz, des Dialogs, des wechselseitigen Respekts und des Friedens zu ver-

---

493 Vgl. 28.2.–2.3.2008 (Beirut), oben D.1. (109).
494 Vgl. 23./24.4.2007 (San Marino), oben D.1. (103): „...namely a shared ambition to protecting the dignity of every human being, by protecting human rights, including equality between women and men...". Ähnlich 6.–10.11.1994 (Berlin), oben D.1. (28).

breiten.⁴⁹⁵ Selbstverpflichtungen finden sich in zahlreichen Schlusserklärungen,⁴⁹⁶ oft zu einem eigenen Textteil gruppiert. Ein sehr aussagekräftiges Beispiel bietet die Erklärung der Konferenz 12.–18.12.1994 (Barcelona). Darin findet sich unter der Zwischenüberschrift „Commitment" eine Serie von 8 Selbstverpflichtungen; unter der Zwischenüberschrift „Religious Responsibilities" finden sich weitere, sprachlich gekennzeichnet durch die Wendung „We will...". Selbst der abschließende Appell wird durch eine weitere Selbstverpflichtung eingeleitet:

> Grounded in our faith, we will build a culture of peace based on non-violence, tolerance, dialogue, mutual understanding, and justice.⁴⁹⁷

Das Beispiel zeigt an, dass solche Selbstverpflichtungen auf konkrete Ziele jenseits des Kreises der Teilnehmer am Dialogereignis gerichtet sein können.⁴⁹⁸ Selbstverpflichtungen ähneln – zusammengenommen – in manchen Erklärungen fast einer Zusammenfassung der Schlusserklärung in ihrer ganzen thematischer Bandbreite. Dazu bietet die Schlusserklärung der Konferenz 2./3.5.2006 (Pec) – bezogen auf die Situation des Kosovo – ein besonders eindrucksvolles Beispiel: Nicht nur Gebetsstätten, sondern auch Leben, Herz und Geist der Menschen seien zu erneuern. Die Religionsführer verpflichten sich darum, die Reihe interreligiöser Treffen fortzusetzen, den interreligiösen Dialog und die Zusammenarbeit zu verstärken, sich für die Rückkehr der Flüchtlinge und Vertriebenen einzusetzen, einen Austausch zwischen religiösen Gemeinden bzw. Einrichtungen zu fördern, die Medien aufzurufen, über gemeinsame inter-ethnische und interreligiöse Werte zu berichten, Kommunikation und Informationsaustausch zwischen den Gemeinden zu fördern und gemeinsam an der Ausarbeitung eines Religionsgesetzes mitzuarbeiten. Durch solche wachsende Zusammenarbeit solle Kosovo-Metohija zu einem gemeinsamen Haus der verschiedenen religiösen und ethnischen Gruppen

---

495 So eine der Selbstverpflichtungen der Teilnehmer am interreligiösen Jugendseminar 28.1.–2.2.2007 (Saydnaya/Syrien), oben D.1. (102). Obwohl es sich in dieser Form um eine vereinzelte Aussage handelt, kann die äußerst prägnante Formulierung weit über ihren konkreten Entstehungszusammenhang hinaus zur Interpretation der Motivation von Teilnehmern an Dialogereignissen herangezogen werden.
496 Prägnante Beispiele bieten insbesondere 12.–18.12.1994 (Barcelona), vgl. oben D.1. (30); 25.–28.9.1995 (Malta), oben D.1. (31); 18.3.2005 (Tirana), oben D.1. (94); 26.–29.8.2006 (Kyoto), oben D.1. (100); 20.–23.10.2008 (Brüssel/Mechelen), oben D.1. (117); 26.–28.4.2010 (Istanbul), oben D.1. (126); 1.–4.11.2010 (Genf), oben D.1. (129); 7./8.5.2013 (Wien), oben D.1. (139).
497 12.–18.12.1994 (Barcelona), vgl. oben D.1. (30).
498 Ein weiteres Beispiel ist die Erklärung der Konferenz 16.7.2004 (Kairo), oben D.1. (88) mit einer Selbstverpflichtung der Teilnehmer, ihre Verantwortung wahrzunehmen und Gerechtigkeit, Frieden, Stabilität, gute Entwicklung, Wohlstand und sichere Koexistenz zwischen nationalen und internationalen Gemeinschaften aufzubauen.

werden.[499] Als besonders originell erscheint der Gedanke der Konferenz 25.–27.5. 2009 (Lille), die 10 Gebote formuliert hat, um – in Form von Selbstverpflichtungen – eine Friedenskultur zu fördern. Dazu gehören verantwortungsvolle Interpretation von Texten und Traditionen, das vorgelebte Beispiel für Konflikttransformation, der Erziehungs- und Verbreitungsaspekt, Einflussnahme auf den politischen Bereich, Ermutigung zu Wohltätigkeit, Vertiefung des interreligiösen Dialogs und spezifische Forschungen.[500]

Die zweite typische Form, in der interreligiös Einfluss ausgeübt werden soll, ist der Appell. Darin werden – oft jenseits des inneren Bereichs der Religionsgemeinschaften – sehr konkrete Beiträge eingefordert, um ein interreligiöses Anliegens zu erreichen. Der Adressatenkreis ist nur relativ selten so weit gezogen, dass von Unbestimmtheit gesprochen werden muss, etwa wenn sich Appelle an alle Menschen guten Willens,[501] an alle Gläubigen[502] oder an die internationale Gemeinschaft[503] richtet. Viel häufiger ist der Adressat der einzelnen Anliegen ganz konkret bestimmt: Regierungen,[504] Staaten,[505] internationale Institutionen und Organisationen wie die UN, der Sicherheitsrat oder die UNESCO,[506] politisch und gesellschaftlich Verantwortliche,[507] staatliche Organe,[508] aber auch Religionsführer einer bestimmten Region.[509]

---

499 Vgl. 2./3.5.2006 (Pec), oben D.1. (98).
500 Vgl. 25.–27.5.2009 (Lille), oben D.1. (120).
501 Ein Beispiel für den Bezug auf alle Menschen guten Willens enthält die Erklärung der Konferenz 24./25.11.1992 (Wolfsberg/CH), oben D.1. (18). Vgl. auch 9.6.1997 „Statement of Shared Moral Commitment", oben D.1. (37); 4.–6.4.2006 (Moskau), oben D.1. (97).
502 Ein Beispiel dafür bietet die Erklärung der Konferenz 6.–10.6.1977 (Moskau), oben D.1. (11).
503 Vgl. z.B. 8.–10.6.1998 (Bagdad), oben D.1. (42); 11.–13.4.2000 (Pristina), oben D.1. (50); 28.–30.10.2002 (Manama/Bahrein), oben D.1. (78); 7.–10.11.2004 (Leuven), oben D.1. (91); 11.–13.9.2006 (Astana II), oben D.1. (101) unter Bezug auf die Weltgemeinschaft.
504 Beispiele für Regierungen als Adressaten von Appellen enthalten u.a. die Schlusserklärungen der Konferenzen 6.–10.6.1977 (Moskau), oben D.1. (11); 30.3.–2.4.1993 (Wien), oben D.1. (19); 8.–10.9.1994 (Athen), oben D.1. (27); 20.–22.1.2002 (Alexandria), oben D.1. (70); 21.–24.2.2002 (Wien), oben D.1. (72); 26.–29.8.2006 (Kyoto), oben D.1. (100).
505 Vgl. z.B. 10./11.10.2002 (Baku), oben D.1. (76); 11.–13.9.2006 (Astana II), oben D.1. (101); 23./24.5.2011 (Bordeaux), oben D.1. (131) unter Bezug auf „Länder".
506 Vgl. z.B. 24./25.11.1992 (Wolfsberg/CH), oben D.1. (18); 30.3.–2.4.1993 (Wien), oben D.1. (19); 8.–10.6.1998 (Bagdad), oben D.1. (42); 14.–16.9.2000 (Taschkent), oben D.1. (52); 27./28.5.2003 (Amman), oben D.1. (81); 26.–29.8.2006 (Kyoto), oben D.1. (100).
507 Vgl. z.B. 30.3.–2.4.1993 (Wien), oben D.1. (19); 9.6.1997 „Statement of Shared Moral Commitment", oben D.1. (37) unter namentlicher Nennung dreier Entscheidungsträger; 19.–21.9.1997 (Rogaska Slatina/Slowenien), oben D.1. (38); 17.10.2000 (Jerusalem), oben D.1. (53); 24.–28.9.2001 (Coventry), oben D.1. (63); 12.5.2011 (Bkerke/Libanon), oben D.1. (130).

Deutlich weniger häufig zu beobachten ist die Form der Danksagung. Dabei werden bereits geleistete Beiträge aus interreligiöser Sicht hervorgehoben und gewürdigt. Adressaten sind vor allem internationale Institutionen wie die UN,[510] internationale Organisationen[511] und – in Einzelfällen – auch individuelle Persönlichkeiten.[512] Das Ziel dieser Form von Einwirkung ist die Fortsetzung oder Intensivierung von Bemühungen mit interreligiöser Relevanz.

2.6.2 Interreligiöse Krisenintervention sowie die Rolle interreligiöser Räte und Einrichtungen

Im Zusammenhang mit dem Einsatz für Frieden und friedliche Koexistenz sowie gegen Verletzungen ethischer Werte (vgl. oben D 2.3.2. bzw. D 2.4) wurden eindeutige und engagierte interreligiöse Stellungnahmen zu einzelnen Gewalttaten, aber auch zu noch intensiveren Gewalteskalationen z. B. in Krisenregionen beobachtet. Eine Gruppe von Schlusserklärungen, die als „interreligiöse Krisenintervention" bestimmt werden können, reiht sich in dieses Engagement ein, geht aber in einer charakteristischen Weise noch darüber hinaus: interreligiöses Engagement für Frieden und gegen Gewalt wird dabei kombiniert mit vorausschauenden, detaillierten Vorschlägen zur Überwindung des Konflikts und seiner Ursachen, zur ethisch begründeten Umgestaltung der konfliktträchtigen gesellschaftlichen Lage und/oder zum Neuaufbau einer an Werten und Menschenrechten orientierten Gesellschaft. Bereits der Schlusserklärung der Konferenz 24./25.11.1992 (Wolfsberg/CH) lassen sich typische Einzelmerkmale von „Krisenintervention" entnehmen. Veranstaltet, um zur Beendigung des Bürgerkriegs in Bosnien-Herzegowina beizutragen, wird als Motivation der Konferenz die gemeinsame Hoffnung auf Gottes Liebe und Hilfe und die Sorge *für die Zukunft* der religiösen Gemeinschaften und die vom Bürgerkrieg betroffenen Völker angesprochen. Krisenintervention ist demnach wesentlich zukunftsgerichtet. Sowohl

---

508 Vgl. 13./14.11.2000 (Moskau/Danilovkloster), oben D.1. (55); 7.–9.12.2000 (Syrakus), oben D.1. (57) unter Bezug auf die für das Erziehungswesen zuständigen Autoritäten; 18.3.2005 (Tirana), oben D.1. (94).
509 Vgl. z.B. 7.–9.11.2005 (Istanbul), oben D.1. (95): „We call on religious leaders in Southeastern Europe, the Caucasus, and Central Asia to support...".
510 Vgl. z.B. 17.–26.4.1974 (Colombo/Sri Lanka), oben D.1. (6).
511 Vgl. z.B. 17.–26.4.1974 (Colombo/Sri Lanka), oben D.1. (6) unter Bezug auf die „Commission of Human Rights"; 16.–18.3.1999 (Wien), oben D.1. (46); 27./28.5.2003 (Amman), oben D.1. (81) unter Bezug auf die interreligiöse Organisation WCRP; 22.7.2009 (Moskau/Danilovkloster), oben D.1. (122) unter Bezug auf die UNESCO.
512 Vgl. z.B. 16.–18.3.1999 (Wien), oben D.1. (46); 7.–9.11.2005 (Istanbul), oben D.1. (95): Danksagung für eine Initiative des Generalsekretärs der UN.

die Konfliktparteien wie auch internationale Institutionen und Einrichtungen wurden in die Pflicht genommen. Damit ist angedeutet, dass Krisenintervention – wann immer möglich – den Bezugsrahmen über die eigentlichen Konfliktparteien hinaus erweitert. Charakteristisch ist weiterhin ein *detaillierter Maßnahmenkatalog*, der eine Beendigung des Krieges und Blutvergießens selbst, aber auch Hilfsleistungen und Linderung von unmittelbaren Kriegsfolgen für die Opfer anstrebt. Konfliktinterventionen sollen typischerweise einen Friedens- und Versöhnungs*prozess* einleiten. Um ihn zu begleiten, hat die Konferenz 24./25.11.1992 (Wolfsberg/CH) – wie auch spätere Konferenzen – die Errichtung einer *besonderen Institution* für notwendig gehalten. Mit solchen Einrichtungen wird ein erster Schritt vom interreligiösen Dialog hin zu einer interreligiösen Zusammenarbeit getan.[513] Schließlich werden im Rahmen von Krisenintervention häufig die inneren Zusammenhänge von religiös-ethischen und politischen Gesichtspunkten aufgezeigt. In interreligiösem Bemühen soll dadurch zu einer Lösung vorgedrungen werden, dass einerseits auf die durch ihre religiöse und/oder ethnische Zugehörigkeit bestimmten Konfliktparteien und andererseits auf die Politik eingewirkt wird.

Weitere Beispiele von ganz ähnlich konzipierten Krisenintervention*en* betreffen ebenfalls Bosnien-Herzegowina,[514] darüber hinaus den Kosovo,[515] Südosteuropa (Ex-Jugoslawien),[516] die Kaukasusregion/Zentralasien,[517] Libanon,[518] die Region Banja Luca,[519] den Irak[520] Albanien,[521] Israel[522] und Syrien.[523] In der

---

513 Vgl. 24./25.11.1992 (Wolfsberg/CH), oben D.1. (18).
514 8.–10.12.1993 (Pécs/Ungarn), oben D.1. (24); 1./2.12.1994 (Maribor/Slowenien), oben D.1. (29); 9.6.1997 „Statement of Shared Moral Commitment", oben D.1. (37); 21.5.1998 (Washington), oben D.1. (41); 7.–10.11.2004 (Leuven), oben D.1. (91).
515 16.–18.3.1999 (Wien), oben D.1. (46); 7.–9.2.2000 (Sarajevo), oben D.1. (49); 11.–13.4.2000 (Pristina), oben D.1. (50); 1.9.2001 (Oslo), oben D.1. (61); 7.–10.11.2004 (Leuven), oben D.1. (91); 2./3.5.2006 (Pec), oben D.1. (98).
516 7.–9.2.1994 (Istanbul), oben D.1. (25); 19.–21.9.1997 (Rogaska Slatina/Slowenien), oben D.1. (38); 29.–31.5.2000 (Kloster Vlatades bei Thessaloniki), oben D.1. (51); 14./15.12.2001 (Belgrad), oben D.1. (67); 7.–9.11.2005 (Istanbul), oben D.1. (95).
517 14.–16.9.2000 (Taschkent), oben D.1. (52); 13./14.11.2000 (Moskau/Danilovkloster), oben D.1. (55); 26.11.2003 (Danilovkloster/Moskau), oben D.1. (85);
518 16.–20.6.2001 (Montreux), oben D.1. (60); 28.2.–2.3.2008 (Beirut), oben D.1. (109); 24.6.2008 (Beirut), oben D.1. (113); 12.5.2011 (Bkerke/Libanon), oben D.1. (130); 27.9.2011 (Dar el-Fatwa/Libanon), oben D.1. (133).
519 24.–28.9.2001 (Coventry), oben D.1. (63).
520 8.–10.6.1998 (Bagdad), oben D.1. (42); 27./28.5.2003 (Amman), oben D.1. (81).
521 18.3.2005 (Tirana), oben D.1. (94).
522 5.–8.11.2007 (Washington), oben D.1. (107).
523 18.–20.4.2013 (Istanbul), oben D.1. (138).

Mehrzahl der Beispiele verfolgen mehrere Konferenzen in ganz ähnlichen Konzeptionen dasselbe Ziel, obwohl unterschiedliche Teilnehmer mitgewirkt und z.T. sogar unterschiedliche Veranstalter agiert haben. „Krisenintervention" erweist sich darin als Anknüpfungspunkt einer intensivierten interreligiösen Konvergenz.

Im Kapitel C 2. wurden zahlreiche interreligiöse Räte und Einrichtungen vorgestellt. Sie haben sich als auf Dauer angelegte Dialogforen mit spezifischer Struktur und zugleich als Instrumente zur Verbreitung interreligiöser Einsichten erwiesen. Ihre Bedeutung spiegelt sich auch in den Schlusserklärungen der hier untersuchten Konferenzen. Einige von ihnen sind sogar bei Tagungen solcher interreligiöser Räte entstanden.[524] Die Erklärung der Konferenz 7.–9.2.2000 (Sarajevo) verweist auf die Vermittlung des interreligiösen Rats von Bosnien-Herzegowina bei der Vorbereitung zur Errichtung eines neuen interreligiösen Rats im Kosovo.[525] Auch danach begleitete der interreligiöse Rat von Bosnien-Herzegowina die Konsolidierungsphase desjenigen im Kosovo, eine Unterstützung, die ausdrücklich und dankbar anerkannt wurde.[526] Die Konferenz 7.–10.11.2004 (Leuven) ermutigte die interreligiösen Räte in Bosnien-Herzegowina und im Kosovo zur Fortsetzung ihres wirksamen Engagements.[527] Ganz ähnlich begrüßte die Konferenz 22.–25.5.2008 (Rovereto) die Einrichtung interreligiöser Räte, die bereits viel zur Versöhnung beigetragen hätten; sie sollten weiter ausgebaut bzw. gestärkt werden.[528] Die Konferenz 18.–20.4.2013 (Istanbul) bietet das vielleicht eindrucksvollste Beispiel: bereits während der ersten Phase des Bürgerkriegs in Syrien trafen sich Religionsverantwortliche des Landes, um gemeinsam zu Frieden und Einheit aufzurufen sowie um die Gründung eines interreligiösen Rates vorzubereiten.[529]

Interreligiöse Räte sind keineswegs die einzigen Organisationen, die für die praktische Umsetzung der bei Konferenzen gefassten Entschließungen eingesetzt werden sollen. Zahlreiche Schlusserklärungen thematisieren die Notwendigkeit, interreligiösen Dialog in Organisationen und Einrichtungen quasi zu prolongieren oder konkrete Beiträge zur praktischen Umsetzung interreligiöser Einsichten zu leisten. Bereits die Konferenz 24./25.11.1992 (Wolfsberg/CH) hat sich für die Ein-

---

524 Vgl. z.B. 9.6.1997 „Statement of Shared Moral Commitment", oben D.1. (37), entstanden im Zusammenhang mit der Gründung eines interreligiösen Rats. Ebenso 7.–9.2.2000 (Sarajevo), oben D.1. (49). Vgl. auch 1.9.2001 (Oslo), oben D.1. (61).
525 Vgl. 7.–9.2.2000 (Sarajevo), oben D.1. (49).
526 Vgl. 11.–13.4.2000 (Pristina), oben D.1. (50).
527 Vgl. 7.–10.11.2004 (Leuven), oben D.1. (91).
528 Vgl. 22.–25.5.2008 (Rovereto), oben D.1. (112); ganz ähnlich 26./27.4.2010 (Baku), oben D.1. (125).
529 Vgl. 18.–20.4.2013 (Istanbul), oben D.1. (138).

richtung eines ständigen Komitees ausgesprochen, das sich für die Umsetzung ihrer Krisenintervention einsetzen sollte.[530] Eine andere, die Situation in Bosnien-Herzegowina behandelnde Tagung forderte die Einrichtung einer „Kommission für Wahrheit und Versöhnung".[531] Die Konferenz 29. – 31. 5. 2000 (Kloster Vlatades bei Thessaloniki) schlug sogar zwei Institutionen vor: zunächst die Bildung einer Arbeitsgruppe, welche wechselseitige Kontakte fördern und Menschenrechtsverletzungen sowie Profanierung sakraler Orte kontrollieren sollte; sodann ein beim Büro der orthodoxen Kirche bei der EU angesiedeltes Sekretariat, um die Verwirklichung des 10-Punkte-Programms der Konferenz zu koordinieren.[532] Die Konferenz 16. – 20. 6. 2001 (Montreux) behandelte den Bedarf an einer Organisation für Dialog im Libanon, um die nationale Solidarität besser zu verankern und die nationale Einheit zu fördern. In einer Reihe von Empfehlungen wurden die Aufgaben einer solchen zukünftigen Dialogorganisation im Bereich des Staates und der zivilen Gesellschaft umschrieben. Zu diesen zählten die Förderung der nationalen Souveränität, Freiheit und der Koexistenz in verschiedenen gesellschaftlichen Bereichen; dabei ist das Ziel „Förderung der nationalen Souveränität" eher politischer als religiöser Natur.[533] Auch bestehende internationale Organisationen wurden in die Bemühungen einer praktischen Umsetzung interreligiöser Anliegen einbezogen: Anerkennung fand eine Initiative des Generalsekretärs der UN zur Einrichtung einer „Alliance of Civilization", deren Aufgabe sein soll, mittels interreligiösem Dialog Empfehlungen zu erarbeiten. Entsprechend einer UN-Resolution bedürften religiöse Gebäude und Denkmäler eines besonderen Schutzes; ein Repräsentant der UN solle die Beachtung dieser Resolution überwachen.[534] Die Konferenz 27./28. 5. 2003 (Amman), die sich mit der

---

530 Vgl. 24./25.11.1992 (Wolfsberg/CH), oben D.1. (18). Ganz ähnlich 16. – 18. 3.1999 (Wien), oben D.1. (46): Zur Umsetzung des Forderungskatalogs dieser Konferenz sollte – in Zusammenarbeit mit der „Appeal of Conscience Foundation" – eine interreligiöse „Conscience Contact Group" aufgebaut werden. Vergleichbar auch 1. – 4.11.2010 (Genf), oben D.1. (129): es bedürfe einer Arbeitsgruppe, die eingreifen soll, wenn eine Krise zu entstehen droht, bei der Christen und Muslime in Konflikt geraten. Vgl. 20. – 22.1.2002 (Alexandria), oben D.1. (70): ein Komitee solle eingerichtet werden, das die Empfehlungen der Erklärung zu einer gerechten, sicheren und dauerhaften Lösung des Nahostkonflikts konkret umsetzen könne.
531 Vgl. 7. – 10.11.2004 (Leuven), oben D.1. (91).
532 Vgl. 29. – 31. 5. 2000 (Kloster Vlatades bei Thessaloniki), oben D.1. (51).
533 Vgl. 16. – 20. 6. 2001 (Montreux), oben D.1. (60).
534 Vgl. 7. – 9.11.2005 (Istanbul), oben D.1. (95). Vergleichbar auch 16./17. 7. 2008 (Moskau), oben D.1. (114): im Rahmen internationaler Organisationen müssten Mechanismen geschaffen werden, die es ermöglichen, die Zeitgenossen für die Existenz verschiedener geistlicher und kultureller Traditionen zu sensibilisieren, die eine reale Auswirkung auf das politische Leben der Völker und ihre Sicht der Menschenrechte hätten.

Lage im Irak auseinandersetzte, forderte, dass der veranstaltenden Organisation „World Conference of Religions for Peace" als einer bei der UN akkreditierten Organisation ein Vermittlungsmandat zugewiesen werden solle; zudem solle „WCRP" eingeladen werden, in Zusammenarbeit mit den Religionsführern die Bildung eines interreligiösen Rats vorzubereiten.[535] Die Konferenz 22.7.2009 (Moskau/Danilovkloster) bewertete die Erfahrungen der Zusammenarbeit zwischen der UNESCO und den Religionsgemeinschaften als positiv. Insbesondere verdienten die Bemühungen des Generaldirektors der UNESCO um Förderung des interreligiösen Dialogs und der laufende Prozess für die Schaffung eines „Dialog-Mechanismus" innerhalb der UNESCO große Anerkennung.[536]

Eine Variante dieser Bemühungen besteht in der Schaffung oder Würdigung von länger angelegten Initiativen. So fand etwa der durch die Initiative „A Common Word between Us and You" initiierte christlich-islamische Kommunikationsprozess grosse Anerkennung.[537] Das Ökumenische Patriarchat und die „World Islamic Call Society" fassten ins Auge, mit der „Interreligious Training Partnership" ein interreligiöses Ausbildungsprogramm für Führungskräfte zu institutionalisieren.[538] Sogar die technischen Möglichkeiten kamen in den Blick, um die praktische Umsetzung interreligiösen Dialogs zu fördern. Die Konferenz 22.–25.5. 2008 (Rovereto) schlug die Einrichtung einer übereuropäischen interreligiösen Datenbasis im Internet zum besseren Informationsaustausch vor.[539] Gemeinsam ist den in diesem Abschnitt vorgestellten Einrichtungen und Initiativen, dass sie Ergebnisse des interreligiösen Dialogs umsetzen, begleiten und zum Ziel führen sollen; sie stehen damit primär im Dienst einer interreligiösen Zusammenarbeit.

2.6.3 Praktische Umsetzung interreligiöser Einsichten durch Einwirkung auf Staat und Politik und durch Standortbestimmung in der Gesellschaft

Primärer Adressat für die Ergebnisse des interreligiösen Dialogs sind die Gläubigen der jeweiligen Religionen, bei denen eine Veränderung der inneren Einstellung und des Verhaltens gegenüber Andersgläubigen erreicht werden soll. Eine ganze Reihe von Vorschlägen, die in den Schlusserklärungen erarbeitet worden sind, setzt jedoch die Mitwirkung von Staat und Politik voraus, um eine Chance zur praktischen Umsetzung zu erhalten. Deshalb sind auch Staat und Politik häufige Adressaten von Appellen geworden. Frieden, soziale Gerechtigkeit und Wahrung

---

535 Vgl. 27./28.5.2003 (Amman), oben D.1. (81).
536 Vgl. 22.7.2009 (Moskau/Danilovkloster), oben D.1. (122).
537 Vgl. 15.10.2008 (Cambridge), oben D.1. (116).
538 Vgl. 11.–13.12.2008 (Athen), oben D.1. (118).
539 Vgl. 22.–25.5.2008 (Rovereto), oben D.1. (112).

der Religionsfreiheit bedürfen einer Zusammenarbeit, um in konkreten Gesellschaften Platz zu greifen; aus diesem Grund sollen und wollen die Religionen ihren Einfluss auf die Politik und die öffentliche Meinung geltend machen.[540]

Einen ersten thematischen Schwerpunkt dazu stellt die Sorge um Frieden sowie um dessen Voraussetzungen dar. Die politisch Verantwortlichen werden aufgefordert, ihre Anstrengungen für eine Beschleunigung der Demokratisierung, der Anerkennung und des Schutzes der Menschenrechte und der Freiheit zu verstärken, da hierin die Voraussetzung für einen dauerhaften Frieden liege.[541] Insbesondere nationale Regierungen und internationale Politik müssten alles ihnen mögliche tun, damit der Krieg in Bosnien-Herzegowina endet und ein gerechter Friede hergestellt wird.[542] An die internationale Gemeinschaft wird appelliert, das gegen den Irak verhängte Embargo aufzuheben, auf ökonomische Embargos zur Durchsetzung politischer Ziele zu verzichten und die Kriegssituation bzw. Spannungen zugunsten einer Friedensordnung zu beenden.[543] Eine anderes Mittel, nämlich einen Sinneswandel bei den führenden Politikern, fokussiert die Konferenz 17.10.2000 (Jerusalem) als Voraussetzung zur friedlichen Beilegung des Nahostkonflikts.[544]

In ähnlicher Weise wurden Staat und Politik in Pflicht genommen, um die Voraussetzungen für friedliche Koexistenz innerhalb eines Staates bzw. einer Gesellschaft zu schaffen. Angesichts der pluralistischen Gesellschaft im modernen Staat sei es wichtiger denn je, verfassungsrechtliche und gesetzliche Regelungen zu schaffen, welche die religiösen Freiheiten und die Gleichheit aller Bürger vor dem Gesetz schützen, unabhängig von den religiösen Überzeugun-

---

540 Vgl. 20./21.12.1990 (Straßburg), oben D.1. (17).
541 Vgl. 19.–21.9.1997 (Rogaska Slatina/Slowenien), oben D.1. (38). Ähnlich 30.3.–2.4.1993 (Wien), oben D.1. (19): Frieden sei nur möglich, wo eine entsprechende rechtliche Basis und angemessene politische Strukturen aufgebaut werden. Ähnlich auch 11.–13.4.2000 (Pristina), oben D.1. (50): Der Aufbau starker demokratischer Institutionen werde unterstützt, um Sicherheit, Frieden und Wohlergehen aller Einwohner des Kosovo zu sichern. Vgl. auch 10./11.10.2002 (Baku), oben D.1. (76) zur Rolle der Religionen in modernen Gesellschaften und ihren möglichen Beiträgen zur Verwirklichung von Frieden und Menschenrechten. Vgl. 18.3.2005 (Tirana), oben D.1. (94): zu fördern und zu praktizieren seien Demokratie, Menschenrechte und die Herrschaft des Rechts.
542 Vgl. 8.–10.12.1993 (Pécs/Ungarn), oben D.1. (24).
543 Vgl. 8.–10.6.1998 (Bagdad), oben D.1. (42).
544 Vgl. 17.10.2000 (Jerusalem), oben D.1. (53): „Le processus de paix commence par une attitude fondamentale: celle du respect pour la vie de chacun des membres des deux peuples. Au lieu de continuer à s'enfermer dans le cercle infernal de la violence, les responsables politiques des deux peuples doivent de toute urgence ouvrir leur esprit et leur coeur aux droits de l'homme, aux droits politiques, religieux et civils, et aux aspirations des autres peuples autant qu'à celles de leur propre peuple".

gen.⁵⁴⁵ Um die bestehenden Konflikte im Kaukasus zu entschärfen und friedliche Koexistenz herzustellen sei eine Beteiligung ethnischer Minderheiten am öffentlichen Leben, Gewährleistung von Freiheit des Glaubens und religiöser Betätigung, Sorge für Flüchtlinge und Bestrafung von Kriegsverbrechen nach dem Gesetz vordringlich.⁵⁴⁶

Eine Gruppe von Schlusserklärungen beleuchtet die Stellung bzw. Rolle von Religionsgemeinschaften gegenüber dem Staat und in der Gesellschaft. Dabei erweisen sich die wahrgenommenen Dringlichkeiten als recht abhängig von der äußeren bzw. inneren Situation des betreffenden Staates oder der konkreten Gesellschaft. Zugleich sind sich die Religionen aber bewusst, dass sie eine Identifikation mit politischen, ökonomischen oder sozialen Mächten vermeiden müssen, um für die Arbeit zugunsten Gerechtigkeit und Frieden frei zu bleiben.⁵⁴⁷ Deshalb wird als Leitbild das einer Zusammenarbeit, ja Partnerschaft zwischen Religionen und Staat bzw. Politik entwickelt.⁵⁴⁸

So wurde im gesellschaftlichen Wandel nach Beendigung einer bewaffneten Auseinandersetzung eine Neudefinition der Rolle der Religionen in Staat und Gesellschaft eingefordert. Die staatlichen bzw. politischen Autoritäten sollten den

---

545 Vgl. 10. – 12.11.1998 (Amman), oben D.1. (44). Ähnlich 23. – 25.2.2001 (Bled/Slowenien), oben D.1. (59): Zur Rolle religiöser Gemeinschaften in Versöhnungsprozessen wird festgestellt, dass es, um dieser Rolle gerecht zu werden, notwendig sei, Respekt für die Prinzipien der religiösen Freiheiten und Rechte zu üben, besonders in Gesellschaften mit einer vorherrschenden Religionsgemeinschaft. Ähnlich auch 21. – 24.2.2002 (Wien), oben D.1. (72): die Regierungen müssten für Gleichheit, insbesondere Rechtsgleichheit, sorgen und Ungerechtigkeit sowie Ungleichbehandlung bekämpfen.
546 Vgl. 26.11.2003 (Danilovkloster/Moskau), oben D.1. (85).
547 Vgl. 12. – 18.12.1994 (Barcelona), oben D.1. (30): „We will remain mindful that our religions must not identify themselves with political, economic, or social powers, so as to remain free to work for justice and peace". Ähnlich 14./15.12.2001 (Belgrad), oben D.1. (67): Kirchen und Religionsgemeinschaften müssten das Recht haben, ihre Meinung zu ethischen, gesellschaftlichen und politischen Fragen zu äußern, ohne sich jedoch von der Politik instrumentalisieren zu lassen.
548 Vgl. 13./14.11.2000 (Moskau/Danilovkloster), oben D.1. (55). Ähnlich 24./25.1.2001 (Teheran), oben D.1. (58): „Religious leaders can and must guide politicians and societies on the way to peace and accord. Also, they can and must oppose attempts to build a new world order on the dominance of one culture, civilization or political system". Vgl. auch 24./25.1.2001 (Teheran), oben D.1. (58): der Zusammenklang von Staat und Religion sei Voraussetzung für die wirksame Verteidigung ethischer Werte. Vgl. 14./15.12.2001 (Belgrad), oben D.1. (67): Für die Religionsfreiheit sei eine rechtliche Trennung zwischen religiösen und staatlichen Gemeinschaften bei gleichzeitiger guter Zusammenarbeit wesentlich; alle Religionsgemeinschaften sollten gleich behandelt werden; dabei sei dem Minderheitenschutz besondere Aufmerksamkeit zu schenken. Vgl. 21.– 23.6.2011 (Moskau), oben D.1. (132): es gebe Potential für eine noch engere Zusammenarbeit zwischen den Religionsgemeinschaften und den politischen Autoritäten für eine Förderung der Menschenwürde und die Einpflanzung der Menschenrechte.

Religionsgemeinschaften religiöse Unterweisung, Seelsorge und soziale Arbeit ermöglichen. Es bedürfe der Erlaubnis zur Wiederherstellung religiöser Gebäude, zum Bau notwendiger neuer Einrichtungen sowie einer Rückgabe enteigneter Güter.[549] Im gesellschaftlichen Transformationsprozess des post-kommunistischen Rumänien wurde die baldige Ausarbeitung eines Religionsgesetzes gefordert, das der Autonomie der religiösen Gemeinschaften und den Rechten von religiösen Minderheiten Rechnung trägt. In der modernen Gesellschaft müsse die Rolle der Religionen im Erziehungsbereich wieder hergestellt werden, um falsche Konflikte zwischen Vernunft und Glaube, religiös und säkular sowie zwischen Religion und Wissenschaft durch bessere Kenntnis „des anderen" vermeiden zu helfen. Die Bemühungen um den Aufbau dauerhafter Stabilität seien nicht erfolgversprechend ohne die Beteiligung der Kirchen und Religionsgemeinschaften. Ihre Rolle bei der Entwicklung der Demokratie, der Stärkung der Menschenrechte und dem Schutz von Minderheiten sei fundamental.[550] Gleiche Teilhabe der Religionen und religiösen Gemeinschaften im öffentlichen Bereich sei zugleich Recht wie auch Pflicht. Zur Religionsfreiheit gehöre auch das Recht religiöser Gemeinschaften, sich zu organisieren und öffentlich tätig zu werden.[551] Als Hauptaufgabe der Kirchen und Religionsgemeinschaften wird angesichts von gesellschaftlichen Transformationsprozessen erkannt, auf Basis gegenseitigen Respekts neue Modelle für die Beziehungen zwischen gesellschaftlich relevanten Gruppen zu entwickeln. Dazu bedürfen sie angemessener Bewegungs- und Aktionsräume im gesellschaftlich-politischen Kontext.[552] Kirchen und Religionsgemeinschaften müssten das Recht haben, ihre Meinung zu ethischen, gesellschaftlichen und politischen Fragen zu äußern, ohne sich jedoch von der Politik instrumentalisieren zu lassen.[553]

---

549 Vgl. 24.–28.9.2001 (Coventry), oben D.1. (63). Ähnlich 14./15.12.2001 (Belgrad), oben D.1. (67): gefordert wird die Erlaubnis zu Religionsunterricht an öffentlichen Schulen entsprechend den Bedingungen in einer multi-konfessionellen und multi-ethnischen Gesellschaft, weiterhin angemessene Regelungen zur finanziellen Situation sowie eine Rückgabe enteigneter Güter. Vgl. 18.3.2005 (Tirana), oben D.1. (94): den Religionsgemeinschaften sei ein legaler Status zu gewähren und enteigneter Besitz zurückzugeben.
550 Vgl. 31.5.–1.6.2002 (Timişoara/Rumänien), oben D.1. (74).
551 Vgl. 16.–18.10.2002 (Genf), oben D.1. (77). Ähnlich 14./15.12.2001 (Belgrad), oben D.1. (67): Kirchen und Religionsgemeinschaften benötigten Bewegungs- und Aktionsräume im gesellschaftlich-politischen Kontext; dazu zählten nicht zuletzt das Recht der Religionsgemeinschaften zur Präsenz in den Massenmedien und zur Einrichtung eigener Medien, ebenso wie auch das Recht zu einer Mitwirkung in öffentlichen Einrichtungen.
552 Vgl. 14./15.12.2001 (Belgrad), oben D.1. (67)
553 Vgl. 14./15.12.2001 (Belgrad), oben D.1. (67)

In westeuropäischem Kontext wurde anerkannt, dass bestimmten Religionsgemeinschaften vom Staat ein besonderer Status gewährt werde. Darin liege keine Diskriminierung, insofern die Zusammenarbeit zwischen Staat und der betreffenden Religion auf objektiven und vernünftigen Kriterien beruhe, wie z. B. geschichtliche und kulturelle Relevanz, Verbreitung oder Nützlichkeit für die Gesellschaft als ganze. Der Staat habe außerdem die Pflicht, das religiöse, kulturelle oder geschichtliche Erbe zu bewahren, das die Religionsgemeinschaften über Jahrhunderte der Menschheit mitgeteilt hätten. Schließlich wurde die Rolle der Religionsgemeinschaften als Schlüsselpartner der nationalen, d. h. staatlichen, Autoritäten in der Diskussion aktueller gesellschaftlicher Fragen hervorgehoben.[554] Im laufenden europäischen Einigungsprozess entwickle sich eine pluralistische, interethnische, interkulturelle und interreligiöse Gesellschaft. Damit stellten sich neue Fragen im Verhältnis von Staat und Religionsgemeinschaften. Unabhängig von der Rechtsstellung hätten alle Staaten eine neutrale Haltung gegenüber den Religionen eingenommen. Dabei sei eine Besorgnis erregende Tendenz zu beobachten, Religion in die Privatsphäre abzudrängen, im öffentlichen Bereich zu marginalisieren und schließlich alle öffentlichen Manifestationen von Religion zu unterdrücken. Zwar seien Staat und Religionsgemeinschaften zwei verschiedene Größen in verschiedenen Bereichen. Der Staat müsse sich aber davor hüten, die Gläubigen zu einer Entscheidung zwischen ihrer Loyalität zum Staat und ihren religiösen Überzeugungen zu zwingen. Dem wird die Überzeugung gegenübergestellt, zugleich Bürger und Gläubige zu sein. Es gelte deshalb zusammenzuarbeiten, allerdings ohne dass Religion eine „Untergebene" des Staates werde.[555]

Diese Bereitschaft zur Zusammenarbeit zwischen Religionsgemeinschaften und Staat verdichtete sich in der besonderen Situation des Libanon zu einer ganzen Reihe engagierten Stellungnahmen zugunsten des staatlichen Zusammenhalts und friedlicher Koexistenz, die eine eigene – thematisch bestimmte – Untergruppe bildet. Es bestehe Bedarf an einer Organisation für einen spezifischen Dialog im Libanon, um die nationale Solidarität besser zu verankern und die nationale Einheit zu fördern; dazu gehören vor allem die Förderung von Souveränität, Freiheit und der Koexistenz in verschiedenen gesellschaftlichen Bereichen.[556] Das dabei von der Konferenz 16. – 20. 6. 2001 (Montreux) herausgehobene

---

554 Vgl. 10./11.12.2001 (Straßburg), oben D.1. (65).
555 Vgl. 20. – 23.10.2008 (Brüssel/Mechelen), oben D.1. (117).
556 Vgl. 16. – 20.6.2001 (Montreux), oben D.1. (60). Ähnlich, jedoch ohne Hinweis auf eine Dialogorganisation auch 24.1.2002 (Beirut), oben D.1. (71): es gelte, die Einheit des Libanon und der öffentlichen Freiheiten zu sichern; in den gegenwärtigen unruhigen Zeiten sei die Entwicklung des Zusammenlebens eine nationale Notwendigkeit.

Ziel „Förderung der nationalen Souveränität" des Libanon belegt die eher politische als religiöse Natur dieser Intervention.[557] Ebenfalls im Blick auf die Situation des Libanon wird hervorgehoben, dass die Mitbürgerschaft („citoyenneté") Teilhabe am selben Vaterland mit Rechten und Pflichten sei, die jedem unabhängig von Glauben und Religion zuzugestehen sei; die Gläubigen der verschiedenen Religionen müssten zusammenwirken, um diese Rechte und Pflichten zu schützen und um jeden Versuch zurückweisen, jemanden ihrer zu berauben. Jeder Staat müsse seinen Bürgern eine echte Gleichheit garantieren. Jede Diskriminierung sei eine Verletzung der Basis gegenseitigen Respekts und stehe im Widerspruch zum Recht auf Gleichheit aller Menschen, ein Recht, das von allen Religionen anerkannt werde.[558] Die Konferenz 12.5.2011 (Bkerke/Libanon) führte diese Bemühungen fort. Die Religionsführer des Libanon würdigten den Respekt vor den öffentlichen und individuellen, den politischen und religiösen Freiheiten, die das Land auszeichneten. Die Verantwortlichen seien aufgerufen, möglichst bald eine Regierung zu bilden. Weiter wurden in acht Punkten „nationale Konstanten" des Libanon bekräftigt. Die bewährte libanesische Kultur des Dialogs solle helfen, auch gravierende Probleme einer Lösung zuzuführen. Interreligiöse Unterstützung wurde den verfassungsmäßigen Institutionen des Libanon und den legalen Militär- und Polizeikräfte zuteil; allein diesen komme es zu, die Sicherheit zu garantieren und Terrorismus sowie organisierte Kriminalität zu bekämpfen. Es gelte, die Souveränität, die Freiheit und die Unabhängigkeit des Libanon zu gewährleisten und von Israel besetzte Teile des Staatsgebiets zu befreien.[559] Eine politische Priorität zeigt sich auch bei einigen noch großräumiger angelegten Initiativen. Die Weltgemeinschaft, Organisationen, Staaten und Regierungen, aber auch die Religionen sollten den Prozess des inter-zivilisatorischen Dialogs unterstützen und sich bemühen, eine Kultur des Friedens zu schaffen. Man dürfe nicht übersehen, dass Probleme in den interreligiösen und interkulturellen Beziehungen von grundlegenden Unausgewogenheiten in der internationalen Politik, im ökonomischen, sozialen und humanitären Bereich sowie im Informati-

---

557 Einen Einzelfall stellt die Konferenz 27./28.5.2003 (Amman), oben D.1. (81) dar; sie widmete sich in Forderungen fast ausschließlich politischer Natur einer Verbesserung der Situation im von alliierten Truppen besetzten Irak.
558 Vgl. 28.2.–2.3.2008 (Beirut), oben D.1. (109).
559 Vgl. 12.5.2011 (Bkerke/Libanon), oben D.1. (130). Die Folgekonferenz 27.9.2011 (Dar el-Fatwa/Libanon), oben D.1. (133) setzte die begonnene Linie nahtlos fort, indem sie in sieben Punkten Grundzüge eines Programms entwickelte, mit dem zur Lösung drängender aktueller politisch-gesellschaftlicher Fragen des Landes beigetragen werden sollte.

onssektor herrührten.⁵⁶⁰ Bestehende Ungerechtigkeiten in wirtschaftlicher wie politischer Hinsicht sind auch Anknüpfungspunkt der Konferenz 13./14.12.2001 (Moskau). Nur durch Verzicht auf zivilisatorische, ideologische oder religiöse „Monopole" könne eine gerechtere Weltordnung erreicht werden.⁵⁶¹ Regierungen und internationale Institutionen müssten Partnerschaften mit den Religionsgemeinschaften bilden, um die Bekämpfung extremer Armut, des Hungers und von Krankheiten sowie die Gewährleistung dauerhafter Entwicklung voranzubringen.⁵⁶²

2.6.4 Spezifische „Orte" für die praktische Umsetzung interreligiöser Einsichten

Die untersuchten Schlusserklärungen lassen erkennen, dass einigen Bereichen des gesellschaftlichen Lebens besondere Relevanz für die praktische Umsetzung interreligiöser Einsichten zugemessen wurde.⁵⁶³ Sie sind zugleich Nahtstellen für die voran stehend beleuchtete Zusammenarbeit zwischen den Religionsgemeinschaften und dem Staat bzw. der Politik, denn es handelt sich durchgängig um „Orte", die staatlicher und gesetzlicher Gestaltung unterliegen.

---

560 Vgl. 11.–13.9.2006 (Astana II), oben D.1. (101). Ähnlich bereits 23./24.9.2003 (Astana), oben D.1. (83): die Anstrengungen der UN und anderer Organisationen zur Förderung eines Dialogs zwischen Zivilisationen müssten seitens der Religionen unterstützt werden.
561 Vgl. 13./14.12.2001 (Moskau), oben D.1. (66): „At the same time, all countries should increase their work to overcome both economic and political injustice in the world. The world order should be rebuilt on principles of multipolarity and multiformity, enabling every nation to develop freely and according to its traditions, world-view, faith and time-honoured models of political, informational and cultural order. Nobody should become subject to the imposition of alien values or political organization of state or system of education and formation. Each nation should be guaranteed a proportional participation in international decision-making. (...). Only under these conditions will the modern world become more just (...). The world today cannot be built only on the basis of one civilization's model, one world-view, one religion. Any attempt to establish an ideological monopoly on the spiritual and philosophical principles of global development is fraught with serious danger".
562 Vgl. 26.–29.8.2006 (Kyoto), oben D.1. (100).
563 Richtungweisend formulierte die Konferenz 19.–22.10.1976 (Cartigny/CH), oben D.1. (10) die Notwendigkeit praktischer Umsetzung interreligiöser Einsichten so: der interreligiöse Dialog dürfe nicht auf den Austausch von Experten oder auf eine Zusammenarbeit von Organisationen reduziert werden; deshalb komme dem Erziehungsbereich, dem Familienleben und dem Gebet große Bedeutung zu. Ähnlich bereits 16.–25.3.1970 (Ajaltoun/Libanon), oben D.1. (3).

2.6.4.1 Der Erziehungsbereich

Dem Erziehungsbereich kommt dabei die größte Bedeutung zu, sichtbar allein schon an der Intensität, mit der er in die untersuchten Schlusserklärungen Eingang gefunden hat. Eine Formulierung der Konferenz 16.7.2004 (Kairo) kann gleichsam als Überschrift zum interreligiösen Engagement in diesem Bereich herangezogen werden: Religion habe große Bedeutung für die Erziehung künftiger Generationen, sie sei Hauptquelle für deren kulturelle und verhaltensmäßige Formung.[564] Dabei lassen sich anhand der Zielrichtung mehrere Gruppen von Texten unterscheiden:

Der erste Ansatzpunkt kreist um die Forderung, dass die Religionen Zugang zum Erziehungssystem bekommen, um ihre religiösen, aber auch ethischen Lehren in diesem Rahmen vermitteln zu können. Dieser Aspekt wurde im Abschnitt D 2.6.3., eingebettet in eine Vielzahl von Anliegen im Rahmen einer Zusammenarbeit zwischen Religionsgemeinschaften und Staat, bereits beobachtet.[565] Das Thema wurde indes noch weiter differenziert. So ermutigten die Religionsgemeinschaften die Regierungen, interreligiöse Bedürfnisse im Erziehungsbereich aufzugreifen.[566] Sehr konkret ist der Vorschlag, staatliche Unterstützung nur solchen Religionsgemeinschaften zukommen zu lassen, die kulturelle und erzieherische Programme sowie Projekte im öffentlichen Interesse verwirklichen; mit diesen sollten Vereinbarungen über Zusammenarbeit geschlossen werden. Der Staat solle Unterstützung leisten, damit die Grundsätze der rechtlichen Grundlagen für die Zusammenarbeit zwischen Staat und Religionsgemeinschaften in religiösen Bildungseinrichtungen vermittelt werden.[567] Gleichsam als eine Zusammenfassung der Wahrnehmungen über die Notwendigkeit einer staatlich-religiösen Zusammenarbeit im Erziehungsbereich kann die Feststellung der Konferenz 26.–28.7.1993 (Amman) gelten, der Erziehungsbereich besitze große Bedeutung, weil in diesem Zusammenhang der Jugend ein Zugang zum geistlichen und kulturellen Erbe beider Religionen eröffnet würde; Regierungen und Erziehungseinrichtungen trügen eine diesbezügliche besondere Verantwortung.[568]

---

564 Vgl. 16.7.2004 (Kairo), oben D.1. (88).
565 Auf den Erziehungsbereich als ein Aspekt der Zusammenarbeit zwischen Religionen und Staat beziehen sich 24.–28.9.2001 (Coventry), oben D.1. (63); 14./15.12.2001 (Belgrad), oben D.1. (67); 31.5.–1.6.2002 (Timișoara/Rumänien), oben D.1. (74).
566 Vgl. 8.–10.9.1994 (Athen), oben D.1. (27). Ähnlich 14./15.12.2001 (Belgrad), oben D.1. (67) mit der Forderung, Religionsunterricht an öffentlichen Schulen vorzusehen, der entsprechend den Bedingungen in einer multi-konfessionellen und multi-ethnischen Gesellschaft zu realisieren sei.
567 Vgl. 13.–16.9.2007 (Moskau), oben D.1. (105).
568 Vgl. 26.–28.7.1993 (Amman), oben D.1. (21).

2 Grundlinien und Schwerpunkte in den Dialogergebnissen — 401

Eine zweite Gruppe von Schlusserklärungen ist dadurch gekennzeichnet, dass sie inhaltliche Ziele einer interreligiös ausgerichteten schulischen Erziehung ins Wort bringen. Eindeutige Priorität hat dabei der Gedanke einer Erziehung zum Frieden.[569] Eine beachtliche Anzahl von Schlusserklärungen weitet demgegenüber den Blick nochmals auf eine Erziehung zu grundsätzlichen Werten, die interreligiöse Harmonie, die Religionsfreiheit und den Respekt für Menschen anderer Religion fördere. Es gehe bei „Erziehung" nicht nur um Wissen, sondern um Ausprägung einer Haltung von Wertschätzung und genauem Zuhören; deshalb müsse sich Erziehung intensiv der Wahrheitssuche, Gerechtigkeit, Frieden und Versöhnung widmen.[570] Die Konferenz 23. – 25. 2. 2001 (Bled/Slowenien) legte – im Einklang mit mehreren anderen – den Fokus auf Erziehung zu einem Geist wechselseitigen Respekts und der Toleranz.[571] Eine andere Schlusserklärung betont, der Erziehungsbereich solle auf Pluralismus und den Geist des Dialogs gegründet werden, ein Verständnis der verschiedenen Religionen im Rahmen eines interkulturellen Dialogs fördern und offen sein für eine Zusammenarbeit zwischen religiösen bzw. kulturellen Bildungseinrichtungen.[572] Auch den Mitteln einer wertorientierten, interreligiös ausgerichteten Erziehung wurde Beachtung geschenkt. Hervorgehoben wurden insbesondere die Sorge für angemessenes Un-

---

[569] Vgl. z. B. 29.8. – 7.9.1979 (Princeton), oben D.1. (13); 12. – 14.3.1994 (Antelias), oben D.1. (26); vgl. 30.3. – 2.4.1993 (Wien), oben D.1. (19): Erziehung zur Gewaltüberwindung; vgl. 22. – 25.5.2008 (Rovereto), oben D.1. (112): es gebe keinen Frieden zwischen den Religionen ohne ein interreligiöses Lernen in den einzelnen Gemeinschaften, in Schulen und Familien; solche Lernprozesse müssten ermutigt werden. Vgl. 16.2.1998 (Rabat), oben D.1. (40): Erziehung zu einer „Kultur des Friedens".
[570] Vgl. 25. – 28.10.1999 (Rom/Vatikan), oben D.1. (48); noch ausführlicher 23./24.4.2007 (San Marino), oben D.1. (103): „.... namely a shared ambition to protecting the dignity of every human being, by promoting human rights, including equality between women and men, strengthening social cohesion and fostering understanding and harmony between the different cultures (...). In this perspective, the religious dimension of our cultures should be reflected in an appropriate manner in education systems...". Ähnlich, wenn auch deutlich allgemeiner formuliert 19. – 23.10. 2000 (Wien), oben D.1. (54): eine moralische und ethische Werte stärkende Erziehung sei höchst bedeutungsvoll.
[571] Vgl. 23. – 25.2.2001 (Bled/Slowenien), oben D.1. (59). Ganz ähnlich 7. – 9.12.2000 (Syrakus), oben D.1. (57): Erziehung zu gegenseitigem Respekt und in den Menschenrechten. Vgl. 18.3.2005 (Tirana), oben D.1. (94): Erziehung zu Respekt vor anderen religiösen Traditionen, damit nicht Unwissen oder Angst zur Quelle von Diskriminierung und Gewalt werde. Ähnlich 21. – 24.2.2002 (Wien), oben D.1. (72) unter Hinweis auf gegenseitigen Respekt und religiöse Toleranz. Ebenfalls ähnlich, aber wiederum mit einem Fokus auf den Menschenrechten 9./10.12.2002 (Louvain-la-Neuve), oben D.1. (80): die Erziehung im Bereich der Menschenrechte sei eine Chance und habe grundsätzliche Bedeutung für die Vermittlung von Werten.
[572] Vgl. 14. – 16.9.2000 (Taschkent), oben D.1. (52).

terrichtsmaterial,[573] eine Revision der Unterrichtsmaterialien,[574] Überarbeitung der Lehrpläne zugunsten einer wertorientierten Erziehung[575] und die Verwendung authentischer Quellen der Religionen.[576]

Die Frage nach den Methoden wurde weniger häufig gestellt. Wo sie in den Schlusserklärungen aufgegriffen ist, sind die Ausführungen jedoch sehr konkret. Erziehung könne die wechselseitige Kenntnis der Religionen verbessern, die oft lückenhaft oder irrig sei. Dazu gehörten auch Überwindung von Informationsdefiziten im geistlichen Bereich, der Kunst, der zivilisatorischen Leistungen und der moralischen Lehren.[577] Die Erziehung sollte jungen Menschen erlauben, nach der Wahrheit zu suchen und ihre eigene Wahl zu treffen.[578] Jedes Kind habe das Recht, in seiner eigenen religiösen Tradition erzogen zu werden und von anderen Kulturen und Religionen zu lernen.[579] Die Ausbildung von Gewissen und von Wertsystemen solle entsprechend der jeweiligen religiösen Traditionen erfolgen; diese Erziehung solle bezüglich der Religionen „objektiv" sein und gemeinsame moralische sowie fundamentale geistige Werte unterstreichen; keine Anstrengung solle unterbleiben, um falsche Konzeptionen, Vorurteile und Entstellungen aufzudecken; die Erziehungsprogramme sollten objektiv, offen und tolerant von den Traditionen und dem Glauben der jeweils anderen Religion handeln; die

---

573 Vgl. z. B. 8.–10.12.1993 (Pécs/Ungarn), oben D.1. (24); 16.2.1998 (Rabat), oben D.1. (40); 21.–24.2.2002 (Wien), oben D.1. (72); 1.–4.11.2010 (Genf), oben D.1. (129).
574 Vgl. z. B. 8.–10.9.1994 (Athen), vgl. oben D.1. (27): Revision von Handbüchern und Erstellung neuer pädagogischer Materialien; 2.–5.6.1996 (Amman), oben D.1. (32): Tilgung etwaiger Elemente von Hass oder Herabsetzung in Unterrichtsmaterialien; 16.2.1998 (Rabat), oben D.1. (40): Prüfung der Darstellungen der gemeinsamen Geschichte; 19.–21.9.1997 (Rogaska Slatina/Slowenien), oben D.1. (38): Tilgung von allem, was Hass und Intoleranz hervorruft, aus Lehrplänen und Unterrichtsmaterialien und Hervorhebung von allem, was objektive Kenntnis anderer Kulturen und religiöser Traditionen vertieft; 19./20.12.2001 (Brüssel), oben D.1. (69): Tilgung von Vorurteilen oder Diskriminierungen von Religionen, Kulturen oder ethnischen Gruppen. Ähnlich 25.–28.10.1999 (Rom/Vatikan), oben D.1. (48): Evaluation von Lehrbüchern in Bezug auf die Darstellung der Religionen selbst, aber auch der Geschichte; 15.10.2008 (Cambridge), oben D.1. (116): Evaluation von Unterrichtsmaterial.
575 Vgl. z. B. 2.–5.6.1996 (Amman), oben D.1. (32); 22./23.1.2008 (Amman), oben D.1. (108); 19.–21.10.2010 (Doha/Qatar), oben D.1. (128).
576 Vgl. 28.–30.10.2002 (Manama/Bahrein), oben D.1. (78): „….a correct method that reverts to authentic accepted sources of each religion for information on that religion". Vgl. 15.10.2008 (Cambridge), oben D.1. (116): Verwendung korrekter Übersetzungen für das bessere gegenseitige Verständnis relevanter Texte.
577 Vgl. 20./21.12.1990 (Straßburg), oben D.1. (17).
578 Vgl. 19.–21.10.2010 (Doha/Qatar), oben D.1. (128).
579 Vgl. 20.–22.10.2009 (Doha/Qatar), oben D.1. (124).

Darstellung des jeweils anderen solle so sein, wie man selbst gerne dargestellt und verstanden sein möchte.⁵⁸⁰

Berücksichtigt man die mitgeteilten Referenzen zu den interreligiösen Einsichten im Bereich „Erziehung", fällt das große Gewicht von Konferenzen des bilateralen orthodox-islamischen Dialogs und deren entsprechendem thematischen Schwerpunkt auf.

2.6.4.2 Die Medien und ihre Nutzung

Ein zweiter Bereich, dem große Bedeutung zur praktischen Umsetzung interreligiöser Dialogergebnisse zugemessen wurde, ist die Frage nach der Rolle der Medien. Die Medien trügen Verantwortung und sollten angehalten werden, sich dieser zu stellen.⁵⁸¹ Sie spielten eine bedeutsame Rolle bei der Vorbereitung junger Menschen für die Übernahme lokale und globale Verantwortung; sie sollten jungen Menschen erlauben, nach der Wahrheit zu suchen und ihre eigene Wahl zu treffen. Es gelte, Kommunikationsweisen zu entwickeln, die Sensibilität für andere Religionen und Kulturen sowie den Respekt vor Unterschieden vermittelten.⁵⁸² Einer dergestalt grundsätzlich positiven Sicht steht ein Einzelfall gegenüber, in dem beklagt wird, dass die hauptsächlichen Medien (wie auch Bildungseinrichtungen und „pädagogische Normen") heute dem Einfluss der Vertreter einer säkularen Welt unterlägen.⁵⁸³

Bei der näheren Bestimmung von Rolle und Möglichkeiten der Medien bei der praktischen Umsetzung von Dialogergebnissen lassen sich drei Zielrichtungen unterscheiden, in denen man sich dem Thema angenähert hat. Das erste Anliegen besteht in der korrekten Darstellung der Religionen in den Medien.⁵⁸⁴ Vor allem durch Zusammenarbeit und Bereitstellen zuverlässiger Information sollen verkürzende, stereotype, entstellende oder sensationslüsterne Schilderungen verhindert werden.⁵⁸⁵ Die Medien sollten davon Abstand nehmen, die Religionen in

---

580 Vgl. 8.–10.9.1994 (Athen), oben D.1. (27).
581 Vgl. 21.–24.2.2002 (Wien), oben D.1. (72); ganz ähnlich, allerdings mit dezidiert religiösem Bezug 26.11.2003 (Danilovkloster/Moskau), oben D.1. (85): Alle seien vor dem Schöpfer für jedes gesprochene oder veröffentlichte Wort verantwortlich.
582 Vgl. 19.–21.10.2010 (Doha/Qatar), oben D.1. (128).
583 Vgl. 5.–7.10.2010 (Teheran), oben D.1. (127).
584 In einem situationsbedingten Sonderfall wird – bezogen auf den Irak – nicht eine korrekte Darstellung der Religionen, sondern die korrekte Darstellung der humanitären Situation gefordert; die Intervention ist Teil der interreligiösen Sorge um Opfer einer Konfliktsituation; vgl. 8.–10.6.1998 (Bagdad), oben D.1. (42).
585 Vgl. z.B. 8.–10.9.1994 (Athen), oben D.1. (27); 8.–10.12.1993 (Pécs/Ungarn), oben D.1. (24).

einer Weise zu qualifizieren, die ihren eigenen Lehren widerspricht;[586] insbesondere sollen keine extremistischen religiösen Ansichten als repräsentative und authentische Glaubensäußerungen vermittelt werden.[587] Eine zweite Gruppe von Texten betont die ethischen Werte und ethisch erwünschte Beiträge, zu deren Schutz oder Förderung die Medien großen Einfluss ausübten.[588] Darunter werden vor allem hervorgehoben: Konfliktüberwindung und -prävention,[589] Dialog und Versöhnung,[590] Vermeidung von Diskriminierung[591] oder Demütigung[592] sowie Vermeidung von allem, was Spaltung, Misstrauen oder Feindschaft sät.[593] Eine dritte Gruppe von Erklärungen betont schließlich eine nochmals andere Zielrichtung, nämlich die aktive Nutzung der Medien, um interreligiöse Sichtweisen zu verbreiten.[594] Dazu wurde besonders das Recht der Religionsgemeinschaften zur Präsenz in den Massenmedien und zur Einrichtung eigener Medien hervorgehoben.[595] In konkreter Umsetzung des letzteren wurde z. B. die Einrichtung einer Radiostation „Voice of Religious Freedom and Tolerance" geplant, um die Bot-

---

586 Vgl. 16.2.1998 (Rabat), oben D.1. (40): „....and urge the media to refrain from describing religions or qualifying them in ways that contradict their teaching". Ähnlich, in positiv gewendeter Formulierung 28.–30.10.2002 (Manama/Bahrein), oben D.1. (78): „Spread the right understanding of Islam and Christianity (…) through (…) mass media a correct method that reverts to authentic accepted sources of each religion for information on that religion".
587 Vgl. 19./20.12.2001 (Brüssel), oben D.1. (69); ganz ähnlich 26.11.2003 (Danilovkloster/Moskau), oben D.1. (85); sehr konkret 3.–5.7.2006 (Moskau), oben D.1. (99): Pflicht der Medien, einem Missbrauch von Religion als Mittel, Hass zu entfachen, oder als Vorwand für Verbrechen entgegenzutreten.
588 Vgl. z. B. 2./3.12.1998 (Beirut), oben D.1. (45): aktive Sorge der Medien für moralische Werte; ähnlich 19.–23.10.2000 (Wien), oben D.1. (54); vgl. 2./3.5.2006 (Pec), oben D.1. (98): Aufruf an die Medien, über gemeinsame inter-ethnische und interreligiöse Werte zu berichten. Die Konferenz 23./24.4.2007 (San Marino), oben D.1. (103) bietet eine umfängliche Liste von Werten, die u. a. in den Medien propagiert werden soll: „....namely a shared ambition to protecting the dignity of every human being, by promoting human rights, including equality between women and men, strengthening social cohesion and fostering understanding and harmony between the different cultures present on our continent. In this perspective, the religious dimension of our cultures should be reflected in an appropriate manner in education systems and public debates, including in the media".
589 Vgl. 8.–10.12.1993 (Pécs/Ungarn), oben D.1. (24).
590 Vgl. 1.9.2001 (Oslo), oben D.1. (61).
591 Vgl. 16.2.1998 (Rabat), oben D.1. (40).
592 Vgl. 26.11.2003 (Danilovkloster/Moskau), oben D.1. (85).
593 Vgl. 18.3.2005 (Tirana), oben D.1. (94).
594 Vgl. z. B. 11.–13.9.2006 (Astana II), oben D.1. (101): aktive Vermittlung interreligiöser Einsichten u. a. in den Medien. Vgl. 24.–26.10.2011 (Doha/Qatar), oben D.1. (134): die Medien sollten für gute Kommunikation und konsequente (interreligiöse) Zusammenarbeit genutzt werden.
595 Vgl. 14./15.12.2001 (Belgrad), oben D.1. (67).

schaft des interreligiösen Rats von Bosnien-Herzegovina zu Frieden, Gerechtigkeit und Versöhnung zu verbreiten.⁵⁹⁶ Ebenfalls ein vereinzelt gebliebenes Schlussdokument reflektiert, einen „Kodex" für verantwortliches Verhalten und für einen verantwortungsvollen Gebrauch der sozialen Medien zu entwickeln.⁵⁹⁷

2.6.4.3 Die Familie

Bereits die Konferenz 19.–22.10.1976 (Cartigny/CH) hatte neben dem Erziehungsbereich auch die Familie als „Ort" identifiziert, an dem interreligiöse Einsichten eingeübt und damit in die Praxis umgesetzt werden.⁵⁹⁸ Angesichts dessen überrascht es, dass „Familie" nicht zu einem Bereich intensiver Dialogbemühungen geworden ist. Die Feststellungen in den Schlussdokumenten gehen kaum über einige grundlegende Aussagen hinaus. Gefordert wird eine moralische Erziehung in der Familie, der Schule, der Universität und der Gesellschaft.⁵⁹⁹ Es gebe keinen Frieden zwischen den Religionen ohne ein interreligiöses Lernen in den einzelnen Gemeinschaften, in Schulen und Familien.⁶⁰⁰ Die Familie müsse als grundlegende Einheit in der Gesellschaft und als Raum für das Erlernen von Dialog und Zusammenarbeit gestärkt werden.⁶⁰¹ Die Rechte des Kindes im Zusammenhang seiner Familie, Gemeinschaft und seines sozialen, ökonomischen und politischen Umfelds seien aufrechtzuerhalten; Jungen und Mädchen hätten dabei gleichen Anspruch auf diese Rechte.⁶⁰²

2.6.5 Interreligiöse Einwirkung auf den humanitären, wirtschaftlichen und sozialen Bereich – Religion als Gesellschaft mit gestaltende Kraft

Religion als die Gesellschaft mitgestaltende Kraft wurde bereits mehrfach thematisiert. Schwerpunkte der entsprechenden Ausführungen wurden bei der Bestimmung von grundsätzlichen Zielen des interreligiösen Dialogs (vgl. oben 2.1.4.) und im Zusammenhang mit Krisenintervention (vgl. oben 2.6.2.) geortet. Aber auch jenseits dieser Zusammenhänge spielt die Einwirkung von Religion auf

---

596 Vgl. 21.5.1998 (Washington), oben D.1. (41).
597 Vgl. 24.–26.10.2011 (Doha/Qatar), oben D.1. (134).
598 Vgl. 19.–22.10.1976 (Cartigny/CH), oben D.1. (10). Vgl. auch die Ausführungen zur Bedeutung der Familie in den Dokumenten der Konferenzen 21.–23.11.1996 (Teheran), oben D.1. (34); 25.–28.10.1999 (Rom/Vatikan), oben D.1. (48); 15.–17.3.2005 (Kairo), oben D.1. (93).
599 Vgl. 2./3.12.1998 (Beirut), oben D.1. (45).
600 Vgl. 22.–25.5.2008 (Rovereto), oben D.1. (112).
601 Vgl. 19.–21.10.2010 (Doha/Qatar), oben D.1. (128).
602 Vgl. 26.–29.8.2006 (Kyoto), oben D.1. (100).

gesellschaftliche Prozesse eine Rolle. Zwar sind die entsprechenden Darlegungen in den Schlusserklärungen weniger detailliert und z.T. auch weniger konkret. Dennoch weiten sie den Horizont nochmals, indem unter dem Gesichtspunkt praktischer Umsetzung interreligiöser Einsichten zusätzliche Querverbindungen hergestellt wurden, vor allem zum humanitären, wirtschaftlichen und sozialen Bereich. Grundlegend ist dabei die in den untersuchten Texten festgehaltene Überzeugung, dass die Religionen positiv auf die krisengeschüttelte Welt einwirken können. Erkannt wurde eine Verantwortung der Religionen zur Gestaltung der Zukunft und zur Suche nach neuen Wegen. Interreligiöser Dialog steht danach im Dienst einer Neugestaltung menschlicher Gemeinwesen in größerem und kleinerem Rahmen. Als wesentliche Voraussetzung gilt eine Sensibilität für die speziellen sozialen, kulturellen und religiösen Zusammenhänge, in denen interreligiöse Beziehung stattfinden.[603] Es bedürfe einer Auseinandersetzung mit Ängsten angesichts der ökonomischen, sozialen und politischen Bedingungen, die zu Konflikten führen können; ihnen seien insbesondere Bemühen um Vertrauensbildung entgegenzusetzen.[604] Diesen und ähnlich formulierten Anknüpfungspunkten liegt die Einsicht zugrunde, dass die Religionen eine wesentliche Rolle in den Gesellschaften spielen,[605] weil ihre Sendung, insbesondere ihr Eintreten für die Menschenwürde, auch in den sozialen, wirtschaftlichen und gesellschaftlich-politischen Bereich hineinreicht und ein Engagement zugunsten des Gemeinwohls begründet.[606] Dies stellt sich als Arbeit an den (moralischen bzw. ethischen) Grundlagen der Gesellschaften,[607] an ihrer Stabilisierung[608] oder

---

[603] Vgl. 25.–28.10.1999 (Rom/Vatikan), oben D.1. (48). Sachlich übereinstimmend 22.–25.5. 2008 (Rovereto), oben D.1. (112): Die „sicheren Inseln" interreligiösen Dialoges sollten überschritten werden, um in allen Ebenen der Gesellschaft vermitteln, beistehen und stärken zu können.
[604] Vgl. 18.–20.12.2001 (Kairo), oben D.1. (68). Ganz ähnlich 16.–18.10.2002 (Genf), oben D.1. (77): Zusammenarbeit könne eine Kultur des Dialogs und wechselseitigen Vertrauens fördern.
[605] Vgl. z.B. 29.9.–1.10.2003 (Sarajevo), oben D.1. (84): Den religiösen Gemeinschaften komme Bedeutung beim Herausarbeiten gemeinsamer europäischer Werte zu. Noch grundsätzlicher 11.–13.9.2006 (Astana II), oben D.1. (101): Religion sei schon immer ein grundlegendes Element des menschlichen Lebens und der Gesellschaft gewesen.
[606] Vgl. 11./12.11.2002 (Oslo), vgl. oben D.1. (79): „ Notre horizon religieux embrasse – et dépasse aussi – les sphères sociales, économiques et politiques de l'existence. Cette vision est à l'origine d'un engagement profond au service du bien commun". Ähnlich, wenn auch unter dem Gesichtspunkt einer Arbeit gegen Ungerechtigkeit in diesen Bereichen 16.–18.10.2002 (Genf), oben D.1. (77).
[607] Vgl. 26.11.2003 (Danilovkloster/Moskau), oben D.1. (85): „These values used to form our culture and our way of life. That is why we should restore today the moral foundations of personal and public life and to oppose resolutely such vices as debauchery, sexual laxity, crime, violence and all-permissiveness. Faith and morality are inseparable from culture". Ähnlich 2.–4.3.2004

an ihrer inneren Erneuerung⁶⁰⁹ dar. Aber auch die Entwicklung der zivilen Gesellschaft als solche kommt in den Blick. Die diesbezügliche Verantwortung konkretisiert sich in der Forderung nach angemessenen Gesetzen, Demokratie, Beachtung der Menschenrechte und die Herrschaft des Rechts.⁶¹⁰ Gerade die kulturelle und religiöse Verschiedenheit, d. h. die Erfahrung von Pluralität, sei ein wichtiger Faktor für die menschliche Gesellschaft; Religion habe zudem eine herausragende Rolle bei der Schaffung und Bewahrung des (gesellschaftlichen) Friedens⁶¹¹ und wirke zugunsten gerechter Verhältnisse in den Gesellschaften.⁶¹² Aus den Abrahamischen Glaubenstraditionen folge eine Verantwortung zur Förderung friedlicher Koexistenz im Kontext einer Gesellschaft. Sie drücke sich in gleichberechtigter Teilhabe und geteilter Verantwortung gegenüber der Gesellschaft und jedem Einzelnen aus. Dies schließe die wechselseitige Anerkennung der religiösen und zivilen Rechte des anderen und gemeinsame Stellungnahmen im Fall von deren Verletzung ein. In jeder Religion und Kultur könne man die fundamentalen Prinzipien von „Frieden" und „Respekt" entdecken. Interreligiöser Dialog müsse diese Prinzipien stärken, um friedliche Koexistenz zu sichern.⁶¹³ Noch grundsätzlicher hat sich die Konferenz 8.–10.5.2012 (Sarajevo), oben D.1. (136) geäußert:

(Moskau), oben D.1. (87). Vgl. auch 9./10.12.2002 (Louvain-la-Neuve), oben D.1. (80) unter Bezug auf ethische Prinzipien, die das Leben in europäischen Gesellschaften bestimmten und bei deren Verankerung den Religionen eine wichtige Rolle zukäme. Vgl. 20. – 23.12.1997 (Teheran), oben D.1. (39).
608 Vgl. 23./24.9.2003 (Astana), oben D.1. (83): „We look forward to joint actions to ensure peace and progress for humanity and to foster the stability of societies as the basis for a harmonious world for the future...".
609 Vgl. 13./14.11.2000 (Moskau/Danilovkloster), oben D.1. (55): „People cannot be made happy by economic prosperity nor restrictive measures, nor the calls of radicals, nor the cult of consumerism and pleasure. Only a regeneration of the moral principle in the soul of the individual and in the life of society will help to overcome divisions, disorders, enmity and hate".
610 Vgl. 18.3.2005 (Tirana), oben D.1. (94).
611 Vgl. 11.–13.9.2006 (Astana II), oben D.1. (101). Ähnlich 13.–16.9.2007 (Moskau), oben D.1. (105): „The role of a State is to provide social regulations in multinational and multi- confessional society (...)". Vgl. 12.–16.9.2001 (Sarajevo), oben D.1. (62): Notwendig sei ein Einsatz der Religionen für Gerechtigkeit und Frieden sowie für gemeinsame Werte, welche die Religionsgemeinschaften zum Bau einer besseren Gesellschaft einbringen könnten.
612 Vgl. 4.–7.6.1999 (Moskau), oben D.1. (47): „Just relations toward every person and every human society will lead us to close mutual relations with spiritual and moral values and constructive traditions. Departure from and scorn for these values poses threats to a just social order, which entails peace among people and nations as well as stability and health in society". Für ein gerechtes politisch-soziales System spricht sich auch – allerdings knapp formuliert – 25.–28.10. 1999 (Rom/Vatikan), oben D.1. (48) aus. Vgl. 12.–16.9.2001 (Sarajevo), oben D.1. (62).
613 Vgl. 13./14.12.2008 (Teheran), oben D.1. (119).

A diverse society which perceives itself as an interdependent whole composed of a variety of persons, cultures and faiths of essential value. Such a society does not consider itself to be composed of dominant and lesser cultures or faiths. It sees an organic whole in which each makes a contribution without which there would be disfigurement or impairment. The energies which flow between individuals, families and communities and which enable the whole to flourish are dialogue, mutuality and respect. All citizens make their contribution to the polity and citizenship is seen as the means through which both rights and responsibilities are exercised.[614]

Ihrem Leitgedanken „interreligiöse Freundschaft" folgend hob die Konferenz 18. – 22.3.2012 (Oxford) hervor, dass sie – wie in der zwischenmenschlichen Erfahrung von Freundschaft – auf gemeinsames Handeln dränge, z. B. bei der Umsetzung von Idealen oder von sozialen Aspekten, die solche Ideale ausdrückten (soziale Gerechtigkeit, Bekämpfung von Hass, Armut oder Krankheit).[615] Im Licht der heiligen Texte und der Menschenrechte müsse sich interreligiöses Engagement in einem Einsatz für Unterdrückte, Flüchtlinge, Immigranten, marginalisierte Minderheiten und andere Opfer ausdrücken; weiter sei für die Würde der Frau und gegen jede Diskriminierung einzutreten.[616] Interreligiöse Zusammenarbeit müsse sich insbesondere im humanitären Bereich realisieren.[617] Eine Reihe von Konferenzen hat diesen Gesichtspunkt in Forderungen z. B. zugunsten von Flüchtlingen[618] und Migranten[619] weiter entfaltet.

---

614 8.–10.5.2012 (Sarajevo), oben D.1. (136).
615 Vgl. 18.–22.3.2012 (Oxford), oben D.1. (135).
616 Vgl. 24.–27.8.2002 (Lyon), oben D.1. (75). Sachlich ganz ähnlich, wenn auch aus dem Blickwinkel negativer Haltungen formuliert 11./12.11.2002 (Oslo), oben D.1. (79): Es bedürfe einer Auseinandersetzung mit Problemfeldern wie Flüchtlingsproblematik, Fremdenhass, Misstrauen usw., die eine gesellschaftliche Bedrohung darstellten.
617 Vgl. 8.–10.12.1993 (Pécs/Ungarn), oben D.1. (24); vgl. 19.–21.9.1997 (Rogaska Slatina/Slowenien), oben D.1. (38); vgl. 21.–23.11.1996 (Teheran), oben D.1. (34). Vgl. 7.–9.11.2005 (Istanbul), oben D.1. (95): humanitäre Hilfe müsse ohne Rücksicht auf die Religionszugehörigkeit geleistet werden.
618 Vgl. z. B. 21.5.1998 (Washington), oben D.1. (41): Betonung des Rechts aller Flüchtlinge, in ihre Heimat Bosnien-Herzegowina zurückzukehren. Zur Flüchtlingsproblematik vgl. z. B. auch 11./12.11.2002 (Oslo), oben D.1. (79); 24.–27.8.2002 (Lyon), oben D.1. (75); 7.–10.11.2004 (Leuven), oben D.1. (91). Die Konferenz 7.–9.2.2000 (Sarajevo), oben D.1. (49) verurteilte insbesondere die Vertreibung von Menschen und die Verhinderung ihrer Rückkehr; unter Bezugnahme auf die „Goldene Regel" wurde appelliert, verantwortlich zu handeln.
619 Vgl. z. B. 13.–16.9.2007 (Moskau), oben D.1. (105): der Integrationsprozess von Migranten müsse verbessert werden; die Bedeutung der Erziehung zum Erwerb interkultureller Kompetenz sei zu berücksichtigen. Vgl. 26.–28.4.2010 (Istanbul), oben D.1. (126): Migration als neue Herausforderung. Vgl. 16./17.6.2009 (Rom), oben D.1. (121): Immigranten bedürften tatkräftiger Unterstützung; allerdings fehlten oft angemessene und einheitliche Standards zu deren Schutz.

Auch eine erweiterte, globale Perspektive erhielt in den Schlusserklärungen Raum. Eine Haltung von „Weltbürgerschaft" solle entwickelt werden, gekennzeichnet von Solidarität beim gerechten Teilen von Nahrung, Energie und dem materiell Lebensnotwendigen.[620] Unter dem Leitgedanken „Aufbau des Friedens durch Vertrauen" wurden drei Gesichtspunkte entfaltet: Vertrauensbildung durch Abrüstung und Stärkung von Institutionen zur Konfliktlösung, Vertrauensbildung durch den Einsatz für die Menschenrechte sowie Vertrauensbildung durch Schaffung eines gerechten und ökologisch ausgewogenen Wirtschaftssystems.[621] Die Konferenz 25.–27.5.2009 (Lille) erarbeitete vier Grundzüge einer weltweiten „Culture of Peace", nämlich als gesellschaftliches Zusammenleben in Würde, als Antrieb zu Toleranz und Dialog, als Weg zur Umwandlung von Konfliktsituationen in Entwicklung sowie als Impuls für wechselseitigen Respekt und geteilte Sicherheit.[622] Die globale Dimension interreligiösen Engagements ist dabei von dem Bewusstsein getragen, dass Religion das Potential berge, unterschiedliche Völker und Kulturen miteinander zu verbinden, besonders im heutigen Kontext von Pluralismus und Vielfalt.[623]

Vgl. 23./24.5.2011 (Bordeaux), oben D.1. (131) zum wachsenden Problem der Migration und den Bedürfnissen und Rechten dieser Personengruppe. Vgl. 20.–23.10.2008 (Brüssel/Mechelen), oben D.1. (117): Bekräftigung des Prinzips der Integration; allerdings dürfe nicht verlangt werden, dass Immigranten auf ihre religiöse Identität verzichten.
620 Vgl. 28.8.–3.9.1974 (Leuven), oben D.1. (8).
621 Vgl. 22.–27.1.1989 (Melbourne), oben D.1. (16).
622 Vgl. 25.–27.5.2009 (Lille), oben D.1. (120). Vergleichbar 4.–7.6.1999 (Moskau), oben D.1. (47): „All traditional civilizations should maintain dialogue and cooperation directed toward the creation of the future of humanity. In this way we will avoid new conflicts and create a peace, which will be just, durable, and stable".
623 Vgl. 3.–5.7.2006 (Moskau), oben D.1. (99). Ganz ähnlich, wenn auch auf den europäischen Einigungsprozess bezogen 23./24.4.2007 (San Marino), oben D.1. (103).

Kapitel E
Zusammenfassung und Auswertung

Zum Abschluss der Untersuchung kann nunmehr eine Zusammenfassung und Auswertung der gewonnenen Erkenntnisse vorgenommen werden. Dabei weitet sich der Blickwinkel nochmals auf die Dialogpartner, die Dialogereignisse und -ergebnisse.

1 Interreligiöser Dialog als Antwort auf die Herausforderungen der Zeit

1.1 Dialog als neuer Ansatz zum Umgang mit faktischem religiösem Pluralismus

Die im Kapitel C 2. zusammengestellten Grundgegebenheiten zur Begegnung der autokephalen orthodoxen Kirchen und dem Islam im selben Territorium und zum Verhältnis der beiden Religionsgemeinschaften zueinander haben ein sehr differenziertes Bild ergeben. Die getroffenen Beobachtungen belegen jedoch ein überall zutreffendes Faktum, das eines religiösen Pluralismus. Dieser existiert insbesondere auch im Territorium der autokephalen orthodoxen Kirchen, in den meisten Fällen sogar seit vielen Jahrhunderten.[1] Aus dem Blickwinkel der Orthodoxie betrachtet, können heute *alle* autokephalen Kirchen in ihrem Verbreitungsgebiet dem Islam begegnen. Daraus allein ergibt sich jedoch keine vorgefertigte Antwort, wie mit dem Faktum religiöser Pluralität umzugehen ist. Historisch gesehen bildete die mittelalterliche Kontroverse zwischen Christentum, speziell der Orthodoxie, und dem Islam einen ersten Ansatz,[2] der sich in einer entsprechenden Literatur niedergeschlagen hat. Vor allem in christlichen Beiträgen milderte sich deren Grundton – zumindest im islamischen Machtbereich – bald zu einer Apologetik. Hier liegen die Anfänge eines weiteren Wegs, der für Jahrhunderte beschritten worden ist, nämlich den Blick auf die eigene Gemeinschaft zu begrenzen, „die anderen" so weit wie möglich zu ignorieren und sie stillschweigend Gottes Ratschluss zu überlassen. Wenn religiöse Pluralität der-

---

[1] Eine der Ausnahmen betrifft – wie in Kapitel C 2.13. dargelegt – Tschechien und die Slowakei. Die dortige orthodoxen Kirche gehört nach ihrer Entstehung zu den jüngsten; die Präsenz von Muslimen ist erst in den letzten Jahrzehnten durch Migration entstanden.
[2] Metropolit Anastasios Yannoulatos, Dialogue with Islam, in: ders., Facing the World, aaO, S. 103–126 (104 f).

gestalt nicht zur Kenntnis genommen wird, z. B. weil die eigene Position stark und unangefochten ist, weil man sich mit einem *status quo* irgendwie arrangiert hat oder weil die andere Religion nur eine kleine, scheinbar zu vernachlässigende Minderheit darstellt, dann gibt es keinen interreligiösen Dialog. Folgerichtig und sehr anschaulich ist die von einer solchen Umgangsweise bestimmte Zeit als „Periode des Schweigens und des Monologs" umschrieben worden.[3] Die Alternative besteht darin, der mit dem angesprochenen Monolog einhergehenden Realitätsverweigerung zu widerstehen, die „anderen" als existent und als in der Gesellschaft präsent wahrzunehmen. Daraus entsteht Bedarf an einer Antwort auf die Frage, wie unterschiedliche Religionen und ihre Anhänger miteinander umgehen (können) – und dann bietet interreligiöser Dialog Zugänge zum anderen. Um es mit der in einem Dialogdokument pointiert festgehaltenen Einsicht zu formulieren: Man könne einander nicht nur als eine Art notwendiges Übel tolerieren, es reiche nicht, lediglich nebeneinander zu leben; vielmehr gelte es zu lernen, miteinander zu leben und die Fähigkeit zu erwerben, es füreinander zu tun. Das Ziel müsse sein, eine Einheit in der Verschiedenheit zu respektieren.[4] Konsequenterweise hat sich religiöser Pluralismus ausweislich der Schlusserklärungen als ein starker Antriebe für den Dialog als solchen,[5] aber auch als eines der herausragenden Themen im Dialoggeschehen erwiesen.

Wie ist der Übergang von der „Periode des Schweigens" hin zum interreligiösen Dialog zustande gekommen? Die in Kapitel B angestellten Untersuchungen zeigen, dass es sich um ein Phänomen der zweiten Hälfte des 20. Jahrhunderts handelt. Der bereits zitierte Metropolit Anastasios Yannoulatos bemerkt dazu:

> (...) we see islam as a system of ideas and principles that influences millions of people – people that we are called upon to live with and to cooperate with on this small planet of ours, this unified megalopolis, where human beings are increasingly interdependent upon one another.[6]

Für Yannoulatos steht damit die bewusste Annahme des faktisch existenten religiösen Pluralismus und der Schritt hin zu einer Öffnung für interreligiösen Dialog in eindeutigem Zusammenhang mit Globalisierung. Die untersuchten

---

[3] Metropolit Anastasios Yannoulatos, Dialogue with Islam, in: ders., Facing the World, aaO, S. 103–126 (114).
[4] Vgl. 2./3.5.2006 (Pec), oben D 1. (98).
[5] Auf die zentrale Bedeutung von „Pluralismus" haben zu Recht bereits Merdjanova und Brodeur in ihrer begrifflichen Klärung von „interreligiöser Dialog" hingewiesen; vgl. Kapitel A 1.1.
[6] Metropolit Anastasios Yannoulatos, Dialogue with Islam, in: ders., Facing the World, aaO, S. 103–126 (117).

Schlusserklärungen des interreligiösen Dialogs bestätigen ihn darin eindrucksvoll: die Notwendigkeit eines interreligiösen Dialogs wird in zahlreichen Texten aus den jüngsten Entwicklungen eines gesellschaftlichen, ja globalen Wandels abgeleitet.[7] Die dabei wahrgenommenen Zusammenhänge lassen sogar noch differenziertere Aussagen zu: Die Globalisierung der letzten Jahrzehnte, der dadurch stetig wachsende Pluralismus bei parallel zunehmender Säkularisierung stellen Phänomene dar, die von den Religionen – und innerhalb des Christentums auch für die verschiedenen Konfessionen – zunehmend als Herausforderung und Aufgabe wahrgenommen wurden.[8]

Seitens der Orthodoxie fand diese Wahrnehmung Gestalt in einem panorthodoxen Beschluss, sich für interreligiöse Zusammenarbeit zu öffnen, zunächst ansatzweise im Jahr 1976, deutlicher entfaltet im Jahr 1986.[9] Dieses Bemühen um interreligiöse Zusammenarbeit ist bemerkenswerterweise Teil der Vorbereitungen zu einem Großen und Heiligen Konzil der Orthodoxen Kirche und damit zu einer groß angelegten Initiative, kirchliche Antworten auf die Herausforderungen der Zeit zu formulieren. Seither wurde – auch im Licht der bereits vorliegenden praktischen Erfahrungen – das orthodoxe Engagement auf den Begriff „interreligiöser Dialog" erweitert und parallel die Möglichkeiten und Ziele eines solchen Dialogs mehrfach neu justiert, teils in gemeinsamem Bemühen aller bzw. mehrerer autokephaler Kirchen, teils in Verantwortung der Russischen Orthodoxen Kirche.[10]

Zeitlich setzt das Votum der Orthodoxie zugunsten religionsübergreifender Zusammenarbeit mit der beginnenden Auflösung der politischen Blöcke im Ost-West-Gegensatz ein. Es wächst gleichsam aus den Bemühungen um politische Lösungen im sogenannten Helsinkiprozess[11] und aus blockübergreifenden Friedensbemühungen christlicher Kirchen im Rahmen des ÖRK und der KEK heraus, an denen auch orthodoxe Kirchen beteiligt waren.[12] Als weitere Wurzeln können spezifische Erfahrungen des Patriarchats Antiochia[13] und der Russischen Orthodoxen Kirche[14] aus einer den panorthodoxen Beschlüssen voraus liegenden Zeit gelten. Dabei hängt die bereits 1965 beginnende interreligiöse Arbeit im Patriar-

---

[7] Vgl. oben D 2.1.1.
[8] Vgl. Dietmar Schon, „Globalisierung" und Orthodoxe Kirche. Streiflichter zur Auseinandersetzung der Orthodoxie mit einem aktuellen Phänomen, in: Ostkirchliche Studien 63 (2014), S. 80–124.
[9] Vgl. oben Kapitel B 1.1. und B 1.2.
[10] Vgl. Kapitel B 2.
[11] Vgl. Kapitel B 1.3.1.1. Dort auch zu den Beschlüssen der „Konferenz für Sicherheit und Zusammenarbeit in Europa" von Helsinki (1975).
[12] Vgl. dazu Kapitel B 1.3.1.2. und B 1.3.1.3.
[13] Vgl. Kapitel C 2.3.3.
[14] Vgl. Kapitel B 1.3.1.

chat Antiochia mit der spezifischen Situation des Libanon zusammen. Der Protagonist dieses Engagements, Metropolit Georges Khodr, gehörte bezeichnenderweise auch zu den Teilnehmern einer der ersten interreligiösen Initiativen des ÖRK, der Konferenz 16.–25.3.1970 (Ajaltoun/Libanon) sowie nachfolgender interreligiöser Konferenzen dieser primär ökumenischen Institution.[15] Darüber hinaus wurde das orthodoxe Patriarchat von Antiochia in seinem Selbstverständnis als „Kirche der Araber" durch islamische Autoritäten anerkannt, sichtbar an der Einladung des Patriarchen Elias IV. als einzigem Christen, am Zweiten Islamischen Gipfeltreffen in Lahore teilzunehmen.[16] Die hauptsächlich von der Russischen Orthodoxen Kirche im Jahr 1952 verantwortete interreligiöse Konferenz von Zagorsk musste dagegen als politisch orchestrierte Verlängerung sowjetischer Interessen qualifiziert werden.[17] Zwei weitere von dieser Patriarchatskirche veranstaltete interreligiöse Konferenzen der Jahre 1977 und 1982 fügten sich im Unterschied dazu sowohl formal wie inhaltlich als östlicher Beitrag in das bereits angesprochene blockübergreifende Friedensengagement vor allem des ÖRK und der KEK ein.[18]

Damit hatte interreligiöser Dialog schon von seinen Wurzeln her eine internationale, ja globale Ausrichtung mit der entsprechend deutlichen Wahrnehmung eines wachsenden Pluralismus.[19] Vor allem die bereits angesprochene, auf den Libanon bezogene interreligiöse Initiative im Patriarchat Antiochia seit 1965 steuerte eine mehr nationale Blickrichtung zu den interreligiösen Bemühungen bei. Die ersten interreligiösen Bemühungen des ÖRK seit 1969 beziehen sich – teils ausdrücklich, teils erschließbar – parallel auf eine weltweit-internationale, nationale und lokale Ebene.[20] Die Untersuchung der Dialogereignisse hat gezeigt,

---

15 Vgl. die Teilnehmerliste mit dem Namen des Metropoliten bei Stuart E. Brown (Hrsg.), Meeting in Faith, aaO, S. 19. Zur Konferenz vgl. Kapitel C 1.2.1.2. und Kapitel D 1. (3). Vgl. weiterhin die Teilnehmerliste der Konferenz 12.–18.7.1972 (Broumana/Libanon) bei Stuart E. Brown (Hrsg.), Meeting in Faith, aaO, S. 19 f, wo Metropolit Georges Khodr und der seinerzeitige Archimandrit und spätere Metropolit von Albanien, Anastasios Yannoulatos, aufgeführt sind.
16 Vgl. Kapitel C 2.3.4. Dort auch zu nachfolgenden Begegnungen von Vertretern des Patriarchats mit hohen islamischen Autoritäten in den Jahren 1975, 1981 und 1983.
17 Dies gilt auch für die Beteiligung insbesondere der Russischen Orthodoxen Kirche an der „Christian Peace Conference" seit 1958; diese Aktivitäten waren indes nicht interreligiös, sondern innerchristlich ausgerichtet.
18 Vgl. Kapitel C 1.1.
19 Vgl. George Khodr, Christianisme dans une monde pluraliste, in: Irenikon 44 (1971), S. 191–202. Zur Einordnung dieses Beitrags in die moderne antiochenische Theologie vgl. Assaad Elias Kattan, Les lignes directrices de la pensée théologique antiochienne contemporaine, in: Istina LVI (2011), S. 379–391 (384).
20 Vgl. Kapitel D 1. (2); D 1. (3); D 1. (5); D 1. (6); D 1. (7).

dass diese Vielschichtigkeit nicht nur als theoretischer Anspruch postuliert, sondern auch in der Dialogpraxis umgesetzt worden ist. Die von außen an die Religionsgemeinschaften herangetragenen Entwicklungen haben zudem das Umfeld von und für Religion verändert. Nicht mehr nur Globalisierung und wachsender Pluralismus, sondern auch wachsende Säkularisierung und gesellschaftliche Ausgrenzung von Religion gelten in zahlreichen der untersuchten Schlusserklärungen als von der jeweiligen Religion her mit zu gestaltende bzw. zu deutende Entwicklung und damit (auch) als eine weitere Herausforderung der Zeit, die des Dialoges bedarf.[21] Um der jeweiligen Sichtweise der beteiligten Religionen über die eigene Gemeinschaft hinaus Räume zu verschaffen, wurde den Medien und dem Erziehungsbereich spezifische Aufmerksamkeit in den untersuchten Schlusserklärungen zugewandt.[22] Man könnte insoweit von einer gemeinsamen apologetischen Motivation zur Abwehr der Gefahr einer Verdrängung aus dem öffentlichen Raum sprechen, der sowohl Christentum wie Islam ausgesetzt sind.[23]

Darüber hinaus lassen die untersuchten Schlusserklärungen eindeutig erkennen, dass mit der intendierten interreligiösen Zusammenarbeit oder mit interreligiösem Dialog etwas Neues beginnen soll, abgegrenzt von – nunmehr äußerst kritisch bewerteten – früheren Weisen des Diskurses zwischen den Religionen oder in der Begegnung von Angehörigen beider Religionen. Dieses Neue wird mit dem Faktum des religiösen Pluralismus und einer sich rasch wandelnden, globalisierten Welt verknüpft. Angesichts dieser Gegebenheiten gilt, einer prägnanten Formulierung zufolge, interreligiöser Dialog neuer Prägung als Denkweise, als ein Geist und als Haltung, aufgebaut auf wechselseitigem Respekt.[24] Gefahren für eine harmonische und friedliche Koexistenz sollten gemeinsam angegangen werden. Intendiert wurde ein Gespräch über die Schlüsselfragen und -werte, die den Religionsgemeinschaften gemeinsam sind, ein Gespräch über gemeinsame Initiativen zur Förderung der Versöhnung, des Friedens, gegenseitigen Vertrauens, gemeinsamen Lebens und der Zusammenarbeit durch eine institutionalisierte Dialogform und in konkreten Projekten.[25] Für diesen neuen Ansatz galten auch neue Spielregeln.[26] Im Zuge dessen wurden insbesondere die Umgangsweisen mit der Unterschiedlichkeit der Religionen neu

---

21 Vgl. Kapitel D 2.1., D 2.6.3. und D 2.6.5.
22 Vgl. Kapitel D 2.6.4.1. und D 2.6.4.2.
23 Vgl. Kapitel D 2.1.5.
24 So die Formulierung im Dokument der Konferenz 12. – 14.3.1979 (Chambésy/CH), vgl. Kapitel D.1. (12).
25 Vgl. Kapitel D 2.1.1.
26 Vgl. Kapitel D 2.1.2.

bewertet,[27] Aufgaben und Ziele von interreligiösem Dialog bestimmt[28] und eine dezidierte Abgrenzung zu Synkretismus und Proselytismus vorgenommen.[29] Die Orthodoxie hat sich an diesen – in Dialogereignissen und Dialogergebnissen greifbaren – Klärungsprozessen aktiv beteiligt. Deren Analyse hat gezeigt, dass eine Gefahr für die Authentizität des Glaubens zu keinem Zeitpunkt bestanden hat, ein aussagekräftiges Ergebnis, das negativ eingestellten, von Angst vor „dem Anderen" oder „den Anderen" besetzten Gruppen und Meinungen entgegengehalten werden kann.

Obwohl die Herausforderungen der Zeit für alle autokephalen Kirchen in prinzipiell gleichem Maß bestehen, sie alle dem Islam in ihrem kanonischen Territorium begegnen und die grundlegende Antwort zugunsten interreligiöser Zusammenarbeit bzw. eines Dialogs gemeinsam formuliert wurde, zeigen sich Unterschiede in der Intensität, in der sich die orthodoxen Kirchen dann auch tatsächlich am Dialog beteiligten. Dabei lassen sich anhand der in Kapitel C 1. und C 2. festgestellten Mitwirkung an Dialogereignissen und/oder interreligiösen Organisationen drei Gruppen unterscheiden:
- als intensiv hat sich das interreligiöse Engagement des Ökumenischen Patriarchats, des Patriarchats von Antiochia, des Patriarchats von Moskau und Ganz Russland, des serbischen Patriarchats und – etwas abgestuft – der Kirche von Albanien erwiesen;
- die Beteiligung des Patriarchats Jerusalem und der Kirche von Griechenland am interreligiösen Dialog ist als gelegentlich bzw. phasenweise zu qualifizieren;
- gering ausgeprägt oder nicht feststellbar ist dagegen das interreligiöse Engagement gegenüber dem Islam beim Patriarchat von Rumänien, dem Patriarchat von Bulgarien, dem Patriarchat von Alexandria, der Georgischen Orthodoxen Kirche, der Kirche von Zypern, der Polnischen Orthodoxen Kirche sowie der Kirche von Tschechien und der Slowakei.

Diese Abstufungen lassen sich weder mit der absoluten Größe der Kirche und dem damit zur Verfügung stehenden Personal,[30] noch mit der Existenz religiös kon-

---

27 Vgl. Kapitel D 2.1.3.
28 Vgl. Kapitel D 2.1.4.
29 Vgl. Kapitel D 2.1.5.
30 Das interreligiöse Engagement etwa des Ökumenischen Patriarchats ist intensiv, obwohl die Kirche zahlenmäßig zu den kleineren gehört; die Rumänische Orthodoxe zählt mit ca. 20 Mio. Gläubigen zu den großen autokephalen Kirchen; ihr Engagement im Dialog mit dem Islam ist dennoch nur gering ausgeprägt.

notierter Konflikte oder – umgekehrt – mit gelingender friedlicher Koexistenz[31] in einen eindeutigen Zusammenhang bringen. In jedem Einzelfall scheinen innerkirchliche Meinungsbildungs- oder Entscheidungsprozesse zusätzlich von Bedeutung zu sein. Eine Rolle mag darüber hinaus die Tatsache spielen, dass das starke Engagement einiger autokephaler Kirchen im interreligiösen Dialog mit dem besonderen Bemühen einzelner, hochkompetenter und charismatischer Persönlichkeiten verknüpft ist, etwa Metropolit Georges Khodr (Patriarchat Antiochia) oder Metropolit Anastasios von Tirana und Ganz Albanien. Weiterhin ist an die in Kapitel B 1.2.3. getroffene Feststellung zu erinnern, dass der panorthodoxe Beschluss von 1986 eine *Grundlage* für interreligiöse Bemühungen der Orthodoxie darstellt, jedoch keine der autokephalen Kirchen dazu verpflichtet. Spekulationen, warum die gemeinsam geschaffene Grundlage nur teilweise in konkretes kirchliches Handeln umgesetzt wurde, verbieten sich von selbst. Deshalb bleibt festzuhalten, dass eine unterschiedliche Intensität der Beteiligung am interreligiösen Dialog mit dem Islam zwar eindeutig feststellbar, diese jedoch nicht anhand eines für alle autokephalen Kirchen gleichermaßen gültigen objektiven Kriteriums erklärbar ist. Auf die Frage, ob ein solches Kriterium etwa jenseits der innerkirchlichen Entschlüsse, also gleichsam von außen her in den Dialogprozess eingeflossen ist, wird noch zurückzukommen sein.

Ein erstes Ergebnis dieser Untersuchung kann vor diesem Hintergrund so formuliert werden: Es gibt einen inhaltlichen und strukturellen Zusammenhang zwischen dem Zustandekommen bzw. der Ausgestaltung des interreligiösen Dialogs mit dem Islam sowie der Globalisierung, einem wachsenden Pluralismus und einer gesellschaftlichen Säkularisierung. Diese miteinander verknüpften zeitgeschichtlichen Phänomene drängen die Religionen zu einer (Neu-)Interpretation ihres Selbstverständnisses gegenüber anderen Religionen. Für die Orthodoxie ist eine solche (Neu-)Interpretation im Zuge einer panorthodoxen Beschlussfassung von 1976/1986 vorgenommen worden. Sie ist ausweislich ihrer Diktion und Zielsetzung eingebettet in politische und kirchliche Bemühungen zur

---

31 Das Patriarchat Patriarchat Antiochia und das serbische Patriarchat waren z. B. in der Zeit vor und während des interreligiösen Dialogs neuer Prägung zumindest phasenweise ernsten, religiös konnotierten Konflikten ausgesetzt; beide Kirchen haben sich konstant interreligiös stark engagiert. Auch die Kirchen von Georgien und die Kirche von Zypern haben solche Phasen durchlebt; dennoch ist die Beteiligung dieser Kirchen am interreligiösen Dialog vor, während und nach den Konflikthöhepunkten als äußerst gering zu qualifizieren. Aber auch im umgekehrten Fall besteht kein eindeutiger Zusammenhang: weder die Kirchen von Polen, von Griechenland und von Albanien z. B. waren in der Zeit vor und während des interreligiösen Dialogs neuer Prägung spezifischen, religiös konnotierten Konflikten mit dem Islam ausgesetzt; dennoch ist die Kirche von Albanien intensiv, die Kirche von Griechenland gelegentlich, die Kirche von Polen nicht interreligiös engagiert.

Überwindung des Ost-West-Konflikts und zusätzlich stimuliert durch vorausgehende praktische Erfahrungen einzelner autokephaler Kirchen. Die nach dem Beschluss von 1986 seitens der Orthodoxie ausgestaltete Beteiligung am interreligiösen Dialog mit dem Islam kann als Ausdruck der Bereitschaft gelten, die mit religiösem Pluralismus, Globalisierung und Säkularisierung verbundene Herausforderung in positiver Weise anzunehmen. Der im Zuge dessen zustande gekommene interreligiöse Dialog mit dem Islam präsentiert sich als etwas Neues, deutlich abgegrenzt von früheren Formen des religionsübergreifenden Diskurses bzw. der Begegnung der Religionen und positiv bestimmt von wechselseitigem Respekt und von gemeinsam entwickelten Grundsätzen. Die Bereitschaft, dazu beizutragen, erweist sich bei den verschiedenen autokephalen Kirchen allerdings als unterschiedlich stark ausgeprägt, sichtbar an einer unterschiedlichen Intensität ihrer Beteiligung an Dialogereignissen und/oder interreligiös aktiven Organisationen.

1.2 Interreligiöser Dialog und seine Akteure

In Kapitel D 2. wurden Grundlinien und Schwerpunkte in den Dialogergebnissen aufgezeigt, die eine erstaunliche Feststellung ermöglichen: obwohl unterschiedliche Veranstalter über einen Zeitraum von Jahrzehnten mit unterschiedlichen Teilnehmern aus unterschiedlichen regionalen und kulturellen Zusammenhängen Dialogtagungen und -begegnungen durchgeführt haben, erweist die Analyse der Dialogergebnisse klare thematische Schwerpunkte und inhaltliche Konvergenzen. Zeugen dessen sind nicht zuletzt die in den Fußnoten festgehaltenen Häufungen von Belegstellen zu den Einzelthemen. Wie kommen diese Konvergenzen zustande?

1.2.1 Inhaltliche Konvergenz aufgrund institutioneller Vorgaben?

Eine erste mögliche Erklärung des Phänomens wäre, wenn primär eine Verständigung der Religionsgemeinschaften auf eine konkrete Zielsetzung im Rahmen von Dialog stattgefunden hätte und diese sekundär, Schritt für Schritt, in der Dialogpraxis entfaltet worden wäre. Dazu müssten sich die Glaubensgemeinschaften allerdings – gleichsam institutionell – begegnet sein und bei dieser Gelegenheit vorab gefestigte innere Überzeugungen ausgetauscht und einander angenähert haben. Die beobachteten inhaltlichen Konvergenzen in den Schlusserklärungen wären dann denen vergleichbar, die etwa in aufeinander folgenden bilateralen Verträgen souveräner Staaten durch Verhandlung von deren Botschaftern entwickelt werden. Beim interreligiösen Dialog begegnen sich allerdings nicht „Botschafter" der Glaubensgemeinschaften, die als deren formelle Repräsentanten beglaubigt wären, sondern vielmehr Einzelpersonen unterschiedlichen Glaubens, die für ihre jeweilige Überzeugung einstehen.[32] Dem entspricht, dass die Teilnehmer an Dialogereignissen nicht institutionell von ihren Glaubensgemeinschaften entsandt, sondern von den jeweiligen Veranstaltern gewonnen bzw. eingeladen werden. Teilnehmerlisten ist nicht selten ein formales Indiz zu entnehmen, das in dieselbe Richtung einer primär persönlichen Verantwortung im interreligiösen Dialog weist: die Teilnehmer werden darin häufig nicht nach ihrer Religions- oder Konfessionszugehörigkeit gelistet, sondern nach ihrer Staatsangehörigkeit oder versehen mit Hinweisen auf ihre Tätigkeit und damit auf ihre spezifische persönliche Kompetenz.[33]

Entscheidender ist jedoch ein Blick auf die jeweilige Basis einer Öffnung der Religionsgemeinschaften zugunsten von interreligiösem Dialog. Für die Orthodoxie wurde dazu bereits oben E 1.1. das Ergebnis der Untersuchung zu den panorthodoxen Beschlüssen betreffend eine Zusammenarbeit mit Gläubigen anderer Religion zusammengefasst.[34] Darüber hinaus hat die Analyse von Dialogereignissen gezeigt, dass orthodoxe Persönlichkeiten bereits vor der panorthodoxen Beschlussfassung an solchen mitgewirkt hat, d. h. die Beschlussfassung hat eine solche Mitwirkung *geordnet*, ihr Motivation und konkrete innerkirchliche Zielsetzungen verliehen, sie hat jedoch die angesprochene Mitwirkung nicht *hervorgerufen*. Noch eindeutiger ist der Sachverhalt auf Seiten des zweiten hier fokussierten Dialogpartners, des Islam. Da diese Religion keine hierarchischen Strukturen aufweist, fehlt es bereits an den organisatorischen Voraussetzungen für eine der Orthodoxie entsprechende grundlegende Beschlussfassung.[35] So

---

32 Vgl. dazu Kapitel A 1.2. Vgl. auch Abdoljavad Falaturi, Interreligiöser Dialog aus islamischer Sicht, online zugänglich auf der Homepage des „Institut für Human- und Islamwissenschaften" unter http://www.islamic-sciences.de/?page_id=2978 (abgerufen 19.9.2015); der 1996 verstorbene schiitische Islamgelehrte betonte darin: „Nicht Religionen sind es, die miteinander Gespräche führen, sondern Religionskundige, die über die Religionen Zwiegespräche führen. (...). Ein lebendiger, weiterführender Dialog kann ausschließlich dort stattfinden, wo jeder der Gesprächspartner aus Überzeugung und im Bewusstsein seiner Verantwortung seine Religion vertritt".
33 Vgl. z.B. die Teilnehmerliste der Konferenz 30.9.–1.10.2009 (Genf) auf der Homepage der mit veranstaltenden „World Muslim League" unter http://www.world-dialogue.org/Geneva/English/Invitees.pdf; (abgerufen 23.9.2015).
34 Vgl. im einzelnen dazu Kapitel B.
35 Diese Grundstruktur wird auch durch weltweit operierende muslimische Organisationen wie „World Muslim League" bestätigt, nicht aufgehoben; sie verfolgt unter maßgeblicher Verantwortung des Königreichs Saudi-Arabien seit 1962 vor allem innerislamische Ziele, vgl. http://en.themwl.org/mwl-history. So bekennt sich die „London Branch" der weltweit operierenden „Muslim World League" auf ihrer Homepage unter „About us – Vision & Mission" zwar zum

1 Interreligiöser Dialog als Antwort auf die Herausforderungen der Zeit —— **419**

verwundert es nicht, dass die 2007 lancierte gemeinsame Initiative „A common Word" von ursprünglich 138 islamischen Gelehrten eines der wenigen im Rahmen der hier verfolgten Zielsetzung greifbar gewordenen Beispiele für eine inner-islamische Auseinandersetzung mit dem Thema „interreligiöser Dialog" darstellt.[36] Zugleich erscheint diese Initiative zwar als Ausgangspunkt einer Bewegung *innerhalb* des längst stattfindenden Dialoggeschehens, nicht aber als dessen Grundstein. Selbstverständlich ist mit weiteren Meinungsbildungs- und Entscheidungsprozessen innerhalb des Islam zu rechnen, etwa im Vorfeld der Gründung verschiedener in Kapitel C 1. und C 2. angesprochener, im interreligiösen Dialog engagierter Institutionen bzw. Organisationen.[37] Zahlreiche muslimische Teilnehmer an Dialogereignissen wirken in solchen, in neuer Zeit entstandenen Organisationen, aber auch an traditionsreichen akademischen Einrichtungen wie der al-Azhar-Universität, die ihrerseits eine für interreligiösen Dialog zuständige Abteilung geschaffen hat. Solche administrativen Entscheidungen signalisieren eine vorangegangene, bewusste und dezentrale Öffnung für eine islamische Beteiligung an interreligiösen Bemühungen. Eine Erklärung für die beobachtete inhaltliche Konvergenz der über einen Zeitraum von Jahrzehnten entstandenen Schlusserklärungen liegt darin jedoch nicht. Vielmehr illustrieren die erwähnten Beobachtungen: interreligiöser Dialog unter Beteiligung der Orthodoxie und des Islam verdankt sich nicht einer vorgängigen Übereinkunft der Religionsgemeinschaften, sondern praktischer Erfahrung von Angehörigen verschiedener Religion im Vollzug des Dialoggeschehens.

Eine weitere Möglichkeit für die Entstehung einer inhaltlichen Konvergenz im interreligiösen Dialog wäre, dass spätere Schlusserklärungen bewusst und systematisch auf früheren aufbauen, diese verwerten und weiterentwickeln. Tat-

---

Respekt gegenüber anderen Religionen, vgl. http://www.mwllo.org.uk/about/vision-mission/; unter den mitgeteilten Zielsetzungen findet sich jedoch nicht „interreligiöser Dialog", sondern verschiedene Aspekte eines Engagements zugunsten spezifisch islamischer Interessen, vgl. http://www.mwllo.org.uk/about/objectives/ (alle hier mitgeteilten Websites abgerufen 19.9.2015).

36 Zu dieser Initiative vgl. Kapitel C 2.1.3. mit FN 294. Daneben bietet noch die fast ausschließlich von Muslimen besuchte Konferenz 30.9.–1.10.2009 (Genf) Ansätze zu einer inner-islamischen Auseinandersetzung mit dem Thema „interreligiöser Dialog", vgl. C 2.1.3. mit FN 275. Der Verweis auf diese Konferenz stellt zudem den einzigen auf ihrer Homepage mitgeteilten Hinweis auf ein Engagement der „Muslim World League" im interreligiösen Dialog dar, vgl. http://en.themwl.org/conferences/dialogue-conferences/geneva-conference (abgerufen 19.9.2015).

37 Beispielhaft seien zwei dieser Organisationen nochmals hervorgehoben: das „King Abdullah International Centre for Interreligious and Intercultural Dialogue" und das jordanische „Aal al-beyt Institut", vgl. dazu Kapitel C 2.1.1. und C 1.2.2. Bemerkenswerterweise liegt der Gründung in beiden Fällen eine Initiative seitens der Regierung islamisch geprägter Staaten zugrunde, nämlich des Königreichs Saudi-Arabien bzw. des Königreichs von Jordanien.

sächlich enthalten einige Texte Querverweise auf frühere Tagungen, deren Einsichten zielgerichtet in Erinnerung gerufen werden.[38] Dennoch ist ihre Zahl viel zu gering, um die beobachtete inhaltliche Konvergenz zu erklären. Hinzu kommt, dass sich die meisten der beobachteten Querverweise nur innerhalb von Konferenzserien desselben Veranstalters finden. Damit erweisen sie sich primär als Ausdruck eines speziellen Bemühens um Kontinuität innerhalb der veranstaltenden Organisation. Vor allem aber würde die angesprochene systematische Arbeit notwendig die Bündelung der Dialogaktivitäten durch eine (zentrale) Autorität voraussetzen, etwa wie sich die katholische Soziallehre zu einem wichtigen Teil der Aufeinanderfolge von Lehrschreiben der höchsten kirchlichen Autorität verdankt. Eine der katholischen Kirche vergleichbare zentrale Autorität kennt jedoch weder die Orthodoxie, noch der Islam. Vielmehr zeigt die Untersuchung des Kapitels C 1., dass die Veranstalter von Ereignissen des interreligiösen Dialogs unter Beteiligung der Orthodoxie und des Islam dezentral organisiert sind und dezentral agieren. Im Ergebnis kann festgehalten werden, dass die beobachtete inhaltlich-thematische Konvergenz der Schlusserklärungen weder auf vorausliegenden Entscheidungen oder Definitionen der Religionsgemeinschaften, noch auf einer zentral gestalteten und systematischen Beziehung der Texte untereinander beruhen.

1.2.2 Interreligiöser Dialog und die Rolle der Teilnehmer bei den Dialogereignissen
1.2.2.1 Orthodoxe und muslimische Teilnehmer an Dialogereignissen
Als eine maßgebliche Quelle des Phänomens inhaltlicher Konvergenz der Dialogergebnisse erweisen sich allerdings die Teilnehmer am Dialog. Die Analyse der Dialogereignisse und darin besonders die der mitgeteilten Teilnehmerlisten zeigt, dass nicht selten dieselben Persönlichkeiten orthodoxen bzw. muslimischen Glaubens bei unterschiedlichen Anlässen auftreten.[39] Auf Seiten der Orthodoxie zählen zu den am häufigsten zu Dialogereignissen Eingeladenen (Erst-)Hierarchen der autokephalen orthodoxen Kirchen wie der Ökumenische Patriarch, die Patriarchen von Antiochia, von Moskau und Ganz Russland, der serbische Patriarch oder Metropolit Anastasios von Tirana und Ganz Albanien. Hinzu kommen etwa der orthodoxe Pionier eines christlich-islamischen Dialogs, Metropolit Georges Khodr, aber auch Repräsentanten des Außenamtes der Russischen Orthodoxen

---

38 Vgl. z. B. Kapitel D 1. (6), (11), (13), (14), (22), (25).
39 Vgl. dazu die in der Darstellung der Kapitel C 1 und C 2 gegebenen Hinweise zu teilnehmenden orthodoxen bzw. muslimischen Vertretern.

Kirche, die Metropoliten für den Bereich zentralasiatischer Staaten oder die Metropoliten Damaskinos von der Schweiz oder Emanuel von Frankreich, wobei einige der Genannten offizielle innerkirchliche Zuständigkeit für Angelegenheiten des interreligiösen Dialogs erlangt haben. Häufig eingeladen sind seitens der Orthodoxie schließlich Vertreter akademischer Institutionen, die zuweilen speziell auf interreligiösen Dialog ausgerichtet sind, z. B. der Direktor des „Centre of Christian-Muslim Studies" der orthodoxen Universität Balamand, Prof. Georges Massouh, oder auch sonstige Persönlichkeiten mit besonderer Kompetenz wie der bereits häufiger erwähnte ÖRK-Abteilungsleiter und zeitweilige libanesische Minister Dr. Tarek Mitri.

Auf muslimischer Seite ist Vergleichbares zu beobachten.[40] Obwohl der Islam keine der Orthodoxie ähnlichen hierarchischen Strukturen aufweist, enthalten die Teilnehmerlisten von Dialogtagungen immer wieder die Namen derselben Persönlichkeiten islamischen Glaubens. Dazu gehören z. B. der Sheik-al-Azhar Ahmad al-Tayyib oder einer seiner Stellvertreter. Als Vertreter der schiitischen Richtung des Islam tritt häufiger Ayatollah Mohammad Ali Taskhiri in Erscheinung, daneben auch Leitungspersönlichkeiten des Zentrums für „Islamic Culture and Relations Organisation". Auch Vorsteher regionaler Muslimgemeinschaften wie z. B. der Großmufti des Kaukasus, Allahshuqur Pashazade, der Mufti von Bosnien-Herzegowina, Mustafa Cerić und der Reis-ul-ulema der Islamischen Gemeinschaft von Serbien, Adem Zilkic, sind immer wieder als Teilnehmer an Dialogereignissen verzeichnet. Zu erwähnen sind schließlich Repräsentanten muslimischer Organisationen, wie z. B. die verschiedenen Leiter des jordanischen „Aal al-beyt Institute for Islamic Thought" oder der Generalsekretär des Nationalen Rats für Islamisch-Christlichen Dialog im Libanon, Muhammad al-Sammak. Im westeuropäischen Kontext tritt – vor allem auch bei von EU-Gremien (mit-) verantworteten Dialogereignissen – mehrfach der Berater des italienischen Innenministers für Islamangelegenheiten, Imam Sergio Pallavicini in Erscheinung. Damit sind einerseits vor allem Würdenträger regionaler Muslimverbände, andererseits Persönlichkeiten von akademischen oder sogar speziell dem interreligiösen Dialog gewidmeten muslimischen Einrichtungen überdurchschnittlich häufig auftretende Träger im Dialogprozess.

Dieser Blick auf den Teilnehmerkreis macht zwei Faktoren anschaulich, die als bedeutungsvoll für die Entstehung einer inhaltlichen Konvergenz in den Schlusserklärungen gelten können:

---

40 Vgl. die in Kapitel C 1. und C 2. häufig gegebenen Hinweise auf prominente orthodoxe bzw. muslimische Teilnehmer an Dialogereignissen.

- erstens eine rasch im Dialoggeschehen einsetzende *Spezialisierung*, bei der sich Erwerb von sachlicher Kompetenz, spezifische Erfahrung und Ausübung einer Funktion zuweilen gegenseitig bedingen;
- zweitens eine ebenso rasch einsetzende *Institutionalisierung*, im Zuge derer interreligiöser Dialog zur Aufgabe besonderer Einrichtungen und damit gleichsam seitens der Religionsgemeinschaften delegiert wird.

Beide Faktoren, Spezialisierung und Institutionalisierung, geben einer überschaubaren Zahl von Akteuren – Einzelpersönlichkeiten und Repräsentanten von interreligiös engagierten Organisationen – innerhalb des Gesamtgeschehens von interreligiösem Dialog besonders Gewicht. Sie bringen ihre Erfahrung und Kompetenz in ein Dialogereignis ein und nehmen aus ihm fortentwickelte und doch ähnliche Einsichten in das nächste Dialogereignis mit. Über Jahrzehnte trägt dies zur Ausbildung einer inhaltlichen Konvergenz bei.

Spezialisierung und Institutionalisierung stehen zusammengenommen allerdings auch für zwei relative Schwächen des Dialoggeschehens und seiner Ergebnisse:
- sie spiegeln nicht das in der Orthodoxie und im Islam vorhandene tatsächliche Meinungsspektrum gegenüber „den Anderen";
- sie sind von ihrem Kontext her weit vom Erlebnis- und Verständnishorizont der Massen der jeweiligen Gläubigen entfernt und müssen deshalb erst in diesen hinein transponiert werden, um ihr in manchen Schlusserklärungen ausdrücklich erklärtes inhaltliches Ziel, nämlich eine Bewusstseins- und Verhaltensveränderung der Gläubigen, auch zu erreichen. Dieser Transport interreligiöser Einsichten von den Dialogereignissen zu den Gläubigen und die dazu eingeschlagenen Wege sind ein so vielschichtiges Phänomen, dass es in drei eigenen Abschnitten beleuchtet wird (vgl. unten E 7. – E 9.).

Zwar bergen Spezialisierung und Institutionalisierung die Gefahr, dass interreligiöser Dialog zur Angelegenheit einer begrenzt großen, elitären Gruppe von Akteuren wird.[41] Daraus folgt aber keineswegs, dass Teilnehmer an Dialogereignissen zu Statisten würden. Das konkrete Mit- und Einwirken unterschiedlicher Beteiligter, das Erleben der Dialogteilnehmer stellt ein Element des Spontanen und Unwägbaren im Gesamtgeschehen dar. Z.B. kann derselbe Beitrag im Dialoggeschehen ganz unterschiedlich auf verschiedene Teilnehmern wirken, weil die

---

[41] Metropolit Anastasios Yannoulatos, Dialogue with Islam, in: ders., Facing the World, aaO, S. 118 deutet diesen Zusammenhang mit folgender prägnanter Formulierung an: „...it is more correct to speak of a dialogue between some Christians and a few Muslims".

jeweiligen persönlichen Voraussetzungen, die intellektuellen und emotionalen Bezüge individuell und nicht vorhersagbar sind. Entsprechend können die Reaktionen sehr unterschiedlich ausfallen, woraus der dialogische Prozess Lebendigkeit und Dynamik bezieht. Die in ihm zu Tage geförderte Fülle an Ideen, Sichtweisen und Einsichten machen den vollen Reichtum des interreligiösen dialogischen Geschehens aus. Auch sie verdankt sich den Teilnehmern. Einige Ausnahmen, die unter den vielen Dialogereignissen zu Tage getreten sind, bestätigen diese Regel. Sie sind davon gekennzeichnet, dass die Eigendynamik übermächtig wurde und die Planung der Organisatoren bzw. die angestrebten Ziele von interreligiösem Dialog letztlich überrollt hat. Die Auslöser sind variabel. Beobachtet wurde z. B. eine Protestreaktion von Teilnehmern als Reaktion auf äußere Einflüsse.[42] Auch einseitige und unsensible Weichenstellungen des Organisators können Widerstand bei den Teilnehmern auslösen.[43] Selbst die gut gemeinte Initiative einer Teilnehmergruppe, die andere unvorbereitet trifft, kann Dialog in eine Sackgasse führen.[44] Aktuelle politische Konflikte können das Dialoggeschehen dominieren und dazu führen, dass sich die Teilnehmer einseitig solidarisieren und Feindbilder gegenüber Dritten aktivieren, anstatt sie zu überwinden.[45] Auch interreligiöser Dialog ist nicht davor gefeit, einseitige Schuldzuweisungen vorzunehmen.[46] In allen genannten Fällen dominierte die Politik das Dialoggeschehen und setzte Feindbilder frei, statt sie überwinden zu helfen. Eine durchaus positive Variante spontaner Intervention seitens der Dialogteilnehmer bietet die Konferenz 30.9.2001 (Bayt-ud-Din/Libanon),[47] die unter dem Eindruck der Anschläge des 11. September *ad hoc* thematisch geändert wurde. Statt – wie geplant – eine vor allem politisch orientierte Unterstützung der palästinensischen Intifada zu beraten, fand primär eine Auseinandersetzung mit den Attentaten und dem Phänomen „Terrorismus" statt; sie zeitigte differenzierte und wegweisende interreligiöse Einsichten. Im Ergebnis zeigt sich, dass bei interreligiösem Dialog-

---

[42] Vgl. Kap. C 2.6.1.3. Konkret handelte es sich um eine Reaktion auf Übergriffe Außenstehender auf Einrichtungen einer dialogbeteiligten Kirche.
[43] Vgl. Kapitel C 2.6.3.1. Das Problem beruhte letztlich auf der Verabsolutierung eines vorgegebenen Konzepts zur Friedensbildung und auf einseitige Parteinahme in einem Schisma.
[44] Vgl. Kapitel C 1.4.3. Bei der 1. Interreligiösen Konferenz 27. – 29.5.2004 (Doha/Qatar) wurde das geplante Thema „Religionsfreiheit" in den Hintergrund gedrängt, als aus dem Teilnehmerkreis die Frage künftiger Beteiligung von Vertretern des Judentums aufgeworfen wurde.
[45] Vgl. Kapitel C 1.2.3. und Kapitel D 1. (33). Die Konferenz 14. – 17.6.1996 (Beirut) erschöpfte sich in einem leidenschaftlichen Plädoyer für die Rechte des palästinensischen Volkes, während Israel und seine Politik heftig kritisiert wurden. Ähnliches gilt für die Konferenz 16. – 18.11.2000 (Limassol), vgl. Kapitel C 1.2.3. und Kapitel D 1. (56).
[46] So z. B. die Konferenz 12. – 14.6.2003 (Beirut), vgl. Kapitel C 2.3.2.2. und Kapitel D 1. (82).
[47] Vgl. Kapitel C 2.3.2.1. und Kapitel D 1. (64).

geschehen immer mit der Spontaneität und dem Selbstbewusstsein der Teilnehmer zu rechnen ist und sie keineswegs nur Werkzeuge in der Hand der Organisatoren von Dialogereignissen sind. In seltenen Fällen – wie bei einigen der voran stehenden Beispiele – hat sich diese Disposition der Teilnehmer negativ ausgewirkt. In der großen Mehrheit der Dialogereignisse ist mit denselben Spontaneität und Dynamik auf Seiten der Teilnehmer zu rechnen, dann allerdings eingebracht, um als dringlich wahrgenommene Themen (weiter) zu bearbeiten, mit neuen Facetten zu versehen und dabei unterschiedliche Standpunkte einander anzunähern. Die Dialogteilnehmer erweisen sich so zugleich als Träger einer inhaltlichen Konvergenz im Grundsätzlichen und als Quelle des beobachteten Variantenreichtums im Detail.

1.2.2.2 Orthodoxe und muslimische Vordenker interreligiösen Dialogs

Prominente orthodoxe Teilnehmer an den Dialogereignissen haben noch eine weitergehende Verantwortung übernommen. Aufgrund der angesprochenen Spezialisierung und Institutionalisierung zählen sie zu den wichtigen Protagonisten für die Ausbildung einer orthodoxen Theologie der Religionen. Es kann im Rahmen dieser Untersuchung selbstverständlich nicht unternommen werden, Entstehung und Inhalte einer solchen orthodoxen Theologie der Religionen zu beschreiben oder gar erschöpfend darzustellen. Für die Einordnung der orthodoxen Beiträge im interreligiösen Dialog in einen weiteren Zusammenhang erscheint es trotz dieser Einschränkung als hilfreich, streiflichtartig deren Umfeld zu beleuchten und einige Indizien zur weitergehenden Interpretation zusammenzustellen.

Ekkehard Wohlleben hat eine Untersuchung vorlegt, in der die Einsichten verschiedener christlicher Konfessionen gegenüber anderen Religionen beleuchtet werden.[48] Das vierte Kapitel ist den Aspekten einer orthodoxen Religionstheologie gewidmet. Zur Beschreibung traditioneller Ansätze greift er auf einige Autoren der Väterzeit zurück. Im Abschnitt „Ausgewählte orthodoxe Positionen des 20. Jahrhunderts" bezieht er sich auf die spezifischen Beiträge von drei Persönlichkeiten, nämlich Georges Khodr, Demetrios J. Constantelos und Anastasios Yannoulatos.[49] Die Genannten zählen zu den orthodoxen Vertretern im Dialoggeschehen: Khodr im Patriarchat Antiochia erstmals 1965 und im Rahmen

---

[48] Ekkehard Wohlleben, Die Kirchen und die Religionen. Perspektiven einer ökumenischen Religionstheologie, Vandenhoeck & Ruprecht Göttingen 2004.
[49] Ekkehard Wohlleben, Die Kirchen und die Religionen, aaO, S. 264–293.

der Dialogaktivitäten des ÖRK seit 1969;⁵⁰ Demetrios Constantelos ist insbesondere als Mitorganisator und Teilnehmer an einer bilateralen Dialogkonferenz 1992 in Erscheinung getreten,⁵¹ Anastasios Yannoulatos als orthodoxer Mitarbeiter beim ÖRK und bei verschiedenen Dialogereignissen beginnend mit der Konferenz von Ajaltoun 1970.⁵² Dieser formale Aspekt wird durch einen zeitlich-inhaltlichen ergänzt: Wohlleben bezieht sich in seiner inhaltlichen Darstellung insbesondere auf einen maßgeblichen Beitrag Khodrs bei der ÖRK-Tagung 1971 Addis Abeba,⁵³ auf einen von Constantelos 1992 herausgegebenen Tagungsband,⁵⁴ auf die Dissertation von Yannoulatos aus dem Jahr 1971 sowie auf einen von Yannoulatos herausgegebenen Sammelband, dessen zeitlich erster Beitrag zum Thema „Dialog mit dem Islam" aus dem Jahr 1986 stammt.⁵⁵

Eine zweite Stichprobe führt zu ganz ähnlichen Beobachtungen. In einem von Assaad Kattan und Fadi A. Georgi herausgegebenen Sammelband⁵⁶ findet sich ein dem interreligiösen Dialog gewidmeter Beitrag von Georges Massouh.⁵⁷ Selbst im interreligiösen Dialog engagiert, bringt der Direktor des „Centre of Christian-Muslim Studies" der orthodoxen Universität Balamand die Öffnung seiner Kirche zugunsten eines Dialogs mit dem Islam in Zusammenhang mit den Bemühungen des bereits erwähnten Metropoliten Georges Khodr sowie denen des Patriarchen

---

50 Zum Engagement Khodrs im Patriarchat Antiochia vgl. Kapitel C 2.3.3.; er gehörte bereits zu den Teilnehmern der ersten, vom ÖRK verantworteten interreligiösen Konferenz 2.–6.3.1969 (Cartigny/Schweiz), vgl. Kapitel C 1.2.1.1.
51 Zur Biographie von Demetrios Constantelos und seinem wissenschaftlichen Wirken vgl. http://www.goarch.org/archdiocese/affiliates/rca/biography/constantelos_demetrios (abgerufen 22.9. 2015); zu seinen Beiträgen im interreligiösen Dialoggeschehen vgl. z.B. Kapitel C 2.11.1.
52 Anastasios Yannoulatos' Name erscheint z.B. in den Teilnehmerliste einer der ersten, vom ÖRK verantworteten interreligiösen Tagungen 16.–25.3.1970 (Ajaltoun/Libanon) sowie in derjenigen der Konferenz 17.–26.4.1974 (Colombo/Sri Lanka), vgl. Stuart E. Brown (Hrsg.), Meeting in Faith, aaO, S. 20 bzw. S. 45; vgl. auch Kapitel C 1.2.1.1.
53 Georges Khodr, Christianity in a Pluralistic World. The Economy of the Holy Spirit, in: Ecumenical Review 23 (1971), S. 118–128. Vgl. Georges Khodr, Christianisme dans une monde pluraliste, in: Irenikon 44 (1971), S. 191–202 (französischsprachige Originalversion des Beitrags).
54 Demetrios J. Constantelos, The Attitude of Orthodox Christians toward Non-Christians, Holy Cross Orthodox Press Brookline MA 1992.
55 Anastasios Yannoulatos, Various Christian Approaches to the Other Religions, Proefthentes Editions Athens 1971; Anastasios Yannoulatos, Facing The World. Orthodox Christian Essays on Global Converns, WCC Publications Geneva 2003; vgl. darin: ders., Dialogue with Islam from an Orthodox Point of View, aaO, S. 103–126.
56 Assaad Kattan / Fadi A. Georgi, Thinking Modernity, Balamand Theological Conferences 1, Daccache Printing House Amchit / Lebanon 2010.
57 Georges Massouh, Le dialogue des religions comme apport de la modernité. Approche antiochienne, in: Assaad Kattan / Fadi A. Georgi, Thinking Modernity, aaO., S. 213–218.

von Antiochia Ignatios IV. Hazim und des französischen Theologen Olivier Clément. Alle drei Genannten gehören zu den häufig an interreligiösen Dialogereignissen beteiligten Persönlichkeiten der Orthodoxie.[58] Von Metropolit Georges Khodr war bereits die Rede. Ein erstes Auftreten von Patriarch Ignatios in dezidiert interreligiösem Zusammenhang wird durch seine Beteiligung bei der Konferenz von Ta'if/Saudi-Arabien 1981 markiert.[59] Als sein erster thematischer Beitrag außerhalb des eigentlichen Dialoggeschehens kann ein Vortrag an der Universität Sorbonne im Jahr 1983 gelten.[60] Clément Olivier trat bei den hier untersuchten Dialogereignissen erstmals bei der Konferenz 11.–14.11.1976 (Sénanque) auf.[61] Im selben Jahr erschien aus seiner Feder ein zwar kurzer, aber vielbeachteter religionstheologischer Beitrag.[62]

Nimmt man die beiden Stichproben zusammen, zeigt sich, dass alle fünf genannten Vordenker einer orthodoxen Theologie der Religionen auch im praktischen Dialoggeschehen beteiligt waren. Dass Metropolit Georges Khodr in beiden Untersuchungen eine zentrale Rolle als Pionier eines Dialogs mit dem Islam zugewiesen wird, unterstreicht seine Bedeutung für dessen Genese und Entwicklung. Bei vier der fünf Genannten liegen die ersten Beiträge zum interreligiösen Dialog zeitlich vor spezifischen Publikationen. Beim fünften Vertreter – Olivier Clément – wurde der betreffende theologische Essay zwar noch vor Beteiligung am Dialoggeschehen veröffentlicht, beide Beiträge folgen allerdings dicht aufeinander, im selben Jahr. Bei zwei Vertretern, Khodr und Yannoulatos, konnte zudem beobachtet werden, dass ihre Beteiligung am interreligiösen Dialog und ihre frühesten spezifischen Publikationen zeitlich sogar einige Jahre vor den ersten Beratungen der I. panorthodoxen Konferenz (1976) zugunsten einer ausdrücklichen Öffnung der Orthodoxie für eine Zusammenarbeit mit dem Islam

---

58 Vgl. insb. Kapitel C 2.3.3. (mit häufigen Bezügen auf G. Khodr und Patriarch Ignatios IV.) und Kapitel C 2.1.3. (mit Bezügen auf Beiträge von Olivier Clément zum interreligiösen Dialog im westeuropäischen Kontext).
59 Vgl. Kapitel C 2.3.4. Vgl. Dietmar Schon, Ignatios IV. Hazim – Patriarch von Antiochia, Wegbereiter, traditionsverwurzelter Reformer, in: Ostkirchliche Studien 62 (2013), S. 3–62 (18 mit FN 82).
60 Vgl. Ignatios IV., Le christianisme et le rencontre des religions et des cultures, in: Contacts. Revue Orthodoxe de Théologie et de Spiritualité, tome XXXV (1983), S. 227–245. Vgl. Dietmar Schon, Ignatios IV. Hazim – Patriarch von Antiochia, Wegbereiter, traditionsverwurzelter Reformer, in: Ostkirchliche Studien 62 (2013), S. 3–62 (51 ff).
61 Vgl. Kapitel C 2.1.3. zu Beiträgen des Theologen Olivier Clément bei Dialogereignissen im Bereich der westeuropäischen orthodoxen Diaspora.
62 Olivier Clément, Der Islam als göttlicher Anruf an das Judentum und Mohammed, Prophet des Letzten, in: Concilium 12. Jg. (1976), S. 359.

stattgefunden haben.⁶³ Bei Olivier Clément erfolgten ein erster thematischer Beitrag (Mitte 1976) und seine Beteiligung am Dialog bei einer Tagung (11. – 14.11. 1976 in Sénanque) in unmittelbarem zeitlichen Zusammenhang zur I. panorthodoxen Konferenz (21. bis 28.11.1976). Ignatios IV. wurde als Dialogteilnehmer 1981, als Autor im interreligiösen Kontext 1983 aktiv, d. h. einige Jahre vor der entscheidenden Beschlussfassung bei der III. panorthodoxen Konferenz 1986.

Diese Beobachtungen können als Indiz dafür gelten, dass nicht eine ausgearbeitete orthodoxe Theologie der Religionen in den Dialog eingebracht wurde, sondern dass die Dialogerfahrung der orthodoxen theologischen Reflexion Substanz und Richtung gegeben und auf diese Weise in die autokephalen orthodoxen Kirchen zurückgewirkt hat. Zudem verfügte die Orthodoxie bereits vor den panorthodoxen Beschlussfassungen zugunsten interreligiöser Zusammenarbeit über prominente Persönlichkeiten, die im Feld interreligiöser Verständigung mit dem Islam als praktisch erfahren und zugleich publizistisch wirksam gelten können.

Gibt es dazu eine Parallele bei prominenten muslimischen Dialogteilnehmern? Diese Frage ist ungleich schwerer als die nach orthodoxen Beiträgen zu beantworten, denn die Grundstruktur des Islam lässt kein genaues Gegenstück zu einer orthodoxen Theologie der Religionen erwarten. Vielmehr müsste erhoben werden, ob im Dialog engagierte muslimische Persönlichkeiten neue Akzente in die Auslegung der andere Religionen betreffenden Passagen des Koran oder in die Anwendung der Scharia eingebracht hätten. Dies ist jedoch eine dezidiert islamwissenschaftliche Frage, die im Rahmen dieser Untersuchung gänzlich ausgeklammert werden muss.

Unter dieser klaren Einschränkung gibt es unter den hier analysierten Ereignissen und Dokumenten dennoch einen ersten Anknüpfungspunkt, der eine Stichprobe zulässt: die oben E 1.2.1. bereits erwähnte, im Jahr 2007 begonnene Initiative „A common Word",⁶⁴ die eine innerislamische Stellungnahme zum interreligiösen Dialog mit dem Christentum erarbeitet hat. Die ursprüngliche, 138 Namen umfassende Unterzeichnerliste des Dokuments „A Common Word Between Us & You"⁶⁵ weist u. a. folgende Persönlichkeiten als Befürworter und Förderer eines christlich-islamischen Dialogs auf: Sheik-ul-Islam Allahshakur Pa-

---

63 Vgl. Kapitel B 1.1.
64 Vgl. Kapitel C 2.1.3. und die Hinweise aaO FN 294. Zur interreligiösen Bedeutung des offenen Briefs und seiner Folgewirkungen vgl. Waleed El-Ansary / David K. Linnan (Hrsg.), Muslim and Christian Understanding. Theory and Application of „A Common Word", Palgrave Macmillan New York 2010.
65 Vgl. die Unterzeichnerliste auf der Homepage der Initiative „A Common Word" unter http://www.acommonword.com/signatories/ (abgerufen 23.9.2015).

shazade[66] (Nr. 16); der Großmufti von Bosnien-Herzegowina Sheik Mustafa Cerić (Nr. 23); Imam Sergio Pallavicini (Nr. 97); Ayatollah Muhammad Ali Taskhiri (Nr. 124); den Sheik al-Azhar Ahmad Muhammad al-Tayeb (Nr. 125); den Generaldirektor des Nationalrats für Islamisch-Christlichen Dialog im Libanon, Muhammad al-Sammak (Nr. 101); den Vorsitzenden des „Royal Aal al-bayt Institute for Islamic Thought" Prinz Ghazi bin Muhammad bin Talal (Nr. 122) sowie weitere Repräsentanten derselben Einrichtung (Nr. 24, Nr. 49, Nr. 82). Damit gehören – bis auf den Großmufti von Serbien, Adem Zilkic – alle oben als häufige Teilnehmer an Dialogereignissen hervorgehobene Persönlichkeiten und Institutsvertreter zugleich zu den Unterzeichnern des Dokuments „A Common Word". Im Jahr 2007, als diese Initiative begonnen wurde, konnten Muslime und Christen, unter letzteren insbesondere die Orthodoxen, bereits auf Jahrzehnte engagierter Bemühungen im Dialog zurückblicken. Umso deutlicher tritt ein Indiz zu Tage, dass auch auf muslimischer Seite eine praktische Dialogerfahrung die inhaltliche Auseinandersetzung mit Möglichkeiten und Zielen eines christlich-islamischen Dialogs bestimmt hat und nicht etwa umgekehrt.

Ataullah Siddiqui bietet eine sehr instruktive Darstellung von sechs muslimischen Vordenkern des modernen interreligiösen Dialogs, ihres biographischen Hintergrundes und ihrer inhaltlichen Akzentsetzungen.[67] Dabei fällt auf, dass alle genannten Persönlichkeiten (auch) in westlichen Ländern gewirkt haben bzw. wirken: Isma'il Raji Al-Faruqi in Kanada und in den USA; Mahmoud Ayoub, aufgewachsen als Baptist und zum Islam konvertiert, ebenfalls in Kanada und den USA; Hasan Askari in England und – anlässlich intensiver Dialogaktivitäten – in Europa und den USA; Khurshid Ahmad vor allem in England; Mohammed Talbi in Frankreich; Seyyed Hossein Nasr in den USA.[68] Siddiqui betont in immer neuen Variationen, welchen bedeutsamen Einfluss diese westlichen Bezüge auf das Denken und wissenschaftliches Arbeiten der genannten Persönlichkeiten ausgeübt hat. Ein von Leonard Swidler herausgegebener Sammelband vereinigt u. a. sieben Beiträge von fünf verschiedenen Autoren, welche die muslimische Perspektive eines christlich-islamischen Dialogs behandeln.[69] Drei dieser Forscher sind bereits genannt worden: Isma'il Ragi al-Faruqi, Hasan Askari und Moham-

---

66 Die in der Unterschriftenliste verwendete Transkription des Namens weicht etwas von der hier zugrunde gelegten ab; ausweislich des Titels „Head of the Muslim Administration of the Caucasus" handelt es sich aber eindeutig um dieselbe Persönlichkeit.
67 Vgl. Ataullah Siddiqui, Christian-Muslim Dialogue in the Twentieth Century, aaO, S. 85–162.
68 Vgl. die jeweiligen biografischen Angaben in: Ataullah Siddiqui, Christian-Muslim Dialogue in the Twentieth Century, aaO, S. 85, S. 97f, S. 110f, S. 123f, S. 136, S. 149.
69 Vgl. Leonard Swidler, Muslims in Dialogue. The Evaluation of a Dialogue, Edwin Mellen Press Lewiston/Queenston/Lampeter 1992, S. 1–167.

med Talbi. Darüber hinaus sind in Swidlers Sammelband Beiträge von Khalil Duran und Abdullahi Ahmed An Na'im aufgenommen. Wie die zuvor Genannten haben sich auch diese beiden in den USA und westeuropäischen Ländern akademisch engagiert.[70] Schaut man die beiden Veröffentlichungen zusammen, stellen alle acht darin vorgestellten muslimischen Vordenker eines christlich-islamischen Dialogs in ihrer Person wie in ihrem wissenschaftlichen Wirken eine Brücke zwischen islamisch geprägter Kultur und dem Westen dar. Dieser Faktor stand auch dem Dialoggeschehen zur Verfügung. Zieht man z. B. die Teilnehmerlisten von interreligiösen Dialogen heran, die der ÖRK verantwortet hat, zeigt sich folgendes Bild: Hasan Askari war Teilnehmer bei 16. – 25. 3. 1970 (Ajaltoun/Libanon); Hasan Askari und Mahmoud Ayoub bei 12. – 18. 7. 1972 (Broumana); Hasan Askari und Mohammed Talbi bei 17. – 26. 4. 1974 (Colombo/Sri Lanka); Khurshid Ahmad und Isma'il Raji Al-Faruqi bei Juni 1976 (Chambésy); Khurshid Ahmad und Hasan Askari bei 19. – 22. 10. 1976 (Cartigny); Mohammed Talbi bei 12. – 14. 3. 1979 (Chambésy).[71] Auch wenn bei allen genannten Dialogereignissen jeweils weitere Teilnehmer islamischen Glaubens präsent waren, so ist doch die Mitwirkung (auch) westlich gebildeter und erfahrener Muslime auf die Dialogaktivitäten des ÖRK unübersehbar. Dass sich dieselben Persönlichkeiten mehrfach eingebracht haben, stellt nicht nur ein Element von Kontinuität dar, sondern erhöht zugleich die Wahrscheinlichkeit inhaltlicher Konvergenz der Dialogergebnisse.

1.2.3 Dialog und die Rolle der Veranstalter von Dialogereignissen

Für das Phänomen einer inhaltlichen Konvergenz in den Schlusserklärungen kann neben den Teilnehmern noch ein weiterer Faktor als wesentlich hervorgehoben werden: die Veranstalter der Dialogereignisse. Die unter 1.1. angesprochenen Bemühungen um eine Klärung, was „interreligiöser Dialog" genau ist, spiegeln dessen faktische Vielgestaltigkeit und den Versuch, dem vorhandenen Formenreichtum auch systematisch-begrifflich nahezukommen. Ungeachtet dieser Variabilität gibt es jedoch einen Faktor, der den meisten interreligiösen Dialogereignissen gemeinsam ist und deshalb besondere Beachtung verdient. Abgesehen vom Sonderfall einer alltäglichen Begegnung von Personen unterschiedlicher Religion, die in eine spontane Interaktion eintreten und sich dabei in ihrer reli-

---

70 Vgl. die jeweiligen biografischen Notizen in: Leonard Swidler, Muslims in Dialogue, aaO, S. 49 bzw. S. 59.
71 Vgl. Stuart E. Brown (Hrsg.), Meeting in Faith, aaO, S. 18, S. 27, S. 46, S. 85, S. 95, S. 108.

giösen Identität besser verstehen und annehmen lernen,[72] lautet dieser zentrale Aspekt: Interreligiöser Dialog geschieht in aller Regel nicht zufällig, er wird geplant.

Bei der weitaus überwiegenden Zahl interreligiöser Ereignisse wird ein Initiator greifbar, der die angesprochene Planung trägt und in diese erste (Ziel-) Vorstellungen einbringt. Interreligiöse Dialogereignisse finden – immer abgesehen vom erwähnten Sonderfall einer spontanen alltäglichen Interaktion – zu einem festgelegten Termin und an einem konkreten Ort statt. Oft stehen sie unter einem vorher bestimmten oder vereinbarten Thema, das dem Geschehen Richtung gibt. Die Teilnehmer ergeben sich aus Einladungen, die an einen vom Organisator weiter oder enger abgegrenzten Adressatenkreis gerichtet werden, und aus deren individueller Annahme. Bei fast allen Dialogereignissen, selbst auf lokaler Ebene, treten Referenten auf, die inhaltliche Beiträge leisten und so den eigentlichen dialogischen Austausch stimulieren. Sie müssen ausgewählt und gewonnen werden. Die Thematik ihrer Beiträge muss eingegrenzt und aufeinander abgestimmt werden. All das geschieht lange, bevor sich die Türen für die Durchführung eines Dialogereignisses öffnen. Die jeweilige inhaltliche und gestalterische Differenzierung lässt Bedarf an einem vorbereiteten Tagungsablauf entstehen. Zu seiner Moderation wird eine Versammlungsleitung tätig, die wiederum nachhaltig auf das Dialoggeschehen einwirkt. Ganz ähnliches gilt sogar für interreligiöse Aktivitäten des „grassroots level", wie Sommercamps, Formatorenschulungen, Workshops oder Jugendarbeit. Auch hier bedarf es eines Initiators und eines Organisators. Die Teilnehmer müssen informiert und geworben werden. Es bedarf einer Festlegung von Zeiten, Orten und Räumlichkeiten sowie logistischer Vorbereitungen der eigentlichen Gestaltung. Die zu beobachtende Beteiligung teils hochrangiger Persönlichkeiten gibt dem Dialoggeschehen nachhaltige Impulse, erhöht aber nochmals den Bedarf an Planung.[73] Solche Weichenstellungen können den in Kapitel C 1. und 2. zugrunde gelegten Materialien z.T. direkt entnommen oder aber erschlossen werden. Schließlich entstehen im Zusammenhang mit den weitaus meisten Dialogereignissen Kosten, für deren Deckung jemand eintreten muss. Damit wird die notwendige Planung um einen weiteren Bereich, die Finanzierung, vergrößert. Zugleich ist mit der Möglichkeit zu rechnen, dass Geldgeber Erwartungen haben und Ziele verfolgen. In Summe zeigt sich ein er-

---

[72] Im Sinn der grundlegenden Begriffsklärung von Merjanova und Brodeur handelt es sich auch dabei um interreligiösen Dialog und zwar auf „grassroots-level".
[73] Vgl. Kapitel C 1.2.3. (für Aktivitäten des MECC) und Kapitel C 2.3.1.2. (insbesondere zu Sommerstudientagung für Studenten, verantwortet vom „Centre d'études islamo-chrétiennes" der orthodoxen Universität Balamand. Vgl. weiter Kapitel C 2.6.1.3. (betreffend eine Reihe von Workshops und Seminaren, deren Durchführung dem interreligiösen Rat des Kosovo zugedacht wurde).

hebliches Ausmaß, in dem interreligiöser Dialog durch Planung, d. h. durch Vorentscheidungen organisatorischer und gestalterischer Art (mit-)bestimmt, ja gesteuert wird.

Dies trägt zweifellos zu der in vielen Schlussdokumenten hervorgehobenen konfliktfreien Atmosphäre und konstruktiven Zusammenarbeit bei. Zugleich wird allerdings – von nochmals anderer Seite her – deutlich, dass die Dialogereignisse nicht die beteiligten Religionsgemeinschaften in ihrer jeweiligen Bandbreite an Meinungen oder Haltungen abbilden (können). Der Erfolg der Dialogereignisse, die stimmigen Dialogergebnisse verdanken sich vielmehr z.T. auch dem Ausklammern von als obstruktiv einzuschätzenden Meinungen, Strömungen und Gruppen, oder aber der stillschweigend akzeptierten Abwesenheit solcher, die Vorbehalte gegenüber einem Dialog hegen und diesen verweigern. Die Verantwortung dafür liegt in den Händen der Initiatoren und Organisatoren von Dialogereignissen.

Die Veranstalter von Dialogereignissen zeichnen darüber hinaus für einen weiteren Aspekt verantwortlich. Nimmt man die regionalen Bezüge der Dialogereignisse und -ergebnisse in den Blick, zeigt sich eine Konzentration auf einige geographische Brennpunkte, nämlich den Nahen Osten, den Kaukasus und die zentralasiatischen Nachfolgestaaten der ehemaligen Sowjetunion sowie den Balkan. Es handelt sich dabei um Regionen, in denen während der letzten Jahrzehnte besonders massive Ausbrüche religiös konnotierter Gewaltanwendung zu verzeichnen waren bzw. sind. Ähnliches gilt für Bezüge der Dialogtagungen auf aktuelle Ereignisse, wie z.B. die Anschläge vom 11. September in den USA und andere Attentate, Aufstände und andere Gewalteskalationen. Je mehr interreligiöser Dialog von den Veranstaltern der Dialogereignisse im Dienst einer Konfliktbewältigung und einer Wiederherstellung friedlichen Miteinanders von Menschen unterschiedlicher Religion gesehen wird, um so verständlicher ist, dass auf Einsichten bekannter und bewährter Persönlichkeiten zu Möglichkeiten und Wege, dieses Ziel konkret zu erreichen, zurückgegriffen wird. Erfolgt dies über Jahrzehnte mit Blick auf die je aktuellen Konfliktherde und -ereignisse, münden die Vorentscheidungen der Veranstalter fast zwangsläufig in eine inhaltliche Konvergenz der Schlusserklärungen. Eine solche Verknüpfung zwischen vorab festgelegten Prioritäten in Zielsetzung und inhaltlicher Ausrichtung einerseits und den Dialogergebnissen andererseits soll an dieser Stelle lediglich festgehalten werden; die Abschnitte unten E 3. – E. 5. sind der detaillierten Darlegung der angesprochenen Zusammenhänge gewidmet.

Schließlich wird es nun möglich, die oben in Kapitel E 1.1. noch offen gelassene Frage zu beantworten, ob es ein Kriterium jenseits der innerkirchlichen Entschlüsse gibt, das die beobachtete Abstufung in der Intensität eines interreligiösen Engagements der autokephalen orthodoxen Kirchen erklären kann. Nicht allein die Gläubigen der Kirchen bzw. Religionsgemeinschaften, ihre innere und äußere Lage, entscheiden über das Zustandekommen, die Intensität und den Verlauf eines interreligiösen Dialogs. Hinzu treten vielmehr noch die Wahrnehmungen, Prioritäten und Ressourcen der Veranstalter. Dabei sind die Religionsgemeinschaften keineswegs nur Objekt, sondern auch Subjekt, denn Orthodoxie und Islam sind an den veranstaltenden Initiativen und Organisationen vielfach beteiligt.[74] In deren Klärungs- und Entscheidungsprozesse fließen jedoch auch Wertungen zu Dringlichkeit, Erfolgsaussichten und öffentlichem Interesse ein, weiterhin zu politischen, strategischen, sozialen, ja sogar wirtschaftlichen Aspekten. Aus solchen Wertungen erklärt sich die bereits erwähnte Konzentration auf einige geographische Brennpunkte, nämlich den Nahen Osten, den Kaukasus und die zentralasiatischen Nachfolgestaaten der ehemaligen Sowjetunion sowie den Balkan. In anderen Regionen, in denen ein durchaus vergleichbares, religiös konnotiertes Konfliktpotential besteht wie z. B. in Zypern oder in Georgien, sind demgegenüber nur marginale Versuche feststellbar, dieses durch interreligiösen Dialog abzubauen. Der Grund für diese Diskrepanz liegt darin, dass sich kein Initiator bzw. Veranstalter gefunden hat, der diesen Brennpunkten eine nennenswerte Aufmerksamkeit zugewandt hätte. Damit fehlte der entscheidende Ansporn, der sich zu interreligiösen Bemühungen hätte verdichten können. Schließlich sei darauf hingewiesen, dass nicht zuletzt die Weichenstellungen der veranstaltenden Organisationen und Einrichtungen interreligiösen Dialog für die angesprochenen gesellschaftlichen, politischen und sozialen Zusammenhänge öffnen und sogar bis hin zu einer Amalgamisierung des interreligiösen Dialogs mit einem Dialog der Kulturen wirken.[75] So erweisen sich die Veranstalter in mehrfacher Hinsicht als Träger wesentlicher Verantwortung für die beobachtete inhaltliche Konvergenz der Dialogergebnisse.

2 Die ökumenische Dimension des interreligiösen Dialogs neuer Prägung

2.1 Orthodox-islamischer und christlich-islamischer Dialog

Die Untersuchung der Dialogereignisse in Kapitel C 1 und 2 hat gezeigt, dass nur ein kleinerer Teil von ihnen als orthodox-islamisches Engagement konzipiert war. Herausragende Beispiele dafür sind die vom Ökumenischen Patriarchat ge-

---

74 Darauf wird unten in Kapitel E 9. näher eingegangen.
75 Vgl. Kapitel D 2.1.6.

2 Die ökumenische Dimension des interreligiösen Dialogs neuer Prägung — 433

meinsam mit dem jordanischen „Aal al-beyt Institut" durchgeführten Konferenzen[76] oder die Tagungen der russisch-orthodoxen / schiitisch-iranischen Dialogkommission[77] sowie eine beachtliche Anzahl von einzelnen Dialogereignissen (Konferenzen und Begegnungen), die in der Darstellung der Aktivitäten einzelner autokephaler Kirchen als bilateral hervorgehoben worden sind.[78] Ähnlich ist auch bei den im Dialog mit dem Islam tätigen Organisationen nur bei einem kleinen Teil zu beobachten, dass sie ausschließlich in orthodoxer Trägerschaft stehen. Ein Beispiel hierfür ist das „Centre d'études islamo-chrétiennes" der orthodoxen Universität Balamand (Patriarchat Antiochia). Auch im Bereich der interreligiösen Räte ist eine Beteiligung der Orthodoxie als einzige christliche Kirche die Ausnahme. Eine solche stellt z. B. der Interreligiöse Rat von Russland dar, der sich auf Vertreter der vier „traditionellen Religionen" in Russland beschränkt, nämlich Orthodoxie, Islam, Judentum und Buddhismus.[79]

Bei der Mehrzahl der hier untersuchten Dialogereignisse haben sich dagegen Vertreter einer oder mehrerer autokephaler Kirchen zusammen mit Angehörigen anderer christlicher Kirchen engagiert, d. h. der Dialog ist insofern ein christlich-islamischer gewesen. Immer wieder wurde in Kapitel C 1. und 2. auf Beiträge von Angehörigen der katholischen Kirche, der orientalisch-orthodoxen Kirchen oder von reformatorischen Kirchen hingewiesen. Im Bereich interreligiös aktiver Organisationen gilt ähnliches: nicht nur die Mehrzahl der interreligiösen Räte[80] und spezifisch kirchlicher Organisationen wie der ÖRK, die „Konferenz Europäischer Kirchen" oder der „Middle East Council of Churches" sind in überkonfessioneller, ökumenischer Besetzung in den Dialog mit dem Islam eingetreten.[81] Dasselbe gilt auch für die Mitwirkung bei nichtkirchlichen und nichtstaatlichen Organisationen[82] wie z. B. die „World Conference on Religions for Peace (WCRP)" oder des „European Council of Religious Leaders" sowie für die in Verantwortung internationaler politischer Organisationen durchgeführten Dialogereignisse.[83] Mit Ausnahme der letztgenannten internationalen politischen Organisationen ist darüber hinaus zu berücksichtigen, dass orthodoxe Vertreter häufig sowohl in der

---

76 Vgl. Kapitel C 2.1.2.
77 Vgl. Kapitel C 2.5.3.
78 Vgl. Kapitel C 2.
79 Vgl. Kapitel C 2.5.2.2. mit C 2.13.
80 Vgl. zu den interreligiösen Räten die entsprechenden Abschnitte bei der Darstellung des Engagements der autokephalen Kirchen im Kapitel C 2 sowie die Zusammenfassung in Kapitel C 2.13.
81 Vgl. Kapitel C 1.2. mit C 1.6.
82 Vgl. Kapitel C 1.3. mit C 1.6.
83 Vgl. Kapitel C 1.4. mit C 1.6.

Leitung der betreffenden Organisationen wie auch als Tagungsteilnehmer bei den von ihnen durchgeführten Dialogereignissen neben Gläubigen anderer christlicher Kirchen aktiv geworden sind.

Dieser Befund spiegelt eine bereits in Kapitel A 1.2. angesprochene und in Kapitel C 2. näher entfaltete Tatsache: Zum Phänomen „Pluralismus" gehört nicht nur der religiöse Pluralismus, im Zuge dessen *alle* autokephalen orthodoxen Kirchen in ihrem Territorium einer unterschiedlich stark ausgeprägten muslimischen Präsenz begegnen. Vielmehr gilt zugleich, dass *keine* autokephale orthodoxe Kirche in ihrem Territorium die einzige christliche Konfession darstellt und die christlichen Kirchen insoweit *ipso facto* einen konfessionellen Pluralismus repräsentieren. Zwar liegen religiöser und konfessioneller Pluralismus sicher nicht auf derselben Ebene. Die tatsächliche Vielfalt wird dennoch erst erkennbar, wenn der Blickwinkel auf beide „Pluralismen" geweitet wird. Dies gilt dann konsequenterweise auch für die tatsächliche Vielfalt an Gesprächspartnern im interreligiösen Dialog.

Bereits eine der Wurzeln des modernen interreligiösen Dialogs, nämlich das Friedensengagement christlicher Kirchen im Bemühen um eine Überwindung des Ost-West-Konflikts, war wesentlich ökumenisch geprägt, unmittelbar sichtbar an den dazu geleisteten Beiträgen des ÖRK und der KEK.[84] Hinzu kommt, dass die voran stehend erwähnten Herausforderungen der Zeit, Globalisierung, wachsender Pluralismus und Tendenzen zu einer Säkularisierung, für alle Beteiligten gleichermaßen gelten. Es ist deshalb Zeichen eines spezifischen und positiven Umgangs mit dieser gemeinsamen Herausforderung, dass – seitens des Christentums – eine deutliche Mehrheit der untersuchten interreligiösen Dialogereignisse unter ökumenischem Vorzeichen stattgefunden hat und zwar mit dem gemeinsamen Ziel orthodoxer und nicht-orthodoxer Kirchen, ein *christliches* Zeugnis in den Dialog mit dem Islam einzubringen.

2.2 Die Bemühungen um interreligiösen Dialog im Kontext der Weiterentwicklung von ÖRK und KEK

Die in der Frühphase interreligiösen Dialogs zu beobachtende Intensität ökumenischer Auseinandersetzung mit dessen Chancen und Möglichkeiten hat sich allerdings nicht kontinuierlich weiterentwickelt. Vielmehr haben die Bemühungen des ÖRK und der Konferenz Europäischer Kirchen um interreligiösen Dialog, in die der panorthodoxe Beschluss zugunsten einer Öffnung für interreligiösen Dialog

---

84 Vgl. Kapitel B 1.3.

eingebettet war, in der Folgezeit an Dynamik verloren. Bei der Vollversammlung des ÖRK in Harare (1998) z. B. spielte das Thema „interreligiöser Dialog" keine erkennbare Rolle; auch die Beschäftigung mit ethischen Werten dünnte spürbar aus. So beschränkte sich z. B. die Auseinandersetzung mit „Globalisierung" fast vollständig auf Forderungen nach wirtschafts- und finanzpolitischen Alternativen.[85] In der „Stellungnahme des Plenums zur Ökumenischen Dekade: Kirchen in Solidarität mit den Frauen" liegt der Schwerpunkt nicht auf ethischen Überlegungen etwa zu „Gleichheit", sondern in einer Bestandsaufnahme. Der Stellungnahme beigefügt ist ein Brief „Von der Solidarität zur Rechenschaftspflicht"; er beschwört Solidarität und fordert als deren Ausdruck gesellschaftspolitische Initiativen und Aktionen.[86] Das vom Zentralkomitee des ÖRK unter dem Datum 1. Januar 2004 veröffentlichte Dokument „Ökumenische Erwägungen zum Dialog und zu den Beziehungen mit Menschen anderer Religion" enthält die inhaltliche Quintessenz aus 30 Jahren interreligiöser Dialogbemühungen des ÖRK. Dabei steht eine Rückschau im Vordergrund, Perspektiven für eine Weiterentwicklung interreligiösen Dialogs sucht man im Text vergebens.[87] Die Beispiele signalisieren, dass – verglichen mit früheren Vollversammlungen und Dokumenten des ÖRK – die Schnittstellen zwischen ÖRK-Dokumenten und interreligiösem Geschehen abgenommen haben.

Bezüglich der KEK zeigt sich ähnliches. In deren Dokumenten fand interreligiöser Dialog zwar weiterhin Erwähnung. So beschäftigte sich z. B. die Versammlung von Trondheim (2003) mit der Notwendigkeit und den Möglichkeiten eines christlich-islamischen Dialogs.[88] Bei der 13. KEK-Versammlung von Lyon (2009) erscheint demgegenüber „interreligiöser Dialog" nur noch als deklaratorischer Erinnerungsposten.[89] Dieser Eindruck setzt sich hinsichtlich der Vollver-

---

85 Vgl. Klaus Wilkens (Hrsg.), Gemeinsam auf dem Weg. Offizieller Bericht der Achten Vollversammlung des ÖRK Harare 1998, Verlag Otto Lembeck Frankfurt am Main 1999, S. 302–304.
86 Vgl. Klaus Wilkens (Hrsg.), Gemeinsam auf dem Weg, aaO, S. 360–368.
87 Dokument „Ökumenische Erwägungen zum Dialog und zu den Beziehungen mit Menschen anderer Religion" vom 1.1.2002, online zugänglich auf der Homepage des ÖRK unter https://www.oikoumene.org/de/resources/documents/programmes/interreligious-dialogue-and-cooperation/interreligious-trust-and-respect/ecumenical-considerations-for-dialogue-and-relations-with-peo ple-of-other-religions (abgerufen 27.8.2015).
88 Vgl. „Trondheim Report", online zugänglich auf der auf der Homepage der KEK unter http://www.ceceurope.org/wp-content/uploads/2015/07/FinalReportNarrative_E.pdf, S. 31 f.
89 Vgl. das „Public Issue Statement: Called to strengthen human rights, religious freedom and relationships", in: 13th CEC Assembly Report, online zugänglich auf der Homepage der KEK unter http://www.ceceurope.org/wp-content/uploads/2015/07/Lyon_Assembly_Report2rag.pdf, S. 114 (abgerufen 25.7.2015); darin enthalten ist lediglich die knappe Absichtserklärung: „To increase participation in inter religious dialogue".

sammlung von Budapest (2013) fort.⁹⁰ Umgekehrt enthalten die untersuchten interreligiösen Schlusserklärungen unter dem Gesichtspunkt „Religion als Gesellschaft mit gestaltende Kraft" zwar eine Auseinandersetzung mit humanitären, wirtschaftlichen und sozialen Fragen, die zwischenzeitlich zu zentralen Akzenten der Bemühungen der KEK aufgerückt sind. Allerdings erscheint der Stellenwert dieser Bereiche im interreligiösen Dialoggeschehen deutlich niedriger angesiedelt.⁹¹ Insoweit werden auch die Bezüge zwischen der KEK und dem interreligiösen Dialoggeschehen spärlicher.

2.3 Interreligiöser Dialog im Kontext des konziliaren Prozesses

Ein neuer Strang ökumenischen Engagements wird unter dem Oberbegriff eines konziliaren Prozesses für Frieden, Gerechtigkeit und Bewahrung der Schöpfung zusammengefasst, wie er bei der Vollversammlung des ÖRK von Vancouver (1983) angeregt worden war:

> Der Antrag auf der Vollversammlung des Ökumenischen Rates in Vancouver zugunsten eines gesamtchristlichen Friedenskonzils, diskutiert zunächst in der Fachgruppe 5, erläuterte ausführlich die Notwendigkeit einer umfassenden Umkehr der Kirche (...). Der Anstoß zu einem Friedenskonzil führte schließlich im Verlauf der Diskussionen zur Einladung an die Mitgliedskirchen, in einem konziliaren Prozess gegenseitiger Verpflichtung (Bund) auf Gerechtigkeit, Frieden und Bewahrung der Schöpfung zusammenzukommen.⁹²

Der ökumenische konziliare Prozess zeigt damit – wie der interreligiöse Dialog – von seinen Anfängen her eine Ausrichtung auf den Bereich der Ethik. Deshalb überrascht es nicht, dass sich thematische Querverbindungen zwischen den in Kapitel D 2. herausgearbeiteten inhaltlichen Aussagen des interreligiösen Dialogs und tragenden Gedanken in Dokumenten ökumenischer Versammlungen zeigen, vor allem bezogen auf zentrale Begriffe wie „Menschenrechte", „Frieden" und

---

90 In einer programmatischen Sammlung von Themen für die Weiterarbeit, die bei der Versammlung von Budapest (2013) erarbeitet wurde, lautet ein Vorschlag unter 3 f.: „Building bridges and creating spaces for dialogue with Islam through the formation of a working group for Christian-Muslim dialogue", vgl. Clarissa Balan (Hrsg.), Report of the 14th General Assembly of the Conference of European Churches, online zugänglich auf der Homepage der KEK unter http://www.ceceurope.org/wp-content/uploads/2015/07/CEC_final_report_-_without_cover.pdf, S. 79 (abgerufen 25.7.2015).
91 Vgl. Kapitel D 2.6.5.
92 Ulrich Schmitthenner (Hrsg.), Arbeitsbuch für Gerechtigkeit, Frieden und Bewahrung der Schöpfung, Ökumenischer Informationsdienst 1990. AaO, S. 10 f.

"Gerechtigkeit". So hat z. B. die "Stuttgarter Erklärung" des Forums für Gerechtigkeit, Frieden und Bewahrung der Schöpfung (1988)[93] unter den Stichworten "Solidarität" bzw. "Frieden" eine ganze Reihe von ethischen Einsichten für die internationale und nationale Ebene ins Wort gebracht, zu denen sich Anklänge in den untersuchten Schlussdokumenten finden. Der kleine Abschnitt 3.33 der "Stuttgarter Erklärung" z. B. behandelt kooperative Sicherheit und Abrüstung. Er enthält gedankliche Querverbindungen zum Konzept "Shared Security", das einige interreligiöse Konferenzen der Jahre 2006–2009 propagiert hatten und damit interessanterweise im interreligiösen Gesamtgeschehen isoliert stehen.[94] Im Abschnitt "Bewahrung der Schöpfung" der "Stuttgarter Erklärung" werden hingegen Positionierungen zu Einzelaspekten des Lebensschutzes und zum Umgang mit Ressourcen formuliert, die in den hier untersuchten interreligiösen Schlusserklärungen keine Entsprechung haben.

Die Schlusserklärung der 1. Europäischen Ökumenischen Versammlung in Basel (1989)[95] erwähnt interreligiösen Dialog nur passim und bindet ihn an eine erstaunliche Vorbedingung:

> Wir suchen auch den Dialog mit Menschen anderen Glaubens und anderer Weltanschauungen, die unsere Anliegen teilen.[96]

Inhaltlich arbeitete die Baseler Erklärung Bedrohungen der Gerechtigkeit, des Friedens und der Umwelt sowie deren Ineinandergreifen heraus.[97] Die interreligiösen Texte, welche die Thematik "Frieden"[98] und "Gerechtigkeit"[99] behandeln, erscheinen jedoch spürbar konkreter, weil die Dialogereignisse häufig an aktuellen Konfliktherden ansetzen und ihre Einsichten aus deren Analyse gewinnen.

---

93 Vgl. Arbeitsgemeinschaft christlicher Kirchen in der Bundesrepublik Deutschland und Berlin (Hrsg.), Gottes Gaben – Unsere Aufgabe. Die Erklärung von Stuttgart, Materialdienst der Ökumenischen Zentrale 1988 / IV, Ökumenische Centrale Frankfurt 1988.
94 Vgl. 26.–29.8.2006 (Kyoto), Kapitel D 1. (100); 27.–29.7.2008 (Sapporo), Kapitel D 1. (115); 16./17.6.2009 (Rom), Kapitel D 1. (121).
95 Die Teilnehmerliste der Baseler Konferenz weist eine ganze Reihe von Hierarchen und Angehörigen orthodoxer Kirchen aus, vgl. Konferenz Europäischer Kirchen / Rat der Europäischen Bischofskonferenzen (Hrsg.), Frieden in Gerechtigkeit. Dokumente der Europäischen Ökumenischen Versammlung, F. Reinhardt Verlag Basel / Benziger Verlag Zürich 1989, aaO, S. 355–369.
96 Konferenz Europäischer Kirchen / Rat der Europäischen Bischofskonferenzen (Hrsg.), Frieden in Gerechtigkeit, aaO, S. 48.
97 Vgl. Konferenz Europäischer Kirchen / Rat der Europäischen Bischofskonferenzen (Hrsg.), Frieden in Gerechtigkeit, aaO, S. 43–84 (49f); weiterhin zu "Gerechtigkeit" vgl. aaO, S. 73ff, zu "Frieden" vgl. aaO, S. 77ff.
98 Vgl. Kapitel D 2.3.2.
99 Vgl. Kapitel D 2.2.2. und die dort zu "Gerechtigkeit" zusammen gestellten Querverweise.

Die Schlusserklärung der Baseler Versammlung ruft in Form eines Appells zur Beachtung der Menschenrechte auf, festgemacht an einer Auflistung zentraler Dokumente von der Allgemeinen Erklärung der Menschenrechte bis hin zur Schlussakte von Helsinki.[100] Die interreligiösen Schlusserklärungen konzentrieren sich demgegenüber auf eine Auseinandersetzung mit der Allgemeinen Erklärung der Menschenrechte; diese erscheint allerdings deutlich differenzierter, da z.B. die Rückbindung an die jeweiligen Offenbarungsquellen reflektiert wird.[101] Die Schlusserklärung der Ökumenischen Versammlung von Basel kommt an anderer Stelle nochmals summarisch auf interreligiöse Bemühungen zu sprechen: Die Herausforderungen der Zeit erforderten eine Intensivierung des Dialogs mit anderen Weltreligionen, Kulturen und Weltanschauungen. Dabei wird ebenso summarisch die Notwendigkeit gemeinsamen Handels für Gerechtigkeit, Frieden und Bewahrung der Schöpfung betont.[102] Ganz ähnlich wird in den interreligiösen Schlusserklärungen festgehalten, dass der Dialog in ein gemeinsames Handeln münden müsse; allerdings unterbreiten sie dazu auch zahlreiche, näher bestimmte Anknüpfungspunkte.[103]

Die Beobachtung einzelner gedanklicher Bezüge zwischen dem konziliaren Prozess und den untersuchten interreligiösen Schlusserklärungen setzt sich nach der Baseler Versammlung fort. Das gilt insbesondere für die Ergebnisse der Ökumenischen Weltversammlung von Seoul (1990).[104] In den darin u. a. enthaltenen Abschnitten über Menschenrechtsverletzungen und eine Herrschaft der Gewalt[105] berühren sich ökumenische bzw. interreligiöse Wahrnehmungen. Bei der Analyse tieferer Wurzeln der Krise werden im Dokument von Seoul inhaltliche Zusammenhänge und Verflechtungen thematisiert und daraus die Notwendigkeit solidarischer Zusammenarbeit abgeleitet. Interreligiöser Dialog findet im Text

---

100 Vgl. Konferenz Europäischer Kirchen / Rat der Europäischen Bischofskonferenzen (Hrsg.), Frieden in Gerechtigkeit, aaO, S. 74.
101 Vgl. Kapitel D 2.3. und 2.5.
102 Vgl. Konferenz Europäischer Kirchen / Rat der Europäischen Bischofskonferenzen (Hrsg.), Frieden in Gerechtigkeit, aaO, S. 81f (Nr. 89–91).
103 Vgl. Kapitel D 2.6.
104 Vgl. Ulrich Schmitthenner (Hrsg.), Arbeitsbuch für Gerechtigkeit, Frieden und Bewahrung der Schöpfung, Ökumenischer Informationsdienst 1990. AaO, S. 7 heißt es einleitend: „Es war ein einmaliges Ereignis und eine einmalige Chance: die Weltversammlung, zu der der Ökumenische Rat im März 1990 nach Seoul eingeladen hatte. Vertreter aller christlicher Kirchen kamen zusammen, um zu den anstehenden Glaubens- und Überlebensfragen von Gerechtigkeit, Frieden und der Bewahrung der Schöpfung zu sprechen und sich gegenseitig selbst auf Beistand, Umkehr und einen neuen Lebensstil zu verpflichten".
105 Ulrich Schmitthenner (Hrsg.), Arbeitsbuch für Gerechtigkeit, Frieden und Bewahrung der Schöpfung, aaO, S. 36ff und S. 61ff.

dennoch keinen Platz. Im Kurzbericht „Aus den Arbeitsgruppen..." wird lediglich angemerkt:

> Mehrere Gruppen wiesen darauf hin, dass wir uns in diesen großen Fragen mit den Menschen anderer Religion verbünden sollten und mit ihnen gemeinsam nach Frieden, Gerechtigkeit und der Bewahrung der Schöpfung streben sollten.[106]

Die ökumenische Versammlung in Mainz (2014)[107] konzentrierte sich bei der Thematik „interreligiöser Dialog" auf eine Solidaritätsadresse an die Internationale Rotkreuz- und Rothalbmondbewegung, die sich religionsübergreifend gegen die nukleare Kriegsgefahr gewandt habe.[108] Inhaltlich wie formal, d.h. durch Verwendung von Appellen, Selbstverpflichtungen ect., zeigen sich aber nach wie vor Schnittmengen zwischen der ökumenischen und der interreligiösen Bewusstseinsbildung im Bereich ethischer Werte, vor allem verknüpft mit den Stichworten „Menschenrechte", „Frieden" und „Gerechtigkeit".

Stylianos Tsompanidis hat eine Untersuchung zum konziliaren Prozess aus orthodoxer Sicht vorgelegt.[109] Darin legt er – mit sehr positivem Grundton – dar, dass der konziliare Prozess die Chance böte, zwei wichtige Aspekte, den sozialethischen und den dogmatisch-theologischen, zusammenzuführen. Er verweist auf die Bedeutung der Themen „Gerechtigkeit", „Frieden" und „Bewahrung der Schöpfung" für die neuere orthodoxe Theologie und bietet einen Überblick über leitende Stellungnahmen. Als Quintessenz betont Tsompanidis die Notwendigkeit, in diesen dringenden Anliegen der Zeit zu einem gemeinsamen Zeugnis aller Christen und Kirchen zu kommen.[110] Dabei weitet sich der Blick auf andere Religionen:

---

106 Ulrich Schmitthenner (Hrsg.), Arbeitsbuch für Gerechtigkeit, Frieden und Bewahrung der Schöpfung, aaO, S. 119.
107 Vgl. Ulrich Schmitthenner / Peter Schönhöffer / Christof Grosse (Hrsg.), Die Zukunft, die wir meinen – Leben statt Zerstörung, (Reihe Ökumenische Studien Bd. 46), LIT-Verlag Berlin 2015. Die Botschaft der Ökumenischen Versammlung, aaO, S. 13–19 bietet zu den Aspekten von „Gerechtigkeit", „Frieden" und „Bewahrung der Schöpfung heute" nur ganz wenige, leitsatzartige Feststellungen; erst bei der Behandlung von Möglichkeiten einer Umsetzung wird der Text etwas ausführlicher, zeigt dafür aber auch deutliche ideologische Züge.
108 Vgl. Ulrich Schmitthenner / Peter Schönhöffer / Christof Grosse (Hrsg.), Die Zukunft, die wir meinen – Leben statt Zerstörung, aaO, S. 35.
109 Stylianos Tsompanidis, Orthodoxie und Ökumene. Gemeinsam auf dem Weg zu Gerechtigkeit, Frieden und Bewahrung der Schöpfung, Ökumenische Studien Bd. 10, LIT-Verlag Münster u.a. 1999.
110 Stylianos Tsompanidis, Orthodoxie und Ökumene, aaO, S. 161f.

Darin zeigt sich die Absicht der orthodoxen Kirchen, mit anderen christlichen und religiösen Traditionen, mit internationalen Organisationen, mit Verbänden auf globaler und lokaler Ebene und allgemein mit all denen, die für das Leben der Armen, der Unterdrückten, der Opfer des Militarismus und für den Erhalt der Schöpfung kämpfen, zusammen zu arbeiten.[111]

Der knappe Hinweis „...und religiösen Traditionen" ist ein isolierter Anklang an eine entsprechende ethische Ausrichtung von interreligiösem Dialog. Weder in seinen Darlegungen orthodoxer Einsichten zum Thema „Gerechtigkeit",[112] noch bei denen zu „Frieden"[113] findet Erwähnung, dass mit diesen ethischen Werten auch eine interreligiöse Auseinandersetzung unter Beteiligung der Orthodoxie stattgefunden hat und stattfindet. Der Fokus liegt statt dessen ganz auf dem Versuch, den konziliaren Prozess mit Grundsätzen orthodoxer Ekklesiologie in Verbindung zu bringen. In der Wahrnehmung eines Zusammenhangs zwischen Sozialethik und Ekklesiologie sieht Tsompanidis konsequenterweise auch den hauptsächlichen Ertrag der Versammlung von Seoul, eine Linie, die bei der ÖRK-Vollversammlung von Canberra (1991) fortgeführt und vertieft worden sei.[114] Die von ihm herausgearbeitete Akzentverlagerung hin zu ekklesiologischen Fragen deutet von einer nochmals anderen Seite her an, dass angesichts einer spezifischen Entwicklung des konziliaren Prozesses gedankliche Schnittmengen zu interreligiösem Dialog fast unvermeidlich ausdünnen.

In einer Gesamtschau der Bemühungen von ÖRK und KEK sowie im konziliaren Prozess zeigt sich somit eine parallele Abnahme des Interesses für interreligiösen Dialog und für die mit ihm verbundenen Chancen. Dessen ungeachtet bleiben inhaltliche Querverbindungen zum interreligiösen Dialog bei der ethischen Thematik spürbar. Allerdings treten die ökumenischen bzw. interreligiösen Stränge eines ethisch orientierten Engagements durch die Ausprägung unterschiedlicher Schwerpunkte sukzessiv auseinander. Die Erwägungen der ökumenischen Institutionen bzw. Initiativen zu zentralen Themen wie Abrüstung und Frieden wirken z. B. erstaunlich zeit-los: sie reflektieren selten aktuelle Entwicklungen und könnten passagenweise Jahrzehnte zuvor formuliert worden sein. Der interreligiöse Dialog reagiert dagegen sehr konkret auf unmittelbare Krisen und Gewaltausbrüche. In anderen Bereichen wie z. B. religiös konnotierte Gewaltanwendung, Extremismus und Terrorismus sowie dem zentralen interreligiösen Thema „friedliche Koexistenz" konnte herausgearbeitet werden, dass sie ein Schwergewicht bei interreligiösem Dialog bilden; sie finden jedoch nur geringes

---

111 Stylianos Tsompanidis, Orthodoxie und Ökumene, aaO, S. 163.
112 Stylianos Tsompanidis, Orthodoxie und Ökumene, aaO, S. 146–148.
113 Stylianos Tsompanidis, Orthodoxie und Ökumene, aaO, S. 148–152.
114 Stylianos Tsompanidis, Orthodoxie und Ökumene, aaO, S. 117.

Interesse in den ökumenischen Bemühungen. Umgekehrt wird insbesondere die Auseinandersetzung mit „Bewahrung der Schöpfung" samt ihren ökologischen und wirtschaftlichen Querbezügen zum Fokus der ökumenischen Auseinandersetzung. Diese wiederum finden kein adäquates Gegenstück im interreligiösen Dialog.

So gehören die Bemühungen des ÖRK und der KEK zwar zu den Wurzeln des interreligiösen Dialogs neuer Prägung.[115] In der Folgezeit haben sich beide Institutionen und der konziliare Prozess einerseits wie auch der interreligiöse Dialog andererseits um ethische Fragestellungen bemüht. Dennoch hat sich interreligiöser Dialog keineswegs zu einer Kopie der ökumenischen Bewegung mit anderen Gesprächspartnern entwickelt. Ganz im Gegenteil hat interreligiöser Dialog zu einer eigenständigen Dynamik und zu spezifischen inhaltlichen Akzenten gefunden. Dabei erweist sich ökumenisches Zusammenwirken im Rahmen christlicher Beiträge zum interreligiösen Dialoggeschehen jedoch als eine bedeutsame Konstante.

2.4 Ökumenische Konvergenzen hinsichtlich des interreligiösen Dialogs

Sicher erleichtert durch die thematische Ausrichtung des modernen interreligiösen Dialogs auf den ethischen Bereich lässt keine einzige der in Kapitel D untersuchten Schlusserklärungen seitens der beteiligten Christen konfessionelle Vorbehalte oder Spezifika erkennen. Vielmehr treten die in orthodox-islamischem Zusammenhang entstandenen Schlusserklärungen nahtlos zu denjenigen christlich-islamischen Ursprungs hinzu. Beleg für diese Konvergenz ist, dass bei der in Kapitel C 2 durchgeführten Analyse von Grundlinien und Schwerpunkten in den Dialogereignissen Referenzen zu orthodox-islamischen Dialogereignissen harmonisch neben solchen zu christlich-islamischen Dialogereignissen stehen, ohne dass ein einziger konfessionell begründeter Ausnahmefall hätte vermerkt werden müssen.

Zwar wurden z. B. bei den Interessensschwerpunkten, den Anliegen und in der Diktion von Schlusserklärungen verschiedentlich Besonderheiten festgestellt. Solche Sonderfälle sind aber keineswegs nur in Texten des bilateralen orthodox-islamischen Dialogs enthalten, sondern wurden ebenso in Dokumenten christlich-islamisch besetzter Konferenzen beobachtet; sie sind folglich nicht als orthodox-konfessionell zu qualifizieren. Verknüpft mit dem für jedes Dialogereignis jeweils spezifischen zeitlichen und situativen Kontext und herauswachsend aus den

---

115 Vgl. Kapitel B 1.3.1.2. und B 1.3.1.3.

Beiträgen je unterschiedlicher Teilnehmer verbreitern solche Besonderheiten in den Schlusserklärungen das Spektrum an interreligiösen Einsichten. Deshalb gilt ohne Einschränkung: Wenn man nicht aus dem Konferenzzusammenhang oder aus den Formalia der Schlusserklärungen bereits wüsste, ob es sich um ein orthodox-islamisches oder christlich-islamisches Dialogereignis handelt, könnte aus dem inhaltlichen Kern der Dokumente eine solche Zuordnung nicht erschlossen werden. Da andererseits die Orthodoxie zu *allen* hier untersuchten Dialogereignissen und -ergebnissen aktiv beigetragen hat, folgt aus dem Gesagten zusammengenommen zweierlei: dass nämlich (1) die Orthodoxie ihre Sichtweise nicht nur erfolgreich in den orthodox-islamischen, sondern ebenso in den christlich-islamischen Dialog eingebracht hat und dass (2) interreligiöser Dialog mit dem Islam einen Bereich darstellt, in dem ökumenische Übereinstimmung im Sinn eines gemeinsamen christlichen Zeugnisses einen sehr hohen Grad erreicht hat.

Zusammenfassend kann festgehalten werden: Die aktuellen Herausforderungen der Zeit, darunter vor allem Globalisierung, Pluralismus und Säkularisierung, sind Phänomene, die bei den verschiedenen christlichen Kirchen eine Neu- bzw. Wiederentdeckung von Gemeinsamkeiten untereinander gefördert haben. Die Parallelität von religiösem und konfessionellem Pluralismus in denselben Regionen drängt gerade im Bemühen um einen interreligiösen Dialog mit dem Islam auf das Engagement zugunsten eines gemeinsamen christlichen Zeugnisses, das in diesen eingebracht werden kann. Ausweislich der Dialogergebnisse ist es gelungen, in den spezifischen Themen der Dialogereignisse zu einem gemeinsamen christlichen Zeugnis zu finden. Insofern hat interreligiöser Dialog zugleich christliche Ökumene stimuliert und voran gebracht. Umgekehrt hat die christliche Ökumene im interreligiösen Dialog Themen erschlossen, deren Bearbeitung es im spezifischen ökumenischen Dialog noch weiter zu entfalten gilt.

3 Die Ausrichtung des interreligiösen Dialogs neuer Prägung auf den Bereich der Ethik

Die Synthese der untersuchten Schlusserklärungen in Kapitel D 2. hat ergeben, dass theologische Aussagen über Gott und Gottes Handeln nur eher beiläufig im Sinn einer Rückbindung an eine grundsätzliche Verantwortung des Menschen gegenüber Gott und den Mitmenschen formuliert wurden. Selbst der gemeinsame Monotheismus ist nicht zur Quelle theologischer Erwägungen in den Schlusserklärungen geworden. Lediglich auf die Herleitung der Menschenwürde aus göttlichem Willen bzw. Schöpfungshandeln und auf eine damit verbundene

3 Die Ausrichtung des interreligiösen Dialogs neuer Prägung —— 443

menschliche Verpflichtung wurde größere Mühe verwandt.[116] Die Verschiedenheit der Religionen steht im Vordergrund des Bewusstseins, gilt in vereinzelten prägnanten Formulierungen sogar als Ausdruck von Gottes Willen und wird generell als Faktum anerkannt, dem mit wechselseitigem Respekt zu begegnen ist. Dies schließt die durchgängig bekräftigte Übereinstimmung ein, dass die Integrität und Authentizität der Religionen gerade in ihrer Verschiedenheit durch konsequenten Verzicht auf Proselytismus und Synkretismus zu bewahren sei. Zu den Merkmalen des interreligiösen Dialogs neuer Prägung gehört nicht zuletzt, dass jeder Beteiligte nur die jeweils eigene Glaubensüberzeugung in ihn einbringt, sich darin in seinem persönlichen Glauben vertieft und sich Stellungnahmen zur anderen Religion enthält. Nimmt man diese Grundlinien zusammen, zeigt sich, dass die Erarbeitung theologischer Aussagen keinesfalls als Gegenstand und Ziel des interreligiösen Dialogs zu qualifizieren sind.

Das interreligiöse Bemühen wandte sich stattdessen von Anfang an der Ethik zu. Ausgehend von der grundsätzlichen Bedeutung der Menschenwürde wurde im Bereich von ethischen Werten eine detaillierte und differenzierte Arbeit geleistet, im Zuge derer eine gemeinsame Basis solcher Werte ermittelt und aufgezeigt wurde.[117] Aber auch diese gemeinsame Basis ist nicht als solche Gegenstand eines akademisch geleiteten Interesses der Dialogpartner. Hierzu kann auf das Zwischenergebnis zurückgegriffen werden, dass die Wahrnehmung einer religionsübergreifenden Gemeinsamkeit an ethischen Werten ganz entscheidend als interreligiöser Handlungsimpuls und zugleich als Kennzeichnung eines erfolgsversprechenden Arbeitsfeldes gedient hat.[118] Die Ausführungen zu einzelnen Werten in den Schlusserklärungen sind facettenreich und haben verzweigte Zusammenhänge untereinander und mit konkreten Feldern von Lebenswirklichkeit aufgezeigt. So konnte ein weites Spektrum an Anknüpfungspunkten gemeinsamen Engagements erschlossen werden. Die entsprechenden interreligiösen Einsichten gruppieren sich in Aussagen zur Menschenwürde,[119] zum Wert Frieden und seine Umsetzung in friedliche Koexistenz,[120] weiterhin vor allem zu Gerechtigkeit,[121] Toleranz und deren Umsetzung in wechselseitigem Respekt und in einer Achtung vor dem, was anderen heilig ist.[122] Die positive Darlegung dessen wird komplementär ergänzt durch ebenso differenzierte Aussagen zu einem in-

---

116 Vgl. Kapitel D 2.3.1.
117 Vgl. Kapitel D 2.2.2.
118 Vgl. Kapitel D 2.2.2. a.E.
119 Vgl. Kapitel D 2.3.1.
120 Vgl. Kapitel D 2.3.2.
121 Vgl. Kapitel D 2.3.3.
122 Vgl. Kapitel D 2.3.4. mit D 2.3.5.

terreligiösen Einsatz gegen die Verletzung ethischer Werte.[123] Einigkeit besteht ausweislich der Schlusserklärungen, dass die Beachtung der als besonders relevant herausgearbeiteten ethischen Werte bzw. ein konsequenter Verzicht auf deren Verletzung nicht nur die inneren Haltungen der Menschen mit Gutem durchwirkt. Nach ethischen Werten geprägte Menschen *handeln* auch ethisch gut. Sie kultivieren dabei den Umgang mit anderen Menschen, tragen in Summe zu einem positiven gesellschaftlichen Klima bei, in dem sich Spannungen abbauen und ein der Menschenwürde angemessener Lebenszusammenhang als gesichert wahrgenommen wird. Auf diese Wirkungen eines auf ethische Maßstäbe gegründeten Lebens wird noch zurückzukommen sein.

4 Das interreligiöse Bemühen um die Menschenrechte

4.1 Die Menschenrechte als Basis gesellschaftlicher Ordnung

Neben einer gemeinsamen Basis an grundlegenden ethischen Werten kommt dem Thema „Menschenrechte" großes Gewicht in den untersuchten Schlusserklärungen zu.[124] Die Quelle von Menschenrechten wurde in der Menschenwürde erkannt, die wiederum aus einem Handeln Gottes erwächst. Umgekehrt gelten die Menschenrechte in der deutlichen Mehrheit der untersuchten Texte als Ableitungen aus der Menschenwürde bzw. als deren Konkretisierung. Im Unterschied zu den ethischen Werten, die – wie unter E 3. angesprochen – ebenfalls auf die Menschenwürde zurückgeführt werden, sind die Darlegungen zu den Menschenrechten jedoch stärker auf die staatlich-gesellschaftliche Ordnung und auf den Staat als primärem Akteur zu ihrer Gestaltung bezogen.

Im Bemühen um den Menschen, seine Würde und um deren praktische Realisierung in konkreten gesellschaftlichen Kontexten haben Menschenrechte sukzessiv den Charakter einer interreligiösen Sprachregelung angenommen. Sie enthebt die beteiligten Religionen zwar davon, auf die jeweiligen Offenbarungsquellen zu rekurrieren, wenn es um den Menschen und seine Entfaltungsmöglichkeiten geht. Es stellt sich allerdings die Frage, an welcher Stelle des Dialogprozesses sich die im Hintergrund stehenden Auffassungsunterschiede auswirken. Darauf wird im nachfolgenden Abschnitt 4.2. noch zurückzukommen sein. Zunächst aber erleichtert die Rede von Menschenrechten und damit der Bezug auf einen internationalen, ja globalen Standard, Einsichten dazu in sehr

---

123 Vgl. Kapitel D 2.4.
124 Vgl. Kapitel D 2.5.

unterschiedliche Gesellschaftsformen einzubringen. Damit wird mittelbar (auch) eine Verständigung zwischen Staat/Politik und den Religionen sowie deren Verständigung mit anderen gesellschaftlichen Kräften erleichtert. Signifikant für die gesellschaftspolitisch-soziale Ausrichtung des interreligiösen Engagements zugunsten von Menschenrechten ist nicht zuletzt die ausgeprägte Auseinandersetzung mit der Rolle der Medien und der Erziehung, um so Menschenrechte in den gesellschaftlichen Realitäten zu verankern.

Interreligiöser Dialog bemüht sich um die Menschenrechte vor allem als Basis einer gesellschaftlichen Ordnung, die dem Menschen und seiner Entfaltung dient. Diese inhaltliche Ausrichtung lässt sich bis zu den Wurzeln interreligiöser Bemühungen in Gestalt der Friedensbemühungen durch ökumenische und internationale Vereinigungen zurückverfolgen, an denen die Orthodoxie jeweils beteiligt war. Vor allem haben sich der ÖRK seit den Jahren 1974/1975,[125] wie auch die „Konferenz Europäischer Kirchen" beginnend mit deren Konferenz Nyborg VI (1971),[126] dem Thema gewidmet. Dabei kommt der KEK der Verdienst zu, den Zusammenhang zwischen Menschenrechten, Friedensarbeit, sozialer Gerechtigkeit und dem inneren Zusammenhalt von Gesellschaften in friedlicher Koexistenz eindeutig erschlossen zu haben. Im Dialog erscheinen somit die Menschenrechte gleichsam als Überschrift für das Bemühen, ethische Grundhaltungen zur Sprache zur Sprache zu bringen, die eine Verständigung auf gemeinsame Ziele ermöglichen – einerseits zwischen Religionen und Staat bzw. Politik, andererseits zwischen Religionen und anderen Kräften in pluralen Gesellschaftsstrukturen.

4.2 Das interreligiöse Engagement für die Menschenrechte im weiteren Kontext

Während vielfach die „Allgemeine Erklärung der Menschenrechte" ohne weiteres als Textbasis für ein entsprechendes Engagement angenommen wurde, ist in einer Gruppe von Schlusserklärungen ein Unbehagen erkennbar geworden, sich interreligiös auf eine Konvention säkularen Ursprungs zu stützen. Alexander Kyrleschew spezifiziert das Problem in einer markanten Formulierung:

> Die Idee der Würde und der angeborenen Freiheit eines jeden Menschen stellt wohl nicht den Gegenstand des eigentlichen Streits zwischen dem religiösen und säkularen Bewusstsein dar. Es lässt sich nur von einem *Konflikt der Interpretationen* reden. Dieser Konflikt der Interpretationen, der den Konflikt der Weltanschauungen und Anthropologien aufdeckt, stellt

---

[125] Vgl. Kapitel B 1.3.1.2. (1).
[126] Vgl. Kapitel B 1.3.1.3. (2).

zugleich eine ernste Hausforderung für beide Seiten dar. (...). Dies zeigt die Polemik hinsichtlich des Konzepts der sogenannten kollektiven Rechte.¹²⁷

Dem entsprechen Versuche, alternative Konzepte zu entwickeln, die sich um Ergänzung der Rechte um Pflichten, um eine Balance von Individual- und Gruppenrechten sowie um „traditionelle Werte" bemühen. Mittelbar ergibt sich daraus eine charakteristische Justierung im Verhältnis von Staat/Politik und Religion. Im entsprechenden Zwischenergebnis¹²⁸ wurde festgehalten, dass insbesondere die beiden erstgenannten Anliegen in einer Reihe von Konferenzen entfaltet wurden, wobei ganz verschiedene Veranstalter – darunter mit einem relativen Schwerpunkt der ÖRK – verantwortlich zeichnen. Interessanterweise ist dasselbe Bestreben in drei von Seiten des Islam vorgelegten und als alternative Entwürfe zur UN-Charta verstandenen „islamischen Menschenrechtserklärungen" eingeschlossen.¹²⁹ Zwar findet sich in keiner einzigen Schlusserklärung ein unmittelbarer Bezug zu einem dieser auf der Scharia beruhenden Texte. Dennoch können die Aussagen zu Rechten und Pflichten bzw. zu Individual- und Gruppenrechten¹³⁰ dahingehend interpretiert werden, einem spezifisch islamischen Anliegen im interreligiösen Dialog ein Stück entgegenzukommen, ohne jedoch Abstriche an der Eindeutigkeit der UN-Charta und den in ihr festgehaltenen Menschenrechten zuzulassen.¹³¹

Die bei den untersuchten Schlusserklärungen beobachteten Akzentunterschiede in der Füllung des Begriffs „Menschenrechte" belegen die Schwierigkeit, interreligiös zu einer der jeweiligen Offenbarung entsprechenden und beiderseits zustimmungsfähigen Interpretation zu kommen. Dies gibt Anlass, den Blickwinkel zu weiten und die interreligiöse Diskussion über die Menschenrechte in einen größeren Zusammenhang einzuordnen.

Dazu soll der Blick zunächst auf die muslimische Seite im interreligiösen Dialog geworfen werden. Zum Thema „Menschenrechte" haben sich viele muslimische Autoren zu Wort gemeldet, mit der Folge, dass eine Ein- oder Zuordnung

---

127 Alexander Kyrleschew, Die Russische Orthodoxie nach dem Kommunismus. Das byzantinische Erbe und die Moderne, (Studien zur Kirchengeschichte und Theologie Bd. 9), Gabriele Schäfer Verlag Herne 2014, S. 421.
128 Vgl. Kapitel D 2.5.3. a.E.
129 Zu diesen drei von der Scharia ausgehenden Entwürfen vgl. Kapitel D 2.5.3. mit FN 470.
130 Die Rede von „traditionellen Werten" könnte eine dritte derartige Querverbindung beinhalten; wie im Zwischenergebnis Kapitel D 2.5.3. a.E. mit FN 474 vermerkt, sind die diesbezüglichen Formulierungen in den Schlusserklärungen aber zu unbestimmt, um eine vergleichende Analyse zuzulassen.
131 Vgl. oben Kapitel D 2.5.3. und die dort genannten Konferenzen.

der verschiedenen Positionen schwer zu fassen ist, eine Aufgabe, die im Rahmen dieser Untersuchung weder geleistet werden kann, noch geleistet werden soll. Stattdessen sollen einige wenige Stichproben das Umfeld eines interreligiösen Dialogs zum Thema „Menschenrechte" erhellen. Bassam Tibi, in Damaskus geborener, in vielerlei Hinsicht kritischer sunnitischer Moslem und emeritierter Professor für Internationale Beziehungen an der Universität Göttingen,[132] unterscheidet sehr anschaulich drei grundsätzliche Strömungen:

- Die Richtung der traditionellen, konservativen Rechtslehrer, die allein die Scharia gelten lassen und individuelle Rechte gegenüber Staat oder Gesellschaft als Widerspruch zum Islam klassifizieren und deshalb grundsätzlich ablehnen;
- die Richtung der islamischen Menschenrechte, deren Vertreter formal die Menschenrechte bejahen und die bereits erwähnten islamischen Menschenrechtserklärungen unterstützen;
- die von der arabischen Organisation für Menschenrechte vertretene Richtung, der sich der Autor selbst zurechnet; diese setzt sich dafür ein, die Universalität der Menschenrechte anzuerkennen und diese Menschenrechte im islamischen, speziell arabischen Raum zur Geltung zu bringen.[133]

Ein anderer Autor, der sich um die Wahrnehmung von Strömungen innerhalb der breiten muslimischen Diskussion um die Menschenrechte bemüht hat, ist Yadh Ben Achour, der u. a. als Professor an der Universität von Karthago und im „Human Rights Committee" der UN tätig ist.[134] Von historischen Zusammenhängen und philosophischen Überlegungen ausgehend, fasst er zusammen:

> Les États islamiques, d'une manière générale, suivent cette planétarisation des droits de l'homme. Cependant, ils font preuve également de réticences, comme en témoignent tout d'abord les réserves émises à l'endroit d'un certain nombres de conventions internationales, puis l'adoption de déclarations ou chartes arabes ou islamiques dont le contenu n'est pas conforme aux standards internationaux, ensuite les critiques qu'ils adressent à la philosophie des droits de l'homme qu'ils jugent d'extraction purement occidentale (....).[135]

---

132 Vgl. den detaillierten Lebenslauf auf der persönlichen Homepage von Bassam Tibi unter http://www.bassamtibi.de/wp-content/uploads/2015/06/comprehensive_CV_2015-homepage1.pdf (abgerufen 24.9.2015).
133 Bassam Tibi, Im Schatten Allahs. Der Islam und die Menschenrechte, Piper München/Zürich 2. Aufl. 1999, S. 41–45.
134 Zur Mitgliedschaft im UN-Komitee vgl. die Angaben auf der Homepage des „Office of the High Commissioner for Human Rights" unter http://www.ohchr.org/EN/HRBodies/CCPR/Pages/Membership.aspx (abgerufen 28.9.2015)
135 Yadh Ben Achour, Droits du Croyant et Droits de l'homme: Un point de vue islamique, in: Islamochristiana 34 (2008), S. 111–128 (115).

Damit unterscheidet auch er zwischen der Tendenz seitens des Islam, sich eher deklaratorisch zugunsten des „Weltstandards Menschenrechte" einzusetzen, der Tendenz, diesen Standard durch islamische Menschenrechtserklärungen zu relativieren, und der Tendenz, die Menschenrechte als rein westliches Phänomen und damit letztlich als unislamisch zu qualifizieren.

Legt man die von Bassam Tibi und Ben Achour ins Wort gebrachte Unterscheidung als Maßstab an die Analyse der hier untersuchten Schlusserklärungen an, lassen sich unmittelbar einige Beobachtungen machen: in den weitaus meisten Dialogdokumenten, die Menschenrechte thematisieren, wird die „Allgemeine Erklärung der Menschenrechte" völlig unproblematisch als Argumentationsbasis benutzt.[136] Darin liegt ein Indiz, dass die beteiligten muslimischen Dialogpartner die Universalität der Menschenrechte zumindest deklaratorisch anerkennen und es insoweit gelungen ist, interreligiöse Positionen zu formulieren. Dass dies ausweislich der grossen Mehrheit spezifischer Schlusserklärungen zu beobachten ist, setzt voraus, dass vor allem entsprechend moderate Referenten und Teilnehmer von den jeweiligen Veranstaltern eingeladen wurden, was einmal mehr die bedeutsame Rolle der veranstaltenden Organisationen und Initiativen unterstreicht.

Wie bereits erwähnt, lässt eine kleine Gruppe von Schlusserklärungen im Gegensatz dazu die Tendenz erkennen, die Menschenrechte durch „Menschenpflichten" bzw. um „traditionelle Werte" zu ergänzen. In einem nochmals kleineren Teil dieser Textgruppe konnten Anklänge an die islamischen Menschenrechtserklärungen identifiziert werden, ohne dass jedoch eine textliche Abhängigkeit oder Zitation ersichtlich geworden ist.[137] Dies lässt auf sporadische Mitwirkung von Vertretern einer Tendenz zur Ergänzung oder Uminterpretation der internationalen Menschenrechtserklärungen an den Dialogereignissen schließen. Dabei wird zugleich das interreligiöse Bemühen greifbar, den islamischen Dialogpartnern entgegenzukommen, ohne allerdings grundsätzliche Abstriche an den Menschenrechten selbst oder ihrer universalen Geltung zuzulassen. In keiner einzigen der untersuchten Schlusserklärungen wurde dagegen die dritte Position greifbar, dass nämlich Menschenrechte als rein westliches Phänomen und damit als unislamisch qualifiziert worden wäre. Das ist verständlich, denn hätte diese Position Gelegenheit bekommen, sich auszudrücken, wäre eine interreligiöse Verständigung im Themenbereich „Menschenrechte" offensichtlich unmöglich und die entsprechende Konferenz damit gescheitert. Auch hier wird eine sorgfältige Vorbereitung oder – überspitzt ausgedrückt – Orchestrierung der

---

136 Vgl. Kapitel D 2.5.2.
137 Vgl. Kapitel D 2.5.3. und die dort genannten interreligiösen Konferenzen.

Dialogereignisse seitens der Organisatoren greifbar, um den Preis, dass eine gewichtige Strömung innerhalb des Islam insoweit für den Dialog ausfällt. Umgekehrt kann die in den Schlusserklärungen fassbare, breit angelegte Auseinandersetzung mit den Menschenrechten auf der Basis der „Allgemeinen Erklärung der Menschenrechte" als interreligiöse Unterstützung oder Bestätigung moderater, pro-westlicher Kräfte interpretiert werden, zudem als bewusste Vermittlung einer zusätzlichen Bühne, um die entsprechende Überzeugung in der islamischen Welt zu präsentieren und zu stärken.

Dem gilt es nun, Stichproben einer orthodoxen Auseinandersetzung mit den Menschenrechten gegenüberzustellen. Dies wird erschwert durch die Tatsache, dass große Teile der Orthodoxie bis vor kurzem unter den Bedingungen kommunistisch-atheistischer Regime lebten und nur bedingt und zeitversetzt in eine Auseinandersetzung mit dem Thema „Menschenrechte" eintreten konnten. Ein Sammelband aus dem Jahr 2012, in dem u. a. Stimmen von Autoren aus verschiedenen autokephalen Kirchen zu „Orthodox Christianity and Human Rights"[138] zusammengestellt sind, zeigt anschaulich, dass die Auseinandersetzung mit diesem Thema intensiv geführt wird, aber zugleich weit entfernt von einer gleichsam panorthodoxen Konvergenz ist.[139] Das bedeutsame Dokument „Grundlagen der Lehre der Russischen Orthodoxen Kirche über Würde, Freiheit und Rechte des Menschen"[140] hat dieser Diskussion zweifellos starke Impulse gegeben.[141] Jenseits der dabei zuweilen überstrapazierten Frage, ob dieses Do-

---

[138] Alfons Brüning / Evert van der Zweerde (Hrsg.), Orthodox Christianity and Human Rights, Eastern Christian Studies 13, Peeters Leuven/Paris 2012.
[139] Vgl. Kristina Stoeckel, The Russian Orthodox Church and Human Rights, Routledge London/ New York 2014, S. 8 f; dort hält sie fest, dass sich lediglich einige autokephale Kirchen und einzelne orthodoxe Theologen mit der Thematik „Menschenrechte" auseinandergesetzt haben; den Grund dafür ortet Stoeckel im Fehlen einer verbindlichen, autokephalieübergreifenden Struktur der Orthodoxie und in einem relativ geringen Interesse der orthodoxen theologischen Tradition an Sozialethik und Fragen des modernen Lebens. Sie relativiert diese ernüchternde Einschätzung durch den Hinweis, dass sich die orthodoxe Theologie im 20. Jahrhundert für neue Sachthemen geöffnet habe, dazu insbesondere angeregt durch die Erfahrungen der orthodoxen Diaspora und teilweise auch durch den ökumenischen Dialog. Vgl. aaO, S. 9 – 18 die von Stoeckel zusammengetragenen Hinweise auf einzelne kirchliche Stellungnahmen und theologische Beiträge.
[140] Bischofskonzil der Russischen Orthodoxen Kirche, Grundlagen der Lehre der Russischen Orthodoxen Kirche über Würde, Freiheit und Rechte des Menschen, in: Barbara Hallensleben / Guido Vergauwen / Klaus Wyrwoll, Freiheit und Verantwortung im Einklang. Zeugnisse für den Aufbruch zu einer neuen Weltgemeinschaft, Institut für Ökumenische Studien der Universität Freiburg Schweiz 2009, S. 220 – 239.
[141] Vgl. den sehr instruktiven Beitrag von Alfons Brüning, „Orthodoxe Werte" und Menschenrechte – Hintergründe eines aktuellen Diskurses, in: Journal of Eastern Christian Studies 62 (2010), S. 87 – 136.

kument vollumfänglich dem internationalen Verständnis der Menschenrechte entspricht, kann der Text als Versuch interpretiert werden, die Menschenrechte aus der Hl. Schrift und der orthodoxen Tradition[142] anstatt aus der „Allgemeinen Erklärung der Menschenrechte" zu erheben. Damit wird bereits eine Richtung der spezifisch orthodoxen Behandlung des Themas sichtbar.

Zwei einzelne Meinungen vermögen den spezifischen orthodoxen Ausgangspunkt noch weiter schlaglichtartig zu beleuchten: Nicolas Lossky etwa erkennt durchaus die positive Schutzwirkung der Menschenrechte an, bringt aber doch Vorbehalte zum Ausdruck, die er als Summe einiger exegetischer Überlegungen pointiert so zusammenfasst:

> C'est vrai que l'Evangile n'encourage pas la défense des Droits de l'Homme. (…). C'est vrai que l'Evangile n'encourage pas la défense des Droits de l'Homme conçus comme 'mes droits', ou 'mon bon droit'. Mais, comme on l'a vu, il invite à une autre forme de défense des Droits de l'Homme: les droits de l'homme conçus comme les droits et la dignité des autres. (…). Il est donc clair que selon l'Évangile, la défense des Droits de l'Homme consiste à défendre les droits des autres et à renoncer à ses propres intérêts, à ses droits propres.[143]

Auch Christos Yannaras betont die Bedeutung der Menschenrechte und den mit ihnen verbundenen geistesgeschichtlich-politischen Fortschritt. Seinen Vorbehalt formuliert er so:

> Nevertheless, we would be doing violence to historical memory and critical thought if, simultaneously, we did not recognize that, compared to the ancient Greek city or the Byzantine (and meta-Byzantine) community, the protection of human rights is a pre-political achievement. It is an undisputable achievement, but an achievement which has not yet attained (perhaps not even understood) the primordial and fundamental meaning of politics: politics as a common exercise of life 'according to the truth', politics constituted around the axis of ontology (and not self-interested objectives).[144]

Yannaras erkennt in den Individualrechten ein Charakteristikum der modernen Zivilisation. In jeder Handlung, Planung oder Vergewisserung seien sie als ein selbstverständliches Kriterium vorausgesetzt. Die dementsprechend ausgestalte-

---

142 Vgl. Regina Elsner, The Russian Orthodox Church on the Values of Modern Society, in: Andrii Krawchuk / Thomas Bremer, Eastern Orthodox Encounters of Identity and Otherness, Palgrave Macmillan New York 2014, S. 169–175.
143 Nicolas Lossky, Les Droits de l'Homme á la lumière de l'Évangile, in: Contacts. Revue Orthodoxe de Théologie et de Spiritualité Tome XXXVI (1984), S. 50–59 (54 f).
144 Christos Yannaras, Human Rights and the Orthodox Church, in: Emmanuel Clapsis, The Orthodox Church in a Pluralistic World, WCC Publications Geneva 2004, S. 83–89 (88).

ten modernen Lebensgrundlagen sieht er allerdings in einer Krise, deren Symptome für ihn auf das Ende einer kulturellen Epoche hindeuten:

> Symptoms of such a magnitude are never products of a mere moral decline; they are clear proofs of the end of a cultural 'paradigm'. The 'paradigm' of modernity was grounded on the egocentrism of 'human rights'. A communion-centred version, based on the protection of human existential truth and authenticity might bear the arrival of a new cultural 'paradigm'.[145]

Damit wird deutlich, dass sich die Vorbehalte von Yannaras gegen die einseitig individuelle Orientierung der Menschenrechte richten, eine Ausrichtung, die er als Spezifikum einer zu Ende gehenden Epoche wahrnimmt. Seine Erwartungen bzw. Hoffnungen beziehen sich auf einen Übergang zu einem gemeinschaftsorientierten Paradigma, das ähnlich gesellschaftsgestaltend wirkt wie das bisherige, am Individuum ausgerichteten Grundverständnis. Die Kennzeichen des neuen Paradigmas, die „protection of human existential truth and authenticity", werden im Beitrag allerdings nicht weiter erläutert. Damit bleibt die Frage offen, welche Lebenswirklichkeit auf der so postulierten Basis eines neuen gesellschaftlichen Leitgedankens aufgebaut werden kann oder soll.

Im Ergebnis ist damit zu rechnen, dass seitens der Orthodoxie spezifische Wahrnehmungen und Anliegen in den interreligiösen Dialog zum Thema „Menschenrechte" eingebracht wurden. Diese schließen eine Referenz auf die „Allgemeine Erklärung der Menschenrechte" keineswegs aus, sondern knüpfen vor allem an der *inhaltlichen Entfaltung* von „Menschenrechten" und dem „Wie" ihrer Umsetzung an. Dabei wird seitens der Orthodoxie – ähnlich wie bei bestimmten Strömungen im Islam – der Wunsch greifbar, von den je eigenen Traditionen und letztlich von den jeweiligen Offenbarungsquellen, d. h. Bibel und Koran, auszugehen. Man könnte erwarten, dass die damit verbundene differenzierte Sicht und das Ringen um Details im Dialogprozess die Chance konkreter Aussagen zu den Menschenrechten und ihrem Gehalt massiv erschwert hätte. Tatsächlich zeigen die Schlusserklärungen jedoch, dass sich die unterschiedlichen Blickwinkel bei aller Vielfalt in einem zentralen Punkt treffen: die Gewährung, Sicherung bzw. Wiederherstellung derselben Rechte (und Pflichten) für jedes Mitglied einer Gesellschaft gelten als Basis einer gesellschaftlichen Ordnung. Sie sichern deren positive Entwicklung und wirken Polarisierung, Segregation und Konflikten entgegen. Die damit freigesetzten Kräfte können bzw. sollen in eine allseitig gewünschte Weiterentwicklung der Gesellschaftsstrukturen fließen.

---

[145] Christos Yannaras, Human Rights and the Orthodox Church, in: Emmanuel Clapsis, The Orthodox Church in a Pluralistic World, aaO, S. 83–89 (89).

5 Interreligiöser Dialog im Dienst an einer friedlichen Koexistenz

Die Erarbeitung von interreligiösen Aussagen zur Menschenwürde, zu ethischen Werten und den Menschenrechten war nicht selbstgenügsames Ziel des Dialogs. Bereits angesprochen wurde, dass darin ein interreligiöser Handlungsimpuls und zugleich die Umschreibung von Arbeitsfeldern erkannt worden ist. Worauf drängt dementsprechend die geleistete Arbeit im weit verstandenen Bereich der Ethik? Die Antwort erschließt sich nicht unmittelbar, denn die Analyse in Kapitel D 2. hat zwar sichtbar gemacht, dass die vorhandene Fülle in eine Reihe von zentralen Anliegen konvergiert. Damit ist jedoch noch keine eindeutige Antwort auf die Frage nach der Zielsetzung interreligiösen Dialogs moderner Prägung verbunden. In ganz unterschiedlichen Zusammenhängen ist allerdings in der Synthese des Kapitels D 2. immer wieder ein Begriff aufgetaucht, der gewissermaßen als ein Leitmotiv das ganze Dialoggeschehen durchzieht: friedliche Koexistenz.

Der Begriff „friedliche Koexistenz" ist so bedeutungsvoll, dass seine Verwendung inzwischen eine eigene Geschichte aufweist. Im Rahmen dieser Untersuchung mag es genügen, in groben Strichen seine Herkunft und den für diesen Zusammenhang entscheidenden Bedeutungswandel zu skizzieren. „Friedliche Koexistenz" ist als politische Formel entstanden. Die dahinterstehende Konzeption geht auf Lenin zurück, dem eine Übergangsphase vor Augen gestanden hatte, in der das sowjetische und das westlich-demokratische Gesellschaftssystem nebeneinander bestehen und Handelsbeziehungen miteinander aufnehmen können.[146] Stalin griff diese Konzeption bereits 1925 auf; in einem Interview von März 1936 verwendete er dafür erstmals auch den Begriff „friedliche Koexistenz".[147] 1956 als Modell systemübergreifender zwischenstaatlicher Beziehungen vom XX. Parteitag der KPdSU bestätigt und 1961 in das Parteiprogramm der KPdSU integriert,[148] spielte „friedliche Koexistenz" auch weiterhin als Leitlinie der sowjetischen Außenpolitik, später als wichtiges Element der Entspannungspolitik eine

---

[146] Wilhelm Bruns, Friedliche Koexistenz. Ideologie und Außenpolitik kommunistischer Staaten, Landeszentrale für politische Bildung Hamburg 1976, S. 9. Bernard Wills, Entspannung und friedliche Koexistenz, List Verlag München 1974, S. 108–113.

[147] Vgl. Gustav Wetter, Die friedliche Koexistenz in kommunistischer Sicht, in: Kirche in Not, XII. Friedliche Koexistenz, Pallottiner Druckerei Limburg 1965, S. 22–42 (26) mit FN 4. Übereinstimmend Bernard Wills, Entspannung und friedliche Koexistenz, List Verlag München 1974, S. 116–118; zur Verwendung des Begriffs „friedliche Koexistenz" vgl. aaO, S. 116 mit Endnote 63.

[148] Vgl. Wilhelm Bruns, Friedliche Koexistenz, aaO, S. 10. Vgl. Gustav Wetter, Die friedliche Koexistenz in kommunistischer Sicht, in: Kirche in Not, XII. Friedliche Koexistenz, aaO, S. 22–42 (29–31); aaO, S. 31 auch der Hinweis, dass dieses Parteiprogramm die Urheberschaft des Prinzips „friedlicher Koexistenz" auf Lenin zurückprojizierte.

signifikante Rolle.¹⁴⁹ Von da ging er – immer noch als politischer Begriff – in die Friedensbemühungen christlicher Kirchen ein, wo er insbesondere in einer Reihe von Dokumenten der KEK Erwähnung gefunden hat.¹⁵⁰ Diese wiederum gehören – wie bereits hervorgehoben – zum Umfeld des panorthodoxen Beschlusses von 1976/1986¹⁵¹ und zu den Wurzeln des interreligiösen Dialogs neuer Prägung.

Die Schlussdokumente der ganz von sowjetischer Politik durchtränkten Konferenz 9.–12.5.1952 in Zagorsk¹⁵² bedienen sich des Begriffs „friedliche Koexistenz" nicht, in der Konferenzrede des Metropoliten Nikolaus von Krutizy und Kolomna ist er jedoch als Verweis auf die Weisungen Lenins und Stalins, d.h. in seiner politischen Bedeutung, enthalten.¹⁵³ Die frühesten hier untersuchten Schlusserklärungen, das Manifest der Tagung 8.7.1965 (Libanon)¹⁵⁴ und die Erklärung der vom ÖRK veranstalteten Konferenz 2.–6.3.1969 (Cartigny/Schweiz),¹⁵⁵ greifen nicht formulierungsmäßig, wohl aber der Sache nach eine friedliche Koexistenz zwischen Christen und Muslimen auf. Damit deutet sich eine ganz wesentliche Entwicklung an: der bislang auf das Verhältnis politischer Systeme bezogene Begriff wandelt sich in einen interreligiösen Sprachgebrauch, nämlich der friedlichen Koexistenz von Gläubigen unterschiedlicher Religionszugehörigkeit in derselben Gesellschaft. Die Konferenz 10.–14.5.1982 (Moskau) sprach schließlich auch ausdrücklich von friedlicher Koexistenz, die zwischen Religionen genauso notwendig sei wie zwischen Ländern.¹⁵⁶

Der Gedanke einer friedlichen Koexistenz von Religionen und ihren Gläubigen gehört nicht nur zu den ganz frühen Bezügen interreligiöser Bemühungen neuzeitlicher Prägung. Da er konsequent weitergetragen und in immer neuen Zusammenhängen entfaltet wurde, nimmt er auch in den untersuchten Schlussdokumenten außerordentlich breiten Raum ein. Das Engagement zugunsten von

---

149 Vgl. Wilhelm Bruns, Friedliche Koexistenz, aaO, S. 28 ff. Vgl. Bernard Wills, Entspannung und friedliche Koexistenz, aaO, S. 151 ff.
150 Zur Verwendung des Begriffs „friedliche Koexistenz" in Dokumenten der KEK vgl. Kapitel B 1.3.1.3. (2).
151 Vgl. dazu Kapitel B 1.3.1.2. und B 1.3.1.3.
152 Vgl. Kapitel C 1.1.
153 Vgl. Konferenz aller Kirchen und Religionsgemeinschaften in der UdSSR zum Schutz des Friedens, aaO, S. 34: „...er folgte dabei den Weisungen W. I. Lenins und J. W. Stalins über die Möglichkeit einer friedlichen Koexistenz und Zusammenarbeit, eines friedlichen Wettbewerbs der beiden sozialökonomischen Systeme".
154 Vgl. Kapitel D 1 (1); vgl. Juliette Nasri Haddad u.a. (Hrsg.), Déclarations Communes Islamo-Chrétiennes (1954–1995), aaO, S. 37: „...afin que chrétiens et musulmans vivent unis en Dieu...".
155 Vgl. Kapitel D 1 (2); vgl. Stuart E. Brown, Meeting in Faith, aaO, S. 3: „...to find ways of living together in the same society".
156 Vgl. Kapitel D 1. (15).

friedlicher Koexistenz zählt zu den Antworten des interreligiösen Dialogs auf die Herausforderungen der Zeit,[157] zu den Zielbestimmungen von interreligiösem Dialog als solchem,[158] folgt aus der dem Menschen von Gott auferlegten Verpflichtung zum Eintreten für das menschliche Leben.[159] Friedliche Koexistenz ist Teil der gemeinsamen Basis an ethischen Werten,[160] ist in spezifischer Weise verbunden mit dem Einsatz für den Wert „Frieden",[161] wird durch Beachtung der Menschenrechte gesichert,[162] hängt mit der Umsetzung von Religionsfreiheit[163] und Gleichheit[164] zusammen, gehört zu den Aufgaben spezifischer interreligiöser Organisationen.[165] Staat und Politik sind in der Pflicht, die Voraussetzungen für friedliche Koexistenz zu schaffen;[166] friedliche Koexistenz wird gefördert durch Zusammenarbeit von Staat und Religionsgemeinschaften.[167] Allein schon diese Bezüge zu friedlicher Koexistenz ziehen sich quer durch die in Kapitel D 2. hergestellte Synthese der interreligiösen Einsichten.

Das ganze Gewicht dieses Leitmotivs wird dennoch erst erkennbar, wenn man solche Bezüge hinzunimmt, bei denen „friedliche Koexistenz" als Begriff zwar häufiger unausgesprochen bleibt, aber in eindeutiger Weise als *Wirkung* bestimmter interreligiös erwünschter Haltungen bzw. Aktivitäten vorausgesetzt ist. Hier kann auf einen im Abschnitt E 3. bereits angesprochenen Zusammenhang zurückgegriffen werden. Wenn Menschen ethische Werte konsequent leben, prägt das nicht nur ihre inneren Haltungen. Ethisches Leben des Einzelnen wirkt auch nach außen, beeinflusst den Umgang von Menschen miteinander und prägt bei noch weiterem Blickwinkel letztlich die gesellschaftlichen Verhältnisse. Werden wechselseitiger Respekt, Toleranz, Gerechtigkeit geübt und letztlich die Menschenwürde beachtet,[168] dann bauen sich Spannungen ab, die Menschen gegeneinander aufbringen könnten, und friedliche Koexistenz realisiert sich (wieder). Dasselbe gilt für den ethisch richtigen und interreligiös geforderten Verzicht auf Diskriminierung, Ausgrenzung, Hass, Intoleranz, Fanatismus, Extremismus,

---

157 Vgl. Kapitel D 2.1.1.; dazu besonders die Schlusserklärungen der Konferenzen 8.–10.9.1994 (Athen), oben D.1. (27) und 17./18.9.2012 (Bossey/Genf), oben D.1. (137).
158 Vgl. Kapitel D 2.1.4. mit FN 188.
159 Vgl. Kapitel D 2.2.1. mit FN 249.
160 Vgl. Kapitel D 2.2.2. mit FN 260.
161 Vgl. Kapitel D 2.3.2. mit FNN 322–327.
162 Vgl. Kapitel D 2.5.1. mit FN 433 und FN 441.
163 Vgl. Kapitel D 2.5.4.1. mit FN 488.
164 Vgl. Kapitel D 2.5.4.2. mit FN 492.
165 Vgl. Kapitel D 2.6.2. mit FN 533.
166 Vgl. Kapitel D 2.6.3. mit FN 545.
167 Vgl. Kapitel D 2.6.3. mit FN 556.
168 Vgl. Kapitel D 2.3.

Gewaltanwendung usw.[169] Je konsequenter ein solcher Verzicht geübt wird, desto seltener werden Menschen zu Opfern unethischer Haltungen oder Handlungen. Damit mündet nicht nur ethisch gestaltetes Leben, sondern auch die Vermeidung von unethischen Verletzungen in dieselbe Wirkung, nämlich friedliche Koexistenz. Ganz ähnlich wurde im Abschnitt E 4. festgehalten, dass die Schlusserklärungen einer Gewährung, Sicherung bzw. Wiederherstellung der Menschenrechte für jedes Mitglied einer Gesellschaft deren positive Entwicklung sichern und Polarisierung, Segregation und Konflikten entgegenwirken. Auf diese Weise wird in den Schlusserklärungen in immer neuen Anläufen dargetan, dass die Wirkung einer Beachtung der Menschenrechte letztlich in friedlicher Koexistenz innerhalb desselben gesellschaftlich-sozialen Rahmens besteht. Dasselbe gilt natürlich wiederum für konsequenten Verzicht auf eine Verletzung der maßgeblichen Menschenrechte. In dieselbe Richtung verweisen nicht zuletzt die zahlreichen, in Kapitel D 2.6.2. zusammengefasst dargestellten Kriseninterventionen: primär fokussiert auf die Beendigung von Gewalteskalationen schließen sie typischerweise bereits Elemente ein, die der Schaffung einer an ethischen Werten und den Menschenrechten ausgerichteten Nachkriegsordnung dienen. Ist eine Krisenintervention in diesem Sinn erfolgreich, entsteht als Wirkung „friedliche Koexistenz" der zuvor verfeindeten oder sich bekriegenden Parteien in einer neuen Gesellschaft.

Die bislang erörterten *direkten Bezüge* zu friedlicher Koexistenz sowie die Wahrnehmung von friedlicher Koexistenz als intendierter *Wirkung* gelingender interreligiöser Bemühungen wurden den Dialogergebnissen, d.h. den untersuchten Schlusserklärungen entnommen. Darüber hinaus gibt es noch ein drittes Feld, das zur vollständigen Bestimmung von friedlicher Koexistenz als einem Leitmotiv einbezogen werden muss: friedliche Koexistenz als erklärte *Zielsetzung* des Dialoggeschehens oder als *Motivation* dazu. Der panorthodoxe Beschluss von 1976 deutet einen entsprechenden Beweggrund der Orthodoxie zwar nur durch die spezifisch wertorientierte Zielsetzung einer künftigen interreligiösen Zusammenarbeit an,[170] darin gefolgt vom panorthodoxen Beschluss von 1986.[171] Bereits die Botschaft der Oberhäupter der autokephalen Kirchen vom Jahr 2000 zieht die 1976/1986 begonnene Linie jedoch deutlich weiter, bis hin zur Verwendung des Begriffs „friedliche Koexistenz" in direktem Zusammenhang mit Dialogbemü-

---

169 Vgl. Kapitel D 2.4.
170 Vgl. Kapitel B 1.1.3.
171 Vgl. Kapitel B 1.2.2.; die Andeutung konzentriert sich vor allem in den Formulierungen des Abschnitts A 5. „l'établissement de relations fraternelles entre les peuples" bzw. des Abschnitts F 4. „L'Orthodoxie confesse que chaque être humain (...) est porteur de l'image de Dieu, qu'il est notre frère ou notre soeur, membre à part égale de la Famille humaine".

hungen.¹⁷² Die Botschaft der Synaxis von 2008 hat demgegenüber den Blick eher auf Gefährdungen von friedlicher Koexistenz durch Spaltungen gelegt, denen durch Dialog zu begegnen ist; der Begriff wird nicht verwendet.¹⁷³ Umso deutlicher ist aber die Botschaft der Ersthierarchen der Kirchen des Nahen Ostens von 2011 gefasst, in der gleich mehrfach von friedlicher Koexistenz als einem Hauptziel des noch zu intensivierenden Dialogs gesprochen wird.¹⁷⁴ Auch die Russische Orthodoxe Kirche greift in ihrer Auseinandersetzung mit Möglichkeiten und Zielen eines interreligiösen Dialogs die Formel „friedliche Koexistenz" ausdrücklich auf.¹⁷⁵ Das Bild vervollständigt sich durch in ganz anderen Zusammenhängenden stehende Elemente: Friedliche Koexistenz ist ausdrückliche Zielsetzung zahlreicher interreligiös aktiver Organisationen, an denen sich die Orthodoxie sowohl administrativ wie mit inhaltlichen Beiträgen beteiligt hat.¹⁷⁶ Friedliche Koexistenz wurde nicht zuletzt als Zielsetzung der Dialogpartner in Berichten und Stellungnahmen sowie bei Begegnungen thematisiert.¹⁷⁷

Friedliche Koexistenz erscheint damit (1) als eine *Summe* und – jenseits der Begriffsverwendung – (2) als intendierte *Wirkung* gelingender interreligiöser Be-

---

172 Vgl. Kapitel B 2.1.1.; die entscheidende Formulierung lautet: „...créer les présupposés les plus favorables à un dialogue avec elles afin de favoriser l'instauration d'une coexistence pacifique entre tous les peuples".
173 Vgl. Kapitel B 2.1.2.
174 Vgl. Kapitel B 2.2.1.
175 Vgl. Kapitel B 2.3.4. zu den Empfehlungen der Bischofsversammlung vom Februar 2010; vgl. Kapitel B 2.3.5. zum Dokument „Concept of the Missionary Work of the Russian Orthodox Church" vom März 2013.
176 Vgl. z. B. Kapitel C 1.3.2.mit FN 98; weitere Beispiele vgl. Kapitel C 2.1.1.mit FN 234; vgl.Kapitel C 2.1.1.mit FN 238; vgl. Kapitel C 2.1.3. mit FN 268; vgl. Kapitel C 2.3.2.1. mit FN 348; vgl. Kapitel C 2.3.2.2. mit FN 358; vgl. Kapitel C 2.7.1. mit FN 634 (Aufgabenstellung des „Consultative Council of the Religious Cults of Romania" u. a. „...prevention and negotiating in order to solve the interconfessional and interreligious disagreements").
177 Vgl. z. B. Kapitel B 1.3.1.3. mit FN 60; vgl. Kapitel C 1.2.2. mit FN 46 (der Bericht verwendet den Begriff „cohabitation"); vgl. Kapitel C 1.2.3. mit FN 57; vgl. Kapitel C 1.2.3. mit FN 63 (Jugendseminare zum Thema „Les jeunes chrétiens et musulmans et le défi du ‚vivre ensemble'"); vgl. Kapitel C 1.2.3. mit FN 69; vgl. Kapitel C 1.4.2. mit FN 177 (Vortrag von Patriarch Petros VII. von Alexandria); vgl. Kapitel C 2.1.2. mit FN 243 (vgl. insb. den Bericht Episkepsis 20. Jg., No 411 (15.1. 1989), S. 3–8 (5)); vgl. Kapitel C 2.1.2. mit FN 244 (zu „friedlicher Koexistenz" vgl. den Beitrag von Metropolit Damaskinos Papandreou in: Episkepsis 20. Jg., No 426 (1.10.1989), S. 4–11 (6)); vgl. Kapitel C 2.1.3. mit FN 268; vgl. Kapitel C 2.1.4.mit FN 307; vgl. Kapitel C 2.3.3.1. mit FN 383 (der Bericht zur Versammlung 24.4. 2002 (Damaskus) verwendet den Begriff „convivialité"); vgl. Kapitel C 2.5.2.1. mit FN 486 (der Bericht spricht von „coexistence paisible"); vgl. Kapitel C 2.5.4.1 mit FN 536 (Bericht zur Konferenz 7.2.2006 (Moskau) mit Bezug auf Erfahrungen beim friedlichen Nebeneinander und Zusammenwirken von Christentum und Islam); vgl. Kapitel C 2.6.3.1. mit FN 607 (zur Konferenz 2./3.5. 2006 (Pec).

mühungen um den Menschen und seine Würde in all ihren Einzelaspekten; hinzuzunehmen sind (3) zahlreiche Belege für „friedliche Koexistenz" als *Zielsetzung* oder *Motivation* orthodoxer Beteiligung am interreligiösen Dialog. Zusammenfassend kann festgehalten werden: interreligiöser Dialog moderner Prägung unter Beteiligung der Orthodoxie und des Islam stellt ganz wesentlich einen Beitrag zur friedlichen Koexistenz von Menschen verschiedener Religion bzw. zur Beendigung oder Prävention religiös konnotierter Konflikte zugunsten friedlicher Koexistenz in pluralen Gesellschaften dar.

6 Interreligiöser Dialog im Fadenkreuz politisch-gesellschaftlicher Interessen

6.1 Motivationen einer Beteiligung der Politik am interreligiösen Dialoggeschehen

Die Wahrnehmung interreligiöser Ereignisse seitens der Politik beschränkte sich zunächst auf Grußadressen; hierfür ist die Konferenz 16. – 21.10.1970 (Kyoto) ein frühes Beispiel.[178] Intensivere Beteiligung der Politik folgte einige Jahre später: die Konferenz 1. – 6.2.1976 (Tripoli/Libyen) wurde – erstmals unter den hier untersuchten Dialogereignissen – von einem Staat (mit-)organisiert, nämlich der Arabischen Republik Libyen gemeinsam mit dem Vatikan.[179] Die vom „Institut pour le dialogue des cultures" in Cordoba veranstaltete Konferenz 12. – 15.2.1987 (Cordoba)[180] wurde vom Generaldirektor der UNESCO, Mohtar M'Bow geleitet. Sie belegt, dass „Dialog der Kulturen" bereits früh zum Thema des interreligiösen Dialogs geworden war. Zugleich wird erkennbar, dass die UNESCO bereits Jahre vor einem Auftreten als Organisator eigener Tagungen ein Interesse am religionsübergreifenden Austausch hegte.

Eine neue Qualität politischer Beteiligung im Bereich interreligiösen Engagements konnte mit dem Programm der UNESCO zur Förderung von Frieden und interkulturellem Dialog erreicht werden. Das erste diesbezügliche Seminar, an dem sowohl orthodoxe wie islamische Vertreter teilnahmen, fand 12. – 18.12.1994 in Barcelona statt.[181] Seither folgten in unregelmäßigen Abständen und unter-

---

178 Vgl. Homer A. Jack, A History of the World Conference on Religion and Peace, aaO, S. 59 erwähnt Grußadressen von UN-Generalsekretär U Thant und des Premierministers von Japan an die Konferenz von Kyoto.
179 Vgl. Kapitel D 1 (9).
180 Vgl. Kapitel C 2.1.3.
181 Vgl. Kapitel D 1. (30).

schiedlichen Zusammenhängen weitere derartige Konferenzen.[182] Nur ein Jahr später, 1995, wurde seitens von EU-Verantwortlichen die „Euro-Mediterranean Partnership (EMP)" beschlossen. Im Rahmen dieses Programms, später auch weit darüber hinaus, entstand in der Verantwortung verschiedener EU-Einrichtungen ein neuer Raum, in dem die europäische Politik den Dialog mit verschiedenen gesellschaftlich relevanten Gruppen suchte, darunter auch mit den Religionsgemeinschaften Europas.[183] In staatlicher Verantwortung wurden weiterhin seit 2003 die Konferenzreihe von Astana[184] sowie seit 2004 die Konferenzreihe von Doha[185] durchgeführt. Zudem sind auch einzelne politisch (mit-)motivierte Dialogereignisse zu verzeichnen.[186] Nicht zuletzt ist zu betonen, dass zahlreiche interreligiöse Kriseninterventionen sowie einige interreligiöse Räte mit Beteiligung (über-)staatlicher und politischer Autoritäten zustande kamen bzw. von ihnen begleitet wurde.[187]

Bereits die in Kapitel C 2. angesprochenen regionalen Rahmenbedingungen interreligiösen Dialogs haben die enge Verzahnung von Politik und Religion für ein gelingendes Zusammenleben von Angehörigen verschiedener Religionen im selben gesellschaftlichen Kontext aufgezeigt. Dennoch überrascht, wie viele interreligiöse Dialogereignisse und Initiativen im Rahmen der oben erwähnten Anknüpfungspunkte von überstaatlichen und staatlichen Institutionen mitgetragen bzw. -gestaltet wurden. In formaler Hinsicht betrifft dieses Engagement die Organisation, die personelle oder logistische Beteiligung an Dialogereignissen, die Finanzierung sowie eine (partielle) Zusammenarbeit zwischen Staat/Politik und interreligiösen Akteuren im engeren Sinn, bis hin zur Bildung von speziellen Organisationen oder Institutionen unter Beteiligung von Staat, Politik und Religion.[188] Inhaltlich steht ein staatlich-/politisches Interesse an einem Zusammenwirken mit den Religionen zur Abwehr von (vorgeblich) religiös motivierter Gewalt im Mittelpunkt. Hinzu kommt die gesteigerte Glaubwürdigkeit einer staatlich-politischen Nutzung des entsprechenden, interreligiös entwickelten Instrumentariums zugunsten friedlicher Koexistenz. Solche Motivationen staatlich-politischen Interesses können sich zu – in Kapitel A 1.1. bereits angesprochenen – Interessen verdichten, was interreligiöser Dialog bewirken *soll*. Um solche Er-

---

182 Vgl. Kapitel C 1.4.1.
183 Vgl. Kapitel C 1.4.2.
184 Vgl. Kapitel C 1.4.4.
185 Vgl. Kapitel C 1.4.3.
186 Vgl. Kapitel C 1.5.2.
187 Vgl. Kapitel D 2.6.2.; zu den interreligiösen Räten vgl. zusätzlich das Zwischenergebnis Kapitel C 2.13.
188 Vgl. Kapitel D 2.6.2.

wartungshorizonte genauer fassen zu können, soll im folgenden nach verschiedenen regionalen Kontexten unterschieden werden.

6.2 Staatlich-politisches Engagement bei interreligiösem Dialog im westlichen Kontext

Im westeuropäischen Zusammenhang ist die staatliche Beteiligung am Dialoggeschehen – unterhalb der EU-Ebene und der erwähnten Bemühungen von EU-Gremien – unterschiedlich ausgeprägt. Dabei mag die Feststellung von Fritz Erich Anhelm eine Rolle spielen, der in einem Beitrag über die politische Relevanz von interreligiösem Dialog erhebliche Defizite bei der Erforschung einer Wechselwirkung zwischen Politik und religiöser Pluralität konstatiert.[189] Ungeachtet dessen wird in zahlreichen Darstellungen mit Blick auf die religiösen Verhältnisse Deutschlands thematisiert, dass und wie interreligiöser Dialog bzw. seine Ergebnisse im gesellschaftlich-politischen Rahmen Platz greifen könnten und sollten. Einen ersten Eindruck vermittelt der Sammelband „Wertedialog der Religionen".[190] Die Autoren wollen aufzeigen, dass interreligiöser Dialog und dessen ethischer Schwerpunkt Chancen für die gesellschaftliche Weiterentwicklung bieten.[191] Sie bemühen sich um eine auf Deutschland zugespitzte Anwendung interreligiöser Einsichten zu Pluralität und Werten, letztlich also um eine Art von Rezeption. Dazu beziehen sie sich auf eine ganze Reihe von „Lernorten", darunter vor allem Kindergarten, Jugendarbeit, soziale Arbeit, Krankenhaus, Erwachsenenbildung, Schule und Hochschule. Das Fazit der Herausgeber zeigt die große Nähe zu den Dialogergebnissen, wie sie sich (auch) in dieser Untersuchung dargestellt haben:

---

[189] Fritz Erich Anhelm, Zugänge zum christlich-islamischen Dialog aus gesellschaftswissenschaftlicher und gesellschaftspolitischer Perspektive, in: Volker Meißner / Martin Affolderbach / Hamideh Mohagheghi / Andreas Renz (Hrsg.), Handbuch christlich-islamischer Dialog, (Schriftenreihe der Georges-Anawati-Stiftung Bd. 12), Herder Freiburg 2. Aufl. 2016, S. 59–67 (62): „Dieser Befund (...) verweist auf ein Defizit in der wissenschaftlichen Begründung des christlich-islamischen Dialogs bei der Erforschung der Wechselwirkungen zwischen Politik und religiöser Pluralität. So hat der Dialog zwischen christlichen und islamischen Glaubensorientierungen seinen Ort bisher auch weniger in der Wissenschaft als unmittelbar bei den religiösen Akteuren selbst, interreligiös zwischen den Glaubensgemeinschaften und politisch zwischen dem Staat und den Repräsentanten der Religionen".
[190] Vgl. Josef Freise / Mouhanad Khorchide (Hrsg.), Wertedialog der Religionen. Überlegungen und Erfahrungen zu Bildung, Seelsorge, Sozialer Arbeit und Wissenschaft, (Schritenreihe der Georges-Anawati-Stiftung Nr. 10), Herder Freiburg u.a. 2014.
[191] Josef Freise / Mouhanad Khorchide (Hrsg.), Wertedialog der Religionen, aaO, S. 25 f.

Die Beiträge in diesem Sammelband haben gezeigt, dass alle drei monotheistischen Religionen (...) je auf ihre Weise Werte begründen. Es besteht Einigkeit darüber, dass für ein friedliches und konstruktives Leben in einer pluralen Gesellschaft eine gemeinsame Basis an Grundwerten unabdingbar ist. Zu diesen Werten gehören u.a. die Bewahrung der Menschenwürde, der Freiheit, der Gleichheit und der Solidarität unter den Menschen in einer Gesellschaft.[192]

Die politische Dimension lässt sich vor allem aus der staatlichen (Mit-)Verantwortung für die meisten der genannten „Lernorte" erschließen. Eine ähnliche Perspektive vermittelt der Sammelband „Christen & Muslime – Verantwortung zum Dialog",[193] dessen Beiträge beleuchten, wie religiöse Pluralität und Wertorientierung zur gesellschaftlich-politischen Gestaltung in Deutschland fruchtbar gemacht werden könnten bzw. sollten. Die Relevanz interreligiösen Dialogs wird dabei vor allem in Konfliktprävention und Integration gesehen. Dieselbe Motivation kann dem Sammelband „Handbuch christlich-islamischer Dialog"[194] entnommen werden. Als zentrale Themen gelten den Autoren Ethik, Menschenwürde und -rechte, Frieden und Gewaltprävention. Im dritten Teil „Praxis" werden eine ganze Reihe geeigneter Anknüpfungspunkte interreligiös orientierter Gestaltung entfaltet, darunter wiederum solche, die in staatlicher (Mit-)Verantwortung stehen wie z.B. der Bildungs- und Sozialbereich. Den drei ausgewählten Stichproben ist gemeinsam, dass sie für die gesellschaftliche und politische Relevanz von interreligiösem Dialog plädieren, eine Relevanz, die Staat und Politik in Deutschland nach Einschätzung der Autoren bislang nur unzureichend realisiert haben. Der faktisch vorhandene religiöse Pluralismus soll in einen fruchtbaren Austausch gebracht werden, um gesellschaftlich relevante Kräfte freizusetzen. Letztlich werben die genannten Autoren dafür, mithilfe von interreligiösem Dialog eine gesellschaftliche Entwicklung gezielt zu beeinflussen und zu gestalten.

Deutlich ausgeprägter als in Deutschland stellt sich das Engagement des österreichischen Staates im Dialoggeschehen dar. Dazu hat Elisabeth Karamat eine höchst instruktive Untersuchung vorgelegt.[195] Sie zeigt auf, wie intensiv die österreichische Politik interreligiöse Dialogbemühungen (mit-)gestaltet hat, darunter den Iranisch-Österreichischen Dialog von St. Gabriel, Dialoge in Südost-

---

192 Josef Freise / Mouhanad Khorchide (Hrsg.), Wertedialog der Religionen, aaO, S. 353.
193 Evangelische Akademien in Deutschland (Hrsg.), Christen & Muslime. Verantwortung zum Dialog, Wissenschaftliche Buchgesellschaft Darmstadt 2006.
194 Vgl. Volker Meißner / Martin Affolderbach / Hamideh Mohagheghi / Andreas Renz (Hrsg.), Handbuch christlich-islamischer Dialog, (Schriftenreihe der Georges-Anawati-Stiftung Bd. 12), Herder Freiburg 2. Aufl. 2016.
195 Vgl. Elisabeth Karamat, Christlich-islamischer Dialog. Initiative Österreichischer Außenpolitik, (Schriftenreihe der Georges-Anawati-Stiftung Bd. 2), EB-Verlag Schenefeld 2007.

6 Interreligiöser Dialog im Fadenkreuz politisch-gesellschaftlicher Interessen — 461

europa und im Rahmen der EU.[196] Vor allem drei iranisch-österreichische Dialogereignisse[197] wurden staatlicherseits angebahnt, thematisch-konzeptionell vorbereitet und in der Durchführung begleitet. Da Karamat u. a. auf Archivmaterialien des Außenministeriums zurückgreifen konnte, bietet sie einen der eher seltenen Zugänge, um ein Dialoggeschehen von ersten Motivationen über Gestaltungsvorgaben bis zum Ergebnis nachvollziehen zu können. Bereits die Vorüberlegungen über zu beteiligende Organisationen, einzuladende Persönlichkeiten und anzuwendende Methodik[198] erweisen sich als entscheidende Weichenstellungen, welche die oben unter E 1.2.3. festgehaltene prägende Rolle der Organisatoren von Dialogereignissen nochmals von anderer Seite her bestätigen. Die staatlichen Beiträge erreichen in Summe ein Ausmaß, das insbesondere den iranisch-österreichischen Dialog als außenpolitisches Instrument erscheinen lässt.[199] Zusammenfassend wird der politische Bezug von Karamat folgendermaßen ins Wort gebracht:

> Angesichts der dringenden Herausforderungen, die sich heute und für die Zukunft stellen, ist ein ernsthafter Dialog der Religionen zu führen, der Bereiche der Außenpolitik, der Wirtschaft und der Gesellschaftspolitik einbezieht. Sowohl ein verstärkter Kampf um Ölvorkommnisse als auch die demographischen Entwicklungen in vielen Regionen machen den Islam zu einem politischen Faktor, der in nächster Zeit weiter zu berücksichtigen sein wird. Rechtzeitig sollte erkannt werden, dass nur in einem Dialog unter Gleichgestellten und nicht durch Fremdbestimmung die Probleme bei der Gestaltung der Welt und der Aufteilung der Ressourcen zu lösen sind, um einen dauerhaften Frieden und ein gedeihliches Miteinander der kommenden Generationen zu sichern.[200]

So bietet auch die Untersuchung Karamats letztlich ein Plädoyer. Dabei unterstreicht sie die Relevanz interreligiösen Dialogs und seiner Ergebnisse für eine Sicherung von friedlicher Koexistenz in pluralen westlichen Gesellschaften wie auf internationaler Ebene. Karamat resümiert für den österreichischen Zusammenhang, dass diese gesellschaftspolitischen Desiderata mit sehr klaren außen-

---

196 Ein Teil dieser Bemühungen hat sich auf orthodoxe und islamische Beteiligung erstreckt und ist in Kapitel C berücksichtigt worden.
197 Elisabeth Karamat, Christlich-islamischer Dialog, aaO, S. 154–167
198 Vgl. Elisabeth Karamat, Christlich-islamischer Dialog, aaO, S. 131 f zu Weichenstellungen im Vorfeld der Konferenz 30.3. – 2.4.1993 (Wien).
199 Zwar wurde der Kern des Dialoggeschehens als „wissenschaftlicher Teil" qualifiziert, vgl. Elisabeth Karamat, Christlich-islamischer Dialog, aaO, S. 134. Der Gesamtkonzeption der Konferenz einschließlich der Teilnehmer und Themen erweist sich jedoch als so perfekt orchestriert, dass es einer direkten Mitwirkung politischer Repräsentanten beim Diskussionsteil nicht mehr bedurfte, um das erwünschte Ergebnis zu erhalten.
200 Elisabeth Karamat, Christlich-islamischer Dialog, aaO, S. 219.

und wirtschaftspolitischen Zielen verknüpft sind. Ihr Plädoyer schließt den Appell ein, dass sich die Politik dieses Zusammenhangs bewusst bleiben und interreligiösen Dialog auch weiterhin als Mittel politischer Gestaltung einsetzen sollte.

6.3 Interreligiöser Dialog und die politische Interessenlagen in Russland und Zentralasien

Ein starkes staatlich-politisches Engagement beim interreligiösen Dialoggeschehen hat sich auch in Russland gezeigt. Die intensiven und facettenreichen interreligiösen Aktivitäten unter Beteiligung der Russischen Orthodoxen Kirche und des Islam sind in mehreren Zwischenergebnissen zusammengeführt worden.[201] Sie zeigen in Summe, dass die politische Relevanz religiöser Pluralität in eine Steuerung von Dialogereignissen münden kann, sei es durch direkte Beteiligung staatlicher Funktionsträger bei der Vorbereitung und Durchführung, sei es durch eine aktive Begleitung des Geschehens seitens der Politik. Dabei handelt es sich keineswegs nur um das typische Handlungsschema eines bolschewistischen Regimes; es wurde vielmehr unter veränderten Verhältnissen gleichsam adoptiert. Olga Kazmina hat zutreffend darauf hingewiesen, dass seit dem Zusammenbruch des Sowjetstaates diesbezüglich mehrere Phasen zu unterscheiden sind, die von Änderungen der staatlichen Religionspolitik bzw. von Positionierungen der Russischen Orthodoxen Kirche und des Islam gekennzeichnet sind.[202]

Thematisch konnte in dieser Untersuchung eine Phase interreligiösen Engagements in der ausgehenden Sowjetunion mit Schwerpunkt auf „Frieden" und „Abrüstung" beobachtet werden. Dem Zusammenbruch der UdSSR folgte eine Phase des Bemühens um interreligiöse Mitgestaltung der postsowjetischen gesellschaftlichen Verhältnisse. Sie ging über in eine Phase interreligiöser Bemühungen, deren eindeutiger thematischer Schwerpunkt auf Aspekten wie der Sicherung friedlicher Koexistenz, der Konfliktprävention bzw. -intervention sowie der Abwehr von Extremismus und Terrorismus lag. Diese inhaltliche Ausrichtung erweist sich als weitgehend losgelöst von regionalen Bezügen; die entsprechenden Dialogereignisse finden z.T. in der Russischen Föderation statt, andere in den selbständigen Staaten des Kaukasus[203] oder von Zentralasien.[204] Umso größeres

---

201 Vgl. die Abschnitte „Zwischenergebnis" in Kapitel C 2.5.2.4., Kapitel C 2.5.4.3., und Kapitel C 2.5.5.5.
202 Vgl. Olga Kazmina, The Russian Orthodox Church in a New Situation in Russia: Challenges and Responses, in: Andrii Krawchuk / Thomas Bremer, Eastern Orthodox Encounters of Identity and Otherness, aaO, S. 219–231 (220 ff).
203 Vgl. Kapitel C 2.5.5.1.

Gewicht haben Indizien für eine nachhaltige Koinzidenz von staatlichen und kirchlichen/religiösen Interessen:[205] Die russische Innenpolitik reagierte auf den Tschetschenienkonflikt und seine weiteren Folgen. Außenpolitisch galt das Bemühen einer Neudefinition des Verhältnisses zu den kaukasischen Nachbarstaaten sowie zu den heute selbständigen Staaten Zentralasiens. Das Interesse der Orthodoxie knüpfte am Konzept der „traditionellen Religionen" Russlands und ihrer darin eingeschlossenen Vorrangstellung[206] sowie an einer Sicherung orthodoxer kirchlicher Strukturen außerhalb Russlands an. Bremer betont zu Recht:

> Es gibt Indizien dafür, dass auch in der Wirklichkeit eines religiösen Pluralismus in Russland eine Art der *symphonia*-Tradition fortgeführt wird. Die orthodoxe Kirche als Mehrheitskirche wird faktisch als eine mit dem Staat eng verbundene Institution behandelt.[207]

> Es ist deutlich, dass die ROK seit dem Ende des Kommunismus nach einer neuen Rolle in der Gesellschaft suchen musste und sie offensichtlich immer noch nicht gefunden hat. Die Beziehungen zwischen Kirche und Staat haben ja immer zwei Seiten, sodass sie nicht von der Kirche allein definiert werden können, sondern das Verhalten des Staates ebenfalls in Betracht genommen werden muss.[208]

Bereits daraus ergibt sich eine komplexe Tektonik, bei der es zu Verschiebungen sowie zu sich aufbauenden und lösenden Spannungen kommen kann. Der religiöse Pluralismus, konkret der Islam, trägt in der Russischen Föderation dazu ein übriges bei. Sowohl dem Staat wie der Russischen Orthodoxen Kirche ist nicht zuletzt an einer Immunisierung des regionalen Islam gegenüber extremistischen Tendenzen gelegen. Darin stimmen sogar muslimische Führungspersönlichkeiten und Muslimorganisationen ein, die den Islam als positiv aufbauende, auch politisch relevante Kraft erweisen wollen.[209]

---

204 Vgl. Kapitel C 2.5.5.2.
205 Vgl. Kapitel C 2.5.
206 Vgl. Thomas Bremer, Kreuz und Kreml. Geschichte der orthodoxen Kirche in Russland, Herder Freiburg u. a. 2. Aufl. 2016, S. 143. Wallace L. Daniel, The Orthodox Church and Civil Society in Russia, Texas A&M University Press College Station 2006, S. 66 interpretiert die Betonung der spirituellen und kulturellen Traditionen Russlands als Element einer Suche nach einer neuen politischen und sozialen Ordnung, zu der die orthodoxe Kirche das ihre beitrug. AaO, S. 148 f zeigt er auf, dass die intensiven kirchlichen Bemühungen um Zugang zum Bildungssystem in direktem Zusammenhang mit dem Bemühen um eine Wiederentdeckung des religiösen Erbes Russlands stehen.
207 Thomas Bremer, Kreuz und Kreml, aaO, S. 143.
208 Thomas Bremer, Kreuz und Kreml, aaO, S. 145.
209 Vgl. Basil Cousins, The Orthodox Church, Islam and Christian-Muslim Relations in Russia, in: Anthony O' Mahony / Emma Loosley, Christian Responses to Islam, aaO, S. 38–53 (40).

Die Interessenlagen machen nicht an der Außengrenze der Russischen Föderation halt, sondern sind ganz ähnlich auch in den nunmehr selbständigen Staaten Zentralasiens wirksam.[210] Als geradezu komplementär zum staatlichen Engagement der Russischen Föderation im Bereich des interreligiösen Dialogs erweist sich z. B. dasjenige in Kasachstan. Untersuchungen insbesondere von Sébastien Peyrouse haben gezeigt, dass die von Bremer angesprochene „*symphonia*-Tradition" der Russischen Orthodoxen Kirche sogar in mehrheitlich islamischen Staaten adaptiert werden kann und sich in einem politisch begleiteten Arrangement mit dem dortigen staatskonformen Islam äußert, das der regionalen russischen Orthodoxie einen Platz in der gesellschaftlichen Ordnung sichert.[211] Bei der Einnordung dessen kann interreligiöser Dialog als Kompass eingesetzt, ja instrumentalisiert werden.[212]

Entsprechend der angesprochenen Koinzidenz von Interessen konnten Beispiele eines intensiven Zusammenspiels von interreligiösem Engagement und Politik greifbar gemacht werden. Als besonders aussagekräftig dafür erscheint die Tätigkeit der russisch-iranischen Dialogkommission.[213] Eine ähnlich deutliche Sprache sprechen interreligiöse Bemühungen mit China, die im Rahmen von Begegnungen vorbereitet und in der Durchführung von zahlreichen russischen Außenpolitikern begleitet wurden.[214] Die spezifisch kirchliche Zielsetzung bezog sich dabei auf Möglichkeiten zu einer Wiederbelebung russisch-orthodoxer Seelsorgsstrukturen in Nordchina.[215] Die staatliche Motivation kann in einer politischen Entkrampfung des Verhältnisses von Russland und China erblickt werden. Die russisch-chinesischen politischen Beziehungen wurden jedoch so ausgiebig thematisiert, dass die formale Gestaltung als interreligiöses Ereignis

---

210 Vgl. Sébastien Peyrouse, Islam in Central Asia: National Specifities and Postsoviet Globalization, in: Religion, State & Society 35 (2007), S. 245–260; in diesem Beitrag zeigt Peyrouse auf, wie der Islam von den postsowjetischen autoritären Regierungen für eine Neudefinition des Zusammenhangs von nationaler Identität und Religionszugehörigkeit instrumentalisiert und zugleich einer rigiden Kontrolle unterworfen wurde.
211 Vgl. Kapitel C 2.5. Vgl. Sébastien Peyrouse, The Partnership between Islam and Orthodox Christianity in Central Asia, in: Religion, State & Society 36 (2008), S. 393–405 (400f) legt dar, dass es in vielen der zentralasiatischen Staaten zu einer Interessen-Allianz zwischen Orthodoxie und Islam kommt, um andere christliche bzw. muslimische Gemeinschaften zu marginalisieren.
212 Das staatliche Engagement wird in Kasachstan vor allem sichtbar im Zusammenhang mit der Durchführung einer interreligiösen Konferenzreihe und Begegnungen sowie deren Interpretation durch die Forschung; vgl. Kapitel C 1.4.4.
213 Vgl. Kapitel C 2.5.3.
214 Vgl. Kapitel C 2.5.5.4.
215 Vgl. Anastasios Yannoulatos, Die Missionstätigkeit der orthodoxen Kirchen, in: Wilhelm Nyssen / Hans-Joachim Schulz / Paul Wiertz, Handbuch der Ostkirchenkunde Bd. III, Patmos Düsseldorf 1997, S. 183–208 (192).

inszeniert wirkt. Interessanterweise lässt sich auch der umgekehrte Fall beobachten: Dabei handelte es sich um ein Treffen von Vertretern der „traditionellen Religionen" Russlands mit dem seinerzeitigen Ministerpräsidenten Putin, bei dem Hilfe für verfolgte Christen im nahöstlichen Bereich angemahnt wurde; ihr Schutz solle Teil russischer Außenpolitik werden, was der Ministerpräsident zusagte.[216]

Die russisch-orthodoxe Sicht von interreligiösem Dialog ist seit der panorthodoxen Beschlussfassung von 1986 so intensiv fortgeschrieben worden, wie in keiner anderen autokephalen Kirche.[217] Damit korrespondiert die Einschätzung der Bedeutung von interreligiösem Dialog durch den Staat, die Andrii Krawchuk so zusammenfasst:

> Interreligious dialogue is a major priority of Russian domestic and foreign policy. The state actively promotes and supports it in the interests of social harmony, national security, and the construction of a 'Eurasian' image of Russia, as a cultural bridge between Europe and Asia, Orthodoxy and Islam. (...). The peaceful coexistence of the two major religions is recognized as a necessary precondition for the social and political reinvention of Russia, and the state pursues those related goals by promoting religious dialogue and cooperation – and by balancing the competing, Orthodox and secular-multicultural, visions for the future.[218]

Damit bringt Krawchuk dezidierte Erwartungshaltungen russischer Politik im Blick auf interreligiösen Dialog ins Wort. Dabei handelt es sich jedoch staatlicherseits um eine Gratwanderung mit ungewissem Ausgang, denn

> The overriding concern among Muslims is that the advancement of Orthodox tradition as the primary element of national identity in Russia demonstrates a lack of commitment to a multiethnic and secular model of the Russian state. This in turn reveals a growing distance between two competing models of Russian religious, cultural, and political identity: one views Russian ethnicity and Orthodox tradition as tightly interwoven components of a coherent, monolithic culture, while the other draws upon principles of democracy, pluralism, and religious equality to purpose a new path for the state and society.[219]

---

216 Vgl. Kapitel C 2.5.5.3. mit FN 562.
217 Vgl. Kapitel B 2.3. Hinzuzunehmen ist selbstverständlich die russisch-orthodoxe Beteiligung an einer Autokephalie-übergreifenden Weiterentwicklung der Sicht von interreligiösem Dialog, vgl. Kapitel B 2.1.
218 Andrii Krawchuk, Muslim-Orthodox Relations in Russia: Contextual Readings of *A Common Word*, in: Andrii Krawchuk / Thomas Bremer, Eastern Orthodox Encounters of Identity and Otherness, aaO, S. 303–317 (306).
219 Andrii Krawchuk, Muslim-Orthodox Relations in Russia: Contextual Readings of *A Common Word*, in: Andrii Krawchuk / Thomas Bremer, Eastern Orthodox Encounters of Identity and Otherness, aaO, S. 303–317 (305f).

6.4 Weitere regionale Schwerpunkte politischer Initiative

Die interreligiösen Bemühungen im Bereich des konfliktgeplagten Balkan fanden unter starker Beteiligung regionaler und internationaler Politik statt.[220] Dabei war eine relative Häufung bei solchen internationalen politischen Größen feststellbar, die bereits bei Interventionen auf dem Balkan involviert waren und sich seither für Verhandlungslösungen engagieren. Dazu gehören neben Nationalstaaten auch Organisationen wie die EU und die OSZE oder deren regionale Repräsentanten. Ein anders gelagertes markantes Beispiel für eine dominante Rolle (außen-)politischer Interessen des serbischen Staates stellt die interreligiöse Konferenz 7.–9.4.2011 (Belgrad) dar, die „Nusantara – Serbian and Indonesian Society of Friedship", das serbische Ministerium für Religion, das serbische Außenministerium und Repräsentanten der indonesischen Regierung organisierten; ähnliches gilt für die Folgekonferenz 22.–26.10.2013 (Jakarta).[221] Vergleichbar ist das Bild hinsichtlich des Patriarchats Jerusalem. Eher verborgen hinter den dort vorwiegend aktiven interreligiösen Organisationen wirken vor allem diejenigen politischen Kräfte mit, die sich intensiv im Nahostkonflikt positioniert haben und sich auf internationaler Ebene um Beiträge zu dessen Lösung bemühen. Besonders deutlich wird das am „Council of Religious Institutions of the Holy Land", dessen Gründung sich einer Initiative des US State Department verdankte,[222] aber auch beim „Interreligious Coordinating Council in Israel", einem Dachverband zahlreicher in- und ausländischer Organisationen, von denen einige als halbstaatlich oder staatsnah gelten können.[223] Demgegenüber gestaltet sich die Beteiligung der Politik bei den intensiven interreligiösen Aktivitäten im Libanon eher zurückhaltend, was der Labilität der politischen Verhältnisse und dem Spezifikum des religiösen Proporzsystems in diesem Land geschuldet sein mag.[224] Die entscheidenden Initiativen liegen deshalb eindeutig bei den Kirchenleitungen und Religionsführern, sichtbar etwa beim Zustandekommen und dem Engagement des „Comité National islamo-chrétien pour le dialogue".[225] Ihr Bemühen richtet sich allerdings in hohem Maß auf politische Fragestellungen, etwa den Zusammenhalt des libanesischen Staates, das Funktionieren staatlicher Institutionen oder die Thematik gleichberechtigter Mitbürgerschaft von Gläubigen unterschiedlicher Religion. Im Iran sind die interreligiösen Aktivitäten einer staatlichen Behörde, der „Islamic Culture and

---

220 Vgl. Kapitel D 2.6.3.
221 Vgl. Kapitel C 2.6.3.2.
222 Vgl. Kapitel C 2.4.1.1.
223 Vgl. Kapitel C 2.4.1.2.
224 Vgl. Hannelore Müller, Religionen im Nahen Osten 1, Harrassowitz Wiesbaden 2009, S. 237 f.
225 Vgl. Kapitel C 2.3.2.1.

Relations Organization (ICRO)", zugewiesen, deren Vertreter insbesondere bei der russisch-iranischen Dialogkommission mitwirken.[226] Im theokratischen System des Iran fließen allerdings auch in anderen Bereichen politische und religiöse Aspekte zusammen. In anderen Ländern des arabischen Raum sind Träger interreligiöser Aktivitäten häufig halbstaatliche Organisationen wie z. B. das „Aal albeyt Institut" in Jordanien[227] und das „Doha International Center for Interfaith Dialogue" in Qatar.[228] Vergleichbar erscheint das im Rahmen eines mehrseitigen Staatsvertrages gegründete und von Saudi Arabien getragene „King Abdullah International Centre for Interreligious and Intercultural Dialogue",[229] das allerdings nicht im Inland, sondern in Wien angesiedelt ist. Staatliche und politische Autoritäten des arabischen Raums treten zumeist im Zusammenhang mit diesen Organisationen und den von ihnen mitverantworteten Dialogereignissen in Erscheinung. Auch insoweit sind staatlich-politische sowie religiöse Aspekte kaum voneinander zu trennen.[230]

6.5 Positionierung von Religion als gesellschaftlich relevante Kraft und Zusammenfassung

Die interreligiösen Ausführungen zum Verhältnis von Staat und Religion/Kirche und deren positivem Zusammenwirken zur Verwirklichung bestimmter Ziele entfalten grundsätzliche Bedeutung auch in umgekehrter Richtung: die Religionen versuchen, sich als relevante, „Gesellschaft" mit gestaltende Kräfte neu zu positionieren.[231] Der tragende Grund hierfür ist der gemeinsame Wunsch, sich in eine Mitgestaltung gesellschaftlicher Verhältnisse einzubringen und so letztlich einer Marginalisierung von Religion entgegenzuwirken oder zuvorzukommen. Die Wechselwirkung von Politik und interreligiösen Bemühungen kommt auch darin zum Ausdruck, dass sich auftretende politische Krisen sowohl thematisch wie in der Intensität der Dialogereignisse niederschlagen (z. B. bewaffnete Auseinandersetzungen im Nahen und Mittleren Osten oder die Attentate vom 11. September in den USA).

---

226 Vgl. Kapitel D 2.5.3.
227 Vgl. Kapitel C 2.1.2.
228 Vgl. Kapitel C 1.4.3.
229 Vgl. Kapitel C 2.1.1.
230 Vgl. Adel Theodor Khoury, Einführung in die Grundlagen des Islams, Styria Graz u. a. 1978, S. 260 f.
231 Vgl. Kapitel D 2.6.3.

Eine Variante vergleichbarer Zielrichtung bietet das von der Politik geförderte Ineinander von interreligiösem und interkulturellem Dialog.[232] Letzterer umfasst nicht nur die Religionsgemeinschaften, sondern auch weitere gesellschaftlich relevante Kräfte. Dabei umfasst der Begriff „interkultureller Dialog" an sich bereits eine politisch-gesellschaftliche Komponente im Bereich friedlicher Koexistenz und zur Prävention eines „Zusammenpralls der Kulturen". Die vor allem bei den Aktivitäten staatlicher oder internationaler Gremien zu beobachtende Akzentverlagerung von interreligiösem zu interkulturellem Dialog entspringt nicht selten einem säkularisierten „westlichen" Bedürfnis nach einer staatlichen Neutralität bezüglich der Religion, das teilweise sogar in die Grundordnung der genannten Gremien Eingang gefunden hat. In der Konsequenz tragen die Vertreter der Religionen im interkulturellen Dialogzusammenhang kaum etwas spezifisch Religiöses bei. Sie beschränken sich vielmehr – nicht unähnlich der Rolle säkularer Interessenverbänden, gemeinnützigen Organisationen oder Kulturvereinigungen – auf Beiträge zu vom Veranstalter in der Regel vorgegebenen, gesellschaftlich-politisch erwünschten Entwicklungen. Dazu gehören insbesondere Verbesserungen bei der Integration verschiedener Gruppen, bei der Ausgestaltung einer pluralen Gesellschaft, des Bildungswesens oder des sozialen Bereichs.

Das partielle, aber auch durchaus vielschichtige Zusammenspiel von Politik und Religion kann wie folgt zusammen gefasst werden: Die Politik hat mit gewisser zeitlicher Verzögerung[233] erkannt, dass das Bemühen des interreligiösen Dialogs nur marginal auf spezifisch theologische Themen gerichtet ist, sondern sich wesentlich um friedliche Koexistenz, Konfliktlösung bzw. -prävention sowie um einen positiven Umgang mit Pluralismus und gesellschaftsrelevanten Werten bemüht. Um ihre eigenen diesbezüglichen Interessen zu flankieren bzw. voranzutreiben, hat sich die Politik auf verschiedenen Ebenen des interreligiösen Dialogs angenommen, sich an ihm in unterschiedlichen Formen beteiligt und ihm dadurch einen spezifisch erweiterten Raum vermittelt. Zuweilen gibt es Indizien, die eine Existenz von konkreten Erwartungshaltungen nahe legen, was interreligiöser Dialog im staatlich-gesellschaftlichen Kontext bewirken soll. Diese Erwartungshaltungen können sich in Einzelfällen so sehr verdichten, dass interreligiöser Dialog vorrangig zu einem alternativen Konzept politischen Handelns oder – in umgekehrter Richtung – zu einem kirchlich-religiös eingesetzten Instrument einer Einwirkung auf den Staat bzw. die Politik mutiert.

---

232 Vgl. Kapitel D 2.1.6.
233 Hier wird vom Extremfall staatlich-ideologisch gelenkter Indienstnahme der Religionsgemeinschaften in der ehemaligen UdSSR, die bei der Konferenz 9.–12.5.1952 in Zagorsk prägend war, abgesehen.

7 Die Inanspruchnahme politischer und staatlicher Autorität zur Umsetzung interreligiöser Einsichten in die Praxis

Beginnend mit der von der Konferenz 16.–21.10.1970 (Kyoto)[234] erarbeiteten Schlusserklärung wurde bei Ereignissen des interreligiösen Dialogs eine politische Dimension ihres Engagements entdeckt. Seither nahmen die Dialogpartner mit zunehmender Deutlichkeit die Politik für die Umsetzung gewonnener interreligiöser Einsichten in die Pflicht. Während sich die „Kyoto-Declaration" in noch eher tastenden Formulierungen an die UNO und ihre Mitgliedsstaaten wandte,[235] wurden bald schon – z.T. sehr bestimmt und konkret abgefasste – Appelle an die Politik zum häufigen Mittel, die Möglichkeiten politischer und staatlicher Macht auf den interreligiösen Plan zu rufen. Deren Bedeutung hat Anlass gegeben, die entsprechenden Interventionen in einem eigenen Abschnitt zu beleuchten.[236] Solche Interventionen erweisen sich als eindeutiges Kennzeichen für den politisch-gesellschaftlichen (Mit-)Gestaltungswillen der Religionen. In einem Sonderfall wurde mit dem „Interreligious Institute (IRI)" in Sarajevo sogar ein eigenes Institut gegründet, um eine Brücke zwischen den Religionsgemeinschaften einerseits und der politisch-zivilen Gesellschaft andererseits zu schlagen und entsprechenden Mitgestaltungswillen in einem gesellschaftlichen Transformationsprozess zu institutionalisieren.[237] Aber auch die zahlreichen, oft sehr konkreten Forderungen und Appelle an den Staat bzw. die Politik untermauern, dass seitens der Religionen deren Mitwirkung als wesentlich angesehen wurde, um das insbesondere zugunsten des Friedens und einer friedlichen Koexistenz im Rahmen konkreter Gesellschaften Erarbeitete mit deren Möglichkeiten umzusetzen.

Nähere Details des interreligiösen Interesses an einer Einbindung von Staat und Politik äußern sich im Neben- bzw. Ineinander von spezifisch religiösen und politischen Gesichtspunkten in den Schlusserklärungen.[238] Dabei sind mehrere Zielrichtungen zu Tage getreten:

Ein vitales Interesse der Religionsgemeinschaften gilt ihrer Existenz und Entwicklung sowie der Gewährleistung des für ihre Sendung notwendigen Bewegungsspielraums. Besonders deutlich greifbar wird dieser Aspekt in den vielfach interreligiös dargelegten Notwendigkeiten, dass der Staat / die Politik –

---

234 Vgl. Kapitel D 1 (4).
235 Vgl. Homer A. Jack, A History of the World Conference on Religion and Peace, aaO, S. 437–440 (440).
236 Vgl. Kapitel D 2.6.1.
237 Vgl. Kapitel C 2.6.2.
238 Vgl. die einzelnen Hinweise bei der Darstellungen der Dialogereignisse in Kapitel C 1 und C 2. Kapitel D 2.

insbesondere auch als Ausfluss praktizierter Religionsfreiheit – klar definierte Mindeststandards für die Existenz und Tätigkeit der Religionen gewährleisten muss. Staat und Politik werden angerufen, um den Religionen einen angemessenen Platz im Ganzen der Gesellschaft einzuräumen. Zum Teil bedarf es dazu sogar einer Neugestaltung des Verhältnisses von Staat und Religionsgemeinschaften im Zuge gesellschaftlicher Transformationsprozesse. Angestrebt wird dabei das Leitbild einer Zusammenarbeit bis hin zu einer Partnerschaft von Religionen und Staat.[239]

Weiterhin besteht ein spezifisch interreligiöses Interesse daran, dass die im Dialog erarbeiteten zahlreichen Übereinstimmungen in Bezug auf ethische Werte nicht nur von den jeweiligen Gläubigen gelebt, sondern übergreifend zur Gestaltung friedlicher Koexistenz in pluralen Gesellschaften herangezogen werden. Am deutlichsten kommt dies dort zum Ausdruck, wo sich die Religionsgemeinschaften mit ihrer gemeinsamen ethischen Konzeption als Modellfall gesamtgesellschaftlicher Relevanz,[240] ja sogar als Modellfall des Zusammenwirkens der Wertsysteme von Ost und West[241] präsentieren. Zur praktischen Umsetzung sehen die Religionen die für die Gesellschaftsordnung primär verantwortlichen staatlichen und politischen Autoritäten gerufen. Der inhaltliche Schwerpunkt liegt dabei auf der positiven Gestaltung eines gesellschaftlich-sozialen Miteinanders in wechselseitigem Respekt und in der Beachtung bestimmter grundlegender Werte, darunter besonders Frieden und friedliche Koexistenz,[242] die Beachtung der Menschenwürde und -rechte[243] sowie das Bemühen um (soziale) Gerechtigkeit und Entwicklung.[244] Noch entschiedener wird die Mitwirkung der Politik am interreligiösen Einsatz gegen gesellschaftlich oder sozial destruktiv wirkende Fehlhaltungen eingefordert, insbesondere im Abbau von Missbräuchen, Ausgrenzung und Gewalt einschließlich gemeinsamer Abwehrbemühungen gegenüber Terrorismus, Extremismus, Fanatismus und des manipulativen Missbrauchs von Religion.[245]

Diese Grundlinien bestätigen sich in einzelnen Bereichen, die überall staatlicher Regelung oder Gestaltung, mindestens aber einer staatlichen Aufsicht un-

---

239 Vgl. Kapitel D 2.6.3.
240 So z. B. die Konferenz 13./14.12.2001 (Moskau), oben Kapitel D 1 (66); vgl. auch die Konferenzen 14./15.12.2001 (Belgrad), oben Kapitel D 1 (67); 14.–17.12.2003 (Sevilla), oben Kapitel D 1 (86).
241 Vgl. zur Konferenz 7.2.2006 (Moskau) oben Kapitel C 2.5.4.1.
242 Vgl. Kapitel D 2.6.3.
243 Vgl. Kapitel D 2.5.
244 Vgl. Kapitel D 2.6.3.
245 Vgl. Kapitel D 2.4.

terliegen. Hervorzuheben ist darunter zunächst der Erziehungsbereich.[246] Sehr rasch wurde im Dialog der Religionen entdeckt, dass ein herausragendes Mittel zur Umsetzung interreligiöser Einsichten in der Förderung von Lernprozessen besteht, Lernprozesse, die zunächst den inneren Bereich des Menschen in Form von Gewissensbildung und persönlicher Einübung eines religiös fundierten Wertekonzepts formen möchten. Von daher ist es nur ein kleiner Schritt hin zur Wahrnehmung, dass analoge Lernprozesse im staatlich geordneten Erziehungssystem Platz greifen müssten, um die dort erreichbaren jungen Menschen mit gleichermaßen religiös wie gesellschaftlich relevanten Werten vertraut zu machen. Durchaus zielsicher hat interreligiöser Dialog die Einzelmaßnahmen herausgearbeitet, deren es dazu bedarf: sie decken ein Spektrum ab, das von der spezifischen Ergänzung der *curricula* über Zugangsmöglichkeiten der Religionsgemeinschaften zum Erziehungssystem bis hinzu einer Formation der Formatoren und der Bereitstellung angemessener Materialien reicht.

Ein weiterer Bereich eminenter Bedeutung für die Umsetzung interreligiöser Einsichten stellen die Medien und ihre Nutzung dar.[247] Die diesbezüglichen interreligiösen Forderungen sind auf die Tatsache angepasst, dass im Sinn der Presse- und Meinungsfreiheit die staatliche Beteiligung verglichen mit dem Erziehungsbereich abgestuft ist, aber doch mindestens einer Aufsicht unterliegt. Entsprechend ist die Zielrichtung der Forderungen ausgestaltet: sie kreisen zum einen um die Gewährung von Zugangsmöglichkeiten oder um das Recht, eigene Medien aufzubauen; auf dieser Basis werden dann charakteristische Selbstverpflichtungen der Religionsgemeinschaft umsetzbar, entsprechend den gemeinsamen ethischen Prinzipien öffentliche Meinung mitzugestalten. Dabei geht es einerseits um die Verbreitung interreligiöser Einsichten, andererseits um die publikumswirksame gemeinsame Verurteilung von Missbräuchen und Übergriffen. Ein eindrucksvolles Beispiel für letzteres bietet das entsprechende, vom „Council of Religious Institutions of the Holy Land" zusammen mit der Organisation „Religions for Peace" durchgetragene Programm.[248] Zum anderen werden weniger der Staat, als vielmehr die Medien selbst in die Pflicht genommen, wahrheitsgemäß, ethisch fundiert zu berichten und nicht zum Sprachrohr unzutreffender, überholter Stereotypen oder gar extremistischer Gruppeninteressen zu werden. Überraschenderweise ist eine weitere Thematik kaum mehr als andeutungsweise im interreligiösen Dialog aufgegriffen worden: das eines kritischen, an ethischen Grundsätzen ausgerichteten Medienkonsums durch die Gläubigen der jeweiligen

---

246 Vgl. Kapitel D 2.6.4.1.
247 Vgl. Kapitel D 2.6.4.2.
248 Vgl. Kapitel C 2.4.1.1.

Gemeinschaften. Einen ersten Ansatz dazu bietet lediglich die bislang vereinzelt gebliebene Forderung nach einem Kodex für Medienverhalten und verantwortungsvollen Gebrauch der Medien seitens ihrer Nutzer.[249]

Als erstaunlich ambivalent erweist sich der Bereich interreligiöser Einwirkung auf den humanitären, wirtschaftlichen und sozialen Bereich.[250] Einerseits ist ausweislich der untersuchten Schlusserklärungen die Einsicht über die bedeutsame Rolle von Religion als die Gesellschaft mit gestaltende Kraft sehr lebendig und deutlich konturiert. Darin eingeschlossen ist das wache Bewusstsein um die den Religionen möglichen Beiträge und um das Faktum gesellschaftlicher Pluralität. Beides fließt zusammen in der vielfach bekundeten Bereitschaft der Religionen, sich neben bzw. mit anderen gesellschaftlichen Kräften in Aufbau- und Entwicklungsprozesse einzubringen. Andererseits erschöpfen sich die interreligiösen Ansätze zu einer Umsetzung in die Praxis fast völlig im Ruf nach dem Staat, sei es in der – national oder regional orientierten – Forderung nach angemessenen Gesetzen, Demokratie, Beachtung der Menschenrechte oder einer Durchsetzung der Herrschaft des Rechts,[251] sei es – in globaler Perspektive – in der Forderung nach internationaler Solidarität beim gerechten Teilen von Nahrung, Energie und dem wirtschaftlich-materiell Lebensnotwendigen, nach Institutionen zur friedlichen Konfliktlösung und zur Durchsetzung der Menschenrechte oder nach einer Friedenskultur. Es fehlt auch nicht an Einzelbeispielen, in denen Religionsgemeinschaften zumindest symbolische Taten folgen lassen. Diese sind allerdings weniger in den Schlusserklärungen ablesbar, als vielmehr eingeschlossen in die volle Bandbreite interreligiösen Engagements, wie sie – orientiert an orthodoxen Beiträgen – in Kapitel C 1. und C 2. dargestellt worden ist. Erinnert sei z. B. an das Schulbuchprojekt des „Council of Religious Institutions of the Holy Land",[252] an das Abkommen zwischen orthodoxer Metropolie, geistlicher Leitung der Muslime und dem Innenministerium von Kasachstan zur gemeinsamen Bekämpfung von Kriminalität, Drogenhandel und Alkoholmissbrauch,[253] an die interreligiösen Bemühungen um Mitgestaltung der gesellschaftlichen Transformation in Russland[254] oder Serbien,[255] und schließlich an die Hilfsgüterspende der Kirche von

---

249 Vgl. 24. – 26.10.2011 (Doha/Qatar), oben D.1. (134).
250 Vgl. Kapitel D 2.6.5.
251 Ein Beispiel dafür ist interreligiöse Mitwirkung an Gesetzgebungsvorhaben, vgl. Kapitel C 2.5.5.3. Weitere Beispiele bietet die Aufgabenstellung einiger interreligiöser Räte, vgl. u. a. Kapitel C 2.6.1.1. und C 2.6.1.2.
252 Vgl. Kapitel C 2.4.1.1.
253 Vgl. Kapitel C 2.5.5.2.
254 Vgl. Kapitel C 2.5.5.3.
255 Vgl. Kapitel C 2.6.3.2.

Griechenland in Syrien und Libanon.[256] Dennoch bleibt der Eindruck einer Lücke. Die Einsichten zu dringendem Handlungsbedarf im humanitären, sozialen und wirtschaftlichen Bereich erscheinen zwar dezidert. Die Wahrnehmung vorhandener Möglichkeiten, dass und wie die Religionsgemeinschaften im Rahmen interreligiöser Zusammenarbeit hier selbst erhebliche Beiträge zur gesellschaftlichen Entwicklung leisten könnten, kann demgegenüber mit dem Begriff „ausbaufähig" charakterisiert werden.

Zusammengefasst stellt sich die Inanspruchnahme des staatlich-politischen Bereichs im Rahmen interreligiösen Engagements wie folgt dar: Spiegelbildlich zum voran stehend unter E 6. angesprochenen Interesse der Politik am Austausch mit den Religionsgemeinschaften haben die Religionen im Dialog rasch erkannt, dass sie, um ihr zentrales Anliegen bzgl. friedlicher Koexistenz und gesellschaftlicher Entwicklung umzusetzen, über den eigentlich religiösen Raum hinausgreifen und in einen weiter gezogenen politisch-sozialen Raum hineinreichen müssen. Dazu bedarf es der staatlichen/politischen Unterstützung, die im interreligiösen Dialog intensiv eingefordert wurde. Damit stehen Interessen der Politik und der Religionen in einer partiellen Wechselwirkung. Darüber hinaus wäre der soziale, humanitäre und wirtschaftliche Bereich prädestiniert, mit oder ergänzend zu staatlich-politischen Initiativen im Zuge interreligiöser Zusammenarbeit durch die Religionsgemeinschaften (mit-)gestaltet zu werden. Die interreligiöse Bedeutung dieser Bereiche wurde zwar im Dialog herausgearbeitet; der Schritt in eine dementsprechende spezifische Zusammenarbeit steht allerdings noch weitestgehend aus.

8 Die Umsetzung interreligiöser Dialogergebnisse in das Leben der Gläubigen

In Kapitel D 2.6.3. konnte festgehalten werden, dass primärer Adressat für die Ergebnisse des interreligiösen Dialogs die Gläubigen und Substrukturen der jeweiligen Religionsgemeinschaften sind, um bei ihnen eine Veränderung der inneren Einstellung und des Verhaltens gegenüber Andersgläubigen zu erreichen.[257] Deshalb wenden sich viele der untersuchten Schlusserklärungen zunächst nach innen, um das Bewusstsein um und den positiven Umgang mit einer faktisch vorhandenen religiösen Pluralität bei den jeweils eigenen Gläubigen zu entwickeln. Die Meinungen über andere Religionen und deren Gläubige sollen ebenso

---
256 Vgl. Kapitel C 2.11.2.
257 Vgl. auch Kapitel D 2.1.4. mit FN 201.

wie das Verhalten ihnen gegenüber immer mehr von den im Dialog herausgearbeiteten ethischen Werten bestimmt sein. Damit wird zugleich eine wesentliche Voraussetzung für die Mit- bzw. Umgestaltung gesellschaftlicher Verhältnisse geschaffen, indem sich Gläubige mit einem verinnerlichten Wertesystem in die entsprechenden Prozesse einbringen.

Formal kennzeichnend für diese interreligiöse Ausrichtung nach innen sind die zahlreichen und inhaltlich sehr konkreten Selbstverpflichtungen der an den Dialogereignissen Beteiligten in ihren gemeinsamen Schlusserklärungen.[258] Hinzuzunehmen sind die durchaus beeindruckenden (Schuld-)Bekenntnisse zu konkreten Fehlern der Vergangenheit,[259] die Betonung der Notwendigkeit, schlechte historische Erfahrungen durch wechselseitigen Respekt, durch Toleranz im Umgang miteinander, durch eine grundsätzliche „Achtung vor dem Heiligen" usw. zu überwinden.[260] Gegen unethische innere Haltungen von Gläubigen wie Intoleranz, Hass oder Fanatismus, aber auch gegen deren Äußerung nach außen in Form von Diskriminierung, Ausgrenzung, Extremismus oder (religiös konnotierte) Gewalt soll angegangen werden.[261] Einer Entstellung und Missdeutung der jeweils anderen Religion soll aktiv – durch Belehrung zum Besseren – innerhalb der jeweiligen Glaubensgemeinschaft entgegengewirkt werden.[262] Um dies zu erreichen, gelten eine Vertiefung des jeweils eigenen Glaubens und die akzentuierte Hervorhebung der Glaubensgrundsätze zu den Themen „Frieden", „Toleranz", „Respekt" usw. in der Verkündigung an die Gläubigen als zentrale Aufgaben. Zugleich sollen die Religionen im Rahmen ihrer Verkündigungstätigkeit die authentischen Lehren gegenüber manipulativen Fehlinterpretationen oder einer Orientierung an überholten Stereotypen in ihrer Integrität verteidigen. Eine starke, eher reaktive Weise der Einwirkung nach innen besteht in der Ausgrenzung von Akteuren, die schwerwiegendsten ethischen Fehlhaltungen erliegen: internen Gruppen gewaltbereiter Individuen wird entgegengehalten, dass Inanspruchnahme von Religion zur Ummantelung von Verbrechen eine Gotteslästerung darstellt;[263] diese Einsicht wird flankiert durch die Qualifikation von Übergriffen als „sektiererische Gewalt". Beide Argumentationslinien bezwecken die Ausgrenzung gewaltbereiter Individuen und Gruppen innerhalb der jeweiligen Religionsgemeinschaft.[264] Durch die Summe derartiger Maßnahmen zur Umsetzung

---

258 Vgl. Kapitel D 2.6.1.
259 Vgl. 12.–18.12.1994 (Barcelona), oben D.1. (30).
260 Vgl. Kapitel D 2.1.1., D 2.3.4. und D 2.3.5.
261 Vgl. Kapitel D 2.4.1.
262 Vgl. Kapitel D 2.4.3.
263 Vgl. Kapitel D 2.4.3.
264 Vgl. Kapitel D 2.4.1.

interreligiöser Einsichten innerhalb der Religionsgemeinschaften sollen sie sich zum Modellfall praktizierter Toleranz und respektvollen Umgangs entwickeln, damit sie sich mittelbar als glaubwürdiger Modellfall für die ganze Gesellschaft präsentieren können. Die Wirkung des interreligiösen Dialogs nach innen erweist sich damit als prozesshaft, als erzieherisch orientiert und als durch ein starkes Element von Umkehr geprägt. Neben der Verkündigung sind dabei Informationsmaterialien und Mediennutzung von zentraler Bedeutung. Aber auch eine dementsprechende interreligiös-ethische Aus- oder Weiterbildung des Klerus bzw. der Imame wurde als wirksamer Beitrag erkannt.[265]

Eine wichtige interreligiöse Erkenntnis besagt, dass der Dialog ein „Dialog des Lebens" sein müsse, der eine „Diapraxis" einschließe, in einer Lebenskultur zu verankern sei und offen sei für eine praktische Zusammenarbeit.[266] Damit wird die Aufgabe umschrieben, den Gläubigen Zugänge zu eigenen, spezifisch interreligiösen Erfahrungen zu eröffnen. Die untersuchten Schlusserklärungen sind Ergebnisse des Dialogs, nicht der „Diapraxis". Sie lassen deshalb nur in Einzelfällen erkennen, in welchen Formen eine solche Umsetzung stattgefunden hat.[267] Hinzuzunehmen sind deshalb Hinweise in der Darstellung der Dialogereignisse. Dabei zeigt sich: Die angesprochenen interreligiösen Erfahrungen werden im Rahmen zahlreicher Initiativen vermittelt, die Dialogergebnisse bis zu den einzelnen Gläubigen durchreichen. Dazu gehören z. B. die Programme des „Middle East Council of Churches" zur interreligiösen Jugend- und Bildungsarbeit, die Durchführung von Jugendseminaren sowie die Beteiligung am Aufbau interreligiöser Pfadfindergruppen;[268] Programme zum Austausch von Professoren und Studenten auf universitärer Ebene;[269] die organisierte Zusammenarbeit christlicher und muslimischer Bildungseinrichtungen im Libanon unter Beteiligung der orthodoxen Universität von Balamand;[270] interreligiöse Sommerakademien für

---

265 Ein Beispiel hierfür stellt die vom „Middle East Council of Churches" initiierte Formatorenausbildung dar, vgl. C 1.2.3. Ein weiteres Beispiel ist die von der Konferenz 11.–13.12.2008 (Athen) beschlossene „Interreligious Training Partnership Initiative", vgl. C 2.1.2. Vgl. weiterhin Kapitel C 2.4.1.1.: Ausbildungsprogramms für religiöse Nachwuchskräfte des „Council of Religious Institutions of the Holy Land". Weitere Beispiele sind das „Centre d'études islamo-chrétiennes" der orthodoxen Universität von Balamand, vgl. C 2.3.1.2. und die „Fondation de Recherches et de Dialogues Interreligieux et Interculturels", vgl. C 2.1.1.
266 Vgl. Kapitel D 2.1.4. mit FNN 202–205.
267 Vgl. 28.1.–2.2.2007 (Saydnaya/Syrien), oben D 1 (102): Schlusserklärung eines interreligiösen Jugendseminars, veranstaltet vom „Middle East Council of Churches".
268 Vgl. Kapitel C 1.2.3.
269 Die Initiative wurde anlässlich eines Besuchs des Ökumenischen Patriarchen im Iran beschlossen, vgl. Kapitel C 2.1.4.
270 Vgl. Kapitel C 2.3.1.2.

Studenten, organisiert vom „Centre d'études islamo-chrétiennes" derselben Universität;[271] die von der „Arab Working Group for Christian-Muslim Dialogue" organisierten interreligiösen „Summer Camps";[272] die Einführung eines religionsverbindenden Feiertags im Libanon;[273] die interreligiösen Jugendprogramme des „Interreligious Coordinating Council in Israel";[274] die vom „Al-Liqa Zentrum für interreligiösen Dialog" initiierten Bildungsprogramme sowie dessen Jugendarbeit;[275] vom „Interreligiösen Rat von Bosnien-Herzegowina" durchgeführte religionsübergreifende Seminare für Kinder, Jugendliche, Frauen, Religionslehrer und junge Theologen;[276] die Organisation von Workshops und Seminaren durch den „Interreligiösen Rat im Kosovo".[277] Gemeinsam ist diesen Initiativen und Programmen, dass Personen verschiedener Religionszugehörigkeit auf lokaler Ebene in – befristet angelegte – Gruppen zusammengeführt werden, um gemeinsam zu lernen, sich auszutauschen und dabei „den anderen" kennenzulernen. Dabei können vorhandene Ängste abgebaut und die Umsetzung von Werten wie Toleranz und wechselseitiger Respekt eingeübt werden. Im Hintergrund solcher Initiativen stehen entsprechende positive Erfahrungen, die Dialogpartner bei den interreligiösen Dialogereignissen gewonnen haben. Bereits hier sei darauf hingewiesen, dass die Ortsgruppen mancher interreligiöser Organisationen eine ähnliche Zielsetzung verfolgen, aber auf Dauer angelegt sind. Darauf wird im Zusammenhang mit den Aktivitäten interreligiöser Organisationen zurückzukommen sein.

Zusammenfassend kann zur Umsetzung von Dialogergebnissen in eine „Diapraxis" gesagt werden: Ergebnisse des interreligiösen Dialogs bedürfen nicht nur der Umsetzung nach außen, in einen gesellschaftlich-sozialen Zusammenhang hinein. Sie müssen vielmehr auch nach innen, d. h. in das Leben der Gläubigen hinein, vermittelt werden. Zielpunkt dessen ist eine Formung von Meinungen und inneren Haltungen des Einzelnen entsprechend ethischer Werte, vor allem im Rahmen der Verkündigung bzw. Vertiefung der eigenen Religion. Eine neue Sicht auf die jeweils andere Religion soll ins Bewusstsein der Gläubigen gelangen. Dazu wurden Grundsätze und konkrete Vorschläge erarbeitet, die einem respektvollen Umgang miteinander dienen, Feindbilder der Vergangenheit über-

---

271 Vgl. Kapitel C 2.3.1.2.
272 Vgl. Kapitel C 2.3.2.2.
273 Der Feiertag wurde anlässlich des Kolloquiums 19./20.10.2007 an der „Université Notre-Dame de Louaizeh" diskutiert, vgl. Kapitel C 2.3.3.1.
274 Vgl. Kapitel C 2.4.1.2.
275 Vgl. Kapitel C 2.4.1.5.
276 Vgl. Kapitel C 2.6.1.2.
277 Vgl. Kapitel C 2.6.1.3.

winden helfen und – unter Wahrung der Integrität der jeweiligen religiösen Überlieferung – Türen für Begegnung und Zusammenarbeit öffnen. Dem Erziehungsbereich und den Medien kommt dabei besondere Bedeutung zu. Eine zweite Linie, um die innere Haltung der Gläubigen zu formen, besteht in Initiativen und Programmen, bei denen Menschen verschiedener Religionszugehörigkeit zusammenfinden, um in Begegnungen und gemeinsamem Lernen zugleich die ethischen Werte interreligiösen Umgangs miteinander einzuüben. Die damit verbundene Erfahrung von Gemeinsamkeit mit dem religiös und/oder ethnisch Anderen dient nicht zuletzt dazu, friedliche Koexistenz aus persönlicher Erfahrung wachsen zu lassen.

9 Die Rolle interreligiöser Organisationen bei der Durchführung von Dialogereignissen und Umsetzung der Dialogergebnisse

Als Veranstalter der hier untersuchten interreligiösen Dialogereignisse treten nicht Privatpersonen, sondern Organisationen auf.[278] Dies wäre hinsichtlich der Durchführung internationaler interreligiöser Konferenzen wenig überraschend. Dasselbe gilt jedoch auch für regionale und lokale Dialogereignisse oder für klein konzipierte Initiativen eines „Dialogs des Lebens" wie z. B. die interrreligiösen Sommercamps des Middle East Council of Churches (MECC) oder auch das „European Women of Faith Network" des „European Council of Religious Leaders". Die beobachtete Vielfalt der Organisationen drängt auf eine Unterscheidung mehrerer Gruppen:

(1) Eher selten anzutreffen sind orthodoxe Einrichtungen, die sich interreligiösem Dialog widmen. Unter ihnen ragt das „Centre d'études islamo-chrétiennes" der Universität Balamand (Patriarchat Antiochia) durch seine Größenordnung und die Intensität des Engagements heraus.[279]
(2) Interreligiös wirksam werden auch primär ökumenisch ausgerichtete Organisationen wie der ÖRK, die Konferenz Europäischer Kirchen oder der Middle East Council of Churches.
(3) Spezifisch dem interreligiösen Dialog verpflichtet sind Institutionen wie z. B. „World Conference on Religions for Peace (WCRP)", die „Appeal of Conscience Foundation" oder das „Elija Interfaith Institute"; die Organisationen dieser

---

278 Vgl. Kapitel C 1.6. „Zwischenergebnis" und Kapitel C 2.13. „Zwischenergebnis".
279 Vgl. Kapitel C 2.3.1.2.

Gruppe sind zugleich auch interreligiös strukturiert, d. h. ihre Leitung setzt sich aus Persönlichkeiten verschiedener Religionszugehörigkeit zusammen.
(4) Als dem Dialog verpflichtete Institutionen eigener Valenz stellen sich interreligiöse Räte dar. Die Besonderheit dieser Organisationsform besteht darin, dass jede ihrer Sitzungen ein interreligiöses Dialogereignis darstellt. Darüber hinaus können interreligiöse Räte aber auch als Veranstalter weiterer, über sie selbst hinausweisender interreligiöser Aktivitäten auftreten. In formaler Hinsicht lassen sich bei interreligiösen Räten zwei Fallgruppen unterscheiden: solche, die seitens staatlich-politischer Autoritäten bestimmt sind, und solche, die primär in der Verantwortung der Religionsgemeinschaften bzw. von interreligiösen Organisationen stehen.[280]
(5) Weiterhin beobachtet wurden spezifisch muslimisch geprägte interreligiöse Organisationen wie z. B. das „Royal Aal Al-Bayt Institute for Islamic Thought" oder das „Doha International Center for Interfaith Dialogue".
(6) Interreligiös aktiv wurden zudem überstaatliche Organisationen wie die UNESCO oder Einrichtungen der EU, aber auch staatliche Einrichtungen wie die iranische „Organization of Islamic Culture and Communication".
(7) An interreligiösen Dialogereignissen beteiligen sich zudem Organisationen, die selbst eine andere Zielsetzung haben, z. B. Friedens- und Menschenrechtsinitiativen, aber auch Bildungsorganisationen. Ihre Kooperation basiert auf dem Interesse, die eigene Zielsetzung auch in religionsübergreifenden Zusammenhängen einzubringen. Damit nehmen sie zugleich Einfluss auf die Thematik, die Besetzung und die Ergebnisse interreligiöser Ereignisse.
(8) Die Bandbreite vergrößert sich nochmals, wenn man Organisationen hinzunimmt, deren Beitrag sich auf finanzielle oder logistische Unterstützung der von anderen verantworteten Dialogereignisse beschränkt.

Die Unterscheidung dieser Gruppen erleichtert Einsichten in den Zusammenhang von administrativer Verantwortung und der Teilnehmerrolle bei interreligiösen Dialogereignissen. Orthodoxe tragen die ausschließliche administrative Verantwortung in eigenen Einrichtungen der Gruppe (1). Sie teilen administrative Verantwortung mit anderen Kirchen bei den ökumenischen Einrichtungen der Gruppe (2). Orthodoxe und Muslime wirken mit Angehörigen anderer Kirchen und Religionen bzw. Religionsgruppen in der Leitung von Organisationen der Gruppe (3) zusammen; bei den interreligiösen Räten der Gruppe (4) kann dies ebenso sein. Die Organisationen der Gruppe (5) stehen administrativ in ausschließlich muslimischer Verantwortung, wenn z. T. auch Berater anderer Religionszugehörigkeit

---

280 Vgl. Kapitel D 2.14. „Zwischenergebnis".

wirksam werden. Bei den Organisationen (6)-(8) spielen weder Orthodoxe, noch Muslime als Gläubige eine administrative Rolle. Die Organisationen der Gruppen (1)-(6) werden als Veranstalter interreligiöser Dialogereignisse wirksam; bei den interreligiösen Räten (4) ist jede Ratssitzung bereits interreligiöser Dialog; darüber hinaus wurde beobachtet, dass interreligiöse Räte auch weitere, über sie selbst hinausreichende Dialoginitiativen ergriffen haben. Daraus ergibt sich, dass Orthodoxe im Rahmen der Typen (1)-(4) eine Doppelrolle als administrativ Verantwortliche für die Planung und als Impulsgeber/Teilnehmer an den von den entsprechenden Organisationen veranstalteten Dialogereignissen einnehmen können; für Muslime gilt dasselbe im Rahmen der Gruppen (3)-(5). In allen Fällen einer Doppelrolle als Verantwortliche in der Leitung der veranstaltenden Organisation und als (Mit-)Gestalter bzw. Teilnehmer am interreligiösen Dialogereignis erhöht sich die Wirksamkeit des jeweiligen kirchlichen bzw. religiösen Selbstverständnisses beträchtlich.

Im Fall der Organisationsgruppe (6) haben weder Orthodoxe noch Muslime als Gläubige eine administrative Verantwortung; sie können jedoch eine Teilnehmerrolle in den von den betreffenden Organisationen initiierten Dialogereignissen übernehmen. Die Organisationen der Gruppen (7) und (8) beschränken sich auf Unterstützungsleistungen. Insoweit sind Orthodoxe und Muslime als Gläubige weder Administratoren, noch Teilnehmer.

Bei den Organisationen der Gruppen (2) – (4) ist weiterhin zu berücksichtigen, dass die Orthodoxie in aller Regel zugleich mit anderen christlichen Kirchen administrativ beteiligt ist. Bei den ökumenischen Organisationen der Gruppe (2) mag das selbstverständlich sein. Insofern die Orthodoxie aber bei interreligiösen Organisationen der Gruppe (3) durchgängig sowie bei interreligiösen Räten der Gruppe (4) mehrheitlich zugleich mit anderen Kirchen administrativ in Verantwortung steht, schließt dieses interreligiöse Engagement weitere Räume[281] ökumenischen Zusammenwirkens mit ein.

Organisationen aller skizzierten Typen wirken bei zahlreichen Dialogereignissen fallweise zusammen, um ihnen größere Intensität und Effizienz zu sichern. Daraus haben sich zuweilen festere Kooperationen ergeben, auf die immer wieder zurückgegriffen werden konnte, in einzelnen Fällen sogar strukturiert im Rahmen von formellen Vereinbarungen. Ein Beispiel dafür stellt die vom „Middle East Council of Churches" geschlossene Vereinbarung mit dem „International Islamic Forum for Dialogue (IIFD)" dar.[282] Hervorzuheben sind darüber hinaus: die Ko-

---

281 Solche kirchenübergreifende administrative Verantwortung reicht über das oben E 2. festgehaltene ökumenische Zusammenwirken als Teilnehmer bei Dialogereignissen hinaus.
282 Vgl. Kapitel C 1.2.3. mit Kapitel D 1. (88).

operationsvereinbarung zwischen dem Ökumenischen Patriarchat und der „World Islamic Call Society";[283] die im Rahmen eines Iranbesuchs im Jahr 2002 zustande gekommene Vereinbarung des Ökumenischen Patriarchats mit dem iranischen Kultusministerium;[284] die Ankündigung eines gemischten Beratergremiums des Patriarchats von Moskau und der Al-Azhar Universität im Jahr 2010;[285] das Abkommen zwischen der orthodoxen Metropolie, der geistlichen Leitung der Muslime und dem Innenministerium von Kasachstan;[286] die Übereinkunft zwischen dem Patriarchat von Moskau und der Behörde für religiöse Angelegenheiten der Republik Türkei;[287] die Gründung der „Russian-Chinese Group for Contacts and Cooperation in Religious Sphere" unter Beteiligung des Patriarchats von Moskau;[288] der Kooperationsvertrag zwischen der Orthodoxen Theologischen Fakultät in Belgrad und der Islamischen Universität in Jakarta.[289]

Nicht selten wird unter einer Überschrift wie „Partner" eine institutionalisierte Zusammenarbeit von verschiedenen Einrichtungen auch in der administrativen Struktur interreligiös aktiver Organisationen angezeigt,[290] wenn nicht Organisationen sogar als Mitglieder anderer Organisationen aufgenommen worden sind. Das wohl deutlichste Beispiel dafür stellt der „Interreligious Coordinating Council in Israel" dar;[291] der Organisation „WCRP" affiliiert, zählt der „Council" neben einigen Einzelpersönlichkeiten mehr als 50 Organisationen zu seinen Mitgliedern, die untereinander ein bemerkenswertes Spektrum aufweisen. Insgesamt hat die Vernetzung interreligiös aktiver Institutionen einen ausgesprochen hohen Grad erreicht, gleich, ob es sich um international, national, regional oder lokal orientierte Einrichtungen handelt. Einige Organisationen arbeiten seit Jahrzehnten, andere stellen eher projektbezogene Initiativen dar und sind auf Zeit angelegt, wieder andere verlieren zugunsten neuer Ansätze an Bedeutung und verschwinden.

---

283 Vgl. Kapitel C 2.1.2.
284 Vgl. Kapitel C 2.1.4.
285 Vgl. Kapitel C 2.5.1.
286 Vgl. Kapitel C 2.5.5.2.
287 Vgl. Kapitel C 2.5.5. mit FN 547 (3).
288 Vgl. Kapitel C 2.5.5.4.
289 Vgl. Kapitel C 2.6.3.2. mit FN 621.
290 Ein Beispiel bietet der „Interreligiöse Rat von Bosnien-Herzegowina", der unter „Our Partners" eine ganze Reihe von Organisationen darstellt, u. a. die „Konrad-Adenauer-Stiftung" und „Renovabis", vgl. http://www.mrv.ba/eng/our-partners; vgl. weiterhin die Hinweise zur Zusammensetzung des im Aufbau befindlichen „Advisory Board" des „King Abdullah Bin Abdulaziz International Centre for Interreligious and Intercultural Dialogue" unter http://www.kaiciid.org/en/the-centre/governance/advisory-forum.html (beide Websites abgerufen 5.1.2015).
291 Vgl. Kapitel C 2.4.1.2.

Jenseits der Grundausrichtung und administrativen Strukturen ist den interreligiös aktiven Organisationen gemeinsam, dass sie unverzichtbare Beiträge zur Planung, Finanzierung und Durchführung von Dialogereignissen leisten. Gemeinsam ist diesen Organisationen und Initiativen zugleich, dass sie als Multiplikatoren dienen, die interreligiöse Einsichten, Anliegen und Ziele in breitere Kreise der beteiligten Religionsgemeinschaften zurückgeben bzw. anbieten, diese aber auch in nicht spezifisch religiös gebundene Gesellschaftsschichten und Institutionen hineintragen. Hohe Bedeutung kommt dabei den neuen Medien zu. Fast ausnahmslos unterhalten die angesprochenen Organisationen, Initiativen oder Einrichtungen einen sorgsam gestalteten Internetauftritt, die Zahl der angebotenen Informationsmedien wie Newsletter, Kontakt- und Informationsangebote u. ä. ist unübersehbar groß. Eine spezifische Rolle spielen Bildungseinrichtungen der Religionsgemeinschaften: die von ihnen verantworteten Ausbildungsgänge sorgen für gut ausgebildete künftige Träger des interreligiösen Dialogs. Sie sind herausragende Orte, an denen einerseits Dialog stattfindet, von denen ausgehend andererseits Dialogergebnisse vermittelt werden (auch in Form von Bildungsinitiativen, „Sommer-Camps", Schulungen u. ä.).

Obwohl durch den Gegenstand dieser Untersuchung bereits eine erhebliche Eingrenzung der berücksichtigten Organisationen vorgegeben ist, bleibt die Vielfalt, die hinter der eingangs beschriebenen Typologie steht, so groß, dass die genaue Wirkweise als Verantwortliche für Planung, Finanzierung und Durchführung sowie als Multiplikator von Dialogereignissen nicht unmittelbar einsichtig wird. Deshalb sollen im folgenden drei ausgewählte Beispiele zum direkten Vergleich gegenübergestellt werden.

Das erste Beispiel, die Organisation „World Conference on Religions for Peace (WCRP)" / „Religions for Peace"[292] reiht sich quasi von selbst in den beabsichtigten Vergleich ein, da sie quer durch diese Untersuchung immer wieder in Erscheinung getreten ist. International ausgerichtet und weltweit tätig, verfügt sie über fünf regionale Untereinheiten, darunter den „European Council of Religious Leaders" / „Religions for Peace – Europe",[293] der als Veranstalter ergebnisreicher interreligiöser Konferenzen auf europäischer Ebene in Erscheinung getreten ist. Als weitere Substrukturen treten nationale Organisationseinheiten auf,[294] denen nochmals Ortsgruppen nachgeordnet sind; für Deutschland werden aktuell (Ja-

---

[292] Zu Gründung und Zielsetzung dieser Organisation sowie zur orthodoxen Beteiligung vgl. Kapitel C 1.3.1.
[293] Zu dieser Unterorganisation, ihrer Administration und ihren interreligiösen Aktivitäten vgl. Kapitel C 1.3.2.
[294] Vgl. http://www.religionsforpeace.org/who-we-are/national-councils-groups (abgerufen 3.1.2015).

nuar 2015) immerhin 13 solche Gruppen gelistet,[295] für Frankreich 39.[296] Im (süd-) osteuropäischen und nahöstlichen Raum bestehen Substrukturen dagegen hauptsächlich in Gestalt von interreligiösen Räten; zu diesen affiliierten Organisationen gehören vor allem: „Interreligious Council of Albania",[297] „Interreligious Council of Bosnia and Herzegovina",[298] „Inter-Religious Council of Kosovo",[299] „Religions for Peace Russia",[300] „Interreligious Coordinating Council in Israel".[301] Dass „WCRP" auch in aktuellen Krisenherden tätig wird, belegen in eindrucksvoller Weise die Bemühungen um die Gründung eines interreligiösen Rats für das von Krieg heimgesuchte Syrien.[302] Diese Übersicht zeigt, dass „WCRP" die Basis, d. h. die einzelnen Gläubigen, nur in den fast ausschließlich in Europa existierenden Ortsgruppen erreicht, während sie im übrigen wesentlich auf nationaler Ebene operiert, darunter in der speziellen Form interreligiöser Räte; diese haben sich – vor allem auf dem Balkan – als sehr wirksam für die Einpflanzung von interreligiösem Dialog und als Beitrag zur Konfliktdeeskalation erwiesen. Allerdings hängt es ausschließlich von deren Aktivität ab, ob und inwieweit breitere Kreise der betreffenden Gesellschaft erreicht werden, etwa in Form von Programmen oder durch Öffentlichkeitsarbeit; das diesbezügliche Bild hat sich als differenziert erwiesen.

Dass der Schwerpunkt der Tätigkeit dieser Organisation auf Krisenprävention bzw. -intervention liegt, unterstreicht eine instruktive Untersuchung von Tania Wettach-Zeitz zum „WCRP"-Engagement in Bosnien Herzegovina.[303] Darin bezweifelt sie teilweise die Nachhaltigkeit des von der Organisation „WCRP" angewandten Konzepts zur Konfliktmediation.[304] Tatsächlich wurde auch im Rahmen der vorliegenden Untersuchung festgestellt, dass – neben unzweifelhaften Erfolgen – die Tätigkeit der in den Blick genommenen interreligiösen Räte nicht selten verebbte; das stimmt nachdenklich. Zudem wurde im Blick auf die Bemühungen um Krisenintervention in Mazedonien festgestellt, dass lediglich von der

---

295 Vgl. http://www.religionsforpeace.de/?id=ortsgruppen (abgerufen 3.1.2015).
296 Vgl. http://www.religionspourlapaix.org/modules.php?op=modload&name=Sections&file=index&req=viewarticle&artid=29&page=1 (abgerufen 3.1.2015).
297 Vgl. Kapitel C 2.12.1.
298 Vgl. Kapitel C 2.6.1.2.
299 Vgl. Kapitel C 2.6.1.3.
300 Vgl. Kapitel C 2.5.2.2.
301 Vgl. Kapitel C 2.4.1.2.
302 Vgl. Kapitel C 2.3.2.4.
303 Vgl. Tania Wettach-Zeitz, Ethnopolitische Konflikte und interreligiöser Dialog. Die Effektivität interreligiöser Konfliktmediationsprojekte analysiert am Beispiel der World Conference on Religion and Peace – Initiative in Bosnien-Herzegowina, Kohlhammer Stuttgart 2008.
304 Vgl. Tania Wettach-Zeitz, Ethnopolitische Konflikte und interreligiöser Dialog, aaO, S. 249 ff.

Konferenz 26.–28.10.2007 (Ochrid) positive Signale ausgingen, während für die Nachfolgekonferenz 6.–8.5.2010 (Ochrid) weitgehende Ergebnislosigkeit zu vermerken war. Dabei konnte beobachtet werden, dass bei der Konferenz 2010 zu den Teilnehmern neben Muslimen, Christen und Juden auch Hindus und Shintopriester zählten, die Orthodoxie als vorherrschende Kirche aber nicht von der kanonischen Serbischen Orthodoxen Kirche, sondern nur durch die unkanonische Mazedonische Orthodoxe Kirche vertreten war.[305] Ob sich die in dieser Zusammensetzung spiegelnde mangelnde Sensibilität für die regionalen religiösen Verhältnisse mit den von Wettach-Zeitz identifizierten spirituellen Wurzeln der Organisation im (japanischen) Buddhismus und im Unitarismus[306] erklären lassen, muss hier offen bleiben. Dessen ungeachtet leistet die Organisation durch ihre Größe, ihre weltweiten Substrukturen und durch die Medien wirksame Beiträge, um interreligiöse Einsichten und Anliegen zu verbreiten.

Konzeptionell fast das genaue Gegenteil zu „WCRP" stellt das „Al-Liqa Zentrum für interreligiösen Dialog" dar.[307] Die Tätigkeit dieser Einrichtung ist regional orientiert, bezogen auf interreligiösen Dialog bzw. Zusammenarbeit in den mittlerweile autonomen Palästinensergebieten. Bereits seit 1983 wird jährlich eine christlich-muslimische interreligiöse Konferenz veranstaltet; seit 1981 findet eine Kongressreihe des christlich-jüdisch-muslimischen Dialogs statt. Weitere Arbeitsfelder sind u. a. Jugendarbeit, Studientage und die Organisation von Vorträgen in Dörfern, Schulen und anderen Bildungseinrichtungen, um auf örtlicher Ebene zur besseren interreligiösen Verständigung und zum friedlichen Zusammenleben beizutragen. Damit operiert dieses Zentrum innerhalb einer begrenzten Region auf lokaler Ebene. Die Veranstaltungen finden grundsätzlich basisnah statt, d. h. sie dienen fast ausschließlich der Begegnung von Gläubigen unterschiedlicher Religion. Lediglich die Berichterstattung auf der Homepage des Zentrums, ein Newsletter und einige Publikationen reichen über diesen Rahmen hinaus.[308]

Das dritte Beispiel, das in Wien angesiedelte „King Abdullah International Centre for Interreligious and Intercultural Dialogue" unterscheidet sich wiederum deutlich von den beiden erstgenannten.[309] Gegründet durch vertragliche Übereinkunft vom 13.10.2011 von drei Staaten, nämlich Saudi-Arabien, Österreich und Spanien, wird das Institut von einem Generalsekretär geleitet. Es besteht ein interreligiös und prominent besetztes Direktorat; ein mehr als 100 Persönlichkeiten

---

305 Vgl. Kapitel C 2.6.3.1. mit FN 613.
306 Vgl. Tania Wettach-Zeitz, Ethnopolitische Konflikte und interreligiöser Dialog, aaO, S. 120 ff.
307 Zur Gründung, Zielsetzung und der orthodoxen Beteiligung vgl. Kapitel C 2.4.1.5.
308 Vgl. http://www.al-liqacenter.org.ps/ (abgerufen 3.1.2015).
309 Zur Gründung, Zielsetzung und zur orthodoxen Mitwirkung vgl. Kapitel C 2.1.1.

bzw. Organisationen umfassendes Beratergremium ist im Aufbau.[310] Das Institut widmet sich seiner Zielsetzung zu interreligiöser Verständigung durch ein – um institutionelle Zusammenarbeit und regionale Initiativen erweitertes – Erziehungsprogramm,[311] ein Medienprogramm,[312] ein Programm zum Aufbau des Friedens in Zusammenarbeit mit zahlreichen Institutionen, darunter dem „Center of Christian-Muslim Studies" der orthodoxen Universität Balamand, dem „Middle East Council of Churches" und dem jordanischen „Royal Institute for Interfaith Studies".[313] In Zusammenarbeit mit der oben erstgenannten Organisation „WCRP" entsteht ein Programm „Multi-religious Collaboration for Common Good";[314] eingeleitet ist weiterhin ein interreligiöses Ausbildungsprogramm,[315] ein weiteres „Fellow-Programme"[316] sowie ein Forschungsprogramm zur Professionalisierung von interreligiösem Dialog.[317] Ein intensiver Internetauftritt mit „News", abrufbaren Texten, Multimedia-Angeboten und Publikationshinweisen erweitert nochmals die Vermittlung der verschiedenen Aktivitäten in eine breite Öffentlichkeit hinein. Offensichtlich ausgestattet mit den nötigen Finanzmitteln verbindet die bemerkenswerte Konzeption dieses Instituts diejenige Methodik und Aufgabenfelder, denen sich zuvor je spezielle Organisationen gewidmet haben und vernetzt sich zugleich mit diesen. Die Tätigkeitsfelder des Instituts sind so breit angelegt, dass die Berichte über einzelne Ereignisse nur sehr begrenzt Aufschluss über die einzelnen Teilnehmer geben. Inwieweit die Basis, d. h. einfache Gläubige erreicht werden, ist noch nicht absehbar, jedoch in einigen der erwähnten Programme angelegt. Greifbar ist dagegen bereits ein breit angelegter Dienst als Initiator und Multiplikator interreligiöser Ereignisse und -ergebnisse.

Die Bedeutung von Organisationen bei der Umsetzung interreligiöser Einsichten kann folgendermaßen zusammengefasst werden: Interreligiöser Dialog wird unter Beteiligung zahlreicher interreligiös orientierter Organisationen und strukturierter Initiativen unterschiedlicher Typologie geführt. Sie sind zugleich wichtige Multiplikatoren, welche die Einsichten und Ergebnisse des interreligiösen Dialogs in die beteiligten Glaubensgemeinschaften und den jeweiligen ge-

---

310 Vgl. die Homepage des Instituts unter http://www.kaiciid.org/en/the-centre/governance/ (abgerufen 3.1.2015).
311 Vgl. http://www.kaiciid.org/en/initiatives/education/image-of-the-other-education.html (abgerufen 3.1.2015).
312 Vgl. http://www.kaiciid.org/en/initiatives/media/ (abgerufen 3.1.2015).
313 Vgl. http://www.kaiciid.org/en/initiatives/peacebuilding/ (abgerufen 3.1.2015).
314 Vgl. http://www.kaiciid.org/en/initiatives/common-good/ (abgerufen 3.1.2015).
315 Vgl. http://www.kaiciid.org/en/initiatives/capacity-building/ (abgerufen 3.1.2015).
316 Vgl. http://www.kaiciid.org/en/initiatives/fellows/ (abgerufen 3.1.2015).
317 Vgl. http://www.kaiciid.org/en/initiatives/dialogue-beyond-dialogue/ (abgerufen 3.1.2015).

sellschaftlich-sozialen Kontext hinein transportieren. Dazu nutzen sie ihre zuweilen tief gestaffelten Strukturen (von internationaler bis lokaler Ebene) und/oder die Medien, vor allem auch das Internet. Eine besondere Rolle spielen dabei Bildungseinrichtungen der religiösen Gemeinschaften, die z.T. künftige Träger des Dialogs heranbilden, z.T. als Motor des Dialogs wie als Vermittler von dessen Ergebnissen wirken.

10 Rückbindung der Ergebnisse an grundlegende Dokumente der Orthodoxie

10.1 Die Umsetzung der panorthodoxen Beschlüsse

Die in Kapitel D 2. vorgenommene Synthese der Dialogergebnisse wirft die Frage auf, ob und inwieweit sie die Zielsetzung widerspiegelt, die in der maßgeblichen panorthodoxen Beschlussfassung von 1986 verankert ist. Dabei kann am Titel des entsprechenden panorthodoxen Dokuments „La contribution de l'Église orthodoxe à la réalisation de la paix, de la justice, de la liberté, de la fraternité et de l'amour entre les peuples, et à la suppression des discriminations raciales et autres" angeknüpft werden.[318] Darin sind bereits die wesentlichen Stichworte treffend erfasst, die der folgende Beschlusstext aufgreift. Zu den zentralen Titelstichworten der Erklärung von 1986 zählt der an erster Stelle stehende und im Text noch mehrfach angesprochene Begriff „Frieden". Die Arbeit für den Frieden wurde in der weiteren Ausarbeitung der III. Vorkonziliaren Panorthodoxen Konferenz sogar als Pflicht erkannt.[319] In der Synthese der Dialogergebnisse in Kapitel D 2. wurde „Frieden" als einer der am konstantesten fokussierten Werte identifiziert, ausgestattet mit einer starken religiösen Valenz; er gilt zugleich als Aufgabe und als Verpflichtung.[320] Damit ist eine erste volle Entsprechung zwischen orthodoxer Zielsetzung und den Dialogergebnissen festzustellen. Das gleiche kann für das zweite bedeutsame Stichwort im Titel des Dokuments von 1986, nämlich „Gerechtigkeit", gelten. Die Dialogergebnisse haben erkennen lassen, dass Gerechtigkeit als eine wesentliche Voraussetzung für Frieden erkannt und im Dialog entfaltet worden ist; beides zusammen gilt als bedeutsamer Teil der im Lauf der Zeit näher bestimmten, den Religionen „gemeinsame Basis" ethischer Werte.[321] Sogar dieser wichtige Zusammenhang wird durch die unmittelbare Folge von

---
318 Episkepsis N° 369 (15.12.1986), S. 2–28.
319 Vgl. Kapitel B 1.2.2.
320 Vgl. Kapitel D 2.3.2.
321 Vgl. Kapitel D 2.3.3.

„Gerechtigkeit" und „Frieden" im Titel des Dokuments von 1986 bereits angedeutet. Auch eine dritte volle Entsprechung kann hervorgehoben werden: die Zielsetzung, gegen Diskriminierung aller Art zu arbeiten,[322] hat in den Dialogergebnissen breiten Raum erhalten.[323] Dabei hat die im Dokument von 1986 hervorgehobene rassische Diskriminierung immer im Blick gestanden. Der Dialog hat allerdings die Gewichtungen insofern beeinflusst, als Diskriminierungen aus ethnischen oder religiösen Gesichtspunkten stärker herausgearbeitet und deren Überwindung in gleichem Maß als Voraussetzung für friedliche Koexistenz betont wurde. Zudem wurde im Dialog immer besser erkannt, dass Diskriminierung nur einen Fall moralisch verwerflicher Verhaltensweise darstellt und mit der Forderung, auf Hass, Gewalt und Ausgrenzung zu verzichten, verbunden werden muss.[324] Auch der weitere Titelbegriff des Dokuments von 1986 – „Freiheit" – wurde im Dialog entfaltet, vor allem, indem der interreligiöse Dialog weitergehende Zusammenhänge aufgedeckte: Die Menschenwürde wurde als entscheidende Quelle von Freiheiten und Rechten sowie für moralische Verpflichtungen der Gläubigen erkannt und detailliert entwickelt.[325] Ausführungen zu den Menschenrechten, speziell zur Religionsfreiheit in den Dialogergebnissen runden dabei die Wahrnehmung der zentralen Bedeutung von „Freiheit" ab.[326] Als herausragendes Ziel orthodoxer Bemühungen wurde die Ausmerzung von Fanatismus festgehalten. Auch hier ist eine breit angelegte inhaltliche Klärung[327] und ein konsequentes Einschreiten zur Überwindung dieses Übels in den Dialogergebnissen festzustellen.[328] Das positive Gegenstück zu Fanatismus wurde im panorthodoxen Dokument von 1986 in einem entwickelten Umgang mit „Pluralismus" gesehen;[329] auch für diesen Ansatz ist in den Dialogergebnissen eine breite und vertiefte[330] Auseinandersetzung festzustellen.[331]

---

322 Vgl. Kapitel B 1.2.2.
323 Vgl. Kapitel D 2.4.1.
324 Vgl. Kapitel D 2.4.1.
325 Vgl. Kapitel D 2.3.
326 Vgl. Kapitel D 2.5.1. mit Kapitel D 2.5.4.1.
327 Zu dieser Klärung gehört, dass „Fanatismus" nicht isoliert steht, sondern mit „religiös konnotierter Gewalteskalation", „Terrorismus" und „Extremismus" zusammen gesehen und konsequent verurteilt werden muss. Hinzuweisen ist weiter auf die Ausführungen zu den Wurzeln solcher verwerflicher Handlungen sowie zu den Möglichkeiten einer Bekämpfung.
328 Vgl. Kapitel D 2.4.2.
329 Vgl. Kapitel B 1.2.2., besonders im dort zitierten Abschnitt F. 3. des Dokuments.
330 Die vertiefte Sicht betrifft vor allem eine Entfaltung in die drei zusammenhängenden Themenkomplexe „Toleranz", „wechselseitiger Respekt" und „Pluralismus".
331 Vgl. Kapitel D 2.3.4.

10 Rückbindung der Ergebnisse an grundlegende Dokumente der Orthodoxie — 487

Nicht nur in den Themen, sondern auch in methodischer Hinsicht sind wesentliche Entsprechungen zwischen dem panorthodoxen Dokument von 1986 und den Dialogergebnissen festzuhalten. Dies betrifft zunächst das Stichwort „Zusammenarbeit", dass in der Zielsetzung seitens der Orthodoxie so zentrale Bedeutung hat, dass „Dialog" als Begriff im panorthodoxen Beschluss von 1986 (noch) gar nicht auftauchte.[332] Von Zusammenarbeit handeln auch die Schlusserklärungen der Dialogereignisse immer wieder. Wichtiger ist aber noch, dass Zusammenarbeit vor allem im Bereich der Krisenintervention praktisch umgesetzt geworden ist und hohe Bedeutung erlangt hat. Eng damit verbunden ist die Zielsetzung „Zusammenarbeit" im Rahmen interreligiös aktiver Einrichtungen, wozu besonders die zahlreichen regionalen interreligiösen Räte Beiträge geleistet haben.[333] Darüber hinaus ist ein interreligiöses Engagement im Erziehungsbereich,[334] im Medienbereich[335] sowie im Verhältnis der Religionen zu Staat und Gesellschaft[336] als mögliche Felder praktischer Zusammenarbeit entwickelt und – wenn nicht generell, so doch regional – realisiert worden. Auch ein anderer methodischer Ansatz, auf den das panorthodoxe Dokument von 1986 zu Recht großen Wert gelegt hat, nämlich der konsequente Ausschluss von Synkretismus und Proselytismus, ist erfolgreich umgesetzt worden.[337] Dazu komplementär war das Bewusstsein um die religiösen Unterschiede konstant im Dialog lebendig geblieben.[338]

Kehren wir nochmals zum panorthodoxen Dokument von 1986 und zu den zentralen Begriffen in dessen Titel zurück. Die darin angesprochenen Begriffe „Brüderlichkeit" und „Liebe" tauchen in den Schlusserklärungen nur selten auf. Auch die im panorthodoxen Dokument hervorgehobene Bedeutung der menschlichen Person spielt begrifflich in den Dialogergebnissen eher eine marginale Rolle. Um so wichtiger ist allerdings die Auseinandersetzung mit der in diesen Begriffen berührten Sachfrage: die wohl am weitesten entfaltete interreligiöse Konstante in den untersuchten Dialogerklärungen resultiert aus der intensiven Beschäftigung mit der Menschenwürde, ihrer Quelle in Gottes Schöpferhandeln bzw. Willen,[339] mit der Klärung von Zusammenhängen und Entfaltungen, dabei insbesondere mit den Menschenrechten, einschließlich einer

---

332 Vgl. Kapitel B 1.2.2.
333 Vgl. Kapitel D 2.6.2.
334 Vgl. Kapitel D 2.6.4.1.
335 Vgl. Kapitel D 2.6.4.2.
336 Vgl. Kapitel D 2.6.3.
337 Vgl. Kapitel D 2.1.5.
338 Vgl. Kapitel D 2.1.3.
339 Vgl. Kapitel D 2.3.1.

Reihe spezifischer Einzelaspekte.[340] Damit ist die im panorthodoxen Dokument von 1986 grundgelegte Auseinandersetzung mit dem herausragenden Wert der menschlichen Person („La reconnaissance commune de la valeur éminente de la personne humaine")[341] der Sache nach in äußerst konsequenter und vielschichtiger Weise geführt worden.

10.2 Die Umsetzung späterer orthodoxer Stellungnahmen zum interreligiösen Dialog

Die im Kapitel B 2. untersuchten Dokumente einer Weiterentwicklung orthodoxer Einschätzung von interreligiösem Dialog lassen noch weitere Beobachtungen zu. Die Botschaft der Oberhäupter der autokephalen Kirchen vom Jahr 2000[342] bestätigt in vielen Einzelgesichtspunkten den panorthodoxen Beschluss von 1986, geht aber zugleich über ihn hinaus: so wird z. B. der Blick auf den Wert „Frieden" um den Aspekt „Versöhnung" erweitert. Darin wird der in den Schlusserklärungen beständig bekräftigte bzw. weiterentwickelte Gesichtspunkt einbezogen, Religion dürfe nicht zur Begründung oder Pseudo-Rechtfertigung von Konflikten, Gewaltanwendung oder gar Krieg herangezogen werden. Vor allem aber greift das Dokument den inzwischen inhaltlich geklärten Begriff „Dialog" auf und verknüpft ihn bezeichnenderweise mit nur einer zentralen Zielsetzung, nämlich „friedlicher Koexistenz".

Die Botschaft der Synaxis von 2008[343] setzt diese Linie fort: der Text verwendet „interreligiösen Dialog" als inzwischen technischen Begriff; er gilt als der einzige Weg zum erhofften Abbau von Spannungen. Die Ursache solcher Spannungen wird erweiternd in nationalistischen, ethnischen, ideologischen und religiösen Gegensätzen geortet und damit ebenfalls dem zwischenzeitlich erreichten Stand der Dialogergebnisse angepasst. Die Botschaft der Ersthierarchen der Kirchen des Nahen Ostens von 2011[344] greift sogar ausdrücklich auf den panorthodoxen Beschluss von 1986 zurück. Zentrales Thema ist wiederum eine friedliche Koexistenz zwischen Angehörigen verschiedener Religionen. Aufgefordert wird zu einem „Dialog der Versöhnung", ein Begriff, der bemerkenswerterweise parallel auf ökumenischen Dialog und interreligiösen Dialog bezogen wird. Zugleich betont der Text nun aber die Rolle der Politik bzw. der Politiker hinsichtlich friedlicher

---

340 Vgl. Kapitel D 2.5.
341 Vgl. Kapitel B 1.2.2., im Abschnitt A. 5. des Dokuments.
342 Vgl. Kapitel B 2.1.1.
343 Vgl. Kapitel B 2.1.2.
344 Vgl. Kapitel B 2.2.1.

Koexistenz gleichberechtigt neben der von religiösen Führern. Im Pastoralbrief der seinerzeitigen „Standing Conference of the Canonical Orthodox Bishops in the Americas" zur Millenniumswende[345] wird als Voraussetzung für gelingenden Dialog betont, den jeweiligen Glauben zu vertiefen, um in der Unterschiedlichkeit der Überzeugungen den anderen als Person wahrnehmen zu können. Damit greift der Text eine wichtige interreligiöse Einsicht für das Bewahren friedlicher Koexistenz in einer pluralen Gesellschaft auf und macht sie für den amerikanischen Kontext fruchtbar. Dem sehr nahe steht der in einem Exkurs behandelt der unter maßgeblicher Beteiligung der Orthodoxie zustande gekommene Beschluss der 10. Generalversammlung des „Conseil des Églises du Moyen-Orient".[346]

Weiterentwicklungen oder Spezifizierung einzelner Punkte bieten – verglichen mit dem panorthodoxen Beschluss von 1986 – auch verschiedene Dokumente der Russischen Orthodoxen Kirche.[347] Der Beschluss des Bischofskonzils vom Juni 2008[348] betont dabei – ganz entsprechend den Dialogergebnissen – eine Gemeinsamkeit der Religionen im Bereich der Ethik. Sie gilt als Grundlage einer speziellen interreligiösen Zusammenarbeit, nämlich Widerstand gegen moralischen Relativismus, aggressiven Säkularismus und eine Verdrängung von Religion aus dem gesellschaftlichen Leben. Die Empfehlungen der Bischofsversammlung vom Februar 2010[349] fokussieren gleichfalls zentrale Themen aus den Dialogergebnissen, nämlich soziales Gleichgewicht, Vorbeugung religiöser Konflikte, gemeinsame Antwort auf einen aggressiven Säkularismus, Förderung gut nachbarlicher Beziehungen und friedliche Koexistenz. Das Dokument „Concept of the Missionary Work of the Russian Orthodox Church" vom März 2013[350] bringt schließlich eine knappe Synthese praktischer Dialogerfahrungen ins Wort, zugespitzt auf den gesellschaftsrelevanten Bezug moralischer Normen und Werte sowie auf friedliche Koexistenz. Als künftige Zielbeschreibung dient die Hervorhebung von Dialog als Mittel zur Konfliktüberwindung und zur Herstellung einer Solidarität zwischen den Völkern. Damit zieht jedes der genannten orthodoxen Dokumente auf seine Art Schlüsse aus der bisherigen Dialogpraxis und sammelt wichtige Einsichten daraus für die Gesamtorthodoxie, eine oder mehrere autokephale Kirchen ein. Damit wird erkennbar, dass die Orthodoxie am Dialog nicht nur teilgenommen und zu ihm beigetragen hat, sie führt interreligiösen Dialog auch in offiziellen Dokumenten in den kirchlichen Raum zurück.

---

345 Vgl. Kapitel B 2.2.2.
346 Vgl. Kapitel B 2.2.3.
347 Vgl. Kapitel B 2.3.
348 Vgl. Kapitel B 2.3.3.
349 Vgl. Kapitel B 2.3.4.
350 Vgl. Kapitel B 2.3.5.

10.3 Rückbindung an die Sicht der Synode von Kreta (2016) zu interreligiösem Dialog

Vom 18. bis 26. Juni 2016 trat die Große und Heilige Synode der orthodoxen Kirche auf der Insel Kreta zusammen. Sie hat sich in ihren Dokumenten[351] neben anderen Themen auch mit der Sendung der Orthodoxie in der heutigen Welt auseinander gesetzt und dabei mehrfach Aspekte von interreligiösem Dialog thematisiert. Das ist um so bedeutsamer, als bereits die richtungweisenden panorthodoxen Beschlüsse von 1976 und 1986 der Vorbereitung dieser Synode gewidmet waren und sich als Teil einer groß angelegten Initiative darstellten, orthodoxe Antworten auf die Herausforderungen der Zeit zu formulieren.[352] Auch wenn hier selbstverständlich keine umfassende Interpretation der Synode und ihrer Beschlüsse vorgenommen werden kann, so soll doch die sich bietende Chance ergriffen werden, die Ergebnisse dieser Untersuchung mit den Synodenbeschlüssen in Beziehung zu setzen. Dabei interessieren vor allem Querverbindungen zu den vorangegangenen, interreligiösen Dialog betreffenden Dokumenten der Orthodoxie sowie zu den inhaltlichen Erträgen des interreligiösen Dialogs. Vor allem vier Gesichtspunkte erscheinen als besonders bedeutsam:

(1) Eine erste Beobachtung bezieht sich auf Elemente von *Kontinuität*. Unter der Überschrift des Synodendokuments „Die Sendung der Orthodoxen Kirche in der heutigen Welt" findet sich ein Untertitel:

> Der Beitrag der Orthodoxen Kirche zur Vorherrschaft von Gerechtigkeit, Freiheit, Geschwisterlichkeit und Liebe zwischen den Völkern und zur Überwindung von Diskriminierungen aufgrund der Rasse oder aus anderen Gründen.[353]

Damit wird auf den Titel des panorthodoxen Beschlusstextes von 1986 zurückgegriffen, der lautete:

> La contribution de l'Église orthodoxe à la réalisation de la paix, de la justice, de la liberté, de la fraternité et de l'amour entre les peuples, et à la suppression des discriminations raciales et autres.[354]

---

351 Die Dokumente der Synode sind in deutscher Übersetzung publiziert in: Barbara Hallensleben (Hrsg.), Einheit in Synodalität. Die offiziellen Dokumente der Orthodoxen Synode auf Kreta 18. bis 26. Juni 2016, Aschendorff Münster 2016.
352 Vgl. oben Kapitel E 1.1. und Kapitel B 1.
353 Barbara Hallensleben (Hrsg.), Einheit in Synodalität, aaO, S. 87.
354 Episkepsis N° 369 (15.12.1986), S. 18.

Durch ein Zitat im ersten Abschnitt des Dokuments von 1986 wird sogar noch weiter zurückverwiesen auf den gleichlautenden Tagesordnungspunkt des Großen und Heiligen Konzils,[355] wie er 1976 formuliert worden war.[356] Auf diese Weise wird eine deutliche Verknüpfung der drei leitenden Texte hergestellt. Allerdings überrascht, dass im Untertitel der deutschen Übersetzung des Synodenbeschlusses von 2016 das Stichwort „Frieden" nicht erwähnt wird. Dabei dürfte es sich jedoch um ein Redaktionsversehen handeln, denn die englische und französische Übersetzung des Dokuments auf der Homepage des Heiligen und Großen Konzils[357] enthalten auch das Stichwort „Frieden" und damit den vollen Titel des Dokuments von 1986 sowie des 1976 formulierten Tagungsordnungspunkts.[358] Fortgesetzt wird auch der Grundduktus des Textes von 1986, indem die Synode wie die III. Vorkonziliare Panorthodoxe Konferenz den Blick primär auf die Sendung der Orthodoxie richtet und interreligiösen Dialog als einen Ansatzpunkt unter vielen zu deren Umsetzung vorstellt. Weitere Brücken zwischen den Texten von 1986 und 2016 sind z. B. die an den Zwischenüberschriften ablesbaren Einzelthemen, die – beginnend mit dem Wert der menschlichen Person und der menschlichen Freiheit[359] – inhaltlich entfaltet werden,[360] weiterhin die Wiederholung einer grundsätzlichen Verwerfung von Proselytismus[361] und Synkretismus.[362]

(2) Zu beobachten sind darüber hinaus Elemente einer *Weiterentwicklung*. So bietet der Synodentext „Die Sendung der Orthodoxen Kirche in der heutigen Welt" von

---

355 Episkepsis N° 369 (15.12.1986), S. 18.
356 Vgl. Beschlüsse der Konferenz in: Episkepsis N° 159 (15.12.1976), S. 8 – 14 (9) und Kapitel B 1.1.3.
357 Vgl. https://www.holycouncil.org/official-documents/-/asset_publisher/VA0WE2pZ4Y0I/content/mission-orthodox-church-todays-world?_101_INSTANCE_VA0WE2pZ4Y0I_languageId=fr_FR (französische Übersetzung) bzw. https://www.holycouncil.org/-/mission-orthodox-church-todays-world?_101_INSTANCE_VA0WE2pZ4Y0I_languageId=en_US (englische Übersetzung); beide Homepages abgerufen 26.10.2016.
358 Hinzuweisen ist darauf, dass die deutsche Fassung „Geschwisterlichkeit" übersetzt, während die englische und französische Übersetzung „fraternity" bzw. „fraternité" enthält und damit – wie die Dokumente von 1986 und 1976 – auf eine inklusive Sprache verzichten.
359 Vgl. Episkepsis N° 369 (15.12.1986), S. 18 und 19 bzw. Barbara Hallensleben (Hrsg.), Einheit in Synodalität, aaO, S. 89 und 90.
360 Z.T. ist allerdings die Reihenfolge verändert; so erscheint das Thema „Friede und Gerechtigkeit" im Synodenbeschluss als dritter Punkt, während der Beschluss von 1986 dieselbe Thematik an vierter Stelle ausführt. Vgl. Barbara Hallensleben (Hrsg.), Einheit in Synodalität, aaO, S. 91 bzw. Episkepsis N° 369 (15.12.1986), S. 21.
361 Vgl. Barbara Hallensleben (Hrsg.), Einheit in Synodalität, aaO, S. 88.
362 Vgl. Barbara Hallensleben (Hrsg.), Einheit in Synodalität, aaO, S. 90 (Abschnitt I. 3.).

2016 einleitend eine theologische Fundierung, basierend insbesondere auf Bezügen zur Hl. Schrift, die im Beschlusstext von 1986 noch nicht enthalten war.[363] Neue thematische Akzente enthält vor allem Abschnitt VI. „Die Sendung der Orthodoxen Kirche als Zeugnis der Liebe in der Diakonie." Im Text werden diverse Gruppen hilfsbedürftiger Menschen und deren Situation fokussiert, weiterhin Armut und Teilhabe an der Schöpfungsgaben, Wirtschaft und ethische Werte, Globalisierung und ihre negativen Auswirkungen, Informationsmedien, das Problem der Säkularisierung, die Umweltproblematik und Bewahrung der Schöpfung, Entwicklungen der Biowissenschaften und -technologie, Missbräuche von Freiheit sowie die besondere Situation der Jugend und der Familie.[364] Damit identifiziert die Orthodoxie eine Reihe von Problemkreisen als im Rahmen ihrer Sendung anzugehende Aufgabe. Zugleich vergrößert Abschnitt VI. des Dokuments die thematische Schnittmenge zu den oben unter E 2.2. und 2.3. angesprochenen jüngeren Entwicklungen im ökumenischen Geschehen deutlich. Darin wird ansatzweise greifbar, dass und wie die Orthodoxie in ökumenischen Zusammenhängen gewonnene Einsichten für ihr kirchliches Handeln aufgreift und fruchtbar macht. Im interreligiösen Dialog haben – wie bereits erwähnt – die entsprechenden Themen bislang nur eine eher untergeordnete Rolle gespielt. Die Ausführungen des Abschnitts VI. zu den einzelnen Problemfeldern identifizieren jedoch konkrete Gefahren, etwa „Ungerechtigkeit", „Ungleichheit in der Teilhabe", „nationale, religiöse oder soziale Zusammenstöße, die den inneren Zusammenhalt der Gesellschaft bedrohen".[365] Der damit verbundene ethische Handlungsbedarf hat sehr wohl breiten Raum im interreligiösen Dialog eingenommen, allerdings subsumiert unter die Werte „Gerechtigkeit", „Gleichheit", „Toleranz" und „friedliche Koexistenz" mit dem Ziel gesellschaftlicher Stabilisierung.[366] So bietet Abschnitt VI. von der Sache her starke Impulse seitens der Orthodoxie für künftiges interreligiöses Dialoggeschehen, obwohl kein ausdrücklicher oder gar programmatischer Zusammenhang hergestellt wird.

---

363 Vgl. Episkepsis N° 369 (15.12.1986), S. 18 bzw. Barbara Hallensleben (Hrsg.), Einheit in Synodalität, aaO, S. 87f.
364 Vgl. Barbara Hallensleben (Hrsg.), Einheit in Synodalität, aaO, S. 95–100.
365 Vgl. Barbara Hallensleben (Hrsg.), Einheit in Synodalität, aaO, S.95f.
366 Vgl. insbesondere Kapitel D 2.3.2. Die darin behandelte Konferenz 29.8.–7.9.1979 (Princeton), oben Kapitel D.1. (13) stellte sogar ausdrücklich den Zusammenhang zu einer gerechten Wirtschaftsordnung her. Vgl. die Konferenz 13./14.12.2008 (Teheran), oben Kapitel D.1. (119), die eine gemeinsame Verantwortung zur Förderung friedlicher Koexistenz urgierte, die sich in der Sorge um gleichberechtigte Teilhabe und in geteilter Verantwortung gegenüber der Gesellschaft und jedem Einzelnen ausdrücke. Vgl. auch Kapitel D 2.3.3. zum Wert „Gerechtigkeit" sowie Kapitel D 2.5.4.2. zu „Gleichheit", dort insb. auch die Einsichten der Konferenzen 6.–10.11.1994 (Berlin), oben D.1. (28) und 10.–12.11.1998 (Amman), oben D.1. (44).

(3) Der Synodentext „Die Sendung der Orthodoxen Kirche in der heutigen Welt" von 2016 bietet in mehrfacher Hinsicht eine *Synthese* orthodoxer Auseinandersetzung mit interreligiösem Dialog und dessen Ergebnissen. So wird z. B. im Abschnitt IV. 3. die spezifische Situation im Nahen Osten behandelt. Die Ausführungen weisen spürbare gedankliche Querverbindungen zur Botschaft der Ersthierarchen der Kirchen des Nahen Ostens von 2011 auf.[367] Wie die Botschaft von 2011, so enthält auch der Synodentext in diesem Zusammenhang eine ausdrückliche Erwähnung von interreligiösen Bemühungen; während erstere zur Koexistenz von Angehörigen verschiedener Religionen und zu einem Dialog der Versöhnung aufruft,[368] nimmt das synodale Dokument eine Bedrohung der „bestehenden interreligiösen und internationalen Beziehungen" wahr.[369] Die inhaltliche Entfaltung des Themas „Menschenwürde",[370] der Bezug einen Zusammenhang zwischen der Achtung der Menschenrechte und der Gleichbehandlung aller Menschen, die präzisen Aussagen zu einzelnen ethischen Werten, aber auch die anklingende Auseinandersetzung mit religiösem Fanatismus, mit Nationalismus und die entschiedene Verurteilung ethnischer Säuberungen vermitteln den Eindruck, dass das Synodendokument einer summarischen Rezeption von interreligiösen Dialogergebnissen Raum gibt.[371] Besonders signifikant erscheint die Verurteilung einer „Zerstörung und Schändung von Heiligtümern", ein spezielles Thema, das so nur im interreligiösen Dialog selbst thematisiert worden ist und breiten Raum eingenommen hat.[372] Nicht zuletzt stellen die Fokussierung von Tendenzen zu einem Säkularismus,[373] einem moralischem Relativismus,[374] sozialer Ungerechtigkeit,[375] Traditionsvergessenheit,[376] aber auch zur missionarischen Dimension kirchlichen Handelns[377] eine gedankliche Querverbindung zu

---

367 Vgl. Kapitel B 2.2.1. bzw. Barbara Hallensleben (Hrsg.), Einheit in Synodalität, aaO, S. 94.
368 Vgl. das Zitat aus dem Beschlusstext in Kapitel B 2.2.1.
369 Vgl. Barbara Hallensleben (Hrsg.), Einheit in Synodalität, aaO, S. 94.
370 Vgl. Barbara Hallensleben (Hrsg.), Einheit in Synodalität, aaO, S. 89f und Kapitel D 2.3.
371 „Ethnische Säuberungen" hatte bereits die Botschaft der Ersthierarchen der Kirchen des Nahen Ostens von 2011 gebrandmarkt, vgl. Kapitel B 2.2.1. In dieses Dokument haben verschiedene Einsichten aus dem Dialoggeschehen Eingang gefunden; darin liegt eine Brücke zur fortgeschriebenen Rezeption in den Synodentexten.
372 Vgl. Barbara Hallensleben (Hrsg.), Einheit in Synodalität, aaO, S. 100 (Abschnitt VI. 13) und Kapitel D 2.3.5. mit FN 206.
373 Vgl. Barbara Hallensleben (Hrsg.), Einheit in Synodalität, aaO, S. 97 (Abschnitt VI. 7. und VI. 9.) und S. 100 (Abschnitt VI. 13.).
374 Vgl. Barbara Hallensleben (Hrsg.), Einheit in Synodalität, aaO, S. 90 (Abschnitt II. 2.) und S. 100 (Abschnitt VI. 14).
375 Vgl. Barbara Hallensleben (Hrsg.), Einheit in Synodalität, aaO, S. 90 (Abschnitt II. 2.)
376 Vgl. Barbara Hallensleben (Hrsg.), Einheit in Synodalität, aaO, S. 97 (Abschnitt VI. 7.).
377 Vgl. Barbara Hallensleben (Hrsg.), Einheit in Synodalität, aaO, S. 88.

Weiterentwicklungen in Dokumenten und Beiträgen der Russischen Orthodoxen Kirche her.[378] Der Eindruck des Bemühens um eine Synthese verstärkt sich noch, wenn man andere Texte, etwa die Botschaft der Synode, hinzunimmt. Sie ergänzt z. B. ihre Betonung der zentralen Bedeutung der Menschenrechte folgendermaßen:

> Unsere Kirche fügt darüber hinaus die Verpflichtungen und die Verantwortung der Bürger hinzu (...). Vor allem betont sie, dass das orthodoxe Ideal der Achtung der Menschenwürde den Horizont der etablierten Menschenrechte überschreitet (...).[379]

Damit werden einige der in Kapitel D 2.5.3. erhobenen, interreligiös erarbeiteten Ansätze zu einem erweiterten Menschenrechtskonzept rezipiert;[380] zugleich wird der von orthodoxen Theologen erarbeiteten differenzierten Sicht Rechnung getragen.[381]

(4) Beachtung verdienen schließlich die ausdrücklichen Bezüge der Synode auf interreligiösen Dialog. Diese finden sich an verschiedenen Stellen der Texte. Bereits erwähnt wurde die Formulierung im Dokument „Die Sendung der Orthodoxen Kirche":

> Dadurch sind die bestehenden interreligiösen und internationalen Beziehungen bedroht (...).[382]

Der Begriff „interreligiöse...Beziehungen" wird hier – soweit ersichtlich – erstmals verwendet und bringt eine begriffliche Verdichtung bzw. eine neue Intensität interreligiöser Bemühungen ins Wort. In den Blick gerückt wird einerseits, dass der Dialog bereits in Form interreligiöser Beziehungen Früchte getragen hat, diese aber andererseits als gefährdet erscheinen. Im selben Dokument wird ein Zusammenhang zwischen interreligiösen Bemühungen und deren Zielsetzung in Gestalt friedlicher Koexistenz hergestellt:

---

378 Vgl. z. B. Kapitel B 2.3.3. (Beschluss des Bischofskonzils von 2008), Kapitel B 2.3.4. (Empfehlungen der Bischofsversammlung von 2010) und Kapitel B 2.3.5. (zum Dokument „Concept of the Missionary Work of the Russian Orthodox Church").
379 Vgl. Barbara Hallensleben (Hrsg.), Einheit in Synodalität, aaO, S. 35 (Abschnitt 10.).
380 Besonders deutlich wird die Querverbindung im Licht der Konferenzen 4.–6.4.2006 (Moskau), oben Kapitel D 1. (97), 20.–22.10.2009 (Doha/Qatar), oben Kapitel D 1. (124), 21./22.3.2006 (Kairo), oben Kapitel D 1. (96); 16.–18.10.2002 (Genf), oben Kapitel D 1. (77); 6.–10.11.1994 (Berlin), oben Kapitel D 1. (28).
381 Vgl. oben Kapitel E 4.2.
382 Barbara Hallensleben (Hrsg.), Einheit in Synodalität, aaO, S. 94 (Abschnitt IV. 3.).

> Die Orthodoxen Lokalkirchen können zur interreligiösen Verständigung und Zusammenarbeit im Hinblick auf das friedliche Miteinander und das gesellschaftliche Zusammenleben der Völker beitragen, ohne irgendeine Art von Synkretismus auszulösen.[383]

Bemerkenswert ist der Verzicht auf den Begriff „Dialog", den bereits der Beschlusstext der III. Vorkonziliaren Panorthodoxen Konferenz gekennzeichnet hat. Statt dessen wurde darin von „Verständigung/concertation" und von „Zusammenarbeit/collaboration" gesprochen;[384] der Syodentext greift dieses charakteristische Begriffspaar auf.[385] Eine Weiterentwicklung kann hingegen im eindeutigen Bezug zu friedlicher Koexistenz erkannt werden, der einen auch in dieser Untersuchung festgestellten Schwerpunkt des jahrzehntelangen Dialoggeschehens[386] einsammelt und fruchtbar macht. Wiederum den Elementen einer Kontinuität zu den Texten von 1986 zuzuzählen ist dagegen die erneute Verwerfung von Synkretismus sowie die Qualifikation des Engagements für den Frieden als einen Dienst, der gemeinsam mit allen Menschen guten Willens auszuüben und zudem ein Gebot Gottes sei.[387] Sogar die unmittelbar vorangestellte Erwähnung einer innerchristlichen Zusammenarbeit zum Schutz der Menschenwürde wurde weitergetragen.[388]

Im Text „Botschaft der Synode" wird demgegenüber auch der Begriff „interreligiöser Dialog" verwendet,[389] der in den untersuchten Dokumenten erstmals im Zusammenhang der Botschaft der Oberhäupter der autokephalen Kirchen vom Jahr 2000 gebraucht wurde.[390] Beide Dokumente sehen übereinstimmend und damit kontinuierlich interreligiösen Dialog als Chance, gegenseitiges Vertrauen wachsen zu lassen und Frieden sowie Versöhnung zu fördern. Die Botschaft der Synode greift die im Dialoggeschehen unter dem Stichwort „gleiche Teilhabe/

---

383 Barbara Hallensleben (Hrsg.), Einheit in Synodalität, aaO, S. 90 (Abschnitt I. 3.).
384 Vgl. Kapitel B 1.2.2.
385 Besonders deutlich wird die Parallelität in der französischen Übersetzung des Synodendokuments: „Les Églises orthodoxes locales sont appelées à contribuer à la concertation et collaboration interreligieuse, pour la coexistence pacifique et la cohésion sociale des peuples, sans que cela implique un syncrétisme religieux, quel qu'il soit". Vgl. https://www.holycouncil.org/-/mission-orthodox-church-todays-world?_101_INSTANCE_VA0WE2pZ4Y0I_languageId=fr_FR (abgerufen 27.10.2016).
386 Vgl. Kapitel D 2.3.2. und Kapitel E 5.
387 Vgl. Barbara Hallensleben (Hrsg.), Einheit in Synodalität, aaO, S. 90 (Abschnitt I. 3. und 4.) bzw. Kapitel B 1.2.2.
388 Vgl. Barbara Hallensleben (Hrsg.), Einheit in Synodalität, aaO, S. 89 (Abschnitt I. 2.) bzw. Episkepsis N° 369 (15.12.1986), S. 2–28 (19) (Beschlusstext von 1989, Abschnitt A. 4.).
389 Barbara Hallensleben (Hrsg.), Einheit in Synodalität, aaO, S.32.
390 Vgl. Kapitel B 2.1.1.

concitoyenneté"[391] intensiv bearbeitete Forderung auf, dass Orthodoxe, andere Christen und alle Bevölkerungsgruppen als Bürger mit gleichen Rechten gelten müssten.[392] Die synodale Botschaft betont, dass Ausbrüche von Fundamentalismus Ausdruck einer krankhaften Religiosität seien.[393] Damit wird auf den Punkt gebracht, was im interreligiösen Dialog unter dem Gesichtspunkt „Fanatismus" erarbeitet wurde: er sei Perversion von Religion.[394] Fanatismus werde unter Berufung auf religiöse Texte praktiziert und sei das Ergebnis einer irrigen oder überholten Auslegung dieser Texte und ein zu verurteilender Widerspruch zu den fundamentalen Prinzipien, die diesen Texten zugrunde lägen.[395] Gleichwohl ist in der Zuspitzung auf „Fundamentalismus" eine Weiterentwicklung zu sehen, da dieser Begriff keine „Fanatismus" und „Extremismus" vergleichbare Rolle im Dialoggeschehen gespielt hat. Noch deutlicher aktualisiert die Botschaft der Synode in einer Auflistung von ethischen Verletzungshandlungen: sie summiert jüngste Gräueltaten in der nahöstlichen Region, die nur teilweise bzw. unter anderen Zuordnungen im Dialog behandelt wurden.[396]

Auch die Enzyklika der Synode erwähnt interreligiösen Dialog.[397] Sie stellt dabei einen Zusammenhang zu „Gewalt im Namen Gottes" her, die – unter den Stichworten „religiös konnotierte Gewalt" und „Terrorismus" – in zahlreichen Schlussdokumenten verurteilt wurde.[398] Im Sinn einer Weiterentwicklung erfolgt auch im entsprechenden Abschnitt der Enzyklika eine Auseinandersetzung mit Fundamentalismus als Ausdruck krankhafter Religiosität. Vom interreligiösen Dialog erwartet werden dagegen eine Entwicklung gegenseitigen Vertrauens sowie die Förderung von Frieden und Versöhnung.

---

391 Vgl. 6. – 10.11.1994 (Berlin), oben Kapitel D.1. (28); 10. – 12.11.1998 (Amman), oben Kapitel D.1. (44); 26. – 28.10.2007 (Ochrid), oben Kapitel D.1. (106).
392 Vgl. Barbara Hallensleben (Hrsg.), Einheit in Synodalität, aaO, S. 32.
393 Vgl. Barbara Hallensleben (Hrsg.), Einheit in Synodalität, aaO, S. 32.
394 Vgl. 7. – 9.12.2000 (Syrakus), oben Kapitel D.1. (57).
395 Vgl. 9./10.12.2002 (Louvain-la-Neuve), oben D.1. (80).
396 So wurde z.B. die Zerstörung von Kirchen und religiösen Symbolen im Zusammenhang mit einem Engagement gegen einen Missbrauch von Religion behandelt; vgl. Kapitel D 2.4.3. Andere Verletzungshandlungen wurden im Dialog unter „religiös konnotierter Gewaltanwendung" subsumiert und verurteilt; vgl. Kapitel D 2.4.1.
397 Vgl. Barbara Hallensleben (Hrsg.), Einheit in Synodalität, aaO, S. 51f (Abschnitt Nr. 17).
398 Vgl. Kapitel D 2.4.2.

10.4 Zusammenfassung

Die Orthodoxie hat sich in großer Treue und in Authentizität zur ursprünglichen Zielsetzung des panorthodoxen Beschlusses von 1986 am interreligiösen Dialog beteiligt und zugleich geholfen, diesen kreativ weiterzuentwickeln. Die im Kapitel B 2. untersuchten Entwicklungen und Akzentsetzungen der orthodoxen Sicht auf interreligiösen Dialog aus der Zeit nach 1986 zeigen klare Konturen: in Blickrichtung auf den interreligiösen Dialog sind sie Zeugnisse einer Fortschreibung orthodoxen Engagements in diesem Bereich anhand der erreichten Dialogergebnisse; in Blickrichtung auf die Orthodoxie sind sie ein Einsammeln gewonnener Einsichten in offiziellen kirchlichen Dokumenten und damit deren Integration in orthodoxes kirchliches Leben. Im Ergebnis erscheinen die in der pan-orthodoxen Beschlussfassung betreffend interreligiösen Dialog festgehaltenen Absichten, Ziele und Erwartungen sowie deren Weiterentwicklung in späteren Texten als vorausschauend, praxisnah, und leitend. Die Orthodoxie hat ihre selbst gesetzten Maßgaben konsequent verfolgt und hat ihre Erfahrungen, Möglichkeiten und Ziele – ohne jeglichen Synkretismus – in einen breit angelegten interreligiösen Dialog mit dem Islam eingebracht. Auch wenn sich nicht alle autokephalen Kirchen gleichermaßen an diesem Prozess beteiligt haben und nicht alle Initiativen konsequent weiterverfolgt werden konnten, so stellt die orthodoxe Beteiligung am interreligiösen Dialog doch einen beindruckenden Neuanfang dar, der – nach der mittelalterlichen Kontroverse bzw. Polemik und einer frühneuzeitlichen Periode des Schweigens – einen dritten Weg beschritten hat: den eines an ethischen Werten orientierten Diskurses und einer entsprechenden Zusammenarbeit zugunsten von friedlicher Koexistenz. Die Kohärenz zwischen der inner-orthodoxen Beschlussfassung von 1986 und danach sowie dem wachsenden Bestand interreligiöser Einsichten ist augenfällig. Deshalb kann resümiert werden, dass die Orthodoxie wirksam beigetragen hat, dem interreligiösen Dialog mit dem Islam spezifische Konturen und Richtung zu geben. Schließlich hat sich die Synode von Kreta nicht nur zur Notwendigkeit und Sinnhaftigkeit des interreligiösen Dialogs bekannt, sondern ihm auch neue Impulse für die Zukunft gegeben. Als wesentlich erscheinen dabei einerseits Bezüge zu den erreichten Dialogergebnissen, aber auch die Formulierung konkreter Erwartungen an den Dialog sowie die Erschließung neuer ethischer Themenfelder für dessen Fortführung.[399]

---

[399] Anregungen für künftige Dialogereignisse sind u. a. verknüpft mit den Stichworten „Fundamentalismus" und „negative Folgen der Globalisierung", aber auch in der Betonung der Bereiche „Biowissenschaften/Lebensschutz" sowie „Bewahrung der Schöpfung".

11 Kann von einem Erfolg interreligiösen Dialogs neuer Prägung gesprochen werden?

Interreligiöser Dialog setzt auf Bewusstseinsveränderung im Leben des einzelnen Gläubigen und im Leben ihrer Religionsgemeinschaften sowie auf wertorientierte Umgestaltung bzw. Weiterentwicklung von Gesellschaften mit dem Ziel friedlicher Koexistenz. Er ist – wie bereits dargelegt – langfristig und prozesshaft angelegt, erzieherisch orientiert und auf Werbung um freie Zustimmung angewiesen. Dabei stehen wenige Jahrzehnte an Erfahrungen in und mit interreligiösem Dialog einer wechselvollen Begegnungsgeschichte zwischen Christentum – speziell der Orthodoxie – und dem Islam von rund 1400 Jahren gegenüber. Wie alle prozessorientierten Abläufe ist mit (partiellen) Fortschritten und Erfolgen, aber auch mit Stillständen, Krisen und sogar temporären Rückschritten zu rechen. Inwieweit interreligiöser Dialog tatsächlich die erhofften Erfolge erreichen konnte, entzieht sich vor diesem Hintergrund einer kurzfristigen Beurteilung und Quantifizierbarkeit.

Einer der wesentlichen Erfolge des interreligiösen Dialogs, der nicht hoch genug geschätzt werden kann, liegt jedoch in der erstmaligen, religionsübergreifend und gemeinsam erarbeiteten Verurteilung von religiös motivierter Gewaltanwendung. Damit wird aufgezeigt, dass ein unauflösbarer und nicht zu rechtfertigender innerer Widerspruch zur authentischen Religion besteht und die Akteure als deren Verfälscher zu entlarven bzw. auszugrenzen sind. Ebenso eindeutig wurde Gewalttaten, die im Namen von Religion begangen wurden, ihre scheinbar legitimierende, (pseudo-)religiöse Ummantelung entzogen und als strafrechtlich zu verfolgende Verbrechen herausgestellt. Die Fokussierung auf die Menschenwürde und der mit ihr verbundenen ethischen Werte bzw. den Menschenrechten haben durchaus konkrete und realistische Möglichkeiten aufgezeigt, *ein* zentrales Ziel zu verfolgen, nämlich friedliche Koexistenz zwischen Angehörigen verschiedener Religionen und im selben gesellschaftlichen Rahmen herzustellen oder zu bewahren. Darüber hinaus lassen sich – zumindest regional – Beispiele erfolgreicher Beiträge zu Deeskalation, zur Herstellung oder Aufrechterhaltung friedlicher Koexistenz und zu einer spezifischen Bewusstseinsbildung erheben. Diese Beispiele sind z. T. mit der Tätigkeit langfristig arbeitender und hochrangig besetzter interreligiöser Räte oder mit anderen Organisationen verbunden. Sie können aber auch jenseits solcher spezieller Einrichtungen in einem interreligiösen Zusammenwirken bestehen, das gemeinsamen Zielen dient und teilweise ein gemeinsames Auftreten gegenüber staatlichen Autoritäten einschließt. Vor allem aber gibt es Beispiele eines „Dialogs des Lebens" zwischen Angehörigen verschiedener Religionen.[400]

Deshalb kann als ein weiteres Ergebnis festgehalten werden: Die Erfolge von interreligiösem Dialog sind zwar nicht quantifizierbar. Dennoch kann als unübersehbares Zeichen gelten, dass erstmals eine religionsübergreifende, gemeinsame Analyse und Bewertungsgrundlage religiös motivierter Gewaltanwendung erarbeitet wurde, welche deren grundsätzliche Unvereinbarkeit mit echter Religion eindringlich aufzeigt. Interreligiöser Dialog birgt realistische Chancen durch eine erstaunlich deutliche Konvergenz im Bereich Menschenwürde, Ethik und Menschenrechte und deren gemeinsame Zuordnung zum Ziel friedlicher Koexistenz. Wo regional interreligiöser Dialog zu interreligiöser Zusammenarbeit führt, sind darüber hinaus wirksame Beiträge zum Konfliktabbau und zum (Neu-) Aufbau gesellschaftlicher Strukturen in friedlicher Koexistenz feststellbar, insbesondere bei der Tätigkeit interreligiöser Räte und weiterer Organisationen, in gemeinsamem Auftreten gegenüber staatlicher Autorität oder in der Verfolgung von gemeinsamen Zielen durch praktische Zusammenarbeit. Das leitende interreligiöse Stichwort dabei ist der Übergang von einem „akademischen" interreligiösen Dialog zu einem „Dialog des Lebens" zwischen Angehörigen verschiedener Religionen.

12 Schlusswort

Bei den aktuellen Bildern und Nachrichten aus einer arabischen Welt im Umbruch, mit Interessengegensätzen, die sich in teilweise blutigen Konflikten niederschlagen, auch mit Blick auf für ihr Glaubenszeugnis leidende christliche Kirchen der Region, stellen sich natürlich Fragen: Ist der interreligiöse Dialog jüngst an gewalttätigen Extremisten gescheitert? Sind die mit interreligiösem Dialog verfolgten Ziele, darunter vor allem friedliche Koexistenz, als Wunschtraum entlarvt? Mir scheint, die hier getroffenen Beobachtungen und Feststellungen belegen das Gegenteil: Zusammenwirken und Zusammenarbeit zur Konfliktüberwindung und zugunsten friedlicher Koexistenz *ist* über Religionsgrenzen hinweg und gemeinsam möglich. Die aktuell andauernden Auseinandersetzungen im Nahen Osten, besonders im Irak und Syrien, können noch nicht abschließend beurteilt werden. Manche ihrer Spezifika wecken jedoch zumindest Zweifel, ob die bloße Existenz der bewaffneten Auseinandersetzungen für eine Bewertung von interreligiösem Dialog herangezogen werden kann: Verlaufen die Bruchlinien

---

[400] Vgl. Kapitel D 2.6.

zwischen den Konfliktparteien entlang einer unterschiedlichen Religionszugehörigkeit, oder nicht ebenso zwischen verschiedenen Richtungen innerhalb derselben Religion sowie zwischen Anhängern differierender Vorstellungen von Staat, Gesellschaft und deren Ordnung? Haben in der Region eventuell internationale und nationale politische Konzepte versagt und nicht interreligiöser Dialog?

Bezeichnenderweise werden bereits jetzt zur Deutung des tragischen Geschehens um neuerlich religiös konnotierte Gewaltanwendung von Extremisten wichtige interreligiöse Ergebnisse herangezogen: dass ein im Namen von Religion begangenes Verbrechen ein solches gegen Religion und eine Gotteslästerung darstellt; dass sich die Täter zur Rechtfertigung ihres Tuns keinesfalls auf die authentisch ausgelegte Religion berufen können; dass es nicht angeht, eine Religion und ihre Gläubigen pauschal für die Verbrechen einzelner terroristischer Gruppen und Individuen verantwortlich zu machen. Religionsübergreifende Stellungnahmen zu den mit beispielloser Brutalität begangenen Verbrechen islamistischer Gewalttäter in Syrien und Irak während der 2. Jahreshälfte 2014 und danach zeigen dasselbe Bild wie die Reaktionen auf terroristische Einzeltaten islamistischen Hintergrunds in Europa, USA, Kanada und Australien: seitens muslimischer Verbände und Institutionen, seitens der christlichen Kirchen und seitens staatlicher Autoritäten – auch muslimisch geprägter Länder – werden derartige Gewaltexzesse *unisono* unter Rückgriff auf die genannten interreligiösen Einsichten spontan und entschieden verurteilt.

Hunderttausende von Flüchtlingen leben vor allem in den angrenzenden Ländern in großer Not, eine Situation, die zugleich auch diese Länder in vielerlei Hinsicht überfordert. Dennoch besteht bei den Flüchtlingen untereinander wie auch zwischen Flüchtlingen und Bürgern der angrenzenden Länder trotz unterschiedlicher Religionszugehörigkeit weitgehende friedliche Koexistenz – außer wenn der Arm terroristischer Gruppen unterschiedlos Flüchtlinge und Bürger jeglicher Religionszugehörigkeit auch dort erreicht. M. E. liegt darin ein Indiz, dass friedliche Koexistenz nicht gescheitert ist und damit auch nicht die entsprechenden Bemühungen des interreligiösen Dialogs.

Jenseits der Aussagekraft solcher Stellungnahmen und Beobachtungen kann noch hinzugefügt werden: Selbst wenn interreligiöser Dialog jüngst einen Rückschlag erlitten haben sollte und so sehr jedes einzelne Opfer zu beklagen ist, so sollte dies dennoch nicht entmutigen. Die Zustimmung vieler Nationen zur „Allgemeinen Erklärung der Menschenrechte" hat eine Verletzung der in ihr festgehaltenen Rechte nicht unmöglich gemacht. Wenn sich Verletzungen realisieren, belegen sie keineswegs, dass der Einsatz für die Menschenrechte ein falscher Weg sei. Das gilt erst recht auf einer noch wesentlich tieferen und höheren Ebene: Das Evangelium hat Feindschaft, Hass und Gewaltanwendung in der Welt nicht beseitigt, sondern einen Weg gewiesen, solches Übel zu überwinden; der Einsatz dafür ist bleibende Aufgabe. Dieser Aufgabe haben sich im Jahr 2013 die in Syrien präsenten christlichen Kirchen in beeindruckender Weise gestellt, indem sie sich an interreligiösen Bemühungen um eine Beendigung des aktuellen blutigen Konflikts in diesem Land beteiligt haben.[401] Sie haben sich dabei angesichts des Leids so vieler Menschen von der Einsicht leiten lassen, dass das Feld der Begegnung von Christen mit Nichtchristen nicht zu einem zeugnisfreien Raum werden darf – gerade wenn eine Wende zum Besseren dringend Not tut.

---

401 Vgl. das Dokument der Konferenz 18. – 20.4.2013 (Istanbul), vgl. oben D 1. (138); vgl. auch die Hinweise zu den vorbereitenden Tagungen im Kapitel C 2.3.2.4.

Verzeichnis der abgekürzt zitierten Literatur

Abu-Nimer, Mohammed / Khoury, Amal / Welty, Emily, Unity in Diversity. Interfaith Dialogue in the Middle East, United State Institute of Peace Press Washington 2007.
Alexander, Manfred / Stökl, Günther, Russische Geschichte. Von den Anfängen bis zur Gegenwart, Kröner Stuttgart, 7. Aufl. 2009.
Anastasios (Yannoulatos), Facing the World. Orthodox Christian Essays on Global Concerns, WCC Publications, Geneva 2003.
Anastasios (Yannoulatos), Various Christian Approaches to the Other Religions, Proefthentes Editions Athens 1971.
Arbeitsgemeinschaft christlicher Kirchen in der Bundesrepublik Deutschland und Berlin (Hrsg.), Gottes Gaben – Unsere Aufgabe. Die Erklärung von Stuttgart, Materialdienst der Ökumenischen Zentrale 1988 / IV, Ökumenische Centrale Frankfurt 1988.
Asfaw, Semegnish / Chehadeh, Alexios / Simion, Marian Gh., Just Peace. Orthodox Perspectives, WCC Publications Geneva 2012.
Basdekis, Athanasios, Die Orthodoxe Kirche, Verlag Lembeck Frankfurt a.M., 4. Aufl. 2003.
Bašić, Goran / Devetak, Silvio, Democracy and Religion. Collection of papers presented at the Round Table „Contribution of Religious Communities in FR Yugoslavia to Reconciliation, Respect of Diversity, Democracy, Human Rights, Protection of Minorities, Cooperation and Stability in South Eastern Europe, ISCOMET, Belgrade 2003.
Bernhardt, Reinhold, Ende des Dialogs? Die Begegnung der Religionen und ihre theologische Reflexion, Theologischer Verlag Zürich 2005.
Berrett, David / Kurian, George / Johnson, Todd, World Christian Encyclopedia, 2 Bde., Oxford University Press, 2. Aufl. 2001.
Bremer, Thomas (Hrsg.), Religion und Nation im Krieg auf dem Balkan. Beiträge des Treffens deutscher, kroatischer und serbischer Wissenschaftler vom 5. bis 9. April 1995 in Freising, Wissenschaftliche Arbeitsgruppe für weltkirchliche Aufgaben der DBK Bonn 1996.
Bremer, Thomas, Kreuz und Kreml, Herder Freiburg/Basel/Wien 2. Aufl. 2016.
Bremer, Thomas / Gazer, Hacik Rafi / Lange, Christian (Hrsg.), Die orthodoxen Kirchen der byzantinischen Tradition, Wissenschaftliche Buchgesellschaft Darmstadt 2013.
Brown, Stuart E., Meeting in Faith. Twenty Years of Christian-Muslim Conversations Sponsored by the World Council of Churches, WCC Publications Geneva 1989.
Brüning, Alfons / van der Zweerde, Evert (Hrsg.), Orthodox Christianity and Human Rights, Eastern Christian Studies 13, Peeters Leuven/Paris 2012.
Bruns, Wilhelm, Friedliche Koexistenz. Ideologie und Außenpolitik kommunistischer Staaten, Landeszentrale für politische Bildung Hamburg 1976.
Bsteh, Andreas (Hrsg.), Friede für die Menschheit. Grundlagen, Probleme und Zukunftsperspektiven aus islamischer und christlicher Sicht. Internationale Christlich-islamische Konferenz Wien 30. März bis 2. April 1993, Verlag St. Gabriel Mödling 1994.
Bsteh, Andreas / Troll, Christian (Hrsg,), Eine Welt für alle. Grundlagen eines gesellschaftspolitischen und kulturellen Pluralismus in christlicher und islamischer Perspektive, Verlag St. Gabriel Mödling 1999.

Bsteh, Andreas / Mahmoud, Tahir (Hrsg.), Um unsere Zeit zu bedenken. Christen und Muslime vor der Herausforderung der Gegenwart, Vienna International Christian-Islamic Round Table Bd. 1, Verlag St. Gabriel Mödling 2003.
Bsteh, Andreas / Mahmoud, Tahir (Hrsg.), Intoleranz und Gewalt. Erscheinungsformen – Gründe – Zugänge, Vienna International Christian-Islamic Round Table Bd. 2, Verlag St. Gabriel Mödling 2004.
Bsteh, Andreas / Mahmoud Tahir (Hrsg.), Armut und Ungerechtigkeit: Krisenzeichen der gegenwärtigen Gesellschaftsordnung weltweit, Vienna International Christian-Islamic Round Table Bd. 3, Verlag St. Gabriel Mödling 2006.
Bsteh, Andreas / Mahmoud, Tahir (Hrsg.), Erziehung zu Gleichberechtigung. Eine Antwort auf Ungerechtigkeit und Intoleranz, Vienna International Christian-Islamic Round Table Bd. 4, Verlag St. Gabriel Mödling 2007.
Bundeszentrale für politische Bildung (Hrsg.), Menschenrechte. Dokumente und Deklarationen (Schriftenreihe Bd. 397), 4. Aufl. BpB Bonn 2004.
Christian Peace Conference Prague, June 1st-4th 1958. Task and Witness, Prague 1958.
Chryssavgis, John (Hrsg.), In the World, yet not of the World, Fordham University Press New York 2010.
Chryssavgis, John (Hrsg.), Cosmic Grace – Humble Prayer. The Ecological Vision of the Green Patriarch Bartholomew, William B. Erdmans Publishing Company Grand Rapids, Michigan/Cambridge U.K. 2. veränderte Aufl. 2009.
Clapsis, Emmanuel, The Orthodox Church in a Pluralistic World, WCC Publications Geneva 2004.
Clement, John (Hrsg.), Human Rights and the Churches: New Challenges. A compilation of Reports of international and regional consultations, WCC Geneva/New York 1998.
Constantelos, Demetrios J., Issues and Dialogues in the Orthodox Church Since World War Two, Holy Cross Orthodox Press Brookline 1986.
Constantelos, Demetrios J., The Attitude of Orthodox Christians toward Non-Christians, Holy Cross Orthodox Press Brookline MA 1992.
Corbon, Jean, L'Église des Arabes, Cerf Paris 2007.
Cutsinger, James (Hrsg.), Paths to the Heart. Sufism and the Christian East, World Wisdom Inc. Bloomington 2002.
Daniel, Wallace L., The Orthodox Church and Civil Society in Russia, Texas A&M University Press College Station 2006.
Devetak, Silvo / Kalčina, Liana / Polzer, Miroslav F. (Hrsg.), Legal Position of Churches and Religious Communities in South Eastern Europe. Collection of Articles, Selected National and International Legal Texts and Other Sources, ISCOMET, Ljubljana/Maribor/Vienna 2004.
Devetak, Silvo / Sirbu, Olesea / Rogobete, Silviu (Hrsg.), Religion and Democracy in Moldova, ISCOMET Maribor/Chisinau 2005.
Dialogue between the Three Monotheistic Religions Towards a Culture of Peace. Report on the Seminar on the Dialogue between the Three Monotheistic Religions Towards a Culture of Peace organized under the high patronage of His Majesty, King Hassan II, by the Ministry of Higher Education, Scientific Research and Culture of Morocco and UNESCO, held in Rabat in February 1998. UNESCO Rabat Office, 1999.
Doré, Joseph (Hrsg.), Christianisme, Judaïsme et Islam, Editions du Cerf Paris 1999.

El-Ansary, Waleed / Linnan, David K. (Hrsg.), Muslim and Christian Understanding. Theory and Application of „A Common Word", Palgrave Macmillan New York 2010.

El-Assad, Nassir El-Din (Hrsg.), The Educational System in Islam and Christianity. Proceedings of the Muslim-Christian Consultation held in collaboration with the Orthodox Centre Chambésy. Amman 3–5 June 1996, Royal Academy for Islamic Civilization Research (Al Albeit Foundation) Amman 1997.

Egorov, V. K., Intercultural and Interreligious Dialogue for Sustainable Development, Publishing House of the RAPA Moscow 2008.

The Environment and Religious Education: Proceedings of the Summer 1994 Seminar on Halki, Melitos Editions Istanbul 1995.

Evangelische Akademien in Deutschland (Hrsg.), Christen & Muslime. Verantwortung zum Dialog, Wissenschaftliche Buchgesellschaft Darmstadt 2006.

The First International Symposium on Orthodoxy and Islam, Center for International and Cultural Studies Tehran 1994.

Freise, Josef / Khorchide, Mouhanad (Hrsg.), Wertedialog der Religionen. Überlegungen und Erfahrungen zu Bildung, Seelsorge, Sozialer Arbeit und Wissenschaft, (Schritenreihe der Georges-Anawati-Stiftung Nr. 10), Herder Freiburg u. a. 2014.

Fuchslocher, Eva, Vaterland, Sprache, Glaube. Orthodoxie und Nationenbildung am Beispiel Georgiens, ibidem-Verlag Stuttgart 2010.

Fürlinger, Ernst, „Der Dialog muss weitergehen". Ausgewählte vatikanische Dokumente zum interreligiösen Dialog (1964–2008), Herder Freiburg u. a. 2009.

Fuga, Artan (Hrsg.), Pathways to Inter-Religious Dialogue in Albania. Research & Reflections, Albanian Foundation for „Conflict Resolution and Reconciliation of Dispute" Tirana 2010.

Garvey, John, Seeds of the Word. Orthodox Thinking on other Religions, St. Vladimir's Seminary Press Crestwood/NY 2005.

Görlach, Alexander, Der Heilige Stuhl im interreligiösen Dialog mit islamischen Akteuren in Ägypten und der Türkei, Ergon Verlag Würzburg 2007.

Górak Sosnowska, Katarzyna (Hrsg.), Muslims in Poland and Eastern Europe, University of Warsaw, Faculty of Oriental Studies, Warszawa 2011.

Grafton, David / Duggan, Joseph / Harris, Jason (Hrsg,), Christian-Muslim Relations in the Anglican and Lutheran Communions. Historical Encounters and Contemporary Projects, Palgrave Macmillan New York 2013.

Grdzelidze, Tamara / George, Martin / Vischer, Lukas (Hrsg.), Witness through Troubled Times. A History of the Orthodox Church of Georgia 1811 to the Present, Bennet & Bloom London 2006.

Grothusen, Klaus-Detlev (Hrsg.), Türkei (Südosteuropa-Handbuch Bd. 4), Vandenhoek & Ruprecht Göttingen 1985.

Güzelmansur, Timo, Die offiziellen Dokumente der katholischen Kirche zum Dialog mit dem Islam, Pustet Regensburg 2009.

Guiliano, Zachary / Stang, Charles M. (Hrsg.), The Open Body. Essays in Anglican Ecclesiology. Verlag Peter Lang New York u. a. 2012.

Gurney, Robin (Hrsg.), 40 Jahre KEK. Zur Feier des 40jährigen Jubiläums der Konferenz Europäischer Kirchen 1959–1999, Konferenz Europäischer Kirchen Genf 1999.

Haddad, Juliette Nasri / Duprey la Tour, Augustin / Nashabé, Hisham (Hrsg.), Déclarations Communes Islamo-Chrétiennes (1954–1995), Université Saint Joseph, Beyrouth, Institut d'Etudes Islamo-Chrétiennes, Dar el Machreg, Beyrouth 1997.

Haddad, Juliette Nasri (Hrsg.), Déclarations Communes Islamo-Chrétiennes (1995 – 2001), Université Saint Joseph, Beyrouth, Institut d'Etudes Islamo-Chrétiennes, Dar el Machreq, Beyrouth 2003.
Haddad, Juliette Nasri (Hrsg.), Déclarations Communes Islamo-Chrétiennes (2002 – 2005), Université Saint Joseph, Beyrouth, Institut d'Etudes Islamo-Chrétiennes, Collection 'Etudes et Dokuments Islamo-Chrétiens' N° 10, Dar el-Machreg Beyrouth 2007.
Haddad, Juliette Nasri (Hrsg.), Déclarations Communes Islamo-Chrétiennes (2006 – 2008), Université Saint Joseph, Beyrouth, Institut d'Etudes Islamo-Chrétiennes, Collection 'Etudes et Dokuments Islamo-Chrétiens' N° 13, Dar el-Machreg Beyrouth 2011.
Hallensleben, Barbara (Hrsg.), Einheit in Synodalität. Die offiziellen Dokumente der Orthodoxen Synode auf Kreta 18. bis 26. Juni 2016, Aschendorff Münster 2016.
Hallensleben, Barbara / Vergauwen, Guido / Wyrwoll, Klaus (Hrsg.), Freiheit und Verantwortung im Einklang. Zeugnisse für den Aufbruch zu einer neuen Weltgemeinschaft, Institut für Ökumenische Studien der Universität Freiburg Schweiz 2009.
Heft, James L. (Hrsg.), Catholicism and Interreligious Dialogue, Oxford University Press 2012.
Hinterhuber, Eva Maria, Abrahamitischer Trialog und Zivilgesellschaften. Eine Untersuchung zum sozialintegrativen Potenzial des Dialogs zwischen Juden, Christen und Muslimen, Lucius & Lucius Stuttgart 2009.
Huntington, Samuel P., The Clash of Civilizations and the Remaking of World Order, Simon & Schuster New York 1996.
Ionita, Viorel, Towards the Holy and Great Synod of the Orthodox Church. The Decisions of the Pan-Orthodox Meetings since 1923 until 2009, (Studia Oecumenica Friburgensia 62), Institut for Ecumenical Studies University of Fribourg, Friedrich Reichardt Verlag Basel 2014.
Jack, Homer A., WCRP: A History of the World Conference on Religion and Peace, WCRP New York 1993.
Jensen, Anne, Die Zukunft der Orthodoxie. Konzilspläne und Kirchenstrukturen, Benziger Verlag Zürich/Einsiedeln/Köln 1986.
Johannes Chrysostomus, Kirchengeschichte Russlands der neuesten Zeit, 3 Bde., Pustet München/Salzburg 1965 – 1968.
Jordan, Peter / Kaser, Karl / Lukan, Walter / Schwandner-Sievers, Szephanie / Sundhausen, Holm (Hrsg.), Albanien, Verlag Peter Lang Wien/Frankfurt 2003.
Jukko, Risto, Trinity in Unity in Christian-Muslim Relations. The Work of the Pontifical Council for Interreligious Dialogue (History of Christian-Muslim Relations Vol. 7), Brill Leiden 2007.
Kahl, Thede / Lienen, Cay (Hrsg.), Christen und Muslime. Interethnische Koexistenz in südosteuropäischen Peripheriegebieten, (Religions- und Kulturgeschichte in Ostmittel- und Südosteuropa Bd. 11), LIT-Verlag Wien/Berlin 2009.
Kahl, Thede / Metzeltin, Michael / Ungureanu, Mihai-Razvan (Hrsg.), Rumänien, 2 Bde., LIT-Verlag Wien/Berlin 2. Aufl. 2008.
Kallis, Anastasios, Auf dem Weg zu einem Heiligen und Großen Konzil. Ein Quellen- und Arbeitsbuch zur orthodoxen Ekklesiologie, Theophano-Verlag Münster 2013.
Kančesca-Milevka, Elizabeta (Hrsg.), Ohrid Messages for Peace and Mutual Life: World Conference for Dialogue among Religions and Civilizations, Ministry of Culture of Republic of Macedonia Skopje 2008.
Kappeler, Andreas, Russische Geschichte, Verlag C.H. Beck München, 5. Aufl. 2008.

Kappeler, Andreas, Russland als Vielvölkerreich, Verlag C.H. Beck München, 2. Auflage 2008.
Karamat, Elisabeth, Christlich-Islamischer Dialog. Initiative Österreichischer Außenpolitik, (Schriftenreihe der George Anawati-Stiftung Bd. 2), EB-Verlag Schenefeld 2007.
Kattan, Assaad / Georgi, Fadi A., Thinking Modernity, Balamand Theological Conferences 1, Daccache Printing House Amchit/Lebanon 2010.
Khoury, Adel Theodor, Einführung in die Grundlagen des Islams, Styria Graz u. a. 1978.
Kirche in Not, XII. Friedliche Koexistenz, Pallottiner Druckerei Limburg 1965.
Klinger, Elmar / D'Sa, Francis X., Gerechtigkeit im Dialog der Religionen, Echter Würzburg 2006.
Knox, Zoe, Russian Society and the Orthodox Church. Religion in Russia after Communism, Routledge London/New York 2005.
Könemann, Judith / Vischer, Georg (Hrsg.), Interreligiöser Dialog in der Schweiz, Theologischer Verlag Zürich 2008.
Konferenz aller Kirchen und Religionsgemeinschaften in der UdSSR zum Schutz des Friedens, Sagorsk Troize-Sergievo-Kloster 9.–12. Mai, Verlag des Moskauer Patriarchats Moskau 1952.
Konferenz Europäischer Kirchen, Begegnung in Stirling. Bericht der IX. Vollversammlung der Konferenz Europäischer Kirchen 4.–11. September 1986 Universität Stirling, Schottland, Genf o. J.
Konferenz Europäischer Kirchen, Die Konferenz über Sicherheit und Zusammenarbeit in Europa und die Kirchen, Bericht einer Konsultation 27.–31. Oktober 1975 in Buckow/DDR (Studienheft Nr. 7), Genf 1976.
Konferenz Europäischer Kirchen, Diener Gottes – Diener der Menschen. Vorbereitungsdokument für die Nyborg VI Vollversammlung 26. April – 3. Mai 1971, Konferenz Europäischer Kirchen Genf o. J.
Konferenz Europäischer Kirchen, Einheit im Geist – Vielfalt in den Kirchen, Bericht der VIII. Vollversammlung der Konferenz Europäischer Kirchen 18.–25. Oktober 1979 Kreta, Lembeck Frankfurt o. J.
Konferenz Europäischer Kirchen, Europäische Sicherheit und die Kirchen. Bericht einer Konsultation in Gwatt am Thumersee/Schweiz 25. – 28. November 1969, (Studienhefte Nr. 3), Genf 1970.
Konferenz Europäischer Kirchen, Frieden in Europa – die Rolle der Kirchen. Bericht einer Konsultation in Engelberg/Schweiz 28. Mai – 1. Juni 1973, (Studienhefte Nr. 6), Genf 1973.
Konferenz Europäischer Kirchen, Jesus Christus – Europa heute. Reflexion über einige Tätigkeitsbereiche der Kirchen. Bericht einer Konsultation im Götzis, Österreich 4.–9. März 1973 (Studienhefte Nr. 5), Genf 1973.
Konferenz Europäischer Kirchen, Kreuzwege der europäischen Kirchen. Bericht der VII. Vollversammlung der Konferenz Europäischer Kirchen in Engelberg/Schweiz 16.–23. September 1974, Lembeck, Frankfurt 1975.
Konferenz Europäischer Kirchen in Nyborg/Dänemark 6.–9. Januar 1959, Die europäische Christenheit in der heutigen säkularisierten Welt, Gotthelf-Verlag Zürich/Frankfurt 1960.
Konferenz Europäischer Kirchen in Nyborg/Dänemark 3.–8. Oktober 1960, Der Dienst der Kirche in einer sich verändernden Welt, Gotthelf-Verlag Zürich/Frankfurt 1962.
Konferenz Europäischer Kirchen, Nyborg VI. Bericht der Sechsten Vollversammlung der Konferenz Europäischer Kirchen 26. April – 3. Mai 1971, Genf o. J.

Konferenz Europäischer Kirchen / Rat der Europäischen Bischofskonferenzen (Hrsg.), Frieden in Gerechtigkeit. Dokumente der Europäischen Ökumenischen Versammlung, Reinhardt Verlag Basel / Benziger Verlag Zürich 1989.
Krawchuk, Andrii / Bremer, Thomas, Eastern Orthodox Encounters of Identity and Otherness, Palgrave Macmillan New York 2014.
Kyrleschew, Alexander, Die Russische Orthodoxie nach dem Kommunismus. Das byzantinische Erbe und die Moderne, (Studien zur Kirchengeschichte und Theologie Bd. 9), Gabriele Schäfer Verlag Herne 2014.
Kasper, Walter (Hrsg.), Lexikon für Theologie und Kirche, hrsg. von Walter Kasper, 11 Bde. (Studienausgabe), Herder Freiburg/Basel/Wien 1993–2001.
Lienemann, Wolfgang, Frieden. Vom „gerechten Krieg" zum „gerechten Frieden", Bensheimer Hefte Nr. 92 / Ökumenische Studienhefte Nr. 10, Vandenhoeck & Ruprecht Göttingen 2000.
Lienemann-Perrin, Christine, Mission und interreligiöser Dialog, Bensheimer Hefte 93 / Ökumenische Studienhefte 11, Vandenhoeck & Ruprecht Göttingen 1999.
Lücker, Maria Alberta (Hrsg.), Den Frieden tun. Die 3. Weltversammlung der Weltkonferenz der Religionen für den Frieden, Herder Freiburg 1980.
Lücker, Maria Alberta (Hrsg.), Religionen, Frieden, Menschenrechte. Dokumentation der ersten Weltkonferenz der Religionen für den Frieden, Kyoto 1970. Reden, Ergebnisse der Arbeitskreise, Resolutionen, Jugenddienst-Verlag Wuppertal 1971.
Lücker, Maria Alberta / Altner, Günter u. a. (Hrsg.), Neue Perspektiven des Friedens: 2. Weltkonferenz der Religionen für den Frieden, Löwen, Belgien 1974. Dokumente und Berichte, Jugenddienst-Verlag Wuppertal 1975.
Martin, Richard (Hrsg,), Encyclopedia of Islam and the Muslim World, 2 Bde., Thomson/Gale London/NY 2004.
Meißner, Volker / Affolderbach, Martin / Mohagheghi, Hamideh / Renz, Andreas (Hrsg.), Handbuch christlich-islamischer Dialog, Herder Freiburg u. a., 2. Aufl. 2016.
Merdjanova, Ina / Brodeur, Patrice, Religion as a Conversation Starter. Interreligious Dialogue for Peacebuilding in the Balkans, Continuum Int. Publishing Group London/NY 2009.
Mitri, Tarek (Hrsg.), Religion and Human Rights. A Christian-Muslim Diskussion, WCC Geneva 1996.
Mitri, Tarek (Hrsg.), Religion, Law and Society. A Christian-Muslim Diskussion, WCC Geneva / Kok Pharos Publ. Kampen 1995.
Moorey, Chris, God among the Bunkers. The Orthodox Church in Albania under Enver Hoxha, Create Space Publishing Platform Charleston/SC 2015.
Müller, Hannelore, Religionen im Nahen Osten 1, Harrassowitz Wiesbaden 2009.
Müller, Helmut A. (Hrsg.), Kultur, Religion und Glauben neu denken. Von der abrahamitischen Ökumene zur Ökumene der Religionen, Frank & Timme Berlin 2014.
Müller, Johannes (Hrsg.), Interreligiöse Solidarität im Einsatz für die Armen, LIT-Verlag Berlin 2007.
Musaj, Shpresa, Albaniens Religiosität – Konstante im Wandel der Zeit, Tectum Verlag Marburg 2011.
Nagel, Ernst J., Minderheiten in der Demokratie. Politische Herausforderung und interreligiöser Dialog, Kohlhammer Stuttgart 1998.
Nielsen, Joergen (Hrsg.), Religion and Citizenship in Europe and in the Arab World, Grey Seal London 1992.

Nielsen, Joergen / Alibasic, Ahmet / Maréchal, Brigitte (Hrsg.), Yearbook of Muslims in Europe 3, Verlag Brill Leiden 2011.

Nyssen, Wilhelm / Schulz, Hans-Joachim / Plank, Peter / Wiertz, Paul, Handbuch der Ostkirchenkunde, 3 Bde., Patmos Düsseldorf 1984–1997.

Oeldemann, Johannes, Die Kirchen des christlichen Ostens. Orthodoxe, orientalische und mit Rom unierte Ostkirchen, Topos Premium Kevelaer 4. Aufl. 2016.

Österreichisches Helsinki-Komitee, KSZE. Die Abschlussdokumente der Konferenz für Sicherheit und Zusammenarbeit in Europa Helsinki 1975 und der Nachfolgekonferenzen Belgrad 1978 und Madrid 1983, Hermann Böhlhaus Wien/Köln/Graz 1984.

Office for Official Publications of the European Commission (Hrsg.), The Mediterranean Society: a Challenge for Islam, Judaism, and Christianity. Proceedings of an informal meeting held in Toledo, Spain, from 4 to 7 Nov. 1995, convened by the European Commission's Forward Studies Unit, Kogan Page London 1998.

Office of the Commissioner for Human Rights, Dialogue of the Council of Europe – Commissioner for Human Rights with the Religious Communities, Strasbourg 2004.

O'Mahony, Anthony / Loosley, Emma (Hrsg.), Christian Responses to Islam. Muslim-Christian Relations in the modern World, Manchester University Press Manchester/New York 2008.

Omar, Irfan A., A Muslim View of Christianity. Essays on Dialogue by Mahmoud Ayoub, Orbis Books Maryknoll/New York 2007.

Orthodox Task Force of the WCC, Orthodox Contributions to Nairobi, World Council of Churches Geneva 1975.

Sekretariat der DBK (Hrsg.), Päpstlicher Rat für den Interreligiösen Dialog / Kongregation für die Evangelisierung der Völker, Dialog und Verkündigung. Überlegungen und Orientierungen zum Interreligiösen Dialog und zur Verkündigung des Evangeliums Jesu Christi vom 19. Mai 1991, Verlautbarungen des Apostolischen Stuhls Nr. 102.

Papademetriou, George C., Two Traditions, One Space, Somerset Hall Press Boston 2011.

Papandreou, Damaskinos, Dialog als Leitmotiv. Die Orthodoxie an der Schwelle zum dritten Jahrtausend (Analecta Chambesiana 2), Centre Orthodoxe Chambésy/Genève 2000.

Papandreou, Damaskinos (Hrsg.), Un Regard Orthodoxe sur la Paix, Les Études Théologiques de Chambésy 7, Editions du Centre Orthodoxe du Patriarcat Oecuménique Chambésy Genève 1986.

Peter, Anton (Hrsg.): Christlicher Glaube in multireligiöser Gesellschaft, (Neue Zeitschrift für Missionswissenschaft, Supplementa Vol. 44), Neue Zeitschr. für Missionswiss. Immensee 1996.

Pontifical Council for Interreligious Dialogue, Guidelines for Dialogue between Christians and Muslims, Paulist Press New York 1990.

Porsche-Ludwig, Markus / Bellers, Jürgen (Hrsg.), Handbuch der Religionen der Welt, 2 Bde., Verlag Traugott Bautz Nordhausen 2012.

Pratt, Douglas / Hoover, Jon / Davies, John / Chesworth, John (Hrsg.), The Character of Christian-Muslim Encounter (History of Christian-Muslim Relations Vol. 25), Brill Leiden/Boston 2015.

Proceedings from the Symposium 'Islam, Christianity and the Environment' which was held at the Baptism Site in Jordan in September 2010, Jordanian Printing Press 2011, (Mabda English Monograph Series N° 9).

Renz, Andreas, Die katholische Kirche und der interreligiöse Dialog. 50 Jahre „Nostra Aetate", Kohlhammer Stuttgart 2014.

Reis-Habito, Maria Dorthea (Hrsg.), Arbeiten, vorgestellt vom Think-Tank des „Elijah Interfaith Institute" als Vorbereitung für das zweite Treffen des „Elijah Board of World Religious Leaders" ; Wu-Sheng-Kloster, Ling Jiou Shan, Fulong, Taiwan, 28. November – 2. Dezember 2005, EOS-Verlag St. Ottilien 2008.

Betz, Hans Dieter Betz / Browning, Don S. / Janowski, Bernd / Jüngel, Eberhard (Hrsg.), Religion in Geschichte und Gegenwart, , 8 Bde. u. Registerbd. (Studienausgabe), Mohr Siebeck Tübingen 4. Aufl. 1998 – 2007.

Richters, Katja, The Post Soviet Russian Orthodox Church. Politics, Culture and Greater Russia, Routledge London/NY 2013.

Royal Academy for Islamic Civilization Research (Al Albait Foundation) / Orthodox Center of the Ecumenical Patriarchate (Hrsg.), Youth and the Values of Moderation, Amman 1994.

Russian Orthodox Church / The Muslim Religious Board for Central Asia and Kazakhstan / The Central Religious Board of Buddhists of the USSR (Hrsg.), Religious workers for lasting peace, disarmament and just relations among nations: materials of World Conference held in Moscow, June 6 – 10, 1977, Department of External Church Relations of the Moscow Patriarchate Moskau 1978.

Sallanz, Josef, Die Dobrudscha: Ethnische Minderheiten – Kulturlandschaft – Transformation, Universitätsverlag Potsdam 2005.

Samartha, Stanley J. (Hrsg.), Living Faiths and the Ecumenical Movement, WCC Geneva 1971.

Samartha, Stanley J. (Hrsg.), Towards World Community. The Colombo Papers, WCC Genf 1975.

Samartha, Stanley J. / Taylor, John B., Christian-Muslim Dialogue, Papers presented at the Broumana Consultation 12 – 18 July 1972, WCC Geneva 1973.

Schmid, Hansjörg / Renz, Andreas / Sperber, Jutta, Heil in Christentum und Islam. Erlösung oder Rechtleitung, Akademie der Diözese Rottenburg-Stuttgart (Hohenheimer Protokolle 61) Stuttgart 2005.

Schmid, Hansjörg / Renz, Andreas / Sperber, Jutta / Terzi, Duran (Hrsg.), Identität durch Differenz? Wechselseitige Abgrenzungen in Christentum und Islam, Verlag Pustet Regensburg 2. Aufl. 2009.

Schmid, Hansjörg / Renz, Andreas / Ucar, Bülent (Hrsg.), Nahe ist dir das Wort. Schriftauslegung in Christentum und Islam, Pustet Regensburg 2010.

Schmitt, Oliver Jens, Die Albaner. Eine Geschichte zwischen Orient und Okzident, Verlag C.H. Beck München 2012.

Schmitt, Oliver Jens / Frantz, Eva Anne (Hrsg.), Albanische Geschichte. Stand und Perspektiven der Forschung, Oldenbourg Verlag München 2009.

Schmitt, Oliver Jens (Hrsg.), Religion und Kultur im albanisch-sprachigen Südosteuropa, Pro Oriente – Schriftenreihe der Kommission für südosteuropäische Geschichte Bd. 4, Verlag Peter Lang Frankfurt/Wien 2010.

Schmitthenner, Ulrich (Hrsg.), Arbeitsbuch für Gerechtigkeit, Frieden und Bewahrung der Schöpfung, Ökumenischer Informationsdienst Wethen 1990.

Schmitthenner, Ulrich / Schönhöffer, Peter / Grosse, Christof (Hrsg.), Die Zukunft, die wir meinen – Leben statt Zerstörung, (Reihe Ökumenische Studien Bd. 46), LIT-Verlag Berlin 2015.

Schneiders, Thorsten Gerald (Hrsg.), Die Araber im 21. Jahrhundert. Politik-Gesellschaft-Kultur, Springer VS Wiesbaden 2013.

Schreiner, Stefan (Hrsg.), Visions of a Just Society - Fears, Hopes, and Chances for Living together in a Globalized World from Jewish, Christian, and Muslim Perspectives.

International Consultation Sarajevo (BiH), 13–16 November 2005, Abrahamic Forum – International Council of Christians and Jews / Konrad-Adenauer-Stiftung Sarajevo 2006.
Schreiner, Stefan (Hrsg.), Religion and Secular State – Role and Meaning of Religion in a Secular Society from Muslim, Christian, and Jewish Perspectives, Zürich/Sarajevo 2008.
Schröder, Bernd (Hrsg.), Georgien – Gesellschaft und Religion an der Schwelle Europas, Röhrig-Verlag St. Ingbert 2005.
Second International Symposium on Orthodoxy and Islam, Center for International and Cultural Studies Tehran 1995.
Secretariatus pro non Christianis, Die Haltung der Kirche gegenüber den Anhängern anderer Religionen. Gedanken und Weisungen über Dialog und Mission, Città del Vaticano Rom 1984.
Shah-Kazemi, Reza, The Other in the Light of the One. The Universality of the Qur'an and Interfaith Dialogue, The Islamic Press Society Cambridge 2010.
Sharp, Andrew, Orthodox Christians and Islam in the Postmodern Age, (History of Christian-Muslim Relations Vol. 16), Brill Leiden/Boston 2012.
Sheard, Robert B., Interreligious Dialogue in the Catholic Church Since Vatican II. An Historical and Theological Study, (Toronto Studies in Theology Vol. 31), Edwin Mellen Press Lewiston, NY / Queenston, Ontario 1987.
Siddiqui, Ataullah, Christian-Muslim Dialogue in the Twentieth Century, MacMillan Press London / St. Martin's Press New York 1997.
Smock, David (Hrsg.), Interfaith Dialogue and Peacemaking, United States Institute of Peace Press Washington 2002.
Sperber, Jutta, Christians and Muslims. The Dialogue Activities of the World Council of Churches and their Theological Foundation, de Gruyter Berlin 2000.
Spivak, D. / Shankman, S., World Religions in the Context of the Contemporary Culture: New Prospects of Dialogue and Mutual Understanding in the Russian Federation and Eastern Europe, in Central Asia and the Caucasus, St. Petersburg Branch of the Russian Institute for Cultural research / Russian Baltic Information Center 'Blitz' St. Petersburg 2011.
Stoeckel, Kristina, The Russian Orthodox Church and Human Rights, Routledge London/New York 2014.
Suttner, Ernst Christoph, Kirche und Nationen, Reihe Das Östliche Christentum Bd. 46, 1 u. 2, Augustinus Verlag Würzburg 1997.
Suttner, Ernst Christoph, Beiträge zur Kirchengeschichte der Rumänen, Verlag Herold Wien/München 1978.
Swidler, Leonard, Muslims in Dialogue. The Evaluation of a Dialogue, Edwin Mellen Press Lewiston/Queenston/Lampeter 1992.
Swidler, Leonard, Theoria-Praxis: How Jews, Christians and Muslims Can Together Move from Theory to Practice, Peeters Leuven 1998.
Tamcke, Martin (Hrsg.), Christians and Muslims in Dialogue in the Islamic Orient of the Middle Ages (Beiruter Texte und Studien 117), Orient Institut Beirut / Ergon Verlag Würzburg 2007.
Tamcke, Martin, Christen in der islamischen Welt. Von Mohammed bis zur Gegenwart, Verlag C. H. Beck München 2008.
Tamcke, Martin (Hrsg.), Christliche Gotteslehre im Orient seit dem Aufkommen des Islams bis zur Gegenwart (Beiruter Texte und Studien 126), Orient Institut Beirut / Ergon Verlag Würzburg 2008.

Tavassoli, Sasan, Christian Encounters with Iran. Engaging Muslim Thinkers after the Revolution, Tauris London/New York 2011.
Taylor, John Bernard / Gebhardt, Günther (Hrsg.), Religions for Human Dignity and World Peace. Unabridged Proceedings of the Fourth World Conference on Religion and Peace (WCRP IV) Nairobi, Kenya, 23 – 31 August 1984, WCRP Geneva 1986.
Teasdale, Wayne, Catholicism in Dialogue. Conversations across Traditions, Rowman & Littlefield Publishers Lanham/Boulder/New York/Oxford 2004.
Thesing, Josef / Uertz, Rudolf (Hrsg.), Die Grundlagen der Sozialdoktrin der Russisch-Orthodoxen Kirche, Konrad-Adenauer-Stiftung St. Augustin 2001.
Third International Symposium on Orthodoxy and Islam, Center for International and Cultural Studies Tehran 1995.
Tibi, Bassam, Im Schatten Allahs. Der Islam und die Menschenrechte, Piper München/Zürich 2. Aufl. 1999.
Thomas, David / Roggema, Barbara (Hrsg.), Christian-Muslim Relations. A Bibliographical History Bd. 1, Brill Leiden/Boston 2009.
Thomas, David / Mallet, Alex (Hrsg.), Christian-Muslim Relations. A Bibliographical History, Bd. 2 – 5, Brill Leiden/Boston 2010 – 2013.
Tsompanidis, Stylianos, Orthodoxie und Ökumene. Gemeinsam auf dem Weg zu Gerechtigkeit, Frieden und Bewahrung der Schöpfung, Ökumenische Studien Bd. 10, LIT-Verlag Münster u. a. 1999.
UNESCO, Contribution by Religions to the Culture of Peace. Papers presented at the UNESCO Seminar in Barcelona December 12 – 18, 1994, Centre UNESCO de Catalunya Barcelona 1995.
van Oudenaren, John, Détente in Europe. The Soviet Union and the West since 1953, Duke University Press Durham/London 1991.
Vaporis, Nomikos M. (Hrsg.), Orthodox Christians and Muslims, Holy Cross Orthodox Press Brookline 1986.
Waardenberg, Jacques (Hrsg.), Islam and Christianity. Mutual Perceptions since the Mid-20th Century, Peeters Leuven 1998.
Wettach-Zeitz, Tanja, Ethnopolitische Konflikte und interreligiöser Dialog. Die Effektivität interreligiöser Konfliktmediationsprojekte analysiert am Beispiel der World Conference on Religion and Peace Initiative in Bosnien-Herzegowina, Kohlhammer Stuttgart 2008.
Wetter, Gustav, Die friedliche Koexistenz in kommunistischer Sicht, in: Kirche in Not, XII. Friedliche Koexistenz, Pallottiner Druckerei Limburg 1965.
Wilkens, Klaus (Hrsg.), Gemeinsam auf dem Weg. Offizieller Bericht der Achten Vollversammlung des ÖRK Harare 1998, Verlag Otto Lembeck Frankfurt am Main 1999.
Wills, Bernard, Entspannung und friedliche Koexistenz, List Verlag München 1974.
Wohlleben, Ekkehard, Die Kirchen und die Religionen. Perspektiven einer ökumenischen Religionstheologie, Vandenhoeck & Ruprecht Göttingen 2004.
Woman and Family in Christian Orthodoxy and Islam – Fourth International Congress on Orthodoxy and Islam, Athens, 1997, Publications of the Greek Iranian League Athens 1999.
World Conference of Religious Workers for Saving the Sacred Gift of Life from Nuclear Catastrophe, Moscow, May 10 – 14, 1982, Moscow Patriarchate 1983.

World Conference on Religion and Peace International, Fifth Assembly Melbourne, Australia, January 1989. Melbourne Declaration, reports of commissions and sub-commissions, youth report and women's report, WCRP Geneva 1989.

World Council of Churches / Commission of the Churches on International Affairs, Human Rights and Christian Responsibility. Report of the Consultation St. Pölten Austria 21–26 October 1974, WCC Geneva 1974.

Wyrwoll, Klaus (Hrsg.), Orthodoxia 2012–2013, Ostkirchliche Institut Regensburg 2012.

Verzeichnis mehrfach verwendeter Internetquellen

Internetadresse / Institution
http://aalalbayt.org/en
    Royal Aal al Bayt Institute
http://www.acommonword.com
    Consortium of A Common Word
http://www.adicr.org
    Association du dialogue interculturel et interreligieux (ADICR)
http://agmcd.org
    Arab Working Group for Muslim-Christian Dialogue
http:://al-liqacenter.org
    Al-Liqa Zentrum für interreligiösen Dialog
http://www.antiochdev.org
    Department of Ecumenical Relations and Development des Orthodoxen Patriarchats von Antiochia
http://appealofconscience.org
    Appeal of Conscience Foundation
http://assemblyofbishops.org/
    Assembly of Canonical Orthodox Bishops of North and Central America
http://berkleycenter.georgetown.edu
    Berkeley Center for Religion, Peace and World Affairs
http://www.chrislam.org
    Comité National Islamo-Chrétien pour le Dialogue
http://cid.ceceurope.org
    Conference of European Churches/ Konferenz Europäischer Kirchen
http://coe.int
    Europarat
http://www.coexistencejordan.org
    Jordanian Interfaith Coexistence Research Center
http://www.crihl.org
    Council for Religious Institutions of the Holy Land
http://www.dialogueonline.org
    International Islamic Forum for Dialogue (IIFD)
http://www.dicid.org
    Doha International Center for Interfaith Dialogue
http://www.ead.de
    Gemeinschaft Evangelischer Kirchen in Europa
http://www.ekd.de
    Evangelische Kirche in Deutschland
http://www.elijah-interfaith.org
    Elijah Interfaith Institute
http://europa.eu
    Europäische Gemeinschaft

http://www.exarchat.eu
   Metropolie der Russischen Orthodoxen Kirche in Westeuropa in der Jurisdiktion des Ökumenischen Patriarchats
http://fraternite-dabaraham.com
   Fraternité d'Abraham
http://www.goarch.org
   Metropolie des Ökumenischen Patriarchats in den USA
http://gric-international.org
   Groupe de recherche islamo-chrétien (GRIC)
http://icm.catholique.fr
   Institut Catholique de la Méditerranée
http://www.iicdr.org
   International Islamic Council for Daw'a and Relief
http://www.interfax-religion.com
   Nachrichtendienst Interfax
http://www.jcrelations.net
   International Council of Christians und Jews
http://www.kaiciid.org
   King Abdullah International Centre for Interreligious and Intercultural Dialogue
http://www.mec-churches.org
   Middle East Council of Churches (MECC)/ Conseil des Églises du Moyen-Orient (CÉMO)
http://mecc.org
   Middle East Council of Churches (MECC)/ Conseil des Églises du Moyen-Orient (CÉMO)
https://mospat.ru/
   Außenamt des Patriarchats von Moskau und Ganz Russland
http://www.oikoumene.org
   Ökumenischer Rat der Kirchen
http://orthodoxeurope.org
   Außenamt des Patriarchats von Moskau und Ganz Russland
http://www.osce.org/de/
   Organisation für Sicherheit und Zusammenarbeit in Europa
http://oslocenter.no
   Oslo Center for Peace and Human Rights
http://patriarchate.org
   Ökumenisches Patriarchat
http://www.patriarchateodalexandria.com
   Orthodoxes Patriarchat von Alexandria
http://www.religions-congress.org
   Congress of Leaders of World and Traditional Religions
http://www.religionspourlapaix.org
   Religions for Peace
http://religionsforpeaceinternational.org
   Religions for Peace
http://www.rfp.org
   Religions for Peace

http://www.spc.rs
    Patriarchat der Serbischen Orthodoxen Kirche
http://www.thevoiceoforthodoxy.com
    Nachrichtendienst The Voice of Orthodoxy
http://www.wcc-coe.org
    Ökumenischer Rat der Kirchen
http://www.unesco.org
    UNESCO
http://unispal.un.org
    UN-Committee on the Exercise of the Inalienable Rights of the Palestinian People
http://www.world-dialogue.org
    Muslim World League

Abkürzungsverzeichnis

1 Allgemeine Abkürzungen

Die hier verwendeten allgemeinen Abkürzungen entsprechen dem Abkürzungsverzeichnis in Lexikon für Theologie und Kirche, Bd. 11, Herder Freiburg u. a. 4. Aufl. 2009 (Sonderausgabe), S. 692*-746*, auf das verwiesen wird.

2 Abkürzungen wichtiger Organisationen, interreligiöser Einrichtungen, Institute u. ä.

ADIC	Association pour le Dialogue Islamo-Chrétien et les rencontres interreligieuses
ADICR	Association du dialogue interculturel et interreligieux
AGMCD	The Arab Group for Muslim-Christian Dialogue
CEMO	Conseil des Églises du Moyen-Orient
CRME	Committee for Relations with Muslims in Europe
DECR	Department for external church relations of the Moscow Patriarchate
DERD	Department of Ecumenical Relations and Development des orthodoxen Patriarchats Antiochia
ECRL	European Council of Religious Leaders
EKD	Evangelische Kirche Deutschlands
EMP	Euro-Mediterranean Partnership
GRIC	Groupe de recherche islamo-chrétien
GUS	Gemeinschaft unabhängiger Staaten
ICCI	Interreligious Coordinating Council in Israel
ICRO	Islamic Culture and Relations Organization
IIFD	International Islamic Forum for Dialogue
IRI	Interreligious Institute in Sarajewo
ISCOMET	International Scientific Conference Minorities for Europe of Tomorrow
KEK	Konferenz Europäischer Kirchen
KSZE	Konferenz für Sicherheit und Zusammenarbeit in Europa
MECC	Middle East Council of Churches
ÖRK	Ökumenischer Rat der Kirchen
OSZE	Organisation für Sicherheit und Zusammenarbeit in Europa
UNESCO	United Nations Educational, Scientific and Cultural Organization
WCC	World Council of Churches
WCRP	World Conference on Religions for Peace

Anhang 1
Schlusserklärungen

1 Das Dokument der Konferenz 21.–23.11.1996 (Teheran)[1]

Communiqué of the Symposium on Religion and the Contemporary World Issued in Teheran, Islamic Republic of Iran, 21–23 November 1996.

Representatives of Islam and Christianity, two religions which share the Abrahamic tradition of faith, found new points of commonality during a three-day, high level symposium of scholars and spiritual leaders in Teheran, and explored further areas of cooperation for peace and justice in a world which they described as being in severe socio-economic and spiritual crisis.
This jointly-sponsored Symposium, held on the invitation of the Organization of Islamic Culture and Communication, was a continuation of a dialogue between Iranian Muslims and Christians related to the World Council of Churches (WCC) which began nearly two years ago. Participants from the WCC included eleven Christian scholars from Africa, Europe, North America and the Middle East. From Iran, participants included some twenty prominent scholars and religious leaders from Qum and Teheran. Representatives of WCC member churches in Iran also accompanied the dialogue.

The three-day symposium was opened in a televised formal public session presided over by Ayatollah Mohammed Ali Taskhiri, head of the Organization for Islamic Culture and Communication, and jointly chaired by the Rev. Dwain Epps, Coordinator for International Affairs of the WCC, Dr. Tarek Mitri, WCC Executive Secretary for Christian-Muslim Dialogue, Iranian Islamic scholar Allame Ja'affari, and Ayatollah Seyyed Mohammed Khamene'i, Head of the Committee of Scholars for Inter-religious Dialogue. In attendance were some 250 invited guests who included a range of Islamic scholars, Iranian Christian clergy and lay persons.
In the following days, the Symposium discussed papers presented by Christian and Islamic scholars on human rights, peace and peaceful coexistence between the followers of both religions, the role of religion in the modern world, religious anthropology, ecology and the threat to the ecosystem, moral welfare, the place

---

[1] Vgl. oben Kap. C 1.2.1.1.; vgl. Kap. D 1. (34).

of the family in society, education, economic and social justice, and the role of religion in international relations. (...).[2]

The dialogue reached agreements in the following areas:

The contemporary world was described as one which suffers deeply from consequences of secularism, modernism and post-modernism, and from a profound spiritual crisis. Religion has a responsibility to help human beings suffering as a result of this, to offer positive alternatives, to meet spiritual needs and to guide people in their daily life.

It was a matter of deep concern to the Symposium that powers are involved in open conflicts in the name of religion. Christians and Muslims agreed that true religion is always opposed to war, and that religions must do all in their power to demonstrate their common commitment to overcoming conflict. This includes challenging powers when they misuse the name of either Christianity or Islam to justify war or the use of violence to resolve conflict.

Peace must be based on justice, and Christians and Muslims have a shared responsibility for achieving such a peace in international relations. Peace without justice can only lead to further atrocities, as has been seen recently in places like Bosnia, Rwanda and the Middle East.

Religions, as guardians of moral values and ethical standards for humankind, can play an important role in a time of proliferation of ethnic and national conflicts. They can also counter the process of globalization, which renders states powerless to defend huge parts of humanity against its onslaught. The Symposium has seen the role of religions as universal forces at the service of one humankind created by God. It called on religions to strengthen the capacity of nations and peoples to defend their economies, cultures and traditions.

Muslims and Christians agree that God created humankind with inherent value and dignity. The Symposium agreed to do further work together on human rights: to consider them from the perspective of religion, to deepen mutual understanding, and, while recognizing and respecting differences of approach, to develop cooperation in their implementation. In their discussions on human rights, Muslims and Christians were in accord that the Universal Declaration of Human Rights was an achievement. They shared concern about the ways human rights – intended to further the cause of peace and justice – are misused by some states as a political weapon against others. The Symposium denounced the application of double standards in the field of human rights.

---

[2] Auf die Zitation eines Textabschnitts, der die Tagungsatmosphäre und Diskussionskultur würdigt, wurde verzichtet.

Muslim and Christian scholars agreed on the importance of women's rights in society, and decided to pursue this question in greater depth by organizing a future consultation based on a religious perspective.

The family is understood by both Islam and Christianity to be the basis of society in the created order. In this time when the society is threatened by corruption and all forms of moral degradation, the family is especially at risk. Religion calls the world to respect the family and authentic family values essential to the well-being of the whole society. To this end, the Symposium agreed to pursue the development of education from a religious perspective on family life and values.

The Symposium condemned those forces operating in the contemporary world, which are driving ever greater numbers of human beings into absolute poverty. The causes of poverty today are certainly to be found in the proliferation of the uncontrolled free market economy. But the roots of the problem lie deeper in the moral weakness of society and of individual human beings, manifest in such things as corruption, consumerism, egotistical exploitation of the earth's non-renewable resources, over-consumption, and loss of a sense of responsibility for the weak, deprived and vulnerable members of society. Here religion has a central role to play. Muslims and Christians agreed on the need for a deep spiritual renewal of human society. Secularist politics or ideology cannot correct the situation. People of faith bear mutual responsibility before God for the welfare of humankind, and the Symposium agreed to work further on joint Christian-Muslim approaches to the global economic and social crisis.

The Symposium also condemned the rise of numbers of the uprooted and refugees in the world fleeing from conflict and economic misery, and called for joint Muslim-Christian efforts to meet the human need of these beloved of God.

Conclusions

The Symposium agreed that its conclusions and experience of dialogue should not be confined to the level of scholars and spiritual leaders, but should be brought into the everyday life of believing communities, wherever they may be. In order to pursue this goal, it was agreed:
- To publish the results of this Symposium in Farsi and English, in order that others could share its ideas.
- To cooperate in research and publication on culture and religion in each other's societies.

- To undertake joint research and publication projects, such as the preparation of a dictionary of terms, which will help Christians and Muslims in dialogues at all levels.
- To continue discussions in the field of human rights, and explore ways in which Muslims and Christians could collaborate in overcoming the current stalemate encountered in the United Nations with regard to international cooperation for the proper implementation of these rights.
- To cooperate in the resolution of conflicts everywhere, particularly in the Caucasus and in Africa, and to contribute to the building of understanding between Christians and Muslims to strengthen their efforts to find non-violent solutions to conflicts;

To continue this dialogue begun nearly two years ago with a further meeting in mid-1997 (1376 on the Iranic calendar) whose agenda will be drawn up in a way to identify specific areas of future cooperation.[3]

2 Das Dokument des 9. Jugendseminars "Young Peace Makers" 5.–9.8.2009 (Kairo)[4]

Final Communiqué

The Christian Muslim Dialogue program of the General Secretariat of the Middle East Council of Churches held its 9th Christian Muslim youth encounter under the theme: "Young Peace Makers" from 5–9 August 2009.

Thirty males and females from Egypt, Syria, Lebanon, and Jordan participated in the youth encounter that was held at the Evangelical Faculty of Theology in Cairo. The Dean of the Faculty Dr. Atef Mehanni was the first speaker at the opening session and he was followed by: Mr. Guiguis Saleh the MECC General Secretary, Rev. Dr. Safwat El-Bayadi the Head of the Evangelical Church in Egypt and one of the presidents of MECC, Bishop Yohanna Kolta the patriarchal assistant of the Coptic Catholic Church and the President Emeritus of MECC, Dr. Taysir Mandur the member of Al-Azhar committee for dialogue, Bishop Markos of Shubra

---

[3] Der Text der Schlusserklärung ist online zugänglich auf der Homepage einer Dokumentendatenbank unter http://docs.exdat.com/docs/index-193838.html?page=77 (abgerufen 21.8.2014).
[4] Vgl. oben C 1.2.3.; vgl. D 1. (123).

Al-Khema Coptic Orthodox diocese and Bishop Nikola Antonio of Tanta Greek Orthodox diocese.

Mr. Saleh chaired the first session on: 'Common Grounds between Christianity and Islam in the Context of Peace building' where Bishop Kolta, Counselor Ahmad El-Fadali and Engineer Nabil Samuel were the main speakers. The Second day was dedicated to visit the Christian and Muslim institutions in Cairo. In the third day, Miss Samah Halawani facilitated a workshop on 'The Components of Conflicts and their Resolution'. In the Fourth day, Mr. Elias El-Halabi facilitated a workshop on: 'The Foundations of Joint Endeavors & Conditions for Success'.

During the four day encounter the participants have discussed many issues in small groups and plenary. They came up with the following recommendations:

1. To appreciate the studious and perseverant work of the MECC General Secretariat and its role in organizing these Christian and Muslim encounters and to urge the secretariat to organize more of such activities that aim at deepening the values of coexistence in our Arab society in addition to holding periodical encounters at the national levels as a follow up.

2. To stress on the importance of dialogue and to adopt it as a culture of life and a way to guarantee personal freedom of expression and belief in an atmosphere of democracy and based on love, tolerance and mutual respect.

3. To underline the role of the religious leaders in supporting the spheres of constructive dialogue and condemning fanaticism thus spreading concept of understanding the other and opening up to his/her culture.

4. To emphasize on the peaceful resolution of conflicts based on accepting the other as he/she is and keeping in mind that what is common between us is much more that separates us.

5. To support the joint initiatives that will spread the rapprochement, the social solidarity and the creative and sincere struggle for all humanbeings and every human being.

6. To tackle the points of divergence and resolve them in an effective manner that will preserve peace and strengthen social justice.

7. To highlight the youth commitment to peace building and to embrace the other because peace is build on the common grounds between Christianity and Islam and represents the transcendent value in both religions.

8. To condemn all the aggressive actions that are targeting the Iraqi and Palestinian populations and are aiming at uprooting them from their homelands and to support the process of reconciliation and national unity in Lebanon.

Finally, the participants expressed their gratitude to the president, the government and the people of the Arab republic of Egypt for their hospitality and for all the facilities that was provided by the Evangelical Faculty of theology in Cairo and have contributed to the success of the encounter.

Guirguis Saleh MECC General Secretary Cairo on 10/8/2009.[5]

3 Die Schlusserklärung des Symposiums 21./22.3.2006 (Kairo)[6]

SYMPOSIUM: LES DROITS DE L'HOMME ET SES DEVOIRS DANS LE CHRISTIANISME ET L'ISLAM

Le deuxième symposium de dialogue islamo-chrétien qui a réuni deux délégations: celle du 'Forum Islamique International pour le Dialogue', présidée par le Prof. Dr. Hamid Bin Ahmed Al-Rifaie, et celle du « Conseil des Églises du Moyen-Orient », présidée par M. Guirguis I. Saleh, Secrétaire Général du CEMO, s'est tenu au Caire (Egypte) du 21 au 22 mars 2006.

Le thème de ce symposium était: « La Religion, les Droits de l'Homme et ses Devoirs ». Deux études sur ce thème ont été présentées, l'une par le Prof. Dr. Hamid Al-Rifaie (point de vue de l'Islam – voir le texte dans la rubrique « Etude »), l'autre par M. Georges Nassif (point de vue du Christianisme) ont constitué la matière principale pour les échanges et le dialogue entre les participants. Soulignons que la séance d'ouverture du symposium a été présidée par S.S. le Pape de l'Église Copte Orthodoxe Shenouda III et le Grand Imâm Cheikh d'Al-Azhar Dr. Mohammad Sayed Tantawi.

Cette rencontre s'est terminée par la rédaction d'un communiqué final dont voici les points les plus importants:

1- La vie de l'homme et sa dignité sont un don de Dieu et non une faveur de quiconque.

2- Le respect de la vie de l'homme et de sa dignité, et l'inviolabilité de ses biens, en temps de paix comme en temps de guerre, car cela est un critère essentiel pour la sauvegarde des droits de l'homme et pour inciter celui-ci à accomplir ses devoirs.

3- Il n'y a point de droits sans devoirs.

---

5 Die Schlusserklärung des Seminars ist online zugänglich auf der Homepage des "Middle East Council of Churches" unter http://www.mec-churches.org/Christian%20Muslim%20Dialogue%209th/final_comunique_english.pdf (abgerufen 25.8.2014).
6 Vgl. oben Kap. C 1.2.3.; vgl. Kap. D 1. (96).

4- Privilégier des droits aux dépens des devoirs favorise la tendance à la consommation aux dépens de la productivité. Insister sur les devoirs aux dépens des droits favorise la tendance au despotisme et à l'injustice.

5- La complémentarité entre droits et devoirs est un fondement juste pour instaurer la citoyenneté.

6- L'homme et la femme sont des partenaires égaux sur le plan des droits et des devoirs.

7- Inciter les gouvernements et les États à donner à la jeunesse une culture basée sur la Foi et sur l'importance équilibrée des droits et des devoirs, car cela permet à la jeunesse de porter ses responsabilités d'une manière équilibrée et juste.[7]

4 Schlusserklärung der Konferenz 26. – 29. 8. 2006 (Kyoto)[8]

The Kyoto Declaration on Confronting Violence and Advancing Shared Security

Religions for Peace Eighth World Assembly, August 2006

Preamble

(...). The first Religions for Peace World Assembly that convened in Kyoto in 1970, and every Assembly since, affirmed deeply held and widely shared religious principles that still inspire our search for peace with justice today. We share a conviction of the fundamental unity of the human family, and the equality and dignity of all human beings. We affirm the sacredness of the individual person and the importance of his or her freedom of conscience. We are committed to the ethical values and attitudes commonly shared by our religious traditions. We uphold the value of life manifest in human community and in all creation. We acknowledge the importance of the environment to sustain life for the human family. We realize that human power is neither self-sufficient nor absolute, and that the spirit of love, compassion, selflessness, and the force of inner truthfulness ultimately have greater power than prejudice, hate, enmity or violence. Meeting in Japan, the nation that experienced the horrors of nuclear attacks,

---

7 Text des Kommuniqués in: Courrier Oecuménique du Moyen-Orient 53 (2006), S. 57f, online zugänglich auf der Homepage des «Conseil» unter http://www.mec-churches.org/magazines/courrier/53/courrier53.pdf (abgerufen 23. 8. 2014).

8 Vgl. oben Kap. C 1.3.1.; vgl. Kap. D 1. (100).

we commit ourselves to continue to struggle toward comprehensive nuclear disarmament and against the proliferation of arms.

The first Assembly of Religions for Peace declared: "As men and women of religions, we confess in humility and penitence that we have very often betrayed our religious ideals and our commitment to peace. It is not religion that has failed the cause of peace, but religious people. This betrayal of religion can and must be corrected." It is crucial now to engrave the reflection of our respected predecessors deeply in our hearts. Today, we live in a world in the grip of many forms of violence, both direct and structural. Violent conflicts within states and across borders, carried out by both state and non-state actors take lives and destroy communities. They cause more civilian than military casualties and their disproportionate impact is on vulnerable populations.

Religious communities in particular must play a central role identifying and confronting violence in all its forms and manifestations. The world's religions have experienced abuse by those who seek to misuse religion for their own purposes. In ongoing violent conflicts around the world, religion is being used as a justification or excuse for violence. We must regretfully accept that some groups within our religious communities have indeed sought to employ violence. We must reject this and recommit religions to the way of peace. Religious communities and leaders must stand up, speak out, and take action against the misuse of religion.

The diverse and interconnected threats currently experienced by innumerable members of the human family call for a much broader understanding of violence in the world. The world's religious communities must play a central role partnering with one another and all sectors of society, to prevent and stop war, expose injustice, combat poverty, and protect the earth. The time to do this is now; and our key to confronting violence is cooperation based on mutual respect and acceptance.

Confronting Violence

Today, genocide, state-sponsored repression, terrorism, and other forms of human rights abuse violate international law, target innocent civilians, and threaten the safety of many communities. State laws restricting human rights and civil liberties are also a form of violence. Conflict-related disease, famine, displacement and environmental catastrophes constitute serious threats to life. Violence against women and children, including rape, forced pregnancy, enslavement, forced labor, prostitution, the use of child soldiers, and trafficking, has become a tactic of warfare in many conflicts.

(...). The poor, the powerless, and the most vulnerable populations disproportionately suffer the consequences of violence in all its forms, ranging from armed conflict to extreme poverty to environmental degradation.

Unfortunately, religion plays a significant role in some of the most intractable and violent conflicts around the world. Religion is being hijacked by extremists, and too often by politicians, and by the media. Extremists use religion to incite violence and hatred and foster sectarian conflict, contrary to our most deeply held beliefs. Religious people need to recognize the reasons why religions are being hijacked, such as through manipulation and misuse of their central principles. Politicians often exploit and manipulate sectarian differences to serve their own ends, frequently dragging religion into social, economic and political disputes. The media also contribute to the scapegoating of religions in conflict situations through disrespectful representations. They also too easily identify parties to a conflict by religious labels and present religion as a source of conflict without reporting the diversity within religious traditions and the many ways that religious communities are confronting violence and working for peace.

A Multi-Religious Response

As people of religious conviction, we hold the responsibility to effectively confront violence within our own communities whenever religion is misused as a justification or excuse for violence. Religious communities need to express their opposition whenever religion and its sacred principles are distorted in the service of violence. They should take appropriate steps to exercise their moral authority to oppose attempts to misuse religion. There are religious and ethical imperatives for multi-religious cooperation to resist and reject violence, prevent it when possible, as well as promote reconciliation and healing. Our religious traditions call us to care for one another and to treat the problems faced by others as our own. Violence against any individual is an attack against all and should prompt our concern. Religious communities know that they are especially called to stand on the side of the most vulnerable, including the poor, the marginalized, and the defenseless. Our religious traditions acknowledge the fundamental vulnerability of human life. The vulnerability of each person should make us recognize the need to respond to the vulnerability of all persons.

There are also practical grounds for cooperation. No group is immune to violence or its consequences. War, poverty, disease, and the destruction of the environment have direct or indirect impacts on all of us. Individuals and communities deceive themselves if they believe they are secure while others are suffering. Walls can never be high enough to insulate us from the impacts of the genuine needs and vulnerabilities of others. No nation can be secure while other nations are threatened. We are no safer than the most vulnerable among us.

The efforts of individual religious communities are made vastly more effective through multi-religious cooperation. Religious communities working together can be powerful actors to prevent violence before it erupts, diffuse conflict, mediate among armed groups in the midst of conflict, and lead their communities to rebuild war-torn societies. Religious communities are called not only to reject war and foreign occupation, sectarian violence, weapons proliferation, and human rights abuse, but also to identify and confront the root causes of injustice, economic inequalities, governance failures, development obstacles, social exclusions, and environmental abuses.

Shared Security

The moral and ethical convictions of our diverse religious traditions provide a moral foundation for confronting violence in its many forms and for suggesting a vision of shared security.

Existing notions of security inadequately address violence in its many forms. National security does not necessarily ensure peace; in fact, it often promotes violence and foments insecurity. Armed conflict takes place between states, and increasingly within states and among non-state actors. Human security acknowledges the solidarity of the human family by approaching security from the perspective of human rights and needs. But defining human security in these terms fails to address adequately how these needs are to be met and who is responsible for ensuring them.

A well-developed concept of shared security articulates security needs, how they are to be met, and the necessary agents, instruments, and relationships to achieve it. Importantly, shared security would highlight the collective responsibility of all people to meet our common need for security.

Shared security requires all sectors of society to acknowledge our common vulnerabilities and our shared responsibility to address them. It is undertaken collectively by multiple stakeholders acknowledging that every sector of society must confront violence if we hope to do so effectively. It supports participatory and democratic forms of governance. Governments, international organizations, civil society, and religious communities themselves must all advance shared security. Effective shared security spans boundaries of geography, nationality, ethnicity, and religion. It marshals human responsibility, accountability and capacity wherever it exists.

Effective shared security, at all levels of community, meets national security needs; acknowledges and addresses both direct and chronic threats to individual physical security; and protects the poor, the powerless and the most vulnerable. It strengthens governance efforts and addresses the disparities and inequities of globalization. Shared security supports religious communities and religious leaders in their efforts to oppose the abuse of religion for violent ends and to build institutions for collaboration among governments, all elements of civil society and religious communities. A commitment to shared security enables multi-religious networks, such as the global Religions for Peace network, in their efforts to transform conflict, build peace, struggle for justice, and advance sustainable development.

Religions for Peace

(...). We, the delegates of the Eighth World Assembly of Religions for Peace, are firmly united in our commitment to prevent and confront violence in all its forms and confident in the power of multi-religious cooperation to advance a common vision of shared security. We are determined to mobilize our religious communities to work together and with all sectors of society to stop war, struggle to build more just communities, foster education for justice and peace, eliminate poverty and advance sustainable development for future generations.

A Multi-Religious Call to Action

As religious leaders, we commit ourselves to advance shared security through advocacy, education, and other forms of multi-religious action, and to share this Kyoto Declaration within our religious communities. We call on all sectors of society – public and private, religious and secular – to work together to achieve shared security for the human family.

Specifically, the Religions for Peace World Assembly calls on:
1) Religious communities to:
- Resist and confront any misuse of religion for violent purposes;
- Become effective educators, advocates and actors for conflict transformation, fostering justice, peacebuilding, and sustainable development;
- Draw upon their individual spiritual traditions to educate their members on our shared responsibilities to advance shared security;
- Strengthen peace education on all levels;
- Hold governments accountable for the commitments they make on behalf of their peoples;
- Network locally, nationally, regionally and globally to foster multi-religious cooperation among the world's religious bodies; and

- Partner with governments, international organizations and other sectors of society to confront violence and advance a new notion of shared security.
2) The global network of Religions for Peace to:
- Foster high-level multi-religious cooperation around the issue of shared security;

(...).
3) Governments, International Organizations, and the Business Sector to:
- Support the efforts of religious leaders to address violence within and beyond their communities, and include them as appropriate in political negotiations surrounding conflict situations;

(...).
Kyoto, Japan
29 August 2006[9]

5 Die Schlusserklärung der Konferenz 11./12.11.2002 (Oslo)[10]

Déclaration du Conseil Européen de responsables religieux – Ensemble pour la Paix

12 novembre 2002 – A l'issue d'une réunion tenue à Oslo, des leaders religieux de haut niveau venus de toute l'Europe ont annoncé la création d'un Conseil européen de responsables religieux affilié à la Conférence mondiale des religions pour la paix. La réunion a adopté la déclaration suivante :

Au sein de la Conférence mondiale des religions pour la paix (WCRP) rassemblement mondial de conseils multireligieux engagés pour la paix, nous nous sommes constitués aujourd'hui en Conseil européen de responsables religieux. Nous sommes conscients de l'histoire sanglante des guerres religieuses en Europe ainsi que des tentatives faites actuellement pour déformer les religions en

---

[9] Der Text der Schlusserklärung "The Kyoto Declaration on Confronting Violence and Advancing Shared Security – Religions for Peace Eighth World Assembly" ist auf der Homepage des Veranstalters unter http://www.religionsforpeaceinternational.org/sites/default/files/The%20Kyoto%20Declaration%20on%20Confronting%20Violence%20and%20Advancing%20Shared%20Security%20Religions%20for%20Peace%20Eighth%20World%20Assembly_English.pdf zugänglich (abgerufen 29.8.2014).

[10] Vgl. Kap. C 1.3.2.; vgl. Kap. D 1. (79).

vue d'alimenter des conflits ethniques dans ce continent et dans le reste du monde. Nos communautés s'efforcent depuis longtemps de rejeter cette utilisation abusive de la religion. La création de notre Conseil s'appuie sur notre refus commun de cet abus et témoigne de notre volonté de travailler ensemble pour la paix.

Respectueux de nos différences, nous sommes des représentants à la fois des trois religions historiques de l'Europe et de six autres qui s'y sont installées plus récemment. Nous appartenons à des communautés qui ont un sens aigu de la dignité de la personne humaine. Notre horizon religieux embrasse – et dépasse aussi – les sphères sociales, économiques et politiques de l'existence. Cette vision est à l'origine d'un engagement profond au service du bien commun.

Les responsables religieux que nous sommes sont déterminés à collaborer pour mettre un terme aux conflits, pour réaffirmer, au nom de la religion, la condamnation de la terreur et pour promouvoir la justice et la coexistence pacifique au sein de la diversité des peuples, des religions et des traditions en Europe.

Nous créons ce Conseil à un moment crucial. L'Europe est engagée dans un processus négocié de changement historique dans lequel le libre épanouissement de ses religions, de ses cultures et de ses traditions diverses doit avoir sa place. L'intégration européenne doit aboutir à une union de ce continent fondée sur cette diversité pleinement respectée, non sur une uniformité mono culturelle. En particulier, les décisions prises par les institutions variées qui sont responsables de l'intégration politique de l'Europe doivent tenir compte de la diversité des traditions religieuses et des cultures ainsi que des points de vue exprimés par leurs représentants. Nous nous engageons à clarifier les valeurs partagées respectant la diversité et contribuant au bien commun, et nous adressons un appel aux hommes politiques, au niveau des Etats et de l'Europe dans son ensemble, pour un dialogue sérieux, systématique et continu au moment où nous travaillons ensemble à construire l'Europe comme notre demeure commune. Nous reconnaissons, en particulier, l'importance de l'oeuvre confiée à la Convention européenne. Nous demandons que la constitution à venir reconnaisse l'importance de la religion en Europe et prévoie des procédures appropriées de dialogue avec les religions.

Tandis que le tissu social de l'Europe se transforme, la vie en commun y fait face à de nombreux défis. Le chômage et l'exclusion offrent un terrain fertile à des tensions dans bien des pays. Demandeurs d'asile et réfugiés se heurtent de plus en plus souvent à des frontières fermées. Les partis extrémistes profitent de la xénophobie et du mécontentement. Les populations nomades continuent d'être opprimées en beaucoup d'endroits. La solidarité avec les pauvres s'affaiblit. Le trafic des jeunes femmes, le commerce et l'usage de la drogue, les pratiques mafieuses s'aggravent et sont une menace pour nos sociétés. Il faut répondre à ces défis par des mesures pratiques, mais celles-ci doivent être basées sur des valeurs morales et sur l'éducation. Nous sommes déterminés à collaborer, en tant que responsables, et par nos communautés, pour construire le consensus moral nécessaire pour y parvenir.

En matière de conflits, le rôle de la religion est paradoxal. On peut l'exploiter a des fins de haine et de guerre. Les guerres religieuses, les croisades, les pogroms et les jihads ont marqué l'histoire de l'Europe. Nos religions nous enseignent que cela est mal. Nous sommes déterminés à mettre en oeuvre les ressources morales profondes de nos traditions religieuses en vue de la paix, de la justice, de la vérité et de la réconciliation. Tandis que des fondamentalistes politiques tentent de faire un mauvais usage de ces traditions, nous nous reconnaissons responsables de démontrer que nos communautés sont capables d'agir ensemble pour le bien commun.

L'expérience douloureuse des Balkans et de la Tchétchénie montrent, de façon concrète, que les conflits ne peuvent être réglés par la violence et le terrorisme. Nous condamnons les attentats terroristes comme celui qui vient d'être commis à Moscou. Nous en appelons à une solution pacifique de tous les conflits, et nous sommes engagés à favoriser leur juste règlement. Des conseils interreligieux nationaux indépendants qui font partie du réseau de la WCRP travaillent à mettre un terme à ces conflits. De tels efforts multireligieux nationaux sont essentiels et doivent s'intensifier encore, mais ils doivent être secondés et renforcés par une action multireligieuse pan-européenne. Nous sommes déterminés à fournir une plate-forme européenne multireligieuse pour appuyer les efforts nécessaires en vue de la paix et de la réconciliation entre les fidèles de nos religions et dans l'arène politique.

Dans un univers de plus en plus mondialisé, l'Europe est appelée à contribuer aux efforts entrepris dans les autres continents en vue de construire la paix. Comme responsables religieux, nous sommes préoccupés de la perspective d'une guerre en Irak Tous les moyens doivent être mis en oeuvre pour une solution pacifique du conflit. Nous nous félicitons des efforts engagés pour résoudre la crise par des moyens diplomatiques et prenons note, en particulier, de l'importance de la stratégie adoptée à l'unanimité par le Conseil de sécurité des Nations Unies. Nous appelons les responsables politiques de l'Irak à se conformer là la résolution de l'ONU. Nous demandons aussi à la communauté internationale de faire respecter la règle de droit applicable, en accord avec les normes morales communément admises sur l'emploi de la force et avec un profond souci des souffrances du peuple irakien.

Le conflit actuel, non résolu, au Proche Orient nous interpelle aussi comme responsables religieux européens. Il est d'une importance cruciale de comprendre le rôle de la religion dans cette situation. Le processus d'Oslo a échoué notamment parce qu'il ne prenait pas suffisamment en compte les dimensions religieuses du conflit. Un effort majeur est nécessaire pour soutenir la coopération entre les communautés de croyants de la Terre Sainte tendant à jeter les bases morales communes d'une paix juste. Nous sommes déterminés à les soutenir dans leur recherche de la paix.

Dans le travail de notre Conseil avec nos communautés et les institutions européennes pour mettre un terme aux conflits, réaffirmer le refus de la terreur et promouvoir la justice et la co-existence pacifique en Europe et dans le monde, nous avons conscience du fait que nos traditions religieuses, chacune à sa manière, nous appellent à l'espérance. Fortifiés par cette espérance, nous relevons le défi de construire ensemble la paix. (...).[11]

6 Die Schlusserklärung der Konferenz 29.9.–1.10.2003 (Sarajevo)[12]

Statement from Sarajevo, where the second meeting of the Eropean Council of Religious Leaders – Religions for peace was held. (...).

We, participants in the second meeting of the European Council of Religious Leaders/Religions for Peace (ECRL), express commitment to multi-religious cooperation for peace and justice in Europe and in the world. We meet in Sarajevo, a city that symbolizes for us the challenge and hope of religions working together to rebuild peace. We support the religious leaders of the Inter religious Council of Bosnia Herzegovina/Religions for Peace in their commitment to work together to take additional steps to heal the scars of war and build peace. There are deep lessons to be learned here: positive ones taught by the history of Jews, Christians and Muslims living together, bitter lessons taught by brutal ethnic conflict, and hopeful ones borne of the courage to forge truth, justice and reconciliation. These lessons are valuable for Europe and indeed for the wider world. Here in Sarajevo, we welcome our diverse living religious traditions as a resource for building a Europe which is a home for us all and for building a just world order.

Among the challenges discussed were the concerns of religious minorities, the religious populations of states newly joined to the European Union, and im-

---

11 Vgl. den Text der Schlusserklärung auf der Homepage von «Religions pour la paix – France» unter http://www.religionspourlapaix.org/modules.php?op=modload&name=News&file=article&sid=50 (abgerufen 29.8.2014).
12 Vgl. Kap. C 1.3.2.; vgl. Kap. D 1. (84).

migrant populations to be fully accepted as stakeholders in the building of Europe. As religious leaders we are committed to welcoming the impact of all of our religious traditions in defining common European values. Concretely we welcome the invitations extended to the ECRL by the representatives of the Council of Europe and the European Commission to work in partnership to develop the political instruments necessary to serve all Europeans. In particular, we call upon the Inter-Governmental Conference meeting later this autumn in Rome, to ensure legal mechanisms in the European Constitution for open, transparent and regular dialogue between the EU and European religious organizations.

The war in Iraq and the related impasse in the United Nations Security Council raised concerns about the morality and legality of the war, as well as the future of the United Nations (UN) as the pre-eminent institution of a desired multilateral political order. We are committed to fostering a searching moral debate on these issues, and urge that a UN mandate be attained expressing international support for the reconstruction and self-determination of Iraq. We also appeal for a stronger role of the UN in the Israeli-Palestinian conflict. We further affirm the need for an international multi-religious engagement in Iraq, and we will work with the World Conference of Religions for Peace (WCRP) to continue to facilitate the work of the Iraqi Inter-Religious Council.[13]

7 Die Schlusserklärung der Konferenz 7. – 10. 11. 2004 (Leuven)[14]

Le Conseil européen des responsables religieux pour la paix s'est réuni à Louvain (Belgique) du 7 au 10 novembre 2004.

Les membres du Conseil (European Council of religious leaders : ECRL) ont réitéré leur engagement à la coopération plurireligieuse pour une paix juste et pour la stabilité en Europe.

L'ECRL s'offre comme partenaire aux institutions européennes, convaincu qu'un tel partenariat est essentiel pour faire face aux défis que l'Europe doit affronter dans ses transformations actuelles. (...).

Une offre de partenariat

---

13 Die Schlusserklärung ist online zugänglich auf der Homepage des Veranstalters unter http://www.rfp-europe.eu/index.cfm?id=114963 (abgerufen 28.8.2014).
14 Vgl. Kap. C 1.3.2.; vgl. Kap. D 1. (91).

L'ECRL accueille avec satisfaction l'élargissement de l'Union européenne qui s'est réalisé le 1er mai 2004 avec l'entrée de dix nouveaux Etats membres. Des négociations sont en cours avec d'autres Etats en vue de leur adhésion. Parmi eux figurent des pays des Balkans ainsi que la Turquie, le premier qui ait une population en majorité musulmane. Cette transition apporte à la fois des défis et de nouvelles chances pour l'avenir. L'ECRL considère que, pour le succès de ce processus, l'Union européenne a besoin de partenaires dans la société civile. Le Conseil lui offre son partenariat et s'engage à travailler avec l'Union et ses institutions comme le prévoit une déclaration adoptée à cette réunion. L'ECRL noue entre les églises, les mosquées, les synagogues, les temples et les gurudwaras d'Europe des réseaux qui transcendent les frontières nationales à travers toute la région et qui sont en relation avec le reste du monde.

L'ECRL presse l'Union européenne de mettre en place un mécanisme pour un dialogue effectif, ouvert et transparent avec les communautés de croyants, conformément à l'article 52 de sa nouvelle constitution. Ce mécanisme devrait être inclusif, participatif et non compétitif ; il devrait viser à aider l'Union à mieux comprendre les sentiments religieux dominants dans les diverses régions et les différentes traditions de l'Europe. Il devrait être un lieu d'échange d'idées et d'initiatives en vue de la paix et de la stabilité. L'ECRL est prêt à servir comme l'un des partenaires majeurs de cette entreprise.

L'ECRL condamne les actes de violence récemment commis en Europe, dont des assassinats, ainsi que tout acte de violence. La violence commise au nom de la religion est une violence contre la religion. Haïr au nom de Dieu, c'est haïr Dieu lui-même.

Symboles religieux

L'ECRL déplore l'interdiction des objets et symboles religieux tels que foulards islamiques, calottes juives, grandes croix chrétiennes et turbans sikhs dans les écoles publiques. L'ECRL estime que le port d'une tenue religieuse prescrite ne devrait être considéré comme une atteinte aux principes laïcs d'aucun Etat. L'ECRL estime qu'une telle interdiction menace la liberté individuelle de pratiquer sa religion et qu'elle est donc en contravention avec les droits humains universels.

Les membres de l'ECRL ont pris note avec inquiétude de la croissance de l'antisémitisme, de l'islamophobie et d'autres manifestations du racisme en Europe. L'ECRL soutient le travail du Centre européen sur le racisme et la xénophobie (EUMC) ; il recommande que toutes les communautés de croyants engagent des actions positives pour combattre le racisme, notamment par des programmes d'éducation et des échanges de jeunes.

Les responsables religieux de haut niveau des pays de l'Europe du Sud-Est avaient été spécialement invités à cette réunion de l'ECRL. Au cours de la rencontre, ils ont mené un dialogue actif en vue de marcher dans la voie de la vérité, de la justice et de la réconciliation dans leurs propres pays.

Réconcilier les Kosovars

L'ECRL encourage le Conseil interreligieux de Bosnie-Herzégovine et le Conseil interreligieux du Kosovo à poursuivre leur engagement de travailler à guérir les cicatrices laissées par la guerre et à construire une paix juste. Il y a là de profondes leçons à recevoir : les leçons amères qu'enseigne la brutalité des conflits ethniques récents ; les leçons d'espoir nées du courage avec lequel se forge une paix durable.

L'ECRL encourage de même les communautés de croyants et diverses autres parties en Bosnie-Herzégovine à contribuer à la mise en place dans ce pays d'une commission pour la vérité et la réconciliation.

L'ECRL encourage en outre la communauté internationale, en particulier le Conseil de l'Europe et l'UNESCO, à poursuivre leurs initiatives pour la reconstruction des monuments et sites religieux du Kosovo. Le Conseil invite ces organismes à étendre leur aide à la communauté musulmane de Serbie.

L'ECRL accueille aussi avec satisfaction la croissance et les progrès d'un réseau de responsables religieux de l'Europe du Sud-Est poursuivant le dialogue, l'échange d'expériences et la recherche des moyens de forger la paix, la stabilité et la sécurité dans toute la région.

DÉCLARATION SUR LA SITUATION AU KOSOVO

Déclaration relative à la situation présente au Kosovo

Les frustrations et l'insatisfaction qui grandissent au sein des deux communautés serbe et albanaise du Kosovo ont été clairement perçues lors de la réunion du Conseil européen des responsables religieux/religions pour la paix.

Les responsables religieux de l'Europe du Sud-Est étaient présents ainsi que des représentants des institutions politiques de l'Europe et des personnalités européennes invitées. Au terme de discussions approfondies, franches et fructueuses, l'ECRL est parvenu aux conclusions suivantes : la communauté internationale a été prise au dépourvu par la violence à caractère ethnique qui, en mars 2004, a fait de nombreuses victimes et causé la destruction de maisons et de sites religieux. Elle n'avait pas compris l'intensité des frustrations de la population, et elle avait manqué à son devoir de défendre les droits de la minorité.

Une grave absence de progrès économique, un manque de direction politique claire et la pression exercée sur le groupe minoritaire ont contribué à cette situation.

L'ECRL reconnaît les souffrances passées de la population albanaise et les souffrances présentes de la population serbe.

Mobiliser les religieux

Le fait que seulement un petit nombre de réfugiés serbes et de réfugiés d'autres communautés non albanaises aient pu revenir continue d'être pour le Conseil un sujet de grave préoccupation. Pour que soient créés le climat et toutes autres conditions nécessaires au retour des réfugiés et des personnes déplacées, il est essentiel que les Eglises et les groupes religieux, les communautés locales et les instituions internationales s'acquittent tous de leurs responsabilités.

L'ECRL réclame respect et protection de tous les droits humains, conformément aux principes démocratiques et au droit international, y compris les droits fondamentaux à la vie, à la liberté de se déplacer, à la justice, à la propriété, à l'emploi et à la dignité humaine.

L'ECRL note avec satisfaction les initiatives prises par la communauté internationale représentée par la Mission des Nations unies au Kosovo (UNMIK), par l'Unesco, par le Conseil de l'Europe et à travers les Institutions provisoires de gouvernement autonome (PISG) en vue de préparer la restauration des sites culturels et religieux endommagés en mars 2004 au Kosovo. Tout en comprenant la nécessité de définir le cadre de cette reconstruction, nous regrettons la longueur de ce processus qui a fait que rien n'a encore été réalisé sur le terrain. La frustration qui en résulte au sein de la communauté serbe est compréhensible, mais nous demandons que se rétablisse immédiatement la coopération entre toutes les parties et les communautés intéressées.

Les sites religieux sont des lieux de paix dotés d'un caractère symbolique sans équivalent pour le passé, le présent et l'avenir de chaque communauté de croyants et de la société tout entière. Reconstruire les sites islamiques et chrétiens qui ont été détruits par la guerre, la violence et la haine au cours des années récentes donnerait l'espoir au Kosovo d'un avenir commun dans lequel les minorités seraient bien accueillies et leurs droits protégés.

Le Kosovo a un besoin profond d'efforts interreligieux concrets manifestant un engagement pour la réconciliation. Pour y parvenir, l'ECRL recommande que soit immédiatement redonné vie à la Commission de travail du Conseil interreligieux du Kosovo aux niveaux local et régional avec la participation de représentants des Eglises et de la communauté musulmane afin d'identifier et de discuter des questions d'intérêt commun.

Les membres de l'ECRL appellent les responsables religieux du Kosovo à reconnaître et à affirmer notre responsabilité partagée devant Dieu et devant nos frères et sœurs de toutes les communautés. Nous sommes tous conscients de l'obligation morale que nous avons de travailler ensemble à l'établissement d'un nouveau climat de dialogue, de confiance mutuelle et de coopération sincère.[15]

8 Die Schlusserklärung der Konferenz 3.–5.3.2008 (Berlin)[16]

Berlin Declaration on Interreligious Dialogue
European Council of Religious Leaders' Berlin Declaration on Interreligious Dialogue

Preamble

2008 has been declared the European Year of Intercultural Dialogue. In a pluralistic Europe dialogue across dividing lines – be they cultural, linguistic or religious – is of the greatest importance. All over Europe issues related to identity are hotly debated, and often religion is at the centre of discussions. Europe and Europeans are also constantly interacting with the rest of the world, experiencing the joys and the challenges of communicating across cultural and religious divides.

Sometimes religion is seen as an obstacle to peaceful coexistence and social cohesion. At the same time we know that some of the most pressing challenges in our time – climate change, poverty, migration, marginalisation of women, discrimination and terrorism – can only be solved if we unite resources across traditional dividing lines.

3 to 5 March 2008 the *European Council of Religious Leaders – Religions for Peace* met in Berlin (...).[17]

(1) Religion permeates Europe.
Christianity, Islam and Judaism are part of European history. Today other great religious traditions have also found a place in the continent. In every town or village in Europe there is at least one house of worship: a Church, a Mosque

---

15 Die Schlusserklärung ist online zugänglich auf der Homepage der französischen Sektion des Veranstalters unter http://www.religionspourlapaix.org/modules.php?op=modload&name=News&file=article&sid=143 (abgerufen 24.8.2014).
16 Vgl. Kap. C 1.3.2.; vgl. Kap. D 1. (110).
17 Auf die Wiedergabe einer Würdigung des Tagungsorts wurde verzichtet.

or a Synagogue. To ensure a prosperous and harmonious future for Europe, people of different faiths must live peacefully together.

(2) Interreligious dialogue emphasises both our similarities and our differences.
In interreligious dialogue we acknowledge that human beings of all faiths share certain experiences, needs and longings. We also acknowledge that we are different from each other in many respects and will remain different. Our religious traditions have formed different social rules and models which sometimes contradict each other. One aim of interreligious dialogue is to reduce false perceptions of difference and culture gaps, while we respect that something about our dialogue partner will necessarily remain other (or even alien) to us.

(3) Interreligious dialogue should promote respect for human rights.
Interreligious dialogue should respect the shared values found within all great religious traditions and embodied within the Universal Declaration of Human Rights. Commitment to human rights does not preclude a variety of world views or ethical systems and interpretations.

(4) The invitation to the dialogue is open.
The more we differ, the more we need dialogue. It is not a precondition for dialogue that we share a wide spectrum of values and ideas. Only clear breaches of respect for the most fundamental values, such as the right to life and the rule of law, should exclude people from being invited into dialogue. While the invitation is open, everyone must abide by the agreed rules of a particular dialoguing situation. Women and young people have important perspectives and contributions to offer and should have distinct voices in interreligious dialogue.

(5) Interreligious dialogue is a mode of relating to other faiths and has a transforming potential.
Interreligious dialogue is a particular way of interacting with others through which all who are involved can be transformed. Dialogue on issues of faith and identity is not negotiations, because we do not seek agreement, it is not debates, because we do not seek to win over the other, and it is more than a discussion because we contribute not only rational arguments but personal and emotive stories and experiences and thus engage existentially with each other.

(6) Interreligious dialogue affirms the integrity of religious beliefs.
In dialogue we come closer to each other without necessarily becoming more similar. All who engage in interreligious dialogue should do so with full integrity

in their own religious tradition and without compromise to what they hold dear. In interreligious dialogue we do not aim at creating a new or shared religion.

(7) Interreligious dialogue addresses asymmetric power relationships with honesty. The power relationship between different religious groups is sometimes asymmetric. This can be caused by for example poverty/wealth, language, gender or numbers (minority/majority). Interreligious dialogue must not be used to obscure this. In dialogue the facts and experiences of asymmetric power should be addressed, and mechanisms should be found to give voice to those who struggle to be heard.

(8) Interreligious dialogue furthers stakeholdership and participation in society. Interreligious dialogue should address a wide spectrum of issues. It is important to explore shared values and address common concerns, but one should not shy away from addressing issues on which there are disagreement, uncertainty or even fear of the other. Some current trends, such as rapid development of new technology in biology, medicine and communication and changing understandings of family are closely linked to questions of values and identities. Religions do not agree on the responses to these questions, but should discuss these matters with openness and courage. Dialogue is not a means to a predefined end, but it is intrinsic to genuine dialogue that it furthers mutual understanding, respect for differences, and the participation and stakeholdership of all in society and thus strengthens social cohesion.

(9) Interreligious dialogue leads to common action.
A full understanding of interreligious dialogue includes common action – diapraxis. The dignity of human life, to which all religions are committed, is challenged for example through poverty, violence, abuse of women and children, discrimination of migrants and dramatic changes in the natural environment. Different religions can address these issues together, although our ethics may draw on different resources. Interreligious dialogue should aim at mustering the resources of varying religious traditions to take up the challenges which Europe faces today. Through common action we learn to understand better ourselves, each other, and the world in which we live.

(10) Structures for interreligious cooperation are assets in times of crisis.
Repeatedly religion plays a role in situations of conflict. Established and trustful structures for interreligious dialogue are a tremendous strength when relationships between communities deteriorate. Religious leaders must address dangerous and violent perversions of religion within their own communities.

(11) Knowledge and confidence in a tradition further interreligious understanding. Open and trustful interreligious dialogue is furthered by a secure knowledge of one's own religious tradition as well as that of others. This knowledge should be taught in a spirit of peace and respect for the different traditions. Many religions make truth claims that are mutually exclusive. This is no more an impediment to dialogue and the full participation in society than the explicit or implicit truth claims of secular ideologies. Dialogue between religions, cultures and social groups is often dialogue across opposing truth claims and world views.

(12) Religion has a natural place also in the public sphere.
Religion continues to have an important role to play in the public life of a Europe with many religions. This applies to minorities and majorities alike. The public display of religious symbols or celebration of religious festivals should neither be seen as offensive to other religions nor as a threat to social cohesion. Religious minorities in Europe generally do not feel offended by for example public Christmas or Easter celebrations in countries where this is a tradition as long as their own freedom of religion is respected.

(13) Religious leaders, religious people and the authorities share responsibility for interreligious dialogue.
Convinced that interreligious dialogue is important for a peaceful and prosperous Europe we call on religious leaders of all religious traditions and in every corner of Europe to join in interreligious dialogue based on the principles outlined in this declaration. We call on all religious people in Europe to enter into the most important dialogue of all, "the dialogue of life", in the local community, in families and workplaces with confidence and courage. We call on the authorities on local, national and European level to engage constructively with religious communities in mutual respect for each other's different roles, and to create frameworks within which religious practices and interreligious dialogue based on the principles in this declaration may be further developed and prosper for the benefit of peaceful coexistence in Europe.[18]

---

[18] Der Text der "Berlin Declaration on Interreligious Dialogue" ist online zugänglich unter http://www.rfp-europe.eu/index.cfm?id=216896 sowie unter http://orthodoxeurope.org/page/14/142.aspx (beide Websites abgerufen 25.8.2014).

9 Die Schlusserklärung der Konferenz 25.–27.5.2009 (Lille)[19]

European Council of Religious Leaders – Religions for Peace
Lille Declaration on a Culture of Peace

Preface

Our various religious traditions call us to promote a culture of peace. They promote peace based on their holistic understanding of the inviolable dignity of human life in relationship to their awareness of its sacred origin. Peace of the heart and mind and peace of society are intrinsically linked. Peace and justice are inseparable, as are truth and reconciliation. Peace is for the hungry to be fed, the poor to be sustained, the sick to experience care, the oppressed to be released and the marginalized to have a voice. Peace is protection against violence, and it is experienced when warfare and armed conflicts are translated into development and nation building.

Each particular culture is unique and can be understood as a set of shared meanings and values that inform a way of life. In our use of the term, a "culture of peace" refers to those peace-related meanings and values that can be widely shared by the world's diverse cultures. Thus a culture of peace respects and is built from the contributions of the distinct and diverse cultures in the world. Religion is closely linked to culture and is a vital source for fostering a culture of peace.

I: The Role of Religions in the Promotion of a Culture of Peace

1. The spiritual dimension of religions: Religions cultivate the human spirit through spiritual practices that aim at the realisation of genuine peace both within each believer and in the wider human family. Its power can show itself in the ability to bear the unbearable, find hope where there appear to be no grounds for hope and in forgiving the unforgivable. It is also manifest in celebration of beauty and cultivation of virtue.

2. The ethical dimension of religions: From the spiritual depths of religions spring ethical systems which guide the lives of millions. Religious leaders on all levels can speak with moral authority on values that are deeply held and widely shared by most religious traditions and which correspond to the values in a culture of peace. Among these are respect for the inviolable dignity of each person

---

[19] Vgl. Kap. C 1.3.2.; vgl. Kap. D 1. (120).

expressed in concern for human rights, justice, compassion for the afflicted, care for the earth and its creatures, and commitment to non-violence.

3. The social dimension of religions: Religious traditions have vertical and horizontal structures that give them unique channels for influence and exchange of ideas and insights. In every town and village there is a place where people gather for worship: a church, a mosque, a synagogue, a temple or a gurudwara. Through varying types of networks these are linked to similar places in other locations, and to national and international bodies, thus allowing the interests of men and women everywhere to be heard by national and international leaders, and national and international insights to be disseminated to the local level. All religious traditions emphasise the importance of education, instruction and formation of children and young people. This social dimension of religions provides great potential for communication and thereby furthering a culture of peace.

4. The cultural dimension of religions: All religions relate to culture and can contribute to building traditions that support peace by interpreting sacred texts and traditions and applying them under changing circumstances. Thus they bind together the lives of past, present and future generations. Explicitly and implicitly religions tell and retell stories which form the identity of the faithful and define their relationships to others. Religious narratives have the power to confirm and to challenge the present order of things.

II: Elements of a Culture of Peace

1. A culture of peace is a way of living together in society which ensures the dignity of all. In a culture of peace the equal value of men and women is affirmed, as is the equal value of all regardless of their ethnicity or religious affiliation. A culture of peace promotes responsible stewardship of the natural environment and justice between the generations and permeates our relationships from the local to the global level.

2. A culture of peace fosters tolerance and dialogue. Tolerance can help in the search for harmony indifference and affirms the standards set out in the Universal Declaration of Human Rights. It should not mean acceptance of social injustice or the abandonment or weakening of one's convictions. It means that one is free to adhere to one's own convictions and accept that others adhere to theirs. From genuine tolerance follows recognition of freedom of religion. A culture of peace leads to dialogue and supports the knowledge, respect and appreciation of the other as elaborated in our Berlin Declaration on Interreligious Dialogue (2008). Tolerance respects the dignity of the other.

3. Conflict is intrinsic in all cultures, but must not be allowed to lead to violence and oppression. Conflicting interests and views are not in themselves a threat to peace. They present a challenge to creatively harmonise different inter-

ests. In a culture of peace everyone should strive to transform situations of conflicting interests so that their power and dynamism are channeled (sic!) into creative development which promotes peace and harmony.

4. A culture of peace is a culture of mutuality and shared security. A culture of peace nurtures mutual respect which allows all to participate with integrity in society. Promoting a culture of peace implies exploring together the concept of shared security, the recognition that the wellbeing and security of individuals and groups depend on that of the others, as elaborated in the 2006 Eighth World Assembly of Religions for Peace and the Religions for Peace World Summit of Religious Leaders on the Occasion of the G8 Summit, Hokkaido, Japan, 2008.

III: Ten Commitments to work for a Culture of Peace
As senior religious leaders in Europe we commit ourselves to further a culture of peace:

1. We will explore, emphasise and nurture those spiritual resources in our individual traditions which promote the values which are fundamental to a culture of peace. We will promote responsible interpretations of texts and traditions that are used or misused to promote strife among people.

2. We will lead by example and as role models seek to address conflict among ourselves and representatives of our religious traditions with peaceful means, transforming situations of conflicting interests into opportunities for dialogue and cooperation.

3. We will foster spiritual growth among people within our religious traditions and develop the formational side of our religions encouraging people to play a role in society as promoters of values of peace while showing in practice their respect for those with other religions, convictions or points of view.

4. We will ensure that the values of a culture of peace are known and promoted in all institutions and settings where there is religious education or training for children, thus ensuring that new generations grow up well equipped to meet the challenges of plural societies where people of different backgrounds must live together peacefully.

5. We will seek opportunities to promote policies and decisions in the political sphere that further peace, and we will together lift our voices, across religious divides, against forces which promote violence and block dialogue.

6. We will encourage all those within our faith communities who are involved in practical work of charity to understand themselves as ambassadors of a culture of peace and thus find inspiration to strengthen and develop this concrete caring expression of our religions.

7. We will foster interreligious dialogue among all people in Europe and on all levels, from the local communities to national and international leaders. We

will encourage all to take note of the principles for interreligious dialogue spelt out in our Berlin Declaration on Interreligious Dialogue (2008).

8. We will explore the life and activities of our own religious communities critically to understand how and when they can be an obstacle to peace. We will engage in intra-religious dialogue with, and when necessary confront, those who belong to our own religions but whose practice of traditions are incompatible with peaceful coexistence.

9. We will be open to cooperation with all people of good will and all institutions, religious or not, who are promoting the basic values of a culture of peace.

10. We will make our explorations together and the content of this declaration known to religious people across our continent and to the wider public, and we will have a lasting commitment to its values and ideas recognising that a culture of peace can only be realised in full in the long term as new generations are fostered and learn from the shortcomings of our present generations and from the insights we have gained in interfaith dialogue and praxis.[20]

10 Die Schlusserklärung der Konferenz 26. – 28. 4. 2010 (Istanbul)[21]

Istanbul Declaration on Tolerance – Our commitment to Justice, Equality and Sharing

Preface

(...).[22] In the first decade of the 21st century religion came to be recognised as an important force in European societies. There are tragic examples of strained relationships between people of different faiths, but more often religious people live peacefully together, and initiatives for interreligious dialogue and cooperation are multiplying. Secular ideologies are influential and share many characteristics with religions. This provides religious leaders with an opportunity to engage in dialogue also with those who deny the place and role of religion in

---

20 Der Text der Schlusserklärung ist online zugänglich unter http://www.rfp-europe.eu/index.cfm?id=241899 (abgerufen 28.8.2014).
21 Vgl. Kap. C 1.3.2.; vgl. Kap. D 1. (126).
22 Auf die Wiedergabe einer Würdigung Istanbuls und eines summarischen Hinweises auf aktuelle politische Herausforderungen Europas wurde verzichtet.

society, in order to enhance understanding and seek, as far as possible, common ground.

Meeting in Istanbul from 26 to 28 April 2010 and inspired by our experience of interreligious dialogue the European Council of Religious Leaders –Religions for Peace offers this Istanbul Declaration on Tolerance:

Religious roots and importance of tolerance:

Historically the idea of tolerance developed in Europe, through struggle and violent conflict, as a way of living with religious plurality. Today tolerance must be nourished as a universal value. In its comprehensive sense tolerance means respect, acceptance and appreciation of the rich diversity of cultures, forms of expression and ways of being human in the world today.

Exploring our own religious traditions and convictions we each find that tolerance is a spiritual responsibility rooted in the divine origin of all life, the dignity of every human person, love for the neighbour and the commandment to do unto others as we would like them to do unto us. The principle "there is no compulsion in religion" guides all our religions. The Turkish word for tolerance is *hosgörü* which literally means "seeing the other in a good way". This sums up our understanding of the concept.

We acknowledge that religious people and institutions have not always honoured this important principle and at times have fostered intolerance. In order to contribute to building a cohesive and peaceful Europe, religious people and institutions must also engage in self critical scrutiny.

Religions are sources of ethical thinking and conduct and have broad and deep social networks in our societies which contribute to promote justice, equality, sharing and a culture of peace that should influence secular laws and regulations.

Tolerance requires mutuality and is a precondition for a culture of peace:

Tolerance is an active recognition of diversity and means respecting the otherness of the other with whom we differ religiously, culturally, or otherwise, with compassion and benevolence.

Tolerance does not mean unconditional approval of the ideas of others nor of the way they live their lives. Tolerance means respecting the other's human rights, but not necessarily sharing his or her viewpoints.

Tolerance implies mutuality and not compromising one's beliefs. Many religions make truth claims that can be mutually exclusive, as do other convictions and ideologies. This is no threat to tolerance as long as others are allowed to give voice to their own convictions.

Tolerance implies that all may speak openly and freely, also when their views are controversial. Tolerance does not prevent us from speaking clearly against injustice, oppression, violence and everything which threatens life.

Tolerance meets its most difficult challenge when faced with the intolerant. A cohesive and peaceful society must protect itself and its institutions against intolerance.

Commitments to tolerance in Europe:

Based on this understanding of tolerance we as religious leaders commit ourselves to work individually and together to translate the attitude of tolerance into transformative acts of toleration:

1) In our teaching, preaching and in exercising our leadership roles we will emphasise that which in our respective religions inspires mutual respect and acceptance.

2) We will speak clearly and publicly against, and when required confront, that which fosters intolerance and discrimination. We will do all we can to counter any form of hate speech or other hate crimes, whether it is in the form of antisemitism, islamophobia, attacks on Christians or any other religion. We acknowledge our responsibility to take action especially when such acts are presented as religiously motivated.

3) We will work for the rights of all religions to be visible in the public square. In a tolerant society people have the right to promote their faith and to manifest it in public. This includes displaying religious symbols, wearing religious dress, symbols or articles of faith, establishing schools for the education of new generations, and building places of worship which conform to each religious tradition. We believe that such manifestations contribute to the richness of a society, and also acknowledge that such presence in

public space implies a responsibility to respect the rights and sensitivities of those who do not share our religions.

4) We will support further efforts to establish a Universal Code on Holy Sites which should protect inter alia places of worship, shrines and cemeteries.

5) Recognising that promoting tolerance and a culture of peace is a long term task involving the formation of new generations, we will encourage and support teaching for tolerance in educational institutions. We recognise a specific responsibility to promote such teaching in schools which are run by religious institutions and organisations. In these endeavours it is important to promote the role of women and youth.

6) We will continue to explore our faiths and traditions to celebrate what we have in common and establish understanding when we disagree. We will act together when possible, and also develop ethics of disagreement.

7) Convinced that interreligious dialogue is a powerful way of promoting tolerance, we will actively share with others, including policy makers, the deep insights and inspiration which we achieve through working together as an interreligious council with mutual respect and recognition.

8) We will continue our work to promote a culture of peace in Europe and beyond as set out in our Lille Declaration on a Culture of Peace (2009) and based on our Berlin Declaration on Interreligious Dialogue (2008).[23]

11 Die Schlusserklärung der Konferenz 21.–23.6.2011 (Moskau)[24]

We, the European Council of Religious Leaders, meeting in Moscow in June 2011, express our warm thanks and appreciation to the Russian Orthodox Church and to His Holiness Patriarch Kirill of Moscow and All Russia, for their generous welcome and hospitality.

(...).[25] As religious leaders in Europe we are deeply concerned about the many and serious violations of human dignity and human rights in Europe and across the world. Because we are conscious of past violence in the history of Europe, we have all too clearly in mind the atrocities of genocides, wars and terrorism which have marred recent decades. In addressing these matters, we have explored in this declaration our understanding of the important relationships between the sources of human dignity, human rights and traditional values. Our deliberations have taken account of the significant discussions of recent years between ourselves and in other fora including in the United Nations Human Rights Council. By traditional values we refer to those values which are widely held in religions and cultures and which have been foundational in providing moral bases for societies.

This declaration seeks to identify the common ethical ground which we share. This does not thereby deny the distinctive perspectives of our respective faiths about God and the Divine, the nature of persons and the relationship between them.

---

23 Die Schlusserklärung "Istanbul Declaration on Tolerance – Our commitment to Justice, Equality and Sharing" ist online zugänglich unter http://www.rfp-europe.eu/doc/Council%20Meetings/ECRL%20Istanbul%20declaration%20on%20Tolerance.pdf (abgerufen 24.8.2014).
24 Vgl. Kap. C 1.3.2.; vgl. Kap. D 1. (132).
25 Auf die Wiedergabe eines Abschnitts über das Selbstverständnis des Veranstalters wurde verzichtet.

We recognise that our approach as religious leaders, accountable to our understandings of the Divine and based on conscience and our traditions, can give rise to certain misgivings and even rejections amongst those whose perspective is different from ours. However, we believe that our contribution to the fullest acceptance of human rights is to insist that a complete understanding of the human person and of their dignity must be rooted deeply in the ultimate sources of all authority. We believe that our approach to human dignity should be an integral part of the work against injustice and violence.

As representatives of religious communities in Europe, we believe that genuine human freedom is expressed in the commitment to choose the truth and justice which comes from above and it is this which secures the foundational dignity of human beings. To this end and as a further contribution we make the following declaration:

1) The dignity of the human person is at the core of all our religious traditions. Every individual human being is bestowed with such dignity which should be respected regardless of the person's religious or moral status or any other quality, even when it is tarnished for example, by crime or inhuman and immoral behaviours. For religions, human dignity is derived directly from the relationship between the Divine or ultimate reality and human beings, and it defines appropriate relationships between human beings in this world. From human dignity follow fundamental freedoms and rights as well as moral obligations. Within various religious traditions respect for human dignity is expressed in teachings on responsibility, virtue and love for neighbour.

2) It is in the nature of religious traditions to recognise the Divine as the ultimate source of authority. This leaves any decision or agreement reached by human beings open to discussion. This attitude supports the core freedoms expressed in human rights and sets us free to question all forms of tyranny and absolutism.

3) The fundamental freedom which follows from human dignity is a freedom to choose good over evil and thus to work for the realisation of this freedom for all. It follows from this that we are committed *inter alia* to the right to life and freedom of expression, to freedom of religion, to freedom from oppression, freedom from torture and other inhuman or degrading treatment, freedom from hunger and freedom from any act that undermines our dignity as human beings.

4) In all religious traditions human dignity also gives rise to the believers' responsibilities to the Divine and to other human beings and forms the ground for freedom and responsibility. Although fundamentally free, every human being is included within relationships of mutual dependence in which the actions of the individual impact on others. This applies at all levels of society, from relationships in the family to obligations on the national level and to global solid-

arity. In our time responsibility for the natural environment and for future generations has become one of our major concerns.

5) The Universal Declaration of Human Rights (1948) is an expression of shared values which are recognised across religions and cultures, and which we as leaders of diverse religious traditions emphatically support. This formalising of human rights was the result of long processes and against the background of terrible examples of the breakdown of respect for human dignity. The Universal Declaration of Human Rights, together with the legally binding Human Rights instruments which have followed in its wake, has contributed greatly to the furthering of human dignity in recent decades. The European Convention on Human Rights and its Court have provided a particular focus for the promotion of human rights in Europe.

6) Our understanding of human rights is rooted in our understanding of human dignity and incorporates many of our core religious values. We therefore consider human rights not to be a new value system but rather a formalised expression of some traditional moral values that is binding on states and formed and supported by diverse religious and traditional value systems

7) Traditional values are often deeply rooted and in practice may have greater authority in a society than positive law. They can enhance human dignity and dignified human life and are to be distinguished from those traditional practices which harm human dignity and are often in contrast to genuine religious values and principles. However, general recognition of the importance of some traditional values should not imply the acceptance of all, since they vary both within and across cultures.

8) In our previous declarations, *The Berlin Declaration on Interreligious Dialogue* (2008), *The Lille Declaration on a Culture of Peace* (2009), and *The Istanbul Declaration on Tolerance* (2010) we have affirmed our commitment to tolerance and to respect for human rights and their corresponding traditional religious values, articles of faith and symbols. As religious leaders we benefit from dialogue across religious and cultural boundaries, not least within Religions for Peace and the European Council of Religious Leaders. The expression of values is not static and we greatly value the cross fertilisation, mutual questioning and responsibility which dialogue facilitates.

9) Based on the understanding that furthering of human dignity is at the core of all our religious traditions, we see potential for more active cooperation between religious communities and political authorities in the promotion of human dignity and the implementation of human rights.

Building on these principles and convictions, we, as leaders of Europe's diverse religions, pledge:

- To work individually and together and with all people of good will to ensure that human rights recognised in the Universal Declaration of Human Rights, the European Convention and subsequent agreements and their corresponding responsibilities, are realised and thus secure for all human beings their freedom and dignity which find their roots in the Divine.
- To work to overcome perceived and actual oppositions between human rights and traditional and religious values and to speak against both the misuse of the language of traditional values for example to protect established power structures and also the misuse of the language of human rights to promote agendas that are inconsistent with human dignity.
- To work with political authorities and non governmental organisations to explore in greater depth how traditional values and human rights interact, how they support and influence each other and how specific expressions of human rights may conflict with specific traditional moral values.
- To examine critically our own practices in order to identify and counter within our own religious communities that which does not further the human dignity to which we are committed. As a result, we will especially work to further respect for human rights.
- To strengthen our engagement in interreligious dialogue in order to share insights and experiences and benefit from the critical and honest openness which characterises all genuine dialogue. We will take special care to strengthen the involvement of women and young people in our dialogue and to ensure they have a proper place and voice in our communities.
- To speak publicly about the freedoms and responsibilities that follow from human dignity.. We will ensure that we continue to take special care to include in our communities and to ensure a voice for, groups that are often marginalised, for example the poor, migrants and those living with or affected by HIV/aids.

At our Council meeting in Moscow we have again been inspired by our shared commitment to human flourishing and the quality of human life through the fullest acceptance of the dignity of every human being. We have pledged to extend our collaboration with each other and with other organisations committed to these ends. The visible sign to the world of our commitment to these pledges will be the extent to which they are realised in our communities and in our society.[26]

---

26 Der Text der Schlusserklärung "Advancing Human Dignity – through human rights and tra-

12 Die Schlusserklärung der Konferenz 7./8.5.2013 (Wien)[27]

2013 European Council of Religious Leaders
Vienna Declaration Freedom of Religion - rights and commitments

We, the European Council of Religious Leaders, meeting in Vienna in May 2013, express our warm thanks and appreciation to the Organisation for Security and Cooperation in Europe (OSCE) and in particular to the Ukrainian Chairmanship and the OSCE Office for Democratic Institutions and Human Rights (ODIHR), for their generous welcome and hospitality. We warmly welcome the contributions of the OSCE to the shared common vision of a Europe at peace with itself and contributing to the wellbeing of the world.

- As religious leaders, our motivation is rooted in our understanding of God and the Divine or the sacred and it is this which shapes our understanding of religious freedom and the rights and commitments which underpin it. Last year we looked back over the ten years since our inaugural statement in 2002 in which we said: *"We are members of religious communities with profound visions of the dignity of the human person.... as European religious leaders, we are committed to working together to end conflicts, to re-affirm religious condemnations of terror, and to promote justice and peaceful coexistence among the diversity of peoples, religions and traditions in Europe"*.
- In summing up the work of our first decade, we referred to the concept of the 'wholesome society' with its connotations of health, organic wholeness and vitality. We said that in such a society different perspectives are respectfully and vigorously debated and held in mutual respect within the frameworks provided by the Universal Declaration of Human Rights.
- We believe that freedom of religious speech and practice in public and in private is a fundamental element in human freedom generally, derived as it is from our understanding of the divinely mandated dignity of each human being. We consider that the rights and responsibilities which this freedom brings need further emphasis and we have attended to this in our discussions this year.
- In doing so, we recognise and appreciate the connection made in the framework of the OSCE between religious freedom and lasting peace: the one is an integral and necessary part of the other. No lasting peace is possible without

---

ditional values" ist online zugänglich auf der Homepage der Organisation "Religions for Peace" unter http://www.rfp-europe.eu/Moscow%20Declaration (abgerufen 25.8.2014).
27 Vgl. Kap. C 1.3.2.; vgl. Kap. D 1. (139).

full recognition of human dignity from which all freedom, including religious freedom, flows.
- As we have seen throughout history, freedom of religion or belief, particularly of minorities, has been limited by the State, or threatened by individuals or groups whether secular or religious. We will stand together against threats to the full enjoyment of religious freedom. As religious leaders we recognise a particular obligation to speak out against threats to the religious freedom of others when they come from within our own communities.
- Last year in Sarajevo, we said that *"a healthy society will always be aware of the human tendency to pursue forms of power which distort and corrupt the good. Critical self-scrutiny of motive and practice to counter those impulses which can even be found within religious traditions and which do not further the human dignity to which religions are committed, is an essential component of a wholesome society."* We continue to believe that this insight is important to all in our societies.
- The fundamental freedom which follows from human dignity has been expressed in many international conventions and agreements, including the International Covenant on Civil and Political Rights, the European Convention on Human Rights, the UN Declaration 36/55 against Religious Intolerance and Discrimination and commitments adopted by the OSCE. We note also the 2011 UN General Assembly resolution 66/167 on combating intolerance. The exercise of these freedoms and rights, including the religious freedoms and rights set out below, is subject only to such limitations as are prescribed by law and are necessary to protect public safety, order, health or morals or the fundamental rights and freedoms of others.
- Taking our inspiration from these solemn pledges and from our own declarations and commitments and building on these principles and convictions, we as leaders of religious communities in Europe, pledge ourselves:

a) To work individually and collectively for the advancement of religious freedom, understood as the freedom to have or to adopt a religion or belief of one's choice, and the freedom, either individually or in community with others and in public or private, to manifest one's religion or belief in worship, observance, practice and teaching.

b) To stand together when religious freedom is threatened, whether by States' excessive restrictions, actions or lack of action in the face of violence or threats of violence against religious communities.

c) To speak out together in full solidarity against hate crimes which target religious, belief or other communities.

d) To take a clear position when any State denies a religious community its religious freedom, including especially the right of religious and belief com-

munities to:
- be recognized as having legal personality in the constitutional framework of each State
- freely establish and maintain accessible places of worship or assembly
- organize itself according to its own hierarchical and institutional structure,
- select, appoint and replace its personnel in accordance with their respective requirements and standards.
- solicit and receive voluntary financial and other contributions.
- train their religious personnel in appropriate institutions.
- In addition, we will speak out, individually and collectively, in favour of the following vital aspects of religious freedom, whenever they are threatened by States, individuals or groups:

    a) The right of everyone to give and receive religious education in the language of their choice, whether individually or in association with others;

    b) The liberty of parents to ensure the religious and moral education of their children in conformity with their own convictions;

    c) The right of individual believers and communities of believers to acquire, possess, and use sacred books, religious publications in the language of their choice and other essential items related to the practice of religion or belief;

    d) The right of religious communities, institutions and organizations to produce, import and disseminate religious publications and materials;

    e) The right of religious communities and their representatives, in groups or on an individual basis, to establish and maintain direct personal contacts and communication with each other, in their own and other countries, inter alia through travel, pilgrimages and participation in assemblies and other religious events;

    f) In the above context and commensurate with such contacts and events, the right of those concerned to acquire, receive and carry with them religious publications and items related to the practice of their religion or belief.
- We commit ourselves to co-operate amongst ourselves and with other religious groups, governmental and inter-governmental institutions, in promoting understanding, respect and co-operation amongst all religious communities for the peace and wellbeing of all.[28]

---

[28] Der Text der Schlusserklärung "Freedom of Religion – rights and commitments" ist online zugänglich unter http://www.rfp-europe.eu/index.cfm?id=400155 (abgerufen 25.8.2014).

13 Die Schlusserklärung der Konferenz 27.–29.7.2008 (Sapporo)[29]

Call from Sapporo – World Religious Leaders Summit for Peace
On the occasion of the G8 Hokkaido Toyako Summit July 03, 2008, Sapporo, Japan

INTRODUCTION

We, senior leaders of the world's religions, have convened in a World Religious Leaders Summit for Peace in Sapporo, Japan, just prior to the Group of Eight (G8) Hokkaido Toyako Summit. We are united in our commitment to peace, which includes our concern for the inviolable dignity of all people, the dire suffering of so many and the well-being of our shared Earth. (...).[30] Action by all governments, civil society, private sector, religious communities and – in the final analysis – every member of the human family is required to advance the common good. We urge the G8 to respond in ways designed to engage these stakeholders in building our common future.

Religious communities have roles in building peace. Before outlining these roles, we acknowledge with genuine sorrow that all religions have at times been misused in fomenting violence.

We reject this misuse of religions and commit ourselves to engaging our communities for the common good. Collectively, our religious communities are the world's largest social networks which reach into the furthest corners of the earth and include countless institutions dedicated to caring for people. Religions share many moral traditions that can provide basic principles essential for just and harmonious relations among persons and communities. Moreover, religious traditions-each in its own way-cultivate spiritualities of compassion and love essential for genuine reconciliation and peace. Mobilizing these great social, moral and spiritual dimensions of the world's religions in service of the common good is essential for the well-being of the human family. We are united in the conviction that all religions obligate their followers to work for justice among all peoples, and to care for one another and our common home, the earth. We commit to doing so.

OUR COMMITMENT

---

29 Vgl. Kap. C 1.3.3.; vgl. Kap. D 1. (115).
30 Auf die Wiedergabe deklaratorische Passagen des Textes wurde verzichtet.

As religious leaders, we are committed to the path of multi-religious cooperation for peace. Religious traditions – each in its own way – summons their followers to the path of multi-religious cooperation for the common good. This path:
- Leads to senior religious leaders from all faith traditions and billions of believers working together for a positive and holistic state of peace;
- Enjoins the world's believers to engage their moral heritages and spiritual traditions in taking individual responsibility for protecting our earth;
- Brings politicians, civil society and religious communities together to forge needed consensus on values that can serve as the basis of just and creative policies.

SHARED SECURITY

An overarching notion that we believe can help express the comprehensive character of our moral and religious concerns is "Shared Security." Shared Security builds on the concept of Human Security by focusing on the fundamental interrelatedness of all persons and the environment.

Shared Security includes a comprehensive respect for the interconnectedness and dignity of all life. It is based upon our mutual interdependence and the most universal and fundamental fact that all humans live in one world. It recognizes that the well-being of one is related to the well-being of others and ultimately to the earth that we all share. It calls us to recognize that past, present and future are linked. Together, we must acknowledge past failings, face present challenges and accept our responsibilities to future generations.

Shared Security is concerned with the full continuum of human relations-from relationships among individuals to the ways that peoples are organized in nations or international organizations. It respects state sovereignty, but also supports democratic and transparent cooperation among states and peoples.

It follows that the security of one actor of international relations must not be detrimental to others. International actors who are responsible for global decision-making must act transparently and be open to the contributions of all stakeholders, including religious communities which represent a major part of civil society. A similar concern for a just world order, respecting different national and religious traditions, was made at the Moscow World Summit of Religious Leaders (2006).

As religious leaders, we recognize that there is a foundational moral imperative for advancing Shared Security: We are all responsible for one another's well-being.

CALLS TO ACTION

We call upon the G8 to include in their discussions and plans of action the following areas of concern:

1. The Destruction of the Environment and Climate Change

Japan, the host of this year's G8 Summit, possesses a spiritual term, mottainai, meaning "do not waste, use everything in a fashion commensurate with its true value." This concept recognizes the mysterious "giftedness" of all existence, and urges that natural resources must be used appropriately, while simultaneously encouraging responsible and sustainable consumption. The concept also provides a base for recognizing that it is unethical to burden future generations with excessive pollution or other gross environmental imbalances. Development must be environmentally sustainable.

We must also draw attention to the link between the health of the environment and war. In addition to killing people, disrupting the lives of entire societies and thwarting development, war destroys the ecosystem. Massive defense expenditures, a global total of US$ 1.34 Trillion in 2007 according to the Stockholm International Peace Research Institute, both directly assaults the ecosystem and squanders monies that urgently need to be directed to sustainable development. It is a grave contradiction to advocate for a reduction of global warming gas emissions while simultaneously maintaining or even expanding military expenditures.

We urge the G8 Summit to:
- Commit to a reduction of total national defense and military expenditures and utilize the saved funds to establish an Earth Fund dedicated to environmental protection.
- Establish a new binding framework to follow up the Kyoto Protocols that limits global average temperature rise to avert catastrophic climate change.
- Provide leadership to expand energy efficiency and conservation efforts to reduce greenhouse gas emission rates.
- Advance policies and practices that increase forestation and other forms of carbon dioxide sequestration.
- Recognize that trading "global warming gas emission rights" has at best limited value, and could disproportionately penalize the least developed.
- Facilitate major investments in the development of new sources of energy and technology essential to sustainable development, specifically without jeopardizing food security.
- Implement the recommendations contained in the Kobe 3R Action Plan (Reduce, Reuse, Recycle).

2. Millennium Development Goals (MDGs)

The massive scale of extreme poverty at a time of unprecedented wealth is a moral scandal. Poverty is exacerbated by structural injustices in the global economy which must be addressed. At the mid-point of the Millennium Development Campaign, religious leaders gathered at the Cologne World Summit of Religious Leaders (2007). They recognized an urgent need to not only fulfill the pledges, but in some instances, to exceed the commitments made. Meeting these challenges is even more urgent, not least due to the growing food crisis. Here again, we call for the funds achieved from the reduction of defense budgets to be allocated in support of sustainable development and poverty reduction.

We request the G8 Summit to:
- Take leadership to ensure the achievement of the MDGs, including delivery on the Gleneagles aid quantity and quality promises, particularly reaching the goal 0.7% of Gross National Income for Official Development Assistant.
- Provide urgently needed global leadership to address the growing crisis of food shortages, including needed emergency responses.
- Meet its pledges of increased resources to scale up the response to HIV and AIDS, Malaria, and other infectious diseases, and to ensure universal access to HIV and AIDS prevention, treatment and care services by 2010.
- Dedicate resources to empower women and girls as key agents in overcoming poverty.
- Make the legal empowerment of the poor a key objective in its development assistance strategies.
- Fulfill its commitment to ensuring a development friendly outcome of the Doha Round of trade negotiations.

3. Nuclear Disarmament

Mindful that the 2008 G8 Summit is taking place in Japan, the only country that has suffered the horror of a nuclear attack, we religious leaders stand in solidarity with our Japanese hosts to call for the elimination of all nuclear weapons. We believe that the attempt to militarily dominate the sea, space, neutral territories or states creates obstacles on the way to nuclear and conventional disarmament. We also believe that conventional disarmament and efforts to ban military technologies and initiatives that could provoke a new arms race should go hand in hand with efforts to advance nuclear disarmament.

We request the G8 Summit to:
- Pursue rigorous implementation of nuclear reduction and nonproliferation policies leading to the goal of total nuclear disarmament. As stipulated in article 6 of the Treaty on Non-Proliferation of Nuclear Weapons (NPT), the five acknowledged nuclear-weapon states must act on their commitments to work toward eliminating existing nuclear weapons as rapidly as possible.

States with nuclear weapons that have not acknowledged them must acknowledge their possession, make similar commitments to their elimination and enter into the NPT.
- Push for prompt ratifications and entry into force of the Comprehensive Test Ban Treaty and commit to take no action leading toward the reintroduction of any form of nuclear weapons testing.
- Continue to demonstrate positive leadership for the implementation of UN Security Council Resolution 1540 and other global initiatives to control the transfer of nuclear materials and stop further proliferation.

4. Terrorism and Violent Conflict

Terrorism – the intentional killing of innocent people as a way of achieving a political objective – is never morally justified whether it is perpetrated by individuals, groups or states. Moreover, military responses to terrorism injure innocent persons, provide additional motivation for terrorist groups and endanger basic freedoms in the societies attempting to protect themselves from terrorism.

Violent military conflict – the attempt to settle serious disputes by military force – typically results in the loss of innocent lives, disruption of society, thwarting of development and destruction of the environment.

Every effort must be made to utilize non-violent means to thwart terrorism and resolve disputes to advance peace.

We call upon the G8 to:
- Provide global leadership designed to combat the victimization of groups based on culture or creed.
- Work to end occupation and establish just, honorable and comprehensive peace in all countries or territories which are occupied.
- Re-affirm and strengthen its commitment to standards of international law in its efforts to counteract terrorism and promote international security.
- Acknowledge and support the importance of multi-religious partnerships to help address the problems of terrorism and violent conflict.
- Work to limit the production and export of arms into areas of violent conflict.
- Promote a culture of peace by advancing non-violent conflict resolution and peace education.

CONCLUSION

The G8 has the responsibility to use boldness and wisdom to advance the common good in partnership with the religious communities and all other stakeholders.

We – leaders of diverse religious communities – re-commit ourselves to working together and with other partners of good will to address the threats that confront us all. While we labor to meet the challenges of our day, we are deeply mindful of religious traditions which have taught – each in its own way – compassion, forgiveness and reconciliation, and that these are essential for genuine peace.

We respectfully urge the G8 to recognize, facilitate and effectively support the importance of multi-religious cooperation, as it takes needed steps to advance the common good.

We recall and embrace as our own an historic multi-religious acknowledgement on the misuse of religion:

"As men and women of religions, we confess in humility and penitence that we have very often betrayed our religious ideals and our commitment to peace. It is not religion that has failed the cause of peace, but religious people. This betrayal of religion can and must be corrected." (From the global multi-religious Declaration adopted at the Religions for Peace First World Assembly in Kyoto, Japan, 1970).[31]

14 Die Schlusserklärung der Konferenz 16./17. 6. 2009 (Rom)[32]

Appeal by the Fourth Summit of Religious Leaders on the occasion of the G8:

We, leaders of the worlds religions and spiritual traditions gathered in Rome on the eve of the G8 Summit of 2009, are united in our common commitment to justice and the protection of human life, the building of the common good and the belief on the divinely established and inviolable dignity of all people from conception to death.

We speak from the heart of the great majority of the human family who are members of religions or spiritual traditions. In a time of economic crisis when many securities are crumbling, we feel even more acutely the need for spiritual orientation. We are convinced that spiritual life and the freedom to practice it is the true guarantee for authentic freedom. A spiritual approach can touch the hunger for meaning in our contemporary society. Materialism often expresses itself in idolatrous forms and has proved powerless in the present crisis.

---

31 Der Text der Schlusserklärung ist online zugänglich auf der Homepage der EKD unter http://www.ekd.de/english/ekd_press_releases-4248.html (abgerufen 25. 8. 2014).
32 Vgl. Kap. C 1.3.3.; vgl. Kap. D 1. (121).

14 Die Schlusserklärung der Konferenz 16./17. 6. 2009 (Rom)

We carry forward important work begun in multireligious meetings held just prior to the G8 Summits, (in Moscow 2006, Cologne 2007, Sapporo 2008, Rome 2009) and building on earlier meetings in London. We have been convened by the Italian Bishops Conference, with the support of the Ministry of Foreign Affairs for whose assistance we are grateful. (...).[33]

We are convinced that a new moral paradigm is essential to address today's challenges. Through the notion of shared security we can draw attention to the comprehensive character of our moral and religious concerns. We are using the term "security" in a new way. We add the word "shared" to draw attention to a fundamental moral conviction: the wellbeing of each is related to the wellbeing of others and to our environment. Shared security focuses on the fundamental inter relatedness of all persons and the environment. It includes a comprehensive respect for the interconnectedness and dignity of all life and acknowledges the fundamental fact that we all live in one world. Ultimately we are convinced that to overcome violence justice with compassion and forgiveness are necessary and possible.

Shared security is concerned with the full continuum of human relations from relationship amongst individuals to the ways that people are organized in nations and states. It follows that the security of one actor in international relations must not be detrimental to another. Those international leaders who are responsible for global decision-making must act transparently and be open to the contribution of all involved.

The current financial and economic crisis weighs most heavily upon the poor. Addressing these related crises call for a new financial pact that addresses squarely (1) the causes of the financial crisis, (2) acknowledges the need basic moral principles, (3) includes all stakeholders and (4) places at a premium the urgent need for sustained financing for development. We are convinced that, in a time of economic crisis and spiritual disorientation for the men and women of our time, religions can and must offer a decisive contribution to the search for the common good. As we confront this crisis, there is the need for the spiritual wisdom entrusted to the great world religions so as to steer an ethical path to justice and human flourishing. Concretely, as part of the reform of the finance system, we urge concerted action to close down the unregulated off shore banking system. Regarding development assistance, we urge the inclusion as partners of civil society organizations including especially religious communities and their organizations.

---

33 Auf die Wiedergabe einer Grußadresse wurde verzichtet.

In continuity with previous world religious summits we continue to call for the fulfilment of the Millennium Development Goals. Their completion has been promised for 2015, but progress has now fallen behind. The current crisis has worsened the situation of those whom the MDG's are designed to assist. We insist that it is an imperative for the lives of millions that the MDG's be fulfilled on schedule and we commit ourselves to work together with the G8 leaders to that end.

Africa is already hard hit by the world financial crisis and it runs the risk of being seriously damaged in its efforts against poverty with a negative impact on the economic growth of its countries. It is our hope that the international community places Africa at the centre of policies for development, by finding new sources for financing cooperation and favoring the involvement of States and civil societies of African countries in a perspective of rebirth of the whole continent. In this same context we would like to affirm that the time has come to commit ourselves decisively to the healing of the entire continent wounded.

Seventy years from the beginning of the great tragedy for humanity that was World War II and the many subsequent conflicts, causing human suffering, injustice and poverty, we call for nations to resist making war a means of international politics and to make every effort to establish a just peace for all. We believe that the attempt to militarily dominate the sea, space, neutral territories or states creates obstacles on the way to nuclear and conventional disarmament. We also believe that conventional disarmament and efforts to ban military technologies and initiatives that could provoke a new arms race should go hand in hand with efforts to advance nuclear disarmament.

We request the G8 Summit to pursue rigorous implementation of nuclear reduction and nonproliferation policies leading to the goal of total nuclear disarmament. The five acknowledged nuclear-weapon states must act on their commitments to work toward eliminating existing nuclear weapons as rapidly as possible. States with nuclear weapons that have not acknowledged them must acknowledge their possession, make similar commitments to their elimination and enter into the NPT. We press for prompt ratifications and entry into force of the Comprehensive Test Ban Treaty and commit to take no action leading toward the reintroduction of any form of nuclear weapons testing.

We call attention to the plight of the ever growing number of "illegal" immigrants and the absence of adequate and uniform standards designed to protect them.

We urge that the full rights and dignity of people be respected and cost-sharing introduced where appropriate as states re-evaluate their comprehensive policies for legal residents and immigration. We urge attention to the fact that immigration is growing and that ecological pressure may greatly accelerate it.

We representatives of world religions and spiritual traditions gathered in these days in Rome facing the threats and the challenges of a difficult time of crisis for our societies, reaffirm our commitment to work with all people of good will, for the realization of the common good. In this context we call for the establishment of mechanisms for dialogue between religious communities, political leaders, international organisations and civil society structures.

Our method and our strength, the strength of yesterday, today and tomorrow will always and only be that of the transformation of hearts and shared action through dialogue.

Dialogue is an art that everyone must practise and cultivate within and between religions, culture, politics and especially those who have power in the world. Dialogue requires courage and enables people to see each other more clearly, enabling us to offer life and hope to new generations.

This is our renewed commitment, this is the appeal we address to the world. (...).[34]

15 Die Schlusserklärung der Konferenz 23./24. 5. 2011 (Bordeaux)[35]

Statement of the Bordeaux Religious Leaders Summit

(...).[36] 3. The increasingly complex and perilous times in which we live require global approaches. As religious communities, our understanding of the universal is rooted in our understanding of the Divine. We appreciate the efforts of the G8 and the G20 in working towards global responses to current issues and offer our reflections in a spirit of collaboration and co-responsibility.

4. Our reflections develop many of the themes discussed at previous Religious Leaders' Summits. As people of faith, we all consider ourselves to be accountable to the transcendent divine – the author and creator of all. It is this and our shared commitment to the common good, that motivates us to speak to some of the issues that are on your agenda and on ours. At the heart of our reflections are principles and values common to our religions and universally upheld: the essential and irrevocable dignity of all human beings; accountability for the goodness of creation; the ultimate value of reconciliation and forgiveness;

---

34 Die Schlusserklärung ist zugänglich unter http://blogs.reuters.com/faithworld/2009/06/18/world-religious-leaders-hold-their-own-g8-summit/ sowie unter http://www.faithchallengeg8.com/pdfs/ItalyStatementEN.pdf (beide Websites abgerufen 25. 8. 2014).
35 Vgl. Kap. C 1.3.3.; vgl. Kap. D 1. (131).
36 Auf die Wiedergabe zweier deklaratorische Abschnitte wurde verzichtet.

the centrality of freedom and justice. Policies and programmes that are clearly in accord with them have our support.

5. Although followers of our religious traditions have not always lived up to these values and some are concerned that religious conviction can contribute to conflict, we do not believe that this is generally the case. Rather, religious commitment can be and usually is the motive force that propels progress towards the world that we all wish to see. We commit ourselves anew to inter religious and inter-cultural dialogue and common action and welcome the very many new initiatives around the world. We commit ourselves to urge our communities to be proactive in advancing the ways in which our recommendations can be achieved, and to work together with the local, national and international authorities to this end.

6. Three years ago, amidst the throes of the worst global financial crisis since the Great Depression, world leaders met in Washington for the first G20 Summit. They recognised that a global crisis necessitated a global response. This new found cohesion must be strengthened and expanded to include other countries and stakeholders – civil society and religious communities – and translated into ever more effective action programmes. Only an expanded partnership based on deeply held and widely shared concerns and commitments can hope to resolve today's long-term structural problems in the areas of economics, development, climate change and peacemaking.

7. Current events around the world, notably in the Middle East and North Africa, make clear that people everywhere are demanding that their fundamental dignity be honoured. Countries must work together to ensure protection of the right to freedom of religion as well as political self-determination. Tolerance, openness and understanding of other peoples' cultures social structures, values and religions are essential to the very survival of an interdependent world. Pluralism is no longer simply an asset or a prerequisite for material progress, it is a vital component of peace, security and human development. Countries must also work together to ensure respect for the religious and cultural rights the rights of individuals and groups of people as stated in the Universal Declaration of Human Rights and address the growing reality of migrants and their respective circumstances, needs and rights.

8. Our overarching concerns and recommendations, which we set out below, are for human dignity and the wellbeing of the planet as these are affected by global governance, the macro-economic situation, climate change, sustainable development and investment in peace.

Reforming Global Governance

9. Both the G8 and the G20 provide important fora for world leaders to meet and coordinate their actions, but these gatherings still lack the necessary global

legitimacy to provide effective global impact. This does not relieve governments of their own responsibility to their citizens. These meetings must supplement rather than undermine the UN General Assembly and other UN processes. Steps need to be taken to bring both more formally within the framework of the United Nations system.

10. The G20 must open its doors to low income countries and at the very least provide a permanent seat to the African Union and to Latin American and Asian Regional bodies. Including representative nations from these regions of the world would provide greater understanding of many difficult issues and a greater mutuality in the approaches in resolving them.

11. The workings of both need to be made more transparent so that civil society and religious bodies can engage in the work, influence decisions and ensure that commitments are delivered. There is great need for substantively enhanced compliance of the G8 with its own commitments.

Macro Economic Situation

12. Many of the conditions that gave rise to the G20 meeting in November 2008 have yet to be addressed. Governments were right to take the steps that they did to store up the financial system, but the necessary measures to regulate the financial services have yet to be agreed and implemented.

13. The crisis made clear that unfettered markets are not necessarily efficient, stable or self-correcting.

14. A robust regulatory framework is urgently needed to prevent future financial crises and to protect the most vulnerable people. Each country has a responsibility to address these issues in the context of its own economy, but the G8 and G20 countries have a responsibility for tackling these issues when cross border externalities arise.

Climate Change

15. The most pressing need to be addressed is that of climate change, which remains a uniquely imminent threat to the current and future security and prosperity of the world. G8 and G20 countries can and must strengthen the global political commitment to action and secure the binding treaty the world so urgently needs.

16. G20 countries remain responsible for almost 80% of all global emissions. They must take swift action to secure low carbon investment and to put the planet back on the path towards reducing carbon concentrations in the atmosphere. Developed countries and the largest polluters must take the lead in reducing emissions. The former must provide innovative funding to finance the technology necessary to fuel a low carbon economy.

17. Newly developed technologies should be made freely available to developing countries to ensure their widespread use.

18. The impasse of recent years suggests that world leaders have not yet achieved a consensus on the implications of the huge changes the planet has already experienced with less than a degree of temperature rise. A consensus that a transition to low carbon economy will provide possibilities for renewed economic vitality must be forged.

Development

19. In today's era of budget stringency it is imperative that aid budgets not only be maintained, but increased as countries work to fulfil their commitments to provide 0.7% of GDP for assistance to the poorest countries as the necessary fulfilment of the United Nations Millennium Development Goals by 2015, ensuring that international aid serves the goal of assisting all those living in poverty. In those instances of failed or failing states new delivery mechanisms need to be found to provide assistance directly to those most in need.

20. In order to tackle the HIV-AIDS pandemic, it is important that the global community recognises the necessity of offering the right of universal access to full treatment globally. Recent research and development shows that this is possible and that an important part of the relevant Millennium Development Goal could still be met by 2015.

21. Funding is necessary but not sufficient for development. The 2010 G20 *Seoul Development Consensus for Shared Growth* with its emphasis on growth, investment and skills was a real achievement and a substantial step forward but the consensus now needs to be implemented.

22. It is important that developed countries open their markets unilaterally to the least developed countries and that there be binding commitments for aid-for-trade, so that developing countries can avail themselves of the opportunities provided by trade liberalisation.

Investing in Peace

23. Global investments in peacemaking, which are miniscule compared to military budgets, should be increased and the non-military instruments useful for peacemaking strengthened and expanded. Violent military conflict – the attempt to settle serious disputes by military force – typically results in the loss of innocent lives, disruption of society, thwarting of development and destruction of the environment. Moreover, military responses to terrorism often injure innocent persons, provide additional motivation for terrorist groups and place in danger basic freedoms in the societies attempting to protect themselves from terrorism. Every effort should be made to utilise dialogue and other non-violent means to thwart terrorism and to resolve disputes to advance peace. Stronger cooperation is needed to resist the victimisation of groups based on culture or religion and to protect the dignity of those denied basic human rights, including religious freedom and self-determination.

Conclusion

24. Stronger, more inclusive partnerships among governments and other stakeholders are essential to meet today's challenges. We respectfully urge the G8 and G20 to continue to expand and strengthen the needed global response to global challenges. We – leaders of diverse religious communities throughout the world – re-commit ourselves to working together across religious lines for the common good and with governments and other partners of good will. We remain convinced – each in accordance with the teachings of their tradition – that justice, compassion and reconciliation are essential for genuine peace.[37]

16 Die "Berne Declaration" der Konferenz 24./25.11.1992 (Wolfsberg/CH)[38]

Berne Declaration
November 26, 1992

Here in a country of peace, freedom and well-being, at the initiative and under the auspices of the Appeal of Conscience Foundation and thanks to the hospitality of the Swiss Government, having received messages of solidarity and support from the President of the Swiss Confederation, Mr. Rene Felber, from the Secretary-General of the United Nations, Mr. Boutros Boutros-Ghali, the President of the United States, Mr. George Bush, the Co-President of the Geneva Conference on Former Yugoslavia, Mr. Cyrus Vance, the Special Rapporteur of the UN Human Rights Commission, Mr. Tadeusz Mazowiecki, and Mr. Douglas Hurd, Secretary of State for Foreign and Commonwealth Affairs of the United Kingdom, we have met in common faith in God, the Creator and Benefactor of all people and all nations.

In our common hope in God's love and aid, we express the deepest concern for the further state of our congregations and of all our people, tragically involved in the most brutal and inhuman war in their sad history.

In the name of our spiritual and moral responsibility, in the name of the Islamic Community, the Serbian Orthodox Church and the Croatian Roman Catholic Church, but above all in the name of God's justice and love—in the name of dignity of both, the human being and the human community—taught by the Or-

---

[37] Das Schlussdokument ist online zugänglich auf der Homepage des Ökumenischen Patriarchats unter http://www.patriarchate.org/news/releases/bordeaux (abgerufen 25.8.2014).
[38] Vgl. Kap. C 1.3.5.; vgl. Kap.D 1. (18).

thodox and Roman Catholic Christians on the basis of the Holy Bible, by Moslems on the basis of the Koran—we unanimously and in total unison, launch this appeal for peace, this cry to God and to men, this cry of suffering and hope from the bottom of our souls. We are addressing this appeal in the first place to all the faithful in Bosnia and Herzegovina, to orthodox Christians, Roman Catholics and Moslems, and to all political leaders and all our unfortunate people, Serbs, Croats and Moslems.

The evil has surpassed all bounds and the suffering is indescribable. That is why we do not beg or implore, but in God's name and justice, in the name of humanity and survival of everyone, we demand the immediate, unconditional and irrevocable end of the war, the re-establishment of peace and the renewal of dialogue, as the only method of solving existing national and political problems.

We address ourselves to all international organizations, to the whole international community, to all countries and all people of goodwill with the request to use all their influence and all morally justifiable means in order to make further appeals like this one unnecessary.

Our demand for ending the war and building peace has a global character and here we mention only its most important and urgent concrete dimensions:

All fighting and bloodshed must stop immediately and negotiations must begin at once in order to arrive at just solutions.

Humanitarian assistance must be guaranteed and we pledge to justly distribute to all victims such assistance, to be channelled through religious communities and humanitarian organizations, regardless of faith or persuasion.

All war prisoners, civil detainees and hostages must be freed immediately and unconditionally and all prisoner camps and illegal prisons must be closed.

An immediate end must be put to the inhuman practice of ethnic cleansing.

We demand that all refugees and displaced persons must be helped to return to their native cities and villages—meanwhile and until conditions for their return become possible—all governments are asked provisionally to receive the refugees. Those who remain in Bosnia and Herzegovina must be able to live in protected and secure areas.

The destruction of homes and material goods and those edifices belonging to the cultural heritage of the afflicted region must end now, as well as the blasphemous and senseless destruction of holy places of worship and other sacred sites.

All religious personalities and employees of religious organizations must be freed from illegal detention and all persecuted clerics and religious employees must be permitted to contact their flocks and freely perform their religious duties.

We emphatically state that this is not a religious war, and that the characterization of this tragic conflict as a religious war and the misuse of all religious symbols used with the aim to further hatred, must be proscribed and is condemned.

Only if we all address ourselves to God and if we serve him with all our energy, can we be good neighbors and friends to each other, and even more than that—brothers.

We call all our congregations to common prayer on December 23, 1992, to demonstrate our complete solidarity with all individuals and people of Bosnia and Herzegovina, as well as all other afflicted people in the former Yugoslavia.

A standing Committee, "Conscience in Action," has been established and authorized to meet on short notice in order to monitor all the activities mentioned above, to call for strong action whenever necessary and to make recommendations to the signatories of this document.

We unanimously and with the greatest indignation condemn all crimes committed in this war and we distance ourselves from all those who commit such crimes, regardless of their nationality and religion.

We declare emphatically and with all our vigor: Crime in the name of religion is the greatest crime against religion. All torture and massacres provoke horror and shame, but nothing provokes it more than the criminal and inhuman treatment of women and young girls and even children, and we condemn such horrors. We propose the alternative to hatred, destruction, pogroms and inhumanity, an alternative worthy of men and of our faith in God: it is peace, justice, the dignity of the human being, tolerance and reconciliation – love for mankind for all time and eternity. (...).[39]

17 Die Schlusserklärung der Konferenz 16.–18.3.1999 (Wien)[40]

Kosovo Peace and Tolerance Vienna Declaration
March 18, 1999

---

[39] Der Text der Schlusserklärung ist online zugänglich auf der Homepage der "Appeal of Conscience Foundation" unter http://www.appealofconscience.org/d-578/declarations/Berne%20Declaration (abgerufen 25.8.2014). Die Erklärung wurde unterzeichnet vom serbisch-orthodoxen Patriarchen Pavle, vom Rais Ulema von Sarajevo, Jakub Efendi Selimoski, vom römisch-katholischen Erzbischof von Sarajevo, Vinko Puljic und vom Präsidenten der veranstaltenden Stiftung, Rabbi Arthur Schneier.

[40] Vgl. Kap. C 1.3.5.; vgl. Kap. D 1. (46).

We, the representatives of the Catholic, Islamic and Orthodox communities who have lived in Kosovo for centuries, wish to express our sincere thanks to the Appeal of Conscience Foundation for bringing us together for this unique and important opportunity to deliberate with one another concerning the fates of our peoples. We also wish to thank our generous Austrian hosts for bringing us together in this land of peace and tranquillity, so that we could have thoughtful and fruitful discussions. We are grateful for the personal participation and support of the President of Austria, H.E. Dr. Thomas Klestil, Chancellor Viktor Klima, Minister of Foreign Affairs and Vice Chancellor Wolfgang Schüssel and the encouragement of the President of the United States, Bill Clinton, the Secretary General of the United Nations, H.E. Kofi Annan, His Holiness Pope John Paul II, the President of the European Community the Chancellor of the Federal Republic of Germany, Gerhard Schröder, the Secretary General of the Organization of the Islamic Conference, Azedin Laraki, His All Holiness the Ecumenical Patriarch Bartholomew I, His Holiness Patriarch Aleksy II of Moscow and All Russia, the World Council of Churches and many others.

Further, we pray that the efforts in Paris concerning Kosovo will achieve the peace we are all seeking.

Our delegations have come to Vienna from a troubled region, one that has seen much bloodshed and injustice and we the emissaries of our faithful, wish to state unequivocally that the war that is now raging in our homeland, where our people are being killed and maimed and where our home and places of worship, and our schools and monuments are barbarously being destroyed, is not a war of religions. We state categorically that we are against the killing and destruction, and that we stand for dialogue and negotiation to bring about the peace that God demands of us.

We are proud of our homeland and are tied to it by bonds that reach deep into past generations. We want to bequeath that legacy of pride in Kosovo to future generations. We also know only too well our troubled and tragic history. A history that has all too often pitted differing ethnic and religious communities against each other. We know that past conflicts have left deep scars, have caused unspeakable suffering and have brought forth veritable rivers of blood and tears. We cannot ignore those deep wounds and must grieve for those who have suffered.

Without forgetting our sorrows, however, we want to emphasize to our faithful and to all others in Kosovo that history is recounting the past. No one can change the immutable past. But the future is within our power to influence and direct. In the name of our faithful, we can demand an end to the suffering that has plagued our peoples for so long and call on all to look forward, to change the present era of confrontation to one of cooperation. We, therefore, enjoin all who are wrongly fueling the fires of the bloody conflict now raging in our homeland to stop the killing and destruction and join us in the search for peace through discussions and negotiations.

Although our faiths differ, we maintain that human life is of ultimate value. We all serve God and abide by the commandments he has given us to follow. Therefore, we firmly denounce the killing and all acts of violence. We urge our faithful to solve their disagreements peacefully with those of other religious or ethnic backgrounds, as we have done during our discussions here and in the publication of this declaration.

We pledge that we will bring this message of cooperation home to our faithful, that we will distribute it within our communities , and that we will urge all to lay aside their weapons. Only then, when the weapons are silent and all religious an ethnic communities have the right to express their views through open and free discussions, can we achieve understanding, tolerance, and cooperation and find equitable solutions to our differences.

It is with this in mind that we, the representatives of the Catholic, Islamic and Orthodox faiths in Kosovo lay down these precepts:

1. Stop the killing and all acts of violence.
2. We call for a verbal cease fire to end the polemics of hate and remind all of the words from Proverbs, "Life and death are in the power of the tongue."
3. In cooperation with the Appeal of Conscience Foundation, establish an on-going inter-religious "Conscience Contact Group" to continue the work begun by this Conference and to help advance the principle of "live and let live"
4. Allow all in Kosovo to live in peace, safety and freedom
5. Insure safe and unimpeded travel in all areas of Kosovo
6. Permit all in Kosovo to live, worship and work in the knowledge that their basic human and religious rights will not be violated.
7. Preserve and protect houses of worship, as well as religious and cultural monuments of all faiths.
8. Permit all ethnic and religious communities to retain their cultural and linguistic heritage and to freely allow those communities to provide education that will perpetuate that heritage.
9. Establish a viable system in Kosovo, one that reflects the wishes of those who live there without violating the rights of any minority.
10. We demand that all assistance from international humanitarian organizations to those in need in Kosovo be transmitted without hindrance and delay.

We the undersigned, believe that it is our duty to God and to our faithful to state categorically that all must accept the way of non-violence and cooperation. Only then will there be an end to the killing and to the destruction of our homes and places of worship. We, therefore, demand of those who have resorted to misguided violent means to achieve their goals, to lay aside their arms, to withdraw their engines of terrible destruction, and to seize the initiative we offer from our hearts – cooperation and peace – to bring about a better and more fruitful life for all in Kosovo today, and for all those who will follow. (...).[41]

18 Das Manifest der Konferenz 18.–22. 3. 2012 (Oxford)[42]

Friendship Across Religions – An Interreligious Manifesto

The following recognitions represent a summary of our work and the conclusions and lessons we would like to bring to the attention of religious leaders and communities. They grow out of the various insights and presentations offered from the perspectives of participating religions. They suggest a significant common ground upon which we, as scholars of different religions, can agree, despite our different faiths. We present these recognitions as a conclusion to our collaborative work and as an opening for dialogue and further reflection by leaders and communities, who may wish to articulate their own statements on the theme of interreligious friendship.

1. Background – Our Theological Work

Our project has sought to articulate what might be called 'theologies of interreligious friendship,' that is: justifications for interreligious friendship that grow from the depth of religious thought and practice of our different traditions. Each of us feels his or her tradition provides adequate grounding for the following recognitions, which may be found in our papers. Here we shall only spell out the lessons learned and the recommendations that are to be made.

2. Understanding Friendship

2.1 Friendship is a term that is characterized by great elasticity and flexibility. It addresses various situations and describes different levels of relationship. Collectively, our work covers a broad range of friendships. However, we seek to

---

41 Der Text der Schlusserklärung ist online zugänglich auf der Homepage des Veranstalters unter http://www.appealofconscience.org/d-574/declarations/Kosovo%20Peace%20and%20Tolerance%20Vienna%20Declaration (abgerufen 25.8.2014). Die Erklärung wurde unterzeichnet vom Präsidenten der veranstaltenden Stiftung, Rabbi Arthur Schneier, vom römisch-katholischen Bischof des Kosovo, Marko Sopi, vom serbisch-orthodoxen Bischof von Raz Prizren, Kyr Artemije, und vom Vizedekan der Fakultät für Islamstudien in Pristina, Professor Quemal Morina. Als Zeuge unterzeichnete der Bundeskanzler von Österreich, Viktor Klima.

42 Vgl. Kap. C 1.3.7; vgl. Kap. D 1. (135).

highlight primarily those relationships that place the religious and spiritual dimensions of friendship, practiced across religions, at their forefront.

2.2 For purposes of convenience, we might distinguish between the neighbor and the friend. The neighbor is the person next to us, with whom we share some aspect of common life, and in relation to whom we seek to cultivate some basic aspects of interreligious friendship. The friend is the person with whom we cultivate a deeper, more intentional, more focused, more intimate and ultimately more spiritual relationship.

2.3 Another way of distinguishing between these two types or poles of interreligious friendship is by referring to them as 'general friendship' and as specialized or 'spiritual friendship.' The former is the general friendship and benevolence that, as an ideal, should govern all our relationships, as different expressions of a life of goodness. The latter is a specific form of spiritual practice and sharing that is an intentional part of our spiritual life. Consequently, general friendship, towards the neighbor, is a universal ideal that should be practiced by all. Special spiritual friendship is more appropriate for those with deep religious commitment, and particularly for the specialist, the scholar, the leader, the person with deep roots in her tradition, who can share her knowledge and experience as part of the riches of interreligious friendship.

2.4 While the depth of the relationships differ, and while they bring us different fruits, basic guidelines and concerns that should govern interreligious friendship apply to both the neighbor and the friend. These include the following:

2.5 Interreligious friendship recognizes fundamental similarities that serve as its foundations. These similarities suggest that different religions share common purposes, despite the many differences we observe in the religions. These common purposes include the search for living in goodness and harmony, living an ethical life, and transcending ordinary life through aspiration and orientation of life toward a higher spiritual understanding of reality, or a supreme reality that lies 'beyond,' called by most believers, 'God.'

2.6 Friendship is a means of attaining andpropagating these higher goods, commonly recognized by our different religions.

2.7 While friendship is indeed an instrument – for the good and for spiritual growth, we recognize in interreligious friendship more than the instrumental relationship, by means of which economic, social, political, diplomatic or other ends are achieved. Friendship is recognized as an important goal and value, rather than simply as a means to attaining 'non-spiritual' goals. Friendship thus lies beyond self-interest, and is characterized by a higher common interest.

2.8 Friendship is characterized by reciprocity and engages both sides to a relationship. Friendship is thus based on a mutual give and take.

3. Approaching Difference

3.1 Friendship, in some views, is also founded upon difference and is driven by the creative tension between similarity and difference.

3.2 It is our recognition that difference, and in particular difference in religious belief, is not a reason to avoid friendship. On the contrary, the challenge of constructing friendship across religious difference can lead to deep friendship and is the source of great mutual benefits.

3.3 Interreligious friendship is not friendship that casts aside religious difference, overlooking it in the interest of perceived commonality. Rather, it is friendship that keeps us mindful of religious difference, and approaches this difference as a means of learning, growth and transformation that occur within the friendship. Thus, religious difference can be approached as a source of blessing.

3.4 Recognition of difference is an invitation to learning and understanding. Mutual learning and the quest for mutual understanding are the hall mark of interreligious friendship.

3.5 Learning in the framework of interreligious friendship has the double benefit of better understanding of the other, as well as a much deeper self-understanding. We consider interreligious friendship a primary means for deepening seif understanding of individuals and religious communities, as they seek to articulate their particular identity and vision in today's world.

3.6 One important aspect of such mutual learning is the study of the Scriptures of the other, the friend. We recommend such reading take part in a spirit of friendship, benevolence and generosity, seeking to appreciate the beauty and the riches of the other's Scripture, rather than finding fault in it. Open-minded engagement of the other's Scripture may be as transformative as interreligious friendship itself.

3.7 Each one of us affirms deeply the Truth taught in his or her religion and approaches it as an expression of Truth. This does not, however, prevent us from cultivating friends from other traditions, or engaging in a friendly approach to their Scriptures and wisdom. The spiritual commonality we recognize between our religions is ultimately of greater significance than differences in teaching, that believers affirm as Truth. Ultimately, the Truth that our traditions teaches us concerning the higher reality transcends our understanding. We approach our friends informed by a humility that allows us to be open to their testimony to the spiritual life and to the benefits this may bring us, without compromising or minimizing the Truth we affirm in our own traditions.

3.8 As we approach our friend from another religion, we do so with aheart that is open to what lies beyond our differences.

4. Upholding Identity

4.1 Our religious traditions have long-standing concern with issues of integrity, authenticity and identity. Maintaining the identity of our religious community is a primary concern of the teachings of our religions, as taught today.

4.2 The practice of interreligious friendship should not be a means of weakening or diluting identity. Rather, it should be a means of strengthening and deepening it.

4.3 For this reason the kind of deep interreligious friendship, referred to above (2.3) as the friend, is best practiced by individuals firmly rooted in their traditions. The practice is particularly appropriate for those who have deep religious commitment to their tradition, and in particular for religious leaders, teachers and specialists. For these, the dangers to identity are almost nonexistent, while the benefits of understanding, enrichment and self transformation are enormous.

4.4 Practice of interreligious friendship requires trust. The trust is conditioned upon the degree of security that a particular Community under specific circumstances feels. It is also related to the way in which members of the other religion offer and practice friendship. Trust in friendship must be mutual.

4.5 We consequently condemn unequivocally any attempt to practice interreligious friendship as a means of proselytizing and gaining members to one's religion from among 'friends' falsely acquired.

5. Practicing Speech

5.1 We have come to recognize that in many ways practicing interreligious friendship is closely related to how we speak. Given the centrality of Speech, we wish to offer the following recommendations:

5.2 Communication is central to the practice of interreligious friendship. We recommend open and honest communication. Such communication neither avoids nor covers up topics of potential complexity, while at the same time respecting the Other, and recognizing that not everything can be spoken about at any time.

5.3 Questioning is an important part of interreligious friendship and the processes of learning that are fundamental to it. Friends must be willing to question and to be questioned.

5.4 Given the trust that is the foundation of advanced interreligious friendship, friends must also be open to the possibility of hard questions, regarding their faith or the history associated with their faith tradition. Hard questions are part of honest speech, but must be clearly distinguished from attack or criticism. Based on circumstances and the depth of relationships, such hard questions may be posed privately or in the setting of a public sharing.

5.5 Willingness to ask penetrating questions is tempered by charitable speech, that seeks to find the good and that searches for understanding, with a spirit of benevolence.

5.6 In interreligious friendships, the face of our friend is always before us. We learn to speak the same in the absence as in the presence of the friend, thereby ensuring genuine communication, that has integrated the lessons and the reality of friendship.

6. Friendship in Action

6.1 Action is a primary arena for the manifestation of friendship. We expect from our friends support, collaboration and solidarity when issues pertaining to the well-being of one of the friends arise. This is as true of interreligious friendship as it is of any form of friendship.

6.2 Interreligious friendship can be born from common dedication to ideals and social causes that express those ideals, such as social justice, fighting hatred, poverty and illness. While such collaboration provides an entryway into friendship, it only becomes genuine interreligious friendship when the distinct religious identity of the two friends becomes an operative and defining feature of the relationship.

6.3 Common action for the good is also a means of expressing friendship. The deeper commonality shared by friends finds expression through shared commitment and collaboration for the well-being of society and the world.

7. Friendship as Spiritual Gift

7.1 As we move from ignoring differences to recognizing, understanding and respecting our differences, we are also called to discover a deeper unity that transcends our differences. This unity is discovered where friendship goes beyond a human or even religious relationship, and is recognized as a spiritual event involving the Divine, or the depths of being, that manifest through friendship.

7.2 There is a point where both friends look beyond to a higher reality that unifies them, and that is made manifest through their very friendship.

7.3 The attitude of friendship is here recognized as open receptivity to a gift, to something that is beyond their ability to produce.

7.4 The depth of the heart and the fullness of love are unleashed where friendship is recognized as something more than human. Love is expressed in different degrees through varying levels of friendship. It finds its fullest expression in a friendship that is consciously grounded in God, or in the ultimate reality, deeply grounded in the human heart, the being of the person. The fullness of love is grounded in the depth of the heart, beyond the differences of particular religious identities.

8. A Final Recommendation

As a means of adopting the practice of interreligious friendship, we recommend that every person seek at least one friend from another religion. How that friendship is practiced and the depth of its engagement will vary according to individual circumstances. But it only takes one friend to change our orientation, to broaden our horizons, to open our heart and to make us ready for the transformation that interreligious friendship produces.[43]

19 Die Schlusserklärung des Seminars 7.–9.12.2000 (Syrakus)[44]

CONCLUSIONS

1. As followers of the monotheistic religions, we have examined, at the invitation of the Council of Europe Commissioner for Human Rights, the question of the "role of monotheist religions vis-à-vis armed conflicts". We welcome the central role played by the Council of Europe in ensuring respect for human rights, a role which is being strengthened by the work of its Commissioner for Human Rights.

2. While armed conflicts continue to destroy human beings, we wish to emphasise most strongly that religion must not be hijacked to this end by fanaticism of any kind or origin. Fanaticism is a perversion of religion. Religious beliefs must not be used to justify armed conflicts, just as armed conflicts must not be used to suppress the exercise of religious freedom.

3. We vigorously, publicly, and in any circumstance, condemn the use of religious beliefs to stir up rejection and hatred of other people or to foment armed violence, including – and especially – when this occurs within our own religious communities. We have a duty to respond to the search for spiritual values, the lack or weakness of which provides fertile ground for the propagation of fanaticism.

4. We emphasise most strongly that there can be no real peace without respect for the freedom and dignity of individuals and peoples, especially minorities, without truth and justice, and without action to combat the injustices that give rise to violence.

---

[43] Text der Schlusserklärung auf der Institutshomepage unter http://www.elijah-interfaith.org/fileadmin/pictures/Friendship%20Across%20Religions%20-%20Manifesto.pdf (abgerufen 25.8.2014).
[44] Vgl. Kap. C 1.4.2.; vgl. Kap. D 1. (57).

5. As the suppression of religious beliefs can lead to violence, we call for respect for religious convictions and ideals, for holy places and for the religious lifestyles chosen freely by believers, both at national and at international level.

6. We undertake to continue developing education in mutual respect and human rights, as opposed to the "teaching of contempt", while also fostering understanding of other people and groups. This is essential in all places of learning wherever they are. We urge the authorities to provide teachers with the means needed for this purpose.[45]

20 Schlusserklärung des Seminars 10./11.12.2001 (Straßburg)[46]

CONCLUSIONS OF THE SEMINAR

At the request of the Council of Europe Commissioner for Human Rights, we, representatives of monotheistic religions or members of the administrations of Council of Europe member states, have discussed the effects of the institutional relations between Churches and States on the exercise of the right to freedom of thought, conscience and religion embodied in the European Convention for the Protection of Human Rights and Fundamental Freedoms (ECHR). We welcome the key role played by the Council of Europe in safeguarding human rights, a role which is reinforced by the work done by its Commissioner for Human Rights.

We acknowledge that, for historical reasons, there is a wide variety of laws and regulations in Council of Europe member states governing relations between Churches and religious communities and the State. Nevertheless, we reaffirm the fundamental right to manifest one's religion, either alone or in community with others, and the right of religious associations to organise themselves freely and decide on the content of their spiritual beliefs, in accordance with Article 9 of the ECHR and the principles set out in other international instruments. Nor should there be any discrimination between religions, as stipulated in Article 14 of the ECHR.

We confirm the need to grant religious believers and representatives the right to freedom of association through the establishment of a legal entity to ensure

---

45 Die Schlusserklärung ist dokumentiert in: Office of the Commissioner for Human Rights, Dialogue of the Council of Europe – Commissioner for Human Rights with the Religious Communities, Strasbourg 2004, S. S. 12, online zugänglich unter https://wcd.coe.int/com.instranet.InstraServlet?command=com.instranet.CmdBlobGet&InstranetImage=325078&SecMode=1&DocId=1020052&Usage=2 (abgerufen 26.8.2014).

46 Vgl. Kap. C 1.4.2.; vgl. Kap. D 1. (65).

the free exercise of the right to freedom of religion, provided that such religious communities carry out their activities in accordance with the principles set out in the ECHR, in particular Articles 9 and 11.

We believe that all Council of Europe member states must grant religious communities the necessary rights to enable them to fully enjoy the rights set out in Article 9. Such rights must be granted to ensure equal treatment of the different religions without any distinction based on historical traditions or the number of believers. In this context both official checking prior to registration and substantive control by the state must be carried out solely in accordance with the stipulations of Articles 9, para. 2, and 11 of the ECHR. As part of this minimal level of recognition, religious associations ought to be granted, where appropriate, the same financial benefits as any other non-profit making association.

Religious communities which, in addition to the rights already granted under Articles 9 and 11 of the ECHR, wish to take part in activities that are in the public interest, should be granted the same advantages as given to other legal entities with similar aims.

The participants acknowledge that certain religious communities may be granted a special status. This does not constitute a discrimination provided that co-operation between these communities and the state is based on objective and reasonable criteria such as their historical or cultural relevance, representativeness or usefulness to society as a whole or to a large or specific sector of the population. The state also has a positive obligation to help preserve the religious, cultural or historical heritage that religious communities have contributed to mankind over the centuries.

The participants encourage religious communities to co-operate in a spirit of mutual understanding and respect and, as key partners of the national authorities, to contribute to the study, discussion and resolution of the main problems currently facing society.[47]

---

[47] Die Schlusserklärung ist dokumentiert in: Office of the Commissioner for Human Rights, Dialogue of the Council of Europe – Commissioner for Human Rights with the Religious Communities, Strasbourg 2004, S. S. 26f, online zugänglich unter https://wcd.coe.int/com.instranet.InstraServlet?command=com.instranet.CmdBlobGet&InstranetImage=325078&SecMode=1&DocId=1020052&Usage=2 (abgerufen 19.11.2013).

21 Die Schlusserklärung des Seminars 9./10.12.2002 (Louvain-la-Neuve)[48]

CONCLUSIONS

As part of a project to establish dialogue with representatives of the monotheistic religions, begun in Syracuse in 2000 and pursued in Strasbourg in 2001, the Commissioner for Human Rights wished this year to reconsider an important aspect of this dialogue in some depth, namely the search for common roots between the religious message and defence of fundamental human rights, whatever an individual's religious beliefs or agnosticism. (...).

1. At a time when human rights may seem to be in retreat, the representatives of religious communities reaffirm the urgent need for human rights' existence, and the role that they should play as a factor in inspiring human action, particularly in the public sphere.

With this in mind, it seems that, by conferring rights, the European Convention on Human Rights and the Council of Europe's fundamental texts also constitute an equal number of responsibilities which human beings must assume.

This being so, religious discourse should, even more than other approaches, point out that rights and duties are the two facets of this responsibility.

2. It was confirmed that human rights should not replace religion. On the contrary, these concepts represent two different expressions, even two different forms, of adhesion to the same fundamental principles, based on the inherent dignity of every human being.

Equally, the fields of human rights and religion may overlap, without being completely equivalent, since one does not include the other. However, human rights and religious principles can be applicable simultaneously.

Consequently, the question is one of determining the best form of correlation between them: is there a special or specific relationship between human rights and religion?

On the one hand, it was pointed out that religion is not limited to a particular culture or a form of morality; it is distinguished by adhesion to a divine principle and appeals to the transcendent. Religious discourse on human rights is thus not required to limit itself to an ethical perspective. At the same time, human rights, as the product of reason, are an expression of universal values in human rationality.

---

48 Vgl. Kap. C 1.4.2.; vgl. Kap. D 1. (80).

3. After considering whether it is possible to accept the universal nature of human rights without diminishing affirmation and recognition of others, and whether it was possible to accept universal human rights while simultaneously expressing a specific form of these rights through one's religious commitment, the participants concluded together that human rights constitute a universal expression of principles and belong to the sphere of public life, while religion represents a specific formulation of these principles within each community.

Although it is important that each religious community be able to choose the best method of interpreting human rights, as most appropriate in the light of its texts and tradition, it is also important to preserve the main achievements of human rights which may not be deviated from.

4. The participants consider that, based on the experience of rights within each religious community, there is a need to restore religious discourse to the centre of public life.

All the participants reaffirmed that tolerance, with the respect and love for one's neighbour that it may lead to, is enshrined at the heart of the monotheistic religions, thus opening up an important arena for the implementation of human rights.

However, it was strongly emphasised that the founding texts and standard-setting texts were subject to varied readings and interpretations which allowed varying potential for rights to emerge. In specific social or economic contexts, such readings could lead to different applications, and even in some cases to violence, which was to be ruled out. At the same time, the tendency to amalgamate religion and violence was also to be denounced.

Consequently, the texts and their interpretations require in-depth analysis by specialists.

This work must be carried out within each confession and each religion, and should then lead to comparison and a pooling of positive results.

Various fanaticisms are currently practiced in the name of religious texts. Such practices result from erroneous or out-of-date readings and interpretations of the texts, contrary to the fundamental principles which underlie religion and which are the basis of the Universal Declaration of Human Rights. Accordingly, they should be rejected and condemned.

5. Construction of the Europe of tomorrow and, more generally, of the future, requires the development of a political culture that moves beyond hostility.

Consequently, it is more vital than ever to consider the ethical foundations of the principles that govern the life of our European societies. As common cultural matrices of these foundations and principles, religions have an important role to play in this process.

This is particularly relevant in that democracy and religion have in common the concept of recognition of and respect for others.

6. The participants reaffirmed the essential role of education in developing the consciences of future citizens.

Education in human rights should provide an opportunity for a transversal and multi-disciplinary approach. It should be incorporated in every place of education and in private or state schools, whether these are denominational or non-denominational.

Religions, which play an important role in young people's education, should also transmit human rights values through their teachings, by advocating recognition and respect.

In order to ensure the best possible quality in such a crucial and sensitive subject, the participants consider that the time has come to establish a specific training centre in which a methodology for integrating human rights into religious education, and for integrating the religious dimension into general education, could be developed.

Establishment of an institute of this sort could be entrusted to the Council of Europe and its Commissioner for Human Rights.[49]

22 Die Schlusserklärung der Konferenz 23./24.4.2007 (San Marino)[50]

Final Declaration of the European Conference on "The religious dimension of intercultural dialogue"

San Marino, 23 and 24 April 2007

1. The European Conference on ‚the religious dimension of intercultural dialogue', which took place on 23 and 24 April 2007 under the auspices of the San Marino chairmanship of the Committee of Ministers of the Council of Europe, was a milestone in the efforts made to promote, stimulate and develop intercultural dialogue in Europe, and in particular its religious dimension. Gathered in San Marino, the representatives of the main bodies of the Council of Europe, the governments of Council of Europe member states, religions traditionally present

---

49 Die Schlusserklärung ist dokumentiert in: Office of the Commissioner for Human Rights, Dialogue of the Council of Europe – Commissioner for Human Rights with the Religious Communities, Strasbourg 2004, S. S. 40–42, online zugänglich unter https://wcd.coe.int/com.instranet. InstraServlet?command=com.instranet.CmdBlobGet&InstranetImage=325078&SecMode=1&DocId=1020052&Usage=2 (abgerufen 26.8.2014).

50 Vgl. Kap. C 1.4.2.; vgl. Kap. D 1. (103).

in Europe and civil society, assisted by experts, discussed the implications of cultural and religious diversity in Europe for the strengthening of European co-operation based on shared values.

2. Increasing cultural diversity, induced by both the broader geographical scope of European co-operation and its increased openness, has given rise to challenges and opportunities which have to be taken into account in order to foster a richer dialogue with and between cultures. The Republic of San Marino, currently chairing the Committee of Ministers, has made this subject its main priority. Since the Third Summit of Heads of State and Government (Warsaw, Poland, May 2005) and the Conference of European Ministers responsible for cultural affairs (Faro, Portugal, October 2005), the Council of Europe in its entirety has been actively promoting the democratic management of diversity. In this respect, the conference is a further contribution to the implementation of the Action Plan agreed on at the Summit.

3. The conference followed on from the activities and conclusions of the international conferences on "Dialogue, tolerance and education: the concerted action of the Council of Europe and the religious communities" (Kazan, 22–23 February 2006) and "Dialogue of Cultures and Inter-Faith Cooperation", (Nizhniy Novgorod, 7–8 September 2006). The "Volga Forum Declaration", adopted at the latter conference, has particularly inspired the discussions in San Marino. Numerous references were also made to the conferences organised since 2000 by the Council of Europe Commissioner for Human Rights, to the initiatives taken by the Parliamentary Assembly, the Congress of Local and Regional Authorities and the Conference of INGOs of the Council of Europe over the past few years. Participants welcomed the European Campaign for Diversity, Human Rights and Participation – "All different- All equal".

4. The participants reaffirmed their commitment to the shared values, which constitute the very foundation of the Council of Europe, namely universal, inalienable and indivisible human rights, democracy and the rule of law. Many among them noted that these values were rooted in Europe's cultural, religious and humanist heritage. The participants also wished to underline their attachment to the development of more inclusive and cohesive societies in Europe.

5. The participants expressed their conviction that it was necessary to promote intercultural dialogue and its religious dimension with all interested parties and highlighted the importance of cooperating with religious communities, together with public authorities and other social actors, to create favourable conditions for communities living together in Europe. They nevertheless expressed their concerns over recent acts of violence marked by religious intolerance.

6. Beyond the wide range of national situations, particularly with regard to the social impact of religions or the emergence of new forms of religious belief,

they noted that there was a trend in a number of member states towards more intensive interaction between the public authorities, religious institutions and/or communities and civil society. Although the main aim is to ensure effective safeguards in a democratic society for the right to freedom of religion or a particular worldview, including its dimensions of collective practice, this dialogue often also endeavours to improve the living together. The participants recommended that the examples of good practice presented in this respect during the conference should be widely disseminated, especially at local level.

7. The representatives of religions and civil society welcomed the interest shown by the Committee of Ministers of the Council of Europe with a view to establishing its own open and transparent dialogue with the religious communities and civil society based on the Organisation's values. They expressed their interest in taking part in this exercise and their willingness to contribute through their debates to its success. They also noted that, in so doing, the Council of Europe intended to maintain its neutral attitude towards the various religions and to take full account of the three following principles: (1) the need to respect freedom of thought, conscience and religion as guaranteed under Article 9 of the ECHR, (2) the equality of rights and duties of all citizens irrespective of their religious belonging, (3) the respective autonomy of state and religions. The Council of Europe will further take due account of the role and specific status of religious communities in each European country.

8. The Conference examined the role of the religious dimension of intercultural dialogue. Religions can indeed elevate or enhance the objectives of dialogue and help ensure that it is undertaken whilst respecting certain essential conditions, namely a shared ambition to protecting the dignity of every human being, by promoting human rights, including equality between women and men, strengthening social cohesion and fostering understanding and harmony between the different cultures present on our continent. In this perspective, the religious dimension of our cultures should be reflected in an appropriate manner in education systems and public debates, including in the media, in societies respecting freedom of expression as guaranteed by Article 10 of the European Convention for Human Rights.

9. The discussions also highlighted the role of beliefs and convictions in affirming one's identity, and the place of religions in contemporary culture and the cultural heritage. The participants underlined the importance of promoting democratic citizenship, mutual knowledge of cultures and teaching about religions.

10. The participants noted the fact that the Council of Europe intends to publish a "White Paper on Intercultural Dialogue" by the end of 2007, which would set out the Organisation's main policy orientations in this field and provide policy-makers and practitioners at national, regional and local levels with guide-

lines and analytical and methodological tools for promoting intercultural dialogue. It would be drafted following an open and inclusive consultation of all stakeholders in intercultural dialogue, namely: the governments of Council of Europe member states, members of the Parliamentary Assembly, local and regional authorities, religious communities and civil society. The participants welcomed the opportunity provided by the conference to put forward their points of view on such an exercise and expressed their wish to be associated with the follow up given to the conclusions of this document, in which the religious dimension would be an important element.

11. At the end of their work, the participants agreed that in view of its achievements in standard setting and competence in the field of human rights, democracy and the rule of law, the Council of Europe provided a particularly appropriate framework for promoting intercultural dialogue and enhancing its religious dimension. They noted that the Council of Europe regards the participation of women in that process as very important.

12. The representatives of religions and civil society congratulated the Council of Europe for launching an in-depth discussion on the subject of dialogue with religious communities and civil society and for making a constructive proposal for holding annual exchanges on the religious dimension of intercultural dialogue. They wished that this open and transparent dialogue based on the values of the Council of Europe be set up, in a spirit of consultation, as from 2008. They also suggested that the NGOs active in the human rights and education groupings of the INGO Conference be fully associated to this process. In this regard, they considered that these meetings could in future, following an evaluation of their usefulness, serve as a platform for exchanges on the implementation of the recommendations of the White Paper, in particular those concerning the religious dimension of intercultural dialogue.

13. They warmly welcomed the forthcoming publication of a White Paper on Intercultural Dialogue and the broad consultation process. They saw it as an expression of the Council of Europe's willingness to develop a long-term policy in favour of such a dialogue. The White Paper would help highlight the constructive responses that democratic societies are required to give to the challenges posed by cultural diversity. The Conference allowed to collect a high number of proposals. The proposal was made that the Council of Europe elaborate a normative text on education in human rights and for democratic citizenship

14. The participants expressed their gratitude to the San Marino Chairmanship of the Committee of Ministers of the Council of Europe for the initiative and for organising the conference, which has given a new and important impetus

to the joint efforts to promote intercultural dialogue and its religious dimension on our continent.[51]

23 Die Schlusserklärung der Konferenz 20.–22.10.2009 (Doha/Qatar)[52]

SEVENTH DOHA CONFERENCE ON INTERFAITH DIALOGUE (...) DECLARATION

1. HUMAN SOLIDARITY THROUGH INTERFAITH DIALOGUE

Over 250 participants from 59 countries, Jews, Christians and Muslims met for the Seventh Doha Conference on Interfaith Dialogue. They expressed their deep gratitude to HRH Sheikh Hamad bin Khalifa al-Thani and the people of Qatar for their generous hospitality. In addition, they paid tribute to the Organizers of the Conference, The Doha International Center for Interfaith Dialogue, the Ministry of Foreign Affairs and Qatar University for continuing this series of conferences and thereby helping to build confidence and trust among all the participants.

This made possible serious but serene discussion on a number of difficult and sometimes painful issues ranging front violent conflict to extreme poverty which degrades humanity.

The theme of human solidarity challenged the participants to draw on the best of their spiritual resources while at the same acknowledging that no community can be complacent that they have implemented the high ideals of their respective religions. Only through cooperation, understanding and mutual respect can a truly human solidarity be achieved.

2. HUMAN SOLIDARITY THROUGH COOPERATION IN HUMANITARIAN RESPONSE TO NEED AND SUFFERING

Participants discussed together the continuing existence of wars, violence and injustice. They recognized that it is often the weak and innocent who are the first victims. In the context of the current global financial crisis they deplored the increase in extreme poverty, hunger and disease. Recognizing that religious

---

51 Text der Schlusserklärung auf der Homepage des Europarats unter http://www.coe.int/t/dg4/intercultural/sanmarino_EN.asp (abgerufen 27.8.2014, mit Link zum Text der Schlusserklärung).
52 Vgl. Kap. C 1.4.3.; vgl. Kap. D 1. (124).

communities are deeply involved in humanitarian response to such need and suffering, they urged greater cooperation in tackling these challenges.

Whether disasters are natural or human-made, there remains a major responsibility on humankind to deploy resources with greater equity and more ecological sustainability. Human beings need each other to overcome obstacles to peace and justice, and should draw on the guidance of the common wisdom of their particular but often converging religious traditions.

3. HUMAN SOLIDARITY THROUGH PROTECTION FOR ALL HUMAN RIGHTS

White claiming human rights of all human beings there must be a recognition of the duties to protect such rights and to promote their implementation. It is not only necessary to have protection through constitutions and internationally recognized conventions but there should be a change in mentalities and attitudes whereby one is conscious of one's own rights but also of those of the neighbor and stranger.

There was a specific concern for the need to protect places of worship and holy sites, whether in a place so central to all three religions as is Jerusalem, or whether minorities seek hospitality and facilities such as have been generously offered by the State of Qatar.

A further fundamental right which was emphasized was the right of education and this should include the right for a child to be educated in his or her own religious tradition as well as to learn with truth and sensitivity about other religions and cultures: it could well be a constructive project for DICID to study and develop models for such relevant educational materials.

The participants were convinced that human solidarity in the widest sense can only be built through patient dialogue, common action and well planned programs to help all in need and through scrupulous respect for the rights and duties which our respective religions should inspire us to embrace. The participants committed themselves to seek to overcome the conflicts and injustices which still too often separate us and to work at every level international, regional and local to build human solidarity".[53]

---

[53] Die Schlusserklärung ist online zugänglich auf der Kongresshomepage des Veranstalters unter http://www.qatarconferences.org/dialogue2009/english/declaration_en1.pdf (abgerufen 27.8.2014).

24 Die Schlusserklärungen der Konferenz 11.–13. 9. 2006 (Astana II)[54]

Declaration of the II Congress of Leaders of World and Traditional Religions

We, the leaders of world and traditional religions, gathered at our Second Congress in Astana, the capital of Kazakhstan:
- building on the success of the First Congress, which took place in the city of Astana on 23–24 September 2003 and engaged internationally recognized world religious leaders in an important initiative of inter-religious dialogue;
- wishing to help strengthen mutual understanding between cultures, religions and ethnic groups which form the basic components of world civilizations, and aiming to prevent conflicts based on cultural and religious differences;
- acknowledging that religion, having always been a fundamental element of human life and society has, at the beginning of the new century, assumed a significant new role in establishing and preserving peace;
- recognizing the great responsibility held by religious leaders for spiritual teaching and advocacy on behalf of current and future generations, and their vital role in establishing a spirit of mutual respect, understanding and acceptance in the face of new challenges;
- underlining the unique character of every religion and culture, and considering cultural and religious diversity to be an important feature of human society;
- expressing concern about increasing inter-religious and interethnic tensions in the world deriving from the exploitation of religious and national differences as a justification for violence which causes suffering to innocent victims;
- stressing that extremism and fanaticism find no justification in a genuine understanding of religion and that the vocation of all religions demands the refusal of violence and appeals to respect and peaceful coexistence with peoples and religions;
- believing that the difficulties in inter-religious and intercultural relations are related both to a fundamental imbalance in international politics, economics, social, humanitarian and information resources, and to the manipulation of religion for political ends;

---

54 Vgl. Kap. C 1.1.4.; vgl. Kap. D 1. (101).

- discussing and debating the above-mentioned concerns within the main theme of the Congress – "Religion, society and international security" in the context of two special blocs;
I. "Freedom of religion and recognition of others";
II. "Role of religious leaders in enhancing international security"
appeal to people of all religions and people of good will across the globe, and:
- call upon them to abandon enmity, discord and hatred; and embrace common respect and generosity, recognizing the reality of cultural, religious and civilizational diversity;
- declare our determination together to tackle and ultimately eliminate prejudice, ignorance and misrepresentation of other religions by placing particular focus on what religions hold in common as well as what distinguishes them;
- condemn all forms of terrorism on the basis that justice can never be established through fear and bloodshed and that the use of such means in the name of religion is a violation and betrayal of any religion that appeals to human goodness and dialogue;
- reject all false inventions and wrongly created stereotypes about the violent nature of religions and attempts to attribute terrorism to any particular religion;
- call upon all to work together to address and eliminate all causes of terrorism, thus promoting human flourishing, dignity and unity;
- declare our rejection of any form of pressure or violence to convert followers of one religion to another;
- reaffirm the pivotal role of education, youth policy and cultural activity for understanding, solidarity and social cohesion.
- We also call upon the global community, international and regional organizations, states and governments all over the world to:
- actively support the process of intercivilizational dialogue; exert sustainable efforts towards creating a culture of peace, strengthening its principles as a firm basis of international politics and the life of all people;
- work to establish a more fair world, to consolidate international law and justice, and to implement UN resolutions and signed international agreements, and to find effective means of establishing peace and security all over the world;
- heed the voices of victims of oppression and terrorism and use all means to seek a just settlement of the existing conflicts, thus addressing the grievances that nurture violence;

- reject totally the development, production and possession of weapons of mass destruction and promote the strengthening of non-proliferation regimes;
- respect and protect the sanctity of religious symbols and places and take appropriate measures.

Based upon the abovementioned, we, the leaders of world and traditional religions,
RESOVED (sic!) TO
- take concrete collective measures for encouraging and highlighting positive perceptions of inter-religious relations by organizing joint meetings, seminars and addresses in the mass media, the Internet and other places of influence;
- strongly promote interreligious tolerance among younger generations to make them more devoted to dialogue and encourage them recognize universal values;
- integrate questions of the dialogue between civilizations and religions into curricula at all educational levels with a view to helping young people to respect and understand religious and cultural difference without hostility;
- use our spiritual influence, authority and resources to further establish peace, security, stability and contacts between each other in order to make a combined contribution to the prevention and resolution of disputes among different religious communities;
- offer our experience and best efforts to governments and people or groups and powers involved into conflicts in order to assist them in easing tensions, forming where appropriate joint delegations to conduct negotiations with them;
- commit to make efforts to promote and realise the goals stated in this Declaration, and to assign the Congress Secretariat to propose a plan for the best possible translation of these recommendations into reality;
- conduct the Congress of religions on a permanent basis and hold the third Congress of the leaders of world and traditional religions in 2009. For the Secretariat to present proposals on time and place of the next forum;
- bring to the attention of the General Assembly of the United Nations the conceptual and practical role performed by the Congress in promoting dialogue among civilizations, cultures and religions and its considerable achieve-

ments in interreligious understanding, inviting support for the further activity of the Congress. Astana, 13 September 2006".[55]

"Principles of Inter-Religious Dialogue
1. Dialogue shall be based upon honesty, tolerance, humility and mutual respect. It requires effective perception and learning, resulting in performing good deeds.
2. Dialogue shall assume equality of all partners and create the room for free expression of opinions, perspectives and beliefs, including the integrity of each culture, language and traditions.
3. Dialogue shall not be aimed at the conversion to another faith, as well as to abuse or demonstrate the superiority of one religion over another. It should not be aimed at eliminating differences, but rather at the cognition and res *(das Ende des Satzes fehlt, Anm. des Verf.)*.
4. Dialogue assists in avoiding prejudices and misinterpretation of faiths of other religions, thus encouraging their cognition and understanding of them. It helps to prevent conflicts and the use of violence as a means for reducing of tension and resolving disputes.
5. Dialogue offers a way towards the peaceful coexistence and fruitful cooperation of peoples. It encourages better education, and may also promote to a better understanding of the dialogue, the importance of mass media and lessen the risk of religious extremism.
6. Inter-religious dialogue can serve as an example for other kinds of dialogues, especially social and political ones.
7. Dialogue, conducted in a spirit of tolerance, emphasizes that all people inhabit the same globe. This assumes certain shared values such as sacredness of life, dignity of all human beings and the integrity of creation.
8. Dialogue emphasizes that religion plays a vital and constructive role in the society. It promotes common good, recognizes the important role of good relationships between people and respects the specific role of the state in a society as well.

---

55 Der Text der Schlusserklärung ist auf der Kongresshomepage unter http://www.religions-congress.org/content/view/22/33/lang,english/ wiedergegeben (abgerufen 27.7.2013); der Text ist weiterhin Teil einer kurzen Dokumentation, online zugänglich unter http://www.global dialoguefoundation.org/files/REL.2009-jul.2congress.pdf (abgerufen 28.8.2014).

9. Dialogue is fundamentally important for future generations to benefit from better relations between people of different religions and cultures.[56]

25 Die Schlusserklärung der Konferenz 10./11.10.2002 (Baku)[57]

Conclusions and Recommendations

During a day and a half of Plenary Meetings and Working Sessions, representatives of OSCE participating States, OSCE Mediterranean Partners for Co-operation, non-governmental organizations and religious and spiritual leaders from the OSCE region and other states of the Great Silk Route met in Baku, Azerbaijan, on 10–11 October 2002 to discuss the role of religion and belief in a democratic society and the search for ways to combat terrorism and extremism.

Participants began their discussions with a common basis of several agreed documents, including the Charter of the United Nations, the Universal Declaration of Human Rights, and other relevant United Nations documents on tolerance, freedom of religion or belief, including the Vienna Declaration and Program of Action of 1983 and the Durban Declaration and Program of Action of 2001, as well as OSCE commitments on freedom of thought, conscience, religion or belief as contained in the Helsinki Final Act of 1975 and numerous subsequent documents.

They also shared common support for United Nations Security Council Resolutions 1373 (2001) of 28 September 2001 and 1377 (2001) of 12 November 2001, as well as General Assembly Resolution 56/1 and the decisions and programme of action decided at the Bucharest Meeting of the OSCE Ministerial Council and the Bishkek Conference on Terrorism of 2001 as a basis and framework for international co-operation to prevent and combat terrorism.

Participants at the Baku Conference agreed that:
- Religion and belief have an important role to play in modern and democratic societies for the individual and for society as a whole;
- The recourse to terrorism under the name of religion does not demonstrate a clash of cultures but a clash based on ignorance;

---

56 Der Text der "Prinzipien für den interreligiösen Dialog" ist – als Anhang zur Schlusserklärung – online zugänglich unter http://www.globaldialoguefoundation.org/files/REL.2009-jul.2congress.pdf (abgerufen 28.8.2014).
57 Vgl. Kap. C 1.5.2.; vgl. Kap. D 1. (76).

- All religions and similar beliefs preach tolerance and respect for the inherent humanity of all persons, and violence and terrorism are incompatible with the authentic spirit of religion;
- It is essential, in the fight against terrorism, for states and individuals to respect fully all human rights and the freedom of religion and belief in particular;
- They resolutely reject any attempt to justify terrorism and extremism on any political, religious, economic or social grounds;
- Just as religion may wrongly be used to justify terrorism, so can "anti-terrorism" actions of governments wrongly be used to justify actions that undermine human rights and freedom of religion or belief;
- They reject firmly the identification of terrorism with any particular religion or culture and stress that neither terrorist activities nor the anti-terrorist fight may be presented as a struggle for or against any religion or culture;
- Terrorism and extremism destroy the rule of law, human rights, fundamental freedoms and democracy and threaten peace and security;
- Armed conflict undermines the security and stability of the OSCE region and can create obstacles to the promotion and development of interreligious and intercultural dialogue;
- Persistent armed conflicts have been interlinked with terrorism in various regions of the OSCE area, and conflict zones can serve as safe havens for terrorists;
- Diverse, multiethnic, and multicultural societies are an essential and invaluable achievement of civilization and contribute to peace and strengthen relations between nations;
- Respect for sovereignty, territorial integrity and political independence of states; for the rule of law; and for human rights will contribute to the global fight against terrorism and the maintenance of international peace and security.

Further, the participants discussed the following recommended actions:
- Measures by states to combat terrorism must be consistent with the requirements of democracy, the rule of law and the respect for human rights and fundamental freedoms. They must be directed exclusively at the perpetrators of terrorist acts and their accomplices and not against any national, ethnic or religious community as such;
- There must not be any double standards or selectivity on political, ethnic and religious grounds in interpreting acts and manifestations of terrorism in various regions of the world;

- The incitement to interreligious discord and hatred, and the practice by some of providing ideological and spiritual motivation to a dispute, are extremely dangerous and inadmissible, and religious institutions and organizations should contribute actively to peaceful settlement of conflicts;
- The dignity and values of all religions or beliefs belonging to the human heritage should be respected, and all states should prevent the propagation in educational programmes of ideas based on religious hatred and discrimination;
- It is important for states to create favourable conditions in educational policies to promote the principles of mutual respect, and the protection and preservation of these values, and to ensure they pass from generation to generation;
- All states should establish and apply educational policies to strengthen the eradication of prejudices and misconceptions in the field of freedom of religion or belief, with a view to ensuring respect for pluralism and the acceptance of diversity in the field of religion or belief;
- Education in the field of freedom of religion or belief should also contribute to the goals of peace, social justice, mutual respect and friendship among peoples; to the elimination of ideologies or practices of intolerance and discrimination based on religion and belief; and to promotion of the freedoms of opinion, expression and research; as well as to the respect of pluralism and a greater acceptance of diversity;
- Violent or any other forced religious and cultural assimilation is inadmissible, and all states should promote conditions in which all members of diverse, multiethnic, and multicultural societies can express their cultural identity and manifest their religious beliefs, subject only to such strict limitations as are provided for in international law;
- All states should take measures to eliminate the possibility for any organization, group or individual to incite religious hatred and violence;
- All states should promote careful preservation of cultural and religious monuments and punish those responsible for acts aimed at the destruction of properties of cultural and religious heritage;
- States and individuals should address, at the earliest possible moment, the social, economic, and political factors that engender conditions in which terrorist organizations are able to recruit and win support;
- It is important, for the promotion of common universal values such as those enshrined in the Universal Declaration of Human Rights, the Helsinki Final Act and other relevant international human rights instruments, for states to foster dialogue among, and peaceful relations between, religions and cultures and to facilitate dialogue with religious organizations;

- The OSCE participating States should make more use of the ODIHR Advisory Panel on Freedom of Religion or Belief and should consider establishment of a Special Representative on Freedom of Religion and Belief;
- Interreligious and intercultural dialogue remain essential within the OSCE region and the area of the Great Silk Route and elsewhere and should be developed to establish trust and consolidate the fight against terrorism.

Finally, the participants agreed that:
- The Baku Conference provided an important opportunity for governments, spiritual leaders and civil society representatives to meet and to discuss ways in which they should co-operate to ensure religion and belief play their proper, positive role in the fight against terrorism, and they expressed the wish that similar meetings be organized again in the future, preferably under OSCE auspices; and that
- These common positions should be brought to the attention of the OSCE Permanent Council as the Baku Conference's contribution to preparations for the discussion of the fight against terrorism at the Ministerial Council in Porto this coming December.[58]

26 Die Schlusserklärung der Konferenz 9.–12.7.1998 (Beirut)[59]

'Abrahamic Heritage'
Eight Points of Consensus
1. Abrahamic faith is pure monotheistic faith, the inheritance of all monotheists, forging between them and Abraham (upon him peace) a spiritual link stronger than the blood-line link to which international Zionism clings and of which it claims unique possession.
2. The faith-bond of the physical and spiritual descendants of Abraham does not imply a preference of one group over the other. It does not give one people or religious group the right to discriminate against any others nor to exclusively possess that over which they have no legal claim on the basis of international law or the documents which are recognized on the level of international jurisprudence.

---

58 Das Schlussdokument ist auf der Homepage der OSZE unter www.osce.org/odihr/42582 online zugänglich (pdf-Dokument; abgerufen 28.8.2014).
59 Vgl. Kap. C 2.3.2.2.; vgl. Kap. D 1. (43).

3. An integrative reading of Jewish and Christian traditions represented in the texts of both the Old and the New Testaments of the Bible cannot be used to justify Abrahamic exclusivity nor Zionist propaganda claiming monopoly and proprietary rights.
4. The status of Abraham (upon him peace) in Muslim tradition is as a model and example of complete faith and absolute sincerity in the worship of and obedience to God Most High. It is a status which founds the Islamic sense of belonging to Abraham (upon him peace) upon following his true religious community in submission to God (praise be to him). This sense of belonging cannot be an excuse for political or religious rivalry with other religions.
5. The participants in this conference pay special heed and regard with circumspect caution tripartite discussions between Muslims, Christians and Jews, especially those which western bodies essay to initiate in cooperation with Zionist and Zionist-leaning organizations. These have a clear political agenda aimed consistently at solidifying gains and serve the Zionist enemy at the expense of Muslims and Christians.
6. Furthermore, the participants call Arab intellectual and political circles to keep an eye on developments especially in Zionist/Israeli and American relations, but also in Zionist relations with the West in general. They are particularly sensitive to the penchant of western politicians to escalate that which will serve to revive a sense of enmity between the West and the Arab East (both Christian and Muslim). This circumstance engenders ethical and social changes which threaten the basic values of western Christian society, which, in the natural course of things, will have an impact upon our Arab societies through conscious or sub-conscious efforts to imitate a western lifestyle.
7. No matter what the official Arab political position on these issues might be, the participants in the conference concur that world Zionism has no right to seize the land of Palestine, establish a Hebrew state on it, expel its people, or judaize Jerusalem. The intellectual, grass roots and religious position is called to remain committed to the Arab Palestinian right in Palestine and most especially in Jerusalem, a city holy to the faithful of all religions and the capital of the state of Palestine.
8. The Christian and Muslim position accepts no form of discrimination between people based upon blood lines. Moreover, it cannot countenance some people exercising an oppressive sovereignty which usurps the lands, freedoms and possessions of others on the basis of a claim to racial exclusivity (no matter what might have precipitated that claim).

These eight points are the kernel of the statement released to the press following the conference on 'The Abrahamic Heritage' held in Beirut from July 9 to 12, 1998.[60]

27 Die Schlusserklärung des Gipfeltreffens 12.5.2011 (Bkerke/Libanon)[61]

Communiqué final du sommet

« Au moment où de nombreux États arabes sont le théâtre d'événements de portée historique, apparaît plus que jamais l'importance de la formule libanaise qui prévoit le respect des libertés individuelles et publiques, religieuses et politiques, et celle de notre engagement, nous Libanais, à l'égard des fondements du système démocratique parlementaire ». En tenant ce sommet, les chefs spirituels ont voulu « réaffirmer les principes essentiels qui habilitent le Liban à porter le message du respect de la pluralité religieuse et communautaire dans le cadre de l'engagement national ».

Ils ont exhorté les responsables politiques concernés à former le plus tôt possible le gouvernement. Ce dernier devrait être fondé sur des bases conformes au pacte et à la Constitution pour être en mesure de remplir son rôle en cette phase difficile que traversent le Liban et la région arabe.

Après avoir examiné la situation, ils ont réaffirmé les constantes nationales suivantes :

1 – Unité nationale entre tous les Libanais, car la persistance des divisions intérieures affaiblit l'immunité du Liban et nuit à la crédibilité de son message et à sa capacité de faire face aux défis posés par les développements dans la région arabe. Cela pourrait, à Dieu ne plaise, mener le pays à payer une nouvelle fois de sa sécurité, de sa tranquillité et de sa stabilité.

2 – Considérer l'État libanais comme une source de force et de protection pour l'ensemble des Libanais. Cela suppose de la part des citoyens qu'ils consolident leur confiance dans l'État et soutiennent ses institutions ; et, de la part des leaderships politiques, qu'ils s'élèvent dans la gestion de leurs désaccords, que ce soit sur le plan formel ou sur celui du fond, à un niveau permettant au Liban d'affronter les difficultés politiques et économiques et de pouvoir satisfaire

---

60 Die Schlusserklärung "Eight Points of Consensus" ist online zugänglich auf der Homepage der "Arab Working Group" unter http://agmcd.org/files/docs/1998abrahamic.htm (abgerufen 4.9.2014).
61 Vgl. Kap. C 2.3.3.1.; vgl. Kap. D 1. (130).

les impératifs de la vie nationale sans laquelle le Liban perdrait son essence même.

3 – Engagement à l'égard de la culture du dialogue qui respecte les divergences de points de vue, aussi radicales qu'elles soient, et vise à réaliser l'entente et le bien général. Le recours au dialogue doit être adopté comme base du règlement des grandes questions libanaises, à savoir notamment :
- L'adhésion du Liban à son pacte national, au document d'entente de Taëf et aux chartes arabes et internationales dans le cadre de la Ligue arabe et de l'ONU, de manière à lui éviter d'entrer directement ou indirectement dans les désaccords, les conflits et les axes régionaux et extérieurs.
- L'examen d'une stratégie nationale permettant à l'État libanais de défendre sa souveraineté, ses droits absolus et ses ressources naturelles sur terre et dans ses eaux territoriales.

4 – Renforcement de l'identité nationale sur les plans culturel, pédagogique, social et politique, consolidation des piliers de l'État et respect de sa Constitution et de ses lois. Cela doit permettre à l'État de remplir son rôle dans le traitement des problèmes sociaux qui poussent à l'émigration et à l'hémorragie des forces vives du pays et de réaliser l'égalité et la justice pour tous les Libanais. La justice est une valeur absolue et l'une des qualités de Dieu sans laquelle nulle société ne peut survivre et prospérer.

5 – Adopter le recours aux seules institutions constitutionnelles pour régler tout différend et compter uniquement sur l'armée libanaise et les forces de l'ordre légales pour veiller au maintien de la sécurité et de la stabilité et combattre le terrorisme et le crime organisé, en leur assurant les moyens de s'acquitter de ces tâches.

6 – Confirmer la souveraineté, la liberté et l'indépendance du Liban ainsi que le droit de l'État de libérer son territoire occupé par Israël. Tout en appréciant le rôle de la Finul qui œuvre au Liban-Sud en vertu de la résolution 1701 du Conseil de sécurité (les chefs spirituels) exhortent les Nations unies et la communauté internationale à faire pression sur Israël pour l'amener à mettre en œuvre les résolutions qui le somment de se retirer immédiatement et sans conditions de tout le territoire libanais et à respecter la souveraineté du Liban sur terre, en mer et dans les airs.

7 – Insister sur l'importance du règlement du conflit israélo-palestinien, clé de la paix, de la sécurité et de la stabilité, sur la base de la libération de tous les territoires arabes occupés. (Les chefs spirituels) exhortent l'ONU à satisfaire les droits du peuple palestinien, en particulier le droit au retour et celui d'édifier un État palestinien indépendant et reconnu comme patrie définitive de tous les Palestiniens, à l'intérieur comme à l'extérieur des territoires occupés. Cela est en

conformité avec la volonté de l'ensemble des Libanais de rejeter l'implantation des Palestiniens sous toutes ses formes.

8 – Exhorter tous les Libanais, en particulier les jeunes, à rester attachés à leur terre et à leur patrie, les préservant de génération en génération, et à s'accrocher à leurs valeurs de foi et à celles de leur patrie et sa culture ouverte à la pluralité. Ils doivent s'éloigner des périls du formalisme et de l'extrémisme religieux qui fausse l'image de l'autre, favorise le repli sur soi et ébranle la culture nationale partagée, fondée sur l'idée que la vie ensemble est une valeur humaine élevée. (Les chefs spirituels) les appellent aussi à ne pas céder à la tentation de se renfermer à l'intérieur de groupes communautaires homogènes coupés les uns des autres car cela est de nature à briser les liens sociaux et arracher les racines de l'unité nationale. (Ils) invitent l'État libanais à encourager la croissance économique, assurer des opportunités d'emploi aux jeunes et désamorcer chez eux la peur de l'avenir.

D'autre part, les chefs spirituels ont exprimé leur très forte inquiétude et leur condamnation la plus sévère à l'égard des incidents confessionnels en Égypte et auparavant en Irak. Ces incidents ont touché de nombreux chrétiens et se sont traduits par d'odieuses agressions contre les églises. Leur position constante est que toute agression contre un lieu de culte ou contre n'importe lequel de nos symboles sacrés est une agression contre tous les lieux de culte et tous les symboles sacrés.

Enfin, le communiqué note que les chefs spirituels ont décidé de tenir des sommets cycliques et de lancer une initiative spirituelle et nationale pour régler les désaccords politiques intérieurs.[62]

28 Die Schlusserklärung des „runden Tischs" 21.–24. 2. 2002 (Wien)[63]

Communiqué

The main objective of the founding of the Vienna International Christian-Islamic Round Table (VICIRoTa) in 2000 was to bring together concerned individuals from the Christian and Islamic faith traditions, to address issues that confront

---

[62] Der Text der Schlusserklärung ist – im Rahmen eines Berichts über die Konferenz – online zugänglich auf der Homepage der Organisation «Chrétiens de la Méditerranée» unter http://www.chretiensdelamediterranee.com/liban-le-sommet-de-bkerke-consacre-lexception-chiite/ (abgerufen 4.9.2014).

[63] Vgl. Kap. C 2.3.3.2.; vgl. Kap. D 1. (72).

humanity as major challenges on the way to its future. In pursuit of this objective, the Second Plenary Meeting of the Round Table was held in Vienna, from 21 to 24 February 2002, on "Intolerance and Violence. Manifestations – Reasons – Approaches" – a theme which was selected out of various other topics as identified in June 2001 by the VICIRoTa Steering Committee. After three days of deliberations on the subject of intolerance and violence, the Round Table agreed on the following:

1. Manifestations
We are deeply concerned about increasing intolerance and use of mental, verbal, and physical violence world-wide to serve religious causes, political agenda, and economic objectives.

2. Reasons
We have identified, inter alia, the following as the main reasons behind the phenomena of intolerance and violence:
- abuse of historical factors and collective memories of religion-based conflicts;
- selective and manipulative interpretation of religious texts and tenets to serve particular interests;
- the breakdown of social structures and cultural patterns threatening identity;
- inequity and disparity in the distribution of resources leading to hunger and poverty;
- application of double standards in the assessment of situations of violence, creating anger and frustration;
- the feeling of despair and hopelessness, resulting from oppression and other causes, that afflicts a vast portion of humanity.

3. Approaches and measures
- We appeal to all governments to implement principles of equality and equal protection of laws, to combat inequalities and injustice at national and international levels, to do everything in their power in order to achieve peaceful resolutions of conflicts, and to actively promote a culture of conflict prevention;
- we urge all those concerned with education, especially in religious learning, to enhance understanding and inculcate norms and values of mutual respect and religious tolerance;
- we appeal to all those who work in the field of history to present a balanced and peace-furthering view of our histories, free of lopsided guilt attributions;

- we call upon the scholars and followers of all religions to share and disseminate the texts and teachings containing messages of peace, tolerance, and mutual respect;
- we call upon the media to realise and fulfil their increased responsibility in the present global context and promote understanding and mutual respect through effective means.[64]

29 Die Schlusserklärung der Konferenz 2.–4.3.2004 (Moskau)[65]

Final document of the 2nd Interreligious Peace Forum *Moscow, March 23, 2004*

It is for the second time that senior religious leaders from the countries of the Commonwealth of Independent States hold their summit. Many dramatic events took place for four years, which have passed since the 1st Interreligious Peace Forum. They put coexistence of the followers of traditional religions at serious trial. The world is facing a real danger of global confrontation provoked by economic, political and social motives, which exacerbate religious and cultural differences. In this situation a common peace position of the leaders of major religious traditions elaborated through the dialogue among religions is becoming an important factor, which deters the clash of civilizations.

There were no religious wars in our region of the world, but a unique experience of harmonious coexistence of religions and cultures has been accumulated. Interreligious relations in the most Commonwealth countries are close to optimum. This is confirmed by the agreed response of the senior religious leaders to topical events, by many regular common undertakings and by the establishment of permanent interreligious structures.

It is gratifying to see that many positive changes have occurred in the relations between the State and religions during recent years, and our religious communities no longer confront the problem of elementary survival. However, new challenges replaced militant atheism, such as radical secularism, aggressive proselytism, interethnic enmity, and terrorism.

The participants of the Forum are concerned about enmity towards traditional religions and their followers instigated by certain mass media.

---

64 Der Text der Schlusserklärung ist auf der Homepage des Veranstalters zugänglich unter http://www.rti-stgabriel.at/conf-listings/conf-PDFs/VIC2Comm.pdf (abgerufen 4.9.2014).
65 Vgl. Kap. C 2.5.2.3.; vgl. Kap. D 1. (87).

We testify that genuine believers would never embark on the path of terror. We are convinced that those, who deliberately became terrorists, have renounced their faith. We state with grief that their consciousness, clouded by mad ideas, is closed to the arguments of reason, and the only language they understand is the language of force. Traditional religious organizations exert all possible efforts for holding the spreading of terror and blasphemous use of religious symbols by terrorists. Also, we offer our assistance and support to the governments of our countries in the struggle against this evil.

Religions have a considerable peace potential, particularly in the sphere of interethnic relations. Where tension remains or open conflict is going on, representatives of religions traditional for the majority of people involved in these conflicts, must undertake decisive and urgent common peace actions. Where blood is shed or a direct threat of using force exists, our cooperation should be particularly effective, being aimed at the soonest peaceful and just solution of the problems.

Human hearts become hardened from year to year as a consequence of moral crisis and oblivion of moral standards commanded by God. Temptations and vices of the new century vigorously propagated as a certain standard of human life exert destructive influence on human souls and turn people into consumers of goods and services.

The relations among major cultural and religious traditions are complicated by the attempts to standardize them and to impose on people a similar way of life, one type of social structure and one civilizational model. All this provokes conflicts and gives breeding ground to extremist mood. We are convinced that it will be possible to avoid fatal contradictions only when the right of modern civilization to be multistructured is recognized.

All Commonwealth countries are in the process of religious revival at present. The most part of their citizens consider themselves believers. Religion is regaining its proper place in the life of society and is actively involved in different spheres of its activity. Partnership of religious communities with the State and society is being built up in social work, education of young people, preservation and development of traditional culture and care for public morality.

The participants in the Forum are convinced that religion can and will play a uniting and conciliatory role in the Commonwealth space and promote cooperation and contacts among our countries and people. We believe that our common work will help overcome interethnic enmity and to avert the danger of terrorism, extremism, loss of freedom and independence from our fellow citizens.

We call upon Christians, Moslems, Jews, Buddhists and all people to keep peace and accord among them and to work together for the good of our countries.[66]

30 Die Schlusserklärung der russisch-iranischen Dialogkommission 16./17.7.2008 (Moskau)[67]

Communiqué publié à l'issue de la VIe assemblée de la Commission russo-iranienne pour le dialogue entre l'orthodoxie et l'islam

La sixième assemblée de la Commission mixte russo-iranienne pour le dialogue entre l'orthodoxie et l'islam s'est tenue à Moscou les 16 et 17 juillet 2008. L'assemblée a réuni une délégation de scientifiques de la République d'Iran, présidée par l'ayatollah Ali Akhbar Rashshad, directeur de l'Institut d'études islamiques, et une délégation de théologiens de l'Église orthodoxe russe sous la direction de l'évêque Alexandre de Bakou. Les discussions portaient sur la vision de Dieu et de l'homme dans l'orthodoxie et l'islam. Après les échanges et les exposés, les participants sont parvenus aux conclusions suivantes :

Le dialogue entre l'Église orthodoxe russe et la communauté musulmane de la République d'Iran, commencé il y a dix ans, évolue très positivement. Les participants de la rencontre ont exprimé leur satisfaction de voir que l'étude commune des sujets doctrinaux, qui avait débuté à l'assemblée précédente, se poursuit de façon fructueuse.

Les fondements de l'enseignement des deux religions professent que la dignité de l'homme réside dans le fait qu'il est façonné à l'image de Dieu pour couronner toute la création. L'homme qui tient son existence de Dieu a pour principal devoir de servir son Créateur et les hommes qui l'entourent, et de vivre en accord avec les principes de sa foi. L'accomplissement de cette vocation ne doit être entravé par aucune influence humaine, par aucune loi ou disposition de ce monde. Les participants de la rencontre reconnaissent que le libre arbitre dont le Créateur a doté l'homme ne justifie pas le péché, engendré par l'éloignement de Dieu. Les vices détruisent non seulement l'éthique sociale, mais portent aussi atteinte à la santé spirituelle et physique de l'homme et finissent par anéantir sa vie.

---

66 Text der Schlusserklärung unter http://orthodoxeurope.org/page/14/40.aspx#5 (abgerufen 6.9.2014). Vgl. Nachrichtendienst Östliche Kirchen (NÖK), Ausgabe 12/04 (25.3.04), Teil A, Nr. 16.
67 Vgl. Kap. C 2.5.3.; vgl. Kap. D 1. (114).

L'histoire de l'humanité montre que la destruction des principes éthiques engendre la crise de la personne et de la société, l'animosité et le vide intérieur. Les croyants se sentent donc appelés à affirmer les valeurs morales dont les fondements remontent au Créateur. Ils le font par l'éducation, à travers les médias et par des prises de positions sur les questions de société. Les participants de la rencontre partagent la conviction que la réalisation des droits et de la liberté de l'homme doit se faire en harmonie avec la fidélité aux normes éthiques et l'éducation morale. Condamnant la dérision des valeurs religieuses qui sont importantes dans la vie de beaucoup de personnes, nous appelons les pays et la communauté internationale à empêcher toute violation des lieux sacrés pour les croyants et à garantir leurs droits religieux.

Chaque peuple a droit à poursuivre sa mission historique propre, à posséder et à défendre ses intérêts particuliers au sein de la communauté humaine. Il nous paraît important, en même temps, de créer, dans le cadre des organisations internationales, des mécanismes permettant de sensibiliser nos contemporains à l'existence de différentes traditions spirituelles et culturelles qui ont un ascendant réel sur la vie politique des peuples et sur leur vision des droits de l'homme.

Les représentants de la communauté musulmane de l'Iran et les délégués de l'Église orthodoxe russe ont noté que leur dialogue contribue à la mise en place d'échanges dans l'égalité et le respect entre les différentes religions, cultures et civilisations. Une telle approche respecte et accentue l'originalité de chaque religion, évitant tout syncrétisme, toute révision doctrinale et l'effacement des frontières entre les traditions spirituelles. Au contraire, la poursuite d'un juste dialogue interreligieux prévient l'apparition de fausses craintes sur les prétendues tentatives de création d'une unique religion mondiale.

Notre expérience montre que de telles rencontres peuvent apporter une réelle contribution à la coexistence pacifique entre les communautés chrétienne et musulmane dans le monde actuel. Elles peuvent donner un exemple de collaboration fraternelle aux autres religions et à la société tout entière. Nos rencontres accélèrent le développement du dialogue interreligieux au niveau international, y compris au sein de diverses organisations internationales. Les participants de l'assemblée reconnaissent qu'il est utile de poursuivre le dialogue bilatéral qui permet l'élargissement de la coopération entre nos communautés et une meilleure connaissance mutuelle. Il créé également les conditions pour la mise en place d'une collaboration diversifiée entre les peuples de Russie et d'Iran, de même qu'entre les orthodoxes et les musulmans en général. La prochaine assemblée de la commission mixte pour le dialogue entre l'orthodoxie et l'islam aura lieu à Téhéran en 2010. Le sujet de cette rencontre sera défini ultérieurement par les deux côtés.[68]

31 Die Schlusserklärung der russisch-iranischen Dialogkommission 5.–7.10.2010 (Teheran)[69]

Communiqué commun suite à la 6e réunion[70] de la commission mixte russo-iranienne pour le dialogue orthodoxie-islam octobre 21, 2010 (...).

La Commission mixte pour le dialogue orthodoxie-islam a tenu sa 6ème réunion les 6 et 7 octobre 2010, à Téhéran, dans la République islamique d'Iran. Il a discuté du « rôle de la religion dans la vie de l'individu et la société ». La réunion était présidée par l'évêque Théophylacte de Smolensk et de Viazma et le Dr Mahdi Mostafi, président de la culture islamique et de l'organisation des relations, d'Iran. Le Dr Mostafi a ouvert la réunion avec les mots de bienvenue. Mgr Théophylacte a apporté un message de salutations de Sa Sainteté le patriarche Cyrille de Moscou et de toutes les Russies.

Des exposés ont été présentés sur l'influence de la religion sur la santé spirituelle de la société, le rôle de la religion dans la consolidation de l'institution des valeurs familiales et de la famille, les relations de la tradition religieuse et la doctrine des droits de l'homme et de la liberté et l'influence de la tradition religieuse sur le la morale de l'individu. La réunion a également discuté d'une similitude historique dans le développement des civilisations russe et iranienne.

Dans leur discussion, les participants ont exprimé la conviction que la tradition religieuse est d'une importance essentielle pour la vie de la société moderne. La crise de la société moderne est liée dans une large mesure à la négation de la tradition religieuse. Au cours du dialogue, les participants ont souligné à plusieurs reprises le danger de la laïcité agressive qui considère la religion comme une source de violence et les conflits, et insiste sur son exclusion de la vie publique.

---

[68] Der Text dieser Schlusserklärung ist dokumentiert in: Messager de l'Eglise orthodoxe russe N° 10 (Juli/August) 2008, S. 27 f (version électronique), online zugänglich auf der Homepage der russisch-orthodoxen Kirche in Frankreich unter http://www.egliserusse.eu/Version-electronique-du-numero-10-du-Messager-de-l-Eglise-orthodoxe-russe_a675.html (abgerufen 7.9.2014).
[69] Vgl. Kap. C 2.5.3.; vgl. Kap. D 1. (127).
[70] Bei der Zählung als VI. Konferenz handelt es sich um ein Redaktionsversehen; tatsächlich handelt es sich um die VII. Tagung der Konferenzfolge.

La laïcité utilise souvent l'institution des droits de l'homme et des libertés pour la lutte contre la religion. Les participants ont parlé à l'unanimité contre la sécularisation agressive et son imposition sur le monde.
Les droits de l'homme et la liberté ne peuvent pas être mis en opposition à la tradition religieuse.

La réunion a souligné le danger de soumettre les vues religieuses à des normes légales qui ont été développés exclusivement sur la base des idées non-religieuses. Au contraire, la vision religieuse du monde doit apporter sa propre contribution à l'élaboration des normes du droit national et international afin qu'elles puissent acquérir un caractère vraiment universel. Il a été jugé nécessaire d'unir les efforts de l'Eglise orthodoxe russe et de la communauté musulmane en Iran dans le développement de la notion de «valeurs traditionnelles» et de demander sa reconnaissance dans le droit international et le respect dans le travail des organisations internationales. Les valeurs traditionnelles comprennent le rôle important de la religion dans la vie privée et publique, le désir de la perfection morale de l'homme, la préservation de la vie de famille comme l'union de l'homme et la femme, le respect pour les personnes âgées, la diligence, l'aide aux pauvres et la protection des faibles.

Les participants ont souligné le rôle particulier que joue la religion dans la formation et le développement de l'institution des valeurs familiales et de la famille. Ils ont également exprimé le souci de la tendance actuelle à brouiller les fondements moraux de la vie familiale et à diffuser ainsi qu'à propager l'immoralité et se sont déclarés prêts à organiser d'autres conférences communes visant à consolider les valeurs morales traditionnelles dans la famille et la société.

Les parties se sont inquiétées du fait que les principaux médias sont soumis aujourd'hui à l'influence des porteurs de la vision du monde séculière qui prévaut dans les établissements d'enseignement et les normes pédagogiques. Les parties ont condamné les cas d'outrage contre les symboles religieux et les sanctuaires.

Les participants ont également noté l'atmosphère de d'hospitalité et d'ouverture dans laquelle la discussion a eu lieu. Ils ont également exprimé leur satisfaction avec le développement du dialogue entre l'Eglise orthodoxe russe et la communauté musulmane de la République islamique d'Iran, lequel a commencé il y a quinze ans.

Il a été jugé utile de poursuivre le dialogue bilatéral en contribuant à l'élargissement des relations culturelles et interreligieuses et la création des fondements d'une atmosphère de coopération fructueuse.

Il est prévu d'organiser la 7e réunion du dialogue islam-orthodoxie en 2012 à Moscou.[71]

32 Die Schlusserklärung des Friedensforums 13./14. 11. 2000 (Moskau/Danilovkloster)[72]

Final Document and Participants' Statement Interreligious Peace Forum Moscow, November 13–14, 2000

Religious leaders, public figures and scholars from Russia and other countries in the Commonwealth of Independent States make an appeal to all people and nations to take the paths of peace.

Social reality has become ever more complex today. The moral crisis and the growth of crime, hostility, violence, and vice pose challenges to the traditional spiritual and moral values. The rapid secularization that compels people to exclude religious motivation from socially significant relations and actions stands in clear contradiction to the aspiration of believers to build an earthly existence in accordance with the higher truth. Economic and political processes are characterized by a trend toward internationalization and globalization which requires a new reflection on the role of ethnic identity and religion in the life of the global human family.

Overcoming enmity in the world and rejecting interreligious conflicts can be achieved primarily through dialogue, mutual understanding and cooperation in actions that are beneficial to the individual, society and state. We testify that followers of the traditional religions in our country are fully determined to support fellowship and cooperation. We are moved to this by the tradition of a centuries-long peaceful coexistence among the adherents of Orthodoxy, Islam, Judaism and Buddhism in the space where we live today. We also have had a good experience of cooperation in the 20 century, which includes relations with other Christian confessions.

We are convinced that peace cannot be achieved without genuine moral transformation and renewal of society. Harmony among people of various nations and faiths will become lasting only if faithfulness to the time-honored

---

71 Der Text der hier zitierten Schlusserklärung ist auf der Homepage der Nachrichtenagentur «Orthodoxie» online publiziert unter http://www.orthodoxie.com/actualites/monde/communique-commun-suite-a-la-6e-reunion-de-la-commission-mixte-russo-iranienne-pour-la-dialogue-orth/ (abgerufen 7.9.2014).
72 Vgl. C 2.5.4.1.; vgl. Kap. D 1. (55).

moral standards, which have been given from above and upon which any human activity should be based, prevails among our fellow countrymen. People cannot be made happy by economic prosperity nor restrictive measures, nor the calls of radicals, nor the cult of consumerism and pleasure. Only a regeneration of the moral principle in the soul of the individual and in the life of society will help to overcome divisions, disorders, enmity and hate.

Aware the growing danger of conflict between the secular world view and adherence to the integral religious manner of life, we call people to exert all possible efforts to harmonize the existing legal systems and the religious and moral traditions of various peoples. To achieve this it is necessary to develop a broad dialogue of the legislative and executive authorities, religious leaders, scholars and representatives of various social forces.

We are seriously disturbed by acts of vandalism to sacred places, manifestations of xenophobia and sacrilege, propaganda of prejudicial attitudes toward religion and public actions that offend the feelings of believers. Such actions not only belittle the dignity of citizens but also enkindle interreligious enmity, bring schism into society and lead to the destabilization of the situation, which is especially dangerous in regions of conflict. We support the freedom of speech and the press and reject censorship, which, however, does not relieve of responsibility those who blaspheme against what is sacred for millions of our fellow countrymen. Recalling this, the participants in the forum appeal to organs of state power to strengthen measures against vandalism and sacrilege so as to protect the legitimate rights of believing citizens. We also call upon journalists and public figures to recognize fully the significance of every spoken word, for it can often intensify hostility, but at the same time can bring truth and reconciliation.

Without surrendering our right and obligation to make moral judgments about the actions of the authorities, religious leaders welcome the development of cooperation between their communities and the state in various spheres. One of the continuing areas of such joint actions has been peacemaking both within each country and on the European, Asian and world scale. We fully support efforts of the state to assert tolerance, to promote interreligious, interethnic, and cross-cultural dialogue and to oppose extremism and terrorism. We decisively condemn forcible conversion of anybody to another faith.

Today believers cannot shut themselves up within the confines of a single country. In the situation of globalization we need to have an impact upon public opinion and promote the adoption of well-considered decisions that determine the fate of humanity. Therefore we consider it extremely important to promote integration processes within the borders of the CIS and the development of our dialogue with European and global intergovernmental structures. We are open to the strengthening of mutual ties and cooperation with international interreligious organizations.

We hope that the religious communities, the state and the civil society structures will manage by their joint efforts to direct the nations onto the path of harmony, mercy and justice.

Statement of the Participants in the Interreligious Peace Forum regarding Current Conflicts in the North Caucasus and Central Asia

We, participants in the Interreligious Peace Forum – spiritual leaders of Christianity, Islam, Buddhism and Judaism – are profoundly disturbed by the manifestations of extremism and terrorism which some often try to justify by religious rhetoric.

In the expanse of Eurasia, adherents of the traditional religious have lived in peace and cooperation for centuries. However the end of the 20 century has been marked by events that evoke sharp pain in the hearts of believers, regardless of their particular faith. The history of our countries in the outgoing decade has been marked by many bloody interethnic and civil conflicts, unprecedented intensification of ethnic, political and social enmity, xenophobia and alienation. We are especially alarmed by attempts to misuse the feelings of believers for achieving political and even criminal ends and intensifying disputes and conflicts. It is impossible, indeed, to overcome injustice by anarchy and to quench internecine war by still greater hostility.

Without doubt believers have the right to build their own lives in accordance with their own faith. The government, society and the mass media should respect the feelings and way of life of adherents of the traditional religions, both the majority of the population and the minorities. But nobody should be permitted to take the lives of other people or to infringe upon their rights and liberties using words of faith as a cover. We testify with conviction: no traditional religion teaches this. On the contrary, sinful are action that we have witnessed in the recent past, such as kidnapping and banishment of people, dispossession of their homes and property and attempts to convert people to another faith by force.

People in the North Caucasus and the Central Asian regions have seen the appearance of a real danger that choices alien to them will be imposed on them. Immediately across the southern borders of the Commonwealth of Independent States, law and order have been weakened and drug trafficking has flourished along with the uncontrolled proliferation of weapons and other forms of criminality. This is an indisputable and tragic fact of international life, recognized by the world community and reflected in decisions of the United Nations.

Unfortunately, these developments have spread to the territory of the CIS countries, not without evil intent. Emissaries of militant movements from various states have penetrated here, using the symbols of Islam for their own self-interests and trying to change radically the historical road of the CIS nations and their traditional way of life. All of this has been accompanied by the creation of illegal armed formations, crude interference from abroad in the affairs of sovereign states and the creation of new centers of tension. All this has often led to the mass destruction of innocent people. The territory being hurt by this disease is expanding relentlessly. Terrorism has taken on an international character and thus its centers are threatening the stability of the whole world.

We honestly confess that the historical religious traditions have sometimes justified the use of force for instituting and establishing faith. However today, in the situation of fragility in peaceful human coexistence, we call upon believers to renew the peacemaking potential of religious ideals and values. May wise moderation, peacemaking tolerance and fraternal love help us to step back from this dangerous line. We declare that terrorism and unjust force, by whatever means they may be justified, should be unconditionally and consistently eradicated. The world community should give a resolute rebuff to these criminal manifestations. Religious extremism must be counteracted by education, dialogue and support for the creative efforts of believers.

At the end of the 20 century it depends to a great extent on the efforts of believers whether the new millennium will be free from injustice and deprivation, hatred and hostility, moral decline and fratricidal conflicts. Let us ardently pray and tirelessly work for the sake of asserting peace and harmony in our countries.

(...)

Signed by the above spiritual leaders of Christianity, Islam, Buddhism and Judaism, November 11, 2000, and adopted by the participants in the Interreligious Peace Forum, Moscow, November 13–14, 2000.[73]

---

[73] Der Text der zweiteiligen Schlusserklärung ist online zugänglich auf der Homepage der Organisation "International Council of Christians und Jews" unter http://www.jcrelations.net/Interreligious_Peace_Forum_Moscow_2000.2371.0.html? (abgerufen 28.9.2014).

33 Das "Statement of Shared Commitment" der Religionsführer im Kosovo vom 8. Februar 2000, erarbeitet bei der Konferenz 7.–9.2.2000 (Sarajevo)[74]

Statement of Shared Moral Commitment

We religious leaders of the traditional religious communities of Kosovo, the Islamic Community, the Serbian Orthodox Church and the Roman Catholic Church, concerned about the slow and inefficient implementation of the Kosovo peace plan, on the occasion of our working visit with the Interreligious Council of Bosnia-Herzegovina, have decided to issue the following common statement.

1. All the peoples in Kosovo have undergone enormous suffering. Thanks be to God that the war has ended, but unfortunately there continues to be insecurity and violence. Our task now is to establish a durable peace based on truth, justice and common living.
2. We recognise and accept that our religious communities differ from each other, and that each of them feels called to live true to its own faith. At the same time we recognise that our religious and spiritual traditions hold many values in common, and that these shared values can serve as an authentic basis for mutual esteem, co-operation and free common living in the entire territory of Kosovo.
3. Each of our traditional churches and religious communities recognises and proclaims that the dignity of man and human value is a gift of God. Our faiths, each in its own way, call us to respect the fundamental human rights of each person. Violence against persons or the violation of their basic rights are for us not only against man-made laws but also breaking God's law.
4. We jointly, in mutual recognition of our religious differences, condemn all violence against innocent persons and any form of abuse or violation of fundamental human rights, and specifically, we condemn:
   - Acts of hatred based on ethnicity or religious differences;
   - The desecration of religious buildings, and the destruction of graveyards;
   - The expulsion of people from their homes;
   - The obstruction of the free right of return to their homes;
   - Acts of revenge;
   - the abuse of the media with the aim of spreading hatred.
5. Finally, we call on all people of good will to take responsibility for their own acts. Let us treat others as we would wish them to treat us.

---

[74] Vgl. Kap. C 2.6.1.3.; vgl. Kap. D 1. (49).

6. With this Statement we appeal to all of our believers in Kosovo, local authorities and representatives of the international community in Kosovo.

Sarajevo, 8 February 2000 (...).[75]

34 Gemeinsame Erklärung der Religionsverantwortlichen im Kosovo bei der Konferenz 2./3.5.2006 (Pec)[76]

Gemeinsame Erklärung:
Würdenträger der Serbischen Orthodoxen Kirche (SOK, Abkürzung d. Red.), der Römisch-katholischen Kirche, der Islamischen Gemeinschaft Kosovos, der Protestantischen Evangelischen Kirche und der Jüdischen Gemeinde trafen sich am 2. und 3. Mai 2006 im historischen Patriarchatskloster in Pec auf der interreligiösen Konferenz über das friedliche Zusammenleben und den Dialog.

Die Tagung, deren Gastgeber die SOK war, wurde auf Initiative der Vertreter der religiösen Gemeinschaften im Kosovo-Metohija berufen und von der Norwegischen Kirchenhilfe organisiert, unter deren Schirmherrschaft die Tagung auch stand.

Im Namen Seiner Heiligkeit des Patriarchen Pavle wurde die Konferenz von Seiner Eminenz Metropolit Amfilohije von Montenegro und der Seelande (sic!) eröffnet. Der Eröffnungszeremonie wohnten Vertreter der internationalen Gemeinschaft und der lokalen Verwaltung sowie andere Würdenträger bei.

Wir drücken hiermit unsere Dankbarkeit all denjenigen gegenüber aus, die bei der Organisation dieser Tagung mitgeholfen haben, insbesondere der Schwesternschaft des Patriarchatsklosters von Pec, der Bruderschaft des Klosters Hohe Decani, dem Personal des Büros für Kosovo-Metohija der SOK, den internationalen Moderatoren, der KFOR (Kosovo Force) – insbesondere dem Italienischen Kontingent beim Patriarchatskloster von Pec –, der UNMiK (United Nations' Mission in Kosovo) und den lokalen Gemeindebehörden.

Das Ziel der Tagung war es, den Würdenträgern der Glaubensgemeinschaften die Möglichkeit zum Gespräch über die Schlüsselfragen und -werte, die ihren Gemeinden gemeinsam sind, zu geben, sowie die erwünschten gemeinsamen Initiativen zur Förderung der Versöhnung, des Friedens, des gegenseitigen Ver-

---

[75] Der Text des "Statement" ist online zugänglich unter http://www.evrel.ewf.uni-erlangen.de/pesc/R2000-Kosovo.htm, Dokument 1; vgl. auch die Homepage des "Bosnian Institute" unter http://www.bosnia.org.uk/bosrep/report_format.cfm?articleid=2886&reportid=129 (beide mitgeteilte Seiten abgerufen 13.9.2014).
[76] Vgl. Kap. C 2.6.3.1.; vgl. Kap. D 1. (98).

trauens und der Akzeptanz, des gemeinsamen Lebens und der Zusammenarbeit durch eine institutionalisierte Dialogform und konkrete Projekte festzulegen.

Daher sind wir, Vertreter der Glaubensgemeinschaften, überzeugt, dass Hass und Krieg für alle Menschen eine Niederlage sind und Versöhnung und Vergebung in die Freiheit für alle und für jeden führen. Ein Mensch der hasst, ist nie frei. Die wirkliche Freiheit besteht im Dienst für Gott durch den Dienst für jeden Menschen, ungeachtet seines Glaubens, seiner Nationalität und jeder anderen Zugehörigkeit.

Es ist unseres Glaubens an Gott des Friedens, der Gerechtigkeit und der Liebe unwürdig, einander lediglich als eine Art „notwendiges Übel" zu tolerieren und es reicht nicht, dass wir als Personen und Gemeinden lediglich nebeneinander leben. Wir sind berufen, im Namen unseres Glaubens und unseres Gewissens, miteinander zu leben, mit dem Wunsch und dem Gebet, dass wir fähig werden mögen, es füreinander zu tun. Unser Ziel ist es also, die Identität und die Würde einer jeden Person und einer jeden Gemeinde durch das Akzeptieren des Grundsatzes von Einheit in der Verschiedenheit zu respektieren.

Durch die Versöhnung mit der Vergangenheit geben wir zu, dass alle Gemeinden gelitten haben. Unser Bedauern wegen der Leiden der Anderen ausdrückend, beten wir, dass dieses Leid nicht mehr der Stein des Anstoßes sein möge, der unsere Bewegung hin zur offenen Zukunft hindert, sondern der Grund für unser interaktives Miteinander und für eine tiefere Verantwortung füreinander vor Gott.

Wir verurteilen die Zerstörung aller Kirchen, Moscheen, Friedhöfe und anderer Glaubensstätten, freuen uns aber über den laufenden Wiederaufbau, auf dessen Vollendung wir hoffen. Wir appellieren an die breite Gemeinde, sich uns in der Bestrebung zuzugesellen, nicht nur unsere Gebetsstätten, sondern auch unser Leben, Herz und Geist zu erneuern.

Als religiöse Würdenträger und -vertreter verpflichten wir uns,
- Regelmäßige interreligiöse Treffen auf der Ebene von hohen Repräsentanten und Räten in einem Arbeitsausschuss sowie auf der Gemeindeebene zu organisieren;
- Den interreligiösen Dialog und die Zusammenarbeit zu verstärken;
- Alle Menschen dazu aufzurufen, der Verbesserung des Lebens(standards) und dem Fortschritt beizutragen, um den Prozess der Rückkehr aller Flüchtlinge und Vertriebenen zu ermöglichen;
- Den Austausch zwischen den religiösen Gemeinden zu fördern, z. B. durch Besuche der religiösen Stätten und durch Austausch von Lehrveranstaltungen zwischen den Theologischen Fakultäten sowie (durch das Engagement dafür,) dass die Rückkehr des (orthodoxen) Priesterseminars der Heiligen Kyrill und Method nach Prizren ermöglicht wird.

– Die Medien dazu aufzurufen, über unsere gemeinsamen interethnischen und interreligiösen Werte zu berichten.
– Die Kommunikation und den Informationsaustausch zwischen den Glaubensgemeinschaften zu ermöglichen, etwa durch die Veröffentlichung eines gemeinsamen Adressbuches.
– Unser Engagement im Prozess der Ausarbeitung des (kosovarischen) Religionsgesetzes als verantwortliche Würdenträger der Glaubensgemeinschaften fortzusetzen; und
– Ein Seminar auf der Nansen Akademie in Lillehammer in Norwegen zu organisieren, mit dem Ziel, das Engagement der lokalen hohen Vertreter der Glaubensgemeinschaften am Aufbau des Friedens und der Versöhnung zu stärken.

Zusammenfassend erklären wir, dass das Kosovo-Metohija unser gemeinsames Haus ist; wir verpflichten uns, es als gemeinsames Erbe für die künftigen Generationen zu wahren.[77]

---

[77] Text der Schlusserklärung in: Nachrichtendienst Östliches Christentum (NÖK) Ausgabe 19/6 Teil C (10.5.2006) Nr. 4.

Anhang 2
Verzeichnis der wichtigsten interreligiösen Konferenzen

Nr.	Dialogereignis	Querverweis	Veranstalter/Kooperation/Beteiligung
1	9.–12.5.1952 (Zagorsk)	Kap. C 1.1.	Patriarchat von Moskau
2	8.7.1965 (Beirut)	Kap. C 2.3.3.	„Le Cénacle Libanais" / unter Beteiligung des Patriarchats Antiochia
3	2.–6.3.1969 (Cartigny)	Kap. C 1.2.1.1.	Ökumenischer Rat der Kirchen (im folgenden: ÖRK)
4	22.–24.2.1974 (Lahore)	Kap. C 2.3.4.	Islamisches Gipfeltreffen / unter Beteiligung des Patriarchen Elias IV. von Antiochia
5	16.–25.3.1970 (Ajaltoun/Libanon)	Kap. C 1.2.1.2.	ÖRK
6	16.–21.10.1970 (Kyoto)	Kap. C 1.3.1.	„World Conference on Religions for Peace" (im folgenden: WCRP)
7	12.–18.7.1972 (Broumana)	Kap. C 1.2.1.1.	ÖRK
8	17.–26.4.1974 (Colombo)	Kap. C 1.2.1.2.	ÖRK
9	17.–21.7.1974 (Legon/Ghana)	Kap. C 1.2.1.1.	ÖRK
10	28.8.–3.9.1974 (Leuven)	Kap. C 1.3.1.	WCRP
11	16.1.1975 (Kairo)	Kap. C 2.3.4.	Arabische Liga / unter Beteiligung des Patriarchats Antiochia
12	25.7.–1.8.1975 (Sénanque)	Kap. C 2.1.3.	„Association des Amis de Sénanque" mit der „Fondation d'Hautvillers pour le dialogue des cultures" / Beteiligung des Ökumenischen Patriarchats
13	19.–22.10.1976 (Cartigny)	Kap. C 1.2.1.1.	ÖRK
14	11.–14.11.1976 (Sénanque)	Kap. C 2.1.3.	„Association des Amis de Sénanque" mit der „Fondation d'Hautvillers pour le dialogue des cultures" / Beteiligung des Ökumenischen Patriarchats
15	6.–10.6.1977 (Moskau)	Kap. C 1.1.	Patriarchat von Moskau
16	12.–14.3.1979 (Chambésy)	Kap. C 1.2.1.1.	ÖRK
17	29.8.–7.9.1979 (Princeton)	Kap. C 1.3.1.	WCRP
18	3.–6.11.1980 (Beirut)	Kap. C 2.3.3.1.	„Le Cénacle Libanais" mit ÖRK / unter Beteiligung des Patriarchats von Antiochia

Nr.	Dialogereignis	Querverweis	Veranstalter/Kooperation/Beteiligung
19	25.–28.1.1981 (Taif)	Kap. C 2.3.4.	Islamisches Gipfeltreffen / unter Beteiligung des Patriarchen Ignatios IV. von Antiochia
20	8.–11.9.1981 (Rabat)	Kap. C 2.3.3.1.	„Groupe de Recherches Islamo-Chrétien (G.R.I.C.)" / unter Beteiligung des Patriarchats von Antiochia
21	19./20.11.1981 (Straßburg)	Kap. C 2.1.3.	unter Beteiligung des Ökumenischen Patriarchats
22	11.3.1982 (Leningrad)	Kap. C 2.5.4.1.	Patriarchat Moskau / Metropolie Leningrad-Novgorod
23	30.3.–1.4.1982 (Colombo)	Kap. C 1.2.1.1.	ÖRK mit „World Muslim Congress"
24	30.4.–2.5.1982 (Chantilly)	Kap. C 2.1.3.	unter Beteiligung des Ökumenischen Patriarchats
25	10.–14.5.1982 (Moskau)	Kap. C 1.1.	Patriarchat von Moskau
26	24.1.–3.2.1983 (Mauritius)	Kap. C 1.2.1.1.	ÖRK
27	7.–11.9.1983 (Sénanque)	Kap. C 2.3.3.2.	„Groupe des Recherches Islamo-Chrétien (G.R.I.C.)" / unter Beteiligung des Patriarchats Antiochia
28	23.–31.8.1984 (Nairobi)	Kap. C 1.3.1.	WCRP
29	17.–19.3.1985 (Boston)	Kap. C 2.1.3.	Ökumenisches Patriarchat / Nordamerikanische Metropolie
30	25./26.1.1986 (Toulouse)	Kap. C 2.1.3.	Institut Catholique in Toulouse / unter Beteiligung des Ökumenischen Patriarchats
31	17.–19.11.1986 (Chambésy)	Kap. C 2.1.2.	Ökumenisches Patriarchat mit „Aal al-beyt Institut"
32	27./28.11.1986 (Genf)	Kap. C 2.1.3.	„Institut international d'études sociales du Bureau international du travail (BIT)" / unter Beteiligung des Ökumenischen Patriarchats
33	12.–15.2.1987 (Cordoba)	Kap. C 2.1.3.	„Institut pour le dialogue des cultures" / Beteiligung des Ökumenischen Patriarchats
34	15.–22.3.1987 (Danilovkloster/Moskau)	Kap. C 2.5.4.1.	Patriarchat Moskau mit „Soviet Peace Committee"
35	25.–27.9.1987 (Athen)	Kap. C 2.11.2.	„Communione e Liberazione" mit Initiative „Meeting del Mediterraneo" / unter Beteiligung der griechisch-orthodoxen Kirche
36	27.9.–1.10.1987 (Kolymbari)	Kap. C 1.2.1.1.	ÖRK
37	21.–24.11.1987 (Amman)	Kap. C 2.1.2.	Ökumenisches Patriarchat mit „Aal al-beyt Institut"
38	12.–15.12.1988 (Chambésy)	Kap. C 2.1.2.	Ökumenisches Patriarchat mit „Aal al-beyt Institut"

Anhang 2: Verzeichnis der wichtigsten interreligiösen Konferenzen —— 615

Nr.	Dialogereignis	Querverweis	Veranstalter/Kooperation/Beteiligung
39	22.-27.1.1989 (Melbourne)	Kap. C 1.3.1.	WCRP
40	21.-23.2.1989 (Kuweit)	Kap. C 2.3.4.	Arabische Liga / unter Beteiligung des Patriarchen Ignatios IV. von Antiochia
41	11.-13.9.1989 (Istanbul)	Kap. C 2.1.2.	Ökumenisches Patriarchat mit „Aal al-beyt Institut"
42	6./7.10.1989 (Belgrad)	Kap. C 2.6.3.2.	unter Beteiligung des serbischen Patriarchats
43	20./21.12.1990 (Straßburg)	Kap. C 2.1.3.	„Association pour le Dialogue Islamo-Chrétien et les rencontres interreligieuses (ADIC)" / Beteiligung des Ökumenischen Patriarchats
44	21.-27.4.1991 (Aya Napa)	Kap. C 1.2.3.	Middle East Council of Churches (im folgenden: MECC)
45	5.-8.5.1992 (Athen)	Kap. C 2.11.1.	„Cultural Center of the Islamic Republic of Iran" mit der „Greek-Iranian Friendship Association" / unter Beteiligung der Griechischen Orthodoxen Kirche
46	24./25.11.1992 (Wolfsberg)	Kap. C 1.3.5.	Appeal of Conscience Foundation
47	9.-13.12.1992 (Genf)	Kap. C 1.2.1.1.	ÖRK
48	30.3.-2.4.1993 (Wien)	Kap. C 2.3.3.2.	Religionswissenschaftliches Institut St. Gabriel in Wien-Mödling / unter Beteiligung des Patriarchats Antiochia
49	26.-30.4.1993 (Karthoum)	Kap. C 2.5.4.2.	„Fondation pour la Paix et le Développement" / unter Beteiligung des Patriarchats Moskau
50	2.-6.5.1993 (Glion)	Kap. C 1.2.1.2.	ÖRK
51	26.-28.7.1993 (Amman)	Kap. C 2.1.2.	Ökumenisches Patriarchat mit „Aal al-beyt Institut"
52	1.-4.11.1993 (Nyon)	Kap. C 1.2.1.1.	ÖRK
53	8.-10.12.1993 (Pécs/Ungarn)	Kap. C 1.2.2.	Konferenz Europäischer Kirchen (im folgenden: KEK) mit ÖRK und Europäischer Bischofskonferenz
54	7.-9.2.1994 (Istanbul)	Kap. C 1.3.5.	Appeal of Conscience Foundation
55	12.-14.3.1994 (Antelias)	Kap. C 2.3.1.2.	Patriarchat Antiochia / orth. Universität Balamand
56	21.-23.6.1994 (Danilovkloster/Moskau)	Kap. C 2.5.4.1.	Patriarchat Moskau mit ÖRK und KEK
57	8.-10.9.1994 (Athen)	Kap. C 2.1.2.	Ökumenisches Patriarchat mit „Aal al-beyt Institut"

Nr.	Dialogereignis	Querverweis	Veranstalter/Kooperation/Beteiligung
58	8.–10.10.1994 (Khartoum)	Kap. C 1.2.1.1.	„Rat für Internationale Völkerfreundschaft" der sudanesischen Regierung mit ÖRK und Middle East Council of Churches (MECC)
59	3.–9.11.1994 (Rom/Riva del Garda)	Kap. C 1.3.1.	WCRP
60	6.–10.11.1994 (Berlin)	Kap. C 1.2.1.1.	ÖRK
61	23.–30.11.1994 (Madrid)	Kap. C 2.1.3.	Universität Alcalá de Henares / unter Beteiligung des Ökumenischen Patriarchats
62	1./2.12.1994 (Maribor-Pohorje)	Kap. C 1.3.6.	„International Scientific Conference Minorities for Europe of Tomorrow" (im folgenden: ISCOMET)
63	12.–18.12.1994 (Barcelona)	Kap. C 1.4.1.	UNESCO
64	28./29.1.1995 (Toulouse)	Kap. C 2.1.3.	„Institut de Sciences et Theologie des Religions (ISTR)" in Toulouse, unter Beteiligung des Ökumenischen Patriarchats
65	3.–9.4.1995 (Atami/Japan)	Kap. C 2.1.3.	verschiedene Umweltorganisationen / unter Beteiligung des Ökumenischen Patriarchats
66	24.–28.5.1995 (Balamand)	Kap. C 2.3.1.2.	Patriarchat Antiochia / orth. Universität Balamand
67	30.5.1995 (Wien)	Kap. C 1.3.5.	Appeal of Conscience Foundation
68	25.–28.9.1995 (Malta)	Kap. C 1.2.1.1.	ÖRK
69	4.–7.11.1995 (Toledo)	Kap. C 1.4.2.	Europarat / European Union Committee Cellule de Prospective
70	17.–19.11.1995 (Harissa)	Kap. C 2.3.3.1.	melkitisch-katholisches „Centre de recherches pour le dialogue islamo-chrétien" / unter Beteiligung des Patriarchats Antiochia
71	12.12.1995 (Bosnien/Serbien)	Kap. C 1.2.2.	KEK
72	18./19.5.1996 (Beirut)	Kap. C 2.3.2.1.	Goethe-Institut Beirut mit „Comité National islamo-chrétien pour le dialogue" / unter Beteiligung des Patriarchats Antiochia
73	2.–5.6.1996 (Amman)	Kap. C 2.1.2.	Ökumenisches Patriarchat mit „Aal al-beyt Institut"
74	14.–17.6.1996 (Beirut)	Kap. C 1.2.3.	MECC mit „Arab Working Group for Muslim-Christian Dialogue"
75	21.–23.11.1996 (Teheran)	Kap. C 1.2.1.1.	ÖRK mit „Organization of Islamic Culture and Communication"
76	13.–16.5.1997 (Wien)	Kap. C 2.3.3.2.	Religionswissenschaftliches Institut St. Gabriel in Wien-Mödling / unter Beteiligung des Patriarchats Antiochia

Nr.	Dialogereignis	Querverweis	Veranstalter/Kooperation/Beteiligung
77	3.–5.6.1997 (Istanbul)	Kap. C 2.1.2.	Ökumenisches Patriarchat mit „Aal al-beyt Institut"
78	18.–22.6.1997 (Leipzig)	Kap. C 2.1.3.	EKD / mit Beteiligung des Ökumenischen Patriarchats
79	27.– 31.8.1997 (Balamand)	Kap. C 2.3.1.2.	Patriarchat Antiochia / orth. Universität Balamand mit ÖRK
80	3.9.1997 (Beirut)	Kap. C 1.2.3.	MECC mit „Equipe arabe islamo-chrétien"
81	19.–21.9.1997 (Rogaška Slatina/Slowenien)	Kap. C 1.3.6.	ISCOMET
82	12./13.11.1997 (Athen)	Kap. C 2.11.1.	„Cultural Center of the Islamic Republic of Iran" mit der „Greek-Iranian Friendship Association" / unter Beteiligung der Griechischen Orthodoxen Kirche
83	20.–23.12.1997 (Teheran)	Kap. C 2.5.3.	Patriarchat Moskau mit „Islamic Culture and Relations Organization (ICRO)"
84	16.2.1998 (Rabat)	Kap. C 1.4.1.	UNESCO
85	7./8.3.1998 (Istanbul)	Kap. C 2.1.3.	Magistrat Istanbul / Ökumenisches Patriarchat
86	21.5.1998 (Washington)	Kap. C 1.3.5.	Appeal of Conscience Foundation
87	8.–10.6.1998 (Bagdad)	Kap. C 2.3.3.1.	unter Beteiligung des Patriarchats Antiochia
88	9.–12.7.1998 (Beirut)	Kap. C 2.3.2.2.	„The Arab Group for Muslim-Christian Dialogue (AGMCD)" / unter Beteiligung des Patriarchats Antiochia
89	10.–12.11.1998 (Amman)	Kap. C 2.1.2.	Ökumenisches Patriarchat mit „Aal al-beyt Institut"
90	23–27.11.1998 (Ankara)	Kap. C 2.1.3.	Beteiligung des Ökumenischen Patriarchats
91	2./3.12.1998 (Beirut)	Kap. C 2.3.1.2.	unter Beteiligung des Patriarchats Antiochia / orth. Universität Balamand
92	14.12.1998 (Bihać)	Kap. C 2.6.3.1.	WCRP / unter Beteiligung des serbischen Patriarchats
93	18./19.2.1999 (Rom)	Kap. C 1.5.2.	UN-Committee on the Exercise of the Inalienable Rights of the Palestinian People
94	2.3.1999 (Pristina)	Kap. C 2.6.3.1.	WCRP / unter Beteiligung des serbischen Patriarchats
95	16.–18.3.1999 (Wien)	Kap. C 1.3.5.	Appeal of Conscience Foundation
96	25.4.1999 (Marseille)	Kap. C 2.1.3.	unter Beteiligung des Ökumenischen Patriarchats

Nr.	Dialogereignis	Querverweis	Veranstalter/Kooperation/Beteiligung
97	4.–7.6.1999 (Moskau)	Kap. C 2.5.3.	Patriarchat Moskau mit „Islamic Culture and Relations Organization (ICRO)"
98	25.–28.10.1999 (Rom)	Kap. C 1.5.1.	Vatikan
99	25.–29.11.1999 (Amman)	Kap. C 1.3.1.	WCRP
100	26.–28.11.1999 (Novi Pazar)	Kap. C 2.6.3.1.	unter Beteiligung des serbischen Patriarchats
101	24./25.1.2000 (Damaskus)	Kap. C 2.3.3.1.	„Fraternité Religieuse" / unter Beteiligung des Patriarchats Antiochia
102	9.–11.3.2000 (Beirut)	Kap. C 1.2.3.	MECC mit „Arab Working Group for Christian-Muslim Dialogue"
103	13./14.4.2000 (Harran/Urfa), fortgesetzt 15./16.4.2000 (Istanbul)	Kap. C 2.1.3.	„Intercultural Dialogue Platform" / Beteiligung des Ökumenischen Patriarchats
104	30.4.–3.5.2000 (Ifrane/Marokko)	Kap. C 2.1.3.	Universität Al-Akhawayn in Ifrane mit Universitätsinstitut „Rachi" in Troyes und dem UNESCO-Lehrstuhl von Paris / Beteiligung des Ökumenischen Patriarchats
105	12./13.5.2000 (Izmir)	Kap. C 2.1.3.	„Turkish Religious Communities" / Beteiligung des Ökumenischen Patriarchats
106	23.–29.5.2000 (Venedig)	Kap. C 2.1.3.	„Fondazione Giorgio Cini" / unter Beteiligung des Ökumenischen Patriarchats
107	29.–31.5.2000 (Vlatades bei Thessaloniki)	Kap. C 1.5.1.	Ökumenisches Patriarchat
108	28.–31.8.2000 (New York)	Kap. C 1.3.4.	UN
109	14.–16.9.2000 (Taschkent)	Kap. C 1.4.1.	UNESCO
110	19.–23.10.2000 (Wien)	Kap. C 2.3.3.2.	Religionswissenschaftliches Institut St. Gabriel in Wien-Mödling / unter Beteiligung des Patriarchats Antiochia
111	8.11.2000 (Abbaye de Fontfroide)	Kap. C 2.1.3.	unter Beteiligung des Ökumenischen Patriarchats
112	13./14.11.2000 (Moskau/Danilovkloster)	Kap. C 2.5.4.1.	Interreligiöser Rat von Russland mit Ministerium für Föderation
113	16./17.11.2000 (Kazan)	Kap. C 2.5.4.1.	Rat für religiöse Angelegenheiten beim Ministerrat der Republik Tatarstan mit der Diözese von Kazan, dem geistlichen Direktorat der Muslime von Tatarstan und dem Historischen Institut der Akademie der Wissenschaften
114	16.–18.11.2000 (Limassol)	Kap. C 1.2.3.	MECC mit „Arab Working Group for Muslim-Christian Dialogue"

Anhang 2: Verzeichnis der wichtigsten interreligiösen Konferenzen —— 619

Nr.	Dialogereignis	Querverweis	Veranstalter/Kooperation/Beteiligung
115	7.–9.12.2000 (Syrakus)	Kap. C 1.4.2.	Europarat / Kommissar für Menschenrechte
116	24./25.1.2001 (Teheran)	Kap. C 2.5.3.	Patriarchat Moskau mit „Islamic Culture and Relations Organization (ICRO)"
117	23.–25.2.2001 (Bled/Slowenien)	Kap. C 1.3.6.	ISCOMET
118	4./5.4.2001 (Damaskus)	Kap. C 1.5.2.	verschiedene Religionsvertreter des Nahen Ostens
119	16.–20.6.2001 (Montreux)	Kap. C 1.2.3.	MECC mit „Arab Working Group for Muslim-Christian Dialogue"
120	12.–16.9.2001 (Sarajevo)	Kap. C 1.2.2.	KEK
121	24.–28.9.2001 (Coventry)	Kap. C 2.6.3.1.	„Soul of Europe" / unter Beteiligung des serbischen Patriarchats
122	30.9.2001 (Bayt-ud-Din)	Kap. C 2.3.2.1.	„Comité National islamo-chrétien pour le dialogue" / unter Beteiligung des Patriarchats Antiochia
123	18.–20.10.2001 (Columbia)	Kap. C 2.1.3.	„University of South Carolina" / unter Beteiligung des Ökumenischen Patriarchats
124	10./11.12.2001 (Straßburg)	Kap. C 1.4.2.	Europarat / Kommissar für Menschenrechte
125	13./14.12.2001 (Moskau)	Kap. C 2.5.4.1.	„Weltkongress des Russischen Volkes" unter Beteiligung des Patriarchats Moskau
126	14./15.12.2001 (Belgrad)	Kap. C 1.3.6.	ISCOMET
127	18.–20.12.2001 (Kairo)	Kap. C 2.3.2.2.	„The Arab Group for Muslim-Christian Dialogue (AGMCD)" / unter Beteiligung des Patriarchats Antiochia
128	19./20.12.2001 (Brüssel)	Kap. C 1.4.2.	EU-Kommissionspräsident und Ökumenischer Patriarch
129	20.–22.1.2002 (Alexandria)	Kap. C 2.4.2.	Erzbischof von Canterbury / unter Beteiligung Patriarchat Jerusalem
130	21.–24.2.2002 (Wien)	Kap. C 2.3.3.2.	Religionswissenschaftliches Institut St. Gabriel in Wien-Mödling / unter Beteiligung des Patriarchats Antiochia
131	14.4.2002 (Marseille)	Kap. C 2.1.3.	unter Beteiligung des Ökumenischen Patriarchats
132	24.4.2002 (Damaskus)	Kap. C 2.3.3.1.	„La marche vers la réconciliation en Proche-Orient" / unter Beteiligung des Patriarchats Antiochia
133	31.5.–1.6.2002 (Timişoara/Rumänien)	Kap. C 1.3.6.	ISCOMET
134	2.–14.6.2002 (Bangkok)	Kap. C 1.3.4.	World Council of Religious Leaders

Nr.	Dialogereignis	Querverweis	Veranstalter/Kooperation/Beteiligung
135	18./19.7.2002 (Tiflis)	Kap. C 2.9.	unter Beteiligung der Georgischen Orthodoxen Kirche
136	24.–27.8.2002 (Lyon)	Kap. C 2.3.1.2.	„Groupe de recherche islamo-chrétien (GRIC)" / unter Beteiligung des Patriarchats Antiochia, orth. Universität von Balamand
137	12.–14.9.2002 (Dubrovnik)	Kap. C 2.6.3.1.	unter Beteiligung der serbischen Kirche
138	10./11.10.2002 (Moskau/Sergiyev Posad)	Kap. C 2.5.4.1.	Präsidialbeauftragte mit Bildungsministerium, dem Komitee der Staatsduma für öffentliche und religiöse Organisationen sowie dem Interreligiösen Rat von Russland
139	10./11.10.2002 (Baku)	Kap. C 1.5.2.	OSZE mit Regierung von Aserbeidschan
140	16.–18.10.2002 (Genf)	Kap. C 1.2.1.1.	ÖRK
141	28.–30.10.2002 (Manama)	Kap. C 2.1.2.	Ökumenisches Patriarchat mit Königreich Bahrein
142	11./12.11.2002 (Oslo)	Kap. C 1.3.2.	European Council of Religious Leaders (im folgenden: ECRL)
143	24.11.2002 (Paris)	Kap. C 2.3.3.2.	„Association du dialogue interculturel et interreligieux (ADICR)" / unter Beteiligung des Patriarchats Antiochia
144	9./10.12.2002 (Louvain-la-Neuve)	Kap. C 1.4.2.	Europarat / Kommissar für Menschenrechte
145	23./24.5.2003 (Maribor)	Kap. C 1.3.6.	ISCOMET
146	27./28.5.2003 (Amman)	Kap. C 2.3.3.1.	WCRP
147	12.–14.6.2003 (Beirut)	Kap. C 2.3.2.2.	„The Arab Group for Muslim-Christian Dialogue (AGMCD)" / unter Beteiligung des Patriarchats Antiochia
148	30.8.–5.9.2003 (Balamand)	Kap. C 2.3.1.2.	„Groupe de recherche islamo-chrétien (GRIC)" / unter Beteiligung des Patriarchats Antiochia, orth. Universität von Balamand
149	23./24.9.2003 (Astana)	Kap. C 1.4.4.	Regierung von Kasachstan
150	29.9.–1.10.2003 (Sarajevo)	Kap. C 1.3.2.	ECRL
151	26.11.2003 (Danilovkloster/Moskau)	Kap. C 2.5.4.1.	Patriarchat Moskau
152	14.–17.12.2003 (Sevilla)	Kap. C 1.3.7.	Elija Interfaith Institute
153	2.–4.3.2004 (Moskau)	Kap. C 2.5.2.3.	Patriarchat Moskau

Anhang 2: Verzeichnis der wichtigsten interreligiösen Konferenzen —— 621

Nr.	Dialogereignis	Querverweis	Veranstalter/Kooperation/Beteiligung
154	5.–7.3.2004 (Stuttgart-Hohenheim)	Kap. C 2.3.3.2.	Katholischen Akademie Rottenburg-Stuttgart / unter Beteiligung des Patriarchats Antiochia
155	26.–29.4.2004 (Moskau)	Kap. C 2.5.3.	Patriarchat Moskau mit „Islamic Culture and Relations Organization (ICRO)"
156	13.5.2004 (Mardin)	Kap. C 2.1.3.	„Intercultural Dialogue Platform" / Beteiligung des Ökumenischen Patriarchats
157	17./18.5.2004 (Malta)	Kap. C 1.4.2.	Europarat / Kommissar für Menschenrechte
158	27.–29.5.2004 (Doha/Qatar)	Kap. C 1.4.3.	Regierung von Qatar
159	2.–5.6.2004 (Chisinau/Moldawien)	Kap. C 1.3.6.	ISCOMET
160	10.–12.6.2004 (Beirut)	Kap. C 2.3.3.1.	unter Beteiligung des Patriarchats Antiochia
161	3.–6.7.2004 (Wien)	Kap. C 2.3.3.2.	Religionswissenschaftliches Institut St. Gabriel in Wien-Mödling / unter Beteiligung des Patriarchats Antiochia
162	16.7.2004 (Kairo)	Kap. C 1.2.3.	MECC mit „International Islamic Forum for Dialogue (IIFD)"
163	10./11.8.2004 (Amaroussion)	Kap. C 2.1.3.	Ökumenisches Patriarchat mit „olympischer Stadtverwaltung" von Amaroussion
164	7.–10.11.2004 (Leuven)	Kap. C 1.3.2.	ECRL
165	15.12.2004 (Tirana)	Kap. C 2.12.2.	Präsident von Albanien / unter Beteiligung der albanisch-orthodoxen Kirche
166	1.–3.3.2005 (Amman)	Kap. C 1.5.1.	„Orthodox Peoples' Unity Fund" mit der „Jordan's Orthodox Society"
167	15.–17.3.2005 (Kairo)	Kap. C 1.2.3.	MECC mit „International Islamic Forum for Dialogue (IIFD)"
168	18.–20.5.2005 (Sarajevo)	Kap. C 2.6.3.1.	Erzbischof von Canterbury / unter Beteiligung der serbischen Kirche
169	7.–9.6.2005 (Genf)	Kap. C 1.2.1.1.	ÖRK
170	12.7.2005 (Brüssel)	Kap. C 1.4.2.	Europäische Kommission mit Europäischem Parlament
171	17.–21.9.2005 (Amman)	Kap. C 2.3.2.2.	„The Arab Group for Muslim-Christian Dialogue (AGMCD)"
172	17.–21.9.2005 (Damaskus)	Kap. C 2.3.3.1.	unter Beteiligung des Patriarchats Antiochia
173	25.–30.9.2005 (Antakya)	Kap. C 1.5.2.	interreligiöses Komitee von Antakia
174	7.–9.11.2005 (Istanbul)	Kap. C 1.3.5.	Appeal of Conscience Foundation

Nr.	Dialogereignis	Querverweis	Veranstalter/Kooperation/Beteiligung
175	13.–16.11.2005 (Sarajevo)	Kap. C 2.6.3.2.	„Europäischen Abrahamischen Forum" in Zürich mit der „Stiftung Züricher Lehrhaus" / unter Beteiligung des serbischen Patriarchats
176	14.–16.11.2005 (Wien)	Kap. C 2.1.3.	„Austrian Organisation for the Middle East" / Beteiligung des Ökumenischen Patriarchats
177	16.–19.11.2005 (Tirana)	Kap. C 2.12.2.	„WCRP" und „World Learning" / unter Beteiligung der albanisch-orthodoxen Kirche
178	28.11.–2.12.2005 (Taiwan)	Kap. C 1.3.7.	Elija Interfaith Institute
179	7.1.2006 (Saida/Libanon)	Kap. C 2.3.3.1.	unter Beteiligung des Patriarchats Antiochia
180	7.2.2006 (Moskau)	Kap. C 2.5.4.1.	Patriarchat Moskau mit „Rat der Muftis in Russland"
181	10.2.2006 (Brüssel)	Kap. C 1.4.2.	Europäische Kommission mit Europäischem Parlament
182	28.2.–4.3.2006 (Teheran)	Kap. C 2.5.3.	Patriarchat Moskau mit „Islamic Culture and Relations Organization (ICRO)"
183	3.–5.3.2006 (Stuttgart-Hohenheim)	Kap. C 2.3.3.2.	Katholischen Akademie Rottenburg-Stuttgart / unter Beteiligung des Patriarchats Antiochia
184	21./22.3.2006 (Kairo)	Kap. C 1.2.3.	„MECC" und des „International Islamic Forum for Dialogue (IIFD)"
185	4.–6.4.2006 (Moskau)	Kap. C 2.5.4.1.	„10th World Russian People's Council"
186	2./3.5.2006 (Pec)	Kap. 2.6.3.1.	Serbisches Patriarchat
187	30.5.2006 (Brüssel)	Kap. C 1.4.2.	Europäische Kommission mit Europäischem Parlament
188	12./13.6.2006 (Paris)	Kap. C 2.3.3.2.	„Association du dialogue interculterel et interreligieux (ADICR)" mit UNESCO / unter Beteiligung des Patriarchats Antiochia
189	29.6.–2.7.2006 (Wien)	Kap. C 2.3.3.2.	Religionswissenschaftliches Institut St. Gabriel in Wien-Mödling / unter Beteiligung des Patriarchats Antiochia
190	3.–5.7.2006 (Moskau)	Kap. C 1.3.3.	World Religions Summit – Interfaith Leaders in the G8/G20 Countries
191	26.–29.8.2006 (Kyoto)	Kap. C 1.3.1.	WCRP
192	11.–13.9.2006 (Astana)	Kap. C 1.4.4.	Regierung von Kasachstan
193	9.11.2006 (Beirut)	Kap. C 1.2.3.	MECC mit „Centre Iranien des Etudes"
194	20.12.2006 (Moskau?)	Kap. C 2.5.4.1.	Staatsrat der Russischen Föderation / unter Beteiligung des Patriarchats Moskau

Nr.	Dialogereignis	Querverweis	Veranstalter/Kooperation/Beteiligung
195	28.1.–2.2.2007 (Saydnaya)	Kap. C 1.2.3.	MECC
196	12.–14.2.2007 (Birmingham)	Kap. C 1.3.2.	ECRL
197	27.2.2007 (Tirana)	Kap. C 2.12.2.	„WCRP" und „World Learning" / unter Beteiligung der albanisch-orthodoxen Kirche
198	13./14.3.2007 (Paris)	Kap. C 1.4.1.	UNESCO mit „Forum publique international ‚Dialogue des civilisations'" und Russischer Orthodoxer Kirche
199	23./24.4.2007 (San Marino)	Kap. C 1.4.2.	Europarat
200	6.6.2007 (Köln)	Kap. C 1.3.3.	World Religions Summit – Interfaith Leaders in the G8/G20 Countries
201	25.–27.6.2007 (Novi Sad)	Kap. C 2.6.3.2.	Deutsche Botschaft mit Adenauer-Stiftung u. a. / unter Beteiligung des serbischen Patriarchats
202	13.–16.9.2007 (Moskau)	Kap. C 2.5.4.1.	Russische Akademie für öffentliche Verwaltung mit Unesco u. a. / unter Beteiligung des Patriarchats Moskau
203	19./20.10.2007 (Zouk Mosbeh/Libanon)	Kap. C 2.3.3.1.	Universität „Notre-Dame de Louaizeh" / unter Beteiligung des Patriarchats Antiochia
204	21.–24.10.2007 (Sarajevo)	Kap. C 2.6.3.2.	„Interreligious Institute in Bosnia and Herzegovina" u. a. / unter Beteiligung des serbischen Patriarchats
205	26.–28.10.2007 (Ochrid)	Kap. C 2.6.3.1.	WCRP mit Regierung Mazedoniens und UNESCO
206	22./23.1.2008 (Amman)	Kap. C 2.3.3.1.	„Jordanian Interfaith Coexistence Research Center" / unter Beteiligung des Patriarchats Antiochia
207	28.2.–2.3.2008 (Beirut)	Kap. C 2.3.2.2.	„The Arab Group for Muslim-Christian Dialogue (AGMCD)" / unter Beteiligung des Patriarchats Antiochia
208	3.–5.3.2008 (Berlin)	Kap. C 1.3.2.	ECRL
209	17.–20.4.2008 (Esztergom)	Kap. C 1.2.2.	KEK
210	13./14.5.2008 (Doha/Qatar)	Kap. C 1.4.3.	Qatar / „Doha International Center for Interfaith Dialogue"
211	22.–25.5.2008 (Rovereto)	Kap. C 1.3.2.	ECRL mit „Fondazione Opera Campana dei Caduti"
212	23.–25.5.2008 (Bar)	Kap. C 2.6.3.2.	serbisch-orth. Metropolie von Montenegro u. a.
213	26.–31.5.2008 (Bossey/CH)	Kap. C 2.5.4.2.	unter Beteiligung des Patriarchats Moskau

Nr.	Dialogereignis	Querverweis	Veranstalter/Kooperation/Beteiligung
214	24.6.2008 (Beirut)	Kap. C 2.3.3.1.	Präsident des Libanon / unter Beteiligung des Patriarchats Antiochia
215	3.7.2008 (Brüssel)	Kap. C 1.2.2.	KEK
216	16./17.7.2008 (Moskau)	Kap. C 2.5.3.	Patriarchat Moskau mit „Islamic Culture and Relations Organization (ICRO)"
217	16.-18.7.2008 (Madrid)	Kap. C 1.2.1.1.	ÖRK mit KEK
218	27.-29.7.2008 (Sapporo)	Kap. C 1.3.3.	World Religions Summit – Interfaith Leaders in the G8/G20 Countries
219	15.10.2008 (Cambridge)	Kap. C 2.1.3.	Erzbischof von Canterbury / unter Beteiligung des Ökumenischen Patriarchats, nordamerikanische Metropolie
220	20.-23.10.2008 (Brüssel/Mechelen)	Kap. C 1.2.2.	KEK
221	23.10.2008 (Balamand)	Kap. C 2.3.1.2.	Patriarchat Antiochia / orth. Universität Balamand
222	11.-13.12.2008 (Athen)	Kap. C 2.1.2.	Ökumenisches Patriarchat mit „World Islamic Call Society"
223	13./14.12.2008 (Teheran)	Kap. C 1.2.1.1.	ÖRK mit „Centre for Inter-Religious Dialogue of the Islamic Culture and Relations Organization"
224	23.2.2009 (Rom)	Kap. C 2.3.3.2.	Gemeinschaft Sant' Egidio / unter Beteiligung des Patriarchats Antiochia
225	6.-8.3.2009 (Stuttgart-Hohenheim)	Kap. C 2.3.3.2.	Katholischen Akademie Rottenburg-Stuttgart / unter Beteiligung des Patriarchats Antiochia
226	25.-27.5.2009 (Lille)	Kap. C 1.3.2.	ECRL
227	11.6.2009 (Beirut)	Kap. C 2.3.2.1.	„Comité National islamo-chrétien pour le dialogue" / unter Beteiligung des Patriarchats Antiochia
228	16./17.6.2009 (Rom)	Kap. C 1.3.3.	World Religions Summit – Interfaith Leaders in the G8/G20 Countries
229	1./2.7.2009 (Astana/Kasachstan)	Kap. C 1.4.4.	Regierung von Kasachstan
230	22.7.2009 (Danilovkloster/Moskau)	Kap. C 1.4.1.	UNESCO
231	27./28.7.2009 (Trondheim)	Kap. C 1.3.2.	ECRL
232	5.-9.8.2009 (Kairo)	Kap. C 1.2.3.	MECC
233	17.6.2009 (Moskau)	Kap. C 2.5.4.1.	unter Beteiligung des Patriarchats Moskau

Nr.	Dialogereignis	Querverweis	Veranstalter/Kooperation/Beteiligung
234	30.9.–1.10.2009 (Genf)	Kap. C 2.1.3.	„Muslim World League" / mit Beteiligung des Ökumenischen Patriarchats
235	18.–22.10.2009 (Haifa)	Kap. C 1.3.7.	Elija Interfaith Institute
236	20.–22.10.2009 (Doha/Qatar)	Kap. C 1.4.3.	Qatar / „Doha International Center for Interfaith Dialogue"
237	6./7.11.2009 (Baku)	Kap. C 2.5.4.1.	unter Beteiligung des Patriarchats Moskau
238	26./27.4.2010 (Baku)	Kap. C2.5.2.3.	Patriarchat Moskau mit dem „Interreligiösen Rat der GUS-Staaten"
239	26.–28.4.2010 (Istanbul)	Kap. C 1.3.2.	ECRL
240	21.–23.6.2010 (Winnipeg)	Kap. C 1.3.3.	World Religions Summit – Interfaith Leaders in the G8/G20 Countries
241	24./25.9.2010 (Amman)	Kap. C 2.4.2.	„Royal Al Al-Beyt Academy for Islamic Thought" und „Eugen-Biser-Stiftung" / unter Beteiligung Patriarchat Jerusalem
242	5.–7.10.2010 (Teheran)	Kap. C 2.5.3.	Patriarchat Moskau mit „Islamic Culture and Relations Organization (ICRO)"
243	19.–21.10.2010 (Doha/Qatar)	Kap. C 1.4.3.	Qatar / „Doha International Center for Interfaith Dialogue"
244	1.–4.11.2010 (Genf)	Kap. C 1.2.1.1.	ÖRK mit „World Islamic Call Society", „Royal Aal al Bayt Institute", „Consortium of A Common Word"
245	14.12.2010 (Bethlehem)	Kap. C 2.4.2.	palästinensische Autonomiebehörde mit „Commission islamo-chrétienne de soutien à Jerusalem et aux lieux saints"
246	15.12.2010 (Damaskus)	Kap. C 1.5.2.	Regierung Syriens mit melkitisch-katholischer Kirche
247	23.2.2011 (Rom)	Kap. C 2.3.3.2.	Gemeinschaft Sant' Egidio / unter Beteiligung des Patriarchats Antiochia
248	13./14.3.2011 (Istanbul)	Kap. C 1.5.2.	Regierung der Türkei mit Universität Istanbul
249	7.–9.4.2011 (Belgrad)	Kap. C 2.6.3.2.	„Nusantara – Serbian and Indonesian Society of Friedship" mit serbischer und indonesischer Regierung / unter Beteiligung des serbischen Patriarchats
250	12.5.2011 (Bkerke/Libanon)	Kap. C 2.3.3.1.	maronitisches Patriarchat / unter Beteiligung des orthodoxen Patriarchats Antiochia
251	23./24.5.2011 (Bordeaux)	Kap. C 1.3.3.	World Religions Summit – Interfaith Leaders in the G8/G20 Countries
252	1./2.6.2011 (Budapest)	Kap. C 1.5.2.	Regierung von Ungarn
253	21.– 23.6.2011 (Moskau)	Kap. C 1.3.2.	ECRL

Nr.	Dialogereignis	Querverweis	Veranstalter/Kooperation/Beteiligung
254	3./4.8.2011 (Sofia)	Kap. C 1.5.1.	verschiedene autokephale orthodoxe Kirchen
255	27.9.2011 (Dar el-Fatwa)	Kap. C 2.3.3.1.	maronitisches Patriarchat / unter Beteiligung des orthodoxen Patriarchats Antiochia
256	24.–26.10.2011 (Doha/Qatar)	Kap. C 1.4.3.	Qatar / „Doha International Center for Interfaith Dialogue"
257	16.–19.11.2011 (Marrakesch)	Kap. C 2.3.2.4.	WCRP
258	30.11.–1.12.2011 (Moskau)	Kap. C 1.5.1.	Russische Orthodoxe Kirche
259	7.–9.1.2012 (Oslo)	Kap. C 2.3.2.4.	WCRP
260	24.–27.1.2012 (Antelias)	Kap. C 1.2.1.1.	ÖRK mit MECC
261	22./23.2.2012 (Larnaka)	Kap. C 2.3.2.4.	WCRP
262	18.–22.3.2012 (Oxford)	Kap. C 1.3.7.	Elija Interfaith Institute
263	19.3.2012 (Jerusalem)	Kap. C 2.4.2.	„Interfaith Center for Sustainable Development" und „Konrad-Adenauer-Stiftung" / unter Beteiligung des Patriarchats Jerusalem
264	19.3.2012 (Rom)	Kap. C 1.5.2.	Regierung von Italien
265	8.–10.5.2012 (Sarajevo)	Kap. C 1.3.2.	ECRL
266	17.5.2012 (Washington)	Kap. C 1.3.3.	World Religions Summit – Interfaith Leaders in the G8/G20 Countries
267	30./31.5.2012 (Astana)	Kap. C 1.4.4.	Regierung von Kasachstan
268	26.–28.6.2012 (Moskau)	Kap. C 2.5.3.	Patriarchat Moskau mit „Islamic Culture and Relations Organization (ICRO)"
269	28./29.8.2012 (Kairo)	Kap. C 2.3.2.4.	WCRP
270	17./18.9.2012 (Bossey/Genf)	Kap. C 1.2.1.1.	ÖRK mit „Centre for Interreligious Dialogue of the Islamic Culture and Relations Organization"
271	13./14.10.2012 (Istanbul)	Kap. C 1.5.2.	Regierung der Türkei mit SETA Foundation for Political, Economic and Social Research
272	7./8.5.2013 (Wien)	Kap. C 1.3.2.	ECRL
273	18.–20.4.2013 (Istanbul)	Kap. C 2.3.2.4.	WCRP
274	22.–26.10.2013 (Jakarta)	Kap. C 2.6.3.2.	„Nusantara – Serbian and Indonesian Society of Friedship" mit serbischer und indonesi-

Nr.	Dialogereignis	Querverweis	Veranstalter/Kooperation/Beteiligung
			scher Regierung / unter Beteiligung des serbischen Patriarchats
275	20.–22.11.2013 (Wien)	Kap. C 1.3.1.	WCRP
276	25./26.8.2014 (Teheran)	Kap. C 2.5.3.	Patriarchat Moskau mit „Islamic Culture and Relations Organization (ICRO)"

Personenverzeichnis

Abdullah II., König von Jordanien 167
Abramov, Alexander 245
Abs, Michel 193
Aga Khan, Sadruddin 171
Ahmad, Khurshid 82, 247, 428f., 521
Akgün, Vahdettin 171
Akrami, Amir 234, 237
al-Khouri, Luka (Metropolit) 202
al-Sammak, Muhammad 421, 428
al-Tayyib, Ahmad (vgl. auch al-Tayeb, Ahmad) 421, 428
Alexander, Metropolit von Baku 8f., 18, 155f., 220–223, 228, 233, 235, 445f.
Alexij II., Patriarch von Moskau und Ganz Russland 65, 93, 136, 154, 227, 230, 234, 239–241, 248–251
Argenti, Cyrille 176, 179
Asiel, Isaac 259
Askari, Hasan 428f.
Asmar, Michel 198
Audeh, Elias (Metropolit von Beirut) 203
Ayoub, Mahmoud 5, 13, 18, 428f.

Bartholomaios, Ökumenischer Patriarch 21, 36, 74, 78, 124, 132, 148, 151, 155f., 163, 169, 171–173, 182, 186, 293, 420
Behr-Sigel, Elisabeth 179
Ben Achour, Yadh 447f.
Benedikt XVI., Papst 163, 215
Boja, Rexhep 261f.
Bulekov, Philaret 116, 142
Bulović, Irenej (Bischof von Bačka) 119, 258, 270f.

Cerić, Mustafa 259, 297, 421, 428
Chaplin, Vsevolod 155, 227, 234, 243f., 284
Chehadat, Hussein 155
Christodoulos, Metropolit von Athen und Ganz Griechenland 293f.
Chrysostomos, Metropolit von Zypern 78, 287
Chryssavgis, John 177
Clapsis, Emmanuel 180

Clément, Olivier 51, 176f., 180, 426f.
Constantelos, Demetrios 290, 424f.

Daniel, Patriarch von Rumänien 276f.

El-Halabi, Elias 105, 521
Elias IV., Patriarch von Antiochia 65, 208f., 413, 613
Emmanuel, Metropolit von Rhegion / Metropolit von Frankreich 52, 103f., 108, 114, 116, 119, 121, 133, 138, 142, 147–149, 155, 157, 162f., 168f., 172, 174f., 182f.
Erdö, Kardinal Péter 107
Evdokimov, Michel 178, 180

Finci, Jakob 259
Fischer, Jean 107
Fouyas, Panayotis 102

Gamdzie, Edhem 266
Goma'a, Ali 1f.

Habib, Gabriel 193
Hanna, Atallah (Metropolit von Sebaste) 145, 154, 216
Haraki, Mohammed 234
Hayat, Muhammad 136
Hendi, Yahya 126
Hilarion (Alfejev), Bischof von Wien / Metropolit von Volokolamsk 116, 119, 121f., 132f., 141, 149, 153, 157, 224, 236, 247, 252–255

Ignatios IV. (Hazim), Patriarch von Antiochia 78, 81, 109, 111, 139f., 154–156, 200–203, 208f., 287, 426f.
Iliya II., Katholikos-Patriarch von Georgien 140, 239, 241, 244
Irinej (Gavrilović), Patriarch von Serbien 119, 258, 272–274

Jeremias, Metropolit von Warschau und Ganz Polen 119

Joan (Pelushi), Metropolit von Korca   269
Johannes Paul II., Papst   151
Johannes (Zizioulas), Metropolit von Pergamon   170

Kavazović, Husein   274
Kfoury, Elias (Metropolit von Tyrus)   201
Khodr, Georges (Metropolit vom Berg Libanon)   36, 65, 97, 99, 105, 109, 113, 164, 191, 193, 195, 198–200, 203–205, 207–209, 303, 413, 416, 420, 424–426
Kishkovsky, Leonid   116, 126, 231
Komarica, Franjo (Bischof von Banja Luka)   264, 266
Konstantin, Metropolit von Derkoi / Metropolit von Nizäa   177, 182
Kossygin, Alexej   94
Kyrill, Metropolit von Smolensk und Kaliningrad / Patriarch von Moskau und Ganz Russland   119, 121, 124, 136, 149, 153, 224 f., 231, 233, 235, 239–243, 247, 253 f.
Kyrill, Metropolit von Varna und Veliki   269

Laham, Samer   97 f., 100, 103, 188 f.
Lemopoulos, George   70–73
Lossky, Nicolas   450
Lulias, Nikitas (Metropolit)   132

Makic, Hasan   264
Massouh, Georges   192, 421, 425
Matsura, Koichiro   136
M'Bow, Mohtar   174, 457
Medvedev, Dmitri   136, 225, 283
Merad, Ali   176
Metzger, Yona   136
Mitri, Tarek   99–102, 104, 114, 145, 164, 172, 175, 191, 193, 195, 206 f., 244, 421, 517
Mostafavi, Mehdi   235

Nasr, Seyyed Hossein   428
Nazarbayev, Nursultan   147
Nikitin, Augustin   98, 238
Nikolaus (Mdria), Metropolit von Dabar-Bosnia   106, 127, 259
Numan, Abdulah   271

Pallavicini, Sergio   421, 428
Papandreou, Damaskinos (Metropolit der Schweiz)   1 f., 47 f., 51 f., 151, 154, 162–164, 166–168, 173–175, 421
Parthenios III., Patriarch von Alexandria   109, 187
Pashazade, Allahshukyur   136, 243, 248 f., 421, 428
Patelos, Konstantin   97, 99 f.
Pavle I., Patriarch von Serbien   126, 273, 275, 298, 597, 610
Petros, Metropolit von Aksum   155
Petros VII., Patriarch von Alexandria   112, 140, 173, 287, 456
Peyrouse, Sébastien   150, 464
Pimen, Patriarch von Moskau und Ganz Russland   94
Prodi, Romano   139
Puljic, Vinko (Erzbischof von Sarajevo)   126, 259, 567
Putin, Vladimir   219, 221, 225 f., 228, 239–241, 245, 253, 465

Rai, Bechara, maronitischer Patriarch von Antiochia   202, 567
Rashad, Ali Akhbar   234 f.
Riabykh, Philip   121, 156
Rothenberg, Naftali   171

Sakellariou, Ioannis (Bischof)   119
Samartha, Stanley   6, 97, 105 f., 310 f.
Schindehütte, Martin   136
Schneier, Arthur   126, 136, 567, 570
Selimovski, Jakub   126
Siddiqui, Ataullah   5 f., 39, 103, 169, 175, 428
Smajić, Seid   257 f., 261
Sollogoub, Michel   178
Swidler, Leonard   4 f., 428 f.

Talbi, Mohammed   428 f.
Taskhiri, Ali   233, 235, 421, 428, 517
Tassavoli, Sasan   237, 290
Theodoros II., Patriarch von Alexandria   78, 187 f.
Theophan, Bischof von Stavropol   234

Theophilos III., Patriarch von Jerusalem 78, 149, 158, 210, 213 f., 217 f.
Tibi, Bassam 447 f.
Tsetsis, Georgios 97, 106

Vachicourras, Gary 103

Waldheim, Kurt 94
Ware, Kallistos 177
Weil, Alain 176
Williams, Rowan 180, 266

Yannaras, Christos 179, 210, 450 f.

Yannoulatos, Anastasios (Metropolit von Tirana und Ganz Albanien) 21 f., 36, 105, 119, 139, 268, 296, 298 f., 304, 411 f., 416, 420, 424 f.
Yazigi, Paul (Metropolit von Aleppo) 155, 207

Zakzouk, Mahmoud 200
Zelinsky, Vladimir 178 f.
Zhigulin, Philip 101
Zilkić, Adem 259, 421, 428

Sachverzeichnis

Abrüstung   56, 60, 95, 312, 350, 354, 409, 437, 440, 462

Allgemeine Erklärung der Menschenrechte   54f., 375–378, 380, 438, 445, 448–451, 500

Appell   31, 50, 76, 93–95, 112, 125–127, 130, 149, 181f., 215, 229, 251, 270, 274, 293, 306, 308, 310–312, 314, 318, 320, 374, 386–388, 393, 438f., 462, 469

Armut   101, 116, 151, 170, 205, 399, 408, 492

Ausbildung   5, 23, 110, 249, 294, 297, 303, 402, 422, 424

Ausbildungsprogramm   169, 212, 393, 475, 484

Begegnungsgeschichte   42, 220, 256, 498

Bewusstseinsbildung   30, 439, 498

Bibel   201, 349, 451

communio   13, 18

Deeskalation   198, 209, 245, 248, 255, 258, 264, 498

Diskriminierung   50, 66, 76, 79, 153, 330, 334, 345, 348, 357f., 360, 383f., 385f., 397f., 401f., 404, 408, 454, 474, 486, 490

Emigration   82, 104

Erneuerung   60, 127, 222, 351, 373, 407

Erziehung   97, 102, 104, 132, 139, 145, 166, 214, 228, 351, 363, 374, 388, 400–403, 405, 408, 445

Ethik   87, 170, 234, 242, 346, 380, 436, 440, 442f., 449, 452, 460, 489, 499

Extremismus   124, 151, 153, 277, 362f., 440, 454, 462, 470, 474, 486, 496

Familie   114, 145f., 181, 229, 235, 256, 278, 325, 351, 379, 381f., 401, 405, 492

Fanatismus   45, 52, 68, 72, 76, 155, 240, 246, 285, 287, 324, 362f., 454, 470, 474, 486, 493, 496

Feindbild   2, 276, 288, 368, 423, 476

Feindschaft   82, 226, 239, 325, 330, 355, 364, 404, 500

Freiheit   3, 42, 45, 50, 52, 54, 63, 67–69, 74, 78f., 82, 84f., 89, 138, 240, 258, 270, 272, 326, 330, 333, 340, 344, 349, 351–355, 362, 364, 370, 374, 378, 382–385, 392, 394f., 397f., 445, 449, 460, 486, 490–492, 611

Frieden   9f., 42, 45, 50, 52–54, 56, 60–69, 72, 74–77, 83, 85, 93–95, 99f., 102, 106f., 114–120, 122, 124, 126, 128f., 132, 134f., 138–140, 144, 147, 150–152, 154, 160, 165, 172, 181f., 197, 217, 225, 233, 238, 247, 249f., 262, 264, 266f., 274, 280, 293, 298, 325f., 328–330, 332f., 335, 337, 339–341, 343, 349–355, 360f., 364, 368, 370, 386f., 389–391, 393–395, 398, 401, 405, 407, 409, 414, 436–440, 443, 453f., 457, 460–462, 469f., 474, 478, 484–486, 488, 491, 495f., 610–612

Friedensarbeit   38, 62, 274, 445

Friedensbemühungen   61f., 65, 76, 412, 445, 453

Friedensbildung   8, 16, 18, 37, 298, 423

Friedensinitiative   39, 213

friedliche Koexistenz   5, 10, 62, 64, 76, 78–80, 88f., 100, 102f., 107, 109f., 122, 140, 143, 149, 152, 154, 163, 165, 200–203, 213, 240, 257f., 266f., 275f., 280, 293, 301, 325, 330, 340, 343, 349, 352–358, 370, 372, 384–386, 389, 394f., 397, 407, 414, 416, 440, 443, 445, 452–458, 461f., 468–470, 473, 477, 486, 488f., 492, 494f., 497–500

Fundamentalismus   195, 249, 496f.

Gebet   6, 97, 114, 177, 331, 399, 611

Gemeinwesen   146, 406

Gerechtigkeit   17, 51, 53f., 66, 102, 119, 138, 152, 154, 165, 262, 328–331, 340f., 343, 348–350, 352–355, 361, 364, 369f.,

373, 376, 387, 395, 401, 405, 407, 436–440, 443, 454, 470, 485f., 490–492, 611
Gewalt   78f., 124, 179, 189, 197, 233, 252, 285, 324, 341, 344, 348, 350, 357, 360–362, 364–368, 372, 389, 401, 438, 458, 470, 474, 486, 496
Gewaltanwendung   82, 127, 134, 138f., 144, 147, 150f., 179, 182, 194, 198, 201, 204, 213, 341, 355, 359–364, 368, 370, 431, 440, 455, 488, 496, 498–500
Gewaltlosigkeit   344
Glaubensvertiefung   113
Gleichberechtigung   282
Gleichheit   181, 207, 272, 344, 352, 360, 362, 373, 385f., 394f., 398, 435, 454, 460, 492
Globalisierung   76, 83, 102, 119, 231, 234, 411f., 414, 416f., 434f., 442, 492, 497
Grundrechte   341, 372, 377

Hass   6, 208, 251, 264, 285, 325, 328, 350, 360f., 367f., 402, 404, 408, 454, 474, 486, 500, 611

Identität   19, 36, 141, 184, 210, 223, 251, 281, 325, 337, 353, 361, 373, 464, 611
– kirchliche Identität   19f.
– religiöse Identität   9f., 38, 326, 382, 409, 430
Inkulturation   157
Instrumentalisierung (von Religion)   82, 264, 295, 367f.
Integration   107, 141, 143, 190, 210f., 257, 278, 299, 409, 460, 468, 497, 606
interreligiöse Organisation(en)   31, 132, 214, 264, 389, 478
Intoleranz   118, 157, 179, 221, 240, 246, 287, 360, 402, 454, 474

Jugend   110, 165, 259, 400, 492
Jugendarbeit   110f., 159, 194, 216f., 430, 459, 475f., 483

Kommunikation   12, 72, 305, 387, 404, 612
Konflikt   1, 15f., 23, 27, 60, 95, 101, 106, 134, 138, 148, 166, 187, 198, 211, 213, 221–223, 228, 231f., 239–241, 243, 248f., 252f., 257, 260, 267, 277, 281, 286, 297, 324f., 334, 337, 355, 362, 366–369, 382, 389, 392, 395f., 406, 416f., 423, 434, 445, 451, 455, 488, 499, 501
– ethnischer Konflikt   240, 249, 252
– religiöser Konflikt   88, 277, 489
– religiös konnotierter Konflikt   106, 126, 416, 457
Konfliktbewältigung   125, 128, 431
Konfliktdeeskalation   38, 187, 367, 482
Konfliktlösung   99, 129, 245, 298, 325, 350, 369, 409, 468, 472
Konfliktmediation   16, 38, 482
Konfliktpotential   5, 210, 223, 246, 432
Konfliktprävention   120, 202, 460, 462
Konfliktüberwindung   8, 89, 128, 248f., 255, 264, 404, 489, 499
Konzept   5, 16, 38, 122, 134, 357, 361, 376, 380f., 423, 437, 446, 463, 468, 482, 500
Kooperation   103f., 111–113, 122, 126, 152, 160, 166, 169, 191f., 245f., 250, 255, 260, 272, 277, 304, 478f.
Koran   5, 15, 201, 427, 451, 566
Krieg   1, 76, 183, 233, 252, 256, 264, 275, 287, 293, 301, 345, 355, 360f., 364, 366, 390, 394, 482, 488, 611
Krise   1, 16, 295, 324, 329, 392, 438, 440, 451, 467, 498
Krisenintervention   389–392, 405, 455, 458, 482, 487
Krisensituation   34
Kultur   9f., 54, 63, 88, 115, 119f., 122, 134f., 137, 144, 164, 169, 174, 197, 206, 209, 233–235, 240–243, 258, 287, 323f., 329, 332, 335–337, 339, 352, 357f., 365, 372f., 375, 378, 398, 401–403, 406f., 409, 429, 432, 438, 457, 468

Lebensbedingungen   72, 211
Lernerfolg   10, 14, 26, 308
Lernprozess   26, 192, 304f., 328, 331, 350, 352, 386, 401, 471

Mäßigung   345, 352

Medien 32, 144–146, 221, 259, 262, 270, 359, 387, 396, 403–405, 414, 445, 471f., 477, 481, 483, 485, 612
Meinungsfreiheit 141, 471
Menschenrechte 47, 54, 56f., 59f., 62, 64, 66, 74, 78f., 82–85, 89, 100f., 112, 122, 126, 129, 131f., 136, 138–140, 145, 165, 174, 184, 234, 242, 262, 264, 270, 287, 334, 344, 348–350, 354f., 364f., 370–375, 377–382, 389, 392, 394–396, 401, 407–409, 436, 438f., 444–452, 454f., 472, 486f., 493f., 498–500
Menschenwürde 62, 89, 102, 121, 133, 138, 182, 197, 331, 341, 343, 347–349, 355, 361, 364f., 370f., 373–377, 379, 382, 384, 395, 406, 442–444, 452, 454, 460, 470, 486f., 493–495, 498f.
Methodik 5, 24, 71, 85, 91, 128, 178, 310, 461, 484
Migration 157, 288, 408–410, 536
Minderheit(en) 50, 68, 85, 104, 106, 120, 132, 150, 184, 187, 256-258, 267, 276, 278, 284, 289, 299f., 326, 351, 362, 382-385, 395f., 408, 411
Minderheitenschutz 129, 139, 395
Missbrauch von Religion 124, 127, 297, 361, 367f., 376, 404, 470, 496
Mission 3, 6, 25, 88, 233, 333f.
Misstrauen 256, 404, 408
Mobilität 325
Motivation 5, 7f., 11, 13f., 26, 29, 89, 134, 137, 154f., 254, 306, 309, 323, 362, 367, 387, 389, 414, 418, 455, 457f., 460f., 464

panorthodox 13, 30, 38, 40, 42–48, 50–56, 58, 60, 64–67, 69, 71–80, 83–87, 92f., 106, 164, 177, 186, 199, 237f., 327, 412, 416, 418, 426f., 434, 449, 453, 455, 465, 485–491, 495, 497
Päpstlicher Rat für den Interreligiösen Dialog 3
Pflicht(en) 1, 49, 61, 68, 95, 112, 121, 123, 197, 252, 327-330, 340f., 348, 371, 378, 381, 396-398, 404, 446, 451, 454, 485
Planung 15, 28, 304, 423, 430f., 450, 479, 481

Pluralismus 3, 12, 50, 68, 76, 80, 82, 85, 89, 100, 102, 109, 141, 150, 155, 165, 181, 220, 257, 288, 305, 323, 334f., 351, 355f., 358, 373, 401, 409–414, 416f., 434, 442, 460, 463, 468, 486
– Pluralität 38, 88, 199, 281, 323, 325, 357, 376, 407, 410, 459f., 462, 472f.
Politik 55, 66, 95, 98, 123, 132, 137, 143, 156, 160–162, 202, 231f., 238, 240, 245f., 251, 260, 271f., 274, 301, 304, 334, 337, 390, 393–396, 398f., 423, 445f., 453f., 457–460, 462, 464–470, 473, 488
Positionsbestimmung 6, 223
Proselytismus 222, 233, 332f., 415, 443, 487, 491

Rassismus 63, 181f., 334, 360, 384
Religionsfreiheit 83, 121, 126, 131f., 139, 253, 260, 264, 270, 326, 333f., 359, 365f., 376, 382–385, 394–396, 401, 423, 454, 470, 486
Respekt 3, 9, 12, 70, 80, 89, 106, 108, 116, 123, 139f., 144f., 150, 181, 196, 212, 240, 285, 305, 325f., 328–331, 340, 348, 351f., 354–358, 360f., 364f., 370f., 373, 379, 386, 395f., 398, 401, 403, 407, 409, 414, 417, 419, 443, 454, 470, 474, 476, 486

Säkularisierung 83, 323f., 373, 412, 414, 416f., 434, 442, 492
Schöpfung 77f., 116, 170f., 214, 277, 330, 436–441, 492, 497
sektiererische Gewalt 198, 362, 474
Selbstverpflichtung 54, 386–388, 439, 471, 474
Selbstverständnis 1, 15, 19, 72, 74, 288, 413, 416, 479, 546
Solidarität 17, 89, 145, 152, 197, 261, 330, 340, 345, 355, 369, 392, 397, 409, 435, 437, 460, 472, 489
soziale Gerechtigkeit 44, 61–64, 66, 98, 343, 348, 353–355, 393, 408, 445, 470
Spaltung 77f., 279, 325, 361f., 368, 404, 456
Spiritualität 113, 177, 250, 331

Synkretismus 69, 72, 80, 151, 185, 332f., 415, 443, 487, 491, 495, 497

Teilhabe 29, 167, 334, 344, 352, 396, 398, 407, 492, 495
Teilnehmerkreis 33, 94, 122, 158, 307f., 421, 423
Terrorismus 124, 147, 150f., 155, 174, 225, 341, 362–365, 367, 398, 423, 440, 462, 470, 486, 496
Theologie der Religionen 17f., 36–38, 424, 426f.
Toleranz 12, 97, 121, 132, 140, 143–145, 148, 150, 165, 172, 181, 206, 226, 240, 250, 257, 260, 264, 274, 295, 305, 332, 345, 355–358, 364, 370, 401, 409, 443, 454, 474–476, 486, 492
traditionelle Religion(en) 86, 223
traditionelle Werte 229, 232, 277, 345, 349, 378–381, 446, 448

Überzeugung 3, 9, 12, 20, 54, 69, 80, 89, 122f., 137, 139, 229, 285, 338, 342, 349, 351, 362f., 367, 375, 385, 395, 397, 406, 417f., 449, 489
Umkehr 331, 436, 438, 475
Ungerechtigkeit 118, 124, 170, 329, 348, 355, 361, 364, 368f., 395, 399, 406, 492f.
Ungleichheit 63, 66, 361, 492
Unterdrückung 139, 197, 219, 222, 301, 329, 345, 359, 361, 369

Verfolgung 79, 153, 219, 330
Vergebung 274, 340, 361, 611
Versöhnung 45, 52, 61, 72, 76, 78f., 102, 106f., 197f., 200, 239, 262, 264, 299, 325, 370, 391f., 401, 404f., 414, 488, 493, 495f., 610–612
Vertrauen 129, 213, 325, 350, 356, 372, 406, 409, 414, 495f., 611
Vertrauensbildung 406, 409
Vertreibung 82, 107, 262, 382, 408

Vielfalt 3, 11, 13, 15, 17, 27, 29, 39, 51, 63, 91, 98, 119, 161, 171, 220, 242, 323, 334f., 343, 374, 409, 434, 451, 477, 481

Wahrhaftigkeit 345
Wahrheit 3, 262, 326, 352, 354, 361f., 392, 402f.
Wahrheitsanspruch 327
Werte 6, 45f., 48f., 51, 53, 59, 63, 67–69, 72–75, 89, 110, 112, 133, 152, 165, 228, 242, 250, 262, 325, 331, 335, 339, 342, 347, 349f., 353–355, 359, 363, 375–380, 385–387, 389, 401f., 404, 406f., 414, 443, 449, 459f., 468, 470f., 476, 485, 489, 492, 610, 612
– ethische Werte 121, 134, 136, 145f., 166, 194, 200, 207, 233, 330, 342f., 346f., 349, 359–361, 364, 366f., 375, 389, 395, 401, 404, 435, 439f., 443f., 452, 454f., 470, 474, 476f., 485, 492f., 497f.
– moralische Werte 87, 240, 325, 339, 341, 404

Zusammenarbeit 5, 22, 42, 44–49, 51–55, 60–64, 66–74, 76, 84–87, 89, 92–94, 101, 106, 119, 122f., 129, 136, 139, 145, 147, 151, 160, 164, 167–169, 181f., 185, 189–192, 194, 197, 199, 206, 210, 212–215, 220, 224–227, 231, 239, 242, 247, 249f., 255, 257–259, 261f., 267–269, 273f., 282, 287, 289, 293, 296f., 299, 301–303, 324f., 327, 329–332, 336, 345, 354, 357, 361, 370, 373f., 387, 390, 392–395, 397, 399–401, 403–406, 408, 412, 414f., 418, 426f., 431, 438, 453–455, 458, 470, 473, 475, 477, 480, 483f., 487, 489, 495, 497, 499, 516, 611
Zusammenleben 21, 23, 48, 51, 64–66, 78f., 82, 107, 122, 144, 167, 191, 193f., 203, 209, 215, 217, 222f., 249, 288, 299f., 352, 358, 373, 397, 409, 458, 483, 495, 610

www.ingramcontent.com/pod-product-compliance
Lightning Source LLC
Chambersburg PA
CBHW021412300426
44114CB00010B/470